2005

中国欧洲商务年鉴

张志刚 题

中国欧洲经济技术合作协会 编

中国经济出版社
CHINA ECONOMIC PUBLISHING HOUSE

北京

图书在版编目（CIP）数据

中国欧洲商务年鉴（2005）/中国欧洲经济技术合作协会编．—北京：中国经济出版社，2006.9

ISBN 7-5017-7718-7

Ⅰ．中… Ⅱ．中… Ⅲ．对外贸易—中外关系—欧洲—年鉴 Ⅳ．F 752.75-54

中国版本图书馆CIP数据核字（2006）第095937号

出版发行：中国经济出版社（100037·北京市西城区百万庄北街3号）
网　　址：www.economyph.com
组稿编辑：刘一玲　（电话：010-68359417　13681590988）
责任编辑：陈　瑞
责任印制：张江虹
封面设计：巢新强
经　　销：各地新华书店
承　　印：北京君升印刷公司
开　　本：889mm×1194mm1/16　　字　数：1100千字
彩插印张：2.5　　印　张：40
版　　次：2006年10月第1版　　印　次：2006年10月第1次印刷
书　　号：ISBN 7-5017-7718-7/F·6424　　定　价：380.00元

序

近年来，中国与欧洲的经贸合作关系得到了迅速的发展，双方的合作领域不断拓展，合作水平不断提高。2005年，中欧贸易达到了2 711.1亿美元。欧洲已经成为中国的第一大贸易伙伴，迄今仍继续保持着中国最大技术供应来源地和累计第四大实际投资方的地位。中欧经贸合作正在步入新的发展阶段。我在任商务部副部长期间，曾主管过中欧经贸合作事务。从亲身的经历、切身的体会中我深深地感到，中欧经贸合作潜力巨大，前途广阔，任务艰巨。随着中欧经贸合作的深入和规模的扩大，双方企业加强相互了解、交流和深化合作的愿望愈来愈迫切。

中国欧洲经济技术合作协会适应新形势、新局面的要求，适时编辑出版集中欧经贸和投资政策、法律法规、中欧经贸合作形势分析于一体的商务指南型资料工具书——《中国欧洲商务年鉴》，这是十分必要和非常及时的。

《中国欧洲商务年鉴》主要介绍欧洲各国的政治概况、资源状况、经济形势、相关经济政策及民风、民俗，以及中国各省市的地理环境、资源优势、投资导向及地区招商引资优惠政策，并以不同形式对中国工商、税务、海关、金融等政策法规进行宣传，刊载了中欧经贸合作关系发展的趋势和热点问题研究专论。这些都将为中欧企业开展合作提供翔实、可靠的参考资料。该书必将有利于中欧企业了解相关法律政策及经贸规则，依法开展经贸活动，减少和规避风险；有利于中欧企业掌握各国及地区的资源特点、经贸需求，决定投资方向；有利于中欧企业了解最新信息和经贸动态，把握决策良机；有利于中欧企业开拓市场、寻找合作机会，从而有效推动中国和欧洲的企业与企业、企业与政府之间的良性互动。

《中国欧洲商务年鉴》给中国企业与欧洲企业搭建了一个相互了解的平台。希望本书能为企业更好地利用国内、国际两个市场，两种资源，促进中欧经济的共同发展提供有益的帮助。

张志刚

2006年8月1日

传播商务信息
拓宽中欧市场

为2005中国欧洲商务年鉴题

二〇〇五年十二月
邹家华

原国务院副总理、原全国人大常委会副委员长邹家华
为《中国欧洲商务年鉴》首刊题词

中华人民共和国商务部原副部长张志刚
为《中国欧洲商务年鉴》首刊题词

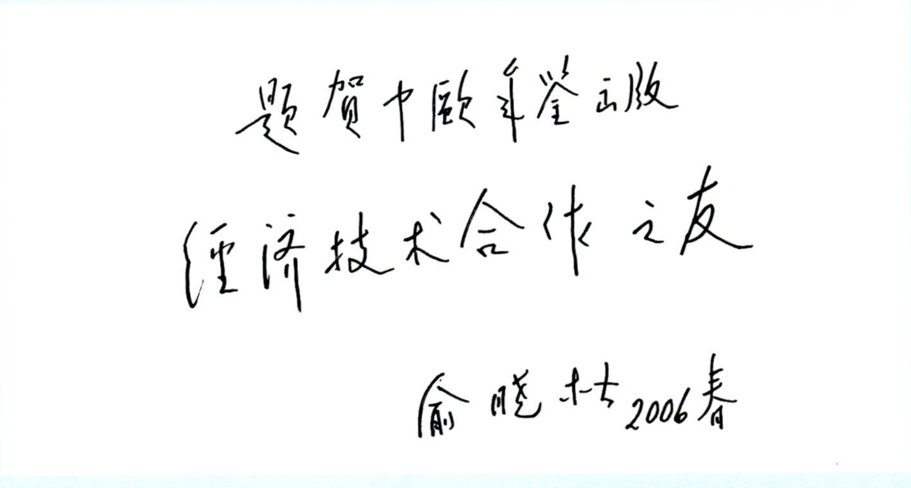

中国国际贸易促进委员会原会长、中国国际商会原会长俞晓松
为《中国欧洲商务年鉴》首刊题词

2005年9月，吴仪副总理会见中国－乌兹别克斯坦经贸合作高层论坛暨企业洽谈会中方企业家代表和工作人员

2005-9-4 薄熙来部长在北京会见欧盟贸易委员曼德尔森

2005-12-16 薄熙来部长与荷兰副首相兼经济大臣布林克·霍斯特会谈

2005-9-27 薄熙来部长会见来访的瑞典工商大臣厄斯特罗斯

2005-12-22 于广州副部长会见
吉尔吉斯斯坦外长杰克申库洛夫一行

商务部原副部长张志刚听取中欧协会乌海宇副会长工作汇报

上海合作组织秘书长张德广，商务部原副部长张志刚，外交部部长助理李辉和欧洲司巡视员须同凯出席上海合作组织区域经济合作研讨会

徐秉金会长在长春汽博会现场

徐秉金会长(右2) 会见土耳其曲库洛瓦集团公司主席 Mehmet Emin 查普曼议员(Ben Chapman MP) 副主席 琼斯议员、爵士(Lord Clement-Jones) 和英中协会主席贝纳德 (Peter Batey OBE) 以及主任 李凯蒂(Katie Lee)

徐秉金会长(前排左5)和乌海宇副会长(前排左3)出席上海合作组织区域经济合作研修班结业仪式

编写说明

自1975年中国与欧洲共同体建立外交关系以来，中欧经贸关系不断深入。20世纪90年代以后，中国与欧洲的经贸与技术合作更是取得了长足发展。为了进一步推动和促进中国与欧洲经济技术合作与交流，帮助中国企业了解我国对欧的经济方针和相关政策，以及欧洲各国对华的经济政策和贸易规则。帮助欧洲各国企业了解中国的相关政策、法规，依法开展商务活动。《中国欧洲商务年鉴》还将对欧洲各国的政治概况、民风民俗、资源状况、经济形势、经贸发展、商务机构，以及中国各省市的地理环境、资源特点、经贸需求、投资导向、招商引资优惠政策进行较详尽的介绍，以帮助中欧各国企业相互了解信息，寻找合作商机，把握合作方向和投资开发决策。促进中欧经贸交流合作的良性互动。

2005年《中国欧洲商务年鉴》为首刊号。它是由中国欧洲经济技术合作协会主办，由北京帕瑞斯文化发展有限公司承办、组织实施。该书是一部集中欧经济政策、法规、投资指南、中欧经贸形势分析于一体的商务指南型资料工具书。

本书编撰工作始终遵循严谨科学、内容翔实、材料可靠，既注重前瞻性又把握实用性、突出鲜活性的原则。为实现这一原则，确保《年鉴》高质量服务于社会，编辑部工作人员务本求实、严肃对待每一份稿件，并得到了商务部欧洲司、国家工商管理总局、国家税务总局、国家海关总署、中国有关省市地区政府相关部门及相关科研机构的大力帮助和支持。在此向给予我们支持的单位和人士表示衷心的感谢！

本书共分为九个篇章：第一篇政府重要文献；第二篇中欧经贸关系及发展概况；第三篇商务法律法规及相关政策；第四篇工商、税务、海关和外汇管理规定；第五篇欧洲商务指南；第六篇中国东、西部地区省市投资指南；第七篇专题分析；第八篇2005年中欧经济技术合作与交流工作大事记；第九篇附录：专题介绍欧洲联盟、独联体、上海合作组织；第十篇企业名录。为便于对一些政策法规的把握和运用，我们还设置了政策问答内容。本刊采用的资料截稿时间为2005年12月31日。

2005年《中国欧洲商务年鉴》为首卷，以后每年将陆续出版。由于篇幅限制每卷只能对部分欧洲国家和我国省市进行介绍，在编撰过程中，虽然全体编辑人员工作态度认真、严肃、努力，但由于首刊经验不足，一定会有很多不尽如人意的地方，有的地方还可能会出现疏漏和错误。我们真诚的希望企业和广大读者给我们提出宝贵的意见、建议及批评指正，以便我们改进工作，在今后的工作中借鉴和参考。

《中国欧洲商务年鉴》编委会

2006年8月

《中国欧洲商务年鉴》（2005）编委会

编辑出版工作人员

主　　编：乌海宇

执行主编：陈　峰

副 主 编：文　物

编辑人员：许明涛　杨华　崔宝林　陈　健

彩页设计：陈　悦

校　　对：王丽华

黑龙江省万阳经贸（集团）有限公司

黑龙江省万阳经贸（集团）有限公司创立于1993年，历经14年的风雨兼程，至今，已由当时单一经营的贸易公司，一跃发展成为多元化跨国企业集团。随着集团规模的不断扩大，经营范围也从单一的商品批发业务拓展至全行业进出口贸易、物流、海产品、建筑装饰业、加工业、再生资源利用等领域。

十几年来，万阳集团在巩固原有业务的同时，不断拓展新的领域，现集团下辖国内外主要分支机构有：哈尔滨万阳汽配商行、绥芬河市京珑国际货物运输代理有限责任公司（广州、成都、北京、上海、乌苏里斯克、海参崴、莫斯科、新西伯利亚、叶卡捷林堡、乌法等城市均设有分支机构）、哈尔滨市八达经贸有限公司、海南滨岛实业有限公司、高要市中南再生资源综合利用有限公司、密山市正达商贸有限公司、鸡西万阳对俄出口基地有限责任公司、黑龙江省富阳弘呈科技开发有限公司、黑龙江利多木业有限公司、俄罗斯乌苏里斯克万阳汽配商行、俄罗斯乌苏里斯克万阳建材家具批发大市场、新西伯利亚国际商贸中心等。

利用毗邻俄罗斯的地缘优势，贯彻“走出去战略”是万阳集团成功的法宝，俄罗斯乌苏里斯克万阳大市场堪称为中国企业在俄奠定经营中国建材的里程碑式的大手笔运作。

作为集团的中期发展战略，我们将在巩固现有业绩的基础上，以俄罗斯中俄建材家具大市场为依托，力争3年内在俄罗斯百万人口城市建立十家以上建材连锁超市，籍此将公司产品辐射俄全境，实现我们对俄投资的长期战略目标。为在竞争激烈的俄罗斯及周边国际市场站稳脚跟，我们还将在俄罗斯建立一个工业产品加工园区，形成前店后厂的成熟型经营模式，并籍此摸索未来国内市场竞争激烈、产品趋于饱和的情况下中资企业跨国投资之路，并为他们搭建一个良好的国际制造业加工平台。

在取得海外投资战略的初步成功后，万阳集团不忘回报家乡与哈尔滨市松北新区管委会继续合作，将国内企业家先进的经营理念与俄罗斯当地丰富的物产资源完美结合，继续深入加强与俄方合作，在俄罗斯举办一个永不落幕的哈洽会。

“诚信为本、优质高效、实事求是、不断创新”，是万阳集团的宗旨，集团始终以拓展性、前瞻性的置业经营理念，为客户提供优质服务，为国内外企业提供合作平台。我们真诚的希望与社会各界精英精诚合作，共同发展！

Hei Long Jiang Provincial Wan Yang Economic Trade (Group) Co., Ltd was founded in 1993, after 14 years of trials and hardships, it has been grown from a single operated company to a multinational corporation. With the continuous business expansion of the company, the business scope is expanded from wholesale business to the import & export business, logistics, seafood products, construction decoration industry, manufacture industry, regeneration resources utilizing field,etc.

During the period of 10 years, Wan Yang corporation consolidates its original business as the same time as expanding new field, also experiences from single operation company to multinational corporation which mainly deal in import & export trade and automobile fittings secondarily. Now the branches of Wan Yang corporation are all over the word, they are as following: Harbin Auto Parts Shop, Suifenhe Jing Long International Transport of goods Agencies Limited, Harbin BaDa Trad Limited Company , Hainan BinDao Limited company , Gaoyao Zhong Nan renewable resources company , Hei Long Jiang Provincial Fuyanghongcheng technical developmet Co. Ltd, Mishan ZhengDa trade company, Jixi Wan Yang exportation to Russia company , Ussuriysk Wan Yang construction and furniture market.

Wan Yang takes the advantage of neighborhood with Russia, carries out the strategy of going out. Till now, our corporation has invested and developed the first Chinese professional construction material wholesale market in Russia--- Ussuriysk Wan Yang Construction and Furniture Market . In order to keep our legs on the competitive Russian market and other circumjacent markets, we will found a industrial manufacturing zone in Russia in 2006, bring the stores together with the factory, wish to build up a foundation for international manufacturing.

After gaining the overseas investment success, Wan Yang was located in Harbin Song Bei District in return for hometown. Now it prepares to construct North East Asia to Russia Logistics Base and other related projects. Meanwhile, for utilizing the regeneration efficiently and environment friendly , energy conservation, we set up a Gao Yao Zhong Nan Regeneration General Utilization Co., Ltd.

Wan Yang adhere to the credendum of "people oriented, management intensified", offers the best quality service as the basis of Sino_Russia Cooperation. We sincerely hope to cooperate with all of the experts of all over the world.

万阳总裁杨晓莉女士会见俄罗斯新西伯利亚总统副代表珀罗斯加克夫·伊戈里先生

乌苏里斯克市市长与万阳集团总裁杨晓莉女士亲切交谈

赴俄罗斯新西伯利亚商务考察

万阳总裁杨晓莉女士会见俄罗斯勘查加州州长马社克夫次夫先生

新西伯利亚项目签字仪式

吉林省粮油食品进出口（集团）有限公司

公司简介

吉林省粮油食品进出口（集团）有限公司是大型专业进出口公司。公司成立五十多年来，已累计为国家出口创汇50多亿美元，位居中国进出口额最大的500强企业之列。

公司以经营粮油食品进出口业务为主，同时兼营其他各类商品的国内外贸易。本公司经营的吉林黄玉米、松雪皓和秋田小町大米、小粒黄豆、黄大豆、A字绿豆、草原红牛以及红小豆、芸豆、荞麦、高粱、冻鸡肉、山野菜等商品享誉国际市场。公司以诚为本，广泛开展贸易合作，已与40多个国家和地区的400余家客户建立了长期稳定的贸易关系，并形成了紧密合理、运转科学的营销网络。

多年来，公司始终坚持强化经营和科学管理并重、科技进步和制度创新并举的发展战略。2003年1月，公司通过ISO9000:2000质量管理体系国际国内认证。公司连年保持吉林省外经贸系统出口创汇“十强企业”和经营业绩“优秀单位”的称号；已连续十六年被吉林省工商行政管理局命名为“重合同，守信用”先进单位。2002年以来，公司连续4年荣获全国外经贸质量效益型先进企业称号。2004年被中国对外经贸企业协会授予“AAA”信用等级证书。

INTRODUCTION

Jilin Cereals Oils & foodstuffs Imp. & Exp.(Group)Co., Ltd. is a big professional import and export corporation. Founded more than 50 years ago, it has been expanding its business scope, lifting its administration level and has created over 5 billion U.S. Dollars for the government, it is on the list of the top 500 biggest import and export enterprises in China.

The corporation is chiefly engaged in the import and export of cereals, oils and foodstuffs, and concurrently involved in the domestic and foreign trade of other commodities. The export items famous over the international market are: Jilin Yellow Maize, Matsuyuki Rice, Akitakomachi Rice, small-kernelled Soybeans, Big-kernelled Soybeans, “A” Green Beans, Red Prairie Cattle, Small Red Beans, Kidney Beans, Buckwheat, Kaoliang(Sorghum),Frozen Broiler, Frozen Beef, Frozen Duck Crammed, and various wild vegetables. Believing in good faith, the corporation broadly develops trade co-operation. So far, it has established long-term trading relations with over 400 clients from more than 40 countries and regions, and framed a close, rational, and scientific sales networks.

Over the past years, the corporation has been maintaining the developing strategy of strong management and rigorous administration, technology progress and system renovation. In Jan. 2003, the corporation was verified and recognized both domestically and internationally by ISO9001:2000 Quality Administration System. The corporation remains as one of“ the top 10 strongest enterprises”among Jilin province Foreign Trade Exports, one of the most Excellent Companies in business handling and was named for 16 times by Jilin provincial Government as one of the best companies of “Honoring Contracts and Adhering to Credits”. From 2002,the corporation has been bestowed a name of an advanced export with perfect quality and profit for 4 times. In 2004, the corporation was given a “AAA” credited certificate by China Foreign Trade & Economy corporation Enterprise.

吉林省粮油食品进出口（集团）有限公司

强化经营和科学管理并重、科技进步和制度创新并举

中国吉林·东北亚投资贸易博览会

第一届东北亚博览会开幕式现场

中国吉林·东北亚投资贸易博览会，是经中华人民共和国国务院批准，由中国商务部、国务院振兴东北地区等老工业基地领导小组办公室和吉林省人民政府共同主办的集商品展洽、投资洽谈与专业国际会议为一体的国家级国际性区域综合性展会。第一届中国吉林·东北亚投资贸易博览会在中国和东北亚五国政府以及来自世界各地参会客商的大力支持、积极参与下取得圆满成功。对外贸易成交额2.92亿美元，国内贸易成交额为7.56亿元人民币；签订投资类项目276个，吸引外来投资753.94亿元，其中签订合同项目132个，吸引外来投资326亿元。国内外参展、参会客商总数超过3万人，来自46个国家的国际客商4000余人，其中各国副部级以上政要53人，52户世界500强企业集团总裁或中国总部总裁31人、副总裁14人。国内客商25000余人，国内外媒体记者1200余人，参会社会公众20余万人。

第二届中国吉林·东北亚投资贸易博览会将于2006年9月2日—6日在中国长春举办，以“机遇、交流、合作、发展”为主题，以打造“中国北方第一展会”并逐步办成中国乃至世界精品展会为目标，紧紧围绕东北亚区域合作和东北老工业基地振兴的主题，以商品贸易、投资合作、专业国际会议和商务日活动及文体交流为主要内容，面向全球工商界开放。第二届东北亚博览会继续邀请中国与东北亚以及世界各国（地区）的经贸高官、参展商、投资商、采购商到会，进行商品展洽、投资洽谈。搭建中国与东北亚各国及面向世界的商品贸易平台、振兴东北老工业基地和推动东北亚地区发展的投资合作平台。预计国内外各类参展参会客商逾4万人。其中参展商6千人，采购商1万人，投资洽谈商1万人，考察商1.4万人。国外客商6千人，国内外新闻媒体记者1千人。

同期举办的东北亚经济合作论坛、第十一届东北亚地方政府首脑会议等专业国际会议及中国与东北亚五国商务（周）日活动将邀请各国政要、各省区市领导和国内外商界精英、专家学者发表演讲，进行对话交流，共谋东北振兴和东北亚区域合作发展大计。届时，全球目光将聚焦东北亚，聚焦中国吉林·东北亚投资贸易博览会。我们坚信，第二届东北亚博览会将层次更高、规模更大、成果更多、商机无限。

长春市是吉林省省会，享有中国“北国春城”的美誉。吉林是中国惟一既与东亚的朝鲜、韩国、日本相接或相邻，又与北亚的俄罗斯远东地区相接壤的省区。便捷的交通网络，完善的服务体系，先进的会展设施，可靠的安全保障，友好的人文、投资环境，将为来宾提供便利，创造商机。

东北亚博览会是一个开放的国际性展会。东北亚博览会组委会，诚挚欢迎中外工商界朋友光临中国春城—吉林省长春市参加这一盛会，广交朋友，畅谈合作，把握商机，共同发展。

China Jilin.Northeast Asia Investment and Trade Expo

国机电产品展览中心 China Machinery& Electronic Products Exhibition Center

中国机电产品展览中心（英文简称 CHINAMEX）是经中国商务部批准成立并列入商务部海外中心管理系列的海外企业。

China Machinery & Electronic Products Exhibition Center (CHINAMEX), is an overseas company approved by Ministry of Commerce of the People's Republic of China which has been listed into the companies of MOFCOM's management system of overseas centers.

CHINAMEX 是中国政府实施市场多元化战略，推动和扩大中国企业"走出去"和中国机电产品出口，参与国际市场竞争的一项重要举措，是中国在境外设立的第一个专项从事中国机电产品及其它商品展览、交易的场馆和服务中心。

CHINAMEX is one of the important steps for the implementation Diversification Strategy of Chinese government to encourage Chinese manufactures "going global" and to increase the exports of Chinese Machinery &Electronic Products fostering Chinese companies to participate positively in the international competition. CHINAMEX is the first center established overseas focusing on the exhibition and trade of Chinese machinery & electronic and other products.

从 2000 年开始，CHINAMEX 先后在海外举办了 18 届（次）中国商品综合或专业展览会，得到了国务院领导、商务部领导、驻在国中国使领馆的肯定与支持。截至 2005 年底，参加过 CHINAMEX 在境外举办展会的中国企业累计达 2900 余家（6200 余人次），共接待了来自 65 个国家和地区的近 20 万名专业客商和观众参展，合同成交和意向成交总额超过了 46 亿美元。

Since year 2000, CHINAMEX has successively held 18 comprehensive or professional Chinese commodity fairs, with great supports and recognition by the officials from the State Council, Ministry of Commerce and Chinese Embassies and Consulates. Till the end of 2005, there had been nearly 6200 representatives from 2900 enterprises exhibiting in the fairs and more than 200,000 visitors from 65 countries and regions attending. The total value of contract and intent transactions has reached $ 4.6 billion.

经过 6 年的发展，CHINAMEX 已在中东、东欧、北非等地区享有一定的声誉并产生了品牌效应。CHINAMEX 已与 23 个国家的工商会及大型跨国公司建立了广泛联系，成为了中国企业与国外企业的联系纽带。许多国家的当地商人更将 CHINAMEX 视为中国企业在当地的窗口，认为通过 CHINAMEX 介绍和洽谈的经贸合作项目具有质量和信誉的保证。

After 6 years' development, CHINAMEX has built up its brand and fame in the Middle East, East Europe and North Africa. CHINAMEX has also established extensive contacts with Chambers of Commerce and big-scale multinational companies from 23 countries, acting the role as a bridge between Chinese and foreign companies. Many local businessmen even regard CHINAMEX as a window of Chinese companies, believing the projects introduced via CHINEMEX are with quality and credit assurance.

CHINAMEX 拥有一支从事国际展览、市场开发推广、项目投资、咨询及金融服务的专业队伍，将竭诚为中外商人提供优质服务。

Possessing a professional team engaging in international exhibition, market promotion, project investment, consulting and financing, Chinamex will offer the best services to Chinese and foreign traders with utmost sincerity.

Chinamex

中国机电产品展览中心（CHINAMEX）北京代表处
China Machinery & Electronic Products Exhibition Center (CHINAMEX) Beijing Office

法人代表：郝锋 Legal representative: Hao Feng
地 址：中国北京市东城区朝阳门北大街8号富华大厦B座9层（100027）
Adress: Floor 9, Building B, Fuhua Mansion, NO.8 Chaoyangmen North Avenue, Dongcheng District, Beijing China (100027)
电 话 Tel: +8610－65542775
传 真 Fax: +8610－65542771

公司简介
Company Profile

庆铃汽车（集团）有限公司是我国汽车行业重点骨干企业，是以与日本五十铃共同组建的整车生产企业 —— 庆铃汽车股份有限公司为核心，10个重要零部件子公司为支撑，200余家配套企业的商用车制造体系，公司总资产115亿元，净资产91亿元。

- 1994年经国家批准，庆铃汽车股份有限公司作为我国汽车工业第一家试点企业赴海外上市发行股票，转制成为一家国际公众企业；1997年又一次赴境外发行可转换债券；2005年，日本五十铃增持庆铃股份至20%，双方步入共同经营的战略合作新阶段。
- 主要产品是日本五十铃最新技术水平的N系列3吨级100P轻型商用车、4吨级600P新型商用车、F系列8-15吨重型商用车、20吨拖头，及T系列皮卡车、UC系列多功能乘用车。
- 引进日本、德国、美国等国家九十年代中、后期先进水平生产线100余条，形成铸造、锻造、铸铝三大基础毛坯，及发动机、变速箱、驾驶室、车架、前桥、后桥等六大总成10万台套制造能力。
- 建成技术开发中心、模具中心、锻模中心、理化中心等技术后方，培育形成以己为主进行车辆及核心关键总成开发;薄板冲压、中板冲压、铸造、锻造、铸铝、塑料等六类模具开发;金属及非金属材料开发，工艺及工装开发的能力。
- 在全国汽车企业中，人均劳动生产率、人均销售额、人均利润均名列前茅；1999年至2001年，连续三年获全国质量效益型企业,并获全国质量效益型先进企业特别奖；连续12年被评为“重庆工业企业50强”，其中八年居首位。

With gross assets of 11.5 billion RMB and net assets of 9.1 billion RMB, QingLing Motors Group, taking Qingling Motors Co., as the core part, is one of the backbone enterprises in the Chinese automobile manufacturing industry. Qingling Group has totally10 subsidiary affiliates of component manufacturing and also supported by over 200 suppliers.

•With the approval of Chinese government, the company was reorganized into joint-stock limited company and also to be listed abroad as the pilot enterprises in Chinese automotive industry, and QingLing turned into a state-owned international public enterprise. Its convertible bond was also sold abroad in 1997, and Isuzu Motors increased its holding in Qingling to 20% in 2005 and it enters a new stage of strategic cooperation between both sides.

•The Company is mainly engaged in producing N-series 3-ton 100P and 4-ton 600P light truck, F-series heavy truck with loading capacity of 8-15 tons, and T-series pickup, 20-ton tractor as well as UC-series MPV with the latest Isuzu automotive technology.

•With the introduction of over 100 advanced production lines from Japan, Germany and USA etc, the production capability of three basic blank parts including foundry, forging and aluminum casting and 6 key component assemblies including engine, transmission, and cabin etc have been successfully established with annual production capacity of 100,000 sets.

•The Company also built up a strong technical backup such as technology development center, mould center and forging die center as well as physicochemical examination center etc. The development capability, mostly relying on itself, for entire vehicle and key assemblies has been well established.

•QingLing Group always holds top ranking in Chinese automobile manufacturing industry for its average productivity, average sales revenue and average profit. Qingling was also awarded as the Enterprise with Best Quality and Profitability in China for 3 consecutive years from 1999 to 2001 and holds top ranking in Best 50 Industrial Enterprises in Chongqing for twelve years, and also as the top one for eight consecutive years.

21 years of exploring......
21 years of innovating......
21 years of developing......
Haier has so far obtained over 5,469 patent certificates, including 819 inventions and 589 software copyrig
Haier was involved in the constitution of 86 Chinese national standards (GB) or Chinese industrial standards (S
Based on such rapid creating speed,Haier has developed from a small fridge factory into a multinational gi
manufacturing 96 categories of household appliances with 15,100 specifications and exploring products to m
than 160 countries.
Everyday, Haier is new. Everyday Haier comes with a pleasant surprise.
Haier - Innovation changes the way of life.
Beijing 2008
Haier
北京2008年奥运会赞助商
Official Sponsor of the Beijing 2008 Olympic Games
Haier Group
Add: Haier Industrial Park,Haier Road,Hi-Tech Zone,Qingdao,China
P.C:266101
http://www.haier.com
Tel:+86 532 88938
E-mail:advert@haier.

目　录

序 ……………………………………………………………………………………………………… (1)
Preface

编写说明 …………………………………………………………………………………………………… (3)
Editorial Note

第一篇　重要文献

Chapter Ⅰ Important Literature

政府工作报告（摘录）………………………………………………………………………………… (3)
Government Work Report (cento)

温家宝总理在第二届中欧工商峰会上的发言 ……………………………………………………… (14)
Premier Wen's Speak on the Second EU－China Business Summit

薄熙来部长在第二届中欧工商峰会上的致辞 ……………………………………………………… (15)
Minister Bo's Address on Second EU－China Business Summit

第二篇　中欧经贸关系及发展概况

Chapter Ⅱ EU－China Business Relations and Development Survey

欧洲简况 ……………………………………………………………………………………………… (19)
Europe Brief Introduction

中国与欧盟经贸关系 ………………………………………………………………………………… (21)
EU－China Business Relations

历次中国—欧盟领导人会晤 ………………………………………………………………………… (22)
All Previous EU－China Leaders' Meeting

2005 年中欧双边贸易额首次突破2 000亿美元 …………………………………………………… (23)
EU－China Bilateral Trade Amount First Exceed Two Hundred Billion USD in 2005

中国对欧盟政策文件 ………………………………………………………………………………… (24)
The Policy Document Towards EU

2005 年欧盟贸易投资环境报告 ……………………………………………………………………… (28)
The EU Business Investment Environment Report in 2005

中欧纺织品贸易争端 ………………………………………………………………………………… (31)
EU－China Textile Trade Issue

一、2005 年欧美对华纺织品争端大事记 …………………………………………………………… (31)
Textile Issues Between China and European－America in 2005

二、2005 年中国纺织品市场之旅 …… (31)
China Textile Market in 2005
三、郑棉步履蹒跚 …… (32)
Cotton Market Recent Development
四、对中国纺织品实施配额限制会损害欧盟自身的利益 …… (32)
The Quota Restriction to Chinese Textile Will Harm EU's Itself Interest
五、欧盟公布重要信息解决进口商和贸易商滞港中国纺织品问题 …… (33)
EU Issued Important Information to Solve the Issue That the Chinese Textile Sluggished at Seaport

第三篇 商务法律法规及相关政策

Chapter Ⅲ Business Laws and Rules

中华人民共和国对外贸易法 …… (37)
The PRC Foreign Trade Laws
中华人民共和国进出口商品检验法实施条例 …… (42)
The PRC Import and Export Commodity Inspection Laws
商务部法律性文件 …… (48)
The Law Documents on Commerce Ministry
一、设立外商控股、外商独资旅行社暂行规定 …… (48)
Interim Provisions on Foreign - owned Holding and Exclusive Foreign - owned Investment Travel Service
二、商务部关于外商投资企业在清算过程中终止清算、恢复经营问题答复的函 …… (49)
Answer of the Ministry of Commerce to the Liquidation Termination and Business Renewal of Foreign - owned Enterprises in the Liquidation Procedure
三、关于外商投资举办投资性公司的规定 …… (50)
Provisions Foreign - owned Investment Companies
四、商务部关于依法行政做好外商投资企业审批工作的通知 …… (54)
Notice of the Commercial Ministry According to Law to Conduct Well the Examination and Approval Work of Foreign - owned Investment Enterprises
五、《对外贸易壁垒调查规则》 …… (56)
Foreign Trade Barrier Investigation Rule
六、《外商投资租赁业管理办法》 …… (58)
Measures for the Administration of Foreign - owned Leasing Trade
七、商务部关于加强对特许经营活动管理的通知 …… (60)
Notice of the Ministry of Commerce on Enhancing the Management of Franchise Businesses
八、商务部、财政部、国家税务总局关于开展农产品连锁经营试点的通知 …… (61)
Commercial Ministry, Finance Ministry and the National Tax Bureau on Carrying out Pilot Chain Operations of Agricultural Products
九、商务部、国家外汇管理局关于印发《企业境外并购事项前期报告制度》的通知 …… (65)
Commercial Ministry and the Foreign Exchange Official about Printing and Distributing the Prophase Reporting System for the Overseas Merger and Acquisition Related Matters of Enterprises

十、汽车贸易政策 …… (66)
Policies for Automobile Trade
十一、商务部、工商总局《对外劳务合作经营资格管理办法》补充规定 …… (69)
Supplementary Provisions of the Ministry of Commerce and the State Administration for Industry and Commerce on the Measures for the Administration of Operation Qualification of Overseas Labor Service Cooperation
十二、对外贸易经营者违法违规行为公告办法 …… (71)
Measures for the Publication of Illegal and Irregular Acts of Foreign Trade Operators
十三、中外合作经营企业外国合作者先行回收投资审批办法 …… (72)
Measures for Examining and Approving the Advance Recovery of Investments by Foreign Partners of Chinese and Foreign Cooperative Joint Ventures
十四、商务部关于印发《境外中资企业（机构）报到登记制度》的通知 …… (73)
Notice of the Ministry of Commerce on Printing and Distributing the System of Signing in and Registration of Overseas Chinese – funded Enterprises or Institutions
十五、2006 年原油、成品油非国营贸易进口允许量、分配依据和申请程序 …… (74)
Import Permission Amounts, Basis of Distribution and Application Procedures of Non – state Trade Crude oil, Product Oil in 2006
十六、《纺织品出口临时管理办法》 …… (76)
Interim Measures for the Administration of the Export of Textiles
十七、商务部关于促进中小流通企业改革和发展的指导意见 …… (78)
Instructions of the Ministry of Commerce on Promoting the Reform and Development of the Small/Medium – sized Circulation Enterprises
十八、2006 年食糖进口关税配额申请和分配细则 …… (82)
Detailed Rules for Application and Distribution of Sugar Import Tariff Quotas
十九、2006 年羊毛、毛条进口关税配额管理实施细则 …… (83)
Detailed Rules for the Implementation on the Administration of Wools and Wool Tops Import Tariff Quotas
二十、2006 年化肥关税配额进口总量、分配原则和申请程序 …… (84)
Import Gross, Principles of Distribution and Application Procedures of Fertilizers Tariff Quotas in 2006
二十一、境外投资开办企业核准工作细则 …… (85)
Detailed Rules for the Examination and Approval of Investments to Run Enterprises Abroad
二十二、商务部、财政部农轻纺产品贸易促进资金暂行管理办法 …… (87)
Interim Measures of the Ministry of Commerce and the Ministry of Finance for the Administration of Trade Promotion Funds for Agricultural, Light Industry and Textile Products
二十三、直销产品范围公告 …… (88)
Announcement on the Range of Direct Selling Products
二十四、财政部、商务部关于印发《对外经济技术合作专项资金管理办法》的通知 …… (88)
Notice of the Finance Ministry and the Commercial Ministry on Special Funds for Foreign Economic and Technical Cooperation
二十五、关于废止外商投资转型企业有关规定的公告 …… (90)
Announcement of Repealing the Relevant Provisions on Foreign – owned Investment Transformed Enterprises

二十六、外商投资商业企业申报指引 …… (90)
Guidelines on Application for Foreign - funded Commercial Enterprises

第四篇 工商 税务 海关 外汇管理规定

Chapter Ⅳ Business Tax Customs Exchange Management

工 商 Business

法律知识问答 …… (99)
Law Knowledge Questions and Answers
法律性文件 …… (106)
Law Documents
关于调整部分外商投资企业登记管辖范围的通知 …… (106)
Notice of Some Adjustments to the Jurisdictional Scope for the Registration of Foreign - invested Enterprises
外商投资创业、投资企业管理规定 …… (106)
The Management Rules on Foreign Investment

税 务 Tax

法律知识问答 …… (113)
Law Knowledge Questions & Answers
法律性文件 …… (127)
Law Documents
中华人民共和国个人所得税法 …… (127)
The PRC Individual Income Tax Law
中华人民共和国个人所得税法实施条例 …… (129)
Detailed Rules for the Implementation of the Individual Income Tax Law of PRC
国家税务总局关于外国企业常驻代表机构有关税收管理问题的通知 …… (133)
Circular of the National Tax Bureau on the Relevant Tax Administration Issues concerning Permanent Representative Offices of Foreign Enterprises
财政部、国家税务总局关于出口货物退（免)税若干具体问题的通知 …… (134)
Circular of the Ministry of Finance and the National Tax Bureau on Some Specific Issues concerning the Tax Refund (Exemption) on Exported Goods
财政部、国家税务总局关于出口货物退（免)税若干具体问题的补充通知 …… (135)
Supplementary Circular of the Ministry of Finance and the State Administration of Taxation on Some Specific Issues concerning the Tax Refund (Exemption) on Exported Goods

海 关 Customs

法律知识问答 …… (137)
Law Knowledge Questions and Answers
法律性文件 …… (154)
Law Documents

中华人民共和国海关法 …………………………………………………………………………………………… (154)
The Customs Law of PRC
《中华人民共和国禁止进出境物品表》和《中华人民共和国限制进出境物品表》 ………………… (163)
Prohibited Import and Export Commodities List of PRC and Restricted Prohibited Import and Export Commodities List of PRC
报关单位注册登记作出重大调整 ………………………………………………………………………… (163)
Major Adjustment on Registration of Declaration Entities

外 汇 foreign exchange

外汇管理 ……………………………………………………………………………………………………… (167)
Exchange Management
一、外汇概念 ……………………………………………………………………………………………… (167)
Exchange Concept
二、适用范围 ……………………………………………………………………………………………… (167)
Application Area
三、经常项目外汇 ………………………………………………………………………………………… (167)
Often Items Exchange
四、资本项目外汇 ………………………………………………………………………………………… (168)
Capital Items Exchange
五、人民币汇率 …………………………………………………………………………………………… (168)
RMB Exchange Rate
六、法律责任 ……………………………………………………………………………………………… (168)
Law Liability
2005 年国家外汇管理的有关通知 ………………………………………………………………………… (169)
The Notice Related to Foreign Exchange Manage in 2005
国家外汇管理局关于进一步简化出口收汇核销手续有关问题的通知 ……………………………… (169)
Further Simplifying the Formalities for Verification and Write - off of Export Proceeds in Foreign Exchange
国家外汇管理局关于进一步简化贸易进口付汇及核销手续有关问题的通知 ……………………… (170)
The Issue of Further Simplifying the Formalities for Foreign Exchange Payment and Verification in Import Trade
国家外汇管理局关于放宽境内机构保留经常项目外汇收入有关问题的通知 ……………………… (171)
The Issue of Broadening for the Preserving of Current Items Foreign Exchange Incomes of Domestic Institutions
国家外汇管理局关于加强进口延期付汇、远期付汇管理有关问题的通知 ………………………… (172)
The Issue about Intensifying the Management of Import Defer Payments and Forward Payments of Foreign Exchange
国家外汇管理局关于下放部分资本项目外汇业务审批权限有关问题的通知 ……………………… (173)
The Relevant Issue of Transferring the Power of Examination and Approval of Foreign Exchange Businesses under Some Capital Accounts to the Lower Levels
国家外汇管理局关于境内居民个人境外投资登记及外资并购外汇登记有关问题的通知 ………… (174)
Notice of Registration of Overseas Investments Contributed by Domestic Individual Residents and Foreign Exchange Registration of Merger or Acquisition with Foreign Investments

国家外汇管理局关于边境地区境外投资外汇管理有关问题的通知 ……………………… (175)
The Notice of Foreign Exchange for Overseas Investments of Border Areas

第五篇 欧洲商务指南

Chapter Ⅴ European Business Guideline

德 国 Germany

一、国名 国旗 国徽 国歌 国庆日 国花 国鸟 国石 ……………… (179)
Country, National Flag, National Emblem, National Anthem, the National day, National Flower, National Bird, National Stone
二、地理环境 ……………… (179)
Geographical Environment
三、行政区划 ……………… (180)
Districts
四、人口 民族 宗教 ……………… (180)
Population, Nation, Religion
五、历史沿革 ……………… (180)
History Reform
六、政治概况 ……………… (181)
Politics Survey
七、经济概况 ……………… (182)
Economic Survey
八、2005 年经贸形势 ……………… (183)
Business Situation
九、对外经贸关系 ……………… (185)
Foreign Trade Relations
十、中德经贸关系 ……………… (186)
Business Relations Between China and Germany
十一、贸易法规 ……………… (187)
Trade Rules
投资相关法规 ……………… (187)
Investment Laws and Rules
公司法 ……………… (187)
Company Law
外资并购 ……………… (188)
Foreign Make up
税务制度 ……………… (188)
Tax System
外国人管理和劳工政策 … (190)
Labor Policy
中德社会保险协定 ……… (194)
Social Insurance Regulation Between China and Germany
欧盟"生态标签体系"介绍 …… (196)
The Introduction on EU Zoology Label System
十二、联系方法 ……………… (198)
Contact Number

法 国 France

一、国名 国庆日 国旗 国徽 ……… (199)
Country, National Day, National Flag, National Emblem
二、地理环境 ……………… (199)
Geographical Environment
三、行政区划 ……………… (200)
Districts
四、人口 民族 宗教 风俗 ……… (201)
Population, Nation, Religion, Folk
五、历史沿革 ……………… (202)
History Reform
六、政治概况 ……………… (203)
Politics Survey
七、经济概况 ……………… (203)
Economic Survey
八、2005 年经济形势 ……………… (205)
Economic Situation
九、投资环境 ……………… (209)

Investment Environment
十、经贸政策、法规 …………………………… (210)
Business Policy and Laws
法国外贸政策 ……………………… (210)
Foreign Trade Policy
法国政府对外资的管理 ………… (212)
The France Towards The Management of Foreign Fund
法国政府鼓励投资的措施 ……… (213)
Favorable Measures
设立"法国国际投资署"(AFII),加强对吸引外资工作的领导协调和宣传 …………………… (214)
Set up the Administration of French International Investment (AFII), Strengthening the Coordination and Publicity of the Attraction of Foreign Capital
十一、联系方法 ………………………… (215)
Contact Number

英 国 England

一、国名 国旗 国徽 ………………………… (216)
Country, National Flag, National Emblem
二、地理环境 ………………………………… (216)
Geographical Environment
三、行政区划 ………………………………… (216)
Districts
四、人口 民族 宗教 ……………………… (218)
Population, Nation, Religion, Folk
五、历史沿革 ………………………………… (218)
History Reform
六、政治概况 ……………………………… (219)
Politics Survey
七、资源及市场状况 ……………………… (220)
The Condition on Resource and Market
八、中英关系 ……………………………… (223)
The Relations Between China and England
九、相关政策法规 ………………………… (225)
Concerned Policy
十、联系方法 ……………………………… (229)
Contact Number

俄罗斯 Russia

一、国名 国旗 国徽 国庆日 ………… (231)
Country, National Flag, National Emblem, National Day
二、国家政要 ………………………………… (232)
National Personal
三、地理环境 ………………………………… (232)
Geographical Environment
四、人口 民族 宗教 民俗 …………… (232)
Population, Nation, Religion, Folk
五、行政区划 ………………………………… (233)
District
六、历史沿革 ………………………………… (234)
History Reform
七、政治状况 ………………………………… (234)
Politics Conditions
八、资源及经济概况 ……………………… (235)
Resource and Economic Survey
九、中俄关系 ……………………………… (236)
The Relations Between China and Russia
十、经贸政策、法规 ……………………… (237)
Business Policy and Laws
《俄联邦外国投资法》…………………… (237)
Foreign Investment Law of the Federation of Russia
俄罗斯外汇管理政策 ………………… (242)
Policies for the of Foreign Exchange in Russia
俄罗斯有关外商投资的相关政策 ………………………… (243)
Relevant Policies on Foreign - owned Investment in Russia
贸易投资法律体系 …………………… (246)
Law System of Commercial Investment

十一、贸易壁垒 ……………………………（248）
Trade Barrier
十二、联系方式 ……………………………（250）
Contact Number

哈萨克斯坦 Kazakstan

一、国名　国旗　国徽 ……………………（251）
Country, National Flag, National Emblem
二、地理环境 ………………………………（251）
Geographical Environment
三、政治区划 ………………………………（251）
Districts
四、人口　民族　宗教 ……………………（252）
Population, Nation, Religion
五、历史沿革 ………………………………（252）
History Reform
六、政治概况 ………………………………（252）
Politic Survey
七、经济概况 ………………………………（253）
Economic Survey
哈萨克斯坦各地2005年社会经济发展概况 ……………………（254）
Brief Introduction to the Social and Economical Development Survey of Kazakstan in 2005
八、对外贸易关系 …………………………（255）
Foreign Trade Relations
九、经贸政策法规 …………………………（256）
Economic Trade Rules
哈萨克斯坦共和国投资法 ………（256）
Investment Law of the Republic of Kazakstan
哈萨克斯坦共和国优先投资领域投资优惠政策 ……………………（261）
Favorable Polices About the Prior Investment Sector of the Republic of Kazakstan
外国人在哈申办劳动许可应提供的文件及应交费用 ……………（262）
Documents and Charges Needed in the Issue of Application for the Working Permission as a Foreigner in Kazakstan
在哈开办公司和公司代表处的程序 ……………………………（262）
Procedure of Launch Enterprises and Presentive Offices
旅哈中国公民须知 …………………（263）
Notice for Chinese Citizens on the Visit to Kazakstan
十、联系方式 ………………………………（264）
Contact Number

乌兹别克斯坦共和国 The Republic of Uzbekistan

一、国名　国旗　独立日　国徽 …………（265）
Country, National Flag, the Independent Day, National Emblem
二、地理环境 ………………………………（265）
Geographical Environment
三、行政区划 ………………………………（266）
Districts
四、人口　民族　宗教　风俗 ……………（267）
Population, Nation, Religion, Folk
五、历史沿革 ………………………………（268）
History Reform
六、政治概况 ………………………………（269）
Politics Survey
七、资源及经济概况 ………………………（270）
Resource and Economic Survey
八、对外贸易关系 …………………………（272）
Foreign Trade Relations
九、经贸政策法规 …………………………（274）
Business Policy Laws
2006年乌兹别克国内税收政策调整变化情况 ……………………（274）
Adjustments and Modifications on the Civil Tariff Policies of Uzbekistan in 2006
乌兹别克通过《关于鼓励吸引私人外商直接投资的补充措施》……（275）
Uzbekistan Passed the Supplementary Meas-

ures on the Encouragement of Absorbing Personal Direct Investment of Foreign - owned Investors
对外贸易管理 …………………… (275)
Foreign Trade Management
乌2006年引资将继续保持适度规模 ……………………………… (277)
The Attracting Fund Will Continue to Keep Certain Scale
出入境管理 ………………………… (278)
The Management in and Out
十、推荐投资行业 ……………………………… (279)
Commended Investment Business
十一、联系方式 ………………………………… (279)
Contact Number

意大利 Italy

一、国名 国旗 国徽 国歌 独立日 … (280)
Country, National Flag, National Emblem, National Anthem, Independent Day
二、地理环境 ……………………………… (280)
Geographical Environment
三、行政区划 ……………………………… (280)
Districts
四、人口 民族 宗教 民俗 …………… (281)
Population, Nation, Religion, Folk
五、历史沿革 ……………………………… (281)
History Reform
六、政治概况 ……………………………… (282)
Politic Survey
七、经济概况 ……………………………… (282)
Economic Survey
八、对外贸易关系 ………………………… (283)
Foreign Trade Relations
九、经济形势 ……………………………… (284)
Economic Situation
十、意大利2005年经济形势分析 ………… (286)
The Analysis on Economic Situation in 2005
十一、政策法规 …………………………… (290)
Policy Rules
外贸投资促进相关法规 ……… (290)
Concerned Rules to Promote Foreign Investment
外国公司在意大利设立合资公司的程序 ……………………… (291)
Procedure to Establish Company in Italy
海关管理简介 ………………… (292)
Customs Management Brief Introduction
十二、其他贸易促进机构或机制 ………… (293)
Other Trade Promotion Institution and Mechanism
十三、联系方式 ……………………………… (294)
Contact Number

瑞 典 Sweden

一、国名 国旗 国徽 国歌 独立日 … (295)
Country, National Flag, National Emblem, National Anthem, Independent Day
二、地理环境 ……………………………… (295)
Geographical Environment
三、主要城市 ……………………………… (295)
District Zones
四、人口 民族 宗教 ……………………… (296)
Population, Nation, Religion
五、历史沿革 ……………………………… (297)
History and Reform
六、政治概况 ……………………………… (297)
Politics Survey
七、经济概况 ……………………………… (298)
Economy Survey
八、对外贸易关系 ………………………… (299)
Foreign Trade Relations
九、中瑞关系及双边经贸 ………………… (300)
The Bilateral Business Relations Between China and Sweden
十、对外政策及法规 ……………………… (301)
Foreign Policies and Laws

税收 …………………………………（301）
Tax
劳工 …………………………………（301）
Labor
海关 …………………………………（302）
Customs
外汇 …………………………………（302）
Foreign Exchange
对本国投资者和外国投资者的市场准入政策 ………………（302）
Market Admittance Policies to Investors both Domestic and Overseas
瑞典内、外资企业优惠政策 ……（303）
Foreign Companies'Favorable Policies
设立内资企业和外商投资企业的程序 ……………………（304）
Procedures for the Establishment of Domestic - funded and Foreign - funded Enterprises
瑞典吸收外资政策的演变 ………（304）
The Change of Attracting Foreign Investment Policies of Sweden
十一、联系方式 ……………………………（304）
Contact Number

波 兰 Poland

一、国名 国歌 国庆日 国旗 国徽 …（305）
Country, National Anthem, National day, National Flag, National Emblem
二、地理环境 ……………………………（305）
Geographical Environment
三、行政区划 ……………………………（306）
District Zones
四、人口 民族 宗教 风俗 ……………（307）
Population, Nation, Religion and Folk
五、历史沿革 ……………………………（308）
History and Reform
六、政治概况 ……………………………（308）
Political Survey
七、经济概况 ……………………………（308）
Economic Survey
八、对外贸易关系 ………………………（310）
Foreign Trade Relations
九、中波双边贸易关系 …………………（310）
The Bilateral Trade Relations Vetween Poland and China
十、相关政策法规 ………………………（312）
Concerned Policies Rules
十一、我国企业或个人在波兰注册公司的程序及应注意的问题 ……………（316）
The Registration Procedure
十二、经济特区 …………………………（319）
Economic Zone
十三、联系方法 …………………………（320）
Contact Number

匈牙利 Hungary

一、国名 国旗 国徽 国庆日 …………（321）
Country, National Flag, National Emblem, National Day
二、地理环境 ……………………………（321）
Geography Environment
三、行政区划 ……………………………（322）
District
四、人口 民族 宗教 风俗 ……………（322）
Population, Nation, Religion, Folk
五、历史沿革 ……………………………（323）
History Reform
六、政治概况 ……………………………（323）
Politic Survey
七、经济发展概况 ………………………（324）
Economic Sevelopment Survey
八、对外贸易关系 ………………………（325）
Foreign Trade Relations
九、相关政策法规 ………………………（326）
Concerned Policy Rules
十、匈牙利鼓励中国投资 ………………（328）

Hungary Encourage Chinese Investment
十一、投资合作项目 ………………………… (329)
Items for Investment and Cooperation
十二、联系方式 ……………………………… (330)
Contact Number

捷 克 Czechoslovakia

一、国名 国旗 国徽 ………………………… (331)
Country, National Flag, National Emblem
二、地理环境 ………………………………… (331)
Geographical Environment
三、行政区划 ………………………………… (331)
Districts
四、人口 民族 宗教 民俗 …………… (332)
Population, Nation, Religion, Folk
五、历史沿革 ………………………………… (332)
History Reform
六、政治概况 ………………………………… (333)
Politics Survey
七、资源概况 ………………………………… (333)
Resource Survey
八、2005 年捷克最新经济形势 …………… (334)
The New Economic Situation in 2005
九、对外经贸关系 ……………………………… (336)
Foreign Trade Relations
十、中捷双边经贸关系 …………………… (337)
Bilateral Business Relations Between China and Czechoslovakia
十一、贸易政策法规 ………………………… (337)
Trade Policy and Rule
十二、吸引外资政策 ………………………… (338)
Attracting Policy on Foreign Investment
十三、联系方式 ……………………………… (342)
Contact Number
附:对华贸易战略规划(摘编) …………… (342)
Attached: Strategic Plans on Trade to China (Excerpt)

第六篇 中国东西部地区投资指南

Chapter Ⅵ The Guideline of Investment in West – east of China

黑龙江省 Heilongjiang Province

一、地理概况 ………………………………… (355)
Geographical Survey
二、自然资源 ………………………………… (355)
Natural Resource
三、投资优势 ………………………………… (356)
Investment Advantages
四、投资导向 ………………………………… (356)
Investment Leading
五、地区政策及规定 ……………………… (357)
Area Policies and Rules
黑龙江省关于鼓励各类投资者参与国有企业产权制度改革的试行办法 ……………… (357)
State – owned Companies' Reform
关于黑龙江省招商局进一步简化外商投资项目核准手续实施办法的通知 ………… (358)
Attracting Foreign Investment
六、其他优惠政策 …………………………… (359)
Other Favorable Policies

吉林省 Jilin Provinces

一、地理历史概况 ………………………… (361)
Geographical History Survey
二、民族、民俗 ……………………………… (362)
Nation and Folk
三、自然资源 ………………………………… (362)
National Resource

四、经济概况 ……………………………… (363)
Economic Survey
五、投资优势 ……………………………… (364)
Investment Advantage
六、投资导向 ……………………………… (366)
Investment Leading
七、地区优惠政策 ………………………… (366)
Area Favorable Policy
国家赋予振兴吉林老工业基地
吸引外资优惠政策 …………… (366)
Develop Jinlin old Industrial Base Through Attracting Foreign Investment
国家赋予振兴吉林老工业基地的
特殊优惠政策 ……………… (368)
Special Favorable Policy
八、服务机构 ……………………………… (369)
Service Organizations
九、省会介绍——长春市 ……………… (369)
Changchun
长春概况 ……………………………… (369)
Survey
资源概况 ……………………………… (370)
Resource Survey
优惠政策 ……………………………… (371)
favorable Policy
外商投资企业税收优惠
政策 ……………………… (371)
Tax Favorable Policy to Foreign Investment
在高新技术开发区外商投资
企业的优惠政策 ………… (372)
Favorable Policy of Foreign Company in High－new Development Area
经济技术开发区优惠政策 … (372)
Favorable Policy to Economic Development Area
十、联系方式 ……………………………… (373)
Contact Number

贵州省 Guizhou Province

一、地理及历史概况 …………………… (374)
Geography and History Survey
二、人口及民族 …………………………… (375)
Population and Nation
三、自然资源概况 ………………………… (375)
National Resource Survey
四、贵州省实施西部大开发的基本思路
和战略规划 ……………………………… (376)
The Basic Way and Strategic Plan to West Big Development
五、战略发展优势 ………………………… (379)
Strategic Development Advantage
六、投资导向 ……………………………… (380)
Investment Leading
七、优惠政策 ……………………………… (381)
Favorable Policy
贵州省人民政府关于西部大开发
若干政策措施的实施意见 …… (381)
Implementation Opinions of Several Policies and Measures about the West big Development
贵州省进一步放宽政策改善投资
环境的若干规定 ……………… (386)
The Improving of Investment Environment
八、贵州省开发区 ………………………… (387)
Guizhou Development Area

广西壮族自治区 Zhuang Autonomous Region of Guangxi

一、地理概况 ……………………………… (389)
Geographical Survey
二、行政区划 ……………………………… (390)
Districts
三、人口和民族 …………………………… (391)
Population and Nation
四、交通运输 ……………………………… (391)
Communication and Transportation
五、资源概况 ……………………………… (392)
Resource Survey

六、产业优势 …………………………… (393)
Domain Advantages
七、发展现状 …………………………… (394)
Current Situation
八、投资导向 …………………………… (395)
Investment Leading
九、优惠政策 …………………………… (396)
Favorable Policy
广西享受少数民族地区自治政策、西部大开发政策、沿海地区开放政策和边境地区开放政策 …… (396)
West big Policy, Autonomous Policy
产业政策 …………………………… (396)
Domain Policy
税收优惠政策 ………………………… (397)
Tax Favorable Policy
土地政策 …………………………… (400)
Ground Policy
十、服务地带 …………………………… (403)
Service Area

甘肃省 Gansu Province

一、地理概况 …………………………… (405)
Geographic Survey
二、人口及民族 ………………………… (406)
Population and Nation
三、自然资源及支柱产业 ……………… (406)
National Resource and Support Domain
自然资源 …………………………… (406)
Natural Resource
支柱产业 …………………………… (406)
Support Industry
四、经济发展战略和规划 ……………… (408)
Economic Development Strategy and Plan
五、投资导向 …………………………… (410)
Investment Leading
甘肃省鼓励外商投资产业指导目录 ………………………… (410)
Instruct Catalog on Encouraging Foreign Investment
六、地区优惠政策及规定 ……………… (414)
Area Favorable Policy and Rules
甘肃省实施西部大开发若干政策措施 ………………………… (414)
West big Development
优惠政策 …………………………… (418)
Favorable Policy
七、相关服务机构 ……………………… (420)
Connecting Service Institution

宁夏回族自治区 Ningxia Hui Autonomous Region

一、地理概况 …………………………… (421)
Geographical Survey
二、历史沿革 …………………………… (421)
History and Reform
三、人口 民族 宗教 ………………… (421)
Population, Nation, Religion
四、比较优势 …………………………… (423)
Advantages
五、优势资源和支柱产业 ……………… (423)
Advantageous Resource and Main Industry
六、投资导向 …………………………… (425)
Investment Leading
七、投资平台 …………………………… (425)
Investment Roof
八、地区优惠政策 ……………………… (425)
Area Favorable Policy
宁夏回族自治区招商引资的若干政策规定 ………………………… (425)
Policy Rules
宁夏回族自治区外商投资项目核准暂行管理办法 ……………… (431)
Administration Ways

昆明市 Kunming

一、昆明概况 …………………………………（434）
Kunming Survey
二、资源概况 …………………………………（434）
Resource Survey
三、对外经贸状况 ……………………………（435）
Foreign Business Situation
四、交通运输 …………………………………（435）
Communication and Transportation
五、发展前景 …………………………………（435）
Developmental Foreground
六、城市规划 …………………………………（436）
City Planning
七、投资导向（云南） ………………………（437）
Investment Leading
八、昆明鼓励投资的主要领域 ………………（437）
Main Investment Field in Kunming
九、优惠政策 …………………………………（439）
favorable Policy
昆明市鼓励外商投资政策 ………（439）
Foreign Investment Policy
十、服务机构 …………………………………（440）
Service Institution
十一、昆明开发区、度假区一览表
（鼓励投资重点区域） ………………（441）
Kunming Development Area

四川省 Sichuan Province

一、自然概况 …………………………………（442）
Nature Survey
二、行政区划 …………………………………（444）
District
三、资源特点 …………………………………（444）
Resource Condition
四、通讯和交通 ………………………………（447）
Telecom and Transportation
五、对外合作 …………………………………（447）
Foreign Cooperation
六、外商投资优势产业目录 …………………（448）
Foreign Investment Advantageous Domains
七、服务机构 …………………………………（448）
Service Institutions
八、省会介绍——成都市 ……………………（448）
The Introduction of Chengdu
地理历史概况 ………………………（448）
The Survey of Geography and History
交通、通讯 …………………………（449）
Communication & Telecom
投资环境 ……………………………（450）
Investment Environment
发展现状 ……………………………（451）
Development Condition
优惠政策 ……………………………（451）
Favorable Policies
一、成都市鼓励外商投资条例 ……………………（451）
The Rules on Chengdu Encouraging Foreign Investment
二、税收优惠政策 …………（455）
Tax Favorable Policies
九、服务机构 …………………………………（456）
Service Organizations

陕西省 Shanxi Province

一、地理概况 …………………………………（457）
Geography Survey
二、资源概况 …………………………………（457）
Resource Survey
三、发展概况 …………………………………（457）
Development Survey
四、发展战略 …………………………………（459）
Development Strategy
五、对外贸易 …………………………………（459）
Foreign Trade

六、投资导向 ………………………………（460）
Investment Origination
七、优惠政策 ………………………………（460）
Favorable Policies
八、外商投资指南 …………………………（463）
Foreign Investment Guide
九、联系方式 ………………………………（464）
Contact Number
十、省会介绍——西安市 …………………（465）
Xian Introduction
基本情况 ………………………………（465）
Basic Introduction
西安高新技术产业开发区 ………（466）
Xian High - new Technology Industry Development Area
鼓励外商投资领域 ………………（467）
The Area that Encourage Foreign Investment
西安高新区适宜投资的领域 ……（467）
The Area that are Suitable for Investment
西安高新区税收优惠政策 ………（468）
Xian High - new Tax Favorable Policies
西安高新区《关于鼓励和吸引创业资本投资高新技术产业的若干政策》 ………………………（470）
Xian High - new Area

新疆维尔自治区 Sinkiang Municipality

一、地理概况 ………………………………（471）
Geography Survey
二、历史沿革 ………………………………（471）
History and Reform
三、资源丰富 ………………………………（472）
Rich Resource
四、人口　民族　民俗 ……………………（473）
Population, Nation and Folk
五、发展现状 ………………………………（474）
Development Situation
六、石油、天然气及“西气东输” ………（474）
Oil, Natural Gas and Xiqidongshu
七、投资环境 ………………………………（475）
Investment Environment
八、新疆自治区（含新疆生产建设兵团）投资导向 ……………………………（476）
Sinkiang Municipality Investment Leading
九、优惠政策 ………………………………（476）
Favorable Policies
新疆维吾尔自治区关于西部大开发税收优惠政策有关问题的实施意见（摘编） ……………（476）
West Big Development
新疆维吾尔自治区招商引资若干政策规定（摘编） ……………（478）
The Policy Regulations on Attracting Foreign Investment Issued by Sinkiang Municipality
新疆维吾尔自治区招商引资若干政策规定实施细则（摘编） …（481）
Implement Detailed Rules Issued by Sinkiang Municipality
新疆维吾尔自治区鼓励外商投资若干政策规定（摘编） ………（484）
The Policy Regulation Issued by Sinkiang Municipality to Encourage Foreign Investment
十、联系方式 ………………………………（486）
Contact Number

第七篇　调研与分析

Chapter Ⅶ Investigation & Analysis

国际中小企业合作“地区导向”模式浅析 ………………………………（489）
The Simple Analysis of International Medium - small Corporations' Area Leading
捷克环保设备特点和优势及加强中捷企业在环保领域合作的建议 ……………………（494）

Czech Republic Environmental Equipment's Point and the Cooperation Between China and Czech Enterprises in Environment Protection Area
瑞典经验对中国外贸可持续发展的借鉴 …………………………………………………………………… (496)
The Use for Reference of Sweden's Experience to Chinese Sustainable Development
中国汽车登陆俄市场的喜与忧 ……………………………………………………………………………… (501)
The Good and Bad on Chinese Auto Landing on Russia

第八篇　中欧经济技术交流与合作活动大事记（2005年）

Chapter Ⅷ The Memorabilia on EU – China's Ecomomic – technic Exchange and Work Activity (2005)

中华人民共和国商务部大事记 ……………………………………………………………………………… (505)
The Work Activity of PRC Commercial Ministry

第九篇　附　录

Chapter Ⅸ Appendix

2005年中国与欧洲国家贸易统计表 ……… (529)
Trade Statistics Between China and EU Countries in 2005
欧洲联盟 EU ………………………………… (531)
一、欧盟介绍 ……………………………… (531)
EU Introduction
二、组织机构 ……………………………… (532)
Organization Framework
三、欧盟理事会的决策表决机制 …… (534)
EU Council's Decision – making Mechanism
四、《欧盟宪法条约》 …………………… (535)
《EU Constitution Treaty》
五、欧盟经贸法规 ……………………… (536)
EU Business Regulations
六、一体化重要进程 …………………… (538)
Important Progress
七、欧委会2005年工作重点 ………… (539)
EU Committee's Work Key in 2005
八、动态信息 ……………………………… (540)
Dynamic Information
独立国家联合体 ………………………… (542)
Commonwealth of Independent States
一、独立国家联合体简介 ……………… (542)
Introduction
二、成员国概况 ……………………… (543)
The Survey of Member Countries
（一）阿塞拜疆共和国 …… (543)
The Republic of Azerbaijan
（二）亚美尼亚共和国 …… (544)
The Republic of Armenia
（三）白俄罗斯共和国 …… (545)
The Republic of White Russia
（四）格鲁吉亚 ………… (546)
Georgia
（五）吉尔吉斯共和国 …… (548)
Kirghizia
（六）摩尔多瓦共和国 …… (549)
The Republic of Moldova
（七）乌克兰 …………… (550)
Ukraine
（八）塔吉克斯坦共和国 … (552)
The Republic of Tajikistan
（九）土库曼斯坦 ………… (554)
Turkmenistan
上海合作组织 ………………………………… (556)
Shanghai Cooperation Organization
上海合作组织简介 ……………………… (556)
Introduction

上海合作组织成员国元首宣言(全文) ………………………… (556)
The Declaration of Presidents of Shanghai Cooperation Organization Member States (Full Text)
上海合作组织秘书处2005年大事记 ……………………………… (559)
2005 News of Shanghai Cooperation Organization Secretariat

第十篇 企业名录

Chapter Ⅹ Corporation's Express

中国机电产品展览中心 …………………………………………………………… (579)
China Machinery & Electronic Products Exhibition Center
佛山市三水工业区 …………………………………………………………… (580)
Foshan Sanshui Industrial Park
中国欧洲经济技术合作协会独联体商务工作委员会 …………………………… (582)
China – Europe Association for Technical and Economic Cooperation Sino – CIS Business Council
中国北方工业公司 …………………………………………………………… (583)
China North Industries Corporation
吉林省粮油食品进出口（集团）有限公司 …………………………………… (585)
Jilin Cereals Oils & Foodstuffs Imp. & Exp. (Group) Co., Ltd.
中国光大集团简介 …………………………………………………………… (586)
China Everbright Group
中国机械进出口（集团）有限公司 …………………………………………… (587)
China National Machinery Imp. & Exp. Corp.
厦门金龙汽车集团 …………………………………………………………… (588)
Xiamen King Long Motor Group Co., Ltd.
中兴通讯股份有限公司 ……………………………………………………… (589)
ZTE Corporation
广西柳工机械股份有限公司 ………………………………………………… (590)
Guangxi Liugong Machinery Co., Ltd
桂林机床股份有限公司 ……………………………………………………… (591)
Guilin Machine Tool Co., Ltd
厦门市机电产品进出口商会 ………………………………………………… (592)
Xiamen Chamber of Commerce for Import and Export of Machinery and Electronic Products
欧洲商业开发投资管理中心 ………………………………………………… (593)
Center for Development of Trade and Control of Investment in Europe
天津滨海国际机场宾馆 ……………………………………………………… (595)
Tianjin Binhai International Airport Hotel
天津欧洲工业园有限公司 …………………………………………………… (596)
Tianjin Euro – Industrial Park
吉林粮食集团进出口有限公司简介 …………………………………………… (597)
Jilin Grain Group Imp. and Exp. Co. Ltd.
苏源永利达电子科技有限公司 ……………………………………………… (598)

Changzhou Suyuan Yonglida Electronic Scientific & Technological Co. , Ltd.
天津开发区：投资环境和优惠政策 …………………………………………………………………… (599)
TEDA's Investment Environment and Favorable Policy
河南森源电气股份有限公司 …………………………………………………………………… (601)
Henan Senyuan Electric Co. , Ltd
哈尔滨利民经济开发区 …………………………………………………………………… (602)
Harbin Limin Economic Development Zone
江铃进出口有限责任公司 …………………………………………………………………… (603)
Jiangling Motors Import & Export Co. , Ltd.
大庆高新技术产业开发区 …………………………………………………………………… (604)
Daqing New High - Tech Industrial Development Zone
长安汽车（集团）有限责任公司简介 …………………………………………………………………… (605)
Changan Automobile Imp. & Exp. Co. , Ltd
中德制辊有限公司 …………………………………………………………………… (607)
Chengdu Zhongde Roll Manufacturing Co. , Ltd.
深圳市宇阳科技发展有限公司 …………………………………………………………………… (608)
Shenzhen EYANG Technology Development Co. , Ltd
海南泰澳实业有限公司 …………………………………………………………………… (609)
Hainan Taoao Industry Co. , Ltd
河北鹏烨药剂有限公司 …………………………………………………………………… (610)
Hebei Pengye Medicament Co. , Ltd.
北京同仁堂生物制品开发有限公司 …………………………………………………………………… (611)
Beijing Tongrentang Biological Product Development Co. , Ltd.
椒光集团有限公司 …………………………………………………………………… (613)
Jiaoguang Group Co. , Ltd
广东省佛山市顺德区桂洲医院 …………………………………………………………………… (614)
Brief Introduction of GuiZhou Hospital of Shunde Foshan Guangdong
北京兴侨国际工程技术有限公司 …………………………………………………………………… (615)
Beijing Xingqiao International Engineering Technology Co. , Ltd.
北京中润伟业投资有限公司简介 …………………………………………………………………… (616)
Brief Introduction to Beijing Union Glory Investment Co. , Ltd
中成进出口股份有限公司 …………………………………………………………………… (618)
China National Complete Plant Import & Export Corp. Ltd.
国家开发投资公司 …………………………………………………………………… (619)
State Development & Investment Corp.
中国经济技术投资担保有限公司 …………………………………………………………………… (620)
The Introduction of China National Investment and Guaranty Co. , Ltd

2005

CHINA & EUROPE
BUSINESS AFFAIRS YEARBOOK

中国欧洲商务年鉴

第一篇

重要文献

CHAPTER I IMPORTANT LITERATURE

政府工作报告（摘录）

2006年3月5日　第十届全国人民代表大会第四次会议

国务院总理　温家宝

一、去年工作回顾

2005年，我国社会主义现代化事业取得显著成就。

——经济平稳较快发展。全年国内生产总值达到18.23万亿元，比上年增长9.9%；财政收入突破3万亿元，增加5 232亿元；居民消费价格总水平上涨1.8%。国民经济呈现增长较快、效益较好、价格较稳的良好局面。

——改革开放迈出重大步伐。一些重点领域和关键环节的改革取得新突破；进出口贸易总额达到1.42万亿美元，增长23.2%；实际利用外商直接投资603亿美元；年末国家外汇储备达到8 189亿美元。

——社会事业取得新进步。科技、教育、文化、卫生、体育等事业全面发展。神舟六号载人航天飞行圆满成功，标志着我国在一些重要科技领域达到世界先进水平。

——人民生活进一步改善。城镇新增就业970万人；城镇居民人均可支配收入达到10 493元，农村居民人均纯收入达到3 255元，扣除价格因素，分别增长9.6%和6.2%。

我国在全面建设小康社会道路上迈出了新的坚实步伐。

一年来，我们以科学发展观统领经济社会发展全局，主要做了以下几方面工作：

（一）着力解决经济运行中的突出问题

继续搞好宏观调控，坚持区别对待、有保有压的原则，综合运用财税、货币、土地等手段，控制固定资产投资过快增长，遏制房地产投资过快增长和房价过快上涨的势头。进一步增加农业、能源、交通、社会事业等薄弱环节投入，促进协调发展，增强发展后劲。加强经济运行调节，继续缓解煤电油运紧张状况，保障了经济平稳较快增长。

（二）积极推进经济结构调整和增长方式转变

继续加强“三农”工作。28个省（区、市）全部免征了农业税，全国取消了牧业税。增加对种粮农民的补贴和对产粮大县及财政困难县的转移支付，对部分粮食主产区的重点粮食品种实行最低收购价政策，多渠道增加农民收入。全年中央财政用于“三农”的支出达到2 975亿元，比上年增加349亿元。粮食总产量在上年大幅度增长的基础上，又增产1 454万吨，达到48 401万吨。农业综合生产能力得到加强，粮食稳定增产和农民持续增收，为经济平稳较快发展和社会稳定奠定了基础。

在产业结构调整方面，制定和实施了能源、重要原材料和装备制造等行业发展规划和产业政策，提出了促进流通业发展的政策措施，引导和支持重点行业健康发展；淘汰了一批高耗能、高污染和不符合安全生产条件的落后生产能力。

为推进经济增长方式转变，突出抓了能源资源节约和环境保护，提出了建设资源节约型社会、发展循环经济的任务和政策措施，启动了178项节能、节水和资源综合利用等重大项目。加强了矿产开发、土地利用和城乡规划管理。去年投入国债资金152亿元，主要用于淮河、太湖等重点流域污染防治和天然林保护、退耕还林还草、防沙治沙等重点生态工程。深入开展环保专项治理，解决了一些危害群众健康的环境问题。

（三）深化体制改革和推进对外开放

农村综合改革试点继续推进。国有商业银行股份制改革和农村信用社改革取得重要进展，上市公司股权分置改革稳步推进，完善人民币汇率形成机制改革顺利实施。国有企业建立现代企业制度步伐加快。中央财政安排219亿元支持116户国有企业实施政策性关闭破产，企业分离办社会职能工作继续进行。财税、投资、价格改革继续深化。邮政体制改革开始启动。铁路、民航体制改革取得新进展。制定并实施了鼓励、支持和引导非公有制经济发展的政策措施。一些重点领域和关键环节的改革，取得了突破性进展。

我们积极应对对外开放中出现的新情况新问题。调整出口退税、关税和加工贸易政策，优化对外贸易结构。完善出口退税机制。稳步推进服务业对外开放。全面部署了加入世界贸易组织后过渡期的各项工作。

（四）加快发展各项社会事业

2005年中央财政用于科技、教育、卫生、文化等方面的支出1 168亿元，比上年增长18.3%；投入国债建设资金95.4亿元。

在科技方面，加强了国家创新体系、基础研究和基础设施建设。集成电路芯片设计开发、第三代移动通信、高性能复合材料、高档数控机床研制等重大科技专项取得重要进展。在国务院领导下，组织和动员各方面力量，经过两年多的深入研究和广泛论证，制定了《国家中长期科学和技术发展规划纲要》。

在教育方面，重点加强了义务教育特别是农村义务教育。中央和地方财政安排专项资金70多亿元，对592个重点贫困县1 700万名贫困家庭学生免除学杂费、免费提供教科书和补助寄宿生生活费，还为中西部地区1 700多万名贫困家庭学生免费提供教科书，许多辍学儿童重新回到学校。

在卫生方面，着力加强公共卫生体系建设和农村卫生工作。近三年，中央和地方投入105亿元，基本建成了覆盖省市县三级的疾病预防控制体系；总投资为164亿元的突发公共卫生事件医疗救治体系建设进展顺利。

在文化方面，积极开展文化体制改革试点工作，公共文化基础设施建设进一步加强，文化信息资源共享工程顺利实施。对外文化交流日益活跃。体育事业取得新成绩。社会主义精神文明建设得到加强。

（五）努力做好就业和社会保障工作

加大对就业再就业的政策支持和资金投入。去年中央财政安排国有企业下岗职工基本生活保障专项补助、再就业补助209亿元，比上年增加29亿元。统筹做好城镇新增劳动力、高校毕业生、复员退伍军人等就业工作。中央财政还安排专项资金支持农村劳动力转移培训和城镇退役士兵自谋职业。

社会保障体系不断完善，覆盖面进一步扩大。已有17个省（区、市）完成国有企业下岗职工基本生活保障向失业保险并轨。城市低保对象基本实现应保尽保。重点优抚对象抚恤补助标准明显提高，中央财政安排优抚事业费74.6亿元，比上年增长90%。28个省（区、市）、2 300个县（市）已初步建立社会救助体系的基本框架。救灾和扶贫工作力度加大。全年中央财政用于抗灾救灾的资金89亿元，救助受灾群众9 000多万人次。中央和地方财政安排扶贫资金162亿元，农村贫困人口比上年减少245万人。

（六）切实加强民主法制建设

国务院提出了劳动合同法、妇女权益保障法和个人所得税法修正案（草案）等7部法律议案，制定并颁布了《重大动物疫情应急条例》、《关于预防煤矿生产安全事故的特别规定》等22部行政法规。

民族、宗教、侨务和对台工作进一步加强。国防和军队现代化建设取得新进展。外交工作成果显著。

在看到成绩的同时，我们也清醒地认识到，经济社会生活中的困难和问题还不少。一些长期积累的和深层次的矛盾尚未根本解决，又出现了一些不容忽视的新问题。一是粮食增产和农民增收难度加大。当前粮价走低和农业生产资料价格上涨的压力都不小，影响农民增加收入和种粮积极性。耕地不断减少，农业综合生产能力不强，粮食安全存在隐患。二是固定资产投资增幅仍然偏高。有些行业投资增长过快，新开工项目偏多，投资结构不合理，投资反弹的压力比较大。三是部分行业过度投资的不良后果开始显现。产能过剩问题日趋突出，相关产品价格下跌，库存上升，企业利润减少，亏损增加，潜在的金融风险加大。

四是涉及群众切身利益的不少问题还没有得到很好解决。看病难、看病贵和上学难、上学贵等问题突出，群众反映比较强烈；在土地征用、房屋拆迁、库区移民、企业改制、环境保护等方面，还存在一些违反法规和政策而损害群众利益的问题。五是安全生产形势严峻。煤矿、交通等重特大事故频繁发生，给人民群众生命财产造成严重损失。

我们还认识到，各级政府工作中存在不少缺点和不足。政府职能转变滞后，一些工作落实不够，办事效率不高，形式主义、做表面文章的现象还比较突出，一些政府工作人员弄虚作假、奢侈浪费，甚至贪污腐败。

二、今年主要任务

2006年是实施“十一五”规划的第一年，改革发展稳定的任务十分繁重。做好政府工作的基本思路是：以邓小平理论和“三个代表”重要思想为指导，认真贯彻党的十六大和十六届三中、四中、五中全会精神，全面落实科学发展观，坚持加快改革开放和自主创新，坚持推进经济结构调整和增长方式转变，坚持把解决涉及人民群众切身利益问题放在突出位置，全面加强社会主义经济建设、政治建设、文化建设与和谐社会建设，为“十一五”开好局、起好步。

综合考虑各种因素，2006年国民经济和社会发展的主要预期目标是：国内生产总值增长8%左右，单位国内生产总值能耗降低4%左右；居民消费价格总水平涨幅控制在3%；城镇新增就业900万人，城镇登记失业率控制在4.6%；国际收支基本平衡。

通观全局，做好今年政府工作必须把握好以下原则：一是稳定政策，适度微调。继续搞好宏观调控，保持宏观经济政策的连续性和稳定性，正确把握宏观调控的方向和力度，注重区别对待、分类指导，有针对性地解决经济发展中的突出矛盾。二是把握大局，抓好重点。正确处理改革发展稳定的关系，以改革开放为动力推动各项工作，着力解决事关全局的重大问题，促进经济社会全面发展。三是统筹兼顾，关注民生。坚持以人为本，搞好“五个统筹”，更加注重城乡、区域协调发展，更加注重社会事业建设，更加注重社会公平和社会稳定，让全体人民共享改革发展成果。四是立足当前，着眼长远。把做好今年工作和实现“十一五”规划目标结合起来，积极进取，量力而行，注重实效。

今年要着力做好以下几方面的工作。

（一）继续保持经济平稳较快发展

从当前国际环境和国内形势看，今年经济发展的有利条件很多，但制约发展的矛盾也不少，还有一些不确定因素，需要采取正确的应对之策，防止经济出现大的起落。

稳定宏观经济政策，主要是继续实施稳健的财政政策和稳健的货币政策。鉴于当前经济增长势头较好，社会投资活跃，今年要继续适当减少长期建设国债发行规模和财政赤字。拟发行长期建设国债600亿元，比上年减少200亿元，同时增加中央预算内经常性建设投资100亿元；拟安排中央财政赤字2 950亿元，比上年预算减少50亿元。长期建设国债资金和预算内投资，主要用于农林水利、科教文卫、生态建设、环境保护和西部开发等方面，保证重点续建项目，适当开工建设关系发展全局的重大项目。从今年开始，参照国际通行做法，采取国债余额管理方式管理国债发行。大力推进依法治税，切实加强税收征管，规范非税收入管理。财政支出要统筹兼顾、量入为出、确保重点、厉行节约。加强财政监管，控制行政经费增长。要保持货币信贷适度增长，优化信贷结构，创新金融产品，加大对“三农”、中小企业、就业、助学的信贷支持，合理控制中长期贷款。健全利率形成和传导机制。完善有管理的浮动汇率制度，保持人民币汇率在合理、均衡水平上的基本稳定。

坚持扩大内需的战略方针，重点是扩大消费需求，增强消费对经济发展的拉动作用。一是努力增加城乡居民收入。要调整收入分配关系，规范收入分配秩序，增加中低收入者的收入。坚持“多予少取放活”，特别要在“多予”上采取更多措施，增加农民收入。各地都要合理调整和严格执行最低工资制度，制定和推行最低小时工资标准。逐步解决农民工工资偏低的问题。建立并完善防止工资拖欠的法规和机制。认真实施修改后的个人所得税法，减轻中低收入者的税负。今年国家将适当提高企业离退休人员基本养老金标准、优抚对象抚恤补助标准、城市居民最低生活保障补助标准。改革公务员工资制度，在清理规范津贴补贴的基础上，建立国家统一的职务与级别相结合的工资制度和工资正常增长机制，完善艰苦边远地区津贴制度。同时，推进事业单位收入分配制度改革。二是稳定居民支出预期，扩大即期消费。通过加快完善社会保障体系和解决教育、医疗卫生、住房等领域的突出问题，减轻居民增加消费的后顾之忧。三是大力开拓农村消费市场。加强农村流通体系和市场建设，充分发挥农村现有流通网络的作用，支持城市流通企业经营网络向农村延伸，为农民增加消费提供便利。四是完善消费环境和政策。改善居民住、行条件，积极发展旅游、文化、健身等服务性消费。切实保障消费者合法权益。合理调整消费税，规范和发展消费信贷，抓紧清理、修订现行抑制消费的不合理规定和政策，促进居民消费结构升级。

保持固定资产投资适当规模，坚持有保有压，优化投资结构，防止投资过快增长。继续把好土地、信贷两个闸门，坚持实行最严格的土地管理制度，坚持按照贷款条件和市场准入标准发放贷款。从严控制新开工项目。同时，进一步加强经济社会发展薄弱环节和重点领域的建设。继续解决部分城市房地产投资规模过大和房价上涨过快的问题。要着力调整住房供应结构，严格控制高档房地产开发，重点发展普通商品房和经济适用房。建立健全廉租房制度和住房租赁制度。整顿规范房地产和建筑市场秩序，基本完成建设领域清理拖欠工程款任务，促进房地产业和建筑业健康发展。

（二）扎实推进社会主义新农村建设

建设社会主义新农村，是党的十六届五中全会提出的重大历史任务，事关全面建设小康社会和现代化建设全局。要贯彻工业反哺农业、城市支持农村的方针，加大对“三农”的支持力度，推进农村体制改革和制度创新，尽快使广大农村面貌有比较明显的变化。

建设社会主义新农村，首先要发展现代农业，促进粮食生产稳定发展和农民持续增收。稳定、完善和强化对农业的扶持政策。进一步增加对农民的种粮直接补贴、良种补贴、农机具补贴，增加对产粮大县和财政困难县的转移支付。坚持和完善重点粮食品种最低收购价政策，抑制农业生产资料价格上涨。今年中央财政用于“三农”的支出达到3 397亿元，比上年增加422亿元。要切实保护耕地特别是基本农田，稳定粮食播种面积，不断提高粮食综合生产能力。增强农业科技创新和转化能力，加强农业技术推广和服务。

建设社会主义新农村，必须加强农村基础设施建设。要下决心调整投资方向，把国家对基础设施建设投入的重点转向农村，这是一个重大转变。主要是加强以小型水利设施为重点的农田基本建设，加强防汛抗旱和减灾体系建设，加强农村道路、饮水、沼气、电网、通信等基础设施和人居环境建设，加强教育、卫生、文化等农村公共事业建设。主要措施是：逐年加大国家财政投资和信贷资金对农业、农村的投入；整合各种渠道的支农资金，提高资金使用效益；积极引导农民对直接受益的公益设施建设投资投劳；鼓励和引导社会各类资金投向农村建设，逐步建立合理、稳定和有效的资金投入机制。通过坚持不懈努力，使农村基础设施有一个大的改善。

（三）加大产业结构调整、资源节约和环境保护力度

推进产业结构调整和优化升级，是转变经济增长方式、提高经济增长质量的重要途径和迫切任务。一要着力提升产业层次和技术水平。要加快发展先进制造业、高新技术产业和现代服务业，继续加强交通、能源、水利等基础产业和基础设施建设，推进国民经济和社会信息化。提高产业技术水平，关键是要全面增强自主创新能力。要在一些重要产业尽快掌握核心技术和提高系统集成能力，形成一批拥有自主知识产权的技术、产品和标准。主要措施是：强化企业在自主创新中的主体地位，建立以市场为导向、产学研相结合的技术创新体系；大力实施品牌战略，鼓励开发具有自主知识产权的知名品牌；健全知识产权保护体系，加大知识产权保护的执法力度；完善自主创新的激励机制，实行支持企业创新的财税、金融和政府采购等政策；改善市场环境，发展创业风险投资，支持中小企业提升自主创新能力。

二要推进部分产能过剩行业调整。进行这项调整，要综合运用经济、法律和必要的行政手段，充分发挥市场机制的作用。主要措施是：认真贯彻国家产业政策，严格市场准入标准，控制新增产能；推动企业并购、重组、联合，支持优势企业做强做大，提高产业集中度；依法关闭那些破坏资源、污染环境和不符合安全生产条件的企业，淘汰落后生产能力；通过调整投资结构、扩大消费需求等措施，合理利用和消化一些已经形成的生产能力。这项工作涉及面广，政策性强，要积极而有序地进行。

抓好资源节约工作。一要综合运用各种手段，特别是价格、税收等经济手段，促进资源合理开发和节约使用。二要抓紧制定和完善各行业节能、节水、节地、节材标准，推进节能降耗重点项目建设，促进土地集约利用。鼓励发展节能降耗产品和节能省地型建筑。三要大力推动以节能降耗为重点的设备更新和技术改造，加快淘汰高耗能、高耗水、高耗材的工艺、设备和产品。四要大力发展循环经济。在重点行业、产业园区、城市和农村实施一批循环经济试点。完善资源综合利用和再生资源回收的税收优惠政策，推进废物综合利用和废旧资源回收利用。五要全面加强管理，把节能降耗纳入经济社会发展的统计、评价考核体系，建立信息发布制度。从今年开始，每年都要公布各地区和主要行业的单位产值能源消耗情况。六要在全社会广泛持久地开展资源节约活动，使建设资源节约型社会深入人心，蔚成风气。

加快建设环境友好型社会。加强对水源、土地、森林、草原、海洋等自然资源的生态保护。重点搞好“三河三湖”（淮河海河辽河、太湖巢湖滇池）、南水北调水源及沿线、三峡库区、松花江等流域污染防治。大力推行清洁生产，加强工业废水治理工程建设。抓好大气污染防治和重点城市污水处理、生活垃圾无害化处理。综合防治农业面源污染和畜禽养殖污染。继续实施自然生态保护工程。抓紧建立生态补偿机制。强化环境和生态保护执法检查，健全环境保护的监测体系、评价考核和责任追究制度。

（四）继续推动区域协调发展

进一步推进西部大开发。着力支持重点地带、重点城市和重点产业加快发展。确保青藏铁路、三峡三期工程等一批重点工程建成投产，新开工一批重大建设项目。巩固和发展退耕还林、退牧还草成果，抓紧研究制定后续相关政策。继续实施天然林保护、风沙源和石漠化治理等生态工程。支持发展优势产业和建设特色资源加工基地。加快科技、教育发展。加大政策扶持和财政转移支付力度，加快建立长期稳定的西部开发资金渠道。

继续实施东北地区等老工业基地振兴战略。重点加强大型粮食基地建设，推进重点行业改革重组和技术改造。搞好资源枯竭型城市经济转型和采煤沉陷区治理、棚户区改造，抓紧研究建立资源开发补偿机制、衰退产业援助机制。做好部分城市和国有企业厂办大集体改革试点工作。认真落实扩大对外开放的政策措施，在加快改革开放中走出振兴的新路子。

积极促进中部地区崛起。充分发挥中部区位、资源、产业和人才优势，重点加强现代农业特别是粮食主产区商品粮基地建设，加强能源和重要原材料基地建设，加强现代综合交通运输体系、现代流通体系和现代市场体系建设。支持老工业基地振兴和资源型城市转型，建设现代装备制造基地和高技术产业基地。增强中心城市辐射功能，带动周边地区发展。

鼓励东部地区率先发展。着力增强自主创新能力，推进产业结构优化升级，增强国际竞争力和可持续发展能力，更加注重节约利用土地、水、能源等资源和环境保护，实现既快又好发展，在科学发展道路上走在全国前面。继续发挥经济特区、上海浦东新区的作用，推进天津滨海新区开发开放。

进一步支持革命老区、少数民族地区、边疆地区和贫困地区加快经济社会发展。加大对人口较少民族的扶持力度，推进兴边富民行动。发达地区要采取多种方式帮助和带动欠发达地区。

（五）实施科教兴国战略和人才强国战略，加强文化建设

我国已进入必须更多地依靠科技进步和创新推动经济社会发展的历史阶段，要把加快科技发展放在更加突出的战略地位。要以建设创新型国家为目标，全面实施《国家中长期科学和技术发

展规划纲要》。抓紧启动一批重大科技专项和重点项目，集中力量在重点领域和关键环节取得突破。继续加强基础研究、前沿技术研究和社会公益性科技研究。建设国家重大科技基础设施和一批产业技术研发试验设施。加强国家创新体系建设。深化科技体制改革，有效整合全社会科技资源，促进科技成果向现实生产力转化。建立财政性科技投入稳定增长机制。今年中央财政安排科技投入716亿元，比上年增长19.2%，地方和企业也都要增加科技投入。要进一步繁荣和发展哲学社会科学，推动理论创新。

实施人才强国战略，加强人才队伍建设。要多渠道增加对人力资源开发的投入，推进市场配置人才资源，规范人才市场管理。

（六）进一步推进改革开放

改革开放是决定中国命运的重大决策。当前改革正处于攻坚阶段，必须以更大的决心加快推进各项改革。今年一些关系全局的重大体制改革要取得新进展。

要认真贯彻《中华人民共和国公司法》，加快国有大型企业股份制改革。着力完善产权结构、公司治理结构和激励约束机制，加快形成一批具有国际竞争力的大公司大企业集团。加大国有独资企业和垄断行业的改革力度，放宽市场准入，推进投资主体和产权多元化。完善国有资产监管体制，健全国有资本经营预算制度、经营业绩考核体系和国有资产重大损失责任追究制度。规范国有企业改制和产权转让行为，防止国有资产流失，维护职工合法权益。推进集体企业改革和发展。认真落实鼓励、支持和引导非公有制经济发展的政策措施，进一步为各类所有制企业创造公平竞争的法治环境、政策环境和市场环境。

要加快金融体制改革。一是坚定不移地推进国有商业银行股份制改革。坚持国家绝对控股，改善产权结构，引进借鉴国外先进管理经验，规范公司治理结构，完善内控机制与管理制度，推进制度创新。二是大力发展资本市场。认真贯彻《中华人民共和国证券法》，切实加强证券市场基础性制度建设。要着力提高上市公司质量，继续搞好证券公司综合治理，依法强化市场监管，努力营造公开、公正、公平、透明的市场环境。继续推进上市公司股权分置改革。积极稳妥地发展债券市场和期货市场。三是深化农村金融改革。完善农村信用社体制，推进农业银行、农业发展银行改革，加快农村金融创新，健全农村金融体系，改进农村金融服务。同时，要深化保险业改革，拓宽服务领域；推进政策性银行、邮政储蓄机构等其他金融机构改革。加强和改进金融监管，强化银行资本充足率约束。依法严厉打击金融领域的违法犯罪行为，防范系统性金融风险，维护金融稳定和安全。

要深化财税、投资、价格改革。财政体制改革的重点，是健全公共财政体系，完善转移支付制度，实施政府收支分类改革，完善预算管理制度。积极推进增值税转型改革。调整和完善资源税。研究统一各类企业税收制度。投资体制改革的重点，是落实投资主体的自主权和风险承担机制，改进项目核准和备案制度，加强产业投资信息发布，完善并认真执行市场准入制度，健全投资宏观调控体系。价格改革的重点，是逐步理顺和完善资源性产品和要素价格形成机制，改革要兼顾各方面的利益，尤其要考虑低收入群众的基本生活。

继续深入整顿和规范市场秩序。要强化市场法治，加快社会信用体系建设。依法严惩制假售假、商业欺诈、走私贩私、偷逃骗税、金融证券犯罪和侵犯知识产权等行为。坚决打击传销和变相传销活动。集中力量开展食品安全专项整治，严把市场准入关，加强生产和流通全过程的监管，让人民群众吃上安全、放心的食品。

进一步扩大对外开放，更好地利用国内国外两个市场、两种资源。要转变贸易增长方式，注重优化进出口结构，努力改善进出口不平衡状况。支持具有自主知识产权、自主品牌、高附加值的产品和服务产品出口，继续控制高耗能、高污染和资源性产品出口。推动加工贸易转型升级和合理布局。适当扩大进口，增加先进技术、关键设备和国内短缺资源进口。继续积极有效利用外资，着力提高利用外资质量。扩大服务领域对外开放。支持有条件的企业"走出去"，按照国际通行规则对外投资和跨国经营，在境外建立加工基地、营销服务网络和研发机构。建立政策支持和服务体系，完善境外投资协调机制和风险控制机制。

今年，我国加入世贸组织过渡期将基本结束，要增强做好各项应对工作的紧迫感。进一步完善涉外经济管理体制和机制，提高贸易和投资便利化水平。运用世贸组织规则，支持重点产业提高抗风险能力和国际竞争力。健全应对贸易争端的有效机制，妥善处理贸易摩擦。有步骤、有重点地推进区域经济合作和自由贸易区谈判。在世贸组织新一轮谈判中发挥建设性作用。

（七）高度重视解决涉及群众切身利益的问题

我们要牢记执政为民的宗旨，坚持一切为了人民。要抓紧解决广大群众最关心、最直接、最现实的利益问题，尤其要切实做好就业、社保、医疗、安全生产等工作。

继续实施积极的就业政策，千方百计扩大就业。进一步解决体制转轨遗留的下岗失业人员再就业问题和重组改制、关闭破产企业的职工安置问题。国有企业下岗失业人员再就业扶持政策再延长三年，并根据各地实际将适用范围逐步扩大到城镇集体企业下岗职工。加大对军工、森工等困难行业下岗职工再就业的支持力度。中央财政今年安排再就业补助资金251亿元，比上年增加42亿元。地方财政也要增加这方面的投入。重视做好高等学校毕业生就业、退役军人的安置工作，搞好城镇新增劳动力和进城农民工就业工作。加强职业培训和就业服务体系建设。切实维护劳动者的合法权益。

加快推进社会保障体系建设。切实保证各项社会保险金的及时支付。完善城镇职工基本养老保险制度，搞好做实个人账户试点工作，扩大试点范围；改革养老金计发办法，建立参保缴费的激励约束机制。提高各类所有制企业的参保率，统一城镇个体工商户和灵活就业人员的参保办法，扩大社会保险覆盖范围。加大社会保险费征缴和基金监管力度，多渠道筹集社会保障基金。

突出抓好医疗卫生工作。着眼于逐步解决群众看病难、看病贵问题，主要抓好三个方面：一是加快农村医疗卫生服务体系建设。启动《农村卫生服务体系建设与发展规划》，健全县、乡、村三级医疗卫生服务体系和网络；五年内国家财政将投入200多亿元，对乡镇卫生院和部分县医院房屋和设备进行改造。

稳定现行生育政策和低生育水平，提高出生人口质量，有效治理出生人口性别比偏高的问题。扩大农村计划生育家庭奖励扶助制度的覆盖面和西部地区“少生快富工程”的实施范围。重视做好老龄工作。保障妇女儿童权益。积极发展残疾人事业。

切实加强安全生产工作。安全生产责任重于泰山，经济发展必须建立在安全生产的基础上。近几年，我们在安全生产方面采取了一系列措施，取得了一定成效。但是，问题还很突出。主要原因是：安全措施没有真正落实，企业安全主体责任不到位，生产安全设施设备落后；煤炭需求过旺，生产和运输绷得过紧；企业基础工作薄弱，管理松弛，有的严重违法违规生产。一些地方领导干部和工作人员严重失职渎职，甚至徇私舞弊。

加强安全生产必须标本兼治、重在治本。第一，各级政府要把安全生产摆在更加重要的位置，主要领导亲自抓、负总责，强化企业安全生产主体责任，层层落实安全生产责任制。第二，实行有利于安全生产的经济政策。健全激励和约束机制，促进企业重视安全生产。第三，加快煤炭等行业改革重组步伐。加强大型煤炭基地建设，鼓励大型煤炭企业集团兼并改造中小煤矿。第四，加大安全生产投入。国家今年再安排30亿元国债资金，重点支持煤矿瓦斯综合治理和利用的科技攻关试点工程。地方和企业也要加大这方面的投入。第五，深入开展安全生产专项整治。继续打好煤矿瓦斯治理和矿山整顿两个攻坚战。同时，要抓好其他矿山、危险化学品、烟花爆竹、道路和水上交通、建筑施工、消防安全等专项整治。第六，强化企业管理。加强企业安全生产基础工作，完善安全生产技术规范和质量工作标准。加强安全技术人才培养和职工安全技能培训。充分发挥职工群众对安全生产的参与和监督作用。第七，加强安全生产法制建设。尤其要严格执法和监管。加大安全生产事故责任追究和处罚力度。严肃查处安全生产领域的失职渎职和腐败问题。通过采取综合措施，坚决遏制重特大事故频发的势头。

（八）加强民主政治建设和维护社会稳定

我们要巩固和发展民主团结、生动活泼、安定和谐的政治局面。健全民主制度，丰富民主形式，扩大公民有序的政治参与，保证人民依法实行民主选举、民主决策、民主管理、民主监督。

高度重视社会稳定工作，广泛深入推进平安建设。正确处理新时期社会矛盾，认真落实涉及群众利益的各项政策。重视解决群众反映的问题，及时化解矛盾。做好信访工作。

加强民族团结、维护祖国统一和社会稳定，是全国各族人民的共同愿望。要全面贯彻民族政策和有关法律法规，认真落实国务院颁布的实施民族区域自治法若干规定，促进各民族共同团结奋斗、共同繁荣发展。大力培养少数民族干部和各方面人才。

各位代表！

加强国防和军队建设，是社会主义现代化建设的重要战略任务。坚持以毛泽东军事思想、邓小平新时期军队建设思想、江泽民国防和军队建设思想为指导，坚持把科学发展观作为加强国防和军队建设的重要指导方针，坚持党对军队绝对领导的根本原则和制度，着眼于有效履行新世纪新阶段军队的历史使命，加速推进中国特色军事变革，提高军队信息化条件下的整体防卫作战能力。狠抓军事训练，培养高素质军事人才。深化后勤建设和改革。加强国防科研和高新技术武器装备研制。

各位代表！

我们要继续贯彻“一国两制”、“港人治港”、“澳人治澳”、高度自治的方针，严格按照特别行政区基本法办事，全力支持香港、澳门两个特别行政区行政长官和政府依法施政。继续实施内地与香港、澳门更紧密经贸关系安排，进一步加强和推动内地同港澳在经贸、科教、文化、卫生、体育等领域的交流和合作。我们坚信，香港、澳门一定能够保持长期繁荣稳定。

我们坚持“和平统一、一国两制”的基本方针和现阶段发展两岸关系、推动祖国和平统一进程的八项主张，坚持一个中国原则决不动摇、争取和平统一的努力决不放弃、贯彻寄希望于台湾人民的方针决不改变、反对“台独”分裂活动决不妥协。我们将继续和台湾同胞一道，促进两岸人员往来和经济、科技、文化交流与合作，构建和平稳定的两岸关系。我们将努力争取在一个中国原则基础上恢复两岸对话与谈判；推动全面、直接、双向“三通”进程；支持海峡西岸和其他台商投资相对集中地区的经济发展；依法保障台湾同胞正当权益，竭诚为台湾同胞服务。两岸关系朝着和平稳定、互利共赢方向发展是人心所向，任何人妄图破坏这种大趋势是注定要失败的。最终完成祖国统一大业是全体中国人的共同愿望，是任何人都阻挡不了的。

各位代表！

一年来，我们高举和平、发展、合作的旗帜，坚持奉行独立自主的和平外交政策，维护国家和人民的根本利益，发展同世界各国的友好与互利合作关系，为维护世界和平、促进共同发展作出了贡献。

新的一年，我们将继续坚定不移地走和平发展道路。在国际事务中，坚持民主公正，推进协调合作；坚持和睦互信，维护共同安全；坚持平等互利，促进共同繁荣；坚持开放包容，推动文明对话，积极促进国际秩序向公正合理方向发展。

我们要在和平共处五项原则基础上加强全方位外交。巩固和加强同广大发展中国家的友好合作。坚持与邻为善、以邻为伴的周边外交方针，推动区域合作机制建设，把务实合作上升到新水平。扩大同发达国家的共同利益，妥善处理分歧，推进交流与合作。积极参与和开展多边外交，在国际和地区事务中发挥建设性作用。扩大和深化对外文化交流，增进同世界各国人民之间的了解与友谊。保护我国公民和法人在海外的合法权益。中国政府和人民愿与世界各国人民一道，为建立和平、公正、和谐的新世界而不懈奋斗！

三、关于《国民经济和社会发展第十一个五年规划纲要（草案）》的说明

党的十六届五中全会通过的《中共中央关于制定国民经济和社会发展第十一个五年规划的建

议》，提出了未来五年国民经济和社会发展的奋斗目标、指导方针和主要任务。根据《建议》精神，国务院制定了《国民经济和社会发展第十一个五年规划纲要（草案）》，已提请大会审查。下面，我就几个问题作简要说明。

（一）“十一五”规划《纲要（草案）》的编制过程和主要特点

党中央、国务院对制定“十一五”规划工作高度重视。早在2003年7月，国务院就开始部署相关准备工作。组织有关部门、地方、研究机构和各方面专家，对经济社会发展面临的若干重大问题开展专题研究，为编制《纲要（草案）》提供了基础。党的十六届五中全会后，国务院根据中央《建议》精神，深入研究和编制“十一五”规划，成立了由各领域专家组成的专家委员会进行咨询论证，在全国范围内开展多种形式的为“十一五”规划建言献策活动，人大代表、政协委员和各界人士提出了许多建议。《纲要（草案）》的编制过程，是发扬民主、集思广益、科学决策的过程。

《纲要（草案）》力求反映社会主义市场经济发展和改革开放新形势的要求，体现宏观性、战略性和政策性，并明确政府的工作重点和责任。从内容到形式都有所创新。在规划内容上，贯穿了落实科学发展观和构建社会主义和谐社会的战略思想，突出了“五个统筹”，突出了加强经济社会发展薄弱环节，突出了解决人民群众关注的切身利益问题，注意处理好市场机制与宏观调控的关系。在规划指标上，分为预期性和约束性两大类。预期性指标，是预计和期望达到的目标，主要通过引导市场主体行为来实现；约束性指标，是必须实现的目标，主要通过依法加强管理和提供服务来实现。在规划形式上，《纲要（草案）》采取正文加专栏的形式，在专栏中列举了有关发展指标和重点工程，使规划内容更加直观、清晰。

《纲要（草案）》的制定以第一次全国经济普查数据为基础。历时两年多的经济普查工作，进一步摸清了我国经济社会发展的基本情况，查实了国内生产总值总量和三次产业的比重，更加全面、准确地反映了国情国力。依据新的经济普查数据制定“十一五”规划，更符合实际情况，更具有科学性。

（二）“十五”时期国民经济和社会发展主要情况

过去五年，是我国发展进程中很不平凡的五年，是继往开来、与时俱进的五年。我们摆脱了亚洲金融危机带来的冲击，战胜了非典疫情和重大自然灾害，不失时机地推进改革开放，进一步发挥市场配置资源的基础性作用，加强和改善宏观调控，保持了经济平稳较快发展。我国工业化、城镇化、市场化、国际化进程明显加快，社会生产力、综合国力和人民生活水平都跃上一个新台阶，城乡面貌发生了很大变化。

五年来，我国经济实力显著增强。2005年与2000年相比，国内生产总值增长57.3%，年均增长9.5%；财政收入增长1.36倍，年均增加3 647亿元。农业特别是粮食生产出现重要转机，主要工业产品产量大幅度增长，高技术产业快速发展，基础产业和基础设施建设成就斐然，在水利、能源、交通、通信等领域建成或新开工一大批重大工程。经济社会信息化程度迅速提高。

五年来，改革开放成果丰硕。农村、国有企业、金融、财税、投资等改革和市场体系、社会保障体系建设都取得重大进展。我国加入世界贸易组织，对外开放进入新的阶段。五年间，进出口贸易总额增长两倍，实际利用外商直接投资累计2 740.8亿美元。一批有竞争力的企业走向世界。

五年来，人民生活明显改善。城镇居民人均可支配收入和农村居民人均纯收入，分别实际增长58.3%和29.2%。城镇新增就业4 200万人。住房、通信、汽车和服务消费大幅度增加。科技、教育、文化、卫生、体育等社会事业加快发展。

五年来，社会主义政治建设、文化建设、社会建设取得新进展。

这些辉煌成就，极大地增强了全国各族人民沿着中国特色社会主义道路奋勇前进的信心。

“十五”时期经济社会发展中也存在不少矛盾和问题。主要是：经济结构不合理，自主创新能力不强，经济增长方式转变缓慢，能源资源消耗过大，环境污染加剧；就业矛盾比较突出；投资和消费的关系不协调；城乡、区域发展差距和部分社会成员之间收入差距继续扩大；社会事业发展仍然滞后。这些问题都需要我们努力加以解决。

（三）“十一五”时期经济社会发展的指导原则和主要目标

“十一五”时期是全面建设小康社会的关键时期。综合分析各种因素，未来五年国际环境总体上对我国发展有利，但不稳定不确定因素比较多；国内有许多有利条件，同时存在不少制约因素和困难。我们要抓住机遇，趋利避害，增强忧患意识，做好克服各种困难、应对各种风险和挑战的充分准备，奋力把改革开放和现代化事业推向前进。

《纲要（草案）》全面贯彻落实科学发展观，体现了中央《建议》提出的重要原则，这就是：必须保持经济平稳较快发展，必须加快转变经济增长方式，必须提高自主创新能力，必须促进城乡区域协调发展，必须加强和谐社会建设，必须不断深化改革开放。贯彻这些原则，就要转变发展观念、创新发展模式、提高发展质量，切实把经济社会发展转入以人为本、全面协调可持续发展的轨道。

根据中央《建议》确定的指导思想和原则，《纲要（草案）》提出了“十一五”时期经济社会发展的主要目标。这些目标既与全面建设小康社会的目标相衔接，又反映了经济社会发展的阶段性特征和客观要求。这里，我仅就其中两个方面的重要目标作简要说明。

一是关于经济增长速度问题。《纲要（草案）》提出，今后五年国内生产总值年均增长7.5%，这是综合考虑各方面因素，根据需要和可能提出的。按照新近公布的第一次全国经济普查数据和2005年经济增长实际结果，“十五”期间国内生产总值增长速度比原来预计的高一些，“十一五”年均增长7.5%，将会超过中央《建议》提出的2010年人均国内生产总值比2000年翻一番的要求。这个目标是积极的，经过努力是可以实现的。还需要指出，这个目标是建立在优化结构、提高效益和降低消耗基础上的。在实际执行中，各地要处理好速度和结构、效益的关系，不要片面追求和盲目攀比速度。历史经验和现实情况表明，保持经济平稳较快发展至关重要。

二是关于节能和环保问题。《纲要（草案）》提出了“十一五”期间单位国内生产总值能源消耗降低20%左右、主要污染物排放总量减少10%等目标。这是针对资源环境压力日益加大的突出问题提出来的，体现了建设资源节约型、环境友好型社会的要求，是现实和长远利益的需要，具有明确的政策导向。尽管实现这一目标的难度很大，但我们有信心、有决心完成。

（四）“十一五”时期的战略重点和主要任务

《纲要（草案）》对“十一五”时期的经济建设、社会发展、改革开放等方面，都作出了全面部署，提出了明确的任务和政策措施。

一是建设社会主义新农村。《纲要（草案）》把解决“三农”问题放在各项战略任务的首位。强调坚持统筹城乡经济社会发展，按照生产发展、生活宽裕、乡风文明、村容整洁、管理民主的要求，扎实稳步地推进社会主义新农村建设。要进一步提高农业综合生产能力，推进农业结构调整，加强农村基础设施建设，增加农民收入。着力抓好大型粮棉油生产基地、优质粮食产业、农田水利、饮水安全、公路、沼气和农村教育、文化、卫生建设等重点工程。全面推进农村综合改革，基本完成乡镇机构、农村义务教育和县乡财政管理体制等改革任务。培养造就有文化、懂技术、会经营的新型农民。各地方、各部门必须在经济工作思路和重点上有一个大的转变。建设资金要更多地向“三农”倾斜，公共服务要更大范围地覆盖农村，全社会都要大力支持农村发展。

二是加快推进经济结构调整和增长方式转变。我国当前经济发展中诸多问题的症结，在于结构不合理和增长方式粗放。必须按照走新型工业化道路的要求，从优化产业结构中求发展，从节约资源、保护环境中求发展。《纲要（草案）》提出，要推进工业结构优化升级，促进工业由大变强。这是针对我国工业规模已经不小，但总体素质不高、竞争力不强的现状，而提出的一个重大任务。《纲要（草案）》对推进信息化、发展高技术产业、振兴装备制造业、发展能源原材料工业等方面的主要任务和建设布局作了部署，规划了一批重大建设项目。提出要加快发展服务业特别是信息、金融、保险、物流、旅游和社区服务业，不断提高服务业的比重和水平。

《纲要（草案）》把建设资源节约型、环境友好型社会摆在突出位置，提出了明确任务和措施，规划了一批节能重点工程、循环经济示范试点工程、生态保护和环境治理重点工程。认真落实这些任务和措施，将会明显提高资源利用效率，基本遏制生态环境恶化的趋势。我们一定要坚持不懈地努力，为人民群众创造清洁、良好的生活和工作环境，为子孙后代留下蓝天绿地、碧水青山。

三是促进区域协调发展。《纲要（草案）》分别提出了不同区域发展的重点任务，要求健全协调互动的市场机制、合作机制、互助机制和扶持机制。《纲要（草案）》根据各个区域资源、环境承载能力和发展潜力，将国土空间划分为优化开发、重点开发、限制开发和禁止开发四类主体功能区，实施不同的区域政策。同时，强调积极稳妥地推进城镇化，发挥城市群的带动和辐射作用。

四是着力增强自主创新能力。这是《纲要（草案）》的一个特点。要按照自主创新、重点跨越、支撑发展、引领未来的方针，加快建设创新型国家，全面提高原始创新能力、集成创新能力和引进消化吸收再创新能力。《纲要（草案）》提出，适应国家战略需求，启动一批重大科技专项，涉及信息、生物等战略产业领域，能源、资源、环境和人民健康等重大紧迫问题，以及军民两用技术。实施好这些重大专项，对于整合有限的科技资源、加快攻克事关全局和长远的科技难关，带动相关领域技术水平的整体提升，具有重大的现实意义和深远的战略意义。提高自主创新能力，最根本的是加快科技教育发展和人才队伍建设，《纲要（草案）》对此也作了全面部署。

五是深化改革和扩大开放。过去二十多年，我国经济社会发展取得的一切成就，都是同坚定地推进改革开放分不开的。要完成新阶段的发展任务，也必须坚定不移地全面深化改革和扩大开放。《纲要（草案）》提出，要加快完善社会主义市场经济体制，形成有利于转变经济增长方式、促进全面协调可持续发展的体制机制。要加强对改革的总体指导和统筹协调，在推进经济体制改革的同时，继续推进政治体制改革、文化体制改革和社会管理体制改革。正确处理改革发展稳定的关系。要按照统筹国内发展和对外开放的要求，实施互利共赢的开放战略，以开放促改革促发展。在扩大开放中重视维护国家经济安全。

六是努力建设和谐社会。这是推进经济社会发展的重要目标和保障。《纲要（草案）》提出，要做好人口工作，扩大就业，健全社会保障体系，不断提高人民生活水平和健康水平，加强公共安全建设，加强社会主义民主政治建设和文化建设，完善社会管理体制。经过今后五年的努力，使我们的社会更加和谐，让人民群众生活得更加美好！

各位代表！

全面完成今年和“十一五”期间的任务，对各级政府提出了更高的要求。必须大力加强政府自身改革和建设。

……

各级政府工作人员特别是领导干部要忠于职守，勤勉尽责，全心全意为人民服务；要顾全大局，加强纪律性，做到令行禁止，不折不扣地执行国家的法律法规、方针政策；要艰苦奋斗，勤俭节约，反对铺张浪费；要求真务实，力戒空谈，克服官僚主义、形式主义、弄虚作假和浮夸作风，把各项任务和部署真正落到实处。

各位代表！

我们国家正站在新的历史起点上，朝着全面建设小康社会的目标阔步前进。我们要更加紧密地团结在以胡锦涛同志为总书记的党中央周围，高举邓小平理论和“三个代表”重要思想伟大旗帜，凝聚13亿人民的智慧和力量，坚定信心，奋发图强，努力把“十一五”规划的宏伟蓝图变为美好现实，谱写社会主义现代化事业的新篇章。任何艰难险阻都挡不住我们前进的步伐。我们的目标一定要达到！我们的目标一定能够达到！

温家宝总理在第二届中欧工商峰会上的发言

2005 年 9 月 5 日　北京人民大会堂

尊敬的布莱尔首相、巴罗佐主席，女士们、先生们：

下午好！

我非常高兴出席中欧工商界这一盛会，与新老朋友见面。今年是中国与欧盟建交的 30 周年，我愿借此机会向长期以来为推动中欧经贸关系发展、增进中欧人民友谊作出积极贡献的工商界人士表示诚挚的谢意和良好的祝愿！

刚才布莱尔首相和巴罗佐主席发表了很好的演讲，他们把这次峰会比喻成中欧第八次领导人会晤的一个序曲，任何威武雄壮的乐曲都要从序曲开始，因此我想离开我这个稿子讲几个观点，虽然会议只给我十五分钟。

第一，让我们回顾一下中欧建交 30 年的历史。中欧建交已经 30 年了，中国古代哲学家孔子说：三十而立，就是说中欧关系已经进入到成熟和自立的阶段。今天，无论是召开中欧工商界峰会，还是举行中欧领导人会晤，都是重要的，都具有特别的意义。如果回想起 30 年前，中欧之间的贸易只有 24 亿美元，谁也不会想到 30 年以后，中欧贸易到去年已经发展到1 710亿美元。在 2003 年中欧第六次领导人会晤期间，我曾提出一个建议，到 2013 年经过十年的时间使中欧的贸易额能够发展到2 000亿美元，现在看来我的思想太保守了。今年上半年，中欧的贸易额已经超过了1 100亿美元，全年很有可能突破2 000亿美元。因此，30 年中欧合作的新的起点又摆在了我们的面前。谁也不会想到，在双边贸易发展的同时，欧盟已经成为向中国投资的大的经济体。直到去年，欧盟向中国的投资已经达到了 450 亿美元，项目超过 2 万多个，与此同时，中欧之间的科技、文化、教育、人员往来都在不断向前发展，留学生在中欧的实际数字究竟是多少，至今我们都不敢确定，据统计恐怕超过 16 万，有一个数字是准确的，就是中欧的航班每周有 256 架次，中欧的人员往来每年有 95 万人，这说明中国和欧洲联系得更加紧密了。其实中国和欧洲本来就是一个大陆，我们把它称为欧亚大陆，正像主席先生说的，这是世界上最大的一块大陆，是世界巨人的宽阔的胸膛。事实证明，中欧政治的互信、经济的飞跃发展和文化的交流，给中欧的全体人民带来了实实在在的好处，也有利于世界的和平和稳定。

现在我讲第二个问题，也就是在座的工商界朋友十分关心的几个重要问题：

第一是能源问题。能源问题是世界关注的问题，现在对中国能源的需求状况有各种议论，但是我可以负责任的向各位工商界朋友说，中国能源的组成，煤炭占到 75%，如果从煤炭、油气和电力三者的比例来说，那么中国能源的自给率超过了 90%，即便这样，能源依然是中国发展的一个软肋。我们必须重视自身能源的开发，同时开展同其他国家的友好合作，但是更为重要的，就是要改变经济增长的方式，节约能源，建设节约型的社会。我们正在采取措施朝这个方向努力，我认为中欧可以在节能方面进行合作；

第二个是关于贸易逆差的问题，也就是欧盟对中国的贸易逆差问题。大家知道，在中欧贸易总额当中欧方的逆差大约是 370 亿美元，我们不追求贸易顺差，我们要实现的目标是世界性贸易的基本平衡，也就是在欧盟和中国贸易逆差存在 300 多亿美元的同时，中国同东南亚国家也有贸易逆差 650 亿美元，我们愿意开拓市场，让更多欧盟国家的商品进入中国；

第三是关于知识产权的问题。这个问题谈论了很久，正像布莱尔首相和巴罗佐主席刚才讲的，关键是看行动。我想借此机会讲明一个道理，保护知识产权不仅是维护了国与国之间经济合作的共同利益，而且也有利于中国经济自身的发展，这也是我们自己的需要。因此，我们采取坚决有利的措施，不仅建立保护知识产权的组织，而且降低了违反知识产权的法律门槛，也就是说让那些侵犯知识产权的行为能依法得到处治。我们将继续坚定不移地这样做下去，我相信中国在保护知识产权方面将会取得更大的进展；

第四，关于大家关心的中国与欧盟的纺织品摩擦问题。因为新闻媒体有这样和那样的报道，我想跟大家说明的就是，作为重要的贸易伙伴，中欧之间在一些领域存在竞争或对一些问题有不同的看法都是正常的，目前中欧存在的纺织品贸易分歧是暂时的，它不应该对双边良好的、健康的并迅速扩大的经贸关系带来重大的负面影响。解决双方合作进程中的问题需要有战略的眼光、良好的意愿和高明的智慧。今年6月11号中欧纺织品协议的签署证明，只要双方能够真正做到互相尊重、平等相待，总能找到互利共赢的解决办法。

同志们，女士们、先生们：

中欧经贸合作正站在新的起跑线上，在新的形势下，我们要以更宽广的视野和思路不断创新合作的形式和途径。为进一步发展中欧经贸合作，我愿意提出四点建议：

第一，提高服务贸易合作。中国致力于转变外贸增长方式，优化贸易结构，加快发展服务贸易。在世贸组织分列的160多个服务贸易部门中，中国已经开放了100多个，将近达到发达国家的开放水平。欧盟现在服务业有较大的优势，双方服务领域合作潜力巨大；

第二，扩大相互投资的规模。欧盟是中国重要的外资来源地，欧洲企业是参与中国经济建设的重要力量，中国企业对外投资也在快速发展，双方应该加强投资合作，开辟新的投资渠道；

第三，拓展科技合作和交流。双方应该继续搞好伽利略计划，热核试验反应堆以及空间等领域的合作，同时寻求新的合作领域和方式，开展多种形式、多种渠道的科技合作，鼓励包括中小企业在内的各类企业参与中欧科技合作；

第四，加强在世界经济、贸易领域的协调。中欧都应当积极推动多哈发展议程，参与新一轮国际经贸规则的谈判，双方应加强协调，共同应对经济全球化的风险和挑战，创造有利于深化合作的国际环境。

女士们、先生们：

中国的发展将为欧盟注入活力，欧盟的繁荣也符合中国的利益，我对中欧经贸合作的前景充满信心。中国有句诗："海阔凭鱼跃，天高任鸟飞。"我希望中欧工商界朋友抢抓机遇、协手合作、趁势而上，为推动中欧全面战略合作伙伴关系的发展谱写更加灿烂的篇章！

薄熙来部长在第二届中欧工商峰会上的致辞

2005年9月5日　北京人民大会堂

尊敬的巴罗佐主席、尊敬的布莱尔首相、尊敬的温家宝总理，女士们、先生们：

大家下午好，中欧双边的贸易额由10年前的300多亿美元发展到去年的1 770多亿美元，我们可以预见，在未来的10年，中欧经贸将给全球带来更大的活力。现在全世界都在聚焦中欧经贸合作。而今天在座的巴罗佐主席、布莱尔首相和我们的温家宝总理正是推进中欧经贸发展的热心人和发动机，而且这些发动机性能良好，功率强大。布莱尔首相曾经在清华说过："中国正在以不可思议的速度发展。"巴罗佐主席讲过："中国的繁荣给欧盟带来了巨大的机遇，欧盟把中国视为战略伙伴而不是威胁。"我们的胡主席、温总理则强调，欧盟是我们中国的全面战略伙伴。你们都想到一块儿了，这使我们深信，中欧工商界商机无限，中欧的经贸合作前途无量，谢谢！

第二篇

中欧经贸关系及发展概况

CHAPTER II EU-CHINA BUSINESS RELATIONS AND DEVELOPMENT SURVEY

欧洲简况

欧洲是欧罗巴洲的简称，位于东半球的西北部，北临北冰洋，西濒大西洋，南滨大西洋的属海地中海和黑海。欧洲大陆东至乌拉尔山脉（东经66度10分，北纬67度46分），南至马罗基角（西经5度36分，北纬36度），西至罗卡角（西经9度31分，北纬38度47分），北至诺尔辰角（东经27度42分，北纬71度08分）。东部以乌拉尔山脉、乌拉尔河、里海、高加索山脉、博斯普鲁斯海峡、马尔马拉海、达达尼尔海峡同亚洲分界；南隔地中海与非洲相望；西北隔格陵兰海、丹麦海峡与北美洲相对。面积1 016万平方千米（包括岛屿），约占世界陆地总面积的6.8%，仅大于大洋洲，是世界第六大洲。

欧洲大陆是亚欧大陆伸入大西洋中的一个大半岛，其面积占亚欧大陆的1/5。大陆海岸线长37 900千米，是世界上海岸线最曲折复杂的一个洲，切割最为厉害。多半岛、岛屿、港湾和深入大陆的内海。欧洲地形总的特点是冰川地形分布较广，高山峻岭汇集南部。海拔200米以上的高原、丘陵和山地约占全洲面积的40%，海拔200米以下的平原约占全洲面积的60%。全洲平均海拔300米，是平均海拔最低的一个洲。阿尔卑斯山脉横亘南部，是欧洲最高大的山脉，平均海拔在3 000米左右，山势雄伟，许多高峰终年白雪皑皑，山谷冰川发育，主峰勃朗峰海拔4 807米。阿尔卑斯山脉的主干向东伸展为喀尔巴阡山脉，向东南延伸为韦莱比特山、特纳拉山脉，向南延伸为亚平宁山脉，向西南延伸为比利牛斯山脉。东部欧、亚两洲交界处有乌拉尔山脉。东南部高加索山脉的主峰厄尔布鲁士山，海拔5 642米，为欧洲最高峰。欧洲北部有斯堪的纳维亚山脉。平原和丘陵主要分布在欧洲东部和中部，主要有东欧平原（又称俄罗斯平原，面积约占全洲的一半）、波德平原（也叫中欧平原）和西欧平原。里海北部沿岸低地在海平面以下28米，为全洲最低点。南欧和北欧的冰岛多火山，地震频繁。在世界各洲中，欧洲的河流，分布很均匀，河网稠密，水量较充足，多短小而水量充沛的河流。河流大多发源于欧洲中部，分别流入大西洋、北冰洋、里海、黑海和地中海。欧洲最长的河流是伏尔加河，长3 690千米。多瑙河为第二大河，长2 850千米。欧洲是一个多小湖群的大陆，湖泊多为冰川作用形成，例如，芬兰素有“千湖之国”的称号，全境大小湖泊有6万个以上，内陆水域面积占全国总面积9%多。阿尔卑斯山麓地带分布着许多较大的冰碛湖和构造湖，山地河流多流经湖泊，湖泊地区如日内瓦湖区成为著名的游览地。

在地理上，欧洲习惯分为南欧、西欧、中欧、北欧和东欧五个地区。

南　欧

指阿尔卑斯山脉以南的巴尔干半岛、亚平宁半岛、伊比利亚半岛和附近岛屿。南面和东面临大西洋的属海地中海和黑海，西濒大西洋。包括斯洛文尼亚、克罗地亚、南斯拉夫、波斯尼亚和黑塞哥维那、马其顿、罗马尼亚、保加利亚、阿尔巴尼亚、希腊、土耳其的一部分、意大利、梵蒂冈、圣马力诺、马耳他、西班牙、安道尔和葡萄牙。面积166万多平方千米。南欧三大半岛多山，平原面积甚小。地处大西洋——地中海——印度洋沿岸火山带，多火山，地震频繁。大部分地区属亚热带地中海式气候。河流短小，大多注入地中海。主要矿物有石油、天然沥青、煤、铬、汞、铅、锌、铜等。南欧是油橄榄、葡萄、茴香、欧洲栓皮栎等栽培植物原产地。农作物以小麦、玉米、烟草为主。盛产柑橘、葡萄、油橄榄、柠檬等。牧羊业较发达，西班牙是世界著名的细毛绵羊美利奴羊的原产地。

西 欧

狭义上指欧洲西部濒临大西洋的地区和附近岛屿，包括英国、爱尔兰、荷兰、比利时、卢森堡、法国和摩纳哥。面积93万多平方千米。通常也把欧洲资本主义国家叫西欧。狭义上的西欧地形主要为平原和高原，山地面积较小。地处西风带内，绝大部分地区属海洋性温带阔叶林气候，雨量丰沛、稳定，多雾。河流多注入大西洋。主要矿物有煤、铁、石油、天然气、钾盐等。农作物以小麦、大麦、燕麦、马铃薯、甜菜为主。盛产葡萄和苹果。渔业和养畜业均较发达。比利时和法国所产阿尔登马，英国所产巴克夏猪、约克夏猪、大白猪、爱尔夏牛、纯血种马，荷兰所产荷兰牛等优良畜种世界闻名。

中 欧

指波罗的海以南，阿尔卑斯山脉以北的欧洲中部地区。中欧所包括的国家有波兰、捷克、斯洛伐克、匈牙利、德国、奥地利、瑞士、列支敦士登。面积101万多平方千米。南部为高大的阿尔卑斯山脉及其支脉喀尔巴阡山脉等所盘踞，山地中多陷落盆地；北部为平原，受第四纪冰川作用，多冰川地形和湖泊。地处海洋性温带阔叶林气候向大陆性温带阔叶林气候过渡的地带。除欧洲第二大河多瑙河向东流经南部山区注入黑海外，大部分河流向北流入波罗的海和北海。主要矿物有褐煤、硬煤、钾盐、铅、锌、铜、铀、菱镁矿、铝土矿和硫磺等。农作物以小麦、大麦、黑麦、马铃薯和甜菜为主，还产温带水果。养畜业较发达，瑞士的西门达尔牛、萨能山羊、吐根堡山羊等优良畜种世界闻名。

北 欧

指日德兰半岛、斯堪的纳维亚半岛一带。包括冰岛、法罗群岛（丹）、丹麦、挪威、瑞典和芬兰。面积132万多平方千米。境内多高原、丘陵、湖泊，第四纪冰川期全为冰川覆盖，故多冰川地形和峡湾海岸。斯堪的纳维亚半岛面积约80万平方千米，挪威海岸陡峭曲折，多岛屿和峡湾。斯堪的纳维亚山脉纵贯半岛，长约1 500千米，宽约400千米~600千米，西坡陡峭，东坡平缓，为一古老的台状山地，个别地区有冰川覆盖，挪威境内格利特峰海拔2 470米，为半岛的最高点。冰岛上多火山和温泉。北欧绝大部分地区属温带针叶林气候；仅大西洋沿岸地区因受北大西洋暖流影响，气候较温和，属温带阔叶林气候。河短流急，水力资源丰富。主要矿物有铁、铅、锌、铜等。森林广布。农作物以小麦、黑麦、燕麦、马铃薯、甜菜为主。养畜业较发达。渔产丰富，西面沿海是世界三大渔场之一。捕鱼量约占世界捕鱼总量的9%左右。

东 欧

指欧洲东部地区，在地理上指爱沙尼亚、拉脱维亚、立陶宛、白俄罗斯、乌克兰、摩尔多瓦和俄罗斯欧洲部分，地形以平均海拔170米的东欧平原为主体。东部边缘有乌拉尔山脉，平原上多丘陵和冰川地形，北部湖泊众多，东南部草原和沙漠面积较广。北部沿海地区属寒带苔原气候，往南过渡到温带草原气候，东南部属温带沙漠气候。

欧洲第一大河伏尔加河向东南注入里海。主要矿物有石油、煤、铁、锰、磷酸盐等。盛产小麦、马铃薯、甜菜、向日葵。养畜业较发达，苏维埃重挽马、奥尔洛夫快步马、顿河马均为马的优良品种。

欧洲是人口密度最大的一洲。城市人口约占全洲人口的64%，在各洲中次于大洋洲和北美洲，居第三位。欧洲的人口分布以西部最密，莱茵河中游谷地、巴黎盆地、比利时东部和泰晤士河下游每平方千米均在200人以上，欧洲绝大部分居民是白种人（欧罗巴人种）。居民分属下列语系：印欧语系，属此语系的居民占全洲总人口的95%，包括南斯拉夫、日尔曼、拉丁、阿尔巴尼亚、希腊、凯尔特语族的民族；乌拉尔语系，包括芬兰、乌戈尔、萨莫耶语族的民族。居民多信天主教、基督教新教和东正教等。位于意大利首都罗马市西北角的城中之国——梵蒂冈，是世界天主教中心。

欧洲大部分地区地处北温带，气候温和湿润。西部大西洋沿岸夏季凉爽，冬季温和，多雨雾，是典型的海洋性温带阔叶林气候。东部因远离海洋，属大陆性温带阔叶林气候。东欧平原北部属温带针叶林气候。北冰洋沿岸地区冬季严寒，夏季凉爽而短促，属寒带苔原气候。南部地中海海沿岸地区冬暖多雨，夏热干燥，属亚热带地中海式气候。

欧洲的矿物资源以煤、石油、铁比较丰富。煤主要分布在乌克兰的顿巴斯、波兰的西里西亚、德国的鲁尔和萨尔、法国的洛林和北部、英国的英格兰中部等地，这些地方均有世界著名的大煤田。石油主要分布在喀尔巴阡山脉山麓地区、北海及其沿岸地区。其他比较重要的还有天然气、钾盐、铜、铬、褐煤、铅、锌、汞和硫磺等。阿尔巴尼亚的天然沥青世界著名。欧洲的森林面积约占全洲总面积的39%（包括俄罗斯全部）。占世界总面积的23%。西部沿海为世界著名渔场，主要有挪威海、北海、巴伦支海、波罗的海、比斯开湾等渔场。

欧洲是资本主义经济发展最早的一个洲，工业生产水平和农业机械化程度均较高。生产总值在世界各洲中居首位，其中工业生产总值占的比重很大。大多数国家粮食自给不足。西欧工业发展程度较高的国家主要为德国、法国、英国，其次为比利时、荷兰和瑞士等。德国、法国和英国的工业生产在世界工业生产中均居前列。

中国与欧盟经贸关系

一、中国欧盟互为重要的经贸伙伴

（一）中国欧盟互为重要的贸易伙伴

除中国香港特别行政区外，欧盟是中国的第三大贸易伙伴，仅次于日本和美国，是中国的第三大出口市场和第二大进口来源地。2005 年中国对欧盟出口 143.7 亿美元，占中国总出口的 18.8%。中国自欧盟进口 73.59 亿美元，占中国总进口的 11.1%。

中国是欧盟的第四大贸易伙伴，次于美国、瑞士、日本，是欧盟第七大出口市场和第三大进口来源地。

（二）欧盟是中国利用外商直接投资的主要渠道

在 1997～2000 年期间，欧盟对华实际投资持续超过美国，是中国第六大实际投资方，成为中国利用外资的第二大来源，仅次于中国香港特别行政区。据商务部统计，2003 年欧盟对华投资项目2 074个，合同金额 58.5 亿美元，实际使用金额 39.3 亿美元。截止 2003 年底，累计对华直接投资项目16 158个，合同金额 659.4 亿美元，实际投入 378.7 亿美元。

（三）欧盟是中国引进政府贷款、先进技术等领域的重要合作者，是中国利用外国政府贷款较集中的地区

二、欧盟十分重视对华经贸关系

欧盟制定一系列对华经贸政策，支持中国深化改革和开放，提高欧盟在华的地位和影响。

欧盟计划在 2002～2006 年期间用 2.5 亿欧元支持中国，预算资金的 50% 用于支持中国的社会和经济改革，帮助中国建立社会保障体系，尽可能减少中国改革过程中的负效应等。2002～2005 年期间，指定 0.15 亿欧元支持信息社会项目、0.20 亿欧元支持社会保障项目、0.15 亿欧元支持 WTO 第二阶段合作项目；2003～2005 年期间，0.25 亿欧元支持中国欧盟人力资源发展规划项目。

中国欧盟双方在培训、科技、发展援助等领域开展了广泛的合作，如欧盟继续为我培养高级翻译人员，双方合资成立的中欧国际工商学院运转良好。目前，中欧双方在混委会下成立了经贸、科技、环保、能源和信息通讯技术 5 个工作组，使上述领域的合作机制化。

中国改革开放 20 多年来，与欧盟的经贸关系发展整体上良好，并取得举世瞩目的巨大成绩。但是，不可否认双边经贸关系发展中存在一些突出问题，以待解决。

历次中国—欧盟领导人会晤

中国—欧盟领导人会晤始于1998年。

1998年1月，欧盟倡议在举行第二届亚欧会议期间举行中欧领导人会晤，并建立领导人定期会晤机制。4月2日，中国国务院总理朱镕基同欧盟轮值主席国英国首相布莱尔和欧盟委员会主席桑特在伦敦举行了中欧领导人首次会晤。会晤后双方发表《联合声明》，希望建立面向21世纪长期稳定的建设性伙伴关系，并每年举行一次领导人会晤。双方重申各自在中国加入世贸组织问题上的承诺，强调进一步加强经贸关系是中国—欧盟关系不断发展的重要基础。

1999年12月，朱镕基总理在北京与欧盟轮值主席国芬兰总理利波宁和欧盟委员会主席普罗迪举行了第二次中国—欧盟领导人会晤。双方一致认为，自首次领导人会晤以来，中国与欧盟及其成员国的关系发展顺利，并取得积极成果；双方应继续致力于发展长期稳定的建设性伙伴关系，进一步扩大和深化在各个领域的互利合作。

2000年10月，朱镕基总理在北京与欧盟轮值主席国法国总统希拉克和欧盟委员会主席普罗迪举行了第三次中国—欧盟领导人会晤。双方就中国加入世贸组织，中欧加强在科技、能源、信息、教育等领域合作，打击非法移民，加强人权对话与司法合作等问题交换了意见。

2001年9月，朱镕基总理在布鲁塞尔与欧盟轮值主席国比利时首相费尔霍夫施塔特和欧盟委员会主席普罗迪举行了第四次中国—欧盟领导人会晤。双方就进一步加强政治对话、扩大经贸关系和科技交流、促进环境保护和能源合作，以及共同打击贩卖人口和非法移民等问题进行磋商。

2002年9月，朱镕基总理在哥本哈根与欧盟轮值主席国丹麦首相拉斯穆森和欧盟委员会主席普罗迪举行了第五次中国—欧盟领导人会晤。双方发表了联合新闻公报，强调进一步扩大和深化中欧在各领域的平等互利合作，推动中欧全面伙伴关系向前发展。

2003年10月，温家宝总理在北京与欧盟轮值主席国意大利总理贝卢斯科尼和欧盟委员会主席普罗迪举行了第六次中国—欧盟领导人会晤。中国政府发表了首份对欧盟政策文件，欧盟也发表了第五份对华政策文件。双方领导人在会晤中同意，中欧致力于发展全面战略伙伴关系。双方还签署了《伽利略卫星导航合作协定》和草签了《旅游目的地国地位谅解备忘录》两个文件。

2004年12月，温家宝总理将赴荷兰海牙与欧盟主席国荷兰首相巴尔克嫩德、欧盟委员会主席巴罗佐和欧盟理事会秘书长兼欧盟共同外交与安全政策高级代表索拉纳举行第七次中欧领导人会晤。

2005年9月，温家宝总理在北京与英国首相布莱尔、欧盟委员会主席巴罗佐及欧盟理事会秘书长兼共同外交与安全政策高级代表索拉纳举行中欧第八次领导人会晤。双方发表了《第八次中欧领导人会晤联合声明》和《中欧气候变化联合宣言》，并签署了关于在交通运输、环境保护、空间开发、北京首都机场建设等领域开展合作的文件。

2005年中欧双边贸易额首次突破2 000亿美元

2005年是中欧建交30周年，中欧关系日渐走向成熟，双边经贸合作持续、健康、稳定、快速发展。

一、中欧继续保持彼此重要贸易伙伴地位

欧盟继续保持我国第一大贸易伙伴地位，我国是欧盟第二大贸易伙伴。按我国海关统计，2005年1月~11月中欧双边贸易额达1 967.8亿美元，占全国对外贸易总额的15.3%，同比增长23.6%。其中我国出口1 302亿美元，同比增长35.9%，增幅超过对美、对日出口；进口665.6亿美元，同比增长5%。预计2005年双边贸易额将首次突破2 000亿美元，提前8年实现中欧领导人2003年提出的目标。就贸易结构而言，中欧双边贸易从原材料、轻纺产品、农产品等初级、低档产品逐渐向机电产品和高新技术产品过渡，结构显著改善。中国对欧盟高新技术产品出口增幅更为明显，2000年以来，中欧高新技术产品贸易额增长近两倍，年均增幅32.5%，欧盟已超过美国成为我国机电产品出口第一大市场，主要商品类别为计算机及其零部件、家电消费类电子产品、通讯设备及零件。

二、快速增长的贸易带动和提升了双边经贸合作的深入发展

在双边贸易的带动下，以双向投资和技术引进为主的中欧经贸合作不断丰富和发展。欧盟继续保持我国累计最大技术供应方的地位，同时还是我国累计第四大实际投资方。截至2005年10月底，我国从欧盟引进技术20 925项，合同金额871亿美元；欧盟累计在华投资设立企业22 076家，合同外资金额847亿美元，实际投入467亿美元。欧盟对华投资多在技术含量较高的生产领域，质量和效益良好，磁悬浮列车、空客飞机和核电站等项目已成为中欧合作的标志性项目。

欧盟企业除继续在中国沿海地区大力开展经济合作外，还积极参与我西部大开发和振兴东北老工业基地建设。部分欧盟企业正在将其在华生产和研发基地向劳动力、土地及其他成本更为低廉的上述地区转移，成为欧盟对华直接投资的新亮点，其对当地经济发展的拉动效应已经开始显现。

与此同时，以华为、中兴TCL、海尔等为龙头的一大批中国企业走出国门，在欧盟投资创业，已取得初步进展。

三、双边经贸关系日臻成熟，磋商机制不断完善

2005年11月，第20届中欧经贸混委会在布鲁塞尔举行，这是自2004年底新一届欧委会上任以来，中欧之间举行的第一次混委会。这次会议对中欧双边经贸关系进行了全面的回顾，并对中欧经贸关系未来的发展作出了规划和部署。在经贸混委会机制下，双方各项对话机制进展顺利。2005年以来，副部级贸易政策对话机制以及司局级的经贸工作组、竞争政策对话、知识产权对话及工作组、纺织品贸易对话、市场经济工作组等双边经贸磋商和对话机制均成功举行并收到良好效果。

四、对欧盟扩大补偿谈判圆满结束

2004年5月1日，欧盟进行了第五次扩大，波兰、匈牙利、捷克等10国加入欧盟。在此之前，按照WTO有关规则，商务部向欧方提出以关税和配额补偿为主要内容的扩盟补偿谈判要求。2004年4月底，中欧启动谈判。这是我国加入WTO以来首次参加因关税同盟扩大而导致第三国贸易利益减损的补偿谈判，我国还是第一个与欧盟举行谈判的WTO成员。经与欧委会举行多轮艰苦谈判，最终确保我国相关企业的贸易利益减损得到了充分补偿。2005年11月，双方在第20届中欧经贸混委会上草签了关于补偿谈判的双边协议。

在对过去十年中欧贸易增长的环境、特点和

趋势深入分析的基础上，商务部正在制订中欧贸易发展的中长期目标。预计中欧双边贸易将很快达到3 000亿美元，欧盟将继续保持我第一大技术供应方的地位，对华投资将在我国引资来源地中继续位居前茅。与此同时，随着我国“走出去”战略的推进和实施，中欧双边经贸关系将呈现双向互利、形式多样、全方位、多元化的共赢格局。

中国对欧盟政策文件

2003年10月

前　言

世纪之初，国际形势发生深刻变化。世界多极化和经济全球化趋势继续曲折发展，和平与发展仍是时代主题。世界还很不安宁，人类仍面临诸多严峻挑战，但维护世界和平，促进发展，加强合作，事关各国人民的福祉，是各国人民的共同愿望和追求，是不可阻挡的历史潮流。

中国致力于全面建设小康社会，希望营造良好的国际环境。中国将一如既往奉行独立自主的和平外交政策，同世界各国一道，在和平共处五项原则基础上，推动建立公正合理的国际政治经济新秩序，尊重世界的多样性，促进国际关系民主化，维护世界和平，谋求共同发展。

欧盟是世界上一支重要力量。中国政府赞赏欧盟及其成员国重视发展对华关系。中国政府首次制订对欧盟政策文件，旨在昭示中国对欧盟的政策目标，规划今后5年的合作领域和相关措施，加强同欧盟的全面合作，推动中欧关系长期稳定发展。

第一部分：欧盟的地位与作用

欧盟的诞生和发展是战后具有深远影响的事件。自1952年欧洲煤钢共同体建立以来，欧盟历经关税同盟、统一大市场、经货联盟等发展阶段，其外交、防务及社会各领域的联合均取得进展，欧元成功流通，统一司法区正在形成。欧盟已成为当今世界一体化程度最高、综合实力雄厚的国家联合体，经济总量和贸易总额分别占全球25%和35%，人均收入和对外投资居世界前列。

2004年，欧盟将扩至25国。一个囊括东西欧、面积400万平方公里、人口4.5亿、国内生产总值逾10万亿美元的新欧盟行将出现。

欧盟的发展尽管仍面临诸多困难和挑战，但其一体化进程已不可逆转，未来欧盟将在地区和国际事务中发挥越来越重要作用。

第二部分：中国对欧盟政策

中国重视欧盟在地区和国际事务中的作用和影响。历史证明，1975年中国与欧洲经济共同体建立外交关系符合双方的利益。中欧关系有过波折，但总体发展良好并日趋成熟，已步入全面健康发展的轨道。1998年，中欧领导人年度会晤机制起步。2001年，中欧建立全面伙伴关系。双方在政治、经贸、科技、文教等领域的磋商日益密切，合作成果显著。中欧关系处于历史最好时期。

中欧之间不存在根本利害冲突，互不构成威胁。由于历史文化传统、政治制度和经济发展阶段的差异，中欧在某些问题上存在不同看法和分歧是正常的。只要本着平等和相互尊重的精神妥善处理，分歧不会成为中欧发展互信互利关系的障碍。

中欧之间的共同点远远超过分歧。中欧都主张国际关系民主化，主张加强联合国作用，反对国际恐怖主义，主张消除贫困，保护环境，实现可持续发展；中欧各具经济优势，互补性强。欧盟经济发达，技术先进，资金雄厚。中国经济持续增长，市场广大，劳动力资源丰富。双方经贸和技术合作前景广阔；中欧各有悠久历史和灿烂文明，都主张加强文化交流，相互借鉴。中欧在政治经济文化方面的共识与互动构成中欧关系不断发展的坚实基础。

加强与不断发展中欧关系是中国外交政策的重要组成部分。中国致力于构筑中欧长期稳定的全面伙伴关系。中国对欧盟的政策目标是：

——互尊互信，求同存异，促进政治关系健康稳定发展，共同维护世界和平与稳定。

——互利互惠，平等协商，深化经贸合作，推动共同发展。

——互鉴互荣，取长补短，扩大人文交流，促进东西方文化的和谐与进步。

第三部分：加强中欧各领域合作

一、政治方面

（一）加强高层交往与政治对话

——以多种方式保持双方高层的密切接触与及时沟通。

——发挥中欧领导人年度会晤功能，充实内涵，注重实效，加强协调。

——认真执行中欧政治对话协议，不断完善和加强各级别的定期和不定期磋商机制。

——深化同欧盟各成员国，包括新成员国的关系，维护中欧总体关系的稳定性和连续性。

（二）恪守一个中国原则

一个中国原则是中欧关系政治基础的重要组成部分。妥善处理台湾问题关系到中欧关系的稳定发展。中方赞赏欧盟及其成员国恪守一个中国的原则，希望欧方始终尊重中方在台湾问题上的重大关切，警惕台湾当局制造“两个中国”、“一中一台”的图谋，慎重处理涉台问题：

——不允许台政要以任何借口赴欧盟及成员国活动，不与台当局进行任何具有官方性质的接触与往来。

——不支持台加入只有主权国家参加的国际组织。台以“台湾、澎湖、金门、马祖单独关税区”（简称“中国台北”）名义加入世界贸易组织不意味台湾作为中国一部分的地位有任何改变，与台交往应严格限制在非官方和民间范畴。

——不售台武器和可用于军事目的的设备、物资及技术。

（三）鼓励港、澳与欧盟合作

中国中央政府支持和鼓励香港特别行政区和澳门特别行政区按照“一国两制”方针和基本法的规定在平等互利基础上发展与欧盟的友好合作关系。

（四）推动欧盟了解西藏

中国鼓励欧方各界人士到西藏访问；欢迎欧盟及其成员国在尊重中国法律、法规的前提下为西藏经济、文教和社会发展提供支持，开展合作；要求欧方不与所谓“西藏流亡政府”接触，不为达赖集团的分裂活动提供便利。

（五）继续开展人权对话

中欧在人权问题上有共识，但也存在分歧。中方赞赏欧盟坚持对话、不搞对抗的立场，愿在平等和相互尊重基础上同欧盟继续开展人权对话、交流与合作，互通信息，增进了解，深化包括经社文权利、弱势群体权利保障在内的合作。

（六）加强国际合作

——就重大国际和地区热点问题加强磋商与协调。

——加强中欧在联合国合作，共同维护联合国权威；推动联合国在保障世界和平，促进经济与社会发展，特别是在帮助发展中国家消除贫困、改善全球环境、禁毒等领域发挥主导作用，并支持联合国改革。

——推动亚欧合作进程。中欧共同努力，使亚欧会议成为洲际平等合作的典范、东西方文明交流的渠道和建立国际政治经济新秩序的推动力量。

——共同打击恐怖主义。中欧都是恐怖主义的受害者，都反对一切形式的恐怖主义，也反对将恐怖主义与特定国家、民族或宗教挂钩，中欧应在反恐方面保持密切接触与合作。

——共同维护国际军控、裁军与防扩散体系，在相互尊重的基础上加强磋商与协调；在防扩散出口控制领域和防止外空武器化及外空军备竞赛等方面加强交流与合作；共同为解决杀伤人员地雷、战争遗留爆炸物等问题做出贡献；加强在履行国际军控条约方面的合作。

（七）增进中欧立法机构间的相互了解

中国全国人民代表大会与欧盟成员国议会及欧洲议会的关系是中欧关系的重要组成部分。中国政府欢迎并支持双方立法机构在相互尊重、加深了解、求同存异、发展合作的基础上加强交流与对话。

（八）增加中欧政党往来

中国政府愿意看到欧盟各主要政党、议会党团及区域性政党组织在独立自主、完全平等、互相尊重、互不干涉内部事务的原则基础上同中国共产党增加交往与合作。

二、经济方面

（一）经贸合作

中国致力于发展中欧富有活力和长期稳定的经贸合作关系，并期待欧盟成为中国最大贸易与投资伙伴：

——发挥经贸混委会机制作用，加强经贸监管政策对话；适时考虑更新《中欧贸易与经济合作协定》；运用 WTO 规则，妥善解决不合理限制及技术性壁垒，放宽高技术出口限制，发挥技贸合作的巨大潜力；尽早给予中国“完全市场经济地位”，减少并消除对华反倾销及有关歧视性政策和做法，慎用“特保措施”；合理补偿因欧盟扩大对中方经贸利益的减损。

——加强中欧在世界贸易组织新一轮谈判中的协调与合作，共同推动谈判获得成功。

——加强投资对话，推动建立双边投资促进机构，积极引导双方企业相互投资，扩大中小企业合作；开展加工贸易、承包工程和各种劳务合作，鼓励跨国经营和国际化生产。

——欢迎欧盟增加对华发展援助，特别是在环保、扶贫、卫生保健、教育等领域的援助。同时也欢迎在加强人力资源培训、尤其是对中国中西部的人员培训、中国参与多边贸易体制的能力建设等方面发挥作用。

——加强在质量监督检验检疫领域的合作，建立磋商机制，在维护安全、卫生、健康、环保的原则下，及时解决影响双方产品市场准入的问题。

——加强海关合作，适时签署中欧海关协定。

（二）金融合作

建立健全中欧金融高层对话机制，扩大中欧央行间的政策交流，深化在防范金融危机、反恐融资和反洗钱方面的合作。中方欢迎欧盟成员国银行拓展对华业务，希望妥善解决中国金融机构在欧盟的市场准入问题。

中方将依照保险法规及入世承诺，积极审核欧盟成员国保险机构来华营业申请，完善监管法规体系。

加强证券立法、市场监管、投资运作合作，鼓励更多的欧盟成员国证券经营机构、基金管理机构以及其他机构投资者进入中国市场，也鼓励中国证券经营机构在条件成熟时进入欧盟证券市场，同时积极支持中国企业进入欧盟证券市场融资。

（三）农业合作

加强中欧在农业生产、农产品加工技术、可持续发展等方面的交流，发挥农业工作组会议机制的作用，推动双方农业科研机构、院校和企业间的合作。鼓励欧盟企业积极参与中国中西部农业开发，向农业高新技术、农产品深加工、农业基础设施建设等领域投资。

（四）环保合作

加强中欧在环保领域的沟通与合作，启动中欧环境部长对话机制，制定环境保护合作框架文件，探讨建立环境合作信息网络，加强双方在环境立法与管理、气候变化、生物多样性保护、生物安全管理以及贸易与环境等问题上的合作，并共同推动落实约翰内斯堡可持续发展世界首脑会议后续行动。鼓励民间环保组织的交流；鼓励欧方企业通过平等竞争更多进入中国环保市场。

（五）信息技术合作

欢迎欧盟参与中国信息化建设。加强中欧信息社会对话工作组机制，开展信息社会战略、政策法规的交流与对话，积极促进信息产品贸易和产业技术合作，鼓励扩大知识产权、技术标准的交流。促进在“数字奥运”领域的合作。

（六）能源合作

扩大中欧在能源结构、清洁能源、可再生能源、提高能效和节能等领域的合作，促进能源发展政策交流，办好中欧能源合作大会，加强能源工作组机制，推动能源技术培训和示范项目合作，促进技术的推广和转移。

（七）交通合作

在《中欧海运协定》框架下建立中欧定期会晤机制，开展在海运及海事领域的合作，加强在国际海事组织（IMO）等国际组织中的协调配合；深化和扩大双方在内河航运政策、航运安全和船舶标准化等方面的交流，继续拓展在公路领域的技术、管理合作与交流，加强公路运输立法的对话与交流。

深化中欧在民用航空领域的交流，加强企业间生产、技术、管理和培训合作。

三、教、科、文、卫等方面

（一）科技合作

在互利互惠、成果共享、保护知识产权的原则基础上，推动中欧科技合作：加强双方共性技术和重大技术装备的联合开发与合作，鼓励中国机构参加欧盟科技框架计划；在平等互利和权利与义务平衡的前提下参加“伽利略”计划，加强在国际大科学领域的合作；充分发挥中欧科技合作指导委员会的作用，办好中欧科技与创新政策论坛；鼓励双方科技中介机构的合作和科技人力资源的流动和培训，支持中欧企业参与科技合作。

（二）文化交流

中国将以更加开放的姿态，巩固和深化与欧盟成员国在文化领域的交流与合作，逐步形成中国与欧盟、欧盟成员国及其地方政府，以及民间、商业等多层次、全方位的文化交流框架，为中欧人民相互了解对方优秀文化提供便利。

中国将逐步在欧盟成员国首都及欧盟总部布鲁塞尔建立中国文化中心，也欢迎欧方根据对等、互利原则，在北京设文化中心；鼓励中欧共同举办高水平的文化交流活动，开拓文化产业合作的新模式；探讨建立中欧文化合作磋商机制和共同举办“中欧文化论坛”。

（三）教育合作

加强和扩大各层次的交流，适时建立中欧教育合作磋商机制，强化在学历学位互认、留学生交流、语言教学、互换奖学金生、教师培训等方面的合作，办好中欧国际工商管理学院，培养更多高层次人才。相互鼓励和支持语言教学。

（四）卫生医疗合作

加强在卫生领域的合作，特别是就非典型肺炎（SARS）、艾滋病等重大疾病相互借鉴预防与控制经验；积极开展临床诊断和治疗、流行病调查、分析和监测、实验室检测、医药和疫苗科研开发，以及卫生人员培训等方面的交流；探索建立发生突发性公共卫生应急事件相互通报信息、提供技术支持的机制。

（五）新闻交流

促进中欧新闻界的交流与合作，鼓励双方传媒加强相互了解，全面、客观报道对方情况。加强中欧间政府相关部门的联系和沟通，交流政府新闻发布工作及处理好政府同传媒关系的做法和经验。

（六）人员往来

鼓励中欧人员往来和民间团体交往，愿本着平等和互惠互利的原则，就开放欧盟国家为中国公民出境旅游目的地国事宜尽早达成协议。

加强和扩大中欧领事合作，通过协商尽早解决中国公民赴欧申请入境签证难及入境受阻等问题，维护公民合法权益，保障中欧人员的正常往来。

反对非法移民和偷渡活动，严格执法，打击违法犯罪。中欧双方应加强协商与配合，妥善处理由此引发的遣返等问题。

四、社会、司法、行政方面

（一）劳动和社会保障合作

加强中欧在移民就业与移民工人劳动权益领域的合作，扩大在国际劳工事务中的协调。商签中欧双边社会保险协定，落实中欧社会保障合作项目，扩大在各类社会保险方面的交流。

（二）司法交流

在平等和相互尊重的基础上，继续进行中欧法律与司法合作项目并拓展相关合作领域，扩大在司法改革等重点领域的交流，探讨在打击跨国犯罪等方面的司法合作。加强中欧法律监督领域的经验交流，研究建立中欧高级司法官员年度会议制度。

（三）警务合作

建立并加强与欧盟机构、欧洲警察组织（EUROPOL）的交流，拓展与欧盟成员国执法部门的实质性合作，在双方法律框架下加强协查办案和情报交流。共同支持并积极参与联合国维和等行动。

（四）行政合作

在转变政府职能、深化人事制度改革方面交流经验，探讨建立中欧人事行政合作机制，就公务员制度建设和人才资源开发开展交流。

五、军事方面

保持中欧高层军事交往，逐步完善和发展战略安全磋商机制，扩大军队专业团组交流，增加军官培训和防务研讨交流。

欧盟应早日解除对华军售禁令，为拓宽中欧军工军技合作扫清障碍。

2005年欧盟贸易投资环境报告

一、双边贸易投资概况

2004年欧盟扩大为25国后，成为中国的第一大贸易伙伴，同时也是中国的第四大外资来源地；中国则是欧盟的第二大贸易伙伴（仅次于美国）。据中国海关统计，2004年中国和欧盟（25国）双边贸易总额为1 772.9亿美元，同比增长33.6%。其中，中国对欧盟出口1 071.6亿美元，同比增长36.9%；自欧盟进口701.2亿美元，同比增长28.8%。中国顺差370.4亿美元。中国对欧盟出口的主要产品为电器及电子产品、机械、毛纺、针织产品、玩具、家具、皮具、箱包、塑料、鞋类、焦炭、钢铁制品、有机化学品等。自欧盟进口的主要产品为机械、电器及电子产品、汽车及其零部件、飞机、光学、照相、医疗等设备、塑料、有机化学品、钢铁制品、铜及其制品等。欧盟规定，第三国的食品和动物必须经过欧盟指定的边境检查站的检验才能进入欧盟市场。2004年3月，欧委会批准了新成员国的22个边境检查站，认可其符合欧盟标准。为了满足扩盟后的需要，欧委会预计将批准更多的边境检查站，使新成员国的边境检查站总数达到37个。

德国、荷兰、英国、法国和意大利是中国在欧盟内的主要贸易伙伴。2004年，中国与上述5个国家的贸易额约占中国与欧盟双边贸易总额的72.4%。

据中国商务部统计，2004年，中国公司在欧盟完成承包工程营业额6.5亿美元，新签合同额6.1亿美元；完成劳务合作合同额8 805万美元，新签合同额8 854万美元。自1976年以来，中国公司在欧盟累计完成承包工程营业额21亿美元，签订合同额27.2亿美元；完成劳务合作合同额8.6亿美元，签订合同额10.5亿美元。

2004年，经中国商务部核准或备案，中国在欧盟设立非金融类中资企业61家，中方协议投资额8 911万美元。截至2004年底，中国在欧盟累计投资设立非金融类企业595家，中方协议投资总额8.0亿美元。据中国商务部统计，2004年，欧盟对华投资项目2 423个，同比增长16.8%；合同金额83.6亿美元，同比增长42.8%；实际使用金额42.4亿美元，同比增长7.9%。截至2004年底，欧盟累计对华直接投资项目18 581个，合同金额743亿美元，实际投入421.1亿美元。

二、贸易投资管理体制概述

自20世纪50年代，欧共体开始了经济一体化进程。1968年7月1日，欧共体实现了关税同盟，1993年欧共体基本建立了欧洲统一大市场。1999年1月1日，欧洲单一货币正式启动，标志着欧共体经济货币联盟的建立。在50多年的一体化进程中，欧盟逐步建立和完善了一系列共同政策，其中，与贸易密切相关的主要有：共同贸易政策、共同农业政策、共同渔业政策和共同消费者保护政策。

以2003年4月16日欧盟雅典峰会签署《入盟条约》为标志，欧盟完成了历时5年的新一轮扩盟谈判。2004年5月1日，塞浦路斯、捷克、爱沙尼亚、匈牙利、拉脱维亚、立陶宛、马耳他、波兰、斯洛伐克和斯洛文尼亚等10个国家正式加入欧盟，欧盟成员扩大为25国。

（一）贸易投资法律体系

1. 与贸易有关的主要法律

《欧共体条约》第133条是欧盟实施共同贸易政策的法律依据。该条规定，共同贸易政策应该建立在各项统一原则的基础上，主要涉及关税税率的修改、关税和贸易协定的缔结、统一贸易自由化措施、出口政策和保护措施的实施。《尼斯条约》将共同贸易政策的范围扩大到服务、知识产权和投资领域。

《申根协定》的实施极大方便了人员、货物、资金和服务在欧盟内部的自由流动。截至2004年，该协定共有25个成员国，包括奥地利、比利时、丹麦、芬兰、法国、德国、意大利、希腊、卢森堡、荷兰、葡萄牙、西班牙和瑞典等13个欧盟老成员国以及挪威和冰岛两国；10个新欧盟成员国也参加了申根协定，自2006年以后，将根据各国实际情况具体实施。

根据入盟承诺，新成员国自入盟之日起必须废止其与欧盟成员以外第三方国家、地区之间签署的双边贸易协定，同时履行此前欧盟签署的所有双边和区域性协定。欧盟的共同贸易政策由欧盟理事会通过“有效多数”或“协商一致”表决作出决定，由欧盟委员会实施。

2. 与投资有关的主要法律

根据《欧共体条约》的规定，欧盟投资政策决定权由各成员国掌握，在不违背有关条约和欧盟法律的前提下，各成员国可根据情况制定各自的投资管理政策法律。

（二）贸易管理制度

1. 关税制度

欧盟实行共同关税政策，执行统一的关税税率和管理制度。1992年，欧盟理事会制定的《关于建立欧盟海关法典的第（EEC）2913/92号规则》，对共同海关税则（包括商品分类目录、协定关税率、优惠关税税率以及普惠制等）、原产地规则以及海关估价等作了统一规定。目前，欧盟的平均关税水平维持在6.5%，农产品平均关税水平为16.5%，非农产品平均关税为4.1%；从价税和非从价税分别占90%和10%；税率为10%以下的产品占总税号的82%，其中，零税率产品占总税号的27%。扩盟后；除了匈牙利和马耳他遵循过渡性安排外，其他新成员国自加入之日起即执行统一对外关税。总体上，10个新成员国按贸易量加权的平均关税水平将从9%降至4%。

2. 进口管理制度

1994年制定的《关于对进口实施共同原则的第（EC）3285/94号规则》和《关于对某些第三国实施共同进口原则的第（EC）519/94号规则》，是欧盟实施进口管理的法律依据。欧盟实行统一进口配额管理制度，并制定相关进口配额分配办法、进口许可证的管理原则以及管理中的行政决定程序等。新成员加盟之日起，各国原有的进口配额管理、进口许可证制度同时终止。

（1）进口配额分配

欧盟将进口商分为传统进口商和新进口商。进口配额主要按照以下3种方式分配：优先考虑传统进口商；按申请先后次序分配，先来先领；按比例分配。以上3种分配方法由欧盟视具体情况选用。如以上方法均不适用，欧盟还可以按规定程序采取特殊的管理措施。

欧盟为保护其农业生产，共对89项农产品实施关税配额制度。欧盟对纺织和服装制品所实施的关税配额于2005年1月1日取消。

（2）进口许可证

为实施贸易监督，管理贸易数量，欧盟建立了许可证制度，并与配额结合运用。目前实施许可证的商品包括：来自其他世界贸易组织成员的部分农产品，如谷物、大米、牛肉、羊肉、牛奶及其制品、糖、加工水果和蔬菜、香蕉、植物油、种子、葡萄酒等。

（3）进口登记

欧盟对一些国家的部分进口产品，通过办理进口登记手续，实行进口监督。目前，欧盟对20类原产于中国的产品实行进口监督，这些产品是：食品制剂、氯化铵、多元醇、柠檬酸、四环素及其衍生物、氯霉素、碱性燃料及其制剂、还原燃料及其制剂、烟花、聚乙烯醇、手套、鞋类、装饰瓷器、部分玻璃制品、含量低于99.99%的未熔合锌、汽车用收音机、自行车、玩具、扑克牌、扫帚和刷子。

（4）纺织品进口管理

2003年1月28日，欧盟理事会公布第（EC）

138/2003号规则，专门规定了适用于中国的特殊保障措施条款，其中包括双边磋商及可能采取的具体进口限制措施等内容。

为符合10个新成员国入盟后的贸易情况，2004年3月17日欧盟理事会公布了第487/2004号条例，增加了2004年5月1日后进口的纺织品配额数量。2004年12月13日，欧盟理事会通过条例，规定自2005年1月1日起，欧盟对世界贸易组织成员的纺织品和服装实施的210项配额全数取消。2005年1月1日前付运的纺织品及服装产品，即使于该日之后向欧盟成员国海关当局呈报，仍受2004年配额限制。

(5) 农产品进口管理

欧盟对部分产品实施进口数量限制。《关于实施乌拉圭回合农业协议所需采取措施的第（EC）974/95号规则》和《关于某些加工农产品贸易安排的第（EC）3448/93号规则》等，是欧盟在农产品进口贸易领域的主要法规。

(6) 边境检查管理

3. 出口管理制度

《关于实施共同出口原则的第（EEC）2603/1969号规则》和《关于文化产品出口的第（EEC）3911/1992号规则》，是欧盟实施出口贸易管理的法律依据。欧盟仅对少数产品实施出口管理措施。

对部分涉及核扩散和大规模杀伤性武器等领域的产品和技术，欧盟实行出口许可制度和最终用户监督制度。近年来，欧盟关于军民两用品出口管制的规定出现较大变化。根据2000年6月22日公布的《关于建立两用产品及技术出口控制体系的第（EC）1334/2000号规则》，欧盟加强了对软件、技术等无形产品和对以电子媒体、传真和电话等“非人工方式”进行传输、转让等出口行为的控制。同时，出口审批从产品本身延伸到产品零备件供应、维修服务及各种形式的技术服务。该规则仍将中国列为欧盟武器禁运国之一，凡涉及军事用途的向中国出口产品均受到严格控制，基本上禁止出口。

4. 普惠制

欧盟的普惠制每10年调整一次，现行普惠制将于2005年年底到期。欧盟委员会于2004年10月宣布，欧盟将对现行的普惠制进行改革。根据改革方案，欧盟普惠制下的分类将由目前的5个减为3个。新的分类包括一般普惠制、针对最不发达国家的特殊普惠制和旨在帮助竞争力低弱国家的附加普惠制。新的普惠制方案还对“毕业条款”作出更为明确的规定。根据这一条款，普惠制受益国任何一种产品如果在欧盟的市场份额超过15%，就将失去普惠制待遇。而纺织品和服装的“毕业门槛”更低，为12.5%。根据改革方案，包括中国、印度在内的一些受惠国从2006年起将失去纺织品和服装的优惠关税待遇。

自入盟之日起，欧盟10个新成员国执行统一的欧盟普惠制方案。在新成员国中原来给予中国普惠制待遇的仅有波兰、捷克和斯洛伐克3国。欧盟扩大后，所有成员国都给予中国普惠制待遇。

5. 贸易救济措施

欧盟贸易救济领域的立法主要有：《关于保护欧盟产业免受第三国倾销进口的第（EC）384/1996号规则》、《关于保护欧盟产业免受第三国补贴进口的第（EC）2026/1997号规则》和《关于对进口实施共同原则的第（EC）3285/94号规则》（即保障措施规则）等。

欧盟理事会在2003年3月颁布了《欧盟第（EC）427/2003号规则》，即《关于过渡期中国特定产品保障机制及修改〈欧盟第（EC）519/94号规则〉的规则》。该规则对中国进口产品导致的市场扰乱和重大贸易转移的确定、开展相关调查、磋商以及针对特定产品采取保障措施等作了具体规定。

2004年3月，欧盟理事会发布修改后的欧盟反倾销和反补贴规则（第461/2004/EC号规则）。新规则降低了反倾销、反补贴立案的标准，并缩短了对其他国家进行反倾销以及反补贴调查的期限。欧盟的反倾销和反补贴调查由欧委会负责进行，调查结果将提交给欧盟理事会通过。按照原有的规则，欧委会的提议必须得到欧盟理事会半数以上的支持才能生效，欧盟理事会内部投票弃权实际上意味着对提案的否决。新规则规定：欧委会的提议只有遭到欧盟理事会半数以上明确反对才能被否决，否则将自动生效。过去，欧盟理事会对欧委会提案在三个月内没有作出处理即意味着否决，新规则明确规定，理事会一个月内没有表态即自动获得通过。新规则还对反倾销和反补贴调查以及复审的时间作出了更为严格的限制。

自2004年5月1日起，原欧盟15国实行的贸易救济法规全部适用于10个新成员国，这些国家原有的相关法规终止执行。同时，欧盟正在实施的针对第三方国家或地区的贸易救济措施自动适用于10个新成员国，各国在入盟前实施的贸易救济措施已告终止。在2004年5月1日前，欧盟发起的贸易救济措施调查，仍以原15个成员国的数据为准，但结果适用于欧盟25国。

中欧纺织品贸易争端

一、2005年欧美对华纺织品争端大事记

2005年1月1日，全球纺织品贸易配额正式取消，中国政府决定对七大类纺织品加征为期三年的出口税。

4月4日，美国纺织品协定执行委员会（CITA）宣布，启动针对三类中国纺织品进口的保障程序。

4月6日，欧盟委员会公布了对中国纺织服装类产品实施“特保”措施的方针。

4月28日，欧盟委员会和美国纺织品协议执行委员会分别宣布对从中国进口的纺织品调查。

5月18日，美国纺织品协议执行委员会以“市场扰乱威胁”为由，作出了对来自中国的化纤制针织衬衫、化纤制裤子、棉及化纤制梭织男衬衫和精梳棉纱采取纺织品特别限制措施的决定。

6月1日，中国取消81项纺织品征收出口关税。

6月11日，中国商务部部长薄熙来与欧盟贸易委员曼德尔森就纺织品问题签署备忘录，中欧纺织品贸易争端成功解决。

6月17日中美举行了第一轮正式磋商。

7月8日，中美就纺织品问题举行了第二轮磋商。

8月16日~17日，中美在美国旧金山举行第三轮纺织品磋商。

8月1日美国宣布将合成纤维布、套衫、毛制裤子、针织布、胸衣和晨浴衣这6种纺织品的设限决定日期推迟至8月31日。

8月31日，中美纺织品问题第四轮磋商在北京举行。

9月26日，中美纺织品问题第五轮磋商在华盛顿举行。

10月12日，中美纺织品问题第六轮磋商在北京举行。

10月30日~11月1日，中美纺织品贸易协议第七轮谈判在华盛顿进行。

11月8日，中美双方在英国伦敦正式达成协议。

二、2005年中国纺织品市场之旅

2005年的6月份对中国的纺织服装业来说，注定是会被载入史册的。6月11日，中国与欧盟就中国纺织品出口问题达成协议；6月15日，中国商务部公布了2005年至2007年中欧10类纺织品出口数量安排；6月19日商务部正式公布《纺织品出口临时管理办法》。与此同时，中美双方的纺织品问题磋商也在有计划地进行之中。继6月17日中美双方进行的第一次技术层面的首轮正式磋商后，在6月25日中美将就纺织品问题展开第二轮磋商。

中国与欧盟纺织品贸易争端的解决，是在中欧双方共同努力的情况下实现的，但也因此确立了中国纺织品出口正式进入了“后配额”时代。

（一）新配额体制对纺织业的影响

商务部出台的《纺织品出口临时管理办法》规定，从2005年7月20日起，企业纺织品出口必须取得商务部发出的出口许可证。商务部同时给出了计算允许出口数量的公式，即以纺织企业在该办法正式实施前12个月的出口额为基数，给予2004年后6个月的出口额30%的权重，2005年1月到6月的出口额70%的权重，出口到非设限市场和设限市场的金额又分别占30%和70%的权重。这次管理办法的出台充分听取了相关企业的意见，针对今年以来欧盟和美国对我国纺织品出口爆发式增长的不满，为此后两年半时间内我国纺织品出口的稳定和有序增长奠定了基础。可以预见的是，在此过程中国内纺织服装行业的优胜劣汰的进程会因此加快，新一轮的行业洗牌效应也会很快体现出来。

（二）国内棉花市场供需预测

根据国家统计局发布的最新统计数据，5月份国内棉纱产量115.42万吨，比2004年同期增长25.5%，1~5月累计生产504.74万吨，同比增长22.8%。5月份棉布产量16.89亿米，同比增长24.47%。数据表明尽管中国2005年纺织品出口形势复杂多变，但纺织品的生产与贸易总量增长的势头不会改变。美国农业部经济研究部的6月份报告认为，与以往一样，2006年度全球棉花消费量的增长仍主要来自中国。2006年度，中国的棉花消费将同比增长65.3万吨，全球其他地区的增长预计为76.2万吨。6月22日在上海举行的“2005中国国际棉花会议”上，专家预计2006年度我国的棉花种植面积将减少10%，棉花总产量预计为576万吨；全国纺纱量预计增加100万吨，用棉量预计增加70万吨，棉花消费总量将在885万吨左右。2005/06年度我国棉花市场供需缺口约为320万吨。

三、郑棉步履蹒跚

近期，在国际商品市场新一轮涨势中，投资基金都是推波助澜的主要力量。然而基金在纽约棉花期货市场却是反其道而行之，基金净多头持仓在4月26日达到35 619手的阶段高点之后，开始一路减多增空，至6月14日基金持仓已经完全转化为净空头持仓8 517手，同期美棉期货价格也由58.5美分下跌至47.6美分。可以说投资基金借中国与欧美的纺织品贸易争端在美棉持续做空，是近两个月以来美棉持续下跌的主要原因。

从2005年5月份以来，郑棉就开始受到中国与欧美两大贸易伙伴纺织品贸易争端进程的明显影响。棉花期货近期合约与国内主产区棉花现货平均价的价差也由4月底的1 260元/吨急剧跌落至5月底的270元/吨，美国与欧盟在纺织品贸易问题上对我国相继发难使得棉花期价大跌，而同期现货价格仍然温和上涨了200元/吨。随着中国与欧盟纺织品问题备忘录的签订，主力9月合约棉花期价由6月初的13 760元/吨一度回升至14 450元/吨，但此后市场进入缩量整理，并于本周四在美棉以及国内周边市场的影响下再度开始下跌，再次考验14 000元/吨大关。

从技术面看，6月23日郑棉期价的下跌使得中期上升趋势完全破坏，我们已经可以看出以14 450元/吨一线为颈线的清晰的头肩顶形态。中期顶部形态的正式确立，必将带领郑棉进入中期调整的格局。短期支撑13 500元/吨，在投机力量的参与下，郑棉中期调整目标可看至13 200元/吨一线。

四、对中国纺织品实施配额限制会损害欧盟自身的利益

《金融时报》认为，如果欧盟对中国纺织品实施配额限制，那么输家决不只是中国的生产商，欧盟的消费者和零售商的利益都将受到损害。

欧盟从事纺织品和服装制造行业的工人数量

在全球配额取消之前就已经急剧减少了。然而，由于可以从中国进口廉价服装，欧盟服装零售商的雇用人数却增加了一倍。经济合作组织首席贸易经济学家 Raed Safadi 说："如果再次适用临时配额作为最终救济手段的话，造成零售业的失业将超过其所挽救的纺织生产行业的就业机会。"

为了迎接中国纺织品挑战，许多纺织品生产商已经进行了调整，或转向高端市场或转为分销商，他们也将由于限制措施而受到打击。北欧纺织业和一些南欧国家已经完成了产业转化。法国纺织业每周有成百人失业的原因是法国没有和其他国家一样进行产业改革。但是，欧委会却在法国、西班牙和意大利那些未经改革的落后企业的推动下作出决定，而限制措施却会使那些为配额结束而准备多年的进口商和零售商遭受损失。

此外，中国的 T 恤衫和麻纱线都是低附加值产品，在欧盟已经穷途末路了。

欧盟目前这种状况与欧盟零售商力量分散、缺乏游说能力有关。传统上，欧盟纺织业生产商比进口商和零售业也更受关注一些。

欧盟否认其偏袒纺织业生产商，称其决定不是为了直接启动特限，而是旨在与中国进行磋商。曼德尔森委员左右为难：顾此必然失彼。

五、欧盟公布重要信息解决进口商和贸易商滞港中国纺织品问题

欧盟官方网站 9 月 8 日公布名为《滞港中国纺织品：向进口商和贸易商提供的重要信息》的公告（MEMO/05/307）。该公告称，9 月 7 日成员国批准 9 月 4 日至 5 日中欧北京谈判内容及《磋商纪要》，欧盟纺织委员会同意起草《法规》，以实施《磋商纪要》内容，解决 7 月 13 日以后超过中欧《谅解备忘录》达成标准的部分货物。欧委会争取在 9 月 12 日这一周早些时候通过该《法规》，在通过的第二天以欧盟 20 种官方语言公布，该《法规》将于此后一天生效。《法规》生效后，即可发放必要的进口许可证，放行受阻货物。

该法规将规定调整后的进口水平，以达到所有受阻货物所需要的进口数量（在《磋商纪要》签署时，估计已经达到了8 700万件）。这些货物的一半将由中方通过不同的转换手段放行。另外一半将通过欧方单方面规定额外数额、提高进口水平解决。

为了避免再次出现今年的滞港问题，保证为所有 7 月 20 日前运输的货物以及在《磋商纪要》签署（9 月 5 日）前获得有效进口许可证的所有货物提供足够空间，欧盟将采取以下措施：

——将欧盟规定的额外数量汇总起来，以保证有多余的安全空间；

——按照中方同意的内容，将第二类别的 2 073吨剩余配额，从 2005 年标准内作为多余数量计算；该剩余配额可以由欧委会视必要情况从第二类转移到其他类别。

——规定灵活条款，允许 5% 的提前使用，7% 的延期缓用，以及 4% 的某些产品类别的不同类别内部转化。

这些灵活条款在 2006 年和 2007 年仍然适用。进口商申领中国产品进口许可证的时间已经从 7 月 20 日延至 9 月 20 日，以避免待发许可证的数量与日俱增，保证对进口许可证的正常管理。规定日期之后的一切申请，都不予考虑。欧盟将及时采用"交易外部处理"设备，以保证产业界的使用。

欧委会和中国政府将紧密合作，实施《磋商纪要》。为保证《谅解备忘录》的顺利实施而采取的"管理安排"也即将起草完毕。

第三篇

商务法律法规及相关政策

CHAPTER III BUSINESS LAWS AND RULES

中华人民共和国对外贸易法

1994年5月12日第八届全国人民代表大会常务委员会第七次会议通过
2004年4月6日第十届全国人民代表大会常务委员会第八次会议修订

目　录

第一章　总则
第二章　对外贸易经营者
第三章　货物进出口与技术进出口
第四章　国际服务贸易
第五章　与对外贸易有关的知识产权保护
第六章　对外贸易秩序
第七章　对外贸易调查
第八章　对外贸易救济
第九章　对外贸易促进
第十章　法律责任
第十一章　附则

第一章　总　则

第一条　为了扩大对外开放，发展对外贸易，维护对外贸易秩序，保护对外贸易经营者的合法权益，促进社会主义市场经济的健康发展，制定本法。

第二条　本法适用于对外贸易以及与对外贸易有关的知识产权保护。本法所称对外贸易，是指货物进出口、技术进出口和国际服务贸易。

第三条　国务院对外贸易主管部门依照本法主管全国对外贸易工作。

第四条　国家实行统一的对外贸易制度，鼓励发展对外贸易，维护公平、自由的对外贸易秩序。

第五条　中华人民共和国根据平等互利的原则，促进和发展同其他国家和地区的贸易关系，缔结或者参加关税同盟协定、自由贸易区协定等区域经济贸易协定，参加区域经济组织。

第六条　中华人民共和国在对外贸易方面根据所缔结或者参加的国际条约、协定，给予其他缔约方、参加方最惠国待遇、国民待遇等待遇，或者根据互惠、对等原则给予对方最惠国待遇、国民待遇等待遇。

第七条　任何国家或者地区在贸易方面对中华人民共和国采取歧视性的禁止、限制或者其他类似措施的，中华人民共和国可以根据实际情况对该国家或者该地区采取相应的措施。

第二章　对外贸易经营者

第八条　本法所称对外贸易经营者，是指依法办理工商登记或者其他执业手续，依照本法和其他有关法律、行政法规的规定从事对外贸易经营活动的法人、其他组织或者个人。

第九条　从事货物进出口或者技术进出口的对外贸易经营者，应当向国务院对外贸易主管部门或者其委托的机构办理备案登记；但是，法律、行政法规和国务院对外贸易主管部门规定不需要备案登记的除外。备案登记的具体办法由国务院对外贸易主管部门规定。对外贸易经营者未按照规定办理备案登记的，海关不予办理进出口货物的报关验放手续。

第十条　从事国际服务贸易，应当遵守本法和其他有关法律、行政法规的规定。从事对外工程承包或者对外劳务合作的单位，应当具备相应的资质或者资格。具体办法由国务院规定。

第十一条　国家可以对部分货物的进出口实行国营贸易管理。实行国营贸易管理货物的进出口业务只能由经授权的企业经营；但是，国家允许部分数量的国营贸易管理货物的进出口业务由非授权企业经营的除外。实行国营贸易管理的货物和经授权经营企业的目录，由国务院对外贸易主管部门会同国务院其他有关部门确定、调整并公布。违反本条第一款规定，擅自进出口实行国营贸易管理的货物的，海关不予放行。

第十二条 对外贸易经营者可以接受他人的委托，在经营范围内代为办理对外贸易业务。

第十三条 对外贸易经营者应当按照国务院对外贸易主管部门或者国务院其他有关部门依法作出的规定，向有关部门提交与其对外贸易经营活动有关的文件及资料。有关部门应当为提供者保守商业秘密。

第三章 货物进出口与技术进出口

第十四条 国家准许货物与技术的自由进出口。但是，法律、行政法规另有规定的除外。

第十五条 国务院对外贸易主管部门基于监测进出口情况的需要，可以对部分自由进出口的货物实行进出口自动许可并公布其目录。实行自动许可的进出口货物，收货人、发货人在办理海关报关手续前提出自动许可申请的，国务院对外贸易主管部门或者其委托的机构应当予以许可；未办理自动许可手续的，海关不予放行。进出口属于自由进出口的技术，应当向国务院对外贸易主管部门或者其委托的机构办理合同备案登记。

第十六条 国家基于下列原因，可以限制或者禁止有关货物、技术的进口或者出口：

（一）为维护国家安全、社会公共利益或者公共道德，需要限制或者禁止进口或者出口的；

（二）为保护人的健康或者安全，保护动物、植物的生命或者健康，保护环境，需要限制或者禁止进口或者出口的；

（三）为实施与黄金或者白银进出口有关的措施，需要限制或者禁止进口或者出口的；

（四）国内供应短缺或者为有效保护可能用竭的自然资源，需要限制或者禁止出口的；

（五）输往国家或者地区的市场容量有限，需要限制出口的；

（六）出口经营秩序出现严重混乱，需要限制出口的；

（七）为建立或者加快建立国内特定产业，需要限制进口的；

（八）对任何形式的农业、牧业、渔业产品有必要限制进口的；

（九）为保障国家国际金融地位和国际收支平衡，需要限制进口的；

（十）依照法律、行政法规的规定，其他需要限制或者禁止进口或者出口的；

（十一）根据我国缔结或者参加的国际条约、协定的规定，其他需要限制或者禁止进口或者出口的。

第十七条 国家对与裂变、聚变物质或者衍生此类物质的物质有关的货物、技术进出口，以及与武器、弹药或者其他军用物资有关的进出口，可以采取任何必要的措施，维护国家安全。在战时或者为维护国际和平与安全，国家在货物、技术进出口方面可以采取任何必要的措施。

第十八条 国务院对外贸易主管部门会同国务院其他有关部门，依照本法第十六条和第十七条的规定，制定、调整并公布限制或者禁止进出口的货物、技术目录。国务院对外贸易主管部门或者由其会同国务院其他有关部门，经国务院批准，可以在本法第十六条和第十七条规定的范围内，临时决定限制或者禁止前款规定目录以外的特定货物、技术的进口或者出口。

第十九条 国家对限制进口或者出口的货物，实行配额、许可证等方式管理；对限制进口或者出口的技术，实行许可证管理。实行配额、许可证管理的货物、技术，应当按照国务院规定经国务院对外贸易主管部门或者经其会同国务院其他有关部门许可，方可进口或者出口。国家对部分进口货物可以实行关税配额管理。

第二十条 进出口货物配额、关税配额，由国务院对外贸易主管部门或者国务院其他有关部门在各自的职责范围内，按照公开、公平、公正和效益的原则进行分配。具体办法由国务院规定。

第二十一条 国家实行统一的商品合格评定制度，根据有关法律、行政法规的规定，对进出口商品进行认证、检验、检疫。

第二十二条 国家对进出口货物进行原产地管理。具体办法由国务院规定。

第二十三条 对文物和野生动物、植物及其产品等，其他法律、行政法规有禁止或者限制进出口规定的，依照有关法律、行政法规的规定执行。

第四章　国际服务贸易

第二十四条　中华人民共和国在国际服务贸易方面根据所缔结或者参加的国际条约、协定中所作的承诺，给予其他缔约方、参加方市场准入和国民待遇。

第二十五条　国务院对外贸易主管部门和国务院其他有关部门，依照本法和其他有关法律、行政法规的规定，对国际服务贸易进行管理。

第二十六条　国家基于下列原因，可以限制或者禁止有关的国际服务贸易：

（一）为维护国家安全、社会公共利益或者公共道德，需要限制或者禁止的；

（二）为保护人的健康或者安全，保护动物、植物的生命或者健康，保护环境，需要限制或者禁止的；

（三）为建立或者加快建立国内特定服务产业，需要限制的；

（四）为保障国家外汇收支平衡，需要限制的；

（五）依照法律、行政法规的规定，其他需要限制或者禁止的；

（六）根据我国缔结或者参加的国际条约、协定的规定，其他需要限制或者禁止的。

第二十七条　国家对与军事有关的国际服务贸易，以及与裂变、聚变物质或者衍生此类物质的物质有关的国际服务贸易，可以采取任何必要的措施，维护国家安全。在战时或者为维护国际和平与安全，国家在国际服务贸易方面可以采取任何必要的措施。

第二十八条　国务院对外贸易主管部门会同国务院其他有关部门，依照本法第二十六条、第二十七条和其他有关法律、行政法规的规定，制定、调整并公布国际服务贸易市场准入目录。

第五章　与对外贸易有关的知识产权保护

第二十九条　国家依照有关知识产权的法律、行政法规，保护与对外贸易有关的知识产权。进口货物侵犯知识产权，并危害对外贸易秩序的，国务院对外贸易主管部门可以采取在一定期限内禁止侵权人生产、销售的有关货物进口等措施。

第三十条　知识产权权利人有阻止被许可人对许可合同中的知识产权的有效性提出质疑、进行强制性一揽子许可、在许可合同中规定排他性返授条件等行为之一，并危害对外贸易公平竞争秩序的，国务院对外贸易主管部门可以采取必要的措施消除危害。

第三十一条　其他国家或者地区在知识产权保护方面未给予中华人民共和国的法人、其他组织或者个人国民待遇，或者不能对来源于中华人民共和国的货物、技术或者服务提供充分有效的知识产权保护的，国务院对外贸易主管部门可以依照本法和其他有关法律、行政法规的规定，并根据中华人民共和国缔结或者参加的国际条约、协定，对与该国家或者该地区的贸易采取必要的措施。

第六章　对外贸易秩序

第三十二条　在对外贸易经营活动中，不得违反有关反垄断的法律、行政法规的规定实施垄断行为。在对外贸易经营活动中实施垄断行为，危害市场公平竞争的，依照有关反垄断的法律、行政法规的规定处理。有前款违法行为，并危害对外贸易秩序的，国务院对外贸易主管部门可以采取必要的措施消除危害。

第三十三条　在对外贸易经营活动中，不得实施以不正当的低价销售商品、串通投标、发布虚假广告、进行商业贿赂等不正当竞争行为。在对外贸易经营活动中实施不正当竞争行为的，依照有关反不正当竞争的法律、行政法规的规定处理。有前款违法行为，并危害对外贸易秩序的，国务院对外贸易主管部门可以采取禁止该经营者有关货物、技术进出口等措施消除危害。

第三十四条　在对外贸易活动中，不得有下列行为：

（一）伪造、变造进出口货物原产地标记，伪造、变造或者买卖进出口货物原产地证书、进出口许可证、进出口配额证明或者其他进出口证明文件；

（二）骗取出口退税；

（三）走私；

（四）逃避法律、行政法规规定的认证、检验、检疫；

（五）违反法律、行政法规规定的其他行为。

第三十五条 对外贸易经营者在对外贸易经营活动中，应当遵守国家有关外汇管理的规定。

第三十六条 违反本法规定，危害对外贸易秩序的，国务院对外贸易主管部门可以向社会公告。

第七章 对外贸易调查

第三十七条 为了维护对外贸易秩序，国务院对外贸易主管部门可以自行或者会同国务院其他有关部门，依照法律、行政法规的规定对下列事项进行调查：

（一）货物进出口、技术进出口、国际服务贸易对国内产业及其竞争力的影响；

（二）有关国家或者地区的贸易壁垒；

（三）为确定是否应当依法采取反倾销、反补贴或者保障措施等对外贸易救济措施，需要调查的事项；

（四）规避对外贸易救济措施的行为；

（五）对外贸易中有关国家安全利益的事项；

（六）为执行本法第七条、第二十九条第二款、第三十条、第三十一条、第三十二条第三款、第三十三条第三款的规定，需要调查的事项；

（七）其他影响对外贸易秩序，需要调查的事项。

第三十八条 启动对外贸易调查，由国务院对外贸易主管部门发布公告。调查可以采取书面问卷、召开听证会、实地调查、委托调查等方式进行。国务院对外贸易主管部门根据调查结果，提出调查报告或者作出处理裁定，并发布公告。

第三十九条 有关单位和个人应当对对外贸易调查给予配合、协助。国务院对外贸易主管部门和国务院其他有关部门及其工作人员进行对外贸易调查，对知悉的国家秘密和商业秘密负有保密义务。

第八章 对外贸易救济

第四十条 国家根据对外贸易调查结果，可以采取适当的对外贸易救济措施。

第四十一条 其他国家或者地区的产品以低于正常价值的倾销方式进入我国市场，对已建立的国内产业造成实质损害或者产生实质损害威胁，或者对建立国内产业造成实质阻碍的，国家可以采取反倾销措施，消除或者减轻这种损害或者损害的威胁或者阻碍。

第四十二条 其他国家或者地区的产品以低于正常价值出口至第三国市场，对我国已建立的国内产业造成实质损害或者产生实质损害威胁，或者对我国建立国内产业造成实质阻碍的，应国内产业的申请，国务院对外贸易主管部门可以与该第三国政府进行磋商，要求其采取适当的措施。

第四十三条 进口的产品直接或者间接地接受出口国家或者地区给予的任何形式的专向性补贴，对已建立的国内产业造成实质损害或者产生实质损害威胁，或者对建立国内产业造成实质阻碍的，国家可以采取反补贴措施，消除或者减轻这种损害或者损害的威胁或者阻碍。

第四十四条 因进口产品数量大量增加，对生产同类产品或者与其直接竞争的产品的国内产业造成严重损害或者严重损害威胁的，国家可以采取必要的保障措施，消除或者减轻这种损害或者损害的威胁，并可以对该产业提供必要的支持。

第四十五条 因其他国家或者地区的服务提供者向我国提供的服务增加，对提供同类服务或者与其直接竞争的服务的国内产业造成损害或者产生损害威胁的，国家可以采取必要的救济措施，消除或者减轻这种损害或者损害的威胁。

第四十六条 因第三国限制进口而导致某种产品进入我国市场的数量大量增加，对已建立的国内产业造成损害或者产生损害威胁，或者对建立国内产业造成阻碍的，国家可以采取必要的救济措施，限制该产品进口。

第四十七条 与中华人民共和国缔结或者共同参加经济贸易条约、协定的国家或者地区，违反条约、协定的规定，使中华人民共和国根据该条约、协定享有的利益丧失或者受损，或者阻碍条约、协定目标实现的，中华人民共和国政府有权要求有关国家或者地区政府采取适当的补救措施，并可以根据有关条约、协定中止或者终止履行相关义务。

第四十八条　国务院对外贸易主管部门依照本法和其他有关法律的规定，进行对外贸易的双边或者多边磋商、谈判和争端的解决。

第四十九条　国务院对外贸易主管部门和国务院其他有关部门应当建立货物进出口、技术进出口和国际服务贸易的预警应急机制，应对对外贸易中的突发和异常情况，维护国家经济安全。

第五十条　国家对规避本法规定的对外贸易救济措施的行为，可以采取必要的反规避措施。

第九章　对外贸易促进

第五十一条　国家制定对外贸易发展战略，建立和完善对外贸易促进机制。

第五十二条　国家根据对外贸易发展的需要，建立和完善为对外贸易服务的金融机构，设立对外贸易发展基金、风险基金。

第五十三条　国家通过进出口信贷、出口信用保险、出口退税及其他促进对外贸易的方式，发展对外贸易。

第五十四条　国家建立对外贸易公共信息服务体系，向对外贸易经营者和其他社会公众提供信息服务。

第五十五条　国家采取措施鼓励对外贸易经营者开拓国际市场，采取对外投资、对外工程承包和对外劳务合作等多种形式，发展对外贸易。

第五十六条　对外贸易经营者可以依法成立和参加有关协会、商会。有关协会、商会应当遵守法律、行政法规，按照章程对其成员提供与对外贸易有关的生产、营销、信息、培训等方面的服务，发挥协调和自律作用，依法提出有关对外贸易救济措施的申请，维护成员和行业的利益，向政府有关部门反映成员有关对外贸易的建议，开展对外贸易促进活动。

第五十七条　中国国际贸易促进组织按照章程开展对外联系，举办展览，提供信息、咨询服务和其他对外贸易促进活动。

第五十八条　国家扶持和促进中小企业开展对外贸易。

第五十九条　国家扶持和促进民族自治地方和经济不发达地区发展对外贸易。

第十章　法律责任

第六十条　违反本法第十一条规定，未经授权擅自进出口实行国营贸易管理的货物的，国务院对外贸易主管部门或者国务院其他有关部门可以处五万元以下罚款；情节严重的，可以自行政处罚决定生效之日起三年内，不受理违法行为人从事国营贸易管理货物进出口业务的申请，或者撤销已给予其从事其他国营贸易管理货物进出口的授权。

第六十一条　进出口属于禁止进出口的货物的，或者未经许可擅自进出口属于限制进出口的货物的，由海关依照有关法律、行政法规的规定处理、处罚；构成犯罪的，依法追究刑事责任。进出口属于禁止进出口的技术的，或者未经许可擅自进出口属于限制进出口的技术的，依照有关法律、行政法规的规定处理、处罚；法律、行政法规没有规定的，由国务院对外贸易主管部门责令改正，没收违法所得，并处违法所得一倍以上五倍以下罚款，没有违法所得或者违法所得不足一万元的，处一万元以上五万元以下罚款；构成犯罪的，依法追究刑事责任。自前两款规定的行政处罚决定生效之日或者刑事处罚判决生效之日起，国务院对外贸易主管部门或者国务院其他有关部门可以在三年内不受理违法行为人提出的进出口配额或者许可证的申请，或者禁止违法行为人在一年以上三年以下的期限内从事有关货物或者技术的进出口经营活动。

第六十二条　从事属于禁止的国际服务贸易的，或者未经许可擅自从事属于限制的国际服务贸易的，依照有关法律、行政法规的规定处罚；法律、行政法规没有规定的，由国务院对外贸易主管部门责令改正，没收违法所得，并处违法所得一倍以上五倍以下罚款，没有违法所得或者违法所得不足一万元的，处一万元以上五万元以下罚款；构成犯罪的，依法追究刑事责任。国务院对外贸易主管部门可以禁止违法行为人自前款规定的行政处罚决定生效之日或者刑事处罚判决生效之日起一年以上三年以下的期限内从事有关的国际服务贸易经营活动。

第六十三条　违反本法第三十四条规定，依照有关法律、行政法规的规定处罚；构成犯罪的，依法追究刑事责任。国务院对外贸易主管部门可以禁止违法行为人自前款规定的行政处罚决定生效之日或者刑事处罚判决生效之日起一年以上三年以下的期限内从事有关的对外贸易经营活动。

第六十四条 依照本法第六十一条至第六十三条规定被禁止从事有关对外贸易经营活动的，在禁止期限内，海关根据国务院对外贸易主管部门依法作出的禁止决定，对该对外贸易经营者的有关进出口货物不予办理报关验放手续，外汇管理部门或者外汇指定银行不予办理有关结汇、售汇手续。

第六十五条 依照本法负责对外贸易管理工作的部门的工作人员玩忽职守、徇私舞弊或者滥用职权，构成犯罪的，依法追究刑事责任；尚不构成犯罪的，依法给予行政处分。

依照本法负责对外贸易管理工作的部门的工作人员利用职务上的便利，索取他人财物，或者非法收受他人财物为他人谋取利益，构成犯罪的，依法追究刑事责任；尚不构成犯罪的，依法给予行政处分。

第六十六条 对外贸易经营活动当事人对依照本法负责对外贸易管理工作的部门作出的具体行政行为不服的，可以依法申请行政复议或者向人民法院提起行政诉讼。

第十一章 附 则

第六十七条 与军品、裂变和聚变物质或者衍生此类物质的物质有关的对外贸易管理以及文化产品的进出口管理，法律、行政法规另有规定的，依照其规定。

第六十八条 国家对边境地区与接壤国家边境地区之间的贸易以及边民互市贸易，采取灵活措施，给予优惠和便利。具体办法由国务院规定。

第六十九条 中华人民共和国的单独关税区不适用本法。

第七十条 本法自2004年7月1日起施行。

中华人民共和国进出口商品检验法实施条例

中华人民共和国国务院令第447号

《中华人民共和国进出口商品检验法实施条例》已经2005年8月10日国务院第101次常务会议通过，现予公布，自2005年12月1日起施行

温家宝

2005年8月31日

第一章 总 则

第一条 根据《中华人民共和国进出口商品检验法》（以下简称商检法）的规定，制定本条例。

第二条 中华人民共和国国家质量监督检验检疫总局（以下简称国家质检总局）主管全国进出口商品检验工作。

国家质检总局设在省、自治区、直辖市，以及进出口商品的口岸、集散地的出入境检验检疫局及其分支机构（以下简称出入境检验检疫机构），管理所负责地区的进出口商品检验工作。

第三条 国家质检总局应当依照商检法第四条规定，制定、调整必须实施检验的进出口商品目录（以下简称目录）并公布实施。

目录应当至少在实施之日30日前公布；在紧急情况下，应当不迟于实施之日公布。

国家质检总局制定、调整目录时，应当征求国务院对外贸易主管部门、海关总署等有关方面的意见。

第四条 出入境检验检疫机构对列入目录的进出口商品以及法律、行政法规规定须经出入境

检验检疫机构检验的其他进出口商品实施检验（以下称法定检验）。

出入境检验检疫机构对法定检验以外的进出口商品，根据国家规定实施抽查检验。

第五条　进出口药品的质量检验、计量器具的量值检定、锅炉压力容器的安全监督检验、船舶（包括海上平台、主要船用设备及材料）和集装箱的规范检验、飞机（包括飞机发动机、机载设备）的适航检验以及核承压设备的安全检验等项目，由有关法律、行政法规规定的机构实施检验。

第六条　进出境的样品、礼品、暂准进出境的货物以及其他非贸易性物品，免予检验。但是，法律、行政法规另有规定的除外。

列入目录的进出口商品符合国家规定的免予检验条件的，由收货人、发货人或者生产企业申请，经国家质检总局审查批准，出入境检验检疫机构免予检验。

免予检验的具体办法，由国家质检总局有关部门制定。

第七条　法定检验的进出口商品，由出入境检验检疫机构依照商检法第七条规定实施检验。

国家质检总局根据进出口商品检验工作的实际需要和国际标准，可以制定进出口商品检验方法的技术规范和标准。

进出口商品检验依照或者参照的技术规范、标准以及检验方法的技术规范和标准，应当至少在实施之日6个月前公布；在紧急情况下，应当不迟于实施之日公布。

第八条　出入境检验检疫机构根据便利对外贸易的需要，对进出口企业实施分类管理，并按照根据国际通行的合格评定程序确定的检验监管方式，对进出口商品实施检验。

第九条　出入境检验检疫机构对进出口商品实施检验的内容，包括是否符合安全、卫生、健康、环境保护、防止欺诈等要求以及相关的品质、数量、重量等项目。

第十条　出入境检验检疫机构依照商检法的规定，对实施许可制度和国家规定必须经过认证的进出口商品实行验证管理，查验单证，核对证货是否相符。

实行验证管理的进出口商品目录，由国家质检总局商有关部门后制定、调整并公布。

第十一条　进出口商品的收货人或者发货人可以自行办理报检手续，也可以委托代理报检企业办理报检手续；采用快件方式进出口商品的，收货人或者发货人应当委托出入境快件运营企业办理报检手续。

第十二条　进出口商品的收货人或者发货人办理报检手续，应当依法向出入境检验检疫机构备案。

代理报检企业、出入境快件运营企业从事报检业务，应当依法经出入境检验检疫机构注册登记。未依法经出入境检验检疫机构注册登记的企业，不得从事报检业务。

办理报检业务的人员应当依法办理报检从业注册，并实行凭证报检。未依法办理报检从业注册的人员，不得从事报检业务。

代理报检企业、出入境快件运营企业以及报检人员不得非法代理他人报检，或者超出其业务范围从事报检业务。

第十三条　代理报检企业接受进出口商品的收货人或者发货人的委托，以委托人的名义办理报检手续的，应当向出入境检验检疫机构提交授权委托书，遵守本条例对委托人的各项规定；以自己的名义办理报检手续的，应当承担与收货人或者发货人相同的法律责任。

出入境快件运营企业接受进出口商品的收货人或者发货人的委托，应当以自己的名义办理报检手续，承担与收货人或者发货人相同的法律责任。

委托人委托代理报检企业、出入境快件运营企业办理报检手续的，应当向代理报检企业、出入境快件运营企业提供所委托报检事项的真实情况；代理报检企业、出入境快件运营企业接受委托人的委托办理报检手续的，应当对委托人所提供情况的真实性进行合理审查。

第十四条　国家质检总局建立进出口商品风险预警机制，通过收集进出口商品检验方面的信息，进行风险评估，确定风险的类型，采取相应的风险预警措施及快速反应措施。

国家质检总局和出入境检验检疫机构应当及

时向有关方面提供进出口商品检验方面的信息。

第十五条 出入境检验检疫机构工作人员依法执行职务，有关单位和个人应当予以配合，任何单位和个人不得非法干预和阻挠。

第二章 进口商品的检验

第十六条 法定检验的进口商品的收货人应当持合同、发票、装箱单、提单等必要的凭证和相关批准文件，向海关报关地的出入境检验检疫机构报检；海关放行后20日内，收货人应当依照本条例第十八条的规定，向出入境检验检疫机构申请检验。法定检验的进口商品未经检验的，不准销售，不准使用。

进口实行验证管理的商品，收货人应当向海关报关地的出入境检验检疫机构申请验证。出入境检验检疫机构按照国家质检总局的规定实施验证。

第十七条 法定检验的进口商品、实行验证管理的进口商品，海关凭出入境检验检疫机构签发的货物通关单办理海关通关手续。

第十八条 法定检验的进口商品应当在收货人报检时申报的目的地检验。

大宗散装商品、易腐烂变质商品、可用作原料的固体废物以及已发生残损、短缺的商品，应当在卸货口岸检验。

对前两款规定的进口商品，国家质检总局可以根据便利对外贸易和进出口商品检验工作的需要，指定在其他地点检验。

第十九条 除法律、行政法规另有规定外，法定检验的进口商品经检验，涉及人身财产安全、健康、环境保护项目不合格的，由出入境检验检疫机构责令当事人销毁，或者出具退货处理通知单并书面告知海关，海关凭退货处理通知单办理退运手续；其他项目不合格的，可以在出入境检验检疫机构的监督下进行技术处理，经重新检验合格的，方可销售或者使用。当事人申请出入境检验检疫机构出证的，出入境检验检疫机构应当及时出证。

出入境检验检疫机构对检验不合格的进口成套设备及其材料，签发不准安装使用通知书。经技术处理，并经出入境检验检疫机构重新检验合格的，方可安装使用。

第二十条 法定检验以外的进口商品，经出入境检验检疫机构抽查检验不合格的，依照本条例第十九条的规定处理。

实行验证管理的进口商品，经出入境检验检疫机构验证不合格的，参照本条例第十九条的规定处理或者移交有关部门处理。

法定检验以外的进口商品的收货人，发现进口商品质量不合格或者残损、短缺，申请出证的，出入境检验检疫机构或者其他检验机构应当在检验后及时出证。

第二十一条 对属于法定检验范围内的关系国计民生、价值较高、技术复杂的以及其他重要的进口商品和大型成套设备，应当按照对外贸易合同约定监造、装运前检验或者监装。收货人保留到货后最终检验和索赔的权利。

出入境检验检疫机构可以根据需要派出检验人员参加或者组织实施监造、装运前检验或者监装。

第二十二条 国家对进口可用作原料的固体废物的国外供货商、国内收货人实行注册登记制度，国外供货商、国内收货人在签订对外贸易合同前，应当取得国家质检总局或者出入境检验检疫机构的注册登记。国家对进口可用作原料的固体废物实行装运前检验制度，进口时，收货人应当提供出入境检验检疫机构或者经国家质检总局指定的检验机构出具的装运前检验证书。

国家允许进口的旧机电产品的收货人在签订对外贸易合同前，应当向国家质检总局或者出入境检验检疫机构办理备案手续。对价值较高，涉及人身财产安全、健康、环境保护项目的高风险进口旧机电产品，应当依照国家有关规定实施装运前检验，进口时，收货人应当提供出入境检验检疫机构或者经国家质检总局指定的检验机构出具的装运前检验证书。

进口可用作原料的固体废物、国家允许进口的旧机电产品到货后，由出入境检验检疫机构依法实施检验。

第二十三条 进口机动车辆到货后，收货人凭出入境检验检疫机构签发的进口机动车辆检验证单以及有关部门签发的其他单证向车辆管理机关申领行车牌证。在使用过程中发现有涉及人身财产安全的质量缺陷的，出入境检验检疫机构应当及时作出相应处理。

第三章　出口商品的检验

第二十四条　法定检验的出口商品的发货人应当在国家质检总局统一规定的地点和期限内，持合同等必要的凭证和相关批准文件向出入境检验检疫机构报检。法定检验的出口商品未经检验或者经检验不合格的，不准出口。

出口商品应当在商品的生产地检验。国家质检总局可以根据便利对外贸易和进出口商品检验工作的需要，指定在其他地点检验。

出口实行验证管理的商品，发货人应当向出入境检验检疫机构申请验证。出入境检验检疫机构按照国家质检总局的规定实施验证。

第二十五条　在商品生产地检验的出口商品需要在口岸换证出口的，由商品生产地的出入境检验检疫机构按照规定签发检验换证凭单。发货人应当在规定的期限内持检验换证凭单和必要的凭证，向口岸出入境检验检疫机构申请查验。经查验合格的，由口岸出入境检验检疫机构签发货物通关单。

第二十六条　法定检验的出口商品、实行验证管理的出口商品，海关凭出入境检验检疫机构签发的货物通关单办理海关通关手续。

第二十七条　法定检验的出口商品经出入境检验检疫机构检验或者经口岸出入境检验检疫机构查验不合格的，可以在出入境检验检疫机构的监督下进行技术处理，经重新检验合格的，方准出口；不能进行技术处理或者技术处理后重新检验仍不合格的，不准出口。

第二十八条　法定检验以外的出口商品，经出入境检验检疫机构抽查检验不合格的，依照本条例第二十七条的规定处理。

实行验证管理的出口商品，经出入境检验检疫机构验证不合格的，参照本条例第二十七条的规定处理或者移交有关部门处理。

第二十九条　出口危险货物包装容器的生产企业，应当向出入境检验检疫机构申请包装容器的性能鉴定。包装容器经出入境检验检疫机构鉴定合格并取得性能鉴定证书的，方可用于包装危险货物。

出口危险货物的生产企业，应当向出入境检验检疫机构申请危险货物包装容器的使用鉴定。使用未经鉴定或者经鉴定不合格的包装容器的危险货物，不准出口。

第三十条　对装运出口的易腐烂变质食品、冷冻品的集装箱、船舱、飞机、车辆等运载工具，承运人、装箱单位或者其代理人应当在装运前向出入境检验检疫机构申请清洁、卫生、冷藏、密固等适载检验。未经检验或者经检验不合格的，不准装运。

第四章　监督管理

第三十一条　出入境检验检疫机构根据便利对外贸易的需要，可以对列入目录的出口商品进行出厂前的质量监督管理和检验，对其中涉及人身财产安全、健康的重要出口商品实施出口商品注册登记管理。实施出口商品注册登记管理的出口商品，必须获得注册登记，方可出口。

出入境检验检疫机构进行出厂前的质量监督管理和检验的内容，包括对生产企业的质量保证工作进行监督检查，对出口商品进行出厂前的检验。

第三十二条　国家对进出口食品生产企业实施卫生注册登记管理。获得卫生注册登记的出口食品生产企业，方可生产、加工、储存出口食品。获得卫生注册登记的进出口食品生产企业生产的食品，方可进口或者出口。

实施卫生注册登记管理的进口食品生产企业，应当按照规定向国家质检总局申请卫生注册登记。

实施卫生注册登记管理的出口食品生产企业，应当按照规定向出入境检验检疫机构申请卫生注册登记。

出口食品生产企业需要在国外卫生注册的，依照本条第三款规定进行卫生注册登记后，由国家质检总局统一对外办理。

第三十三条　国家对进出口化妆品生产企业实施卫生注册登记管理。具体办法由国家质检总局商国务院卫生主管部门制定。

第三十四条　进出口食品、化妆品在进出口前，其经营者或者代理人应当接受出入境检验检疫机构对进出口食品、化妆品标签内容是否符合法律、行政法规规定要求以及与质量有关内容的真实性、准确性进行的检验，并取得国家质检总局或者其授权的出入境检验检疫机构签发的进出口食品、化妆品标签检验证明文件。

第三十五条 出入境检验检疫机构根据需要，对检验合格的进出口商品加施商检标志，对检验合格的以及其他需要加施封识的进出口商品加施封识。具体办法由国家质检总局制定。

第三十六条 出入境检验检疫机构按照有关规定对检验的进出口商品抽取样品。验余的样品，出入境检验检疫机构应当通知有关单位在规定的期限内领回；逾期不领回的，由出入境检验检疫机构处理。

第三十七条 进出口商品的报检人对出入境检验检疫机构作出的检验结果有异议的，可以自收到检验结果之日起15日内，向作出检验结果的出入境检验检疫机构或者其上级出入境检验检疫机构以至国家质检总局申请复验，受理复验的出入境检验检疫机构或者国家质检总局应当自收到复验申请之日起60日内作出复验结论。技术复杂，不能在规定期限内作出复验结论的，经本机构负责人批准，可以适当延长，但是延长期限最多不超过30日。

第三十八条 国家质检总局或者出入境检验检疫机构根据进出口商品检验工作的需要，可以指定符合规定资质条件的国内外检测机构承担出入境检验检疫机构委托的进出口商品检测。被指定的检测机构经检查不符合规定要求的，国家质检总局或者出入境检验检疫机构可以取消指定。

第三十九条 在中华人民共和国境内设立从事进出口商品检验鉴定业务的检验机构，应当符合有关法律、行政法规、规章规定的注册资本、技术能力、人员资格等条件，经国家质检总局和有关主管部门审核批准，获得许可，并依法办理工商登记后，方可接受委托办理进出口商品检验鉴定业务。

第四十条 对检验机构的检验鉴定业务活动有异议的，可以向国家质检总局或者出入境检验检疫机构投诉。

第四十一条 国家质检总局、出入境检验检疫机构实施监督管理或者对涉嫌违反进出口商品检验法律、行政法规的行为进行调查，有权查阅、复制当事人的有关合同、发票、账簿以及其他有关资料。出入境检验检疫机构对有根据认为涉及人身财产安全、健康、环境保护项目不合格的进出口商品，经本机构负责人批准，可以查封或者扣押，但海关监管货物除外。

第四十二条 国家质检总局、出入境检验检疫机构应当根据便利对外贸易的需要，采取有效措施，简化程序，方便进出口。

办理进出口商品报检、检验、鉴定等手续，符合条件的，可以采用电子数据文件的形式。

第四十三条 出入境检验检疫机构依照有关法律、行政法规的规定，签发出口货物普惠制原产地证明、区域性优惠原产地证明、专用原产地证明。办理原产地证明的申请人应当依法取得出入境检验检疫机构的注册登记。

出口货物一般原产地证明的签发，依照有关法律、行政法规的规定执行。

第四十四条 出入境检验检疫机构对进出保税区、出口加工区等海关特殊监管区域的货物以及边境小额贸易进出口商品的检验管理，由国家质检总局商海关总署另行制定办法。

第五章 法律责任

第四十五条 擅自销售、使用未报检或者未经检验的属于法定检验的进口商品，或者擅自销售、使用应当申请进口验证而未申请的进口商品的，由出入境检验检疫机构没收违法所得，并处商品货值金额5%以上20%以下罚款；构成犯罪的，依法追究刑事责任。

第四十六条 擅自出口未报检或者未经检验的属于法定检验的出口商品，或者擅自出口应当申请出口验证而未申请的出口商品的，由出入境检验检疫机构没收违法所得，并处商品货值金额5%以上20%以下罚款；构成犯罪的，依法追究刑事责任。

第四十七条 销售、使用经法定检验、抽查检验或者验证不合格的进口商品，或者出口经法定检验、抽查检验或者验证不合格的商品的，由出入境检验检疫机构责令停止销售、使用或者出口，没收违法所得和违法销售、使用或者出口的商品，并处违法销售、使用或者出口的商品货值金额等值以上 3 倍以下罚款；构成犯罪的，依法追究刑事责任.

第四十八条　进出口商品的收货人、发货人、代理报检企业或者出入境快件运营企业、报检人员不如实提供进出口商品的真实情况，取得出入境检验检疫机构的有关证单，或者对法定检验的进出口商品不予报检，逃避进出口商品检验的，由出入境检验检疫机构没收违法所得，并处商品货值金额5%以上20%以下罚款；情节严重的，并撤销其报检注册登记、报检从业注册。

进出口商品的收货人或者发货人委托代理报检企业、出入境快件运营企业办理报检手续，未按照规定向代理报检企业、出入境快件运营企业提供所委托报检事项的真实情况，取得出入境检验检疫机构的有关证单的，对委托人依照前款规定予以处罚。

代理报检企业、出入境快件运营企业、报检人员对委托人所提供情况的真实性未进行合理审查或者因工作疏忽，导致骗取出入境检验检疫机构有关证单的结果的，由出入境检验检疫机构对代理报检企业、出入境快件运营企业处 2 万元以上 20 万元以下罚款；情节严重的，并撤销其报检注册登记、报检从业注册。

第四十九条　伪造、变造、买卖或者盗窃检验证单、印章、标志、封识、货物通关单或者使用伪造、变造的检验证单、印章、标志、封识、货物通关单，构成犯罪的，依法追究刑事责任；尚不够刑事处罚的，由出入境检验检疫机构责令改正，没收违法所得，并处商品货值金额等值以下罚款。

第五十条　擅自调换出入境检验检疫机构抽取的样品或者出入境检验检疫机构检验合格的进出口商品的，由出入境检验检疫机构责令改正，给予警告；情节严重的，并处商品货值金额 10%以上 50%以下罚款。

第五十一条　出口属于国家实行出口商品注册登记管理而未获得注册登记的商品的，由出入境检验检疫机构责令停止出口，没收违法所得，并处商品货值金额 10%以上 50%以下罚款。

第五十二条　进口或者出口国家实行卫生注册登记管理而未获得卫生注册登记的生产企业生产的食品、化妆品的，由出入境检验检疫机构责令停止进口或者出口，没收违法所得，并处商品货值金额 10%以上 50%以下罚款。

已获得卫生注册登记的进出口食品、化妆品生产企业，经检查不符合规定要求的，由国家质检总局或者出入境检验检疫机构责令限期整改；整改仍未达到规定要求或者有其他违法行为，情节严重的，吊销其卫生注册登记证书。

第五十三条　进口可用作原料的固体废物，国外供货商、国内收货人未取得注册登记，或者未进行装运前检验的，按照国家有关规定责令退货；情节严重的，由出入境检验检疫机构并处 10 万元以上 100 万元以下罚款。

已获得注册登记的可用作原料的固体废物的国外供货商、国内收货人违反国家有关规定，情节严重的，由出入境检验检疫机构撤销其注册登记。

进口国家允许进口的旧机电产品未办理备案或者未按照规定进行装运前检验的，按照国家有关规定予以退货；情节严重的，由出入境检验检疫机构并处 100 万元以下罚款。

第五十四条　提供或者使用未经出入境检验检疫机构鉴定的出口危险货物包装容器的，由出入境检验检疫机构处 10 万元以下罚款。

提供或者使用经出入境检验检疫机构鉴定不合格的包装容器装运出口危险货物的，由出入境检验检疫机构处 20 万元以下罚款。

第五十五条　提供或者使用未经出入境检验检疫机构适载检验的集装箱、船舱、飞机、车辆等运载工具装运易腐烂变质食品、冷冻品出口的，由出入境检验检疫机构处 10 万元以下罚款。

提供或者使用经出入境检验检疫机构检验不合格的集装箱、船舱、飞机、车辆等运载工具装运易腐烂变质食品、冷冻品出口的，由出入境检验检疫机构处 20 万元以下罚款。

第五十六条　擅自调换、损毁出入境检验检疫机构加施的商检标志、封识的，由出入境检验检疫机构处 5 万元以下罚款。

第五十七条 从事进出口商品检验鉴定业务的检验机构超出其业务范围，或者违反国家有关规定，扰乱检验鉴定秩序的，由出入境检验检疫机构责令改正，没收违法所得，可以并处10万元以下罚款，国家质检总局或者出入境检验检疫机构可以暂停其6个月以内检验鉴定业务；情节严重的，由国家质检总局吊销其检验鉴定资格证书。

第五十八条 未经注册登记擅自从事报检业务的，由出入境检验检疫机构责令停止非法经营活动，没收违法所得，并处违法所得1倍以上3倍以下罚款。

代理报检企业、出入境快件运营企业违反国家有关规定，扰乱报检秩序的，由出入境检验检疫机构责令改正，没收违法所得，可以并处10万元以下罚款，国家质检总局或者出入境检验检疫机构可以暂停其6个月以内代理报检业务；情节严重的，撤销其报检注册登记。

报检人员违反国家有关规定，扰乱报检秩序的，国家质检总局或者出入境检验检疫机构可以暂停其6个月以内执业；情节严重的，撤销其报检从业注册。

第五十九条 出入境检验检疫机构的工作人员滥用职权，故意刁难当事人的，徇私舞弊，伪造检验结果的，或者玩忽职守，延误检验出证的，依法给予行政处分；违反有关法律、行政法规规定签发出口货物原产地证明的，依法给予行政处分，没收违法所得；构成犯罪的，依法追究刑事责任。

第六十条 出入境检验检疫机构对没收的商品依法予以处理所得价款、没收的违法所得、收缴的罚款，全部上缴国库。

第六章 附 则

第六十一条 当事人对出入境检验检疫机构、国家质检总局作出的复验结论不服，或者对国家质检总局、出入境检验检疫机构作出的处罚决定不服的，可以依法申请行政复议，也可以依法向人民法院提起诉讼。

当事人逾期不履行处罚决定，又不申请行政复议或者向人民法院提起诉讼的，作出处罚决定的机构可以申请人民法院强制执行。

第六十二条 出入境检验检疫机构实施法定检验、经许可的检验机构办理检验鉴定业务，按照国家有关规定收取费用。

第六十三条 本条例自2005年12月1日起施行。1992年10月7日国务院批准、1992年10月23日原国家进出口商品检验局发布的《中华人民共和国进出口商品检验法实施条例》同时废止。

商务部法律性文件

一、设立外商控股、外商独资旅行社暂行规定

第一条 为适应中国加入世界贸易组织的新形势，进一步扩大旅游业对外开放，促进旅行社业发展，根据中国外商投资企业的相关法律、《旅行社管理条例》及有关规定，制定本《规定》。

第二条 在中国有关入世承诺规定期限之前的过渡期内，在中华人民共和国境内设立外商控股或外商独资的旅行社，适用本《规定》。

第三条 设立外商控股旅行社的境外投资方，应符合下列条件：

（一）是旅行社或者是主要从事旅游经营业务的企业；

（二）年旅游经营总额4 000万美元以上；

（三）是本国（地区）旅游行业协会的会员；

（四）具有良好的国际信誉和先进的旅行社管

理经验；

（五）遵守中国法律及中国旅游业的有关法。

第四条　设立外商独资旅行社的境外投资方，除应符合第三条第（一）、（三）、（四）、（五）款规定的条件外，第（二）款规定的年旅游经营总额应在5亿美元以上。

第五条　外商控股旅行社的中国投资者应当符合《旅行社管理条例》第二十九条规定的条件。

第六条　设立的外商控股或外商独资旅行社应符合下列条件：

（一）符合旅游业发展规划；

（二）符合旅游市场需要；

（三）投资者符合上述第三条、第四条、第五条规定的条件；

（四）注册资本不少于400万元人民币。

第七条　符合条件的境外投资方可在经国务院批准的国家旅游度假区及北京、上海、广州、深圳、西安5个城市设立控股或独资旅行社。

第八条　每个境外投资方申请设立外商控股或外商独资旅行社，一般只批准成立一家。

第九条　申请设立外商控股或外商独资旅行社，参照《旅行社管理条例》规定的外商投资旅行社的审批程序办理。

第十条　外商控股或独资旅行社不得经营或变相经营中国公民出国旅游业务以及中国其他地区的人赴香港、澳门特别行政区和台湾地区旅游的业务。

第十一条　本《规定》由国家旅游局和商务部负责解释。

第十二条　本《规定》自公布之日起30日后施行。

国家旅游局、商务部

2003年6月12日颁布

二、商务部关于外商投资企业在清算过程中终止清算、恢复经营问题答复的函

广州市对外贸易经济合作局：

你局《关于广州安旺橡胶轮胎有限公司申请继续经营有关问题的请示》（穗外经贸资［2004］第28号）悉。现就有关问题答复如下：

如果外商投资企业在经营期限内提出提前终止合同章程并解散企业，获得审批机关批准后进入清算程序，在清算过程中又向审批机关提出终止清算、恢复经营的申请，审批机关应在不损害企业债权人、第三人和社会公共利益，不违背利用外资产业政策的前提下，允许清算过程中的企业终止清算、恢复经营。

申请终止清算恢复经营的企业必须遵循中国有关法律、法规并符合以下条件：

一、企业投资者一致同意终止清算、恢复经营；

二、企业权力机构决议终止清算、恢复经营；

三、清算委员会同意终止清算、恢复经营，并提交清算活动进展情况说明；

四、企业尚未注销工商登记；

五、企业经营期限尚未届满；

六、符合法律法规对法人经营场所的要求；

七、企业财产尚未分配，或者已获分配的股东已经或承诺在一定期限内返还企业财产；

八、投资者和企业无违反法律、法规以及规章的行为。

鉴此，审批机关应当要求申请人提供下列文件：

一、经全体投资者签字盖章的关于终止清算、恢复经营的申请函；

二、企业权力机构关于终止清算、恢复经营的决议；

三、清算委员会关于终止清算、恢复经营的同意函；

四、清算委员会关于清算活动进展情况的说明；

五、企业的章程、合同、批准证书和营业执照；

六、已获分配的股东已返还所得财产的证明或其承诺在一定期限内返还企业财产的函；

七、商务部门要求的其他文件。

审批机关在对上述文件审核无误后，可根据企业提出的终止清算、恢复经营的申请，直接做出是否同意的批复。做出终止清算，恢复经营批复的，不必撤销此前做出的同意提前终止合同章程并解散企业的批复。同意批复应同时抄报企业主管部门、海关、外汇管理机关、企业登记机关、税务机关等。

特此复函

中华人民共和国商务部
2004年7月15日

三、关于外商投资举办投资性公司的规定

第一条 为了促进外国投资者来华投资，引进国外先进技术和管理经验，允许外国投资者根据中国有关外国投资的法律、法规及本规定，在中国设立投资性公司。

第二条 本规定中投资性公司系指外国投资者在中国以独资或与中国投资者合资的形式设立的从事直接投资的公司。公司形式为有限责任公司。

第三条 申请设立投资性公司应符合下列条件：

（一）1. 外国投资者资信良好，拥有举办投资性公司所必需的经济实力，申请前1年该投资者的资产总额不低于4亿美元，且该投资者在中国境内已设立了外商投资企业，其实际缴付的注册资本的出资额超过1 000万美元；或者，2. 外国投资者资信良好，拥有举办投资性公司所必需的经济实力，该投资者在中国境内已设立了10个以上外商投资企业，其实际缴付的注册资本的出资额超过3 000万美元；

（二）以合资方式设立投资性公司的，中国投资者应为资信良好，拥有举办投资性公司所必需的经济实力，申请前1年该投资者的资产总额不低于1亿元人民币；

（三）投资性公司的注册资本不低于3 000万美元。

申请设立投资性公司的外国投资者应为一家外国的公司、企业或经济组织，若外国投资者为2个以上的，其中应至少有1名占大股权的外国投资者符合本条第一款第（一）项的规定。

第四条 符合本规定第三条第一款第（一）项规定的条件的外国投资者可以其全资拥有的子公司的名义投资设立投资性公司。

第五条 申请设立投资性公司的外国投资者符合本规定第三条第一款第（一）项规定的条件的，该外国投资者须向审批机关出具保证函，保证其所设立的投资性公司在中国境内投资时注册资本的缴付和属于该外国投资者或关联公司的技术转让。

以全资拥有的子公司的名义投资设立投资性公司的，其母公司须向审批机关出具保证函，保证其子公司按照审批机关批准的条件完成对所设立的投资性公司的注册资本的缴付，并保证该投资性公司在中国境内投资时的注册资本的缴付和属于该母公司及其所属公司的技术转让。

第六条 申请设立投资性公司，投资者应将下列文件经拟设立投资性公司所在地的省、自治区、直辖市、计划单列市商务主管部门审核同意后，报商务部审查批准。

（一）设立合资的投资性公司投资各方签署的申请报告、合同、章程；

设立独资的投资性公司外国投资者签署的外资企业申请表、可行性研究报告、章程；

（二）投资各方的资信证明文件、注册登记证明文件（复印件）和法定代表人证明文件（复印件）；

（三）外国投资者已投资企业的批准证书（复印件）、营业执照（复印件）和中国注册会计师出具的验资报告（复印件）；

（四）依法审计的投资各方近3年的资产负债表；

（五）依据本规定第五条应提交的保证函；

（六）商务部要求的其他文件。

上述文件除已注明为复印件的，一律应为正式文件。

非法定代表人签署文件的，应出具法定代表人的委托授权书。

委托依法设立的中介机构代为办理申请手续的，应出具由投资者法定代表人签署的委托授权书。

第七条　外国投资者须以可自由兑换的货币或其在中国境内获得的人民币利润或因转股、清算等活动获得的人民币合法收益作为其向投资性公司注册资本的出资。中国投资者可以人民币出资。外国投资者以其人民币合法收益作为其向投资性公司注册资本出资的，应当提交相关证明文件及税务凭证。出资应在营业执照签发之日起2年内全部缴清。

第八条　投资性公司的注册资本中至少应有3 000万美元作为向其投资新设立的外商投资企业的出资，或作为向其母公司或关联公司已投资设立外商投资企业（已依法办理完毕股权转让手续）未缴付完毕的出资额的出资，或增资部分的出资，或用于设立研发中心等机构的投资，或用于购买中国境内公司股东的股权（不包括投资性公司母公司或其关联公司已缴付完毕的出资额形成的股权）。

第九条　投资性公司的注册资本不低于3 000万美元，其贷款额不得超过已缴付注册资本额的4倍。投资性公司的注册资本不低于1亿美元，其贷款额不得超过已缴付注册资本额的6倍。投资性公司因经营需要，贷款额拟超过上述规定，应当报商务部批准。

第十条　投资性公司经商务部批准设立后，可以依其在中国从事经营活动的实际需要，经营下列业务：

（一）在国家允许外商投资的领域依法进行投资；

（二）受其所投资企业的书面委托（经董事会一致通过），向其所投资企业提供下列服务：

1. 协助或代理其所投资的企业从国内外采购该企业自用的机器设备、办公设备和生产所需的原材料、元器件、零部件和在国内外销售其所投资企业生产的产品，并提供售后服务；

2. 在外汇管理部门的同意和监督下，在其所投资企业之间平衡外汇；

3. 为其所投资企业提供产品生产、销售和市场开发过程中的技术支持、员工培训、企业内部人事管理等服务；

4. 协助其所投资企业寻求贷款及提供担保。

（三）在中国境内设立科研开发中心或部门，从事新产品及高新技术的研究开发，转让其研究开发成果，并提供相应的技术服务；

（四）为其投资者提供咨询服务，为其关联公司提供与其投资有关的市场信息、投资政策等咨询服务；

（五）承接其母公司和关联公司的服务外包业务。

第十一条　投资性公司从事货物进出口或者技术进出口的，应符合商务部《对外贸易经营者备案登记办法》的规定；

投资性公司从事佣金代理、批发、零售和特许经营活动的，应符合商务部《外商投资商业领域管理办法》的相关规定，并依法变更相应的经营范围。

第十二条　本规定所称投资性公司所投资企业系指符合下列条件的企业：

（一）投资性公司直接投资或与其他外国投资者和中国投资者共同投资，投资性公司中折算出的外国投资者的投资单独或与其他外国投资者一起投资的比例占其所投资设立企业注册资本的25%以上的企业；

（二）投资性公司将其投资者或其关联公司、其他外国投资者以及中国境内投资者在中国境内已投资设立的企业的股权部分或全部收购，投资性公司中折算出的外国投资者的投资单独或与其他外国投资者的投资额共同占该已设立企业的注册资本25%以上的企业；

（三）投资性公司的投资额不低于其所投资设立企业的注册资本的10%。

第十三条　经中国银行业监督管理委员会批准，投资性公司可向其所投资设立的企业提供财务支持。

第十四条　投资性公司可以作为发起人发起设立外商投资股份有限公司或持有外商投资股份有限公司未上市流通的法人股。投资性公司也可以根据国家有关规定持有境内其他股份有限公司未上市流通的法人股。投资性公司应视为股份有限公司境外发起人或股东。

第十五条 投资性公司设立后，依法经营，无违法纪录，注册资本按照章程的规定按期缴付，投资者实际缴付的注册资本额不低于3 000万美元且已用于本规定第八条所规定的用途，投资性公司经所在地的省、自治区、直辖市或计划单列市商务主管部门审核同意，向商务部提出申请，并获批准的，还可依其在中国从事经营活动的实际需要，依照国家有关规定，经营下列业务：

（一）受所投资企业的书面委托（经董事会一致通过），开展下列业务：

1. 在国内外市场以经销的方式销售其所投资企业生产的产品；

2. 为其所投资企业提供运输、仓储等综合服务。

（二）以代理、经销或设立出口采购机构（包括内部机构）的方式出口境内商品，并可按有关规定办理出口退税；

（三）购买所投资企业生产的产品进行系统集成后在国内外销售，如所投资企业生产的产品不能完全满足系统集成需要，允许其在国内外采购系统集成配套产品，但所购买的系统集成配套产品的价值不应超过系统集成所需全部产品价值的15%；

（四）为其所投资企业的产品的国内经销商、代理商以及与投资性公司、其母公司或其关联公司签有技术转让协议的国内公司、企业提供相关的技术培训；

（五）在其所投资企业投产前或其所投资企业新产品投产前，为进行产品市场开发，允许投资性公司从其母公司进口与其所投资企业生产产品相关的母公司产品在国内试销；

（六）为其所投资企业提供机器和办公设备的经营性租赁服务，或依法设立经营性租赁公司；

（七）为其进口的产品提供售后服务；

（八）参与有对外承包工程经营权的中国企业的境外工程承包；

（九）在国内销售（不含零售）投资性公司进口的母公司产品。

第十六条 投资性公司根据第十五条第三款和第五款规定进口产品应依照国家有关规定办理手续。上述进口金额每年累计不超过公司已缴付的注册资本额。

第十七条 投资性公司申请经营本规定第十五条规定业务的，应当向商务部报送下列文件：

（一）投资性公司法定代表人签署的申请书；

（二）投资性公司董事会决议；

（三）修改后的投资性公司章程；

（四）投资性公司的批准证书（复印件）、营业执照（复印件）和中国注册会计师出具的验资报告；

（五）中国注册会计师出具的所投资企业的验资报告；

（六）商务部要求的其他文件。

第十八条 根据投资性公司拟设立的项目性质，按照国家有关外商投资企业经营期限的规定核定投资性公司的期限。

第十九条 投资性公司投资设立企业，按外商投资企业的审批权限及审批程序另行报批。

第二十条 投资性公司投资设立企业，投资性公司中折算出的外国投资者的投资单独或与其他外国投资者一起投资的比例一般不低于其所投资设立企业的注册资本的25%，其投资设立的企业享受外商投资企业待遇，发给外商投资企业批准证书和外商投资企业营业执照；出资比例低于25%的，除法律、行政法规另有规定外，均应按照现行设立外商投资企业的审批登记程序进行审批和登记。

第二十一条 投资性公司设立分支机构应报商务部审批。投资性公司申请设立分公司，必须符合以下条件：

（一）投资性公司的注册资本已按照合同、章程的规定按期缴付并且已缴付的出资额不低于3 000万美元；或投资性公司已投资设立或拥有10个以上外商投资企业；

（二）拟设立分公司的地区应为投资性公司投资集中地区或产品销售集中的地区。

第二十二条 符合条件的投资性公司可申请被认定为跨国公司地区总部（以下简称地区总部），并依法办理变更手续。

（一）投资性公司申请被认定为地区总部应符

合下列条件：

1. 已缴付注册资本不低于1亿美元；或者，已缴付注册资本不低于5 000万美元，申请前1年其所投资企业资产总额不低于30亿人民币，且利润总额不低于1亿元人民币（按合并报表相关规定计）；

2. 符合本规定第八条的规定；

3. 根据有关规定，已设立研发机构。

（二）被认定为地区总部的投资性公司，可依其在中国从事经营活动的实际需要，经营下列业务：

1. 本规定第十条、第十五条所规定的业务；

2. 进口并在国内销售（不含零售）跨国公司及其控股的关联公司的产品；

3. 进口为所投资企业、跨国公司的产品提供维修服务所需的原辅材料及零、配件；

4. 承接境内外企业的服务外包业务；

5. 根据有关规定，从事物流配送服务；

6. 经中国银行业监督管理委员会批准，设立财务公司，向投资性公司及其所投资企业提供相关财务服务；

7. 经商务部批准，从事境外工程承包业务和境外投资，设立融资租赁公司并提供相关服务；

8. 委托境内其他企业生产/加工其产品或其母公司产品并在国内外销售；

9. 经批准的其他业务。

（三）申请程序：

1. 投资性公司向所在地的省、自治区、直辖市和计划单列市商务主管部门提出申请，经初核后报商务部；

2. 商务部自收到全部申请文件之日起30日内批复，对被认定为地区总部的，换发外商投资企业批准证书（加注“地区总部”）；

3. 投资性公司凭批准证书在30日内，向工商行政管理部门申请办理变更登记手续。

（四）申请文件：

1. 投资性公司法定代表人签署的申请书；

2. 投资性公司及其跨国公司董事会或股东会决议；

3. 修改后的投资性公司章程/合同；

4. 投资性公司的批准证书（复印件）、营业执照（复印件）和中国注册会计师出具的验资报告；

5. 所投资企业的批准证书（复印件）和营业执照（复印件）；

6. 中国注册会计师出具的所投资企业的验资报告；

7. 经中国注册会计师审计的投资性公司的主要财务报表；

8. 商务部要求的其他文件。

上述文件除已注明为复印件的，一律应为正式文件。

本条中跨国公司系指设立投资性公司的外国投资者所属公司集团的母公司。

第二十三条 投资性公司在中国境内的投资活动不受公司注册地点的限制。

第二十四条 投资性公司的税收按中国有关法律、法规办理。

第二十五条 投资性公司应切实履行项目投资计划，并将第1年度的投资、经营情况于下1年度的前3个月内，按照规定的内容和格式报商务部备案。上述材料将作为投资性公司参加联合年检申报的必备材料之一。

第二十六条 投资性公司与其所投资设立的企业是彼此独立的法人或实体，其业务往来应按独立企业之间业务往来关系处理。

第二十七条 投资性公司与其投资设立的企业应遵守中国的法律、法规和规章，不得采用任何手段逃避管理和纳税。

第二十八条 投资性公司不得直接从事生产活动。

第二十九条 台湾、香港和澳门地区的投资者在大陆投资举办投资性公司的，准用本规定。

第三十条 本规定由商务部负责解释。

第三十一条 本规定自公布之日起30日后施行。

四、商务部关于依法行政做好外商投资企业审批工作的通知

商资函〔2005〕3号

各省、自治区、直辖市及计划单列市商务主管部门，上海外资委，各国家级经济技术开发区：

为落实温家宝总理在全国依法行政工作电视电话会议上关于“严格执行《行政许可法》，并以实施这部法律为契机，积极推进行政管理体制改革和创新，提高依法行政的水平”的指示和会议精神，商务部于会后下文通知各地外经贸（商务）主管部门认真学习，在吸收外商投资工作中严格依法行政提出具体要求。为进一步加大依法行政的力度，指导全国外经贸（商务）系统做好外商投资工作，现就有关事项通知如下：

一、自1979年颁布和实施《中外合资经营企业法》以来，经过25年的努力，我国已形成完善的吸收外商投资法律体系。全国人大颁布/修订的《中外合资经营企业法》、《中外合作经营企业法》、《外资企业法》，以及国务院颁布/修订的《中外合资经营企业法实施条例》、《中外合作经营企业法实施细则》、《外资企业法实施细则》是我国吸收外商投资法律体系的基础，也是所有涉及外商投资及港澳台投资审批规定的上位法，任何部门、地方政府制定的法规规章必须符合上述法律法规。

二、外商投资三个法律及其实施条例（细则）对设立外商投资企业和港澳台投资企业的法定审批程序以及相应注册登记（包括变更审批和变更登记）程序和相关要求做出明确规定，各级外经贸（商务）主管部门要严格遵照执行，并应按照20多年来法律实践中已形成的依法行政的具体操作程序，继续与各相关部门密切配合，依法做好各项工作。

三、根据国务院2003年下发的商务部三定方案，商务部是全国吸收外商投资工作的主管部门，负责宏观指导全国外商投资工作；分析研究全国外商投资情况，定期向国务院报送有关动态和建议，拟订外商投资政策，拟订和贯彻实施改革方案，参与拟订利用外资的中长期发展规划；依法核准国家规定的限额以上、限制投资和涉及配额、许可证管理的外商投资企业的设立及其变更事项；依法核准大型外商投资项目的合同、章程及法律特别规定的重大变更事项（增资减资、转股、合并）；监督外商投资企业执行有关法律法规、规章及合同、章程的情况；指导和管理全国招商引资、投资促进及外商投资企业的审批和进出口工作；综合协调和指导国家级经济技术开发区的有关具体工作，指导并协调苏州工业园区工作；负责外商投资统计工作。《外商投资产业指导目录》由国家发展和改革委员会会同商务部等部门拟订，由国家发展和改革委员会与商务部联合发布。

四、国务院根据《行政许可法》和行政审批制度改革有关规定，2004年下发文件，明确核定了商务部外商投资行政许可（审批）事项，主要有：依法由商务部和原外经贸部负责审批的外商投资企业设立及企业变更审批；地方政府批准设立的外商投资企业及企业变更的备案；石油、天然气、煤层气对外合作开采合同、物探协议、联合研究协议及变更的审批及备案；外国（地区）企业承包经营中外合资经营企业、受托经营管理合营企业的审批；外商投资企业出口配额、许可证项目的立项审批；外商投资企业在境外设立非独立法人的分支机构的审批；外商投资企业部分进口货物配额、许可证的审批等。

五、2003年根据十六届二中全会决议组建商务部后，国务院办公厅下发通知，明确规定：现行行政法规、国务院文件以及经国务院批准的部门规章和规范性文件中涉及原对外贸易经济合作主管部门的职责，均由新组建的商务部履行（《国务院办公厅关于商务部履行现行行政法规、国务院文件中相应职责的通知》（国办发〔2003〕87号文））。

六、为履行我国加入世界贸易组织承诺，依据外商投资三个法律及其实施条例（细则），我国已陆续制订并公布实施金融、保险、证券、商业流通、旅游、电信、建筑、医疗卫生、交通运输、

广告、会展、电影电视制作等40多项服务贸易领域外商投资及港澳台的法规、规章，并已按要求通报WTO。内地与香港、澳门分别签订的《关于建立更紧密经贸合作的安排》（CEPA）涉及多个服务贸易领域，CEPA的相关承诺也已根据国务院的要求纳入上述法规及规章。在服务贸易领域设立外商投资企业和港澳台投资企业，要严格按照附件1列明的法规规章确定的审批原则、审批权限和审批程序，由国务院相应部门或其地方机构审批。外商投资及港澳台投资举办投资性公司、股份有限公司、创业投资企业，以及外商投资企业和港澳台投资企业的合并分立、外资并购境内企业和上市公司法人股向外商转让等领域，均已依外商投资三个法律及其实施条例（细则）制订了相应规定。这些领域的外商投资及港澳台投资均应按现行相关规定进行审批。

七、各级外经贸（商务）主管部门要严格按照法律规定的程序和国务院授权的权限，对外商投资和港澳台投资进行审批。已设立的外商投资企业和港澳台投资企业的变更手续原则上由原企业设立审查批准部门审查批准；已设立的鼓励类、允许类外商投资企业和港澳台投资企业新增投资额1亿美元及以上的，以及限制类外商投资企业和港澳台投资企业新增投资额5 000万美元及以上的，由商务部办理审查批准手续；原经地方外经贸（商务）主管部门或国务院授权部门审查批准的外商投资企业和港澳台投资企业增加经营范围等事项涉及国家专项规定须报商务部审查批准的，应由商务部办理变更手续。

八、各级外经贸（商务）主管部门应贯彻《行政许可法》的精神，遵循合法、公开、公平、透明、便民的原则，按照国务院关于行政审批制度改革的要求，在已取得成果的基础上，不断推进政府职能的转变，依法规范审批、许可行为。

九、其他事项：外商投资企业及港澳台投资企业经外经贸部门（商务部门）批准设立或批准变更后，应在30天之内凭外经贸部门（商务部门）颁发的《外商投资企业批准证书》或《港澳台投资企业批准证书》到工商行政管理部门办理企业注册登记或变更登记手续，并依法办理外汇登记、海关登记等有关手续；根据国务院关于行政审批改革的部署和要求，各地在简化外商投资审批环节方面已取得积极进展，各地应继续坚持一条龙办公、一个窗口对外等行之有效的做法；地方外经贸（商务）主管部门应按《中外合资经营企业法》、《中外合作经营企业法》、《外资企业法》及实施条例（细则）的规定，就外商投资企业及港澳台投资企业的设立及变更事项及时向商务部备案；外商及港澳台投资的各项核准事项，包括需由审批机关出具确认书的企业申请设备免税、采购国产设备退税等事项，按各省市现行有关办法办理，其中，鼓励类外商独资企业、服务贸易领域鼓励类外商投资企业及已设立鼓励类外商投资企业增资，继续依照自1998年以来下发的相关规定及现行做法出具确认书。

为全面深入推进依法行政，方便各级商务主管部门从事外资工作的同志学习、熟悉吸收外商投资的法律法规，商务部编辑了《新编利用外资法规文件汇编（1979～2003）》，收录了自改革开放至今我国颁布并仍在实施的与外商投资相关的法律、法规、规章和规范性文件共12类1 000余项，今后还将根据情况编印增订本。各地应加强对外商投资法律法规规定的学习，不断提高依法行政水平。

2005年1月21日

五、《对外贸易壁垒调查规则》

商务部令2005年第4号

《对外贸易壁垒调查规则》已经2005年1月21日商务部第1次部务会议讨论通过。现予发布，自2005年3月1日起施行

部长　薄熙来

2005年2月2日

第一章　总　则

第一条　为了开展和规范对外贸易壁垒调查工作，消除国外贸易壁垒对我国对外贸易的影响，促进对外贸易的正常发展，根据《中华人民共和国对外贸易法》，制定本规则。

第二条　商务部负责对国外贸易壁垒的调查工作。

商务部指定进出口公平贸易局负责实施本规则。

第三条　外国（地区）政府采取或者支持的措施或者做法，存在下列情形之一的，视为贸易壁垒：

（一）违反该国（地区）与我国共同缔结或者共同参加的经济贸易条约或者协定，或者未能履行与我国共同缔结或者共同参加的经济贸易条约或者协定规定的义务；

（二）造成下列负面贸易影响之一：

对我国产品或者服务进入该国（地区）市场或者第三国（地区）市场造成或者可能造成阻碍或者限制；

对我国产品或者服务在该国（地区）市场或者第三国（地区）市场的竞争力造成或者可能造成损害；

对该国（地区）或者第三国（地区）的产品或者服务向我国出口造成或者可能造成阻碍或者限制。

第四条　商务部可以应申请人的申请立案，进行贸易壁垒调查。

商务部认为有必要的，可以自行立案，进行贸易壁垒调查。

第二章　调查申请

第五条　国内企业、国内产业或者代表国内企业、国内产业的自然人、法人或者其他组织（以下统称申请人），可以向商务部提出贸易壁垒调查的申请。

前款所称的“国内企业、国内产业”，是指与被诉贸易壁垒涉及的产品生产或者服务供应有直接关系的企业或者产业。

第六条　贸易壁垒调查的申请必须以书面形式提交。

第七条　申请书应当包括以下内容：

（一）申请人的名称、地址及有关情况；

（二）被申请调查的措施或者做法的说明；

（三）被申请调查的措施或者做法所针对的产品或者服务的说明；

（四）国内相关产业基本情况的说明；

（五）被申请调查的措施或者做法造成负面贸易影响的，关于负面贸易影响的说明；

（六）申请人认为需要说明的其他内容。

第三章　审查和立案

第八条　申请书应当尽可能附具下列证据材料并说明其来源：

（一）证明被申请调查的措施或者做法存在的证据材料；

（二）证明被申请调查的措施或者做法造成的负面贸易影响的证据材料。

申请人无法提供上述证据材料的，应当以书

面形式说明理由。

第九条　申请人可以在商务部作出立案决定之前撤回申请。

第十条　商务部应当自收到申请人提交的申请书及有关证据材料之日起60天内，对申请材料进行审查，作出立案或者不予立案的决定。

第十一条　商务部在审查申请材料的过程中，可以要求申请人按照规定的时限提供补充材料。

第十二条　如果申请人提交的申请材料符合本规则第六条和第七条的规定，并且不存在本规则第十六条第（一）、（三）和（四）项规定的情形，商务部应当决定立案调查并发布公告。

商务部决定自行立案的，也应当发布立案公告。

第十三条　立案公告应当载明被调查的措施或者做法、被调查的措施或者做法涉及的产品或者服务以及实施被调查的措施或者做法的国家（地区）（以下简称“被调查国（地区）”）等内容，简要介绍已有的信息，并说明利害关系方陈述意见及公众提出评论的期限。

第十四条　商务部应当在发布立案公告后，将立案决定通知申请人、已知的出口经营者和进口经营者、被调查国（地区）政府以及其他利害关系方。

第十五条　立案公告发布之日为立案日期。

第十六条　出现以下情形之一的，商务部可以作出不予立案的决定：

（一）申请人提交的申请材料所描述的情况与事实明显不符；

（二）申请人提交的申请材料不完整，并且未在商务部规定的时限内提供补充材料；

（三）申请人申请调查的措施或者做法明显不属于本规则第三条所指的贸易壁垒；

（四）商务部认为不应立案的其他情形。

第十七条　商务部应当以书面形式将不予立案的决定通知申请人，并说明理由。

第四章　调查和认定

第十八条　商务部应当通过调查认定被调查的措施或者做法是否构成本规则第三条所称的贸易壁垒。

第十九条　在调查中，商务部可以使用主动收集的任何相关信息。

第二十条　商务部认为必要时，可以成立由国务院有关部门、专家、学者组成的专家咨询组。专家咨询组负责对调查中涉及的技术性和法律性问题提供咨询意见。

第二十一条　商务部可以采用问卷、听证会等方式向利害关系方了解情况，进行调查。

第二十二条　商务部认为必要时，可以在征得被调查国（地区）政府同意后，派出工作人员赴该国（地区）进行调查取证。

第二十三条　利害关系方认为其提供的资料泄露后将产生严重不利影响的，可以向商务部申请对该资料按照保密资料处理。

第二十四条　商务部认为保密申请有正当理由的，应当对利害关系方提供的资料按照保密资料处理，同时要求利害关系方提供一份非保密的资料概要。

未经提供资料的利害关系方同意，商务部不得将按照保密资料处理的资料用于该贸易壁垒调查以外的用途。

第二十五条　商务部在调查过程中，可以就被调查的措施或者做法与被调查国（地区）政府进行磋商。

第二十六条　出现以下情形之一的，商务部可以决定中止调查并发布公告：

（一）被调查国（地区）政府承诺在合理期限内取消或者调整被调查的措施或者做法；

（二）被调查国（地区）政府承诺在合理期限内向我国提供适当的贸易补偿；

（三）被调查国（地区）政府承诺履行经济贸易条约或者协定的义务；

（四）商务部认为可以中止调查的其他情形。

第二十七条　被调查国（地区）政府未在合理期限内履行本规则第二十六条第（一）至（三）项承诺的，商务部可以恢复调查；商务部根据本规则第二十六条第（四）项决定中止调查的，在该情形消除后，也可以恢复调查。

第二十八条　应申请人的请求，商务部可以终止调查程序，除非认为终止调查程序不符合公共利益。

第二十九条 出现以下情形之一的，商务部应当终止调查并发布公告：

（一）被调查国（地区）政府已经取消或者调整被调查的措施或者做法；

（二）被调查国（地区）政府已经向我国提供适当的贸易补偿；

（三）被调查国（地区）政府已经履行经济贸易条约或者协定的义务。

第三十条 出现下列情况之一的，商务部可以终止调查并发布公告：

（一）申请人在调查中不提供必要的合作；

（二）商务部认为可以终止调查的其他情形。

第三十一条 通过调查，商务部应就被调查的措施或者做法是否构成本规则第三条所称的贸易壁垒作出决定，并发布公告。

第三十二条 贸易壁垒调查应当自立案决定公告之日起6个月内结束；特殊情况下可以延长，但延长期不得超过3个月。

第三十三条 如果被调查的措施或者做法被认定构成本规则第三条所称的贸易壁垒，商务部应当视情况采取以下措施：

（一）进行双边磋商；

（二）启动多边争端解决机制；

（三）采取其他适当的措施。

第五章 附 则

第三十四条 依照本规则作出的公告，应当载明重要的情况、事实、理由、依据、结果和结论等内容。

第三十五条 对国外投资壁垒的调查，参照本规则进行。

第三十六条 本规则由商务部负责解释。

第三十七条 本规则自2005年3月1日起施行。

六、《外商投资租赁业管理办法》

商务部令2005年第5号

《外商投资租赁业管理办法》已经2005年1月21日商务部第1次部务会议审议通过，自2005年3月5日起施行

部长 薄熙来

2005年2月3日

第一条 为促进外商投资租赁业的健康发展，规范外商投资租赁业的经营行为，防范经营风险，根据《中华人民共和国合同法》、《中华人民共和国公司法》、《中华人民共和国外资企业法》、《中华人民共和国中外合资经营企业法》、《中华人民共和国中外合作经营企业法》等有关法律、法规，制定本办法。

第二条 外国公司、企业和其他经济组织（以下简称外国投资者）在中华人民共和国境内以中外合资、中外合作以及外商独资的形式设立从事租赁业务、融资租赁业务的外商投资企业，开展经营活动，适用本办法。

第三条 外商投资租赁业可以采取有限责任公司或股份有限公司的形式。

从事租赁业务的外商投资企业为外商投资租赁公司；从事融资租赁业务的外商投资企业为外商投资融资租赁公司。

第四条 外商投资租赁公司及外商投资融资租赁公司应遵守中华人民共和国有关法律、法规及规章的规定，其正当经营活动及合法权益受中国法律保护。

商务部是外商投资租赁业的行业主管部门和审批管理部门。

第五条 本办法所称租赁业务系指出租人将租赁财产交付承租人使用、收益，并向承租人收取租金的业务。

本办法所称融资租赁业务系指出租人根据承租人对出卖人、租赁物的选择，向出卖人购买租赁财产，提供给承租人使用，并向承租人收取租金的业务。

外商投资融资租赁公司可以采取直接租赁、转租赁、回租赁、杠杆租赁、委托租赁、联合租赁等不同形式开展融资租赁业务。

第六条　本办法所称租赁财产包括：

（一）生产设备、通信设备、医疗设备、科研设备、检验检测设备、工程机械设备、办公设备等各类动产；

（二）飞机、汽车、船舶等各类交通工具；

（三）本条（一）、（二）项所述动产和交通工具附带的软件、技术等无形资产，但附带的无形资产价值不得超过租赁财产价值的1/2。

第七条　外商投资租赁公司和外商投资融资租赁公司的外国投资者的总资产不得低于500万美元。

第八条　外商投资租赁公司应当符合下列条件：

（一）注册资本符合《公司法》的有关规定；

（二）符合外商投资企业注册资本和投资总额的有关规定；

（三）有限责任公司形式的外商投资租赁公司的经营期限一般不超过30年。

第九条　外商投资融资租赁公司应当符合下列条件：

（一）注册资本不低于1 000万美元；

（二）有限责任公司形式的外商投资融资租赁公司的经营期限一般不超过30年。

（三）拥有相应的专业人员，高级管理人员应具有相应专业资质和不少于三年的从业经验。

第十条　设立外商投资租赁公司和外商投资融资租赁公司应向审批部门报送下列材料：

（一）申请书；

（二）投资各方签署的可行性研究报告；

（三）合同、章程（外资企业只报送章程）；

（四）投资各方的银行资信证明、注册登记证明（复印件）、法定代表人身份证明（复印件）；

（五）投资各方经会计师事务所审计的最近一年的审计报告；

（六）董事会成员名单及投资各方董事委派书；

（七）高级管理人员的资历证明；

（八）工商行政管理部门出具的企业名称预先核准通知书；

申请成立股份有限公司的，还应提交有关规定要求提交的其他材料。

第十一条　设立外商投资租赁公司和外商投资融资租赁公司，应按照以下程序办理：

（一）设立有限责任公司形式的外商投资租赁公司，应由投资者向拟设立企业所在地的省级商务主管部门报送本办法第十条规定的全部材料，省级商务主管部门应自收到全部申请材料之日起45个工作日内做出是否批准的决定，批准设立的，颁发《外商投资企业批准证书》，不予批准的，应书面说明原因。省级商务主管部门应当在批准外商投资租赁公司设立后7个工作日内将批准文件报送商务部备案。股份有限公司形式的外商投资租赁公司的设立按照有关规定办理。

（二）设立外商投资融资租赁公司，应由投资者向拟设立企业所在地的省级商务主管部门报送本办法第十条规定的全部材料，省级商务主管部门对报送的申请文件进行初审后，自收到全部申请文件之日起15个工作日内将申请文件和初审意见上报商务部。商务部应自收到全部申请文件之日起45个工作日内做出是否批准的决定，批准设立的，颁发《外商投资企业批准证书》，不予批准的，应书面说明原因。

（三）已设立的外商投资企业申请从事租赁业务的，应当符合本办法规定的条件，并按照本条第（一）项规定的程序，依法变更相应的经营范围。

第十二条　外商投资租赁公司和外商投资融资租赁公司应当在收到《外商投资企业批准证书》之日起30个工作日内到工商行政管理部门办理登记注册手续。

第十三条　外商投资租赁公司可以经营下列业务：

（一）租赁业务；

（二）向国内外购买租赁财产；

（三）租赁财产的残值处理及维修；

（四）经审批部门批准的其他业务。

第十四条 外商投资融资租赁公司可以经营下列业务：

（一）融资租赁业务；

（二）租赁业务；

（三）向国内外购买租赁财产；

（四）租赁财产的残值处理及维修；

（五）租赁交易咨询和担保；

（六）经审批部门批准的其他业务。

第十五条 外商投资融资租赁公司根据承租人的选择，进口租赁财产涉及配额、许可证等专项政策管理的，应由承租人或融资租赁公司按有关规定办理申领手续。

外商投资租赁公司进口租赁财产，应按现行外商投资企业进口设备的有关规定办理。

第十六条 为防范风险，保障经营安全，外商投资融资租赁公司的风险资产一般不得超过净资产总额的10倍。风险资产按企业的总资产减去现金、银行存款、国债和委托租赁资产后的剩余资产总额确定。

第十七条 外商投资融资租赁公司应在每年3月31日之前向商务部报送上一年业务经营情况报告和上一年经会计师事务所审计的财务报告。

第十八条 中国外商投资企业协会租赁业委员会是对外商投资租赁业实行同业自律管理的行业性组织。鼓励外商投资租赁公司和外商投资融资租赁公司加入该委员会。

第十九条 外商投资租赁公司及外商投资融资租赁公司如有违反中国法律、法规和规章的行为，按照有关规定处理。

第二十条 香港特别行政区、澳门特别行政区、台湾地区的公司、企业和其他经济组织在内地设立外商投资租赁公司和外商投资融资租赁公司，参照本办法执行。

第二十一条 本办法中所称省级商务主管部门是指各省、自治区、直辖市、计划单列市及新疆生产建设兵团商务主管部门。

第二十二条 本办法由商务部负责解释。

第二十三条 本办法自二〇〇五年三月五日起施行。原外经贸部2001年第3号令《外商投资租赁公司审批管理暂行办法》同时废止。

七、商务部关于加强对特许经营活动管理的通知

各省、自治区、直辖市、计划单列市及新疆生产建设兵团主管部门：

近年来，特许经营作为一种新型流通方式在我国快速发展，成为企业规模扩张的有效方式。实践证明，特许经营在扩大消费、促进中小企业发展、吸纳民间资本、扩大就业等方面起到了积极作用。但由于相关立法和监管滞后，出现了少数不法分子借特许经营之名进行商业欺诈、损害投资者利益的现象。为进一步加强对特许经营活动的管理，规范特许经营行为，促进特许经营健康有序地发展，现就有关问题通知如下：

一、认真贯彻落实《商业特许经营管理办法》，提高依法管理的水平和能力

《商业特许经营管理办法》（以下简称《办法》）是当前规范特许经营活动的重要部门规章。《办法》对特许经营当事人资质、特许经营合同、信息披露、广告宣传、监督管理、外商投资企业从事特许经营、法律责任等作出了明确规定。《办法》的颁布和实施，是规范商业特许经营行为，保护当事人的合法权益，促进商业特许经营健康有序发展和实现商业特许经营管理规范化、法制化的基础和保证。各级商务主管部门要提高对《办法》的认识，认真组织学习和培训，保证《办法》的贯彻落实。同时，要结合本地实际，研究制定切实可行的配套政策和具体措施，提高依法管理特许经营活动的水平和能力。

二、坚持分类指导，加强对特许经营活动的监管

针对特许经营发展速度快、涉及行业广、监管难度较大等特点，各级商务主管部门要遵循现代流通发展规律和企业发展实际，坚持分类指导的原则，管理和指导全社会的特许经营活动。对重点地区、重点企业特许经营发展情况，要加强调查研究，掌握特许经营发展的第一手资料。建

立"预警"机制，及时发现带有倾向性的问题，对有违规行为的企业实施动态管理。要加强与工商、税务、公安等部门的合作，对涉嫌商业欺诈，借特许经营之名从事传销和变相传销等行为的特许经营企业，要及时通报有关部门。指导企业提高管理水平，集聚发展后劲，增强扩张能力。

各地特许经营发展情况及《2004 年商业特许经营情况调查表》（见附表）请于 2005 年 3 月底以前报我部商业改革发展司。

三、规范特许经营展会，防止利用展会进行商业欺诈

当前，各类展会是特许经营推介活动的有效平台，但也有不法分子利用展会从事诈骗、圈钱等非法活动，各级商务部门必须加强对各类特许经营展会的监督管理。展会组织者要按照国家有关规定，对特许经营参展商的资格严格把关，保证参展企业的合法性和推广活动的真实性。商务主管部门要加强对涉及特许经营的对外经济技术展览会的管理，对发现利用展会进行商业欺诈的参展企业，要会同工商行政主管部门予以查处。

四、加强宣传，创造有利于特许经营发展的良好氛围

特许经营在我国尚属新生事物，社会各有关方面对特许经营了解不多，各级商务主管部门要加大对特许经营的宣传力度。通过各种渠道和途径，广泛宣传特许经营在促进中小企业发展、扩大就业等方面起到的积极作用，提高全社会对发展和规范特许经营重要意义的认识。利用网站、报纸、刊物开展对特许经营的专题宣传，重点宣传特许经营基本知识、国外特许经营立法和发展情况、我国特许经营发展情况，对守法经营的特许企业给予表彰，对违规经营的特许企业及时曝光等。通过集中宣传和经常性宣传相结合，提高特许经营企业的守法意识，创造发展特许经营的良好社会氛围。

五、充分发挥行业协会的作用，加强行业自律

结合政府职能转变，各级商务主管部门要充分发挥协会在政府与企业之间的桥梁和纽带作用。引导协会倡导诚信经商的理念，通过开展商业信用教育、培训及典型示范，强化信用观念和信用意识，逐步建立特许企业的信用评估体系。加强培训工作，利用多种形式和途径，开展对特许经营从业人员培训，引导特许企业实现规范化、科学化管理，提高企业的核心竞争力。依据有关法规、政策制定特许经营的行规、行约和道德规范，发挥行业协会的协调、服务、监督的职能，加强行业自律，促进特许经营健康发展。

二〇〇五年三月十日

八、商务部、财政部、国家税务总局关于开展农产品连锁经营试点的通知

各省、自治区、直辖市、计划单列市及新疆生产建设兵团商务主管部门、财政厅（局）、国家税务局、地方税务局：

为进一步贯彻《中共中央、国务院关于促进农民增加收入若干政策的意见》（中发［2004］1 号）和《中共中央、国务院关于进一步加强农村工作提高农业综合生产能力若干政策的意见》（中发［2005］1 号）关于"加快发展农产品连锁、超市、配送经营，鼓励有条件的地方将城市农贸市场改建成超市，支持农业龙头企业到城市开办农产品超市，逐步把网络延伸到城市社区"、"鼓励发展现代物流、连锁经营、电子商务等新型业态和流通方式"的精神，决定自 2005 年起，用三年的时间开展农产品连锁经营的试点工作，促进农产品流通的规模化，增加农民收入。现将有关问题通知如下：

一、发展农产品连锁经营的目标和类型

目标：通过试点，大幅度提高农产品连锁经营的规模，减少流通环节，降低流通成本。

主要类型有：

（一）依托现有大型连锁综合超市发展农产品连锁经营。现有的大型连锁综合超市从经营品种和面积上逐步加大农产品的经营份额，试点企业力争用三年的时间，使食用农产品的销售比例达

到25%以上。

（二）支持现有农产品批发市场开办农产品超市，实现批零兼营。鼓励有条件的地方将农贸市场改建成超市。

（三）支持农产品流通龙头企业到城市开办农产品连锁超市或发展便利店，逐步把网络延伸到城市社区。

（四）支持大型农产品物流配送中心建设冷藏和低温仓储、运输为主的农产品冷链系统。

二、支持试点的政策措施

（一）中央在外贸发展基金项下安排专门资金，支持农产品连锁经营试点，具体办法由商务部会同财政部另行制定。

（二）各地按照《财政部、国家税务总局关于提高农产品进项税抵扣率的通知》（财税［2002］12号）和《财政部、国家税务总局关于增值税一般纳税人向小规模纳税人购进农产品进项税抵扣率问题的通知》（财税［2002］105号）的规定，对增值税一般纳税人购进免税农产品按13%的扣除率计算进项额抵扣。

对纳入试点的农产品连锁经营企业，税务部门要指导其正确使用、填开农产品收购凭证。对试点企业从农业生产单位购进农产品的，应鼓励其取得农业生产单位开具的普通发票，作为进项税额抵扣凭证。

（三）对于试点企业建设的冷藏和低温仓储、运输为主的农产品冷链系统，可以实行加速折旧，具体范围和办法由财政部、国家税务总局另行制定。

（四）促进农产品连锁经营试点的相关税收政策上报国务院批准后，由财政部、国家税务总局制定具体办法。

三、试点企业申请条件及程序

（一）试点企业应具备下列条件之一：

1. 企业侧重于农产品流通，销售情况良好，近两年食用农产品年销售额，东部地区在6 000万元以上，中部地区在4 000万元以上，西部地区在1 500万元以上，农产品批发市场年交易额在10亿元以上。食用农产品范围见附件。

2. 在城市已开办5家以上农产品连锁超市（上一年每家超市食用农产品销售额不低于总销售额的25%）。

3. 年销售额在5 000万元以上的大型农产品配送中心。

（二）企业应向各省商务主管部门提交下列材料：

1. 申请书；

2. 企业的工商营业执照、法人代码原件及复印件（省商务部门核对后返还原件）；

3. 经审计部门或中介机构审核的企业近两年的资产负债表和损益表；

4. 当地商务部门对企业情况的认定；

5. 在城市开办连锁超市、或新建农产品基地，或发展农产品冷链系统项目的计划；

6. 各省商务、财政、税务主管部门规定的其他应提交的材料。

（三）各省、自治区、直辖市、计划单列市商务主管部门会同财政、税务部门，根据本地区农产品连锁经营的实际情况，在2005年6月底前将推荐试点企业的有关情况报商务部（原则上当年推荐不超过4家）。被推荐的企业经商务部、财政部、税务总局联合确认后，纳入试点范围。

（四）各省相关主管部门按照商务部、财政部、税务总局联合确定的试点企业名单，衔接相关扶持政策，做好对试点企业的指导和监督，并将情况及时上报。

（五）商务部、财政部、税务总局将对各地试点情况进行检查。

四、加强组织领导

各地要充分认识发展农产品连锁超市对农产品的流通安全、带动农业的产业化、实现农民增收的重要意义，加强领导，落实措施，把农产品连锁超市试点工作抓紧抓好。要认真总结试点经验，及时解决试点中出现的问题。

附　件：

食用农产品范围注释

商务部　财政部　国家税务总局

二〇〇五年四月四日

食用农产品范围注释

食用农产品是指可供食用的各种植物、畜牧、渔业产品及其初级加工产品。范围包括：

一、植物类

植物类包括人工种植和天然生长的各种植物的初级产品及其初加工品。范围包括：

（一）粮食

粮食是指供食用的谷类、豆类、薯类的统称。范围包括：

1．小麦、稻谷、玉米、高粱、谷子、杂粮（如：大麦、燕麦等）及其他粮食作物。

2．对上述粮食进行淘洗、碾磨、脱壳、分级包装、装缸发制等加工处理，制成的成品粮及其初制品，如大米、小米、面粉、玉米粉、豆面粉、米粉、荞麦面粉、小米面粉、莜麦面粉、薯粉、玉米片、玉米米、燕麦片、甘薯片、黄豆芽、绿豆芽等。

3．切面、饺子皮、馄饨皮、面皮、米粉等粮食复制品。

以粮食为原料加工的速冻食品、方便面、副食品和各种熟食品，不属于食用农产品范围。

（二）园艺植物

1．蔬菜

蔬菜是指可作副食的草本、木本植物的总称。范围包括：

（1）各种蔬菜（含山野菜）、菌类植物和少数可作副食的木本植物。

（2）对各类蔬菜经晾晒、冷藏、冷冻、包装、脱水等工序加工的蔬菜。

（3）将植物的根、茎、叶、花、果、种子和食用菌通过干制加工处理后，制成的各类干菜，如黄花菜、玉兰片、萝卜干、冬菜、梅干菜，木耳、香菇、平菇等。

（4）腌菜、咸菜、酱菜和盐渍菜等也属于食用农产品范围。

各种蔬菜罐头（罐头是指以金属罐、玻璃瓶，经排气密封的各种食品。下同）及碾磨后的园艺植物（如胡椒粉、花椒粉等），不属于食用农产品范围。

2．水果及坚果

（1）新鲜水果。

（2）通过对新鲜水果（含各类山野果）清洗、脱壳、分类、包装、储藏保鲜、干燥、炒制等加工处理，制成的各类水果、果干（如荔枝干、桂圆干、葡萄干等）、果仁、坚果等。

（3）经冷冻、冷藏等工序加工的水果。

各种水果罐头，果脯，蜜饯，炒制的果仁、坚果，不属于食用农产品范围。

3．花卉及观赏植物

通过对花卉及观赏植物进行保鲜、储蓄、分级包装等加工处理，制成的各类用于食用的鲜、干花，晒制的药材等。

（三）茶叶

茶叶是指从茶树上采摘下来的鲜叶和嫩芽（即茶青），以及经吹干、揉拌、发酵、烘干等工序初制的茶。范围包括各种毛茶（如红毛茶、绿毛茶、乌龙毛茶、白毛茶、黑毛茶等）。

精制茶、边销茶及掺兑各种药物的茶和茶饮料，不属于食用农产品范围。

（四）油料植物

1．油料植物是指主要用作榨取油脂的各种植物的根、茎、叶、果实、花或者胚芽组织等初级产品，如菜籽（包括芥菜籽）、花生、大豆、葵花籽、蓖麻籽、芝麻籽、胡麻籽、茶籽、桐籽、橄榄仁、棕榈仁、棉籽等。

2. 通过对菜籽、花生、大豆、葵花籽、蓖麻籽、芝麻、胡麻籽、茶籽、桐籽、棉籽及粮食的副产品等，进行清理、热炒、磨坯、榨油（搅油、墩油）等加工处理，制成的植物油（毛油）和饼粕等副产品，具体包括菜籽油、花生油、小磨香油、豆油、棉籽油、葵花油、米糠油以及油料饼粕、豆饼等。

3. 提取芳香油的芳香油料植物。

精炼植物油不属于食用农产品范围。

（五）药用植物

1. 药用植物是指用作中药原药的各种植物的根、茎、皮、叶、花、果实等。

2. 通过对各种药用植物的根、茎、皮、叶、花、果实等进行挑选、整理、捆扎、清洗、晾晒、切碎、蒸煮、密炒等处理过程，制成的片、丝、块、段等中药材。

3. 利用上述药用植物加工制成的片、丝、块、段等中药饮片。

中成药不属于食用农产品范围。

（六）糖料植物

1. 糖料植物是指主要用作制糖的各种植物，如甘蔗、甜菜等。

2. 通过对各种糖料植物，如甘蔗、甜菜等，进行清洗、切割、包装等加工处理的初级产品。

（七）热带、南亚热带作物初加工

通过对热带、南亚热带作物去除杂质、脱水、干燥等加工处理，制成的半成品或初级食品。具体包括：天然生胶和天然浓缩胶乳、生熟咖啡豆、胡椒籽、肉桂油、桉油、香茅油、木薯淀粉、腰果仁、坚果仁等。

（八）其他植物

其他植物是指除上述列举植物以外的其他各种可食用的人工种植和野生的植物及其初加工产品，如谷类、薯类、豆类、油料植物、糖料植物、蔬菜、花卉、植物种子、植物叶子、草、藻类植物等。

可食用的干花、干草、薯干、干制的藻类植物，也属于食用农产品范围。

二、畜牧类

畜牧类产品是指人工饲养、繁殖取得和捕获的各种畜禽及初加工品。范围包括：

（一）肉类产品

1. 兽类、禽类和爬行类动物（包括各类牲畜、家禽和人工驯养、繁殖的野生动物以及其他经济动物），如牛、马、猪、羊、鸡、鸭等。

2. 兽类、禽类和爬行类动物的肉产品。通过对畜禽类动物宰杀、去头、去蹄、去皮、去内脏、分割、切块或切片、冷藏或冷冻等加工处理，制成的分割肉、保鲜肉、冷藏肉、冷冻肉、冷却肉、盐渍肉，绞肉、肉块、肉片、肉丁等。

3. 兽类、禽类和爬行类动物的内脏、头、尾、蹄等组织。

4. 各种兽类、禽类和爬行类动物的肉类生制品，如腊肉、腌肉、熏肉等。

各种肉类罐头、肉类熟制品，不属于食用农产品范围。

（二）蛋类产品

1. 蛋类产品。是指各种禽类动物和爬行类动物的卵，包括鲜蛋、冷藏蛋。

2. 蛋类初加工品。通过对鲜蛋进行清洗、干燥、分级、包装、冷藏等加工处理，制成的各种分级、包装的鲜蛋、冷藏蛋等。

3. 经加工的咸蛋、松花蛋、腌制的蛋等。

各种蛋类的罐头不属于食用农产品范围。

（三）奶制品

（1）鲜奶。是指各种哺乳类动物的乳汁和经净化、杀菌等加工工序生产的乳汁。

（2）通过对鲜奶进行净化、均质、杀菌或灭菌、灌装等，制成的巴氏杀菌奶、超高温灭菌奶、花色奶等。

用鲜奶加工的各种奶制品，如酸奶、奶酪、奶油等，不属于食用农产品范围。

（四）蜂类产品

1. 是指采集的未经加工的天然蜂蜜、鲜蜂王浆等。

2. 通过去杂、浓缩、熔化、磨碎、冷冻等加工处理，制成的蜂蜜、鲜王浆以及蜂蜡、蜂胶、蜂花粉等。

各种蜂产品口服液、王浆粉不属于食用农产品范围。

（五）其他畜牧产品

其他畜牧产品是指上述列举以外的可食用的

兽类、禽类、爬行类动物的其他组织，以及昆虫类动物。如动物骨、壳、动物血液、动物分泌物、蚕种、动物树脂等。

三、渔业类

（一）水产动物产品

水产动物是指人工放养和人工捕捞的鱼、虾、蟹、鳖、贝类、棘皮类、软体类、腔肠类、两栖类、海兽及其他水产动物。范围包括：

1. 鱼、虾、蟹、鳖、贝类、棘皮类、软体类、腔肠类、海兽类、鱼苗（卵）、虾苗、蟹苗、贝苗（秧）等。

2. 将水产动物整体或去头、去鳞（皮、壳）、去内脏、去骨（刺）、擂溃或切块、切片，经冰鲜、冷冻、冷藏、盐渍、干制等保鲜防腐处理和包装的水产动物初加工品。

熟制的水产品和各类水产品的罐头，不属于食用农产品范围。

（二）水生植物

1. 海带、裙带菜、紫菜、龙须菜、麒麟菜、江篱、浒苔、羊栖菜、莼菜等。

2. 将上述水生植物整体或去根、去边梢、切段，经热烫、冷冻、冷藏等保鲜防腐处理和包装的产品，以及整体或去根、去边梢、切段，经晾晒、干燥（脱水）、粉碎等处理和包装的产品。

罐装（包括软罐）产品不属于食用农产品范围。

（三）水产综合利用初加工品

通过对食用价值较低的鱼类、虾类、贝类、藻类以及水产品加工下脚料等，进行压榨（分离）、浓缩、烘干、粉碎、冷冻、冷藏等加工处理制成的可食用的初制品。如鱼粉、鱼油、海藻胶、鱼鳞胶、鱼露（汁）、虾酱、鱼籽、鱼肝酱等。

以鱼油、海兽油脂为原料生产的各类乳剂、胶丸、滴剂等制品不属于食用农产品范围。

九、商务部、国家外汇管理局关于印发《企业境外并购事项前期报告制度》的通知

商合发［2005］131号

各省、自治区、直辖市、计划单列市及新疆生产建设兵团商务主管部门，国家外汇管理局各省、自治区、直辖市分局、外汇管理部，深圳、大连、青岛、厦门、宁波市分局，各中央企业：

为及时了解我国企业境外并购情况，向企业提供境外并购及时有效的政府服务，商务部和国家外汇管理局制定了《企业境外并购事项前期报告制度》。现予印发，于2005年5月1日起实施，请遵照执行。

特此通知

企业境外并购事项前期报告制度

一、为及时了解我国企业境外并购情况，向企业提供境外并购及时有效的政府服务，特制定本制度。

二、本制度所称境外并购系指国内企业及其控股的境外中资企业通过购买境外企业的股权或资产的方式（包括参股、股权置换等）获得该企业的资产或经营控制权的投资行为。

三、企业在确定境外并购意向后，须及时向商务部及地方省级商务主管部门和国家外汇管理局及地方省级外汇管理部门报告。国务院国有资产管理委员会管理的企业直接向商务部和国家外汇管理局报告；其他企业向地方省级商务主管部门和外汇管理部门报告，地方省级商务主管部门和外汇管理部门分别向商务部和国家外汇管理局转报。

四、企业报告时，需填写并提交《境外并购

事项前期报告表》。

五、各有关政府部门及其相关工作人员须严格保守此项工作中接触到的企业商业秘密。

六、企业履行境外投资核准手续，仍需按照《关于境外投资开办企业核准事项的规定》（中华人民共和国商务部令二〇〇四年第16号）和《关于内地企业赴香港、澳门特别行政区投资开办企业核准事项的规定》（商合发［2004］452号）的规定办理。

七、本制度由商务部负责解释。

十、汽车贸易政策

商务部令2005年16号

《汽车贸易政策》已经商务部部务会审议通过，现予发布，自发布之日起施行

部长　薄熙来

二〇〇五年八月十日

第一章　总　则

第一条　为建立统一、开放、竞争、有序的汽车市场，维护汽车消费者合法权益，推进我国汽车产业健康发展，促进消费，扩大内需，特制定本政策。

第二条　国家鼓励发展汽车贸易，引导汽车贸易业统筹规划，合理布局，调整结构，积极运用现代信息技术、物流技术和先进的经营模式，推进电子商务，提高汽车贸易水平，实现集约化、规模化、品牌化及多样化经营。

第三条　为创造公平竞争的汽车市场环境，发挥市场在资源配置中的基础性作用，坚持按社会主义市场经济规律，进一步引入竞争机制，扩大对内对外开放，打破地区封锁，促进汽车商品在全国范围内自由流通。

第四条　引导汽车贸易企业依法、诚信经营，保证商品质量和服务质量，为消费者提供满意的服务。

第五条　为提高我国汽车贸易整体水平，国家鼓励具有较强的经济实力、先进的商业经营管理经验和营销技术以及完善的国际销售网络的境外投资者投资汽车贸易领域。

第六条　充分发挥行业组织、认证机构、检测机构的桥梁纽带作用，建立和完善独立公正、规范运作的汽车贸易评估、咨询、认证、检测等中介服务体系，积极推进汽车贸易市场化进程。

第七条　积极建立、完善相关法规和制度，加快汽车贸易法制化建设。设立汽车贸易企业应当具备法律、行政法规规定的有关条件，国务院商务主管部门会同有关部门研究制定和完善汽车品牌销售、二手车流通、汽车配件流通、报废汽车回收等管理办法、规范及标准，依法管理、规范汽车贸易的经营行为，维护公平竞争的市场秩序。

第二章　政策目标

第八条　通过本政策的实施，基本实现汽车品牌销售和服务，形成多种经营主体与经营模式并存的二手车流通发展格局，汽车及二手车销售和售后服务功能完善、体系健全；汽车配件商品来源、质量和价格公开、透明，假冒伪劣配件商品得到有效遏制，报废汽车回收拆解率显著提高，形成良好的汽车贸易市场秩序。

第九条　到2010年，建立起与国际接轨并具有竞争优势的现代汽车贸易体系，拥有一批具有竞争实力的汽车贸易企业，贸易额有较大幅度增长，贸易水平显著提高，对外贸易能力明显增强，实现汽车贸易与汽车工业的协调发展。

第三章　汽车销售

第十条　境内外汽车生产企业凡在境内销售

自产汽车的，应当尽快建立完善的汽车品牌销售和服务体系，确保消费者在购买和使用过程中得到良好的服务，维护其合法权益。汽车生产企业可以按国家有关规定自行投资或授权汽车总经销商建立品牌销售和服务体系。

第十一条　实施汽车品牌销售和服务。自2005年4月1日起，乘用车实行品牌销售和服务；自2006年12月1日起，除专用作业车外，所有汽车实行品牌销售和服务。

从事汽车品牌销售活动应当先取得汽车生产企业或经其授权的汽车总经销商授权。汽车（包括二手车）经销商应当在工商行政管理部门核准的经营范围内开展汽车经营活动。

第十二条　汽车供应商应当制订汽车品牌销售和服务网络规划。为维护消费者的利益，汽车品牌销售和与其配套的配件供应、售后服务网点相距不得超过150公里。

第十三条　汽车供应商应当加强品牌销售和服务网络的管理，规范销售和服务，在国务院工商行政管理部门备案并向社会公布后，要定期向社会公布其授权和取消授权的汽车品牌销售和服务企业名单，对未经品牌授权或不具备经营条件的经销商不得提供汽车资源。汽车供应商有责任及时向社会公布停产车型，并采取积极措施在合理期限内保证配件供应。

第十四条　汽车供应商和经销商应当通过签订书面合同明确双方的权利和义务。汽车供应商要对经销商提供指导和技术支持，不得要求经销商接受不平等的合作条件，以及强行规定经销数量和进行搭售，不应随意解除与经销商的合作关系。

第十五条　汽车供应商应当按国家有关法律法规以及向消费者的承诺，承担汽车质量保证义务，提供售后服务。

汽车经销商应当在经营场所向消费者明示汽车供应商承诺的汽车质量保证和售后服务，并按其授权经营合同的约定和服务规范要求，提供相应的售后服务。

汽车供应商和经销商不得供应和销售不符合机动车国家安全技术标准、未获国家强制性产品认证、未列入《道路机动车辆生产企业及产品公告》的汽车。进口汽车未按照《中华人民共和国进出口商品检验法》及其实施条例规定检验合格的，不准销售使用。

第四章　二手车流通

第十六条　国家鼓励二手车流通。建立竞争机制，拓展流通渠道，支持有条件的汽车品牌经销商等经营主体经营二手车，以及在异地设立分支机构开展连锁经营。

第十七条　积极创造条件，简化二手车交易、转移登记手续，提高车辆合法性与安全性的查询效率，降低交易成本，统一规范交易发票；强化二手车质量管理，推动二手车经销商提供优质售后服务。

第十八条　加快二手车市场的培育和建设，引导二手车交易市场转变观念，强化市场管理，拓展市场服务功能。

第十九条　实施二手车自愿评估制度。除涉及国有资产的车辆外，二手车的交易价格由买卖双方商定，当事人可以自愿委托具有资格的二手车鉴定评估机构进行评估，供交易时参考。除法律、行政法规规定外，任何单位和部门不得强制或变相强制对交易车辆进行评估。

第二十条　积极规范二手车鉴定评估行为。二手车鉴定评估机构应当本着“客观、真实、公正、公开”的原则，依据国家有关法律法规，开展二手车鉴定评估经营活动，出具车辆鉴定评估报告，明确车辆技术状况（包括是否属事故车辆等内容）。

第二十一条　二手车经营、拍卖企业在销售、拍卖二手车时，应当向买方提供真实情况，不得有隐瞒和欺诈行为。所销售和拍卖的车辆必须具有机动车号牌、《机动车登记证书》、《机动车行驶证》、有效的机动车安全技术检验合格标志、车辆保险单和交纳税费凭证等。

第二十二条　二手车经营企业销售二手车时，应当向买方提供质量保证及售后服务承诺。在产品质量责任担保期内的，汽车供应商应当按国家有关法律法规以及向消费者的承诺，承担汽车质量保证和售后服务。

第二十三条　从事二手车拍卖和鉴定评估经

营活动应当经省级商务主管部门核准。

第五章　汽车配件流通

第二十四条　国家鼓励汽车配件流通采取特许、连锁经营的方式向规模化、品牌化、网络化方向发展，支持配件流通企业进行整合，实现结构升级，提高规模效应及服务水平。

第二十五条　汽车及配件供应商和经销商应当加强质量管理，提高产品质量及服务质量。

汽车及配件供应商和经销商不得供应和销售不符合国家法律、行政法规、强制性标准及强制性产品认证要求的汽车配件。

第二十六条　汽车及配件供应商应当定期向社会公布认可和取消认可的特许汽车配件经销商名单。

汽车配件经销商应当明示所销售的汽车配件及其他汽车用品的名称、生产厂家、价格等信息，并分别对原厂配件、经汽车生产企业认可的配件、报废汽车回用件及翻新件予以注明。汽车配件产品标识应当符合《产品质量法》的要求。

第二十七条　加快规范报废汽车回用件流通，报废汽车回收拆解企业对按有关规定拆解的可出售配件，必须在配件的醒目位置标明“报废汽车回用件”。

第六章　汽车报废与报废汽车回收

第二十八条　国家实施汽车强制报废制度。根据汽车安全技术状况和不同用途，修订现行汽车报废标准，规定不同的强制报废标准。

第二十九条　报废汽车所有人应当将报废汽车及时交售给具有合法资格的报废汽车回收拆解企业。

第三十条　地方商务主管部门要按《报废汽车回收管理办法》（国务院令第307号）的有关要求，对报废汽车回收拆解行业统筹规划，合理布局。

从事报废汽车回收拆解业务，应当具备法律法规规定的有关条件。国务院商务主管部门应当将符合条件的报废汽车回收拆解企业向社会公告。

第三十一条　报废汽车回收拆解企业必须严格按国家有关法律、法规开展业务，及时拆解回收的报废汽车。拆解的发动机、前后桥、变速器、方向机、车架“五大总成”应当作为废钢铁，交售给钢铁企业作为冶炼原料。

第三十二条　各级商务主管部门要会同公安机关建立报废汽车回收管理信息交换制度，实现报废汽车回收过程实时控制，防止报废汽车及其“五大总成”流入社会。

第三十三条　为合理和有效利用资源，国家适时制定报废汽车回收利用的管理办法。

第三十四条　完善老旧汽车报废更新补贴资金管理办法，鼓励老旧汽车报废更新。

第三十五条　报废汽车回收拆解企业拆解的报废汽车零部件及其他废弃物、有害物（如油、液、电池、有害金属等）的存放、转运、处理等必须符合《环境保护法》、《大气污染防治法》等法律、法规的要求，确保安全、无污染（或使污染降至最低）。

第七章　汽车对外贸易

第三十六条　自2005年1月1日起，国家实施汽车自动进口许可管理，所有汽车进口口岸保税区不得存放以进入国内市场为目的的汽车。

第三十七条　国家禁止以任何贸易方式进口旧汽车及其总成、配件和右置方向盘汽车（用于开发出口产品的右置方向盘样车除外）。

第三十八条　进口汽车必须获得国家强制性产品认证证书，贴有认证标志，并须经检验检疫机构抽查检验合格，同时附有中文说明书。

第三十九条　禁止汽车及相关商品进口中的不公平贸易行为。国务院商务主管部门依法对汽车产业实施反倾销、反补贴和保障措施，组织有关行业协会建立和完善汽车产业损害预警系统，并开展汽车产业竞争力调查研究工作。汽车供应商和经销商有义务及时准确地向国务院有关部门提供相关信息。

第四十条　鼓励发展汽车及相关商品的对外贸易。支持培育和发展国家汽车及零部件出口基地，引导有条件的汽车供应商和经销商采取多种方式在国外建立合资、合作、独资销售及服务网络，优化出口商品结构，加大开拓国际市场的力度。

第四十一条 利用中央外贸发展基金支持汽车及相关商品对外贸易发展。

第四十二条 汽车及相关商品的出口供应商和经销商应当根据出口地区相关法规建立必要的销售和服务体系。

第四十三条 加强政府间磋商，支持汽车及相关商品出口供应商参与反倾销、反补贴和保障措施的应诉，维护我国汽车及相关商品出口供应商的合法权益。

第四十四条 汽车行业组织要加强行业自律，建立竞争有序的汽车及相关商品对外贸易秩序。

第八章 其 他

第四十五条 设立外商投资汽车贸易企业，除符合相应的资质条件外，还应当符合外商投资有关法律法规，并经省级商务主管部门初审后报国务院商务主管部门审批。

第四十六条 加快发展和扩大汽车消费信贷，支持有条件的汽车供应商建立面向全行业的汽车金融公司，引导汽车金融机构与其他金融机构建立合作机制，使汽车消费信贷市场规模化、专业化程度显著提高，风险管理体系更加完善。

第四十七条 完善汽车保险市场，鼓励汽车保险品种向个性化与多样化方向发展，提高汽车保险服务水平，初步实现汽车保险业专业化、集约化经营。

第四十八条 各地政府制定的与汽车贸易相关的各种政策、制度和规定要符合本政策要求并做到公开、透明，不得对非本地生产和交易的汽车在流通、服务、使用等方面实施歧视政策，坚决制止强制或变相强制本地消费者购买本地生产汽车，以及以任何方式干预经营者选择国家许可生产、销售的汽车的行为。

第四十九条 本政策自发布之日起实施，由国务院商务主管部门负责解释。

2005年8月10日

十一、商务部、工商总局《对外劳务合作经营资格管理办法》补充规定

商务部、工商总局令第14号

《〈对外劳务合作经营资格管理办法〉补充规定》已经2005年7月4日商务部第11次部务会议审议通过，并经国家工商行政管理总局同意，现予以公布，自公布之日起30日后施行

商务部 部长 薄熙来

国家工商行政管理总局 局长 王众孚

二〇〇五年八月十五日

《对外劳务合作经营资格管理办法》补充规定

为适应企业改制的需要，促进西部地区对外劳务合作业务的发展，现对《对外劳务合作经营资格管理办法》（商务部、国家工商行政管理总局令2004年第3号，以下简称《管理办法》）作出如下补充规定：

一、下列企业，符合《管理办法》第五条第（一）至（七）项规定（注册时间要求除外）的，可在原企业经营范围内继续从事对外劳务合作业务，但须依照有关规定申请换领《中华人民共和国对外劳务合作经营资格证书》：

（一）具有对外劳务合作经营资格（以下简称经营资格）的企业与其他企业合并，原企业已注销，合并后存续的企业或新设企业；

（二）具有经营资格的企业分立，原企业已注销或放弃经营资格，其对外劳务合作业务整体划入的分立后的新设企业。

具有经营资格的企业分立，除前款规定情形

外，分立后的新设企业符合《管理办法》第五条规定（注册时间要求除外）的，可依法申请经营资格。

二、年外派劳务人员少于300人的西部省区，除本规定施行前已具有经营资格的企业外，可特别许可其一家企业申请经营资格，不受《管理办法》第五条第（八）项规定的业绩要求限制。

三、本规定自公布之日起30日后施行。

对外劳务合作经营资格管理政策解读

为加强对外劳务合作管理，促进此项业务的健康快速发展，2004年以来，商务部制定了《对外劳务合作经营资格管理办法》等一系列政策措施，现就有关政策解读如下：

一、为什么要制订新的对外劳务合作经营资格管理办法

随着“走出去”战略的加快实施，旧的经营资格标准已难以适应业务发展的需要。为此，商务部与国家工商总局在征求有关部门意见的基础上，联合制定了《对外劳务合作经营资格管理办法》（以下简称《管理办法》）及《对外劳务合作经营资格管理办法补充规定》；为保证《管理办法》的顺利实施，商务部同时出台了一系列配套措施。

二、民营企业是否可以申请对外劳务合作经营资格

《管理办法》制订了统一的申请标准，取消了对申请企业的所有制限制，不再要求国有控股，也不再将企业分成若干类型，包括民营企业在内的各类企业均可按上述标准申请。

三、外国企业是否可以申请经营资格，在中国境内招收劳务人员

《管理办法》严禁境外企业、自然人及外国驻华机构直接在中国境内招收劳务人员。考虑到外资已允许进入国内职业介绍和人才中介领域，《管理办法》规定经批准的外商投资职业介绍机构或中外合资人才中介机构，可以根据《管理办法》确定的程序和条件申请对外劳务合作经营资格。

四、对外承包工程企业能否向境外派遣劳务人员

考虑到对外承包工程业务发展的需要，《管理办法》规定，获得对外承包工程经营资格的企业，可向本企业在境外的承包工程项目派遣所需劳务人员，纳入对外承包工程管理。

五、申请对外劳务合作经营资格需具备什么条件

《管理办法》按照“平等竞争、严格管理”的原则设定了经营资格标准，重点考核企业的管理水平和能力。申请企业必须是依法注册3年以上的企业法人，注册资本金不低于500万元人民币（中西部地区企业不低于300万元人民币）；具有相当经营能力，资产负债率不超过50%，无不良行为记录；具备健全的管理制度，通过ISO 9000质量管理体系认证；具有足额交纳对外劳务合作备用金（100万元人民币，中西部地区90万元人民币）的能力；营业面积不小于300平方米；专业管理人员不少于10人；近3年向具有对外劳务合作经营资格的企业提供外派劳务人员不少于300人；规章制度健全。

六、如何保证对外劳务合作经营资格核准的公开性

为提高对外劳务合作经营资格核准的透明度，推行政务公司，接受社会的监督，商务部下发了《商务部办公厅关于对对外劳务合作经营资格核准实行网上公示的通知》，规定商务部对企业申请材料审定合格后，在商务部网站合作指南子站的网上政务栏目发布“对外劳务合作经营资格核准公示通知”，对申请企业情况进行5个工作日的公示。社会公众如认为申请企业的资格条件存在问题，可在网上提出质疑，商务部将认真进行核实。

七、如何获取具有对外劳务合作经营资格企业的信息

所有获得《对外劳务合作经营资格证书》的经营公司的名单可在商务部网站www.mofcom.gov.cn合作指南栏目上的对外劳务合作企业名录上查询。

十二、对外贸易经营者违法违规行为公告办法

商务部令2005年第17号

《对外贸易经营者违法违规行为公告办法》已经2005年7月21日商务部第12次部务会议审议通过，现予公布，自2005年9月1日起施行

部长　薄熙来

二〇〇五年八月二十三日

对外贸易经营者违法违规行为公告办法

第一条　为维护公平、自由的对外贸易秩序，根据《中华人民共和国对外贸易法》（以下简称《外贸法》）及其他有关法律、行政法规的规定，制订本办法。

第二条　本办法适用于在对外贸易以及与对外贸易有关的知识产权保护中，违反《外贸法》规定，危害对外贸易秩序的违法违规对外贸易经营者及其行为。

第三条　本办法所称对外贸易经营者，是指依法办理工商登记或者其他执业手续，依照《外贸法》和其他有关法律、行政法规的规定从事对外贸易经营活动的法人、其他组织或者个人。

第四条　商务部负责沟通、协调、汇总违法违规对外贸易经营者及其行为的信息，并通过官方网站和指定的全国性刊物向社会公告违法违规对外贸易经营者及其行为。

商务部及地方商务主管部门会同海关、税务、工商、质检、外汇管理、公安、法院等有关部门建立信息交换和协调机制。

第五条　向社会公告的违法违规对外贸易经营者及其行为，是指在对外贸易经营活动中有下列行为之一，并且依照法律、行政法规规定受到处理、处罚，或被依法追究刑事责任的：

（一）进出口属于禁止进出口的货物、技术的，或者未经许可擅自进出口属于限制进出口的货物、技术的行为。

（二）违反国营贸易管理规定，非经授权擅自进出口实行国营贸易管理的货物的行为。

（三）从事属于禁止的国际服务贸易、未经许可擅自从事属于限制的国际服务贸易的行为。

（四）进出口货物侵犯知识产权，并危害对外贸易秩序的行为。

（五）违反有关反垄断的法律、行政法规的规定实施垄断行为。

（六）实施以不正当的低价销售商品、串通投标、发布虚假广告、进行商业贿赂等不正当竞争行为。

（七）伪造、变造进出口货物原产地标记，伪造、变造或者买卖进出口货物原产地证书、进出口许可证、进出口配额证明或者其他进出口证明文件。

（八）骗取出口退税。

（九）走私。

（十）逃避法律、行政法规规定的认证、检验、检疫。

（十一）违反国家有关外汇管理规定。

（十二）违反法律、行政法规规定，危害对外贸易秩序的其他行为。

第六条　公告对外贸易经营者违法违规行为的信息包括：

（一）经营者的名称、组织机构代码、住所、经营场所、法定代表人、工商登记注册号。

（二）违法违规行为。

（三）依照法律、行政法规规定所受到的处理、处罚和被追究刑事责任的内容。

第七条　对已受到行政处罚、或已被依法追究刑事责任的对外贸易经营者，但属于下列情况之一的，不予或暂不予以公告：

（一）在法律规定的有效期限内对行政处罚提起行政复议或行政诉讼，但尚未作出终局性决定、裁定或判决的；

（二）涉及国家安全、商业秘密等法律、法规规定不予披露的。

第八条 商务部按照公平、公正的原则，向社会公告危害对外贸易秩序的违法违规对外贸易经营者及其行为。

第九条 依照本办法负责公告的工作人员玩忽职守，给对外贸易经营者造成不良影响和损失的，依据相关法律法规承担责任，并对有关责任人追究领导责任。

第十条 本办法由商务部负责解释。

第十一条 本办法自2005年9月1日起施行。

十三、中外合作经营企业外国合作者先行回收投资审批办法

中华人民共和国财政部令第28号

第一条 为规范中外合作经营企业外国合作者先行回收投资（以下简称“先行回收投资”）的审批工作，根据《中华人民共和国中外合作经营企业法》、《中华人民共和国行政许可法》以及《中华人民共和国中外合作经营企业法实施细则》的有关规定，制定本办法。

第二条 在中华人民共和国境内设立的中外合作经营企业外国合作者先行回收投资的相关事项适用本办法。

第三条 本办法所称的先行回收投资，是指中外合作经营企业（以下简称“合作企业”）中的外国合作者按照法律规定以及合同的约定，以分取固定资产折旧、无形资产摊销等形成的资金以及其他方式，在合作期限内先行回收其投资的行为。

第四条 合作企业申请先行回收投资应当符合下列条件：

（一）中外合作者在合作企业合同中约定合作期满时，企业清算后的全部固定资产无偿归中国合作者所有；

（二）合作企业出具承诺函承诺债务的偿付优先于投资的先行回收；

（三）先行回收投资的外国合作者出具承诺函承诺在先行回收投资的范围内对合作企业的债务承担连带责任；

（四）合作企业依据法律及合同约定出资到位；

（五）合作企业经营和财务状况良好，没有未弥补亏损。

第五条 先行回收投资的审批机构为企业所在地的省、自治区、直辖市及计划单列市的财政机关（以下简称“财政机关”）。

第六条 合作企业申请先行回收投资的，应当向财政机关报送以下材料：

（一）合作企业申请函，具体说明先行回收投资的总额、期限和方式；

（二）外商投资企业批准证书、工商营业执照（原件、副本）及复印件；

（三）合作企业合同和章程的复印件；

（四）中国注册会计师出具的合作企业验资报告；

（五）合作企业董事会或者联合管理机构关于本期先行回收投资方案的决议、合作企业拟进行回收投资当期经依法审计的财务会计报告、合作企业到期债务说明、合作企业及外国合作者债务承诺函等。

第七条 财政机关应当对申请的合作企业报送的材料进行审查，对材料不齐全或者不符合法定形式的，应当当场或者在五日内一次告知申请人需要补正的全部材料和内容，逾期不告知的，自收到材料之日起即为受理。

第八条 对报送材料齐全、符合法定形式，或者申请的合作企业按照要求提交全部补正材料的应当受理。

财政机关受理申请或者不予受理申请，应当向申请的合作企业出具加盖本财政机关专用印章和注明日期的书面凭证。

第九条 财政机关应当在受理合作企业申请之日起二十日内作出审批决定。二十日内不能作

出决定的，经财政机关负责人批准，可以适当延长，但最长不得超过十日，并将延长期限的理由告知申请的合作企业。

财政机关批准后，应将其批复及合作企业和外国投资者报送的承诺函抄送同级商务及外汇主管部门。

第十条　合作企业的申请符合法定条件、标准的，财政机关应当依法作出准予先行回收投资的书面决定。

财政机关依法作出不予行政许可的书面决定的，应当说明理由，并告知申请的合作企业享有依法申请行政复议或者提起行政诉讼的权利。

第十一条　财政机关及其工作人员不依法履行职责的，按《中华人民共和国行政许可法》第七十二条、第七十三条和第七十四条及有关法律法规的规定，承担法律责任。

第十二条　合作企业隐瞒有关情况或者提供虚假材料申请先行回收投资的，财政机关不予受理或者不予批准，并给予警告。

第十三条　合作企业以欺骗、贿赂等不正当手段取得先行回收投资许可的，财政机关应当依法撤销其审批决定并给予行政处罚。

第十四条　申请的合作企业对于财政机关不予受理、不予行政许可或行政处罚的决定有异议的，可以依法申请行政复议或者提起行政诉讼。

第十五条　中国香港特别行政区、澳门特别行政区、台湾地区的公司、企业和其他经济组织或者个人，以及在国外居住的中国公民举办合作企业先行回收投资的，参照本办法办理。

第十六条　本办法自2005年9月1日起施行。

十四、商务部关于印发《境外中资企业（机构）报到登记制度》的通知

商合发［2005］447号

各省、自治区、直辖市及计划单列市及新疆生产建设兵团商务主管部门，各中央企业，各驻外使（领）馆经商处（室）：

为加强对境外中资企业（机构）的管理，根据《关于境外投资开办企业核准事项的规定》（商务部令2004年第16号），商务部制定了《境外中资企业（机构）报到登记制度》。现予印发，请遵照执行。

特此通知

中华人民共和国商务部

二〇〇五年九月十四日

境外中资企业（机构）报到登记制度

第一条　为规范对境外中资企业（机构）（以下简称中资企业）的管理，加强对中资企业的协调指导并提供各项公共服务，维护中资企业及其外派人员的合法权益，根据国家有关法规和《关于境外投资开办企业核准事项的规定》（商务部令2004年第16号），特制定本制度。

第二条　经商务部或省级商务主管部门核准、持有《中华人民共和国境外投资批准证书》（含境外加工贸易、境外机构）的中资企业，须向所在国我使（领）馆经商处（室）报到登记。

第三条　中资企业在投资所在国办理完毕注册登记手续之日起30日内，其负责人应持《境外中资企业（机构）报到登记表》（见附表，以下简称《报到登记表》）向我驻当地使（领）馆经商处（室）报到登记。

第四条　中资企业报到时应向我驻当地使（领）馆经商处（室）提交《报到登记表》，并附以下材料：

（一）商务部或省级主管部门批准文件复印件；

（二）《中华人民共和国境外投资批准证书》（含境外加工贸易、境外机构）复印件；

（三）注册文件复印件。

第五条 各驻外使(领)馆经商处(室)应认真做好登记工作，建立中资企业档案，并妥善保管。

第六条 各驻外使（领）馆经商处（室）在日常工作中应注意加强与中资企业的联系，做好协调指导服务，为中资企业的正常经营提供便利。驻在国或中资企业发生突发事件时，各经商处（室）应确保与企业联络通畅，及时将情况通知国内主管部门及境内投资主体，并做出周密安排与处置，保护好中资企业及人员的各项权益。

第七条 境内投资主体应及时将《报到登记表》回执联交各省级商务主管部门；中央企业设立的境外中资企业应将《报到登记表》回执联交其国内总部。中资企业报到登记情况纳入境外投资联合年检的内容。

第八条 内地企业赴香港、澳门投资设立的企业，依照本制度，向中央政府驻香港、澳门联络办报到登记。

第九条 本制度由商务部负责解释。

十五、2006年原油、成品油非国营贸易进口允许量、分配依据和申请程序

商务部公告［2005］第62号

根据《中华人民共和国货物进出口管理条例》和我国加入世界贸易组织的有关承诺，现公布2006年原油、成品油非国营贸易进口允许量、分配依据、申请程序。凡符合条件的原油、成品油进口单位均可通过商务部授权的重要工业品进口管理机构、外商投资企业进口管理机构提出申请或直接向商务部提出申请。商务部受理的时间为2005年10月1日至10月31日

附件：

1. 2006年原油非国营贸易进口允许量、分配依据和申请程序
2. 2006年成品油非国营贸易进口允许量、分配依据和申请程序

商务部

二〇〇五年九月十六日

附件1：

2006年原油非国营贸易进口允许量、分配依据和申请程序

一、非国营贸易进口允许量

2006年原油非国营贸易进口允许量为1 450万吨。

二、分配依据

（一）申请单位以往的进口实绩

（二）以往分配的数量是否得到充分使用

（三）申请单位的生产能力、经营规模、销售状况

（四）企业申请数量情况

（五）新的进口经营者的申请情况

（六）其他需要考虑的因素。

三、申请原油非国营贸易进口资格

（一）符合下列条件的油品经营企业

1．依法批准成立、注册资金不低于5 000万元的油品经营企业；

2．拥有不低于5万吨的原油进口码头；

3. 拥有库容不低于20万立方米的原油储罐；

4. 原油储备不低于经营数量的10%；

5. 无走私、违规、偷税、逃税、逃汇、套汇记录；

6. 资信良好，信誉等级在A级以上，银行授信额度不低于2 000万美元；

7. 拥有从事国际石油贸易专业人员（至少两人）；

8. 需要考虑的其他因素。

（二）符合下列条件的边境小额贸易企业

1. 依法批准成立、注册资金不低于5 000万元、从事油品经营的边境小额贸易企业；

2. 有良好的原油接卸和转运能力；

3. 近三年（2003～2005年）有原油进口经营业绩；

4. 原油储备不低于经营数量的10%；

5. 无走私、违规、偷税、逃税、逃汇、套汇记录，资信良好，信誉等级达到A级以上；

6. 2005年原油进口执行情况良好；

7. 需要考虑的其他因素。

（三）拥有独立法人资格且有独立进口实绩的外商投资企业

四、报送材料和申请程序

申请单位须按第二条规定的条件提供申请材料（申请单位无需要求所在地海关提供无走私、违规记录证明，届时由我部商海关总署统一核查），并经商务部授权的所在省市重要工业品进口管理机构转报商务部。中央企业可直接向商务部报送。

外商投资企业申请按现行规定办理。

附件2：

2006年成品油非国营贸易进口允许量、分配依据和申请程序

一、非国营贸易进口允许量

2006年成品油非国营贸易进口允许量为805万吨（包括汽油、航空煤油、柴油、石脑油、燃料油、蜡油）。

二、分配依据

（一）申请单位以往的进口实绩

（二）以往分配的数量是否得到充分使用

（三）申请单位的生产能力、经营规模、销售状况

（四）企业申请数量情况

（五）新的进口经营者的申请情况

（六）需要考虑的其他因素

三、申请成品油非国营贸易进口资格

（一）依法批准成立、符合下列条件的油品经营企业

1. 注册资金不低于5 000万元；

2. 拥有不低于1万吨的成品油进口码头；

3. 拥有库容不低于5万立方米的成品油储罐；

4. 成品油储备不低于经营数量的15%；

5. 无走私、违规、偷税、逃税、逃汇、套汇记录，资信良好，信誉等级达到A级以上；

6. 需要考虑的其他因素。

（二）近三年（2003～2005年）获得成品油进口数量并充分使用的外商投资企业

四、报送材料和申请程序

（一）报送材料

1. 申请单位的基本情况：工商营业执照副本复印件、注册资本、生产能力、经营规模、销售收入、税金总额等。

2. 拥有码头的所有权或使用权的法律证明文件；

3. 拥有成品油储罐的所有权或使用权的法律证明文件；

4. 2005年进口执行情况；

5. 2006年申请的成品油品种和数量；

6. 所在地税务部门提供的无逃税、偷税记录证明；

7. 所在地外汇管理部门提供的无逃汇、套汇记录证明；

8. 开户银行提供的资信等级证明。

（申请单位无需要求所在地海关提供无走私、

违规记录证明，届时由我部商海关总署统一核查）

（二）申请程序

申请单位须经商务部授权的所在省市重要工业品进口管理机构转报商务部，中央企业可直接向商务部报送。

外商投资企业申报按现行规定办理。

商务部

2005年9月16日颁布

十六、《纺织品出口临时管理办法》

商务部令2005年第20号

《纺织品出口临时管理办法》已经2005年9月16日商务部第15次部务会议审议通过，现予公布，自2005年9月22日起施行。《纺织品出口临时管理办法（暂行）》（商务部令2005年第13号）同时废止

部长 薄熙来

二〇〇五年九月二十二日

《纺织品出口临时管理办法》

第一条 根据《中华人民共和国对外贸易法》和《中华人民共和国行政许可法》，为加快我国纺织品出口增长方式转变，稳定纺织品出口经营秩序，制定本办法。

第二条 商务部负责全国纺织品出口临时管理工作，并根据工作需要会同海关总署和质检总局制定及调整《纺织品出口临时管理商品目录》（以下简称《管理商品目录》）。

商务部授权各省、自治区、直辖市、计划单列市、新疆生产建设兵团及哈尔滨、长春、沈阳、南京、武汉、成都、广州、西安商务主管部门（以下简称各地商务主管部门）负责本地区纺织品临时出口许可管理工作。

质检总局根据商务部的建议，授权上述部门负责有关纺织品临时出口的原产地证书签发工作。

第三条 《管理商品目录》的制定及调整由商务部、海关总署和质检总局以公告形式对外公布，发布内容包括涉及的产品类别及其税则号、涉及的国家或者地区、实施时间范围和许可总量等。

第四条 本办法出口国指最终目的国（地区），加工贸易出口指实际报关出口国（地区）。有关转口贸易管理，不适用本办法。

第五条 纺织品临时出口许可管理适用于以下海关监管方式：

一般贸易、易货贸易、来料加工装配贸易进口料件及加工出口货物、补偿贸易、进料加工（对口合同）、进料加工（非对口合同）、保税工厂和其他贸易。

从境内区外进入保税区、出口加工区等海关特殊监管区域、保税场所的属于《管理商品目录》的纺织品，海关不验核许可证，待上述货物实际离境时，按照有关规定，对出口至需实行纺织品临时出口管理的国家或地区的，海关凭许可证办理验放手续。

第六条 对列入《管理商品目录》的纺织品，实行临时出口管理制度。商务部授权许可证事务局统一管理、指导各地商务主管部门的《纺织品临时出口许可证》（以下简称许可证）发证工作。发证机构名单、许可证样式和专用章由商务部、海关总署、质检总局另行公布。

第七条 列入《管理商品目录》的商品，对外贸易经营者（包括中央企业，以下简称“经营者”）应当在出口前向当地商务主管部门办理临时出口许可的审批手续，并申领许可证，凭许可证向海关办理报关验放手续。

第八条 出现下列情形之一的商品将列入《管理商品目录》。

（一）有关国家或地区对我实行限制的纺织

产品；

（二）双边协议规定需要临时进行数量管理的纺织产品。

第九条　临时出口许可数量的一定比例实行有偿招标，剩余部分按业绩分配。业绩分配部分以相关商品出口实绩为依据，按照如下计算公式确定经营者海关出口实绩项下的临时出口许可可申请数量（以下简称可申请数量）。

$$S = T \times [a_1 \times (70\% \times Q_1/M_1 + 30\% \times Q_2/m_2) + A_2 \times Q_3/M_3]$$

其中：

（一）S为可申请数量；

（二）T为确定的全国临时出口许可总量；

（三）Q_1为一体化后经营者对设限国家或地区出口实绩，Q_2为一体化后经营者除设限国家或地区之外的对全球的出口实绩，Q_3为统计时间所涵盖的一体化前经营者对全球的出口实绩；

（四）M_1为一体化后全国经营者对设限国家或地区出口实绩，M_2为一体化后全国经营者除设限国家或地区之外的对全球的出口实绩，M_3为统计时间所涵盖的一体化前全国经营者对全球的出口实绩；

（五）a_1为一体化后的出口权重，a_2为一体化前的出口权重，暂定$a_1 = 0.7$，$a_2 = 0.3$；若统计时间范围不涵盖一体化前的时间，则$a_1 = 1$，$a_2 = 0$。

（六）各类别商品的最低可申请数量为200件（公斤、平米、双）。凡根据上述公式计算的可申请数量低于最低可申请数量的，经营者可申请数量为零。

（七）剩余数量按业绩优先的原则分完为止。

第十条　商务部根据以下原则，确定经营者相关商品出口实绩：

（一）按照中国海关十位税则号项下的出口统计数据。

（二）统计时间范围为临时出口许可实施之前的12个月。

考虑到2005年出口的特殊情况，2006年可申请数量按照第九条计算公式，以2004年6月1日~2005年5月31日为统计时间范围进行计算，另加企业2005年6月11日~12月31日应获得的可申请数量。

（三）一般贸易、加工贸易的出口实绩均按中国海关出口统计金额的100%计算。

（四）西部地区企业的出口实绩按中国海关出口统计金额的150%计算，中部地区和东北老工业基地企业的出口实绩按中国海关出口统计金额的130%计算。

（五）对于存在多家子公司、分公司或者控股公司的集团型企业，按照实际经营者（按海关企业代码）进行统计，临时出口许可计入到各经营者名下。

第十一条　商务部根据分配原则确定各经营者可申请的商品类别和数量，在《管理商品目录》发布后30天内一次或分批次以书面和电子形式下达至各地商务主管部门，并在商务部网站上对外公布。

第十二条　获得可申请数量的经营者应在商务部下达的可申领类别和数量范围内向各地方商务主管部门提出许可申请。

第十三条　自可申请数量下达之日起的15天内，各地商务主管部门应书面汇总上报本地区经营者的申请报告以及电子数据。

在收到各地商务主管部门的申请报告以及电子数据后的15天内，商务部在可申请数量范围内统一办理各地方商务主管部门的申请批准手续，并以部函形式下达全国各经营者临时出口许可的分配数量。

第十四条　纺织品临时出口许可数量允许转让。地区内转让由地方商务主管部门备案并做技术处理，跨地区转让报商务部备案并由中国国际电子商务中心做技术处理。受让经营者必须是在工商行政管理部门登记注册，并在对外贸易主管部门备案登记的经营者。

第十五条　纺织品临时出口许可证实行“一批一证”、“一关一证”，在公历年度内有效，有效期为6个月，逾期作废。纺织品临时出口许可证持有者，在有效期内未出口的，可以到原发证机构办理延期手续，最长延期不超过3个月，需延期、更改的，重新换发新证。

第十六条　获得临时出口许可的经营者在临时出口许可数量有效期内如未能全部使用的，应不迟于许可年度结束前60天将剩余数量上交商务部。经营者通过各地商务主管部门向商务部递交。

第十七条 纺织品临时出口许可证持有者，如在有效期内未使用量超过申请量20%且未按期上交的，商务部将在下一年度分配中按比例相应扣减其数量。

第十八条 经营者上交的和未申请的数量计入当年度纺织品临时出口许可剩余数量。剩余总量由商务部按照第九条的有关规定继续分配，并在不迟于许可年度结束前45天下达分配结果。

第十九条 获得临时出口许可的经营者在申领许可证时，应当如实填写《许可证申请表》，并加盖单位印章。通过网上申请的，应当如实填写相关电子表格并传送至相应的发证机构。

以书面形式或者通过网上申请的，经营者应当同时将相关出口合同（正本复印件）呈送或寄送至发证机构。

第二十条 在收到内容正确且形式完备的许可有效申请后，各发证机构应当按照商务部授权的各地商务主管部门下达的临时出口许可批准文件和相关电子数据，在3个工作日内签发许可证。

第二十一条 实行临时出口许可管理的商品，经营者在办理临时出口许可证后，应向质检总局授权的临时发证机构申领纺织品原产地证书。发证机构凭许可证签发纺织品原产地证书，并要求两证的数量、金额等相关内容一致。

第二十二条 经营者凭加盖纺织品许可证专用章的许可证办理出口报关手续；在有关进口国凭商务部电子数据和书面许可证及主管发证机构出具的原产地证验放通关。

第二十三条 海关在办理相关纺织品出口手续时，需验核加盖纺织品许可证专用章的许可证。对属法检出口的纺织品，海关还应凭检验检疫机构出具的《出境货物通关单》办理验放手续。

商务部会同海关总署对许可证实施电子联网核查。有关电子核查机制及相关验核管理办法另行制定并公布实施。

第二十四条 纺织品临时出口许可证不得伪造和变造。凡伪造、变造出口许可批准文件或出口许可证的，依照《中华人民共和国外贸法》、《中华人民共和国海关法》、《中华人民共和国货物进出口管理条例》及《货物出口许可证管理办法》相关规定处罚。商务部可以同时取消其已获得的纺织品临时出口许可数量。

第二十五条 出口样品的，对于每批商品数量不超过50件（含50件、套、双、公斤或其他商品单位，不包括打、打双、打套、吨数量单位）的，可免领出口许可证；但属于进口国海关要求凭许可证放行的，经营者应在本企业可申请数量范围内向发证机构申领许可证。

第二十六条 赴国（境）外参展或者举办展览会的展品、展卖品的出口，参照《货物出口许可证管理办法》相关规定办理；属于进口国海关要求凭许可证放行的，按照本办法第二十五条的相关规定办理。

第二十七条 对于将原产于中国的商品避开本办法的规定，经第三国或者地区转口至《管理商品目录》规定的国家或者地区的经营者，一经查实，商务部将予以公告，自相关行政处罚决定生效之日起1年内禁止从事所有与临时出口许可管理产品相关的出口经营活动。

第二十八条 除另有规定外，对许可证的签发、执法部门的调查、发证机构的核查，以及对违反本办法有关规定的发证机构和伪造、变造许可证的经营者的处罚，按照《货物出口许可证管理办法》的有关规定办理。

第二十九条 通过外发加工方式(OPA)在内地加工且原产地非中国内地的纺织品不适用本办法。

2005年剩余数量的分配不适用本办法。

第三十条 本办法由商务部负责解释。

第三十一条 本办法自发布之日起施行。《纺织品出口临时管理办法（暂行）》同时废止。

十七、商务部关于促进中小流通企业改革和发展的指导意见

为贯彻落实《国务院关于促进流通业发展的若干意见》（国发［2005］19号）和《国务院关于鼓励支持和引导个体私营等非公有制经济发展的若干意见》（国发［2005］3号）精神，引导中

小流通企业（包括商品批发、零售、外贸、餐饮业、住宿业和其他居民服务业的中小企业）加快改革发展步伐，促进中小流通企业健康发展，提出以下意见。

一、指导思想和发展目标

中小流通企业是流通业的主体，约占全国流通企业总数的99%以上，实现的销售额约占全社会消费品零售总额的90%以上，并提供了大量就业机会。近年来，随着国有经济布局调整步伐加快，中小流通企业在促进国民经济稳定增长、拉动民间投资、方便群众生活、缓解就业压力、促进市场繁荣、保持社会稳定等方面发挥着越来越重要的作用。但是，长期以来，中小流通企业缺乏必要的政策支持和引导，在发展中存在许多困难和问题，制约了其健康发展。

指导思想：以“三个代表”重要思想为指导，全面贯彻党的十六大、十六届三中全会和国务院召开的全国流通工作会议精神，树立科学发展观，促进大、中、小型流通企业的协调发展，充分发挥中小流通企业在增加就业、解决“三农”问题、促进国民经济持续协调发展等方面的重要作用，积极推进中小流通企业改革，推动中小流通企业运用信息技术和现代营销技术，大力发展现代流通方式，不断提高经营管理和现代化水平，加大扶持力度，采取有力措施切实解决制约中小流通企业发展的主要问题，改善经营环境，促进中小流通企业健康发展。

发展目标：到2010年，中型流通企业基本建立现代企业制度，小型流通企业健全经营管理制度，经营行为更加规范，经营管理水平显著提高，抵抗风险的能力明显增强，流通基础设施和应用现代信息技术水平显著改善。中小流通企业的数量进一步增加。中小流通企业销售收入年均增长速度争取达到9%，适当快于国民经济的增长速度，培育一批中小企业的知名品牌。按照各相关行业标准，实现规范经营。吸纳就业人员的能力进一步增强，新增就业人数位居各行业前列。

二、深化改革，增强中小流通企业活力

各级商务主管部门要结合当地实际情况，深化中小国有流通企业改革，进一步增强企业活力。推进企业产权制度改革，建立归属清晰、权责明确、保护严格、流转顺畅的现代产权制度。引导企业采取联合、收购、兼并、租赁、承包经营、出售等多种形式进行产权制度和经营机制改革，加快国有中小流通企业改制。在中型流通企业中大力推行股份制改革，鼓励和支持民间资本、外资等非公有资本参与国有中小流通企业改革，实现投资主体多元化。大力发展国有资本、集体资本和非公有资本参股的混合所有制中小流通企业。

推动中型流通企业深化企业制度改革，健全企业法人治理结构，按照现代企业制度要求，转换经营机制，完善企业经营、用工、人事和收入分配等制度，调动企业职工的积极性。引导中小流通企业重视基础管理工作，进一步加强企业管理，依法建立商品经营管理、财务管理、合同管理、人力资源管理、安全管理等企业内部管理制度，完善企业内部管理规范和标准。

鼓励优势企业兼并、重组、托管困难企业，对长期亏损、资不抵债、扭亏无望的企业依法实施破产。要加强对中小流通企业改革的引导与规范。在企业改制过程中规范操作，防止国有资产流失，防止逃废、悬空银行债务。要正确处理改革、发展、稳定的关系，维护职工正当权益，保持社会稳定。

各地商务主管部门要积极协调当地有关部门出台鼓励创业、支持中小流通企业经营创新、技术创新和开拓市场的税收政策和金融支持政策，降低中小流通企业的改革、改制成本。鼓励有条件的地方通过国有企业资产经营收益、商业用地变现、流通企业国有资本减持、转让以及财政拨付等方式筹措资金，建立国有中小流通企业改革的专项资金，用于无力支付改制费用企业的改制费用以及破产企业资产变现后不足支付职工社会保险、经济补偿等方面费用。要积极协调，争取地方房产管理部门的支持，解决国有中小流通企业长期使用的商业用房产权归属问题。要认真落实国家关于企业吸纳下岗职工就业和国有企业下岗职工创办中小企业的优惠政策。

三、大力发展现代流通方式，提高中小流通企业现代化水平

积极推进连锁经营、特许经营、物流配送、代理制、多式联运、电子商务等组织形式和服务方式的发展，中小流通企业可以根据自身特点，着重发展特许加盟和中小企业间的自由连锁，进一步提高中小企业的组织化程度。鼓励用现代流通方式改造传统流通业态，鼓励中小流通企业发展联合采购，努力提高服务质量和规模经营效益。

推动中小流通企业实施品牌战略。大力发展特色化、专业化、品牌化经营，培育一批中小企业的知名品牌，弘扬和发展中华老字号。引导企业实行错位经营，转变经营方式上陈旧雷同、缺乏服务品牌和以“价格战”等低层次竞争手段为主的状况。积极倡导通过联合、合作、特许经营和自由连锁等方式，依托有竞争力的企业，形成一批拥有著名服务品牌、多元投资主体的优势中小流通企业。

各地商务主管部门要积极协调当地有关部门，认真贯彻落实《国务院办公厅转发国务院体改办国家经贸委关于促进连锁经营发展若干意见的通知》（国办发［2002］49号）中提出的各项支持政策，在简化行政审批手续、实行统一纳税、减少重复检查等方面切实为中小流通企业发展创造良好外部环境。

引导中小企业采用适合自身发展水平和实际需要的信息技术，在有条件的地区进行中小流通企业电子商务试点。

四、支持创办中小流通企业，放宽市场准入限制

坚持发展流通领域大公司、大集团与扶持中小流通企业并举。鼓励创办中小流通企业，积极开发新的工作岗位。在市场准入、专营商品和服务的指定经营、土地使用等方面，应给予中小流通企业更多的支持，除国家法规有特殊规定外，各地给予外资企业和大企业的优惠政策，应同样适用中小流通企业。应从鼓励开办、方便注册的角度出发，简化中小流通企业设立审批程序，除法律、行政法规有特殊规定外，不得设置前置审批。

创造公平竞争的外部环境。认真清理各种不利于中小流通企业发展的行政法规和政策规定，研究制定符合世贸组织规则又有利于中小流通企业发展的政策措施。进一步整顿和规范市场秩序，严肃查处不正当竞争行为，坚决取消地方保护主义措施，创造有利于中小流通企业与大企业公平竞争的市场环境。要切实减轻中小流通企业负担，对已取消的收费项目要进行监督检查，对巧立名目、变相增加中小流通企业负担的，要坚决予以查处。

支持开展内外贸一体化经营，加快内外贸企业的融合，打破大宗商品内外贸分割的经营管理体制。鼓励中小流通企业根据企业实际开展进出口业务和国内经营，促进内外贸企业合作，结成战略合作伙伴，发挥各自优势，共同开拓国内外市场。对符合《中小企业国际市场开拓资金管理（试行）办法》和《中小企业国际市场开拓资金管理办法实施细则》规定的，要按有关规定给予资金支持。促进中小流通企业引进国外先进经验和经营管理技术，鼓励有条件的中小流通企业实施“走出去”战略，尤其是与优势工业企业联手开拓国际市场，积极扩大进出口贸易和对外服务。在对外投资、进出口信贷、出口信用保险等方面中小流通企业应与其他企业享受同等待遇。

五、完善中小流通企业融资体系，切实解决融资难问题

积极争取地方有关部门设立的中小企业发展专项资金，支持中小流通企业的发展。鼓励有条件的地区设立支持中小流通企业的发展基金，或在政府统一支持的中小企业发展基金中安排一定规模的资金，重点用于扶持中小流通企业的创立、扩大经营服务规模、人员培训、信用担保及服务体系建设等方面。各地商务主管部门应积极协调各商业银行，推动其按照《中国人民银行关于进一步加强对有市场、有效益、有信用中小企业信贷支持的指导意见》（银发〔2002〕224号）精神，加大对中小流通企业的信贷支持，完善对中小流通企业的金融服务，扩大授信额度，开发新的信贷服务项目；鼓励各类信用担保机构积极开展中小流通企业的担保业务；要制定相应政策，鼓励、引导社会各方面资金投入中小流通企业的改造和发展。

拓宽融资渠道，支持符合条件的中小流通企业利用股票上市、资产重组、股权置换等多种方式筹措资金。鼓励上市公司和外商参股、整合中小流通企业，引导、推动并规范中小流通企业通过合资、合作、产权出让等方式利用外资进行改组改造。符合条件的中小流通企业可依照国家有关规定申请发行企业债券。

六、切实将中小流通企业发展纳入当地经济发展规划，在用地、用电等方面给予积极支持

各地商务主管部门要结合城市发展和城区改造以及新建居民区的开发，合理规划大中小商业网点布局，促进大型商店与中小店铺的协调发展。要合理安排中小流通企业的用地，为中小流通企业提供生存发展空间。大中城市根据城市总体规划，迁出或关闭的市区污染大、占地多等不适应城市功能定位的工业企业所退出的土地，商务主管部门要协调城市规划部门，支持符合规划的中小流通企业使用。逐步解决流通企业用电价格高于工业企业的不合理现象。

加大对中西部和东北地区中小流通企业发展的扶持力度。西部地区和东北地区地方商务主管部门要积极争取和用好西部大开发和振兴东北老工业基地的各项政策，包括在财政、税收和土地使用等方面的政策。鼓励和吸引国内各类投资者以及外商到中西部和东北地区投资创办中小流通企业。

加快农村地区中小流通企业发展步伐，要积极鼓励创办为农民、农村、农业服务的中小流通企业。要注意适应当地市场需求，因地制宜地发展有优势的中小流通企业，大力吸纳农村富余劳动力参与流通业。鼓励优势流通企业改造现有农村流通网点，注重改善当地流通和服务的条件，提高农村商品流通水平。鼓励中小流通企业成为“贸工农、产供销”一体化龙头企业，参与农产品流通。

七、积极支持中小流通企业进行科技创新和技术改造

积极倡导采用现代化科技管理技术，提高中小流通企业运用现代科技成果的能力。支持中小流通企业开展技术改造，改变店容店貌，积极应用计算机管理等现代化手段，在零售企业和门店经营中推广使用时点销售系统（POS），逐步建立和完善信息管理系统（MIS），积极创造条件，提高中小流通企业的信息化水平。

认真落实好国家有关支持企业技术改造的政策，对符合国家产业政策的技术改造项目，可列入国债资金项目计划给予贴息支持。各地商务主管部门要争取当地有关部门加大对中小流通企业技术改造的支持力度，对中小流通企业的技改投资、购置设备等给予一定的扶持政策。对中小流通企业科技创新按有关支持政策给予有效扶持。

充分运用财政和金融手段支持流通企业进行结构调整，重点支持现代流通方式的推广和运用。地方各级人民政府要在财政补贴、土地使用等方面，鼓励连锁经营企业发展，尤其是到城市社区、农村建立营销网络；引导企业加大利用信息技术改造传统作业方式的力度，采用现代管理技术，提高管理效率，降低成本；鼓励各类流通企业发展电子商务。

八、健全中小流通企业服务体系，提供人才培训、信息服务

鼓励具备条件的地区建立面向广大中小流通企业的公共信息服务平台，为中小流通企业在政策、技术、市场、人才信息等方面提供服务。

加强人才培训。整合社会资源，创新培训方式，形成政府引导、社会支持和企业自主相结合的培训机制，开展面向中小流通企业的投资咨询和职业技能等方面的培训。积极探索面向流通行业的职业教育体系建设，加快培养中小流通企业所需各类人才，加强岗位职业培训，提高从业人员的职业道德、信誉意识、竞争意识、服务意识和业务水平。

要积极发挥行业协会的作用，推动中小企业行业协会等中介机构的发展，发挥其在服务企业、行业自律、加强企业与政府沟通等方面的作用。鼓励社会各类中介服务组织增强服务意识，为中小企业提供创业辅导、企业诊断、市场营销、投资融资、贷款担保、产权交易、技术支持、人员培训、对外合作、展览展销、法律咨询等服务。

九、加强组织领导，扎扎实实做好工作

各地商务主管部门要进一步转变观念，统一思想，充分认识新阶段、新形势、新体制下加快发展中小流通企业的重要意义，真正把促进中小流通企业的发展放到重要位置。要学习借鉴发达国家政府十分重视扶持中小企业发展的经验，做好对中小流通企业的扶持、引导、服务工作，努力为中小流通企业的发展创造良好环境。同时，要进一步研究探索并逐步建立中小流通企业相关统计制度。

要转变职能，结合地方机构改革，将扶持中小流通企业发展作为商务主管部门的职责和重点工作。要牢固树立为中小流通企业服务的意识，针对他们在发展中遇到的困难和问题，研究具体措施予以解决。要加强舆论宣传，充分利用新闻媒体，营造中小企业发展的良好舆论氛围。

各级商务主管部门要在当地党委、政府的领导和支持下，加强与发展改革委、财政、金融、税收、工商等有关部门的沟通与协调，积极争取各方面的理解与支持，会同有关部门，研究提出本地区贯彻实施《中小企业促进法》和本意见的工作计划和实施方案，制定和实施促进中小流通企业发展的具体政策措施，明确工作重点，因地制宜，切实做好协调、指导和服务工作。

2005 年 9 月 26 日

十八、2006 年食糖进口关税配额申请和分配细则

商务部令 2005 年第 64 号

根据《农产品进口关税配额管理暂行办法》（商务部、国家发展和改革委员会令二〇〇三年第 4 号），制定了《2006 年食糖进口关税配额申请和分配细则》，现予以公告

二〇〇五年九月二十六日

2006 年食糖进口关税配额申请和分配细则

根据《农产品进口关税配额管理暂行办法》（商务部、国家发展和改革委员会令 2003 年第 4 号），现将 2006 年食糖关税配额数量、申领条件和分配细则公告如下：

一、2006 年食糖进口关税配额量为 194.5 万吨，其中 70% 为国营贸易。

二、食糖进口关税配额申请者的基本条件为：2005 年 10 月 1 日前在工商管理部门登记注册并按规定通过了工商部门最近一次年度审验；2003 至 2005 年在海关、外汇、工商、税务、质检方面涉及食糖进口无违规记录；没有违反《农产品进口关税配额管理暂行办法》的行为。

在具备上述条件的前提下，配额申请者还必须满足下列条件之一：①国营贸易企业；②具有国家储备职能的中央企业；③2005 年有食糖进口实绩的企业；④日加工原糖 600 吨以上（含 600 吨）、注册资金1 000万元以上（含1 000万元）、年销售额 2 亿元以上（含 2 亿元）的制糖企业；⑤以食糖为原料从事加工贸易的企业。

三、关税配额申请者需提供如下材料：①农产品进口关税配额申请报告；②农产品进口关税配额申请表；③按规定通过工商部门最近一次年度审验的企业法人营业执照（副本）复印件；④有资质的会计师事务所出具的企业 2004 年度审计报告或办理 2004 年税务年检时提交的“2004 年增值税一般纳税人年审登记表”复印件。

有进口实绩的申请者只需提供以上 1－3 项规定的材料；新申请企业需提供以上规定的全部材料。如新申请企业属 2004 年以后建成投产的，还需提供主管部门对建设项目的可行性研究报告批复文件（或项目建议书批复文件）以及竣工验收报告。

四、食糖进口关税配额分配的基本原则是根据上年进口实绩、生产能力、销售额及其他相关商业标准。

（一）如供分配的进口关税配额量能够满足符合条件申请者的申请总量，则按申请者申请数量分配关税配额量。

（二）如供分配的进口关税配额量不能满足符合条件申请者的申请总量，则有进口实绩的申请者，可优先获得以上一年进口实绩为基数的等比例配额；无进口实绩的申请者，将以申请者加工能力及销售额为主要依据，在无实绩申请者间按

比例分配进口关税配额量，申请数量低于按比例分配数量的，则按申请数量分配。

五、2006年食糖进口关税配额申请时间为2005年10月15日至30日。申请者须在上述时间内向工商注册地所在商务部授权机构提交申请。配额申请者可到商务部授权机构领取或从商务部网站 http：//www. mofcom. gov. cn/下载（复印）《农产品进口关税配额申请表》。

六、商务部授权机构负责受理本地区内注册企业的申请，并于2005年11月30日前将符合上述条件的企业申请送达商务部，同时抄报国家发展改革委。

七、商务部于2006年1月1日前通过授权机构向最终用户发放《农产品进口关税配额证》。

十九、2006年羊毛、毛条进口关税配额管理实施细则

商务部公告2005年第65号

根据《农产品进口关税配额管理暂行办法》（商务部、国家发展和改革委员会令二〇〇三年第4号），制定了《2006年羊毛、毛条进口关税配额管理实施细则》，现予以公告

二〇〇五年九月二十六日

2006年羊毛、毛条进口关税配额管理实施细则

第一条　根据《农产品进口关税配额管理暂行办法》（商务部、国家发展和改革委员会令二〇〇三年第4号），为实施羊毛、毛条进口关税配额管理，特制定本细则。

第二条　2006年羊毛进口关税配额量为28.7万吨；毛条进口关税配额量为8万吨。

第三条　所有贸易方式进口的羊毛、毛条均纳入羊毛、毛条进口关税配额管理范围。

第四条　2006年对羊毛、毛条进口关税配额实行先来先领的分配方式。申请者凭羊毛、毛条进口合同或《加工贸易业务批准证》以及有关材料申请羊毛、毛条进口关税配额。商务部通过授权机构，按照先来先领的原则，为符合条件的申请者发放《农产品进口关税配额证》。当发放的数量累计达到2006年羊毛、毛条关税配额量，则停止接受申请者的申请。

第五条　申请条件：

（一）2006年1月1日前在工商管理部门登记注册的企业，并按规定通过工商部门年度审验；

（二）上一年度无海关、工商、税务、质检、外汇方面涉及羊毛、毛条进口的违规记录；

（三）没有违反商务部、国家发展改革委公布的《农产品进口关税配额管理暂行办法》及《2005年羊毛、毛条进口关税配额管理实施细则》的行为。

第六条　配额申请者凭羊毛、毛条进口合同（加工贸易企业还需提供《加工贸易业务批准证》）向企业注册所在地商务部授权机构提交申请。申请者需填写《羊毛、毛条进口关税配额申请表》（见附件1），并提供上述有关材料。

第七条　配额申请者可到商务部授权机构领取或从商务部网站 http：//www. mofcom. gov. cn/下载（复印）《羊毛、毛条进口关税配额申请表》。

第八条　配额申请者在公历年度内可多次申请关税配额，但需遵守：

（一）2005年有羊毛、毛条进口实绩的申请者，2006年9月30日前累计申领进口配额数量（加工贸易进口除外，以下同）不超过2005年实际进口数量（按原发证机构收到的经海关签章的《农产品进口关税配额证》累计数量计）。其中2005年实际进口数量不足300吨的可按300吨申请。

（二）2005年无羊毛、毛条进口实绩的申请者，2006年9月30日前累计申领数量不超过300吨。

第九条　9月30日后，获得配额的最终用户如完成第八条规定的进口数量（按原发证机构收

到的经海关签章的《农产品进口关税配额证》累计数量计），可继续申领进口配额。

第十条 商务部授权机构在受理申请后，经审核符合第五条、第八条以及第九条规定的，应及时通过商务部计算机联网系统上网申报，同时将经审核并签名后的企业申请表传真至商务部。申请的先后排序以商务部管理网络终端显示为准。

第十一条 商务部在收到网上申请及书面传真后，于5个工作日内，将审批结果通知授权机构。

第十二条 商务部授权机构在收到批准通知后，按照商务部批准的数量于5个工作日内向最终用户发放《农产品进口关税配额证》。

第十三条 《农产品进口关税配额证》自签发之日起6个月内有效，但有效期不得超过2006年12月31日。用于加工贸易的《农产品进口关税配额证》有效期不得超过《加工贸易业务批准证》中出口制成品返销截止日期。

第十四条 对2006年12月31日前从始发港出运，需在次年到货的，最终用户需于12月31日前持装船单证到原发证机构申请延期，延期最迟不得超过2007年2月底。对于加工贸易，12月31日前未完成进口或未全部完成进口的，可凭原关税配额证对未进口部分换领下一年度《农产品进口关税配额证》，但新换领的配额证有效期不得超过原《加工贸易业务批准证》中出口制成品返销截止日期。

第十五条 加工贸易业务发生变更、展期，需凭《〈加工贸易业务批准证〉变更证明》及《农产品进口关税配额证》到原发证机构换领新的《农产品进口关税配额证》，有效期不得超过《〈加工贸易业务批准证〉变更证明》中变更、展期期限。

第十六条 最终用户未在配额证有效期内使用关税配额，需将配额证原件交回原发证机构。商务部将配额证所列配额予以收回，将其计入羊毛、毛条关税配额余量。

第十七条 对伪造合同或材料骗取《农产品进口关税配额证》的，按《农产品进口关税配额管理暂行办法》的有关规定进行处罚。

第十八条 最终用户在进口货物办结海关手续后20个工作日内，将海关签章的《农产品进口关税配额证》第一联（收货人办理海关手续联）原件交原发证机构。

第十九条 本细则由商务部负责解释。

二十、2006年化肥关税配额进口总量、分配原则和申请程序

商务部公告2005年第67号

根据《中华人民共和国货物进出口管理条例》和我国加入世界贸易组织的有关承诺，现公布2006年化肥关税配额进口总量、分配原则和申请程序。凡符合条件的化肥进口单位均可通过商务部授权的重要工业品进口管理机构提出申请或直接向商务部提出申请。申请期为2005年10月15日至10月31日

附件：《2006年化肥关税配额进口总量、分配原则和申请程序》

中华人民共和国商务部
二〇〇五年九月二十九日

附 件：

《2006年化肥关税配额进口总量、分配原则和申请程序》

2006年实行关税配额管理的化肥品种为：尿素（税号：31021000）、磷酸二铵（税号：31053000）和复合肥（税号：31052000）。关税配额内税率为4%，关税配额外税率为50%。

一、关税配额总量

2006年可分配的化肥关税配额总量分别为：尿素330万吨，磷酸二铵690万吨，复合肥345万吨。

二、分配依据

（一）申请单位以往的进口实绩；

（二）申请单位的生产能力、经营规模、销售状况；

（三）以往分配的配额是否得到充分使用；

（四）申请配额的数量情况；

（五）新的进口经营者的申请情况；

（六）其他需要考虑的因素。

三、国营贸易关税配额

2006年化肥国营贸易配额数量分别为：尿素297万吨，磷酸二铵449万吨，复合肥224万吨。

申请化肥国营贸易关税配额的单位为：有进口基数和实绩的农业生产资料公司；有进口基数和实绩的农业三站（土肥站、种子站、农技站）；有进口基数和实绩的化肥生产企业；符合条件的新的进口申请者。

四、非国营贸易关税配额

2006年化肥非国营贸易进口关税配额数量分别为：尿素33万吨，磷酸二铵241万吨，复合肥121万吨。

申请化肥非国营贸易关税配额的单位为：有进口基数和进口实绩的边境小额贸易企业；有进口基数和进口实绩的外商投资企业；有进口基数和进口实绩的经济特区化肥进口企业；符合条件的新的进口申请者。

五、申请关税配额须报送的材料

申请化肥关税配额的单位须报送下列材料：

（一）申请单位的基本情况：工商营业执照副本复印件、注册资本、生产能力、经营规模、销售收入、税金总额等；

（二）近三年（2003年~2005年）配额分配数量，包括分品种数量，并附有关分配文件复印件；

（三）近三年（2003年~2005年）化肥进口实绩，包括分品种进口实绩（进口实绩以海关报关统计为准）；

（四）2006年申请的化肥关税配额的品种和数量；并注明国营贸易或者非国营贸易（两者不能同时申请）。

六、申请程序

进口申请单位应将申请材料统一送交商务部授权的重要工业品进口管理机构，由其统一转报商务部。中央企业直接报送商务部。

二十一、境外投资开办企业核准工作细则

商合发［2005］527号

第一条　根据《中华人民共和国行政许可法》、《国务院对确需保留的行政审批项目设定行政许可的决定》及相关法律法规，为更好地执行《关于境外投资开办企业核准事项的规定》（商务部令2004年第16号，以下简称《规定》），促进境外投资核准工作规范、科学、透明、高效，特制定本细则。

第二条　各省级商务主管部门受商务部委托，应按照《规定》和本细则，开展对国内企业境外投资的核准工作。

第三条　关于投资东道国（地区）的投资环境，在核准中应重点把握以下方面：

（一）政局与社会稳定，不处于战争或社会动乱状态；

（二）经济运行正常，未出现经济危机，汇率和税制稳定；

（三）法律法规健全，有明确的鼓励和保护外商投资的法规及政策；

（四）具备水电气及交通、通讯等基础设施及能源供应条件；

（五）有相应的劳动力资源。

第四条　关于东道国（地区）的安全状况，在核准中应重点把握以下方面：

（一）未发生过大规模的针对外商投资的国有化和征收行动，不是恐怖主义活动猖獗的地区，外商投资企业与人员的财产和生命安全能够得到

保障；

（二）金融与外汇政策稳定，外商投资企业的利润汇出有法律保障；

（三）没有频繁的政党、激进组织或团体干扰企业的经营活动，社会治安状况较好；

（四）投资所在地不存在国家主权争议。

第五条 关于东道国（地区）与我国的政治经济关系，在核准中应重点把握以下方面：

（一）是否与我国建立外交关系；

（二）是否是我国的贸易伙伴，对我国有无贸易歧视；

（三）对我国公民出入境是否有不公平的特殊限制。

第六条 关于符合我国境外投资导向政策与否，在核准中应重点把握以下几个方面：

（一）符合我国境外投资国别产业导向目录确定的方向；

（二）能够带动国内具有比较优势的产品、设备、技术和服务等出口和劳务输出；

（三）能够利用国外先进技术和先进管理经验，提高企业的技术研发能力和国际竞争力；

（四）有助于企业实施品牌战略，创立国际名牌。

第七条 关于在东道国（地区）的合理布局，在核准中应重点把握以下方面：

（一）我国企业在东道国同一行业的投资是否过度集中；

（二）境外企业的生产能力是否与东道国的市场容量相匹配，其产品是否属于投资目标国过度竞争的领域。

第八条 关于境外投资涉及履行有关国际协定义务，在核准中应重点把握以下方面：

（一）与核不扩散有关的国际协定；

（二）与禁止研制与销售毒品有关的国际协定；

（三）与环境保护和濒危动植物保护有关的国际协定；

（四）与食品安全有关的国际协定；

（五）与知识产权保护有关的国际协定。

第九条 关于东道国保障外国投资者合法权益，在核准中应重点把握以下方面：

（一）是否与我国签订了双边投资保护协定；

（二）是否与我国签订了避免双重征税协定；

（三）是否有随意查抄、无端罚没当地中资企业的情况。

第十条 对以并购方式进行境外投资的，还应重点把握：

（一）是否涉及东道国敏感产业领域或其法规限制投资的行业；

（二）是否考虑了相关的法律问题；

（三）是否考虑了东道国的政治与安全风险及企业的财务风险问题；

（四）是否考虑了东道国工会组织、企业社会责任和文化融合问题。

第十一条 下列领域为我国禁止的境外投资：

（一）危害国家主权、安全和社会公共利益的；

（二）运用我国禁止出口的特有工艺或者技术的；

（三）我国法律所禁止经营的领域；

（四）外国法律以及我国缔结或参加的国际条约禁止投资的领域；

（五）从事跨国犯罪的。

第十二条 对符合导向的境外投资，国家予以鼓励并在外交、税收、外汇、海关、信贷、保险等方面予以政策支持；对禁止类的境外投资，国家不予核准，并将采取措施予以制止。

第十三条 本细则由商务部负责解释。

第十四条 本细则自发布之日起施行。

商务部

2005 年 10 月 17 日

二十二、商务部、财政部农轻纺产品贸易促进资金暂行管理办法

商规发［2005］507号

第一条 为提高我国出口农产品、轻工产品、纺织品的质量与安全水平，增强我国相关产业的国际竞争力，规范农轻纺产品贸易促进资金（简称“农轻纺资金”）的使用，提高资金使用效益，特制定本办法。

第二条 本办法所称农轻纺资金来源于外贸发展基金。

第三条 农轻纺资金实行项目管理，无偿使用，坚持公平、公正原则，农轻纺资金的使用应符合国际惯例和我国加入世界贸易组织的承诺，有利于提高和增强我国企业参与国际合作与竞争能力。

第四条 农轻纺资金的使用范围：

（一）农产品：获得国际通行的产品和体系认证、有机认证；建立质量溯源体系；出口农产品行业标识、原产地标记注册的推广；

（二）轻工产品：制定行业出口中长期发展规划；制定、推广行业操作规范和行业标识；获得国际通行的质量体系认证；新技术、新设计、新营销理念培训与交流；

（三）纺织品：多（双）边政府对话、国际交流与合作；节能降耗、产业集群区能源综合利用等项目立项的前期扶持；绿色产品的推广；技术交流与服装设计的促进；

（四）商务部组织全国性的农轻纺贸易促进活动和评审工作。

第五条 农轻纺资金的支持对象为企业和出口行业组织。

第六条 申请资金须符合以下条件：

（一）在中国关境内注册，具有企业法人资格，且依法备案登记的对外贸易经营者，或者是具有我国境内的社团法人资格的出口行业组织；

（二）有独立、健全的财务核算和管理制度，财务状况良好；

（三）近3年来在对外贸易活动中无严重违法违规行为；

（四）出口行业组织：近3年主办或承办过全国性或国际性行业展览会、研讨会、培训等活动；

（五）申请轻工产品资金，还须同时符合下列条件：

1. 企业：拥有自主知识产权和国（境）外注册的自有品牌；遵守国家相关法律法规，按规定缴纳职工社会养老保险、失业保险和医疗保险；

2. 出口行业组织：会员企业数量超过1 000家；

（六）申请纺织品资金，还须同时符合下列条件：

1. 企业：在过去3年中有新产品研发项目，所申请项目有一定的独创性；在过去3年中承担过国家级或省部级的科研项目；

2. 出口行业组织：在纺织行业内有一定的影响力和号召力，且会员单位不少于500家。

第七条 农轻纺资金的使用实行项目管理的原则。具体申请和项目的确定程序如下：

（一）商务部会同财政部发布申报指南。

（二）地方企业、地区出口行业组织根据申报指南向省级（各省、自治区、直辖市、计划单列市及新疆生产建设兵团，下同）商务主管部门和财政主管部门提出申请。省级商务主管部门根据本办法的规定对申请项目初审后，会商同级财政部门联合上报商务部、财政部。

（三）中央企业及其直属单位、全国性出口行业组织根据申报指南直接向商务部、财政部提出申请。

（四）商务部会同财政部组织专家对申请项目进行评审，根据评审结果和申报项目的排序确定支持项目和支持金额。

第八条 财政部门按照财政国库管理制度规定拨付相关资金。对已实行国库集中支付的，按国库集中支付规定拨付资金；对未实行国库集中支付的，按现行规定办理。

第九条 各级商务、财政部门要加强对使用农轻纺资金的监督管理，及时拨付，督促项目实

施，严禁挤占、挪用。

第十条 所有与使用农轻纺资金有关的项目单位，均须建立完善的项目档案管理，自觉接受商务部、财政部对资金使用情况的监督与检查。

第十一条 所有的项目执行单位均须在项目完成后两个月内向所属的省级商务主管部门、财政部门或商务部、财政部提交项目总结报告，并接受监督检查。

第十二条 省级商务主管部门和财政部门（中央管理企业、全国性行业中介组织）每年应对本地区（单位）的农轻纺资金使用情况进行总结分析，对每个项目作出评价，并于次年3月底前上报商务部和财政部。

第十三条 任何单位不得擅自更改农轻纺资金用途，截留、挪用、侵占农轻纺资金。对违反本办法的单位，按照《财政违法行为处罚处分条例》（国务院第427号令）进行处理。

第十四条 本规定自发布之日起执行。

第十五条 本规定由商务部、财政部解释。

商务部、财政部

2005年10月20日

二十三、直销产品范围公告

商务部、国家工商行政管理总局公告［2005］第72号

根据《直销管理条例》第二条的规定，现将直销产品范围公布如下：

一、化妆品(包括个人护理品、美容美发产品)

二、保健食品（获得有关部门颁发的《保健食品批准证书》）

三、保洁用品（个人卫生用品及生活用清洁用品）

四、保健器材

五、小型厨具

根据国家相关规定，直销产品应符合国家认证、许可或强制性标准。

商务部和国家工商行政管理总局将根据直销业发展状况和消费者的需求适时调整直销产品的范围。

2005年11月2日

二十四、财政部、商务部关于印发《对外经济技术合作专项资金管理办法》的通知

各省、自治区、直辖市、计划单列市财政厅（局）、商务主管部门，新疆生产建设兵团财务局、商务局，各驻外经济商务机构，各中央管理企业：

为落实党中央、国务院关于实施“走出去”发展战略的指导方针，规范对外经济技术合作资金管理，我们制定了《对外经济技术合作专项资金管理办法》，现印发你们，请遵照执行

2005年12月9日

附　件：

对外经济技术合作专项资金管理办法

第一条 为实施“走出去”发展战略，鼓励和引导有比较优势的企业有序地开展各种形式的对外经济技术合作，加强和规范对外经济技术合作专项资金（以下简称专项资金）的管理，提高

资金的使用效益，根据《中华人民共和国预算法》和财政预算管理的有关规定，特制定本办法。

第二条　专项资金的管理和使用遵循以下原则：

（一）依法行政，公开透明；

（二）符合国家产业政策导向；

（三）符合国家外经贸政策；

（四）有利于促进项目所在国经济发展和技术进步。

第三条　本办法所称对外经济技术合作业务范围包括：境外投资，境外农、林和渔业合作，对外承包工程，对外劳务合作，境外高新技术研发平台，对外设计咨询等。

第四条　专项资金对企业从事上述对外经济技术合作业务采取直接补助或贴息等方式给予支持。

第五条　专项资金直接补助内容包括境内企业在项目所在国注册（登记）境外企业之前，或与项目所在国单位签订境外经济技术合作协议（合同）之前，为获得项目而发生的相关费用，包括聘请第三方的法律、技术及商务咨询费、项目可行性研究报告编制费、规范性文件和标书的翻译费用；购买规范性文件和标书等资料费；对外劳务合作，境外高新技术研发平台，对外设计咨询项目运营费用等。专项资金贴息内容包括境外投资、合作和对外工程承包等项目所发生的境内银行中长期贷款。

第六条　财政部、商务部以"通知"的方式，另行确定当年专项资金重点支持的领域和范围。

第七条　申请企业应具备以下基本条件：

（一）在中华人民共和国境内依法登记注册，具有独立法人资格；

（二）已取得国家有关部门批准（核准或备案）开展对外经济技术合作业务的书面文件；

（三）近五年来无严重违规违法行为，无恶意拖欠国家政府性资金行为。

（四）按规定报送统计资料。

第八条　申请项目应具备的基本条件：

（一）经国家有关部门批准、登记或备案；

（二）在项目所在国依法注册、登记或备案，项目依法生效；

（三）对外承包工程合同金额原则上不低于500万美元（或等值货币）；境外投资项目及农、林、渔业合作项目的中方投资额原则上不低于100万美元（或等值货币）；对外劳务合作、境外高新技术研发平台、对外设计咨询项目合同金额原则上不低于50万美元（或等值货币）。

（四）对于申请中长期贷款贴息的项目，还应具备：

1. 申请贴息贷款为一年以上（含一年）中长期境内银行贷款；

2. 贷款用于对外经济技术合作项目的建设及运营；

3. 单笔贷款金额不低于300万元人民币（或等值外币）；

4. 每一项目申请贴息的贷款额累计不超过中方投资总额或合同总额。

5. 一个项目可获得累计不超过5年的贴息支持。

（五）境外高新技术研发平台、对外劳务合作、对外设计咨询项目，实行定额运营费用资助方式，具体条件另行规定。

第九条　直接补助费用比例原则上不超过申请企业实际支付费用的50%，一个项目只能享受一次支持。

第十条　中长期贷款的贴息标准：

（一）人民币贷款贴息率不超过中国人民银行公布执行的基准利率，实际利率低于基准利率的，不超过实际利率；

（二）外币贷款年贴息率不超过3%，实际利率低于3%的，不超过实际利率。

第十一条　专项资金以人民币计算并支付。

第十二条　申请专项资金应提供如下申报材料：

（一）申请报告。包括项目基本情况、项目贷款或费用支出情况、项目预期收益情况分析等；

（二）国家批准开展对外经济技术合作业务的文件；

（三）申请企业近三年来的年度审计报告；

（四）费用支出凭证或付息结算清单（复印件应加盖单位公章）；

（五）驻外使（领）馆经商处出具的书面意见；

（六）要求报送的其他材料。

第十三条 企业报送的材料凡与申请有关的外文资料，须同时报送中文译本，并将所有申请资料按上述顺序装订成册。

第十四条 申报程序：

（一）地方企业将本办法及“通知”规定的申报材料报送省级财政、商务部门。各省级财政和商务部门负责按本通知规定对申报材料进行初审后，于规定时间前联合报送财政部、商务部；

（二）中央企业将本办法及“通知”规定的的申报材料于规定时间前分别报送财政部、商务部。

第十五条 财政部会同商务部委托中介机构对中央企业和地方上报的申请材料进行审核，确定费用资助金额和贴息金额。

第十六条 专项资金按照财政预算级次由财政部拨付。

第十七条 企业收到专项资金后，按相关财务规定处理。

第十八条 各有关企业要严格按国家规定管理和使用财政专项资金，并自觉接受财政、商务、审计等部门的监督检查。

第十九条 各有关单位要严格按国家规定的专项资金支持范围和时间等申报。任何单位不得以任何形式骗取和截留专项资金，对违反规定的，财政部、商务部将全额收回财政专项资金，取消以后年度申请资格，并按照《财政违法行为处罚处分条例》处理。

第二十条 本办法由财政部、商务部解释。

第二十一条 本办法自发布之日起施行。

二十五、关于废止外商投资转型企业有关规定的公告

商务部、国家工商行政管理总局公告2005年第100号

国务院颁布的《直销管理条例》于2005年12月1日正式实施。经研究，《对外贸易经济合作部、国家工商行政管理局、国家国内贸易局关于外商投资传销企业转变销售方式有关问题的通知》（［1998］外经贸资发第455号）、《关于〈关于外商投资传销企业转变销售方式有关问题的通知〉执行中有关问题的规定》（工商公字［2002］第31号）、《国家工商行政管理总局关于外商投资传销转型企业分支机构登记问题通知》（工商外企字［2002］第88号）、《国家工商行政管理局关于转型为店铺销售并雇佣推销员的原外商投资传销企业非雇拥推销员分公司变更登记问题的通知》（工商企字［1999］第13号）、《国家工商行政管理总局关于外商投资转型企业违规经营行为处理决定的答复》（工商公字［2003］年第6号）等关于外商投资转型企业的规定于2006年12月1日废止。

自2006年12月1日起，未依法获得直销许可，以店铺加雇佣推销人员（系指非企业正式雇员，通过为该企业推销产品取得劳动报酬的人员）从事经营活动的，比照《直销管理条例》第三十九条关于未经批准从事直销活动的规定查处。

2005年12月31日

二十六、外商投资商业企业申报指引

一、外商投资商业（分销）核准部门

国家商务主管部门依法对外商投资商业领域及外商投资商业企业的经营活动进行监督和管理。

商务部可以依照《外商投资商业领域管理办法》授权省级商务主管部门审批。

从事零售业务的外商投资商业企业在其所在地省级行政区域内开设店铺，如符合以下条件且经营范围不涉及电视、电话、邮购、互联网络、自动售货机销售及本办法第十七条、十八条所列商品的，由该省级商务主管部门在其审批权限内审批并报商务部备案。

1. 单一店铺营业面积不超过3 000平方米，且

店铺数量不超过3家，其外国投资者通过设立的外商投资商业企业在中国开设同类店铺总数不超过30家；

2. 单一店铺营业面积不超过300平方米，店铺数量不超过30家，其外国投资者通过设立的外商投资商业企业在中国开设同类店铺总数不超过300家。

中外合资、合作商业企业的商标、商号所有者为内资企业、中国自然人，且中国投资者在外商投资商业企业中控股、该外商投资商业企业的经营范围不涉及特殊商品（详见《外商投资商业领域管理办法》第十七、十八条）的，其设立及开店申请由企业所在地省级商务主管部门在其审批权限内审批。如跨省开设店铺，还应征求拟开设店铺所在地省级商务主管部门的意见。

除上述省级商务主管部门审批权限内的申请，均报商务部审核。

详见所附有关规定。

二、外商投资商业（分销）申办程序

（一）一般商品分销申办程序

1. 新设立商业分销企业、已设立企业增加分销经营范围、企业再投资设立商业（分销）企业，申请人应向外商投资企业注册地的省级商务主管部门报送申请文件。

2. 外商投资企业注册地的省级商务主管部门应按规定对设立外商投资商业企业店铺是否符合城市商业网点规划、合同和章程（外资商业企业只报章程）等进行初审。

经营所在地与企业注册地不在同一省、自治区、直辖市、计划单列市的，企业注册地的省级商务主管部门应征得企业经营所在地的省级商务主管部门的同意。

3. 初审合格后，由外商投资企业注册地的省级商务主管部门将申报材料报商务部一次性核准。

4. 中央管理企业拟与外国投资者合资（合作）设立外商投资商业企业、已设立外商投资商业企业申请开设店铺或已设立外商投资企业在境内投资商业领域的，可直接向商务部报送申请文件。但属地方审批权限内的申请，可由省级商务主管部门或外经贸行政主管部门核准，并报商务部备案。

（二）特殊商品分销申办程序

1. 汽车分销

根据《汽车品牌销售管理实施办法》，外商投资企业经营范围涉及汽车分销的，包括总经销商和品牌经销商，均应由省级商务主管部门或中央管理企业初审后报商务部，由商务部征求国家工商总局意见后批准。

境内汽车生产企业转让销售环节的权益给其它法人机构的，除按规定报商务部批准外，需报请原项目审批单位核准。

2. 成品油分销

外商投资企业经营范围涉及成品油分销的，均应由省级商务主管部门或中央管理企业初审后报商务部批准。

3. 药品分销

外商投资企业经营范围涉及药品分销的，应由省级商务主管部门征求同级药品监督管理部门意见，或由申报企业提供药品监督管理部门出具的同意企业筹建意见书或药品经营许可证，省级商务主管部门初审后报商务部批准。

4. 音像制品分销

（1）中国合作者向省级文化主管部门提出申请，批发企业申请由省级文化主管部门审核同意后报文化部进行立项审批，零售企业由省级文化主管部门批准立项。

（2）中国合作者自文化部或省级文化主管部门批准立项之日起6个月内，向省级商务主管部门提出设立企业申请，批发企业申请由省级商务主管部门审核同意后报商务部审批，零售企业申请由省级商务主管部门批准。

（3）中国合作者自收到商务主管部门颁发的《外商投资企业批准证书》之日起30日内，持文化主管部门的立项批准文件和商务主管部门颁发的《外商投资企业批准证书》代拟设立的中外合作音像制品分销企业向文化主管部门申领《音像制品经营许可证》。

（4）中国合作者自领取文化主管部门颁发的《音像制品经营许可证》之日起30日内，持《音像制品经营许可证》和《外商投资企业批准证书》，依法办理注册登记手续。

5. 书报刊分销

申请人应先向省级新闻出版行政部门提出申请，省级新闻出版行政部门自收到申请文件之日起15个工作日内提出审核意见，报送国务院新闻出版行政部门审批。国务院新闻出版行政部门自收到申请及审核意见之日起30个工作日内作出批准或者不批准的决定，并由省、自治区、直辖市新闻出版行政部门书面通知申请人；不予批准的，应说明理由。申请人获得国务院新闻出版行政部门批准文件后，向省级商务主管部门提出申请，省级商务主管部门自收到申请及有关文件之日起15个工作日内提出审核意见，报送国务院商务主管部门审批。获得批准后90天内持批准文件和《外商投资企业批准证书》到省级新闻出版行政部门领取《出版物经营许可证》。申请人持《出版物经营许可证》和《外商投资企业批准证书》向所在地工商行政管理部门依法领取营业执照。

详见所附有关规定。

三、外商投资商业（分销）申报材料

（一）一般商品分销申报材料

1. 新设立商业（分销）企业

（1）申请书；

（2）投资各方共同签署的可行性研究报告；

（3）合同、章程（外资商业企业只报送章程，下同）及其附件；

（4）投资各方的银行资信证明、登记注册证明（复印件）、法定代表人证明（复印件），外国投资者为个人的，应提供身份证明；

（5）投资各方经会计师事务所审计的最近一年的审计报告（成立不满1年的企业可不要求其提供审计报告）；

（6）对中国投资者拟投入到中外合资、合作商业企业的国有资产的评估报告；

（7）拟设立外商投资商业企业的进出口商品目录；

（8）拟设立外商投资商业企业董事会成员名单及投资各方董事委派书；

（9）工商行政管理部门出具的企业名称预先核准通知书；

（10）拟开设店铺所用土地的使用权证明文件（复印件）及（或）房屋租赁协议（复印件），但开设营业面积在3 000平方米以下店铺的除外；

（11）拟开设店铺所在地政府商务主管部门出具的符合城市发展及城市商业发展要求的说明文件。

非法定代表人签署文件的，应当出具法定代表人委托授权书（下同）。

2. 并购境内商业（分销）企业

（1）申请书；

（2）被并购境内有限责任公司股东一致同意外国投资者股权并购的决议，或被并购境内股份有限公司同意外国投资者股权并购的股东大会决议；

（3）并购后所设外商投资企业的合同、章程（外资商业企业只报送章程，下同）及其附件；

（4）投资各方的银行资信证明、登记注册证明（复印件）、法定代表人证明（复印件），外国投资者为个人的，应提供身份证明；

（5）外国投资者购买境内公司股东股权或认购境内公司增资的协议；

（6）被并购境内公司最近财务年度的财务审计报告，投资各方经会计师事务所审计的最近一年的审计报告（成立不满1年的企业可不要求其提供审计报告）；

（7）被并购境内公司有国有资产的，应提供国有资产的评估报告及备案材料；

（8）并购后企业的进出口商品目录；

（9）并购后企业董事会成员名单及投资各方董事委派书；

（10）店铺所用土地的使用权证明文件（复印件）及（或）房屋租赁协议（复印件），但开设营业面积在3 000平方米以下店铺的除外；

（11）店铺所在地政府商务主管部门出具的符合城市发展及城市商业发展要求的说明文件；

（12）被并购境内公司所投资企业的情况说明；

（13）被并购境内公司及其所投资企业的营业执照（副本）；

（14）被并购境内公司职工安置计划。

3. 已设立企业增加分销经营范围

（1）申请表；

（2）外商投资企业关于增加分销经营范围的一致通过的董事会决议；

（3）外商投资企业合同章程修改协议；

（4）外商投资企业的进出口商品目录；

（5）外商投资企业批准证书、营业执照复印件；

（6）外商投资企业原合同章程复印件；

（7）法定验资机构出具的注册资本已经缴足的验资报告。

4. 企业在投资设立商业（分销）企业

（1）申请书；

（2）投资各方的银行资信证明、登记注册证明（复印件）、法定代表人证明（复印件），外国投资者为个人的，应提供身份证明；

（3）投资各方经会计师事务所审计的最近一年的审计报告（成立不满1年的企业可不要求其提供审计报告）；

（4）工商行政管理部门出具的企业名称预先核准通知书；

（5）拟开设店铺所用土地的使用权证明文件（复印件）及（或）房屋租赁协议（复印件），但开设营业面积在3 000平方米以下店铺的除外；

（6）拟开设店铺所在地政府商务主管部门出具的符合城市发展及城市商业发展要求的说明文件。

（7）外商投资企业关于投资的一致通过的董事会决议；

（8）外商投资企业的批准证书和营业执照（复印件）；

（9）法定验资机构出具的注册资本已经缴足的验资报告；

（10）外商投资企业缴纳所得税或减免所得税的证明材料；

（11）被投资公司的章程；

（12）外商投资企业批准证书、营业执照复印件。

（二）特殊商品分销申报材料

1. 汽车分销

总经销商：

（1）拟设立企业所在地省级商务主管部门/国家计划单列企业集团的上报函。

（2）投资各方签署的企业设立申请书，主要包括：

i 项目概况：企业名称，公司注册地及分支机构地址，总投资、注册资本，投资各方基本情况，出资比例及方式，经营范围、规模及期限。

ii 建设及配套内容：主要设施；经营商品来源，采购、配送方式；环保、消防安全方案。

iii 专业化汽车营销能力分析：市场调研、营销策划、广告促销，网络建设及其指导，产品服务、技术培训与咨询，配件供应及物流管理的具体内容、组织机构、人员设置及构成。

其中：网络建设应明确网点建设布局、规模及进度。

（3）汽车生产企业出具的《汽车总经销商授权书》（范本见附件1，下同）。其中汽车生产企业为境外企业的，应提供企业登记注册证明（复印件）、法定代表人证明（复印件）。

（4）拟设立企业合同、章程（外资商业企业只报送章程）及其附件。

（5）投资各方的银行资信证明、登记注册证明（复印件）、法定代表人证明（复印件），外国投资者为个人的，应提供身份证明。

投资各方经会计师事务所审计的最近一年的审计报告。

（6）对中国投资者拟投入到中外合资、合作商业企业的国有资产的评估报告。

（7）拟设立外商投资商业企业董事会成员名单及投资各方董事委派书。

（8）工商行政管理部门出具的企业名称预先核准通知书。

品牌经销商：

（1）拟设立企业所在地省级商务主管部门/国家计划单列企业集团的上报函。

（2）投资各方签署的企业设立申请书，主要包括：

i 项目概况：企业名称，公司注册地及分支机构地址，总投资、注册资本，投资各方基本情况，出资比例及方式，经营范围、规模及期限。

ii 建设及配套内容：设立分支机构（含店铺）数量、营业面积，新设店铺应提供地方商务主管部门出具的符合城市商业发展规划的意见；主要设施；经营商品来源，采购、配送方式；环保、消防安全方案。

iii 汽车经营范围、规模与场地、设施、专业技术人员相适应的分析说明。

（3）汽车供应商（汽车生产企业或汽车总经销商，下同）出具的《汽车品牌经销商授权书》（范本见附件2，下同）。其中经营进口汽车的，应提供其在境内的汽车总经销商出具的《汽车品牌经销商授权书》。

（4）拟设立企业合同、章程（外资商业企业只报送章程）及其附件。

（5）投资各方的银行资信证明、登记注册证明（复印件）、法定代表人证明（复印件），外国投资者为个人的，应提供身份证明。

投资各方经会计师事务所审计的最近一年的审计报告。

（6）对中国投资者拟投入到中外合资、合作商业企业的国有资产的评估报告。

（7）拟设立外商投资商业企业董事会成员名单及投资各方董事委派书。

（8）工商行政管理部门出具的企业名称预先核准通知书。

（9）拟开设店铺所用土地的使用权证明文件（复印件）及（或）房屋租赁协议（复印件），但开设营业面积在3 000平方米以下的店铺除外。

2．成品油分销

成品油批发企业除符合一般商品分销所要求材料外，还需提供：

（1）具有稳定的成品油供应渠道证明文件；

（2）具有全资或控股的、库容不低于4 000立方米的成品油油库，油库建设符合《石油库设计规范》（GBJ74—84）证明文件；

（3）具备接卸成品油的输送管道、铁路专用线或成品油水运码头等设施证明文件；

（4）油库及其他设施符合国家安全生产、环境保护的有关规定证明文件；

（5）具备成品油检验、计量、储存、消防安全等专业技术人员证明文件；

（6）符合成品油批发网络发展规划的要求证明文件；

（7）各项管理制度文件。

成品油零售企业除符合一般商品分销所要求材料外，还需提供：

（1）具有稳定的成品油供应渠道，与具有批发经营资格的成品油经营企业签订供油协议；

（2）符合当地加油站行业发展规划证明文件；

（3）加油站的设计、施工符合相应的国家标准证明文件；

（4）加油站建设符合国家土地管理、消防安全、环境保护等有关规定证明文件；

（5）从事船用成品油供应经营的水上加油站（船），除符合上述规定外，还应当提交符合港口、水上交通安全和防止水域污染等有关规定证明文件。

3．药品分销

除符合一般商品分销所要求材料外，还需提供省级药品监督管理部门出具的同意意见或企业筹建同意意见书或药品经营许可证。

4．音像制品分销

音像制品批发企业：

（1）设立申请书；

（2）合作各方共同编制或认可并经文化部批准的项目建议书或可行性研究报告；

（3）文化部对该合作项目的立项批准文件；

（4）由合作各方授权代表签署的拟设立中外合作音像制品分销企业的合同、章程；

（5）（如果中国合作者以国有资产作为合作条件）国有资产管理部门对中国合作者拟投入的国有资产的评估报告确认文件；

（6）合作各方的营业执照或注册登记证明文件、资信证明文件及法定代表人的有效证明文件；

（7）拟设立合作经营企业名称预先核准通知书；

（8）合作各方协商确定的合作企业董事长、副董事长、董事或联合管理委员会主任、副主任、委员的人选名单；

（9）商务部要求提供的其他材料。

音像制品零售企业：

（1）设立申请书；

（2）合作各方共同编制或认可并经省级文化主管部门批准的项目建议书或可行性研究报告；

（3）省级文化主管部门对该合作项目的立项批准文件；

（4）由合作各方授权代表签署的拟设立中外

合作音像制品分销企业的合同、章程；

（5）（如果中国合作者以国有资产作为合作条件）国有资产管理部门对中国合作者拟投入的国有资产的评估报告确认文件；

（6）合作各方的营业执照或注册登记证明文件、资信证明文件及法定代表人的有效证明文件；

（7）拟设立合作经营企业名称预先核准通知书；

（8）合作各方协商确定的合作企业董事长、副董事长、董事或联合管理委员会主任、副主任、委员的人选名单；

（9）省级商务主管部门要求提供的其他材料。

5. 书报刊分销

（1）本办法第十一条规定的申请文件和国务院新闻出版行政部门的批准文件；

（2）由投资各方法定代表人或其授权的代表签署的外商投资图书、报纸、期刊分销企业的合同、章程；

（3）拟设立外商投资图书、报纸、期刊分销企业的董事会成员名单及证明文件；

（4）工商行政管理部门出具的企业名称预先核准通知书；

（5）法律、法规规定的其他文件。

6. 配额许可证、专项规定管理商品分销

除符合一般商品分销所要求材料外，企业经营范围中应注明“涉及配额许可证管理、专项规定管理的商品应按国家有关规定办理”。

详见所附有关规定。

四、外商投资商业（分销）审批时限

（一）省级商务主管部门审批时限

在其权限内3个月内完成，初审转报1个月完成。

（二）商务部审批时限

3个月内完成

特殊商品分销详见所附有关规定。

商务部

2005年9月5日颁布

2005

CHINA & EUROPE
BUSINESS AFFAIRS YEARBOOK

中国欧洲商务年鉴

第四篇
工商 税务 海关 外汇管理规定

CHAPTER IV BUSINESS TAX CUSTOMS EXCHANGE MANAGEMENT

工　商

法律知识问答

答解依据

中华人民共和国对合作经营、合资经营和外资企业的工商管理政策、法规以知识问答方式登载。答解内容依据下列文件：

●**《中华人民共和国中外合作经营企业法及实施细则》**

2000年10月31日第九届全国人民代表大会常务委员会第十八次会议《关于修改〈中华人民共和国合作经营企业法〉的决定》修正

●**《中华人民共和国中外合资经营企业法及实施细则》**

2001年3月15日第九届全国人民代表大会第四次会议《关于修改〈中华人民共和国中外合资经营企业法〉的决定》修正（全国人大常委会2002年3月28日颁布）

●**《中华人民共和国外资企业法》**

2000年10月31日第九届全国人民代表大会常务委员会第十八次会议《关于修改〈中华人民共和国外资企业法〉的决定》修正（全国人大常委会2000年10月31日颁布）《中华人民共和国外资企业法及实施细则》

2001年4月12日《国务院关于修改〈中华人民共和国外资企业法实施细则〉的决定》修订颁布

●**《中华人民共和国公司登记管理条例》**

1994年6月24日国务院令156号

●**《外商投资项目核准暂行管理办法》**

2004年10月19日（国家发展和改革委员会令第22号）

●**《外国投资者并购境内企业暂行规定》（一）、（二）**

2003年4月12日起施行，对外贸易经济合作部、国家税务总局、国家工商行政管理总局、国家外汇管理总局颁布

●**《中外合作经营企业外国合作者先行回收投资审批办法》**

2005年6月9日（财政部第28号）

●**《关于加强外商投资企业审批、登记、外汇及税收管理有关问题的通知》**

2003年1月1日施行本规定由国家经济贸易委员会、财政部、国家工商行政管理总局、国家外汇管理局颁布

●**《利用外资改组国有企业暂行规定》（一）、（二）**

2003年1月1日执行，本规定由国家经济贸易委员会、财政部、国家工商行政管理总局、国家外汇管理局颁布

●**《指导外商投资方向规定》**

中华人民共和国国务院令第346号

知识问答

目　录

一、外商投资企业名称登记有哪些规定 ……（100）
二、外商投资企业登记注册的程序是什么 ……（100）
三、外商投资企业办理设立登记，应提交哪些文件、证件 ……（101）
四、外商投资企业办理变更登记，应提交哪些文件、证件 ……（101）
五、外商投资企业办理注销登记，应提交哪些文件、证件 ……（103）
六、外商（含港澳台商）投资企业名称预先核准登记，应提交哪些文件、证件 ……（103）
七、外商投资企业集团办理变更、注销登记需要哪些文件材料 ……（103）
八、外商投资企业分支（办事）机构办理注册、变更登记，应提交哪些文件、证件 ……（103）
九、外商投资企业分支（办事）机构办理注销登记，应提交哪些文件、证件 ……（104）
十、外国（地区）企业常驻代表机构设立登记、变更、注销登记，应提交哪些文件、证件 ……（104）
十一、外商投资企业变更为内资企业，应提交哪些文件、证件 ……（105）
十二、外商投资企业办理迁移登记，应提交哪些文件、证件 ……（105）
十三、利用外资改组国有企业应该遵循哪些原则 ……（105）
十四、中外合作经营企业中的外国合作者先行回收投资，应符合哪些条件 ……（105）

答　解

一、 外商投资企业名称登记有哪些规定

（1）外商投资企业的名称，不得使用国家（地区）名称、国家与国家（地区）、国家（地区）与行政区划联名及其简称作商号；外商独资企业可以在名称的中间使用行政区划名称“中国”。

（2）外商投资企业名称的商号，在全国范围内同行业不得重名。经中外投资者同意，可以使用中方或外方投资者的商号，但不得使用不属于投资者的驰名商号。

（3）外商投资企业名称中使用“股份”称谓的，应是经国务院授权的审批机关批准并依照《股份有限公司规范意见》中外股份有限公司。

（4）外商投资企业名称使用“集团”称谓的，应以该外商投资企业为核心，由同一外商投资举办的五个以上外商投资企业为成员形成的集团。

（5）外商投资企业的名称一般仍应按（企业名称登记管理规定）标明行业；具有驰名商号的公司，在我国举办注册资本在1 000万美元以上的独资经营企业，可以在名称中不标明行业。

（6）外商投资企业申请登记的名称不冠以行政区划的，使用“中国”、“中华”和标用“投资”字样的不标明行业或行业特点不明确的；或开展投资业务的外商投资企业的名称，应报国家工商行政管理局核准。

二、 外商投资企业登记注册的程序是什么

在申请办理有关设立登记时，请先查阅有关法律法规的规定，以免在工作中出现误差。

外商投资企业登记注册程序分为：名称登记、开业登记、变更登记、注销登记。分别如下：

（1）名称登记：投资者应在合同、章程签字前，向登记主管机关申请企业名称预先核准登记。企业名称经核准登记后，登记主管机关向投资者核发名称登记核准通知书，投资者凭名称登记核准通知书签订合同、章程。

（2）开业登记：申请单位备齐有关文件、证件、交由登记主管机关经办人员审核。对文件、证件完备的，登记主管机关予以受理。从受理登记之日起7天内作出核准登记或不予核准登记的决定。对核准登记的，登记主管机关予以核发《中华人民共和国企业法人营业执照》正、副本，企业凭营业执照正、副本向有关单位申请刻制公章，在企业住所地银行设立企业账户，办理税务登记，开展经营活动。

企业领取营业执照后，投资各方应按合同或章程的规定按期如数缴付注册资本，其中第一期出资为不得少于投资各方认缴出资额的15%，从营业执照签发之日起三个月内注入。企业外方投入注册资本25%以上（含25%），经有合法资格的验资机构验证，凭验资报告及银行进账单、资信证明向登记主管机关申请换取企业法人营业执照正、副本，副本有效经营期为一年，有效经营期限届满前应办理更换手续。

（3）变更登记：外商投资企业需要变更登记注册事项，应及时向登记主管机关申请办理变更登记。企业经营期限满需要继续经营的，须在经营期限满前六个月向登记主管机关申请办理延长经营期限的手续。

（4）注销登记：外商投资企业终止营业，应及时清理债权债务，并向登记主管机关申请办理登记，交回企业营业执照正、副本及印章。

三、外商投资企业办理设立登记，应提交哪些文件、证件

外商投资企业办理设立登记，需要提交下列文件及证件：

（1）拟任法定代表人签署的申请书；

（2）审批机关的批准文件（批复和批准证书副本1）；

（3）外商投资项目登记书；

（4）合同、章程（外商独资只需章程）；

（5）名称预先核准通知书；

（6）投资者的合法开业证明和资信证明；

（7）法定代表人、董事、监事任职文件原件及身份证复印件；

（8）住所使用证明；

（9）创立大会的会议记录（限股份有限公司）；

（10）发起人协议（限股份有限公司）；

（11）筹办公司财务审计报告（限股份有限公司）；

（12）具有法定资格的验资机构出具的验资证明（限股份有限公司和金融、证券、保险类企业及基金管理机构）；

（13）前置审批文件或证件；

（14）其他有关文件、证件。

四、外商投资企业办理变更登记，应提交哪些文件、证件

外商投资企业变更登记分为：名称变更、住所变更、经营范围变更、投资总额注册资本变更、经营期限变更、投资者名称变更、法定代表人变更、股权变更、董事（监事）备案、增设分支（办事）机构、撤销分支（办事）机构、其他事项备案。变更登记需要提交的文件证件分别如下：

1. 名称变更

（1）《外商投资企业变更（备案）登记申请书》；

（2）董事会决议；

（3）营业执照正、副本；

（4）名称变更核准通知书；

（5）其他有关文件、证件。

2. 住所变更

（1）《外商投资企业变更（备案）登记申请书》；

（2）董事会决议；

（3）住所使用证明；

（4）营业执照正、副本；

（5）其他有关文件、证件。

3. 经营范围变更

（1）《外商投资企业变更（备案）登记申请书》；

（2）审批机关的批准文件和批准证书（副本1）；

（3）董事会决议；

（4）合同、章程的修改协议；

（5）营业执照正、副本；

（6）前置审批文件或证件；

（7）其他有关文件、证件。

4. 投资总额、注册资本变更

（1）《外商投资企业变更(备案)登记申请书》；

（2）审批机关的批准文件和批准证书（副本1）；

（3）董事会决议；

（4）合同、章程的修改协议；

（5）验资报告；

（6）三次减资公告及债务清偿报告或债务担保证明；

（7）营业执照正、副本；

（8）其他有关文件、证件。

5. 经营期限变更

（1）《外商投资企业变更(备案)登记申请书》；

（2）审批机关的批准文件和批准证书（副本1）；

（3）董事会决议；

（4）合同、章程的修改协议；

（5）营业执照正、副本；

（6）其他有关文件、证件。

6. 投资者名称变更

（1）《外商投资企业变更(备案)登记申请书》；

（2）投资者名称变更的证明文件；

（3）营业执照复印件（加盖本企业公章）；

（4）其他有关文件、证件。

7. 法定代表人变更

（1）《外商投资企业变更(备案)登记申请书》；

（2）董事会决议；

（3）新任法定代表人的任职文件和原法定代表人的免职文件；

（4）新任法定代表人登记表；

（5）营业执照正、副本；

（6）其他有关文件、证件。

8. 股权变更

（1）《外商投资企业变更(备案)登记申请书》；

（2）审批机关的批准文件和批准证书（副本1）；

（3）董事会决议；

（4）合同、章程的修改协议（加盖股东公章）；

（5）股权转让协议；

（6）合营他方放弃优先受让权的声明；

（7）股权受让方的合法开业证明和资信证明；

（8）营业执照复印件（加盖本企业公章）；

（9）其他有关文件、证件。

9. 董事（监事）备案

（1）《外商投资企业变更(备案)登记申请书》；

（2）董事会决议；

（3）新董事（监事）的任职文件和原董事（监事）的免职文件；

（4）董事（监事）会成员名单；

（5）营业执照复印件；

（6）其他有关文件、证件。

10. 增设分支（办事）机构

（1）《外商投资企业变更(备案)登记申请书》；

（2）董事会决议；

（3）审批机关的批准文件；

（4）营业执照复印件（加盖本企业公章）；

（5）其他有关文件、证件。

11. 撤销分支（办事）机构

（1）《外商投资企业变更(备案)登记申请书》；

（2）董事会决议；

（3）分支（办事）机构登记机关出具的注销证明；

（4）营业执照复印件；

（5）其他有关文件、证件。

12. 其他事项备案

（1）实缴注册资本：

a.《外商投资企业变更(备案)登记申请书》；

b. 资金到位的验资报告；

c. 营业执照正、副本。

（2）股权质押：

a.《外商投资企业变更(备案)登记申请书》；

b. 审批机关批准文件；

c. 董事会决议；

d. 投资各方同意的质押合同；

e. 营业执照复印件（加盖本企业公章）。

（3）不涉及登记事项的合同、章程修改：

a.《外商投资企业变更(备案)登记申请书》；

b. 董事会决议；

c. 审批机关的批准文件；

d. 新合同、章程；

e. 营业执照复印件（加盖本企业公章）。

五、外商投资企业办理注销登记，应提交哪些文件、证件

外商投资企业办理注销登记，应提交如下文件、证件：

(1)《外商投资企业注销登记申请书》；

(2) 原审批机关同意注销的批准文件；

(3) 董事会决议；

(4) 经董事会确认的清理债权债务完结的报告或清算组织负责清理债权债务的文件；

(5) 税务和海关的完税证明；

(6) 分支（办事）机构已注销的证明；

(7) 营业执照正、副本和公章；

(8) 其他有关文件、证件。

六、外商（含港澳台商）投资企业名称预先核准登记，应提交哪些文件、证件

外商（含港澳台商）投资企业名称预先核准登记，应提交下列文件、证件：

(1) 全体投资人签署的《外商投资企业名称预先核准申请书》；

(2) 全体投资人的资格证明复印件；

(3) 其他有关文件、证件。

七、外商投资企业集团办理变更、注销登记需要哪些文件材料

外商投资企业集团办理变更、注销登记所需下列文件材料：

1. 变更登记（一式一份）

(1)《企业集团变更登记申请书》；

(2) 修改后的企业集团章程；

(3) 企业集团新成员的法人资格证明；

(4) 母公司对集团成员企业的持股证明或者出资证明；

(5) 其他有关文件。

2. 注销登记（一式一份）

(1)《企业集团注销登记申请书》；

(2) 其他有关文件。

八、外商投资企业分支（办事）机构办理注册、变更登记，应提交哪些文件、证件

外商投资企业分支（办事）机构办理注册、变更登记，需要提交如下文件、证件：

1. 注册登记

(1) 外商投资企业分支（办事）机构设立登记申请书（原件）；

(2) 审批机关的批准文件；

(3) 原登记主管机构的通知函（原件）；

(4) 隶属企业董事会决议（原件）；

(5) 负责人的任职文件（原件）；

(6) 营业场所或地址使用证明（协议为原件）；

(7) 隶属企业企业法人营业执照副本复印件（加盖隶属企业公章）；

(8) 其他有关文件、证件。

1) 营业场所或地址是自有房产的，应提交房屋所有权文件复印件，并提供原件核对；租用营业场所或地址的，应提供一年以上的房屋租赁协议和产权证的有效文件；

2) 法律、法规及国家工商行政管理局规章规定设立分支机构或者办事机构需经审批的，应提交审批文件。

2. 变更登记

(1) 名称变更。

1)《外商投资企业分支（办事）机构变更登记申请书》；

2) 隶属企业董事会决议；

3) 隶属企业名称变更证明；

4) 隶属企业营业执照复印件；

5) 分支（办事）机构营业执照副本（注册证）复印件；

6) 其他有关文件、证件（审批机关的批准文件等）。

(2) 营业场所地址变更。

1)《外商投资企业分支（办事）机构变更登记申请书》；

2) 隶属企业董事会决议；

3) 营业场所（地址）使用证明；

4) 隶属企业营业执照复印件；

5) 分支（办事）机构营业执照副本（注册证）复印件；

6) 其他有关文件、证件（审批机关批准文件等）。

(3) 负责人变更。

1)《外商投资企业分支（办事）机构变更登

记申请书》；

2）隶属企业董事会决议；

3）外商投资企业分支（办事）机构负责人任免文件；

4）分支（办事）机构负责人登记表；

5）隶属企业营业执照复印件；

6）分支（办事）机构营业执照副本（注册证）复印件；

7）其他有关文件、证件（审批机关的批准文件等）。

（4）经营期限变更。

1）《外商投资企业分支（办事）机构变更登记申请书》；

2）隶属企业董事会决议；

3）隶属企业营业执照副本复印件；

4）分支（办事）机构营业执照副本（注册证）复印件；

5）其他有关文件、证件（审批机关的批准文件等）。

（5）业务范围变更。

1）《外商投资企业分支（办事）机构变更登记申请书》；

2）隶属企业董事会决议；

3）隶属企业营业执照复印件；

4）分支（办事）机构营业执照副本（注册证）复印件；

5）其他有关文件、证件（审批机关的批准文件等）。

九、外商投资企业分支（办事）机构办理注销登记，应提交哪些文件、证件

外商投资企业分支（办事）机构办理注销登记，需要提交以下文件、证件：

（1）法定代表人签署的注销申请书；

（2）审批机关的批准文件；

（3）隶属企业董事会决议；

（4）营业执照正、副本（注册证）；

（5）公章；

（6）其他相关文件、证件。

十、外国（地区）企业常驻代表机构设立登记、变更、注销登记，应提交哪些文件、证件

外国（地区）企业常驻代表机构设立、变更、注销登记，需要提交以下文件、证件：

1. 设立登记

（1）《外国（地区）企业常驻代表机构设立登记申请书》；

（2）审批机关的批准文件；

（3）外国公司的合法开业证明和资信证明；

（4）常驻代表机构（首席）代表的任职文件；

（5）驻在地址的使用证明；

（6）外国（地区）企业的章程及董事名单；

（7）其他有关文件、证件。

2. 变更登记

（1）名称变更。

1）《外国（地区）企业常驻代表机构变更登记申请书》；

2）审批机关的批准文件；

3）外国（地区）企业名称变更证明；

4）代表证；

5）登记证复印件；

6）其他有关文件、证件。

（2）驻在地址变更。

1）《外国（地区）企业常驻代表机构变更登记申请书》；

2）审批机关的批准文；

3）驻在地址的使用证明及涉外办公场所证明；

4）代表证；

5）登记证复印件；

6）其他有关文件、证件。

（3）代表/（首席）代表变更。

1）《外国（地区）企业常驻代表机构变更申请书》；

2）审批机关的批准文件；

3）代表/首席代表的任免职文件；

4）外派机构的派出函和劳务合同；

5）外国（地区）企业常驻代表机构人员登记表；

6）登记证复印件；

7）其他有关文件、证件。

（4）驻在期限/登记证有效变更。

1）《外国（地区）企业常驻代表机构变更登记申请书》；

2）审批机关的批准文件；

3）外国公司的开业证明复印件和资信证明；

4）首席代表签署的业务报告；

5）代表证；

6）登记证复印件；

7）其他有关文件、证件。

（5）业务范围变更。

1）《外国（地区）企业常驻代表机构变更登记申请书》；

2）审批机关的批准文件；

3）登记证复印件；

4）其他有关文件证件。

3. **注销登记**

（1）《外国（地区）企业常驻代表机构注销登记申请书》；

（2）原审批机关同意注销的文件；

（3）完税证明；

（4）登记证、代表证、雇员证；

（5）其他有关文件、证件。

十一、外商投资企业变更为内资企业，应提交哪些文件、证件

外商投资企业变更为内资企业，需要提交如下文件、证件（一式一份）：

（1）法定代表人签署的申请书；

（2）审批部门的批准文件；

（3）董事会（股东会）决议；

（4）股权转让协议；

（5）有关债权债务（含涉外税收）承继情况说明；

（6）营业执照复印件（换发执照时应缴回外资执照）；

（7）除此之外，还应按照内资企业登记规定，提交相应的文件。

十二、外商投资企业办理迁移登记，应提交哪些文件、证件

外商投资企业办理迁移登记，需要提交如下文件、证件：

（1）迁移目的地登记机关出具的迁档函；

（2）迁移企业营业执照复印件；

（3）迁出档案的登记机关应在档案中附档案清单；

（4）迁入档案的登记机关应向迁出企业出具接收档案回执。

十三、利用外资改组国有企业应该遵循哪些原则

（1）遵守国家法律法规，保证国家经济安全。

（2）符合国家产业政策要求。企业（包括其直属或间接持股的企业）经营范围属于《外商投资产业指导目录》禁止外商投资产业的，外国投资者不得参与改组；须由中方控股或相对控股的企业，改组后应当保持中方控股或相对控股的地位。

（3）有利于经济结构调整，促进国有资本优化配置。

（4）注重引进先进技术和管理经验，建立规范的公司治理结构，推动企业技术进步和产业升级。

（5）坚持公开、公平、公正、诚实信用的原则，防止国有资产流失，不得逃废、悬空银行及其他债权人的债权，不得损害职工的合法权益，保护外国投资者的合法权益。

（6）促进公平竞争，不得导致市场垄断。

十四、中外合作经营企业中的外国合作者先行回收投资，应符合哪些条件

（1）中外合作者在合作企业合同中约定合作期限时，企业清算后的全部固定资产无偿归中国合作者所有。

（2）合作企业出具承诺函承诺债务的偿付优先于投资的先行回收。

（3）先行回收投资的外国合作者，出具承诺函承诺在先行回收投资的范围内对合作企业的债务承担连带责任。

（4）合作企业依据法律及合同约定出资到位。

（5）合作企业经营和财务状况良好，没有未弥补亏损。

法律性文件

关于调整部分外商投资企业登记管辖范围的通知

工商外企字［2005］第88号

各省、自治区、直辖市及计划单列市、副省级市工商行政管理局：

为进一步体现便民、高效的原则，方便企业就地登记注册，发挥被授权局登记管理的作用，国家工商行政管理总局研究决定调整部分外商投资企业登记管辖范围。现就有关问题通知如下：

一、原由国家工商行政管理总局登记管辖的注册资本低于600万美元的限制类外商投资企业，今后改由企业所在地被授权局登记管辖。其中，外商投资股份有限公司由企业所在地省级登记机关管辖。

二、近期国家工商行政管理总局外商投资企业注册局将办理已经登记注册的上述企业的迁移手续，请相关登记机关配合做好档案迁移工作。

三、本通知自发布之日起执行。原有规定与本通知内容不一致的，以本通知为准。

四、本通知同时作为各被授权局授权文件的补充内容。

外商投资创业、投资企业管理规定

对外贸易经济合作部、科学技术部、国家工商行政管理总局、
国家税务总局和外汇管理局令［2003］年第2号

第一章　总　则

第一条　为鼓励外国公司、企业和其他经济组织或个人（以下简称外国投资者）来华从事创业投资，建立和完善中国的创业投资机制，根据《中华人民共和国中外合作经营企业法》、《中华人民共和国中外合资经营企业法》、《中华人民共和国外资企业法》、《公司法》及其他相关的法律法规，制定本规定。

第二条　本规定所称外商投资创业投资企业（以下简称创投企业）是指外国投资者或外国投资者与根据中国法律注册成立的公司、企业或其他经济组织（以下简称中国投资者），根据本规定在中国境内设立的以创业投资为经营活动的外商投资企业。

第三条　本规定所称创业投资是指主要向未上市高新技术企业（以下简称所投资企业）进行股权投资，并为之提供创业管理服务，以期获取资本增值收益的投资方式。

第四条　创投企业可以采取非法人制组织形式，也可以采取公司制组织形式。

采取非法人制组织形式的创投企业（以下简称非法人制创投企业）的投资者对创投企业的债务承担连带责任。非法人制创投企业的投资者也可以在创投企业合同中约定在非法人制创投企业资产不足以清偿该债务时由第七条所述的必备投资者承担连带责任，其他投资者以其认缴的出资额为限承担责任。

采用公司制组织形式的创投企业（以下简称公司制创投企业）的投资者以其各自认缴的出资额为限对创投企业承担责任。

第五条　创投企业应遵守中国有关法律法规，

符合外商投资产业政策，不得损害中国的社会公共利益。创投企业在中国境内的正当经营活动及合法权益受中国法律的保护。

第二章　设立与登记

第六条　设立创投企业应具备下列条件：

（一）投资者人数在2人以上50以下；且应至少拥有一个第七条所述的必备投资者；

（二）非法人制创投企业投资者认缴出资总额的最低限额为1 000万美元；公司制创投企业投资者认缴资本总额的最低限额为500万美元。除第七条所述必备投资者外，其他每个投资者的最低认缴出资额不得低于100万美元。外国投资者以可自由兑换的货币出资，中国投资者以人民币出资；

（三）有明确的组织形式；

（四）有明确合法的投资方向；

（五）除了将本企业经营活动授予一家创业投资管理公司进行管理的情形外，创投企业应有3名以上具备创业投资从业经验的专业人员；

（六）法律、行政法规规定的其他条件。

第七条　必备投资者应当具备下列条件：

（一）以创业投资为主营业务；

（二）在申请前三年其管理的资本累计不低于1亿美元，且其中至少5 000万美元已经用于进行创业投资。在必备投资者为中国投资者的情形下，本款业绩要求为：在申请前三年其管理的资本累计不低于1亿元人民币，且其中至少5 000万元人民币已经用于进行创业投资；

（三）拥有3名以上具有3年以上创业投资从业经验的专业管理人员；

（四）如果某一投资者的关联实体满足上述条件，则该投资者可以申请成为必备投资者。本款所称关联实体是指该投资者控制的某一实体、或控制该投资者的某一实体、或与该投资者共同受控于某一实体的另一实体。本款所称控制是指控制方拥有被控制方超过50%的表决权；

（五）必备投资者及其上述关联实体均应未被所在国司法机关和其他相关监管机构禁止从事创业投资或投资咨询业务或以欺诈等原因进行处罚；

（六）非法人制创投企业的必备投资者，对创投企业的认缴出资及实际出资分别不低于投资者认缴出资总额及实际出资总额的1%，且应对创投企业的债务承担连带责任；公司制创投企业的必备投资者，对创投企业的认缴出资及实际出资分别不低于投资者认缴出资总额及实际出资总额的30%。

第八条　设立创投企业按以下程序办理：

（一）投资者须向拟设立创投企业所在地省级外经贸主管部门报送设立申请书及有关文件。

（二）省级外经贸主管部门应在收到全部上报材料后15天内完成初审并上报对外贸易经济合作部（以下简称审批机构）。

（三）审批机构在收到全部上报材料之日起45天内，经商科学技术部同意后，做出批准或不批准的书面决定。予以批准的，发给《外商投资企业批准证书》。

（四）获得批准设立的创投企业应自收到审批机构颁发的《外商投资企业批准证书》之日起一个月内，持此证书向国家工商行政管理部门或所在地具有外商投资企业登记管理权的省级工商行政管理部门（以下简称登记机关）申请办理注册登记手续。

第九条　申请设立创投企业应当向审批机构报送以下文件：

（一）必备投资者签署的设立申请书；

（二）投资各方签署的创投企业合同及章程；

（三）必备投资者书面声明（声明内容包括：投资者符合第七条规定的资格条件；所有提供的材料真实性；投资者将严格遵循本规定及中国其他有关法律法规的要求）；

（四）律师事务所出具的对必备投资者合法存在及其上述声明已获得有效授权和签署的法律意见书；

（五）必备投资者的创业投资业务说明、申请前三年其管理资本的说明、其已投资资本的说明，及其拥有的创业投资专业管理人员简历；

（六）投资者的注册登记证明（复印件）、法定代表人证明（复印件）；

（七）名称登记机关出具的创投企业名称预先核准通知书；

（八）如果必备投资者的资格条件是依据第七

条第（四）款的规定，则还应报送其符合条件的关联实体的相关材料；

（九）审批机构要求的其他与申请设立有关的文件。

第十条 创投企业应当在名称中加注创业投资字样。除创投企业外，其他外商投资企业不得在名称中使用创业投资字样。

第十一条 申请设立创投企业应当向登记机关报送下列文件，并对其真实性、有效性负责：

（一）创投企业董事长或联合管理委员会负责人签署的设立登记申请书；

（二）合同、章程以及审批机构的批准文件和批准证书；

（三）投资者的合法开业证明或身份证明；

（四）投资者的资信证明；

（五）法定代表人的任职文件、身份证明和企业董事、经理等人员的备案文件；

（六）企业名称预先核准通知书；

（七）企业住所或营业场所证明。

申请设立非法人制创投企业，还应当提交境外必备投资者的章程或合伙协议。企业投资者中含本规定第七条第四款规定的投资者的，还应当提交关联实体为其出具的承担出资连带责任的担保函。

以上文件应使用中文。使用外文的，应提供规范的中文译本。

创投企业登记事项变更应依法向原登记机关申请办理变更登记。

第十二条 经登记机关核准的公司制创投企业，领取《企业法人营业执照》；经登记机关核准的非法人制创投企业，领取《营业执照》。

《营业执照》应载明非法人制创投企业投资者认缴的出资总额和必备投资者名称。

第三章 出资及相关变更

第十三条 非法人制创投企业的投资者的出资及相关变更应符合如下规定：

（一）投资者可以根据创业投资进度分期向创投企业注入认缴出资，最长不得超过5年。各期投入资本额由创投企业根据创投企业合同及其与所投资企业签定的协议自主制定。投资者应在创投企业合同中约定投资者不如期出资的责任和相关措施；

（二）投资者在创投企业存续期内一般不得减少其认缴出资额。如果占出资额超过50%的投资者和必备投资者同意且创投企业不违反最低1 000万美元认缴出资额的要求，经审批机构批准，投资者可以减少其认缴资本额（但投资者根据本条第（五）款规定减少其已投资的资本额或在创投企业投资期限届满后减少未使用的认缴出资额不在此限）。在此情况下，投资者应当在创投企业合同中规定减少认缴出资额的条件、程序和办法；

（三）必备投资者在创投企业存续期内不得从创投企业撤出。特殊情况下确需撤出的，应获得占总出资额超过50%的其他投资者同意，并应将其权益转让给符合第七条要求的新投资者，且应当相应修改创投企业的合同和章程，并报审批机构批准。

其他投资者如转让其认缴资本额或已投入资本额，须按创投企业合同的约定进行，且受让人应符合本规定第六条的有关要求。投资各方应相应修改创投企业合同和章程，并报审批机构备案。

（四）创投企业设立后，如果有新的投资者申请加入，须符合本规定和创投企业合同的约定，经必备投资者同意，相应修改创投企业合同和章程，并报审批机构备案。

（五）创投企业出售或以其他方式处置其在所投资企业的利益而获得的收入中相当于其原出资额的部分，可以直接分配给投资各方。此类分配构成投资者减少其已投资的资本额。创投企业应当在创投企业合同中约定此类分配的具体办法，并在向其投资者作出该等分配之前至少30天内向审批机构和所在地外汇局提交一份要求相应减少投资者已投入资本额的备案说明，同时证明创投企业投资者未到位的认缴出资额及创投企业当时拥有的其他资金至少相当于创投企业当时承担的投资义务的要求。但该分配不应成为创投企业对因其违反任何投资义务所产生的诉讼请求的抗辩理由。

第十四条 非法人制创投企业向登记机关申请变更登记时，上述规定中审批机关出具的相关备案证明可替代相应的审批文件。

第十五条 非法人制创投企业投资者根据创业投资进度缴付出资后，应持相关验资报告向原登记机关申请办理出资备案手续。登记机关根据其实际出资状况在其《营业执照》出资额栏目后加注实缴出资额数目。

非法人制创投企业超过最长投资期限仍未缴付或缴清出资的，登记机关根据现行规定予以处罚。

第十六条 公司制创投企业投资者的出资及相关变更按现行规定办理。

第四章 组织机构

第十七条 非法人制创投企业设联合管理委员会。公司制创投企业设董事会。联合管理委员会或董事会的组成由投资者在创投企业合同及章程中予以约定。联合管理委员会或董事会代表投资者管理创投企业。

第十八条 联合管理委员会或董事会下设经营管理机构，根据创投企业的合同及章程中规定的权限，负责日常经营管理工作，执行联合管理委员会或董事会的投资决策。

第十九条 经营管理机构的负责人应当符合下列条件：

（一）具有完全的民事行为能力；

（二）无犯罪记录；

（三）无不良经营记录；

（四）应具有创业投资业的从业经验，且无违规操作记录；

（五）审批机构要求的与经营管理资格有关的其他条件。

第二十条 经营管理机构应定期向联合管理委员会或董事会报告以下事项：

（一）经授权的重大投资活动；

（二）中期、年度业绩报告和财务报告；

（三）法律、法规规定的其他事项；

（四）创投企业合同及章程中规定的有关事项。

第二十一条 联合管理委员会或董事会可以不设立经营管理机构，而将该创投企业的日常经营权授予一家创业投资管理企业或另一家创投企业进行管理。该创业投资管理企业可以是内资创业投资管理企业，也可以是外商投资创业投资管理企业，或境外创业投资管理企业。在此情形下，该创投企业与该创业投资管理企业应签订管理合同，约定创投企业和创业投资管理企业的权利义务。该管理合同应经全体投资者同意并报审批机构批准后方可生效。

第二十二条 创投企业的投资者可以在创业投资合同中依据国际惯例约定内部收益分配机制和奖励机制。

第五章 创业投资管理企业

第二十三条 受托管理创投企业的创业投资管理企业应具备下列条件：

（一）以受托管理创投企业的投资业务为主营业务；

（二）拥有3名以上具有3年以上创业投资从业经验的专业管理人员；

（三）注册资本或出资总额不低于100万元人民币或等值外汇；

（四）有完善的内部控制制度。

第二十四条 创业投资管理企业可以采取公司制组织形式，也可以采取合伙制组织形式。

第二十五条 同一创业投资管理企业可以受托管理不同的创投企业。

第二十六条 创业投资管理企业应定期向委托方的联合管理委员会或董事会报告第二十条所列事项。

第二十七条 设立外商投资创业投资管理企业应符合本规定第二十三条的条件，经拟设立外商投资创业投资管理公司所在地省级外经贸主管部门报审批机构批准。审批机构在收到全部上报材料之日起45天内，做出批准或不批准的书面决定。予以批准的，发给《外商投资企业批准证书》。获得批准设立的外商投资创业投资管理企业应自收到审批机构颁发的《外商投资企业批准证书》之日起一个月内，持此证书向登记机关申请办理注册登记手续。

第二十八条 申请设立外商投资创业投资管理公司应当向审批机构报送以下文件：

（一）设立申请书；

（二）外商投资创业投资管理公司合同及

章程；

（三）投资者的注册登记证明（复印件）、法定代表人证明（复印件）；

（四）审批机构要求的其他与申请设立有关的文件。

第二十九条 外商投资创业投资管理企业名称应当加注创业投资管理字样。除外商投资创业投资管理企业外，其他外商投资企业不得在名称中使用创业投资管理字样。

第三十条 获得批准接受创投企业委托在华从事创业投资管理业务的境外创业投资管理企业，应当自管理合同获得批准之日起30日内，向登记机关申请办理营业登记手续。

申请营业登记应报送下列文件，并对其真实性、有效性负责：

（一）境外创业投资管理企业董事长或有权签字人签署的登记申请书；

（二）经营管理合同及审批机构的批准文件；

（三）境外创业投资管理企业的章程或合伙协议；

（四）境外创业投资管理企业的合法开业证明；

（五）境外创业投资管理企业的资信证明；

（六）境外创业投资管理企业委派的中国项目负责人的授权书、简历及身份证明；

（七）境外创业投资管理企业在华营业场所证明。

以上文件应使用中文。使用外文的，应提供规范的中文译本。

第六章　经营管理

第三十一条 创投企业可以经营以下业务：

（一）以全部自有资金进行股权投资，具体投资方式包括新设企业、向已设立企业投资、接受已设立企业投资者股权转让以及国家法律法规允许的其他方式；

（二）提供创业投资咨询；

（三）为所投资企业提供管理咨询；

（四）审批机构批准的其他业务。

创投企业资金应主要用于向所投资企业进行股权投资。

第三十二条 创投企业不得从事下列活动：

（一）在国家禁止外商投资的领域投资；

（二）直接或间接投资于上市交易的股票和企业债券，但所投资企业上市后，创投企业所持股份不在此列；

（三）直接或间接投资于非自用不动产；

（四）贷款进行投资；

（五）挪用非自有资金进行投资；

（六）向他人提供贷款或担保，但创投企业对所投资企业1年以上的企业债券和可以转换为所投资企业股权的债券性质的投资不在此列（本款规定并不涉及所投资企业能否发行该等债券）；

（七）法律、法规以及创投企业合同禁止从事的其他事项。

第三十三条 投资者应在创投企业合同中约定对外投资期限。

第三十四条 创投企业主要从出售或以其他方式处置其在所投资企业的股权获得收益。创投企业出售或以其他方式处置其在所投资企业的股权时，可以依法选择适用的退出机制，包括：

（一）将其持有的所投资企业的部分股权或全部股权转让给其他投资者；

（二）与所投资企业签订股权回购协议，由所投资企业在一定条件下依法回购其所持有的股权；

（三）所投资企业在符合法律、行政法规规定的上市条件时可以申请到境内外证券市场上市。创投企业可以依法通过证券市场转让其拥有的所投资企业的股份；

（四）中国法律、行政法规允许的其他方式。

所投资企业向创投企业回购该创投企业所持股权的具体办法由审批机构会同登记机关另行制订。

第三十五条 创投企业应当依照国家税法的规定依法申报纳税。对非法人制创投企业，可以由投资各方依照国家税法的有关规定，分别申报缴纳企业所得税；也可以由非法人制创投企业提出申请，经批准后，依照税法规定统一计算缴纳企业所得税。

非法人制创投企业企业所得税的具体征收管理办法由国家税务总局另行颁布。

第三十六条 创投企业中属于外国投资者的

利润等收益汇出境外的，应当凭管理委员会或董事会的分配决议，由会计师事务所出具的审计报告、外方投资者投资资金流入证明和验资报告、完税证明和税务申报单（享受减免税优惠的，应提供税务部门出具的减免税证明文件），从其外汇账户中支付或者到外汇指定银行购汇汇出。

外国投资者回收的对创投企业的出资可依法申购外汇汇出。公司制创投企业开立和使用外汇账户、资本变动及其他外汇收支事项，按照现行外汇管理规定办理。非法人制创投企业外汇管理规定由国家外汇管理局另行制定。

第三十七条 投资者应在合同、章程中约定创投企业的经营期限，一般不得超过12年。经营期满，经审批机构批准，可以延期。

经审批机构批准，创投企业可以提前解散，终止合同和章程。但是，如果非法人制创投企业的所有投资均已被出售或通过其他方式变卖，其债务亦已全部清偿，且其剩余财产均已被分配给投资者，则毋需上述批准即可进入解散和终止程序，但该非法人制创业投资企业应在该等解散生效前至少30天内向审批机构提交一份书面备案说明。

创投企业解散，应按有关规定进行清算。

第三十八条 创投企业应当自清算结束之日起30日内向原登记机关申请注销登记。

申请注销登记，应当提交下列文件，并对其真实性、有效性负责：

（一）董事长或联合管理委员会负责人或清算组织负责人签署的注销登记申请书；

（二）董事会或联合管理委员会的决议；

（三）清算报告；

（四）税务机关、海关出具的注销登记证明；

（五）审批机构的批准文件或备案文件；

（六）法律、行政法规规定应当提交的其他文件。

经登记机关核准注销登记，创投企业终止。

非法人制创投企业必备投资者承担的连带责任不因非法人制创投企业的终止而豁免。

第七章 审核与监管

第三十九条 创投企业境内投资比照执行《指导外商投资方向规定》和《外商投资产业指导目录》的规定。

第四十条 创投企业投资于任何鼓励类和允许类的所投资企业，应向所投资企业当地授权的外经贸部门备案。当地授权的外经贸部门应在收到备案材料后15天内完成备案审核手续并向所投资企业颁发外商投资企业批准证书。所投资企业持外商投资企业批准证书向登记机关申请办理注册登记手续。登记机关依照有关法律和行政法规规定决定准予登记或不予登记。准予登记的，颁发外商投资企业法人营业执照。

第四十一条 创投企业投资于限制类的所投资企业，应向所投资企业所在地省级外经贸主管部门提出申请，并提供下列材料：

（一）创投企业关于投资资金充足的声明；

（二）创投企业的批准证书和营业执照（复印件）；

（三）创投企业（与所投资企业其他投资者）签定的所投资企业合同与章程。

省级外经贸主管部门接到上述申请之日起45日内作出同意或不同意的书面批复。作出同意批复的，颁发外商投资企业批准证书。所投资企业持该批复文件和外商投资企业批准证书向登记机关申请登记。登记机关依照有关法律和行政法规规定决定准予登记或不予登记。准予登记的，颁发外商投资企业法人营业执照。

第四十二条 创投企业投资属于服务贸易领域逐步开放的外商投资项目，按国家有关规定审批。

第四十三条 创投企业增加或转让其在所投资企业投资等行为，按照第四十条、第四十一条和第四十二条规定的程序办理。

第四十四条 创投企业应在履行完第四十条、第四十一条、第四十二条和第四十三条规定的程序之日起一个月内向审批机构备案。

第四十五条 创投企业还应在每年3月份将上一年度的资金筹集和使用情况报审批机构备案。

审批机构在接到该备案材料起5个工作日内应出具备案登记证明。该备案登记证明将作为创投企业参加联合年检的必备材料之一。凡未按上述规定备案的，审批机构将商国务院有关部门后予以相应处罚。

第四十六条 创投企业的所投资企业注册资本中，如果创投企业投资的比例中外国投资者的实际出资比例或与其他外国投资者联合投资的比例总和不低于25%，则该所投资企业将享受外商投资企业有关优惠待遇；如果创投企业投资的比例中外国投资者的实际出资比例或与其他外国投资者联合投资的比例总和低于该所投资企业注册资本的25%，则该所投资企业将不享受外商投资企业有关优惠待遇。

第四十七条 已成立的含有境内自然人投资者的内资企业在接受创业投资企业投资变更为外商投资企业后，可以继续保留其原有境内自然人投资者的股东地位。

第四十八条 创投企业经营管理机构的负责人和创业投资管理企业的负责人如有违法操作行为，除依法追究责任外，情节严重的，不得继续从事创业投资及相关的投资管理活动。

第八章 附 则

第四十九条 香港特别行政区、澳门特别行政区、台湾地区的投资者在大陆投资设立创投企业，参照本规定执行。

第五十条 本规定由对外贸易经济合作部、科学技术部、国家工商行政管理总局、国家税务总局和国家外汇管理局负责解释。

第五十一条 本规定自二〇〇三年三月一日起施行。对外贸易经济合作部、科学技术部和国家工商行政管理总局于二〇〇一年八月二十八日发布的《关于设立外商投资创业投资企业的暂行规定》同日废止。

税　务

法律知识问答

知识问答

目　录

一、外商投资企业、外国企业及外籍个人适用于哪些税种 ……………………（114）
二、外商投资企业的哪些项目可以免征增值税 ……………………………（114）
三、外商在哪些特定地区直接投资办企业可以享受税收优惠 ………………（114）
四、外商投资企业和外国企业所得税税收优惠措施有哪些 …………………（114）
五、外资企业再加工装配出口产品的什么情况可以征免税 …………………（115）
六、外商投资企业生产销售哪些产品可按6%的征收率征增值税 ……………（115）
七、外商投资兴办"两型"企业可享受哪些所得税优惠 ……………………（115）
八、外商投资能源交通建设等重大项目有何所得税优惠 ……………………（115）
九、2003年3月在《外商投资创业投资企业管理规定》实施之时，国家税务总局在外商投资创业投资公司缴纳企业所得税方面有什么规定 …………（115）
十、对外国投资者出资比例低于25%的外商投资企业，国家税务总局在税务处理方面有什么规定 ……………………（116）
十一、外商投资企业追加投资，在缴纳所得税方面，可以享受什么优惠政策 ……………………………（116）
十二、外国投资者再投资，在退税方面，国家税务总局有什么规定 …………（116）
十三、外国投资者再投资，在退还企业所得税方面，国家税务总局有什么规定 ……………………………（117）
十四、外商投资企业和外国企业，在购买国产设备投资抵免企业所得税方面，国家税务总局有什么具体规定 ……（117）
十五、外商投资企业和外国企业，在购置国产设备投资抵免企业所得税和相关利润再投资退还企业所得税方面，财政部、国家税务总局有什么规定 ……………………………（118）
十六、外国投资者，在并购境内企业股权有关税收方面，国家税务总局有什么规定 ……………………………（118）
十七、在外商投资货物运输企业征免城市维护建设税和教育费附加方面，国家税务总局有什么规定 …………（118）
十八、《中华人民共和国对外贸易法》

（以下简称《外贸法》）施行后，
国家税务总局有什么新的规定 ……（119）
十九、设在中西部地区的国家鼓励类
外商投资企业，在现行税收优惠
政策执行期满后的三年内，可享受
怎样的优惠政策 ……………………（119）
二十、关于主要税种有哪些简要介绍 ……（120）

答　解

一、外商投资企业、外国企业及外籍个人适用于哪些税种

根据国家税务总局1994年5月9日颁发的有关通知，从1994年1月1日起，外商投资企业、外国企业和外籍个人，应适用以下工商税收法律和暂行条例：

（1）全国人大1991年4月9日通过并于同日公布的《中华人民共和国外商投资企业和外国企业所得税法》；

（2）全国人大1980年9月10日通过、全国人大常委会1993年10月31日修正并同日重新公布的《中华人民共和国个人所得税法》；

（3）国务院1993年12月13日发布的《中华人民共和国增值税暂行条例》；

（4）国务院1993年12月13日发布的《中华人民共和国消费税暂行条例》；

（5）国务院1993年12月13日发布的《中华人民共和国营业税暂行条例》；

（6）国务院1993年12月13日发布的《中华人民共和国土地增值税暂行条例》；

（7）国务院1993年12月25日发布的《中华人民共和国资源税暂行条例》；

（8）国务院1988年8月6日发布的《中华人民共和国印花税暂行条例》；

（9）中央人民政府政务院1950年12月19日发布的《屠宰税暂行条例》；

（10）中央人民政府政务院1951年8月8日发布的《城市房地产税暂行条例》；

（11）中央人民政府政务院1951年9月13日发布的《车船使用牌照税暂行条例》。

二、外商投资企业的哪些项目可以免征增值税

外商投资下列企业的项目可以免征增值税：

（1）从事种植业、养殖业、林业、牧业、水产业的企业自产的初级农业产品；

（2）避孕药品和用具；

（3）向社会收购古旧图书；

（4）直接用于科学研究、科学试验和教学的进口仪器、设备；

（5）外国政府、国际组织无偿援助的进口物资和设备；

（6）来料加工、来件装配和补偿贸易所需进口的设备；

（7）由残疾人组织直接进口供残疾人专用的物品；

（8）销售自己使用过的物品；

（9）残疾人员个人提供加工和修理、修配劳务。

三、外商在哪些特定地区直接投资办企业可以享受税收优惠

外商在下列地区直接投资办企业可以享受税收优惠：

设在经济特区的外商投资企业，在经济特区设立机构、场所从事生产、经营的外国企业和设在经济技术开发区的生产性外商投资企业，减按15%的税率征收企业所得税。

设在沿海经济开放区和经济特区、经济技术开发区所在城市的老市区的生产性外商投资企业，减按24%的税率征收企业所得税。

四、外商投资企业和外国企业所得税税收优惠措施有哪些

为了鼓励和引导外商投资，下列所得，给予免征或按一定比例的减征税收优惠：

（1）外国投资者从外商投资企业取得的税后利润，免征所得税。所得的利润是指外商投资企业依照税法规定缴纳或者减免所得税后的利润中取得所得，即股利、红利所得；

（2）国际金融组织贷款给中国政府和中国国家银行的利息所得，免征所得税；

（3）外国银行按优惠利率贷给中国国家银行的利息所得，免征所得税；

（4）为科学研究、开发能源、发展交通事业、农林牧业生产，以及开发重要技术提供专有技术所取得的特权使用费，经国务院税务主管部门批准，可以减按10%的税率征收所得税。其中技术先进或者条件优惠的，可以免征所得税。

五、外资企业再加工装配出口产品的什么情况可以征免税

外商投资企业用进口料、件加工成品后不直接出口，而是转让给另一个承接进料加工的外商投资企业进行再加工、装配后出口的，应向当地海关申请办理出口手续；同时，承接进料加工的外商投资企业以进料加工形式办理进口手续。海关对上述报关出口但未离境的产品，出具加盖“不作出口海关统计”戳记的《出口报关单》，加工出口不离境产品的外商投资企业，可持此单，并附送与承接进料加工的外商投资企业签订的供货合同（证明专供再加工、装配出口产品的数量、金额等），到当地税务机关办理免征生产环节增值税、消费税。外商投资企业再加工装配成品，如不能出口，应照章纳税。转让进口料件的外商投资企业不得开具增值税专用发票。

六、外商投资企业生产销售哪些产品可按6%的征收率征增值税

认定为一般纳税人的外商投资企业生产销售下列货物可按6%的征收率计算缴纳增值税，并可由其自己开具增值税专用发票：

（1）建筑用和生产建筑材料所用的砂、土、石料；

（2）以自己采掘的砂、土、石料或其他矿物连续生产的砖、瓦、石灰；

（3）原料中掺有煤石、石煤、粉煤灰、烧煤锅炉底渣及其他废渣（不包括高炉水渣）生产的墙体材料；

（4）用微生物、微生物代谢产物、动物毒素、人或动物的血液、组织制成的生物制品；

（5）销售自来水。

七、外商投资兴办“两型”企业可享受哪些所得税优惠

国家按照产业政策，引导外商投资方向，鼓励举办采用先进技术、设备，产品全部或者大部分出口的外商投资企业。“两型”企业即指出口型企业和技术先进型企业。

外商投资举办的产品出口企业，在依照税法规定免征、减征企业所得税期满后，凡当年出口产品产值达到当年企业产品产值70%以上的，可以按照税法规定的税率减半征收企业所得税。但经济特区和经济技术开发区以及其他已经按照15%的税率缴纳企业所得税的产品出口企业，符合上述条件的，按10%的税率征收所得税。

外商投资举办的先进技术企业，依照税法规定免征、减征企业所得税期满后仍为先进技术企业的，可以按照税法规定的税率延长三年减半征收所得税。

八、外商投资能源交通建设等重大项目有何所得税优惠

设在沿海经济开放区和经济特区、经济技术开发区所在城市的老市区或者设在国务院规定的其他地区的外商投资企业，属于能源、交通、港口、码头或者国家鼓励的其他项目的，可以按15%的税率征收企业所得税，具体办法由国务院规定。

九、2003年3月在《外商投资创业投资企业管理规定》实施之时，国家税务总局在外商投资创业投资公司缴纳企业所得税方面有什么规定

根据国税发[2003]61号文件，即《国家税务总局关于外商投资创业投资公司缴纳企业所得税有关税收问题的通知》，明确了以下几个方面的问题：

（1）按照有关规定从事股权投资及转让，以及为企业提供创业投资管理、咨询等服务的创投企业，不属于税法实施细则第七十二条所规定的生产性企业范围，不得享受税法规定的生产性外商投资企业的有关税收优惠待遇。

（2）组建为法人的创投企业，应以创投企业为纳税人，按照税法的规定，统一申报缴纳企业所得税。

（3）组建为非法人的创投企业，根据税法细则第七条的规定，可由投资各方分别申报缴纳企业所得税；也可以由创投企业申请，经当地税务

机关批准，统一依照税法的规定，申报缴纳企业所得税。

非法人创投企业投资各方采取分别申报缴纳企业所得税的，对外方投资者应按在我国境内设立机构、场所的外国公司，计算缴纳企业所得税。但非法人创投企业没有设立创投经营管理机构，不直接从事创业投资管理、咨询等业务，而是将其日常投资经营权授予一家创业投资管理企业或另一家创投企业进行管理运作的，对此类创投企业的外方，可按在我国境内没有设立机构、场所的外国企业，申报缴纳企业所得税。

（4）该通知所指创投企业是指按照《管理规定》的要求及条件，依照法定的程序批准设立的从事创业投资业务的外商投资企业，其企业名称中应加注创业投资字样。

（5）该通知自2003年3月1日起执行。

十、对外国投资者出资比例低于25%的外商投资企业，国家税务总局在税务处理方面有什么规定

根据2003年4月18日下发的国税函［2003］422号文件，即《国家税务总局关于外商投资创业投资公司缴纳企业所得税有关税收问题的通知》，明确了以下两个方面的问题：

1. **关于适用税制问题**。外资低于25%企业适用税制一律按照内资企业处理，不得享受外商投资企业税收待遇。但国务院另有特别规定的除外。

2. **关于税务登记问题**。外资低于25%企业办理税务登记一律按照内资企业处理。但国务院另有特别规定的除外。

十一、外商投资企业追加投资，在缴纳所得税方面，可以享受什么优惠政策

根据2003年3月28日下发的国税函［2003］368号文件，即《国家税务总局关于外商投资企业追加投资享受企业所得税优惠政策有关问题的补充通知》，进一步明确了以下几个方面的问题：

1. **关于鼓励类项目范围问题**。根据《国家税务总局关于执行新〈外商投资产业指导目录〉有关税收问题的通知》的规定，财税字［2002］56号文规定的“鼓励类项目”是指，2002年4月1日以前批准追加投资的外商投资项目，属于1997年原国家发展计划委员会等部门颁布的《外商投资指导目录》中鼓励类和限制乙类的项目；2002年4月1日以后批准追加投资的外商投资项目，属于2002年原国家发展计划委员会等部门颁布的《外商投资指导目录》中鼓励类项目。

2. **关于多次追加投资新增注册资本计算问题**。外商投资企业在前期投资以后，进行多次追加投资所形成的生产经营项目（不包括未形成新的生产经营项目的追加投资），凡没有与前期投资项目一并享受过定期减免税优惠待遇的，可以将该多次追加投资所形成的生产经营项目合并为一个项目计算其新增注册资本，该多次追加投资所形成的合并项目的新增注册资本符合财税字［2002］56号文第一条规定条件的，可就该合并后的项目单独计算享受定期减免税优惠待遇。

3. **关于“原注册资本”计算问题**。财税字［2002］56号文所述“原注册资本”是指，外商投资企业就新的生产经营项目或者该通知第二条所述合并项目追加投资前企业已经形成的注册资本。

4. **关于多次追加投资减免税优惠期计算问题**。外商投资企业多次追加投资所形成的生产经营合并项目，按照该通知第二条的规定单独计算享受定期减免税优惠的，应自该多次追加投资中的首次追加投资所形成的生产经营项目的获利年度起计算减免税优惠期，并从该多次追加投资达到财税字［2002］56号文第一条规定条件的年度起，开始享受该减免税优惠期中剩余年限的优惠。

十二、外国投资者再投资，在退税方面，国家税务总局有什么规定

根据2005年10月20日下发的国税函［2005］989号文件，即《国家税务总局关于外国投资者再投资退税有关问题的批复》，明确了以下几个方面的问题：

《中华人民共和国外商投资企业和外国企业所得税法》（以下简称税法）第十条所述再投资是指，外国投资者将从外商投资企业取得的利润直接再投资本企业或其他外商投资企业，增加本企业或其他外商投资企业的注册资本，或者投资举办其他外商投资企业。如果根据合同或协议规定，这些再投资需要分期、分阶段进行的，可区分以下情况确定是否给予退税：

（1）外国投资者计划用外商投资企业的利润进行再投资申请被国家有关部门批准时，该再投资的利润已经实现的，在实际再投资时，不论是一次或分期投资，均可以按照规定给予再投资退税。

（2）外国投资者计划用外商投资企业的利润进行再投资申请被国家有关部门批准时，该再投资的利润尚未实现或者部分尚未实现的，即承诺用以后年度实现的利润进行再投资，该再投资应为补足企业注册资本，不属于税法所述“增加注册资本，或者作为资本投资开办其他外商投资企业”，该再投资发生时，不得享受再投资退税的待遇。

十三、外国投资者再投资，在退还企业所得税方面，国家税务总局有什么规定

根据2005年11月17日下发的国税函［2005］1093号文件，即《国家税务总局关于外国投资者再投资退还企业所得税有关问题的通知》，明确了以下几个方面的问题：

（1）以受让方式取得外商投资企业股权的外国投资者，在受让股权后，以该外商投资企业分配的在其受让股权前实现的利润，在中国境内再投资的，该项再投资利润不属于《中华人民共和国外商投资企业和外国企业所得税法实施细则》第八十条规定的用于直接再投资的利润，不得享受有关利润再投资退税优惠。

（2）外国投资者从与其有直接拥有或间接拥有或被同一人拥有100%股权关系的下列关联方受让股权，且按该关联转让方股权成本价成交的，该外国投资者在受让股权后，以该外商投资企业分配的在其受让股权前实现的利润，在中国境内再投资的，不受第一条规定限制，按有关规定享受利润再投资退税优惠。

1）外国投资者；

2）按照《财政部国家税务总局关于外商投资企业从事投资业务若干税收问题的通知》（财税字〔1994〕第083号）规定，可以视同外国投资者享受再投资退税优惠的专门从事投资业务的外商投资企业。

（3）该通知自发布之日起执行。此前已经享受再投资退税优惠的，不按该通知规定进行调整。

十四、外商投资企业和外国企业，在购买国产设备投资抵免企业所得税方面，国家税务总局有什么具体规定

根据2005年5月20日下发的国税函［2005］488号文件，即《国家税务总局关于外商投资企业和外国企业购买国产设备投资抵免企业所得税若干问题的通知》，明确了以下几个方面的问题：

1. **关于生产线、集成设备抵免企业所得税问题**。企业购建的生产线、集成设备，如由进口设备、国产设备以及各种零配件、辅助材料等组成，应仅就其中属于国内制造的、且购进时按单项资产判定已符合固定资产标准的部分，给予抵免企业所得税。

2. **关于进口料件简单组装后销售的设备抵免企业所得税问题**。企业所购买的设备，如果属于由进口的各项配件、零件简单组装所形成的，不得抵免企业所得税。

3. **追加投资项目所购买国产设备抵免企业所得税问题**。对企业就其符合规定单独计算享受定期减免税优惠的追加投资项目购买的国产设备，在计算购买国产设备投资抵免企业所得税时，应与同期原投资项目所购买的国产设备合并，统一以企业为单位，从企业当年度新增的企业所得税中抵免。

4. **合并、分立企业国产设备投资抵免企业所得税问题**。

（1）企业发生合并、分立的，合并、分立前企业尚未抵免的国产设备投资额，可在财税字〔2000〕049号文件第三条规定的延续抵免期限的剩余年限内，由合并、分立后的企业延续抵免。

（2）企业合并当年购买国产设备的，其前一年的企业所得税基数为合并前各企业实际缴纳企业所得税之和。合并后第二年购买国产设备的，其前一年的企业所得税基数，为合并前各企业和合并后的企业在合并当年度实际缴纳企业所得税之和。

（3）企业发生分立的，其尚未抵免的投资额，可以按照分立协议约定的数额，分别在分立后的各企业延续抵免。分立协议没有约定数额的，分立后的企业不得再抵免分立前尚未抵免的投资额。

（4）分立后的企业凡当年购买国产设备的，其前一年的企业所得税基数，按下列公式确定：

前一年所得税基数＝（企业分立时分得的账面资产/分立前企业总资产）×分立前一年企业实际缴纳的企业所得税税款

分立后的企业第二年购买国产设备的，其前一年的企业所得税基数，按下列公式确定：

前一年所得税基数＝（企业分立时分得的账面资产/分立前企业总资产）×分立当年度企业（分立前）实际缴纳的企业所得税税额＋分立后本企业当年度实际缴纳的税款

十五、外商投资企业和外国企业，在购置国产设备投资抵免企业所得税和相关利润再投资退还企业所得税方面，财政部、国家税务总局有什么规定

根据2005年7月20日下发的财税［2005］74号文件，即《财政部国家税务总局关于外商投资企业和外国企业购置国产设备有关企业所得税政策问题的通知》，明确了以下几方面的问题：

（1）根据《中华人民共和国外商投资企业和外国企业所得税法》第九条的规定，对外商投资企业和外国企业购买国产设备投资抵免的企业所得税，应按实际征收的企业所得税和地方所得税计算抵免税额。

（2）外商投资企业中的外国投资者将分得的利润再投资于我国的，凡该外商投资企业实际缴纳的企业所得税已抵免购买国产设备允许抵免的所得税额的，在计算再投资退税额时，应按企业实际负担水平确定，即对《中华人民共和国外商投资企业和外国企业所得税法实施细则》第八十二条公式中的“原实际适用的企业所得税税率”和“地方所得税税率”，应按以下公式确定：

原实际适用的企业所得税税率

＝该税后利润所属年度外商投资企业实际缴纳的企业所得税税额÷该年度外商投资企业的应纳税所得额

原实际适用的地方所得税税率

＝该税后利润所属年度外商投资企业实际缴纳的地方所得税税额÷该年度外商投资企业的应纳税所得额

十六、外国投资者，在并购境内企业股权有关税收方面，国家税务总局有什么规定

根据2003年5月28日下发的国税发［2003］60号文件，即《国家税务总局关于外国投资者并购境内企业股权有关税收问题的通知》，明确了以下几方面的问题：

（1）外国投资者按照《外国投资者并购境内企业暂行规定》的有关规定并购境内企业股东的股权，或者认购境内企业增资（以下简称股权并购），使境内企业变更设立为外商投资企业。凡变更设立的企业的外国投资者的股权比例超过25%的，可以依照外商投资企业所适用的税收法律、法规缴纳各项税收。

（2）外国投资者通过股权并购变更设立的外商投资企业，如符合《中华人民共和国外商投资企业和外国企业所得税法》（以下简称税法）及其实施细则等有关规定条件的，可享受税法及其有关规定所制定的各项企业所得税税收优惠政策。在计算享受企业所得税优惠政策时，有关衔接问题按以下规定执行：

1）经营期开始及经营期。国家工商行政管理部门批准颁发变更营业执照之日，为变更设立的外商投资企业经营期开始，至工商变更登记确定的经营年限终止日，为变更设立的外商投资企业的经营期。

2）前期亏损处理。变更设立前企业累计发生的尚未弥补的经营亏损，可在税法第十一条规定的亏损弥补年限的剩余年限内，由变更设立的外商投资企业延续弥补。

3）获利年度的确定。变更设立的外商投资企业变更当年度取得经营利润，扣除以前年度允许弥补的亏损后仍有利润的，为其获利年度。获利年度当年实际生产经营期不足6个月的，可以按照税法实施细则第七十七条的规定，由企业选择确定减免税期的起始年度。

（3）该通知自2003年1月1日起执行。

十七、在外商投资货物运输企业征免城市维护建设税和教育费附加方面，国家税务总局有什么规定

根据2005年9月14日下发的国税函［2005］881号文件，即《国家税务总局关于外商投资货物运输企业征免城市维护建设税和教育费附加问题的批复》，明确了以下几方面的问题：

在国务院没有新的规定之前，仍应按照《国家税务总局关于外商投资企业和外国企业暂不征收城市维护建设税和教育费附加的通知》（国税发〔1994〕038号）的规定执行。因此，《国家税务总局关于货物运输业若干税收问题的通知》（国税发〔2004〕88号）第四条第（一）项中有关对按代开票纳税人管理的单位实行先征城建税和教育费附加再退税的规定，应停止适用于外商投资企业。

十八、《中华人民共和国对外贸易法》（以下简称《外贸法》）施行后，国家税务总局有什么新的规定

根据2004年7月21日下发的国税函［2004］955号文件，即《国家税务总局关于贯彻〈中华人民共和国对外贸易法〉、调整出口退（免）税办法的通知》，明确了以下几方面的问题：

（1）从事对外贸易经营活动的法人、其他组织和个人（以下简称“对外贸易经营者”），按《外贸法》和《对外贸易经营者备案登记办法》的规定办理备案登记后，应在30日内持已办理备案登记并加盖备案登记专用章的《对外贸易经营者备案登记表》、工商营业执照、税务登记证、银行基本账户号码和海关进出口企业代码等文件，填写《出口货物退（免）税认定表》（格式见附件，由主管出口退税的税务机关印制），到所在地主管出口退税的税务机关办理出口货物退（免）税认定手续。办理出口货物退（免）税认定手续后出口的货物可按规定办理退（免）税。

本办法实施前已办理出口退税登记证，且在原核准经营范围内从事进出口经营活动的对外贸易经营者，不再办理退税认定手续；对外贸易经营者如超出原核准经营范围从事进出口经营活动的，仍需按本办法办理退税认定手续。

对外贸易经营者如发生撤并、变更情况，应于备案登记撤并、变更之日起三十日内向所在地主管出口退税业务的税务机关办理注销或变更退税认定手续。

《国家税务总局关于印发〈出口货物退（免）税管理办法〉的通知》（国税发［1994］031号）中有关出口退税登记的规定停止执行。

（2）对外贸易经营者应按照备案登记的身份名称开展出口业务和申请出口退（免）税。个人（包括外国个人，下同）须注册登记为个体工商户、个人独资企业或合伙企业，方可申请出口退（免）税。

（3）凡具有生产出口产品能力的对外贸易经营者，其出口的货物按照现行生产企业出口货物实行“免抵退”税办法的规定办理出口退（免）税。

对没有生产能力的对外贸易经营者，其出口的货物按现行外贸企业出口退税的规定办理出口退（免）税。

对认定为增值税小规模纳税人的对外贸易经营者出口的货物，按现行小规模纳税人出口货物的规定，免征增值税、消费税。

（4）外贸企业从流通企业购进直接出口的货物，准予按现行规定的手续和程序办理退（免）税。

生产企业从流通企业购进并直接出口的货物，对退税试点的企业可按出口自产货物的规定，实行“免抵退”税办法（试点企业名单及具体办法另行下达）；对非退税试点的企业，其退税范围继续按《国家税务总局关于出口产品视同自产产品退税有关问题的通知》（国税函［2002］1170号）的规定执行。

（5）该通知除第四条从2004年6月1日起执行外，其他规定从2004年7月1日起执行。执行日期以出口货物报关单上注明的出口日期为准。

十九、设在中西部地区的国家鼓励类外商投资企业，在现行税收优惠政策执行期满后的三年内，可享受怎样的优惠政策

根据1999年12月17日下发的国税发［1999］172号文件，即《国家税务总局关于实施对设在中西部地区的外商投资企业给予三年减按15%税率征收企业所得税的优惠的通知》，对设在中西部地区的国家鼓励类外商投资企业，在现行税收优惠政策执行期满后的三年内，可以减按15%的税率征收企业所得税。

（一）关于执行的地域范围

可执行该项税收优惠政策的中西部地区是指：山西、内蒙古、吉林、黑龙江、安徽、江西、河南、湖北、湖南、重庆、四川、贵州、云南、西藏、陕西、甘肃、青海、宁夏和新疆共19个省（自治区、直辖市）的全部行政区域。

（二）关于执行的产业范围

可执行该项税收优惠政策的国家鼓励类外商投资企业是指：从事经国务院批准，由国家发展计划委员会、国家经济贸易委员会和对外贸易经济合作部联合发布的《外商投资产业指导目录》中鼓励类和限制乙类项目以及经国务院批准的优势产业和优势项目的外商投资企业。

（三）关于优惠期的计算

在现行税收优惠政策执行期满后的三年内为本项税收优惠政策的优惠期间。在现行税收优惠政策执行期满后的三年是指，享受《中华人民共和国外商投资企业和外国企业所得税法》（以下称税法）第八条第一款和税法实施细则第七十五条第一款第（八）项规定的减免税期满后的三年。

在该项税收优惠期间，企业同时被确认为产品出口企业且当年出口产值达到总产值70%以上的，可再依照税法实施细则第七十五条第一款第（七）项规定，减半征收企业所得税，但减半后的税率不得低于10%。

（四）关于审批程序

可享受该项税收优惠政策的企业应将其申请、营业执照、章程和生产经营情况等有关资料报当地主管税务机关审核。具体申报期限、审核程序和批准权限，由省（自治区、直辖市或计划单列市）级税务主管机关依据有关税收法律、法规和该通知规定，结合各地实际情况制定实施办法，并报国家税务总局备案。

（五）关于执行时间

该项税收优惠政策自2000年1月1日起执行。至2000年1月1日尚处于该通知第三条第一款规定的税收优惠期间的企业，可就自2000年1月1日起的剩余优惠年限享受该项税收优惠政策；至2000年1月1日已过该项优惠期间的企业，不得追补享受该项税收优惠政策。

二十、关于主要税种有哪些简要介绍

（一）增值税

增值税是对销售货物或者提供加工、修理修配劳务，以及进口货物的单位和个人就其实现的增值额征收的一个税种。1993年12月13日，国务院发布了《中华人民共和国增值税暂行条例》，12月25日，财政部下发了《中华人民共和国增值税暂行条例实施细则》，于1994年1月1日起施行。

实行增值税的优点：①有利于贯彻公平税负原则；②有利于生产经营结构的合理化；③有利于扩大国际贸易往来；④有利于国家普遍、及时、稳定地取得财政收入。

1. **增值税的纳税人。**在中华人民共和国境内销售货物或者提供加工、修理修配劳务以及进口货物的单位和个人，为增值税的纳税义务人。

2. **增值税的征收范围。**增值税征收范围包括：①货物；②应税劳务；③进口货物。

3. **增值税的税率。**增值税税率分为三档：基本税率17%、低税率13%和零税率。

4. **增值税的计税依据。**纳税人销售货物或提供应税劳务的计税依据为其销售额，进口货物的计税依据为规定的组成计税价格。

5. **增值税应纳税额的计算。**

（1）一般纳税人的应纳税额

=当期销项税额－当期进项税额。

（2）小规模纳税人的应纳税额

=含税销售额÷（1+征收率）×征收率

（3）进口货物的应纳税额

=（关税完税价格+关税+消费税）×税率

6. **增值税的纳税申报及纳税地点。**增值税纳税申报时间与主管国税机关核定的纳税期限是相联系的。以1个月为一个纳税期的纳税人，自期满之日起10日内申报纳税；以1日、3日、5日、10日或15日为一个纳税期的纳税人，自期满之日起5日内预缴税款，次月1至10日申报并结清上月应纳税款。

增值税固定业户向机构所在地税务机关申报纳税，增值税非固定业户向销售地税务机关申报纳税，进口货物应当由进口人或其代理人向报关地海关申报纳税。

7. **增值税的优惠政策。**

（1）农业生产者销售的自产初级农业产品；

（2）避孕药品和用具；

（3）古旧图书；

(4) 直接用于科学研究、科学试验和教学的进口仪器、设备;

(5) 外国政府、国际组织无偿援助的进口物资、设备;

(6) 来料加工、来件装配和补偿贸易所需进口的设备;

(7) 由残疾人组织直接进口供残疾人专用的物品;

(8) 销售的自己使用过的物品(不含游艇、摩托车、应征消费税的汽车)。

(二) 消费税

消费税是对一些特定消费品和消费行为征收的一种税。国务院于1993年12月13日颁布了《中华人民共和国消费税暂行条例》,财政部1993年12月25日颁布了《中华人民共和国消费税暂行条例实施细则》,并于1994年1月1日开征消费税。

消费税的特点:①征收范围具有选择性;②征税环节具有单一性;③征收方法具有选择性;④税率、税额具有差别性;⑤税负具有转嫁性。

1. **消费税的纳税人**。在中华人民共和国境内生产、委托加工和进口本条例规定的消费品的单位和个人,为消费税的纳税义务人。

金银首饰消费税的纳税人,是指在中华人民共和国境内从事商业零售金银首饰的单位和个人;委托加工、委托代销金银首饰的,委托方也是纳税人。

2. **消费税的征税范围**。我国消费税的征税范围有:烟、酒及酒精、化妆品、护肤护发品、贵重首饰及珠宝玉石、鞭炮焰火、汽油、柴油、汽车轮胎、摩托车、小汽车等11种商品。

3. **消费税的税目税率**。消费税共设置了11个税目,在其中的3个税目下又设置了13个子目,列举了25个征税项目。实行比例税率的有21个,实行定额税率的有4个。共有14个档次的税率,最低3%,最高45%。

4. **消费税的计税依据**。消费税的计税依据分别采用从价和从量两种计税方法。实行从价计税办法征税的应税消费品,计税依据为应税消费品的销售额。实行从量定额办法计税时,通常以每单位应税消费品的重量、容积或数量为计税依据。

5. **消费税的计税方法**。

(1) 从价计税时

应纳税额=应税消费品销售额×适用税率

(2) 从量计税时

应纳税额=应税消费品销售数量×适用税额标准

(3) 自产自用应税消费品用于连续生产应税消费品的,不纳税;用于其他方面的,有同类消费品销售价格的,按照纳税人生产的同类消费品销售价格计算纳税,没有同类消费品销售价格的,组成计税价格。

组成计税价格=(成本+利润)÷(1-消费税税率)

应纳税额=组成计税价格×适用税率

(4) 委托加工应税消费品的由受托方交货时代扣代缴消费税。按照受托方的同类消费品销售价格计算纳税,没有同类消费品销售价格的,组成计税价格。

组成计税价格=(材料成本+加工费)÷(1-消费税税率)

应纳税额=组成计税价格×适用税率

(5) 进口应税消费品,按照组成计税价格计算纳税。计算公式为:

组成计税价格=(关税完税价格+关税)÷(1-消费税税率)

应纳税额=组成计税价格×消费税税率

(6) 零售金银首饰的纳税人在计税时,应将含税的销售额换算为不含增值税税额的销售额。

金银首饰的应税销售额=含增值税的销售额÷(1+增值税税率或征收率)

对于生产、批发、零售单位用于馈赠、赞助、集资、广告、样品、职工福利、奖励等方面或未分别核算销售的按照组成计税价格计算纳税。

组成计税价格=购进原价×(1+利润率)÷(1-金银首饰消费税税率)

应纳税额=组成计税价格×金银首饰消费税税率

6. **消费税的纳税环节**。

(1) 生产环节。纳税人生产的应税消费品,由生产者于销售时纳税。其中自产自用的用于本企业连续生产的不纳税;用于其他方面的,于移送使用时纳税。

委托加工的应税消费品，由受托方在向委托方交货时代扣代缴。

（2）进口环节。纳税人进口的应税消费品，由进口报关者于报关进口时纳税。

（3）零售环节。金银首饰消费税由零售者在零售环节缴纳。

7. **消费税的优惠。**

对纳税人出口应税消费品，免征消费税；国务院另有规定的除外。出口应税消费品的免税办法，由国家税务总局规定。

（三）营业税

营业税是对有偿提供应税劳务、转让无形资产和销售不动产的单位和个人，就其营业收入额征收的一种税。1993年12月13日国务院发布《中华人民共和国营业税暂行条例》，1993年12月27日财政部颁布《中华人民共和国营业税暂行条例实施细则》，并从1994年1月1日起实行。

营业税的特点：①征收范围广，税源普遍；②税收负担轻、税负均衡，较好地体现了公平税负的原则；③政策明了，适用性强；④计算简单，操作方便，纳税人容易理解。

1. **营业税的纳税人。**营业税的纳税人是在中华人民共和国境内提供应税劳务、转让无形资产或者销售不动产的单位和个人。

2. **营业税的计税依据。**营业税的计税依据是提供应税劳务的营业额，转让无形资产的转让额或者销售不动产的销售额，统称为营业额。它是纳税人向对方收取的全部价款和在价款之外取得的一切费用，如手续费、服务费、基金等等。

3. **营业税的税目、税率**（见下表）。

营业税税目税率表

税　目	征　收　范　围	税率(%)
一、交通运输业	陆路运输、水路运输、航空运输、管道运输、装卸搬运	3
二、建筑业	建筑、安装、修缮装饰及其他工程作业	3
三、金融保险业		5
四、邮电通信业		3
五、文化体育业		3
六、娱乐业	歌厅、舞厅、OK歌舞厅、音乐茶座、台球、高尔夫球、保龄球、游艺	5~20
七、服务业	代理业、旅店业、饮食业、旅游业、仓储业、租赁业、广告业及其他服务业	5
八、转让无形资产	转让土地使用权、专利权、非专利技术、商标权、著作权、商誉	5
九、销售不动产	销售建筑物及其他土地附着物	5

4. **营业税的计算。**纳税人提供应税劳务、转让无形资产，或者销售不动产，按照营业额和规定的税率计算应纳税额。应纳税额的计算公式为：

应纳税额＝营业额税率

纳税人的营业额为纳税人提供应税劳务、转让无形资产或者销售不动产向对方收取的全部价款和价外费用，但是，下列情形除外：

（1）运输企业自中华人民共和国境内运输旅客或者货物出境，在境外改由其他运输企业承运乘客或者货物的，以全程运费减去付给该承运企业的运费后的余额为营业额。

（2）旅游企业组织旅游团到中华人民共和国境外旅游，在境外改由其他旅游企业接团的，以全程旅游费减去付给该接团企业的旅游费后的余额为营业额。

（3）建筑业的总承包人将工程分包或者转包给他人的，以工程的全部承包额减去付给分包人或者转包人的价款后的余额为营业额。

（4）转贷业务，以贷款利息减去借款利息后的余额为营业额。

（5）外汇、有价证券、期货买卖业务，以卖出价减去买入价后的余额为营业额。

(6) 财政部规定的其他情形。

5. 营业税的税收优惠。《中华人民共和国营业税暂行条例》规定下列项目免征营业税：

(1) 托儿所、幼儿园、养老院、残疾人福利机构提供的育养服务，婚姻介绍，殡葬服务；

(2) 残疾人员个人提供的劳务；

(3) 医院、诊所和其他医疗机构提供的医疗服务；

(4) 学校和其他教育机构提供的教育劳务，学生勤工俭学提供的劳务；

(5) 农业机耕、排灌、病虫害防治、植保、农牧保险以及相关技术培训业务，家禽、牲畜、水生动物的配种和疾病防治；

(6) 纪念馆、博物馆、文化馆、美术馆、展览馆、书画院、图书馆、文物保护单位举办文化活动的门票收入，宗教场所举办文化、宗教活动的门票收入。除前款规定外，营业税的免税、减税项目由国务院规定。任何地区、部门均不得规定免税、减税项目。

6. 营业税的纳税地点和纳税义务发生时间。

(1) 营业税的纳税地点。

1) 纳税人提供应税劳务，应当向应税劳务发生地主管税务机关申报纳税。纳税人从事运输业务，应当向其机构所在地主管税务机关申报纳税。

2) 纳税人转让土地使用权，应当向土地所在地主管税务机关申报纳税。纳税人转让其他无形资产，应当向其机构所在地主管税务机关申报纳税。

3) 纳税人销售不动产，应当向不动产所在地主管税务机关申报纳税。

(2) 营业税的纳税义务发生时间 营业税的纳税义务发生时间，为纳税人收讫营业收入款项或者取得索取营业收入款项凭据的当天。

7. 营业税的纳税申报。对纳税人的应纳税额分别采取由扣缴义务人扣缴和纳税人自行申报两种方法。

8. 营业税的纳税期限。纳税人的纳税期限分别为五日、十日、十五日、或者一个月，纳税人的具体纳税期限由主管税务机关核定。纳税人以一月为一期纳税的，自期满之日起十日内申报纳税。扣缴义务人解缴税款期限，比照此项规定执行。

(四) 外商投资企业和外国企业所得税

外商投资企业和外国企业所得税是对我国境内的外商投资企业和外国企业及其他经济组织就其所得额征收的一种税。1991 年 4 月 9 日，第七届全国人民代表大会第四次会议通过《中华人民共和国外商投资企业和外国企业所得税法》。1991 年 6 月 30 日，国务院发布《中华人民共和国外商投资企业和外国企业所得税实施细则》。并于 1991 年 7 月 1 日起实施。

外商投资企业和外国企业所得税的特点：①纳税人具有特殊性，仅限于外商投资企业和外国企业；②按照属人原则和属地原则确立税收管辖范围；③应纳税所得额的计算与确定较为复杂，征管难度大；④注重税收政策的稳定性和税法的适用性。

1. 外商投资企业和外国企业所得税纳税人。外商投资企业和外国企业所得税的纳税人包括外商投资企业和外国企业两类。其中：外商投资企业包括中外合资经营企业、中外合作经营企业和外资企业。外国企业包括在中国设立机构、场所，从事生产经营的外国国籍的企业、公司和其他经济组织，以及虽然未设立机构、场所，但有来源于中国境内的所得的外国公司、企业和其他经济组织。

2. 外商投资企业和外国企业所得税的征税对象。外商投资企业和外国企业所得税的征税对象包括生产、经营所得和其他所得两类。生产经营所得也可以称为利润所得，它是指企业通过生产、经营活动而获得的利润。其他所得是指股息、利息、租金、转让财产收益、提供或者转让专利权、专有技术、商标权、著作权收益以及营业外收益等所得。

3. 外商投资企业和外国企业所得税的税率。对外商投资企业和外国企业在中国设立的机构、场所所取得的经营所得税率为 30%，地方所得税税率为 3%，总体税负是 33%。

对外国企业在中国境内未设立机构、场所而有来源于中国境内的所得，或者虽然设立机构、场所，但其所得与其机构、场所没有实际联系的，税率为20%。

4. **应纳所得税的计算**。外商投资企业和外国企业在中国境内设立的从事生产、经营的机构、场所每一纳税年度的收入总额，减除成本、费用以及损失后的余额，为应纳税的所得额。

应纳所得税额＝应纳税所得额税率

5. **税收优惠**。

（1）设在经济特区的外商投资企业、在经济特区设立机构、场所从事生产、经营的外国企业和设在经济技术开发区的生产性外商投资企业，减按15%的税率征收企业所得税。

（2）设在沿海经济开放区和经济特区、经济技术开发区所在城市的老市区的生产性外商投资企业，减按24%的税率征收企业所得税。

（3）设在沿海经济开放区和经济特区、经济技术开发区所在城市的老市区或者设在国务院规定的其他地区的外商投资企业，属于能源、交通、港口、码头或者国家鼓励的其他项目的，可以减按15%的税率征收企业所得税，具体办法由国务院规定。

（4）对生产性外商投资企业，经营期在十年以上的，从开始获利的年度起，第一年和第二年免征企业所得税，第三年至第五年减半征收企业所得税，但是属于石油、天然气、稀有金属、贵重金属等资源开采项目的，由国务院另行规定。外商投资企业实际经营期不满十年的，应当补缴已免征、减征的企业所得税税款。

（5）本法施行前国务院公布的规定，对能源、交通、港口、码头以及其他重要生产性项目给予比前款规定更长期限的免征、减征企业所得税的优惠待遇，或者对非生产性的重要项目给予免征、减征企业所得税的优惠待遇，在本法施行后继续执行。

从事农业、林业、牧业的外商投资企业和设在经济不发达的边远地区的外商投资企业，依照前两款规定享受免税、减税待遇期满后，经企业申请，国务院税务主管部门批准，在以后的十年内可以继续按应纳税额减征15%～30%的企业所得税。

6. **缴税办法**。外商投资企业和外国企业所得税的征收管理缴纳企业所得税和地方所得税、按年计算，分季预缴。季度终了后十五日内预缴；年度终了后五个月内汇算清缴，多退少补。

外商投资企业和外国企业在中国境内设立的从事生产、经营的机构、场所应当在每次预缴所得税的期限内，向当地税务机关报送预缴所得税申报表；年度终了后四个月内，报送年度所得税申报表和会计决算报表。

缴纳的所得税以人民币为计算单位。所得为外国货币的，应当按照国家外汇管理机关公布的外汇牌价折合成人民币缴纳税款。

（五）个人所得税

个人所得税详见《中华人民共和国个人所得税法》。

（六）印花税

印花税是对经济活动和经济交往中书立、领受的应税经济凭证所征收的一种税。1988年8月，国务院公布了《中华人民共和国印花税暂行条例》，于同年10月1日起恢复征收。

印花税的特点：①兼有凭证税和行为税性质；②征收范围广泛；③税收负担比较轻；④由纳税人自行完成纳税义务。

1. **印花税的纳税人**。中华人民共和国境内书立、领受本条例所列举凭证的单位和个人，都是印花税的纳税义务人。具体有：①立合同人；②立账簿人；③立据人；④领受人。

2. **印花税的征税对象**。现行印花税只对印花税条例列举的凭证征税具体有五类：经济合同，产权转移书据，营业账簿，权利、许可证照和经财政部确定征税的其他凭证。

3. **印花税的计税依据**。印花税根据不同征税项目，分别实行从价计征和从量计征两种征收方式。

（1）从价计税情况下计税依据的确定。①各类经济合同，以合同上记载的金额、收入或费用为计税依据；②产权转移书据以书据中所载的金额为计税依据；③记载资金的营业账簿，以实收资本和资本公积两项合计的金额为计税依据。

（2）从量计税情况下计税依据的确定。实行从量计税的其他营业账簿和权利、许可证照，以计税数量为计税依据。

4. **印花税的税率**。现行印花税采用比例税率和定额税率两种税率。

比例税率有五档，即千分之一、千分之四、万分之五、万分之三和万分之零点五。

适用定额税率的是权利许可证照和营业账簿税目中的其他账簿，单位税额均为每件5元。

具体请看《中华人民共和国印花税暂行条例》中的印花税税目税率表。

5. **应纳税额的计算。**

按比例税率计算应纳税额的方法：

应纳税额＝计税金额×适用税率

按件定额计算应纳税额的方法：

应纳税额＝凭证数量×单位税额

计算印花税应纳税额应当注意的问题：

（1）按金额比例贴花的应税凭证，未标明金额的，应按照凭证所载数量及市场价格计算金额，依适用税率贴足印花。

（2）应税凭证所载金额为外国货币的，按凭证书立当日的国家外汇管理局公布的外汇牌价折合成人民币，计算应纳税额。

（3）同一凭证由两方或者两方以上当事人签订并各执一份的，应当由各方所执的一份全额贴花。

（4）同一凭证因载有两个或两个以上经济事项而适用不同税率，如分别载有金额的，应分别计算应纳税额，相加后按合计税额贴花；如未分别记载金额的，按税率高的计税贴花。

（5）已贴花的凭证，修改后所载金额增加的，其增加部分应当补贴印花税票。

（6）按比例税率计算纳税而应纳税额又不足1角的，免纳印花税；应纳税额的1角以上的，其税额尾数不满5分的不计，满5分的按1角计算贴花，对财产租赁合同的应纳税额超过1角但不足1元的，按1元贴花。

6. **纳税环节和纳税地点。**

印花税的纳税环节应当在书立或领受时贴花。

印花税一般实行就地纳税。

7. **印花税的缴纳方法。**印花税实行由纳税人根据规定自行计算应纳税额，购买并一次贴足印花税票（以下简称贴花）的缴纳办法。

为简化贴花手续，应纳税额较大或者贴花次数频繁的，纳税人可向税务机关提出申请，采取以缴款书代替贴花或者按期汇总缴纳的办法。

8. **印花税票。**印花税票是缴纳印花税的完税凭证，由国家税务总局负责监制。其票面金额以人民币为单位，分为壹角、贰角、伍角、壹元、贰元、伍元、拾元、伍拾元、壹佰元9种。

印花税票为有价证券。

印花税票可以委托单位或个人代售，并由税务机关付给5%的手续费，支付来源从实征印花税款中提取。

9. **印花税的税收优惠。**

已缴纳印花税的凭证的副本或者抄本；

财产所有人将财产赠给政府、社会福利单位、学校所立的书据；

国家指定的收购部门与村民委员会、农民个人书立的农副产品收购合同；

无息、贴息贷款合同；

外国政府或者国际金融组织向我国政府及国家金融机构提供优惠贷款所书立的合同。

对商店、门市部的零星加工修理业务开具的修理单，不贴印花。

对房地产管理部门与个人订立的租房合同，凡用于生活居住的，暂免贴印花；

对铁路、公路、航运、水路承运快件行李、包裹开具的托运单据，暂免贴印花。

对铁路、公路、航运、水路承运快件行李、包裹开具的托运单据，暂免贴印花。

企业与主管部门等签订的租赁承包经营合同，不属于财产租赁合同，不应贴花。

10. **印花税的违章处理。**纳税人有下列行为之一的，由税务机关根据情节轻重，予以处罚：

（1）在应纳税凭证上未贴或者少贴印花税票的，税务机关除责令其补贴印花税票外，可处以应补贴印花税票金额3～5倍的罚款；

（2）对未按规定注销或画销已贴用的印花税票的，税务机关可处以未注销或者画销印花税票金额1～3倍的罚款；

（3）纳税人把已贴用的印花税票揭下重用的，税务机关可处以重用印花税票金额5倍或者2 000元以上10 000元以下的罚款。

（4）伪造印花税票的，由税务机关提请司法机关依法追究刑事责任。

（七）关税

关税是世界各国普遍征收的一个税种。是指一国海关对进出境的货物或者物品征收的一种税。1985年3月7日，国务院发布《中华人民共和国进出口关税条例》。1987年1月22日，第六届全国人民代表大会常务委员会第十九次会议通过《中华人民共和国海关法》，其中第五章为《关税》。1987年9月12日，国务院根据海关法从新修订并发布《中华人民共和国进出口关税条例》。

关税的特点：①关税是统一的国境征税；②关税是以进出境货物或者物品为征收范围；③海关是关税征收管理机关。

1. 关税的纳税人。进口货物的收货人、出口货物的发货人，是关税的纳税义务人。

2. 关税的征税对象。关税的征税对象，包括应税货物和应税物品两类。征税对象和进出口方向不同，其适用的税率也不同。

3. 关税的完税价格。

（1）进口货物的完税价格：是以海关审定的成交价格为基础的到岸价格作为完税价格。到岸价格包括货价，加上货物运抵中国关境内输入地点起卸前的包装费、运费、保险费和其他劳务费等费用。

（2）出口货物完税价格：是以海关审定的货物售价与境外的离岸价格，扣除出口关税后，作为完税价格。

4. 关税的缴纳。

（1）货物进出口关税的缴纳。进出口货物的纳税人，应当自海关填发税款缴纳证的次日起七日内缴纳税款。

（2）物品进出口关税的缴纳。进出境物品的纳税义务人，应当在物品放行前缴纳税款。

5. 关税的减免税。

下列货物，经海关审查无讹，可以免税：

（1）关税税额在人民币10元以下的一票货物；

（2）无商业价值的广告品和货样；

（3）外国政府、国际组织无偿赠送的物资；

（4）进出境运输工具装载的途中必需的燃料、物料和饮食用品。

有下列情形之一的进口货物，海关可以酌情减免关税：

（1）在境外运输途中或者在起卸时，遭受损坏或者损失的；

（2）起卸后海关放行前，因不可抗力遭受损坏或者损失的；

（3）海关检验时已经破漏、损坏或者腐烂，经证明不是保管不慎造成的。

法律性文件

中华人民共和国主席令

（第四十四号）

《全国人民代表大会常务委员会关于修改〈中华人民共和国个人所得税法〉的决定》已由中华人民共和国第十届全国人民代表大会常务委员会第十八次会议于2005年10月27日通过，现予公布，自2006年1月1日起施行。

中华人民共和国主席　胡锦涛

2005年10月27日

中华人民共和国个人所得税法

（1980年9月10日第五届全国人民代表大会第三次会议通过　根据1993年10月31日第八届全国人民代表大会常务委员会第四次会议《关于修改〈中华人民共和国个人所得税法〉的决定》第一次修正　根据1999年8月30日第九届全国人民代表大会常务委员会第十一次会议《关于修改〈中华人民共和国个人所得税法〉的决定》第二次修正　根据2005年10月27日第十届全国人民代表大会常务委员会第十八次会议《关于修改〈中华人民共和国个人所得税法〉的决定》第三次修正）

第一条　在中国境内有住所，或者无住所而在境内居住满一年的个人，从中国境内和境外取得的所得，依照本法规定缴纳个人所得税。

在中国境内无住所又不居住或者无住所而在境内居住不满一年的个人，从中国境内取得的所得，依照本法规定缴纳个人所得税。

第二条　下列各项个人所得，应纳个人所得税：

一、工资、薪金所得；

二、个体工商户的生产、经营所得；

三、对企事业单位的承包经营、承租经营所得；

四、劳务报酬所得；

五、稿酬所得；

六、特许权使用费所得；

七、利息、股息、红利所得；

八、财产租赁所得；

九、财产转让所得；

十、偶然所得；

十一、经国务院财政部门确定征税的其他所得。

第三条　个人所得税的税率：

一、工资、薪金所得，适用超额累进税率，税率为百分之五至百分之四十五（税率表附后）。

二、个体工商户的生产、经营所得和对企事业单位的承包经营、承租经营所得，适用百分之五至百分之三十五的超额累进税率（税率表附后）。

三、稿酬所得，适用比例税率，税率为百分之二十，并按应纳税额减征百分之三十。

四、劳务报酬所得，适用比例税率，税率为百分之二十。对劳务报酬所得一次收入畸高的，可以实行加成征收，具体办法由国务院规定。

五、特许权使用费所得，利息、股息、红利所得，财产租赁所得，财产转让所得，偶然所得和其他所得，适用比例税率，税率为百分之二十。

第四条　下列各项个人所得，免纳个人所得税：

一、省级人民政府、国务院部委和中国人民

解放军军以上单位，以及外国组织、国际组织颁发的科学、教育、技术、文化、卫生、体育、环境保护等方面的奖金；

二、国债和国家发行的金融债券利息；

三、按照国家统一规定发给的补贴、津贴；

四、福利费、抚恤金、救济金；

五、保险赔款；

六、军人的转业费、复员费；

七、按照国家统一规定发给干部、职工的安家费、退职费、退休工资、离休工资、离休生活补助费；

八、依照我国有关法律规定应予免税的各国驻华使馆、领事馆的外交代表、领事官员和其他人员的所得；

九、中国政府参加的国际公约、签订的协议中规定免税的所得；

十、经国务院财政部门批准免税的所得。

第五条 有下列情形之一的，经批准可以减征个人所得税：

一、残疾、孤老人员和烈属的所得；

二、因严重自然灾害造成重大损失的；

三、其他经国务院财政部门批准减税的。

第六条 应纳税所得额的计算：

一、工资、薪金所得，以每月收入额减除费用一千六百元后的余额，为应纳税所得额。

二、个体工商户的生产、经营所得，以每一纳税年度的收入总额，减除成本、费用以及损失后的余额，为应纳税所得额。

三、对企事业单位的承包经营、承租经营所得，以每一纳税年度的收入总额，减除必要费用后的余额，为应纳税所得额。

四、劳务报酬所得、稿酬所得、特许权使用费所得、财产租赁所得，每次收入不超过四千元的，减除费用八百元；四千元以上的，减除百分之二十的费用，其余额为应纳税所得额。

五、财产转让所得，以转让财产的收入额减除财产原值和合理费用后的余额，为应纳税所得额。

六、利息、股息、红利所得，偶然所得和其他所得，以每次收入额为应纳税所得额。

个人将其所得对教育事业和其他公益事业捐赠的部分，按照国务院有关规定从应纳税所得中扣除。

对在中国境内无住所而在中国境内取得工资、薪金所得的纳税义务人和在中国境内有住所而在中国境外取得工资、薪金所得的纳税义务人，可以根据其平均收入水平、生活水平以及汇率变化情况确定附加减除费用，附加减除费用适用的范围和标准由国务院规定。

第七条 纳税义务人从中国境外取得的所得，准予其在应纳税额中扣除已在境外缴纳的个人所得税税额。但扣除额不得超过该纳税义务人境外所得依照本法规定计算的应纳税额。

第八条 个人所得税，以所得人为纳税义务人，以支付所得的单位或者个人为扣缴义务人。个人所得超过国务院规定数额的，在两处以上取得工资、薪金所得或者没有扣缴义务人的，以及具有国务院规定的其他情形的，纳税义务人应当按照国家规定办理纳税申报。扣缴义务人应当按照国家规定办理全员全额扣缴申报。

第九条 扣缴义务人每月所扣的税款，自行申报纳税人每月应纳的税款，都应当在次月七日内缴入国库，并向税务机关报送纳税申报表。

工资、薪金所得应纳的税款，按月计征，由扣缴义务人或者纳税义务人在次月七日内缴入国库，并向税务机关报送纳税申报表。特定行业的工资、薪金所得应纳的税款，可以实行按年计算、分月预缴的方式计征，具体办法由国务院规定。

个体工商户的生产、经营所得应纳的税款，按年计算，分月预缴，由纳税义务人在次月七日内预缴，年度终了后三个月内汇算清缴，多退少补。

对企事业单位的承包经营、承租经营所得应纳的税款，按年计算，由纳税义务人在年度终了后三十日内缴入国库，并向税务机关报送纳税申报表。纳税义务人在一年内分次取得承包经营、承租经营所得的，应当在取得每次所得后的七日内预缴，年度终了后三个月内汇算清缴，多退少补。

从中国境外取得所得的纳税义务人，应当在年度终了后三十日内，将应纳的税款缴入国库，并向税务机关报送纳税申报表。

第十条 各项所得的计算，以人民币为单位。

所得为外国货币的，按照国家外汇管理机关规定的外汇牌价折合成人民币缴纳税款。

第十一条　对扣缴义务人按照所扣缴的税款，付给百分之二的手续费。

第十二条　对储蓄存款利息所得征收个人所得税的开征时间和征收办法由国务院规定。

第十三条　个人所得税的征收管理，依照《中华人民共和国税收征收管理法》的规定执行。

第十四条　国务院根据本法制定实施条例。

第十五条　本法自公布之日起施行。

个人所得税税率表一（工资、薪金所得适用）

级　数	全月应纳税所得额	税率（%）
1	不超过500元的	5
2	超过500元至2 000元的部分	10
3	超过2 000元至5 000元的部分	15
4	超过5 000元至20 000元的部分	20
5	超过20 000元至40 000元的部分	25
6	超过40 000元至60 000元的部分	30
7	超过60 000元至80 000元的部分	35
8	超过80 000元至100 000元的部分	40
9	超过100 000元的部分	45

注：本表所称全月应纳税所得额是指依照本法第六条的规定，以每月收入额减除费用1 600元后的余额或者减除附加减除费用后的余额。

个人所得税率表二（个体工商户的生产、经营所得和对企事业单位的承包经营、承租经营所得适用）

级　数	全年应纳税所得额	税率（%）
1	不超过5 000元的	5
2	超过5 000元至10 000元的部分	10
3	超过10 000元至30 000元的部分	30
4	超过30 000元至50 000元的部分	30
5	超过50 000元的部分	35

注：本表所称全年应纳税所得额是指依照本法第六条的规定，以每一纳税年度的收入总额，减除成本、费用以及损失后的余额。

中华人民共和国个人所得税法实施条例

（1994年1月28日中华人民共和国国务院令第142号发布　根据2005年12月19日《国务院关于修改〈中华人民共和国个人所得税法实施条例〉的决定》修订）

第一条　根据《中华人民共和国个人所得税法》（以下简称税法）的规定，制定本条例。

第二条　税法第一条第一款所说的在中国境内有住所的个人，是指因户籍、家庭、经济利益关系而在中国境内习惯性居住的个人。

第三条　税法第一条第一款所说的在境内居住满一年，是指在一个纳税年度中在中国境内居住365日。临时离境的，不扣减日数。

前款所说的临时离境，是指在一个纳税年度中一次不超过30日或者多次累计不超过90日的离境。

第四条　税法第一条第一款、第二款所说的从中国境内取得的所得，是指来源于中国境内的所得；所说的从中国境外取得的所得，是指来源于中国境外的所得。

第五条 下列所得，不论支付地点是否在中国境内，均为来源于中国境内的所得：

（一）因任职、受雇、履约等而在中国境内提供劳务取得的所得；

（二）将财产出租给承租人在中国境内使用而取得的所得；

（三）转让中国境内的建筑物、土地使用权等财产或者在中国境内转让其他财产取得的所得；

（四）许可各种特许权在中国境内使用而取得的所得；

（五）从中国境内的公司、企业以及其他经济组织或者个人取得的利息、股息、红利所得。

第六条 在中国境内无住所，但是居住一年以上五年以下的个人，其来源于中国境外的所得，经主管税务机关批准，可以只就由中国境内公司、企业以及其他经济组织或者个人支付的部分缴纳个人所得税；居住超过五年的个人，从第六年起，应当就其来源于中国境外的全部所得缴纳个人所得税。

第七条 在中国境内无住所，但是在一个纳税年度中在中国境内连续或者累计居住不超过90日的个人，其来源于中国境内的所得，由境外雇主支付并且不由该雇主在中国境内的机构、场所负担的部分，免予缴纳个人所得税。

第八条 税法第二条所说的各项个人所得的范围：

（一）工资、薪金所得，是指个人因任职或者受雇而取得的工资、薪金、奖金、年终加薪、劳动分红、津贴、补贴以及与任职或者受雇有关的其他所得。

（二）个体工商户的生产、经营所得，是指：

1. 个体工商户从事工业、手工业、建筑业、交通运输业、商业、饮食业、服务业、修理业以及其他行业生产、经营取得的所得；

2. 个人经政府有关部门批准，取得执照，从事办学、医疗、咨询以及其他有偿服务活动取得的所得；

3. 其他个人从事个体工商业生产、经营取得的所得；

4. 上述个体工商户和个人取得的与生产、经营有关的各项应纳税所得。

（三）对企事业单位的承包经营、承租经营所得，是指个人承包经营、承租经营以及转包、转租取得的所得，包括个人按月或者按次取得的工资、薪金性质的所得。

（四）劳务报酬所得，是指个人从事设计、装潢、安装、制图、化验、测试、医疗、法律、会计、咨询、讲学、新闻、广播、翻译、审稿、书画、雕刻、影视、录音、录像、演出、表演、广告、展览、技术服务、介绍服务、经纪服务、代办服务以及其他劳务取得的所得。

（五）稿酬所得，是指个人因其作品以图书、报刊形式出版、发表而取得的所得。

（六）特许权使用费所得，是指个人提供专利权、商标权、著作权、非专利技术以及其他特许权的使用权取得的所得；提供著作权的使用权取得的所得，不包括稿酬所得。

（七）利息、股息、红利所得，是指个人拥有债权、股权而取得的利息、股息、红利所得。

（八）财产租赁所得，是指个人出租建筑物、土地使用权、机器设备、车船以及其他财产取得的所得。

（九）财产转让所得，是指个人转让有价证券、股权、建筑物、土地使用权、机器设备、车船以及其他财产取得的所得。

（十）偶然所得，是指个人得奖、中奖、中彩以及其他偶然性质的所得。

个人取得的所得，难以界定应纳税所得项目的，由主管税务机关确定。

第九条 对股票转让所得征收个人所得税的办法，由财政部另行制定，报国务院批准施行。

第十条 个人取得的应纳税所得，包括现金、实物和有价证券。所得为实物的，应当按照取得的凭证上所注明的价格计算应纳税所得额；无凭证的实物或者凭证上所注明的价格明显偏低的，由主管税务机关参照当地的市场价格核定应纳税所得额。所得为有价证券的，由主管税务机关根据票面价格和市场价格核定应纳税所得额。

第十一条 税法第三条第四项所说的劳务报酬所得一次收入畸高，是指个人一次取得劳务报酬，其应纳税所得额超过20 000元。

对前款应纳税所得额超过20 000元至50 000元的部分，依照税法规定计算应纳税额后再按照应纳税额加征五成；超过50 000元的部分，加征十成。

第十二条 税法第四条第二项所说的国债利息，是指个人持有中华人民共和国财政部发行的债券而取得的利息所得；所说的国家发行的金融债券利息，是指个人持有经国务院批准发行的金融债券而取得的利息所得。

第十三条 税法第四条第三项所说的按照国家统一规定发给的补贴、津贴，是指按照国务院规定发给的政府特殊津贴、院士津贴、资深院士津贴，以及国务院规定免纳个人所得税的其他补贴、津贴。

第十四条 税法第四条第四项所说的福利费，是指根据国家有关规定，从企业、事业单位、国家机关、社会团体提留的福利费或者工会经费中支付给个人的生活补助费；所说的救济金，是指国家民政部门支付给个人的生活困难补助费。

第十五条 税法第四条第八项所说的依照我国法律规定应予免税的各国驻华使馆、领事馆的外交代表、领事官员和其他人员的所得，是指依照《中华人民共和国外交特权与豁免条例》和《中华人民共和国领事特权与豁免条例》规定免税的所得。

第十六条 税法第五条所说的减征个人所得税，其减征的幅度和期限由省、自治区、直辖市人民政府规定。

第十七条 税法第六条第一款第二项所说的成本、费用，是指纳税义务人从事生产、经营所发生的各项直接支出和分配计入成本的间接费用以及销售费用、管理费用、财务费用；所说的损失，是指纳税义务人在生产、经营过程中发生的各项营业外支出。

从事生产、经营的纳税义务人未提供完整、准确的纳税资料，不能正确计算应纳税所得额的，由主管税务机关核定其应纳税所得额。

第十八条 税法第六条第一款第三项所说的每一纳税年度的收入总额，是指纳税义务人按照承包经营、承租经营合同规定分得的经营利润和工资、薪金性质的所得；所说的减除必要费用，是指按月减除1 600元。

第十九条 税法第六条第一款第五项所说的财产原值，是指：

（一）有价证券，为买入价以及买入时按照规定交纳的有关费用；

（二）建筑物，为建造费或者购进价格以及其他有关费用；

（三）土地使用权，为取得土地使用权所支付的金额、开发土地的费用以及其他有关费用；

（四）机器设备、车船，为购进价格、运输费、安装费以及其他有关费用；

（五）其他财产，参照以上方法确定。纳税义务人未提供完整、准确的财产原值凭证，不能正确计算财产原值的，由主管税务机关核定其财产原值。

第二十条 税法第六条第一款第五项所说的合理费用，是指卖出财产时按照规定支付的有关费用。

第二十一条 税法第六条第一款第四项、第六项所说的每次收入，是指：

（一）劳务报酬所得，属于一次性收入的，以取得该项收入为一次；属于同一项目连续性收入的，以一个月内取得的收入为一次。

（二）稿酬所得，以每次出版、发表取得的收入为一次。

（三）特许权使用费所得，以一项特许权的一次许可使用所取得的收入为一次。

（四）财产租赁所得，以一个月内取得的收入为一次。

（五）利息、股息、红利所得，以支付利息、股息、红利时取得的收入为一次。

（六）偶然所得，以每次取得该项收入为一次。

第二十二条 财产转让所得，按照一次转让财产的收入额减除财产原值和合理费用后的余额，计算纳税。

第二十三条 二个或者二个以上的个人共同取得同一项目收入的，应当对每个人取得的收入分别按照税法规定减除费用后计算纳税。

第二十四条 税法第六条第二款所说的个人将其所得对教育事业和其他公益事业的捐赠，是指个人将其所得通过中国境内的社会团体、国家机关向教育和其他社会公益事业以及遭受严重自然灾害地区、贫困地区的捐赠。捐赠额未超过纳税义务人申报的应纳税所得额30%的部分，可以从其应纳税所得额中扣除。

第二十五条 按照国家规定，单位为个人缴付和个人缴付的基本养老保险费、基本医疗保险费、失业保险费、住房公积金，从纳税义务人的应纳税所得额中扣除。

第二十六条 税法第六条第三款所说的在中国境外取得工资、薪金所得，是指在中国境外任职或者受雇而取得的工资、薪金所得。

第二十七条 税法第六条第三款所说的附加减除费用，是指每月在减除1 600元费用的基础上，再减除本条例第二十九条规定数额的费用。

第二十八条 税法第六条第三款所说的附加减除费用适用的范围，是指：

（一）在中国境内的外商投资企业和外国企业中工作的外籍人员；

（二）应聘在中国境内的企业、事业单位、社会团体、国家机关中工作的外籍专家；

（三）在中国境内有住所而在中国境外任职或者受雇取得工资、薪金所得的个人；

（四）财政部确定的其他人员。

第二十九条 税法第六条第三款所说的附加减除费用标准为3 200元。

第三十条 华侨和香港、澳门、台湾同胞，参照本条例第二十七条、第二十八条、第二十九条的规定执行。

第三十一条 在中国境内有住所，或者无住所而在境内居住满一年的个人，从中国境内和境外取得的所得，应当分别计算应纳税额。

第三十二条 税法第七条所说的已在境外缴纳的个人所得税税额，是指纳税义务人从中国境外取得的所得，依照该所得来源国家或者地区的法律应当缴纳并且实际已经缴纳的税额。

第三十三条 税法第七条所说的依照税法规定计算的应纳税额，是指纳税义务人从中国境外取得的所得，区别不同国家或者地区和不同应税项目，依照税法规定的费用减除标准和适用税率计算的应纳税额；同一国家或者地区内不同应税项目的应纳税额之和，为该国家或者地区的扣除限额。

纳税义务人在中国境外一个国家或者地区实际已经缴纳的个人所得税税额，低于依照前款规定计算出的该国家或者地区扣除限额的，应当在中国缴纳差额部分的税款；超过该国家或者地区扣除限额的，其超过部分不得在本纳税年度的应纳税额中扣除，但是可以在以后纳税年度的该国家或者地区扣除限额的余额中补扣。补扣期限最长不得超过五年。

第三十四条 纳税义务人依照税法第七条的规定申请扣除已在境外缴纳的个人所得税税额时，应当提供境外税务机关填发的完税凭证原件。

第三十五条 扣缴义务人在向个人支付应税款项时，应当依照税法规定代扣税款，按时缴库，并专项记载备查。前款所说的支付，包括现金支付、汇拨支付、转账支付和以有价证券、实物以及其他形式的支付。

第三十六条 纳税义务人有下列情形之一的，应当按照规定到主管税务机关办理纳税申报：

（一）年所得12万元以上的；

（二）从中国境内二处或者二处以上取得工资、薪金所得的；

（三）从中国境外取得所得的；

（四）取得应纳税所得，没有扣缴义务人的；

（五）国务院规定的其他情形。

年所得12万元以上的纳税义务人，在年度终了后3个月内到主管税务机关办理纳税申报。

纳税义务人办理纳税申报的地点以及其他有关事项的管理办法，由国家税务总局制定。

第三十七条 税法第八条所说的全员全额扣缴申报，是指扣缴义务人在代扣税款的次月内，向主管税务机关报送其支付所得个人的基本信息、支付所得数额、扣缴税款的具体数额和总额以及其他相关涉税信息。全员全额扣缴申报的管理办法，由国家税务总局制定。

第三十八条 自行申报的纳税义务人，在申报纳税时，其在中国境内已扣缴的税款，准予按照规定从应纳税额中扣除。

第三十九条 纳税义务人兼有税法第二条所列的二项或者二项以上的所得的，按项分别计算纳税。在中国境内二处或者二处以上取得税法第二条第一项、第二项、第三项所得的，同项所得合并计算纳税。

第四十条　税法第九条第二款所说的特定行业，是指采掘业、远洋运输业、远洋捕捞业，以及财政部确定的其他行业。

第四十一条　税法第九条第二款所说的按年计算、分月预缴的计征方式，是指本条例第四十条所列的特定行业职工的工资、薪金所得应纳的税款，按月预缴，自年度终了之日起30日内，合计其全年工资、薪金所得，再按12个月平均并计算实际应纳的税款，多退少补。

第四十二条　税法第九条第四款所说的由纳税义务人在年度终了后30日内将应纳的税款缴入国库，是指在年终一次性取得承包经营、承租经营所得的纳税义务人，自取得收入之日起30日内将应纳的税款缴入国库。

第四十三条　依照税法第十条的规定，所得为外国货币的，应当按照填开完税凭证的上一月最后一日中国人民银行公布的外汇牌价，折合成人民币计算应纳税所得额。依照税法规定，在年度终了后汇算清缴的，对已经按月或者按次预缴税款的外国货币所得，不再重新折算；对应当补缴税款的所得部分，按照上一纳税年度最后一日中国人民银行公布的外汇牌价，折合成人民币计算应纳税所得额。

第四十四条　税务机关按照税法第十一条的规定付给扣缴义务人手续费时，应当按月填开收入退还书发给扣缴义务人。扣缴义务人持收入退还书向指定的银行办理退库手续。

第四十五条　个人所得税纳税申报表、扣缴个人所得税报告表和个人所得税完税凭证式样，由国家税务总局统一制定。

第四十六条　税法和本条例所说的纳税年度，自公历1月1日起至12月31日止。

第四十七条　1994纳税年度起，个人所得税依照税法以及本条例的规定计算征收。

第四十八条　本条例由财政部会同国家税务总局解释。

第四十九条　本条例自发布之日起施行。1987年8月8日国务院发布的《中华人民共和国国务院关于对来华工作的外籍人员工资、薪金所得减征个人所得税的暂行规定》同时废止。

国家税务总局关于
外国企业常驻代表机构有关税收管理问题的通知

各省、自治区、直辖市和计划单列市国家税务局、地方税务局：

为进一步规范外国企业常驻代表机构税收管理，根据代表机构近年来税务管理的实际情况，现就执行《国家税务总局关于加强外国企业常驻代表机构征管有关问题的通知》（国税发［1996］165号）有关问题，通知如下：

一、关于代表机构税务登记及纳税申报问题

外国企业在我国设立的各类常驻代表机构（以下简称代表机构），其在我国从事各项活动，应该按照我国税法的有关规定，办理税务登记，并按期向主管税务部门申报其经营情况。其中属于国税发［1996］165号第一条第二款及其他规定不予征税或免税的代表机构，可在年度终了后的一个月内，申报其年度业务经营情况。

二、关于代表机构征税方法问题

依照国税发［1996］165号第一条第一款规定从事应税业务的各类代表机构，按照下列规定的方法，计算缴纳营业税和企业所得税：

（一）对国税发［1996］165号第一条第一款第2项列举的从事商务、法律、税务、会计、审计等各类咨询服务性的代表机构，必须建立健全会计账簿，正确计算收入和应纳税所得额，据实申报纳税。

（二）对国税发［1996］165号第一条第一款第1、4、5项列举的从事各项代理、贸易（包括自营贸易和代理贸易）等各类服务性代表机构，考虑到此类代表机构从事的各项业务，主要是依照其总机构的要求开展的，没有直接与接受服务者签订合同或协议，其提供服务应归属于该代表机构的收入，通常由其总机构统一收取。对此类代表机构统一采取按经费支出换算收入的办法确定收入，并据以征税。

（三）国税发［1996］165号第一条第一款规定的除上述两类以外从事应税业务的代表机构，可根据其从事经营活动实际取得的业务收入（包括由其总机构统一收取的），按期向当地主管税务机关申报纳税；凡当年度内没有取得业务收入的，可在年度终了后的一个月内，申报其年度经营情况。

三、关于外国政府、国际组织、非营利机构、各民间团体等代表机构免税问题

外国政府、国际组织、非营利机构、各民间团体等在我国设立的代表机构，可由代表机构（或其总机构、上级部门等）向当地主管国家税务局或地方税务局提出免税申请，并提供所在国主管税务当局（包括总机构所在地地方税务当局）、政府机构确认的代表机构性质证明，经当地税务机关审核后，层报国家税务总局批准。

四、关于代表机构管理、检查问题

（一）各地要加大对代表机构的日常管理，应与工商、外经委等部门建立必要的联系制度，将所有代表机构纳入正常的税务管理。

（二）主管税务机关应对代表机构申报的纳税资料认真进行审核，必要时进行实地检查。检查中发现代表机构经营情况与其申报的情况不符的，应根据《中华人民共和国税收征收管理法》的有关规定处理。

五、本通知自2003年7月1日起执行，以前规定与本通知不一致的，以本通知为准

财政部、国家税务总局关于出口货物退（免）税若干具体问题的通知

财税［2004］116号

各省、自治区、直辖市、计划单列市财政厅（局）、国家税务局，新疆生产建设兵团财务局：

针对有关地区在执行出口退税政策中反映的一些问题，经研究，现将出口货物退（免）税若干具体问题规定如下：

一、《财政部、国家税务总局关于调整出口货物退税率的补充通知》（财税［2003］238号）第四条所述“……外商投资企业采购符合退税条件的国产设备……”是指：

1. 在2002年3月31日前批准的外商投资企业，符合《国务院关于调整进口设备税收政策的通知》（国发［1997］37号）中规定的《外商投资产业指导目录》（鼓励类和限制乙类）的投资项目，采购国产设备准予退税；

2. 在2002年4月1日以后批准的外商投资企业，符合原国家计委、原国家经贸委、原外经贸部联合发布的《外商投资产业指导目录》（第21号令）中鼓励外商投资产业目录的投资项目，采购国产设备准予退税。

不予退税的设备范围以国务院《外商投资项目不予免税的进口商品目录》为准。

《国家税务总局关于印发〈外商投资企业采购国产设备退税管理试行办法〉的通知》（国税发［1999］171号）中规定的“投资各方的货币投资总额”（含企业借款），包括外商投资企业的注册资金和追加投资金额。《国家税务总局关于外商投资企业采购国产设备有关退税问题的通知》（国税函［2002］197号）规定的“外经贸部及其授权主管部门批准的项目批准书复印件”修改为“中华人民共和国外商（台港澳侨）投资企业批准证书复印件”。

外商投资企业购进国产设备后，按增值税专用发票上注明的税额办理退税。

二、出口企业（包括外贸企业和生产企业，下同）出口《财政部国家税务总局关于调整出口货物退税率的通知》（财税［2003］222号）及其他有关文件规定的不予退（免）税的货物，应分别按下列公式计提销项税额。

一般纳税人：

销项税额 =（出口货物离岸价格 × 外汇人民币牌价）÷（1 + 法定增值税税率）× 法定增值税税率

小规模纳税人：

应纳税额 =（出口货物离岸价格 × 外汇人民币牌价）÷（1 + 征收率）× 征收率

出口企业以进料加工贸易方式出口的不予退（免）税的货物，须按照复出口货物的离岸价格与所耗用进口料件的差额计提销项税额或计算应纳税额。出口企业以来料加工复出口方式出口不予退（免）税货物的，继续予以免税。

不予退（免）税的货物若为应税消费品，须按现行有关税收政策规定计算缴纳消费税。

三、免税出口卷烟转入成本的进项税额，按出口卷烟含消费税的金额占全部销售额的比例计算分摊。计算出口卷烟含税金额的公式如下：

出口卷烟含税金额 = 出口数量销售价格 ÷（1 - 消费税税率）

当出口卷烟同类产品国内销售价格低于税务机关公示的计税价格时，公式中的销售价格为税务机关公示的计税价格；高于税务机关公示的计税价格时，公式中的销售价格为实际销售价格。

四、国外客户推迟支付货款或不能支付货款的出口货物，及出口企业以差额结汇方式进行结汇的进料加工出口货物，凡外汇管理部门出具出口收汇核销单（出口退税专用）的，出口企业可按现行有关规定申报办理退（免）税手续。

五、承接对外修理修配业务的企业，申请办理修理修配收入的退（免）税手续时，须提供其与外商签署的修理修配合同及其他规定的凭证，不再提供出口收汇核销单（出口退税专用）。修理修配收入以出口货物报关单（出口退税专用）上注明的加工费和材料费之和为准，退税率按被修理修配货物的出口退税率执行。

六、外贸企业采取作价加工方式从事进料加工复出口业务，未按规定办理“进料加工免税证明”的，相应的复出口产品，外贸企业不得申请办理退（免）税。

七、出口企业代理其他企业出口后，须在自报关出口之日起30天内凭出口货物报关单（出口退税专用）和代理出口协议，向主管税务机关申请开具代理出口证明，并及时转给委托出口企业。主管税务机关在开具代理出口证明后，要及时上传有关电子信息，并在年终清算期内对已签发的《代理出口产品证明》进行清理，对出口企业未按规定收齐《出口收汇核销单》的，要函告委托企业所在地的税务机关。委托企业所在地的税务机关须对该批货物按内销征税。

八、本通知除第一条外，其他各条自2004年1月1日起执行。

财政部、国家税务总局关于
出口货物退（免）税若干具体问题的补充通知

财税［2005］34号

各省、自治区、直辖市、计划单列市财政厅（局）、国家税务局，新疆生产建设兵团财务局：

经研究决定，现对《财政部国家税务总局关于出口货物退（免）税若干具体问题的通知》（财税［2004］116号）第三条的规定进行调整。现就有关事宜通知如下：

一、财税［2004］116号文件第三条规定调整为：

免税出口卷烟转入成本的进项税额，按出口卷烟含消费税的金额占全部销售额的比例计算分摊，计算出口卷烟含税金额的公式如下：

（一）当生产企业销售的出口卷烟在国内有同类产品销售价格时：

出口卷烟含税金额 = 出口销售数量 × 销售价格

公式中的“销售价格”为同类产品生产企业国内实际调拨价格。如果实际调拨价格低于税务

机关公示的计税价格，公式中的“销售价格”为税务机关公示的计税价格；高于税务机关公示的计税价格，公式中的销售价格为实际调拨价格。

（二）当生产企业销售的出口卷烟在国内没有同类产品销售价格时：

出口卷烟含税金额

=出口销售额÷（1－消费税比例税率）+出口销售数量×消费税定额税率

公式中的“出口销售额”以出口发票计算的出口货物离岸价格为准。出口发票不能如实反映实际离岸价的，企业必须按照实际离岸价向主管税务机关进行申报，同时主管税务机关有权依照《中华人民共和国税收征收管理法》、《中华人民共和国增值税暂行条例》等有关规定予以核定。

公式中的“消费税比例税率”，是指卷烟生产企业销售卷烟的实际价格或核定的计税价格所适用的比例税率。

二、本通知自2004年1月1日起执行。卷烟生产企业自2004年1月1日至本通知下发之日已按财税［2004］116号文件有关规定计算转出的进项税额，应按本通知的规定重新计算，并在2004年度出口退税清算期予以调整。

海 关

法律知识问答

知识问答

目 录

一、如何报关、结关和清关 …………… (138)
二、中国对“报关单位”有哪些具体要求 …………… (138)
三、中国对报关期限有哪些具体要求 …… (139)
四、中国的报关程序有哪些 …………… (139)
五、中国的报关注册登记制度主要有哪些 …………… (141)
六、怎样进行进出口货物申报 …………… (141)
七、中国海关在报关期限上有哪些具体规定 …………… (141)
八、报关时需要提交哪些单证 …………… (142)
九、填制报关单有哪些基本要求 ………… (142)
十、何为保护关税 …………… (142)
十一、布鲁塞尔估价的定义是什么 ……… (143)
十二、什么是差别关税 …………… (143)
十三、差价关税的含义是什么 …………… (143)
十四、产品对产品减税方式指的是什么 … (143)
十五、什么是出口税 …………… (143)
十六、何为出口退税 …………… (144)
十七、何谓出口信贷 …………… (144)
十八、出口限制指的是什么 …………… (144)
十九、什么叫从量税 …………… (144)
二十、从价的定义是什么 …………… (144)
二十一、从价关税的含义是什么 ………… (144)
二十二、何谓多种汇率 …………… (145)
二十三、反补贴税指的是什么 …………… (145)
二十四、什么是反倾销 …………… (145)
二十五、反倾销税是个什么税种 ………… (145)
二十六、关税的具体定义是什么 ………… (146)
二十七、关税和贸易总协定的主要内容有哪些 …………… (146)
二十八、关税合作理事会是个什么样的组织 …………… (147)
二十九、什么是关税减让 …………… (147)
三十、何为关税配额 …………… (148)
三十一、什么是关税升级 …………… (148)
三十二、关税水平的含义是什么 ………… (148)
三十三、关税税则的具体内容是什么 …… (148)
三十四、何谓关税同盟 …………… (149)
三十五、关税和贸易总协定秘书处是个什么组织 …………… (149)
三十六、国内税是个什么税种 …………… (149)
三十七、何为过境关税 …………… (149)
三十八、海关是个什么机构 …………… (149)
三十九、什么是海关估价 …………… (150)
四十、互惠原则指的是什么 …………… (150)

四十一、汇兑平价指的是什么 ……………（150）
四十二、汇兑税是个什么税种 ……………（150）
四十三、货币的概念是什么 ……………（150）
四十四、何为约束税率 ……………（151）
四十五、自主关税是个什么税种 ……………（151）
四十六、什么是最惠国税率 ……………（151）
四十七、优惠差额指的是什么 ……………（151）
四十八、什么是优惠税率 ……………（151）
四十九、何谓有效保护率 ……………（151）
五十、中国在关税的征收与退补方面
有哪些具体规定 ……………（152）

答　解

一、如何报关、结关和清关

报关是指货物、行李和邮递物品、运输工具等在进出关境或国境时由所有人或其代理人向海关申报，交验规定的单据、证件，请求海关办理进出口的有关手续。我国海关规定报关时应交纳的单据、证件。有：进出口货物报关单、进出口货物许可证、商品检验证书、动植物检疫证书、食品卫生检验证书以及提货单、装货单、运单、发票、装箱单等。

结关是指进口货物、出口货物和转运货物进入一国海关关境或国境必须向海关申报，办理海关规定的各项手续，履行各项法规规定的义务；只有在履行各项义务，办理海关申报、查验、征税、放行等手续后，货物才能放行，货主或申报人才能提货。同样，载运进出口货物的各种运输工具进出境或转运，也均需向海关申报，办理海关手续，得到海关的许可。货物在结关期间，不论是进口、出口或转运，都是处在海关监管之下，不准自由流通。

清关即结关，习惯上又称通关。

二、中国对“报关单位”有哪些具体要求

在进出口贸易的实际业务中，绝大多数是卖方负责出口货物报关，买方负责进口货物报关。即绝大多数的贸易公司只是同自己国家的海关打交道。

海关对进出口货物报关管理的主要制度实际是报关注册登记制度。凡是在中华人民共和国进出境口岸办理进出口货物报关手续的企业必须向海关办理报关注册登记。

要履行进出口货物的报关手续，必须先经海关批准成为报关单位。能够向海关注册登记的单位分为两类，一类是办理报关注册登记单位；另一类是办理代理报关注册登记单位。办理报关和代理报关登记，在企业所在地海关办理。报关业务，应由报关企业和代理报关企业指派专人即报关员办理。报关员必须经海关培训、考核合格并获得由海关颁发的《报关员证》才可以从事报关工作。

（一）办理报关注册登记单位

可以向海关申请办理报关注册登记的单位有：经批准有进出口贸易经营权的企业；中外合资、合作经营企业及外商独资企业；经海关认可，直接办理进出口手续的经营对外加工、装配和中小型补偿贸易的企业；其经海关认可的经常办理进出口货物手续的单位。

申请办理报关注册登记的企业，应向海关提交有关文件材料：①经贸管理部门批准其经营进、出口业务的文件副本或影印件；②工商行政管理部门核发的营业执照副本或影印件；③银行出具的经济担保书或具有同等效力的证明文件；④《报关注册登记申请书》；⑤有关部门批准开业的证件副本或者影印件。以上内容经海关审核批准后，发给《报关注册登记证明书》。

（二）办理代理报关注册登记的单位

具有法人资格的企业，可向海关申请办理代理报关注册登记，并同时向海关提交有关文件材料：工商行政管理部门核发的营业执照；代理报关注册登记申请书；资信证明文件，如有足够的流动资产或银行存款、保证进出口货物税款能够及时缴纳的证明文件，或是向金融机构投保并向海关提交金融机构出具的经济担保书，或者通过公证机关以固定资产抵押形式保证缴纳的资信证明文件。申请经海关审核批准后，发给《报关注册登记证明书》。企业取得报关单位的资格后，即

可由专职或兼职报关员办理货物进出关境的手续。

报关单位的资格随同原申请成为报关单位的企业的撤销而自动终止。如更改注册登记内容时，需重新向海关申请。

三、 中国对报关期限有哪些具体要求

进出口货物的报关期限在《海关法》中有明确的规定，而且出口货物报关期限与进口货物报关期限是不同的。

出口货物的发货人或其代理人除海关特许外，应当在装货的24小时以前向海关申报。做出这样的规定是为了在装货前给海关以充足的查验货物的时间，以保证海关工作的正常进行。

如果在这一规定的期限之前没有向海关申报，海关可以拒绝接受通关申报，这样，出口货物就得不到海关的检验、征税和放行，无法装货运输，从而影响运输单据的取得，甚至导致延迟装运、违反合同。因此，应该及早地向海关办理申报手续，做到准时装运。

进口货物的收货人或其代理人应当自载运该货的运输工具申报进境之日起14天内向海关办理进口货物的通关申报手续。做出这样的规定是为了加快口岸疏运，促使进口货物早日投入使用，减少差错，防止舞弊。如果在法定的14天内没有向海关办理申报手续，海关将征收滞报金。滞报金的起收日期为运输工具申报进境之日起的15天；转关运输货物为货物运抵指运地之日起的第15天；邮运进口货物为收到邮局通知之日的第15天。截止日期为海关申报之日。滞报金的每日征收率为进口货物到岸价格的0.5‰，起征点为人民币10元。计算滞报金的公式为：

滞报金总额 = 货物的到岸价格 × 滞报天数 × 0.5‰。

进口货物的收货人自运输工具申报进境之日起超过三个月未向海关申报的，其进口货物由海关提取变卖处理。所得价款在扣除运输、装卸、存储等费用和税款后，尚有余款的，自货物变卖之日起一年内经收货人申请，予以发还；逾期无人申请的，上缴国库。确属误卸或者溢卸的进境货物除外。

四、 中国的报关程序有哪些

报关工作的全部程序分为申报、查验、放行三个阶段。

（一）进出口货物的申报

进出口货物的收、发货人或者他们的代理人，在货物进出口时，应在海关规定的期限内，按海关规定的格式填写进出口货物报关单，随附有关的货运、商业单据，同时提供批准货物进出口的证件，向海关申报。报关的主要单证有以下几种：

进口货物报关单。一般填写一式二份（有的海关要求报关单份数为三份）。报关单填报项目要准确、齐全、字迹清楚，不能用铅笔；报关单内各栏目，凡海关规定有统计代号的，以及税则号列及税率一项，由报关员用红笔填写；每份报关单限填报四项货物；如发现情况有无或其他情况需变更填报内容的，应主动、及时向海关递交更改单。

出口货物报关单。一般填写一式两份（有的海关要求三份）。填单要求与进口货物报关单基本相同。如因填报有误或需变更填报内容而未主动、及时更改的，出口报关后发生退关情况，报关单位应在三天内向海关办理更正手续。

随报关单交验的货运、商业单据。任何进出口货物通过海关，都必须在向海关递交以填好的报关单的同时，交验有关的货运和商业单据，接受海关审核诸种单证是否一致，并由海关审核后加盖印章，作为提取或发运货物的凭证。随报关单同时交验的货运和商业单据有：海运进口提货单；海运出口装货单（需报关单位盖章）；陆、空运运单；货物的发票（其份数比报关单少一份，需报关单位盖章等）；货物的装箱单（其份数与发票相等，需报关单位盖章）等。需要说明的是如海关认为必要，报关单位还应交验贸易合同、定货卡片、产地证明等。另外，按规定享受减、免税或免验的货物，应在向海关申请并已办妥手续后，随报关单交验有关证明文件。

进（出）口货物许可证。进出口货物许可证制度，是对进出口贸易进行管理的一种行政保护手段。我国与世界上大多数国家一样，也采用这一制度对进出口货物、物品实行全面管理。必须向海关交验进出口货物许可证的商品并不固定，而是由国家主管部门随时调整公布。凡按国家规

定应申领进出口货物许可证的商品，报关时都必须交验由对外贸易管理部门签发的进出口货物许可证，并经海关查验合格无误后始能放行。但对外经济贸易合作部所属的进出口公司、经国务院批准经营进出口业务的各部委所属的工贸公司、各省（直辖市、自治区）所属的进出口公司，在批准的经营范围内进出口商品，视为以取得许可，免领进出口货物许可证，只凭报关单即可向海关申报；只有在经营进出口经营范围以外的商品时才需要交验许可证。

检验检疫制度：国家出入境检验检疫局与海关总署从2000年1月1日起实施新的检验检疫货物通关制度，通关模式为“先报验，后报关”。同时出入境检验检疫部门将启用新的印、证书。

新的检验检疫制度对原卫检局、动植物局、商检局进行“三检合一”，全面推行“一次报检、一次取样，一次检验检疫，一次卫生除害处理，一次收费，一次发证放行”的工作规程和“一口对外”的国际通用的新的检验检疫模式。而从2000年1月1日起，对实施进出口检疫的货物启用“入境货物通关单”和“出境货物通关单”，并在通关单上加盖检验检疫专用章，对列入《出入境检验检疫机构实施检验检疫的进出口商品目录》范围内的进出口货物（包括转关运输货物），海关一律凭货物报关地出入境检验检疫局签发的“入境货物通关单”或“出境货物通关单”验放，取消原“商检、动植检、卫检”以放行单、证书及在报关单上加盖放行章通关的形式。同时，正式启用出入境检验检疫证书，原来以“三检”名义对外签发的证书自2000年4月1日起一律停止使用。

同时，从2000年起对外签订合同、信用证时都要按新制度办事。

海关要求报关单位出具“入境货物通关单”或“出境货物通关单”，一方面是监督法定检验商品是否已经接受法定的商检机构检验；另一方面是取得进出口商品征税、免税、减税的依据。根据《中华人民共和国进出口商品检验法》以及《商检机构实施检验的进出口商品种类表》规定，凡列入《种类表》的法定检验的进出口商品，均应在报关前向商品检验机构报验。报关时，对进出口商品，海关凭商检机构签发的“入境货物通关单”和“出境货物通关单”进口货物报关单上加盖的印章验收。

除上述单证外，对国家规定的其他进出口管制货物，报关单位也必须向海关提交由国家主管部门签发的特定的进出口货物批准单证，由海关查验合格无误后再予以放行。诸如药品检验，文物出口签定，金银及其制品的管理，珍贵稀有野生动物的管理，进出口射击运动、狩猎用枪支弹药和民用爆破物品的管理，进出口音像制品的管理等均属此列。

（二）进出口货物的查验

进出口货物，除海关总署特准查验的以外，都应接受海关查验。查验的目的是核对报关单证所报内容与实际到货是否相符，有无错报、漏报、瞒报、伪报等情况，审查货物的进出口是否合法。海关查验货物，应在海关规定的时间和场所进行。如有特殊理由，事先报经海关同意，海关可以派人员在规定的时间和场所以外查询。申请人应提供往返交通工具和住宿并支付费用。

海关查验货物时，要求货物的收、发货人或其代理人必须到场，并按海关的要求负责办理货物的搬移、拆装箱和查验货物的包装等工作。海关认为必要时，可以径行开验、复验或者提取货样、货物保管人应当到场作为见证人。

查验货物时，由于海关关员责任造成被查货物损坏的，海关应按规定赔偿当事人的直接经济损失。赔偿办法：由海关关员如实填写《中华人民共和国海关查验货物，物品损坏报告书》一式两份，查验关员和当事人双方签字，各留一份。双方共同商定货物的受损程度或修理费用（必要时，可凭公证机构出具的鉴定证明确定），以海关审定的完税价格为基数，确定赔偿金额。赔偿金额确定后，由海关填发《中华人民共和国海关损坏货物、物品赔偿通知》，当事人自收到《通知单》之日起，三个月内凭单向海关领取赔款或将银行账号通知海关划拨，逾期海关不再赔偿。赔款一律用人民币支付。

（三）进出口货物的放行

海关对进出口货物的报关，经过审核报关单据、查验实际货物，并依法办理了征收货物税费手续或减免税手续后，在有关单据上签盖放行章，货物的所有人或其代理人才能提取或装运货物。此时，海关对进出口货物的监管才算结束。另外，进出口货物因各种原因需海关特殊处理的，可向海关申请担保放行。海关对担保的范围和方式均有明确的规定。

五、中国的报关注册登记制度主要有哪些

报关是指进出境的运输工具负责人，进出口货物的收发货人或代理人向海关提出办理进出口货物手续的过程。向海关报关的人或单位称之为报关人。需要向海关办理报关手续的企事业单位，应向海关提出书面申请，经海关审核并办理注册登记手续。办理了上述手续的单位，可以直接向海关办理进出境运输工具、货物的报关手续，企事业指派的具体向海关办理报关手续的人，应经过海关培训、考核；未向海关办理注册登记手续的单位，不得直接向海关办理报关手续。

根据规定，除代办报关手续的国际运输企业和外轮代理公司以及专营报关企业，必须向海关办理注册登记外，下列单位如直接向海关办理报关手续，也必须进行注册登记：①外贸专业公司及子公司和所属省市的台区级分公司，以及经批准有外贸权的支公司；②有进出口权的工贸、农贸、技贸公司；③有进出口经营权的生产企业、企业联合体、外贸和生产企业的联合公司；④中外合资、合作企业，外商独资企业；⑤免税品公司，外汇、侨汇商店；⑥信托投资公司、经济技术开发公司、技术引进公司和租赁公司；⑦成套设备公司，对外承包工程公司；⑧其他经常有进出口业务的企业。

向海关申请办理注册登记手续的企事业单位，应填写“报关注册登记申请书”，并持下列证件向海关申请：①被批准开业的证件副本；②工商部门核发的营业执照副本；③银行出具的经济担保书；④报关注册登记申请书。

海关审核批准后，发给“报关注册登记证明书”，并收取押金500元人民币和工本手续费。报关单位需将“报关专用章”和报关人员的名章和签字式样送交海关备案存档，每次向海关递交的进出口货物报关单上必须盖有报关单位和报关人员已备案的印章，否则海关不予接受。

六、怎样进行进出口货物申报

（一）进口货物的申报

1. **申报时间。**进口货物的收货人应当自运输工具申报进境之日起14日内，向海关申报。超过规定期限来海关申报的，由海关从第15天起按日征收滞报金；如果自运输工具申报进境之日起超过三个月未向海关申报，其进口货物将由海关提取变卖。

2. **申报程序。**申报应备文件及申报地点，进口货物申报时，应填写一式两份“进口货物报关单”，并随附以下单证：①许可证；②提货单；③发票；④装箱单；⑤减免税或免验的证明文件。根据规定，进口货物应当由收货人在货物的进境地海关办理海关手续。

3. **海关审核单证。**海关在接受报关后，首先要对各项单证予以签收，对报关单进行编号登记，并批注接受申报的日期；其次对交割的单证要认真细致地进行审核，如发现不合格时，应通知申报单位及时补充和更正。

（二）出口货物的申报

1. **申报时限和申报地点。**出口货物在出境时，其发货人应在装货的24小时以前，向海关申报。具体地说，一般在出口货物运到码头、车站、机场、邮局等仓库、场地后，在海关规定的24小时以前向海关申报。根据规定，出口货物应由发货人在货物的出境地海关申报。

2. **报关应具备的单证。**出口货物报关时应填写一式两份“出口货物报关单”并随有出口许可证、发票、装箱单等货运单证。海关在接受报关后，同样也需对各项单证予以签收和审核。

3. **出口产品退还国内产品税。**出口企业申请退税，须提供两单两票，即出口货物报关单、银行的出口结汇单和出口销售发票、出口产品购进发票；有权退税的企业是有进出口经营权并承担出口创汇任务的外贸公司，工业企业受托具有出口经营权的企业出口自产产品，也准予退税。

七、中国海关在报关期限上有哪些具体规定

报关期限是指货物运到口岸后，法律规定收货人或其代理人向海关报关的时间。

根据我国海关法的规定，进口货物的报关期限为从运输工具申报进境之日起14天内，由收货

人或其代理人向海关报关，超过这个期限报关，由海关征收滞报金。

进境货物滞报金的起收日期为运输工具申报进境的第15天，而邮运进境的货物滞报金为收件人接到邮局通知之日起的第15天。此外，转遥运输进境货物滞报金起收回期有两个：一是运输工具申报进境之日起第15天，二是货物运扭才旨运地之日起第15天。

滞报金的征收对象是进口货物的收货人或其代理人。日征金额为进口货物到岸价格的0.5%，起征点为人民币10元，不足者不征。

需注意，这里指的进口货物的到岸价格是由海关审定的正常的到岸价格，它是以外币计价的。

海关按应征收滞报金之日国家外汇牌价的买卖中间价折合人民币。滞报金是由于进口货物收货人或其代理人超过法定期限向海关报关而产生的一种费用，不是罚款，海关出据的滞报金收据也不是罚款通知书。

海关规定报关期限和征收滞报金是为了运用行政手段和经济手段，促使进口货物及时报关，加速口岸运输，使进口货物早日投入生产和使用。

八、 报关时需要提交哪些单证

进出口商向海关报关时，需提交以下单证：

1. **进出口货物报关单**。一般进口货物应填写一式二份；需要由海关核销的货物，如加工贸易货物和保税货物等，应填写专用报关单一式三份；货物出口后需国内退税的，应另填一份退税专用报关单。

2. **货物发票**。要求份数比报关单少一份，对货物出口委托国外销售，结算方式是待货物销售后按实销金额向出口单位结汇的，出口报关时可准予免交。

3. **陆运单、空运单和海运进口的提货单及海运出口的装货单**。海关在审单和验货后，在正本货运单上签章放行退还报关员，凭此提货或装运货物。

4. **货物装箱单**。其份数同发票。但是散装货物或单一品种且包装内容一致的件装货物可免交。

5. **出口收汇核销单**。一切出口货物报关时，应交验外汇管理部门加盖“监督收汇”章的出口收汇核销单，并将核销编号填在每张出口报关单的右上角处。

6. **海关认为必要时，还应交验贸易合同、货物产地证书等**。

7. **其他有关单证**。包括：①经海关批准准予减税、免税的货物，应交海关签章的减免税证明，北京地区的外资企业需另交验海关核发的进口设备清单；②已向海关备案的加工贸易合同进出口的货物，应交验海关核发的“登记手册”。

九、 填制报关单有哪些基本要求

（1）报关单的填报必须真实，不得出现差错，更不能伪报、瞒报及虚报。要做到两个相符：一是单证相符，即报关单与合同、批文、发票、装箱单等相符；二是单货相符，即报关单中所报内容与实际进出口货物情况相符。

（2）不同合同、不同运输工具名称、不同贸易方式、不同征免性质、不同许可证号的货物，不能填在同一份报关单上。同一张报关单上最多不能填写超过五项海关统计商品编号的货物。

（3）不同贸易方式的货物，须用不同颜色的报关单填报。

（4）报关单填报要准确、齐全、字迹工整，若有更改，必须在更改项目上加盖校对章。

（5）报关单除填写有关项目外，还应填写有关项目的代号。

（6）预录入的报关单与手工报关单具有同样的法律效力，报关员在打印报关单上签字盖章前，应认真核对，防止录入错误。

（7）向海关递交的报关单，事后发现差错，须立即填写报关单更正单，向海关办理更正手续。

（8）对于海关放行后的出口货物，由于运输工具配载等原因，全部或部分未能装载上原申报的运输工具的，出口货物发货人应向海关递交《出口货物报关单更改申请》。

十、 何为保护关税 （Protective Tariff）

一国为保护本国的工农业而对进口商品征收的关税。保护关税的税率要高，有时高达百分之几百，实际上等于禁止进口，从而达到保护的目的。目前，虽然可以采用进口许可证，进口配额等办法直接限制进口，以及采用倾销、资本输出等办法，冲破关税的限制，使保护关税的作用相对减低，但它仍是保护贸易政策的重要措施之一。

十一、布鲁塞尔估价的定义（Brussels Definition of Value BDV）是什么

国际性的海关估价规定之一，指经欧洲国家海关同盟研究，由34个国家于1950年在布鲁塞尔签署的《海关商品估价公约》。该协议给海关估价做了定义，被称为布鲁塞尔估价定义，它规定海关应以进口货物的“正常价格”（Normal Price）作为估价的依据，这种估价方法除当时34个缔约国外，曾为另外67个国家和地区采用。目前，只有一部分发展中国家以此作为估价规定。

正常价格是指在进口国港口或交货地区，于交纳关税时，在卖方与买方相互独立的公开市场上，任何买主都可能买到这种商品的的正常价格。价格中所包括的费用内容以及影响价格水平的因素和条件，都在公约的附件中加以规定和解释，基本精神是要符合“正常”原则。在同时，同地，同一情况的条件下，几个不同商人进口同样商品，其完税价格只能有一个“正常价格”，海关认为商人申报的货物价格符合价格定义的“正常价格”时，才接受其为估价的依据，否则需由海关估定一个“正常价格”作为完税价格的依据，布鲁塞尔估价定义是按到岸价格为标准制订的。“正常价格”是种抽象的价格概念，因此有人称它为“抽象概念的到岸价格”（Notional Concept of CIF Value）。

由于迄今仍有一部分发展中国家的估价方法采用布鲁塞尔估价定义，估价规定的内容不一，有些国家可以利用估价提高进口关税，形成税率以外的一种限制，因此，经过《关税及贸易总协定》乌拉圭回合的多边贸易谈判，仍会有一部分国家以布鲁塞尔估价定义作为本国的海关估价规定。

十二、什么是差别关税（Differential Duties）

指针对不同国家的同种进口商品征收税率不同的关税。差别关税税率是由正常关税税率和特设关税税率组成。差别关税有广义和狭义之分，广义的差别关税，就是实行复式税则的关税；狭义的差别关税是对一部分进口商品，视其国家，价格或进口方式的不同，课以不同的税率的关税。差别关税的种类很多，有多重关税，反倾销关税，反补贴关税，报复关税、平衡关税等。

十三、差价关税（Variable Import Levies）的含义是什么

当某种商品的进口价格低于国内价格时，为保护国内生产和国内市场，按两者间价格差额征收的进口关税。如：欧洲共同体为推行农业保护政策，一直对非成员国谷物进口征收差价关税。为建立农产品统一市场、统一价格，还对成员国相互谷物贸易征收一种差价关税，以消除成员国之间谷物差价。这是实行共同农业政策的过渡措施，已于1968年停止征收。

十四、产品对产品减税方式（Product by Product Reduction of Tariff）指的是什么

是传统的关税减让谈判中的减税方法。通常对选择出的产品，先由该项产品的主要供应国提出关税减让要求，与进口国在双边基础上进行讨价还价的谈判，达成双边协议。然后，这一成对当事国对该项产品达成的双边关税减让协议的结果，通过最惠国条款实施于所有关贸总协定缔约国。通过这种传统的关税减让谈判方法，缔约各国不仅从它所直接参加的双边谈判中获得直接利益，还可以从其他成对的谈判国之间达成的减让中获得间接利益。缔约各国不仅通过最惠国条款获得间接利益，还可以通过扩大贸易给其他缔约各国的经济带来进一步繁荣。缔约各国在提供减让时，只有在权衡了减让可能带来的直接利益和间接利益后，才能作出与本国经济利益相适应的关税减让。

在这次乌拉圭回合的关税谈判中，多边贸易谈判关税组在1990年1月30日达成了一项协议，允许参加国自行决定采用何种方法来谈判关税减让。美国一直坚持要采用“产品对产品”的讨价还价方法来进行关税谈判，以便利用其贸易实力向贸易对手要求双边互惠的减让，又不让别的国家作“免费搭车者”。

十五、什么是出口税（Export Duty）

关税的一种。出口国海关对输往国外的商品和物品征收的关税。由于征收这种税增加出口商品成本，削弱竞争能力，不利于扩大出口，故目前较少征收。只是对在世界市场上已具有垄断地位的商品和国内供不应求的原料品，酌量征收。另外，在某此发展中国家，出于增加财政收入的

考虑，也对部分商品征收出口税，但有逐渐减少的趋势。拉丁美洲的大多数国家征收1%～5%的出口税，亚洲，非洲，发展中国家也有征收出口税的。

十六、何为出口退税（Export Rebates）

国家运用财政手段奖励出口生产，增强出口竞争能力的一种措施。凡某些部件或制成品的出口，如果它已缴纳了所用进口原料的进口税和国内税，以致加大了生产成本，可以退还全额或部份税款。有些国家规定了产品在本国增值要达到一定比例以上才能享受出口退税。还有些国家规定退税期限，逾期无效。对于未经国内加工生产的进口货物的再出口，则不予退税。

十七、何谓出口信贷（Export Finance）

出口国的官方金融机构或商业银行，以优惠利率向本国出口商、进口方银行或进口商提供的信贷。按贷款对象分为卖方信贷和买方信贷两类。为了减少可能出现的风险，一般最高贷款额不超过贸易合同金额的85%，并由本国出口信贷担保机构作保。工业国家为了协调彼此的出口信贷政策，在经济合作和发展组织内就贷款额、还款期限和利率等达成君子协定。

十八、出口限制（Export Restriction）指的是什么

国家控制出口商品的数量，金额和输往国别的管理制度。是一国的外交和对外经济政策在出口贸易中的体现，限制的商品通常是：战略物资和先进技术；国内短缺物资；文物和古董；“自动”限制出口的商品等，管制的手段有出口限额，出口许可证和出口结汇管制等，出口限制的主要内容有：①出口价格管理，对本国出口商品实行价格下限，以防止低价对外倾销；②出口品质管制，即通过加强商品检验，禁止不合质量标准的商品出口；③出口数量管制，对于某些重要商品限制出口数量或禁止出口；④出口组织管制，即加强出口企业、贸易公司的组织联营，实行联合对外，提高出口效益。资本主义国家通常把出口限制作为实行贸易歧视政策的一种手段。例如，1950年1月1日成立的巴黎统筹委员会，起初就是协调西方国家对社会主义国家实行“禁运”政策的一个国际性多边出口限制机构。

《关税及贸易总协定》第十一条“数量限制的一般取消”就对缔约国实行出口限制作出了规定：“任何缔约国除征收税捐或其他费用外，不得设立或维持配额、进出口许可证或其他措施以限制或禁止其他缔约国领土的产品输入，或向其他缔约国领土输出或销售出口产品”。但同时又规定，以下情况不算出口限制：①为防止或缓和输出缔约国的损益或其他必需品的严重缺乏而临时实施的禁止出口或限制出口；②为实施国际贸易上商品分类，分段和销售的标准及条例，而必需实施的禁止进出口或限制进出口。

十九、什么叫从量税（Specific Duty）

又称固定税（fixed duty），系指依照进口货物的数量、重量、容积、面积、体积或长度为标准，每一单位保证一定金额的关税。从量税的优点在于课税标准一定，而且征收手续比较简便，但是其缺点则在于同种类的货物不论等级高下，均课以同税率的关税，使得课税有失公平，而且其税额也不能随物价的变动而调整。

二十、从价（Ad Valorem）的定义是什么

是各国征税时通用的一个原则，即征税时按商品价格的一定百分比确定税额，随商品价格的上涨，税额增加，随商品价格的下跌，税额减少，是与“从量原则”对应的。Ad valorem是拉丁文。

征收从价税，确定商品的完税价格是关键。目前许多资本主义国家，都以商品的实际价格即在某一时间和地点，在正常的贸易条件下，在充分竞争的环境中，商品成交的价格作为完税价格。《关税及贸易总协定》的各缔约国之间一般采取从价原则征收进口关税。

二十一、从价关税（Ad Valorem Duties）的含义是什么

以商品价格为标准征收的关税ad volorem是拉丁文，从价之意，即从价关税是采用从价原则征收的，它是按价格的一定百分比征收，税额随价格的上升而增加，随价格下跌而减少，关税收入直接与价格挂钩。进口从价关税势必影响进口商品国内价格，使之高于进口价格。差额应相当于进口税额，从而减少国内需求，出口从价关税势必影响出口商品的出口价格，使之高于国内价格，差额相当于出口税额，从而减少国外需求，所以关税一向被称为传统的贸易壁垒，而如何确定进出口商品的完税价格是征收从价税的一个关键，目前，许多资本主义国家都以商品的实际价格，即在某一时间和地点，在正常的贸易过程中，在自由竞争条件下，商品成交的价格作为完税的价格。各国采用的完税价格很不一致，从进口税的征收来看，一般有以下三种：①到岸价格（C. I. F）即成本加保险费加运费价格；②离岸价格（F. O. B）即装运港船上交货价格，亦即出产地，发运地市场价格；③法定价格。由于从价税随着商品价格的升降而变化，所以在价格上升时，税额增加，保护作用大，价格下降时，税额减少，保护作用小。

《关税及贸易总协定》缔约国之间征收进口关税，一般遵循国际惯例，采用到岸价（C. I. F）征收从价税。

二十二、何谓多种汇率（Multiple Rates of Exchange）

亦称“复汇率”。指一国货币对外国货币根据不同用途而制定两种或两种以上的汇率。多种汇率是西方国家外汇管制的一种特殊形式，是根据经济发展，以及国际收支不同情况而制定的，一般是以进口和出口，贸易和非贸易，出口商品是否有竞争力，出口商品的品种等规定不同的汇率，以维护和推动本国对外贸易的发展。

《关税和贸易总协定》认为：“……因实施多种汇率而征收汇免税或规费是不当的”，但同时允许“如果某缔约国为了保障它的国际收支，经征得国际货币基金同意而征收货币多种汇率的规费”。

但是一些发展中国家出于提高出口商品的竞争能力，保护国内新生工业和限制外汇支出从而保持国际收支平衡考虑，也不得不采取复汇率制。

二十三、反补贴税指的是什么（Counter Vailing Duties）

对进口商品使用的一种超过正常关税的特殊关税。这种关税是对那些得到其政府进口补贴的外国供应商具有的有利经济条件作用的反应，反补贴税的目的在于为了抵消国外竞争者得到奖励和补助产生的影响，从而保护进口国的制造商。这种奖励和补贴包括对外国制造商直接进行支付以刺激出口；对出口商品进行关税减免，对出口项目提供低成本资金融通或类似的物质补助，美国通过商务部国际贸易管理局进行补贴税的实施。近年来，这些反补贴税已成为国际贸易谈判中日益难以取得进展的领域，并且这也使国际对等贸易的安排复杂化，因为在对等贸易中要衡量政府补贴是非常困难的。

二十四、什么是反倾销（Anti - Dumping）

指对外国商品在本国市场上的倾销所采取的抵制措施。一般是对倾销的外国商品除征收一般进口税外，再增收附加税，使其不能廉价出售，此种附加税称为“反倾销税”。如美国政府规定：外国商品刚到岸价低于出厂价格时被认为商品倾销，立即采取反倾销措施。虽然在《关税及贸易总协定》中对反倾销问题做了明确规定，但实际上各国各行其事，仍把反倾销做为贸易战的主要手段之一。

二十五、反倾销税（Anti - dumping Duties）是个什么税种

对倾销商品所征收的进口附加税。当进口国因外国倾销某种产品，国内产业受到损害时，征收相当于出口国国内市场价格与倾销价格之间差额的进口税。目的在于抵制倾销，保护国内产业。通常由受损害产业有关当事人提出出口国进行倾销的事实，请求本国政府机构再征。政府机构对该项产品价格状况及产业受损害的事实与程度进行调查，确认进口国低价倾销时，即征收反倾销税。政府机构认为必要时，在调查期间，还可先对该项商品进口暂时收取相当于税额的保证金。如果调查结果倾销属实，即作为反倾销税予以征收；倾销不成立时，即予以退还。有的国家规定基准价格，凡进口价格在此价格以下者，即自动进行调查，不需要当事人申请。各国征收倾销税的法则差别很大，关税及贸易总协定第6条关于征收反倾销税的规定，对各国并无约束力。20世纪60年代中期，肯尼迪回合时，曾制定《反倾销法典》（Anti - Dumping Code）1973～1979年东京回合时，又加以补充修改，除对倾销含义加以界定外，并规定征收反倾销税时必要条件。倾销停止时，应立即取消征收。但这未能真正起到统一各国立法的作用。滥用反倾销税的事例时有发生。反倾销税从来是贸易大国进行关税战、贸易战的重要工具。

二十六、关税（Customs Duty）的具体定义是什么

又称 customs 或 tariff，是一个国家对于通过其国境的货物所课征的租税，因此，它是一种国境关税，所谓"通过其国境"即表明关税为通过税的一种，而所谓"国境"并不仅限于一个国家的政治领域，而是指经济的国境，也即关税的地域，如非经济的国境，或非关税的地域，则虽有货物通过，也不课征关税，例如通过自由港的商品，即不课税。关税乃对通过国境的"货物"才课税，如非"货物"则不属课税对象，例如旅客出入国境，从事运输客货的运输工具，虽其过境，也不课关税。关税依货物通过的方向可分为进口税（import duty），出口税（export duty）。但现代已很少课征出口关税，所以一般所谓关税，乃指进口关税而言；依课证标准，可分为从价税（advalerem duty），从量税（specific duty），复合税（compound duty）以及选择税（alternative duty）；依课征目的，可分为财政关税（financial duty）、保护关税（protecive duty）、反倾销税（anti-dumping duty），以及报复关税（retaliatory duty）等。

二十七、关税和贸易总协定（The General Agreement On Tariffs And Trade）的主要内容有哪些

关税和贸易总协定是一项关于关税和贸易准则的多边国际协定。其主要宗旨是各缔约国在处理其贸易和经济事业的关系方面，通过达成互惠互利协议，大幅度削减关税和其他贸易障碍，取消国际贸易中的歧视待遇，达到保证充分就业，提高生活水平，保证实际收入和有效需求的巨大持续增长，扩大世界资源的充分利用，发展商品生产和交换的目的。

关税和贸易总协定创建于 1948 年（产生于 1947 年，1948 年 1 月 1 日生效）。其产生主要源于二次大战后，主要资本主义国家认为导致世界大战的主因是国际经济贸易矛盾，战前各资本主义国家采取的经济贸易政策限制了贸易的发展，致使经济危机频频发生，为防止大战重演，首先应在倡导贸易自由化的基础上，成立国际性的世界经济组织，以规定战后的金融、投资和贸易活动，形成能够左右世界经济和国际贸易发展的多边体系。

关贸总协定现有 108 个正式缔约方，另有 20 多个虽非关贸总协定缔约方，但原则遵守和适用关贸总协定法律原则和贸易规则的国家和地区；此外仍有 16 个世界经济组织及国家和地区是关贸总协定的观察员。世界上几乎 4/5 的国家和地区与关贸总协定有联系。目前，缔约国之间的贸易额已占世界贸易额的 90% 左右，其规模不断增大，由关税到非关税措施，由货物贸易延伸至服务贸易，知识产权保护和投资措施，并可能扩大到环境保护。关贸总协定的多边贸易规则已成为世界各国所普遍接受的共同准则，关贸总协定在国际经济，贸易事务中发挥着日益重大的作用，同国际货币基金组织、世界银行共同成为当代世界经济的三大支柱。

关贸总协定既是一项含有一整套多边贸易原则和规则的契约，又是缔约方之间相互进行贸易谈判的场所。总协定共分四部分，包括三十八条条款。第一部分包含一、二两条，主要阐述最惠国待遇法律原则及其具体运用；第二条是关税减让表。第二部分包含第三条至二十三条，共二十一条，主要是多边贸易的具体规则。第三部分包含第二十四条至三十五条，共十二条，主要规定了成员国的加入、登记、退出等程序。第四部分共三条，题为贸易与发展主要内容是发展中国家可在多边贸易体系中与发达国家相比享有差别的，更优惠的待遇。

关贸总协定的基本原则概括起来主要包括：以市场经济为基础，自由竞争原则，最惠国待遇原则，国民待遇原则，非歧视原则，关税保护手段原则，公平贸易原则，一般禁止数量限制原则，互惠原则和透明度原则。

关税和贸易总协定在四十多年的历史中，几经修订，充实与完善。每当贸易保护主义趋势高涨的时候，就要举行一次多边贸易谈判，到目前为止，已是第八轮。关贸总协定第一轮至第五轮谈判，主要是就关税达成协议；第六轮、第七轮，就非关税壁垒的规范和消除达成了反倾销、反补贴、政府采购、贸易技术标准、海关估价、许可证手续等六项协议，对世界经济、贸易以及政治起了巨大的作用。

目前进行的第八轮谈判——乌拉圭回合，于1986年9月在乌拉圭的埃斯特角城召开，谈判的目的是进一步放宽和扩大世界贸易，通过减少和取消关税、数量限制和其他非关税措施与壁垒来改善进入市场的条件；加强关贸总协定的作用，改善多边贸易体制，加强关贸总协定体制对不断演变的国际经济环境的适应能力。乌拉圭回合谈判内容之广是历次谈判所不能比拟的，包括关税、非关税措施、热带产品、自然资源产品、纺织品和服装、农产品、补贴和反补贴措施，以及与贸易有关的知识产权问题与贸易有关的投资措施，服务贸易等十五个议题。

关税和贸易总协定作为协调国际贸易政策，保持成员国间贸易关系的一项多边法律协定，将会对世界政治，世界经济以及国际贸易的发展发挥越来越大的作用。

二十八、关税合作理事会（Customs Co-operation Council）是个什么样的组织

政府间协调关税制度的国际组织。根据1950年制定的《设立关税合作理事会公约》于1952年组成。其宗旨是：加强成员国间关税制度的合作，统一海关手续，研究和改进海关规章、技术，交流各国关税业务方面的资料，对各种公约的执行进行监督并调解纠纷。理事会成立以来，先后制订了14个海关公约和50多个建议书，供各国海关采纳。其中《关税合作理事会商品分录目录》已被151个国家和地区所采用。截至1985年6月止，参加该理事会的国家共95个。总部设在布鲁塞尔。理事会每年6月召开一次年会，由各成员国海关派代表团参加，讨论和决定有关重大问题。下设商品分类目录、估价、常设技术、协调制度、政策、反瞒骗斗争等委员会。还设有总秘书处负责日常事务。中国于1983年7月正式加入该理事会。

二十九、什么是关税减让（Tariff Concession）

通过谈判，互相让步，承担减低关税的义务。特别指二次大战后在关税及贸易总协定主持下，经由多方谈判所达成的关税减让。谈判在最惠国待遇原则下进行，列出减让税率表，所有成员国一律享有。协议的减让税率对成员会具有约束力，称约束性税率，成员国不得任意撤回或修改，并承担关税减让的法律义务，不得加征其他国内税、进口费、改变关税估价办法和对税目重新分类以及给予补贴等，以逃避、抵销减让。除规定减让税率直接减低关税外，还有以下减让形式：①承诺现行税率不变；②在谈判期间不得提高现行税率，不得增减免税税目；③规定最高税率不得超过等。关税及贸易总协定主持的关税减让谈判称“多边贸易谈判”（Multiple Trade Negotiation-MTN）。开始采取“逐项方式”，由该商品的主要进出口国间逐项进行磋商，达成减让协议，适用于所有成员国，后来改用“一揽子方式”，即对各类商品按同一百分比减税，如一律减50%等，然后分年度分阶段实施。各国关税税率高低不同，按同一百分比减税，对高税国有利，对低税国不利。西欧国家主张改用高税国多减，低税国少减，即所谓“协调一致方式”，但未能实现。

自关税及贸易总协定生效以来，关税减让已进行了8轮。第1轮于1947年4月至10月在日内瓦举行，有23个国家参加，达成双边减税协议123项，涉及45 000项商品。第2轮于1949年4月至10月在法国安纳西举行，主要是为新参加总协定的国家安排的，有33个国家参加，达成双边协议147项，关税减让涉及的商品再增加5 000项。第3轮于1950年9月至1951年4月在英托尔基举行，有39个国家参加，达成双边协定150项，关税减让涉及的商品又增加8 700项。第4轮于1956年1月至5月在日内瓦举行，参加的国家只有28个，减让所影响的贸易额只有25亿美元。第5轮于1960年9月至1962年7月在日内瓦举行，又称“狄龙回合”，参加国有45个，减让所影响的贸易额约49亿美元。第6轮于1964年5月至1967年6月在日内瓦举行，又称“肯尼迪回合”，这次谈判使进口工业品的关税水平下降了35%，影响贸易额400亿美元。第7轮是1973年9月在东京召开，1979年在日内瓦结束的，又称“东京回合”，参加国有99个（包括29个非总协定成员国），各国的减税幅度在25%至33%之间。第8轮于1986年9月在乌拉圭的埃斯特角城通过的部长宣言开始，又称“乌拉圭回合”，有107个国家和地区参加，目前仍在进行中，中国第一次参加了关贸总协定

的多边关税谈判，中国关税谈判代表团已向乌拉圭回合的多边关税谈判小组提出了中国的关税减让方案，但未经审议和评估。

三十、何为关税配额（Tariff Quota）

是一种进口国限制进口货物数量的措施。进口国对进口货物数量制定一数量限制，对于凡在某一限额内进口的货物可以适用较低的税率或免税，但关税配额对于超过限额后所进口的货物则适用较高或一般的税率。严格地说，并税配额由于其对进口货物的总量并不作明确的规定，所以并非属于配额的一种。但是因其高额的进口关税，也在无形中对进口货物产生了限制作用。关税配额是在给惠国内部或国家集团成员国之间进行分配的最高限额。这种配额如由所有受惠国使用的，称为全球关税配额；如仅限于个别受惠国单独使用的，称为单一受惠国关税配额。

三十一、什么是关税升级（Tariff Escalation）

系指按产品的加工程度的提高而相应提高关税的一种关税阶梯，反映了一种限制加工品进口的保护主义倾向。以原材料的税率最低，甚至是零税率，随着加工程度的提高，半制成品的税率就高于原材料的税率，制成品的税率高于半制成品的税率。据估计，发达国家平均进口关税率的升级情况为：植物油籽税率0%，植物油的税率则升级为4.4%；烟草为1.2%，烟草制品则为18.1%；糖为1%；糖制品则为20%；铁矿石为0%；铁板则为3.4%；天然磷酸盐0%；而磷酸化肥则为3.2%等等。发达国家在加工环节中比现升级项目的比率是：美国、日本和欧共体为90%；奥地利、澳大利亚和新西兰为88%；瑞士、芬兰也在70%左右。在1980年9月拉开乌拉圭回合多边贸易谈判帷幕的《乌拉圭回合部长宣言》中，就谈判议题的关税谈判明确阐明"谈判应当在通过适当的方法削减或视情况取消关税，包括降低或取消高关税和关税升级"。

三十二、关税水平（Tariff Level）的含义是什么

指一个国家的平均进口税率，它有不同的计算方法，但基本上不外乎使用简单平均法和加权平均法两种。

简单平均法是单纯根据一国的税则中税率（法定税率）来计算的。不管税目实际的进口数量，只按税则中的税目数求其税率的平均值。

目前，发达国家的关税水平平均在5%，发展中国家一般为14%左右，在乌拉圭回合的关税谈判中，总体目标是在1986年9月的基础税率上平均减低30%的幅度。这样，欧洲经济共同体在减税后，关税水平将从5.44%降至4.86%，美国大体上使它的减让幅度达到1/3的目标。

三十三、关税税则（Tariff）的具体内容是什么

又称关税税率表（tariff schedule），指一国制定和公布的对进出其关境（customs boundary）的货物征收关税的条例和税率的分类表。表内包括各项征税或免税货物的详细名称，税率，征税标准（从价或从量），计税单位等。税则中的商品分类，有的按商品加工程度划分，有的按商品性质划分，也有的按两者结合划分。按商品性质分成大类，再按加工程度分成小类，现在世界上多数国家采用欧洲关税同盟研究小组拟定的《布鲁塞尔税则目录》。这个税则目录就是以商品性质为主，结合加工程度进行分类，把全部商品分为二十一大类，九十九章（小类）1 097项税目。各国可在税目下加列子目，税则中商品分类之所以如此繁细，反映了商品种类增多，同时也是为了便于实行关税差别和贸易歧视政策，它是一国关税政策的具体体现。

关税税则分为单式税则和复式税则两种，大多数国家实行复式税则。所谓单式税则，指一个税目只有一个税率，适用于来自任何国家同类商品的进口，没有差别待遇，在垄断前资本主义时期，各国都使用单式税则，进入垄断阶段以后，为了在国际竞争中取得优势，在关税上指差别和歧视待遇，都改用复式税则，只有少数发展中国家如委内瑞拉、巴拿马、肯尼亚等还在使用单式税则；复式税则是指一个税目有两个以上税率，对来处不同国家的进口商品，使用不同税率。各国复式税则不同，有二、三、四、五栏不等，设有普通税率、最惠国税率、协定税率、特惠税率等，一般是普通税率最高，特惠税率最低。资本主义国家使用复式税则是为了贸易竞争的需要，对不同国家实行差别或歧视待遇，或为获取关税上的互惠，以保证其商品销售市场和原料来源，许多发展中国家为保护民族经济，发展在平等互利基础上的经济合作，也使用复式税则。

三十四、何谓关税同盟（Customs Union）

两个或两个以上国家缔结协定，建立统一的关境，在统一关境内缔约国相互间减让或取消关税，对从关境以外的国家或地区的商品进口则实行共同的关税税率和外贸政策，这就是关税同盟。关税同盟一般具有很强的排他性质，因此同盟成员国的商品在统一关境内可以避免非同盟国商品的竞争，从而扩大销售市场。关税同盟的排他性保护措施主要有以下各项：①减低直至取消同盟内部的关税。为达到这一目的，同盟往往规定成员国在同盟内部必须在一定期限内分阶段、逐步地从各自现行的对外关税税率，过渡到同盟所规定的统一关税税率，直至最后取消成员国彼此间的关税。②制定统一的对外贸易政策和对外关税税率。在对外方面，同盟国成员必须在规定时间内，分别调高或调低各自原有的对外关税税率，最终建立共同的对外关税税率；并且逐步统一各自的对外贸易政策，如对外歧视政策，进口数量限制等。③对从同盟外进口的商品，根据商品的种类和提供国的不同，征收共同的差别关税，如特惠税率、协定国税率、最惠国税率、普通优惠税率、普通税率。④制定统一的保护性措施，如进口限额、卫生防疫标，等等。

关税同盟大体可分为两类：一类是发达国家间建立的，如欧洲经济共同体的关税同盟，其目的在于确保西欧国家的市场，抵制美国产品的竞争，促进内部贸易的发展，积极推进欧洲经济一体化的进程。另一类是由发展中国家建立的关税同盟，其目的主要是为了维护本地区各国的民族利益，促进区内的经济合作和共同发展。如中非关税同盟与经济联盟，安第斯条约组织、加勒比共同体和共同市场、西非国家经济共同体、大湖国家经济共同体、中非国家经济共同体等。

三十五、关税和贸易总协定秘书处（Secretariat of GATT）是个什么组织

关税与贸易总协定秘书处由大约400人组成，它设在日内瓦，由瑞士籍的阿瑟·邓克尔任总干事。关贸总协定秘书处是关贸总协定的常设机构，并为乌拉圭回合谈判服务，同时为发展中国家提供技术援助。秘书处的经济学家和统计学家对贸易实绩和贸易政策进行分析；其法律工作人员帮助解决贸易争端，其中涉及关贸总协定规则和先例的解释。关贸总协定预算大约为7 500万瑞士法郎，由缔约国按其占世界商品贸易中的份额比例交纳。

三十六、国内税（Internal Taxes）是个什么税种

一国对进口商品征收该国国内产品在流通过程中所纳税种的税金，国内税的制定和执行属于本国政府或地方行政机构的权限之内，因此，不受贸易条约或多边协定的限制。其目的在于增加进口商品的纳税负担，达到保护本国产品的竞争力，抵制进口商品的输入。国内税各国有不同的名称，诸如周转税、零售税、消费税、货物税、营业税、销售税等。

三十七、何为过境关税（Transit Duties）

亦称“通过税”。指当他国货物通过本国领域的，由本国海关征收的过境税。过境关税一般是由那些拥有特殊或有利地势的国家对通过本国海域、港口、陆路的外国货物征收的税。征收过境关税不仅可以增加本国的财政收入，而且还可以将税负转移给货物输出国或输入国，影响其在国际市场上的竞争能力。过境关税的特点是税率比较低，这是因为，①过境税税率过高，过境商品的价格必然较大幅度上升，其结果不仅严重损害了输出国和输入国的经济利益，而且过境商品也会因征税过多而减少，从而降低过境关税收入；②国家征收的过境关税过多或税率过高，势必将引致其他国家的报复，使该国出口贸易受到打击，因而从低征收过境税不仅与人方便，而且也为自己创造了良好的贸易条件。正是基于这些考虑，关税与贸易总协定明确说明各缔约国之间应剔除过境税。

三十八、海关（Customs）是个什么机构

一国在沿海、边境或内陆口岸设立的执行进出口监督管理的国家行政机构。它根据国家法令，对进出国境的货物、邮递物品、旅客行李、货币、金银、证券和运输工具等实行监管检查、征收关税、编制海关统计并查禁走私等任务。

三十九、什么是海关估价（Customs Value）

经海关审查确定的完税价格，也称为海关估定价格。进出口货物的价格经货主（或申报人）向海关申报后，海关需按本国关税法令规定的内容进行审查，确定或估定其完税价格。

国际贸易中的货物价格形式多种多样，海关估价以何种价格为依据，各国都有不同的规定。最通常使用的进口货物估价依据是到岸价格。有些国家则使用离岸价格、产地价格或出口价格，也有些国家使用进口地市场价格，进口国官定价格……或同时使用几种价格。

作为估价依据的价格不等于是完税价格。需要根据国家的估价规定进行审查和调整后才能规定为完税价格。由于各国海关估价规定的内容不一，有些国家可以利用估价提高进口关税，形成税率以外的一种进口限制的非关税壁垒。因此，国际上要求有一个统一的估价规定，并为此做了很大努力。

目前，国际性的海关估价规定主要有《关于实施关贸总协定第七条的协定书》，也称《新估价法规》，另一种是《布鲁塞尔估价定义》。在乌拉圭回合的多边贸易谈判中，货物贸易谈判组最惠国协议与安排小组召集各参加方的海关专家做了多次非正式的磋商，并就对关于实施总协定第七条《海关估价守则》的协议草拟了一份海关当局有理由怀疑进口商申报价格的真实性和准确性事项的文本。

四十、互惠原则（Reciprocity）指的是什么

互惠是利益或特权的相互或相应让与。它是作为两国之间确立起商务关系的一个基础。在国际贸易中，互惠是指两国互相给予对方以贸易上的优惠待遇。

互惠原则是关贸总协定最为重要的原则之一。它有着两方面的意义：一方面它不仅明确了各缔约国在关税谈判中相互之间应采取的基本立场，而且也包含着各缔约国之间应建立一种怎样的贸易关系；另一方面从关贸总协定以往的八轮谈判来看，互惠原则是谈判的基础，其作用也正是在互惠互利的基础上实现的。

关贸总协定互惠原则规定见第二十八条附加关税谈判第一款修改减补表的谈判、第三十三条新成员国的加入等。

互惠原则使每个国家在降低其关税时在经济上安全了，因为相互削减消除了单方面削减所必然带来的国际收支逆差的风险。互惠原则也使削减关税在政治上成为可行，因为相互削减关税被认为是一种妥协交易而不是向别国投降，因而通常不会产生政治风险。

四十一、汇兑平价（Par Value of Exchange）指的是什么

在各国采用金本位制度的时代，汇兑平价是指各国货币的金平价的比例，亦即以一国本位货币第一单位所含的纯金量，与他国本位货币第一单位所含纯金量的比率。在第二次世界大战后所创设的国际货币基金，为谋求各国汇率的稳定，要求各会员国必须设定其本国货币的汇兑平价，此项平价，须以本国货币与黄金或1974年7月1日每一美元所含的纯金量（每盎司纯金等于35美元，亦即美元每单位为纯金0.888671克）的交换比率来表示，故又称为国际货币基金平价。

四十二、汇兑税（Exchange Tax）是个什么税种

又译为外汇税。指国家实行外汇管制的方式之一。按进口贸易的种类不同，对进口所需外汇征收不同的外汇税，以限制外汇的使用。

《关税及贸易总协定》认为“……因实施多种汇率而征收汇兑税或规费是不当的”。

四十三、货币（Money）的概念是什么

货币是充当一般等价物的特殊商品，是商品交换发展和价值形态发展的必然产物。在发达的商品经济中货币执行着五种职能：价值尺度、流通手段、支付手段、贮藏手段和世界货币。历史上不同地区曾有过不同的商品交换充当过货币，后来货币商品就逐渐过渡为金银等贵金属。随着商品生产的发展和交换的扩大，商品货币（金银）的供应越来越不能满足对货币日益增长的需求，又逐渐出现了代用货币、信用货币，以弥补流通手段的不足。进入20世纪，金银慢慢地退出货币舞台，不兑现纸币和银行支票成为各国主要的流通手段和支付手续。但是支配货币运动的始终是马克思所揭示的货币流通规律。

西方经济学的货币概念五花八门，最初是以货币的职能下定义，后来又形成了作为一种经济变量或政策变量的货币定义。货币定义主要有以下几种：①人们普遍接受的用于支付商品劳务和清偿债务的物品；②充当交换媒介，价值、贮藏、价格标准和延期支付标准的物品；③超额供给或需求会引起对其他资产超额需求或供给资产；④购买力的暂栖处；⑤无需支付利息，作为公众净财富的流动资产；⑥与国民收入相关最大的流动性资产等等。实际上，后面4条应属货币的职能定义。这些定义都没有科学地抓住货币的本质，但对于货币经济分析也有一定的可用之处。

四十四、何为约束税率（Bound Rate）

经过谈判达成协议而固定下来的关税税率为约束税率。按关贸总协定规定，缔约各国应该在互惠互利的基础上通过有选择的产品对产品的方式，或者为有关缔约国所接受的多边的程序进行谈判，谈判结果固定下来的各国税则商品的税率为约束税率，汇总起来形成减让表，作为总协定的一个附属部分付诸实施。按总协定规定，关税减让谈判有4种减让形式来约束关税的税率：①降低关税并约束在降低了的关税水平；②约束现行关税税率；③约束在现行关税水平以上的某个关税水平；④约束免税待遇。

四十五、自主关税（Autonomous Tariff）是个什么税种

又称“国定关税”。由一国政府独立自主地制定的关税，包括关税率及有关关税的各种法规、条例。实行自主关税的国家可同时对缔有贸易协定、在自愿对等基础上相互减让关税的国家实行协定关税。

四十六、什么是最惠国税率（The Most - favoured - nation Rate of Duty）

某国的来自于其最惠国的进口产品享受的关税税率。根据最惠国待遇原则，最惠国税率一般不得高于现在或将来来自于第三国同类产品所享受的关税税率。所谓最惠国待遇原则，是指缔结经济贸易条约协定的一项法律原则，又称无歧视待遇原则，指缔约一方在贸易、航海、关税、公民的法律地位等方面给予缔约国第一方的优惠待遇，最惠国待遇原则的具体规定有四种形式：①片面的（单方面受惠）；②相互的（双方受惠）；③有条件的（如第三国为享有优惠已经或将要和作出相应的补偿，缔约的有关方需作出同样的补偿才能享有这样特定的优惠）；④无条件的（缔约一方将新的优惠提供给第三国时，应自动地，无条件地提供给缔约的另一方）。早期，大多采取片面的形式，属于不平等条约。欧洲国家最先采取无条件的形式，美国最先采取有条件的形式。《关税及贸易总协定》在第一条第一款式规定：“缔约国对来自或运往其他国家的产品所给予的利益，优待，特权或豁免，应无条件地给予来自或运往所有其他缔约国的相同产品。”即《关税及贸易总协定》缔约国之间使用无条件最惠国待遇原则，相互提供无条件最惠国税率。

四十七、优惠差额（Margin of Preference）指的是什么

系指相同产品的最惠国税率和优惠税率的绝对差别，而不是指这些税率的比例关系，例如：①最惠国税率是从价税36%，优惠税率是从价税24%，则优惠差额是从价税12%，而不是最惠国税率的1/3；②如最惠国税率是从价税30%，优惠税率为最惠国税率的2/3，则优惠差额为12%；③如果最惠国税率是每公斤2法郎，优惠税率是每公斤1.5法郎，则优惠差额是每公斤0.5法郎。

四十八、什么是优惠税率（Preferential Rate）

又称优惠关税（Preferential duty）。指对于来自受惠国家或地区的进口商品所适用的关税率，较一般关税率为低，通常是由于均属于同一国家集团的成员或者由于政治因素的考虑，而给予的优惠待遇。例如同协优惠、共同体优惠及普遍化优惠关税制度（GSP）等均是。在关贸总协定中，优惠税率是指各缔约国间因特定原因（如普惠制）给予对方的低于最惠国税率的优惠待遇。

四十九、何谓有效保护率（Effective Rate of Protection）

指整个关税制度（和有效保护措施）对某类产品在其生产过程中给予净重增值的影响。也就是由于整个关税制度而引起的国内增值的提高部分与自由贸易条件下增值部分相比的百分比。有效保护不但注意关税对成品价格影响，也注意投入品（原材料或中间产品）由于征收关税而增加的价格，因此有效保护率计算的是某项加工工业中受全部关税制度影响而产生的增值比，是对一种产品的国内、外增值差额与其国外增值的百分比。可用公式表示如下：

有效保护率＝（国内加工增值－国外加工增值）/国外加工增值×100%

在乌拉圭回合的关税减让谈判中，大部分仍集中在发达国家之间进行。这些国家需要大量进口原材料和中间产品，出口最终产品。因此，在关税谈判中，什么商品可以减税，减税幅度多大，如何不影响对本国加工制造业的保护而又达到相互减让关税的目的，在关税减让谈判中应注意的是有效保护率的提高，这就涉及到谈判的策略问题。

五十、中国在关税的征收与退补方面有哪些具体规定

关税征收的过程是税则归类、税率运用、价格审定及税额计算的过程。

进出口关税的计算方法是：

关税税额＝完税价格×进出口关税税率

进出口货物的到、离岸价格是以外币计算的，应由海关按照签发税款缴纳证之日国家外汇牌价的中间价，折成人民币。

按照规定，进口货物的收货人、出口货物的发货人、进出境物品的所有人是关税的纳税义务人；同时有权经营进出口业务的企业也是法定纳税人。纳税人应当在海关签发税款缴纳证的次日起七日内，向指定银行缴纳税款；逾期不缴纳的，由海关自第八天起至缴清税款日上，按日征收税款总额的1%的滞纳金；对超过三个月仍来缴纳税款的，海关可责令担保人缴纳税款或者将货物变价抵缴，必要时，可以通知银行在担保人或纳税人存款内扣除。

关税的退补分补征、追征和退税三种情况：

1. **补征**。是指进出口货物、进出境物品放行后，海关发现少征或漏征税款时，应当自缴纳税款或者货物、物品放行之日起一年内。向纳税义务人补征。

2. **追征**。是指因纳税义务人违反规定而造成少征或者漏征的，海关在三年内可以追征。

3. **退税**。是指海关多征的税款，发现后应当立即退还；纳税义务人自缴纳税款之日起一年内，可以要求海关退还，逾期不予受理。

办理退税时，应做到退税依据确实，单证齐全，手续完备。纳税单位应填写退税申请，连同原来税款缴纳书及其他必要证件，送经原征税海关核实，并签署意见，注明退税理由和退税金额。单位退税，一律转账退付，不退现金。办理退税手续，除海关原因退税外，由纳税单位向海关交纳50元人民币手续费。

报关提示

报关容易出错的5个环节

一、进出口货物收发货人与报关企业衔接不到位

货主与报关企业之间的沟通联系主要以快递、电话、传真等形式，少有面对面的单证交接，报关事项交接。报关企业为了赶船期、快通关，往往在不明真实情况时就匆匆制单报关。有的在电话沟通中没有听明白有关事项；有的报关单栏目的填报与以往相比已发生变化，而货主没有及时向报关企业做更改说明等等。在衔接方面，尤其在出口报关单中，境内货源地报错严重，有时，由于货主没有说明清楚，报关企业常常以发货单位或经营单位而主观臆断地填报境内货源地。

2003年2月，连云港某报关企业代理四川雅安某公司出口一批木地板，报关员仅从该批货物是从成都火车运至口岸，就不经核实而主观填报货物的境内货源地为“成都”，殊不知该批货物是先从雅安启运，经成都集装箱班列运至口岸报关出口的。

二、报关企业业务员在制单过程中审核不认真

报关企业在收到货主的报关单证后，要有一

个填制单证并审核的过程。为了赶班轮，再加上企业需要马上通关的报关单证又很多，业务员往往忽视对报关单证的严格审核，有时遇到有疑问的地方也不向货主提出或向他人请教，而在这一方面极易造成的差错栏目是最多的，包括商品编号、运抵国、指运港、运费、保费、数量、总价、贸易方式等等。

2004年4月，连云港某报关企业代理一批紫菜出口，报关员面对货主提供的合同、发票不认真审核，没有注意到英文名称“ROAST”是烤的意思，而将商品名称报为熟紫菜，致使海关编号申报有误。

三、 报关企业的预录人员录入不仔细

报关企业的报关员根据有关单证在填制报关单草单后，需要先通过预录员录入报关单电子数据向海关作电子申报，在这方面造成的差错也不少见。主要以数量、件数、批准文号、集装箱号、计量单位、币制等与数字有关的方面误差居多。有的将数量小数点位置录错，有的将数量多录或少录一个零，有的将数字颠倒，有的将计量单位立方误录为千克，有的将币制日元录为美元等。

2004年6月，某报关企业预录人员将报关栏目中的“数量及单位”38.377立方米误录为38.377千克，致使与实际重量相差近600倍。

四、 报关员现场交单报关前把关不严

预录人员在录入报关单电子数据并传输后，由该企业的报关员向现场海关交单报关。报关前，报关员还必须对所报单证有一个最后全面地审核把关过程。报关员往往认为前面已有多人审核，无须再严格把关，这样常常会导致报关过程中的一些细节出现差错，这些细节差错表现在多方面：有的运抵国与最终目的国不一致，有的中英文商品名称不统一，有的毛净重与数量不一样等等。

2004年6月，某报关企业报关出口一批哑铃，报关单栏目中“运抵国”（马来西亚）和“运抵港”（马尼拉）明显不一致，也没有在报关前予以纠正。

五、 报关企业内部工作人员业务交接不清楚

货主单位、报关企业的业务员、报关员岗位变动，在岗位工作交接上经常出现报关差错。有的交接不全，有的情况发生变化没有补充交待，还有的业务员因对工作不满意而故意不正常交接或隐瞒有关单证。

湖北襄樊某进出口公司长期与连云港某报关企业存有报关代理业务，进出口贸易方式均为“进料加工”，由于长期合作，《登记手册》也一直存放在报关企业。2004年4月，报关企业的报关员调动工作岗位，在与另外的报关员交接过程中未作具体细节说明。5月，襄樊公司又一批进料加工项下的出口货物让报关公司代理报关，报关员在不明真相的情况下，按“一般贸易”方式向海关报关出口，致使贸易方式出错。

面对形形色色的报关差错，报关企业及其业务员、报关员、预录员该怎么做呢？

第一，加强货主、业务员、报关员、预录员之间的联系与配合，堵住差错源头。

货主单位要提供真实、有效的业务单证，对于一些细节问题，特别是与以前发生变化的报关单填制栏目更要交代清楚。

报关企业的业务员在制单时对于不明白的问题要主动与货主联系。

预录人员在录入时要仔细认真、录入后要对报关单栏目的每项内容进行核对，防止错从手指过。

报关员在报关前更要全面审核。

第二，企业应从加强对业务员、录入员、报关员的管理入手，促使其增强工作责任心，提高报关质量。

第三，对于报关或通关后出现的报关差错，企业自行发现后，要及时向海关有关部门提出，经核实后海关可予以电子数据更改，必要时，可作删除处理，决不能因有所顾忌而隐瞒错误。

法律性文件

中华人民共和国海关法

（1987年1月22日第六届全国人民代表大会常务委员会第十九次会议通过，根据2000年7月8日第九届全国人民代表大会常务委员会第十六次会议《关于修改〈中华人民共和国海关法〉的决定》修正）

第一章　总　则

第一条　为了维护国家的主权和利益，加强海关监督管理，促进对外经济贸易和科技文化交往，保障社会主义现代化建设，特制定本法。

第二条　中华人民共和国海关是国家的进出关境（以下简称进出境）监督管理机关。海关依照本法和其他有关法律、行政法规，监管进出境的运输工具、货物、行李物品、邮递物品和其他物品（以下简称进出境运输工具、货物、物品），征收关税和其他税、费，查缉走私，并编制海关统计和办理其他海关业务。

第三条　国务院设立海关总署，统一管理全国海关。

国家在对外开放的口岸和海关监管业务集中的地点设立海关。海关的隶属关系，不受行政区划的限制。

海关依法独立行使职权，向海关总署负责。

第四条　国家在海关总署设立专门侦查走私犯罪的公安机构，配备专职缉私警察，负责对其管辖的走私犯罪案件的侦查、拘留、执行逮捕、预审。

海关侦查走私犯罪公安机构履行侦查、拘留、执行逮捕、预审职责，应当按照《中华人民共和国刑事诉讼法》的规定办理。

海关侦查走私犯罪公安机构根据国家有关规定，可以设立分支机构。各分支机构办理其管辖的走私犯罪案件，应当依法向有管辖权的人民检察院移送起诉。

地方各级公安机关应当配合海关侦查走私犯罪公安机构依法履行职责。

第五条　国家实行联合缉私、统一处理、综合治理的缉私体制。海关负责组织、协调、管理查缉走私工作。有关规定由国务院另行制定。

各有关行政执法部门查获的走私案件，应当给予行政处罚的，移送海关依法处理；涉嫌犯罪的，应当移送海关侦查走私犯罪公安机构、地方公安机关依据案件管辖分工和法定程序办理。

第六条　海关可以行使下列权力：

（一）检查进出境运输工具，查验进出境货物、物品；对违反本法或者其他有关法律、行政法规的，可以扣留。

（二）查阅进出境人员的证件；查问违反本法或者其他有关法律、行政法规的嫌疑人，调查其违法行为。

（三）查阅、复制与进出境运输工具、货物、物品有关的合同、发票、账册、单据、记录、文件、业务函电、录音录像制品和其他资料；对其中与违反本法或者其他有关法律、行政法规的进出境运输工具、货物、物品有牵连的，可以扣留。

（四）在海关监管区和海关附近沿海沿边规定地区，检查有走私嫌疑的运输工具和有藏匿走私货物、物品嫌疑的场所，检查走私嫌疑人的身体；对有走私嫌疑的运输工具、货物、物品和走私犯罪嫌疑人，经直属海关关长或者其授权的隶属海关关长批准，可以扣留；对走私犯罪嫌疑人，扣留时间不超过二十四小时，在特殊情况下可以延长至四十八小时。

在海关监管区和海关附近沿海沿边规定地区以外，海关在调查走私案件时，对有走私嫌疑的运输工具和除公民住处以外的有藏匿走私货物、物品嫌疑的场所，经直属海关关长或者其授权的隶属海关关长批准，可以进行检查，有关当事人应当到场；当事人未到场的，在有见证人在场的情况下，可以径行检查；对其中有证据证明有走私嫌疑的运输工具、货物、物品，可以扣留。

海关附近沿海沿边规定地区的范围，由海关总署和国务院公安部门会同有关省级人民政府确定。

（五）在调查走私案件时，经直属海关关长或者其授权的隶属海关关长批准，可以查询案件涉嫌单位和涉嫌人员在金融机构、邮政企业的存款、汇款。

（六）进出境运输工具或者个人违抗海关监管逃逸的，海关可以连续追至海关监管区和海关附近沿海沿边规定地区以外，将其带回处理。

（七）海关为履行职责，可以配备武器。海关工作人员佩带和使用武器的规则，由海关总署会同国务院公安部门制定，报国务院批准。

（八）法律、行政法规规定由海关行使的其他权力。

第七条　各地方、各部门应当支持海关依法行使职权，不得非法干预海关的执法活动。

第八条　进出境运输工具、货物、物品，必须通过设立海关的地点进境或者出境。在特殊情况下，需要经过未设立海关的地点临时进境或者出境的，必须经国务院或者国务院授权的机关批准，并依照本法规定办理海关手续。

第九条　进出口货物，除另有规定的外，可以由进出口货物收发货人自行办理报关纳税手续，也可以由进出口货物收发货人委托海关准予注册登记的报关企业办理报关纳税手续。

进出境物品的所有人可以自行办理报关纳税手续，也可以委托他人办理报关纳税手续。

第十条　报关企业接受进出口货物收发货人的委托，以委托人的名义办理报关手续的，应当向海关提交由委托人签署的授权委托书，遵守本法对委托人的各项规定。

报关企业接受进出口货物收发货人的委托，以自己的名义办理报关手续的，应当承担与收发货人相同的法律责任。

委托人委托报关企业办理报关手续的，应当向报关企业提供所委托报关事项的真实情况；报关企业接受委托人的委托办理报关手续的，应当对委托人所提供情况的真实性进行合理审查。

第十一条　进出口货物收发货人、报关企业办理报关手续，必须依法经海关注册登记。报关人员必须依法取得报关从业资格。未依法经海关注册登记的企业和未依法取得报关从业资格的人员，不得从事报关业务。

报关企业和报关人员不得非法代理他人报关，或者超出其业务范围进行报关活动。

第十二条　海关依法执行职务，有关单位和个人应当如实回答询问，并予以配合，任何单位和个人不得阻挠。

海关执行职务受到暴力抗拒时，执行有关任务的公安机关和人民武装警察部队应当予以协助。

第十三条　海关建立对违反本法规定逃避海关监管行为的举报制度。

任何单位和个人均有权对违反本法规定逃避海关监管的行为进行举报。

海关对举报或者协助查获违反本法案件的有功单位和个人，应当给予精神的或者物质的奖励。

海关应当为举报人保密。

第二章　进出境运输工具

第十四条　进出境运输工具到达或者驶离设立海关的地点时，运输工具负责人应当向海关如实申报，交验单证，并接受海关监管和检查。

停留在设立海关的地点的进出境运输工具，未经海关同意，不得擅自驶离。

进出境运输工具从一个设立海关的地点驶往另一个设立海关的地点的，应当符合海关监管要求，办理海关手续，未办结海关手续的，不得改驶境外。

第十五条　进境运输工具在进境以后向海关申报以前，出境运输工具在办结海关手续以后出境以前，应当按照交通主管机关规定的路线行进；交通主管机关没有规定的，由海关指定。

第十六条　进出境船舶、火车、航空器到达和驶离时间、停留地点、停留期间更换地点以及装卸货物、物品时间，运输工具负责人或者有关交通运输部门应当事先通知海关。

第十七条 运输工具装卸进出境货物、物品或者上下进出境旅客，应当接受海关监管。

货物、物品装卸完毕，运输工具负责人应当向海关递交反映实际装卸情况的交接单据和记录。

上下进出境运输工具的人员携带物品的，应当向海关如实申报，并接受海关检查。

第十八条 海关检查进出境运输工具时，运输工具负责人应当到场，并根据海关的要求开启舱室、房间、车门；有走私嫌疑的，并应当开拆可能藏匿走私货物、物品的部位，搬移货物、物料。

海关根据工作需要，可以派员随运输工具执行职务，运输工具负责人应当提供方便。

第十九条 进境的境外运输工具和出境的境内运输工具，未向海关办理手续并缴纳关税，不得转让或者移作他用。

第二十条 进出境船舶和航空器兼营境内客、货运输，需经海关同意，并应当符合海关监管要求。

进出境运输工具改营境内运输，需向海关办理手续。

第二十一条 沿海运输船舶、渔船和从事海上作业的特种船舶，未经海关同意，不得载运或者换取、买卖、转让进出境货物、物品。

第二十二条 进出境船舶和航空器，由于不可抗力的原因，被迫在未设立海关的地点停泊、降落或者抛掷、起卸货物、物品，运输工具负责人应当立即报告附近海关。

第三章 进出境货物

第二十三条 进口货物自进境起到办结海关手续止，出口货物自向海关申报起到出境止，过境、转运和通运货物自进境起到出境止，应当接受海关监管。

第二十四条 进口货物的收货人、出口货物的发货人应当向海关如实申报，交验进出口许可证件和有关单证。国家限制进出口的货物，没有进出口许可证件的，不予放行，具体处理办法由国务院规定。

进口货物的收货人应当自运输工具申报进境之日起十四日内，出口货物的发货人除海关特准的外应当在货物运抵海关监管区后、装货的二十四小时以前，向海关申报。

进口货物的收货人超过前款规定期限向海关申报的，由海关征收滞报金。

第二十五条 办理进出口货物的海关申报手续，应当采用纸质报关单和电子数据报关单的形式。

第二十六条 海关接受申报后，报关单证及其内容不得修改或者撤销；确有正当理由的，经海关同意，方可修改或者撤销。

第二十七条 进口货物的收货人经海关同意，可以在申报前查看货物或者提取货样。需要依法检疫的货物，应当在检疫合格后提取货样。

第二十八条 进出口货物应当接受海关查验。海关查验货物时，进口货物的收货人、出口货物的发货人应当到场，并负责搬移货物，开拆和重封货物的包装。海关认为必要时，可以径行开验、复验或者提取货样。

经收发货人申请，海关总署批准，其进出口货物可以免验。

第二十九条 除海关特准的外，进出口货物在收发货人缴清税款或者提供担保后，由海关签印放行。

第三十条 进口货物的收货人自运输工具申报进境之日起超过三个月未向海关申报的，其进口货物由海关提取依法变卖处理，所得价款在扣除运输、装卸、储存等费用和税款后，尚有余款的，自货物依法变卖之日起一年内，经收货人申请，予以发还；其中属于国家对进口有限制性规定，应当提交许可证件而不能提供的，不予发还。逾期无人申请或者不予发还的，上缴国库。

确属误卸或者溢卸的进境货物，经海关审定，由原运输工具负责人或者货物的收发货人自该运输工具卸货之日起三个月内，办理退运或者进口手续；必要时，经海关批准，可以延期三个月。逾期未办手续的，由海关按前款规定处理。

前两款所列货物不宜长期保存的，海关可以根据实际情况提前处理。

收货人或者货物所有人声明放弃的进口货物，由海关提取依法变卖处理；所得价款在扣除运输、装卸、储存等费用后，上缴国库。

第三十一条 经海关批准暂时进口或者暂时出口的货物，应当在六个月内复运出境或者复运进境；在特殊情况下，经海关同意，可以延期。

第三十二条 经营保税货物的储存、加工、装配、展示、运输、寄售业务和经营免税商店，应当符合海关监管要求，经海关批准，并办理注册手续。

保税货物的转让、转移以及进出保税场所，应当向海关办理有关手续，接受海关监管和查验。

第三十三条 企业从事加工贸易，应当持有关批准文件和加工贸易合同向海关备案，加工贸易制成品单位耗料量由海关按照有关规定核定。

加工贸易制成品应当在规定的期限内复出口。其中使用的进口料件，属于国家规定准予保税的，应当向海关办理核销手续；属于先征收税款的，依法向海关办理退税手续。

加工贸易保税进口料件或者制成品因故转为内销的，海关凭准予内销的批准文件，对保税的进口料件依法征税；属于国家对进口有限制性规定的，还应当向海关提交进口许可证件。

第三十四条 经国务院批准在中华人民共和国境内设立的保税区等海关特殊监管区域，由海关按照国家有关规定实施监管。

第三十五条 进口货物应当由收货人在货物的进境地海关办理海关手续，出口货物应当由发货人在货物的出境地海关办理海关手续。

经收发货人申请，海关同意，进口货物的收货人可以在设有海关的指运地、出口货物的发货人可以在设有海关的启运地办理海关手续。上述货物的转关运输，应当符合海关监管要求；必要时，海关可以派员押运。

经电缆、管道或者其他特殊方式输送进出境的货物，经营单位应当定期向指定的海关申报和办理海关手续。

第三十六条 过境、转运和通运货物，运输工具负责人应当向进境地海关如实申报，并应当在规定期限内运输出境。

海关认为必要时，可以查验过境、转运和通运货物。

第三十七条 海关监管货物，未经海关许可，不得开拆、提取、交付、发运、调换、改装、抵押、质押、留置、转让、更换标记、移作他用或者进行其他处置。

海关加施的封志，任何人不得擅自开启或者损毁。

人民法院判决、裁定或者有关行政执法部门决定处理海关监管货物的，应当责令当事人办结海关手续。

第三十八条 经营海关监管货物仓储业务的企业，应当经海关注册，并按照海关规定，办理收存、交付手续。

在海关监管区外存放海关监管货物，应当经海关同意，并接受海关监管。

违反前两款规定或者在保管海关监管货物期间造成海关监管货物损毁或者灭失的，除不可抗力外，对海关监管货物负有保管义务的人应当承担相应的纳税义务和法律责任。

第三十九条 进出境集装箱的监管办法、打捞进出境货物和沉船的监管办法、边境小额贸易进出口货物的监管办法，以及本法未具体列明的其他进出境货物的监管办法，由海关总署或者由海关总署会同国务院有关部门另行制定。

第四十条 国家对进出境货物、物品有禁止性或者限制性规定的，海关依据法律、行政法规、国务院的规定或者国务院有关部门依据法律、行政法规的授权作出的规定实施监管。具体监管办法由海关总署制定。

第四十一条 进出口货物的原产地按照国家有关原产地规则的规定确定。

第四十二条 进出口货物的商品归类按照国家有关商品归类的规定确定。

海关可以要求进出口货物的收发货人提供确定商品归类所需的有关资料；必要时，海关可以组织化验、检验，并将海关认定的化验、检验结果作为商品归类的依据。

第四十三条 海关可以根据对外贸易经营者提出的书面申请，对拟作进口或者出口的货物预先作出商品归类等行政裁定。

进口或者出口相同货物，应当适用相同的商

品归类行政裁定。

海关对所作出的商品归类等行政裁定，应当予以公布。

第四十四条 海关依照法律、行政法规的规定，对与进出境货物有关的知识产权实施保护。

需要向海关申报知识产权状况的，进出口货物收发货人及其代理人应当按照国家规定向海关如实申报有关知识产权状况，并提交合法使用有关知识产权的证明文件。

第四十五条 自进出口货物放行之日起三年内或者在保税货物、减免税进口货物的海关监管期限内及其后的三年内，海关可以对与进出口货物直接有关的企业、单位的会计账簿、会计凭证、报关单证以及其他有关资料和有关进出口货物实施稽查。具体办法由国务院规定。

第四章 进出境物品

第四十六条 个人携带进出境的行李物品、邮寄进出境的物品，应当以自用、合理数量为限，并接受海关监管。

第四十七条 进出境物品的所有人应当向海关如实申报，并接受海关查验。

海关加施的封志，任何人不得擅自开启或者损毁。

第四十八条 进出境邮袋的装卸、转运和过境，应当接受海关监管。邮政企业应当向海关递交邮件路单。

邮政企业应当将开拆及封发国际邮袋的时间事先通知海关，海关应当按时派员到场监管查验。

第四十九条 邮运进出境的物品，经海关查验放行后，有关经营单位方可投递或者交付。

第五十条 经海关登记准予暂时免税进境或者暂时免税出境的物品，应当由本人复带出境或者复带进境。

过境人员未经海关批准，不得将其所带物品留在境内。

第五十一条 进出境物品所有人声明放弃的物品、在海关规定期限内未办理海关手续或者无人认领的物品，以及无法投递又无法退回的进境邮递物品，由海关依照本法第三十条的规定处理。

第五十二条 享有外交特权和豁免的外国机构或者人员的公务用品或者自用物品进出境，依照有关法律、行政法规的规定办理。

第五章 关 税

第五十三条 准许进出口的货物、进出境物品，由海关依法征收关税。

第五十四条 进口货物的收货人、出口货物的发货人、进出境物品的所有人，是关税的纳税义务人。

第五十五条 进出口货物的完税价格，由海关以该货物的成交价格为基础审查确定。成交价格不能确定时，完税价格由海关依法估定。

进口货物的完税价格包括货物的货价、货物运抵中华人民共和国境内输入地点起卸前的运输及其相关费用、保险费；出口货物的完税价格包括货物的货价、货物运至中华人民共和国境内输出地点装载前的运输及其相关费用、保险费，但是其中包含的出口关税税额，应当予以扣除。

进出境物品的完税价格，由海关依法确定。

第五十六条 下列进出口货物、进出境物品，减征或者免征关税：

（一）无商业价值的广告品和货样；

（二）外国政府、国际组织无偿赠送的物资；

（三）在海关放行前遭受损坏或者损失的货物；

（四）规定数额以内的物品；

（五）法律规定减征、免征关税的其他货物、物品；

（六）中华人民共和国缔结或者参加的国际条约规定减征、免征关税的货物、物品。

第五十七条 特定地区、特定企业或者有特定用途的进出口货物，可以减征或者免征关税。特定减税或者免税的范围和办法由国务院规定。

依照前款规定减征或者免征关税进口的货物，只能用于特定地区、特定企业或者特定用途，未经海关核准并补缴关税，不得移作他用。

第五十八条 本法第五十六条、第五十七条第一款规定范围以外的临时减征或者免征关税，由国务院决定。

第五十九条 经海关批准暂时进口或者暂时出口的货物，以及特准进口的保税货物，在货物收发货人向海关缴纳相当于税款的保证金或者提供担保后，准予暂时免纳关税。

第六十条　进出口货物的纳税义务人，应当自海关填发税款缴款书之日起十五日内缴纳税款；逾期缴纳的，由海关征收滞纳金。纳税义务人、担保人超过三个月仍未缴纳的，经直属海关关长或者其授权的隶属海关关长批准，海关可以采取下列强制措施：

（一）书面通知其开户银行或者其他金融机构从其存款中扣缴税款；

（二）将应税货物依法变卖，以变卖所得抵缴税款；

（三）扣留并依法变卖其价值相当于应纳税款的货物或者其他财产，以变卖所得抵缴税款。

海关采取强制措施时，对前款所列纳税义务人、担保人未缴纳的滞纳金同时强制执行。

进出境物品的纳税义务人，应当在物品放行前缴纳税款。

第六十一条　进出口货物的纳税义务人在规定的纳税期限内有明显的转移、藏匿其应税货物以及其他财产迹象的，海关可以责令纳税义务人提供担保；纳税义务人不能提供纳税担保的，经直属海关关长或者其授权的隶属海关关长批准，海关可以采取下列税收保全措施：

（一）书面通知纳税义务人开户银行或者其他金融机构暂停支付纳税义务人相当于应纳税款的存款；

（二）扣留纳税义务人价值相当于应纳税款的货物或者其他财产。

纳税义务人在规定的纳税期限内缴纳税款的，海关必须立即解除税收保全措施；期限届满仍未缴纳税款的，经直属海关关长或者其授权的隶属海关关长批准，海关可以书面通知纳税义务人开户银行或者其他金融机构从其暂停支付的存款中扣缴税款，或者依法变卖所扣留的货物或者其他财产，以变卖所得抵缴税款。

采取税收保全措施不当，或者纳税义务人在规定期限内已缴纳税款，海关未立即解除税收保全措施，致使纳税义务人的合法权益受到损失的，海关应当依法承担赔偿责任。

第六十二条　进出口货物、进出境物品放行后，海关发现少征或者漏征税款，应当自缴纳税款或者货物、物品放行之日起一年内，向纳税义务人补征。因纳税义务人违反规定而造成的少征或者漏征，海关在三年以内可以追征。

第六十三条　海关多征的税款，海关发现后应当立即退还；纳税义务人自缴纳税款之日起一年内，可以要求海关退还。

第六十四条　纳税义务人同海关发生纳税争议时，应当缴纳税款，并可以依法申请行政复议；对复议决定仍不服的，可以依法向人民法院提起诉讼。

第六十五条　进口环节海关代征税的征收管理，适用关税征收管理的规定。

第六章　海关事务担保

第六十六条　在确定货物的商品归类、估价和提供有效报关单证或者办结其他海关手续前，收发货人要求放行货物的，海关应当在其提供与其依法应当履行的法律义务相适应的担保后放行。法律、行政法规规定可以免除担保的除外。

法律、行政法规对履行海关义务的担保另有规定的，从其规定。

国家对进出境货物、物品有限制性规定，应当提供许可证件而不能提供的，以及法律、行政法规规定不得担保的其他情形，海关不得办理担保放行。

第六十七条　具有履行海关事务担保能力的法人、其他组织或者公民，可以成为担保人。法律规定不得为担保人的除外。

第六十八条　担保人可以以下列财产、权利提供担保：

（一）人民币、可自由兑换货币；

（二）汇票、本票、支票、债券、存单；

（三）银行或者非银行金融机构的保函；

（四）海关依法认可的其他财产、权利。

第六十九条　担保人应当在担保期限内承担担保责任。担保人履行担保责任的，不免除被担保人应当办理有关海关手续的义务。

第七十条　海关事务担保管理办法，由国务院规定。

第七章　执法监督

第七十一条　海关履行职责，必须遵守法律，维护国家利益，依照法定职权和法定程序严格执法，接受监督。

第七十二条　海关工作人员必须秉公执法，廉洁自律，忠于职守，文明服务，不得有下列行为：

（一）包庇、纵容走私或者与他人串通进行走私；

（二）非法限制他人人身自由，非法检查他人身体、住所或者场所，非法检查、扣留进出境运输工具、货物、物品；

（三）利用职权为自己或者他人谋取私利；

（四）索取、收受贿赂；

（五）泄露国家秘密、商业秘密和海关工作秘密；

（六）滥用职权，故意刁难，拖延监管、查验；

（七）购买、私分、占用没收的走私货物、物品；

（八）参与或者变相参与营利性经营活动；

（九）违反法定程序或者超越权限执行职务；

（十）其他违法行为。

第七十三条　海关应当根据依法履行职责的需要，加强队伍建设，使海关工作人员具有良好的政治、业务素质。

海关专业人员应当具有法律和相关专业知识，符合海关规定的专业岗位任职要求。

海关招收工作人员应当按照国家规定，公开考试，严格考核，择优录用。

海关应当有计划地对其工作人员进行政治思想、法制、海关业务培训和考核。海关工作人员必须定期接受培训和考核，经考核不合格的，不得继续上岗执行职务。

第七十四条　海关总署应当实行海关关长定期交流制度。

海关关长定期向上一级海关述职，如实陈述其执行职务情况。海关总署应当定期对直属海关关长进行考核，直属海关应当定期对隶属海关关长进行考核。

第七十五条　海关及其工作人员的行政执法活动，依法接受监察机关的监督；缉私警察进行侦查活动，依法接受人民检察院的监督。

第七十六条　审计机关依法对海关的财政收支进行审计监督，对海关办理的与国家财政收支有关的事项，有权进行专项审计调查。

第七十七条　上级海关应当对下级海关的执法活动依法进行监督。上级海关认为下级海关作出的处理或者决定不适当的，可以依法予以变更或者撤销。

第七十八条　海关应当依照本法和其他有关法律、行政法规的规定，建立健全内部监督制度，对其工作人员执行法律、行政法规和遵守纪律的情况，进行监督检查。

第七十九条　海关内部负责审单、查验、放行、稽查和调查等主要岗位的职责权限应当明确，并相互分离、相互制约。

第八十条　任何单位和个人均有权对海关及其工作人员的违法、违纪行为进行控告、检举。收到控告、检举的机关有权处理的，应当依法按照职责分工及时查处。收到控告、检举的机关和负责查处的机关应当为控告人、检举人保密。

第八十一条　海关工作人员在调查处理违法案件时，遇有下列情形之一的，应当回避：

（一）是本案的当事人或者是当事人的近亲属；

（二）本人或者其近亲属与本案有利害关系；

（三）与本案当事人有其他关系，可能影响案件公正处理的。

第八章　法律责任

第八十二条　违反本法及有关法律、行政法规，逃避海关监管，偷逃应纳税款、逃避国家有关进出境的禁止性或者限制性管理，有下列情形之一的，是走私行为：

（一）运输、携带、邮寄国家禁止或者限制进出境货物、物品或者依法应当缴纳税款的货物、物品进出境的；

（二）未经海关许可并且未缴纳应纳税款、交验有关许可证件，擅自将保税货物、特定减免税货物以及其他海关监管货物、物品、进境的境外运输工具，在境内销售的；

（三）有逃避海关监管，构成走私的其他行

为的。

有前款所列行为之一，尚不构成犯罪的，由海关没收走私货物、物品及违法所得，可以并处罚款；专门或者多次用于掩护走私的货物、物品，专门或者多次用于走私的运输工具，予以没收，藏匿走私货物、物品的特制设备，责令拆毁或者没收。

有第一款所列行为之一，构成犯罪的，依法追究刑事责任。

第八十三条 有下列行为之一的，按走私行为论处，依照本法第八十二条的规定处罚：

（一）直接向走私人非法收购走私进口的货物、物品的；

（二）在内海、领海、界河、界湖，船舶及所载人员运输、收购、贩卖国家禁止或者限制进出境的货物、物品，或者运输、收购、贩卖依法应当缴纳税款的货物，没有合法证明的。

第八十四条 伪造、变造、买卖海关单证，与走私人通谋为走私人提供贷款、资金、账号、发票、证明、海关单证，与走私人通谋为走私人提供运输、保管、邮寄或者其他方便，构成犯罪的，依法追究刑事责任；尚不构成犯罪的，由海关没收违法所得，并处罚款。

第八十五条 个人携带、邮寄超过合理数量的自用物品进出境，未依法向海关申报的，责令补缴关税，可以处以罚款。

第八十六条 违反本法规定有下列行为之一的，可以处以罚款，有违法所得的，没收违法所得：

（一）运输工具不经设立海关的地点进出境的；

（二）不将进出境运输工具到达的时间、停留的地点或者更换的地点通知海关的；

（三）进出口货物、物品或者过境、转运、通运货物向海关申报不实的；

（四）不按照规定接受海关对进出境运输工具、货物、物品进行检查、查验的；

（五）进出境运输工具未经海关同意，擅自装卸进出境货物、物品或者上下进出境旅客的；

（六）在设立海关的地点停留的进出境运输工具未经海关同意，擅自驶离的；

（七）进出境运输工具从一个设立海关的地点驶往另一个设立海关的地点，尚未办结海关手续又未经海关批准，中途擅自改驶境外或者境内未设立海关的地点的；

（八）进出境运输工具，未经海关同意，擅自兼营或者改营境内运输的；

（九）由于不可抗力的原因，进出境船舶和航空器被迫在未设立海关的地点停泊、降落或者在境内抛掷、起卸货物、物品，无正当理由，不向附近海关报告的；

（十）未经海关许可，擅自将海关监管货物开拆、提取、交付、发运、调换、改装、抵押、质押、留置、转让、更换标记、移作他用或者进行其他处置的；

（十一）擅自开启或者损毁海关封志的；

（十二）经营海关监管货物的运输、储存、加工等业务，有关货物灭失或者有关记录不真实，不能提供正当理由的；

（十三）有违反海关监管规定的其他行为的。

第八十七条 海关准予从事有关业务的企业，违反本法有关规定的，由海关责令改正，可以给予警告，暂停其从事有关业务，直至撤销注册。

第八十八条 未经海关注册登记和未取得报关从业资格从事报关业务的，由海关予以取缔，没收违法所得，可以并处罚款。

第八十九条 报关企业、报关人员非法代理他人报关或者超出其业务范围进行报关活动的，由海关责令改正，处以罚款，暂停其执业；情节严重的，撤销其报关注册登记、取消其报关从业资格。

第九十条 进出口货物收发货人、报关企业、报关人员向海关工作人员行贿的，由海关撤销其报关注册登记，取消其报关从业资格，并处以罚款；构成犯罪的，依法追究刑事责任，并不得重新注册登记为报关企业和取得报关从业资格证书。

第九十一条 违反本法规定进出口侵犯中华人民共和国法律、行政法规保护的知识产权的货物的，由海关依法没收侵权货物，并处以罚款；构成犯罪的，依法追究刑事责任。

第九十二条 海关依法扣留的货物、物品、运输工具，在人民法院判决或者海关处罚决定作出之前，不得处理。但是，危险品或者鲜活、易腐、易失效等不宜长期保存的货物、物品以及所有人申请先行变卖的货物、物品、运输工具，经直属海关关长或者其授权的隶属海关关长批准，可以先行依法变卖，变卖所得价款由海关保存，并通知其所有人。

人民法院判决没收或者海关决定没收的走私货物、物品、违法所得、走私运输工具、特制设备，由海关依法统一处理，所得价款和海关决定处以的罚款，全部上缴中央国库。

第九十三条 当事人逾期不履行海关的处罚决定又不申请复议或者向人民法院提起诉讼的，作出处罚决定的海关可以将其保证金抵缴或者将其被扣留的货物、物品、运输工具依法变价抵缴，也可以申请人民法院强制执行。

第九十四条 海关在查验进出境货物、物品时，损坏被查验的货物、物品的，应当赔偿实际损失。

第九十五条 海关违法扣留货物、物品、运输工具，致使当事人的合法权益受到损失的，应当依法承担赔偿责任。

第九十六条 海关工作人员有本法第七十二条所列行为之一的，依法给予行政处分；有违法所得的，依法没收违法所得；构成犯罪的，依法追究刑事责任。

第九十七条 海关的财政收支违反法律、行政法规规定的，由审计机关以及有关部门依照法律、行政法规的规定作出处理；对直接负责的主管人员和其他直接责任人员，依法给予行政处分；构成犯罪的，依法追究刑事责任。

第九十八条 未按照本法规定为控告人、检举人、举报人保密的，对直接负责的主管人员和其他直接责任人员，由所在单位或者有关单位依法给予行政处分。

第九十九条 海关工作人员在调查处理违法案件时，未按照本法规定进行回避的，对直接负责的主管人员和其他直接责任人员，依法给予行政处分。

第九章 附 则

第一百条 本法下列用语的含义：

直属海关，是指直接由海关总署领导，负责管理一定区域范围内的海关业务的海关；隶属海关，是指由直属海关领导，负责办理具体海关业务的海关。

进出境运输工具，是指用以载运人员、货物、物品进出境的各种船舶、车辆、航空器和驮畜。

过境、转运和通运货物，是指由境外启运、通过中国境内继续运往境外的货物。其中，通过境内陆路运输的，称过境货物；在境内设立海关的地点换装运输工具，而不通过境内陆路运输的，称转运货物；由船舶、航空器载运进境并由原装运输工具载运出境的，称通运货物。

海关监管货物，是指本法第二十三条所列的进出口货物，过境、转运、通运货物，特定减免税货物，以及暂时进出口货物、保税货物和其他尚未办结海关手续的进出境货物。

保税货物，是指经海关批准未办理纳税手续进境，在境内储存、加工、装配后复运出境的货物。

海关监管区，是指设立海关的港口、车站、机场、国界孔道、国际邮件互换局（交换站）和其他有海关监管业务的场所，以及虽未设立海关，但是经国务院批准的进出境地点。

第一百零一条 经济特区等特定地区同境内其他地区之间往来的运输工具、货物、物品的监管办法，由国务院另行规定。

第一百零二条 本法自 1987 年 7 月 1 日起施行。1951 年 4 月 18 日中央人民政府公布的《中华人民共和国暂行海关法》同时废止。

《中华人民共和国禁止进出境物品表》和《中华人民共和国限制进出境物品表》

（1993年2月26日海关总署令第43号发布 自1993年3月1日起施行）

中华人民共和国禁止进出境物品表

一、禁止进境物品

1. 各种武器、仿真武器、弹药及爆炸物品；

2. 伪造的货币及伪造的有价证券；

3. 对中国政治、经济、文化、道德有害的印刷品、胶卷、照片、唱片、影片、录音带、录像带、激光视盘、计算机存储介质及其他物品；

4. 各种烈性毒药；

5. 鸦片、吗啡、海洛英、大麻以及其他能使人成瘾的麻醉品、精神药物；

6. 带有危险性病菌、害虫及其他有害生物的动物、植物及其产品；

7. 有碍人畜健康的、来自疫区的以及其他能传播疾病的食品、药品或其他物品。

二、禁止出境物品

1. 列入禁止进境范围的所有物品；

2. 内容涉及国家秘密的手稿、印刷品、胶卷、照片、唱片、影片、录音带、录像带、激光视盘、计算机存储介质及其他物品；

3. 珍贵文物及其他禁止出境的文体；

4. 濒危的和珍贵的动物、植物（均含标本）及其种子和繁殖材料。

中华人民共和国限制进出境物品表

一、限制进境物品

1. 无线电收发信机、通信保密机；

2. 烟、酒；

3. 濒危的和珍贵的动物、植物（均含标本）及其种子和繁殖材料；

4. 国家货币；

5. 海关限制进境的其他物品。

二、限制出境物品

1. 金银等贵重金属及其制品；

2. 国家货币；

3. 外币及其有价证券；

4. 无线电收发信机、通信保密机；

5. 贵重中药村；

6. 一般文物；

7. 海关限制出境的其他物品。

报关单位注册登记作出重大调整

2005年，海关总署正式对外公布了《中华人民共和国海关对报关单位注册登记管理规定》，并当年6月1日起施行。

海关对报关单位（进出口货物收发货人和报关企业）的注册登记管理主要有：报关单位报关身份是否得到海关确认或许可，有关程序和手续是否符合法律、法规和规章的规定，经营行为是否符合海关监管要求等。这些内容是海关作为国家进出境监督管理机关，根据《海关法》对企业进出口行为进行监管的基础性业务，与进出口货物监管紧密相联，贯穿于海关管理的全过程。海关通过对报关单位的资格管理和行为规范，监督其行为的真实性和合法性，对海关通关、监管、征税、稽查、缉私、统计等环节更好地履行职责，全面落实各项工作任务，保护相对人合法权益有着重要的意义。

《中华人民共和国海关对报关单位注册登记管理规定》（海关总署第127号令，以下简称《规定》）集中明确了报关单位报关注册登记的有关事宜和海关管理要求，确定了在《中华人民共和国行政许可法》和《中华人民共和国对外贸易法》实施后，对外贸易经营权不断放开、管理对象呈现多元化的形势和情况下，对报关单位注册登记实施新的管理措施。统一了报关市场的准入条件，保证公平竞争。与原来的规定相比，报关企业注册登记许可及办理注册登记手续、进出口货物收发货人注册登记、临时报关单位注册登记等，在注册登记的条件、程序、期限、内容上都做了重大调整。

一、报关注册登记的管理对象

按照《海关法》规定，将原有的自理报关单位、专业报关企业、代理报关企业，规定为进出口货物收发货人和报关企业。其中进出口收发货人中增加了其他组织和个体工商户，其范围扩大到法人、其他组织或者个人。个人也可以个体工商户身份到海关办理报关注册登记，成为进出口货物收发货人，取得独立的海关编码。

报关企业包括两种，一种是原来的专业报关企业，即俗称的报关行，一种是原来的代理报关企业，即国际货运代理企业。新的《规定》中，不再做两者的区分，统称为报关企业。

但《规定》也同时明确，进出口货物收发货人和报关企业双重身份禁止，即两者只能取其一，不能同时具备。

二、进出口货物收发货人与对外贸易经营者的区别和联系

《规定》将进出口货物收发货人的概念解释为，是指依法直接进口或者出口货物的中华人民共和国关境内的法人、其他组织或者个人。这一概念与《外贸法》中的对外贸易经营者的概念既有区别又有联系。

首先，进出口货物收发货人是以经营单位的名义向海关办理报关业务的单位，而对外贸易经营者既有可能是直接向海关申报的经营单位，也有可能是进出口货物的境内最终收货单位。

其次，虽然大部分的进出口货物收发货人都是对外贸易经营者，如企业法人、合伙企业、合作企业、个体工商户等，但并不是所有领取“对外贸易经营者备案登记表”的单位都可以成为进出口货物收发货人。如部分法人企业的分公司，虽然领取了“对外贸易经营者备案登记表”，但由于其不具有独立的报关申报主体资格，也不能到海关办理注册登记，其在报关时应当使用总公司的名义和注册登记编码申报。

进出口货物收发货人也不一定都是对外贸易经营者，从事非贸易性活动的单位如国家机关、学校、科研院所等组织机构或者接受临时捐赠、礼品、国际援助的单位等，虽然不是对外贸易经营者，但由于其有直接的进出口活动，仍可以到海关办理临时报关注册登记手续，成为进出口货物收发货人。

三、实行报关单位注册登记的条件和程序

在海关办理报关注册登记，是报关单位行使报关权的必要前置条件。海关根据企业或进出口货物收发货人或报关企业的不同身份，分别实施不同的报关注册登记管理。

进出口货物收发货人的报关注册登记属备案性质。国际上，一般对进出口货物的收发货人不实行报关注册登记管理。考虑到我国现有的进出口货物收发货人部分自己办理报关纳税手续，且对有关的海关法律、商品等知识和技能水平都有待提高，同时，海关统计需要对企业实行编码，为方便管理才要求进出口货物收发货人向海关办理报关注册登记。进出口货物收发货人注册登记的手续和条件都比报关企业要简单。只要经过工商登记、并领取了商务部门的对外贸易经营者备案登记表；或者外商投资企业经商务部门审批，并经工商登记，凭外商投资企业批准证书，即可办理海关报关注册登记。

与进出口货物收发货人可直接办理报关注册登记不同，海关对报关企业的报关注册登记实行许可制。具体分两个环节：

第一个环节是报关注册登记许可，规定了较

为严格的许可条件、时限、程序等内容。

第二个环节是经过海关行政许可后，到工商办理相关手续，再到所在地海关办理具体报关注册登记。这个程序不属行政许可内容，是行政许可后的具体登记备案手续，其目的是为企业编制报关注册登记编码，开通在海关的报关权限，使其能够实际从事报关服务业务。

四、报关企业可以采取混业经营形式

报关企业是只允许专业经营还是可以混业经营是《规定》制定中争论的主要问题之一。经过多次实地考察报关企业的经营模式、经营状况，听取报关协会、报关行业代表意见，《规定》最终决定实行报关企业混业经营形式。即，只要符合报关企业设立条件，都可以申请报关企业注册登记许可，不再区分专业报关企业和代理报关企业，和《海关法》相衔接。因为《行政许可法》实施后，行政许可设定和实施均要遵循公平、公正、公开的原则，不能搞身份上的不平等。所以，《规定》按照《海关法》的提法，只规定“报关企业”主体，实行统一的许可制：统一的市场准入标准、市场竞争规则和违法惩戒机制，以保证公平、公正、公开的市场竞争环境，满足现代物流发展的“门到门”客户服务要求。企业可以自主选择，将国际货物运输代理、仓储、配送、运输、报关、报检、报验等多种经营相结合，降低企业投资成本和投资风险，增加企业收入来源，提高利润。从当今的物流发展方向看，把国际货物运输代理、仓储、配送、运输、报关、报检、报验等环节相联合，形成物流业完整的服务体系，能够使进出口物流更畅顺，通关更便捷，更符合未来发展趋势。

五、报关企业的许可设立条件

《海关法》仅规定了报关企业的设立，而对设立条件没有具体规定。根据国务院决定，部门规章可以在有上位法依据的情况下，对具体设立条件进行规定。因此，《规定》从报关企业的规模、管理人员素质、报关员数量、守法状况、管理制度等几个主要方面对设立条件予以明确。

（一）报关企业应当具备下列条件

1. 具备境内企业法人资格条件；

2. 企业注册资本不低于人民币150万元；

3. 健全的组织机构和财务管理制度；

4. 报关员人数不少于5名（中西部为3名）；

5. 投资者、报关业务负责人、报关员无走私记录；

6. 报关业务负责人具有五年以上从事对外贸易工作经验或者报关工作经验；

7. 无因走私违法行为被海关撤销注册登记许可记录；

8. 有符合从事报关服务所必需的固定经营场所和设施；

9. 有海关监管所需要的其他条件。

（二）报关企业跨关区分支机构欲从事代理报关业务，也需经拟服务地直属海关行政许可

报关企业如需要在所注册登记直属海关管辖区域以外从事报关服务的，应当依法设立分支机构（即分公司，下同），并向拟注册登记地海关递交报关企业分支机构注册登记许可申请。报关企业对其分支机构的行为承担法律责任。

应当具备下列条件：

1. 报关企业（即总公司）自取得海关核发的《报关注册登记证书》之日起满二年；

2. 总公司自申请之日起最近二年内未因走私受过处罚；

3. 总公司每申请一项跨关区分支机构注册登记许可，应当增加注册资本人民币50万元；

4. 符合境内企业法人分支机构设立条件；

5. 报关员人数不少于3名；

6. 有符合从事报关服务所必需的固定经营场所和设施；

7. 分支机构负责人应当具有五年以上从事对外贸易工作经验或者报关工作经验；

8. 报关业务负责人、报关员无走私行为记录。

六、实行报关企业分支机构注册登记许可

根据《中华人民共和国公司法》和《中华人民共和国企业法人登记管理条例》的相关规定，企业法人可以设立分支机构。但其分支机构不具有企业法人资格和独立的民事主体资格，无独立承担法律责任能力。因为它既不是法人也不是自然人，在实质上并非是公司，而仅与其总公司构成同一公司，是总公司实体的组成部分。

按照《行政许可法》规定，行政许可可以设定地域限制，报关企业所取得的注册登记许可只适用于其注册登记地的直属海关关区范围内。因此，报关企业要想在所注册登记地的直属关区范围外跨关区开展代理报关业务，就必须向拟开展业务地的直属海关申请报关企业分支机构注册登记许可。

虽然分支机构能领取自己的营业执照，但从一定意义上来讲，分支机构是总公司的不独立的当然代理人。这种代理权来自于公司法律制度的规定，而不是源于总公司的授权。无论授权与否，分支机构的经营后果都要由总公司承担。分支机构的业务经营致使他人受损失的，总公司不得以未经授权为由逃避损害赔偿责任。据此，规定了报关企业应当对其分支机构的行为承担法律责任。

七、报关企业的行政许可机关

《规定》对报关企业的行政许可机关规定为直属海关。审批权下放，海关总署不再直接办理审批事宜，主要负责对各关审批的监督检查的职能管理。这主要考虑到，总署与直属海关的职责分工以及《行政许可法》的相关原则。直属海关可以对报关企业实地核查、深入了解企业内部经营状况，加强日常动态监控，发挥属地管理优势。

八、报关企业许可期限及延续、变更

报关企业及其跨关区分支机构注册登记许可期限均为二年。被许可人需要延续许可有效期的，应当办理许可延续手续。

报关企业及其分支机构名称、企业注册资本、法定代表人（负责人）发生变化，需要改变海关行政许可有关内容的，应当到注册地海关申请变更注册登记许可。

九、取消企业年审

《规定》取消了一年一次的企业年审，替代为对进出口货物收发货人实行三年换证制度和报关企业及其分支机构实行二年许可延续制度。明确了海关对企业管理的重点，解决了多年来海关企业管理工作把大部分时间和精力放在年审、效果不佳问题，同时减轻海关的压力和企业负担，以便海关集中精力重点管好报关主体的行为规范。

取消传统年审并不意味着海关放弃了对进出口货物收发货人和报关企业的监管责任。代之以三年换证和二年许可延续审查，同样可以完成对企业信息变更的采集，其目的性和针对性更强。而且将年审这种定期的管理，变成日常的更有效的管理形式，可更合理运用有限的人力资源。作为配套措施，海关还参考了公安交管部门的机动车驾驶员扣分管理方式，实施了报关员报关差错和走私违规行为的记分考核管理。海关对记分达到30分满至考核合格期间的报关员，中止其报关员证效力，不再接受其办理报关业务；只有下岗学习培训，达到上岗标准的才可以继续报关业务。

十、临时注册登记单位办理手续

多年来，各关对未取得或不想取得对外贸易经营者身份，按照国家有关规定需要从事非贸易性进出口活动的单位，办理临时注册登记手续不完全统一。这些单位包括境外企业、新闻、经贸机构、文化团体等依法在中国境内设立的常驻代表机构，少量货样进出境的单位、国家机关、学校、科研院所等组织机构，临时接受捐赠、礼品、国际援助的单位等其他可以从事非贸易性进出口活动的单位。对此，《规定》进行了统一：临时注册登记单位在向海关申报前应当向拟进出境口岸地或者海关监管业务集中地海关办理临时注册登记手续；办理临时注册登记，应当持本单位出具的委派证明或者授权证明及非贸易性活动证明材料。对临时注册登记单位海关不予核发注册登记证书，仅出具临时报关单位注册登记证明；临时注册登记有效期最长为七日，法律、行政法规、海关规章另有规定的除外；已经办理报关注册登记的进出口货物收发货人，海关不予办理临时注册登记手续。

十一、新老《规定》衔接问题

新成立的报关单位按新的《规定》办理。但对已成立的进出口货物收发货人和报关企业怎么办，为解决顺利过渡的问题，以保障报关服务市场“变而不乱”，海关总署采取“老人老办法、新人新办法”的方式，给予原注册登记的自理报关单位和代理报关企业、专业报关企业三年或两年的过渡期。报关单位可在三年后的换证或两年后的许可延续时解决，也可在期限届满之前提前办理，要求符合《规定》的标准和条件。近期，海关总署将下发通知，对一些具体执行问题予以明确，并要求各直属海关对外公告。

外 汇

外汇管理

一、外汇概念

外汇，是指下列以外币表示的可以用作国际清偿的支付手段和资产：

(一) 外国货币，包括纸币、铸币；

(二) 外币支付凭证，包括票据、银行存款凭证、邮政储蓄凭证等；

(三) 外币有价证券，包括政府债券、公司债券、股票等；

(四) 特别提款权、欧洲货币单位；

(五) 其他外汇资产。

二、适用范围

境内机构、个人、驻华机构、来华人员的外汇收支或者经营活动，适用《中华人民共和国外汇管理条例》。

本条例下列用语的含义：

(一)“境内机构”是指中华人民共和国境内的企业事业单位、国家机关、社会团体、部队等，包括外商投资企业。

(二)“外汇指定银行”是指经外汇管理机关批准经营结汇和售汇业务的银行。

(三)“个人”是指中国公民和在中华人民共和国境内居住满1年的外国人。

(四)“驻华机构”是指外国驻华外交机构、领事机构、国际组织驻华代表机构、外国驻华商务机构和国外民间组织驻华业务机构等。

(五)“来华人员”是指驻华机构的常驻人员、短期入境的外国人、应聘在境内机构工作的外国人以及外国留学生等。

三、经常项目外汇

(一) 境内机构的经常项目外汇收入必须调回境内，不得违反国家有关规定将外汇擅自存放在境外。

(二) 境内机构的经常项目外汇收入，应当按照国务院关于结汇、售汇及付汇管理的规定卖给外汇指定银行，或者经批准在外汇指定银行开立外汇账户。

(三) 境内机构的经常项目用汇，应当按照国务院关于结汇、售汇及付汇管理的规定，持有效凭证和商业单据向外汇指定银行购汇支付。

(四) 个人因私用汇，在规定限额以内购汇。超过规定限额的个人因私用汇，应当向外汇管理机关提出申请，外汇管理机关认为其申请属实的，可以购汇。个人携带外汇进出境，应当向海关办理申报手续；携带外汇出境，超过规定限额的，还应当向海关出具有效凭证。

（五）个人移居境外后，其境内的资产产生的收益，可以持规定的证明材料和有效凭证向外汇指定银行购汇汇出或者携带出境。

（六）居住在境内的中国公民持有的外币支付凭证、外币有价证券等形式的外汇资产，未经外汇管理机关批准，不得携带或者邮寄出境。

（七）驻华机构及来华人员的合法人民币收入，需要汇出境外的，可以持有关证明材料和凭证到外汇指定银行兑付。

（八）驻华机构和来华人员由境外汇入或者携带入境的外汇，可以自行保存，可以存入银行或者卖给外汇指定银行，也可以持有效凭证汇出或者携带出境。

四、资本项目外汇

（一）境内机构的资本项目外汇收入，除国务院另有规定外，应当调回境内。

（二）境内机构的资本项目外汇收入，应当按照国家有关规定在外汇指定银行开立外汇账户；卖给外汇指定银行的，须经外汇管理机关批准。

（三）境内机构向境外投资，在向审批主管部门申请前，由外汇管理机关审查其外汇资金来源；经批准后，按照国务院关于境外投资外汇管理的规定办理有关资金汇出手续。

（四）借用国外贷款，由国务院确定的政府部门、国务院外汇管理部门批准的金融机构和企业按照国家有关规定办理。外商投资企业借用国外贷款，应当报外汇管理机关备案。

（五）提供对外担保，只能由符合国家规定条件的金融机构和企业办理，并须经外汇管理机关批准。

（六）国家对外债实行登记制度。境内机构应当按照国务院关于外债统计监测的规定办理外债登记。国务院外汇管理部门负责全国的外债统计与监测，并定期公布外债情况。

（七）依法终止的外商投资企业，按照国家有关规定进行清算、纳税后，属于外方投资者所有的人民币，可以向外汇指定银行购汇汇出或者携带出境；属于中方投资者所有的外汇，应当全部卖给外汇指定银行。

五、人民币汇率

人民币汇率实行以市场供求为基础的、单一的、有管理的浮动汇率制度。中国人民银行根据银行间外汇市场形成的价格，公布人民币对主要外币的汇率。

六、法律责任

（一）有下列逃汇行为之一的，由外汇管理机关责令限期调回外汇，强制收兑，并处逃汇金融30%以上5倍以下的罚款；构成犯罪的，依法追究刑事责任：

1. 违反国家规定，擅自将外汇存放在境外的；

2. 不按照国家规定将外汇卖给外汇指定银行的；

3. 违反国家规定将外汇汇出或者携带出境的；

4. 未经外汇管理机关批准，擅自将外币存款凭证、外币有价证券携带或者邮寄出境的；

5. 其他逃汇行为。

（二）有下列非法套汇行为之一的，由外汇管理机关给予警告，强制收兑，并处非法套汇金额30%以上3倍以下的罚款；构成犯罪的，依法追究刑事责任：

1. 违反国家规定，以人民币支付或者以实物偿付应当以外汇支付的进口货款或者其他类似支出的；

2. 以人民币为他人支付在境内的费用，由对方付给外汇的；

3. 未经外汇管理机关批准，境外投资者以人民币或者境内所购物资在境内进行投资的；

4. 以虚假或者无效的凭证、合同、单据等向外汇指定银行骗购外汇的；

5. 非法套汇的其他行为。

（三）境内机构有下列违反外债管理行为之一的，由外汇管理机关给予警告，通报批评，并处10万元以上50万元以下的罚款；构成犯罪的，依法追究刑事责任：

（四）境内机构有下列非法使用外汇行为之一的，由外汇管理机关责令改正，强制收兑，没收违法所得，并处违法外汇金额等值以下的罚款；构成犯罪的，依法追究刑事责任：

（五）境内机构违反外汇账户管理规定，擅自在境内、境外开立外汇账户的，出借、串用、转让外汇账户的，或者擅自改变外汇账户使用范围的，由外汇管理机关责令改正，撤销外汇账户，通报批评，并处5万元以上30万元以下的罚款。

（六）境内机构违反外汇核销管理规定，伪造、涂改、出借、转让或者重复使用进出口核销单证的，或者未按规定办理核销手续的，由外汇管理机关给予警告，通报批评，没收违法所得，并处5万元以上30万元以下的罚款；构成犯罪的，依法追究刑事责任。

注：本章只节选了《中华人民共和国外汇管理条例》中的部分内容，详见《中华人民共和国外汇管理条例》。

2005年国家外汇管理的有关通知

国家外汇管理局关于进一步简化出口收汇核销手续有关问题的通知

（2005年10月14日国家外汇管理局发布）汇发〔2005〕73号

国家外汇管理局各省、自治区、直辖市分局、外汇管理部，深圳、大连、青岛、厦门、宁波市分局；各中资外汇指定银行：

为进一步完善经常项目外汇管理，促进贸易便利化，国家外汇管理局决定进一步简化出口收汇核销手续。现就有关事宜通知如下：

一、出口单位进行出口收汇核销报告时，对以“易货贸易”、“补偿贸易”、“租赁贸易”、“租赁不满一年”、“对外承包出口”方式出口的，取消向外汇局提供相关易货合同、补偿贸易合同、租赁合同、承包工程合同或协议、商务主管部门出具的对外承包核准件等凭证的要求。出口单位凭出口报关单、核销单、核销专用联或相应进口报关单等材料办理核销手续。

二、出口单位以“进料对口”、“进料深加工”、“三资进料加工”方式出口需进行进料抵扣核销的，取消事先由外汇局进行备案审批的要求。出口单位凭经商务主管部门核准的加工贸易合同（首次抵扣核销时提供）、出口报关单、核销单、差额部分的核销专用联及相应的进口报关单等材料办理核销手续。

三、出口单位以“货样广告品A”方式出口的，对其中单笔不收汇金额超过等值500美元的货样广告品出口核销时，取消需提供贸易双方签订的合同或协议的规定，外汇局直接按不收汇差额核销处理。

四、出口单位已办理国际收支申报的出口收汇，因遗失、毁损等原因申请补办核销专用联的，不再由外汇局审批和出具核准件。出口单位可凭书面报告、涉外收入申报单等相关资料直接到原签发银行办理核销专用联的补办手续。

五、调整出口收汇差额核销的范围。出口单位出口后，单笔核销单对应的收汇或进口金额多于报关金额不超过等值5 000美元（含5 000美元），或单笔核销单对应的收汇或进口金额少于报关金额不超过等值5 000美元（含5 000美元）的，凭《出口收汇核销管理办法实施细则》（汇发［2003］107号）第三十八条、第三十九条规定的相关核销凭证直接办理核销手续。在此范围之外的出口应当办理差额核销报告手续。实行批次核销的，可按核销单每笔平均计算出口与收汇或进口差额。

六、因专营商品、更改合同条款或经批准的总、分（子）公司关系等原因发生收汇单位与核销单位不一致，收汇单位申请办理“境外收汇过户”的，取消提供出口报关单、核销单的规定。收汇单位凭境外收汇过户申请书、相关协议、出口合同复印件、核销专用联等相关材料办理过户手续。

七、保税区、出口加工区等海关实行封闭管理的特殊经济区域企业不适用本通知。

八、本通知自2005年11月1日起执行，以前规定与本通知相抵触的，以本通知为准。

各分局收到本通知后，应尽快转发至所辖中心支局、外资银行和相关单位；各中资外汇指定银行收到本通知后，应尽快转发至所辖分支机构。执行中如遇问题，请及时向国家外汇管理局经常项目管理司反馈。

国家外汇管理局关于
进一步简化贸易进口付汇及核销手续有关问题的通知

（2005年9月15日　国家外汇管理局发布）汇发［2005］67号

国家外汇管理局各省、自治区、直辖市分局、外汇管理部，深圳、大连、青岛、厦门、宁波市分局；各中资外汇指定银行：

为进一步完善经常项目外汇管理，推进贸易便利化，国家外汇管理局决定简化部分贸易进口付汇及核销手续。现就有关问题通知如下：

一、简化贸易进口付汇审核凭证

（一）取消企业进口预付货款项下付汇须提供预付货款保函的规定，企业凭贸易进口付汇核销单、进口合同以及形式发票等相关单证在外汇指定银行（以下简称“银行”）办理有关付汇手续。

（二）取消进口许可证、自动进口登记证明以及货到付款项下进口提单作为贸易进口付汇审核凭证的规定，企业在银行办理相关付汇手续时无需提供上述单证。

二、简化“对外付汇进口单位名录”（以下简称“名录”）管理

（一）对于已经国家外汇管理局分支局（以下简称“外汇局”）核准开立经常项目外汇账户的企业，在申请办理“名录”时，无需再次提供进出口经营权备案登记表、工商营业执照及技术监督局代码证书等资料，可直接凭《经常项目外汇业务核准件》企业留存联（第三联）和进口单位名录登记申请书办理。

（二）取消工商营业执照有效期在一年以内的企业不得登记进入“名录”的规定。

（三）取消连续两年无进口业务发生的企业从“名录”中删除的规定。

三、取消“进口货物报关单经营单位与付汇单位不一致”进口付汇备案管理，简化有关进口付汇及核销手续

（一）取消“进口货物报关单经营单位与付汇单位不一致”的进口付汇备案手续。

进口货物报关单经营单位可以通过“中国电子口岸进口付汇系统”的“网上交单”功能，将进口货物报关单电子底账提交到付汇银行；或由付汇企业持进口货物报关单经营单位“中国电子口岸企业 IC 卡”，凭贸易进口付汇核销单、进口货物报关单、进口合同、商业发票以及委托代理协议直接到银行办理付汇手续。银行审核有关单证的真实性后，对进口货物报关单电子底账进行核查、核注以及结案操作。

（二）企业凭“经营单位与付汇单位不一致”的进口货物报关单办理核销业务的，无需向外汇局提供进口许可证或自动进口登记证明以及免税证明等批准文件。

外汇局办理核销手续时，需审核进口付汇核销单、进口合同、进口付汇备案表（如需办理备案的）、进口货物报关单以及委托代理协议，并使用“超级金融 IC 卡”对进口货物报关单电子底账进行核查、核注以及结案操作。

四、放宽“异地付汇”进口付汇备案管理

（一）取消异地付汇项下企业在付汇地没有分支机构、没有工程项目贷款或没有经常项目外汇账户不得办理异地开证、付汇的规定。

企业办理异地开证、付汇时，须凭加盖企业公章的备案申请函、进口合同、代理协议（委托代理项下须提供）以及不同结算方式项下外汇局规定的相关单证，到企业所在地外汇局办理类别为“异地付汇”的进口付汇备案手续。企业付汇所在地银行凭进口付汇备案表、贸易进口付汇核销单以及售付汇管理有关规定要求的单证办理异地付汇业务，如为货到付款项下付汇，还须通过“中国电子口岸进口付汇系统”核查进口货物报关单的真实性，并对进口货物报关单电子底账予以核注、结案。

（二）对异地付汇项下企业所在地外汇局开具的进口付汇备案表，取消由企业付汇所在地外汇局进行电话核对真实性并盖章确认的程序，企业可以直接到付汇地银行办理有关开证、付汇手续。

五、不在“名录”和列入“由外汇局审核真实性的进口单位名单”的企业不适用本通知第一、三、四条的规定

六、本通知不适用于保税区等特殊经济区域，保税区等海关封闭监管区域内取得对外贸易经营权的企业，按规定办理贸易进口付汇及核销手续时，适用本通知规定

七、本通知自2005年10月1日起执行，以前规定与本通知相抵触的，以本通知为准

各分局收到本通知后，应尽快转发至所辖中心支局、外资银行和相关单位；各中资外汇指定银行收到本通知后，应尽快转发至所辖分支机构。执行中如遇问题，请及时向国家外汇管理局经常项目管理司反馈。

国家外汇管理局关于
放宽境内机构保留经常项目外汇收入有关问题的通知

（2005 年 8 月 2 日　国家外汇管理局发布）汇发［2005］58 号

国家外汇管理局各省、自治区、直辖市分局、外汇管理部，深圳、大连、青岛、厦门、宁波市分局：

为方便境内机构使用外汇，促进贸易便利化，国家外汇管理局决定再次提高境内机构经常项目外汇账户保留现汇的比例。现通知如下：

一、境内机构上年度经常项目外汇支出占经常项目外汇收入的比例在 80% 以下的，其经常项目外汇账户保留现汇的比例，由其上年度经常项目外汇收入的 30% 调整为 50%。

二、境内机构上年度经常项目外汇支出占经常项目外汇收入的比例在 80%（含）以上的，其经常项目外汇账户保留现汇的比例，由其上年度经常项目外汇收入的 50% 调整为 80%。

三、新开立经常项目外汇账户的境内机构，如上年度没有经常项目外汇收入，其开立经常项目外汇账户的初始限额，由以前的不超过等值 10 万美元调整为不超过等值 20 万美元。

四、境内机构开立的捐赠、援助、国际邮政汇兑及国际承包工程等暂收待付项下的经常项目外汇账户，限额可按外汇收入的100%核定，具体办法按照《国家外汇管理局关于进一步调整经常项目外汇账户管理政策有关问题的通知》（汇发［2002］87号）和《国家外汇管理局关于调整国际承包工程等项下经常项目外汇账户管理政策有关问题的通知》（汇发［2003］90号）执行。

五、对于有实际经营需要的进出口及生产型企业，经各分局核准，可按其外汇收入的100%核定经常项目外汇账户限额，具体办法按照《国家外汇管理局关于调整经常项目外汇账户限额管理办法的通知》（汇发［2005］7号）执行。

六、各分局应当认真组织做好对经常项目外汇账户限额的调整工作，加强对外汇账户的统计分析、监测管理。

七、本通知自发布之日起执行。以前规定与本通知规定相抵触的，按本通知规定执行。

国家外汇管理局关于
加强进口延期付汇、远期付汇管理有关问题的通知

（2005年2月5日国家外汇管理局发布）汇发［2005］8号

国家外汇管理局各省、自治区、直辖市分局、外汇管理部，深圳、大连、青岛、厦门、宁波市分局，各中资外汇指定银行：

为进一步完善贸易收付汇管理，规范进口延期付汇和远期付汇等贸易融资行为，现就有关问题通知如下：

一、各级外汇管理部门（以下简称“外汇局”）、外汇指定银行（以下简称“银行”）要严格按照本通知和其他相关外汇管理规定，在收付汇和核销环节加强对进口延期付汇、远期付汇等贸易融资行为的真实性审核。

二、对于货到汇款项下凭进口日期为2005年3月1日以前、单笔报关单未付汇金额在等值50万美元以上（含50万）、预计付汇日期超过报关单进口日期90天（含90天）的进口货物报关单进口付汇证明联（正本）（以下简称“进口货物报关单”）办理付汇的，进口单位应当于2005年5月1日之前，持延期付汇情况说明函、进口货物报关单、合同等有效商业单证，到外汇局办理延期付汇登记手续。

三、对于货到汇款项下凭进口日期为2005年3月1日以后的进口货物报关单付汇的，进口单位应按合同约定的日期办理购付汇手续。但对单笔报关单未付汇金额在等值50万美元以上（含50万）且预计付汇日期超过报关单进口日期90天（含90天）的进口货物报关单，进口单位应当在报关后60天内，持延期付汇说明函和进口货物报关单、合同等有效商业单证，到外汇局办理延期付汇登记手续。

四、对于符合上述第二、三条所述情况的延期付汇，银行须凭进口货物报关单等符合有关结汇、售汇与付汇管理规定的凭证和商业单据，以及外汇局加盖贸易进口付汇核销监管业务章的《贸易进口延期付汇登记表》（以下简称《登记表》，为进口单位办理购付汇手续，并将《登记表》第三联随《贸易进口付汇核销单（代申报单）》报送至所在地外汇局。

五、对于应办理延期付汇登记手续而未办理，或超过《登记表》上注明的付汇日期的货到汇款项下付汇业务，银行不得为进口单位直接办理付汇手续。若确实因贸易纠纷等特殊原因不能在《登记表》上注明的期限内对外付汇的，进口单位须持情况说明函、相关证明材料及原《登记表》到外汇局办理2次延期手续，外汇局审核后，在原《登记表》备注栏内加注二次延期付款期限，再次加盖核销监管业务章。进口单位最多可办理2次延期付汇登记，2次延期后仍不能在《登记表》上标明的期限内付汇的，进口单位不得再凭该进口货物报关单办理对外购付汇手续。

六、信用证、进口代收项下已到单，进口单位要求延长付款期限的，银行应当审核有效货运单据、信用证修改函等相关商业单证。

银行应当于每月初5个工作日前，将上月发生的信用证及进口代收项下延长付款期限超过90天和90天以上远期付汇情况汇总，向当地外汇局报送《××银行贸易进口延/远期付汇统计月报表》。

七、外汇局要做好延期和远期付汇情况统计工作，各分局须于每月初10个工作日前，向总局报送《国家外汇管理局××分局贸易进口延/远期付汇统计月报表》。

八、对于进口日期为1998年9月1日以前的进口货物报关单尚未用于付汇、核销的，进口单位应在2005年5月1日以前持情况说明函、进口货物报关单及相关单证到外汇局备案或核销。银行凭外汇局出具的《进口付汇备案表》为进口单位办理购付汇手续。自2005年5月1日起，进口单位不得凭进口日期为1998年9月1日以前的进口货物报关单办理进口付汇和核销手续。

九、银行违反本《通知》规定的，按照《外汇管理条例》第四十二条的规定处罚；未按照规定及时反馈情况和报送报表的，按照《外汇管理条例》第三十一条和四十九条规定处罚。

进出口单位未按本通知规定办理相应登记手续的，按照《外汇管理条例》第四十四条规定处罚。

银行、进出口单位违反本通知其他规定的，按照《外汇管理条例》和其他有关管理规定处罚。

十、本通知自2005年3月1日起执行。以前规定与本通知相抵触的，以本通知为准。

各分局收到本通知后，应尽快转发至所辖中心支局、外资银行和相关单位；各中资外汇指定银行收到本通知后，应尽快转发至所属分支机构。执行中如遇问题，请及时向国家外汇管理局经常项目管理司反馈。

国家外汇管理局关于
下放部分资本项目外汇业务审批权限有关问题的通知

（2005年8月25日 国家外汇管理局发布）汇发［2005］63号

国家外汇管理局各省、自治区、直辖市分局、外汇管理部，深圳、大连、青岛、厦门、宁波市分局：

为简化行政审批手续和程序，根据《中华人民共和国行政许可法》及相关外汇管理法规的规定，国家外汇管理局（以下简称总局）决定进一步改进资本项目外汇管理方式及行政许可程序，将部分资本项目外汇业务审批权限下放到各分局、外汇管理部（以下简称分局）。现就有关问题通知如下：

一、关于对外担保审批

除为境外机构提供对外担保外，其余所有形式的对外担保（包括以境外机构或境外自然人为被担保人的对外房屋按揭担保），符合现行法规的，均由担保人所在地分局审批。

二、关于境外上市外资股公司回购本公司境外上市股票的审批

境外上市外资股公司回购本公司境外上市流通股份涉及购、付汇及境外开户审批的，若购、付汇金额低于2 500万美元，由所在地分局审批；若购、付汇金额高于2 500万美元（含2 500万美元），仍应通过所在地分局报总局审批。

三、关于证券、信托、财务、金融租赁公司外汇资金结汇及购付汇的审批

经营外汇业务的证券公司、信托投资公司、企业集团财务公司、金融租赁公司购汇补充外汇资本金（或外汇营运资金），以及将超过规定要求的外汇资本金（或外汇营运资金）结汇由所在地分局审批。各分局应将辖内上述机构购付汇、结汇情况定期报总局资本项目管理司。

上述机构外汇利润结汇由所在地分局或授权下级支局审批。上述机构应当于每个会计年度结束后四个月内，或者于董事会批准当年分配方案后十个工作日内，按照《结汇、售汇及付汇管理规定》有关规定，向外汇局提出净利润结汇申请。

四、境外上市公司减持国有股以外汇形式上缴社保基金的核准

境外上市外资股公司、境外中资控股上市公司的境内股权持有单位申请将减持外汇收入划拨全国社保基金的，由所在地分局审批。

各分局可根据企业的申请，核准以上企业将减持外汇收入直接划拨至财政部开立的外汇账户。

五、改进外国投资者专用外汇账户（费用类）账户管理

将外国投资者专用外汇账户（费用类）限额由原来的10万美元，调整为10万美元或经投资主管部门批准的投资总额的5%，账户有效期由原来的3个月延长至6个月。

六、简化个人财产对外转移审批方式

对超过等值50万元人民币个人财产对外转移（移民转移和继承转移）申请，各分局资本项目处或相关业务处在征得主管外汇业务的副局长（局长）同意后，可以处发文形式直接报总局资本项目管理司批准。

以上审批权限下放后，各分局要建立相应的内控管理制度，加强人员培训，加大对有关审批事项的事后监督和检查力度，并按照相关规定履行报备手续。在办理具体审批事项时，需严格执行有关法规和《资本项目外汇业务操作规程》的有关规定。在遇到重大情况和政策问题时，须及时向总局请示报告。总局将定期或不定期地对各分局的审批业务情况进行检查。另外，各分局应进一步加强统计监测，严格按照有关规定及时、准确地向总局报送有关数据。

国家外汇管理局关于境内居民个人境外投资登记及外资并购外汇登记有关问题的通知

（2005年4月21日国家外汇管理局发布）汇发［2005］29号

国家外汇管理局各省、自治区、直辖市分局、外汇管理部，深圳、大连、青岛、厦门、宁波市分局：

为维护国际收支平衡，保证跨境资本合规有序流动，现将境内居民个人境外投资登记及外资并购外汇登记有关事宜通知如下：

一、境内居民个人将境内资产、股权注入境外企业并直接或间接持有境外企业股份、股票的，如境内被并购企业（或为并购而设立的企业）2005年1月24日之前发生的最近一期关联外资并购交易已于该日期之前办妥外商投资企业批准证书，境内居民个人应按照附件格式到被并购企业所在地外汇局补办境外投资外汇登记。

未经外汇局登记，境内居民个人不得办理境外投资及其他资本项目外汇业务。

二、在补办境外投资外汇登记后，境内居民个人直接或间接持有股权的境外企业如发生增资、减资、股权转让、合并、分立、对外股权投资、涉及境内资产的对外担保等重大事项，直接或间接拥有该境外企业最大股权的境内居民个人，应于重大事项发生之日起30日内，向境外投资登记地外汇局办理外汇登记变更或备案手续。

三、境内居民个人对其持股的境外企业已办妥境外投资外汇登记的，各分局、外汇管理部可以为该境外企业发生于2005年1月24日之前的并购境内企业交易办理外资外汇登记。

四、《国家外汇管理局关于完善外资并购外汇管理有关问题的通知》（汇发［2005］11号）第三条所称“外资并购设立的外商投资企业外汇登记”及本通知第一条、第三条所称“外资并购外汇登记”包括以下情形：

（一）外国投资者协议购买境内中资企业中方股权，将内资企业变更为外商投资企业，该外商投资企业应当办理外汇登记，外国投资者应当办理转股收汇外资外汇登记；

（二）外国投资者协议购买境内外商投资企业中方股权，原外商投资企业办理外汇登记变更，外国投资者办理转股收汇外资外汇登记；

（三）外国投资者向境内企业增资，境内企业办理外商投资企业外汇登记或外汇登记变更；

（四）外国投资者境内设立外商投资企业，并通过该企业协议购买境内企业资产且运营该资产，或外国投资者协议购买境内企业资产，并以该资产投资设立外商投资企业运营该资产，新设外商投资企业办理外汇登记；

（五）外国投资者境内新设外商投资企业，并通过该企业协议控制境内其他企业或某项资产的收益权、特许经营权，新设外商投资企业办理外汇登记。

五、新设外商投资企业在办理外汇登记时，应向所在地外汇局提交登记申请书，企业应在申请书中详细说明外国投资者的最终控制人和主要经营业绩。外国投资者最终控制人和主要经营业绩不明的，企业应在申请书中注明："本公司外国投资者没有直接或间接地被境内居民个人或境内机构持股，如存在虚假、误导性陈述骗取外汇登记的行为，本公司及其法定代表人愿意承担由此而导致的法律后果。"

六、境内居民个人直接或间接持有以及境内机构直接持有境外企业股份，但未按规定办理境外投资外汇登记，各分局、外汇管理部不得为该境外企业并购的境内企业办理外资外汇登记。以虚假、误导性陈述等手段骗取外资外汇登记的外商投资企业，一经发现，追究其自登记之日起所汇出利润和其他资本项目款项的逃汇责任。

七、禁止境内企业向由境内机构与居民个人直接或间接持股的、且未完整办理境外投资外汇登记、登记变更及备案的境外企业支付利润及清算、转股、减资等资金，违者按照逃汇行为予以处理。

八、除境外上市企业外，特殊目的公司不得保留外汇收入，境内居民个人直接获得或通过特殊目的公司间接获得的外汇收入，应于获得之日起30日内全额调回境内结汇，违者按照逃汇行为予以处理。特殊目的公司系指境内居民个人为其实际控制的境内企业权益在境外筹资的目的而直接或间接控制的境外企业。

九、本通知自下发之日起执行。

国家外汇管理局关于
边境地区境外投资外汇管理有关问题的通知

（2005年3月3日国家外汇管理局发布）汇发［2005］14号

国家外汇管理局各省、自治区、直辖市分局、外汇管理部，深圳、大连、青岛、厦门、宁波市分局：

为了进一步落实"走出去"发展战略，促进与毗邻国家的经贸往来，现就边境地区境外投资外汇管理有关问题通知如下：

一、本通知所称的边境地区是指我国内陆边界线以内、与毗邻国家接壤的地级市、民族自治州等地区。

边境地区境外投资是指在我国边境地区登记注册的企业、公司或者其他经济组织（包括个体工商户）（以下简称边境地区投资主体），在毗邻国家设立各类企业或购股、参股，从事生产、经营活动。

二、国家外汇管理局各有关分局可以在自身权限范围内扩大所辖边境地区外汇中心支局境外投资外汇资金来源的审核权限，并将授权情况报总局备案。

对于边境地区投资主体使用自有外汇、国内外汇贷款或购汇进行境外投资的项目，边境地区外汇中心支局可在上述授权范围内直接出具外汇资金来源审查意见。

三、边境地区境外投资应根据境外投资有关管理规定办理境外投资登记手续。

边境地区投资主体以人民币进行境外投资的，可以持本通知第四条所列材料，到所在地外汇局办理境外投资登记手续。

四、对于在本通知生效前已经发生的边境地

区境外投资（包括未办理境外投资外汇资金来源审查和境外投资外汇登记的，以及已办理境外投资外汇资金来源审查、未办理境外投资外汇登记的），其投资主体可持以下材料到所在地外汇局补办境外投资外汇登记手续：

（一）边境地区投资主体关于补登记的申请（包括境外投资企业设立的时间、地点、经营情况、企业类型等）；

（二）所投资境外企业在所在国投资（或工商）管理部门注册登记的证明材料；

（三）境外企业上一年度经过审验的资产负债表（边境地区投资主体为个体工商户的无须提供）；

（四）境外合资合作企业另需提供合资合作合同或章程；

（五）外汇局要求提供的其他材料。

五、边境地区投资主体以实物进行境外投资的，在实物投资出境后，凭出口收汇核销单、出口货物报关单和《境外投资外汇登记证》正本及复印件到外汇局办理出口不收汇差额核销手续。外汇局在为企业办理核销手续时，应在《境外投资外汇登记证》上注明实际核销的金额、币种和日期。

六、边境地区外汇局应加强对境外投资管理有关法规和政策的宣传工作，积极鼓励企业按照有关规定开展境外投资。

七、本通知自2005年4月1日起实施。

第五篇
欧洲商务指南
CHAPTER V EUROPEAN BUSINESS GUIDELINE

德　国

一、国名　国旗　国徽　国歌　国庆日　国花　国鸟　国石

国　名

德国国名的全称为德意志联邦共和国（The Federal Republic of Germany，Die Bundesrepublik Deutschland）。

国　旗

国旗呈横长方形，长与宽之比为5：3。自上而下由黑、红、黄三个平行相等的横长方形相连而成。三色旗的来历可追溯到公元一世纪的古罗马帝国，虽然朝代更迭、社会发展，但国旗的式样一直沿用至今。

国　徽

其国徽为金黄色的盾徽。盾面上是一头红爪红嘴、双翼展开的黑鹰，黑鹰象征着力量和勇气。

国　歌

德国的国歌是“德意志之歌”的第三段，歌词是奥古斯特海因利希·霍夫曼·冯·法勒斯雷本于1841年撰写的，曲调由约瑟夫·海顿谱写。1922年，魏玛共和国第一任帝国总统弗里德里希·艾伯特将“德意志之歌”升格为国歌。1991年8月，“德意志之歌”再次被确认为国歌。

国庆日

德国的国庆日为10月3日（1990年德国重新统一日）。

国　花

德国的国花是矢车菊，又名蓝芙蓉、荔枝菊、翠蓝，属于菊科。德国人认为，矢车菊象征日耳曼民族爱国、乐观、顽强、俭朴的特征，并有吉祥之兆。

国　鸟

德国的国鸟是白鹳，是一种著名的观赏珍禽。在欧洲，白鹳被认为是“带来幸福的鸟”。

国　石

国石为琥珀。

二、地理环境

德意志联邦共和国位于欧洲中部。周围有9个邻国，北邻丹麦，西部与荷兰、比利时、卢森堡和法国为邻，南边是瑞士和奥地利，东部与捷克和波兰接壤。德国濒临北海和波罗的海，海岸线长1 333公里。从1990年10月3日德国国家重新统一以来，这个中心地理位置尤为突出。并构成通向中欧及东欧各国的桥梁。

德国的面积为357 000平方公里。南北最远相距876公里，东西相距640公里，边境线全长为3 758公里。德国地形多样，连绵起伏的山峦、高原台地、丘陵、山地、湖泊以及辽阔宽广的平原。地势北低南高，可分为四个地形区：北德平原，平均海拔不到100米；中德山地，由东西走向的高地块构成；西南部莱茵断裂谷地区，两旁是山地，谷壁陡峭；南部的巴伐利亚高原和阿尔卑斯山区，主峰祖格峰海拔2 963米，为全国最高峰。主要河流有莱茵河（流经境内865公里）、易北河、威悉河、奥得河、多瑙河。较大湖泊有博登

湖、基姆湖、阿莫尔湖和里次湖。

德国处于大西洋和东部大陆性气候之间的凉爽的西风带，温度大起大落的情况很少。西北部海洋性气候较明显，往东、南部逐渐向大陆性气候过渡。7月平均气温为14℃～19℃，1月平均气温为-5℃～1℃。降雨分布在一年四季，年降水量500毫米～1 000毫米，山地更多。属于例外的是气候温润的上莱茵河谷，经常感到从阿尔卑斯山吹来的燥热南风和上巴伐利亚的山风刺骨、夏季凉爽、冬季多雪，从而构成独特气候区的哈尔茨山区。

三、行政区划

德国的首都是柏林（Berlin），人口338.7万（2005年8月），年平均气温约8.6℃。德国行政管理分为联邦、州、地区三级，共有16个州，14 808个地区。16个州中，柏林、不来梅和汉堡是市州。

四、人口　民族　宗教

德国人口约8 250万人。除俄罗斯联邦外，德国是欧洲人口最多的国家，超过英国与北爱尔兰（5 890万人）、法国（5 850万人）和意大利（5 750万人）。德国的人口主要是德意志人，有少数丹麦人、吉卜赛人和索布族人。有729万外籍人，占人口总数的8.8%。通用德语。居民中38%的人信奉基督教，34%的人信奉罗马天主教。

五、历史沿革

公元前，德国境内居住着日耳曼人。公元2世纪～3世纪逐渐形成部落。10世纪形成封建国家，公元962年建立德意志民族的神圣罗马帝国。

13世纪中期，封建割据。18世纪初，奥地利和普鲁士崛起，根据1815年维也纳会议，组成了德意志联邦，1848年德国各地爆发革命，普鲁士于1866年的“七星期战争”中击败奥地利，次年建立北德意志联邦，1871年统一的德意志帝国建立。

1914年，该帝国挑起第一次世界大战，1918年因战败而宣告崩溃。1919年2月，德意志建立魏玛共和国。1933年希特勒上台实行独裁统治。德国于1939年发动第二次世界大战，1945年5月8日，德国战败投降。

战后，根据雅尔塔协定和波茨坦协定，德国分别由美、英、法、苏四国占领，并由四国组成盟国管制委员会接管德国最高权力。柏林市也划分成4个占领区。1948年6月，美、英、法三国占领区合并。翌年5月23日，合并后的西部占领区颁布《基本法》，成立了德意志联邦共和国。同年10月7日，东部的苏占区成立了德意志民主共和国。德国从此正式分裂为两个主权国家。

1989年，民主德国局势发生了急剧变化。5月起，大批公民出走联邦德国。10月初，许多城市相继爆发了示威游行，要求放宽出国旅行和对新闻媒介的限制等。10月18日，民主德国总统昂纳克宣布辞职。11月9日，“柏林墙”开放。11月28日，联邦德国总理科尔提出关于统一德国的十点计划。1990年2月13日至14日，民主德国总理莫德罗首次访问联邦德国。5月18日，两德在波恩签署关于建立货币、经济和社会联盟的国家条约。8月31日，双方在柏林签署两德统一条约。9月24日，民主德国国家人民军正式退出华约组织。1990年10月3日民主德国正式加入联邦德国。民主德国的宪法、人民议院、政府自动取消，原14个专区为适应联邦德国，建制改为5个州，并入了联邦德国，分裂40多年的两个德国重新统一。

德国具有悠久的历史，在历史的长河中产生了许许多多世界级的名人。例如：哲学家康德（1724～1804）、诗人歌德（1749～1832）、音乐家贝多芬（1770～1827）、唯心主义哲学家黑格尔

(1770～1831年)、诗人作家海涅（1797～1856)、音乐家门德尔松（1809～1847)、音乐戏剧家瓦格纳（1813～1883)、无产阶级革命家马克思（1818～1883)、恩格斯（1820～1895年)、德国近代史上的政治家和外交家奥托·冯·俾斯麦（1815～1898）等。

六、政治概况

1949年5月23日，《德意志联邦共和国基本法》生效。1956年、1968年曾作过较大修改。1990年8月两德统一条约对《基本法》某些条款又作了适应性修订，10月3日起适用于全德国。《基本法》规定，德国是联邦制国家，外交、国防、货币、海关、航空、邮电属联邦管辖。国家政体为议会共和制，联邦总统为国家元首，联邦总理为政府首脑。

议会由联邦议院和参议院组成。联邦议院行使立法权，监督法律的执行，选举联邦总理，参与选举联邦总统和监督联邦政府的工作等。每届任期4年。参加联邦议院的各党议员分别组成议会党团。第15届联邦议院于2002年9月22日选出，共有603名议员。各党席位分配为：社民党251席，联盟党（基民盟/基社盟）248席，联盟90/绿党55席，自民党47席，民社党2席。联邦参议院参与联邦立法和对联邦的行政管理施加影响，维护各州的利益。按各州人口比例由各州政府指派3至6名州政府成员组成参议院，共69席。议长由各州州长轮流担任，任期1年，总统因故不能行使职权时代行总统职务。

联邦宪法法院是德国宪法机构之一，主要负责解释《基本法》，监督该法执行，并对是否违宪作出裁定。共有16名法官，由联邦议院和参议院各推选一半，由总统任命，任期12年。正、副院长由联邦议院和参议院轮流推举。此外，设有联邦法院（负责民事和刑事案件)、联邦行政法院（负责一般行政司法案件)、联邦财政法院（负责财政案件)、联邦劳工法院（审理劳工案件)、联邦社会法院（审理社会福利纠纷）等。

各级法院相应设有检察机关，但不受法院的管辖，不干预法院的审判工作，其任务主要是领导刑事案件的侦查并提起公诉。检察机关受联邦或州政府司法部门的领导，在行使职权时相对独立。联邦检察院由联邦检察长和若干名联邦检察官组成。

德国实行多党制，主要有以下政党：德国社会民主党，简称社民党，为主要执政党。联盟90/绿党，简称绿党，与社民党联合执政。基督教民主联盟，简称基民盟，最大在野党。基督教社会联盟，简称基社盟，在野党。自由民主党，简称自民党，反对党。民主社会主义党，简称民社党。德国的共产党，1968年成立。共和党，1983年成立。

现任联邦总统是霍斯特·克勒，于2004年7月就任，任期5年。

中国与德意志联邦共和国于1972年10月11日建交，建交后各方面关系发展顺利，1978年～1989年两国高层互访频繁。

1989年北京政治风波后，联邦德国参加对华制裁，两国关系降到仅维持一般事务性接触状态。经过双方的共同努力，两国关系逐步恢复和改善。1990年9月两国外长在联大恢复会晤，1992年中德关系进一步改善，走上了正常发展轨道。1993年德政府决定不批准向台湾出售潜艇，两国关系出现积极发展势头，9月德国政府提出以中国为中心的新亚洲政策，11月德国总理科尔第三次访华。1994年乔石委员长和李鹏总理先后访德。

1995年，中德关系全面发展，7月江泽民主席对德进行国事访问，11月德国总理科尔第四次访华。1996年6月，德议会通过了“改善西藏人权状况”的反华决议，使两国关系受到严重干扰。9月两国外长在联大期间会晤，德方在会晤中强调德政府奉行“一个中国”的政策，认为西藏是中国的一部分，两国在人权问题上的分歧应通过对话解决。11月，赫尔佐克总统对中国进行了国事访问。

1998年10月，德国新政府组成后，重视与中国的关系。1999年11月，施罗德总理正式访华。2000年6月底，朱镕基总理正式访德。

2002年4月，江泽民主席对德国进行了第二次国事访问。5月，德政府修订亚洲战略。10月，双方举行了一系列大型活动庆祝两国建交30周年，两国元首和外长互致贺电。

2003年9月，德国联邦总统约翰内斯·劳对中国进行国事访问。12月，德国总理施罗德访华。2004年5月，温家宝总理正式访问德国，两国发表联合声明，宣布在中国与欧盟全面战略伙伴关系框架内建立具有全球责任的伙伴关系。12月，施罗德总理对华进行工作访问。其间，双方签署《中德关于在北京中南海与柏林联邦总理府之间建立直通保密线路的协议》等多项政府协议和经贸合同。

到2004年底，两国已有44个省、州、市共建立了友好省州（市）关系。中国驻汉堡和慕尼黑总领馆分别于1984年和1997年开馆。2003年12月，中德双方签署了关于在法兰克福、成都相互增设总领馆的协议。德国驻上海、广州和成都总领馆分别于1982年、1995年和2004年开馆。

七、经济概况

德国是自然资源较为贫乏的国家，除硬煤、褐煤和盐的储量丰富之外，在原料供应和能源方面很大程度上依赖进口，2/3的初级能源需进口。天然气储量约3 820亿立方米，能满足国内需求量的1/4。硬煤探明储量约2 300亿吨，褐煤约800亿吨；其他矿藏的探明储量为：钾盐约130亿吨，铁矿石16亿吨，石油5 000万吨，东南部有少量铀矿。森林覆盖面积为1 110万公顷，占全国面积约1/3，水域占2%。

德国是高度发达的工业国。经济总量位居欧洲首位，世界第三，连续两年保持世界头号出口大国地位。政府奉行整顿国家财政、减少预算赤字、进行税制改革、刺激个人投资、进一步实行非国有化、减少国家干预、充分发挥市场机制作用的政策，使德国经济持续稳定增长。2004年，德国国内生产总值21 782亿欧元（2004年12月30日的汇率为：1美元＝0.7316欧元），增长率1.7%，人均国内生产总值：26 392欧元。

2004年，外贸总额为13 051亿欧元，其中出口7 309亿欧元，增长10%，进口5 742亿欧元，增长7.4%，盈余1 567亿欧元。公共消费支出增长0.4%，私人家庭可支配收入增长1.3%，私人消费支出增长1.3%。按1995年价格计算，劳动生产率增长1.3%。国内资产投资总额减少0.7%。

国家财政赤字845亿欧元，占国内生产总值的3.9%。2004年共有39 213家企业破产，比2003年下降了0.3%。通货膨胀率和失业率分别为1.6%和10.5%。国民收入16 160亿欧元，增长3%，人均约为19 580欧元。2002年，社会福利总支出为7 228.54亿欧元，约占国内生产总值的33.2%。2004年，国家负债总额达13 257亿欧元（人均16 054欧元）。

2004年，德国工业总产值5 898亿欧元，占国内生产总值的27.1%。工业就业人数约1 127万，占国内总就业人数的31.2%。工业结构及特点：（1）汽车和机械制造、化工、电气等部门是支柱产业，占全部工业产值的40%以上。其他如食品、纺织与服装、钢铁加工、采矿、精密仪器、光学、以及航空与航天工业也很发达。（2）主要工业部门的产品一半或一半以上销往国外。（3）大约2/3的工业企业雇员不到100名。众多的中小企业专业化程度较强，技术水平较高。（4）占工业企业总数2.5%的1 000人以上的大企业占有工业就业人数40%和营业额的一半以上。

德国农业发达，机械化程度很高。农业用地1 701万公顷，约占德国土面积的一半，农田面积1 183万公顷。2003年农林渔业产值为218.1亿欧元，占国内生产总值的1.02%。农业就业人口92.8万，占国内总就业人数的2.4%。农业企业有42.1万个，以中小企业为主，平均占有土地40.4公顷。2003年，森林面积904.5万公顷，有林业企业24.5万家。

德国的服务业包括商业、交通运输、电信、银行、保险、房屋出租、旅游、教育、文化、医疗卫生等部门。服务业就业人数为2 401.3万，占总就业人口的66.4%。旅游业非常发达，大量国内外游客在德国旅游，2003年，旅游过夜人次共3.15亿，其中国内游客入住约2.76亿人次，外国游客约0.39亿人次。德国有各种旅馆5.38万家，床位252万个，旅游业收入203.18亿欧元。著名景点有科隆大教堂，柏林国会大厦，波恩文化艺术展览馆，罗滕堡，慕尼黑德意志博物馆，海德堡古城堡，巴伐利亚新天鹅石宫，德累斯顿画廊等。

德国交通运输业十分发达。公路、水路和航空运输全面发展。特别是公路密度为世界之冠。2003年，德国货运总量36.07亿吨。铁路总长44 324公里，其中电气化铁路长约19 751公里；2003年，客运量20.28亿人次，货运量2.97亿吨。各类公路总长约46.3万公里，其中高速公路1.20万公里，高速公路长度居世界第四。全国注册机动车5 408.2万辆。公路货运量为27.44亿吨，客运量为81.11亿人次。德国拥有远洋商船482艘，总吨位579万吨，货运量2.55亿吨。河航道总长7 472公里，可运营船舶4 720艘，货运总量2.525亿吨，582亿吨公里。德国的民航运输业也很发达，有各类民航企业347家，各种商用飞机1 876架。2003年民航客运量1.21亿人次，货运量233.3万吨。2002年民航运输业的营业额167.26亿欧元。输油管道总长约2 370公里，2003年输送原油9 231万吨，国内输送量2 100万吨，154亿吨公里。

2003年，德公共财政总赤字为744.87亿欧元，公共债务总额高达13 257.33亿欧元，占国内生产总值60.86%。2003年公共财政（包括联邦、州、市镇三级政府财政、欧盟分摊份额及社会保险）总收入9 270.93亿欧元，总支出10 017.42亿欧元。

2003年12月，德国联邦银行黄金储备及黄金债权约合365.33亿欧元，在国际货币基金组织中的储备及特别提款权为76.09亿欧元，截至2004年2月，德国联邦银行的外汇储备为334.23亿欧元，外债29 699.85亿欧元，债权31 770亿欧元。

2002年2月28日24时，德国马克正式停止流通，欧元（EURO）成为德国法定货币。德国是首批使用欧元的11个国家之一。

八、2005年经贸形势

当前德国宏观经济形势及展望

根据德国统计局的统计，2005年第1季度德国GDP增长率为0.8%，高于上年同期0.5%的增幅。净出口仍然是拉动经济增长最主要的力量，而国内需求整体上依然十分疲软，只有企业设备投资有所增加，家庭消费支出和投资仍处于低迷状态，对GDP的贡献度为负值。德国联邦政府曾于2004年3月14日发表声明提出“2010年议程”一揽子方案，决心进行全面改革，以应对人口老龄化的挑战，增强德国企业的国际竞争力，促进经济复苏和就业增长，但由于面临诸多限制因素，德国经济在短期内尚无法摆脱经济增长片面依靠外部需求的局面。2005年4月份德国政府曾预测，2005年德国经济增长率为0.75%～1.25%；但欧盟委员会在8月份的预测中认为，2005年德国经济增长率只有0.6%；国际货币基金组织（IMF）9月发布的预测则认为，2005年德国经济增长率为0.8%，比其春季的预测值低了0.2个百分点。

1. **国内消费和投资需求低迷。**2005年第1季度，虽然可支配收入同比增长0.6%，但未推动消费，国内需求比上季度下降0.4%，比上年同期则下降1%。其中最终家庭消费支出比上个季度下跌0.5%，而上个季度曾增长0.8%，同比也在上个季度增长1.5%后下跌0.8%；政府消费支出比上个季度增长0.6%，同比则下降1.4%，但较2004年第4季度的-3%有所放缓；固定资产形成较上个季度下降1.2%，降幅有所加剧。其中，机器和设备投资比上季度增长1.6%，但建筑业投资下降3.3%，同比下降10.9%。同期建筑业产出也成为下跌幅度最大的部门，同比下降11.7%，创下2001年以来的最高降幅纪录。有分析认为，建筑业已成为近年来阻碍德国经济及就业市场繁荣的最大负担之一。

2. **产出增长受政策影响较大。**2005年以来，德国金融、租赁和商业服务业保持温和增长，第1季度同比增幅为1.5%；贸易和运输业增长1.2%。包括能源在内的工业生产增幅放缓，第1季度仅增长1.1%，而上个季度增长率为3.4%。欧盟农业改革措施于2005年实施，该措施逐步取消农业补贴与产量直接挂钩，以实现欧盟农业由“高产农业”向“绿色农业”的转型。受此影响，德国第1季度农林渔业产出同比下降4%。

3. **就业前景仍不乐观**。由于经济不振，导致企业投资意愿低落，德国失业率依然居高不下。第1季度各月的失业率均超过12%。整体就业人数为3 840万人，同比仅增长0.1%。第1季度，农业和建筑业就业同比减少1.6%和4.2%，金融、租赁和商业服务就业增长2.3%，贸易和运输服务就业增长0.8%，但包括能源在内的制造业就业下降1.5%。随着劳动力市场改革作用的显现，预计2006年将新增20万~25万就业岗位，但2005年失业人数仍将在480万人左右。

2005年1月~3月德国对外贸易发展概况

2005年第1季度，德国进出口贸易总额达4 261.5亿美元，同比增长9.2%。其中，货物出口额为2 409.4亿美元，比上年同期增长8.8%，但比上季度下降2.4%；进口额为1 852.1亿美元，比上年同期增长9.8%，比上季度下降8%；实现贸易顺差557.2亿美元，同比下降5.6%，比上季度增加22.1%。

1. **进出口商品的构成变化**。第1季度，德国主要出口商品均保持较快增长。占出口总额49.3%的前3类商品：机器设备、汽车及其零件、电机和电气产品的出口同比增幅分别为17.7%、6.3%和9.1%，出口增幅最大的是机器设备。在其他主要出口产品：塑料制品、光学仪器、药品、钢铁、有机化学品和飞机中，钢铁出口额增幅较大，为38.8%。同期德国主要进口产品为：机器设备、电机和电气产品、石油、汽车及其零件、药品、塑料制品、钢铁、有机化工品、光学仪器、飞机和服装等。大部分商品进口增长迅速，其中前4类商品占德国进口总额的47%，以石油进口增幅最大，为43.6%。而在其他主要进口商品中，钢铁、飞机进口额增长最为迅速，分别达到68.5%和53.5%。从贸易差额看，1月~3月，德国最大的顺差商品是汽车，顺差额为261亿美元，同比增长5.9%；最大的逆差商品是石油，逆差额为156.5亿美元，同比增长48%。

2. **贸易的地区构成变化**。第1季度，德国对欧盟（15国）出口1 360.5亿美元，占德国出口总额的56.5%，同比增长10%。其中对欧元区出口1 047.2亿美元，同比增长11.1%。德国对其他主要区域性组织的出口也呈现增长态势，其中对南方共同市场出口增幅较大，为19.2%。在德国的出口贸易伙伴中，法国居首位。1月~3月德国对法国出口255.7亿美元，占德国对外出口总额的10.6%，同比增长12.9%。此外，德国对比利时、奥地利、西班牙、瑞典和俄罗斯等国的出口也增长较快，增幅均超过10%。

第1季度，德国从欧盟（15国）进口1 045.2亿美元，占德国进口总额的56.4%，同比增长11.8%；其中从欧元区进口848.4亿美元，同比增长12.3%。德国从其他主要区域性组织的进口涨跌互现，其中从安第斯共同体的进口增长最快，为20.8%，但从中东欧自由贸易区和东盟的进口则分别下降7.5%和3.8%。在德国的进口贸易伙伴中，从荷兰的进口最多，1月~3月德国从荷兰进口额223.2亿美元，占德国总进口的12.1%，同比增长23.8%。另外，德国从中国和俄罗斯的进口也大幅增长，增幅分别达到30.8%和62.1%。

从贸易差额看，1月~3月德国对欧盟（15国）贸易顺差315.3亿美元，占其对外贸易顺差的56.6%，同比增长4.5%。在德国主要贸易伙伴中，德国对美国贸易顺差最大，为112.6亿美元，同比增长2.4%。而荷兰是德国最大的贸易逆差国，逆差额大幅攀升至82.9亿美元，同比增长59.5%。

2005年1月~3月中德双边贸易

据德方统计，第1季度，中德双边贸易额为155.6亿美元，同比增长14.3%。其中，德国对中国出口59.4亿美元，占德国出口总额的2.5%，比上年同期下降5.1%，德国对中国的出口排在其出口贸易伙伴的第16位；德国从中国进口96.2亿美元，占德国进口额的5.2%，同比增长30.8%，为德国第6大进口国。第1季度，德国对中国贸易逆差为48.7亿美元，为上年同期的2.7倍。逆差排名仅次于荷兰，居第2位。

第1季度，德国对中国出口的主要商品为机械设备、电子和电气产品、汽车及其零件、光学仪器、钢铁制品、钢铁、塑料制品、飞机、铜及其制品和有机化学品等，其中仅机器设备一项就占德国对中国出口总额的 42.3%，同比增长 7.3%。在德国对中国出口的产品中，钢铁制品的出口额增长最快，为 25.9%，而汽车的出口出现大幅下降，降幅达 56.7%。德国从中国进口的主要商品是电子和电气产品、机器设备、服装、玩具、家具、光学仪器、鞋靴、箱包和钢铁制品等。其中前 2 类商品的进口额占德国从中国进口的 48%，同比分别增长 10.9% 和 37.9%。从中国进口的其他主要商品增长更加迅猛，普遍增幅在 30% 以上。其中从中国进口的鞋靴是上年同期 2 倍以上，而进口的服装也比上年同期增长 64.4%，进口额为 10.6 亿美元。从贸易差额上看，德国对中国逆差最大的是电子和电器产品，为 16.1 亿美元，占德中贸易差额的 43.8%，比上年同期增长 23.1%。德国对中国顺差最大的产品是机器设备，为 4.2 亿美元，但与上年同期比较顺差下降较大，降幅达 48.8%。

九、对外经贸关系

德国是世界贸易大国，同世界上 230 多个国家和地区保持贸易关系，全国近 1/3 的就业人员为出口行业工作。1986 ~ 1990 年，德国的出口额曾为世界第一，从 1991 年起次于美国。继 2003 年之后，2005 年连续第三年保持世界第一大出口大国的地位。外贸长期顺差，2005 年德国出口 7 861.86亿欧元，进口6 256.32亿欧元，外贸盈余 1 605.54亿欧元。

近几年来外贸情况如下 单位：亿欧元

	2003	2004	2005
出口额	6 645	7 315	7 861
进口额	5 345	5 754	6 256
差 额	1 300	1 561	1 605

德国出口业素以质量高、服务周到、交货准时而享誉世界。主要出口产品有汽车、机械产品、化学品、通讯技术、供配电设备和医学及化学设备。主要进口产品有化学品、汽车、石油天然气、机械、通讯技术和钢铁产品。主要贸易对象是西方工业国，其中进出口一半以上来自或销往欧盟国家。

2005 年同主要贸易伙伴国出口和进口情况 单位：亿欧元

国 家	出口额	进口额	差 额
法 国	798.71	546.27	252.44
美 国	693.11	413.42	279.69
英 国	616.81	394.14	222.67
意大利	543.74	355.89	187.85
荷 兰	477.99	533.72	–55.73
比利时	439.27	311.07	128.20
奥地利	425.33	252.92	172.41
西班牙	403.95	179.85	223.10
瑞 士	295.79	232.83	52.96
中 国	212.80	398.91	–186.11

对外投资 2005年，德国在外国直接投资累计增加58.53亿欧元（包括德国直接投资者在境外的金融信贷），比2004年减少19.7%。海外投资的增加主要集中在欧盟原15国，为27.99亿欧元，占德对外投资总增加总额的47.82%。2005年德在东南亚地区投资有所减少，比2004年减少22.93亿欧元。

对外援助 官方对外援助主要以财政合作（提供优惠贷款）和技术合作（免费派遣专家、提供设备及培训人员等）方式进行。2004年德官方为发展中国家提供的发展援助为75.34亿美元，比2003年同比增加11.1%，其中51%用于双边援助项目，最大的受援国依次是中国（3.96亿美元），民主刚果（3.14亿美元），尼加拉瓜（3.07亿美元）喀麦隆（2.78亿美元），印度尼西亚（1.63亿美元），印度（1.57亿美元），新几内亚（1.35亿美元），埃及（1.34亿美元）、塞尔维亚和黑山（1.19亿美元）和土耳其（1.04亿美元）。

外国资本 截至2003年，外国在德国直接投资额累计为3 060.42亿欧元，较上年增加220.74亿欧元，增长率7.8%。投资主要来自荷兰（580.47亿欧元）、美国（420.64亿欧元）、法国（452.01亿欧元）、英国（348.09亿欧元）、瑞士（231.96亿欧元）、日本（88.66亿欧元）和比利时（70.81亿欧元）。外国投资主要集中在商业、化工、金融、电子技术、汽车制造、石油化工和机械制造部门。

十、中德经贸关系

德国是中国在欧洲的最大经贸伙伴，双边贸易额由1972年的2.73亿美元增至2005年的632.5亿美元，其中我国出口325.2亿美元，比2004年增长36.9%；进口307.2亿美元比2004年增长16.9%。中德贸易额占我国同期对全欧贸易额的23.3%，对欧盟25国贸易额的29.1%。我从德主要进口机电设备、铁路、汽车及船舶等运输设备、化学品、光学、医疗仪器等。我对德主要出口电器、机械设备、纺织原料及制成品、化学品、玩具等。我国已于2002年超过日本，成为德在亚太地区的最大贸易伙伴。

德国累计对华实际投资总额居全球第9位，在欧盟国家中仅次于英国。但过去5年，德年度对华投资额均居欧盟国家首位。截至2005年6月底，我累计批准德企业在华投资项目4 419个，合同德资金额194.2亿美元，德方实际投入106.1亿美元。德在华投资领域主要为汽车、化工、发电设备、交通、钢铁、通信等，大部分为生产性项目，技术含量高，资金到位及时。

德国是我国自欧洲引进技术最多的国家，全球范围内仅次于美国和日本。截至2005年6月底，我共批准从德技术引进合同8 483项，合同金额307.8亿美元。2005年1月至6月，我新批准从德技术引进合同494项，同比增长19.6%；合同金额18.4亿美元，同比增长87.8%。

德国是对华提供发展援助最多的国家之一。1985年，两国政府签订了财政合作协定。截至2003年底，中德财政合作签约金额累计达45.68亿美元，生效金额42.89亿美元，用于120多个项目。财政合作领域主要集中在能源、交通、城市基础设施、通讯、环境保护、林业等领域。援助形式有技术合作项目、粮食援助、紧急援助、项目外奖学金生和资助研讨会。2003年4月，德政府决定，在两国财政合作框架内向我紧急提供价值1 000万欧元的医疗设备抗击“非典”。

截至2004年9月底，德国银行在华设立了9家分行和14家代表处。欧洲最大的德国安联保险公司已于1998年10月在上海设立安联—大众保险公司。中国银行、中国工商银行及中国建设银行在德设立有分行。2004年12月，中国银监会与德国联邦金融监管局（BaFin）签署了银行监管合作谅解备忘录。

截至2005年6月底，经商务部批准或在商务部备案的我在德投资总额达1.45亿美元。投资项目集中在服务贸易领域，尤以外贸公司为主，其他项目涉及船务、咨询和个别生产加工业。据德方统计，我实际在德成立的公司数已超过600家，仅汉堡一地即有约340家中资公司。

德国联邦统计局公布数据显示，2005年中国对德国出口总额为399亿欧元，增长21.6%，在德国的主要进口来源国排名中，从2004年的第六大进口来源国上升为第四名。德国联邦统计局认为，2005年，中国在德国国际贸易中的重要地位进一步大幅提高。

2005年，德国对华出口增幅有所放缓，在德国的出口对象国家排名中，中国排名第十一位，2004年中国排名第十位。

2005年，排名前三位的德国出口对象国依次是：法国（占德国出口总额的10.2%）、美国（8.8%）和英国（7.8%）；排名前三位的德国进口来源国依次是法国（8.7%）、荷兰（8.5%）及美国（6.6%）。

十一、贸易法规

投资相关法规

公司法

综合性立法为德国《商法典》（HGB），1897年5月10日首次颁布实施，经过多次修改。现行的《商法典》于2003年12月1日最新修订，分5卷共905条，分别对贸易基本概念、贸易公司、贸易法、贸易种类、海上贸易等五个方面有详尽规定。第二卷贸易公司部分主要对人员组合公司（Personengesellschaft，以下简称人合公司）进行了界定；第三卷贸易法分为通用规定、资本组合公司（Kapitalgesellschaft，以下简称资合公司）规定以及银行、保险、金融服务等特定行业规定部分。

针对特定注册形式公司的专门立法主要有：

1.**《有限责任公司法》**（GmbH－Gesetz，缩写GmbHG），颁布于1892年4月20日，2002年10月25日最新修订，共有6章87条，对有限责任公司的成立、公司及股东法律关系、组织结构、公司章程修改及其解散、清算、破产和注销的各项事宜予以明确、具体的规范；

2.**《股份法》**（Aktiengesetz，AktG），1965年9月6日颁布，其雏形可上溯至1861年1月的旧德意志商法，2003年11月27日最新修订，共分4卷20章410条，从股份公司、股份两合公司、关联企业以及特殊性和惩罚性规定四个方面对股份公司的成立、机构设置、管理、业务开展、解散等予以规范；

3.**《自由职业人员合伙公司法》**（Gesetz über Partnergesellschaften Abgehriger Freier Berufe，PartGG），1994年7月25日颁布，共11条，对自由职业者如何成立合伙公司、合作伙伴之间的法律关系等进行了规定；

4.**《工商业合作社法》**（Gesetz betreffend die Erwerbs－und Wirtschaftsgenossenschaften，GenG），1994年8月19日生效，共10章165条，对如何成立合作社作出了规定。另外，德国《民法典》（BGB）对人合公司的最基本形式——民法公司（Gesellschaft bürgerlichen Rechts，GbR）也作出规定。

针对公司具体事务的立法主要有两德统一后在原东、西德破产法基础上于1994年10月5日重新修改、颁布的《破产条例》（Insolvenzordnung，InsO）和1976年5月4日首次通过、2002年3月23日最新修订的《雇员共同决定法》（Gesetzüber die Mitbestimmung der Arbeitnehmer）。前者对企业申请破产的条件、过程作出了规定，后者则对资合公司以及2 000人以上的企业中雇员的决策参与权作出了规定。

此外，1969年5月18日颁布、2001年12月10日最新修订的《特定企业及企业集团账目公布法》（Gesetz über die Rechnungslegung von bestimmten Unternehmen und Konzernen），对超过一定规模的企业如何公布账目进行了规定；1969年8月25日颁布、2003年12月24日最新修订的《解雇保护法》（Kündigungsschutzgesetz）对6人及6人以上的企业解雇员工的有关条件和程序作出了规定；1997年1月1日生效的《交易所法》（Brsengesetz）对企业上市的条件、过程、管理等作出了规定。

上述提及的主要法律原文可在德国联邦司法部网页中查找：http：//bundesrecht. juris. de/bundesrecht/BMJ_ index. html

外资并购

并购（M&A）是合并（Merger）与收购（Acquisition）的简称。并购的最基本形式是股权转让（share deal）和资产转让（asset deal）。跨国并购是20世纪90年代中期以来全球最重要的外国直接投资方式。由于德众多中小企业自有资本占有率低，面临着对外资金需求增加和企业后继无人的双重压力，而德银行又普遍收缩对企业的信贷，因此近年来德国日益成为世界重要的并购场所。2002年，德国是仅次于美国和英国的世界第三大国际并购市场，2003年跃至第二位。当年在德国发生的并购案共1 089宗，交易总额为820亿美元，每起并购案的平均交易额为7 600万美元。涉及德国企业的跨国并购案629宗，并购总额为540亿美元，其中德收购外国企业的交易总额140多亿美元，被收购的交易总额为390多亿美元。并购涉及的行业主要有金融服务、媒体、房地产、物流及化工等制造业。

德国是世界上对外资准入限制较少的国家之一。德国法律体系十分健全，现行的民法和商法为并购活动提供了重要法律依据。德国《对外经济法》第1条第1款规定，与国外的商品、服务、资本、支付及其他经济往来原则上不受限制，外国企业并购德国公司时原则上也不需报批。但德国及欧盟对外国投资商并购德国公司也有不同程度的制约和限制，如限制外国公司对本国重要产业的并购投资；对大型并购项目进行审批；对收购德国上市公司30%以上的股份有严格的规定等。德国没有一部专门的并购法，有关并购的法规散见于民法和商法、公司法、反限制竞争法、有价证券收购法、对外经济法及各行业法规中。

税务制度

（一）联邦国家的分税制

德国是联邦制国家，其行政管理体制分联邦、州和地方（乡镇）三级。每一级行政管理级别有各自的职能和分工，为履行这些职能而产生的费用也由其承担。因此，德国纳税人所缴纳的税费并不统一划入联邦财政，而是实行分税制，即将全部税收划分为共享税和专享税两大类。共享税为联邦、州、地方三级政府或其中两级政府共有，并按一定规则和比例在各级政府之间进行分成；专享税则分别划归联邦、州或地方政府，作为其专有收入。

近年来，随着欧盟经济一体化的不断加深，其对各成员国经济社会发展，特别是财政政策的制定与实施正发挥着越来越大的影响力。所以，现在也有人认为应将欧盟作为德国税收体制中的第四级。

在上述四级税收分享中，联邦所占的比重最大，其次是州，再次是地方，最后是欧盟。

德国税收占国内生产总值的比重基本保持在21%～25%左右，总体上呈现稳中有降的趋势，2002年为21.5%。这一方面是政府通过税制改革减税的结果，另一方面则是由于失业率上升导致所得税减少。

目前，德国各级政府共征收约30多种税。尽管税目繁多，但重点突出：主体税种是所得税和增值税，二者分别占德税收总额的约三成和四成。其余各种税的总和只占约30%。

德国各级税收分享情况及主要任务如下：

联邦分享个人所得税、公司所得税和资本收益税、增值税（又称销售税）、营业税、团结附加税、矿物油税、电税、保险税、烟草税、烧酒税、咖啡税、汽酒税、葡萄酒与酒精饮料税。主要任务为：社会保障体系（特别是养老和失业保险）、外交与国防、交通、货币体系、部分经济促进职能、科研（大型科研机构）。

州分享个人所得税、公司所得税和资本利益税、增值税（又称销售税）、营业税、遗产税、机动车税、地产购置税、啤酒税、博彩税。主要任务为：文化、大、中、小学、警察、执法、维护社会秩序、卫生体系、住宅建设促进、税务管理。

地方（市、镇）分享个人所得税、公司所得税和资本收益税、分享营业税、地产税，还有一些小税种：如狗税、饮料税、享乐税、渔猎税等。

主要任务为：水和能源供应、短途公共交通、绿化、市镇管网、垃圾清运、幼儿园和学校建设、社会救济、建筑项目审批，登记备案。

（二）税务机构

德国政府税务管理机构分为高层、中层和基层三个层次。

联邦财政部和各州财政部共同构成德国税务管理的高层机构。联邦财政部主要通过其所属的联邦税务总局（Bundesamt für Finanzen）履行有关税收规划和管理的职能。联邦财政部和州财政部每年定期召开联席会议，就税收政策、分享比例等问题进行协商，二者无指导或领导关系，系平级机构。

高等税政署（Oberfinanzdirektion）是德国税务管理的中层机构，负责辖区内税法和有关征管规定的实施，并就与税收相关的问题在联邦和州政府间进行协调，其辖区和所在地由联邦和各州协商确定。高级税政署内设分管联邦税和地税事务的多个部门。管理联邦事务的部门一般包括关税与消费税处、联邦财产处等；管理州事务的有财产税与流转税处、州财产处等。德国现有18个高等税政署，在巴符州、巴伐利亚州和北威州各设2个，不来梅州没有，其他州各设1个。

地方税务局（Finanzamt）是德国税务管理的基层机构，负责管理除关税和由联邦负责的消费税（Verbrauchsteuer）之外的所有税收。企业和个人报税、缴税和申请减、免、退税都需到注册地或居住地的地方税务局办理。

（三）税收征管

1. **法律依据**。德国税法体系复杂，是一个由联邦和州一级税收法律、条例组成的网络，辅以联邦和州税务机关发布的各种原则、指令、解释和决定等。另外，尽管德国不是案例法国家，但各级税政法院的判例对处理类似的涉税争议或纠纷也具有重要参考意义。

2. **税收申报**。一般周期性税种都必须逐年填写税务申报表。德国的税务年是公历年，但企业不同于公历年的会计年度也可用作计算应税所得的基础。对于会计年度不是公历年的企业，要求其按本企业会计年度截止时的情况进行当年的税务申报（一般发生在企业成立或清算时）。有些税种（如增值税）还须呈报月度或季度申报表，在某些情况下（如公司成立或开设分支机构）还须呈报相应的财务资料。

对于需按公历年进行的税务申报，无论企业还是个人都要在每年5月31日前递交上一公历年的报税文件。如果聘请专业税务顾问报税，一般可自动延长至9月30日前。遇特殊情况，还可申请延长至下一年的2月28日前。

3. **税收征缴**。税收征管机构每季度对个人和企业应缴纳的所得税、营业税等进行预估。纳税人在收到税务机关估税通知书后一个月内须缴清所有税款。待纳税人年终递交年度报税文件后，税收征管机关再根据经评定审核后的应纳税额对照预缴税额多退少补。

4. **评税、行政复议和上诉**。纳税人递交的税收申报表一般须由税务机关进行评税审核。调查和评定完成后，税务机关向纳税人发出正式的评税通知书，其内容包括应缴税款金额及法律依据、缴税时间、地点等。

如纳税人对评税通知书的内容持有异议，有权就相关事项提出申诉。纳税人的申诉意见一般须在收到评税通知书的一个月内提出。纳税人在将案件提交税政法院之前，必须先进行行政复议，如对行政复议的裁决仍有异议，才可向法院起诉。

5. **税务审计**。德国税务和审计机关可以定期对纳税企业和个人进行全面税务审计，也可以针对特定税种或特定交易进行专项审计。一般来说，企业规模越大，审计频率越高，也越彻底。

6. **处罚**。如果纳税人申报延误，税务机关可对其处以最高相当于评定税额10%的罚款。对于支付日期已确定的税款，如果未按期支付，则会每月按应缴税额的1%加征滞纳金。

（四）主要税种介绍

1、**个人所得税**（Einkommensteuer）。个人所得税的法律依据是《所得税法》（EStG）。德国个人所得税的纳税人分为无限纳税人和有限纳税人。德国常住居民（在德有长期或习惯住所）承担无限纳税义务，按其国内外的全部所得纳税；非德国常住居民承担有限纳税义务，通常仅按其在德国境内的收入缴税。

（1）工资税（Lohnsteuer）是个人所得税最重

要的一种征收形式，工资税金额由税务部门制定的工资税对照表确定。在德国，雇主有义务在向雇员发放工资或薪金时代扣工资税。

（2）资本收益税（Kapitalertragsteuer）

资本收益税是对个人或企业纳税人获得的公司红利、存款及带息证券利息等的课税。德国公司向股东支付红利须代扣20%的红利税，在支付银行存款、固定利息债券和其他带息有价证券产生的利息时要征收30%的利息税。

2. **公司所得税**（Krperschaftsteuer）。公司所得税又称公司税或法人税，其法律依据是《公司所得税法》（KStG）。以有限责任公司的法律形式成立的企业是德国公司所得税的纳税主体。公司所得税纳税主体分为无限纳税人和有限纳税人，凡总部和业务管理机构在德国境内的公司承担无限纳税义务，就其境内外全部所得纳税；凡总部和业务管理机构不在德国境内的承担有限纳税义务，仅就其在德境内所得纳税。

3. **团结附加税**（Solidarit tszuschlag）。1990年两德统一后，为支付统一带来的财政负担和加快东部地区建设，于1991年开征此税。原计划为临时税收，1993年曾一度废止，后于1995年恢复。个人和公司均是该附加税的征收对象，其税基是同期个人和公司应缴纳的所得税税额，税率为5.5%。

4. **营业税**（Gewerbesteuer）。营业税是由地方政府对企业营业收入征收的税种，其法律依据是《营业税法》（GewStG）。所有在德国经营的企业都是该税种的征收对象，不论其企业的法律形式是人合公司还是资合公司。该税的税基是企业当年的营业收益，根据《公司所得税法》计算出的利润经过《营业税法》规定的增减项修正后计算得出。

5. **增值税**（Mehrwertsteuer/Umsatzsteuer）。增值税属共享税，征收范围涉及商品生产、流通、进口环节和服务等领域。

德国的增值税体系要求由最终消费者实际承担增值税，因此从严格意义上讲，增值税并不是企业的税务负担。增值税采取发票扣税法征收，一般税率为16%，部分商品（如食品、农产品、出版物等）税率为7%。原则上对所有在德国国内发生的产品和服务交易均须征收增值税，但对有些商业活动予以免税，如出口、部分银行和保险业务。

6. **地产税**（Grundsteuer）。德地方政府每年向在其辖区内的房地产所有者征收地产税。地产税又分对农林业用地征收的“A类”和对其他用地征收的“B类”两种，税基是根据评估法确定的房地产价值（该地产价值由各地税务局确定，每6年核定一次，与市场价格无关），税率的确定过程与营业税类似，也是由德联邦政府制定统一的税率指数（Steuermesszahl），然后由各地方政府自行确定稽征率（Hebesatz），二者的乘积即是地产税税率。

7. **地产购置税**（Grunderwerbsteuer）。在德国境内进行房地产买卖需缴纳地产购置税。该税税基是地产交易标的物的实际交易价格或依法估定的价格，税率是3.5%。

8. **其他有关税种**。除上面提到的主要税种，我国企业在赴德投资经营时常会遇到的税种还包括机动车税（Kraftfahrzeugsteuer）、矿物油税（Minerallsteuer）和保险税（Versicherungsteuer）等。

外国人管理和劳工政策

（一）出入境及居留管理规定

1. **出入境签证**。根据德国《外国人法》的规定，除欧盟成员国及与德国有互免签证协议国家的公民外，所有入境德国的外国公民均须持有有效入境签证。其中，到德国从事商务活动，且在德停留时间不超过三个月者，可直接向其所在国之德国使领馆申请商务签证；到德国投资设立公司、分支机构或代表处并直接参与企业管理或到德国工作的外国人亦须持有相应的有效入境签证，此类签证须经外国人事务管理局批准，德国使领馆方予发放，入境后须在签证有效期内办理正式居留许可。

2. **居留许可的种类和条件**。德国居留许可（Aufenthaltsgenehmigung）分为四种，即：居留准许、居留权利、居留准予和居留权限。

（1）居留准许（Aufenthaltserlaubnis），又分有限期居留准许和无限期居留准许。

居留准许允许外国人进行无特定目的的居留，在德国设立公司、分支机构或代表处的外国人可得到此类居留许可。这种居留许可一般入境后先延长一年，到期时再申请延长一年或两年，满五年时，如申请人符合下列条件，可获得无期限居留准许：

1）5年以上的（有限期）居留准许；

2）拥有特别的工作许可（受雇者）；

3）拥有其他允许其从事持久工作所需的许可；

4）本人及与其一起生活的家庭成员拥有足够的居住面积；

5）其生活费用通过自己的职业收入或本人财产及家庭成员资金得到保障；

6）能够进行简单的德语口语交流；

7）不存在被驱逐出境的理由。

根据《外国人法》，外国人事务管理局可对一定的职业、行业和外国人群设立限制，确定居留的种类和有效期，限制或不予签发无限期居留准许。

（2）居留权利（Aufenthaltsberechtigung）。居留权利无时间和地点限制，可不附带附加条件和规定，符合下列条件的外国人可获得居留权利，并可申请入籍：

1）拥有居留准许8年以上，或拥有无限期居留准许3年；

2）至少缴纳了60个月的社保费（即至少已经义务地或自愿地交纳了60个月的法定退休保险费，或能证明其将来有资格从其他保险机构获得类似的养老金）；

3）最近三年未因蓄意犯罪被判6个月以上监禁或相应的罚款及更高的处罚；

4）满足申请无期限居留准许条件中第2~7项的规定。

（3）居留准予（Aufenthaltsbewilligung）。如果外国人的居留只是为了某个特定的、本质上说是以临时居留为目的的，则签发居留准予。居留准予的期限根据其居留目的决定，一次最长为两年；如果该居留目的虽未实现，但可能在适当时间内完成，居留准予可予延长，每次最多两年。

居留准予一般签发给赴德工作（如厨师或公司雇员）、留学及在德国境内领取养老金并在德国境内有家庭联系的外国人，一般都标注雇主或工作的企业名称，不能轻易改变，且不论多少年，都不可变更为无限期居留准许。

（4）居留权限（Aufenthaltsbefugnis）。居留权限适用于因政治和紧急人道原因，或为了德国的利益获准入境或在德国境内居住的外国人。

3. 居留许可的终止及有限制地继续有效。

（1）居留许可的终止。下述情况可导致取消或终止居留许可：

1）被驱逐出境；

2）由于非临时原因离境；

3）居留许可期满；

4）离境（无论何种居留许可），且未在6个月内或外国人事务管理局规定的期限内再次入境德国。

（2）居留许可有限制地继续有效。

1）获居留许可的外国人若临时离境，且在外逗留时间超过6个月，可事先向外国人事务管理局或及时向德国使领馆报告，外国人事务管理局通常将予以宽限。在此种情况下，该外国人在申请无限期居留准许及居留权利时，这段时间只按6个月计算在德居留时间。

2）在实际操作中，因在德国境外逗留超过6个月或外国人事务管理局规定的在外停留期限而终止的居留许可，可经一定程序申请恢复。但上述行为对以后居留许可的延长会造成一定程度的影响。

4. 如何申请居留许可。

（1）法人居留许可。指外国在德国的企业法人及办事机构代表在德国的居留许可。此类居留许可一般先向所在国的德国使领馆申请，转由拟居留地的外国人事务管理局批准，德国使领馆据此发放三个月的D类入境签证。

1）申请入境签证。申请入境签证须提供以下材料：长期签证申请表格、有效护照及照片、在德成立公司证明（商业注册）及邀请、至少三个月德国医疗保险证明等，如果设立分支机构或办事机构，还须提供母公司营业执照公证件、授权书公证件等。

申请此类签证的时间大约需要3个月至6个月。如果将在德成立公司或代表处的有关事宜提前办妥，则可大大缩短签证办理时间。

2）办理居留许可及延长。抵达德国后须到外国人事务管理局办理居留许可手续，取得正式居留许可。办理居留许可时一般须提供以下材料：申请表、护照及照片、企业注册证明、户口登记证明、医疗保险证明等。

申请居留许可延长须提供以下材料：申请表、护照及照片、企业注册证明、企业损益表、缴税证明、医疗保险证明等。

一般情况下，如满5年时公司仍正常运作，可申请无限期居留准许。住满8年或取得无限期居留准许3年后可获居留权利。配偶及子女亦可相应办理居留准许和居留权利。

德国各州为吸引外国公司和自然人来德投资，一般均在签证及居留许可方面提供方便，不同的州或同一州不同城市，做法多少有些不同，如有的地方直接给予投资者或管理者2年的居留准许。

（2）劳工居留许可。外籍员工通常是在与雇主订有工作合同并经劳动局批准的情况下才可获得居留准许或居留准予。劳工居留许可或居留准予一般一年一延。

（二）外籍劳工政策

二次世界大战后，德国劳动力严重匮乏。从20世纪50年代末到20世纪70年代初，德国从土耳其、意大利及前南斯拉夫等国引进了200多万外籍工人。20世纪70年代后期，德国开始限制外籍劳工输入。1990年德国统一后，德国失业人口急剧增加，德国政府对外籍劳工的进入限制更加严格。但随着近年来经济结构的调整和劳动力市场的变化，德政府开始采取较为灵活的外籍劳工政策。

1. **输入外籍劳工的原则**。德社会法典Ⅲ——《就业促进法》对输入外籍劳工的原则作了明确规定：

确保德国人及与德国人有同等就业权利的外国人有优先的就业机会，防止输入劳工对劳动力市场，特别是就业结构、区域及行业产生不良影响；雇主须优先聘用德国人及具有同等就业权利的外国人；如果德国人或法律上与德国人具有同等就业权利的外国人不能从事该工作，且雇主在一定期限内确实未能在本国聘到合适人员，可输入外籍劳工；对于经过劳动局提供的培训后，德国人及与其有同等就业权利的外国人可以从事的工作，则应提供给上述人等；严禁黑工。

2. **具体措施**。雇主须向劳动局登记有关的人员需求；输入的外籍劳工的薪金待遇不得低于德国同等职业或职位薪金数；输入的劳工只准按照雇佣合约直接受雇于雇主，不得随意更换雇主，该合约须受德国有关劳动法律法规约束；完成雇佣合约后，输入劳工一般须返回原居留地；雇主如被发现违反劳动法及劳工政策将被检举，一经证实，雇主将受到制裁，并取消其输入劳工的资格。

3. **工作许可的种类**。

（1）工作许可（Arbeitserlaubnis）。

1）根据《就业促进法》和《外籍劳工工作许可发放条例》，外国人只有持有德国劳动局的工作许可才可在德国工作，但欧盟成员国公民、拥有无限期居留准许或居留权利的外国人及根据国家间协议、有关法律规定可以在德国工作的外国人不需办理工作许可；外国投资的企业法人，包括子公司、独立或非独立机构（办事机构）负责人等，亦不需办理工作许可。

2）工作许可须在就业之前申请取得。雇主雇佣需要工作许可的外籍劳工时，须与该外国劳工明确薪酬、工作时间及其他工作条件。外籍劳工的工作条件不得低于同等条件的德国人。

3）工作许可在期限、企业、职业、行业或区域等方面可附带限制条件，一般一年延长一次，五年后可申请获得工作权。

4）原则上，一个外国人首先要有合法的居留许可，才能申请工作许可。实践中，外籍劳工一般是先获得工作许可，才可能获得劳工签证和居留许可。劳工签证须向所在国德国使领馆申请，使领馆转德国外国人事务管理局，后者征询劳动局及行业协会意见后作出给予或拒绝签证的决定。

（2）工作权利（Arbeitsberechtigung）。

1）工作权利的发放条件：拥有居留准许或居留权利；在德国合法就业5年并履行社会保险义务或6年来未间断在德国居留；工作条件不低于同等条件的德国人。对于个别人群可依法作例外处理。

2）如法律未做另行规定，工作权利无期限、企业、职业和区域限制。

4．例外法规。

（1）《停止招募外籍劳工的例外安排条例》。尽管德国对外籍劳工的准入实施严格限制，但根据法律规定，联邦劳动部门有权通过行政法规对外籍劳工工作许可的发放做例外处理。因此随着就业结构的不断变化，针对1973年颁布的《停止招募外籍劳工条例》，德劳动部制定了《停止招募外籍劳工的例外安排条例》，并多次修订。《例外安排条例》最新版本于1998年9月颁布，2002年进行过修订和补充。该条例与《外籍劳工工作许可发放条例》等相关的劳工法规均列为社会法典Ⅲ——《就业促进法》的附件。

《停止招募外籍劳工的例外安排条例》的主要内容如下：

1）有时间限制的外籍劳工工作许可例外安排

德劳动部门可在《就业促进法》的原则基础上酌情发放外籍劳工工作许可。《条例》详细列明了外籍劳工工作许可的发放条件，对工作许可期限亦明确加以限制，如：

——受聘于德国公司境外企业的外籍员工到德国母公司临时性实习、培训进修，或与德国企业有业务往来的外国人到德企业临时性实习、学习等，可获为期1至1.5年的工作许可；

——专业人员、管理人员可根据国家间协议、协会间或公共机构间协议到德国企业或协会进行2年以培训进修为目的的实习工作；

——符合条件的特色厨师应聘到德国相应的特色餐馆工作，最多可获3年工作许可，我输德厨师即属此种情况；

——跨国公司派遣到该公司在德国的公司或工厂工作的专业人员，最多可获得为期2至3年的工作许可；

——应聘到德国学校教授本国语言的教师可获最长5年的工作许可。

——曾在德国工作过的外国人须在离境若干时间后方可再次获得工作许可，通常采用前次居留时间与离境时间相当的原则。一般情况下，在德国工作2年以上的外籍劳工，须在离境3年后方可再次申请工作许可。

2）未明确限制工作许可期限的例外安排，如：

——科研人员、有特别技能的专业人员，从事有利于德国公共利益的就业，或根据WTO服务贸易自由化协议规定允许的就业；

——在德外国企业从其本国招聘的管理人员和专业人员；艺术家、杂技演员及其辅助人员、摄影模特、时装模特等工作许可的期限未予明确限制。

3）特别例外安排

——德劳动部门可根据国家间协议酌情发放《例外安排条例》中未列明的外籍劳工的工作许可。

——各州劳动局也可根据本地的公共利益或劳动力市场情况决定引进《例外安排条例》中未列明的外籍劳工。

通过《停止招募外籍劳工的例外安排条例》和国家间协议特别安排等，德国每年从东欧及其他欧洲国家引进许多紧缺的、工作期限有限制的劳工，包括农业季节工、建筑工人、护士及护理人员、餐饮业服务人员等。“IT绿卡计划”是“例外安排”的典型案例。

（2）德国绿卡计划。20世纪90年代中期起，德国严格限制外籍劳工的政策对经济发展的阻碍日趋严重，各界纷纷要求开放高素质外籍劳务市场。2000年2月，德国总理施罗德宣布放开IT行业外籍人才进入限制，允许从非欧盟国家引进德国本土紧缺的人才，按美国模式发放绿卡。2000年7月德劳动部颁布《IT行业外籍高级人才工作许可发放条例》，8月1日绿卡计划正式实施。

德国绿卡计划的内容：自2000年8月起的三年内，允许从非欧盟国家引进2万名IT专业人才；申请者须持有高等院校IT专业毕业证书或雇主为其出具年薪不低于51 000欧元的证明；劳动局应在收到申请一周内作出批准与否的决定；引进的IT专业人才可一次性获得最多5年的工作许可和居留准予，在此期间可自由更换雇主；配偶可同行，并可于两年后获得工作许可；绿卡规定同样适用于在德留学的非欧盟留学生。

绿卡计划第一阶段原定于2003年7月31日结束，现延长至2004年12月31日。延长的主要原因：一是德政府认为绿卡计划收到良好的成效，而这方面人才的需求仍在不断增加，绿卡计划实施的3年间，德国共引进约15 000名IT专业高级外籍人才；二是计划于2003年1月生效的《移民法》因表决程序违宪而搁置生效，导致与绿卡计划相关的更为宽松的规定不能及时衔接和实施。

5. 德国《移民法》即将出台，德移民及劳工政策将有较大调整。

(1)《移民法》出台的背景。目前德国有730多万外籍人口，约占德国总人口的8.9%。随着德国人口负增长及人口老龄化的加剧，劳动力市场上专业人才匮乏，严重影响了德国的国际竞争力，对经济和社会发展也造成了巨大压力。此外，欧盟东扩及WTO服务贸易自由化都将给德国现行的劳工政策和劳动力市场带来巨大冲击。而德国现行的《外国人法》已不适应德社会和经济发展的需要。因此，修改外国人法，放宽移民限制，成为当务之急。受2000年开始实施的“绿卡计划”的鼓舞，在德社会各界的关注下，德国《移民法》于2002年3月分别获得德联邦议院和参议院讨论通过。但因反对党联盟党反对放宽移民限制，抵制《移民法》，以参议院表决程序违宪为由上诉至联邦宪法法院，使《移民法》未能于原定的2003年1月1日生效。

德国的《移民法》被认为是影响德国未来的一部法典，“体现了德国人道主义责任和经济发展的需要”。尽管《移民法》未能按时生效，但《移民法》(草案)的出台标志着德国终于承认自己是个移民国家。此间专家认为，经过讨价还价，各方最终将达成一致。

德国政府提交的《移民法》(草案)根据德国经济、科技和社会现状并考虑各方利益，对现行的《外国人法》进行了全面的修改，对居留许可、工作移民、难民、移民离境义务、家庭团聚、移民融入当地社会及成立联邦移民局等问题做出了新的规定。《移民法》(草案)共分15章。有关《移民法》(草案)的详细内容可查阅德国联邦内政部网站，网址：www. bmi. bund. de。

(2)《移民法》(草案)有关外国人居留和工作的规定。

《移民法》放宽了涉及雇佣外籍劳工及吸收与引进市场紧缺的外籍专业人才的规定，同时强调国内劳动力享有优先就业权。

《移民法》(草案)关于外籍劳工的主要内容：

1) 将现行《外国人法》中规定的外国人在德居留许可的种类简化为两种，即(有限期)居留许可和(无限期)定居许可；

2) 实行累计积分法，根据申请者的年龄、受教育程度等决定是否发给外国人居留准许及发给何种居留准许；

3) 外国高级专业人才、高级管理人才，如“绿卡计划”中的IT专业人才，来德国工作不受居留期限的限制，可直接取得定居许可；所有德国人才不足的领域都可招募外国人；

4) 外国留学生完成大学学业后可申请在德工作许可并可取得定居许可。留学生毕业后寻找工作的居留许可为1年；

5) 各地可根据自己的劳动力市场需要，从国外招募普通劳动力；

6) 在德国投资设立公司及从事自主职业的外国人可获得3年居留许可。3年后，如果能成功继续所从事的事业，并能够保障自己的生活，可获得定居许可。

当然，《移民法》(草案)对上述各项规定需要满足的相应条件均做出了严格界定。

中德社会保险协定

德国是现代社会保险体系的诞生地，具有种类丰富、体系完备、法律健全的社会保险制度，《社会法典》(SGB)是社会保险制度的法律基础。德国的社会保险是国家为有参保义务的个人设立的一种保障体制，是建立在法律基础上的义务保险，是社会保障制度最重要的组成部分。社会保险由养老保险、失业保险、医疗保险、护理保险和工伤事故保险等五项法定险种组成。

2001年7月12日，中德两国政府经四轮谈判签订了社会保险协定，这是我国在社会保险领域签订的第一个双边协定。2002年4月4日，中德社会保险协定正式生效。该协定的签订和生效，对解决中德双方在对方境内就业人员的双重社会保险问题以及今后解决我国同其他国家间的同类问题具有重要意义。

(一) 中德商签社保协定的背景及意义

自20世纪80年代末以来，德国一些地区根据有关法律相继对部分中资企业中方工作人员征收养老、失业等社会保险费。根据属地化原则和德国近几年司法判例，包括我国在内的绝大多数未与德国签订社会保险协定的国家驻德企业外籍雇员均须在德缴纳社会保险费。由于大多数中资企业中方员工在国内已依法参加了社会保险，并且其在德工作期满后即回国，在德不享受养老和失业保障，因此德方的做法造成中资企业及中方员工的双重社会保险负担，增加了企业经营成本和个人支出，影响了中资企业在德的发展。

与此同时，我国统一的养老和失业保险制度已初步建立，按照《中华人民共和国劳动法》、《社会保险费征缴暂行条例》和《失业保险条例》的规定，在华外商投资企业亦有缴纳社会保险费的义务。社会保险属地化管理是国际上通行的做法，我国的社会保险制度也将进一步覆盖外商投资企业的外籍员工，德资企业德方职工同样面临着社会保险双重缴费问题。

在此背景下，中德两国政府进行了商签两国社会保险协定的谈判工作。这项工作对我国进一步完善社会保险制度，在经济和社会立法上进一步与国际社会接轨，具有重要意义。协定生效后，在德中资企业及中方员工承担双重养老和失业保险缴费义务的难题得到妥善解决，双边贸易和经济合作的外部环境得以改善，特别是中资企业的经营成本大大降低。

（二）中德互免部分社会保险的具体规定

根据中德社会保险协定，互免险种仅包括养老保险和失业保险。这样规定主要是考虑到双方尤其是我国公民在德就业的实际需要。列入养老和失业保险主要是考虑到这些员工驻外的临时性，在外期间不发生养老和失业问题。协定未将医疗、护理和工伤事故保险列入互免范围，主要是从保护驻外员工的实际利益出发，员工仍需在就业地点参加医疗、护理和工伤事故保险并享受相应的待遇。据此，中方外派人员经申请后可免除在德投保养老和失业保险的义务，两项保费约占报税工资的26%。

协定涉及以下5类人员：①缔约一方企事业单位派往缔约另一方执行临时工作任务的员工，简称为“被派遣雇员”；②缔约一方企业派往其在缔约另一方成立的子公司工作并由该子公司支付报酬的员工，简称为“子公司雇员”；③在国内无确定雇主的人员，简称“无雇主人员”；④双方在远洋船舶上的从业人员，简称“船员”；⑤双方外交机构及其工作人员雇用的本国国籍人员，简称“外交雇员”。

两国劳动保障部门以及主管的社会保险经办机构将相互无偿提供必要的协助。这些协助包括：为办理免于承担缔约一方社会保险义务开具证明书、相互提供有关数据使用的情况等。我国开具证明书的机构为劳动和社会保障部社会保险事业管理中心和该部指定的其他机构。德国开具证明书的机构为各主管医疗保险机构和联邦职员保险局。

（三）申请免除在德部分社保义务的程序

根据协定，已在国内按规定参加基本养老保险和失业保险，并按时足额缴纳保险费的人员，可按以下程序办理申请免除在德国缴纳养老和失业保险费的证明：

中资机构为每位拟免除在德养老和失业保险义务的中方雇员（申请人）填写《办理〈根据中德社会保险协定出具的证明书〉申请表》（以下简称《申请表》）；填毕《申请表》（一式三份）后即送国内派出单位；国内派出单位签字盖章后，送申请人参保所在地的养老和失业保险经办机构审核；经办机构审核参保人员的情况无误后签字盖章；派出单位再将《申请表》寄送至劳动和社会保障部社会保险事业管理中心（综合处外事组）审核；该中心审核无误并签字盖章后，将正式对外出具《根据中德社会保险协定出具的证明书》。

各中资机构或其国内母公司在将有关材料寄送我劳动和社会保障部社保中心时，应告该中心寄送或申请人领取证明书的方法，并交纳相应的成本费用。上述《申请表》及有关说明可从劳动和社会保障部社保中心网页下载，网址：www. molss. gov. cn，进入后点击“直属单位”，然后点击“社会保险事业管理中心”，再点击“有关申请表信息”即可查到《申请表》。

欧盟“生态标签体系”介绍

为鼓励在欧洲地区生产及消费“绿色产品”，欧盟于1992年出台了生态标签体系。因该标签呈一朵绿色小花图样，获得生态标签的产品也常被称为“贴花产品”。经过十年的发展，“贴花产品”已在欧洲市场上享有了很高的声誉。

欧盟生态标签（Eco-label）的法律及社会依据

1992年，欧盟通过第EEC880/92号条例，出台了“生态标签”体系。该条例于2000年又进一步修改补充，允许贸易商及零售商可以为自己品牌的商品申请生态标签。欧盟委员会于2005年，对欧盟“生态标签”体系进行评估并继续完善。

欧盟生态标签制度是一个自愿性制度。欧盟建立生态标签体系的初衷是希望把各类产品中在生态保护领域的佼佼者选出，予以肯定和鼓励，从而逐渐推动欧盟各类消费品的生产厂家进一步提高生态保护，使产品从设计、生产、销售到使用，直至最后处理的整个生命周期内都不会对生态环境带来危害。生态标签同时提示消费者，该产品符合欧盟规定的环保标准，是欧盟认可的并鼓励消费者购买的“绿色产品”。关于更多情况参见：http：//europa.eu.int/comm/environment/ecolabel。

生态标签产品的标准制订程序

1. 欧盟委员会向“欧盟生态标签董事会（European Union Eco-Labelling Board，EUEB）”下达制订某一产品类别标准的任务。为此，“欧盟生态标签董事会”召集相关产品零售商、生产商、消费者代表及各成员国生态标签管理机构组成工作组。EUEB指定一个成员国标签管理机构作为该项工作的牵头者。

2. 标准制订工作组在考虑以下研究结果的基础上制订标准草案，并将草案标准提交EUEB讨论。

（1）该产品的市场报告及该标准的可行性报告；

（2）对该产品的生命周期内的各因素的考虑；

（3）标签对改善环保的意义及效果。

3. 讨论后的草案标准提交欧盟委员会，欧委会对草案审议后，判定草案是否予以通过。

4. 最终标准提交由各成员国专家组成的常委会审议通过。

5. 通过后的标准在欧盟L系列官方出版物上以“欧盟委员会决议”形式予以公开。

一项生态标签标准的制订需要几个月的时间，其有效性一般为三到五年。

哪些产品可以申请“生态标签”

生态标签制度面向所有日常消费产品，但不包括食品、饮料、药品及医疗器械。欧盟在选择可授予生态标签的产品类别时，主要考虑产品的以下几个特点：

（1）应在欧盟市场上有庞大的销售与交易量；

（2）应在产品一个或多个生命周期阶段中，对自然环境存在重大影响；

（3）如果消费者选择符合生态标准的该类产品会对改善环境起到积极作用；

（4）如果产品或服务贴有生态标签可以给生产商带来竞争优势；

（5）销售的产品主要用于最终消费。

目前，生态标签主要授予以下21类产品：

各种用途的去污剂、灯泡、床垫、个人电脑、复印及画图用纸、手提电脑、洗碗机用洗涤剂、手用餐具洗涤剂、冰箱、洗碗机、土壤改良剂、鞋类、电视机、纺织品、棉纸、硬地板、室内用油漆涂料、旅游住宿服务、衣物清洁产品、真空吸尘器、洗衣机。

上述产品每年都不断补充。目前，欧盟正在制订家具产品、野营用具及打印用纸的生态标签标准。

如何申请欧盟生态产品标签

如生产商希望获得欧盟生态标签，必须向欧盟各成员国指定管理机构提出申请，完成规定的测试程序并提交规定的测试数据，证明产品达到了生态标签的授予标准。欧盟对于每一种产品都规定了相应的环保性能标准。这些标准主要是关于自然资源与能源节省情况、废气（液、固体）排放情况及废物和噪音排放情况。申请的具体步骤如下：

1. **向欧盟成员国生态标签管理机构递交申请**。来自欧盟以外的第三国的生产商，可以向欧盟任何一个成员国的生态标签管理机构递交申请。欧盟各成员国负责生态标签申请的机构名单见：http：//www. eco－label. com/technical_ info. html#。

2. **管理机构审核申请材料**。申请应包括所有必要的证书及相关文件。欧盟为生态标签所涉及的每一类别的产品都制定了相应的环保标准，所有欧盟目前选定能够进行生态标签认证的产品及其标准都可以在 http：//www. europa. eu. int/comm/environment/ecolabel/marketing/brochures. htm＃for%20producers 下载。成员国生态标签管理机构有权力根据申请材料审核产品是否达到欧盟制定的生态标准，而无需再征求欧盟的意见。

3. **签订使用合同并获得生态标签的使用权**。如果产品的环保标准及性能达到要求，则成员国生态标签管理机构会与生产商签订可以使用生态标签的标准合同。该合同的范本可在 http：//www. europa. eu. int/comm/environment/ecolabel/background/pm_ standardcontract. htm 下载。

4. **生态标签的申请费用**。欧盟各成员国对生态标签的申请费用有较大差异，一般在 300 欧元～1300 欧元之间。如果申请者是中小企业或来自发展中国家的企业，则可以获得 25% 的价格优惠。欧盟对于中小企业的定义：http：//www. europa. eu. int/comm/environment/ecolabel/pdf/sme _fees/smedefinition_ 060503. pdf。对于“发展中国家”，欧盟并没有统一的定义，得视各成员国生态标签管理机构对发展中国家是如何界定的。

5. **生态标签的使用费用**。产品被允许贴上生态标签后，生产商还应支付生态标签的年度使用费。过去，付费金额按产品每年在欧盟地区内的销售额的百分比来收取。但目前，欧盟为生态标签年付费制定了25 000欧元的最高收费标准，对于中小企业及发展中国家企业还要相应减少。

如果是 EMAS/ISO 14001 认证企业，则生态标签的年度使用费还可减少。所有上述减少的使用费最多不能超过名义应交金额的50%，也就是说，企业要交纳的标签年使用费应在12 500欧元～25 000欧元之间。

如果企业在一种生态标签产品类别中是前三个申请生态标签者之一，还可获得 25% 的年使用费优惠。

6. **生态标签的使用及监督**。授予生态标签的欧盟成员国机构有权抽查生产商的生产车间及产品，来保证产品的环保真实性。一般而言，生态标签授予机构都有帮助生产商向消费者宣传其产品环保特点的义务，一旦产品贴有生态标签，生产商可以与标签授予机构联系，向其寻求市场宣传的帮助。

欧盟生态标签与成员国生态标签、及其他环保认证间的关系

应该指出的是，欧盟有些成员国使用不同于欧盟统一规定的，本国“生态标签”，如德国使用“蓝天使”标志，北欧诸国使用“天鹅”标志。2000 年，欧盟在生态标签补充条例中规定，各成员国可以制订本国生态标签体系，但产品的选择标准、生态标准应与欧盟生态标签体系保持一致。欧盟的生态标签在这些国家内同样适用，但像德国等国家为了标榜自己在环保方面的先锋地位，其“蓝天使”标签所涵盖的产品种类要远远多于欧盟生态标签所涵盖的产品。从一个角度说，德国已经成为欧盟环保标准制定的先锋和试点。一种产品的环保标准一旦在德国制定并执行，极有可能在今后被欧盟所采纳并推广。

如果企业已经获得 ISO 14001 认证或 EMAS（欧盟生态管理及审计体系）认证，则该企业产品更易申请到生态标签，并且还可以获得 25% 的标签使用费用的减免。ISO 14001 与 EMAS 侧重于对企业生产的环保要求，而生态标签则关注于企业某一特定产品的环保标准。

获得欧盟生态标签对企业的意义

生态标签是欧盟规定的一种自愿性产品标志，其使用及申请价格不菲，申请标准也较严格。欧盟市场上的产品即使没有贴加生态标签，只要产品符合欧盟现行的健康、安全及环保标准一样可以进入欧盟市场。但如果企业获得生态标签，可

以享有以下益处：

1. **生态标签有助于提高产品档次并赢得更广泛的客户群。**欧盟在“欧盟环境通讯”及其他欧盟官方杂志上，刊登并介绍获利生态标签的产品及厂家名录，并经常举办“生态绿色周”或“环保大会”等活动，向欧洲地区的消费者介绍获得生态标签的产品和生产厂家。各成员国生态标签管理机构也有责任出资举办各种宣传生态环保产品的活动。通过宣传推广活动，“贴花产品”可以很快在欧盟市场上获得消费者的注意及知名度。根据欧盟2002年的调查结果，有75%的欧盟消费者愿意购买“贴花产品”。

产品获得生态标签认证，可以塑造企业良好的社会形象、赢得消费者及社会的信赖、提高产品的附加值。一般而言，即使“贴花产品”的价格稍高于常规产品，消费者仍倾向于绿色产品。目前，欧盟市场上的“贴花纺织品”的价格比普通纺织品要高出20%~30%，但绝大部分欧盟消费者仍愿意购买前者。

2. **生态标签是产品畅销“大欧洲”的通行证。**欧盟所制订的生态标签在其现有15个成员国予以认可。在欧洲经济区（EEA）的其他国家，包括瑞士、挪威、列支敦士登及冰岛等四国也同样认可。2004年5月，另10国将成为欧盟新成员国，包括：塞浦路斯、立陶宛、捷克共和国、马耳他、爱沙尼亚、波兰、匈牙利、斯洛文尼亚、拉脱维亚及斯洛伐克。2007年，保加利亚、罗马尼亚、土耳其等三国可能加入欧盟。欧盟所制订的生态标签体系，是目前世界上使用地域最为广泛的环保认证制度。在欧盟一成员国申请的生态标签将成为上述十几个国家消费者所认可的产品环保标志。

近年来，欧盟出台了一系列的环保性政策法规，通过“绿色壁垒”来抬高产品进入欧盟市场的门槛。如果产品获得生态标签，则企业可以不用担心产品被欧盟的环保性法规阻于欧盟大门之外。

3. **产品“绿色化”是国际消费品市场发展的潮流。**2002年9月，联合国在南非召开了“世界可持续发展高峰会议”。该次会议成功地将世界各国的注意力集中到实现可持续发展的具体行动上，奠定了世界经济发展走“绿色道路”的大趋势。

2000年来，欧洲“贴花产品”的销售额增长了300%，并呈持续迅速增长之势。欧盟酝酿了一系列长短期计划，极力向消费者宣传“绿色产品”。欧盟决定于2004年在整个欧盟地区组织大规模的“生态标签”普及宣传活动，以求提高消费者的环保意识，让“生态标签”深入人心。

为使政府带头使用“绿色产品”，欧盟出台了一项《政府采购应符合生态标准》的指南，鼓励政府采购并使用“绿色产品”。如2004年希腊雅典奥运村室内用漆全部都是贴加“生态标签”的产品。

十二、联系方法

中国驻德国使馆经济商务参赞处联系方式

地址：

Majakowskiring 66

13156 Berlin

Germany

电话：0049-30-88668282

传真：0049-30-88668288

电子信箱：de@mofcom.gov.cn

网址：http://de.mofcom.gov.cn

办公时间：

周一至周五：8:30~12:15/14:30~18:00

法 国

一、国名 国庆日 国旗 国徽

国 名

法兰西共和国（The Republic of France）

国庆日

7月14日（1880年议会立法确认攻克巴士底狱日为国庆节以纪念法国资产阶级大革命）

国 旗

呈长方形，长与宽之比为3:2。旗面由三个平行且相等的竖长方形构成，从左至右分别为蓝、白、红三色。法国国旗的来历有多种，其中最具代表性的是：1789年法国资产阶级革命时期，巴黎国民自卫队就以蓝、白、红三色旗为队旗。白色居中，代表国王，象征国王的神圣地位；红、蓝两色分列两边，代表巴黎市民；同时这三色又象征法国王室和巴黎资产阶级联盟。三色旗曾是法国大革命的象征，据说三色分别代表自由、平等、博爱。

国 徽

法国没有正式国徽，但传统上采用大革命时期的纹章作为国家的标志。纹章为椭圆形，上绘有大革命时期流行的标志之一——束棒，这是古罗马高级执法官用的权标，是权威的象征。束棒两侧饰有橄榄枝和橡树枝叶，其间缠绕的饰带上用法文写着“自由、平等、博爱”。整个图案由带有古罗马军团勋章的绶带环饰。

二、地理环境

法国位于欧洲西部，西临大西洋，西北面对英吉利海峡和北海，东北比邻比利时、卢森堡和德国，东与瑞士相依，东南与意大利相连，南濒地中海并和西班牙接壤。

法国面积55万平方公里，是西欧大国，位于北纬42度和51度之间，法国南部属地中海亚热带气候，其他为大西洋温带气候地区。

法国版图有如六边形，对边距离不到1 000公里。总体上说，法国地势较低，全国2/3的地区低于海拔250米。东南部地势较高，有中央高原、朗格尔高原和孚日山脉。北部和西部主要是平原和低矮丘陵。有阿尔卑斯山脉、比利牛斯山脉、汝拉山脉。

法国森林覆盖面积较大，目前森林面积有1 390万公顷，占法国本土面积的1/4。农业耕地占全国土地的54.8%。

法国境内河流纵横交错，水道四通八达，可通航河流总长度达8 500多公里，形成遍布全国的水路交通网。

法国所处地理位置，决定了法国受三种气候的影响：

大西洋气候：季节不稳定，气温差别小，雨量相对丰富，全年降雨分布均匀。

大陆性气候：主要表现在布列塔尼、巴黎和洛林地区。冬季较冷，年温差较大；冬季降雨较大，夏天较少。

地中海气候：夏天炎热干燥，冬季温和湿润。全国年平均降雨量为600毫米~1 000毫米。

三、行政区划

首　都

巴黎（Paris），人口1 060万（1999年）。

行政区划

分为大区、省和市镇。省下设专区和县，但不是行政区域。县是司法和选举单位。法本土共划为22个大区、96个省、4个海外省、4个海外领地、2个具有特殊地位的地方行政区。全国共有36 565个市镇，其中人口不足3 500人的有3.4万个，人口超过3万人的市有231个，人口超过10万的市有37个。22个大区是：阿尔萨斯、阿基坦、奥维尔涅、布尔高涅、布列塔尼、中部地区、香槟—阿登、科西嘉、弗朗什—贡岱、巴黎大区、朗克多克—鲁西翁、利姆赞、洛林、南比利牛斯、北加莱海峡、下诺曼底、上诺曼底、卢瓦尔地区、皮卡尔迪、布瓦图—夏朗德、普洛旺斯—阿尔卑斯—蓝色海岸和罗讷－阿尔贝斯。4个海外省是：瓜德鲁普、马提尼克、法属圭亚那及留尼旺。4个海外领地是：法属波利尼西亚、新喀里多尼亚、瓦利斯群岛和富图纳群岛、法属南半球和南极领地。2个地方行政区是：马约特岛、圣皮埃尔岛和密克隆岛。

主要城市

（一）巴黎

巴黎，位于北部巴黎盆地中央。市区面积105平方公里，人口215.2万。巴黎大区包括市区及周围的7个省，面积达1.2万平方公里，总人口1 060万。

塞纳河自东南方缓缓进入巴黎，环抱西岱岛（ILE DE CITE），从西南方出巴黎城。然后，蜿蜒曲折向西北方向流去，在勒·阿弗尔港（LE HAVRE）注入英吉利海峡。塞纳河流经巴黎市区13公里。

巴黎市共划分为20个区，以卢浮宫及西岱岛的一部分为中心，呈螺旋状、按顺时针方向，向外扩展。各区居民人数不一，最多的是15区，22万多人，最少的2区，仅2万多人。

巴黎的历史有2 000多年。公元6世纪起，巴黎成为法兰西王国的首都，以后历代法兰西的封建王朝均以巴黎为国都。13世纪时，巴黎人口已达7万。1546年，卢浮宫开始兴建。以后的历代帝王，尤其是路易十四，不惜花费巨资修宫殿、造花园、建广场。17世纪和18世纪，法国的统治者曾迁都凡尔赛，但巴黎仍是法国宗教、文化、艺术中心。

巴黎是法国的政治中心。1940年，德军占领巴黎，第二次世界大战结束后，1946年第四共和国成立。1958年，戴高乐将军受权组阁并制定新宪法，第五共和国成立。

巴黎是法国的经济和商业中心。巴黎集中了法国多数大型集团公司和金融机构，它们的总部均设在巴黎。世界上100家最大企业中已有1/5在这里设立了办事处，法国最大企业的办事机构多数也设在这里，是巴黎地区最重要的商务中心。

巴黎也是法国的文化和教育中心。巴黎是座文化古都，到处是历史遗产和文化古迹，随处可感受到浓郁的文化气息。著名的建筑物有：巴黎圣母院、卢浮宫、凯旋门、埃菲尔铁塔、凡尔赛宫、协和广场、巴黎歌剧院、旺多姆广场、圣心大教堂、荣军院、先贤祠、巴士底广场及枫丹白露宫，等等。

巴黎还是法国的交通枢纽。巴黎共有三个机场：戴高乐机场（CHARLES DE GAULE），奥利（ORLY）机场和布尔热（BOURGET）机场。北部戴高乐机场又分一号机场和二号机场。巴黎是全国铁路网的中心，建有6个车站。

（二）里昂（LYON）

里昂市是法国东南部大城市，位于罗讷河和索恩河汇流处和从地中海通往欧洲北部的战略走廊上。里昂市人口126万，建于公元前43年，罗马帝国之前已繁荣，长期为法国的政治中心。工业发展始于19世纪，曾是西方丝织业中心，全国的丝织业几乎全部集中于此。同时里昂也是化学纤维的主要产地，冶金、化工、汽车、机械、电子等工业均较发达。

作为水、陆、空交通枢纽，里昂是沟通北欧和南欧的交通要道。尤其是每日有45班高速火车通往法国各大城市及地中海诸大城市。

里昂作为历史名城，有许多中世纪建筑和博物馆，每年在此举办国际博览会。1996年的西方7国首脑会议便在里昂举行。旅游点有著名的里昂大教堂、古罗马剧场遗址等。

（三）马赛（MARSEILLE）

马赛市位于法国南部地中海利翁湾东岸，三面环山，面积240平方公里，人口123万，是法国第三大城市，欧洲第二大港口。马赛是普罗旺斯－蓝色海岸大区首府和罗讷河省省府，是法国南部的行政、经济、文化和交通中心。

马赛是法国最古老的城市之一，建于公元前6世纪古希腊时代，已有2 600年的历史。该市资源丰富、工商业发达，是全国炼油工业中心；还有制盐、铝矾土、煤炭、发电、冶金、造船、化工、直升飞机制造、纺织及食品加工等工业；它海产丰富，渔业发达，有现代化的罐头加工联合企业；它还是全国最大的船舶修理中心。

马赛市的兴衰与马赛港的历史息息相关，马赛港自12世纪就闻名世界。20世纪70年代以来，马赛港区进行了改造和扩建，新兴的马赛—福斯港是法国最大的现代化港口，港区长70公里，年吞吐量达1亿吨，180条海运线通过13 000个中途站联系着109个国家和地区。福斯港是油船、天然气船、矿石船和集装箱等大型海运业的现代化港口，有输油管道通往阿尔萨斯、瑞士和德国的炼油厂。

马赛拥有众多的文物古迹，近年来还发掘出公元前6世纪希腊时代的堡垒和古城垣遗址。距马赛老港3公里处有一座孤岛——伊夫岛，传说是大仲马《基督山伯爵》一书中主人公被囚禁的地方，每年吸引着成千上万的旅游者来此参观。

马赛市距巴黎770公里，距米兰550公里，距巴塞罗那500公里，是法国联系南欧、北非和西亚的交通枢纽。

（四）里尔（LILLE）

里尔，是法国北方重要城市，是诺尔—加莱大区的首府。市中心有20万人口，加上周围卫星城市共约100万人。诺尔—加莱大区有人口400万，为全国人口的7%，人口密度居全国第二位。全区86%的人口为城市人口。

里尔市及其所在大区是法国重要的工业区之一，早先以冶金和纺织业为主，现已发展成综合工业基地。其铁路器材产量占全国总产量的50%，电力生产居全国第二位，印刷业居全国第二位，机械制造位居全国第三。欧洲最大的纺织企业——“霞日”（CHARGEUR）集团生产基地就在该地区。

诺尔—加莱大区商业发达。法国最大的商业财团之一的鸥尚（AUCHAN）大型超级市场就起源自里尔市；全国最大的邮购商场集团“三瑞士”（3 SUISSES）总部也设在该市。

四、人口 民族 宗教 风俗

人口

法国人口6 237.7万，其中本土6 056万，海外省181万。法国人口在25国欧盟中，占13%，仅次于德国，居第二位。据法方统计，2002年，中国人移民法国的人数为8 968人。

民族

法国民族以法兰西人最多，约占总人口的90%，其他少数民族有布列塔尼人、巴斯克人、科西嘉人、日耳曼人、斯拉夫人、北非人和印度支那人等，官方语言为法语。

宗教

法国传统上是信奉天主教的国家，目前仍有65%的法国人信仰天主教，其他主要信奉基督教、犹太教和伊斯兰。约有12%的法国人周末仍要去教堂。此外，婚礼、圣洗和圣诞节，法国人一般都要去教堂。

风俗

法国人日常生活中的服饰比较随意，讲究舒适和突出个性。在正式的社交场合，对着装的要求较严格。法国的饮食文化有着悠久的历史和传统，法国菜不仅做起来复杂，强调色、香、味、形，吃起来也很有讲究，从进餐程序、酒与菜的搭配、餐具和酒具的形状乃至服务员上菜倒酒的方式都有严格的规矩。蜗牛与肥鹅肝是最有特色的法式菜。法国的葡萄酒、香槟和白兰地（又称干邑）享誉全球。法国人待人接物十分注意礼节，礼貌用语不离口。现举商务宴请为例。

商务宴请有午宴和晚宴两种形式：午宴带有业务特性，但不正式；晚宴较为正式。如果是午宴，邀请时，一般打个电话就可以了。如果是晚宴，一般需发请柬邀请客人。请柬，印制的或写的均可，需邮寄给客人，注意给客人留有答复的时间。

餐厅的选择，如果您是好几家餐厅的常客，可从中挑选。餐厅的接待始终是高质量的，餐厅老板称呼您的姓，这样可以给您邀请的客人留下个好印象。用餐过程，气氛轻松。

出席晚宴，着装较为讲究。女士，一般是颜色较深的无袖、较短的连衣裙或外衣；佩戴手镯、项链、耳环等；整理发型，发蜡不宜过多；袜子的颜色，视季节而定，冬季穿黑色的，夏季穿较透明的；天气凉爽时，可带上披肩；一般都带上个化妆品包。

男士，深色套服，白色长袖衬衫；领带新颖大方，不易过花；皮鞋上蜡，袜子长一些的为好。

餐厅迎接客人，邀请主人，不应迟到。如果与客人一同去餐馆，进餐馆时，主人应走在前面。如果客人中有女士，男士先进餐馆，需对女士彬彬有礼地说声：“太太，请允许我走在您的前面。”

餐厅座位安排，好的位子，一般是视野好的，留给最重要的客人。夫妇不应分开坐。观点看法不同的人，最好分开坐。

主人右边的座位，留给社会地位最高的受尊敬的年长者，左边座位留给排行第二的客人。需等年长者坐下后，其他人才能入座。

餐桌上艺术，餐具搭配比较讲究，第一道菜，用最外面的刀叉。如果是鱼，只用叉子就行了，这样可显得高贵。酒杯，大号的是水杯，中号的是红葡萄酒杯，小号的是白葡萄酒杯。

请客时间，午宴不宜过长，这样客人下午头脑还清醒，可以继续工作；晚宴，时间可以长些。

用餐付款，招呼买单，迅速看一眼单子，然后用信用卡支付，以避免掏出钞票，让客人觉得不自在；如果邀请主人是女士，客人是男士，女士主人付款有三种办法，即：进入餐馆时就将信用卡交给餐馆，或就餐结束时起身去柜台付款，或注视服务员，让他明白将由女主人付款。

五、历史沿革

公元前高卢人在此定居。公元前1世纪，罗马的高卢人总督恺撒占领了全部高卢，从此受罗马统治达500年之久。公元5世纪法兰克人征服高卢，建立法兰克王国。

10世纪后，封建社会迅速发展。1337年英王觊觎法国王位，爆发“百年战争”。初期，法大片土地被英侵占，法王被俘，后法国人民进行反侵略战争，于1453年结束百年战争。15世纪末到16世纪初形成中央集权国家。17世纪中叶，君主专制制度达到顶峰。

随着资产阶级力量的发展，1789年法国爆发大革命，废除君主制，并于1792年9月22日建立第一共和国。1799年11月9日（雾月18日），拿破仑·波拿巴夺取政权，1804年称帝，建立第一帝国。1848年2月爆发革命，建立第二共和国。1851年路易·波拿巴总统发动政变，翌年12月建立第二帝国。1870年在普法战争中战败后，于1871年9月成立第三共和国直到1940年6月法国贝当政府投降德国，至此第三共和国覆灭。

1871年3月18日，巴黎人民举行武装起义，成立巴黎公社。同年5月底，被法国军队残酷镇压。第一次、第二次世界大战期间法国遭德国侵略。

1944年6月宣布成立临时政府，戴高乐担任首脑，1946年通过宪法，成立第四共和国。1958

年9月通过新宪法，第五共和国成立，同年12月戴高乐当选总统。

六、政治概况

总统是国家元首和武装部队统帅，任期5年（2000年6月改为5年，定于9月24日举行全民公决），由选民直接选举产生。

总统有权任免总理和批准总理提名的部长；主持内阁会议、最高国防会议和国防委员会；有权解散议会；可不经议会将某些重要法案直接提交公民投票表决；在非常时期，总统拥有“根据形势需要采取必要措施”的全权。在总统不能履行职务或空缺时总统离职期间由参议院议长代行总统职权。

议会由国民议会和参议院组成，拥有制定法律，监督政府，通过预算，批准宣战等权力。国民议会共有577个议席，任期5年，采用两轮多数直接投票制、由选民直接选举产生。参议院共321席，参议员任期9年，每3年改选1/3，以省为单位，由国民议会和地方各级议会议员组成选举团间接选举产生。

1995年7月31日，法国议会通过了一项宪法修正案。这项法案使总统有权更多地使用公民投票来解决经济和社会问题。法国总统在政府或参议院、国民议会的建议下，可将所有事关公共权力组织、法国经济或社会政策的改革方案交由公民投票表决。

总统府——爱丽舍宫，总理府——马提翁宫，国民议会——波旁宫。

法国是联合国安理会常任理事国、欧盟创始国及重要成员、北约成员（但不参加北约军事一体化机构）。自1958年建立法兰西第五共和国以来，历届政府基本沿袭戴高乐制定的独立自主外交政策，维护民族独立。

欧盟是法外交的立足之本。法致力于推动欧洲建设，将欧盟建设成真正独立一极，发挥法在其中的核心作用；推动多极化，发展、加强欧亚等区域间合作；在大国间左右逢源，争取有利地位；保持并发展与非洲国家的传统关系，推动发达国家增加对非援助；积极参与中东和平进程及有关热点事务；加强同亚洲、拉美的政治、经济关系。

1964年1月27日，法国同中国建交。1994年9月，江泽民主席访问法国。1997年5月，法国总统希拉克对中国进行国事访问，这是法国总统14年来第一次访华。1999年10月，江泽民主席应邀对法国进行国事访问。2000年10月，法国总统希拉克应邀对中国进行正式访问。

七、经济概况

法国是全球经济发达国家之一，是欧盟大国，实行现代市场经济体制，产权的基本形式是私有制，市场是配置资源的主要机制，经济对外开放程度较高，奉行自由贸易政策。

第一次世界大战前，由于历史、文化和传统的原因，与其他工业发达国家相比，法国经济发展迟缓、工业水平相对落后。工业就业人口近半数集中在食品和轻工业部门，商品输出长期以时装、化妆品、纺织品和葡萄酒为主。20世纪20年代，法国才完成产业结构的转变，工业产值在国民经济中的比重超过农业，完成向工业国的过渡，但这个进程与美国和德国相比，落后了约30年，比英国则落后了整整一个世纪。

第二次世界大战期间，法国的工业遭到严重破坏，1944年的工业生产指数相当于1938年的40%，且设备老化，技术陈旧，市场物资匮乏。为了振兴经济，战后法国动用政府干预手段，制订、实施了著名的“现代化与装备计划”，开创了此后延续数十年国家经济计划的先河。

法国的经济计划以成熟的市场经济为前提，并且是在市场经济的条件与环境中发挥作用的。经济计划以指导性为主，规定经济发展的近期目标，对国民经济各部门轻重缓急的发展顺序作出安排，并辅以相应的政策和措施。战后经济重建初期，经济计划带有较浓重的政府干预色彩，对计划规定了各种数量目标，政府通过税收参与国民收入再分配过程，集中巨额资金对优先发展部门给予财政支持，将煤炭、电力、钢铁、水泥、运输、农业机械设备确定为优先发展对象。战后法国经济迅速恢复，1948年其国内生产总值和工业生产指数已达到战前1938年的水平。20世纪60年代以后，随着产业结构调整的完善，国家对经济的干预力度渐趋弱化，取消了经济计划中的数量指标，使之成为纯指导性计划。

20世纪50年代末至70年代初，是法国经济的起飞时期。法国把发展重心转移到石油化工、电子和机电、汽车、高速火车、宇航、造船、通讯设备等新兴工业部门，以此为龙头带动整个工业的全面发展。其中专用机电设备和机械制造业的生产性投资每年增长率高达13%～16%，相当于整个经济部门生产性投资平均增长速度的一倍以上；家用电器、汽车、通讯等部门的生产性投资也都以每年两位数的速度增长。这一期间农业投资的增长大大促进了农业和食品加工业的发展，为法国现代化农业奠定了基础。经过10余年的快速发展，法国一跃成为世界先进工业国。20世纪70年代中期，法国的水泥产量居资本主义世界第二位；轿车、石油产品、合成橡胶居第三位；钢铁、造船居第四位；飞机制造、宇航工业、海洋开发等领域的技术水平均居世界领先地位。1959年至1974年，法国国内生产总值年均增长速度高达5.7%，不仅高于美国、英国，而且高于德国。同一时期，法国经济实力快速增长，按当年价格计算，1973年的国内生产总值首次突破1万亿法郎，人均国民收入首次突破2万法郎。在经济高速增长的带动下，基本实现充分就业，20世纪50年代末至70年代初期，失业率始终控制在2.8%以内的低水平。

20世纪70年代以后，法国经济进入缓慢增长阶段。在石油危机引发的世界性经济危机中，法国经济反复衰退，物价轮番上涨，失业人数猛增。1977年失业率终于突破5%大关，此后一路上升，并于1985年第一次达到两位数。尽管历届政府采取各种措施，不断进行经济结构调整，计划总署也先后制定了第六个（1971～1975年）、第七个（1976～1980年）、第八个（1981～1985年）、第九个（1984～1988年）和第十个（1989～1992年）经济计划，但这些计划的执行情况不太理想。1992年，计划总署准备了第十一个计划（1993～1997年），但未被1993年3月法国议会选举后的新政府通过。此后，法国通过执行国家—大区计划合同（contrats de Plan Etat－Region）的方式，在全国贯彻国家经济发展战略。从1973年至1979年，法国的经济年均增长率下降到3.25%，1980年至1990年又减少到年均2.25%，1991年和1992年进一步降至1.2%左右。到1992年下半年，法国经济进入战后最严重的经济衰退，1993年国内生产总值甚至下降1%。从1994年起，在全球经济复苏的带动下，法国经济进入恢复性增长时期，2000年经济增长率达4.1%（固定价格），创恢复期最高点。2001年，全球经济再次放慢，当年法国经济增长率为2.1%，2002年增长率减至1.2%，2003年仅增长0.8%。不过，自2004年以来，法国经济再次复苏。2004年，法国经济增长率回升至2.3%，2005年经济回升有所放缓，前三个季度获得1.4%增长实绩，预计全年增长率在1.5%～2%范围内。

根据法国外交部公布的资料表明，法国三大产业基本情况如下：

农业：位居欧盟之首，其产量占欧盟农业总产量的22%。农产品出口居世界第二位，仅次于美国。法国农业拥有全国6%的就业人口，实现2%～3%的国内生产总值。

工业（包括建筑业和公共工程）：排行于欧洲第二，世界第四，居美国、日本和德国之后。全国就业的29%、投资的40%和出口的近80%，是由工业部门实现的。

服务业：法国服务业相当发达，该行业拥有全国65%的就业人口，实现70%的国内生产总值。

八、2005年经济形势

当前法国宏观经济形势

（一）经济增长低于预期

法国全国统计及经济研究所8月19日公布，由于家庭消费疲软、企业投资回落，法国2005年第二季度GDP增幅仅为0.1%，不仅低于上一季度的0.4%，也与政府和经济学家的预期有较大差距。至此2005年上半年法国经济增长年率仅为1.2%，经济表现令人失望。尽管下半年经济增长速度可望相对高一些，但经济学家预计全年GDP最多只能实现政府预期值的低线，增长1.5%。国际货币基金组织（IMF）在最新的《世界经济展望》报告中也预计2005年法国经济增长率为1.5%，低于上年0.5个百分点。由于经济增长速度下降，2005年1月至6月，法国企业破产数量达到25 496家，同比上升5.1%。

（二）国内消费需求逆转

国内消费曾是过去3年推动法国经济增长的主要力量，但进入2005年以来法国消费开支出现下降，主要原因是劳动市场不景气，失业率持续超过10%，尽管7月份失业率状况有所改善，但尚未对购买力增长产生明显的支持作用。据最新统计，2005年第二季度法国的消费开支下降0.3%，对经济增长的贡献率，从上一季度的0.5%，锐减至-0.2%。一些经济学家认为，目前法国家庭的消费储蓄已接近枯竭，信贷消费能力也已经接近顶点，前景不太乐观。

（三）固定资产投资呈下降趋势

第二季度统计数字反应出的另一个糟糕信息是，非金融企业固定资产投资出现了萎缩，在上一季度环比增长1.9%之后，第二季度逆转为下降1.2%，这也是2002年第二季度以来，法国企业投资出现的最大单季度降幅。有经济学家认为，在欧元币值坚挺，以及国际原油价格节节攀升的双重压力下，法国企业不得不采取保守的投资策略，更多地把资金投向海外市场。数字显示，第二季度投资整体下降了0.4%，与上一季度增长1.5%形成鲜明对照，投资对第二季度的经济增长贡献率，也从上一季度的0.3%，变成-0.1%。

（四）库存增加对经济起支撑作用

在消费下降、投资萎缩的情况下，库存增加对法国的经济增长起到支撑作用。统计数据显示，第一季度企业库存疲软，为经济增长提供的贡献率仅为-0.1%，进入第二季度后，受国际原材料市场涨价趋势的影响，企业增加库存的积极性提高，据统计仅增加库存一项为第二季度经济增长提供的贡献率就达到0.4%，否则第二季度的经济很可能下降0.3%。

（五）通货膨胀率保持控制

法国全国统计及经济研究所8月12日发表的全国物价指数显示，7月份，法国消费物价指数环比回落0.2%。统计显示，在过去一年内，累计通货膨胀率为1.7%，扣除能源价格上涨因素，过去一年的通货膨胀率仅为0.8%。分析表明，7月份物价回落，在很大程度上得益于季节性降价。

（六）财政状况仍不容乐观

在经历3年财政赤字超标后，2005年法国政府采取各项政策措施，大规模增收节支，力求达标。法国经济财政部9月5日发布公告称，2005年的公共财政赤字占GDP的比重将为3%，超过原定的2.9%，但仍符合《稳定与增长公约》规定的标准。新的预测是建立在已经下调的预期经济增幅（1.5%~2%）的基础上，德维尔潘总理表示，法国正在尽最大努力兑现自己的承诺。分析家们认为，2005年初以来，法国经济走势疲软，政府连续下调全年经济增幅预期，如果下半年经济增长没有如约提速，将会导致全年经济增幅无法达到预期，而且有可能使2005年的财政赤字再次突破稳定公约上限。此外，至2005年底，法国公共债务占GDP的比重预期将达到66.2%，仍然超过稳定公约规定的60%的上限，同时，也超过了2004年达到的64.7%的水平。

2005年1月至6月 法国对外贸易发展概况

（一）贸易逆差达历史最高水平

据法国海关统计，2005年1月至6月，法国进出口贸易总额为4 852.5亿美元（折合3 778亿欧元），其中出口2 334.4亿美元（折合1 818亿欧元），进口2 518亿美元（折合1 960亿欧元），半年累计外贸逆差额183.6亿美元（折合142亿欧元），达到历史同期最高水平。其中，4、5月份的单月外贸逆差额均高达35亿美元，6月份逆差额虽回落至8亿美元，但法国外贸已连续第13个月处于单月外贸逆差状态。在过去的12个月内，法国外贸逆差额累计达到303.1亿美元（237.6亿欧元），这种状况在法国外贸历史上还是首次出现。预计全年贸易逆差将创下历史最高纪录。

（二）出口虽上升但仍不足以带动经济增长

2005年上半年，法国出口形势虽然较好（同比增长5%），如空中客车飞机的整体出口情况有所改善，但抵不上石油进口价格的飞涨，上半年的能源进口花费达172亿欧元（220亿美元），较2004年同期几乎增加了整整50亿欧元，成为外贸逆差的最大来源。另外，法国主要贸易伙伴经济增长乏力，也是导致法国出口增幅有限，外贸逆差持续扩大的重要原因。逆差扩大已经对经济增长产生不利影响，据统计，第二季度法国外贸整体对其经济的增长贡献率仍然再次为负数（-0.1%）。

（三）盟内外贸易增幅差距较大

对欧盟（原15国）成员国的出口占法国出口总额的60.9%，2005年上半年，法国对这些国家的出口额1 416.1亿美元，同比仅增1.5%，因此，相对减低了法国总出口的增长速度。而同期，法国对亚太经合组织和北美自由贸易区的出口增幅分别达到16.0%和15.2%，对东盟10国和南方共同市场的出口增幅更高达30.7%和32.9%。在进口方面，从欧盟（原15国）成员国的进口占法国总进口额的65.8%，2005年从这些国家的进口达1 649.1亿美元，同比增长8.8%。同期，法国自中东欧自由贸易区的进口额增幅高达31.7%。在与北美自由贸易区和中东欧自由贸易区的进出口中，法国分别实现了45.6亿美元和15.3亿美元的顺差，但与欧盟其他14国的贸易则存在233亿美元的逆差。

（四）主要出口商品形势好转但能源进口账单大涨

2005上半年法国企业接受的订单是1998年以来最高的，主要出口行业为航空、化妆品、医药等，出口十分活跃。在上半年的出口中，飞机制造业表现突出，空中客车飞机的出口达到了历史最高水平，共交付出口107架，总值达到65亿欧元（83.2亿美元），出口额同比增幅高达9.8%。在机电产品中，涡轮喷气发动机、涡轮螺桨发动机及其他燃气轮机的出口增长了16.5%，集成电路及微电子组件的出口增幅为19.6%。此外，2005年上半年药品的出口增长10.2%；非原油油品出口额增幅高达55.7%。

机电产品、运输设备、矿产品和化工产品占法国进口总额的60.8%，2005年上半年进口增幅较大产品是：木及木制品、木炭，同比增长15.1%；钢铁、钢铁制品分别增长24.0%和15.4%；有机化学、杂项化学产品分别增长16.8%和19.2%；塑料及其制品增长17.0%；矿物燃料、矿物油及其产品、沥青等进口增幅高达44.3%。矿产品进口额的大幅增加是国际上原油价格飞涨导致的结果，法国海关总司的统计显示，由于国际能源市场价格居高不下，上半年进口能源产品的成本同比上升8.8%，其中，精炼石油产品的价格增加尤为明显，同比增幅达到11.7%。

（五）政府采取措施加紧对目标市场的开拓

2000年以来，法国在世界贸易总额中的比重已经下降了0.2个百分点，对外贸易对国民经济增长的贡献率连续4年为负值。面对2005年上半年经济的不景气，政府把希望寄托于下半年经济增长能提速，以实现预定目标。在国内消费和投资均不振的情况下，出口能否进一步扩大，对减少贸易逆差、带动经济增长和就业将起着重要作用。法国外贸部长级代表拉加德夫人认为，为了恢复法国在国际贸易中的份额，必须尽一切努力增加对主要贸易伙伴的出口，特别是对德国、美国、中国、日本和印度市场的开拓和出口。她表示，政府在9月份假期结束后，会紧急出台鼓励外贸出口的税收优惠措施，鼓励中小企业开拓海外市场，特别是中国市场。

2005年1月至6月中法双边贸易

据法国海关统计，2005年上半年，法国与中国的进出口贸易额为135.4亿美元，比上年同期增长40%，其中，法国对中国出口39.1亿美元，同比增长31.6%，从中国进口96.3亿美元，同比增长21.6%，法方逆差57.2亿美元。

中国是法国在亚洲地区最大的贸易伙伴，2005年上半年，在法国的出口贸易中，中国排在德国、西班牙、意大利、英国、比利时、美国、荷兰和瑞士之后，居第9位；在法国的进口贸易中，中国排在德国、比利时、意大利、西班牙、荷兰、英国和美国之后，居第8位。

从商品贸易结构看，2005年1月至6月，法国出口到中国的机电产品占其对中国总出口额的36.1%，车辆和航空器及其零件占31.3%。在2005年上半年法国对中国出口的主要产品中，雷达设备、无线电导航设备及无线电遥控设备剧增26.8倍，鱼及其他水生无脊椎动物同比增长2.7倍，锌及其制品增长2.2倍，珠宝、贵金属等增长了83.3%，航空器、航天器及其零件增长79.0%，集成电路及微电子组件增长65.4%，镍及其制品、车辆及其零附件分别增长64.9%和64.6%，药品、钢铁制品、饮料、塑料及其制品等，同期的出口规模也分别增长56.1%、52.5%、48.4%和46.6%。

法国从中国进口的机电产品占其自中国进口总额的38.6%，纺织原料及纺织品占17.2%。2005年上半年，法国自中国进口的主要商品增长较快的有：船舶及浮动结构体，同比增长8.6倍；陶瓷产品，增长1.8倍；女西服或便服套装、上衣、裙、裙裤、长裤及马裤，同比增长93.1%；鞋靴、护腿和类似品及其零件，增长78.3%；无线电话、电报、无线电广播、电视发送设备，增长72.8%；玻璃及其制品、无机化学品、橡胶及其制品，分别增长64.8%、51.3%和47.0%。

为保护本国生产商利益，法国和意大利坚决要求对中国纺织品重新实施进口配额，反对解禁8 000多万件滞留在欧盟关外的中国纺织服装产品。但在欧盟内部要求放宽对华纺织品配额限制的呼声日益高涨的情况下，2005年9月5日，中欧达成了有关解决中国纺织品滞港问题的协议，9月7日，欧盟各成员国正式通过该协议，滞留在欧洲各港口的中国纺织品和服装于9月14日被放行进入欧盟市场。在法国海关受阻的来自中国的毛衣数量为587万件，裤子为128万条，原本人们担心法国等欧洲的一些主要纺织品生产国会继续反对最新协议，但面对现实，法国最终在此问题上采取了务实妥协的态度。

2005年法国经济形势及2006年展望

2005年是法国经济低速增长的一年。第一、二季度国内生产总值（GDP）的增长率只有0.3%和0.1%，第三季度经济状况出现好转，增幅达0.7%，创2004年第二季度以来的最高单季增速，但第四季度增幅仅为0.2%，大大低于预期的0.4%~0.5%，导致2005年全年法国经济增幅仅为1.4%，低于大多数经济学家预期的1.6%，也低于政府预期的1.5%~2%的经济增速。这一结果对法国2006年的经济增长预期产生了一定影响，虽然政府仍坚持其2%~2.5%的经济增长预期，但经济学家们对未来发展前景表示悲观。

（一）消费疲软和汽车产量下降影响经济增长

2005年第四季度法国经济未能如人们所预期的那样提速，原因在于消费开支下降、企业库存降低和汽车业疲软不振，同时也与持续了几十天的大规模社会骚乱有关。就在法国经济曙光初现、复苏有望的时候，10月27日始于巴黎郊区的一场骚乱不期而至，并很快蔓延到全国，发展成为大规模的社会骚乱。11月8日法国总统希拉克召开特别内阁会议，宣布国家进入“紧急状态”。社会动荡损害了消费者信心，法国全国统计及经济研究所11月30日发表报告称，在骚乱阴影的笼罩下，法国家庭信心指数降至2003年以来的最低点，使本就后劲不足的消费者支出遭受打击。此外，由于第三季度消费者支出的恢复是依赖于债务的上升而非实际可支配收入的增长，12月1日欧洲中央银行的升息也在一定程度上抑制了人们的消费意愿。

（二）失业率呈下降趋势

自2005年4月以来，在政府新的就业政策及措施的推动下，法国就业状况逐步改善，失业率明显下降。根据法国相关政府部门公布的数据，2005年法国失业人数共下降15.8万人，失业率从4月份10.2%的高峰降为年底的9.5%，达到3年来的最低点，但法国仍位于欧元区失业率最高国家之列，所以政府2006年的工作目标之一是将失业人数继续减少30万。法国就业状况的改善除得益于建筑业和服务业的形势好转外，总理德维尔潘提出的鼓励就业政策对降低失业率发挥了重要作用。德维尔潘上任以来，多次颁布法令鼓励企业招收失业者重新就业，同时严厉打击一心只想领取失业救济金的人，从而活跃了法国劳动力市场。据此经济学家们认为，2006年法国的就业形势仍将持续看好，失业问题会进一步得到缓解。法国全国统计及经济研究所预测，2006年上半年可望再创建10万个工作岗位，失业率到2006年中将降至9.2%。

（三）通货膨胀得到控制

在国际原油价格持续大幅上涨的影响下，2005年第三季度法国通货膨胀抬头，但进入10月份，随着国际原油价格增势平缓，交通与运输成本下降，通货膨胀出现回落。最新统计显示，2005年全年法国通货膨胀率为1.5%。经济学家普遍认为，尽管2005年国际原油价格大幅攀升，以欧元计算全年油价升幅超过42%，但实际上2005年法国遭受的通胀压力要小于2004年。若将不稳定的新鲜食品及能源价格剔除，10月~11月法国的基础通货膨胀率仅为1.1%，通讯、娱乐和文化服务业的价格一直在下降，服装、制鞋等生产部门的价格上涨趋势也有所减弱，这些都有益于平抑总的通货膨胀。至于2006年的走势，法国全国统计及经济研究所认为，国际原油价格的上涨可能会使法国出现物价回升局面，欧洲中央银行也对此发出了警告，但财政部长布雷东确信，油价不会导致法国经济增长减速，通货膨胀将得到很好控制。

（四）财政赤字达标

尽管2005年法国宏观经济运行欠佳，但在政府采取种种措施大力增收节支的前提下，终于将财政赤字控制在3%以内，这是自2001年以来法国公共财政赤字占GDP的比重第一次达到《稳定与增长公约》规定的标准。法国经济财政部2006年2月14日公布的统计显示，2005年法国财政赤字额为435亿欧元，比2004年的439亿欧元略微减少4亿欧元，基本上达到政府的预期目标，也兑现了向欧盟做出的承诺，但公共债务占GDP的比重却在上升，2005年已达65.8%，大大超过欧盟《稳定与增长公约》规定的60%的上限。为此，欧盟委员会呼吁法国进一步深化改革措施，从根本上解决财政赤字问题。法国政府2006年的财政预算报告显示，在新财年里，政府将继续执行压缩财政赤字的政策，争取使财政赤字占GDP的比例进一步降为2.9%，同时采取措施，设法控制公共债务规模，预计2006年法国公共债务将达到GDP的66%。

（五）国际收支逆差大幅上扬

法国经济财政部2006年2月17日公布的经过季节修正后的数字显示，2005年法国经常项目收支逆差额为336.92亿欧元，比2004年的62.51亿欧元大幅增加四倍。主要原因在于货物贸易逆差创历史最高纪录，此外服务贸易以及国际资本转移等项目均出现程度不等的收支逆差，只有金融项目下出现41亿欧元的顺差。法国经济财政部特别指出，2005年法国对外直接投资额比2004年增加了整整一倍，达到797亿欧元，与此同时，外国对法国的直接投资额也增加了一倍，达到383亿欧元，从而使法国吸引外资额在经历2004年萎缩后恢复到2003年的水平。不过，由于对外投资额远远高于吸引外资额，2005年仅直接投资项下就出现国际收支逆差414亿欧元。

九、投资环境

法国是世界吸引外资最多的国家之一

法国是世界经济强国，对外国在法的直接投资基本实行国民待遇，每年吸引大量外国直接投资。据联合国贸发会议公布的投资报告，由于受经济疲软的影响，2002 年全球外国直接投资流量下跌了 1/5，跌至6 510亿美元，这是 1998 年以来的最低水平。这一年，法国获得的外国直接投资额为 520 亿美元，虽比上年减少了 37 亿美元，但仍占全球外国直接投资流量总额的 7.9%。

（一）外资对法国经济发展的作用

法国鼓励外商投资，主要是为了借助外国直接投资实现增长和发展。2001 年法国吸引外资曾比 1995 年增加了二倍，外资占当年国内生产总值的比重由 1995 年的 1.5% 上升到 2001 年的 4%，表明外资在法国国民经济中的作用不断上升。2000 年底，外资占全国工业总产值的 35%，全国出口总额的 40%，工业就业人数的 30%。

（二）外资来源

法国外资主要来源于西欧、北美及日本等发达国家。从国别看，2002 年在法投资最多的国家依次是英国、德国、卢森堡、美国、荷兰及日本等国。

（三）外资的行业分布

外国在法投资的主要行业是商品服务、制造业、房地产、能源等。从行业角度看，外国在法投资的主要特点是：

1. 投向第三产业的外资在法国外资总额中所占的比重最大，其中在商品服务业投资高达 46%，非商品服务业投资占 3.7%，两者相加为 50%，第三产业吸收了外国投资的一半。

2. 以控股公司形式出现的外国直接投资占相当大的比重，这类投资的主角是一些英美大型投资

公司和基金会，其资金大进大出，流动性很强。

法国吸引外资的优势

（一）法国是欧盟第二大市场

法国面积 55 万平方公里，人口6 100万。经合组织公布的世界经济实力排名显示，法国 2002 年国内生产总值14 313亿美元，居世界第五位，排在美、日、德、英之后；法国也是世界贸易大国，2003 年进出口总额6 337亿美元。综合各种因素，法国是欧洲仅次于德国的第二大市场。

欧盟大市场是法国吸引外国投资者的一大优势。欧盟一体化程度高，居民购买力强，已经实现商品、服务、资金和人员自由流动，进入法国市场就等于进入了整个欧盟市场。欧元的顺利实施标志着欧洲经济一体化建设取得重大进展，欧盟东扩进展顺利，这都表明欧盟市场前景更加广阔。

（二）法国市场开放程度高

法国对外资的开放也经历了一个渐进的过程。20 世纪 80 年代后，法国政府采取了一系列举措，逐步放松对外资的限制，减少行政审批，加快吸引外资的步伐。1990 年法国政府令规定：欧盟成员国公司投资项目（战略领域除外）免除行政审批，政府只在 15 天内根据投资登记表核查该公司是否属于欧盟国家，期限一到，政府未有反对意见，投资申请自动生效；已在法有投资的欧盟成员国公司，如新投资项目，免除 15 天审查期，合法登记后即生效；非欧盟成员国投资项目需 1 个月的审查期限，期满后，政府如无结论，申请即被认为获得通过。1996 年，法国又进一步放宽了对外资的行政审批，外资项目基本实行登记制。

（三）法律体系健全，投资者合法权益有保障

法国是“大陆法”体系的创始国，法国现行法律体系是大陆法最典型的体现。各种经济和商业活动都有相应的法律法规加以规范和约束。

（四）基础设施完善

法国交通、通讯、能源等基础设施十分发达。全国已经形成密集的高速公路、铁路网络，并与

周边国家路网相连。此外，法国的航空运输和海运也非常发达。

（五）科技发达，劳动生产率高

法国在许多高科技领域处于世界领先水平，如核能、高速铁路、航空航天、精密仪器、医药、能源开发、农业和农食品加工、军工、电子技术、生物化工、环境保护等方面都具有世界领先技术和成果。法国高等教育体系较完善，劳动力素质高，劳动生产率在世界居领先水平。

法国吸引外资的不利因素

（一）企业税赋沉重

在法国投资企业的税赋构成主要包括公司税、增值税、职业税和各种强制性社会分摊金。税赋沉重已使法国的竞争力大打折扣。

目前法国一般中小企业公司税税率为36.6%，营业额超过800万欧元的企业公司税率为41.6%，未赢利或亏损企业只须交规定的基本税额（约800欧元）即可。

增值税是法国最主要的消费税，也是国家财政收入中比重最大的税收。增值税税率分为两种：基本食品、书籍、药品、乡村旅馆、戏剧、音乐会等的税率为5.5%，其他商品及服务的税率为19.6%。

职业税是地方政府对从事职业活动的法人和自然人征收的税，企业是这一税种的主要承担者，金额根据房租价值、固定资产价值和工资总额计算。

法国是个福利国家，人们的生老病死、失业、退休、入学、住房等均有相应的社会保障。为支撑这一沉重的社会保障体系，所有人均须根据收入交纳社会分摊金，而雇主也要交纳按比例应承担的部分。雇主应承担的分摊金共有10多种，形成企业的沉重负担，如一名雇员拿到净工资1 000欧元，雇主实际支出约1 800欧元。

（二）劳动力价格高，用工制度僵硬

法国劳动力价格较高，法定最低工资标准不断上涨，目前为6.83欧元/小时，月毛工资近1 000欧元，加上雇主须支付的各种分摊金，企业在人员方面的开支很大。

法国用工制度僵死，雇人容易解雇难，雇主无权随意解雇员工。在法国，企业只有在以下两种情况下才能解雇员工：一是“重大过失原因”，即雇主必须提供充足证据证明员工犯有重大过失；二是“经济原因”，即雇主须说明取消岗位的经济原因，且不能用新人来取代被解雇者，如企业随着经济状况好转欲恢复此岗位，必须优先考虑原来的雇员。僵死的用工制度和“铁饭碗”的存在是外国企业在法投资最大障碍之一。

（三）物价高，生活费用贵

巴黎的物价和各种生活费用较高，在西欧名列前茅。虽然法国的食品价格不算太贵，但房租、汽油、交通、通讯费用较高，外企派驻的常驻人员开支较大，如果没有较大的营业额就难以支撑下去。

（四）外企常驻人员办签证和居留证难

法国的移民政策很严，除欧盟成员国和美、日、加等少数发达国家外，法国对外国人签证和居留证限制很多。另外，“外国商人证”是法国对外企人员管理的特有措施。

十、经贸政策、法规

法国外贸政策

欧洲联盟是当今世界上最大的经济贸易集团，法国是欧盟的重要成员国之一，因此，法国除了制定不违背欧盟共同利益的单独的贸易法规外，还必须同其他成员国一样遵循欧盟共同的对外贸易政策。

欧盟从本身的利益出发，按政治经济体制、地理区域、历史因缘以及与欧盟的关系等将世界各国划分为五类：欧洲自由贸易区国家、洛美协定国家（即非洲、加勒比海与太平洋地区国家）、地中海沿岸国家、其他世界贸易组织成员国家和“国营贸易国家”（也称中央计划经济国家）。欧盟对来自前四类国家的进口（农产品和纺织品除外），除有损于安全、健康、道德的商品，以及被保护的稀有和濒临绝种的动植物外，一般均给予优惠关税和不受数量限制的待遇。对于来自“国营贸易国家”的进口则采取严格的管制措施，对不少产品不但要征收最高的关税，而且还有严格的数量限制。近年来，特别是1989年底以来，随着前苏联的解体及东欧国家政治经济体制的变化，欧盟分别与其中许多国家签订了联系国协定和建立了不同层次的经济协约关系，已经取消或将分阶段取消从这些国家进口的数量限制。中国已成为少数几个受欧盟进口数量严格管制以及动辄被施以反倾销措施的贸易对象之一。而且，受欧盟共同贸易政策的约束，法国不能单独与第三国签订贸易协定。

法国政府对对外贸易的管理，一般是采用间接干预的行政手段，但有时也通过颁布法律、法令和对进出口商的通告进行直接干预，在不同时期采取不同的方针、政策。

另外，法国外贸的重要方针政策，均由国家或政府的最高首脑过问并确定。并且，法国还设有一个从属于总理府的由外交部经济司、经济财政和工业部对外经济关系总司、农业部、装备部等专业部门有关负责人组成的部际委员会，负责研究、审定外贸领域的一些重大问题。各项外贸政策及法规的实施由各有关部门负责。

法国是“市场经济”国家，并不正式制定外贸进出口计划，但有关部门对每年的外贸进出口都作预测。经济财政和工业部下属的对外经济关系总司、由各部门经济专家组成的国家经济研究与统计局（INSEE）以及各大银行对国民经济各部门的生产、金融货币、对外贸易等各项指标都分别进行预测，政府根据各部门对市场的预测和当时国际贸易中出现的新情况，对某些产品的进出口进行干预，予以鼓励或限制。法国政府的贸易政策乃至全方位的经济政策，无一不是从本国的利益出发，可见，法国的外贸政策虽遵循欧盟共同政策的大框架，但也无不体现国家利益至上的根本原则。

（一）进口贸易管理

作为欧盟成员国，法国执行的是欧盟对外贸易法规和管理制度，但涉及到进口商品的技术和安全标准，则是先将欧盟有关指导性规定转换成本国法规后再执行。经济财政和工业部对外经济关系总司代表法国政府参与欧盟对外贸易方针政策的研究和制定，并协调海关总署、农业部以及经济财政和工业部等有关部门贯彻执行欧盟对外贸易法规和管理制度。对于一些特殊商品的进口，法国则根据罗马条约第36条款规定，继续实施本国的有关进口管理措施。法国参与经贸管理的一些职能部门与欧盟总部的相关机构保持直接的对口联系，定期协商，及时处理对外贸易管理过程中出现的技术问题。由欧盟有关指导性贸易法规转换成的法国立法、欧盟外贸法规的最新消息以及法国进口贸易管理规定，都是通过法国官方公报对外公布。

（二）出口贸易管理

法国是欧盟成员国，在对外贸易上，政府根据欧洲经济联盟制定的共同对外贸易政策和规定，以及在国际组织和协议中承担的义务，制定法国对外贸易的具体政策和措施，颁布行政法规，对企业的贸易活动实行行政监督和管理。

法国政府实行鼓励出口政策，一般商品都可以自由出口，仅对少数产品施行出口管理，如对农产品的出口补贴管理和对军事装备、高技术产品和核技术设备的出口进行管理。法国政府为支持促进出口，还根据每个时期国内外经济及市场形势，不断采取一些措施。

法国税法规定，对出口货物实行零税率。适用零税率的货物在任何环节都不用交纳增值税，即彻底免税。已纳税的，还可以退税。这是法国政府鼓励出口的重要手段之一。关于零税率的运作，法国采取以免税购买方式为主，以先交税后抵扣方式为辅的做法。法国的出口退税制度在国家财政预算中不单列指标管理。而且根据企业的类型，采取免税和退税两种方式进行管理。

（三）外贸出口保险

法国政府一般通过法国外贸保险公司（CO-FACE）对外贸出口进行保险。该公司成立于1946

年，具有双重职能，除与其他保险公司一样经营自身的保险业务外，它还为国家支持的出口或投资提供服务。但两者在财务上是分开的，后者直属经济财政和工业部管理。法国对外出口的20%～25%由该公司提供担保。过去国家对法国外贸保险公司的托管是通过一些国有企业在该公司占有多数股份来进行的，巴黎联合保险公司（UAP）是其主要股东。1994年4月巴黎联合保险公司（UAP）私有化后，法国外贸保险公司64%的股份也就由此进入私人股东手中。虽然法国外贸保险公司身份变化了，法国政府仍然委托法国外贸保险公司继续管理私营部门不予承担的外贸风险。法国政府为此通过政令对保险法作出修改，允许国家继续保留对法国外贸保险公司经营管理的监督权和公司领导人的任命权，同时将规定由经济财政部长任命两位政府成员参加公司董事会，政府有权出席公司的各种会议，调阅一切内部文件，并对公司董事长和总经理的人选任命有否决权。

法国外贸保险公司自私有化以来，为更好地支持出口企业，尤其是中小企业，该公司已直接在16个国家设立了代表处、子公司或分支机构，并间接地通过“信贷联盟”组织，与9个国家的当地公司建立了合作关系。此外，中长期信贷保险部自1995年以来提供了相当数量的项目贷款担保，这是法国外贸保险公司为国家服务最主要的内容，且运作是高度透明的。不过提供中长期信贷保险的决定权在经济财政和工业部授权的出口信贷与保险委员会。

（四）鼓励出口政策

1. **发展出口优惠贷款**。出口企业制定一个发展出口的3年或5年计划，经当局指定的银行审核认为可行后，该银行给企业提供一笔数量可观的利率优惠的贷款，对企业进行支持。

2. **用发展援助推动出口**。法国利用资本输出带动商品输出。法国政府对有法国企业参与竞争的项目通过赠款、或政府长期优惠贷款和出口信贷相结合的混合贷款进行支持，增强法国企业的竞争能力，帮助他们最终赢得合同。

法国通过对发展中国家的援助，有利地带动了法国商品和技术设备的输出。非洲法语区国家是法国援助的主要受益者，因而在这些地区，法国的商品随处可见。

3. **强化出口产品质量**。1993年7月22日，欧洲共同体理事会通过了93/68号指令，简化和协调已有的关于在有关产品上加贴符合欧共体技术法规对技术产品有关安全与卫生健康要求的标志“CE”的若干指令。

根据欧共体的规定，“CE”标志证明产品符合欧共体技术法规的要求，可保证产品在欧洲市场内自由流通。

法国的商检一贯遵循共同体的标准，有些方面甚至有过之而无不及，因而法国的商品一般都符合共同体的质量标准，这为法国商品的出口提供了可靠的保证。

4. **充分发挥中介组织的作用**。法国的一些中介组织如半官方机构的法国企业国际发展署（UBIFRANCE）亦肩负着促进法国对外贸易的职责，它主要是向法国外贸企业特别是出口商提供国外市场情况，以推动工、农业产品的出口。

法国政府对外资的管理

目前，调整法国吸引外资的法律文件是1966年12月28日第66－1008号法、1996年2月14日96－117号政令和2000年12月14日2000－1223号。从这些法规的变化看，法国对外资越来越开放。

（一）外商直接投资的形式

外国控股公司或个人在法国从事下列活动被视为直接投资：购买、创立或扩大商业资产（extend commerce property）、分公司或个人企业（personal enterprise）；收购工商、金融、不动产和农业企业或对自己控股企业的增资扩股；相互转让法国公司股权。租期6个月以上或含有购买经营权和企业资产期权内容的租借经营方面的投资，也视为直接投资。

另外，对法国上市公司股权投资比例低于20%，非上市公司低于33.33%的外商投资不视为直接投资。

（二）原则实现投资自由化

目前，外国在法国进行直接投资基本上是自由的，只需在项目实施时进行行政申报（déclaration administrative）。对以下项目，行政申报的手续也给予免除。

（1）用于成立公司、分公司或建立新企业的投资，总金额低于152.45万欧元（原文1 000万法郎，经折合）；

（2）用于扩大公司、分公司或新企业业务经营的投资；

（3）用于增加对由外国投资商控制的法国公司资本的投资，而且外国投资商已占有这家法国公司超过66.66%的资本或表决权；

（4）用于认购外国投资商控制的法国公司增资的投资，但该认购不会增加其占有的公司资本比例；

（5）属于一个集团内的公司间并购、增资、经营权转让等直接投资活动；

（6）外国投资商向其所控制的法国企业，进行与贷款、预借款、担保、债权合并或放弃、为分公司提供资助或赠与相关的投资活动；

（7）由企业直接完成的除了建造商品房（用于销售或出租）之外的其他不动产投资活动；

（8）由手工艺企业、零售商店、旅馆、餐馆及专营石材服务性企业实现的金额在152.45万欧元（原文1 000万法郎，经折合）以下的投资活动；

（9）购买非葡萄种植的农业土地。

（三）外资进入某些行业仍然受到限制

从原则上看，外商可在法自由投资，实际上，法国政府对部分行业实行行政管理并限制外国人从事某些行业的经营。法国实施行政管理的主要内容包括学历和职业经验审查、事先行政申报、特别资格或许可制度，及商人证制度等。另外，在法从事某些行业的人员须拥有法国国籍，或为欧盟成员国、欧洲经济区成员国或与法签定双边协议国家的公民。

1. **实施行政管理并限定从业人员国籍。**实施行政管理并限定从业人员国籍的行业主要有：私人侦探、保险、赌场、市场和公共道路上的商业、运输代理、视听通讯、保险经纪人、货物代理、饮料和烟草零售、法语报刊、保安、通信、演出、药品零售等。

实施行政管理但不限定从业人员国籍的行业包括：模特公司、旅行社、艺术品经营、商业、房地产、驾校、旧货、技术检测、理发、金融信贷、影院经营、展览、汽车维修保养、旅馆、车辆租赁、眼镜店、电影制作、饭店、公路客运和货运等。

对其他行业，理论上外资可以自由进入，但外国人在法执业必须事先申领商人证。

2. **商人证制度。**除非有特例，所有拟在法国从事工业、商业活动的外国人均需申领标有“商人”字样的特别身份证，俗称商人证。

原则上，以个人名义从事工商活动的外国自然人，对公司债务承担无限连带责任的合伙人，及负责法人管理、经营的外籍合伙人或其他外籍人应持有商人证。因此，有限责任公司经理、股份公司的总经理和董事长等必须持有商人证。

欧洲经济区成员国（欧盟各国、挪威和列支敦士登）公民、有关协议或协定规定的外国人（安道尔、摩纳哥和阿尔及利亚公民）和持有长期居留证的外国人均不须申领商人证。享受双边协议之规定的外国人须申领商人证后方可在法从事工商等活动。

原则上，在审查外国人下列事项后即签发商人证：遵守规定的从业条件（实施行政管理的行业）、拟从事的活动不违反公共秩序、没有禁止其在法经商的判决或决定等。

法国政府鼓励投资的措施

法国推出的鼓励投资的优惠政策主要涉及以下几个方面：

（一）税收优惠待遇

1. **“总部”（QG）特殊税收待遇**　为鼓励跨国公司将欧洲地区总部设在法国，法国政府给予其税收便利，即“总部”型企业可以和法国税务当局谈判，共同拟订应税基数（一般为总部日常支出的8%）。

2. **“商品分拨中心”特殊税收待遇**　“商品分拨中心”只能对商品进行储存、保鲜保质、贴标签等，不能进行加工。这类企业也可以同税务当局谈判，共同拟订应税基数（一般为日常开支的5%）。

3. **“优先发展地区”税收优惠待遇**　“优先发展地区”是那些失业率高、犯罪率高和移民比例高的经济发展落后的地区。包括三类：领土整治鼓励发展地区、乡村优先发展地区、城市复兴区段。对在上述地区投资的新项目，政府为其提供贷款利息补贴，个人或企业用于再投资的收入少缴25%的所得税。

（二）中央和地方政府的资助

在国家确定的某些落后地区，凡在工业、商业领域投资在300万欧元以上，创造就业20个的企业可享受国家领土整治奖金，每个雇员1万欧元左右；法国一些大区设立了“创造就业奖励金”，规定给凡年营业额在4 500万欧元以下，新创1个至30个就业岗位的中小企业提供“创造就业奖励金”，每个新增就业补贴额1 500欧元～6 000欧元不等。

设立“法国国际投资署”（AFII），加强对吸引外资工作的领导协调和宣传

（一）成立背景

1969年，地区行动和国土整治局在纽约设立了第一个办事处，揭开了法国吸引外资的序幕，在随后的几年中，东京、法兰克福、英国、瑞典、瑞士等办事处也都先后成立。这些办事处称为“在法国投资处”，作为使馆的一个组成部分，它们专门负责吸引外资工作。

20世纪80年代末，统一大市场的建立为国际资本来欧洲投资创造了更为有利的条件。1992年法国政府决定进一步放松对外资的政策限制，并在经财部设立了国际投资大使一职，他们的主要任务是和地区行动和国土整治局合作，向国际投资者宣传推介法国，主持并协调部内各单位吸引外资的政策措施。

同年，地区行动和国土整治局又支持成立了“在法投资网络”协会，会员单位包括了所有地方经济发展部门、工业企业、与外资有关的行政机关和金融机构等，协会宗旨是共同组织宣传推介活动并猎寻潜在投资者。

为改善法国投资政策宣传，提高效率，2001年5月15日，法国政府颁布了关于新的经济管理措施法令，规定设立统一的国家级招商引资促进机构，同年10月，原有招商引资机构合并正式组建了“法国国际投资署”。

（二）机构性质、组织结构和运作方式

“法国国际投资署”为工商性质的公共机构，接受经济财政部和国土整治部双重领导，总部设在巴黎，另外还在十几个发达国家设有办事处。国外办事处就是前面所说的“在法国投资处”，主要分布在北美、欧洲和亚洲的经合组织成员国，任务是寻找、联络潜在投资企业并为其来法投资提供协助。另外，AFII还与对外经济关系总司签定协议，请其所属驻外经商机构密切跟踪驻在国投资者动态。

目前，法国各地方政府共设立了120个“发展局”，人员总数达1 200人，它们负责本地的吸引外资工作，也被指定为AFII的地方联络办事处。因此，通过地方联络办事处，AFII直接或间接地与有关地方各单位开展密切合作，如共同制定各地对经济发展具有战略意义的产业，利用法国或国外展览会及其他机会共同举办宣传推介活动并调查了解国外企业的投资动向，在“项目引导和跟踪委员会”机制内管理有关项目，以及对已在法的外国投资实施动态跟踪。

（三）目标和任务

该署的主要目标是吸引外资，促进经济发展和就业，其主要任务包括以下几个方面：向投资者和媒体宣传推介法国；猎寻在国际间转移的项目；协调企业、地方政府、行政机关、基础设施服务单位之间的关系，为投资者提供便利；协调各地吸引外资的政策措施；跟踪、研究国际投资趋势和影响投资地点选择的因素。

需要补充的是，法国部分行业，如餐馆、烟酒零售、药店、发廊等经营有专门的规定。

投资预先审批：涉及敏感部门的投资需先获得经财部的批准。

（1）投资参与法国公共部门行使权力的项目（此处指可能会影响法国法规，尤其是有关税法和金融机构监管法规实施的投资项目），即使该投资项目是临时的；

（2）对于可能影响公共秩序、安全和卫生的投资项目；

（3）投资项目涉及武器、弹药的研发、生产和贸易，以及出于军事目的，或制造战争器材的火药和爆炸物。

上述方面的投资申报，经财部收到后一个月内如未答复拒绝，将视为获得通过；除非在此期间，经财部部长要求延长考虑时间。

此外，参照1966年12月28日第66—1008法令第5—1条款，即主管行政部门对于可能会损害国家基本利益的外商投资项目具有其他手段处置的规定，新政令也赋予经财部这方面更多的处置权力，尤其是外商投资事先未办理申请许可，或申请许可被拒绝，经财部有权禁止这样的项目，也可以让外商修改投资项目，或者让外商将有关项目恢复到以前的状况，所需费用由外商自理。按新规定，如果经财部决定禁止外商投资项目，应首先给外国投资商15天时间准备，之后才能发出禁令。

十一、联系方法

我国驻法国使馆经济商务参赞处与法国招商引资机构（法国外商投资署）已经取得联系，投资者可询问该处，而获得法国投资项目的招商信息。

法国招商引资的做法与中方不同，法方鼓励外商投资法国，但外商投资是市场行为，法国主管部门、投资促进机构不会专门发布在法国的投资项目招商信息。尽管如此，法方建议，中方企业除了可以访问法国外商投资署的网站（近期将开设中文信息栏目）外，还可直接与该署或该署派驻上海领馆的代表联系。

访问网站：http：//www.investinfrance.org 或 http：//www.afii.fr

法国外商投资署

联系人：Bernard Yvetot 先生

Agence Fran&ccedil；aise pour les Investissements Internationaux

2，Avenue Velasquez

75008 Paris

法国派驻上海商务处

招商代表：Philippe BARDOL 先生

邮件：philippe.bardol@investinfrance.org

助手：周女士

邮件：diane.zhou@investinfrance.org、shanghai@investinfrance.org

法国驻上海总领馆商务处

招商网站：http：//www.afii.fr/China

地址：上海金陵西路28号金陵大厦1幢11楼

邮政编码：200021

电话：21－5306－1100

传真：21－5306－3637

英　　国

一、国名　国旗　国徽

国　名

大不列颠及北爱尔兰联合王国（The United Kingdom of Great Britain and Northern Ireland）

国　旗

呈横长方形，长与宽之比为2：1。为“米”字旗，由深蓝底色和红、白色“米”字组成。旗中带白边的红色正十字代表英格兰守护神圣乔治，白色交叉十字代表苏格兰守护神圣安德鲁，红色交叉十字代表爱尔兰守护神圣帕特里克。此旗产生于1801年，是由原英格兰的白地红色正十旗、苏格兰的蓝地白色交叉十字旗和爱尔兰的白地红色交叉十字旗重叠而成。

国　徽

即英王徽。中心图案为一枚盾徽，盾面上左上角和右下角为红地上三只金狮，象征英格兰；右上角为金地上半站立的红狮，象征苏格兰；左下角为蓝地上金黄色竖琴，象征爱尔兰。盾徽两侧各由一只头戴王冠、代表英格兰的狮子和一只代表苏格兰的独角兽支扶着。盾徽周围用法文写着一句格言，意为“恶有恶报”；下端悬挂着嘉德勋章，饰带上写着“天有上帝，我有权利”。盾徽上端为镶有珠宝的金银色头盔、帝国王冠和头戴王冠的狮子。

二、地理环境

24.41万平方公里（包括内陆水域），英格兰地区13.04万平方公里，苏格兰7.88万平方公里，威尔士2.08万平方公里，北爱尔兰1.41万平方公里。位于欧洲西部的岛国。由大不列颠岛（包括英格兰、苏格兰、威尔士）、爱尔兰岛东北部和周围一些小岛组成。隔北海、多佛尔海峡、英吉利海峡与欧洲大陆相望。它的陆界与爱尔兰共和国接壤。海岸线总长11 450公里。

英国全境分为四部分：英格兰东南部平原、中西部山区、苏格兰山区、北爱尔兰高原和山区。主要河流有塞文河（354公里）和泰晤士河（346公里）。北爱尔兰的讷湖（396平方公里）面积居全国之首。

英国属于海洋性温带阔叶林气候，终年温和湿润。通常最高气温不超过32℃，最低气温不低于-10℃，平均气温1月4℃~7℃，7月13℃~17℃。多雨雾，秋冬尤甚。年平均降水量约1 000毫米。北部和西部山区的年降水量超过1600毫米，中部和东部则少于800毫米。每年三月至六月最为干燥，九月至来年一月最为湿润。英国虽然气候温和，但天气多变。一日之内，时晴时雨。受高纬度的影响，英国昼夜长短的变化特别明显。冬季日短夜长，夏季则日长夜短。

三、行政区划

行政区划：分英格兰、威尔士、苏格兰和北爱尔兰四部分。英格兰划分为43个郡，苏格兰下设29个区和3个特别管辖区，北爱尔兰下设26个区，威尔士下设22个区。苏格兰、威尔士议会及其行政机构全面负责地方事务，外交、国防、总体经济和货币政策、就业政策以及社会保障等仍由中央政府控制。

伦敦称“大伦敦”（Greater London），下设独立的32个城区（London boroughs）和1个“金融城”（City of London）。各区议会负责各区主要事务，但与大伦敦市长及议会协同处理涉及整个伦敦的事务。此外，英国还有12个属地。

主要城市

（一）首都伦敦

英国首都伦敦位于英格兰东南部，跨泰晤士河下游两岸，距河口88公里，是英政治、经济、文化中心。冬季河湖极少结冰，1月平均气温在4度（摄氏）以上；夏天则相当凉爽，7月的平均气温17度。年降雨量约600毫米，雨量分布较均匀。伦敦过去常见的浓雾，并不完全是自然现象。由于重视环境保护，伦敦目前出现浓雾的次数已大大减少。由伦敦城（亦称金融城）及周围32个市组成，面积1 650平方公里，人口700万，伦敦始建于2 000多年以前，公元43年罗马人占领大不列颠岛时已是重要的商业中心。11世纪成为商业和政治中心，18世纪为世界最大的港口和国际贸易中心。

伦敦金融城是世界最大的金融中心之一，集中了全国最大的银行、交易所和各种企业管理机构；西伦敦是王宫、议会、政府各部门所在地，也是大商店、剧院和高级住宅区；东伦敦以下至河口为伦敦港区、船坞、码头、仓库林立。希思罗机场是世界最大的航空港之一。伦敦还有许多著名建筑物及历史古迹。例如，议会大厦（Parliament）、大英博物馆（British Museum）、白金汉宫（Bukingham Palace）、格林尼治天文台（Greenwich Observatory）、伦敦塔桥（London Tower Bridge）、唐宁街10号（No 10 Downing Street）、威斯敏斯特教堂（Westminster Abbey）、“大本”钟（The Big Ben）、伦敦塔、马克思墓地、中国城（唐人街 China Town）等等。

（二）爱丁堡

自11世纪起一直是苏格兰首府，是苏格兰政治、文化和金融中心，现有人口45万。爱丁堡新城于1767年起开始兴建，出现了乔治街、夏洛蒂广场、布特大厦等建筑。1974年以来，每年8、9月份，爱丁堡都要举行为期三周的国际艺术节，来自世界各国的艺术团体云集于此。爱丁堡金融服务业较发达，是欧洲重要的金融中心之一，在一些领域的交易量在欧洲名列前茅。爱丁堡于1985年与我国西安市结为友好城市。

（三）剑　桥

剑桥与牛津一样，是座令人神往的传统大学城。剑桥大学在自然科学的成就尤其突出，哺育出牛顿、达尔文这样开创科学新纪元的科学大师。60多位诺贝尔奖金得主曾在剑桥留下了足迹，这在全世界都是少有的荣光。人们怀着敬佩的心情称剑桥为“自然科学的摇篮”。它是一座有9.2万人口的城市。几百年来，剑桥英才荟萃。它以其优异的教育质量著称于世，它不仅孕育了许多自然科学家，而且在社会科学方面也培养出一批栋梁之才。

（四）利物浦

（Liverpool）：是英国第二大贸易港，属英格兰的西北部，是默西塞得郡首府，位于伦敦西北325公里，乘火车到伦敦需2小时40分钟。利物浦人口47多万，属于海洋性气候。利物浦是英国国家旅游局认定的英国最佳旅游城市，每年都吸引数百万观光客来到海滨参观重建的阿尔伯特港。利物浦也是体育运动之城，利物浦、埃文敦足球俱乐部享誉世界。利物浦是闻名世界，令无数流行乐迷倾倒的甲壳虫乐队（披头士）的故乡。他们演唱过无数脍炙人口的单曲，给现代流行音乐留下了宝贵的财富。利物浦人极具表演天赋，培养出无数天才画家、音乐家和诗人。

四、人口 民族 宗教

人口

根据英国政府10年一度的人口普查工作，2003年公布人口数约5 976万人。其中英格兰5 000人；威尔士295万人；苏格兰512万人；北爱尔兰170万人。

民族

从公元前一直到公元1066年法国的诺曼人征服英格兰，英国历史上曾先后有几个民族到该岛定居。

伊伯利亚人：属地中海种族。

凯尔特族：第一批为盖尔人，是苏格兰、爱尔兰人的祖先，使用盖尔语。第二批为属凯尔特人的不列颠人，是威尔士人的祖先。不列颠遂成为联合王国国名的主体部分。

罗马人：公元前一世纪来岛，带来了拉丁字母。

日尔曼人：公元5世纪中叶，日尔曼系的盎格鲁撒克逊人等侵入英伦。其中盎格鲁人较为强大，称该岛为“盎格鲁的土地（Angle－land），英格兰（England）”一词便源于此。盎格鲁·撒克逊语言也是现代英语的祖先。原有的不列颠人则被赶到威尔士及英格兰南部。现在的威尔士语便是不列颠的语言。

丹麦人：公元9世纪来自斯堪的纳维亚地区，他们并非全是维金人。1016年丹麦人克努特征服英格兰。

诺曼人：诺曼底公爵威廉颇有名气。他于1066年即位英格兰王，确立了贵族制开始了诺曼底王朝。

宗教

居民多信奉基督教新教，主要分英格兰教会（也称英国国教圣公会，其成员占英成人的60%）和苏格兰教会（也称长老会，有成年教徒66万）。另有天主教会和印度教、犹太教及伊斯兰教等较大的宗教社团。

五、历史沿革

公元前地中海伊比利亚人，比克人，凯尔特人，先后来到不列颠。1世纪~5世纪英格兰东南部为罗马帝国统治。罗马人撤走后，欧洲北部的盎格鲁人、萨克逊人、朱特人相继入侵并定居。

7世纪开始形成封建制度，许多小国并成七个王国，争雄达200年之久，称“盎格鲁—撒克逊时代”。829年威塞克斯国王爱格伯特统一了英格兰。

8世纪末遭丹麦人侵袭，1016年至1042年为丹麦海盗帝国的一部分。其后经英王短期统治，1066年诺曼底公爵渡海征服英格兰。1215年约翰王被迫签署大宪章，王权遭抑制。

1338年至1453年英法进行“百年战争”，英国先胜后败。1588年击败西班牙“无敌舰队”，树立海上霸权。

1640年爆发资产阶级革命。1649年5月19日宣布为共和国。1660年王朝复辟，1668年发生“光荣革命”，确定了君主立宪制。1707年英格兰与苏格兰合并，1801年又与爱尔兰合并。18世纪后半叶至19世纪上半叶，成为世界上第一个完成工业革命的国家。

19世纪是大英帝国的全盛时期，1914年占有的殖民地比本土大111倍，是第一殖民大国，自称“日不落帝国”。

第一次世界大战后开始衰败。英国于1920年设立北爱兰郡，并于1921年至1922年允许爱尔兰南部脱离其统治，成立独立国家。1931年颁布威斯敏斯特法案，被迫承认其自治领在内政、外交上独立自主，大英帝国殖民体系从此动摇。

第二次世界大战中经济实力大为削弱，其政治地位下降。随着1947年印度和巴基斯坦的相继独立，到20世纪60年代，英帝国殖民体系瓦解。1973年1月加入欧共体。

六、政治概况

政 治

英国的宪法不同于绝大多数国家的宪法，并不是一个独立的文件，它是由成文法、习惯法、惯例组成。主要有大宪章（1215年）、人身保护法（1679年）、权利法案（1689年）、议会法（1911、1949年）以及历次修改的选举法、市自治法、郡议会法等。苏格兰另有自己独立的法律体系。政体为君主立宪制。国王是国家元首、最高司法长官、武装部队总司令和英国圣公会的“最高领袖”，形式上有权任免首相、各部大臣、高级法官、军官、各属地的总督、外交官、主教及英国圣公会的高级神职人员等，并有召集、停止和解散议会，批准法律，宣战媾和等权力，但实权在内阁。议会是最高司法和立法机构，由国王、上院和下院组成。上院（贵族院）包括王室后裔、世袭贵族、新封贵族、上诉法院法官和教会大主教及主教组成。1999年11月，上院改革法案通过，除102名留任外，600多名世袭贵族失去上院议员资格，非政治任命的上院议员将由专门的皇家委员会推荐。下院也叫平民院，议员由普选产生，采取最多票当选的小选区选举制度，任期5年。但政府可决定提前大选。政府实行内阁制，由女王任命在议会选举中获多数席位的政党领袖出任首相并组阁，向议会负责。

政 党

（一）工党（Labour Party）

1900年成立，原名劳工代表委员会，1906年改用现名。该党曾于1945～1951年，1964～1970年，1974～1979年上台执政。1997年大选获胜，2001年6月大选后蝉联执政。工党近年来更多倾向于中产阶级的利益，与工会关系有所疏远。布莱尔当选工党领袖后，政治上提出“新工党、新英国”的口号，取消党章中有关公有制的第四条款，经济上主张减少政府干预，严格控制公共开支，保持宏观经济稳定增长，建立现代福利制度。对外主张积极参与国际合作，对欧洲一体化持积极态度，主张加入欧元，主张同美国保持特殊关系。现有党员近40万名，是英国第一大党。

（二）保守党（Conservative Party）

前身为1679年成立的托利党，1833年改称现名。该党从1979至1997年4次连续执政，成为20世纪在英国占主导地位的政党。在1997年5月和2001年6月两次大选中惨败于工党。保守党的支持者一般来自企业界和富裕阶层，主张自由市场经济。通过严格控制货币供应量和减少公共开支等措施来压低通货膨胀。主张限制工会权利，加强“法律”和“秩序”。近年来，提出实行“富有同情心的保守主义”，关注教育、医疗、贫困等社会问题。强调维护英国主权，反对“联邦欧洲”，反对加入欧元，主张建立“大西洋共同体”以加强英美特殊关系。强调北约仍是英国安全与防务的基石。现有党员30多万名。

（三）自由民主党（The Liberal Democrat Party）

1988年3月由原自由党和社会民主党内支持同自由党合并的多数派组成。主张继续维持与工党的合作关系，推动工党在地方选举及下院选举中实行比例代表制，在公共服务、社会公正、环境保护等问题上采取比工党更“进步”的政策。现有党员约10万名，是英国第三大党。

此外，英国其他政党还有：苏格兰民族党（Scottish National Party）、威尔士民族党（Plaid Cymru）以及北爱尔兰一些政党如：北爱尔兰统一党（Ulster Unionist Party）、民主统一党（Democratic Unionist Party）、社会民主工党（Social Democratic and Labour Party）、新芬党（Sinn Fein）等。

司 法

有三种不同的法律体系：英格兰和威尔士实行普通法系，苏格兰实行民法法系，北爱尔兰实行与英格兰相似的法律制度。司法机构分民事法庭和刑事法庭两个系统。在英格兰和威尔士，民事审理机构按级分为郡法院、高等法院、上诉法院民事庭、上院。刑事审理机构按级分为地方法院、刑事法院、上诉法院刑事庭、上院。英国最高司法机关为上院，它是民、刑案件的最终上诉机关。1986年成立皇家检察院，隶属于国家政府机关，负责受理所有的由英格兰和威尔士警察机关提交的刑事诉讼案。总检察长和副总检察长是英政府的主要法律顾问并在某些国内和国际案件中代表王室。

外交

英国为联合国安理会常任理事国，是世界五个核大国之一，是欧盟、北约、英联邦、西欧联盟等120个国际组织的重要成员国。主张同美国加强关系，重视发展与其他大国的关系，努力改善同中、俄、日等大国的关系。努力维系同英联邦国家的联系，保持和扩大在发展中国家的影响。积极参与全球事务，保持强大的国防力量、强调自由贸易。加强在环境保护、人权、发展等问题上的国际合作。将人权问题作为其外交政策的核心。

与中国关系

1950年1月宣布承认中华人民共和国。1954年6月17日中英达成互派代办的协议。1972年3月13日两国签订了升格为大使级外交关系的联合公报。1982年9月，英国首相撒切尔夫人作为英国第一位在职首相访华。1984年12月，英国首相撒切尔夫人再次访华，与中国领导人共同签署了中英关于香港问题的联合声明。

七、资源及市场状况

自然资源

英国是欧盟中能源资源最丰富的国家，也是世界主要生产石油和天然气的国家。主要资源有煤、石油、天然气、核能和水力等。煤可采储量达46亿吨。目前预测石油储量为70亿吨。天然气蕴藏量约在8 600亿立方米~25 850亿立方米左右，是世界第五大产天然气国。铁的蕴藏量约为38亿吨，西南部康沃尔半岛有锡矿。在柴郡和达腊姆蕴藏着大量石盐。斯塔福德郡有优质粘土。奔宁山脉东坡可开采白云石，兰开夏西南部施尔德利丘陵附近蕴藏着石英矿。森林覆盖面积240万公顷，占英国本土面积约10%。英国开发核能有几十年的历史，目前供发电的核电站有14座。英国的非能源资源不丰富，主要工业原料依赖进口。

经济资源及市场

英国为世界第四大经济强国。在布莱尔首相任期内，英国经济克服了世界经济衰退等不利影响，保持了稳增长、低物价、高就业、福利改善的运行态势，国内生产总值年均增长2.7%，物价增长低于2%，失业率降至30年来的最低点，实现了过去200年英国历史上从未有过的一个最长的经济持续增长期，成为唯一未陷入经济衰退的西方大国。

2004年英国经济增长3%。受国际油价和国内房产价格的双重影响，2005年一季度英国经济增长2.1%，二季度增长1.7%，预计全年增长2.5%。英国服务业是支柱产业，农业则占很小比重，钢铁、煤炭、纺织等传统制造业在英国产业结构改造中已逐步萎缩。按行业划分，英国产业大体分为5大部门，即农业、渔业和林业，制造业，建筑业，能源和自然资源业，服务业。各产业经济增加值在英国经济中的比重大致为，金融、批发及零售、房地产等部门在内的服务业占比72%，制造业和建筑业占23%，能源和自然资源业4%、农、渔、林业占1%。

英国经济增长的主要积极因素是资本投资增长、政府支出增加和出口回升。伦敦恐怖事件发生后，消费者的信心受到一定打击，目前英国内消费需求已小幅下降，物价指标达到2%的目标值也使经济增长空间缩小。房产市场价格低迷形成的财富效应比较明显。出口扶持资金削减使英国出口商海外办展参展的机会减少。

对外贸易

英国是世界第六大货物贸易国，主张开放的多边贸易体系和世界贸易的进一步自由化。对外贸易是英国经济的重要组成部分，外贸依存度较高。英国人口占世界人口的1%，但其国际贸易占世界贸易总量的6%，人均出口额超过美国和日本。据统计，2004年英国货物贸易为4 416.4亿英镑，同比增长4.4%；出口1 902.1亿英镑，增长1.3%；进口2 514.4亿英镑，增长6.9%；贸易逆差612.3亿英镑，增长29%，比2000年增加263.4亿英镑，其中55%来自欧盟以外国家。目前，英国与欧盟成员间的贸易占主导地位，约占50%。2004年英国前10大贸易伙伴中有7个是欧盟成员，主要贸易伙伴有：德国、美国、法国、荷兰、爱尔兰、比利时、意大利、西班牙、中国、日本等。

吸引外资简况

英国以稳定的政治经济形势、完善的法律制度体系以及学术研究与商务应用良好的合作，在吸引境外投资方面一直保持着较强的竞争力。2005年6月29日，英国贸工部公布了《英国引资2004/05年度报告》，2004/05年度，英国吸引外资项目1 066个，同比增长31%，创历史最高纪录；外资为英国创造就业岗位39 592个，同比增长55%。其中，研发项目增长22%，高达101个；医药和生物技术、信息技术和软件工程分别增长了38%和61%。按国别划分，前5大投资国依次是美国、加拿大、德国、日本和法国，其中美国投资464个项目，同比增长近50%，为英国创造17 730个就业岗位。按部门划分，前5大投资行业依次是：信息技术、因特网和电子商务、软件、医药和生物技术、电子以及管理。

金融服务市场

英国金融服务业包括银行业、保险业、投资管理、股票市场、外汇市场、期货市场等金融市场。金融服务业占英国经济的8.1%，就业人数达100万。面积仅1平方英里的伦敦金融城在英国经济中扮演着中心角色，它是伦敦的国际金融和商业中心。成立于1694年的英格兰银行，被称为世界最古老、最富有的中央银行。英国金融服务局是管理金融服务业的独立机构，负责制订金融政策法规，管理金融市场，保护消费者利益及打击金融犯罪。

伦敦是世界三大金融中心之一。伦敦共有486家外国银行，数量超过其他任何国际金融中心。外国银行管理着英国银行业50%以上的资产，总计超过36万亿英镑。除伦敦外，英国还有爱丁堡、曼彻斯特、卡的夫、利物浦、利兹和格拉斯哥6个金融交易中心。汇丰银行、劳埃德银行、苏格兰皇家银行及巴克莱银行是英国主要银行。此外，还有若干家规模较小的银行、房屋按揭社等。

伦敦是全球最大的保险市场，也是全球最大的再保险市场之一，还是世界领先的航空与航海保险市场。英国共有800多家经批准的保险公司，其中420家属于英国保险协会。英国保险业位居欧洲之最，全球第三，净保费收入达1 500多亿英镑。

伦敦是世界主要外汇交易市场。日交易量达5 000多亿美元，占全球交易量的30%。伦敦是全球最大的场外金融衍生交易市场，继芝加哥之后成为全球第二大期货与期权交易市场。

伦敦金属交易所是全球最大的金属交易所，成交的非铁金属占了全球交易总量的90%以上。伦敦石油交易所是欧洲领先的能源交易所。作为国际主要原油交易的价格市场——布伦特原油交易量占全球交易量的2/3。

伦敦证券交易所是全球最国际化的证券交易所。来自60多个国家的470多家公司获准在此市场交易。伦敦是全球最大的基金管理中心。英国管理的国内外客户资产总额超过2.6万亿英镑。伦敦是全球最透明的黄金交易市场，也是全球黄金交易的结算中心。伦敦是主要的国际债券市场中心。在伦敦登记并以伦敦为基地的券商发行的债券占全球债券发行量的60%。此外，英国在管理咨询、争议解决、私人财产管理、抚恤基金管理、金融信息服务等方面也有很强的优势。

电信市场

英国是欧盟成员内最早开放电信市场和实行电信业私有化的国家。英国电信业以高度发达、自由开放及吸纳新技术而闻名于世。英国电信服务企业的资本市值达1 170亿英镑，每年创造500

多亿英镑的产值和200亿英镑的增加值。2004年底，英国有7 800家电信企业，雇用了25万员工。英国是第一个通过人造卫星、电缆和地面广播提供数字电视服务的国家，有200多家空间及人造卫星企业和移动电话运营商，是欧洲最具实力和竞争力的电信制造和供应基地。英国是最早采用无线局域网的国家，因特网普及和电子商务占据世界领先地位，2003年网上销售219亿美元。

英国目前有20所大学从事电信技术前沿研究，70所大学参与半导体研究。英国电信业分为五大具体业务：固定电话和专线、移动语音和数据、因特网和宽带、企业数据服务、手机及其配件等零售。近年来，英国电信业务收入的增长点主要在移动和宽带服务领域，传统业务收入呈下降趋势。

目前，在欧洲国家里中小企业在线率达53%，而英国中小企业的在线率高达68%。英国公司的网络连通率已达世界一流水平，2000年英国在线企业总数达81%，年增长率为63%。在欧盟国家中，各国IT产品和服务平均占各国GDP的2.26%；而英国IT产品和服务占其GDP的3.24%.

生物技术市场

英国生物技术一直处于世界领先地位，以公司总数、进入市场和开发的产品以及丰富的管理经验为优势，成为仅次于美国的最具活力的生物技术工业基地。到2002年底，英国有超过300家的公司直接从事生物技术产品的研发和制造，这些公司中有近50家为上市公司，占到整个欧洲同行业上市公司的一半。设在英国的生物技术公司的市场资本占欧盟总额的63%，临床实验占欧盟的48%。英国生物技术产业年营业额达40多亿英镑，有超过23 000名直接从业人员，绝大多数是高技能的技术人员。

英国剑桥桑格研究院是世界上最重要的生物技术研发中心之一，同时也是将基因研究转化为商业用途的重要基地。大约1/3的人类基因研究项目在此进行。位于剑桥、牛津、伦敦的大学形成了世界顶级的高生物科技研发集群。爱丁堡已经发展成为新兴的农业生物技术研发、制造中心，拥有85家农业生物技术公司。此外，肯特郡、约克郡和曼切斯特的生物技术工业水平也较发达。

英国生物技术工业是吸引海外投资的主要领域之一。英国同时还是世界生物制药的主要中心，在复合蛋白质和DNA技术疗法领域居先。英国生物技术公司用于研发的资金达到12.5亿英镑，高于欧洲其他全部国家的总和。除了雄厚的科研能力以外，英国还不断完善综合资金市场管理和法律框架，以保护知识产权和鼓励企业不断开发新产品。此外，欧洲医药鉴定局总部设在英国。

英国是世界主要的制药业中心之一，居世界第四位，约占世界市场的12%。英国制药业约有6.5万直接从业人员，创造了25万个相关行业的就业机会。2003年3月，英国政府通过了克隆和茎细胞研究合法化的法律，为再生药物的研究铺平了道路，使再生药物广泛应用在各领域。英国政府专门成立了生物科学创新和研发机构，以继续保持其在生物技术领域的竞争力。

航空航天市场

英国航空航天业研发及制造水平在欧洲乃至世界上处于前列。英国是世界上使用航天数据和技术最多的国家之一。20世纪70年代开始，英国实行以国际合作为主的航天工业发展方针，通过国际合作促进其宇航工业的发展。目前，英国政府直接用于欧洲航天项目的支出约占英国航天总支出的70%。

英国现约有3 000家公司从事航空航天业，年收入达170亿英磅，占英国整个工程制造业总收入的10%。该行业现有12万员工，另有15万人参与相关的其他工程分包项目。英国公司在生产空客A380的机翼结构、燃料系统和飞机降落装置部件方面占据主要份额。空客A380全面投产后，每年将给英国带来10亿英磅的收益，还将为英国创造2万人的制造业就业机会和4万人的服务业就业机会。

英国政府还提出了航天2003~2006年及长远战略。该战略有三项核心的长期目标：一是提升英国在天文学、行星学以及环境科学方面的地位。通过空间利用，继续加深对宇宙、太阳系、地球以及生命本身的认识，增强对地球系统的了解和预测能力，巩固和加强英国的科技、工程等方面的基础能力。二是重点关注成本效益，通过太空活动在科学和经济领域力求获取最高价值。三是开发创新航天系统，利用空间科技来提高居民生活质量。

能源市场

英国能源资源丰富，在欧盟国家中居首位，拥有大量的石油和天然气资源，是世界上第五大产天然气国和第八大产油国。煤炭储量十分可观，1989至1999年进行了能源私有化改革，建立了完全开放、充分竞争的电力和燃气市场；天然气取代煤炭成为主要能源形式，大大降低了环境气体的排放量；核电进入市场，风能、生物能等可再生能源技术研究开发趋向成熟，改变了单一化石燃料的能源结构。

目前，英国能源工业产值占其国内生产总值的近4%，投资占全国投资总额的8%，占工业投资总额的28%，研究与开发投入占全行业总支出的3%，在业人员165万人占全国就业总人数的4%，能源出口占出口总额的9%，进口占进口总额的5%，实现了贸易顺差。

英国能源分布比较广泛。能源组成比例大致为：石油占35%，天然气占39%，煤炭占15%，核能占9%，其他能源占2%。能源消费按产业分类比例大致为：工业占21%，民用占30%，交通占36%，其他占13%。其能源碳排放量比例大致为：石油占43.7%，天然气占32.7%，煤炭占23.6%。英国预计，到2006年英国将成为天然气净进口国，2010年将成为石油净进口国，2020年英国75%的能源需要进口。

化工市场

英国是世界第六化工生产大国。英国化工业是最大的制造业部门。目前，英国化工业有4 000多家企业，就业人数40多万，但是英国80%以上的化工企业就业人数不足50人。英国化工业年总产值达420亿英镑，占英国经济的2%以上，占英国制造业增加值的11%。

近年来，英国化工行业进行战略调整。主要表现在以下几个方面：一是向专业化和特色化方向发展。英国化工企业通过兼并、合作、收购等手段调整产品结构。化工业从多元化发展转向专业化发展，收缩经营范围，放弃弱项，加强核心产业，使其在某一领域的垄断地位进一步加强，并开始逐步退出低附加值、污染严重的传统化工领域。二是发展高新技术和高附加值产业。英国通过法拉第项目不断加大化工领域的研究开发投入，以技术创新和领先作为抢占未来制高点的首要手段，使英国化工技术更新的速度进一步加快。为适应市场需要和追求高利润，英国一部分化工企业将精细化工作为发展重点，并将其核心产业向精细化工和高新材料方向转移。三是英国的初级化工产品、大宗石化产品及传统化工产品正在向拥有广阔市场、原料丰富和廉价劳动力的发展中国家和地区转移。四是英国重视化工业的节能、环保和安全技术的开发与应用，向可持续化工业转型，加强研究机构与生产厂商的联系，逐渐从“末端处理”转变为“生产全过程控制”。

护士劳务市场

近年来，英国政府针对护理人员短缺、不能满足国民健康需求的实际情况，一直致力于提高国民健康服务局（NHS）护理人员素质、增加护士就业人数。英格兰、苏格兰、威尔士及北爱尔兰四地区均提出了不同的增员目标，并在近年来实现了8%至16%不同速度的增长。

为避免英国招聘海外护士损害医护资源本就匮乏的发展中国家利益，并规范NHS雇主及中介机构行为，英国卫生部于2004年修订了《NHS雇主行为准则》。该《行为准则》列有不鼓励招聘护士的发展中国家名单，并要求NHS雇主使用卫生部推荐的中介机构。就国际护士招聘制订了更为清晰的标准，将适用对象延伸至临时护理人员，并呼吁包括私营部门和信托基金在内的所有健康服务提供部门遵守该规定。

八、中英关系

政治关系

英国于1950年承认新中国，是最早承认新中国的西方国家。中英于1954年6月17日建立代办级外交关系，1972年3月13日升格为大使级。此后30多年，中英关系历经波折，总体上朝着积极稳定的方向发展。1997年7月，中英实现了香港政权的顺利交接，两国关系揭开了新的一页。1998年10月英首相布莱尔访华期间，两国发表联合声明，宣布建立全面伙伴关系，强调两国应以香港政权顺利交接为契机，进一步拓展各领域交流与合作。联合声明为中英关系跨世纪发展确立了基本框架。

1999年10月，国家主席江泽民应英伊丽莎白二世女王邀请对英进行国事访问，这是历史上中国国家元首首次访英。2003年7月，布莱尔首相应国务院总理温家宝邀请正式访华。双方对近年来中英关系的发展给予积极评价，并就进一步发展中英关系达成共识。布莱尔首相回国后即指示成立了旨在进一步提升英中关系的“对华关系专门小组”。11月，英“对华关系专门小组”组长、副首相普雷斯科特第六次访华。12月，中方根据温家宝总理指示，成立了以国务委员唐家璇为组长的“中英关系协调小组”，研究确定新世纪中英关系发展的思路。

2004年5月，应布莱尔首相邀请，温家宝总理对英国进行正式访问。中英发表联合声明，宣布建立全面战略伙伴关系，明确将贸易与投资、财政金融、能源、科技、教育文化、环保作为双方今后重点合作领域，决定将两国政府领导人和外长互访机制化，加强在国际和地区事务中的磋商与协调。

经济贸易关系

1954年6月，中英建立代办级外交关系，双方互派代办，代办处内设有商务代表处。但由于英国追随美国的禁运政策，正常贸易受到障碍。1972年3月，中英关系升为大使级，双边贸易开始走入正轨。据统计，1973年双边货物贸易额为3.1亿美元。

1979年我国实行改革开放政策以来，双边贸易有了突飞猛进的发展，中英双边贸易额由1980年的7.64亿美元增加到2005年的245亿美元，创下历史最高纪录，其中我国出口189.7亿美元，进口55.2亿美元。2005年，在欧盟成员国中，英国是我国第三大贸易伙伴和第一大投资来源国。

其他领域的关系

近年来，随着中英关系的良性发展，两国在科技、卫生、环境、教育、国防等其他领域上的交流与合作也在不断加深和扩大。2004年，英、中分别在对方国家举办了“创意英国”及“中国文化年”活动，加强在文化领域的宣传、交流和合作。

据统计，目前在英中国留学人员7万人左右，英在华留学生约600人；我国3个省和28个城市分别与英国的3个郡和28个城市建立了31对友好城市（省、郡、区）关系。当前，中英双方正致力于在相互尊重和平等互利的基础上，进一步扩大双边合作的领域，深化合作的内涵，以推动中英全面战略伙伴关系不断向前发展。

中英经贸合作

2004年，温家宝总理成功访英并签署《中英联合声明》，将两国关系提升至全面战略伙伴关系，“贸易和投资”被列于六大合作领域之首。近年来，双边高层互访不断，商界往来持续升温，两国经贸合作继续向纵深、务实方向发展。

（一）双边贸易快速稳步增长，产品结构进一步优化

温家宝总理2004年5月访英时，为中英货物贸易确立了“3年内双方贸易额达到200亿美元”的目标。按我方统计，2005年，双边贸易额为245亿美元，比2004年增长24.2%，中国成为英国第二大货物贸易逆差国。

从商品结构分析，2004年机电产品仍是我对英出口的主要商品，金额达39.4亿英镑，约占对英出口总额的37%。按照金额排列，从产品细类来看，我对英出口前十位商品是：杂项制品（玩具等），纺织品及服装，办公用机器设备，电机、电器设备及其零件，通讯、录音设备，家具及零部件，金属制品，鞋类，通用工业机械设备及零件，建材。

机电产品也是我自英进口第一大商品，2004年进口11.9亿英镑，约占自英进口总额的50%。我自英进口前十位细类商品依次是：发电设备，通用工业机械设备及零件，电机、电器设备及其零件，金属矿物及废料，特种工业用机械，科学仪器，办公用机器设备，通讯、录音设备，医药产品，钢铁。

（二）英国对华投资增长放缓，但合作领域趋向多元化

英国近几年对华投资增速放缓，虽然目前仍保持欧盟对华最大投资国的地位，但按单年对华投资额计算，已落后于德国。据商务部统计，截至2004

年底，英国累计在华投资4 344个项目，协议外资金额221亿美元，实际投资122亿美元。

英企业充分发挥英国服务业发达的比较优势，抓住我商业银行重组、零售及保险等服务业市场进一步开放、北京举办奥运会和上海举办世博会等有利时机，大举开拓中国市场，出现合作领域多元化的格局。其中，汇丰银行出资144.61亿人民币认购中国交通银行19.9%的股份、渣打银行向天津渤海银行注资1.2亿美元购入20%股份、英最大零售集团特易购（TESCO）通过向台湾顶新集团投资2.5亿美元进入中国零售业市场、阿罗普—罗杰斯设计联合体在上海世博会规划设计征集活动中一举夺魁、FOSTER公司中标北京新机场设计方案等，均成2004年英企业在华合作的亮点。此外，英国两大石油公司BP和壳牌投资15.63亿美元，通过合资建设加油站、参与醋酸厂和PTA项目的建设，进一步巩固了在中国石化、能源领域的投资地位。

（三）贯彻“走出去”战略，中国企业对英投资逐步扩大

受英国良好投资环境的吸引，在“走出去”战略的鼓舞下，越来越多的中国企业、特别是民营企业来英投资，积极拓展在英国及欧洲的业务份额。为鼓励中国高科技企业来英投资，中英政府签署了科学合作备忘录，并分别在剑桥和曼彻斯特建立了“中英科技创业园”。

另据英方统计，截至目前，在英中资企业约有200家左右，涉及金融、保险、海运、食品加工及餐饮、医药、电子通讯等诸多行业。特别是中国联想、深圳华为、中兴通讯、中国电信等一批实力较强的大型企业，或投资于英国高科技领域，或扩充人员和增设办事处，得到英国政府及各界的好评。

（四）中国护士输英政策障碍扫除，劳务合作局面即将进一步打开

2004年8月，英国卫生部将中国从禁止护士劳务输英国家名单中删除，为中英开展护士劳务合作扫除了政策障碍。此外，中英政府拟协商签署《中国商务部和英国卫生部关于招聘护理专业人员合作意向书》，以切实并规范开展中国护士输英工作。

九、相关政策法规

外贸管理体制 [SYSTEM]

英国政府实行尽量放开的管理，除个别行业的生产外（如军事、高技术等敏感产品和设备），政府不干涉企业的具体经营行为。企业在经营品种、项目、资金数额和投资方向等诸方面均无限制。政府部门只对有关行业的发展，实行总的政策和财政资金运用的管理，而企业的组建、运作和市场活动受到相关法律和法令的约束，国家依法对违法企业进行行政或法律处治。各部门管理的经济事务和行业情况如下：

财政部：货币政策框架、税收政策、债务控制、国家财政预算、投资、政府开支、政府服务、国际金融关系、经济统计，发行货币、银行业、保险业、金融市场等质量评估。

贸工部：全部工业行业和国内外贸易政策、促进对内投资、负责能源、工程、标准、专利、知识产权、欧盟经济事务，竞争、兼并、消费保护、业务支持，有关的科学技术、教育培训、就业和地区经济发展事务等。

农、渔和食品部：农业、渔业、牧业、林业、兽医、农药、食品的政策、卫生与加工标准和有关的科学技术研究等。

国际贸易总署：是在原海外贸易总局基础上组建的新部门，负责研究与开发出口市场、对有关政府部门和出口企业提供信息咨询、技能、项目、资金等支持，外派和接待贸易团体及商展、以及促进石油和天然气出口等。

外交部：派遣商务外交人员，协同其他有关部门负责国外部分的出口促进工作。

海关：进出口货物控制、征收海关、货物税（增值税），进出口贸易统计等。

出口信贷担保署：为英国项目和生产资料出口商提供拒付款保险、为对外投资提供政治风险的保险、为私营保险公司对英国消费型出口的保险提供再保险。今年该署又成立了一个专为英国中小出口服务的服务局。

教育和就业部：就业服务、青年和成年人职业培训政策和计划、在职培训、欧盟就业事务等。

国际发展部：通过双边项目、投资和援助来协助贫困国家改善经济、贸易和生活水平，同时帮助英国企业发展海外业务。

苏格兰事务部、北爱尔兰事务部和威尔士事务部：分别管理各大区的政治、经济事务。

原产地规则 [RULE]

作为欧盟的成员国，英国实行的是欧盟统一的原产地规则。原产地规则旨在确认贸易货物的来源地。欧盟有两种规则形式：非优惠的原产地规则和优惠的原产地规则。

（一）非优惠的原产地规则

非优惠的原产地规则适用于欧盟成员国与欧盟外国家的贸易。有关非优惠的原产地规则的国际协议见《京都公约》的附录D1部分。

欧盟于1977年加入该公约，其法律和惯例亦采纳这种国际标准。当欧盟针对某一国采取反倾销措施、数量限制等贸易限制措施时，非优惠的原产地规则显得尤为重要，该规则实行针对目标国和非歧视的原则，基于事实认定商品的原产地。

非优惠的原产地规则见欧盟理事会法规第2913/92号（发表于欧盟官方公报1992年10月19日第L302号）。符合下列两类情况即可确认商品原产地：

（1）规则第23款规定：原产于某一国家的商品必须是全部在该国获取或制造。该种商品是指：

该国境内开采的矿产品；

该国种植收获的蔬菜产品；

该国出生并饲养的活动物；

由在该国注册并悬挂该国国旗的船只捕获的海产品；

用全部在该国生产的产品及其衍生产品在不同的生产阶段所加工制造的产品。

（2）如果商品的原材料、零件、附件、组装件等来源于两个或两个以上的国家，规则第24款规定：当商品的生产涉及两个或两个以上国家时，原产地可确定为：承担商品生产的最后和主要生产的国家、或专为该种产品生产而生产相应设备的国家、或在生产过程中至关重要的国家。上述定义一般在规则中没有进一步解释。但在个别情况下，欧盟对涉及几种商品的、生产的“最后和主要环节”的确定进行了解释。

这些具体的规则在欧委会1993年10月11日颁布的2459/93号规定中又作了如下表述：符合关税分类改变的要求；生产环节决定原产地（例如集成电路的diffusion之生产所在地为原产地）；最小增值（如电视机、收音机、录音机等产品的组装部分占制成品出厂价的45%，则组装地为原产地）。

在原产地规则下，“增值”部分指进口配件（如来自欧盟外的国家）的海关价值和产品出厂价之间的差价，减去出口退税部分。包括劳动力成本、一般管理费用、利润、税（含地方企业税等），但不含增值税。

作为关贸总协定乌拉圭回合多边贸易谈判的一部分，各方就在世贸组织的框架内实行一致的非优惠原产地规则达成协议。具体工作正在进行中。

欧盟是一个关税同盟，成员国均有法律义务遵循共同的商业政策，特别是在从欧盟外进口工业产品时实行统一的对外关税（CET）。进口的工业产品在支付统一关税并完成其他海关手续后，可以在欧盟成员国之间自由流通，无需其他关税。这类商品被称为“自由流通”的商品。当然，此类商品可能需缴付一些国家税，如增值税或货物税。无论商品从何产地进入欧盟关税同盟区域内，将受到完全一样的待遇，成员国的贸易利益也由此得以保护。

1993年1月1日起，欧盟取消了各成员国之间的贸易壁垒，原产地规则对成员国之间的贸易已无关紧要。但在欧盟成员国与第三国的某些贸易关系中，如欧盟实行统一的数量限制或使用反倾销措施时，原产地规则又是必要的。

（二）优惠的原产地规则

优惠的原产地规则没有统一的国际协议，它一般比非优惠的原产地规则更为严格，主要见欧盟与第三国或第三国集团所签定的优惠或自由贸易协定，以使商品能以比统一关税（CET）更优惠的关税进入欧盟。

不同的优惠贸易协议会在具体的规定和商品范围上有轻微的差别，但其格式是基本相同的。获得原产地证明的商品必须是：全部在该国制造；或已在该国进行了充分的生产加工。

如果制成品含有从其他国家进口的成分，那么确定是否在该国进行了充分的、生产加工的标准是改变关税分类，即将最后制成品按其来源于不同非原产地之成分进行不同的关税分类。还有许多的商品需遵守附加的或替换的标准。例如，对制成品中来源于非原产地国家成分的限制在40%以下（增值限制在60%以下），或者需经过一个特定生产环节。还有一些商品，尽管关税分类改变，一个生产环节仍不足以确定其原产地。也有一些商品，即使没有关税分类的改变，但从生产环节上已足以确定其原产地。所以，一些商品原产地的确认需同时满足两个或更多的单项标准。

另外，在欧盟和欧洲自由贸易协会（EFTA）的优惠贸易协议下的一些商品，当商品来源于非原产地的成分不超过某一比例时（一般为20%、30%或40%），无需改变关税分类就可以确定原产地，这时通常的原产地规则可由其他规则替代。在一些情况下，对优惠协议各方或在优惠贸易区内的原产地总投入也作了规定。这种规定相当复杂，不同的协议也有着显著差别，例如，《欧洲经济区（EEA）协议》作为整个欧盟—欧洲自由贸易协定的延伸部分，包含了在整个区域内的“原产地投入”这一概念。

英国的税务体制

多年来，英国一直保持着低税制的商务环境，以利于商业发展和吸引外国投资。英国的公司税税率是30%，增值税为17.5%，在欧洲属较低水平。与欧洲其他国家相比，英国有更多的减免税条款，对商业利润不征收地方税。高级管理人员及雇员享受优惠的个人所得税和社会保险税。英国具有世界上最广泛的避免双重征税协议网络。对公司内部选择购买股权的灵活税收政策使英国成为欧洲中最支持企业发展的国家之一。

（一）英国公司税按利润多少依递进税率征收

英国实行单一公司税制，最高税率为30%，适用于本土和非本土的公司。利润较低的公司享有优惠的税率。

一般情况下，外国公司设在英国的分支机构不能享受较低的公司税率。中国公司设在英国的分支机构，根据中英之间签署的避免双重征税协议中非歧视条款，英国税务局将会允许企业享受低税率。

（二）增值税

所谓增值税，是指对在英国经营期间，提供商品或服务产生的增值部分所征收的赋税。年营业收入（可征税产品价值）超过5.6万英镑的公司，须进行增值税登记。英国的标准增值税率为17.5%，某些商业活动、产品享受减免增值税。

增值税的三种税率

标准税率（17.5%）：大部分货物和服务

减让税率（5%）：用于家庭、慈善机构的燃料、电力

零税率（0%）：食品、书籍、报纸、交通、各种药品、儿童服装

免税：财产交易、保险、邮政服务、金融、教育及保健服务等。

如果公司年营业收入低于5.6万英镑，登记增值税也是允许的，而且在公司购买用于业务的物品时，可以索回增值税。

（三）关税及印花税

整个欧盟采用一种相同的关税制度。进口货物到欧盟时征收关税，但在欧盟之间跨境转运则无须缴纳关税。

印花税是公司进行收购活动的一项重要税收。如果一家公司的股份被收购，则按收购价征收0.5%的印花税。如果是直接收购企业或资产，对超过50万英镑在英国房地产的收购，则征收可能高达4%的印花税。因此，以通过收购公司股份来达到拥有企业的目的，比直接收购企业和资产更有利。

（四）个人所得税和国民保险税

所有在英国工作的人员都要交纳个人所得税，包括在英国工作的外国人。个人所得税率根据年收入分为三个等级。

2003/2004年度个人所得税税率

税率年收入（英镑）

10%（起始税率）1~1 960

22%（基本税率）1 961~30 500

40%（高税率）30 500 以上

在起始税率之前，有一定额度的免税额。2004/2005 财政年度是4 615英镑。

国民保险税是对收入的征税。收集来的款项用于资助国民保健服务、失业、退休金等社会服务的开支。

（五）英国设立公司的缴税问题

英国一直是欧盟中公司税最低的国家。2002年小型公司享受零税率。在英国成立或收购或在英国控管的任何公司，都按英国居民纳税；也就是说，英国政府对公司的利润、包括任何资本收益按英国公司税率征税。

1. **公司税的缴纳**。公司税一般按公司可征税的年利润量分三段征税。

（1）利润不超过1万英镑，为零税率；

（2）利润在5万英镑至30万英镑之间，税率为19%；

（3）利润超过150万英镑，税率为30%。

三段之间的年利润量，则税率介于上下界线之间。如1万至5万英镑的利润，税率在零到19%之间；若年利润在30万以上150万以下，则税率在19%至30%之间。例如，一公司年利润为90万英镑，其缴税的公司税率为24.5%。

英国税制相当简单，可征税的利润通常就是账目上所显示的数目，只做小幅调整，如折旧由资本开支项目中的资本预留（capital allowances）所替代。现实中，资本预留通常高于折旧，因此对于资本开支来说，有现金支配的好处。英国政府还在研究如何使可征税利润更接近公开的利润额。

投资在电脑、能源效率行业以及小公司的收购方面，资本预留的数额则更大。多数情况下，这些公司能以利润抵消全部的资产成本。

英国政府给予某些研究和开发项目150%的资本预留。这实际上是一种政府补贴。

在英国投资工厂和机械的企业，其资本成本预留通常是每年25%并逐步递减。而小企业投资建厂、购买机器设备，第一年则可享受40%的资本预留。如果是在北爱尔兰收购企业，整个资产成本可以用当年的税款抵消。

企业的厂房每年还可从资本开支中拿到4%的预留。特殊的预留最多可达100%，这指的是在划定的企业区（enterprise zones）建造的工商大楼。

企业与生意有关的科学研究开支也可当年在税前勾销。

2. **缴税的其他减免优惠**。在英国设立公司税务上还有其他一些减免优惠。例如，企业在英开张之前七年内发生的成本，可视为开张当日发生的成本，这意味着这些成本可作为生意头年可减免的部分。同样，这七年中的资本预留也可视为开张当日的资本预留，即可划在头年可征税的利润之外。

如果企业出售资本货物，就必须缴纳公司税，但也有较大的减免优惠。近年来减免制度变得越来越复杂，但减免优惠的幅度却越来越大。资本亏损可以与资本收益或生意收入相抵消。有时，通过利用销售所得购买类似的资产，可以避免缴税。

通常，企业因为经营亏损可以要求减免。这些亏损可以通过同时期的其他收入或收益来抵消，或与前一年的利润相抵消。经营亏损也可以与将来的利润相抵消。

如果一个集团在英国拥有不止一个分公司，还可以要求集团减免优惠。即集团一个分公司的亏损可以由另一个分公司的利润来抵消。如果一个公司是属于一个财团（财团内任何公司都不拥有其他公司的一半股份），那么财团的减免优惠可以分成相应的亏损减免等份。例如，如果A、B和C公司拥有D公司同等股份，如果D公司亏损了，则A、B和C公司可各自要求D公司亏损减免的1/3。大多数公司都是在到期九个月之后一次上缴其公司税税款，但大公司通常要预付部分税款。

这些税务减免和好处以及较低的公司税率，是英国吸引海外公司的特点。与欧盟其他国家不同，对于公司的收入和利润，英国不征收地方税；政府对土地开发值也不征税。

3. **应缴的其他税赋**。除了公司税之外，英国地方政府还对企业征收一种统一营业税（unified business rate），这是针对所有工商财产占用者征收的税种，但北爱尔兰取消了对工业财产的征税。

在英国的公司另外还要缴纳的就是国民保险

费（National Insurance Contribution，NIC），纳入英国社会保障体系。NIC 从公司雇员的工资中扣除。89 英镑以上的所有收入的纳税率是 12．8%。NIC 可从供征税的利润中扣除。

在英公司还必须登记缴纳增值税（VAT）。VAT 是在开展和推动业务过程中，向货物及服务供应的价值征收的税。所登记的企业必须向其消费者收取 VAT，并向其供应商缴纳 VAT；然后（通常每季度）向英国海关和消费税局申报，多退少补。许多基本商品，如食品、书籍和儿童衣物是不征收 VAT 的。

小公司可以采取更为直接的方法缴纳 VAT，即根据其营业额支付 VAT。这样既简单，又可以节省税款。

值得注意的是，VAT 最终是落在最后的消费者头上。英国 VAT 标准税率是 17.5%，以较低税率（5%）征税的商品越来越多。也有许多商品是零税率。

4．**其他一些特别小税种类**。英国还征收一些特别的小税。

烈性酒、烟草、赌博以及汽油及其他燃料，要征收消费税，一般都已经包含在售价中。

股票、证券交易以及财产交易要缴纳印花税或印花储蓄税。对于财产而言，所征税额为该财产价格的 1% ~4%。某些偏远地区则不对财产征税。

有些保险费会产生一些纳税负担，通常是 4%，但有许多企业的保单是免税的。

航空乘客要缴纳空中旅客税（air passenger duty）。

填埋税（Landfill tax）是对倾倒在地上或地下的物资所征收的税。车辆要缴纳公路税。

英国还征收气候变化税，目的是不鼓励攫取无法再生的能源。能源消耗量大的企业要遵守有效利用能源的协议，就可以减少纳税最多达 80%。

采石及采矿也要缴纳石方税（aggregates levy）。

5．**英国的税务管理机构**。英国管理税务有两个机构：国内税收局（Inland Revenue）和海关和消费税局（Customs and Excise）。公众要求税务要容易了解并有助于纳税人完成缴税义务。政府还提供帮助了解税务的免费读物，以及免费咨询热线电话和机构。

拖延缴税通常有一些自动处罚。尽管对不遵守税法的行为规定有相当严重的处罚，但通常实施起来又较宽松。如果不守税法是由于不知情或错误地理解了税法，通常会完全或大部分取消惩罚。海关部门对有问题的企业尤其如此。对税务管理部门的决定有异议，则上交法庭解决。

税法目前正在以普通英语重写，现有两个章节（资本预留和工资）已经完成。精细规划如何缴税在英国是合法的，但最好不是陈旧的老套。英国税法少有可供钻营之漏洞，也无法制造复杂的规避系统。一句话，合法经营的企业不必害怕英国税务当局。

注：有关英国税务、国民保险的详细情况，可浏览英国税务局网站：

http：//www. inlandrevenue. gov. uk

十、联系方法

中华人民共和国驻大不列颠及北爱尔兰联合王国大使馆经济商务参赞处

The Economic and Commercial Counsellor's Office of the Embassy of the People's Republic of China in the United Kingdom of Great Britain and Northern Ireland

电话：(0044) 20 77238923（办公室）

(0044) 20 72623911（调研室）

(0044) 20 72620253（贸易室）

传真：(0044) 20 77062777

地址：Cleveland Court，1 – 3 Leinster Gardens，London，UK

邮编：W2 6DP

邮箱：checo@ china – commerce. org. uk trade – china@ china – commerce. org. uk（商品供求）

网址：http：//gb. mofcom. gov. cn

办公时间：9：00 ~12：20　14：00 ~17：00

英国吸引外国投资政府机构及组织

英国贸易投资总署（UK Trade & Investment）

贸易投资总署是英国贸工部（DTI）下属的为从事贸易的英国公司和在英国投资的外国公司提供全面服务的政府部门，是负责吸引外资的唯一的政府机构。该机构与负责区域性经济发展的12个地区经济发展机构（RDAs）保持着良好的合作关系。

电话：+44（0）20—7215 2501

传真：+44（0）20—7215 5651

网站：www. uktradeinvest. gov. uk

在华机构：

北京：英国大使馆

电话：+86（0）10－6532 6895

传真：+86（0）10－6532 1939

广州：英国总领事馆

电话：+86（0）20－8333 6623

传真：+86（0）20－8333 6485

上海：英国总领事馆

电话：+86（0）21－6279 7650

传真：+86（0）21－6279 7651

香港：英国总领事馆

电话：+852－2901 3125

传真：+852－2901 3066

俄　罗　斯

一、国名　国旗　国徽　国庆日

国　名

俄罗斯联邦或俄罗斯（The Russian Federation, The Russia）

国　旗

呈横长方形，长与宽之比约为3:2。旗面由三个平行且相等的横长方形相连而成，自上而下分别为白、蓝、红三色。俄罗斯幅员辽阔，国土跨寒带、亚寒带和温带三个气候带，用三色横长方形平行相连，表示了俄罗斯地理位置上的这一特点。白色代表寒带一年四季白雪茫茫的自然景观；蓝色既代表亚寒带气候区，又象征俄罗斯丰富的地下矿藏和森林、水力等自然资源；红色是温带的标志，也象征俄罗斯历史的悠久和对人类文明的贡献。

白、蓝、红三色旗来自1697年彼得大帝在位期间采用的红、白、蓝三色旗，红、白、蓝三色被称为泛斯拉夫颜色。1917年十月革命胜利后取消三色旗。

1920年苏维埃政府采用新国旗，由红、蓝两色构成，左边为垂直的蓝条，右边的红色旗面上有一颗五角星和交叉着的铁锤和镰刀。此旗后为俄罗斯苏维埃联邦社会主义共和国国旗。

1922年苏维埃社会主义共和国联盟成立后，国旗图案作了修改，为一面红旗，左上角有金色的五角星、镰刀和铁锤图案。

1991年苏联解体，俄罗斯苏维埃联邦社会主义共和国改称为俄罗斯联邦，随后采用白、蓝、红三色旗为国旗。

国　徽

为盾徽。1993年11月30日，俄决定采用十月革命前伊凡雷帝时代的、以双头鹰为图案的国徽：红色盾面上有一只金色的双头鹰，鹰头上是彼得大帝的三顶皇冠，鹰爪抓着象征皇权的权杖和金球。鹰胸前是一个小盾形，上面是一名骑士和一匹白马。双头鹰由来可追溯到公元15世纪。双头鹰原是拜占庭帝国君士坦丁一世的徽记。拜占庭帝国曾横跨欧亚两个大陆，它一头望着西方，另一头望着东方，象征着两块大陆间的统一以及各民族的联合。1453年，曾辉煌一时的拜占庭帝国被奥斯曼土耳其帝国灭亡，拜占庭皇帝君士坦丁十一世英勇战死。他的两个弟弟，一个臣服于奥斯曼帝国，另一个带着两个儿子和女儿索菲亚·帕列奥洛格逃到罗马。后来，这两儿一女在其父死后被罗马教皇抚养成人。当时的罗马政治家们为了借助俄罗斯的军事力量抵御土耳其人，便用联姻的方式将索菲亚许配给了莫斯科大公伊凡三世。索菲娅由此佩戴着拜占庭帝国威严的双头鹰徽记来到了俄罗斯。索菲娅协助夫君伊凡三世把俄罗斯的土地基本上联合到一起，形成了一个疆域辽阔的统一的国家。1497年，双头鹰作为国家徽记首次出现在俄罗斯的国玺上，直至1918年。

1993年11月30日，这只象征俄罗斯国家团结和统一的双头鹰又“飞”回到俄罗斯的国徽上。20世纪末，国家杜马从法律上确定了双头鹰是俄罗斯的国家象征。

国家主权宣言通过日（国庆日）

6月12日

二、国家政要

总统弗拉基米尔·普京（Vladimir Putin），1999年12月31日任俄罗斯代总统，2004年3月连任总统。

联邦委员会（议会上院）主席谢尔盖·米罗诺夫（Sergei Mironov），2001年12月任职，2003年1月蝉联。

国家杜马（议会下院）主席鲍里斯·格雷兹洛夫（Boris Gryzlov），2003年12月当选；总理米哈伊尔·弗拉德科夫（Mikhail Fradkov），2004年5月就任。

安全会议秘书伊戈尔·伊万诺夫（Igor Ivanov），2004年3月任职；外长谢尔盖·拉夫罗夫（Sergei Lavrov），2004年3月任职。

三、地理环境

其欧洲领土的大部分是东欧平原。北邻北冰洋，东濒太平洋，西接大西洋。东西最长为9 000公里，南北最宽为4 000公里。与14个国家接壤。陆地邻国西北面有挪威、芬兰，西面有爱沙尼亚、拉脱维亚、立陶宛、波兰、白俄罗斯，西南面是乌克兰，南面有格鲁吉亚、阿塞拜疆、哈萨克斯坦，东南面有中国、蒙古和朝鲜。东面与日本和美国隔海相望。海岸线长33 807公里。大部分地区处于北温带，气候多样，以大陆性气候为主。温差普遍较大，1月平均温度为－1℃到－37℃，7月平均温度为11℃到27℃。年降水量平均为150毫米～1 000毫米。

四、人口　民族　宗教　民俗

人口

俄罗斯联邦的人口居世界第五位。进入20世纪80年代，俄罗斯人口出生率不断下降，1987年全国出生人口250万，1989年减至220万，1991年再减至180万，人口死亡率1992年将比1991年同期增长15%。

人口分布极不均衡，西部发达地区平均每平方公里52人～77人，个别地方达261人，而东北部苔原带不到1人。

民族

俄罗斯有130多个民族，其中俄罗斯人占人口总数的82%，少数民族人口占人口总数的18%以上，其中鞑靼人640多万，占3.8%，乌克兰人占3%，楚瓦什人占1.2%。其他还有巴什基尔人、莫尔多瓦人、达格斯坦人、白俄罗斯人、马里人、犹太人、车臣人。居住在科尔巴多尔群岛的阿留申人，人数最少，仅有500多人。

俄罗斯境内的民族语言分为4大语系，即印欧语系、阿尔泰语系、高加索语系、乌拉尔语系。俄语为主要语言，属印欧语系的斯拉夫语族，是俄罗斯联邦各族人民进行民族交往最常用的语言。

宗教

俄罗斯联邦境内宗教主要有基督教、伊斯兰教、萨满教、佛教（喇嘛教）和犹太教等。基督教以俄罗斯东正教流传最广，人数最多，教徒约有5 000万。

民俗

“面包和盐”铺着绣花的白色面巾的托盘上放上大圆面包和面包上面放一小纸包盐。捧出“面包和盐”来迎接客人，是向客人表示最高的敬意和最热烈的欢迎。

称呼

俄罗斯人交际时通常在三种情况下使用“你”：①对16岁以下的儿童；②近亲之间与同事之间（年轻人之间）；③年轻人对年轻人。对老年人、陌生人（儿童除外）和领导人则称“您”。对儿童可直呼其名，而对老年人、陌生人和领导人则应呼其名字加父称。目前在俄罗斯“先生”、“同志”、“公民”三种称呼并存。一般在商业机构、新闻媒体和官方机构中人们习惯相互称“先生”；以前在苏联时期普遍使用的“同志”，现在仍然在国营企业、军队、公安部门使用；而“公民”通常在公共场所使用，比如：火车站、商店等。在公开发言时，一般在发言人的姓后面加上“先生”、“同志”或其相应职称“教授”、“工程师”等，比如：“现在请扎罗夫教授讲话”。在写公函时，一般写收件人名字加父称；在非常正式的信函中收件人的姓前面应加上“先生”或其相应职称。大部分俄罗斯人都在家中用餐，只在上班的午休时间才去餐馆。遇有喜庆或举办婚礼时，俄罗斯居民通常都在餐馆举行，由邀请人付费。朋友聚会一般在家庭环境下进行。客人通常都带给主人小礼品（蛋糕、酒）和鲜花。

俄罗斯的姓名包括三个部分，依次为名、父称、姓。女人结婚后一般随男人姓，有的保留原姓。在俄罗斯人当中，不同的场合不同对象有不同的称呼。在正示公文中要写全称，非正式文件中一般名字和父称写缩写。表示有礼貌和亲近关系时，用名和父称。平时长辈对晚辈或同辈朋友之间只称名字。在隆重的场合或进行严肃谈话时，用大名。平时一般用小名。表示亲近时用爱称。对已婚妇女必须用大名和父名，以示尊重。工作关系中可称呼姓和职务，再加上“同志”的词。

忌讳

俄罗斯特别忌讳“13”这个数字，认为它是凶险和死亡的象征。相反，认为“7”意味着幸福和成功。俄罗斯人不喜欢黑猫，认为它不会带来好运气。俄罗斯人认为镜子是神圣的物品，打碎镜子意味着灵魂的毁灭。但是如果打碎杯、碟、盘则意味着富贵和幸福，因此在喜筵、寿筵和其他隆重的场合，他们还特意打碎一些碟盘表示庆贺。俄罗斯人通常认为马能驱邪，会给人带来好运气，尤其相信马掌是表示祥瑞的物体，认为马掌即代表威力，又具有降妖的魔力。遇见熟人不能伸出左手去握手问好，学生在考场不要用左手抽考签等等。

五、行政区划

首都

莫斯科（Moscow），人口约850万（截至2002年12月）。1995年5月16日与北京市结为友好城市。

行政区划

由89个联邦主体组成：

（1）21个共和国：阿迪格共和国（阿迪格）、阿尔泰共和国、巴什科尔托斯坦共和国、布里亚特共和国、达吉斯坦共和国、印古什共和国、卡巴尔达—巴尔卡尔共和国、卡尔梅克共和国—哈利姆格坦格奇、卡拉恰伊—切尔克斯共和国、卡累利阿共和国、科米共和国、马里埃尔共和国、摩尔达维亚共和国、萨哈共和国（雅库特）、北奥塞梯共和国、鞑靼斯坦共和国（鞑靼斯坦）、图瓦共和国、乌德穆尔特共和国、哈卡斯共和国、车臣共和国和楚瓦什共和国—恰瓦什共和国；

（2）6个边疆区：阿尔泰边疆区、克拉斯诺达尔边疆区、克拉斯诺亚尔斯克边疆区、滨海边疆区、斯塔夫罗波尔边疆区、哈巴罗夫斯克边疆区；

（3）49个州：阿穆尔州、阿尔汉格尔斯克州、阿斯特拉罕州、别尔哥罗德州、布良斯克州、弗拉基米尔州、伏尔加格勒州、沃洛格达州、沃罗涅日州、伊万诺沃州、伊尔库茨克州、加里宁格勒州、卡卢加州、堪察加州、克麦罗沃州、基洛夫州、科斯特罗马州、库尔干州、库尔斯克州、列宁格勒州、利佩茨克州、马加丹州、莫斯科州、摩尔曼斯克州、下诺夫哥罗德州、诺夫哥罗德州、新西伯利亚州、鄂木斯克州、奥伦堡州、奥廖尔州、奔萨州、彼尔姆州、普斯科夫州、罗斯托夫州、梁赞州、萨马拉州、萨拉托夫州、萨哈林州、斯维尔德洛夫斯克州、斯摩棱斯克州、坦波夫州、特维尔州、托木斯克州、图拉州、秋明州、乌里扬诺夫斯克州、车里雅宾斯克州、赤塔州和雅罗斯拉夫尔州；

（4）2个联邦直辖市：莫斯科、圣彼得堡；

（5）1个自治州：犹太自治州；

（6）10个民族自治区：阿加布里亚特民族自治区、科米彼尔米亚克民族自治区、克里亚克民族自治区、涅涅茨民族自治区、泰梅尔（多尔干—涅涅茨）民族自治区、乌斯季—奥尔登斯基布里亚特民族自治区、汉特曼西斯克民族自治区、楚科奇民族自治区、埃文基民族自治区及亚马尔—涅涅茨民族自治区。

六、历史沿革

俄罗斯人的祖先为东斯拉夫人罗斯部族。

15世纪末，大公伊凡三世建立了中央集权制国家——莫斯科大公国。1547年，伊凡四世自封为“沙皇”，其国号称俄国。

16世纪~17世纪，伏尔加河流域、乌拉尔和西伯利亚各族先后加入俄罗斯，使它成为一个多民族国家。17世纪中期乌克兰和俄罗斯合并为统一的国家。1689年8月彼得一世正式亲政。经过1700年~1721年的北方战争，俄罗斯得到了通往波罗的海的出海口，使俄罗斯从内陆国变为濒海国。17世纪它击溃了波兰和瑞典封建主的入侵。1812年俄罗斯消灭了入侵的拿破仑军队。

1825年12月贵族革命者在彼得堡举行起义（即12月党人起义），被镇压。1861年2月俄国废除农权制。

1898年成立了俄国社会民主工党（苏联共产党前身），在它的领导下，俄国工农群众经过1905年第一次俄国革命和1917年2月推翻罗曼诺夫王朝的资产阶级民主革命（即二月革命），于1917年11月7日取得了十月社会主义革命的伟大胜利，建立了世界上第一个社会主义国家。

1917年11月7日（俄历10月25日）成立了俄罗斯苏维埃联邦社会主义共和国。共和国成立不久，经过三年艰苦的国内战争，粉碎了14个帝国主义国家的武装干涉和地主资本家的武装叛乱，保卫了苏维埃政权。1922年12月30日，苏维埃社会主义共和国联盟正式成立，俄罗斯联邦同乌克兰、白俄罗斯和外高加索联邦（包括阿塞拜疆、亚美尼亚和格鲁吉亚）一起加入。

1990年6月12日，俄罗斯联邦第一次人代会通过《俄罗斯联邦国家主权宣言》。1991年12月21日，前苏联11个共和国领导人在哈萨克斯坦首都阿拉木图决定，前苏联在联合国安理会的席位由俄罗斯继承。12月25日，俄罗斯苏维埃联邦社会主义共和国最高苏维埃决定，将国家正式名称改为“俄罗斯联邦”（简称俄罗斯）。

1992年4月16日，俄罗斯第6次人代会决定将国名改为“俄罗斯”，从而恢复了历史上的名称；17日，最后决定使用两个同等地位的正式国名“俄罗斯联邦”和“俄罗斯”。

七、政治状况

1993年12月12日，俄罗斯联邦举行全体公民投票，通过了俄罗斯独立后的第一部宪法。同年12月25日，新宪法正式生效。这部宪法确立了俄罗斯实行总统制的联邦国家体制。宪法规定，俄罗斯联邦总统是国家元首，是俄罗斯联邦宪法、人和公民的权利与自由的保障；总统按俄罗斯联邦宪法和联邦法律决定国家对内对外政策；总统任命联邦政府总理、副总理和各部部长，主持联邦政府会议；总统是国家武装力量最高统帅并领导国家安全会议；总统有权解散议会，而议会只有指控总统犯有叛国罪或其他十分严重罪行并经最高法院确认后才能弹劾总统。根据宪法，俄罗斯联邦会议是俄罗斯联邦的代表与立法机关。联邦会议由联邦委员会（上院）和国家杜马（下院）两院组成。联邦委员会由俄罗斯联邦每个主体各派两名代表组成：一名来自国家代表权力机关，一名来自国家执行权力机关，主要职能是批准联邦法律、联邦主体边界变更、总统关于战争状态和紧急状态的命令，决定境外驻军、总统选举及弹劾，中央同地方的关系问题等。国家杜马是俄罗斯的立法机构，由450名代表组成，每4年选举一次，其中半数席位由全国225个大选区各选一名代表产生，另半数席位则由在选举中得票率超过5%的竞选党派按得票多少分配产生。根据俄宪法规定，任何没有跨越5%得票率“大关”的党派不仅不能参与党派竞选席位的分配，而且该党以独立候选人身份在地方选区当选的代表也无权在国家杜马中单独组成议员团。国家杜马的主要职责是负责起草和制定国家法律、审议总统对政府总理的任命以及决定对总统的信任等。国家杜马下设国际事务委员会、安全委员会、国防委员会、立法委员会、经济政策委员会、民族事务委员会等20多个委员会（国家杜马最早成立于1906年，是沙俄时代经选举产生的立法机构，1917年3月被解散。1991年苏联解体后，俄罗斯于1993年12月选举产生了第一届国家杜马）。但国家杜马关于提起诉讼的决定和联邦委员会关于解除总统职务的决定，必须经过议会两院全体议员2/3票通过，而且须由国家杜马不少于1/3的议员提出建议。宪法规定，俄罗斯联邦政府是俄罗斯联邦的执行权力机构。联邦政府由联邦政府总理、副总理和联邦部长组成。宪法还规定，各联邦主体（共和国、边疆区、州、自治州和自治区）的权利、地位平等。俄罗斯联邦主体的地位只有在俄罗斯联邦和俄罗斯联邦主体根据联邦宪法进行相互协商后才能改变。

司法机构

俄罗斯联邦司法机关主要有联邦宪法法院、联邦最高法院、联邦最高仲裁法院及联邦总检察院。不允许设立特别法庭。联邦宪法法院对联邦委员会和国家杜马的法律、决定，联邦总统的命令，其他联邦机构的文件，各共和国的宪法，联邦主体的法律、章程和其他法规，联邦内部条约和国际条约是否符合联邦宪法，以及社会团体的成立和活动是否符合宪法的案件作出裁决。联邦宪法法院还对联邦国家权力机关之间、联邦国家权力机关和联邦主体国家权力机关之间以及联邦各主体国家机关之间的权限纠纷作出裁决。联邦最高法院是民事、刑事、行政和其他案件的最高司法机关。根据联邦法律规定的诉讼程序对法院的活动实行司法监督，并对审判实践问题作出解释。联邦最高仲裁法院是对经济纠纷和仲裁法院审理的其他案件进行裁决的最高司法机关。根据联邦法律规定的诉讼程序对仲裁法院的活动实行司法监督，并对审判实践问题作出解释。联邦总检察院对犯罪案件侦查的合法性进行监督，支持在法院的公诉，为维护国家利益、公民的权利和自由而向法院提起诉讼，就国家机关、地方自治机关和公职人员的违法行为向法院提出异议。检察院系统实行集中统一领导体制。联邦委员会根据总统提名任命联邦宪法法院、联邦最高法院和联邦最高仲裁法院法官以及联邦总检察长。

八、资源及经济概况

自然资源十分丰富，种类多，储量大，自给程度高。石油探明储量65亿吨，占世界探明储量的12%～13%。森林覆盖面积8.67亿公顷，占国土面积50.7%，居世界第一位。木材蓄积量807亿立方米。天然气已探明蕴藏量为48万亿立方米，占世界探明储量的1/3强，居世界第一位。水力资源4 270立方千米/年，居世界第二位。2000年核能发电量为1 310亿千瓦/小时。核电占俄电力的10%。煤蕴藏量2 000亿吨，居世界第二位。铝蕴藏量居世界第二位，铁蕴藏量居世界第一位，铀蕴藏量居世界第七位，黄金储藏量居世界第四至第五位。工业基础雄厚，部门齐全，以机械、钢铁、冶金、石油、天然气、煤炭、森林工业及化工等为主，纺织、食品、木材和木材加工业也较发达。农牧业并重，主要农作物有小麦、大麦、燕麦、玉米、水稻和豆类。经济作物以亚麻、向日葵和甜菜为主。畜牧业主要为养牛、养羊、养猪业。出口商品主要有石油、天然气、电力、煤、机器设备、黑色及有色金属等，进口商品主要有机器设备、食品、化工产品等。

2005年是俄罗斯经济持续稳定发展的又一年。从1999年起，俄罗斯经济增长已持续了7年，并继续保持着增长的势头。

2006年元月底，俄罗斯国家统计局公布2005年社会经济主要指标初步实现结果：2005年国内总产值（GDP）增长约为6%，低于2004年的7.2%。最终结果有待进一步核实，但与6%的数值的出入不会很大。俄罗斯国内总产值增长幅度有所下降的主要原因是工业增长速度下降。2005年工业增长速度仅达到4%，比2004年的6%有较大幅度的跌落。工业增长速度下降主要出现在能源燃料部门，更具体地说在石油天然气开采部门。在目前国际石油价格节节升高，一再破价格记录的有利形势下，石油天然气部门生产由于内部结构调整，没能得到高速发展，相反却出现投资和开采增长速度下降的情况，这是世界上难以见到的绝无仅有的现象。需要指出，2005年6%的增长率的取得主要仍应归功于高价石油。如果没有这一因素，俄罗斯的GDP增长率可能只能达到5%。

九、中俄关系

双边贸易发展概况

近年，俄罗斯的对外贸易一直保持着快速增长，成为带动经济发展的重要因素。在亚太国家中，中国是俄罗斯最大的贸易伙伴。仅2005年1~3月，俄对华出口额和进口额分别达到21.16亿美元和12.35亿美元，同比分别增长5%和29.3%，其中自中国进口增幅较大。

2004年中俄贸易实现高速增长，2005年保持了这一增长势头。中俄两国互为重要的贸易伙伴，两国政府非常重视发展双边经贸合作关系，建立了总理定期会晤机制，以解决中俄经贸合作所面临的各种重要问题。

随着中俄两国经济的快速发展，以及世界市场能源及主要原料性商品价格的大幅攀升，中俄双边贸易规模迅速扩大。

中国是俄罗斯在亚洲的最大贸易伙伴。在俄罗斯的进口贸易中，中国排在德国和乌克兰之后，居第3位；在俄罗斯的出口贸易中，中国排在荷兰、意大利和德国之后，处在第4位。

从出口商品结构看，仅2005年1月~3月，燃料等能源产品占俄罗斯对中国出口的30.2%，达到6.39亿美元，同比增长20.3%。电机、电气、音像设备及其零附件的出口规模增长2.5倍。此外，木及木制品、肥料、有机化学品、橡胶及其制品的出口规模也分别增长了36.4%、100.6%、13.9%和37.5%。

从进口来看，一类是机电产品，其中在自动数据处理设备、电热水器、无线电话、视频信号录制或重放设备、传声器等商品上，中国是俄罗斯的第一大进口来源国。另一类是鞋靴等纺织服装商品，其中在橡胶及塑料制鞋靴和玩具等商品上，中国是俄罗斯的第一大进口来源国。

近年，随着中俄双边贸易的发展，两国经济的互补性逐渐增强。

外交

开展全方位外交，以独联体为战略重点，以与西方关系、特别是与欧洲关系为优先，同时加强亚太外交，加大对中、印等亚太大国的借重。其宗旨是积极推动多极化进程，力主重振俄大国地位，突出维护国家利益，着眼点是为俄国内经济复兴创造有利的外部条件。

与中国关系

1949年10月2日，中国与苏联建交。

苏联解体后，1991年12月27日，中俄两国在莫斯科签署《会谈纪要》，解决了两国关系的继承问题。1998年11月，中俄两国在莫斯科发表了《关于世纪之交的中俄关系的联合声明》。

2000年7月，俄总统普京对我国进行国事访问。2001年7月，江泽民主席对俄罗斯进行国事访问。双方签署了《中俄睦邻友好合作条约》。2002年12月，普京总统来华进行国事访问。2003年5月，国家主席胡锦涛对俄罗斯进行国事访问，双方签署联合声明。2004年9月，温家宝总理正式访问俄罗斯并举行中俄总理第九次定期会晤。2004年10月，普京以总统身份再次访华，中俄两国发表联合声明，并签署了《中华人民共和国和俄罗斯联邦关于中俄国界东段的补充协定》。胡锦涛主席和普京总统共同表示，这一协定的签署，标志着中俄边界线走向全部确定。

2005年5月，国家主席胡锦涛赴俄罗斯出席在莫斯科举行的纪念卫国战争胜利60周年庆典。2005年6月2日，中国和俄罗斯在符拉迪沃斯托克互换《中华人民共和国和俄罗斯联邦关于中俄国界东段的补充协定》批准书，这标志着两国彻底解决了所有历史遗留的边界问题。

2005年6月底至7月初，国家主席胡锦涛对俄罗斯进行国事访问，两国签署《中俄关于21世纪国际秩序的联合声明》和《中俄联合公报》。2005年9月，正在纽约联合国总部出席联合国首脑会议的国家主席胡锦涛会见了俄罗斯总统普京，双方就深化中俄战略协作伙伴关系及共同关心的重大国际和地区问题深入交换了意见。同年9月，俄罗斯联邦委员会主席米罗诺夫访华，与吴邦国委员长举行会谈，标志着中国全国人大与俄罗斯联邦委员会和国家杜马定期交流机制全面启动。2005年10月，温家宝总理出席在莫斯科举行的上海合作组织成员国总理第四次会议。2005年11月，俄罗斯联邦政府总理弗拉德科夫对中国进行正式访问，并同温家宝总理举行中俄总理第十次定期会晤。

2006年3月，总统普京再次对中国进行国事访问，并出席“俄罗斯年”开幕式和中俄经济工商界高峰论坛开幕式，两国并签署了联合声明，并签署了22个合作文件，涉及政治、外交、能源、投资、金融、交通等领域。

十、经贸政策、法规

《俄联邦外国投资法》

1999年6月25日国家杜马通过、1999年7月2日联邦委员会批准

本联邦法确定对外国投资者的投资及其投资收益和利润权利的基本保证，以及外国投资者在俄联邦境内的经营条件。

本联邦法旨在吸收和在俄联邦经济中有效地利用外国物资和资金资源、先进技术、工艺及管理经验，保障外国投资者经营条件的稳定性并使外国投资法律制度符合国际法准则及投资合作国际惯例。

第一条 本联邦法所调节的关系及其适用范围

1. 本联邦法调节外国投资者在俄联邦境内投资时国家对其权利加以担保的相关关系。

2. 本联邦法不调节外国资本对银行及其他金融机构，以及保险组织进行投资的相关关系，这些关系分别由俄联邦关于银行及银行活动的法律和关于保险的法律进行调节。

本联邦法也不调节与外国资本为达到一定的社会公益目的，其中包括教育、慈善、科学或宗教等方面的目的，而对非商业组织进行投资的相关关系，这些关系由俄联邦关于非商业组织的法律进行调节。

第二条 本联邦法所使用的基本定义

为了本联邦法的宗旨，使用下列基本定义：

外国投资者——按照所在国法律确定民事权利能力并根据该国法律有权在俄联邦境内进行投资的外国法人；按照所在国法律确定民事权利能力并根据该国法律有权在俄联邦境内进行投资的外国非法人组织；按照国籍所在国法律确定民事权利能力和行为能力并根据该国法律有权在俄联邦境内进行投资的外国公民；按照永久居住地所

在国法律确定民事权利能力和行为能力并根据该国法律有权在俄联邦境内进行投资的长期居住在俄联邦境外的无国籍人员；根据俄联邦的国际协议有权在俄联邦进行投资的国际组织；按照俄联邦法律规定程序行事的外国；

外国投资——外国资本以属于外国投资者所有的民事权利客体的形式，如果这些客体根据联邦法律在俄联邦未被禁止流通或限制流通，其中包括货币、有价证券（外币及俄联邦货币）、其他财产、财产权、有货币估价的智力活动成果排他权（知识产权）、以及服务和信息，投入俄联邦境内的经营活动客体；

外国直接投资——外国投资者根据俄联邦民事法律在俄联邦境内获得以公司形式成立的或重新成立的商业组织注册资本（合股资本）10%以上股份（投资）；对俄联邦境内成立的外国法人分支机构固定资产的投资；外国投资者在俄联邦境内作为融资租赁出租人出租独联体海关进出口税则第十六类和第十七类所列海关估价不少于100万卢布的设备；

投资项目——外国直接投资的经济可行性、规模及期限的论据，包括按照俄联邦法律规定标准制定的设计预算资料；

优先投资项目——被俄联邦政府批准列入项目清单的投资项目，其外国投资总规模不少于10亿卢布（不少于按本联邦法生效之日俄联邦中央银行当日汇率折算的等值外币金额）或者外国投资者在有外国投资的商业组织注册资本（合股资本）中的最低股份（投资）不少于1亿卢布（不少于按本联邦法生效之日俄联邦中央银行当日汇率折算的等值外币金额）的投资项目；

投资项目回收期限——从利用外国直接投资的投资项目开始拨款之日起至包括折旧在内的累计纯利润金额与有外国投资的商业组织或外国法人的分支机构或融资租赁合同出租人的投资支出额之间的差额开始出现正数之日止的这段期限；

再投资——外国投资者或有外国投资的商业组织将外国投资所得收入或利润向俄联邦境内经营活动客体进行投资；

税赋总额——利用外国投资实施投资项目的外国投资者及有外国投资的商业组织在投资项目开始拨款之时所应支付各种形式税费的货币结算总额，其中包括进口关税（按照俄联邦法律在对外商品贸易中俄联邦经济利益保护措施所涉及的关税除外）、联邦税（俄联邦境内所产商品的消费税、增值税除外）及国家预算外基金费（俄联邦退休基金费除外）。

第三条　俄联邦境内外国投资的法律调节

1. 对俄联邦境内外国投资实施法律调节，适用本联邦法、其他联邦法、俄联邦其他法规，以及俄联邦签署的国际条约。

2. 根据本联邦法及其他联邦法律，俄联邦主体有权就其管辖的问题及俄联邦与其主体共同管辖的问题通过对外国投资进行调节的法律和法规。

第四条　外国投资者及有外国投资的商业组织活动的法律制度

1. 除了联邦法律规定的一些例外，外国投资者的活动及其使用投资所得利润的法律制度所提供的优惠不能少于俄罗斯投资者的活动及其使用投资所得利润的法律制度。

2. 联邦法律可以为外国投资者规定一些限制性例外，其限度只能是维护宪法制度原则、道德，保护他人健康、权利和合法利益，保证国家防卫和安全所必需的。

可以根据俄联邦社会经济发展的利益对外国投资者以优惠的形式规定鼓励性例外。优惠的种类及提供方式由俄联邦立法加以规定。

3. 外国法人在俄联邦境内设立的分支机构可以履行部分职能或全部职能，包括以建立它的外国法人（下称母公司）的名义行使代表处的职能，其条件是母公司设立的目的及其活动具有商业性质；母公司应按其在俄联邦境内开展上述活动所接受的义务直接承担财产责任。

4. 有外国投资的商业组织的子公司及其附属公司在俄联邦境内从事经营活动时，不得享受本联邦法所规定的法律保护、保障及优惠。

5. 外国投资者、在俄联邦境内建立的有外国投资的商业组织（外商对该组织法定（合股）资本的投资份额不少于10%）进行再投资时，完全享受本联邦法规定的法律保护、保障及优惠。

6. 俄罗斯的商业组织，从外国投资者加入之日起，即获得有外国投资的商业组织地位。从该日起，有外国投资的商业组织及其外国投资者即享受本联邦法所规定的法律保护、保障及优惠。

外国投资者从商业组织中撤出（如有几个外国投资者参加的，则所有外国投资者全部撤出）之日起，该商业组织失去有外国投资的商业组织地位。从该日起，上述商业组织及外国投资者即丧失本联邦法所规定的法律保护、保障及优惠。

第五条　对外国投资者在俄联邦境内活动的法律保护的保障

1. 对俄联邦境内外国投资者的权益应给予充分的无条件的保护。这种保护是以本联邦法、其他联邦法、其他俄联邦法规，以及俄联邦签署的国际条约为保障的。

2. 对于因国家机关、地方自治机关或其工作人员的非法行为（不作为）而给外国投资者造成的损失，外国投资者有权根据俄联邦民事立法要求赔偿。

第六条　外国投资者运用各种方式在俄联邦境内进行投资的保障

外国投资者有权在俄联邦境内以俄联邦立法所不禁止的任何方式进行投资。

应根据俄联邦立法对有外国投资的商业组织法定（合股）资本的投资额进行估价。

对投资额的估价应以俄联邦货币进行。

第七条　外国投资者权利和义务向他人转让的保障

1. 外国投资者根据合同有权转让自己的权利（让渡诉求）和义务（转移责任）。根据法律或法院判决，外国投资者有义务依照俄联邦民事立法向他人转让自己的权利（让渡诉求）和义务（转移责任）。

2. 如果外国或其全权国家机构为了外国投资者利益而为其出资，对在俄联邦境内的投资进行了担保（根据保险合同），此项投资的外国投资者的权利又转让（让渡诉求）给该国或其全权国家机构，则在俄联邦这种权利转让（让渡诉求）是合法的。

第八条　外国投资者及有外国投资的商业组织的财产被国有化及征用时的赔偿保障

1. 除联邦法律或俄联邦签署的国际条约所规定的特殊情况及理由之外，外国投资者或有外国投资的商业组织的财产不应被强制没收，包括被国有化和征用。

2. 在被征用的情况下，应向外国投资者或有外国投资的商业组织支付被征用财产的价款。引起征用的情况终止时，外国投资者或有外国投资的商业组织有权通过司法程序要求追回仍保留的财产。但在此情况下，他们应退回已得到的赔偿金，同时应考虑到因财产价值降低而带来的损失。

在实行国有化的情况下，应向外国投资者或有外国投资的商业组织赔偿被国有化的财产的价值及其他损失。有关损失赔偿的争议应按本联邦法第十条规定的程序解决。

第九条　保障外国投资者和有外国投资的商业组织不因俄联邦法律发生变化而受到不良影响

1. 在向优先发展的外国投资项目开始划拨资金的当日，如果出台了关于调整征收进口关税（按照俄联邦法律在对外商品贸易中俄联邦经济利益保护措施所涉及的关税除外）、联邦税（俄联邦境内所产商品的消费税、增值税除外）、上缴国家预算外基金费（上缴俄联邦退休基金费除外）幅度的新的俄联邦法律法规，或对现行俄联邦法律法规作出了修改和补充，使外国投资者和有外国投资的商业组织在执行优先投资项目中的税赋总额加大，或对在俄联邦的外国投资的禁令和限制增多，则这些新的俄联邦法律法规以及对现行俄联邦法律法规的修改和补充在本条第 2 款规定的期限内将不适用于执行优先发展的外国投资项目的外国投资者和有外国投资的商业组织，但前提是上述外国投资者和有外国投资的商业组织运入俄联邦海关境内的货物专用于执行优先投资项目。

本款第一段适用于外商对法定（合股）资本的投资份额超过 25% 的含外资商业组织以及执行优先投资项目的含外资商业组织，而不管该商业组织中外商对法定（合股）资本的投资份额多少。

2. 本条第 1 款关于保证外国投资者投资条件和制度稳定性的规定适用于投资项目回收期，但不超过自外商向该项目划拨资金之日起的 7 年。根据项目种类对投资项目回收期的分类应按俄联邦政府规定的程序进行。

3. 在外国投资者和有外国投资的商业组织所

执行的优先投资项目涉及生产领域、交通设施建设或其他基础设施建设，且外国投资总额不少于10亿卢布（不少于按本联邦法生效之日俄联邦中央银行当日汇率折算的等值外币金额）、回收期超过7年的特殊情况下，俄联邦政府应决定延长本条第1款规定的对上述外国投资者和有外国投资的商业组织实行稳定投资条件和制度的期限。

4. 本条第1款的规定不适用于为维护宪法制度原则、道德，保护他人健康、权力和合法利益，保证国家防卫和安全而对俄联邦法令进行的修改和补充或实行的俄联邦新法律法规。

5. 俄联邦政府应确定对在征收进口关税、联邦税收和上缴国家预算外基金费、对俄联邦境内外国投资的禁令和限制等方面对外国投资者和有外国投资的商业组织发生不利变化的评定标准；确认本法律第二十四条指定的联邦权力执行机构对优先投资项目进行注册的程序；对外国投资者和有外国投资的商业组织在按本条第2、3款规定执行优先投资项目期间履行应尽义务的情况进行监督。

如果外国投资者和有外国投资的商业组织不履行本款前半部分所规定的义务，则将取消本条所规定的对其实行的优惠。因享受上述优惠而未支付的金额，应按俄联邦法律规定程序予以追回。

第十条　保障妥善解决外国投资者在俄联邦境内进行投资和经营活动中发生的纠纷

外国投资者在俄联邦境内进行投资和经营活动中发生的纠纷应根据俄联邦签署的国际条约和俄联邦法律在法院或仲裁法庭，或者国际仲裁法庭上予以解决。

第十一条　保障在俄境内使用和向俄境外汇出收入、利润及其他合法所得款项

外国投资者在遵照俄联邦法律纳税后有权在俄联邦境内自由使用其收入和利润，用于遵照本联邦法律第四条第2款规定进行的再投资或其他与俄联邦法律不相抵触的目的，有权不受任何限制地向俄联邦境外汇出其投资所得收入、利润及其他合法所得外汇款项，其中包括：

投资所得利润、股息、利息和其他收入；

有外国投资的商业组织或在俄联邦境内设立分支机构的外国法人在执行合同及其他交易中履行义务所得款项；

外国投资者因撤销有外国投资的商业组织或外国法人设立的分支机构或出让投资财产、财产权和知识产权所得款项；

本法律第八条规定的补偿金。

第十二条　保障外国投资者享有将最初作为外国投资带入俄联邦境内的器材和以文件或电子载体记录形式的信息无障碍地带出俄联邦境外的权利

最初将器材和以文件或电子载体记录形式的信息带入俄联邦境内的外国投资者有权无障碍地（不实行配额、许可证和采取其他对外贸易活动的非税率调节措施）将上述器材和信息带出俄联邦境外。

第十三条　保障外国投资者享有购买有价证券的权利

外国投资者有权根据俄联邦有价证券法购买俄罗斯商业组织的股票及其他有价证券和国家有价证券。

第十四条　保障外国投资者享有参与私有化的权利

外国投资者有权按照俄联邦有关国有和地方所有财产私有化的法律所规定的条件和程序，以获得国家和地方财产所有权或者在私有化企业法定（合股）资本中获得一定份额（投资）的途径参与国有和地方所有财产的私有化。

第十五条　保障给予外国投资者土地、其他自然资源、建筑物、设施和其他不动产的权利

外国投资者应按照俄联邦和俄联邦主体的法律享有获得土地、其他自然资源、建筑物、设施和其他不动产的权利。

如俄联邦法律未作其他规定，有外国投资的商业组织可以在招标（拍卖、竞买）中获得租赁土地的权利。

第十六条　给予外国投资者和有外国投资的商业组织海关税费的优惠

外国投资者和有外国投资的商业组织实施优先投资项目时的海关税费优惠应按照俄联邦海关法和俄联邦税法予以提供。

第十七条　俄联邦主体和地方自治机关给予

外国投资者的优惠和保障

俄联邦主体和地方自治机关在各自管辖范围内可以给予外国投资者优惠和保障，用俄联邦主体预算资金和地方预算资金以及预算外资金对外国投资者实施的投资项目进行拨款并给予其他形式的支持。

第十八条 外国投资者必须遵守俄联邦反垄断法和进行善意竞争

外国投资者必须遵守俄联邦反垄断法，不进行恶意竞争及限制性经营活动，包括以生产某种抢手商品、尔后将外国生产的类似商品打入市场而自行停业为目的在俄联邦境内建立有外国投资的商业组织或外国法人的分支机构，甚至利用有关价格、划分商品销售市场或参与招标（拍卖、竞买）的恶意协议。

第十九条 有外国投资的商业组织和外国法人分支机构的母公司所实施的财产保险

如俄联邦法律未作其他规定，有外国投资的商业组织应自行办理有关财产损失（灭失）、短缺或损坏的风险，民事责任风险和企业经营风险的财产保险，而外国法人分支机构的上述财产保险则由其母公司自行办理。

第二十条 有外国投资的商业组织的设立和撤销

1. 有外国投资的商业组织的设立和撤销应按照俄联邦民事法典和其他联邦法规定的条件和程序进行，但联邦法律根据本联邦法第四条第2款所作的规定除外。

2. 有外国投资的商业组织作为法人应在向有关机关呈送下列文件的一个月内，到司法机关办理国家注册：

有外国投资的商业组织章程和成立合同（俄联邦民事立法规定的情况下）；

外国投资者所在国家商业目录，或其他能确认外国投资者法律地位的文件的摘录；

由为外国投资者服务的银行开具的有关其支付能力的证明文件；

关于支付注册税的单据。

为维护宪法制度、道德，保护他人健康、权利和合法利益，保证国家防卫和安全等目的，有外国投资的商业组织可能被拒绝办理注册。

外国投资者可因未被办理国家注册而依照法律程序提出申诉。

第二十一条 外国法人分支机构的设立和撤销

外国法人分支机构设立的目的是在俄联邦境内进行其母公司在俄联邦境外所从事的经营活动，撤销时则应根据作为外国法人的母公司的决定。

应按照俄联邦政府确定的程序并通过注册办法对外国法人分支机构的设立、经营活动及撤销实施国家监督；

本联邦法第二十四条中所规定的联邦执行权力机构实施对外国法人分支机构的注册。

为维护宪法制度、道德，保护他人健康、权利和合法利益，保证国家防卫和安全等目的，外国法人分支机构可能被拒绝办理注册。

第二十二条 对外国法人分支机构章程的要求

1. 母公司应向本联邦法二十四条所列的联邦执行权力机构呈交外国法人分支机构章程及其他文件，文件清单以及在本条第2、3款中涉及的对文件内容的要求应由俄联邦政府予以批准。

2. 在外国法人分支机构的章程中应注明分支机构及其母公司的名称，母公司的法律组织形式，分支机构在俄联邦境内的所在地，母公司的法定地址，建立分支机构的目的及其经营项目，分支机构固定资产投资的构成、金额及期限，分支机构的管理程序。外国法人分支机构章程中可以载入其他反映该分支机构在俄联邦境内的经营活动特点及与俄联邦法律不相抵触的信息。

3. 对外国法人分支机构固定资产投资的估价由母公司根据国内价格或国际市场价格进行。投资额的估价应以俄联邦货币进行。外国法人分支机构固定资产投资估价的金额应在外国法人分支机构章程中注明。

4. 外国法人分支机构有权自注册之日起在俄联邦境内从事经营活动。

外国法人分支机构自撤销注册之日起应停止在俄联邦境内的经营活动。

第二十三条 制定和实施外国投资领域的国家政策

按照《关于俄联邦政府》这一联邦宪法法律

的规定，俄联邦政府应制定和实施国际投资合作领域的国家政策。

俄联邦政府应当：

确定对俄联邦境内的外国投资实行禁止和限制措施的合理性，制定有关上述禁止和限制措施清单的法律草案；

确定对外国投资者在俄联邦的经营活动进行监督的措施；

批准本联邦法第二条所规定的优先投资项目清单；

制定联邦吸引外国投资的纲要并保证其实施；

吸引国际金融组织及外国的投资性贷款，用以向俄联邦发展预算及联邦一级的投资项目提供资金；

就国际投资合作事宜与俄联邦主体进行协调行动；

对同外国投资者准备并签订关于由其实施大型投资项目的投资协议的全过程进行监督；

对准备并签订俄联邦关于鼓励和相互保护投资的国际条约的全过程进行监督。

第二十四条　负责协调吸引外国直接投资事务的联邦执行权力机构

俄联邦政府应确定负责协调吸引外国对俄联邦经济直接投资事务的联邦执行权力机构。

第二十五条　原先已经通过的俄联邦法律文件及其某些条款因本联邦法已被通过而告失效

鉴于本联邦法已被通过，下列法律文件及条款即告失效：

《俄罗斯苏维埃联邦社会主义共和国外国投资法》（俄罗斯苏维埃联邦社会主义共和国人民代表大会及最高苏维埃通报，1991 年，第 29 期，第 1008 页）；

《俄罗斯苏维埃联邦社会主义共和国最高苏维埃关于将俄联邦外国投资法付诸实施的决定》（同上，第 1009 页）；

《由于俄联邦“关于标准化法”、“关于保证计量统一法”、“关于产品和服务质量鉴定法”已被通过而对俄联邦法律文件进行修改补充的联邦法》第六条（俄联邦法律汇编，1995 年，第 26 期，第 2397 页）；

《由于“俄联邦仲裁法庭”联邦宪法法律及俄联邦仲裁程序法典已被通过而对俄联邦法律及其他法律文件进行修改补充的联邦法》第一条第 4 款（俄联邦法律汇编，1997 年，第 47 期，第5341 页）。

第二十六条　将俄联邦法律与本联邦法取得一致

1．建议俄联邦总统及俄联邦政府将其法律文件与本联邦法取得一致。

责成俄联邦政府按规定程序向俄联邦联邦会议、国家杜马提交关于因本联邦法而需要对俄联邦法律文件进行相应修改补充的建议。

第二十七条　将俄联邦境内建立的外国法人分支机构章程与本联邦法取得一致

凡在本联邦法开始生效前建立的分支机构，其母公司必须：

在本联邦法开始生效之日起 6 个月内将外国法人分支机构章程与本联邦法取得一致；

在本联邦法开始生效之日起一年内办理外国法人分支机构的注册。

第二十八条　本联邦法开始生效日期本联邦法自正式公布之日起开始生效。

俄罗斯外汇管理政策

为扩大对俄投资吸引力，保证经济领域投资的持续性，减少外汇流失，俄政府与俄联邦中央银行先后颁布了《俄联邦银行业发展计划》、《外汇调节与外汇监督法》、《打击金融领域非法洗钱活动法》修改议案、《不诚信贷款组织法》等多项法案，在俄金融领域外汇市场的宏观调控方面推行了一系列改革措施，主要表现在以下几个方面：

加强对进出口活动的外汇管理

1．**出口收汇**：1994 年俄开始对出口商的外汇收入情况进行全面监督和检查。经营外贸业务的商业银行通过互联网将出口商的出口收汇情况传给外汇监控系统的计算机中心，该中心立即与原已储存的相关信息进行核对，检查出口商是否有隐匿外汇收入的行为。为防止资本外流，1998 年金融危机以后，俄对出口贸易的支付方式进行了严格限制：只有在出示 100% 预付款证明或已开立出口商品海关价值全额信用证后，出口商品方可出境。1999 年初，俄央行还规定，出口商必须将出口收入的 50% 通过授权银行在外汇市场上出售，25% 的外汇收入直接交售给中央银行。

2. **进口付汇**：1998 年金融危机以后，俄进一步加强了对进口贸易的管理，禁止以商业信贷和预付款的方式将资金汇出境外，只有在得到商品已进入海关监管区的通知后或进口商开立信用证的情况下，银行方可进行支付。1999 年初，俄央行规定，俄进口商在向国外预付进口货款时，必须在负责汇付的银行存上等同于货款的卢布款，待其提交货单证后，方可被退还卢布款。2001 年 1 月，俄开始实施《对进口商支付外汇实行监督的制度》，扩大了对在进口活动中使用外汇的监督范围，不仅可以监督支付外汇的出口合同，而且可以监督以卢布和票据进行结算的各种出口合同，俄政府正在计划将外汇监督扩大到转口业务和临时进口业务。

实现经常性项目的卢布自由兑换

自 1996 年 6 月 1 日起，俄罗斯开始承担国际货币基金组织有关义务，实行经常性项目的卢布自由兑换政策，但这并不意味着卢布在国际结算中已成为完全自由兑换货币，俄政府仍将在与资本流动有关的业务方面实行国家外汇调节和监督措施。

实行有管理的卢布汇率政策

1998 年 8 月金融危机爆发以后，俄中央银行放弃了“外汇走廊”，实行有管理的自由浮动汇率政策，主要表现在两个方面：一方面，俄央行在确定官方汇率时不仅根据市场供求状况，同时还要考虑国家国际收支经常项目差额、国家黄金外汇储备及通货膨胀水平等综合指标，此外还通过采取提高商业银行客户存款的储备率、发行央行债券、调低再贷款利率等措施来稳定卢布汇率；另一方面，虽然俄罗斯已取消专门汇市，所有外汇交易商在早市和午市上均可按普通汇市的规则自由买卖外汇，但俄政府对统一后的外汇交易市场还存在较强的行政干预作用。

建立准备金制度

1998 年金融危机以后，俄央行规定，俄各银行与在避税区注册的俄罗斯公司进行业务时必须建立准备金，其数额不得少于每项业务额的 50%。

限制出境携汇额度

由于近年来俄外贸大量顺差，外汇流失严重等原因，俄政府于 2003 年 12 月颁布了《外汇调节与外汇监督法》，对自然人携带外汇现金出境做出新的规定：“如自然人一次携带出境的外汇现金额不超过3 000美元以下者，无需填写海关报关单；如携汇额在3 000美元～10 000美元者，必须填写报关单，不必提供银行携汇出境证明；如携汇额高于入境申报金额并超过10 000美元者，不允许出境，超出金额可通过银行汇往境外。”

据俄媒体报道，俄政府较从前放宽自然人携汇出境额度，是因为考虑到过低限额会影响“国际倒爷”的生意，从而影响俄低收入者的生活消费等因素。俄政府此举，还将在一定程度上避免外汇大量流失和外汇储备急速下降。

外汇汇款制度

1996 年 6 月，俄央行取消了活期账户和汇款的外汇业务限制，企业可将存款兑换成外汇，并根据进口合同汇往境外，银行收取一定汇出费用。在俄企业售后所得卢布可以自由兑换成美元，但要交纳 0.5%～1% 银行手续费。

俄罗斯有关外商投资的相关政策

为推动本国经济发展，俄政府希望大量引进外资，但其收效不大。截至 2004 年 11 月，俄累计利用外资额约 734 亿美元。其中，国外商业贷款约占 57.5%；直接投资约占 40.5%，证券投资约为2%。主要对俄投资国家依次为德国、塞浦路斯、荷兰、卢森堡、英国、美国和法国。

吸引外资的基本原则

目前，俄罗斯为吸引外资而采取的措施多致力于减少对外国投资者经营活动的限制，使外国投资者逐步享受到接近或等同于俄本国投资者的待遇，同时从总体上改善国内投资环境，使国内外投资者在相同的政策条件下竞争。简而言之，就是强调使外资享受“国民待遇”。

《俄罗斯联邦外国投资法》1999年7月9日颁布，2002年3月和7月及2003年12月进行多次修正。该法明确声明：外资经营活动受俄国家法律保护，在俄可以进行任何合法的投资活动，有权购买有价证券、自然资源、房屋、建筑物以及其他不动产，参与俄私有化进程，并享有法律提供的各种优惠；俄政府保障外资重点项目在投资期内免受政策法令变更的影响；外资的权利与义务可以向第三方转让；其财产不被非法没收、征用和国有化，因特殊原因发生上述情况，俄政府必须给予赔偿；外资依法纳税后，可以自由支配其收入（利润、股息、利息等），包括将收入汇出境外；外资在俄境内发生争议和诉讼时将得到公正待遇；其有权将投资带入的资产、资料带出俄境内。

吸引外资的地区政策

目前，俄罗斯参照其他国家的先进引资经验，在境内设有一定数量的特别经济区，但以联邦立法形式加以管理的特别经济区只有两个：加里宁格勒经济特区和马加丹经济特区。而其他特别经济区基本是通过条例进行管理的，其级别低于前两个特区。近期，俄经贸部会商各部委后向政府提交了《俄联邦特别经济区法》草案，政府计划于3月1日前提请杜马审议。

1.**《俄联邦加里宁格勒特别经济区法》**：该法于1996年1月22日颁布，是俄历史上第一次确定了自由经济区特惠地位的联邦法律。该经济区内实行自由关税区的关税制度。

税收制度

在特别经济区内，俄罗斯和外国投资者享受俄联邦税法和加里宁格勒州地方法规所规定的税收减免优惠。

海关制度

特别经济区生产的商品（按照产地证明来确定）运往境外时，可免交关税和办理海关手续时所应交纳的其他费用（海关规费除外），并不受国家非关税外贸调节政策影响；

商品自境外运入特别经济区时，可免交关税和办理海关手续时所应交纳的其他费用（海关规费除外），其中对个别种类的商品和服务国家可采用配额限制；

特别经济区生产的商品（按照产地证明来确定）运往俄罗斯其他地区和俄罗斯加入的关税联盟时，可免交关税和办理海关手续时所应交纳的其他费用（海关规费除外），并不受国家非关税外贸调节政策影响；

商品（除特别经济区生产的商品外）自境外运入特别经济区后转运至俄罗斯其他地区和俄罗斯加入的关税联盟时，则需缴纳关税和办理海关手续的其他税费，并受国家非关税外贸调节政策的影响；

商品自境外运入特别经济区（区内加工或无加工）后运往境外时，可免交关税和办理海关手续时所应交纳的其他费用，并不受出口进口数量限制。

2.**《俄联邦马加丹特别经济区法》**：该法于1999年6月7日颁布，30天后生效，有效期自生效之日起至2014年12月31日止。在马加丹特别经济区实行专门的税收和海关制度。

税收制度

在特别经济区内以及马加丹州境内从事经营活动的企业，可免交应向联邦财政交纳的税费（但向联邦退休基金和联邦社会保险基金上缴的款项除外）；自2006年1月1日至2014年12月31日，在特别经济区和马加丹州从事经营活动的企业用于在马加丹州境内投资发展生产和公共事业的利润可免交利润税。

海关制度

区内企业可根据俄联邦海关法典第12章《临时储存货物》为自由海关区海关制度规定的程序和条件并考虑到本联邦法的特殊性，向特别经济区运入、在其境内安置和使用或从特别经济区运出俄罗斯商品和外国商品；

区内企业在将因自身生产所需而购买的和在马加丹州境内使用的外国商品从特别经济区运往马加丹州其他地区时，可免交进口关税和俄联邦国家海关委员会规定的在办理商品海关手续时应交纳的其他费用（海关规费除外）；

当区内企业将上述外国商品从马加丹州运往俄联邦其他海关境域时，如该商品经过加工并符合俄联邦海关法规定的深加工标准，可将其视为俄罗斯商品，免征进口关税并免收办理海关手续时的费用；

区内企业将在特别经济区生产的商品运往俄联邦其他海关境域或俄联邦境外时，可免交关税和办理海关手续时所应交纳的其他费用（海关规费除外）。

各州区吸引外资的法律：根据俄罗斯宪法和联邦法律，俄各州区政府在其权限范围内可以制定自己的社会经济发展规划和法规，有权吸引外资，有权以其预算为外资提供优惠。内容包括地方政府支持外商对当地的投资、对外商投资的要求、对外商的法律保护和优惠等。各州区政府支持对当地投资活动的措施有：用当地的预算对投资者提供税金贷款和税收优惠；用当地的预算对属于当地的优先投资项目做担保；发行专项债券为当地大型项目融资等；根据外商投资的金额和投资方向，俄地方政府对外资也区别对待：一般外商投资和参加地方政府规定的优先投资项目的外商投资分别享有不同的优惠和保护。

在俄经营企业的所得税征缴税率

根据2004年7月29日通过、2005年1月1日起生效的第95号联邦法规定，在俄经营的企业其所得税税率为24%，其中：向联邦财政预算（相当于中国的国税部分）缴纳6.5%，向州区财政预算（相当于中国的地税部分）缴纳17.5%。州区政府有权对个别纳税户降低地税税率，但最低不得低于13.5%。

针对经营非俄罗斯境内业务的外国机构代表处，其收入所得应向联邦财政预算缴纳20%；如从事国际联运而使用、保养或租借船舶、飞机及其他交通工具、集装箱的所得，应向联邦财政预算缴纳10%。

俄国公司从本国机构取得利息收入，应向联邦财政预算缴纳9%；外国公司从俄国机构所得的利息收入或俄国公司从外国机构所得的利息收入，应向联邦财政预算缴纳15%。

国家或市政证券的利息所得、2007年1月1日后发行的抵押偿款债券的利息所得、2007年1月1日后发行抵押入股凭证的托管机构的抵押偿款收入，应向联邦财政预算缴纳15%。2007年1月1日前发行的不超过3年期的市政证券的利息所得、2007年1月1日前发行的抵押偿款债券的利息所得、2007年1月1日前发行抵押入股凭证的托管机构的抵押偿款收入，应向联邦财政预算缴纳9%。

在俄外资企业可能享受的优惠政策

目前，俄罗斯对外国投资的减免税优惠政策分散于各种法律法规中，现将其主要内容列举如下：

《俄罗斯联邦外国投资法》：在外国投资者和有外国投资的商业组织所执行的优先投资项目涉及生产领域、交通设施建设或其他基础设施建设，且外国投资总额不少于10亿卢布（不少于按本联邦法生效之日俄联邦中央银行当日汇率折算的等值外币金额）、回收期超过7年的特殊情况下，俄联邦政府应延长对上述外国投资者和有外国投资的商业组织实行稳定投资条件和制度的期限。根据俄罗斯海关法和政府税收法规，外资重点投资项目可以享受优惠；俄地方政府可以在职权范围内利用地方财政收入或预算外资金向外资提供税收优惠、担保、融资及其他形式的支持。

《俄联邦产品分成协议法》及对该法进行的修改和补充：该法是一部调节国内外投资者在俄境内投资寻找、勘探和开采矿物资源及有关活动的联邦法，该法极大简化了投资者与国家之间的相互关系，特别是在税收方面，征税基本上被按协议条款分配产品所取代。在协议有效期内，投资者免交除企业所得税、资源使用税、俄籍雇员的社会医疗保险费和俄罗斯居民国家就业基金费以外的其他各种税费。

《俄罗斯联邦融资租赁法》：任何俄联邦居民、非居民以及依照俄联邦法律从事经营活动的有外国投资者参与的经营活动主体均可成为租赁主体。国家对租赁活动的支持主要有：对租赁项目的实施给予联邦预算拨款并提供国家担保；为租赁项目提供投资贷款；银行及其他金融机构向租赁主体提供贷款所得利润可免缴3年以上的企业所得税；按照法律程序向租赁公司提供税收优惠及贷款优惠；为鼓励更新机械设备，在使用快速折旧法的同时，允许出租人将使用寿命在3年以上的固定资产在其投入使用的第一年以快速折旧方式注销原始价值的35%等。

贸易投资法律体系

投资管理政策与法律

俄罗斯与投资有关的法律有：《外国投资法》、《产品分成协议法》、《土地法典》、《农用土地流通法》、《对部分有关发展住房抵押信贷的俄罗斯联邦法律法规的修改和补充》、《有限责任公司法》、《股份公司法》、《实施国家监督过程中法人和个体经营者权益保护法》、《货币调控与外汇管制法》、《法人国家登记法》、《不动产权和交易国家登记法》等。

其他相关政策与法律

2004年4月，俄罗斯国家杜马批准了俄罗斯与乌克兰、白俄罗斯及哈萨克斯坦建立统一经济空间的协定。俄罗斯联邦政府《国家对外经济政策》旨在有效地实现俄罗斯与国际劳动分工体系的一体化，并使这一进程成为一种长期的经济任务，以便对俄罗斯经济进行结构性的改革，保障俄罗斯对外经济业务参与者的利益。

贸易管理制度

1. **关税制度**。俄罗斯关税税率表所标税率为基本税率，对来自享受最惠国待遇国家进口产品按基本税率计征关税，对来自其他国家进口产品按基本税率的两倍计征关税。俄罗斯实行多种关税优惠措施，对来自与俄罗斯签有自由贸易协定的独联体国家和最不发达国家进口产品，免征进口关税；对来自享受普惠制待遇国家进口产品按基本税率的75%计征关税，中国属于享受普惠制待遇的国家之一。目前，俄罗斯进口关税平均税率为10.5%～11%，绝大部分进口货物按从价税计征关税，小部分商品实行从量税和复合税。近年来，实行复合税的货物种类渐趋增多。

1996年7月，俄罗斯曾全面取消出口关税。1999年1月起又恢复了部分产品的出口关税，需缴纳出口关税的产品包括：煤、石油、天然气、成品油、部分化工产品、有色金属、木材、皮革原料、大豆、油菜籽、葵花籽及部分海产品等。

2. **进口管理**。根据俄联邦经济发展贸易部1997年5月签发的第21－154号公函，自1997年5月起，俄罗斯禁止在其境内销售无俄文说明的进口食品；另外，根据俄联邦国家关税委员会1997年10月签发的第N01－15/18803号公函，自1998年7月起，禁止在其境内销售无俄文说明的进口商品。1998年12月，俄罗斯颁布《关于对在俄罗斯联邦境内销售的商品和产品粘贴防伪标志和统计信息条以及对其流通情况进行统计的程序条例》，规定从1999年7月起，禁止在其境内销售条例所附清单列出的无防伪标志及统计信息条的商品和产品。该条例所附第一批商品清单主要包括酒类制品、音像制品和电脑设备等。

3. **出口管理**。俄罗斯主要采用出口配额、出口许可证等方法实施出口管理。

（1）出口配额和出口许可证。俄罗斯对以下三类产品实行出口配额和许可证管理：第一类是国际协议规定要求限制数量的产品，如纺织品、个别黑色金属制品、碳化硅等；第二类是某些特殊产品，包括野生动物、药物原料、密码破译设备、武器及军民两用产品、核材料及其装置、贵金属及宝石、矿物及古生物学的收藏资料、半宝石及其制品、麻醉剂、镇静剂、毒药、有关能源信息等；第三类是俄罗斯国内需求较大的产品，如1998年10月俄政府决定，自1998年11月起对未加工皮（牛皮、羊皮及其他皮）和油籽（葵花籽、油菜籽、大豆）的出口实行许可证管理（无数量限制）。出口配额的分配主要是通过招标和拍卖进行。配额如有剩余，亦可根据出口实绩进行增发。出口许可证由经济发展贸易部驻地方特派员办事处负责发放。

（2）军民两用产品的出口监督。1996 年 10 月，俄罗斯政府发布了《关于对自俄罗斯联邦出口的两用产品和技术进行监督的办法条例》，规定出口军民两用产品和技术需申领出口许可证，以出口产品和技术与俄罗斯联邦承担的有关国际义务是否一致作为出口许可证颁发的依据。

（3）出口合同登记制。从 1996 年 10 月起，俄罗斯要求对所有金额超过 5 万美元的进出口合同进行登记。合同登记工作由俄罗斯经济发展贸易部驻地方特派员办事处负责。

（4）统一验证制度。1996 年 1 月起，俄罗斯对出口商品的数量、质量和价格实行统一的强制性验证制度，规定出口商品，特别是重要的战略性原料商品，均须在起运地接受验证机构的检验，验证其数量、品质是否与报关单上填写的内容一致，其价格是否合理。验证完毕后，由验证机构向出口商出具“验讫证书”，对缺少该证书的出口商品，海关不予放行。自 1996 年 3 月起，这一制度不再具有强制性。目前，由于技术原因，“统一验证制度”尚不能全面实施，实践中只能对石油、成品油、天然气、煤、黑色及有色金属、木材、矿肥等部分商品进行验证。

（5）加工贸易出口。俄罗斯将来料加工和本地购料加工均纳入加工贸易管理范围，加工贸易产品出口时可享受一定的税收优惠。

4. **其他相关制度。**除了关税、进口管理、出口管理等方面外，俄罗斯其他贸易管理制度有：

（1）海关监管。自 2004 年 1 月起，俄罗斯实施修改后的《海关法典》，进一步简化海关监管手续，提高通关效率，相关准法律文件数量从 3000 件减少到 100 件。

（2）税收制度。俄罗斯对进出口产品征收消费税和增值税。自 1993 年 2 月起，俄罗斯对部分进口产品征收消费税，征税不区分进口产品的来源地。目前，被征税的产品包括酒类、香烟、汽油、首饰及小轿车等五大类。俄罗斯对部分出口产品征收消费税，包括石油和天然气，以及通过易货合同出口的产品，同时规定向非独联体国家出口的产品（石油和天然气除外）免征消费税；向爱沙尼亚、拉脱维亚和立陶宛三国出口的、以非自由兑换货币结算的产品，免征消费税。自 1993 年 2 月起，俄罗斯对来自非独联体国家进口产品征收进口环节增值税。进口环节增值税的税基为产品海关申报价值、进口关税额、消费税额三项之和，税率为 20%（部分食品和儿童用品的税率为 10%）。2004 年 1 月起，进口环节增值税税率降至 18%，同时，在俄罗斯境内加工和销售进口商品过程中的新增价值部分也需缴纳增值税。俄罗斯规定向独联体国家出口产品征收全额增值税，一般产品增值税税率为 20%，部分食品和儿童用品为 10%。向非独联体国家出口产品免征增值税。

投资管理制度

《俄罗斯外国投资法》明确规定，除俄罗斯联邦法律另有规定外，给予俄联邦境内外国投资者的法定待遇不得低于本国投资者。此外，第 9 条第 2 款规定，参与优先投资项目的外国投资者和外资商业组织享受专门的优惠和法律保障，保证其投资条件的稳定性，在一定时期内不受俄罗斯法律法规变化的影响。

《俄罗斯联邦农用土地流通法》第 1 章第 3 条规定，拥有法定资本 50% 以上的外国公民或法人可以以租赁方式拥有农用土地，租期不超过49 年。

《俄罗斯联邦税法典（第二部分）》中规定将利润税税率下调到 24%，将增值税税率下调到 18%，将各种社会缴纳费用（医疗保险费、失业保险费、养老保险费）改为统一社会税，税率从原来的相当于企业工资总额的 40% 左右下降到 35%。

贸易投资管理部门

1. **俄罗斯的贸易投资主管部门。**

（1）俄罗斯联邦政府经济发展贸易部。该部负责管理贸易投资事务，主要职能包括：研究、制定和实施国家统一的对外经济政策，对俄罗斯联邦的对外经济活动进行国家宏观调控，保障进出口贸易的正常秩序，吸引外国投资。

（2）俄罗斯联邦政府外贸保护措施及关税政策委员会。该委员会主席由财政部长或经贸部长担任，委员会主要负责决定反倾销立案及是否采取措施。

（3）俄罗斯联邦政府投资咨询委员会。该委员会成立于1994年，主要由在俄罗斯有大型投资计划的外国公司的代表组成，隶属于俄罗斯联邦政府，由政府副总理直接领导，其主要职能是促进俄罗斯吸引和利用外资，进行定期讨论分析并提出咨询建议，为俄罗斯政府吸引外资政策的制定和调整方面提供决策参考。

（4）俄罗斯联邦资产基金会。该基金会是政府的专门金融机构，负责为涉及俄罗斯私有化进程的外国投资者提供服务，帮助解决有关问题。目前该基金会已在欧洲和美国金融市场上开设了办事处，专门为对俄罗斯企业股票、不动产感兴趣的外国投资者提供信息和咨询服务。

（5）俄罗斯联邦司法部国家注册局。俄罗斯联邦国家注册局成立于1994年6月，1998年9月转归俄罗斯联邦司法部管辖，其主要职能包括：执行国家关于对经营活动主体、外资企业、外国公司驻俄联邦境内的代表处以及俄境外投资进行统计和注册的政策；办理能源综合体外资企业以及外资额超过10万卢布的企业的国家注册；办理外国公司派驻俄罗斯境内代表处的委派手续和国家综合登记；组织制定有关统计、注册以及进行国家登记的规范和方法的基础文件等。

2. **政府授权机构。**俄罗斯联邦工商会是根据俄罗斯宪法和《关于俄罗斯联邦工商会法》成立的独立的非政府、非商业性组织，在俄罗斯各地设有自己的分支机构。其宗旨是联合各地区工商会，促进俄罗斯经济发展和参与世界经济一体化，促进俄罗斯企业与外国企业之间的经贸和科技关系的发展。该组织拥有并行使仲裁权，下设登记局，负责审批外国公司代表处注册申请书，为外国公司代表处人员进行登记、颁发常驻证、办理延长签证期和居留期手续等。

十一、贸易壁垒

关税及关税管理措施

目前俄罗斯的整体平均关税税率为10.5%，但汽车、烟、酒及糖等敏感产品的平均关税税率为25%～30%，服装、鞋、轻纺产品的平均关税税率为15%～20%。从1997年起，俄罗斯海关对中俄双边经济合作项下中方劳务人员进口的自用生活物品和生产资料开始征收高额关税。2002年1月，又提高了部分产品的进口税率，如大米、葵花籽油、冰箱压缩机等。俄罗斯对近1 500个税号的产品采取混合征税（按从价税和从量税中较高者征收），并经常通过临时性提高某些进口商品关税的做法限制进口（称为临时性保护关税或特别进口关税）。此外，俄罗斯还对从中国进口的耐火材料征收高额关税，其中烧成砖进口关税为20%，未烧砖进口关税为15%，耐火散装原材料进口关税为5%。

俄罗斯虽然将中国列为普惠制受惠国之一，但却将中国很多有竞争力的产品排除在优惠清单之外，如果汁、菜汁、矿泉水、汽水及其他非酒精饮料、啤酒、80度以内非变性食用酒精、烈性酒、甜酒、其他酒精饮料、合成材料服装、鞋、护腿套、天然宝石、人造宝石及其制品、非金银宝石妇女饰物、电话机、电唱机、录音机、音箱、录像机、放像机、无线电话电报传送接收设备、广播电视传送接收设备、客货两用车、赛车、钟表、钟表零件、表带及表链等。

俄罗斯上述做法严重阻碍了中国相关产品对俄罗斯出口。

通关环节壁垒

在海关估价中，俄罗斯对中国有竞争力的服装、家电等产品规定了较高的最低限价，削弱了中国产品在俄罗斯市场上的竞争力。

2002年8月，俄罗斯海关规定，自中国经铁路运输发往莫斯科及莫斯科州的产品必须在指定的13个铁路站收货并办理通关手续。中方就此规定多次与俄方进行交涉，要求俄方取消这一针对中国产品实施的歧视做法，但至今俄方仍未取消。

俄罗斯还规定，进口商进口时需缴纳相当于产品发票总价值0.15%的海关手续费。

此外，中国企业普遍反映，俄罗斯的通关手续过于复杂，通关时间过长。

进口限制

俄罗斯近年来逐步扩大了进口许可证管制产品的范围。

自1997年1月起，俄罗斯开始对食用酒精和伏特加酒的进口实行许可证管理；自1998年5月1日起，开始对彩电整机进口实行许可证管理；自1999年1月起，对部分药品（包括部分兽用药品）及制药用品进口、烟草及其工业代用品进口实行许可证管理；2003年1月，对禽肉进口实施配额管理；2003年11月，俄罗斯经济贸易发展部和农业部决定，自2004年起对原糖进口实施配额限制措施。

俄罗斯对酒精饮料进口有“经验要求”，即要求申请从事进口的企业必须有一年从事俄罗斯本地酒精销售的经验。

此外，中国对俄罗斯出口的化肥、大米、玉米、酒类产品均受配额许可证限制，其中大米、玉米配额的申领程序尤为复杂。

技术性贸易壁垒

目前俄罗斯对从中国进口的耐火砖强制进行放射性检验，要求中国出口商向俄罗斯卫生部申请检验，并由其出具合格证书后，才能向俄罗斯出口耐火砖。申请和检验过程耗时费力，增加了中国出口企业的财务负担。目前世界上只有俄罗斯实行这一规定。

中草药出口俄罗斯需经过非常复杂的注册程序，耗时长达一年半以上，每种药品注册费用高达5 000多美元。

此外，俄罗斯现有将近6万个有关技术标准的强制性法令和部门规定，许多产品质量标准与国际标准不符。

卫生与植物卫生措施

目前，俄罗斯尚不认可中国官方机构出具的产品检验检疫证书。例如，中国企业向俄罗斯出口畜肉时，俄罗斯要求中方所有生产厂商均须经俄罗斯兽医实地逐个检查，并对出口产品进行复检，中方检验证书只有在俄罗斯兽医背书后方被认可。俄方不顾中俄双方达成的俄方兽医只对中国出具的猪肉、牛肉《兽医卫生证书》背书的协议，对其他畜肉、禽肉、肠衣等产品的检验证书也要求进行背书。同时，俄罗斯还要求中国企业承担俄罗斯官员来华的所有费用。此举增加了中国企业的成本，严重妨碍了中国对俄罗斯畜肉产品的正常出口。

贸易救济措施

俄罗斯尚未对中国产品进行过反倾销调查，但自2000年8月以来，俄罗斯已发起了8起涉及中国产品的保障措施调查，仅2002年就发起了4起。由于中国是被调查产品的主要出口国，且出口金额较大，因此俄罗斯此种做法严重损害了中国出口商的利益。

2003年1月，俄罗斯政府决定对畜禽产品进口实行保障措施，从4月起开始对畜禽类产品进口实施为3~4年的数量限制和配额管理。按照俄罗斯政府有关规定，配额按前三年平均值分配。2003年，俄罗斯分配给中国的禽肉配额仅3 100吨，还不到中国2002年对俄禽肉出口的1/10。其中，猪肉进口配额也按进口商前3年进口实绩进行分配，由于中方自2001年底才恢复对俄猪肉出口，这一规定意味着中国只能得到约相当于2002年进口量1/3的配额数量。上述措施违反了WTO《保障措施协议》中实施保障措施不得使进口量减少至低于最近3年的平均进口水平的规定，严重影响了中国畜禽企业对俄的正常出口，使中国企业蒙受重大损失。

服务贸易壁垒

1. **通信**。俄罗斯在基础电信服务及增值电信服务中准许外资参与的比例过低。中国公司目前未能在俄罗斯从事国际速递服务。

2. **专业服务**。俄罗斯规定，只有俄罗斯境内的永久居民并拥有俄罗斯专业会计资格证明者，才可以担任首席会计师或代理首席会计师。俄罗斯不允许外籍人员参加其注册会计师资格考试，也不允许外籍人员在俄罗斯设立会计事务所。俄罗斯规定提供簿记服务的机构主管必须是俄罗斯公民。

俄罗斯目前尚不允许中国律师事务所在俄罗斯设立代表机构。

俄罗斯规定医生和医疗行政管理人员必须是在俄罗斯长期居住的俄罗斯居民。

3. **建筑**。俄罗斯规定只有拥有俄罗斯国籍的自然人才能取得在俄罗斯境内从事建筑设计活动的许可。外国人只能通过与俄罗斯联邦公民或被许可的俄罗斯联邦商业机构联合，方能提供建筑服务。

俄罗斯规定，用工超过100人的建筑工地，必须雇佣50%以上的俄罗斯联邦公民。

4. **教育**。俄罗斯不允许中方以合作或合资形式在俄罗斯提供高等教育服务。俄罗斯学校聘用的中国教师很难获得居留许可。

5. **金融**。俄罗斯规定，在合资银行中外国资本不得超过银行资本总额的25%。俄罗斯不允许外国银行设立分行和同城支行，也不允许外国银行进入银行间的自动柜员机联网操作系统和提供电子转账服务。

6. **旅游**。目前，俄罗斯不允许中国在俄罗斯开办独资旅游公司。

7. **运输**。中国企业反映，俄罗斯对中国企业从事跨境公路运输服务设有种种非国民待遇的限制，如，根据俄罗斯交通部规定，中国商品在运输过程中，必须缴纳押运费。该费用不同于运输保险费，相关货物损失及丢失均不予赔偿，而是由货主和铁路机构协商解决。俄罗斯对中方客运、货运车辆在俄罗斯境内的目的地，以及返回车辆在俄罗斯境内承载旅客、装运货物均有不合理的限制。此外，中方在俄罗斯境内设立合资、独资货物运输、货运代理、仓储、物流企业时也未能获得国民待遇。

俄罗斯未开放铁路客运和货运市场，且只允许俄罗斯联邦公民提供铁路运输设备的维修保养服务。

俄罗斯不允许外商设立合资企业提供装卸、集装箱堆场、船舶代理、结关等服务。

8. **其他**。俄罗斯不允许中方在俄罗斯成立系统集成与软件开发企业。

中国企业反映，中国劳务人员在俄罗斯办理外汇汇兑业务时，手续极为繁琐，且费用昂贵。

此外，中国企业还反映俄罗斯办理中国劳务人员出入境手续繁杂、收费高、耗时长。中方在俄罗斯工作人员的工作许可期限仅为11个月，且不能多次往返。

十二、联系方式

中国驻俄罗斯联邦大使馆

地址：俄罗斯联邦莫斯科市友谊街6号

邮政编码：117330

电话：007-495-9382111；1431544；1437622

传真：007-495-9382005

电子邮件：ru@mofcom.gov.cn

中文网站：http://ru.mofcom.gov.cn/index.shtml

俄文网站：http://ru2.mofcom.gov.cn/index.shtml

哈萨克斯坦

一、国名 国旗 国徽

国 名

哈萨克斯坦的国名全称为“哈萨克斯坦共和国（The Republic of Kazakhstan)”。

国 旗

国旗呈横长方形，长与宽之比为2:1。旗地为浅蓝色，旗面中间是一轮金色的太阳，其下有一只展翅飞翔的雄鹰。靠旗杆一侧有一垂直竖条，为哈萨克传统的金色花纹图案。浅蓝色是哈萨克人民喜爱的传统颜色；花纹图案常在哈萨克民族的地毯、服饰中见到，它显示出哈萨克人民的聪明和智慧。金色太阳象征光明和温暖，雄鹰象征勇敢。哈萨克斯坦于1991年12月独立后采用此国旗。

国 徽

国徽呈圆形。画面中间是哈萨克人的毛毡帐篷圆顶图案，两侧为骏马，上端是一颗五角星，下端的饰带上用哈萨克文写着“哈萨克斯坦”。

二、地理环境

哈萨克斯坦面积为272.49万平方公里，是世界上最大的内陆国家。哈萨克斯坦为地处中亚的内陆国，西濒里海，海岸线长1 730公里。东南连接中国，北邻俄罗斯，南与乌兹别克斯坦、土库曼斯坦和吉尔吉斯斯坦接壤。

地形多为平原和低地。西部最低点是卡腊古耶盆地，低于海平面132米；东部和东南部为阿尔泰山和天山；平原主要分布在西部、北部和西南部；中部是哈萨克丘陵。荒漠和半荒漠占领土面积的60%。主要河流有额尔齐斯河、锡尔河、乌拉尔河、恩巴河和伊犁河。湖泊众多，约有4.8万个，其中较大的有里海、咸海、巴尔喀什湖和斋桑泊等。冰川多达1 500条，面积为2 070平方公里。

哈萨克斯坦的气候属严重干旱的大陆性气候，夏季炎热干燥，冬季寒冷少雪。1月平均气温为-19℃至-4℃，7月平均气温为19℃至26℃。绝对最高和最低气温分别为45℃和-45℃，沙漠中最高气温可高达70℃。年降水量荒漠地带不足100毫米，北部300毫米~400毫米，山区1 000毫米~2 000毫米。

哈萨克斯坦矿产资源十分丰富，矿种多、储量大、品位高。已探明的矿藏有90多种，钨储量占世界第一位，铬和磷矿石占第二位。铜、铅、锌、钼和磷的储量占亚洲第一位。此外，铁、煤、石油、天然气的储量也较丰富。已探明的石油储量达100亿吨，煤储量为39.4亿吨，天然气储量为11 700万亿立方米。森林和营造林2 170万公顷。地表水资源530亿立方米。湖泊和水库7 600多个。

三、政治区划

哈萨克斯坦共分为14个州。首都是阿斯塔纳（Astana)，阿斯塔纳原名阿克莫拉（Akmola)，1997年12月10日正式取代阿拉木图（Alma-ata）成为首都，1998年5月6日改为现名。原首都阿拉木图市为哈最大城市，人口106万，是哈经济、金融、文化、教育和科研中心，目前被称为南都。

首都阿斯塔纳地处北部偏中的田吉兹平原，伊希姆河右岸，属典型的大陆性气候，冬季寒冷漫长，1月平均气温零下17.4℃，最低可达零下40℃～50℃；夏季干燥少雨，7月平均气温20.3℃，最高可达40℃～50℃，年降雨量为335毫米。阿斯塔纳面积100多平方公里，距阿拉木图1 318公里。

四、人口 民族 宗教

截至2005年12月1日，哈萨克斯坦人口为1 520.51万人，其中城镇居民占57.4%，农村居民占42.6%。哈萨克斯坦是多民族国家，由131个民族组成，主要有哈萨克族（53%）、俄罗斯族（30%）、日耳曼族、乌克兰族，还有乌兹别克、维吾尔和鞑靼族。

居民大多信奉伊斯兰教（逊尼派），还有东正教、基督教、佛教。哈萨克语为国语，俄语在国家机关和地方自治机关与哈语同为正式使用的语言。

历史上阿斯塔纳曾是一座军事要塞，也是俄罗斯奥伦堡与塔什干和希瓦等地通商的必经之地，19世纪已成为较大的商贸中心。俄罗斯远征军于1832年在此建立要塞，建市于1862年，其名字曾多次变更。1832年至1961年称阿克莫林斯克。因20世纪50年代苏联大批热血青年曾到这里垦荒，1961年改称切利诺格勒（意为垦荒城）。1992年哈独立后改称阿克莫拉（哈语意为白色的坟墓）。1994年7月6日，哈总统纳扎尔巴耶夫向议会正式提出迁都阿克莫拉的建议。1997年11月8日，哈萨克斯坦国家象征物——国旗、国徽和总统旗移交到阿克莫拉。12月10日，阿克莫拉取代阿拉木图正式成为哈首都。1998年5月6日，哈总统颁布命令，将阿克莫拉改名为阿斯塔纳（哈语意为首都）。1998年6月10日，哈在阿斯塔纳举行了隆重的定都仪式。

五、历史沿革

公元6世纪中叶至8世纪，建立了突厥汗国。9世纪至12世纪曾建奥古兹族国、哈拉汗国。11世纪至13世纪契丹人和蒙古鞑靼人侵入。15世纪末，成立哈萨克汗国，分为大帐、中帐、小帐。16世纪初，基本形成哈萨克部族。18世纪三四十年代，小帐和中帐并入俄罗斯帝国。19世纪中叶以后，哈全境处于俄罗斯统治之下。

1917年11月，建立苏维埃政权。1920年8月26日，建立归属于俄罗斯联邦的吉尔吉斯苏维埃社会主义自治共和国。1925年4月19日，改称哈萨克苏维埃社会主义自治共和国。1936年12月5日定名为哈萨克苏维埃社会主义共和国，同时加入苏联，成为苏联的一个加盟共和国。

1990年10月25日，哈萨克最高苏维埃通过了国家主权宣言。1991年12月10日更名为哈萨克斯坦共和国，同年12月16日通过《哈萨克国家独立法》，正式宣布独立，21日加入独联体。

六、政治概况

宪法规定哈萨克斯坦是“民主的、非宗教的和统一的国家”；为总统制共和国，总统为国家元首，是决定国家对内对外政策基本方针并在国际关系中代表哈的最高国家官员，是人民与国家政权统一、宪法不可动摇性、公民权利和自由的象征与保证。

国家政权以宪法和法律为基础，根据立法、司法、行政三权既分立又相互作用、相互制约、相互平衡的原则行使职能。总统为任期7年。总统任命的总理、副总理以及外交、国防、财政、内务部长和安全委员会主席需经最高苏维埃同意。议会是国家最高代表机构，行使立法职能，由上下两院（参议院和马利日斯）组成，上院任期6年，下院任期5年。主要职能是：通过共和国宪法和法律并对其进行修改和补充；同意总统对总理、国家安全委员会主席、总检察长、国家银行行长的任命；批准和废除国际条约；批准国家经济和社会发展计划、国家预算计划及其执行情况的报告等。在议会对政府提出不信任案、两次拒绝总统对总理任命、因议会两院之间或议会与国家政权其他部门之间无法解决的分歧而引发政治危机时，总统有权解散议会。议员由选民以直接投票的方式选举产生。

总统为努尔苏丹·纳扎尔巴耶夫（Nursultan Nazarbayev），1991年12月出任哈独立后首任总统，1999年1月再次当选，任期至2006年；总理为伊迈加利·塔斯马加姆别托夫（Imaygali Tasmagambetov），2002年1月任职。

哈萨克斯坦实行以巩固独立和主权为中心的务实、平衡的外交政策，重点是俄罗斯、美国和中亚国家。将自己定位为“中等地区大国”。作为无核国家加入了核不扩散条约，签署了全面禁止核试验条约。

目前，哈已得到120个国家承认，与110个国家建交，在29个国家设立使馆。现有60多个国家和国际组织在哈开设使馆和代表机构。

中、哈两国友谊源远流长。中国西汉时期，张骞出使西域就到过哈萨克地区。中哈两国有1 700多公里的共同边界。1991年12月27日，中国承认哈萨克斯坦独立。1992年1月3日，中哈两国建交。1996年以后，中哈两国最高领导人曾多次互访。

哈萨克斯坦重视中国在世界上的大国地位，积极发展对华关系，希望与我国，尤其是与我国沿海等经济发达地区开展多种形式的经贸合作。哈支持我国在台湾问题和反对民族分裂问题上的立场。

七、经济概况

原苏联时期，哈经济是在高度集中的中央计划经济体制条件下运作的。原苏联中央政府利用哈萨克斯坦丰富的自然资源在哈大力发展与原材料开采、初加工相关的重工业（钢铁工业、有色金属工业、石油天然气工业等），而哈所需的日用消费品则由中央政府统一调拨，哈成了原苏联的原材料供应基地，从而形成了哈重工业发达，加工业十分薄弱严重畸形的经济结构。

1991年独立后，由于原统一的经济和货币空间被打破，哈萨克斯坦经济陷入了深刻的危机之中。为恢复国内经济，哈政府推行了实行本国货币——坚戈、经济私有化、放开对外贸易等一系列旨在由过去的计划经济向市场经济过渡的经济改革，但收效甚微。

近几年，哈萨克斯坦的总体经济保持较快的发展速度，其中住宅建设投资、通讯领域服务收入、外贸进出口额、财政收入以及航空运输业等均大幅增长。石油、矿产资源的开采、加工和出口在国民经济中仍然占据主导地位。加工工业、机器制造业和轻工业相对落后。大部分日用消费品依靠进口。

2004年哈萨克斯坦国内生产总值（GDP）约合423亿美元，比2003年增长9.4%，人均GDP为2 700美元。年通货膨胀率为0.9%。截至2004年12月30日，哈萨克斯坦黄金外汇储备总量达143.418亿美元，其中包括国家基金50.648亿美元。至2004年底，债务人债务18 138亿坚戈（约合139.25亿美元），债权债务39 105亿坚戈（约合300.23亿美元）。外债为320.17亿美元。

2004年1月～12月，哈工业总产值约274.5亿美元，与去年同期相比增长10.1%。其中，矿山开采业增长12.7%，天然气开采增长25.3%，原油及伴生气增长13.4%，铁矿增长6.3%，煤和褐煤增长2.3%。加工工业增长8.9%，电力、煤气、水的生产与销售同比增长3.5%。

2004年，职工月平均工资212美元，官方失业率为8.4%。全国每千人拥有私车150辆，人均住房面积约16平方米。

哈萨克斯坦有农牧业用地1.89亿公顷，其中牧场1.48亿公顷，耕地3 500万公顷，人均耕地面积2.2公顷，灌溉地面积155万公顷，主要粮食作物有小麦、黍、水稻，主要经济作物有棉花、甜菜、烟叶及向日葵等。2004年，哈萨克斯坦农业总产值约51.09亿美元，同比增长0.1%。种植业所占比例从57%下降到56%，而畜牧业从43%上升到44%。粮食产量1 237万吨，比2003年下降18.5%。牲畜存栏数为：牛237万头，马111万匹，猪134万头，羊1 328万只。

哈萨克斯坦各地2005年社会经济发展概况

工业

2005年哈萨克斯坦多数州、直辖市的工业生产总值要高于2004年的水平，只有克孜勒奥尔达州、卡拉干达州和科斯塔奈州工业生产总值比2004年有所下降，降幅分别为14.3%，8.9%和4.8%。工业产值增长最大的是西哈萨克斯坦州，增幅为21%；增幅最小的是江布尔州和北哈萨克斯坦州，均为1.9%。增幅较大的还有阿克莫拉州(20.9%)、阿拉木图市（19.2%）、南哈萨克斯坦州（11.8%）和曼吉斯套州（11.4%）。增幅超过全国平均水平（为4.6%）的有9个地区，它们分别是西哈萨克斯坦州、阿克莫拉州、南哈萨克斯坦州、曼吉斯套州、巴甫洛达尔州、阿克纠宾斯克州、阿拉木图州、阿拉木图市和阿斯塔纳市。

农业、畜牧业

农业除阿拉木图市之外，全国其他各州、直辖市的肉产量都增加了。肉产量增幅最大的是阿斯塔纳市（37.5%），其次是卡拉干达州(7.8%)、阿克纠宾斯克州（6.6%）和南哈萨克斯坦州（6.3%）。阿拉木图市的肉产量与2004年持平。

除阿斯塔纳市之外，全国其他各州、直辖市的奶产量也都增加了。奶产量增幅最大的是曼吉斯套州（7.4%），其次是阿克纠宾斯克州(6.7%)、南哈萨克斯坦州（6.6%）和卡拉干达州（5.8%），最小的是北哈萨克斯坦州（1.7%）。阿斯塔纳市的奶产量比2004年下降了22.8%。

全国有14个地区的蛋产量增加，增幅最大的是西哈萨克斯坦州，达到83.7%，北哈萨克斯坦州的增幅也不小，达到25.6%，增幅最小的是东哈萨克斯坦州，增幅为2.1%；有2个地区的蛋产量减少，它们是曼吉斯套州和阿斯塔纳市，降幅分别为14.3%和16.7%。

投资

2005年哈萨克斯坦固定资本投资总额为22 052亿坚戈，比2004年增加22.1%。有15个地区的固定资本投资额高于2004年的水平，增幅最大的是北哈萨克斯坦州（54.4%）、阿特劳州(47.7%）和阿拉木图州（43.4%），增幅最小的是江布尔州（2.1%），增幅较高的还有南哈萨克斯坦州、东哈萨克斯坦州、卡拉干达州和阿克纠宾斯克州，增幅分别为35.9%，36.4%，27.5%和22.3%。只有西哈萨克斯坦州的固定资本投资额低于2004年的水平，降幅为17.6%。

商品零售贸易

2005年哈萨克斯坦商品零售额共计13 130亿坚戈，同比增长12.4%。江布尔州、阿克莫拉州、阿特劳州、克孜勒奥尔达州、阿拉木图市和阿斯塔纳市的商品零售额增加较快，增幅分别为33.5%，21%，17.5%，14.7%，16.3%和15.8%。增幅最小的是曼吉斯套州（1.4%）。

消费品价格指数

2005年12月哈国各州、直辖市的消费品价格指数都高于2005年11月。价格涨幅最大的是阿特劳州（1.7%）和克孜勒奥尔达州（1.4%）。

2005年12月全国各州、直辖市的食品类商品的价格都比上月有所上涨，涨幅最大的是阿特劳州（2.9%）、卡拉干达州（1.8%）和阿拉木图市(1.8%)。

除卡拉干达州之外，2005年12月全国各州、直辖市的非食品类商品的价格都高于上月，价格增幅最大的是克孜勒奥尔达州（1.7%）、阿拉木图市（1.4%）和曼吉斯套州（1.3%）。卡拉干达州的非食品类商品价格下降了0.1%。

卡拉干达州向居民提供的有偿服务价格下降了0.2%，阿克纠宾斯克州、江布尔州和阿拉木图市与上月持平，其余各地区均比上月有所增长，涨幅最高的是北哈萨克斯坦州（1.4%）和南哈萨克斯坦州（1%）。

居民的货币收入

2005年11月，哈萨克斯坦居民人均货币收入为16 815坚戈。人均货币收入最高的是阿特劳州，该州的人均货币收入比全国平均水平高1.3倍；其次是阿斯塔纳市（1.1倍）、阿拉木图市（0.9倍）和曼吉斯套州（0.9倍）。人均货币收入最低的是南哈萨克斯坦州、江布尔州和阿拉木图州，它们的人均货币收入只是全国平均水平的49.6%，52.8%和65.1%。

劳动力市场

据哈萨克斯坦劳动与居民社会保障部提供的资料，2005年12月底，登记在册的无业人员共有9.4万，是经济自立人口的1.2%，全国高于这一水平的共有9个地区，最高的是巴甫洛达尔州（1.9%）。无业人员在经济自立人口中所占比重最低的是阿拉木图州（0.6%）。

八、对外贸易关系

目前，哈萨克斯坦与180多个国家和地区建立了贸易关系。

2004年，哈萨克斯坦对外贸易总额为328.8亿美元（不含无序贸易），同比增长54%。其中出口201亿美元，增长56%，进口127.8亿美元，增长52%。贸易顺差73.15亿美元，同比增长62%。哈主要的贸易伙伴有：瑞士、俄罗斯、英国、德国、意大利、美国、中国、乌克兰和土耳其。

2004年主要的出口商品：矿产品占68%，金属及其制品20%，食品及其原料4%，化工产品、塑料、橡胶3%，机械设备、运输工具、仪器仪表2%，其他3%。主要进口商品：机械设备、交通工具、仪器仪表43%，矿产品15%，化工产品、塑料、橡胶13%，金属及其制品13%，食品及原料7%，其他9%。

截至2004年12月，哈萨克斯坦共引外资累计约342.56亿美元。至2004年12月底合资企业6 242家（小型企业6 125家，中型企业20家，大型企业97家）。外商独资企业9 565家（小型企业9 399家，中型企业117家，大型企业49家）。外资投入的主要领域是：石油天然气、矿山冶金工业、金融等。哈鼓励吸引外资的主要领域是基础设施、加工工业、农业和新都建设等。

中国与哈萨克斯坦直接的经贸联系始于1992年。近年来，通过中哈双方政府部门和企业界的共同努力，中哈经贸关系得到了较大的发展。目前，我国在哈有石油、汽车组装、银行等大型经贸企业和合作项目，哈已成为我在境外投资最多的国家之一，截至2004年12月，中国直接投资达14.702亿美元，占第七位。

据中国海关统计，2003年，中哈贸易进出口总额32.8643亿美元，其中出口额为15.655亿美元，进口额为17.2093亿美元；2004年，中哈贸易进出口总额44.98亿美元，其中出口额为22.11亿美元，进口额为22.86亿美元。2005年进出口总额达68.1亿美元，其中出口额为39亿美元，进口额为29亿美元。中哈两国经贸合作的主要特点是：发展潜力巨大。我国各种产品在哈市场都有较大的需求，而且可以进一步转销到邻近国家市场；哈萨克斯坦国的轻纺、建材、制药、机械加工工业十分薄弱；哈虽有雄厚的重工业基础，但目前这些企业的技术、设备普遍老化；所有这一切为开展中哈经贸合作提供了广阔的前景。

但也存在不少问题。主要问题是：目前哈正处于经济转轨阶段，市场经济体制尚未完全确立，法律法规不健全，而且多变；通过“旅游贸易”等非正规贸易渠道进入哈市场的伪劣产品损坏了中国产品在哈形象；公路运输中的摩擦时常发生等。

还有一些问题是贸易渠道不畅。例如，交易

方式不规范，合作区域有限。哈萨克斯坦经济私有化以后出现了成千上万的各种企业和公司，资金和规模都比较小，缺乏从事国际贸易的经验。目前，中哈企业贸易中仍大量使用现金支付、预付货款等方式，债务纠纷多，风险大。双方企业缺乏必要的信任，合作渠道不畅，也是双方开展经贸合作的最大障碍。

哈萨克斯坦地域辽阔，石油和有色金属资源丰富，经济实力居中亚国家首位。俄罗斯、土耳其、韩国企业的影响早已深入哈经济生活中，西方一些大公司越来越多的参与哈的石油天然气、有色金属等行业。随着哈萨克斯坦市场经济条件逐步成熟，在这一市场上的竞争会更加激烈。

尽管目前中哈经贸合作中存在着这样或那样的问题和不少需进一步完善的地方，但两国经济具有较强的互补性，开展中哈经贸合作机遇大于挑战。

九、经贸政策法规

哈萨克斯坦管理对外贸易的政府部门是哈工业贸易部和国家海关委员会（隶属国家收入部）。

哈已全部放开对外贸易，所有自然人和法人均可从事对外贸易活动。哈政府主要通过调节进口关税管理对外贸易，进口商品税率平均水平为12%；除武器、弹药、毒品、药品及废有色金属等个别商品外，其他商品进出口均不需配额和许可证。

哈萨克斯坦是俄罗斯、白俄罗斯、哈萨克斯坦、吉尔吉斯斯坦、塔吉克斯坦五国海关联盟的成员。哈与欧盟、澳大利亚、北欧国家、加拿大、美国、日本和中国等相互给予最惠国待遇。加拿大、欧盟和澳大利亚、美国对哈实行普惠制。哈沿袭原苏联的做法，按普惠制原则对进口发展中国家产品给予优惠。自中国进口的部分商品凭原产地证书 Form－A 可享受优惠关税（75%）。哈于1996年1月份开始申请加入世界贸易组织，并已递交了“哈萨克斯坦对外贸易体制备忘录”。

货物进口通关时，需提交货物清单，按照不同的进口税率征收关税和增值税（税率15%）；货物进关后可暂时存放在海关临时仓库，但时间不得超过2个月。人员入关时，需填写申报单，出关时需交回入关申报单。

哈关于向境外汇款的规定：个人和法人均可通过银行向境外汇出其合法的外汇收入，但必须提供以下证明：个人—兑换水单、收入来源证明、从境外接受馈赠或遗产证明、外汇带入报关单。法人—贸易合同、交纳有关税收的证明。个人和法人在银行开设账户、办理存款、汇款等业务必须有税务登记号。从1999年4月起，哈货币坚戈实行自由浮动汇率，政府不再干预汇率变化（2004年底，坚戈对美元的汇率为1美元兑换131坚戈）。

根据“哈萨克斯坦共和国外汇调控法”的有关规定，必须在银行和有经营许可证的外汇兑换点进行外币兑换业务，对坚戈与美元等世界主要货币的兑换在数量上无任何限制。

通过哈边界海关时，必须如实填写申报单（携带3 000美元以下现金无须填写）。入境申报单应妥为保存，出境时随出境申报单一并交海关。出境时携带货币不应超过入境时申报数额。如超过此数额，则需提供货币合法来源证明。

哈萨克斯坦共和国投资法

2003年1月8日，《哈萨克斯坦共和国投资法》（以下简称“新投资法”，全文内容见附件）出台，1994年12月颁布的《外资法》和1997年2月本部的《国家支持直接投资法》同时废止。这是哈在投资立法领域的一项重大举措。

新投资法主要内容

新投资法共四章，二十四条，规定哈政府对投资，包括外商投资的管理程序和鼓励办法。

新投资法规定，国家通过实施特惠政策，通

过政府授权机关鼓励流向优先投资领域的投资。授权机关实际上指现在的哈萨克斯坦工贸部投资委员会（原属哈外交部，2002 年 8 月政府部门重组划归工贸部）。该法没有明确优先投资领域清单，据哈投资促进中心总裁巴塔洛夫透露，原鼓励投资法规中的优先投资领域（农业、加工业、基础设施项目）基本维持不变。鼓励投资政策的实施程序同以前大体相同，即由投资委同投资商签署投资合同明确给予的优惠条件。

特惠政策包括三种形式：减免税，免除关税，提供国家实物赠与。税务投资特惠期（含延长期）最长五年。减免税的对象主要是财产税和利润税。免除关税的期限（含延长期）最长五年，适用对象为投资项目所需设备的进口关税。国家实物赠与的内容包括是财产所有权和土地使用权，价值不得超过投资总规模的30%。

在投资者权益保障方面，规定，投资商可以自行支配税后收入，在哈银行开立本外币账户；在实行国有化和收归国有时，国家赔偿投资商的损失；可以采取协商、通过哈法庭或国际仲裁法庭解决投资争议；第三方完成投资后，可以进行投资商权利转移。

为保持投资鼓励政策的延续性，新投资法明确在其生效前“同授权国家投资机关签订的合同提供的优惠保留到该合同规定期满”，解除了现有外资企业的后顾之忧。

新旧投资法规的区别

新投资法的酝酿工作已经持续两年之久，期间争议不断，其中最热门的话题之一是国内外投资商的优惠待遇问题。同原来的《外资法》和《国家鼓励支持直接投资法》相比，最大的差别是取消了原来某些只针对外商直接投资的优惠政策，对国内外投资一视同仁，实行统一的特惠政策。

新投资法减少了特惠政策的实施期限。原《国家支持直接投资法》中规定的税务和关税减免期（含延长期）最长可达十年，新投资法缩短到五年。在关税减免方面的规定趋于苛刻，原《国家支持直接投资法》规定“实施投资项目所必需的设备、原料核材料全部或部分免征进口税”，新投资法规定免税对象限于哈无法生产的机械设备。

值得指出的是，新投资法扩大了“投资”概念的外延，增加了租赁对象这一客体。在投资争议的解决程序方面，新投资法首次明确规定投资争议可以经过国际仲裁法庭解决。这两点应该说是新投资法制订者做出的有利于投资商的规定。

附 件：

哈萨克斯坦共和国投资法

本法调节哈萨克斯坦共和国内的投资关系，确定鼓励投资的法律基础和经济基础，保障在哈萨克斯坦共和国投资的投资商权利保护，确定国家支持投资的措施、涉及投资商争议的解决程序。

第一章 总 则

第一条 本法适用的基本概念

本法中使用以下基本概念：

1. 投资——指所有形式的财产（自用商品除外），包括签订租赁合约后的租赁对象，以及投资商投入法人法定资本或用于增加商业活动资产的针对租赁对象的权利。

2. 投资活动——法人和自然人参加商业组织法定资本，或创建、增加商业活动资本的活动。

3. 投资特惠——根据哈萨克斯坦共和国法律向哈萨克斯坦共和国法人定向提供的特权。

4. 投资项目——投资新建、扩大或更新现有生产的一系列措施。

5. 投资争议——在投资商进行投资活动时，投资商和国家机构之间发生的有关投资合约业务的争议。

6. 投资商——在哈萨克斯坦共和国从事投资活动的法人和自然人。

7. 国家实物赠与——属于哈萨克斯坦共和国国有的财产无偿转给哈萨克斯坦共和国法人所有或使用（指土地），以用于投资项目。

8. 合同——规定投资特惠的投资合约。

9. 示范合同——哈萨克斯坦共和国政府核准的，签订合同时使用的标准合同。

10. 授权机关——被授权直接签订和监督执行合同的中央执行机关。

11. 哈萨克斯坦共和国法人——根据哈萨克斯坦共和国法律程序组建的法人，包括含有外商投资的法人。

第二条 哈萨克斯坦共和国投资法律

1. 哈萨克斯坦共和国投资法律以哈萨克斯坦共和国宪法为基础，由本法和哈萨克斯坦其他法律文件组成。

2. 本法不调节以下关系：进行国家预算资金投资；向非商业组织，包括用于教育、慈善、科学或宗教目的的投资。

3. 本法规定不适用于在投资活动中发生的，属于哈萨克斯坦共和国其他法律适用范围的关系，这些法律另有规定的除外。

4. 如哈萨克斯坦共和国批准的国际条约做出不同于本法内容的其他规定，则适用国际条约规定。

第三条 投资活动客体

1. 除哈萨克斯坦共和国法律另有规定外，投资商有权从事任何项目和商业活动。

2. 基于保障国家安全的需要，哈萨克斯坦共和国法律文件可以确定限制或禁止进行投资的活动种类和（或）地区。

第二章 投资法律制度

第四条 哈萨克斯坦共和国境内投资商活动的法律保护保障

1. 投资商享有哈萨克斯坦共和国宪法、本法和其他哈萨克斯坦共和国法律文件，以及哈萨克斯坦共和国批准的国际条约保障下的完全的、无条件的权利和利益保护。

2. 投资商有权享有因国家机关颁布不符合哈萨克斯坦共和国法律文件，或上述机关责任人违反哈萨克斯坦共和国民法的行为（不作为）而造成的损害赔偿。

3. 哈萨克斯坦共和国保障投资商和哈萨克斯坦共和国国家机关签订的合约条件，根据双方协商对合约进行修改除外。

本保障不适用于：

(1) 由于哈萨克斯坦共和国法律变更和（或）哈萨克斯坦共和国参加的国际条约变更而导致的进口、生产、消费税纳税产品销售程序和进口条件变更。

(2) 为保障国家安全和生态安全、健康和道德，哈萨克斯坦法律进行的修改和补充。

第五条 收入使用保障

投资者有权：

1. 在根据哈萨克斯坦共和国法律纳税和缴纳其他财政上缴费后，自行使用自己的活动收入。

2. 根据哈萨克斯坦银行和货币法律在哈萨克斯坦共和国境内银行开立本币和（或）外币账户。

第六条 国家机关有关投资商活动的公布

1. 哈萨克斯坦共和国国家机关根据哈萨克斯坦共和国法律公布触及投资商利益的正式通告和法律文件。

2. 保障投资商能够自由接触有关法人登记、法人章程、不动产交易登记以及许可证发放有关的信息，含有商业秘密和其他法律保护秘密的信息除外。

第七条 国家机关对投资商活动能够的监督和检查

1. 根据哈萨克斯坦共和国法律文件规定授权的国家机关对投资商活动进行监督和检查。

2. 对投资商活动监督和检查的程序和期限由哈萨克斯坦共和国法律规定。

第八条 国有化和收归国有时投资商的权利保障

1. 只有在哈萨克斯坦共和国法律规定的特殊情况下，才允许对投资商财产进行强制没收（国有化和收归国有）。

2. 进行国有化时，哈萨克斯坦共和国完全赔偿投资商因哈萨克斯坦共和国颁布国有化法律文件而造成的损失。

3. 将投资商财产收归国有时，向其支付财产的市场价值。

财产的市场价值根据哈萨克斯坦共和国法律规定程序确定。

4. 关于收归国有的财产所有者已经获得等价

赔偿的争议可以通过司法程序解决。

5. 当收归国有义务行为停止时，投资商有权要求返还保留下来的财产，但应返还其取得的赔偿金额，并扣除由于财产市场价值下降造成的损失。

第九条 争议解决

1. 投资争议可以通过谈判解决，包括吸收专家参与或根据以前双方商定的程序解决争议。

2. 本条第一点规定程序无法解决的投资争议，根据国际条约或哈萨克斯坦法律在哈萨克斯坦法庭，以及协定双方确定的国际仲裁机构解决。

3. 不属于投资的争议，根据哈萨克斯坦法律解决。

第十条 投资商权利的转让

如果在外国或其授权的外国机关在有为其所作的投资保障（保险合约）的前提下，为投资商在哈萨克斯坦付款，并因此将投资商的上述投资权利转让给外国或其授权的外国机关（或投资商答应外国或其授权的外国机关的投资权利要求），则哈萨克斯坦境内的上述转让只有在投资商进行投资和（或）其完成合同规定义务后方承认其合法。

第三章 国家对投资的鼓励

第十一条 国家鼓励投资的目的

1. 国家鼓励投资的目的为建立有利的投资环境，发展经济，采用现代化技术扩大和更新现有生产能力，新建和保持现有的劳动岗位以及保护环境。

2. 国家对投资的鼓励体现为提供投资特惠。

第十二条 授权机关

1. 国家鼓励投资通过哈萨克斯坦共和国政府的授权机关进行。

2. 授权机关在其权限内，为完成所责成任务，有权根据哈萨克斯坦共和国政府规定程序吸收有关国家机关的专家、哈萨克斯坦法人和自然人顾问和专家进行工作。

3. 授权机关的活动受哈萨克斯坦共和国政府核准规定的约束。

第十三条 投资特惠的种类

根据本法，通过与授权机关签订合同，可以提供以下投资特惠：

1. 税务投资特惠；

2. 免交关税；

3. 国家实物赠与。

第十四条 提供投资特惠的程序

1. 哈萨克斯坦共和国政府根据贡献分级核准清单表确定提供投资特惠的优先投资领域。

2. 哈萨克斯坦共和国政府就每一优先活动领域核准最高投资额度和投资税务特惠的期限，由授权机关提供投资特惠。

3. 如投资额超过最高额度，则投资税务特惠的有效期由哈萨克斯坦共和国政府通过的决议确定。

4. 通过同投资商签订合同提供投资特惠。

第十五条 提供投资特惠的条件

在下列条件下，提供投资特惠：

1. 符合规定的优先投资领域清单；

2. 对哈萨克斯坦共和国法人所有的资本进行投资，新建、扩大和采用新技术更新现有生产。

3. 提交本法第十九条所列的确认投资商执行投资项目的金融、技术和组织能力等所须文件。

第十六条 税务投资特惠

1. 税务投资特惠的期限根据资本投资的规模确定，最长不超过五年。

2. 税务投资特惠开始适用的时间根据哈萨克斯坦共和国税法在合同中规定。

3. 已经适用特别税务制度的法人活动，以及根据土地使用合同进行的活动不享受税务投资特惠。

4. 投资税务特惠不适用于通过国家实物赠与形式提供的哈萨克斯坦共和国法人所有的资产。

第十七条 免除关税

1. 在下列情况下，进口用于投资项目的设备及其配件可以免交关税：

（1）哈萨克斯坦共和国境内不生产类似设备及其配件；

（2）哈萨克斯坦共和国境内类似设备和配件生产不足，无法用于行投资项目的活动；

（3）哈萨克斯坦共和国境内生产的类似设备和配件不符合投资项目的要求；

2. 从合同完成登记开始计算，免除关税的期限为一年，可以延期，最长不超过五年。

关于免除关税以及延长免税期的决议须由授权机关通过。

3. 根据本条第二款通过的决议，由授权机关向国家海关事务授权机关通报。

第十八条　国家实物赠与

1. 国家实物赠与由哈萨克斯坦共和国政府或授权机关商有关国家国有财产和土地资源管理机关根据本法规定程序，依据哈萨克斯坦共和国法律移交所有权或土地使用权。

关于提供国家实物赠与的协商期限为函询之后的十五个工作日。

2. 下列财产可以实施国家实物赠与：

土地，房屋，建筑，机械设备，计算机，测量和调试仪器和装置，交通工具（轿车除外），生产和管理用具。

3. 国家实物赠与的估价根据市场价值，按照哈萨克斯坦共和国法律规定程序进行。

4. 国家实物赠与最多不超过哈萨克斯坦共和国法人资产投资规模的百分之三十。

如果拟给予的国家实物赠与的评估价值超过指定规模，哈萨克斯坦共和国法人有权在支付市场价值和国家实物赠与最高指定规模的差价后，取得有关财产。

第十九条　申请投资特惠的要求

在以下文件齐备的情况下，授权机关接受和登记投资特惠申请：

1. 经过公证的法人国家登记证明副本；

2. 经过公证的法人统计卡；

3. 经过公证的法人章程；

4. 根据授权机关规定要求制定的投资项目商务计划；

5. 完成投资项目所需的建筑安装工程预算和投资资产购买论证文件；

6. 项目资金来源和担保文件；

7. 确认给予投资商国家实物赠与的规模（价值）和关于提供国家实物赠与的初步协议。

第二十条　投资特惠申请的审议期限

投资特惠申请提交授权机关审批。授权机关根据本法第十五条规定要求通过关于提供税务特惠的决议，并在提出申请之后的三十个工作日内对申请人做出书面答复。

第二十一条　合同的签订

1. 授权机关在通过提供投资特惠决议后的十个工作日内，参照示范合同内容制定和签订合同。

2. 合同签订之后五个工作日内由授权机关完成登记并开始生效。

第二十二条　解除合同的条件

1. 投资特惠在合同期满后停止生效，或在本条规定的程序内在合同有效期满前停止生效。

2. 在下列情况下，合同有效期可以提前终止：

（1）经双方协商解除合同；

（2）单方解除合同；

3. 在下列情况下，授权机关有权在发出书面通知投资商三个月后，单方面解除合同。

（1）发现申请人歪曲或隐瞒信息，并影响通过了提供投资特惠决议。

（2）投资商不履行自己的合同义务。

在上述情况下，投资商应补交根据投资特惠合同免交的关税和税款，并按哈萨克斯坦共和国法律接受罚款制裁。

4. 如果投资商单方面提出提前解除合同，则其应补交根据投资特惠合同免交的关税和税款，并根据哈萨克斯坦共和国法律缴纳罚金。

5. 如果双方协商提前解除合同，投资商应补交根据投资特惠合同免交的关税和税款。

6. 提前解除合同时，投资商以实物形式归还其获得的国家实物赠与，或者返还根据合同条件确定国家实物赠与的最初价值。

第四章　最终条款

第二十三条　合同的稳定性

在本法生效前同授权国家投资机关签订的合同提供的优惠保留到该合同规定期满。

第二十四条　废止哈萨克斯坦共和国部分法律文件

废止下列哈萨克斯坦共和国法律文件：

1. 1994年12月27日颁布的《哈萨克斯坦共和国外国投资法》（《哈萨克斯坦共和国最高苏维埃公报》1994年第23期~24期，第280页；1995年第20期，第120页；《哈萨克斯坦共和国议会公报》1996年第14期，第274页；1997年第11

期，第143页；第13期~14期，第205页；第17期~18期，第218页；1998第5期~6期，第50页；1999年第21期，第786页，2000年第10期，第244页）；

2. 1994年12月27日颁布的哈萨克斯坦最高苏维埃《关于〈哈萨克斯坦共和国外资法〉执行程序的决议》（《哈萨克斯坦共和国最高苏维埃公报》1994年第23期~24期，第281页），1995年第1期~2期，第15页）；

3. 1997年2月28日颁布的《国家鼓励直接投资法》（《哈萨克斯坦共和国议会公报》1997年第4期，第50页；1999年第21期，第786页）。

哈萨克斯坦共和国优先投资领域投资优惠政策

（2003年5月公布）

投资优惠体现为免征所得税、社会税和土地税。其中所得税免征期限为1至5年。社会税和土地税的免税期限同投资额挂钩，具体如下：

1. 投资额折合500万（不含）美元以下，免征2年。

2. 投资额折合500万美元~1 000万美元（不含），免征3年。

3. 投资额折合1 000万美元~2 000万美元（不含），免征4年。

4. 投资额折合2 000万美元以上，免征5年。

新规定中还设立了各领域享受投资优惠政策投资总额的上限，具体为：

（1）农业，1亿美元。

（2）林业及其服务，1亿美元。

（3）捕鱼、养鱼及其服务，1亿美元。

（4）食品生产，1亿美元。

（5）纺织品生产，1亿美元。

（6）服装生产、皮毛加工和染色，1亿美元。

（7）皮革、皮革制品和鞋类生产，1亿美元。

（8）木材加工及木制品生产，1亿美元。

（9）纸浆、纸张、纸板及其制品，1亿美元。

（10）印刷及印刷服务，1亿美元。

（11）石油制品生产，1.5亿美元。

（12）化学工业，1.5亿美元。

（13）橡胶和塑料制品生产，1.5亿美元。

（14）其他非金属矿产品生产，1亿美元。

（15）冶金工业，1.5亿美元。

（16）金属制成品生产，1.5亿美元。

（17）机器设备生产，3亿美元。

（18）办公设备和计算机生产，1亿美元。

（19）电力机器设备生产，1亿美元。

（20）无线电、电视、通讯器材生产，1.5亿美元。

（21）医用设备、测量工具、光学仪器设备生产，1亿美元。

（22）汽车、拖车和半拖车生产，3亿美元。

（23）其他运输设备生产，1.5亿美元。

（24）家具和其他产品生产，1亿美元。

（25）原料二次加工，1亿美元。

（26）电力、天然气、热气和水生产，1.5亿美元。

（27）集水、水处理和分配，1.5亿美元。

（28）建筑，3亿美元。

（29）宾馆和餐饮服务，1.5亿美元。

（30）陆上运输，1.5亿美元。

（31）水运，1.5亿美元。

（32）航空运输，1.5亿美元。

（33）教育，未规定。

（34）卫生和社会服务，未规定。

（35）休息、娱乐、文体活动，未规定。

注：哈政府将教育，卫生和社会服务，休息、娱乐、文体活动等领域列入了享受优惠政策的优先投资领域，但未明确具体的税收优惠政策。

外国人在哈申办劳动许可应提供的文件及应交费用

应提供的文件

1. 营业执照复印件；

2. 经公证的公司章程复印件；

3. 劳动力、自然人、法人来哈合同复印件（合同应包括工作地点、医疗保险责任和义务、劳动保护责任和义务、在哈期间发生意外事故保险规定、发生死亡事故时遗体运回国内费用规定）；

4. 如外国公民担任领导职务，应提供医疗保险证明复印件；

5. 来哈的外国专家、工作人员姓名、出生年月、国籍、专业或文化程度、将担任何等职务清单（5 份）；

6. 相关专业（学历）证明；

7. 哈卫生部所要求的体检证明（包括爱滋病检验证明）。

应交的费用

1. 相当于 20 倍核算指标的许可费；

2. 补偿费用：在哈工作的每个专家每月应交纳相当于 3 倍核算指标的补偿费用；工作人员每月应交纳 4 倍核算指标的补偿费用；

3. 高于回程机票金额 20% 的保证金，如本人持有回程机票，则无须交纳保证金，但必须提供回程机票复印件；

4. 每人应交纳1 000美元保证金（按当时比价兑换成坚戈），离开哈境时返还。

在哈开办公司和公司代表处的程序

哈萨克斯坦共和国司法部为办理公司、企业和代表处登记注册的哈政府主管部门，负责审核所交文件是否符合有关程序，在 15 天之内决定是否对申请者进行登记注册，并对符合要求者颁发有关的登记注册证书。

登记注册独资公司应提交的文件

登记申请：经公证的成立大会纪要（如创办者超过一个人）；

章程：创办者批准的章程；成立合同（如创办者超过一个人）；

银行证明：已将不少于创办文件中指出的法定资金的 25% 存入银行的银行证明，或关于对创办者的投入资金评估已进行过独立的审计检查的文件；如创办者之一为国有企业，则应提交其同意投资的证明；如投资者为法人，应提交经过公证的国家登记证书和统计卡复印件，如投资者为自然人，应提交其护照复印件；

其他：统计机构颁发的统计卡；证明法人位置的文件；交纳登记费收据或支付委托书的复印件。

登记注册代表处应提交的文件

登记申请；法人批准设立代表处的文件；

委托书：附有经过公证的哈语或俄语译文的法人发给代表处领导的委托书；附有经过公证的哈语或俄语译文的法人成立代表处决定的摘录；

经过认证的商业目录摘录或附有经过公证的哈语或俄语译文的其他能证明根据本国法律在哈设立代表处的主体为法人的文件；

经过公证的法人成立文件的复印件或附有经过公证的哈语或俄语译文的含有法人经营种类的成立文件的摘录。

其 他

证明外国法人代表处位置的文件；交纳国家登记费收据或支付委托书的复印件。

拟在哈登记注册公司或代表处的中国法人或自然人，有关其情况的文件须到哈驻华使馆进行认证。最好委托哈当地的律师到司法部登记注册。

旅哈中国公民须知

入出境

1. 根据中哈两国领事协定，持中国外交护照、公务护照人员来哈无需办理签证。

2. 持因公普通护照、因私护照者需在哈驻华使馆或驻乌鲁木齐签证点办妥哈入境签证。

3. 入境时须在海关申报单上如实填写所携带的人民币和外汇数额及须申报的物品。出境时亦须出示入境时填写的海关申报单，并如实申报，所携带的人民币和外汇数额不应超过入境时申报的数额。

4. 入出境时注意查看哈边防检查站是否在护照上加盖了验讫章，如哈边防检查站未盖入境章，在哈申办居留登记和出境时均会遇到麻烦。

5. 严禁私自携带毒品、酒精、药品等物品。

办理居留手续

1. 在哈临时逗留的中国公民抵达目的地后，其护照应于三日内在当地的护照签证局办理居留登记手续。由接待单位出具申请函，无接待单位者，由本人提出申请。其住处须与申请函中所指地址相符。不相符者被视为违反居留法规。如住处更换，须到护照签证局申请变更。阿拉木图市有七家旅馆可为住宿旅客办理居留登记手续。外出时必须随身携带护照。

2. 中国公民可在哈境内去向外国人开放的地区自由旅行。应某一单位邀请临时来哈的，由接待单位通知内务部门，因私来哈的如访问其他城市，须向当地的护照签证局申请，由其出具有关手续后方可前往。

哈萨克斯坦外国公民登记新规定

根据哈萨克斯坦共和国移民法和哈萨克斯坦共和国政府2000年1月28日通过的第136号决议关于出入哈萨克斯坦国境及在哈居留的有关规定，临时在哈居留的外国公民自入境之日起五天内必须进行登记。

各市、区内务机构的移民警察分局根据外国人居住地点办理登记。

办理登记时需向移民警察局提供有效护照、有入境标记的移民卡片和接待方（法人或自然人）申请。持旅游签证者可提供个人申请。

许多宾馆也有权对外国人进行登记。

2004年8月20日，政府通过了第881号决议，制定了外国公民登记新规定，简化了登记手续。根据该规定，从2005年6月1日起，所有经12个国际机场和阿拉山口铁路口岸入境哈萨克斯坦的外国公民均可在入境时办理登记手续。

从2006年1月1日起，所有外国公民均可在霍尔果斯、阿拉山口、巴克图、吉木乃、古尔代、都拉塔公路口岸和阿特劳、巴乌吉诺水路口岸办理登记手续。

从2005年8月1日起，哈萨克斯坦共和国驻外领事机构在向28个经济发达和政治稳定的国家公民颁发商务、旅游、探亲、外交和公务签证时可同时办理登记手续（这28个国家是澳大利亚、奥地利、比利时、英国、希腊、丹麦、爱尔兰、冰岛、西班牙、意大利、加拿大、列支敦士登、卢森堡、马来西亚、摩纳哥、荷兰、新西兰、挪威、葡萄牙、新加坡、美国、芬兰、法国、德国、瑞士、瑞典、日本和韩国）。

哈萨克斯坦共和国驻外领事馆已经开始对持外交、公务和投资签证的外国公民办理登记手续。

在哈萨克斯坦共和国国家安全委员会边防局分局办理了有入境标记的移民卡片和登记手续后，外国公民可不再到哈萨克斯坦共和国内务部移民局办理登记。登记期限不超过3个月，期满后须到移民局延期。

以上28国公民中由于某种原因未在哈萨克斯坦共和国外交部驻外机构办理护照登记手续的，可在上述边境口岸的国家安全委员会边防局分局直接办理登记。如由于某种原因在边境口岸入境时也未办理登记手续，则必须到内务部移民局办理。

随着相关设备的完善，此项程序今后将推广到哈萨克斯坦共和国所有边境口岸。

办理外国公民护照登记手续一律免费。

同时，哈萨克斯坦共和国行政法第一章第394条规定了对逃避护照登记所要承担的罚款责任。

十、联系方式

外交部领事司
电话：007—3172—327592

外交部领事司阿拉木图办事处
电话：007—3272—634332

司法部
电话：007—3172—321544

内务部
电话：007—3172—342088

税务警察委员会
电话：007—3172—326414

海关委员会
电话：007—3172—753109

国有资产和私有化署
电话：007—3172—323533

国家投资委
电话：007—3172—327691

国家投资委阿拉木图办事处
电话：007—3272—720937

工商会
电话：007—3272—927823

最高检察院
电话：007—3172—321902

阿拉木图市护照签证局
电话：007—3272—626109

阿拉木图市内务总局
电话：007—3272—691753

阿拉木图市外经委
电话：007—3272—716560

阿拉木图州外经委
电话：007—32822—72276，72342

乌兹别克斯坦共和国

一、国名 国旗 独立日 国徽

国 名

乌兹别克的国名全称为乌兹别克斯坦共和国（THE REPUBLIC OF UZBEKISTAN），简称乌兹别克斯坦。“乌兹别克”在乌兹别克语中为“自己统治自己”、“自己是自己的主人”，即“独立”之意。

国 旗

呈横长方形，长与宽之比为2:1。自上而下分别为浅蓝、白、浅绿三色平行宽带，在白色和浅蓝、浅绿色宽带之间为两道红色细条。在浅蓝色宽带左侧有一弯白色新月和12颗白色五角星。乌兹别克斯坦于1924年成为原苏联的一个加盟共和国，1952年起采用的国旗与原苏联国旗相似，只是旗面中间有一道蓝色宽条，其上下各有一白色窄条。1991年8月31日通过了乌兹别克斯坦国家独立法，10月11日开始启用上述国旗。

独立日

9月1日（1991年）。

国徽

呈圆形。圆面上有一只展翅的吉祥鸟，背景是冉冉升起的太阳和碧绿的原野。圆面上端为一颗八角星。星内绘有一弯新月和一颗五角星。圆周两侧为国旗颜色之饰带捆束的棉桃和麦穗。

二、地理环境

乌兹别克斯坦位于中亚腹地，南靠阿富汗，北部和东北与哈萨克斯坦接壤，东、东南与吉尔吉斯斯坦和塔吉克斯坦相连，西与土库曼斯坦毗邻。乌兹别克斯坦的最东端在费尔干纳盆地，最南端是苏尔汗河州的铁尔梅兹，最西端在乌斯秋尔特高原，最北端位于乌斯秋尔特高原的东北部、咸海海岸的西部。

国土东西长1 425公里，南北宽930公里。边境线长6 221公里，其中，与阿富汗接壤的边境线长137公里，与哈萨克、吉尔吉斯、塔吉克、土库曼的边境线长分别为2 203公里、1 099公里、1 161公里、1 621公里。乌兹别克斯坦的国土面积为44.89万平方公里。其中，土地面积占95%，水面积占5%。沙漠和山地占全国面积的60%以上。

乌兹别克斯坦属于典型的大陆性气候。其西北部是克孜勒库姆沙漠，咸海宛如一颗晶莹的蓝宝石镶嵌其中；中部和西部也主要是沙漠地带，其中分布有较大的绿洲；东部和南部依傍着绵延千里的天山山系和吉萨尔—阿赖山系。

形成的气候特点是冬季寒冷，夏季炎热，昼热夜凉，平原地区常年干燥。一月平均气温-10℃（北方）和-3℃（南方）；七月平均气温26℃（北方）和32℃（南方）；年降水量80毫米~90毫米（平原）和1 000毫米以下（山区）。降雨季节主要在秋季。

三、行政区划

乌兹别克斯坦的首都是塔什干，乌兹别克语意为“石头城”，因其地处山麓冲积扇形地带，有巨大的卵石而得名。塔什干为中亚地区第一大城市。乌兹别克斯坦下设1个共和国（卡拉卡尔帕克斯坦共和国）、12个州、1个直辖市（塔什干市）、149个区、124个市。

卡拉卡尔帕克斯坦共和国原名卡拉卡尔帕克自治共和国，乌独立后改为现名。该共和国拥有自己的宪法、国旗、国徽和国歌，独立解决其行政区域体制内的问题。乌宪法规定，该共和国最高会议主席同时出任乌最高会议副主席，政府首脑同时为乌内阁成员。

主要城市

（一）塔什干市

塔什干是乌兹别克斯坦共和国首都和塔什干州首府，也是中亚地区第一大城市。塔什干位于乌东北部，地处锡尔河右岸支流奇尔奇克河谷绿洲的中心，海拔440米～480米。市区面积260平方公里，人口约230万，是中亚地区人口最多的城市。塔什干是乌政治、经济、文化和交通中心，按城市规模来说，是独联体内仅次于莫斯科、圣彼得堡和基辅的第四大城市。

塔什干市历史悠久，有文献记载的历史达1 500多年。8世纪开始成为穆斯林城市，是古“丝绸之路”上重要的商业枢纽之一。11世纪起称为塔什干。1220年划入成吉思汗帝国版图。从13世纪起，它先后归属波斯帝国、帖木尔帝国、布哈拉汗国和浩罕汗国。1865年被沙俄军队占领并成为突厥斯坦辖区首府。1930年起直到苏联解体为乌兹别克苏维埃共和国首都。1991年9月1日起成为独立的乌兹别克斯坦共和国的首都。

1966年4月26日，塔什干市曾遭7.5级大地震破坏，在当时苏联各加盟共和国帮助下重建。重建后的塔什干市虽然古迹保存不多，但多处大面积精心装点的街心花园、喷泉和大型雕塑十分突出。

塔什干是乌兹别克斯坦最大的工业城市，工业产值占全国工业总产值的25%。主要工业部门有电力、航空、机械制造、金属加工、建材、轻工等。塔什干公路、铁路、航空运输发达，为中亚最大交通枢纽之一。1973年开始修建地铁，是中亚唯一建有地铁的城市，总长度达34.9公里。塔什干几乎同独联体各国的首都均通航班，与北京、首尔、德里、卡拉奇等国外大城市也都有直达国际航线。

（二）撒马尔罕市

撒马尔罕是乌兹别克斯坦共和国第二大城市，撒马尔罕州首府，是乌总统卡里莫夫的故乡，也是著名的旅游城市。该城位于首都塔什干西南270公里的泽拉夫尚河谷地，面积51.9平方公里，人口50多万，其中塔吉克族占多数，市内通用的不是乌兹别克语，而是塔吉克语。

撒马尔罕是中亚地区最古老的城市之一，与罗马、雅典、巴比伦同龄，有2 500多年历史，处于中国通往印度的交通要道，在古阿拉伯文献中被称为“东方璀璨的明珠”，是古丝绸之路上的重镇。古称马拉坎达（公元前329年有记载），为古代索格德王国和14世纪至15世纪帖木儿帝国的首都。

1924～1930年曾为乌兹别克苏维埃共和国首都。撒马尔罕市还是撒马尔罕州经济和商务中心，主要工业有机械制造、轻工业、食品加工、化肥生产等。古城撒马尔罕有很多历史建筑遗迹，主要名胜古迹有：“列基斯坦”神学院、古尔—艾米尔陵墓、兀鲁伯天文台、“沙赫静达”陵墓等。

（三）布哈拉市

布哈拉市是布哈拉州的首府。位于乌兹别克斯坦西南部，泽拉夫尚河三角洲上的沙赫库德运河河畔，布哈拉绿洲的中部。人口24万，80%为塔吉克族。它是布哈拉州的行政、经济和文化中心。

布哈拉始建于公元前1世纪，距今已有已有2000多年的历史。9世纪～10世纪时是萨曼王朝的国都和文化艺术中心。1220年布哈拉被成吉思汗占领，后又遭卡拉罕王朝和契丹人的统治。

1370年被阿木尔·帖木儿控制。16世纪中叶，乌兹别克的谢巴尼德人建立布哈拉汗国时，把布哈拉定为都城。1920～1924年是布哈拉苏维埃人民共和国的首都。布哈拉地处欧亚交通要道，是古丝绸之路上的名城，有“中亚麦加”之称，自古以来是中亚地区商业、建筑技术、科学、文学艺术比较发达的城市。

布哈拉分旧城和新城。旧城仍保留昔日的风貌，古老的清真寺、神学院、砖坯砌成的平顶民房和带篷盖的集市遗址四处可见，充分显现了昔日的繁华和长期作为贸易重镇和宗教中心的地位。

（四）希瓦市

希瓦市位于乌兹别克西南与土库曼交界的地方。希瓦是童话般的中亚古城。它犹如独一无二的历史纪念碑，保存着奇妙的古迹，有鲜明的特点。希瓦的独特性在于它保存有完好的古代建筑群、美丽的宫殿、军事设施以及具有民族特色的住宅。伊茜—卡拉古城和迪珊—卡拉古城把城市分成两部分。城市中心耸立的朱玛清真寺是中亚最古老的建筑物之一，寺内有很多形态各异的木柱，造型独特。

四、人口 民族 宗教 风俗

人 口

截至2006年1月1日，乌兹别克共有人口2 602.1万人，在独联体国家中，是列于俄罗斯、乌克兰之后的第三人口大国。居世界第24位。乌兹别克总人口中，城镇人口944.1万人，占36.3%；农村人口为1 632.6万人，占62.7%。男性平均寿命为69.4岁，女性为73.8岁。乌兹别克斯坦人口平均分布密度为57.5人/平方公里，是中亚国家中人口分布密度最高的国家。但分布不均衡，干旱沙漠地区每平方公里平均不到1人，而人口密度最高的安集延州，每平方公里536.5人。该州也是独联体国家中人口密度最大的地区之一。

乌兹别克斯坦的人口出生率较高，1979年，全国仅有居民1 050万，到1989年，已近2 000万。独立14年来，人口增加了541.4万人，人口自然增长率为18.5‰。根据乌兹别克斯坦学者的预测，1998～2010年乌兹别克人口的年平均增长率大约为1.4%，到2010年时人口将增至2 790万人。

按目前的增长速度，到2040年，人口总数将增至4 000万人。而据联合国人口基金2004年年度报告中的预测，到2015年，乌人口总数就将达到4 000万人。

民 族

乌兹别克斯坦共有129个民族。主体民族为乌兹别克族，占人口总数的78.8%。其他民族有：塔吉克族（4.9%），俄罗斯族（4.4%），哈萨克族（3.9%），卡拉卡尔帕克族（2.2%），鞑靼族（1.1%），吉尔吉斯族（1%），朝鲜族（0.7%）。

此外，还有土库曼、乌克兰、维吾尔、亚美尼亚、阿塞拜疆、土耳其、白俄罗斯、犹太等民族。

宗 教

乌兹别克族人信奉伊斯兰教，属其中的逊尼派。塔吉克、哈萨克、吉尔吉斯、阿塞拜疆、鞑靼、维吾尔族人等也信奉伊斯兰教，伊斯兰教信徒占人口总数90%以上，属政教分离的穆斯林国家。

除逊尼派以外，乌还有什叶派、苏菲派、瓦哈比派等15个宗教派别和非传统教派。乌穆斯林礼拜场和宗教学校的数量在中亚五国中居首位，正式登记的清真寺有2 000座。

乌兹别克人的伊斯兰信仰在中亚穆斯林人口中素有正统和保守的名声，而费尔干纳地区、撒马尔罕和布哈拉又一直是中亚的宗教中心，所以乌兹别克斯坦被认为是中亚的伊斯兰教中心。

在乌的朝鲜族人多信奉佛教和基督教，俄罗斯人信奉东正教。乌现有东正教教堂近30座，基督教教堂40多座。

乌兹别克语为国语，俄语为通用语言。乌兹别克语属阿尔泰语系突厥语族，现使用拉丁字母拼写。

风俗

乌兹别克人信仰伊斯兰教，多食牛、羊、马肉和奶制品。喜欢吃抓饭、烤肉串。日常饮食离不开馕（一种烤制的发面饼）和茶，吃馕时把它分成数块，馕心不能向下放。有时用切碎的熟肉和葱头、酸奶加以搅拌，再加肉汁、胡椒调味，是本民族风味食品。各种烤肉串、烤包子等传统小吃在街头几乎随处可见。乌兹别克的手抓饭是用肉汤、大米、胡萝卜、葡萄干及当地特有的一种豆子精心焖制2、3小时而成，再拌上羊尾油和切成小块的熟肉，撒上切碎的绿色时蔬，营养丰富，色香味美，别具风味。乌兹别克人对手抓饭情有独钟，是过节、待客时最重要的民族食品，每个家庭都有专做抓饭的厚重铁锅。

在婚丧嫁娶、婴儿出生或举行其他庆祝活动时，所有参加活动的男士都要在早上五点左右、太阳升起前到主人家里或聚会地点去吃手抓饭，而这项仪式一般却不允许女人参加。在宴请尊贵的客人时，手抓饭更是必不可少的待客佳肴，通常要等到最后一道菜上完，才端上饭桌。

乌兹别克的主要传统节日是伊斯兰教的开斋节、古尔邦节和乌兹别克自己的农历新年（纳弗鲁斯节）。开斋节是伊斯兰教的三大节日之一，也是乌兹别克人的一个盛大的传统宗教节日。斋月的起止日期是按照古兰经制定的规则、由伊斯兰教学者观察月亮的圆缺变化每年确定一次。一般下一年度的斋月要比今年的提前10天左右。斋月期间，太阳升起后到落山以前不能进食。斋月过后的3天为开斋节，在这3天里人们可以尽情享受各种美味佳肴。

古尔邦节是在开斋节过后的第70天。在这一天一定要杀一头羊，还有不少虔诚的乌兹别克人在这一天到麦加朝圣。纳弗鲁斯节为每年的3月21日。

“纳弗鲁斯”在乌兹别克语中是“春天”的意思，类似于中国的春节，是乌兹别克斯坦的第一大节日。节日期间，人们走亲访友，举行宴请，到广场和公园游玩。人们还在户外挖坑埋锅，做抓饭和民族传统饮食，分给邻居和亲朋好友。过节时还要喝一种加油和糖的麦芽粥。各种庆祝活动可以持续一个月左右。

乌兹别克的传统民族服装是刺绣精美的小帽和五颜六色的长袍。婚礼上的新郎、新娘一般要穿上传统的民族服装。一顶手工制作的小帽和一件精心缝制的棉袍通常是乌兹别克人送给重要来宾的贵重礼物。

乌兹别克人大多能歌善舞，舞蹈以优美轻快、多变、节奏性强为特色。还有一种“科格乃”琴造型独特，音色十分优美。

五、历史沿革

乌兹别克斯坦有数千年的历史，融合了多种古代文化。

公元前8世纪～公元前7世纪，在中亚两河（阿姆河和锡尔河）流域，即今天的乌兹别克斯坦及其邻国的土地上，先后出现了巴克特利亚、花拉子模、索格狄亚那和安息等城邦国家。公元前6世纪～公元前4世纪，这些国家归属波斯的阿契米尼德王朝。公元前330年，马其顿国王亚历山大大帝率军攻克巴克特利亚、马拉坎达（今撒马尔罕）和索格狄亚那。在其统治期间，希腊文化传播到此，与东方文化相互融合，促进了东西方经济文化的交流。

公元前174年至公元前161年，居于中国敦煌与祁连山之间的游牧部落大月氏为北匈奴所败，西迁至此，逐步控制了两河流域。中国汉朝的张骞出使西域时曾到过这里。

公元前1世纪，贵霜王国兴起，今乌兹别克斯坦的铁尔梅兹曾是贵霜王国重要的商业和文化中心。东、西方的商品交换在丝绸之路上日益繁荣起来，中国的丝绸、毛皮、漆具等商品通过巴克特利亚等地不断地运入西方。

公元前1世纪中叶，康国逐渐成为中亚强国，它占踞了中亚的两河流域。康国是最早同中国汉朝交往的中亚古国之一，其经济与文化发展都很迅速。康国延续了几乎 7 个世纪，于公元 5 世纪灭亡。

公元6 世纪，阿尔塔伊族和中亚的一些游牧民族建立了突厥汗国。公元 8 世纪初，阿拉伯人占领中亚两河流域诸城邦，伊斯兰教开始在这一地区广泛传播。

公元819 年~999 年，萨曼王朝取代阿拉伯帝国统治两河流域，建都布哈拉。这一时期乌兹别克斯坦所在地区的文化十分繁荣，布哈拉、撒马尔罕等城市成为了中亚著名的文化与科学中心。

萨曼王朝后来被突厥人建立的伽色尼王朝灭亡，两河流域的统治权曾先后易手廓尔王朝和花拉子模国。1219 年，成吉思汗率领蒙古大军入侵花拉子模，两年后占领了今天的乌兹别克斯坦全境，并将这一地区交给其二儿子察合台统治。

公元11 世纪至12 世纪，是乌兹别克部族开始形成民族的重要阶段。在蒙古人统治中亚地区期间，乌兹别克人系钦察汗国中的游牧部落，在锡尔河和咸海以北的月即别斯坦（今哈萨克斯坦）的草原上过着游牧生活。14 世纪 40 年代，察合台汗国分裂为东、西两个汗国。20 年后，乌兹别克历史上著名的英雄阿木尔·帖木儿掌握了察合台汗国的大权，统一了汗国，建立了帖木儿帝国，立萨马尔罕为首都。

在帖木儿统治时期，他率领大军南征北战，将国家的疆土向南扩展至伊朗、阿富汗、印度德里；向北推进到北高加索和伏尔加河下游流域；向西延伸到亚美尼亚、格鲁吉亚和阿塞拜疆，建立起了一个庞大的帝国。他将从各地掠夺来的大量物资运到了都城撒马尔罕。由于手工业和商业的发展，撒马尔罕成为了那个时代文学、艺术、音乐和建筑艺术的中心。当时建造的许多宏伟建筑有相当一部分一直保留到了今天。帖木儿死后，他的帝国一分为二，一个由其儿子沙哈鲁统治；另一个由其孙子（沙哈鲁之子）兀鲁伯统治。后者统治的版图与今天的乌兹别克斯坦大致相符。

帖木儿王朝衰败后，原来作为游牧民族的乌兹别克人与中亚各地原有的农业居民，包括古代粟特人和花拉子模人的后代、部分塔吉克人和以前来到中亚的突厥语诸族逐渐融合，形成新的民族——乌兹别克民族。

16 世纪初，乌兹别克人在中亚南部地区确立统治地位。从 16 世纪初到 19 世纪这 300 多年的历史时期中，先后建立了希瓦、布哈拉和浩罕三个汗国。三个汗国之间为争夺疆土经常发生战争。北方的沙皇俄国也开始将触角伸入这一地区，对三个汗国多次发动进攻，最终于 1876 年基本完成了对乌兹别克诸汗国的军事征服，并对这一地区实行殖民统治，在占领区建立了军政合一的管理体制。

1917 年俄国二月革命以后，沙皇政府在中亚的统治宣告瓦解。十月革命胜利后，该地区建立起了苏维埃政权。1924 年 12 月，乌兹别克苏维埃社会主义共和国成立，并于第二年 2 月宣布加入苏联。

1991 年苏联发生“8·19”事件后，解体的进程加快。8 月 31 日，乌兹别克最高苏维埃举行非常会议，发布了《独立声明》，宣布从 9 月 1 日起正式脱离苏联，成为独立的主权国家，改国名为乌兹别克斯坦共和国，并将这一天定为国家独立日。乌兹别克斯坦从此步入了新的发展时期。

六、政治概况

1992 年 12 月 8 日，乌兹别克斯坦最高苏维埃通过新宪法。新宪法规定：乌是民主的主权国家；全体公民享有同样的权利和自由，在法律面前人人平等；国家政权体制建立在立法、执法和司法三权分立的原则基础上。共和国总统既是国家元首，同时也是政府首脑，总统任职期满后，终身为宪法法院成员。内阁成员由总统提出，经国民议会批准。

共和国国民议会是行使立法权的国家最高代表机关，由 150 名按地区选出的代表组成，任期 5 年。

1992 年 11 月 8 日通过的宪法规定，外交政策的出发点是“各国主权平等、不使用武力或以武力相威胁、边界不可侵犯、和平解决争端、彼此不干涉内政、以及其他普遍公认的国际法原则和准则。”实行全方位外交。

七、资源及经济概况

乌兹别克有丰富的天然气、石油、煤炭、有色金属等资源。其中，黄金储量3 000多吨，居世界第四位，年产量80吨，居独联体国家第二位、世界第七位；铀储量占世界第7位~8位，年产量约3 000公斤，居世界第11位~12位；石油预测工业储量超过53亿吨，已探明储量为5.84亿吨，年开采量720多万吨；天然气预测储量超过5.4万亿立方米，已探明储量为2万亿立方米，年开采量为580亿立方米；煤炭储量为20亿吨，年开采量为270多万吨；铜储量占世界第九位，开采量占第十一位。锌、钨砂、钼、镍、钡等有色金属产量均占原苏联40%以上。

乌非金属矿产资源有钾盐、岩盐、硫酸盐、矿物颜料、硫、萤石、滑石、高岭土、明矾石、磷钙土以及建筑用石料等。

乌兹别克的动物资源包括有97种哺乳动物，379种鸟类，58种爬行类动物和69种鱼；植物资源有3 700种野生植物。森林覆盖率为12%。

2005年，乌兹别克斯坦各项宏观经济指标均达到预期值，部分指标甚至远远高出预期值。GDP比上年增长7.0%，工业总产值增长7.3%，消费品生产增长17.7%，农业总产值增长6.2%，轻工业增长12%，纺织业增长17%，制衣业增长24.5%，针织业增长53%，出口增长11.5%，外汇储备增长30%，居民收入平均增长22%，通货膨胀率为7.8%。

2005年的经济发展成就主要表现在GDP的稳定增长。这已经是连续第二年获得高于7%的增长。与2000年相比，经济增长指数已达30%，同1991年相比，则为28.2%。国家财政超收39%，全年“收”大于“支”（入超）约为GDP的0.1%，高于原来1%GDP的赤字预期。

其成就还表现为经济结构进一步得到优化，进一步改变了原来的“原料生产型”格局，保障了经济发展的可持续性。工业对GDP的贡献率已由2002年的14%上升到去年的20.7%；交通运输、通讯等服务领域的产值已占到GDP的38.5%，比5年前增长了50%。乌兹别克斯坦引进外资取得较好成绩，引资额占到GDP的20%，外商直接投资比上一年增长50%。合资企业引进了先进设备和技术，促进了出口和就业。2005年出口比上年增长11.5%，其中制成品和服务出口占到总量的50%。贸易顺差也创下了独立以来的最高值——13亿美元。国家的黄金储备也由此增长了30%。

2005年，乌兹别克斯坦发展继续贯彻执行了经济自由化方针，进一步减轻了企业税赋。法人“利润税”由18%降到15%，由此企业全年获得可自由支配资金近400亿苏姆（约合3 389万美元）；“统一社会税”降至31%，“财产税”降至3.5%。对小企业实行了13%的“统一税赋”，比原有纳税方式降低了2.2个税点，由此小企业全年可少纳税100亿苏姆（847万美元）。减税政策使国库少收入22.6%，企业增收1 300亿苏姆（约合1.1亿美元），有力改善了企业的财政状况，增强了其再投资能力。2005年，在全社会投资额中，中央拨款进一步减少，民间和企业自主投资已占到总额的76.5%。乌兹别克斯坦进一步完善了原材料和制成品的市场交易体制，包括小企业在内的经营主体都可以通过市场获得基本的、或是紧俏的商品。5年内，商品交易所的业务额增长了4.5倍，1/3的批发业务都已通过交易所进行。

其成就还表现为大力推进小企业和私营经济的发展。2005年，乌兹别克斯坦开始实行将含国有股在内的企业整体拍卖的政策，所拍卖的980家企业中有902家已成为私营企业。从2000年以来的6年间，共完成了4 660家企业的私有化。非国有企业创造的产值已占到GDP的76%、工业产值的78%；在农业和零售业领域，则已占到100%；所提供的就业岗位占到劳动力市场的3/4。2005年也是小企业发展的“转折年”，全年新增小企业3.15万个，总数已达31万家。小企业所创造的产值已占到GDP的38.2%，从业人员已占到劳动市场的65%，85%的新增就业岗位是由小企业提供的。在农村，大部分集体农庄已被改制为私营农场，约有100万人工作在私营农场。2005年，私营农场生产了66%的籽棉和55%的粮食。

2005年，乌兹别克斯坦减少国家干预，扩大企业经济自主权。与2001年相比，对企业的各种名目的检查数量下降了60%；要求企业上报国家统计局的统计报表数量减少了50%，月度报表数量减少了80%；取消了12项批准程序；小企业"统一税赋"制度的推广使得其要办理的纳税文件数量减少了90%。行政管理机构和人员的数量得到进一步缩减。2001年以来的五年内，管理人员缩编7.5万人，减少了35.5%。其中，国家级管理机构减员21%，地方机构减员63.5%，行业管理机构减员30.5%。

2005年，乌兹别克斯坦的居民收入有所增加。由国家财政拨款的企事业单位人员的工资、养老金和补贴平均增长了40%，居民实际收入增长22%。人们的观念和意识正在发生转变，由过去统统依靠国家变为依靠自己的努力。私有化、小企业和私营农场造就出了一批私营企业家，作为一个民主社会基石的中产阶级正在形成之中。

2006年，乌兹别克斯坦的经济改革任务是继续保持经济增长的良好势头和各项经济指标的稳定和平衡，力争GDP增长率达到7.2%，人均GDP增长6%，工业增长9%，农业增长5.2%；服务业增长13.2%；贸易增长8.5%，通货膨胀率力争控制在6%~8%之间。

乌兹别克斯坦将继续深化预算和税收改革，简化税收程序，减轻税负。例如，从2006年1月1日起，企业"利润税"再次从15%下调至12%；"统一社会税"降到25%等。这些措施预计将为企业节省2 500亿苏姆的支出。2006年，还将分两个阶段提高由国家财政拨款的企事业人员工资，争取达到平均增长40%。同时，继续大力发展小企业、农庄和农场经济，使居民收入的增幅不低于20%。

乌兹别克斯坦将继续优化经济结构，创造引资条件。2006年继续保持油气、电力、有色金属生产领域的稳产和机电、轻工、棉纺织和制衣业的高产。力争到2010年时，工业产值占到GDP的24%~26%，服务业产值占到45%~47%。引进外资在开发油气资源和加快电力工业改造方面占有重要地位。

乌兹别克斯坦将扩大私营经济成分，保障就业，兴办新的微型公司，发展家庭商业、小作坊、轻工、食品加工和服务业等劳动密集型产业，增加就业机会，提高人民收入。

乌兹别克斯坦将全力促进出口，合理有效地使用外汇。继续开放外贸和外汇市场。推动国产商品进入国际市场，全力促进出口。排除在行政管理、通关手续、银行支付等方面存在的一切不利于出口的障碍，扩大出口信贷规模，拓宽出口保险范围。

乌兹别克斯坦的经济实力在中亚地区较强，该国独立后，原有的工农业等领域积极发展生产，为该国经济发展起到了至关重要的作用。

乌兹别克斯坦经过数十年来的发展，现已形成农机制造业、轧棉机械制造业、纺织机械制造业、电机工业、石油和化学机械制造业、飞机制造业、建筑与筑造机械制造业等行业性制造业体系。乌兹别克斯坦的天然气储量和产量仅次于土库曼斯坦，主要分布在布哈拉州和卡什卡达里亚州。天然气储量高，开采条件好，是乌兹别克斯坦天然气工业的一大特点。乌兹别克斯坦最大的气田加兹利和布哈拉、乌尔塔布等气田的最终可采储量加起来就达6 548亿立方米。

金属工业是乌兹别克斯坦工业的主要部门之一。主要大型企业有：别卡巴德冶炼厂、阿尔马雷克采矿冶铜联合工业、泽拉夫尚阿尔腾托普坎冶金联合企业、阿尔马雷克铜锌厂、安格连黄金冶炼厂、乌兹别克硬质合金厂等。

乌兹别克斯坦是原苏联化学工业中心之一，建立于20世纪40年代。1941年首家化工企业奇尔奇克化学联合企业投产，1955年撒玛尔罕过磷酸钙厂，1962年，费尔干纳氮肥厂，1965年纳沃伊化工联合企业和1966年阿尔马雷克化工厂建成投产。1959年建成了费尔干纳化学纤维厂，阿汉加兰卫生技术塑料制造和厂吉扎克塑料厂。1971年阿尔马雷克日常化学用品制造厂投产，同年建的纳曼干化工厂和塔什干油漆联合公司合成洗涤剂厂投产，另外又建有安集延水解厂、费尔干纳合成饲料厂和杨吉尤尔生物化学厂，以及1976年投产的穆巴拉克硫磺厂。该国的化肥产量仅次于俄罗斯和白俄罗斯。

乌兹别克斯坦轻工业行业中，已形成的包括轧棉、纺织、缫丝针织、缝纫、制鞋、制革、毛皮、陶瓷器皿、家具等行业体系，其中轧棉行业占有重要地位，该行业现有100多个企业，主要集中在产棉区。

乌兹别克斯坦境内多为绿洲平原，十分有利于农牧业的发展。乌兹别克斯坦农业经济中，棉花生产占有重要的地位，粮食作物主要有小麦、大麦、水稻、玉米。经济作物主要有：洋麻、烟叶、甘蔗、葡萄、油料作物等。养蚕业也十分发达，现在所有国营植棉农场和集体农庄均从事养蚕业。

乌兹别克斯坦铁路运输方面，铁路网分布比较均匀，塔什干为中亚地区最大的枢纽站，而且与各国首都相连接。

八、对外贸易关系

到目前为止，乌兹别克已加入的区域性贸易组织主要有：独联体（1991.12.21），中西亚经济合作组织（1992.2.16），上海合作组织（2001.6.15），中亚合作组织（2002.2.28.），欧亚经济共同体（2006.1.25.）。

乌兹别克是独联体创始国之一。乌领导人参加了历次独联体首脑会晤，几乎在独联体通过的所有文件上都签了字。乌主张独联体各成员国完全平等，支持独联体内经济一体化，但反对在政治上和军事上继续保持过去关系。独联体各国之间目前仍执行自由贸易协议，原产地为成员国的商品相互进口时互免关税。

乌领导人对独联体的现状十分不满，认为其发展前景只能有三种：第一种，发展成像欧盟那样的政治经济共同体，这是最理想的模式。而要达到这一目标，首要任务是建立自由贸易区，形成统一的经济空间；第二种，还像现在这样不死不活地存在下去，各国只是为了利用这一讲台发表各种倡议和宣言；第三种，独联体成为历史中的名词，各国只注重发展双边关系。

1992年2月16日，乌兹别克在第一届“中西亚国家经济合作组织”首脑会议上被接纳为正式成员国。此后乌领导人参加了历次中西亚经合组织国家首脑会晤。

乌兹别克斯坦于2001年6月成为上海合作组织的创始国，同其他成员国一起签署了《“上海合作组织”成立宣言》和《打击恐怖主义、分裂主义和极端主义上海公约》。此后，确认了通过共同努力，制定稳定的、可预见和透明的规则和程序，逐步实施贸易投资便利化，用10~15年时间实现建立上海合作组织自由贸易区的目标，实现商品、资本、服务和技术的自由流通，促进上海合作组织框架下地区经济合作的进一步发展。

中亚合作组织成立于2001年12月，其前身是中亚经济共同体。2002年2月底，成员国在哈前首都阿拉木图签署了组织成立条约，乌总统卡里莫夫当选为主席。2005年10月6日，“中亚合作组织”与俄罗斯主导的“欧亚经济共同体”合并。2006年1月25日，乌正式成为“欧亚经济共同体”成员国。

自乌加入后，欧亚经济共同体成为了一个拥有2 079.7万平方公里土地、约2亿人口的区域性合作组织。该组织将致力于建立统一的经济空间、统一的关税区、统一的海关税率、统一的贸易制度和统一的非关税调节措施。计划首先于2006年年底建立起成员国海关联盟，尽快解决运输一体化问题。目前，欧亚经济共同体框架下已签署的经贸合作和优惠贸易安排的协定和协议有80多个。到2005年底，已有60%的关税税率实现了统一，近期内将力争达到75%，即1.2万项商品实现关税一体化。

2005年，在乌兹别克斯坦的外资企业进出口额增长4.8%。据乌兹别克国家统计委员会公布的数字，2005年在乌运营的外国独资和合资企业的进出口总值为24.13亿美元，占乌全年进出口总额的25.4%，比上年（23.4%）增长2个百分点。其中，外资企业出口总额为8.23亿美元，比上年同期增长4.8%，在乌出口总额中所占的比重为

15.2%，比2004年（16.2%）下降1个百分点；进口总额为15.93亿美元，同比增长36.7%，在乌出口总额中所占的比重为38.9%，比上年（30.5%）增长8.4个百分点。

近年来，中国与乌兹别克斯坦两国高层领导交往频繁，互访经贸团组数量增多，双边贸易额逐年上升，2005年的贸易额比1992年增长12倍。据中国海关统计，2005年中乌贸易总额为68 056万美元，比上年增长18.3%。其中，出口额为23 006万美元，比上年增长33.4%；进口额为45 050万美元，比上年增长11.8%。

近年来，双边贸易额的逐年上升，商品结构也有所改善，机电产品及高科技含量产品比重大幅提高。目前，我国向乌出口的主要产品有家用电器、电脑、通讯设备、石油设备、煤气表、拖拉机、化工产品、塑料制品、服装、鞋类、茶叶、食品等；自乌进口的主要产品有棉花、石油产品、塑料等。

多年来，双方在积极发展商品贸易的同时，在开展工程承包、劳务合作，以及相互投资等方面也做了积极尝试，努力探索和寻找双边经贸合作新的增长点并取得了一些具体成果。近年来，随着双边贸易额的逐年上升、商品结构的不断改善，经济技术合作项目也有了较大进展，金融领域的合作也呈现出积极发展的势头。中国公司积极参加乌招投标项目和工程承包项目，中标项目得到认真实施；双方积极探讨以融资、投资方式开展项目合作，并初见成效。我国对乌贷款及援助项目执行顺利。

中乌经贸合作项目也取得积极进展。中信国际合作公司承建乌10万吨纯碱项目即将执行完毕，项目金额3 200万美元，这是迄今我在乌第一个融资建设项目；在招投标项目上，中信国际合作公司签订了利用欧行4 000万美元贷款向乌提供12台电力机车的供货合同，由株洲电力机车厂供货，已全部执行完毕；中信国际合作公司正在商谈在乌承建钾肥厂、输电线路的项目；中水电公司在建项目进展顺利；中石油公司首次在乌承担的水平钻井项目第一口井圆满成功，以融资方式向乌出口钻井设备得到推动；中石油、中石化所属公司积极与乌石油天然气公司商谈在乌进行区块石油天然气勘探开发的项目；华为技术有限公司在乌电讯市场份额进一步扩展，对乌设备出口达几千万美元；中兴通讯公司、上海贝尔阿尔卡特公司也积极开拓乌电信市场，并初步取得成效；上海外经（集团）有限公司积极探讨参与乌电站改造项目和纺织项目合作；中国通用技术集团公司（中机及中技公司）在乌教学设备融资及招标项目、中小机电设备供货项目中积极开拓；中国电工设备总公司正在商谈向乌供应水电发电设备、改造水电站的合同、供应土壤改良机械等项目；清华同方威视公司正在与乌方商谈供应集装箱检验仪；我国向乌提供政府优惠贷款项下的煤气表项目顺利实施完毕。2002年以来我国在乌曾成功举办了“中国科技日”，小型机电设备展、茶叶展，取得了具体成果；我国企业和公司参加在乌举办的专业国际展览会。乌企业积极参加我广交会、乌洽会，两国企业间的经贸活动对推动和发展双边经贸合作起到了积极作用。

2004年6月以后，中乌经贸合作又上了一个新台阶。乌方的态度也非常积极，向我国提出了拟使用中国贷款及援助的中乌经贸合作项目建议清单，内容涉及石油天然气开发、公路铁路建设、农业土壤改良机械供货、电站设备改造、电脑教室设备供货、电信设备供货、市政工程改造等多个方面的内容。2004年7月19日，乌卡里莫夫总统还签发了政府令，制订与我国进一步开展合作的措施，责成内阁“外国投资及贷款部门间委员会”迅速批准投资项目研究评估计划，保证制定投资有效方案，并就新的投资项目提出建议。

2005年7月18日，吴仪副总理率团访问了乌兹别克，她指出，目前，乌兹别克斯坦已成为中国在独联体地区的第五大贸易伙伴，中国也成为乌兹别克斯坦的第七大贸易伙伴。在贸易规模迅速扩大的同时，乌兹别克斯坦正在成为中国企业关注的境外投资新热点，两国投资和经济技术合作的规模不断扩大。当前，已有近100家各类中资企业在乌兹别克斯坦开展经贸活动，中国直接投资额近3 000万美元；已执行完毕的合作项目近1亿美元，正在商谈项目约1亿美元，在谈项目近13亿美元，涉及石油、资源开发、铁路、电信、农业、化工、机械设备、电站设备、地铁建设以及工程承包等多个领域。这些项目的陆续建成，对中乌两国的经济建设将起到积极作用，并将惠及两国人民。

她提出四点建议：

1. 挖掘潜力，不断扩大贸易规模；
2. 拓展领域，开辟合作新途径；
3. 加强协调，改善贸易和投资环境；
4. 真诚合作，实现共同发展。

九、经贸政策法规

2006年乌兹别克国内税收政策调整变化情况

2005年12月31日，乌兹别克财政部和乌兹别克国家税收委员会联合下发《关于自2006年1月1日起法人和自然人征税变化的规定》，根据该规定，2006年乌兹别克税收总体水平有所下调，具体情况如下：

（一）法人和自然人以红利和利息形式获得收入的所得税从15%降为10%

（二）自2006年1月1日起取消环保税

（三）利润税由15%降为12%

对从事拍卖、组织演出的企业利润税保留在2005年水平，税率为35%；而对专门生产儿童商品、妇女卫生用品及艺术品的企业利润税为10%。对出口型企业，根据出口创汇占总销售额的比例确定利润税：如出口比例占销售总额比例的15%～30%，利润税减免应缴金额的30%；如出口比例占销售总额比例的30%以上，利润税减免应缴金额的50%。

（四）小型企业和小型公司税收

1. 对征收统一税的企业保持在2005年的水平不变，税率为销售额的13%。

2. 对于采购公司、供销企业、中间商公司保留征收统一税的标准30%。

3. 对研发电脑软件产品的企业，如软件研发规模不低于产品销售总额的80%，则支付统一税5%。

（五）贸易和餐饮企业总收入税

贸易和餐饮企业总收入税保持不变，城市20%，农村18%，山区16%。

（六）自然人所得税

自然人所得税率最低为13%，超过最低工资额（现在为9 400苏姆，约合7.966美元）5倍以上的收入部分加征20%所得税，超过最低工资额10倍以上的收入部分的所得税率将从现行的30%降至29%。

（七）增值税

增值税保留为20%。取消对农业企业的农用化肥和润滑材料增值税0税率的规定。

（八）消费税

消费税保持2005年的水平。其中，汽油为生产价格的45%，柴油40%，航空油19%，对液化天然气起征消费税，税率为21%。

（九）水资源使用税

水资源使用税提高0.5倍。对企业使用地上水每立方米支付960丁，地下水每平方米1 230丁；对水电站是用地上水每立方米275丁，地下水每平方米409丁。

（十）矿产资源使用税

矿产资源使用税保持在2005年水平。按照开采规模确定税率，其中天然气为58%，凝析油为32%，石油为35%，煤炭为3.8%，铜为8.1%，钨为10.4%，铁为3.9%，黄金为5%，银为8%，宝石为24%，

（十一）土地资源使用税

土地资源使用税征收机制不变，税率普遍提高0.5倍，根据地区不同税率不同。

（十二）统一土地税

统一土地税普遍提高0.5倍，萨马尔汗、塔什干、苏汉达利亚、安集延、布哈拉、花拉子莫州除外。安集延、布哈拉、花拉子莫州的农产品生产者自2006年1月1日起改征统一土地税。

（十三）财产税

普通法人财产税保持在2005年水平，税率为

3.5%。对出口型企业，根据出口创汇占总销售额的比例确定财产税：如出口比例占销售总额比例的15%~30%，财产税减免应缴金额的30%；如出口比例占销售总额比例的30%以上，财产税减免应缴金额的50%；

（十四）地方税费

1. 2006年将重新制定自然人车辆使用汽油、柴油、天然气税，具体将陆续由乌内阁制定。

2. 取消每月对商业经营许可收费。

3. 仅对酒精类产品、贵重金属和宝石的零售贸易权进行收费。

（十五）社会保险费用

统一社会付费从31%降为25%。其中包括：预算外退休基金24.2%，国家协助就业基金0.5%，工会委员会0.3%。

（十六）2006年保留

企业、组织机构向预算外基金支付扣除增值税和消费税后产品销售规模的0.7%；每个公民向预算外退休基金支付工资的2.5%，作为保险费。

此外乌兹别克还有国家道路基金费，学校教育基金费，均保留在2005年水平不变。

乌兹别克通过《关于鼓励吸引私人外商直接投资的补充措施》

为进一步改善国内投资环境，加大吸引外商直接投资的力度，特别是吸引私人外商投资，以实施私有化改造、生产设备的技术更新和现代化、解决劳动力人口过剩地区的就业问题，2005年4月11日乌通过《关于鼓励吸引私人外商直接投资的补充措施》的总统令。主要内容如下：

1. 自2005年7月1日起，根据三种投资规模的不同，分别免除私人外商投资企业的利润税、财产税、社会基础设施发展税、环保税、小型企业统一税及交通基金费。如投资规模在30万美元~300万美元之间，免税3年；超过300万美元~1 000万美元，免税5年；超过1 000万美元，免税7年。

2. 享受上述免税待遇的企业须符合以下条件：

（1）应设立在劳动力过剩的地区：卡拉卡尔帕克斯坦共和国、吉扎克州、卡什卡达利亚州、锡尔州、苏罕达利亚州、花拉子摩周吉纳瓦伊州、安集延州、纳玛干州和费尔干纳州的农村地区。

（2）乌政府不提供担保。

（3）外商投资不低于固定资本投资的50%。

（4）企业完成国家登记后投入外资。

（5）外资以自由可兑换货币或新的现代化设备形式注入。

（6）在税收优惠期限内所获得的收入应为企业进一步发展再次投入。

3. 由乌兹别克内阁外资和贷款问题部门间委员会确定乌吸引外商投资企业名单。

4. 非政府担保的有外商投资企业吸引的长期贷款利息不纳入企业利润税的税收基础。

5. 如企业获得优惠后中止经营活动，外国投资者的利润和投资返还只有在向国家财政偿还所提供的优惠金额后才允许进行。

对外贸易管理

十多年来，乌致力于制定和完善对外贸易法律法规，目前已基本建立起了一套相对完整的对外贸易法律基础。这些法律包括：《对外经济活动法》、《外国投资法》、《外国投资保护法》、《关税法》、《税法》和《海关法》等，为乌开展对外经济活动提供了法律保证。特别是1997年10月10日乌兹别克总统颁布的第1871号总统令《关于鼓励产品（工程、服务）出口的若干措施》，该总统令中规定的有关非关税管理措施（禁止进口、配额及许可证）的大部分措施迄今仍然有效。

乌对外经济贸易的管理机构是乌兹别克斯坦共和国对外经济联系、投资与贸易部（简称“外经部”）。乌对外经济贸易管理的法令和法规绝大部分是乌内阁以政府决议或由总统签署总统令的方式来颁布，外经部负责贯彻执行。管理手段基本上是通过关税、配额及许可证等手段对外经贸活动进行调控。关税是其主要的调控手段，消费税是其重要的补充，对部分商品还实行配额和许可证管理。

（一）关税调节措施

1. **进口关税**。近两年来，乌已三次上调了部分日用消费品的进口税。自2005年11月1日起，乌开始实施新一轮调整后的进口关税税率和进口消费税率。此次乌公布的最新进口关税税率的征收幅度在5%～30%之间，征税商品品种约有800多种，几乎涵盖了海关税则中的所有类别。

新的进口税率有以下几个特点：

（1）上调了部分食品的进口税。规定：肉类、可食用的家禽副产品、鱼大类项下的13种制成品的进口关税从5%调高至10%；由硬质小麦制成的面粉的进口税由5%提高至10%。

（2）对部分食品和日用消费品在规定了进口税的同时，还新增加了“进口从量最低限价”，即按照单位（体积、重量、件数）计算，每一单位不得低于规定的金额。例如，在进口1 601、1 602类鱼、肉制成品时，进口税率为10%，但每公斤不能低于0.2美元；对海关编码61类下的46种针织品和62类下的76种服装除保持原有的30%的关税以外，又增加了从0.3～4.35美元/每单位（件、双、公斤）不等的进口从量最低限价。

乌在对外贸易中，将商品出口国分成3类，分别给予不同的进口税率待遇，具体如下：

对自下列国家进口的货物免征进口关税：俄罗斯、乌克兰、白俄罗斯、哈萨克、吉尔吉斯、土库曼、格鲁吉亚、摩尔多瓦。因上述国家为独联体成员国，与乌签订了建立自由经济区的协定，故相互免征进口税。

下列与乌签有相互给予最惠国待遇协定国家的商品进入乌兹别克时，须照现行进口税率表缴纳进口关税：奥地利、比利时、英国、匈牙利、越南、德国、希腊、丹麦、印度、爱尔兰、西班牙、意大利、韩国、中国、拉脱维亚、立陶宛、卢森堡、荷兰、葡萄牙、巴基斯坦、波兰、罗马尼亚、斯洛伐克、美国、土耳其、芬兰、法国、捷克、瑞士、瑞典、爱沙尼亚、日本。

对其他未列出的国家进口的货物，皆征收双倍进口关税。

2. **出口关税**。1997年以前，乌对部分出口商品征收出口关税并采取出口许可证管理。1997年10月乌总统颁布的第1871号总统令中取消了出口许可证和出口关税，仅保留四类专项商品由国家控制出口。

2005年1月1日，乌兹别克政府又颁布法令，对出口企业实行退还增值税的退税制度。

3. **进口消费税**。自2005年11月1日起实施的新的消费税率幅度为10%～140%，征税品种约有130多种。

新的消费税率有以下几个特点：

（1）上调了部分食品的消费税。规定：海关税号为0207的肉类和可食用的家禽副产品的消费税从50%提高到70%；海关税号为1 601、1 602类的鱼、肉制成品的消费税从10%提高到30%；白糖（170191和170199）消费税从20%调至30%。新设定牛肉（0202）的进口消费税率为20%；面包干（190540）为40%。

（2）下调大米（1006）的消费税，由40%降为20%。

（3）对部分食品和日用消费品在规定了消费税的同时，还新增加了“从量最低消费税值”，即按照单位（体积、重量、件数）计算，每一单位不得低于规定的金额。例如，在进口矿泉水时，消费税率为100%，但每公升不能低于1美元。

（4）新增娱乐性商品（9504，除950420以外）消费税（30%）。

（5）继续维持“家用视听设备”45%～60%的高税率和电冰箱、空调20%～30%的较高税率，同时，还规定了“从量最低消费税值”。但洗衣机、电话机、手机、计算机等不征消费税。

（二）非关税调节措施

乌兹别克的非关税调节手段主要有：禁止进口与出口、进出口许可证，进口配额。

1. **禁止进口**。根据1997年10月10日颁布的第1871号总统令中“附件5”的规定，以下产品禁止进口：

有破坏国家和社会制度、领土完整、政治独立和国家主权，宣传战争、暴力、恐怖主义、民族特权和宗教仇视、种族主义及其变种（反犹太主义、法西斯主义）倾向的出版物、手稿、（印画用的锌、铜）版、图画、照片、胶卷、底片、电影、视频和音频制品、唱片、录音带，以及含有淫诲内容的资料；毒品。

根据2005年11月11日通过的第247号政府决议《臭氧层破坏物质及其产品的进出口管制》中的规定，以下化学物质禁止进口：

三氯氟甲烷，二氯二氟甲烷，三氯三氟乙烷，氯三氟甲烷等等。

2. **禁止出口**。1871号总统令中“附件4”的规定，以下产品禁止出口：

谷物（小麦，黑麦，大麦，燕麦，大米，玉米，荞麦），面粉，米糁，小面包（自产的甜点、饼干除外），牲畜，家禽，肉及其制品，糖，植物油，适用于缫丝的蚕茧，生丝及废丝（包括已不适用于缫丝的蚕茧、蚕丝下脚料和散乱废丝）。具有艺术、历史、科学和其他文化价值的文物（画、雕像等）也属于被禁之列。

另外，皮革和皮草原料、包括卡拉库尔羊羔皮，也在被禁之列。但准许《UZBEKKORAKULI》股份公司在政府批准的数量范围内出口卡拉库尔羊羔皮及其原料。

有色金属废料也禁止出口，但准许“乌兹别克有色金属再生”股份公司在政府批准的数量范围内出口有色金属废料。

3. **进口配额**。根据2005年11月11日通过的第247号政府决议，乌对具有破坏臭氧层作用的“含氟和氯的甲烷、乙烷及丙烷的卤化衍生物”规定了2005~2010年每年允许进口的配额数量，并规定要逐年减少此类化学物质的进口量，由现在每年的883.6吨逐步减少到2029年的7.3吨。2030年时，要实现此类物质的“零进口”。

除上述商品之外，目前，乌对包括机电产品在内的其他进口商品没有数量限制。

4. **进出口许可证**。上述1871号总统令中“附件1”规定，以下产品需凭外经部颁发的许可证办理进出口通关手续：

军品，生产军品用的特殊组件；贵金属矿石、精矿料、废料和下脚料、合金及其制品；天然宝石及其制品，天然宝石的废料、粉末和再生品；珍珠及其制品；琥珀及其制品；铀及其他放射性物质及其制品，放射性物质废料；使用放射性物质的仪器和设备。

根据2005年11月11日通过的第247号政府决议《臭氧层破坏物质及其产品的进出口管制》中的规定，进出口以下商品需要获得国家环境保护委员会的准许：

含有破坏臭氧层物质的四氯化碳、三氯乙烷、含氟和氯的甲烷、乙烷、丙烷的卤化衍生物，以及使用含有这些化学物质的家用电器、化学制剂等，其中包括冰箱、冰柜、空气干燥机、制冷机以及涂料、油漆、化妆品、表面活性剂、日用品、玻璃胶、便携式灭火器……等等。

乌2006年引资将继续保持适度规模

据乌兹别克媒体报道，乌政府已作出决定，2006年的引资将继续保持适度规模，以保障国家对外偿还债务的信誉不受到影响。

根据国际金融组织的估计，到2005年年底为止，由乌政府担保的乌外债总额约为54亿美元，2005年度对外偿还的债务额为9亿美元。到去年年底，乌的外汇储备约为当年GDP总值的10.4%，按照2005年乌GDP15万亿苏姆的预估值计算，乌的外汇储备约为13.2亿美元。

自20世纪90年代初以来，乌兹别克共引进外资约140亿美元，大部分都是由政府提供国家担保的外国商业银行的贷款。从20世纪90年代末开始，乌政府逐渐压缩国家担保项下的贷款规模，以保持一个良好的国家还贷信誉。

乌政府计划在2006~2010年间吸引外资61亿美元，其中包括政府担保项下、用于73个项目的30.25亿美元和用于118个项目的外商直接投资额30.75亿美元。

2006年，乌计划引资9.18亿美元，其中，政府担保项下为3.65亿，外商直接投资额5.53亿。

出入境管理

乌对外国公民出入境管理比较严格，除独联体国家的公民外，世界各国公民包括外交人员进出乌兹别克境均需办理签证手续。现将乌出入境管理主要规定简介如下。

（一）乌出入境管理基本情况

1. 根据乌兹别克斯坦的有关法律，凡是因私、因公出差、旅游、休假、学习、工作、治疗的外国和乌公民以及常驻的外国公民、包括独联体的公民、无国籍人（以下简称外国公民）均可进、出乌兹别克斯坦关境。

2. 凡是进出或途经乌境的外国公民均需到乌兹别克斯坦共和国驻国外大使馆领事处，总领馆、领事馆、领事代表处等部门办理签证手续。

3. 在乌国际机场的外交部领事处可办理临时入境手续。

（A）为外国公民办理入境签证期限一般为一年或按常驻人员委任期办理；

（B）外交机构、外国常驻代表处、国家间和国际组织的常驻人员及其家属、外国驻乌记者及其家属的多次往返签证和延期手续，一般由乌国外交部办理；

（C）为外国公民办理多次往返签证由乌外交部或内务部办理，除第5条规定的范围外，其他行业的外国公民，如银行或金融部门的代表及工作人员、公司常驻代表及工作人员、合资或独自企业工作人员等均由乌内务部办理延期多次往返签证（注：对不同国家的在乌人员，办理延期签证期限也有所不同。如为中国公司的代表及其工作人员办理延期签证期限，一般为3个月，如果与乌内务部有良好关系或者公司在乌影响较大，投资多，其代表和工作人员的延期签证期限可宽限到半年，但最多不超过1年）；

（D）除过境签证和禁止外国人参观的地方外，在乌兹别克斯坦有关部门办理的入境签证在乌全境内有效。

（二）办理入境签证程序

1. 凡是拟到乌兹别克斯坦访问、参观、考察、交流的外国公民，必须凭乌兹别克斯坦法人、外国驻乌代表处、国家间和国际组织驻乌代表处等部门的邀请和个人护照，到乌兹别克斯坦驻国外大使馆领事处或具有领事职能的部门办理签证及相关手续，外国公民凭入境签证方可进入乌国境；

2. 乌兹别克斯坦法人和外国驻乌代表处等部门发邀请函，必须向乌外交部呈递办理签证的申请；

3. 乌外交部审核申请后，再向其驻国外的领事部门发出命令，或同意或拒签；

4. 按照合同和协议，为来乌工作的外国公民办理超过3个月的签证时，根据有关规定，必须出示由乌劳动部颁发给外国公民的劳动许可证明；

5. 审核为外国公民办理签证文件的时限不超过10个工作日；

6. 为来乌旅游的外国公民办理入境签证时限不超过3个工作日。

7. 在特殊情况下，乌驻国外使、领馆领导有权独立决定向外国公民办理入境签证手续。

（三）办理出境有关规定

1. 长期居住在乌兹别克斯坦的外国公民拟出乌境，首先到所住地的乌内务部所属部门，按照规定的格式填写两份申请表，并出示本人护照；

2. 临时居住乌兹别克斯坦的外国公民，其出境签证失效时，应及时通过接待部门到内务部办理有关手续；

3. 乌内务部审核外国公民呈递的申请后，如符合要求，为其办理出境手续；

4. 为外国公民办理出境手续的时间一般不超过15天；

5. 为长期居住在乌兹别克斯坦的外国公民办理出境签证期限为2年，在规定的期限内该公民可多次进出乌境；

6. 为在乌居住的外国公民办理出国长期定居的出境签证时，特殊情况下，办理出境手续时限可达30天。

（四）对出入乌国境的权利限制

入境限制：对危害乌国家安全的外国公民，

可拒签；为了保护乌公民和其他人的权利，捍卫乌兹别克斯坦的法律，可拒绝办理入境签证；对与国外伊斯兰极端组织或与其他犯罪集团有牵连的人员，可拒绝办理出入境签证手续；对违反乌法律，也未取消追究其法律责任的人员，不许办理入境签证手续；对过去在乌境内违反过出入境有关规定、海关法、外汇管理法及其他法律的外国公民一律拒绝办理入境签证手续；不许患有对乌公民健康构成危害疾病的外国公民入境。

出境限制：对不履行完合同义务的外国公民不予办理出境手续；对追究刑事责任的外国公民不予办理出境手续；对有民事诉讼案的外国公民，在法院未结案之前，可拒绝为其办理出境手续。

十、推荐投资行业

乌兹别克有意在以下领域吸收中国直接投资：

1. 共同勘探、开采、加工石油和矿产资源；
2. 生产电信及电脑设备的配件；
3. 生产复杂家用电器及其他机电产品；
4. 发动机、组合部件、电机及农业机械终端产品的生产；
5. 化工、化肥及化纤等的生产；
6. 工业用及民用建筑材料的生产；
7. 丝绸工业；
8. 旅游业。

十一、联系方式

全称：中国驻乌兹别克斯坦大使馆经济商务参赞处

地址：乌兹别克塔什干市塞拉姆街15号

邮编：700170

电话：Tel. 998－71－1691048　1691049

传真：Fax. 998－71－1400246

电子邮件：E－mail：cntrade@ china. sarkor. uz

意 大 利

一、国名 国旗 国徽 国歌 独立日

国 名

意大利全称为“意大利共和国”。

国 旗

国旗呈长方形，长与宽之比为3:2。旗面由三个平行相等的竖长方形相连构成，从左至右依次为绿、白、红三色。意大利原来国旗的颜色与法国国旗相同，1796年才把蓝色改为绿色。据记载，拿破仑的意大利军团在征战中曾使用由拿破仑本人设计的绿、白、红三色旗。1946年意大利共和国建立，正式规定绿、白、红三色旗为共和国国旗。

国 徽

国徽呈圆形。中心图案是一个带红边的五角星，象征意大利共和国；五角星背后是一个大齿轮，象征劳动者；齿轮周围由橄榄枝叶和橡树叶环绕，象征和平与强盛。底部的红色绶带上用意大利文写着“意大利共和国”。

国 歌

意大利的国歌是《马梅利之歌》，国花为雏菊，国石是珊瑚。

独立日

意大利的独立日是3月17日（1861年），国庆日为6月2日（1946年），全国解放日是4月25日（1945年）。

二、地理环境

意大利国土面积301 318平方公里。位于欧洲南部，包括亚平宁半岛以及西西里岛、撒丁岛等岛屿。北以阿尔卑斯山为屏障与法国、瑞士、奥地利和斯洛文尼亚接壤，东、西、南三面临地中海的属海亚德里亚海、爱奥尼亚海和第勒尼安海。海岸线长约7 200多公里。全境4/5为山丘地带。有阿尔卑斯山脉和亚平宁山脉。意、法边境的勃朗峰海拔4 810米，居欧洲第二；有著名的维苏威火山和欧洲最大活火山——埃特纳火山。最大河流是波河。较大湖泊有加尔达湖、马焦雷湖等。

大部分地区属亚热带地中海式气候。年平均气温1月为2℃～10℃，7月为23℃～26℃。年平均降水量500毫米～1 000毫米。

三、行政区划

意大利划分为20个行政区，共103个省，8 088个市（镇）。20个行政区是：皮埃蒙特、瓦莱达奥斯塔、伦巴第、特伦蒂诺上阿迪杰、威尼托、弗留利—威尼斯朱利亚、利古里亚、艾米利亚—罗马涅、托斯卡纳、翁布里亚、拉齐奥、马尔凯、阿布鲁齐、莫利塞、坎帕尼亚、普利亚、巴西利卡塔、卡拉布里亚、西西里岛、撒丁岛。

首都：罗马（rome/roma）；人口：264.4万（1999年底）。

四、人口　民族　宗教　民俗

人　口

人口有5 788.82万（2003年底）。

民　族

94%的居民为意大利人，少数民族有法兰西人、拉丁人、罗马人、弗留里人等。讲意大利语，个别地区讲法语和德语。

宗　教

大部分居民信奉天主教。

民　俗

意大利人热情好客，也很随便，但时间观念不强，常常失约或晚点。

在意大利进餐时，意大利人的习惯是男女分开就座。进餐顺序一般来讲，是先上冷盘，接着是第一道，有面食、汤、米饭或其他主食；第二道有鱼、肉等，然后是甜食或水果、冰淇淋等，最后是咖啡。

用餐时要注意礼节，不要一次要得太多，以致吃不下。在用餐过程中，不要把刀叉弄得叮当作响，在吃面条时，用叉子将面条卷起来往嘴里送，不可用嘴吸，尤其是在用汤时，不要发出响声。每道菜用完后，要把刀叉并排放在盘里，表示这道菜已用完，即使有剩的，服务员也会撤走盘子。

意大利人喜欢喝酒，而且很讲究。一般在吃饭前喝开胃酒，席间视菜定酒，吃鱼时喝白葡萄酒，吃肉时用红葡萄酒，席间还可以喝啤酒、水等。饭后饮少量烈性酒，可加冰块。意大利人很少酗酒，席间也没有劝酒的习惯，客人随意。

应邀到朋友家作客时，特别是逢年过节，应给主人带点礼品或纪念品。礼品的包装要讲究。收到礼品后，主人会当着客人的面打开礼品，并说一些客套或感谢的话。另外，到意大利人家作客，不要早到，稍晚点为好。

五、历史沿革

公元前2000至前1000年，不断有印欧民族迁入。公元前27年至公元476年为罗马帝国时期。11世纪诺曼人入侵意南部并建立王国。12世纪~13世纪分裂成许多王国、公国、自治城市和小封建领地。从16世纪起，意先后被法国、西班牙、奥地利占领。1861年3月建立意大利王国。1870年9月王国军队攻克罗马，最终完成统一。1914年第一次世界大战爆发，意大利先中立，后站在英、法、俄协约国一边，向德奥宣战，并取得胜利。1922年10月31日，墨索里尼组成新政府，开始推行法西斯统治。

1939年第二次世界大战爆发时，意大利起初中立，及至德国在法国取胜，乃于1940年6月加入德国一方向英、法宣战。1943年7月，墨索里尼被推翻。同年9月3日，由国王任命的巴多利奥内阁同协约国签订停战协定，意大利无条件投降，10月对德宣战。1946年6月举行公民投票，正式宣告废除君主制，成立意大利共和国。战后意政府更迭频繁，但政府的内外政策具有相对稳定性和连续性的特点。

公元14世纪~15世纪，意大利文艺空前繁荣，成为欧洲“文艺复兴”运动的发源地，但丁、达·芬奇、米开朗基罗、拉斐尔、伽里略等文化与科学巨匠对人类文化的进步作出了无可比拟的巨大贡献。如今，在意大利各地都可见到精心保存下来的古罗马时代的宏伟建筑和文艺复兴时代的绘画、雕刻、古迹和文物。

六、政治概况

意大利现行宪法于1947年12月22日立宪大会通过。宪法规定，意大利是一个建立在劳动基础上的民主共和国。总统对外代表国家，由参、众两院联席会议选出。总理由总统任命，对议会负责。议会是最高立法和监督机构，由参议院和众议院组成，其中参议院议员315名、众议院议员630名。两院具有同等权力，各自可通过决议，但两院决议相互关联。除少数终身参议员外，参、众议员均由普选产生，任期5年。议会的主要职能是，制定和修改宪法和法律，选举总统，审议和通过对政府的信任或不信任案，监督政府工作，讨论和批准国家预算、决算，对总统、总理、部长有弹劾权，决定战争状态和授予政府必要的政治决定权力等。在总统选举和宣誓就职等特殊情况下，两院举行联席会议。

最高司法委员会是最高司法权力机构，拥有独立司法体制和任命法官的权力，有对法官的任命、分配、调遣、提升和规定措施等项权力。由33人组成，总统任主席，最高法院院长和总检察长为当然成员。其他成员由议会选举的10位委员（律师和司法教授）和全体法官选出的20位法官组成，任期4年，不得连任和兼职。宪法法院主要是检查和监督法律条文是否符合宪法，由15名法官组成，任期9年，不得兼职，享有豁免权。此外，还依次设有地方调解法官、初审法院（轻罪）、法庭、初审法院（负责民事和刑事案件）、上诉法院、审计院（主管公共账目和养老金）等。

总统卡洛·阿泽利奥·钱皮（carlo azeglio ciampi），1999年5月就职；总理西尔维奥·贝卢斯科尼（silvio berlusconi），2001年6月任职，2005年4月辞职，随即再次组阁。

意对外政策的基本点是立足西欧，积极推动欧洲一体化进程，主张欧洲应有共同的外交和防务政策；依靠北约，重视同美国的传统关系；强调建立公正合理的国际新秩序，主张世界多极化和加强地区性合作；认为联合国应在世界新格局中发挥主导作用。

1970年11月6日意大利与中国建交以来，双边关系发展顺利，高层互访不断。意大利佩尔蒂尼总统、卡尔法罗总统、阿马托总理等曾先后在任内访问中国。中国的许多国家领导人曾先后应邀访问过意大利。2003年10月，意大利总理贝卢斯科尼来华进行正式访问。2004年5月，温家宝总理对意大利进行正式访问，双方签署联合公报，决定建立中意政府委员会。2004年12月，钱皮总统对中国进行国事访问，中意友好合作更上一层楼。

七、经济概况

同其他西方发达国家相比，意大利存在着资源贫乏、工业起步较晚的劣势。但意大利注意适时调整经济政策，重视研究和引进新技术，促进经济发展。矿产资源仅有水力、地热、天然气、大理石、汞、硫磺等资源，还有少量铅、铝、锌和铝矾土等。

工业主要以加工工业为主，所需能源和原料依赖外国进口，工业产品的1/3以上供出口。国家参与制企业比较发达，意大利的原油年加工能力为1亿吨左右，有“欧洲炼油厂”之称；钢产量居欧洲第二；塑料工业、拖拉机制造业、电力工业等也位居世界前列。

伊利、埃尼和埃菲姆三大国营财团掌握着经济命脉，在全国工业产值中约占1/3，经营范围涉及钢铁、造船、机械、石油、化工、军火等部门。中小企业在经济中占有重要地位，近70%的国内生产总值由这些企业创造，被称为“中小企业王国”。

意大利在制革、制鞋、纺织、家具、首饰、酿酒、机械、大理石开采及电子工业等部门均占优势，具有专业化程度高、适应能力强、劳动力安排富于伸缩性和产品出口的比例大等优点。以家庭式微型企业为主的“地下经济”十分繁荣，产值约占国内生产总值的15%。农业可耕地面积约占全国总面积的10%。

对外贸易是意大利经济的主要支柱，外贸连年顺差，是继日本、德国之后世界第三大贸易顺差国。进口主要以石油、原料和食品等为主，出口以机械设备、化工产品、家用电器、纺织、服装、皮鞋、金银首饰等轻工产品为主。国外市场主要在欧洲，进出口主要对象为欧盟和美国。

意大利旅游资源丰富。提起文明古国意大利，人们立刻会联想到历史上煊赫一时的古罗马帝国、1900年前毁于一旦的庞贝古城、闻名于世的比萨斜塔、文艺复兴的发祥地佛罗伦萨、风光旖旎的水城威尼斯、被誉为世界第八大奇迹的古罗马竞技场……意大利气候湿润，风景秀丽，文物古迹很多，有良好的海滩和山区，公路四通八达，旅馆多为中小型。主要旅游城市是罗马、佛罗伦萨和威尼斯。

意大利旅游业发达，旅游收入是弥补国家收支逆差的重要来源。意大利每年都吸引三、四千万外国游客前往，旅游业营业额达150万亿里拉（约合714亿美元），约占国内生产总值的6%，净收入约53万亿里拉（约合252亿多美元）。

八、对外贸易关系

意大利是一个由大型企业和众多中小企业组成的发达工业化国家。近十几年来，为了推动意大利企业国际化、促进对外贸易和开展对外经济合作，意大利政府和各级管理部门逐渐建立起了一套比较科学完善的贸易促进管理体系。

意大利对外贸易促进体系的基本框架是由意大利生产活动部负责政策指导，对外贸易委员会（ICE）、对外投资促进公司（SIMEST）和外贸保险服务公司（SACE）三家负责具体实施，商会、行会等中介或服务机构、银行作为重要补充。

意大利生产活动部负责对外贸易促进的政策指导。该部的政策指导功能主要通过制订鼓励法规和监督主要贸易促进机构（对外贸易委员会、对外投资促进公司和外贸保险服务公司等）工作的方式实现。该部组建于2001年，由最初的外贸部和工业、商业、手工业部合并而成，主要负责国内产业政策和外经贸业务，下设11个司，其中8个负责国内产业，3个负责外经贸业务。其外经贸业务涉及意大利经济体系中的对外贸易和国际化，主要职能有：制定外贸政策，规范与第三国的贸易，起草、谈判和管理所辖领域的多、双边协议；与国际经济、财政组织、与所辖领域相关的多边机构合作；发展国际经济合作，执行意外交部的援助发展计划；协调对外贸易政策的实行；与推广贸促活动的公共及私人机构合作；鼓励、支持企业和生产活动的国际化，吸引外资；监管外贸机构；监管出口信贷和出口信贷保险；管理外资；参与以生产体系国际化为主旨的公共活动；颁发进出口许可证；保护意大利在国外的生产活动；推动国际化领域的企业主体的职业培训。

意大利对外贸易委员会（ICE）成立于1926年6月25日，原名“国家出口协会”。分别于1947年、1978年、1989和1997年进行了4次大改组，最终改组后的立法文件是1997年3月25日的68号法律文件。其主要任务一直是，全面推动意大利产品对国外市场的“渗透”，促进意大利与各国的经贸关系，为意大利企业，尤其是中小企业，提供信息和咨询等各种服务，以及提供有关目标市场的前景预测、客户资料、技术和隐形贸易壁垒的规避手段等个性化服务。目前对外贸易委员会在世界上80个国家设有104个分支机构，国内分支机构16个。该协会在每年执行150个出口促进计划、举办近千场各种推介活动的同时，还有计划地组织意企业参加国外展览、对口洽谈会，并资助国外有影响的政府组织和企业赴意考察或培训以促进意大利与世界各国在贸易、投资等领域的直接交流。协会经费的约70%依靠国家拨款、其余部分来自向企业收费。

该协会通过其信息服务体系，ICE向感兴趣的外国公司提供意大利的基本经济概况，意大利内外贸政策方面的信息，通过意大利记者协会AGI提供大量有用的新闻，提供意大利在吸引外资方面最新的法律法规以及对外国投资者提供帮助。该协会还帮助意大利公司了解外国市场。通过国际性的交易会、派出使团、展览会、联合会、委员会以及公共促进计划中的其他激励措施，ICE为意企业成功进入不同的市场提供支持并增加了很多商业机会；提高了“意大利制造”品牌的形象；促进了外国企业同意大利的产业合作；而且为意大利吸引了大量外资。此外，ICE大力帮助意大利公司开展国际合作活动，为其获取国际金融机构的融资提供便利，鼓励与外国企业的合资和开展产业、技术等合作。ICE还通过讨论会、双边会谈、提出建议和专题研究会等形式，积极促进服务性行业企业间的产业合作。从意大利经济国际化的长期战略考虑，ICE还大力开展培训服务，注重培训意企业和国外企业在国际化进程中人力资源的专业化；通过对外国公共机构管理人员和企业界的培训以及对意大利成功机构（工业区和大集团）的介绍，使其他国家对意大利的整个体系有更深的了解。

意大利对外投资促进公司（SIMEST）是意大利政府促进对外投资的最主要的金融机构。该公司于1991年正式创立，是由意大利生产活动部控股的股份公司，其股东还包括银行、大企业和行业协会等。对外投资促进公司主要负责管理政府的对外投资基金，协助企业开展对外投资。自1999年起，政府通过143/98号法令将原中期信贷银行促进企业国际化的金融职能及相应资金也划归该公司管理运作，使该公司成为唯一直接为企业提供国际化融资的公共部门。自1991年到2003年，SIMEST批准的境外投资项目共有638个，涉及投资金额4.85亿欧元。

意大利外贸保险服务公司（SACE）根据1998年3月31日第143号法令建立，前身为国家保险局（INA）的一个下属同名部门（根据1977年5月24日227号法规成立），现为一家具有法人资格的公共经济机构，主要任务是为意大利企业的出口及对外投资进行保险或再保险。SACE的险种主要覆盖企业对外经贸活动中可能涉及的政治、灾难、经济贸易及汇兑等方面的风险。对于企业对外投资的保险，一般只限于政治类风险，赔偿金额上限为总投资额的70%；对于华盛顿公约缔约国、多边投资保障协定缔约国、巴黎俱乐部成员国或与意签有双边投资保护协定的投资目标国，赔偿金额最高可达总投资额的90%。

九、经济形势

2004年，世界经济出现了强劲增长的势头，美国继续扮演着世界经济的头号“发动机”角色，在主要发达国家中经济形势最好。欧洲大陆在摆脱了持续3年的低迷后，欧元区经济终于迎来了难得的增长，由于高油价和欧元升值的双重打击，欧元区国家的经济只能在夹缝中缓慢前行。

2004年，意大利国内生产总值增长1.1%，虽然高于2003年0.3%的增长率，但低于政府年初1.9%的预期，也低于欧元区1.8%的平均水平，特别是低于德、法两国的增长幅度，相形之下有些黯然失色。

内需拉动国内生产总值增长

2004年，意大利国内生产总值（GDP）为10523.08亿欧元（以1995年不变价格计算），与去年同期相比增长1.2%，如果根据年实际工作日修正后计算，其增长率只有1.1%，这是意大利在2003年跌入0.3%增长的低谷之后，在高油价和强势欧元困难局面下，国民经济实现了止跌回升。其他主要西方工业国家的GDP增长率情况分别为：美国4.4%，英国3.0%，法国2.5%，德国1.6%。

其他主要年度经济指标如下：货物与服务的进口（FOB）总额2 974.70亿欧元，比上年增长2.5%。货物与服务的出口（FOB）总额3 017.50亿欧元，增长3.2%。国内消费总额8 268.89亿欧元，增长0.9%，其中家庭消费额6 338.15亿欧元，增长1.0%；公共行政开支额1 878.30亿欧元，增长0.6%；私有机构开支额52.45亿欧元，增长3.2%。固定资产投资总额2 162.67亿欧元，增长2.1%。

从行业分，2004年意大利增长较多的主要有农林渔业（+10.8%）、建筑业（+2.7%），服务行业也增长了1.2%，而工业生产则基本处于停滞状态（+0.1%）。固定资产投资上升主要是由建筑业投资（+3.1%）和机械设备采购（+2.7%）所拉动，而汽车行业的投资下降了2.9%。内需拉动GDP增长达到1.1%，成为其增长的主要因素，出口对GDP的增长只贡献了0.2个百分点。

财政赤字和公共债务持续攀升

2004年意大利的财政赤字为408.77亿欧元，较上年增加了31.25亿欧元，财政赤字占GDP的比重也由上年的2.9%升至3.0%，已经触及欧盟规定的3%的警戒线。公共债务有所上升，由上年的13 830.88亿欧元上升到14 299.17亿欧元。但占GDP的比重从2003年的106.3%下降到105.8%。国家雇员的工资成本增长3.0%，公共行政开支增加2.8%，而2003年该两项指标分别增长5.3%、5.9%。

就业上升，失业率降低

2004年前3个季度，意大利共增加16.2万个工作岗位，就业率提高0.7%；失业率也由上年同期的8.7%下降到7.4%，低于欧元区国家平均水平，延续了意大利自1998年以来失业率一直保持下降的良好势头。一二三季度意大利就业增长率分别为1.1%、0.7%、0.4%，正好与意大利年度经济形势走势相吻合。

工业生产继续下滑，前景不容乐观

2004年，意大利工业产值同比上升0.7%，但如果考虑年度实际工作天数的因素，这一指标则为-0.4%，只有能源生产增长1.2%，半成品生产增长率为0，而生产资料和消费品生产则分别下降了1.3%和1.0%。从行业看，生产增长较快的主要有造纸、印刷、出版业（+5.4%），木材及加工（+2.8%），水、电、煤气（+2.1%）。下降较大的是皮革和制鞋业（-12.2%），电力设备和精密机械（-4.4%），服装纺织品（-3.7%）。从发展趋势看，在连续2年走低之后，意大利工业生产很难短期内恢复增长。

外贸进出口回升，12年来首次出现贸易逆差

2004年意大利货物进出口贸易出现了良好的回升势头。年出口总额为2 756.11亿欧元，同比上升5.7%，其中对非欧盟国家出口额为1 143.34亿欧元，上升9.5%；对欧盟国家出口额为1 612.56亿欧元，上升3.2%。年进口总额为2 760.04亿欧元，上升7.0%，其中对非欧盟国家进口额为1 130.78亿欧元，上升11.5%；对欧盟国家进口额为1 629.35亿欧元，上升4.1%。

2004年意大利进出口出现近12年来的首次贸易逆差，逆差额为3.93亿欧元。且全部来自与欧盟其他成员国的贸易，与非欧盟国家的贸易则为12.56亿欧元顺差。按行业划分，贸易顺差较多的行业有机械设备、服装纺织品及家具；逆差严重的是能源性矿产、精密机电设备、人工合成化纤品。按国家划分，逆差较大国家有德国、荷兰、中国、比利时、俄罗斯；主要的顺差国依次为美国、英国、西班牙、希腊、法国。

意大利2004年主要出口产品为依次为：机械设备、交通工具、人工合成化纤品、金属及其制品、服装纺织品、精密机电设备。主要进口产品有：交通工具、人工合成化纤品、精密机电设备、能源性矿产、金属及其制品、机械设备。意大利主要的出口国按其份额排名为德国、法国、美国、英国、西班牙。其进口国排名为德国、法国、荷兰、英国、西班牙、比利时、美国、中国和俄罗斯。

2004年，意大利与中国的贸易额为162.71亿欧元，其中出口44.44亿欧元（FOB价值统计），同比增长15.4%；从中国进口118.27亿欧元，同比增长23.8%。贸易逆差73.83亿欧元，紧随在德国、荷兰之后，居欧盟第三位。意大利从中国的进口稳步增长，由2003年占其进口总量的3.2%上升到2004年的3.6%，中国已成为其第八大进口国。意大利对中国的出口在欧盟外国家仅低于美国、土耳其、俄罗斯，排在第4位。

通货膨胀率下降

2004年意大利通货膨胀率为2.2%，比2003年的2.7%低了0.5个百分点。它由两部分构成：

其中2003年通货膨胀对2004年的拉动影响达到0.9%，而2004年本身的通货膨胀率为1.3%。通货膨胀率下降主要得益于食品、服装和鞋、住房、通讯产品等价格的下降。2004年价格上升较多的行业为交通运输、酒精饮料和烟草，其通货膨胀率均高于年度平均值，原因主要是燃油和烟草的价格上涨幅度很大。

2005年经济形势

2005年意大利的经济形势可谓开局不利，1月份意大利工业产值同比下降了1.2%（根据实际工作日修正后计算），相对上月下降了1.2%。事实上，2004年意大利从年初开始刚刚好转的势头到第四季度出现负增长，显示出其经济发展后劲不足。一些经济学家忧心忡忡，担心意大利在刚刚见到复苏的曙光又陷入新一轮的经济衰退之中。

意大利国家经济分析研究所（ISAE）2月份公布了2005年度的GDP增长为1.5%的预测，尽管这一预测已非常谨慎，但许多经济学家仍然对此抱怀疑的态度。目前的高油价和强势欧元，使得这一前景蒙上阴影。经济合作与发展组织（OECD）曾经估算：石油价格每桶上涨10美元，欧元区的GDP将下降0.3个百分点，这对能源及电力资源依赖进口的意大利影响尤甚。同时由于油价居高不下，欧洲央行为缓解通货膨胀的压力，对欧元汇价持续走高采取不干预政策，极大影响了欧元区国家产品的竞争力。

从出口方面看，2004年下半年意大利对非欧盟国家出口增长减慢，四季度出口下降了2.6%，欧元升值对出口的负面影响逐渐凸现，这一趋势估计在今年将表现得更为明显。

从消费方面看，意大利政府实行的减税政策普通民众受惠并不多，虽然失业率有所降低，这是政府采取鼓励临时用工、非全日制劳动合同、定期劳动合同政策激活了劳动力市场的结果，提高了就业率，但是在统计上也存在虚高成分，加上通货膨胀的因素，广大民众收入及购买力并未得到实质的提高，同时由于目前经济发展存在诸多不确定因素，导致市场不旺，消费者信心不足。此外政府对高科技和基础研究投入不够，缺乏产品创新和技术创新，因此无法形成新的市场需求，创造新的经济增长点。

从投资方面看，首先是其投资环境进一步恶化：从2001~2003年，意大利引进外资额分别为166.18亿欧元、154.55亿欧元、145.44亿欧元，2004上半年引进外资同比又下降了24.8%，呈逐年下降趋势，这是欧元升值、劳动力成本升高促使外国投资者调整投资方向的结果；由于新入盟的东欧国家和亚洲新兴国家的市场吸引力，也加剧了内资的流失。另一方面，由于欧洲央行规定各国财政赤字不能超过GDP的3%，意大利政府已无法采用长期赖以发展经济的高赤字预算、高国家投资的政策。

为了挽回近年来经济连续滑坡的颓势，意大利政府推出了养老金制度改革和减税政策，旨在减轻国家财政负担和刺激投资。由于该两项政策涉及广大民众利益，提出之初就引起巨大争议，目前养老金制度改革阻力重重，即使能够实施，也要到2008年以后才见效果，远水难解近渴。同时减税政策的实施，并没有达到刺激投资，从而进入以投资推动生产、生产促进就业、就业拉动消费的良性循环。在目前内外交困情势下，意大利政府可谓捉襟见肘，难以拿出解决经济问题的有效良方。从乐观方面估计，2005年意大利经济仍将延续目前缓慢增长的局面，而油价和欧元汇率的走向仍将是最大的变数。

十、意大利2005年经济形势分析

盘点2005年，对于意大利人来说，无疑充满着苦涩和失望，特别是置于国际经济大环境进行比较，这种感觉更为强烈。由于石油价格一直在高位运行，世界经济发展的步伐较2004年有所放缓，但仍实现了3.2%的增长。作为世界经济的领头羊的美国，在遭到高油价和“卡特里娜”等飓风的双重打击之下，GDP的3.5%增长速度应该令人满意。在主要发展中国家中，中国和印度经济继续强劲增长。如果说欧元区的邻居们更具可比性，其主要经济体德法两国虽然经济也不景气，但法国增长1.4%，高于欧元区1.3%的平均水平，德国也保持了0.9%的增长。2005年意大利GDP增长为零，与政府年初1.5%的目标相去甚远，“颗粒无收”的结果恐怕是谁都没有料到的。在欧元区国家，意大利人也只能无奈充当敬陪末席的角色。

内外需求不旺、投资下降、经济继续滑坡

2005年意大利实现国内生产总值（GDP）12295.68亿欧元（以2000年的参照价格计算），相对2004年的增长率为零。意大利自1996年以来至今经济增长率分别为0.7%、1.9%、1.4%、1.9%、3.6%、1.8%、0.3%、0、1.1%和0，这是意大利在经历近10年的经济徘徊之后又一次跌入最低谷。其他主要西方及欧元区国家的GDP增长率情况为：美国3.5%、西班牙3.4%、英国1.8%、法国1.4%、德国0.9%。其他主要年度经济指标如下（均以2000年的参照价格计算）：

项　目	价　值（亿欧元）	年增长率（%）
货物与服务的进口（FOB）	3237.76	1.4
货物与服务的出口（FOB）	3131.78	0.3
国内消费	9733.64	0.3
家庭消费	7272.28	0.1
公共行政开支	2414.01	1.2
私有机构开支	45.91	2.7
固定资产投资	2575.51	-0.6

2005年意大利货物与服务的进口高于出口，外需对GDP增长的贡献为-0.3%；而一贯作为拉动GDP增长主要因素的内需，只实现0.3%的增长，对GDP增长的贡献只有0.1%。特别是家庭消费，仅增长0.1%，充分显示出消费者对目前经济形势的忧虑和对未来的信心不足。这种情况也反映在投资上，2005年意大利固定资产投资下降了0.6%，其中较为显著的是对交通工具和无形资产的投资分别下降了4.6%、2.5%。只有对建筑业的投资上升了0.5%。从领域构成上看，农林渔业产值下降2.2%，工业生产下降2%，建筑业上升0.6%，服务业上升0.7%。

财政赤字创新高

2005年意大利的财政赤字为579.17亿欧元，较上年增加了102.65亿欧元，财政赤字占GDP的比重也由上年的3.4%升至4.1%，已大大超过欧盟规定的3%上限，也是近5年来的最高点。公共债务占GDP的比重初步估计将从2004年的105.8%上升至108.5%。其中国家雇员的工资成本增长4.0%，公共行政开支增加了4.4%，而2004年该两项指标的增长率分别为3.4%、4.8%。

工业生产连续第三年下降

2005年意大利工业产值同比下降1.8%，但如果考虑年度实际工作天数的因素，这一指标实则为-0.8%，消费品生产同比下降2.4%、其生产资料为-1.5%、半成品-1.1%，只有能源生产同比增长了4.2%。从行业看，2005年，生产增长幅度较大的有采矿（+7.3%）、石油精炼（+3.8%）、水、电、煤气（+2.6%）。下降显著的是皮革和制鞋业（-7.7%）、服装纺织品（-6.5%）、交通工具和精密机电设备（均为-4.6%）。其中服装纺织品、皮革和制鞋业生产在最近三年出现持续显著下降。

全年的工业产值相对上一年根据其实际工作日修正后的增长率分别为：-2.7%、-1.1%、+0.2%、+0.2%。尽管下半年有所回升，但在经历连续三年的下降之后，意大利的工业生产能否走出低谷，目前很难预料。

就业形势恶化、工作岗位减少

从意大利国家统计局公布的数据看，意大利前3个季度的失业率为7.6%，为近年来最低。但社会各界对此却有另外的解读，认为许多失业者不去就业办公室注册造成了失业率的虚低，而就业岗位统计数据更能说明劳动力市场的实际情况。2005年意大利总就业岗位为2 419.22万，比上年减少了10.19万个就业岗位，同比下降0.4%，这也是意大利自1995年以来就业岗位首次下降。其中农业减少就业机会8%、工业减少1.6%、服务业增加0.3%、建筑业增加2.3%。

通货膨胀稳中有降

2005年意大利的通货膨胀率为1.9%，比2004年的2.2%低了0.3个百分点。其中2004年通货膨胀对2005年的拉动影响达到0.7%，而2005年本身的通货膨胀率为1.2%。2005年价格上升幅度较大的有酒精饮料和烟草（+6.9%）、住房、水电煤气（+4.9%）、交通（+4.5%）、教育（+3.5%），价格下降的只有通讯（-4.6%）、医疗卫生服务（-0.9%），食品和非酒精饮料的价格维持在上年的水平。从大类上看，2005年服务行业的通胀率为2.6%，比2004年的3.1%有所下降；货物价格的通货膨胀率也从前年的1.7%下降至1.5%，其中非加工食品通胀率从2004年2.0%下降至-0.9%，非耐用消费品通胀率为-0.8%。由于国际市场油价的影响，2005年能源产品的价格上升幅度最大，达到8.9%。如果剔除能源因素，2005年意大利的通货膨胀率将降至1.5%。

对外贸易上升，逆差增大

2005年意大利的货物进出口贸易均有所增长。年出口总额为2 948.29亿欧元，同比上升3.7%。其中对非欧盟国家出口额为1 223.61亿欧元，上升7.5%；对欧盟国家出口额为1 724.6亿欧元，上升1.1%。年进口总额为3051.97亿欧元，同比上升6.8%。其中从非欧盟国家进口额为1 306.97亿欧元，上升15.5%；从欧盟国家进口额为1 745.06亿欧元，上升1.2%。

按货物大类分，2005年意大利除了耐用消费品，其他如非耐用消费品、生产资料、半成品的出口均有所增长，特别是能源产品的出口增长了53.6%。所有货物大类的进口也呈增长趋势，其中能源进口增长35.3%。按行业分，出口增长的有精炼石油产品（+53.9%）、化工及人造纤维产品（+9.5%）、金属及制品（+8.7%）；下降的有家具（-4.7%）、木材及制品（-4.4%）。进口增长的有能源性矿产（+39.3%）、水电煤气（+20.2%）、非能源性矿产（+19.1%）、精炼石油产品（+16.5%）；下降的有农渔业产品（-1.8%）、木材及制品（-0.9%）。

意大利进出口继2004年出现近12年来的首次逆差，2005年贸易逆差额进一步增加，从2004年的12.21亿欧元上升至103.68亿欧元。其中与欧盟其他成员国的贸易逆差从去年的18.49亿欧元上升至20.45亿欧元；与非欧盟国家的贸易逆差为83.36亿欧元，而2004年同期则为6.29亿欧元的顺差。

按行业划分，贸易顺差较多的行业有机械设备（375.06亿欧元）、服装纺织品（107.66亿欧元）、家具（69.53亿欧元）、橡胶及制品（59.7亿欧元）及非金属矿产制品（56.46亿欧元）；逆差严重的是能源性矿产（-405.82亿欧元）、化工及人造纤维产品（-106.64亿欧元）、精密机电设备（-106.44亿欧元）、交通工具（-89.56亿欧元）。按国家划分，逆差较大国家有德国（-138.02亿欧元）、荷兰（-101.34亿欧元）、中国（-95.25亿欧元）、比利时（-58.26亿欧元）、俄罗斯（-57.27亿欧元）；主要的顺差国依次为美国（132.09亿欧元）、西班牙（90.94亿欧元）、英国（68.08亿欧元）、法国（57.55亿欧元）、希腊（43.60亿欧元）、土耳其（18.00亿欧元）。需要特别指出的是，能源性矿产（石油与天然气）的进口占进口总量的14.3%，其贸易赤字从2004年的291.86亿欧元上升到405.82亿欧元。如果不考虑该项贸易赤字，2005年意大利的对外贸易将为302.14亿欧元的顺差。

意大利的出口国按份额排名为德国（13.6%）、法国（12.4%）、美国（7.9%）、西班牙（7.3%）、英国（7.1%）。其进口国排名为德国（18%）、法国（11%）、荷兰（5.9%）、西班

牙（4.7%）、比利时（4.5%）、英国（4.3%）、中国（4.1%）、美国（3.5%）、俄罗斯（3.4%）

2005年意大利与中国的贸易额为187.35亿欧元。其中出口46.05亿欧元（FOB价值统计），同比增长3.5%，占其出口总额的1.6%；从中国进口141.3亿欧元（CIF价值统计），同比增长19.5%，占其进口总额的4.1%。贸易逆差由2004年的73.83亿欧元上升为95.25亿欧元，和2004年一样，排在德国、荷兰之后，居第三位。意大利从中国的进口近几年一直呈增长态势，由2004年占其进口总量的3.6%上升到4.1%，中国为其第七大进口国，比2004年的排名又上升了一位。

2006年意大利经济形势展望

近年来意大利经济表现低迷：首先是内需不振，从2002年至2004年，国民收入年递增率仅为0.6%，消费者普遍对市场的信心不足。其次是对外出口竞争力下降，最近十年来意大利在全球贸易市场上的所占份额已从4.6%下降至3.8%。2004年对外贸易出现逆差，并在2005年继续加大。第三是投资萎缩，债务沉重。引进外资额逐年下降，对外投资超过吸引外资。据意大利外汇管理局公布的数据，外国对意直接投资仅占意大利GDP的1.2%，远低于4.3%的欧盟国家平均水平。同时2005年意大利的财政赤字占GDP的比例为4.1%、远超过欧盟《稳定增长公约》所规定的3%标准，公共债务占GDP的比例初步估计达到108.5%。意大利的主要经济指标在欧元区都处于落后位置。

意大利经济低迷既有外部因素的影响，更有其内部的原因。首先从其所处的外部环境看：①由于中国等亚洲新兴国家强有力的竞争，意大利在国际市场传统优势产业已风光不再；②对于加入欧元区，意大利社会各界一直存在两种不同的意见和声音，但大家一致认可的是：加入欧元区使意大利“划地为牢”，由于受到《稳定增长公约》财政赤字不能超过GDP3%的束缚，意大利政府再也不能采取高赤字预算方式增加投资以刺激经济的发展，也不能采取一贯的里拉贬值政策来拉动出口，而近年来强势欧元对意大利出口的负面影响是显而可见的；③石油高企雪上加霜，对意大利这样一个能源完全依赖进口的国家，影响尤为明显，意大利近两年由于油价上涨导致能源贸易项目下赤字增加量，不仅吞噬了所有其他项目的贸易顺差，而且使得总体贸易出现逆差。另一方面，其内部经济问题重重。①经济结构不合理，在上世纪末兴起的世界经济一体化浪潮中，意大利未能抓住机遇、参与全球性的分工合作、及时进行产业结构调整，从而在国际经济大循环中处于不利地位。②中小企业在意经济中具有极为重要的地位，由于其实力相对较弱，企业转型的风险和困难相对较大，导致一些劳动密集、技术和资金含量相对较低的传统产业逐渐失去了市场竞争力。③国家对高科技和基础研究的投入不够，缺乏产品创新和技术创新，没有形成新的经济增长点。④由于意政府更迭频繁，政策的决策缺乏前瞻性、连续性，在税收、养老金改革方面步履迟缓，导致企业赋税负担沉重，劳动力成本过高，严重阻碍了意经济的发展。据意大利工业家联合会研究中心的调查结果表明，2004年意大利企业的税务负担为37.3%，仅次于德国，排在欧洲第二位，意大利也是欧盟国家中养老金开支最高的国家，2004年养老金支出占其GDP的14.2%，大大超过欧盟平均数值10%。意大利单位产品的成本在欧洲名列前茅，2000年到2004年间，意大利的生产效率下降了2.8%，劳动力成本增长了15%，而德国和法国的劳动力成本分别下降2%和1.5%。

2005年意大利在衡量国家经济发展潜力的各项指标排名中几乎均出现停滞或大幅度下滑，世界主要经济组织都对此表现出极大的关注。

世界经济论坛在2005年9月公布的全球竞争力排名，意大利仍然维持在47位，在欧盟成员国内只排在波兰之前。该论坛发布的2004～2005年度《全球信息技术报告》则显示，意大利在信息和通信技术产业的本年度排名已从上年的第28位降至45位。

根据经济合作与发展组织2005年7月对20个发达国家的调查显示，意大利的研究与开发水平处于落后地位，仅排在葡萄牙和西班牙之前，名列倒数第三。

最近美国传统基金会（Heritage Foundation）

和华尔街日报公布了对2005年世界各国经济自由程度的最新调查，意大利在世界范围的排名从2004年的第23位降至2005年的第42位。对于2006年意经济走势，意大利政府、国际货币基金组织、经济合作与发展组织分别做出预测，数据如下：

	GDP增长率（%）	财政赤字/GDP（%）	公共债务/GDP（%）
意大利政府	1.5	3.5	108
国际货币基金组织	1.5	4.0	108.4
经济合作与发展组织	1.1	4.2	110

国际货币基金组织的专家提醒，尽管2006年意大利GDP有望回升1.5%，但危机依然存在。欧洲研究中心则认为，从现在开始到2008年，意大利的经济增长率在欧洲国家中将排名靠后，也将低于世界平均水平。高盛投资银行（GOLDMAN SACHS）执行经理、首席经济学家吉姆·奥奈尔（JIM ONEILL）在最近的达沃斯峰会上就意大利经济现状及前景发表了更为具体的看法："意大利丧失了所有发展机遇，前景非常暗淡。在它的传统优势产业中，中国、印度能够以相同的质量、极低的成本进行生产；在高端产品生产方面，它也难以达到德国的合理成本"。尽管目前意企业界对经济复苏的信心普遍增长，工业生产也出现积极迹象，但是影响经济发展的外部环境不可能有大的改善，其内部问题也不可能在短期内解决，今年又是意大利的大选年，依笔者之见，2006年如果意大利GDP增长能够达到1%，将不失为一个较为现实且差强人意的结果。

十一、政策法规

外贸投资促进相关法规

（一）1083/54号法规

（最后修订时间：2004年7月29日）

该法旨在鼓励非营利性的机构、学会、协会进行贸促活动，促进意大利的出口。该法令规定的措施适用于意大利在世界的所有其他国家进行的贸促活动，以及意大利参加的国际性活动。该法令将为这些贸促活动提供财政资助，特别是中小企业和代表国家开展的贸促活动。提供资助的比例不超过贸促活动总费用的50%，目前，意大利南部的坎帕尼亚、普利亚、巴西里卡塔、西西里和撒丁岛大区则可享受高达70%的比例。

依据该法可享受财政资助的贸促活动包括：参加国外的展览会；参加在意大利举行的国际展览会；为参加贸促活动的企业提供服务；用外语出版和销售相关刊物、目录、说明书和资信材料；在国外的报纸、专业杂志、电台和电视上发布广告；与外国的合作者设立工作室和在国外召开记者招待会；接待国外合作方来意大利参观和住宿；指定专业机构实行市场调研；为国外员工提供职业培训和教育；建立外文网站。在进行贸促活动时，因纯粹商业目的发生的费用不可享受资助。

在进行贸促活动中，由出口联合会、农业旅游联合会、意大利驻国外的商会、意大利和外国共同成立的商会和意大利外贸协会牵头的活动在获得资助时享有优先地位。

（二）518/70号法规

（最后修订时间：2004年12月1日）

该法旨在鼓励意大利公司与国外的合作伙伴在当地成立商会组织，并且开展有助于意大利特别是中小企业产品出口的贸易促进活动。

从事该类贸易促进活动2年以上的商会组织可以通过意大利驻当地的外交机构向意大利生产

活动部提出申请，经过一定的审查程序，符合条件的便可以被批准为意大利驻国外的商会组织。一旦被批准，该商会组织可以在每年度的1月底以前向意大利生产活动部递交本年度在所在国的贸促活动计划，申请相应的财政资助，以推广宣传意大利产品。意生产活动部将对商会的贸促活动计划进行审查和评估，通过评估的项目的最高资助款项不超过26万欧元。

在每年的3月底，商会组织应向意大利生产活动部提交上年度相关贸促活动的财务报告，以结清前一年度资助预算。

（三）83/89号法规

（最后修订时间：2004年8月5日）

该法旨在鼓励由意中小企业组成的联合体为推动出口进行的贸促活动。这个联合体必须是跨大区的和至少8个中小企业组成；组成的企业需在意大利工业、手工业和农业商会登记；且联合体是非营利性质，并进行推动联合体内企业产品的出口及相关的贸促活动，或者是进口联合体内企业所需的原材料、半成品等活动。该法令规定的措施适用于意大利在世界的所有其他国家进行的贸促活动。

要求资助的申请必须于实行贸促活动当年的12月31日前由联合体上呈至生产活动部，生产活动批准该活动计划后，根据活动所需费用进行资助，资助的比例不少于第1083/54号法和第518/70号法规定的资助比例。

（四）394/81号法规

（最后修订时间：2004年9月13日）

该法旨在鼓励意大利农产品生产、旅馆和旅游行业的中小企业，以促进产品出口和吸引外国游客为目的，组成跨区域的联合体，进行一系列的推广促销活动。如为其参加国外的展览会、参加经意生产活动部认可的在意大利举行的国际性展览会、印刷散发外文商品目录和广告传单、在国外电视及广播电台做产品广告、举行产品展示和品尝活动、市场开发、国外贸易代表团的接待及国内贸易代表团的出访、为其他国家国际贸易从业人员在意大利进行专业培训、开设外文网站等一系列的活动提供财政资助。

企业联合体必须在每年的11月15日之前向意大利生产活动部提出下一年度的推广促销计划，在得到批准后，分3个等级予以资助。

外国公司在意大利设立合资公司的程序

中国公司在意大利设立合资公司需准备如下涉及的文件或按照以下步骤进行操作：

1. 中国有关政府部门关于成立合资公司的批准文件。

2. 中方公司在国家工商局登记注册的“营业执照”。

3. 中方公司董事会关于成立合资公司的决议。（董事会讨论成立合资公司的会议记录，内容涉及成立公司的目的、性质、业务范围等，记录由会议主席和记录员签字）。

4. 中方公司法人代表的身份证书、职务证书、护照影印件。

5. 在意办理合资公司注册手续的中方代表的委托书、身份证书。

以上5项需经以下有关公证机关进行公证、认证：

（1）中国有关地方公证处的公证。公证内容：如“有关文件上所盖之印鉴及总经理××签名属实，并证明所附英文译本与中文原本内容相符”。

（2）中国外交部领事司认证。认证内容：证明前面已经公证过的文书上××市公证处的印章和公证员的签名印章属实。

（3）将上述公证和认证过的所有文件、证书译成意大利语，并经意大利驻华使馆或总领馆认证，有时还要求中方公司提供近年的资产负债表。

6. 中方投资款必须从意大利境外的银行汇出，汇款银行出具汇款证明，用以证明此项汇款并非来自意大利。

7. 合资公司中意双方草拟的公司章程。

8. 聘请合资公司审计员，组成公司审计会（一般成员为5人，其中3人是正式的，2人是候补的）。

9. 聘请意大利公证行的公证人草拟合资公司注册文件，办理注册手续。

10. 办理注册前，需到意当地税务部门申请办理中方人员个人税号和合资公司税号。之后持注册文件报请当地商会批准，并在当地法院商业办公室备案。

海关管理简介

意大利是欧盟成员国，海关管理遵循欧盟于1992年10月12日颁布的《欧共体海关法典》制定的统一规则、税则和税率。为进一步简化海关程序和手续，增加透明度，提高工作效率，意大利政府于1999年7月3日颁布第300号法律，将原财政部管理海关的海关司和间接税司分离出来，并于2001年1月1日正式成立独立的海关总局，统一负责管理全国海关。下辖的20个大区级海关、52个省级海关，另设有48个技术办公室和24个化学实验室。

（一）监管制度

货物进入意大利境内后接受意海关的监管，包括：查看货物、核实单证、检查企业账务、检查运输工具、随身物品等，根据海关规定进行行政调查，或在必要的情况下对监管物品采取措施。在贸易过程中各项程序所直接或间接涉及到的人，须在海关当局规定的时间内提供所要求的文件及必要的协助。各种文件至少保存3年，以备海关当局的随时检查。

货物在等待清关期，处于海关的临时监管之下，被称为“临时监管货物”。它们只能在规定的条件下存放在被海关指定的地点。海关当局可随时要求卸货或拆除包装，以检查货物或运输工具。未经海关允许不得挪动。海关当局可要求货物的拥有者出具付款担保。若在规定的时间内未办理清关手续，海关当局将视货物的情况采取必要的措施，包括拍卖。也可在货物拥有者负担费用和风险的情况下，将货物转移到其监管的特殊地点。此外，海关当局对转口、保税仓库、进境加工、临时进口等货物也给予监督和管理。

（二）通关程序

《欧共体海关法典》中制定的海关制度包括：进口、转口、保税仓库、进境加工、海关监管下加工、临时进口、出境加工和出口。

货物到达欧盟任何一个关口，进口商或承运商须向海关申报，同时指明货物去向：存放保税区、再转口、销毁、交付国库。申报后第一个休息日前，进口商、承运商或经纪人须填写递交统一格式的简要申报表。海运的货物须在递交申报表45天内、非海运货物在20天内办理报关手续。除转口、临时进口和海关核定后以特殊名义报关的货物外，其他货物的报关人须在欧盟境内有固定住所。报关分普通程序和简化程序两种。

普通程序：根据不同的用途而填写不同的表格，并附所有必要的文件，一般包括进出口合同、货物发票、原产地证明书，必要时附带进出口许可证、公证书和质量证书等。海关当局接受申报表的日期即为报关日期。

为检查申报内容的真实性，海关当局可要求报关人再提供其他文件用来核对申报表中的数据，也可检查货物，抽样化验、分析。

检查货物、抽样化验所涉及的运输、挪动等费用由报关人承担，海关担负化验分析的费用。报关人有权列席上述工作，必要时海关可要求其协助。

海关要对货物进行检查，报关人如发现数据不符时，可提出申请，经批准后，可校正原申报内容，但不得与开始所申报内容严重不符。

海关可对以下几种情况中涉及货物采取必要的措施，包括罚没和拍卖。

（1）因报关人的原因未能在规定的时间内对货物进行检查；

（2）所要求文件不齐全；

（3）在规定时间内进口或出口的税金未支付或未担保；

（4）属于政策限制、禁止的范围；

（5）货物放行后未在规定时间内运走等。

简化程序：在完全遵守海关程序和制度的情况下，海关当局可允许省去报关单中的某些要求及附带的文件，但必须呈交一个商业或行政证明和申请书。在账本中登清货物名称，海关也可免除报关。无论使用上述哪种方法，应具有识别货物的必要数据和登记的准确日期。货物放行后，海关亦有权检查各种文件。

征税制度：意大利海关按照欧盟海关的统一税则，根据关税、配额、优惠措施和其他进出口规则，对进出口货物按成交价进行计税。

为做好海关税金的征纳，海关当局可要求进出口商提供其履行海关义务的担保。担保金额可等于或高于应交付的税金。担保可以是银行的现金存款或信用担保。公共机构不需要担保，500欧元以下也可不要担保。海关税金部分交付后，可申请撤回担保。

进口税金的征收范围包括：应缴纳进口关税的一般商品；部分免税、临时进口的商品；合法进入欧盟境内应缴纳关税的商品；非法从免税区进入欧盟境内的商品；逃避海关检查的进口商品；在临时监管或某一海关体制下未交税金的商品；免税区或仓库内消费的商品、应缴纳进口税金的商品；未严格执行减免税规定的商品。

出口税金的征收范围包括：报关后出口到欧盟境外应缴纳出口税的商品；未经报关出口到欧盟外的商品；未遵守减免出口税规定的商品。

十二、其他贸易促进机构或机制

商会组织

1993年12月29日，意大利议会通过了现行的《关于调整商会组织》的第580号法律，该法律规定商会的性质是“享有法律权利的独立性公共机构”，并规定在各省首府和主要大城市建立商会组织。

意法律授予商会最重要的职权是负责企业的登记注册。任何企业都要到商会的企业登记处进行注册，商会发给营业执照，才能取得法人资格，即企业加入商会有法律强制性质。商会既代表企业利益，为企业发展提供促进和咨询服务，又依法协调规范企业的行为，保证市场经济的有序发展。意大利生产活动部负责对商会活动进行监督。

目前意大利共有103家省级商会；19个大区商会联合会（由大区所属省级商会组成），69个仲裁机构，21个商品化学分析实验室，42个商品交易所，165个地区性服务分支机构，146个负责贸促服务和公共设施管理的特别公司。商会的全国性组织是“意大利全国商会联盟”（Unioncamere）。全国商会联盟在海外建有68个办事处、拥有30个意大利外国商会、67个欧洲信息中心、13个区域贸促机构。

行业协会组织

意大利有纵向和横向的大小行业协会（Associazione）共计数百家。这些行业协会采取自愿入会制，其宗旨是代表、保护和促进全行业的共同利益，并通过它的服务满足本行业企业的需要，促进企业的发展。

按纵向划分，每个大行业联合会或协会分别由很多小行业协会组成，如加入意大利工业家联合会的有化工、运输工具、食品、建材、医药、皮革、木材家具、纺织服装、机械等109家行业协会，而其中的机械工业类协会又有18家诸如纺织机械、大理石加工机械、陶瓷加工机械、包装机械、机床等更细分的行业协会。

某些大的行业联合会或协会分别拥有大区一级或省一级的地方性组织，如工业家联合会下面有伦巴底工业联合会、米兰省工业联合会等。

对外贸易商会

意政府鼓励本国企业在国外成立商会组织。截至目前，意大利共成立这类商会68个，在五大洲的47个国家中有71办事机构。目前有超过23 000个企业作为会员加入了意大利对外贸易商会的体系当中，其中70%的会员由当地“外国”企业组成。整个对外贸易商会体系每年开展的贸易往来活动多达27 000项。

根据518/70号法规，意政府对这类组织的贸促活动将给予不超过总支出的50%的补贴。

地区企业国际化窗口

近年来，随着地方自主权的进一步增大，意大利政府着手对贸易促进体系的进一步整合和优化进行了不少有益的尝试，其中最大的举措就是推动各地方建立“地区企业国际化窗口”。这种“窗口”整合了原工业部、大型银行、对外贸易委员会、工业家联合会等部门、组织在地方设立的产业促进机构，使之成为一个统一的部门，在促进对外贸易和投资的工作中形成合力。

目前的体系主要包括两方面：①一个完整的出口——对外投资资金支持体系。主要由政策性金融公司组成，即 SIMEST 和 SACE，运作范围为意大利全境；另外，还设有一个专门支持企业在东欧地区扩展业务的 FINEST 公司。②信息服务体系。主要有对外贸易委员会驻各地的办公室、各地商会及工业家联合会的外事部门。

其他贸促机构

促进与东欧国家经济合作金融公司（FINEST，以下简称“东欧经合公司”）是根据 19/91 号法规于 1993 年成立运营的。股东由福鲁利—威尼斯—朱丽亚自治区、威内托大区、特伦多自治省、对外投资促进公司和 17 家银行组成。该公司活动受意大利生产活动部指导。

公司的主旨是鼓励意大利企业到东欧地区开展投资和经济合作项目。

国际经济合作服务信息中心（INFORMEST，以下简称“信息中心”）是根据 19/1991 号法规于 1992 年 12 月成立的非营利性公共机构，总部设在意大利北部边界城市戈里西亚（Gorizia）。其三个创建者分别是福鲁利 - 威尼斯 - 朱丽亚自治区、威内托大区和意大利对外贸易委员会，其他股东还有特兰蒂诺—高阿迪杰自治区、特兰托自治省、意大利全国商会联盟以及其他大区和地区的商会。

信息中心的主旨是发展意大利和外国企业间，在中东欧国家、新独立国家和如中国、蒙古、越南等一些亚洲国家开展的经济合作。信息中心提供以下专业化和综合性的服务：信息服务、商务咨询、管理技能培训、技术支持、组织研讨会和研究考察等。目前，INFORMEST 已成为欧洲信息中心（EIC）信息网络的组成部分。

十三、联系方式

中华人民共和国驻意大利共和国大使馆经济商务参赞处

地址：意大利罗马市 Camilluccia 大街 613 号
国家地区号：意大利 0039　罗马 06
电话总机：0039 - 06 - 36308534
传真：0039 - 06 - 36308552

瑞　典

一、国名　国旗　国徽　国歌　独立日

国　名

瑞典王国

国　旗

为蓝色，黄色十字略向左侧。蓝、黄颜色来自瑞典皇徽的颜色。

国　徽

大国徽为斗篷式，饰有王冠的蓝盾被黄十字一分为四：左上和右下部绘有3顶王冠；右上和左下部绘有戴王冠的金狮。大盾中有一小盾，左面由蓝、银白、红三色斜纹和一个金瓶组成；右面绘有一个城堡式的钟楼和一只金鹰。蓝盾两旁是金狮，下端为勋章。小国徽为一带王冠的蓝盾，盾面上3顶金冠是瑞典王国的象征，也象征着当年组成卡尔马联盟的丹麦、瑞典和挪威。

国　歌

《你古老的光荣的北国山乡》。

独立日

6月6日（1809年6月6日，瑞典通过第一部现代宪法。1983年，议会正式宣布6月6日为瑞典国庆节）。

二、地理环境

瑞典所处纬度较高，北极圈穿越其北部国土，位于北欧斯堪的纳维亚半岛东部，因此气温较低。东北部与芬兰接壤，西部和西北部与挪威为邻，东濒波罗的海，西南临北海，领土面积为44.99万平方公里（不包括领海面积）。海岸线长约2 181公里。地势自西北向东南倾斜。北部为诺尔兰高原，全国最高峰克布讷凯塞峰海拔2 123米，南部及沿海多为平原或丘陵。主要河流有约塔河、达尔河、翁厄曼河。湖泊众多，约9.2万个。最大的维纳恩湖面积5 585平方公里，居欧洲第三。约15%的土地在北极圈内，但受大西洋暖流影响，瑞典的气候要比同纬度的其他地区温和，冬季不太寒冷，1月份瑞典南部平均气温为摄氏零下1度，北部为摄氏零下14度、首都斯德哥尔摩的冬季从12月开始到第2年的3月底结束，冬季的平均气温为零下3度，平时降雪较多。7月份大部分地区的平均气温为摄氏15到摄氏17度、斯德哥尔摩的平均气温为摄氏18度左右。年降水400毫米~600毫米。大部分地区属温带针叶林气候，最南部属温带阔叶林气候。

三、主要城市

斯德哥尔摩

瑞典首都斯德哥尔摩，是全国第一大城市，也是北欧第二大城市，不仅是全国政治、文化中心，也是全国经济和交通中心。该城面积211.3平方公里，其中内陆水面占12.7%，人口168.6万。年平均气温6.6℃，夏季平均气温为16℃，冬季平均气温为－2℃。年均降雨量540毫米。斯德哥尔

摩位于波罗的海西岸，由14个大大小小的岛屿和一个半岛组成。市内水道纵横，70多座桥梁把整个市区连在一起，素有“北方威尼斯”的美称。

斯德哥尔摩是1250年建设在斯塔丹岛的小镇的基础上发展而来的。当时因受到海盗侵扰，人们便在一个小岛上用巨木修建了城堡，并在水中设置圆木栅栏，以便抵御外敌。当地人称这些圆木为“Stock”，称该岛为“holm”，斯德哥尔摩(Stockholm)的名称就由此而来，意为“木头岛”，1436年瑞典定都于此。

斯德哥尔摩是一座既古老又年轻、既典雅又繁华的城市。老城区已有700多年的历史，自1809年以来，瑞典已有180多年没有卷入战争中，斯德哥尔摩一直被称为“和平的城市”。由于免受战争的破坏而保存良好，现在保持着古香古色的风格。这里有装饰着石雕和石刻的中世纪建筑物，街道狭窄，一派古城风貌。老城的中央广场还保留着一口古井，据说这是几百年前供居民饮用的唯一的淡水井。斯德哥尔摩还具有现代化城市的特点，市内绿草如茵，环境幽雅，建筑均为树墙围绕，街心、路旁、宅畔广植草坪. 遍栽花卉，此外还设有喷水池。

斯德哥尔摩是仅次于哥德堡的第二大港，码头总长约20公里，货物年吞吐量约700万吨，占全国的20%。由于在基础设施方面的良好条件和无线通讯研究领域的领先优势，斯德哥尔摩还被誉为“欧洲IT之都”，KISTA高科技园吸引了微软、IBM、诺基亚、惠普以及爱立信等众多信息与通讯领域的高科技公司来此投资并设立研发中心。

哥德堡

哥德堡是瑞典第一大港和第二大工业城市。位于瑞典西南部，濒临卡特加特海峡，与丹麦北端隔海相望。面积896平方公里，其中水面占一半。人口43.7万人。哥德堡港终年不冻，成为瑞典对外贸易的主要港埠，年货物吞吐量2 000多万吨，约占全国海港吞吐总量的1/4。哥德堡港还是斯堪的纳维亚半岛上的第一大海港。

哥德堡的工业生产规模仅次于斯德哥尔摩，汽车、机械、造船、化学、纺织、食品、木材加工等工业十分发达。哥德堡还是西部地区的文化中心，著名大学有哥德堡大学、哥德堡工程学院等。

马尔默

马尔默是瑞典第三大城市，人口23.7万人。马尔默是瑞典南部的重要港口、海军基地和交通枢纽，位于瑞典的最南端，隔厄勒海峡与丹麦首都哥本哈根遥遥相望，两城相距仅26公里。

马尔默是瑞典的重要工业中心之一，造船、化学、水泥、橡胶、化学、纺织、制糖工业均很发达。

乌普萨拉

乌普萨拉是一座文化古城，位于瑞典东部，濒临梅拉伦湖。人口17.8万人。交通发达，南与首都斯德哥尔摩有铁路相通，北与海港耶夫勒有铁路相连。还有飞机场提供便利的航运。乌普萨拉的现代工业也具有一定规模，有自行车、摩托车、机械、化学、食品等工业。位于该城的乌普萨拉大学是瑞典历史最悠久的大学，素有“瑞典的剑桥”、“美苏核竞赛的见证人”等称号。

基律纳

基律纳是瑞典主要旅游城市，位于北圈内，人口3万多。

基律纳铁矿蕴藏量约18亿吨，是目前世界上最大的铁矿之一，并且是世界上最大的地下铁矿，采矿设备十分先进。90%的矿石出口国外。

四、人口　民族　宗教

人　口

2004年，瑞典全国人口超过900万，人口密度每平方公里19.6人。外国移民及其后裔约80万(其中半数为外籍侨民)。瑞典全国各地人口分布极不均匀，全国90%的人口集中在南部和中部地区，南部省份人口密度每平方公里达151人，而北部省份每平方公里只有3人。导致人口分布不均的主要原因一是人口的城市化；二是受自然地理条件的影响，在高海拔和高纬度地区，人烟稀少。

瑞典人民生活水平较高，社会保障制度较完善。平均每千人有医生2.87名，牙医0.43名、小轿车454辆。16岁~84岁人口中，71.9%的人拥有家庭电脑，39.1%的人上因特网，87%的人使用手机（9岁~79岁人口中）。婴儿死亡率为3.52‰，男女平均寿命分别为78岁和82岁。老龄化较严重。

民　族

瑞典是民族成分比较单纯的国家，主体民族（瑞典人）占90%。北部有芬兰族约3万人，拉普族近2万人。此外，还有少量丹麦人、挪威人、德意志人、犹太人等。

瑞典人为北欧民族之一，属欧罗巴人种北欧类型，身材高大，皮肤白皙，金发碧眼。统一的瑞典民族形成于9世纪~11世纪，是由斯维尔人和高特人为主体，并不断吸收后来迁入的移民以及部分拉普人和芬兰人而构成的。

宗　教

基督教路德宗是瑞典的国教，国王信奉国教。法律规定非信奉国教公民不得担任首相。教会分为13个主教区，2 365个堂区，3 249个牧师。1993年，国教会成员人数约占全国人口的88%。瑞典教会在国家享有特权，国王是教会的最高首脑，有权就宗教会议推荐的三人候选名单指定大主教和主教。国家征收教会税，由瑞典教会用于民事支出。从1951年起，允许教徒退出国教会。

瑞典语为瑞典的官方语言，但在北部边远地区有3万人讲芬兰语，约2万拉普人讲拉普语。瑞典学校中英语是必修课，大多数20世纪40年代以后出生的瑞典人都会讲英语。英语和德语为通用商业语言。瑞典语属印欧语系日耳曼语族斯堪的纳维亚语支。瑞典语还可以与丹麦语、挪威语互通。

五、历史沿革

公元1100年前后，开始形成国家。1157年，兼并芬兰。1397年，与丹麦、挪威组成卡尔马联盟，受丹麦统治。1523年，脱离联盟独立。1654~1719年为强盛时期，领土包括现在的芬兰、爱沙尼亚、拉脱维亚、立陶宛以及俄国、波兰和德国的波罗的海沿岸地区。1718年对俄国、丹麦和波兰作战失败后，逐步走向衰落。1805年参加拿破仑战争，1809败于俄国后被迫割让芬兰，1814年从丹麦取得挪威，结成瑞挪联盟，1905年挪威独立。瑞典在两次世界大战中均保持中立，未参战。

六、政治概况

现行宪法由政府法典、王位继承法和新闻自由法三个基本法组成。此外还有议会组织法。宪法规定瑞典实行君主立宪制。国王是国家元首，作为国家象征，仅履行代表性或礼仪性职责，不能干预议会和政府工作。议会是立法机构，由普选产生。政府是国家最高行政机构，对议会负责。国王的长子女是法定王位继承人。

议会为一院制，共349名议员，通过全国大选直接产生，任期四年。议会组织法规定，政党在大选中需获得全国选票的4%或一个选区的12%才能进入议会。本届议会于2002年9月选出，执政的社会民主党在左翼党和环境党的支持下继续单独执政。对内主张发展福利政策，对外积极参与联合国、欧盟等国际事务，继续执行军事不结盟的安全政策。

法院分三级：最高法院、6所中级（上诉）法院、72所初审法院，此外另设28所行政法院。皇家最高法院由16名政府任命的终身法官组成，院长土格尔·格列格，1998年就职。全国设国家检察院、6个中级检察院、38个区级检察院和11

个专司经济犯罪的检察院。国家检察长由政府任命，现为克拉斯·贝尔根斯特朗德，1994年就职。设有独立监察官，对议会负责，监督各级政府机构和官员。现任总监察官克拉斯·埃克隆德。省长由政府任命，市的领导机构由选举产生，省、市均有较大自主权。

国王卡尔十六世·古斯塔夫1946年4月30日生于斯德哥尔摩，1973年9月15日即位。首相约兰·佩尔松从1996年3月起任社民党主席和政府首相，2002年再次当选首相。

瑞典奉行“和平时期军事不结盟”政策。在邻近地区、欧洲和世界事务三个层面积极参与国际合作。视邻近地区为自身的安全基础，认为欧盟在欧洲安全事务中发挥着越来越重要的作用，承认北约在欧洲安全事务中的主导地位，重视同美国、俄国的关系，视参与联合国事务为外交基石之一。

七、经济概况

瑞典在20世纪始终保持和平与中立，经济一直保持上升态势，是世界上经济最发达、最富有的国家之一。今天的瑞典是一个先进的、高生活水平的工业化国家，拥有完善的社会保障分配体制，发达的内外交通体系和训练有素的劳动力队伍。

20世纪初，瑞典是欧洲最贫穷的国家之一，注重农业经济。而后，瑞典凭借其拥有的森林、铁矿和水利三大自然资源，形成了采矿冶金、林业造纸、电力和机械制造四大传统工业体系，加快了工业化进程。

自20世纪70年代开始，瑞典逐渐从原材料的传统生产模式转向富有高科技含量的先进的工业化生产，例如交通与通讯设备，电器和生物化学医药产品，使瑞典依靠高科技产品和后工业化社会形式的第三产业，迅速成为了现代化福利社会。20世纪90年代初，受世界性经济危机影响出现衰退，1994年经济开始回升，此后大力发展电子和信息技术产业，经济一直保持2%～4%的增长速度。

瑞典工业发达，主要有矿业、机械制造业、森林及造纸工业、电力设备、汽车、化工、电信、食品加工等。从业人员98.2万人，工业产值占国民生产总值的26.3%。

瑞典耕地面积占国土面积的8%。2002年农、林、牧、渔从业者约9.1万人。约占就业人数的2.2%，产值约占国民生产总值的2.0%，其中畜牧业占农业总产值的80%。粮食、肉类、蛋和奶制品自给有余，蔬菜、水果主要靠进口，农产品自给率达80%以上。

最近10来年，瑞典加大科研与发展的力度和投入，高科技产业迅速发展，形成多样性的经济体系，交通、通讯、生物医药、信息、环保领域在世界上具有较强的竞争力。与其他同等规模的发达国家相比，瑞典除拥有自主研发的汽车制造、军事工业、通讯及制造业外，还拥有发达的航空工业及核能工业。如今，瑞典同其他西方国家一同迅速向服务型和知识化社会发展。

瑞典实行外向型的经济模式，主要出口机械、车辆、船舶、纸张、铁砂矿、化学制品；主要进口石油、煤、机械、化工原料、运输器材、木材加工的原材料、金属等。主要贸易对象是德国、英国、美国、丹麦、芬兰、挪威等。

瑞典铁路总长11 027公里，客运量1.39亿人次，货运量5 400万吨。公路总长21万公里，其中有国道、省道9.8万公里，公路货运量2.83亿吨。2002年有轿车404.3万辆，公共汽车1.4万辆、卡车40.9万辆、拖拉机32.8万辆、摩托车22.1万辆。瑞典有商船410艘，总吨位10.57亿吨，全国港口吞吐量1.5亿吨。

源自瑞典的知名跨国企业有爱立信ERICSSON、伊莱克斯ELECTROLUX、沃尔沃VOLVO、绅宝SAAB、ABB、宜家IKEA、阿特拉斯科普柯ATLAS COPCO、SKF等。

八、对外贸易关系

瑞典同北欧国家有传统的、多层次、多形式的密切协商与合作的关系，视北欧合作为外交政策的基础。主张进一步消除北欧内部的各种壁垒，发展北欧同环波罗的海国家和地区的合作关系。瑞典1995年加入欧盟，2001年3月开始实施申根协定。支持欧盟一体化的深化和欧盟东扩，并决定向欧盟每年多缴纳7亿克朗的费用。

瑞典认为，跨大西洋联盟对欧洲及瑞典的安全和发展意义重大。虽与美国在单边主义、伊拉克战争等问题上时有分歧，但强调在民主和人权等方面有共同价值观，在推广价值观上有共同利益。认为美国是目前世界上唯一能发挥全球性作用的国家，解决重大问题离不开美的参与。同美国保持良好关系并加强合作符合瑞根本利益。瑞典认为，俄罗斯对瑞典的安全至关重要。希望与俄罗斯在共同价值观基础上建立真正的伙伴关系。

瑞典幅员较小，是高度依赖对外贸易的国家。瑞典的外贸政策传统上一直是以普遍取消关税及其他贸易壁垒为宗旨，支持世界贸易自由化。在加入欧盟后，执行欧盟的对外贸易政策和法规。瑞典与其他北欧国家在许多领域，包括经济、贸易、能源、消费政策和立法等进行合作。瑞典是世界贸易组织成员国，在对外贸易中遵循世贸组织的协定和规定。

近年来，瑞典的外贸额占国内生产总值的60%。瑞典大量的工业集团都是高度国际化企业，同时他们的产品占有了很大一部分的国外市场，尤其是在欧盟范围内。相对于少量人口，瑞典对国际贸易的贡献是相当大的。瑞典人口只占世界总人口的0.2%，其贸易额却占世界总贸易额的2%。

瑞典的主要贸易伙伴是欧盟成员国。瑞典一半以上的产品出口到其他的欧盟成员国，像芬兰，挪威和丹麦这样的北欧邻国是最主要的用户。这三个国家的人口还不到1 500万，而他们从瑞典进口的产品占瑞典出口产品的1/15。美国是欧洲以外的主要市场，从瑞典进口产品的数量大约是瑞典出口数量的14%。无论如何，瑞典迅速发展的出口市场还包括亚洲市场，特别是中国、中国香港、日本、韩国、马来西亚和新加坡。亚洲对瑞典产品的需求量占瑞典出口总量的12%。虽然发展中国家对瑞典产品的需求只有不到瑞典对外贸易额的10%，但这对瑞典的小型企业是非常重要的。例如，许多企业参与了发展中国家的基础设施项目，特别是与能源、通讯和土木工程有关的项目。瑞典与东欧和中欧的贸易往来也在逐渐增多，像波罗的海诸国。但这些国家仍只占瑞典出口和进口数量的5%。

2003年瑞典对外贸易总额1 852亿美元，其中出口1 019亿美元，同比增长2%，进口833亿美元，同比增长3%，贸易顺差186亿美元，外汇储备225亿美元。

（一）进口

瑞典工业是一个巨大的组装工业，很大程度上依靠进口货物。瑞典进口货物的70%都是由于工业的需要。瑞典主要的进口货物是化学产品、矿石、木制品和纸制品、矿物燃料、电、机械、交通设备、食品及纺织品。

瑞典的进口产品的66.3%来自于欧盟。来自于欧洲国家的进口产品占瑞典总进口量的80%。主要的物品来源于德国、英国、挪威和丹麦。来自于非洲的进口物品占瑞典总进口物品的0.4%。石油的进口占主导地位，食品也占很大的一部分。肯尼亚是瑞典第四大咖啡供应商。近几年，瑞典从非洲进口纺织品和鞋类物品的数量有所减少，只占瑞典同类物品进口总量的0.9%。瑞典从中东主要进口石油产品和原油，其他物品的进口数量很少。

（二）出口

瑞典超过1/3的国内生产总值来自于出口。出口商品主要有各类机械、运输通讯设备、化工及医药产品、纸张纸浆、造纸设备、铁矿石、家用电器、能源设备、石油制品、天然气和纺织品等。瑞典出口产品数量的一半以上是工程技术产品。电子设备，机械和车辆在这一领域占有非常重要的地位。瑞典出口产品发展最快的是电子工业，其中包括通讯和电脑相关产品。尽管瑞典的制造业在国内生产总值中只占很少的一部分，但在出口产品中仍处于优势地位。

1989年，瑞典正式取消外汇管制。主要投资对象是美国和欧洲国家，2002年，瑞典对外投资1 060亿克朗。

瑞典对外援助的额度近年来有所下降，但仍能达到联合国规定的占国民生产总值0.7%的要求。2002年瑞外援额为126亿克朗（约合17亿美元），占欧盟国家第三位。主要受援国是安哥拉、埃塞俄比亚、刚果、莫桑比克、卢旺达、南非、坦桑尼亚、乌干达、尼加拉瓜、墨西哥、阿富汗、越南、巴勒斯坦、前南地区、波黑、洪都拉斯、孟加拉等。

九、中瑞关系及双边经贸

1950年5月9日，中瑞正式建交。瑞典是第一个与我建交的西方国家。建交后，两国关系发展正常。20世纪70年代末至1989年以前，两国关系发展迅速，高层互访较多。我国总理曾访瑞。1992年以来，瑞不断改善和发展同我在政治、经贸、科技及文化等各领域的关系，特别是经贸关系，支持我加入世贸组织。1998年，出台了包括深化对华关系内容的“亚洲战略”。

近年来，瑞典更加重视对华关系，与我保持高层互访势头。

两国经贸关系持续稳步发展，瑞典已成为我在欧洲的重要贸易伙伴之一。特别是近年来，双方在经贸各个领域发展顺利，富有成果。

重要经贸互访频繁且成果显著

进入21世纪以来，中瑞两国的经贸交往日益密切，双边高层互访频繁。2000年5月，为庆祝两国建交50周年，瑞典副首相瓦伦率大型经贸代表团访华；2001年4月外经贸部孙广相副部长率团访瑞，同年10月瑞典外交部国秘索德率团访华；2002年2月，外经贸部石广生部长访问瑞典，11月，魏建国副部长为上海申博访瑞；同年11月底和12月初，瑞工业大臣帕格罗茨基和外交部国秘索德分别访华；2003年2月，周可仁副部长访瑞并与索德国秘共同主持召开中瑞经贸混委会第15次会议；2004年，李肇星外长和瑞典外交大臣弗赖瓦尔兹实现互访。9月，吴仪副总理访瑞。10月，温家宝总理和瑞典首相佩尔松在河内亚欧首脑会议期间会晤。2005年9月，中央政治局常委吴官正访问瑞典。。

上述访问均取得了成功并进一步加深了中瑞两国政府和企业间的了解和沟通，促进了中瑞经贸关系的顺利发展。

双边贸易发展迅速，结构日趋合理

2003年，中瑞双边贸易额为41.7亿美元，其中我国出口14.5亿美元，进口27.2亿美元。我出口产品结构日趋合理，从过去传统的纺织品、服装、轻工等低附加值产品逐步向机电产品和高新技术产品等高附加值产品转化。我国主要出口服装、箱包、鞋类、塑料制品、纺织纤维、焦炭、蔬菜罐头、玩具、家具和电信产品；从瑞典主要进口通讯产品、钢材、铁矿砂、精密仪器、建筑及采矿机械。目前，瑞典是我在北欧地区最大的贸易伙伴，我已超过日本成为瑞在亚洲的第一大市场，是瑞第12大贸易伙伴。

2005年1至9月，中瑞双边贸易额为39.1亿美元，同比增长29.4%，其中我国对瑞典出口13.4亿美元，同比增长31.5%，进口25.7亿美元，同比增长28.3%。

双向投资前景广阔

中瑞混委会下设相互投资工作组的成立和两国投资保护协定补充条款的签订极大地拓展了两国开展投资合作的前景。

瑞典对华投资始于1982年，截至2004年上半年，瑞典对华投资的项目数达607个，合同瑞资金额13.8亿美元，瑞方实际投入10.2亿美元。而我对瑞投资起步较晚。截至目前，我共有8家在瑞投资企业，行业涉及旅游、贸易、软件开发及航空运输等。

2003年2月，中瑞经贸混委会第15次会议期间正式成立了相互投资工作组，2005 年 9 月，吴仪副总理访瑞期间，商务部张志刚副部长与瑞原工贸大臣帕格罗茨基签署两国投资保护协定的补充条款，为推动双向投资提供了更为有利的条件。

技术引进、技术合作不断深入

1978 年至 2003 年底，我国同瑞典签订技术引进和设备进口合同达 928 项，合同总金额达 78.4 亿美元。

友好省际关系拓展经贸合作空间

此外，中瑞两国已建立了 16 对友好省市关系，其中包括上海市与哥德堡市、广东省与斯科纳省、浙江省与乌普萨拉省、山东省与韦斯特省等，通过这些友好省市的交往进一步推动了双边经贸关系的发展。

十、对外政策及法规

税 收

自瑞典成为欧盟成员国以来，瑞典就采用欧盟对非欧盟成员国的关税、规章和制度。

（一）征税及关税

欧盟海关税则是基于协调制度（HS）。从非欧盟国家进口，为符合进口规则的要求，欧盟实行一体化关税税则。根据关税、配额、优惠、和其他进口规则，一体化关税则涵盖了2 000个细目。进口关税是按照从价税计征的。根据 1994 年关贸总协定第 7 条的规定，进口货物的完税价格应为成交价格，即为该货物出口销售至瑞典实付或应付的价格。

大约 90% 的进口税是根据物品价格制定的。例如，货物出口到瑞典境内后，进口商才最终付费，同时还要附加上运费和保险这样的成本费用。海关完税价格是根据货物抵达进口国目的地的 CIF 价格计征的。对于农业产品，进口税是非常明确的，是按照重量计征的。水果、蔬菜和园艺产品按季节性关税征收，也就是说，当国内产品供应充足时，进口关税价格相应就高。1999 年，最惠国的所有物品的关税被平均制定在 7% 左右。非农业产品的关税为 4.5%，而农业产品的关税为 17%。肉类、乳制品、谷类、纺织品及服装的税收是最高的。农产品和园艺产品的税率是频繁变化的。因此瑞方建议出口商在出口之前应向瑞典官方查询相关信息。另外，大多数农业产品需要出口许可证。

在一定条件下，以下商品有可能减免关税：商业样品、展览或商品交易会的商品、专业设备（工具、教学仪器等）、礼品、固定教育材料。

（二）增值税

进口到瑞典的货物需要缴纳增值税（VAT）。一般增值税税率为课税价值的 25%。食品及食品添加剂所需缴纳的增值税较低，为 12%。报纸，新闻材料和文学作品的增值税率为 6%。课税价值通常与海关完税价值一样，再加上关税和其他进口费用。

（三）其他进口税

对于低于正常采购价格销售的商品征收反倾销税。反倾销税作为惩罚性关税，其税率高于正常关税。从非欧盟国家进口的特定商品，如烟、酒和能源要征收消费税。其他进口费用，如产品随机取样费、设备保护费、质量控制费在货物进口时征收。

劳 工

瑞典的劳动力市场近年来呈积极发展态势，失业人数大幅下降。大多数地区就业机会持续增长，交通、通讯（包括电讯）、生物工程、机器制造、建筑、咨询业（信息服务业）和商业等就业增长尤为显著。

瑞典作为欧盟成员国一直遵循欧盟统一的劳工市场政策，对外籍劳工的引进在某些方面比欧盟的政策更严格，这主要是考虑到瑞典行业工会的利益，也为避免非法劳工的引进。

欲了解瑞典劳工政策及促进就业的详实信息，请查询瑞典国家劳动市场局的网站：www. ams. se

海　关

瑞典以临时免税通关卡制度而荣耀。这是为商务及专业人士携带商业样品、广告材料及胶片、药物、专业器材进入特定国家所设计的入关简化程序。目前，57个国家加入了临时免税通关卡制度。过境许可通过瑞典商会签发。

以下产品进口到瑞典是禁止的：含汞产品，例如体温计、开关或其他电子商品。多氯化联二苯、聚氯三联苯商品，例如变压器油。氟氯化碳产品，例如泡沫橡胶、发胶和含碳、溴或卤气体的灭火器。用镉做表面处理的商品或含镉物质的商品。

对于进口有限数量的武器、炸药、药品、毒药等商品需要进口许可和特殊许可。从欧盟、挪威、冰岛和瑞士以外的国家进口部分铁和钢产品需要进口批文或许可证。向瑞典出口危及野生动物群和植物的商品，例如尼罗河鳄鱼，必须得到出口国权威机构的许可和瑞典农业部签发的许可。

外　汇

居住在国外的非居民及移居国外成为非居民者可持有境外克朗账户。账户的款项可以用于对外支付或转让，及兑换成任何一种外币。

对外国的支付及来自国外的收入可以用任何一种外币或通过境外克朗账户以克朗办理。所有的货币和资本交易都可以自由进行。

出口收入可出售兑换成瑞典克朗，也可存入在瑞典的外币账户，持有者可用于对外支付。

进口支付可以自由进行。允许进口商接受外国信贷。

经常性非贸易收入与贸易出口收入同样对待。进入瑞典境内的个人携带的现钞、硬币及其他支付工具数额不受限制。

居民对非居民的非贸易支付受限制。到国外旅行所需外汇没有限制。

离开瑞典的个人携出的瑞典现钞和硬币没有限制。在国外期间，居民可在国外开立账户，为控制税收及统计的目的，规定其账户应向瑞典国家税务局申报。

对本国投资者和外国投资者的市场准入政策

（一）禁止内、外资进入的领域

作为开放型经济体，瑞典实行高度自由化的贸易投资政策，不对产业划分禁止领域。无论内资还是外资，只要具备经济实力和资质条件，就可以投资各种产业。

（二）限制内、外资进入的领域

瑞典在产业领域没有专门针对外资的限制政策，奉行非歧视原则，对不同产权和国籍的资本一视同仁。在具体操作上，瑞典仅对一些有关国家战略利益的领域的投资项目加以限制（并非禁止），例如，军工、航空运输、海上作业、采矿、战略物资、出版、银行及保险等。限制手段主要是发放许可证和牌照的方式（筛选具备实力和资质的企业，只有获得许可才有资格进入这些行业）。

此外，瑞典非常重视可持续发展，所有企业建设新厂或扩建老厂，须获得环境保护委员会和地方政府的批准。根据劳动部和瑞典工业联合会所达成的协议，最大的170家制造厂的新投资地址，必须在初步计划阶段向劳动市场管理委员会咨询。而且，当外资在瑞购买土地时，需要获得当地政府批准。

（三）鼓励内、外资进入的领域

瑞典政府致力于宣传推广其尖端科技和优秀产业，鼓励内、外资进入信息通讯技术、电子、汽车、生命与生物科技、食品与林木加工等五大行业。

瑞典内、外资企业优惠政策

根据瑞典的法律，在瑞外资企业与内资企业一样被认为是瑞典的公司，享有同等国民待遇，在法律上一视同仁，没有针对外资的专门优惠政策。瑞典的内、外资企业均可以获得同等经济资助，包括津贴、贷款和信用担保等。

1. **产业政策**。瑞典奉行自由市场经济体制，没有产业上的优惠政策。

2. **地区政策**。瑞典政府通过划定特定的区域来对投资进行引导和鼓励，北部 Lapland、Norrland、Varmland 等山区和北极边远地区为一类地区，Dalarna 等中部山地为二类地区，北部沿海和南部某些地区为临时补贴地区。对在不同地区投资的内、外资企业，采取了通过地方政府出面给予补贴、贷款等方式，实施其鼓励政策。

3. **投资鼓励措施**。瑞典对在一类和二类地区进行建筑和机械设备投资的企业给予补贴和贷款。在一类地区，对中小企业的补贴可高达投资总额的40%，对其他企业的补贴达35%，贷款可达投资总额的30%；在二类地区，对企业的投资补贴为投资额的20%，贷款为投资额的30%。

4. **开发鼓励措施**。在补贴区域内进行产品开发、商标、专利、市场营销培训等投资的企业可获得补贴。在一类地区，中小企业可得补贴可达40%，其他企业为35%；在二类地区，补贴最高限额是批准投资额的20%。额外贷款可达总扶持金额的50%。

5. **就业鼓励措施**。在优惠地区提供新的长期就业机会的企业均可获得就业补贴，在5年期内递减发放。一类地区的新创就业机会可获补贴20万克朗；二类地区的新创就业机会可获补贴12万克朗。

6. **减免社会福利税的鼓励措施**。除某些产业和地区外，在一类和二类地区都可减免社会福利税（工资税），合10%。初级产业（采矿、钢铁、造纸和纸浆行业）不能获得减免优惠。

7. **运输鼓励措施**。在 Norrland、Varmland 和 Dalarna 大部分地区（均为一类和二类地区）的企业，可获得原材料和货物运输的补贴。根据企业所在地区和运输距离远近，补贴幅度为运输净费用的10%~50%。

8. **对中小企业的扶持政策**。凡雇员人数不超过50人、营业额不超过4 000万克朗、资产不超过1 500万克朗的中小企业，均可获得对建筑和机械设备投资额的15%的补贴。

9. **税务法规**。瑞典的内、外资企业所得税率均为28%，以应税净额计征。虽然瑞典没有“两免三减半”的税收优惠政策，但允许企业结转部分利润作税前储备，这使得企业的实际税率降到了26%。而且一定数额的免征储备还可以补偿损失。为了避免双重征税，瑞典和许多国家达成税收协议。瑞典和中国于1986年签订了有关协定。

此外，瑞典对内、外资企业提供了自由、宽松的经济制度环境。在瑞典没有影响公司进行正常商业交易的外汇管制规定，也没有关于开设外汇账户及在瑞典银行保持外汇平衡的法律规定，仅当外汇交易超过7.5万瑞典克朗（8.9万元人民币）时需报告瑞典中央银行。国家对利润的汇出、投资清算、特许权使用费和许可费用的支付也没有限制，子公司和分支机构可以向在瑞典外的母公司转移管理服务费用和研发支出等费用。投资基金的收益（如股票红利、利息）可以自由转移。外商独资公司可以从母公司或海外的信贷机构筹集外币贷款。

设立内资企业和外商投资企业的程序

根据瑞典的法律，外商投资企业与内资企业的设立程序相同，且非常快捷便利。一般来讲，在瑞典经商无需营业执照，某些特殊领域像保险、银行、金融服务除外，但在其他欧盟国家获准经营的企业可以利用这些共同认可的执照在瑞典营业。外资公司如果希望在瑞典开展业务而尚未在瑞典成立公司的，可以通过设立分公司经营，这类分公司无需瑞典政府机构批准，只需在公司注册办公室登记即可。

1. **注册设立方式。**瑞典居民或外国投资者在瑞典公司注册办公室（原系瑞典专利及注册局公司部）登记，就可以设立公司。注册时仅需完成一些例行手续，如填写递交申请表等，注册费用为1 000～2 000克朗（1 190元～2 380元人民币）。私人有限责任公司的股本最少为10万瑞典克朗（11.9万元人民币），股份有限责任公司则需50万瑞典克朗（59.8万元人民币）。

2. **买壳设立方式。**该方式较之注册设立方式更为快捷、方便。外国投资者可以通过专门从事公司组建及登记的律师事务所或咨询顾问公司，以买壳方式（购得已正式组建并注册登记的现有公司）设立企业，费用约10 500克朗。

3. **在瑞典投资设立企业的形式。**在瑞典投资设立企业的最基本形式是公司和社团组织。公司的种类有非贸易合伙公司、贸易合伙公司、有限合伙和有限责任公司。有限责任公司是瑞典采用的唯一无需承担个人责任的公司形式，也是最普遍采用的经营模式。分为私人和股份两种类别，其区别在于其能否向公众融资。瑞典对有限责任公司的外国股东没有限制，也允许有限责任公司只有一个股东，例如全资拥有的附属公司。

瑞典吸收外资政策的演变

为适应国际化经营，有效吸收和利用国际上的资金，瑞典在经历了100多年的向外投资和扩展后，20世纪80年代后期，对国内政策和经济法规进行了一系列的调整，如：取消外汇管制；经济决策权下放和私营化，使得经济自由度处于西方国家前列，特别是在银行金融业、电讯业、交通运输业、电力工业等领域。

1991年的税制改革将公司所得税降至28%；取消外资在瑞典企业中的比例限制。

1995年瑞典加入欧盟后，严格实行欧盟和WTO的非歧视性原则；如今，外资在瑞典享有完全“国民待遇”，没有任何专门限制。

瑞典有关外国投资的主要法规有：公司法、外汇管理法规、环境保护法规、外国接管瑞典企业法、劳动法规。

瑞典对外国投资的管理机构是：投资促进署、瑞典银行（瑞典的中央银行）、工商部、专利和注册局、公司注册办公室、劳动市场管理委员会、环境保护委员会和有关地方政府。

十一、联系方式

驻瑞典商务处

联系方法：

电话：0046－8－7674083　0046－8－7679625

传真：0046－8－7318404

邮件：moftec. swe@ swipnet. se

地址：Ringv 01gen56，18134Liding02，Stockholm，Sweden

波 兰

一、国名 国歌 国庆日 国旗 国徽

国 名

波兰共和国（The Republic of Poland）

国 歌

《波兰没有灭亡》

国庆日

5月3日（1791年）和11月11日（1918年）

国 旗

呈横长方形，长与宽之比约为8:5。旗面由上白下红两个平行相等的横长方形构成。白色不仅象征古老传说中的白鹰，而且还象征着纯洁，表达出波兰人民渴望自由、和平、民主、幸福的美好愿望；红色象征热血，也象征着革命斗争取得胜利。

国 徽

为盾徽。红色的盾面上绘有一只头戴金冠、舒展双翼的白鹰。红、白两色是波兰人民喜爱的传统颜色，也是国旗之颜色。白鹰象征波兰人民不屈的爱国精神。

二、地理环境

波兰的国土总面积为312 685平方公里。波兰地处欧洲中部，位于北纬49度00分至54度50分、东经14度08分至24度09分之间，西邻德国，南接捷克、斯洛伐克，东连俄罗斯、立陶宛、白俄罗斯和乌克兰，北濒临波罗的海。地势南高北低，中部下凹，平原约占国土面积的54%。陆地平均海拔173米。海岸线长528公里。最大的河流维斯瓦河贯穿南北，全长1 047公里，北部有9 000多个湖泊，森林覆盖率约为27%。

波兰的气候属于由海洋性向大陆性过渡的温带阔叶林气候。1月平均气温 -5℃ ~1℃，7月平均气温17℃ ~20℃。

波兰自然资源丰富，煤、硫磺、铜、银的产量和出口量居世界前列，已探明铜储量15亿吨，目前电解铜年产量53万吨；其他资源还有锌、铅、天然气、盐等。波兰硬煤储量估计达459亿吨，可供开采154年；褐煤储量139亿吨，可供开采35年。2004年，粗钢年产量1 059.3万吨，热轧钢产量748.1万吨；波兰天然气储量估计为1 180亿立方米，国内天然气产量占需求量的37%左右。

波兰具有优越的地理位置和气候条件，交通四通八达。2005年波兰公路总长37万公里，国道和省级公路4.6万公里，全封闭式高速公路520公里。波兰公路年客运量10.38亿人次，年货运量10.8亿吨。

2005年波兰运行铁路总长2.32万公里，电气化铁路长度1.16万公里。波兰铁路年客运量4.02亿人次，年货运量2.06亿吨。

波兰共拥有客机30架，已开辟航线59条，其中国际航线51条，国内航线8条。波兰共有8座大型机场，首都华沙机场规模最大，其他7座机场分别是：克拉科夫、卡托维兹、格但斯克、波兹南、伏罗茨瓦夫、什切青和热舒夫，8座机场国际航线客流量200多万人次。

波兰拥有格但斯克、格丁尼亚、科沃布热克、什切青和希维诺乌伊西切5大海港。目前港口船

舶年停靠量24 212艘，年货运吞吐量5 099.6万吨，年出入港旅客数230.9万人次，入境117.5万人次，出境113.4万人次。波兰拥有远洋货轮148艘，载重吨位302.1万吨。

波兰最大的河流是维斯瓦河，发源于南部山区，由南向北流经整个波兰，注入北部格但斯克湾。维斯瓦河全长1 047公里，可航行里程941公里。波德边界的奥德拉河全长742公里，可航行里程711公里。瓦尔塔河全长808公里，可航行里程407公里。布格河全长587公里，可航行里程587公里。目前波兰拥有内河客轮52艘，旅客座位7 903个，内河年运载量937.6万吨。

三、行政区划

行政区划

1998年7月，议会通过了政府制定的关于地方自治机构改革方案，决定将原有的49个省调整为16个省，同时重新设立县制。根据资料显示有308个县和65个县级市，2 489个乡。新机制于1999年1月1日启动。

主要城市

（一）华沙市

首都华沙是波兰政治、经济、文化和交通中心，位于维斯瓦河中东段的两岸。南北沿河延伸约29公里，东西宽26公里，面积约500平方公里。市区居民160余万。气候温和，7月平均气温19度，1月为4度。年平均降水量560毫米。

华沙在公元10世纪有居民点，15世纪初具城市规模，1596年成为首都。第二次世界大战期间，遭到严重破坏，战后迅速重建。主要工业有：机械制造（汽车、电机）、金属加工、冶金、化学、制药、食品、印刷和纺织等。

华沙有波兰科学院、华沙大学（创办于1816年）、华沙理工大学等高等学府和一些专科学院。文化设施有国家图书馆（藏书260余万册）、国家博物馆、国家剧院、艺术陈列馆等。1927年和1935年分别开始举行国际肖邦钢琴比赛和小提琴比赛，古城有17、18世纪建筑古迹，肖邦故居在华沙西北郊。

（二）克拉科夫市

克拉科夫市位于波兰南部离华沙约300公里的维斯瓦河畔，人口70万，是波兰最大的文化、科学、工业与旅游中心。公元10世纪末克拉科夫并入波兰版图之前，维斯瓦公爵已在此建都。从“复兴者”卡齐米什国王（1034年至1058年）起克拉科夫成为波兰首都。从1320年起克拉科夫为国王的加冕地。1794年科希秋什科起义以克拉科夫为中心。波兰被完全瓜分后，克拉科夫隶属奥国。二次世界大战期间，克市被并入德国版图的“总督辖区”。当时克拉科夫是波兰最大的抵抗中心之一。1948年在克拉科夫兴建了大型的钢铁联合企业，从而带动了整个城市经济的迅速发展。这里的雅盖隆大学建立于1363年，系波兰最古老的大学，也是欧洲最古老的大学之一。

（三）格但斯克市

格但斯克市位于波罗的海沿岸，维斯瓦河的入海口，是波莫瑞省首府，是波兰北部最大的城市，人口约47万。与索波特、格丁尼亚两市形成庞大的港口城市联合体——三联城。

格但斯克是波兰重要的造船、石油化工、机械和食品加工工业中心，有两个海港。同时它还是重要的科学、文化、艺术、高等教育和博物馆学中心。海洋旅游和娱乐业发达。城市的陆路、铁路和水路交通便利，空中航线连接着波兰各地及邻近国家。公元997年，布拉格的霍耶华大主教到濒临波罗的海的格但斯克传播基督教，意味着格但斯克城市历史的开始。14世纪后长期被普鲁士人占领，称其为但泽市。1919年，第一次世界大战德国战败后，凡尔赛公约确定格但斯克为自由城市。二战后，重归波兰。

四、人口 民族 宗教 风俗

人 口

至2004年8月底，总人口为3 819万。

民 族

波兰的主要民族是波兰族，约占98%，少数民族依次为德意志、乌克兰、白俄罗斯、立陶宛、斯洛伐克和犹太等民族。官方语言是波兰语。

宗 教

主要宗教是罗马天主教，截至2002年底，信仰者占人口的95.4%。宗教色彩浓郁，大小教堂遍布国内，去教堂做礼拜是居民重要的生活内容。

风 俗

波兰人十分重视婚礼。男女双方先要到结婚登记处登记，并邀请亲朋好友参加登记仪式。参加结婚登记仪式的人要穿礼服。

信教的人，结婚登记后要到教堂举行宗教婚礼。新娘穿白纱裙，新郎穿黑色西服。宗教婚礼仪式完毕后新娘夫妇走出教堂时，人们将事先准备好的硬币抛撒在地上，由新郎新娘一个一个地去捡起来，谁捡到的多，就预示着谁将会最富有。选择婚礼的日期一般要避开雨天。民间传说，如果婚礼当天下雨，将预示着“婚姻不美满”，婚后生活将“布满乌云”，连天公也会难过流泪。

在波兰，人死后不实行火葬而进行土葬。波兰人很注重墓地的修整，每块墓地都竖一个墓碑，碑上镶有死者的照片并刻有生死年月日。每年11月1日亡灵节那天，人们从早到晚络绎不绝，带着自己买的菊花和蜡碗来到墓地进行祭扫。他们把墓地墓碑打扫干净，放上蜡碗，插上各色菊花，并在墓前静默，以表示对死者的悼念和哀思。

按照波兰的商务礼俗，各种场合均宜穿保守式样的西装。会见政府官员，心须事先预约。波兰的企事业单位，基本上是国营的，办事效率很慢，要准备做多次交涉。波兰官员对外国商人友好，和其他中东欧商人一样，讨价还价是这些官员的工作，你得准备打个折扣才行。

按照波兰当地的商业的习惯，各国营事业机构都在下午5点结束办公（12时至13时之间也接受会见，而在我国及西方国家，这段时间是进餐时间）。外贸组织和机关，从星期一至星期五办公每天上午8时至下午3时。政府各部办公时间为上午9时至下午3时。星期六办公时间为上午8时至下午1时，一般每月第一个星期六为休息日。

如果到波兰人家里，可以给女主人带上一束花。在交给女主人之前要把花的包装纸去掉。但要注意，不要送红玫瑰花，红玫瑰花表示浪漫的爱情。

无论在正式或非正式的宴请中都经常敬酒。波兰人喜欢客人谈论他们的国家、文化、美国的生活方式以及你个人的家庭生活。

与波兰人交往，避免赠送高价礼物。公司的新产品，可用作见面礼。波兰人以吃西餐为主，其口味偏清淡，不要过分油腻，普遍喜食以烤、煮、烩的菜肴，而且还爱用黄油菜肴。波兰人一般都喜爱酒吧，通常在饭前习惯烈性酒，饭后饮甜酒，而且酒量一般很大。他们也喜爱喝咖啡，中国红茶，他们喜爱在红茶里放柠檬，茶色要淡。波兰人一般都喜欢。

波兰与欧洲许多信奉天主教的国家一样，有不少禁忌。波兰的天主教徒每星期五不吃猪肉。据说，星期五是耶稣被钉死在十字架上的受难日，因此，按规定每年复活节前的星期五为“受难节”。

波兰人就餐的席位忌单数，尤其忌讳13人同桌。他们也忌讳在13日、星期五举行任何礼仪性活动。不仅餐桌上不坐13人，因为这容易使人联想起出卖耶稣的犹大，而且住房没有13号，旅馆没有13号房间。如果13号这天是星期五，则不宜出游。清早出门，离开了家再折返回去，预兆这一天办事不顺，清早在路上如果碰到穿丧服的女人、穿黑袍的修士或修女，都被认为是不吉利。波兰人如果半夜遇见黑猫，正午遇见泼出来的食油都被认为不吉利。在波兰，用一根火柴不能点两支以上的烟。欧洲人出门都不喜欢遇见出殡，波兰男人遇见出殡要脱帽。波兰人从外面回家，如果进屋就顺手把礼帽放在床上也被认为是不吉利。波兰人家里的床一般不许人坐，尤其是未婚女子的床更是不许人坐。

五、历史沿革

波兰国家起源于西斯拉夫人中的波兰、维斯瓦、西里西亚、东波美尼亚、马佐维亚等部落联盟。波兰于公元966年建立封建王朝，定都格涅兹诺。十四五世纪进入鼎盛时期，16世纪成为欧洲强国，18世纪下半叶开始衰落。1772、1793和1795年三次被沙俄、普鲁士和奥匈帝国瓜分，1918年11月11日恢复独立。

1939年9月1日，法西斯德国入侵波兰，第二次世界大战爆发。二战后，波兰人民共和国成立，波兰统一工人党（共产党）执政40余年。

1989年4月，波兰议会通过团结工会合法化、实行总统和议会民主制等决议；6月，团结工会在议会大选中获胜并组建新政府；12月29日，议会通过宪法修正案，改国名为波兰共和国,将5月3日定为国庆日。1990年，“团结工会”主席瓦文萨当选为波兰转轨以来的首任总统。1995年11月,在原波兰统一工人党基础上组建的社会民主党候选人亚历山大·克瓦希涅夫斯基当选总统,并在2000年总统选举中连选连任。本届议会于2001年10月成立。

波兰转轨以来，总体上保持了较为稳定的政治环境。1989年，波兰团结工会执政。1990年初，波兰统一工人党解散后成立社民党，并与其他“左派”组成民主左派联盟，在1993年9月举行的议会选举中，民左联和农民党获胜，两党组成联合政府。1995年11月，民主左派候选人克瓦希涅夫斯基当选总统。1997年波兰右派重新获得执政地位，以团结工会为主的团选联与自由联盟成立联合政府。2000年10月，克瓦希涅夫斯基蝉联总统。在2001年9月议会选举中民左联重新获胜，再次与农民党组成联合政府。民左联主席米莱尔出任总理。2003年4月，农民党退出政府，民左联与劳动联盟组成现政府。波兰于1999年3月加入北约，于2004年5月1日加入欧盟，实行与欧盟一致的外经贸政策。

六、政治概况

波兰的政治制度是议会民主、多党制和三权分立。国家最高立法机构是国民大会，由众议院和参议院组成，各有议席460个和100个，任期4年。总统和政府掌管执法权，总统由全国直选产生，任期5年。法院和法庭行使司法权。参议院每4年一届，由100名参议员组成。

主要政党有民主左派联盟党（简称民左联）、劳动联盟、波兰社会民主党、波兰农民党、公民纲领党、法律与公正党、波兰自卫党、波兰家庭联盟。

七、经济概况

波兰经济自1989年转轨以来，总体上发展较快。1992~2003年，波兰经济一直保持增长势头，经济实力不断增强，国际竞争力逐步提高。采矿、机械制造、钢铁、交通运输设备、化工、食品等是波兰的支柱产业。通过结构调整、技术改造和吸收外资，波兰工业的技术水平和竞争力得到较大提升，对外贸易和吸引外资发展迅速。近年来，波兰政府通过降息、减税、减轻企业负担、扶持中小企业、加大基础设施投入、鼓励出口和投资等措施刺激经济增长，2003年经济增长3.7%。波兰政府提出了“复兴经济的发展战略”，根据该战略，2004~2005年经济增长5%，2006~2007年经济增长5.8%。

波兰经济的主要特点

1. **私有经济占主导地位。**1989年以来，波兰完全放弃了原有的计划经济体制，通过实施一系列新的法律和政策，加快经济私有化。1990年颁布并于1996年修改的《私有化法》，为波兰经济私有化提供了法律依据。波兰政府成立了国库部，专门负责经济私有化。

波兰实施私有化从根本上改变了波兰经济体制。波兰国有企业从1990年的8 453家减为2003年的1 736家，国有经济占GDP的比重从1990年的69.1%下降为2002年的26%左右，私有经济在投资、工业、建筑、外贸、商业、金融业等领域都已占主导地位。2003年，波兰私有经济所占比重情况是：投资占74.0%；工业占77.1%；建筑业占98.0%；出口占89.5%；进口占93.0%；银行业和零售业分别占85%和98%以上。

2. **经济保持增长势头**。波兰是中东欧地区经济转轨较成功的国家之一。1992年，波兰经济扭转下滑趋势，GDP增长率达到2.6%，成为中东欧地区最早实现经济恢复增长的国家。1992～2003年，波兰经济一直保持增长势头。其中，1994～1997年是波兰经济增长最快的时期，平均增长率达6.2%；1998～2000年经济平均增长4.3%。2001和2002年，波兰经济进入转轨以来最低迷时期，增长率下降为1%和1.4%。2002年下半年起，波兰政府采取一系列措施，刺激经济增长，经济开始复苏，2003年经济增长3.7%，2004年经济增长达5.3%。波兰政府和经济学家都认为，波兰经济已重新进入一个较快增长时期。

3. **经济实力不断增强**。波兰经济自1992年以来已持续13年保持增长，经济实力比1989年前有较大增强。人均GDP从1990年的1 547美元增加到2003年的5 530美元，按购买力计算的人均GDP已经超过10000美元。2003年，波兰GDP约2 037亿美元（按现行价计算）。据世界经济论坛发布的2002～2003年全球竞争力报告显示，波兰在全球最具竞争力的75个国家中排名第42位。波兰被普遍认为是新欧盟成员国中市场规模最大和最具成长潜力的国家。

按现价和波兰国家银行公布汇率计算，2004年，波兰GDP为2 206亿美元，人均GDP为6 334美元。波兰居民食品支出占总支出比重已从1995年的29.2%下降到20%；私人小汽车拥有量为1 100多万辆，平均3.5人拥有1辆；移动通信普及率达40%，互联网普及率达25%。

4. **对外贸易发展迅速**。近11年来，波兰对外贸易保持较高增长速度。1992～2003年波兰外贸出口增长了3.2倍，进口增长了3.3倍。2003年波兰出口535.77亿美元，同比增长30.6%，进口680.04亿美元，同比增长23.4%。2003年底，波兰外汇储备达340亿美元。欧盟是波兰的最大贸易伙伴，2003年，波兰与欧盟的贸易额占其外贸总额的64.5%。德国、法国、意大利、荷兰、英国、俄罗斯、中国、捷克、瑞典和比利时是波兰的主要贸易伙伴。

2003年，波兰最大的五个出口国是：德国172.81亿美元，增长30.4%，占波兰出口总值的32.3%；法国32.67亿美元，增长32.1%，占波兰出口总值的6.1%；意大利30.77亿美元，增长36.4%，占波兰出口总值的5.7%；英国26.99亿美元，增长26.9%，占波兰出口总值的5.0%；荷兰24.07美元，增长30.7%，占波兰出口总值的4.5%。

2003年，波兰最大的五个进口国是：德国165.84亿美元，增长23.7%，占波兰进口总值的24.4%；意大利57.89亿美元，增长25.5%，占波兰进口总值的8.5%；俄罗斯52.15亿美元，增长18.3%，占波兰进口总值的7.7%；法国48.03亿美元，增长25.1%，占波兰进口总值的7.1%；中国28.9亿美元，同比增长39.1%，占波兰进口总值的4.3%。

5. **外国投资大量涌入**。波兰是中东欧地区吸收外国直接投资最多的国家。截至2003年底，波兰累计吸收外国直接投资额为727亿美元，其中2000年波兰外国直接投资额为105亿美元，达到历史最高水平，2001年和2002年分别下降为74亿美元和60.6亿美元，2003年回升为64.2亿美元。

外国投资主要集中在波兰的制造业和金融业。外资在各行业的投资情况是：制造业277.77亿美元，占40.0%；金融保险业161.91亿美元，占23.3%；贸易和维修业81.27亿美元，占11.7%；交通、仓储和通讯业投资70.89亿美元，占10.2%；建筑业29.39亿美元，占4.2%；能源业

225.66亿美元，占3.7%。

6. **中小企业举足轻重**。中小企业在波兰经济中具有举足轻重的地位。目前波兰有雇员在250人以下的中小企业170多万家，占企业总数的99%，创造了超过60%的就业机会和48%的GDP。为鼓励和扶持中小企业发展，波兰政府设立专门机构——企业发展局，对中小企业在资金、融资担保、技术改造、业务培训、信息咨询、国际市场开拓等方面给以扶持。2003年，政府对中小企业的资助预算为2.23亿兹罗提，其中欧盟资助5700万兹罗提。波兰政府批准了一项资助中小企业的计划，根据这项计划，2004～2006年期间对中小企业的资助额将达20亿～25亿兹罗提，资金主要来源财政预算、欧盟资助和国际金融机构贷款等。

波兰经济面临的主要问题

1. **失业率居高不下**。波兰自1989年转轨以来，失业率高一直是波兰经济和社会发展的突出问题，尽管波兰政府采取鼓励就业措施，但失业严重的状况仍没有改变。2002年和2003年，失业率高达20%。2003年底，登记失业人数达317.6万。

2. **财政和贸易赤字较为严重**。近年来，波兰财政赤字不断增加，1995～2003年财政赤字累计达1 718亿兹罗提。其中2003年财政收入1 526.6亿兹罗提，财政支出1 891.77亿兹罗提，财政赤字365.17亿兹罗提。1991～2003年贸易逆差累计达1 453亿美元，其中2003年贸易逆差为144亿美元。

3. **灰色经济活动猖獗**。2002年，波兰灰色经济规模约占其国内生产总值的27%，比2001年增长8%，从事灰色经济的员工约500万，占就业人数的21%，国家财政每年因此损失的税收超过100亿兹罗提。灰色经济破坏了公平竞争环境，滋生腐败，成为波兰经济领域十分复杂和棘手的问题。波兰加入欧盟后，随着法律的完善和透明化，灰色经济规模有可能逐步减小。

八、对外贸易关系

波兰从中央计划经济向自由市场经济体制转轨以来，对外贸易和吸收外资得到较快发展，对外经贸合作的重点由东转西。转轨以前，波兰对外经贸合作绝大部分与前苏联及东欧等国家进行。随着经互会的解体，波兰产品不得不到竞争激烈的西方市场寻求生路。1985年对发达国家的进口、出口分别占波兰进口、出口总额的30.0%和32.9%。转轨以后，波兰与发达国家的经贸合作迅速发展，发达国家特别是欧盟国家已成为波兰最大的经贸合作伙伴，波兰最大的5个贸易国（除俄罗斯外）和外资来源国都是发达国家。

波兰是中东欧地区吸收外国直接投资最多的国家。截至2004年底，波兰累计吸收外国直接投资额为806亿美元，外国投资主要集中在波兰的制造业和金融业。在波兰投资最多的五个国家是：法国138.57亿美元，荷兰98.63亿美元，美国86.89亿美元，德国84.15亿美元，意大利38.37亿美元。

波兰投资环境的积极因素有七个方面：一是政治稳定；二是经济增长前景良好，可望成为欧盟经济增长最快的国家；三是市场潜力大，拥有近3 800万消费者；四是私有化进展较顺利，目前私有经济占GDP比重已达75%；五是地理位置优越，同时可向东西欧市场辐射；六是劳动力成本明显低于老欧盟成员国，有较强竞争优势；七是实行欧盟统一的贸易政策，政策透明度较高，贸易和投资风险较低。

波兰投资环境的消极因素主要是：基础设施，特别是公路质量较差；与老欧盟成员相比政府机构效率不高；法规政策与发达国家相比稳定性不够。

九、中波双边贸易关系

中波经贸合作在20世纪80年代达到一个高峰，90年代初期跌到低谷，1992年后，中波两国经贸合作逐步恢复和发展，尽管存在贸易不平衡等问题，但双边贸易规模不断扩大，相互投资和经济技术合作也取得一定进展。近年来，在两国政府的积极推动下，双方企业交往更加频繁，寻求投资合作的企业明显增多，双边经贸合作出现了多样化趋势。中国加入世界贸易组织和经济持续快速增长，波兰经济融入欧盟大市场，为双边经贸合作的进一步发展提供了广阔空间。

双边贸易规模不断扩大

2001 年，中波贸易额首次突破 10 亿美元，达 12.43 亿美元；2002 年中波贸易额达 13.83 亿美元，同比增长 11.3%；2003 年中波贸易额为 19.79 亿美元，同比增长 43.1%；2004 年中波贸易额上升为 23.31 亿美元，同比增长 17.8%，其中我国出口 18.44 亿美元，同比增长 13.8%，我国进口 4.87 亿美元，同比增长 13.8%；2005 年中波贸易进出口额为 31.5 亿美元，与 2004 年同比增长 35.3%，其中出口额为 25.9 亿美元，进口额为 5.5 亿美元。出口 40.8%，进口 14.4%。波兰一直是我国在中东欧地区的最大贸易伙伴之一。

我国对波兰出口的主要商品是服装纺织品、鞋、计算机等办公设备及配件、家用电器、自行车、食品、化工产品等；我国自波兰进口的主要商品是有色金属、化工产品、机械及运输设备、食品等。

据波方统计，2004 年中波贸易额为 46.21 亿美元，同比增长 47%，其中波兰自中国进口 40.65 亿美元，同比增长 40.7%；波兰向中国出口 5.56 亿美元，同比增长 120%，波方逆差为 35.09 亿美元。2005 年 1 月至 3 月，中波贸易额为 12.99 亿美元，同比增长 37.2%，其中波兰自中国进口 11.66 亿美元，同比增长 40.4%。波兰向中国出口 1.33 亿美元，同比增长 14.2%，波方逆差为 10.33 亿美元。

中波统计数字差别较大的主要原因是：原产我国的商品大量通过欧盟其他国家转口进入波兰。根据统计原则，出口国海关根据产品目的国进行出口国别统计，进口国海关根据产品原产地进行进口国别统计。如波兰或欧盟其他国家进口商进口我国产品通过波兰以外的欧盟国家口岸报关后进入波兰，我国海关统计为向进口商所在国或进口商报关口岸国家出口，而波兰海关根据原产地原则统计为自中国进口。这种现象在波兰入盟后进一步增加。

相互投资合作日趋活跃

与双边贸易相比，中波相互投资规模较小，涉及领域有限，但近年来两国有意开展投资合作的企业往来频繁，正在探讨的投资合作项目逐渐增多，这些项目涉及高速公路和通信设施建设，机械设备和家用电器以及自行车等产品的生产，相互投资合作出现了日趋活跃的趋势。

据初步统计，截至 2004 年底，中国在波投资额为 1.15 亿美元。主要项目有：波兰华人企业 Athletic 公司和广州千里达自行车厂合资兴建的日产2 000辆自行车项目（2004 年底投产）；清华同方威视技术股份有限公司与 Athletic 公司合资成立的清华同方威视技术波兰有限公司；广东粤海集团投资的“GD 分拨中心”，投资额2 500万美元（2003 年已转为私营股份公司并追加投资 300 万美元）；中国土木工程集团公司和香港明鸿公司投资的波兰明鸿发展有限公司，投资额为2 000万美元，在华沙投资兴建“花园小区”房地产项目；TCL 集团并购法国汤姆森在波兰电视机生产企业，投资6 638万美元。

据商务部统计，截至 2004 年底，波兰在中国的投资5 384万美元，主要投资项目有：三北—拉法科锅炉有限公司，由波兰拉法科公司、河北张家口锅炉厂和中国华沙贸易分拨中心合资成立，投资额1 350万美元，波方占股 45%；北京菠罗努斯喷涂设备厂，由波兰私人企业 POLONUS 公司和北京起重机厂合资成立；连云港德兰环保压缩机有限公司，由波兰 PEL—HYDRAL 公司与连云港德侨实业有限公司合资成立，投资额 868 万美元，波方占股 58%。

多种形式经济技术合作开始起步

中波企业在联合开发，技术合作以及航空等领域的合作也有了良好开端。中国有色建设集团与波兰铜业集团计划在赞比亚联合开采铜矿，并于 2004 年 6 月签署《铜矿开发合作框架协议》；中兴通讯公司和华为技术有限公司正在积极开拓与波兰通讯运营企业的项目合作；波兰航空公司就开通直航中国事宜与中国航空公司进行了多次会谈，预计于2006年下半年开通波兰至中国大陆直航，并与中国航空公司实现代码共享。此外，波兰煤炭安全和环保行业的企业也积极探讨与中国同行的合作。

十、相关政策法规

管理体制

自1990年起，波兰对包括外贸在内的整体经济体制进行了彻底改革，取消了外贸经营的垄断性管理。根据波兰法律规定，所有经济实体享有对外经济贸易的同等权利。波兰成为欧盟联系国和加入世贸组织之后，其外贸管理体制逐步与欧盟外贸政策一致，进出口贸易主要通过关税、汇率等经济手段进行调节，除少数商品受许可证、配额等限制外，其余商品均放开经营。

波兰经济和劳动部是主管对外经济贸易的政府部门，部长目前由副总理兼任，负责制定并具体实施贸易政策，制定贸易法律法规，组织与其他国家和国际组织开展多双边经贸合作，负责贸易促进、投资促进、推动扩大出口，实施反倾销调查并采取相应措施保护国内市场免遭进口产品冲击，根据欧盟的贸易政策，对部分进出口商品进行配额和许可证管理。涉及农产品贸易的有关事务由农业和农村发展部负责。

波兰有关贸易的主要法律有《商品和服务对外贸易管理法》、《海关法》、《防止商品过量进入波兰关境法》、《防止某些纺织品和服装过量进入波兰关境法》、《反倾销法》和《外汇法》等。

波兰商会是波兰全国范围内的商业自律组织，其职能包括为政府制定政策法规提供参考依据，对企业进行协调和指导；举办和参加各类大型国际展览和经贸研讨会；出具货物原产地证明；为国内外企业提供法律和信息咨询服务；定期举办各类专题的商务培训班；下设仲裁法庭负责解决贸易纠纷。

税收政策

波兰已经建立与市场经济相符合的税收制度，税收分为国税和地税两大部分。国税有：企业所得税、个人所得税、增值税、消费税、印花税和交易税。地税的税种有：房地产税、养路税（只含卡车和大客车）、遗产税和赠与税、农业税、林产税、狗税。波兰自1992年起，采用了所得税和增值税体系，外国企业和个人与波兰企业和个人适用相同税收制度和标准。

1. **企业所得税**。波兰外国投资企业和国内投资企业实行统一的所得税政策。根据波兰《法人所得税法》，所有的法人和具有法人资格的组织（合伙企业除外）都要缴纳企业所得税。外资企业分公司需要到国家法院注册部门注册，同时按照有限责任公司或股份公司的规定缴纳企业所得税。国外公司代表处的活动只限定在行使代表权和对外宣传方面，不缴纳企业所得税。

企业税前收入，包括来自经营活动和财务的净收入扣除捐献等一些特殊支出，构成企业所得税纳税基数。广告费、各种罚款和利息支出不能作为成本从税前收入中扣减；固定资产和无形资产可以进行折旧以及分期摊销，价值低于3 500兹罗提的资产可以在购买使用当月或下月一次性核销，但土地和工艺不能折旧。

一般情况下日历年作为纳税年，企业可以自行选择年内任何一个月份作为一个纳税年的期限起止点。

自2004年起，波兰法人所得税税率为19%，是欧盟所得税率最低的国家之一。由波兰公司派发的股息收入应由派发企业代扣19%所得税。由波境外的欧盟企业派发的股息收入自2004年5月1日起可在一定条件下申请减免。

2. **增值税**。2004年5月1日波兰加入欧盟以后，对增值税规则进行了很大调整。在波兰境内销售商品和提供服务都需要缴纳增值税。增值税纳税人之间进行交易必须提供增值税发票。年营业额超过1万欧元的经济实体，均应以正常增值税纳税人进行登记。销售给个人自用的商品金额超过5 000欧元，必须进行大额现金登记备查。未按增值税纳税人在波兰登记的外国经济实体，在对等的条件下可申请增值税返还。

波兰增值税分别有22%、7%、3%和0%四种税率，其中22%为基本税率。

7%的税率适用于食品、儿童用品、医疗机械、住宅的建设和维修服务（截至2007年12月31日），交通、市政服务（包括自来水供应、污水处理、街道保洁等），化肥、宾馆和公共饮食服务业（截至2007年12月31日）。

3%的税率适用于奶制品原料、捕捞产品和鱼加工品、大部分的养殖业、林业和狩猎业产品等初级农产品（截至2008年4月30日）。

0税率适用于内部流通（intra - community）的商品、出口商品以及国际运输服务，书籍和杂志（截至2007年12月31日）以及部分国内供货商品（如船舶和航空设备等）。1999年底，波兰对用于农业生产和服务的产品实行增值税零税率。

部分商品和服务可免增值税，如：研发服务、文化教育、财务和保险服务（买卖外汇和租赁服务除外）等。

3. **消费税**。消费税视商品不同而不同，税率一般在25%～40%之间，目前波兰征收消费税的有6种商品：燃油、电、烟、酒、汽车、化妆品。其中燃油、酒、烟三种商品的消费税税率受欧盟统一规则管理；汽车、化妆品、电的消费税为波兰自己确定标准。

4. **自然人红利税**。自然人得到的利息和股息收入不适用个人所得税规则，而是单独制定。自波兰国内得到的利息和股息征收19%的红利税，从2005年起自波兰境外得到的利息和股息也开始征收19%的红利税。

5. **个人所得税**。根据波兰《个人所得税法》，对持有波兰公民身份证并在波兰有登记居住地的个人，来自世界的任何收入都要征收个人所得税。在波兰没有登记居住地的个人只对来自波兰国内的收入征收个人所得税。2005年起，波兰实行最低19%、最高50%的4级税率的个人所得税制度：

年收入低于37 024兹罗提者的个人所得税税率为19%，年收入在37 024兹罗提至74 048兹罗提之间者的个人所得税税率为30%，年收入在74 048兹罗提至600 000兹罗提之间者的个人所得税税率为40%，年收入超过600 000兹罗提者的个人所得税税率为50%。

个人所得税的纳税年为日历年。

海关管理及关税

2002年3月，波兰议会通过了关于海关机构改革法案，自2002年5月起，波兰海关按照新的组织结构运作，取消了原海关总署，其下属的10个司局并入波兰财政部，调整为海关政策司、海关监控司和海关服务组织司；原有67个地方海关仍然保留，并成为独立海关机构，负责各地报关、通关等具体业务。波兰入盟后，波兰海关将成为欧盟海关的一部分，实行欧盟统一海关政策和关税制度。从1996年7月1日起，根据欧盟和欧洲自由贸易联盟的惯例，波兰海关使用联合海关程序，即只须一个报关单即可完成与周边21个国家的货物周转，加快了清关速度。波兰海关接受的报关文件是“单一管理单据”（SAD）。

波兰执行欧盟统一的关税政策。目前，所有产品平均关税为6.3%，其中，工业制品为3.6%，农产品为16.2%，水产品为12.4%。

波兰从1998年1月1日起实施新的《海关法》，波兰每年公布新的海关税则表，作为海关法的附属文件，在税则表中分别列出自主关税、协定关税、优惠关税和减让关税四种不同的税率：

自主关税：主要适用于非世贸组织成员国、不享受最惠国待遇的国家及不适用优惠税率的国家。

协定关税：主要实用于世贸组织成员国。波兰作为世贸组织成员国，在未进行新的多边谈判的情况下，不得提高关税。

优惠关税：主要适用于发展中国家。该税率比协定关税税率低。

减让关税：适用于与波兰签署贸易协定的国家，主要适用于欧盟国家、欧洲自由贸易联盟和中东欧自由贸易区国家。

零关税：在限定时间内，适用于最不发达国家的部分商品。

1. **进口限制**。波兰对汽油、柴油、燃油、葡萄酒以及其他含酒精饮料、烟草制品等进口采取数量限制措施。

对枪支、弹药、放射性物质、某些化工产品、含酒精饮料和某些食品和农产品的进口必须申办经营许可证和特许执照。

目前波兰许可证制度与欧盟有所不同，波兰的许可证管理办法主要包括三项内容：

（1）自动登记许可证（仅对部分进口商品有此要求）。

（2）配额（规定特定商品进入波兰市场的数量或最高限额）。

（3）配额的分配原则。

配额按先到先得的原则进行分配，或按企业申请配额的总量的一定比例来分配，也可按企业以往销售业绩的比例来分配。配额商品进出口许可证的有效期一般为120天。

满足下列条件商品的许可证由经济、劳动和社会政策部长或农业部长签发：①该商品不包含在免税商品范围内；②在使用配额和自动登记许可证情况下可享受出口补贴；③需要缴纳出口费用。许可证在四种情况下不予签发：①申请人未能满足许可证的全部规范要求；②申请人被法庭判定有税务方面的罪行，且在判决有效期内；③享受出口补贴的配额已经用完；④申请人不能缴纳出口费用。申请此类许可证时，企业需缴纳许可证押金，如果许可证的使用超过规定额度的95%，则退还全部押金；如使用许可证的额度少于95%，则部分退还。押金无利息。

2. **技术性贸易限制**。波兰从2003年开始使用欧盟货物质量与安全标准。总的含义就是生产商要对其产品缺陷承担法律和经济责任。

波兰于2003年初通过了“商品质量安全标准”，如果消费者或用户发现某种产品存在缺陷，则该产品制造商将受到经济处罚和法律制裁。根据波兰《检验和认证法》的规定，凡可能威胁生命、健康和环境的国产及进口产品应申报安全检验并标贴安全B标志。检验认证工作由波兰检验和认证中心及其授权的检验和发证机构进行。如产品没有标贴安全标志或不符合技术安全要求就进入波市场销售，则该产品的销售收入将收缴国库，并处以一倍的罚款。需要进行强制性安全检测的商品目录由检测和认证中心发布，主要涉及：钢材制品、金属制品、机器设备、精密仪器、运输工具、电子产品、建材、玻璃制品、木材和纸张、部分服装和纺织品、劳保鞋和手套、玩具等。

3. **贸易救济措施**。根据波兰《反倾销法》，经济、劳动和社会政策部部长可以应自然人或法人的申请启动反倾销程序，条件是该生产商对所申诉商品的产量占国内总产量25%以上的份额。

自1997年波兰宣布对我国自行车实施配额限制后，又对我国打火机（1998年10月）以反倾销为由，对我国鞋（1999年1月）和电熨斗（2000年10月）以过量进口为由实行限制措施。对我国自行车设限是因原申诉企业倒闭未实施。对打火机征收反倾销税，对鞋、电熨斗均采取征收海关附加税形式的保障措施。其中最初仅对一次性打火机征收附加税，2000年8月扩展到多次性打火机，2000年应进口商要求波方对打火机设限措施开始复查，经多次推迟后，波兰经济、劳动和社会政策部于2003年9月决定维持原判；对鞋征税措施于2003年2月中止；电熨斗征税有效期至2004年9月。波兰2004年5月加入欧盟后，波兰对我国所采取的反倾销等措施自动中止，同时欧盟对我国产品采取的反倾销手段将自动适用于波兰。

4. **出口限制**。2003年波兰出口中实行的多数限制措施是因外部原因采取的，包括其他国家对波兰出口采取限制措施的补充手段（如由于欧盟对一些钢制品实行双重检查制而实行的这些产品出口的自动登记）、波兰签署的国际协议（如在WTO纺织品和服装协定范围内采取的向美国出口纺织品和服装的配额限制）。波兰自主实行的限制只涉及活鹅和鹅蛋的出口，实行出口禁令是为了保护基因材料。

外汇管理

根据波兰1995年12月实施的《外汇法》，在波兰注册的外国企业可以在波兰银行开设外汇账户，用于进出口结算。自2000年4月12日起，波兰货币完全自由浮动和自由兑换。2002年10月波兰实施的新《外汇法》在货币自由兑换和实行市场浮动汇率的基础上进一步取消了外汇管制，波兰公民可以自由在外国开设银行账户，企业可以自由向国外子公司或机构汇款，也可以在国外金融市场购买短期债券。

出境时，个人携带5 000欧元外币或与之等值的兹罗提以内无需申报；若所携带外币超过此限，需出示相应的外汇申报单或银行出具的外汇携带证明，否则海关有权予以没收并罚款。个人在波银行开设外汇账户时需凭入境外汇申报单办理。

博览会

波兹南是波兰最著名的展览城市。波兹南国际展览公司已有80多年的历史，是波兰最大的展览商和展场经营商，拥有14个宽敞，带空调、可随意分割的大型展览厅，室内展场面积达11万平方米，室外展场达3.2万平方米，每年定期举办展览会、交易会约40个，涉及建筑、农业、生态、工艺技术、安全、汽车、医药、通讯技术、时装和美容、旅游、家居和室内装饰、教育等12个领域。此外，在波兰首都华沙、海港城市格但斯克、工业中心卡托维茨和纺织中心罗兹每年都要举办各类大型国际博览会和其他专业展览会。

投资政策

根据波兰议会于1991年6月14日通过的《外资企业法》及此后的修改法案规定，外国人（自然人、法人及不具法人资格的其他公司）可以在波兰设立有限责任公司或股份公司，或者拥有和购买此类公司的股份或股票。除投资金融保险、港口、机场、法律服务等需事先申请许可外，包括不动产中介、进口消费品批发等其他各项业务均可自由开展。如与波兰国营企业等国有法人进行合资合作，且波方以土地、工厂、部分车间等不动产作为投入时，由波方向其国库部申请许可。波兰对外资实行国民待遇。

目前，在波兰设立有限责任公司的最低注册资金是5万兹罗提（约合1.2万美元），股份公司的最低注册资金是50万兹罗提（约合12万美元）。外国投资者可以以货币及非货币两种形式作为投资。

申请商业注册需要提交的主要文件有：①国内公司章程、营业执照、资信证明；②申请书，包括拟建公司名称、地址、经营范围、投资形式（资金、实物）及注册资本；③拟建公司的章程（草案）；④授权书，由国内公司法人代表授权全权处理公司成立前的有关事务、签署法律文件；⑤声明书，公司将遵守波兰法律和有关规定从事经济贸易活动；⑥任命书，董事长（总经理）及其他人员每人一份。上述文件均需经国内外事公证处公证，译成波兰语。

注册登记程序：①如果经营范围涉及《合资企业法》规定需波兰所有制转化部批准的领域，则先申请该部的批准书；②委托波兰律师制定公证书，请公证人公证；签署注册资本的声明等；③缴纳印花税；④将有关文件递交当地经济法院办理商业注册；⑤公司经商业注册后，在银行开立公司账户，并将注册资本过账；⑥向当地统计局申请统计编号（REGON）；⑦在当地税务局办理登记手续，申请纳税编号（NIP）。

投资优惠政策

波兰目前有14个经济特区，面积6 000多公顷。根据波兰现行特区政策，特区企业按规模大小可获得不同幅度的政府资助，企业规模大小需在注册时予以确认，政府资助通过免税的形式来实现。大型企业获得资助的总额不能超过投资总额的50%，中小企业获得资助的总额不能超过投资总额的65%。波兰按照欧盟标准划分企业规模，小型企业是指员工50人以下，年营业额少于700万欧元的企业；中型企业是指员工50人至250人，年营业额少于4 000万欧元的企业；大型企业是指员工超过250人，年营业额在4 000万欧元以上的企业。

特区企业享受的税收减免政策主要有：

1. 免缴企业所得税。大型企业累计免税金额不超过总投资额的50%，中小企业免税金额不超过总投资额的65%。按所得税税率计算免税额，累计达到最大免税金额为止。2003年所得税为27%。

2. 免缴不动产税。在特区内购置不动产，企业全额免交不动产税，减半缴纳印花税。

3. 免缴交通工具购置税。免税购置交通工具是一项地方性优惠政策，由乡政府个案讨论决定。

4. 地方性优惠。实行地方性优惠政策的主要目的是鼓励企业雇用更多的员工，解决地方就业问题。如有些特区规定，增加员工数量，可减收部分所得税。

5. 进口免税。对用于投资项目的进口机器设备，海关给予免税待遇。

非税收优惠政策：

1. 特区提供项目用地（带有水、电、汽等基础设施）。

2. 优惠的土地价格。

3. 免费提供各种政策咨询服务。

4. 政府根据企业申请，提供一定金额的新员工培训费。

外国人购买不动产政策

1996年5月4日，波兰开始实施新修订的《外国人购买不动产法》，其基本内容是：对于在波兰有地址的法人，无需申请就可以在市区购置不超过0.4公顷或郊区（不超过1公顷）用于营业的无建筑的地皮，外国法人购置住房也无需批准。对于在波兰连续居住5年，或住满2年与具有波兰公民身份的配偶共同购买不动产的外国自然人亦无需申请许可。

十一、我国企业或个人在波兰注册公司的程序及应注意的问题

近年来，随着中波贸易不断拓展和波兰入盟后贸易投资环境的改善，我国企业在波注册的已有100多家，许多企业或个人对波投资的兴趣渐浓。为使我国企业或个人对在波注册公司的程序有较为系统的了解，现就相关问题归纳如下，供国内企业参考。

适用法律

目前，在波兰从事经济活动的法律依据主要有：1964年制订的《民法》，2004年7月2日新修订的《经济自由法》，2000年9月15日新修订的《商业公司法》和1997年8月12日通过的《国家法院注册法》，其中《经济自由法》、《商业公司法》和《国家法院注册法》与我国企业或个人在波兰注册公司密切相关。《经济自由法》倡导经济活动的自由和所有经济主体的平等，自然人、法人以及不具备法人资格的组织机构均可自由从事经济活动，代表处、分公司、单人公司和合伙公司的设立及运行适用于该法；《商业公司法》对在波兰成立、运作和变更有限责任公司和股份公司做了明文规定，我国企业或个人在波设立有限责任公司和股份有限公司时必须以此法为依据；《国家法院注册法》对在国家法院注册公司的注册主体、注册形式、注册程序及业务范围划分等做了规定。

我企业在波兰可注册的公司类型及相关程序

根据波兰相关法律规定，外国企业作为法人实体在波兰境内可注册的公司形式有代表处、分公司、有限责任公司和股份公司四种形式。外国公民作为自然人可根据不同情况在波兰注册公司，获准在波兰定居的外国公民享有与波兰公民同等的注册公司的权利；在波兰没有永久居留权的外国公民，只能在波兰设立有限合伙公司、有限股份合伙公司、有限责任公司和股份公司。根据我企业和个人在波兰注册公司的习惯和做法，一般以代表处、分公司、有限责任公司和股份公司四种形式常见。

1. **代表处**。注册主体为外国公司，业务范围只限于对母公司业务进行推广和宣传，不得开展贸易活动，也无权签署贸易合同。代表处一般规模小，注册期限长，无贸易业务能力，对母公司业务拓展不利。代表处的注册程序为：

（1）注册申请。由母公司或其委托人向波兰经济部外国企业家登记处申请设立代表处，申请注册应提交的文件有：

——由波兰律师填写的设立代表处申请表（需经母公司负责人或其委托人签名）；

——正本母公司营业执照副本；

——母公司章程复印件；

——经母公司所在地公证处公证的并由波兰驻母公司所在国大使馆盖章确认的母公司营业执照、母公司授权委托书和母公司章程全套资料；

——由波兰公证处公证的代表处章程和代表处总代表签名样本，代表处章程应包含代表处名称（应为母公司名称后加波兰文的“驻波兰代表

处"字样)、地址、业务范围、总代表姓名及其在波兰的住址等。

若提交材料为外文，则需翻译成波兰文。

(2) 注册审批。波兰经济部受理注册申请后，将申请材料转递波兰外交部，由波兰外交部通过波兰驻申请方所在国大使馆对该国公司的情况进行核查，核查无误后再转回波兰经济部，由波经济部发放一张单页纸的注册证明。代表处注册无需注册资金，审批期限约2~3月，注册费用约8 000兹罗提（约2 000欧元)，其中注册费6 000兹罗提，律师费2 000兹罗提。

(3) 申请统计代码（REGON)。代表处获准注册后，需向当地统计局申请统计代码（REGON)，一般需2小时即可申请完毕。

(4) 刻制代表处印章。代表处获准注册后需在指定机构刻制公司印章，一个合法的印章必须刻有公司名称、地址、增值税号（NIP）和统计代码（REGON)。

(5) 开立银行账号。公司获准注册并取得REGON代码后，须立即在波兰银行开立公司银行账号，开账号时需提供注册证明和REGON代码复印件，一般需1~2天。

(6) 申请增值税号（NIP)。代表处获准注册后，需向所在地税务局申请增值税号（NIP)，由代表处以母公司名义申请增值税号（NIP)，该税号属于母公司，由母公司从国外汇款过来支付税款。因代表处在波兰无贸易行为，无增值税产生，该税号实际上等于虚设，无实际用途。增值税号(NIP) 一般需2周至3周可获得。

2. **分公司**。注册主体为外国公司，经营范围不得超越母公司业务范围，但不必开展母公司的全部业务，可部分经营母公司业务，也可代表母公司签署买卖合同。分公司的注册程序为：

(1) 注册申请。母公司或其委托人向地方法院经济庭注册处申请注册分公司，注册申请应提交的文件有：

——由波兰律师填写的设立分公司的申请表(需经母公司负责人或其委托人签名)；

——正本母公司营业执照副本；

——母公司章程复印件；

——经母公司所在地公证处公证的并由波兰驻母公司所在国大使馆盖章确认的母公司营业执照、母公司授权委托书和母公司章程全套资料；

——波兰公证处公证的分公司章程和分公司总经理签名样本。分公司章程应包含分公司名称(应为母公司名称后加波文的"波兰分公司"字样)、地址、业务范围、总经理姓名及其在波兰的住址等。

(2) 注册审批。注册申请受理后，需将申请材料转递波兰外交部，由波兰外交部通过波兰驻申请方所在国大使馆对该外国公司的情况进行核查，核查无误后，由地方法院颁发多页纸的注册证明。分公司注册无注册资金要求，审批期限约2~3月，注册总费用约3 500兹罗提，其中法院注册费1 500兹罗提，律师费2 000兹罗提。

(3) 申请统计代码（REGON)。分公司注册成功后，需向当地统计局申请统计代码（REGON)，一般需2小时即可申请完毕。

(4) 刻制公司印章。

(5) 开立银行账号。分公司注册后并取得REGON代码后，即可在波兰银行开立分公司银行账号，开立账号时需提供注册证明和REGON代码复印件，一般需1天至2天。

(6) 申请增值税号（NIP)。分公司获准注册后，在开展第一笔业务之前需向所在地税务局申请增值税号（NIP)，该税号属于分公司，一般需2~3周时间可获得。

(7) 申报社会保险。公司在雇用了第一名员工后需在10天内向公司所在地社保局申报雇员情况并交付社会保险金，并获得公司的社会保险金支付代码。

(8) 申报劳动安全检查。公司在雇用员工后应立即向当地劳动安全检查局申报检查，由该检查局对公司雇员进行2小时至3小时安全培训讲座，并对公司的工作环境、工作时间进行检查，检查合格后为每个员工发放安全工作证明。同时公司须为每位雇员在规定的体检单位做健康检查，获得体检证明的雇员方可上岗工作。这两个证明缺一不可，必须随时放在公司里，以防劳动安全检查局抽查，若被查处无安全证明和健康证明上岗，公司则被罚款。

3. **有限责任公司**。外国公司和个人均可申请，可从事生产、销售、服务和进出口等任何商业活动。公司名称可用各种语言表述，但末尾需有Sp. z. o. o（波兰文“有限责任公司”缩写）字样。公司名称不能重复，如有已相同注册的名称，则需更换为另一名称。有限责任公司的注册程序为：

（1）注册申请。由公司股东向地方法院经济庭注册处申请注册分公司，注册应提交的文件有：

——由波兰律师填写的须经公司董事会成员签名的公司注册申请表（需经波兰公证处公证）；

——如股东为法人，需提供该股东原注册证明材料（需经波兰公证处公证）；如股东为自然人，需提供在波兰公证的股东自愿成立公司说明书和护照复印件；

——公司章程和董事会成员签名样本（需经波兰公证处公证）。若提交材料为外文，则需翻译成波兰文。

（2）注册审批。法院在受理注册申请后一般在2~3周内批复核发注册证明。有限责任公司最低注册资金为5万兹罗提，注册完毕后该资金可作为公司的流动资金来使用。注册总费用约5 500兹罗提，其中注册费1 500兹罗提，公证费2 000兹罗提，律师费2 000兹罗提。

（3）申请统计代码（REGON）。

（4）刻制公司印章。

（5）开立银行账号。

（6）申请增值税号（NIP）。

（7）申报社会保险。

（8）申报劳动安全检查。

4. **股份公司**。外国公司或个人均可申请，可通过在波兰股市上市获得资金。注册资金最低需10万兹罗提，每股最低股价不得低于1兹罗提。注册时先支付50%的注册资金，注册完毕后可随时使用注册资金。股份公司名称中注有S. A（波兰文“股份公司缩写”）字样。股份公司的注册程序为：

（1）注册申请。由公司股东向地方法院经济庭注册处申请注册分公司，注册应提交的文件有：

——由波兰律师填写的经公司董事会成员签名的公司注册申请表（需经波兰公证处公证）。

——股东原注册证明材料（需经波兰公证处公证）、公司章程和董事会成员签名样本（需经波兰公证处公证）。

若所提交材料为外文，则需翻译成波兰文。

（2）注册审批。法院受理注册申请后一般在2周至3周内批复核发注册证明（多页纸）。注册总费用约5 500兹罗提，其中注册费1 500兹罗提，公证费2 000兹罗提，律师费2 000兹罗提。

（3）申请统计代码（REGON）。

（4）刻制公司印章。

（5）开立银行账号。

（6）申请增值税号（NIP）。

（7）申报社会保险。

（8）申报劳动安全检查。

我国企业或个人在波兰注册公司时应注意的问题及相关建议

总体来说，我国企业或个人在波兰注册公司的过程中无大问题，也未遇到任何不公待遇，只要按照波兰相关法律规定，聘请专业律师操作，按正常程序进行最终可获得成功。一般常见的问题是，在公司注册后开始运营期间，由于我国企业或个人对波兰法律熟悉不够，或对公司运行中关键的环节把握不够准确，导致在按时报税、支付社会保险和劳工雇用等方面出现过一些问题，有些甚至被处罚或实行了劳动监控等。为避免不必要的麻烦，我国企业或个人在波兰注册公司时应注意以下几方面问题：

1. **尽力熟悉波兰相关法律**。据波兰人自己讲，波兰的法律体系比较复杂，波兰人很难搞懂。我国来波兰的大多数企业或个人均不懂波兰语，对波兰的法律更不熟悉。要想在注册公司的过程中少走弯路，我国企业或个人在聘请专业律师的同时，自己也应尽力熟悉波兰相关法律，尤其是《商业公司法》和《国家法院注册法》等中的一些关键条款。

2. **必须聘请波兰律师和会计**。在波兰注册公司从头到尾必须聘请波兰专业律师和会计，否则很难完成公司的注册。

3. **正确选择拟注册的公司形式和营业范围**。在投资前，必须选择好拟要注册的公司形式，不同的形式有不同的业务范围。若只想在波兰进行推广宣传活动，则注册代表处较合适；若想作为母公司在波兰的对外贸易窗口，则注册分公司较合适；若想使自己的公司本地化，且能从事生产、贸易、进出口等业务，则适合注册有限责任公司；若需从波兰资本市场获得大量资金，扩大股本，则适合注册股份公司。一般来说，分公司比代表处的业务范围要广，有较大的灵活性和生存能力；有限责任公司相对股份有限公司来说，注册程序较简单，财务数据方面的要求也较低。目前我国企业或个人在波兰注册分公司或有限责任公司的比较多。

4. **严格遵守财经法规，保证公司的合法经营。**公司账务须由波兰专业会计用波兰文记账，公司一切业务中涉及的款项支付或合同金额，须用兹罗提表明，如系外币金额，须注明相当于兹罗提的数目，不得用美元等外币支付；必须保证公司账户的资金充足，账户上必须有足够的款项用以支付公司的日常开支；公司支付须以转账形式进行，不能用现金支付。若违反规定，一旦被查出，将被处罚。

5. **正确掌握各类报税时间，报税缴税要及时。**公司正常运转后，需每月定期报税。个人所得税需填写 PIT－4 表格向雇员居住地税务局申报，于下月 15 日前缴清；增值税和企业所得税需向公司所在地税务局申报，增值税于下月 25 日前缴清，企业所得税须于下月 20 日前支付。缴税采用银行转账或邮局汇款形式，一般不亲自到税务局缴税。

6. **及时签订劳动合同和申报工作许可。**公司获准成立后，自雇用第一个员工起 10 日内需与雇员签订劳动合同，如超过 10 天尚未签订劳动合同，一经劳动局查出，则被视为非法雇用，将被罚款。

7. **及时申报劳动安全证明和体检证明。**

8. **所有需签名的文件必须由相关人亲自签名，我国常用的个人印章在波兰被视为无效签名。**

十二、经济特区

波兰目前有 14 个经济特区，总面积6 325公顷。根据波兰入盟谈判结果，波兰经济特区政策可维持到 2015～2017 年，同时经济特区具有可移动性，经济特区总面积不变，在总面积数额内可自由调整经济特区的区块，如果一个项目对波中央政府或地方政府具有很大的吸引力，该项目所占区域即可被划为经济特区。如有大型项目（投资4 000万欧元以上或新增 500 个就业岗位以上）需要，波兰可再为其增拨1 700公顷经济特区面积指标。

进入经济特区的企业最低投资额为 10 万欧元，项目运营时间必须在 5 年以上，并向特区管理机构申请许可证。特区管理机构通过招标方式向进入特区的企业颁发许可证，一般特区许可证从递交申请到审批需要 4 个月的时间。

波兰经济特区一览表

1. **经济特区名称：**米莱兹经济特区欧洲园 Euro－Park Mielec SEZ

占地面积（公顷）：739.2

有效期：2015 年

电子邮箱及网站：europark@europark.com.plhttp://www.europark.com.pl

2. **经济特区名称：**苏瓦乌基经济特区 Suwalki SEZ

占地面积（公顷）：331.2

有效期：2016 年

电子邮箱及网站：ssse@ssse.com.plhttp://www.ssse.com.pl

3. **经济特区名称：**卡托维茨经济特区 Katowice SEZ

占地面积（公顷）：1077.2

有效期：2016 年

电子邮箱及网站：ksse@ksse.com.plhttp://www.ksse.com.pl

4. **经济特区名称：**卡米那古拉经济特区 Kamienna Gora SEZfor Medium and Small Business

占地面积（公顷）：250.9

有效期：2017 年

电子邮箱及网站：strefa@ssemp.plhttp://www.ssemp.pl

5. **经济特区名称**：考斯钦—斯乌比采经济特区 Kostrzyn – Slubice SEZ

占地面积（公顷）：462.6

有效期：2017 年

电子邮箱及网站：info @ ksse. plhttp：//www. ksse. pl

6. **经济特区名称**：经济特区克拉科夫技术园 SEZ Krakow Technology Park

占地面积（公顷）：122.3

有效期：2017 年

电子邮箱及网站：cztk @ czt. cc. plhttp：//www. czt. cc. pl

7. **经济特区名称**：莱格尼察经济特区 Legnica SEZ

占地面积（公顷）：441.9

有效期：2017 年

电子邮箱及网站：lsse@ strefa – legnica. com. plhttp：//www. strefa – legnica. com

8. **经济特区名称**：罗兹经济特区 Lodz SEZ

占地面积（公顷）：337.2

有效期：2017 年

电子邮箱及网站：info@ sse. lodz. plhttp：//www. sse. lodz. pl

9. **经济特区名称**：波麦拉宁经济特区 Pomeranian SEZ

占地面积（公顷）：348.4

有效期：2017 年

电子邮箱及网站：marketing@ strefa. gda. plhttp：//www. strefa. gda. pl

10. **经济特区名称**：斯乌斯克经济特区 Slupsk SEZ

占地面积（公顷）：167.9

有效期：2017 年

电子邮箱及网站：office@ parr. slupsk. plhttp：//www. sse. slupsk. pl

11. **经济特区名称**：斯塔拉霍维斯经济特区 Starachowice SEZ

占地面积（公顷）：351.5

有效期：2017 年

电子邮箱及网站：sse @ sse. onet. plhttp：//www. sse. com. pl

12. **经济特区名称**：塔诺波莱戈经济特区 Tarnobrzeg SEZ “Euro – Park Wislosan”

占地面积（公顷）：830.0

有效期：2017 年

电子邮箱及网站：tsse @ tg. onet. plhttp：//www. tsse. pl

13. **经济特区名称**：瓦波日赫经济特区投资园 Walbrzych SEZ “Invest Park”

占地面积（公顷）：492.6

有效期：2017 年

电子邮箱及网站：invest@ invest – park. com. plhttp：//www. invest – park. com. pl

14. **经济特区名称**：瓦尔米亚 – 马祖里经济特区 Warminsko – Mazurska SEZ

占地面积（公顷）：372.1

有效期：2017 年

电子邮箱及网站：wmsse @ wmsse. com. plhttp：//www. wmsse. com. pl

十三、联系方法

驻波兰使馆经商参处

地址：Ul. Bonifraterska 1，00 – 203 Warsaw，Poland

电话：0048 – 22 – 8313861，0048 – 22 – 6358333 转 3117、3118、3119、3120、3122

传真：0048 – 22 – 6358079

邮箱：pl@ mofcom. gov. cncommerce@ chinaembassy. org. pl

网址：http：//pl. mofcom. gov. cn

匈 牙 利

一、国名 国旗 国徽 国庆日

国 名

匈牙利国名的全称为匈牙利共和国（The Republic of Hungary）。

国 旗

匈牙利的国旗呈长方形，长与宽之比为3∶2。自上而下由红、白、绿三个平行相等的横长方形相连而成。红色象征爱国者的热血，还象征国家的独立和主权；白色象征和平，代表人民追求自由和光明的美好愿望；绿色象征着匈牙利的繁荣昌盛，象征人民对未来充满信心和希望。

国 徽

匈牙利的国徽为盾徽。盾面垂直分为两部分：左边为平行、红白相间的宽条；右边下方是绿色的山峰，峰顶上有一顶王冠，王冠上面是白色双十字图案，这是主教标志。盾徽上面是一个圣斯提芬大王冠，王冠之上有一倾斜的十字架，传说十字架是王冠被窃时让小偷压斜的。

国庆日

3月15日，1848～1849年革命以及匈牙利独立战争爆发日及现匈牙利议会制的诞生日；8月20日，匈牙利建国日暨国庆节；10月23日，匈牙利1956年革命和自由战争爆发纪念日及1989年匈宣告成立共和国纪念日。

二、地理环境

匈牙利是中欧的内陆国，位于多瑙河冲积平原，处于北纬46度～49度之间，与我国黑龙江省中部地区纬度一样。匈牙利依山傍水，西部是阿尔卑斯山脉，东北部是喀尔巴阡山。两座著名的山脉从西向东北连成一线，把匈牙利环抱其中，犹如一道天然屏障，为匈牙利挡住来自欧洲三个方向的强风侵袭。著名的欧洲第二大河多瑙河，从斯洛伐克南部流入匈牙利，在北部的维谢格拉德转变南下，恰好把匈牙利一截两半，分成东、西两部分。河的东部是一望无际的平原，由多瑙河支流蒂萨河冲积而成。面积约为5万平方公里，是匈牙利的粮仓，在古地质时期，这里曾是一片浩瀚的湖泊，后来由于地壳运动，湖水从切断的喀尔巴阡山和巴尔干山流入黑海，于是湖泊干涸为陆地，除了东部平原，匈牙利西北部有块盆地，一直延伸到奥地利的莱塔山地。盆地常年有充沛的雨水，土质肥沃，被称为小平原，是匈牙利的小粮仓。

多瑙河西部是层层环抱的山地，山势不高，最高的科科什山峰海拔1 015米，著名的中欧大湖、享有“匈牙利海”之称的巴拉顿湖就位于这里，该湖面积为600平方公里，周围湖光山色，每年吸引着成千上万的游人。匈牙利北部是绵延的山岭，起伏不平的山地，有匈牙利著名的林区。夏季，山林里泉水淙淙，潺潺不尽地从山里流向山下，形成独特的山林美景，群山之中，还隐藏着沉睡了上千年的火山群。周围是肥沃的火山灰和高低不平的山谷带，匈牙利的葡萄产区、果树区就在这片山谷中。除此之外，匈牙利的主要矿产资源也分布在北部的丘陵和山地之中。

匈牙利东邻罗马尼亚、乌克兰，南接斯洛文尼亚、克罗地亚及塞尔维亚和黑山，西与奥地利为邻，北同斯洛伐克接壤，边界线长2 216公里。国土面积为93 030平方公里。

匈牙利的气候属大陆性气候，四季明显，兼受地中海式气候影响，温和湿润。全年平均气温为9摄氏度~11摄氏度。夏季平均气温为21摄氏度；冬季为－1摄氏度。山区为－4摄氏度。秋末冬初多雨，夏末干燥。无重大自然灾害，境内多瑙河及蒂萨河偶发洪水，但均在可控制范围。

三、行政区划

匈牙利的首都是布达佩斯（Budapest）。目前有200余万人口，525平方公里。多瑙河将城市分为布达和佩斯两部分。佩斯是行政商业和文化中心，国会大厦及政府机构大都集中在这里。布达集中了富人住宅区。1984年布达佩斯在巴黎被评为各国首都中最安静的城市。匈牙利共有19个州，各州都有州府。

行政区划：全国分为19个州（Megye/County）和首都布达佩斯。匈牙利族也称马扎尔族。

四、人口　民族　宗教　风俗

人　口

匈牙利有人口1 011.7万（2004年1月1日）。

民　族

主要民族为匈牙利族（马扎尔族），大约占总人口89.9%。少数民族有吉普赛（约5%）、德意志（2.6%）、斯洛伐克、罗马尼亚、克罗地亚、塞尔维亚、斯洛文尼亚等族。官方语言为匈牙利语。

宗　教

居民主要信奉天主教（66.2%）和基督教（17.9%）。15岁以上公民有98.9%的人具有基本教育水平。

风　俗

匈牙利人注重守时观念，也希望别人同他们一样守时。若第一次拜访，宜送女主人花，所有约会必须事先安排。

将大蒜头放于产妇的床边，被匈牙利人视为母子双安的象征。

匈牙利人在元旦这一天，好友之间都要互赠一块镀金的镍币。镍币一面是翩翩起舞的女天使，另一面则刻上“祝你新年幸福”的美好字句。

匈牙利人穿衣比较讲究，节日期间，匈牙利人会穿着传统服装来庆祝。其传统的女装一般为：贴身无袖连衣裙配绣花短上衣，头戴包头帽或大方围巾。传统的男装为：粗布短衫衣配黑色紧身裤。

出席宴会，男士一般穿西服，女士多为长裙、晚礼服、并配有各式项链。

匈牙利人每逢过节、出席宴会、听歌剧都要换装。男士的礼服一般只有西服，有的人略洒些香水；女士的衣着比较多样，长裙、晚礼服都显得端庄而潇洒。胸前佩戴着与礼服相配的各式项链。在赴宴会或听歌剧前，化装要比平时略浓一些，但依然让人看起来很舒服。当然香水也是必不可少的。从整体看，所有的人都着意打扮了一番。不修边幅在此时被认为是缺乏教养的表现，是对其他人的不尊重；而穿着邋遢的人则会遭到公众的白眼和斥责。衣衫褴褛者，更是绝对“禁止入内”。

得体的衣着是人际交往中不可忽视的成功因素。平时匈牙利人穿着很随便，但在重要场合则常常是西服革履。而我们有些同胞常常把两者轻重搞颠倒了。记得有一位归国学者，在回想起他着一身笔挺洋装步行于异国繁华大街的感觉时，曾不无感慨地说自己简直“像个老夫子”。从这个例子我们感到，穿衣不能脱离环境，否则，即使再漂亮、再时髦的服装也会显得不得体。

匈牙利人请朋友吃饭，比较随意，但讲究用餐时的情调，一般会挑一家古香古色的老式饭店。匈牙利人喝酒很讲究，有餐前酒和餐后酒之分。下酒菜为冷菜，如香肠、肘子肉、牛肉等。每人一份。热菜通常是一份大块牛排，加一堆炸土豆条。热菜之后是汤。宴请的气氛既随意，又实惠，不讲排场。如果邀请匈牙利人参加宴会，须提前一个星期发出邀请信，以便于受邀的朋友有充分的时间安排。请柬的书写格式一定要正规，可在右下角注明“PSVP”四个字母，意为“请答复”。如收到邀请函，须通过信函或电话答复对方能否赴约。匈牙利人对离席也比较讲究。一般提前15分钟退场，还不算失礼。若无故退场、则很不礼貌。若中途有事必须离席，一定要与主人打招呼，经过主人的同意与谅解，方可离去。切忌在无人注意之时悄悄溜走。

五、历史沿革

匈牙利国家的形成起源于东方游牧民族——马扎尔游牧部落，公元9世纪时，他们从乌拉尔山西麓和伏尔加河湾一带向西迁徙，公元896年，在多瑙河盆地定居下来。公元1000年，圣·伊斯特万国王加冕，正式建立封建国家。15世纪下半叶，马嘉什国王统治时期是匈牙利历史上较为辉煌的时期。1526年，土耳其入侵，1541年匈牙利一分为三，封建国家解体，分别由土耳其苏丹、哈布斯堡王朝和埃尔代伊大公统治。1699年起全境由哈布斯堡王朝统治。

1848年爆发了科苏特领导的自由革命斗争。1849年4月匈牙利国会通过独立宣言，建立匈牙利共和国，但不久被奥地利和沙俄军队所扼杀。1867年奥匈协定宣布成立奥匈帝国。第一次世界大战后奥匈帝国解体。1918年11月，匈宣布成立第二个资产阶级共和国。1919年3月21日匈牙利苏维埃共和国成立，同年8月，被帝国主义干涉者联合武装进攻所颠覆，恢复了君主立宪政体，开始了霍尔蒂的法西斯统治。

1945年4月苏联红军在匈牙利人民配合下解放了匈牙利全境，1946年2月宣布废除帝制，成立匈牙利共和国，1949年8月20日，成立匈牙利人民共和国并颁布宪法。1956年10月爆发匈牙利事件。1989年10月23日，根据宪法修正案，决定将匈牙利人民共和国改称匈牙利共和国。1999年底通过王冠法，并成立以总统为首的王冠委员会。

六、政治概况

1989年，匈牙利政局发生急剧变化，同年2月，匈牙利社会主义工人党（简称社工党）宣布放弃执政党地位，实行多党制。此后，匈牙利党内矛盾不断公开化，最后导致社工党分裂。1989年10月，社工党改名为社会党，提出要在匈牙利建立“民主社会主义”。当月，匈牙利国会通过宪法修正案，把“匈牙利人民共和国”改为“匈牙利共和国”，决定取消作为集体国家元首的共和国主席团，实行总统制；确立多党制和议会民主的法治国家；取消马列主义政党在国家机构中的领导作用的规定。

匈牙利奉行独立的、以民族利益为基础的对外政策。在维护东西方平衡的外交关系的同时，争取返回欧洲，早日加入欧共体。

匈牙利于1949年10月3日承认中华人民共和国，三天之后，即10月6日与中华人民共和国建立了外交关系。匈牙利是最早承认中华人民共和国的国家之一。

中匈关系一直不断地发展，20世纪80年代，基于两国共同的改革愿望，中匈关系取得了日益迅猛的发展。匈牙利把国际影响飞速提高的中国看成是国际政治和国际经济的决定因素之一，是匈牙利特别重要的伙伴。两国间政治关系良好，高层互访不断，具有广泛的磋商机制，几乎覆盖所有领域。

七、经济发展概况

匈牙利地处欧洲的中心，是联接东西欧的桥梁和纽带，得天独厚的地理位置，良好的投资环境，兼容并蓄的文化，再加上勤劳智慧的人民使得匈牙利成为中东欧地区吸引外资的一片热土。上世纪90年代以来，匈牙利推行的经济改革和吸引外资的举措得到了国际社会的普遍好评。在近年有关国际机构对中东欧国家竞争力的评比中，匈牙利始终名列前茅。匈牙利是中等发达国家，经合组织（OECD）成员国。工业基础较好，近年来，服务业、旅游业发展迅速。经济目标是建立以私有制为基础的福利市场经济。

20世纪90年代初，匈牙利社会制度发生变革，经济严重衰退。自1990年开始向市场经济过渡，1997年，匈向市场经济体制转轨大体完成。由于匈牙利政权过渡平稳，政局相对稳定，经济法规逐步完善，已基本与欧盟法律体系接轨，为市场经济运行创造了良好的条件，尤其是大力推行私有化政策，有力地推动了匈牙利经济的恢复和发展。1998年上半年，私有化工作基本结束。目前，私有经济成分在GDP中的比重已占85%。匈牙利经济从1994年起，开始走出谷底，并缓慢增长，1997年后步入稳定增长阶段，一直保持中等发展速度。

1997年至2001年，GDP分别增长4.4%，5.1%，4.5%，5.2%和3.8%，经济总量和居民生活水平已基本恢复到1989年剧变前的水平，人均国民收入达6 000美元。2002年，由于匈牙利工业生产增长缓慢，再加上世界经济衰退，特别是受欧盟经济疲软的影响，经济增长速度放慢，GDP增长3.3%，高于欧盟平均增长水平。其中，工业增长0.4%，农业减产8.8%，外贸出口增长3.8%，进口增长6.1%，外贸逆差34.24亿欧元。到2003年三季度，GDP增长2.9%。

20世纪90年代匈牙利实行了积极引进外资的政策。截至2002年底，外商在匈牙利直接投资额达267亿欧元。德国和美国公司的投资额各占外商投资总额的1/3，法国和奥地利企业的投资额各占总额的1/10，意大利和荷兰企业在匈的投资也很可观。外商投资的主要地区是首都布达佩斯和匈牙利西部地区。世界排名前50位的跨国公司已有40家在匈牙利落户。其产值占GDP的1/3，雇工人数占全国工业雇工的43%。其中48家主要大公司雇工总数25万。现在，匈牙利有外资企业3万多家，其中40%是加工企业，30%是贸易企业，19%是电力和天然气供应公司。外资企业的产值占匈GDP的近50%，其产品的出口额占匈出口总额的80%。其中48家主要大公司的出口占匈出口总额的50%。

1998年以前，匈牙利引进外资总额居中东欧国家首位。按人均引进外资额比较，匈牙利在中东欧地区名列首位，人均逾2 500欧元。国外直接投资对提高匈牙利的经济效率作出了很大贡献。进驻匈牙利的公司将注意力集中在产品质量和创新上。国外直接投资在建立新的产业分支方面起了重要的作用，如汽车组装，为汽车工业生产零部件，为电子工业生产零件等。他们对匈牙利电信业、医药和食品业的现代化也起了关键的作用。

目前国外直接投资的产业结构也正在有所改变：制造业的比例在2001年从大约50%下降至36%，而投资于房地产、出租业、辅助商业活动和金融服务，以及电力供应、天然气供应，供暖和供水方面所占的比例都有显著的升高。

近几年，匈牙利对外贸易呈稳定增长态势。2002年匈外贸总额为764亿欧元，其中，出口399亿欧元，同比增长6.4%；进口365亿欧元，同比增加7.4%。目前在匈牙利对外贸易中机械产品已占主导地位，占出口的59%。此外，加工产品占31%，食品、饮料、烟草类产品占7%，原材料和能源产品占3%。在进口中，机械产品占52%，加工产品占36%，能源产品占7%，食品、饮料、烟草类产品占3%，原材料占2%。

总体来讲，匈牙利经济稳步发展，国际收支状况改善，投资和融资信誉度提高，被欧盟和经合组织（OECD）称为中东欧地区的“优秀生”，是首批入盟的候选国之一，并于2004年5月正式成为欧盟成员。

旅游业是匈牙利的支柱产业之一，在国民经济中占重要地位，其发展速度是国民经济平均发展速度的两倍，其产值约占 GDP 的 10%，提供了近 30 万个就业机会。

1993～1996 年，每年来匈牙利的外国游客都保持在4 000万人次左右，是匈牙利人口的四倍。2001 年，游客达3 068万人次，比 2000 年减少了 1.5%。根据统计表明，目前游客人均滞留夜数为 3.7，人均消费为 120 欧元/天。2002 年，来匈旅游人数3 174万，出境旅游人数1 297万，收支相抵，净盈余 1.63 亿欧元。根据匈牙利经济交通部 2004 年 2 月有关统计数字，2003 年前 11 月累计旅游收入 11.59 亿欧元。

匈牙利政府对旅游业高度重视，已将其列入正在实施中的国家塞切尼计划中，并逐步加大了投资力度。匈牙利政府的目标是，通过 3～5 年的发展，力争使游客平均滞留夜数由目前的 3.7 提高到 7.5，人均消费额提高 2～3 倍；10 年内，旅游收入占国民生产总值的比例由目前的 10% 提高到 15%。

2003 年 3 月 27 日，国务院批准匈牙利成为我国公民因私出境旅游目的地国。2003 年 8 月，匈牙利总理访华期间双方正式签署《中国公民因私出境旅游目的地国具体实施备忘录》。

八、对外贸易关系

2004 年 6 月，适逢中华人民共和国和匈牙利共和国建交 55 周年之际，应匈牙利共和国总统马德尔·费伦茨邀请，中华人民共和国主席胡锦涛对匈牙利共和国进行国事访问。双方认为，经贸合作是双边关系的重要组成部分，也是今后双方合作的主要努力方向。双方将努力扩大和提高双边贸易的规模和水平，促进本国企业在对方国家的投资活动，继续鼓励和支持两国企业开展多种形式的互利合作，深化在工业、信息、物流、金融、交通、农业、高新技术、研发及其他领域的合作。

据海关统计，2005 年中匈牙利贸易进出口总额达 28.5 亿美元，比 2004 年减少 8.6%。随着贸易额的增长，两国间进出口商品结构日趋改善，相互投资与项目合作进展顺利，双方企业在金融、航空、旅游、物流、家电、通讯、重工等多个领域的合作正朝着多层次、多元化的方向发展。我国在匈牙利贸易伙伴中排名第 9，是其第 5 大进口来源国。我国是匈牙利在亚洲的第一大贸易伙伴。中匈贸易额约占我国对中东欧地区 12 国贸易总额的 30%。匈牙利已成为我国在中东欧地区的第一大贸易伙伴，并将成为中国企业进入欧盟和欧洲大陆其他地区市场的基地。

布达佩斯已经建成拥有 450 商家的亚洲中心。TCL 作为首家家电企业在匈牙利已经建成了彩电组装线。2003 年间建成了投资 2 亿美元的亚洲中心。该中心是亚洲，主要是中国产品在中欧地区的最大的物流中心。这更加强了匈牙利作为本地区和远东地区间联系纽带的中心作用。除亚洲中心外，还成立了同样是中国投资的中国商城。中国商城首先是作为批发配送中心，主要为中国和亚洲的商人服务。2003 年 2 月，中国银行布达佩斯分行开业。这是中国银行在中欧地区的唯一分支机构，旨在推动和支持在匈中国企业的投资。

在匈牙利有数以千计的中国公司。它们绝大部分是从事服装和鞋类贸易的小公司和饭店。约有 50 家较大的中国外贸公司也在匈牙利成立了办事处。根据中方的统计数据，中国在匈投资额约为 1.2 亿美元（其中不包括亚洲中心和中国银行的投资）。

匈牙利将继续在中东欧扮演重要的角色。它具有在包括物流、金融和其他服务、研发活动等许多领域起到区域性中心作用的潜力。

欧盟东扩，不仅是欧洲情结的需要，同时也有其政治背景，即按欧盟的目标及标准实现欧洲统一。这次扩大无论是从国家数目以及人口和领土规模来看，还是从文化多样性来讲，都是史无前例的。

欧盟东扩，从根本上改变了欧洲的政治版图，使欧盟确立了在欧洲的政治主导地位。疆域扩大也为欧盟经济的稳定发展提供了广阔空间。联合毕竟是欧洲的希望所在。欧盟东扩不仅关乎其本身和平、安全和可持续发展空间的拓展，更重要的是将关系到世界和平。长远来看，欧盟东扩将对其经济的总体发展起积极作用。

欧盟扩大意味着一个新的拥有25个成员国、4.5亿消费者的共同市场的出现，意味着因一体化而带来的投资和贸易机会的出现，也意味着因竞争加剧而带来的经济结构调整和就业方面的挑战。成功面对这些挑战，将是决定其经济持续发展的关键。因此，欧洲将变得更为稳定和强大，会形成更加广阔、开放的共同市场。

近年来，中欧经贸关系发展迅猛，欧盟已成为中国最重要的经贸伙伴之一，双方在贸易、投资和技术合作等方面领域成果显著。目前，欧盟是继日、美之后我国第三大贸易伙伴。据我国海关统计，2005年中国与欧盟贸易额达到217.3亿美元，其中出口额为143.7亿美元，进口额为73.59亿美元。同时欧盟也是中国第六大实际投资方以及累计第一大技术来源地。

随着10个新成员国正式加入欧盟，从而形成一个规模与美国不相上下的统一大市场。东扩后的欧盟对中国企业来说有利有弊，关键在于掌握其贸易规则，趋利避害。新入盟的中、东欧国家目前经济水平较低，他们要赶上西欧国家的经济水平还需大约10年时间。欧盟为帮助这10国发展经济，将会安排相当多的援助基金，以帮助其发展工业和主要的基础设施；而受援国也会采取一些比西欧国家更优惠的吸引投资的政策，因此，中国企业需要充分利用以上有利条件，积极实施“走出去”战略，在这些国家投资建厂，将可扩大我国产品在欧盟市场的份额。

九、相关政策法规

匈牙利开发区简介

匈牙利没有类似我国的经济特区，只有开发区。主要有两类：

一类是以发展高失业率地区或落后地区经济为目的，由政府筹建的企业园区。目前，匈牙利政府在全国6个失业率较高的地区共建有11个企业园区（主要分布在匈边境地区）。企业园区的规划和基础设施由政府负责。此外，政府还制定了比在其他地区投资更为优惠的税收、财政、信贷、就业等政策，鼓励和引导国内外资金投向这些地区。

另一类是以发展当地经济为目的，由各地政府自行负责的工业园区。目前，经政府批准成立的工业园区共有100多个，并成立了科技工业园区协会。相比而言，工业园区以其交通便利，基础较好，政策灵活而优惠等优势，正日益成为吸引外资，促进匈牙利经济发展的重要途径。现已有不少外国知名企业，如IBM、菲利浦等纷纷在工业园区投资设厂。在工业园区投资可获得更高的政府财政补贴或信贷支持。申请政府扶持的资金比例要比一般地区高出10%。

匈牙利鼓励投资的措施

为吸引外商直接投资，特别是在欠发达地区进行投资，以加强基础设施建设、兴建工业园区、扩大就业、发展旅游等，匈政府还在资金、信贷等方面制定了鼓励措施。主要方式包括无息、低息贷款、补贴、补助等。

1. 对于在基础设施和公共设施建设方面的外商投资，政府可通过财政拨款方式提供资金支持，最大比例为投资额的33%，但最多不能超过2亿福林。

2. 向基础设施建设提供免息贷款。

3. 对于在国际市场上有竞争力的产品的生产投资，提供免息贷款，通常最高限额2亿福林。如果投资额超过10亿福林，最高限额为4亿福林。此外，还可提供借用资金。

4. 提供利息或担保补贴，最高比例可达利息或担保费用的50%。

如在匈最落后地区投资，政府在以上几项的扶持比例可再提高10%。

5. 在匈欠发达地区每创造一个就业机会，补贴100万福林；如一次创造就业机会超过50个，每个就业机会最高可补贴150万福林。

另外，为解决就业问题，匈成立了就业基金。匈政府就业部和就业基金通过工资补偿（50%～100%）、招聘费用补偿（最高50万福林），以及失业人员培训补偿（50%～100%）等多种形式，鼓励外商企业创造更多的就业机会。

6. 对于环保方面的投资，政府有关部门通过优惠贷款、无息贷款、补贴等形式给予扶持。

此外，各地政府也制定了相应的鼓励措施和政策。

对外资企业的税收优惠

根据1989年初实施的《匈牙利外国企业投资法》和其他税收法规总的规定，外籍自然人和法人与匈牙利的自然人和法人一样，有平等纳税的义务，但在某些领域对外资企业可给予一定的优惠待遇，主要是减免税措施。近几年来，由于加入欧盟以及适应欧盟法律体系的需要，过去的一些优惠措施业已废除或受限。现行的税收优惠主要针对外国在匈的生产型企业，外国在匈的贸易公司则无任何优惠待遇。现行的优惠有：

1. 对于1995年12月31日之后成立的，投资额在10亿福林（约合430万美元）以上的生产型企业，如年销售增长至少为项目总投资额的5%，可在投资生效后的5年内，每年享受50%的公司税减免。

2. 对于1996年12月31日之后投资兴办的宾馆项目，如投资总额超过10亿福林，且年销售增长25%以上，或至少增长6亿福林的，同样在宾馆开始营业后的5年内享受50%的公司税减免。

以上这些税收减免有效期至2002年。

3. 1995年12月31日之后在创业带（由政府指定并制定相关法律进行管理的特别区域）设立的生产型企业，年销售增长达到1%以上的，可享受为期5年的公司税全免。

在失业率超过15%的重点发展地区投资兴办的生产型企业，年销售增长为投资总额的5%以上的，亦可享受为期5年的公司税全免。

在以上地区投资的企业，在投产当年可免除相当于6%的投资额的公司税。有效期至2002年。

4. 1996年12月31日之后在失业率超过15%的地区投资成立的生产型企业，投资额在30亿福林（约合1 300万美元）以上，企业年销售增长至少为项目投资总额的5%的，可在10年内享受100%的公司税减免。税收减免只能从项目投产的第二年开始计算，且只有新增雇员比投资前多100人以上（按年度计算）的企业，才能享受此优惠。以上优惠有效期至2011年。

5. 1996年12月31日之后投资成立的生产型企业，投资额在100亿福林（约合4 300万美元）的，公司年销售增长达到投资总额的5%以上的，可享受10年期的100%的公司税减免。减免从投产第二年算起，且年度雇用职工至少应比投资前增加500人的企业才享有此优惠。该项税收优惠有效期至2011年。

6. 对外资企业1996年1月1日后购买的机器设备加速折旧；对租用的办公楼和种植园给予10%的折旧优惠；对其他流动资产给予30%的折旧优惠。

7. 对于用于增资或成立新的企业的红利免征20%的红利税。

8. 在匈的外国企业可申请成立保税仓库，进入保税仓库的进口产品免征进口关税和增值税。

除此之外，地方政府也制定了一些税收优惠政策。

公司纳税的有关规定

在匈牙利，除个体经营者外，公司均需缴纳公司税，即企业所得税。除最小的公司外，多数公司均需承担普通流通税。从2004年起，匈牙利公司税率为16%，是欧盟25国中公司税水平最低的国家之一。

（一）在降低税基方面的优惠

1. 设立发展储备。如果将公司利润的一部分转为用于专门发展的固定设备，则税基减少额度可相当于税前利润的25%，最多可减少5亿福林（约合190万欧元）。

2. 中小企业在税收年度进行投资，税基降低的数额可等同于投资额，但不能超过3 000万福林（约合113 000欧元）。盈利的公司可通过3项不同的合法理由来减少税基，一是股市盈利，二是所得专利费、版税等，三是所得利息收入（所得利息和将支付利息），减少税基的额度分别为上述收入或税前利润的50%。此外，如公司接纳专业实习生，为他们提供培训机会，其税基下降额度为：每个实习生月最低工资53 000福林（约合200欧元）的20%或12%。如公司雇用失业者，那么税基下调额度为公司为该雇员支付一整年社会保险费的29%。截至税务年度的年底，如公司无水电方面的公共欠款，税基下调额度为地主工业税的25%。

（二）在发展方面的税收优惠

发展税收优惠（与欧盟关于援助方面的规定相一致）的目的是鼓励投资，有意者需向匈牙利财政部提出申请，财政部根据个案发放许可。通过获得发展税收优惠，公司税的税额可减少最多80%。此优惠期限可达10年。通常规定投资项目中，至少30%应属新建设备设施，翻新的比例不能超过20%。按照大型投资项目的条件不同，发展优惠可分为三个等级：

1．价值30亿福林（约合1 130万欧元）以上的在匈牙利任何地区的投资。

2．价值10亿福林（约合380万欧元）以上的投资，并满足以下两个条件之一的：①投资目的地为政府鼓励投资的地区或者投资方向为基础研究、应用研究和发展性试验。②接受第一笔发展优惠当年之后的4年内，还需满足其他条件。受惠者可在以下三种可能性中做出选择：①至少增加100名雇员（落后地区至少50名）。②增加工资支出，增加额度为当年一年最低工资总额（现为63.6万福林）的600倍（落后地区为300倍）。③其他供应商中至少30%应为中小企业。

3．价值1亿福林（约合38万欧元）以上的投资可获得的税收优惠：

（1）为现有动物源性食品生产设施创造食品卫生条件的投资（比如加工车间、屠宰生产线）。

（2）独立的环境保护投资。

（3）影视生产方面的投资。

（4）可提供宽带网络服务的设施投资。

注：鼓励投资的地区：匈牙利平原的北部、匈牙利平原的南部、匈牙利中西部、匈牙利西南部的计划战略地区中的采尔德默尔克市、莱泰涅、鄂里圣皮特、泰特、沃什堡和佐洛圣格罗特的小区。

出入境管理法

持外交和公务护照的中国公民进入匈牙利30天内免签入境。如果入境时间超出1个月以上或有具体的入境目的（例如商业活动、企业注册等），则要求持有签证。

对非持公务护照的官方代表团成员、以及出于旅游和商业目的入境者，需办短期居留签证。

对于在此工作的中国公民，最迟应在签证到期日15天之前向当地警察局申请居留证。居留证分临时居留证和长期居留证两种。第一次申请均为临时居留证，期限为一年。两种居留证均可申请延期，延期申请需在居留证到期日15天前提交。

匈牙利签证信息

（一）办理签证须知

持外交、公务护照者停留30天以内免办签证，其他各类护照均需办理签证，签证日期距护照到期日应至少在6个月以上。

（二）申请签证

1．提供由当地警察局发出的邀请信原件；

2．用打字机或用大写英文填写签证申请表两套（白表1套、粉表1套），交护照照片三张，提供护照资料页复印件；

3．护照和签证申请表须由本人签名；

4．提供邀请方公司在匈牙利的注册文件；

5．提供当地经济法院的批文（相当于我营业许可证）复印件；

（三）签证情况

匈方一般发给半年有效、允许停留30天的1次入境签证。

十、匈牙利鼓励中国投资

在新加入欧盟的国家中，匈牙利是中国目前在中东欧地区最大的贸易伙伴，是中国商人格外关注的国家。

（一）华商已经站住了脚

中国是匈牙利第九大贸易伙伴。据统计，2003年，中国与匈牙利的双边贸易额达25.88亿美元，比上年增长60%，其中我出口22.86亿美元，增长57.8%。匈牙利现在有数以千计的中国公司，大多数从事服装鞋帽贸易或开设中餐馆。约有50家国有企业在匈牙利设有办事处。2003年，旅匈华商投资兴建了"亚洲中心"，总投资额近2亿美元。

"亚洲中心"是亚洲特别是中国产品在中欧地区的最大物流中心。另外，布达佩斯中国商城于2003年竣工，属批发配送中心性质，主要为旅匈华商和亚洲的商人服务。匈牙利中国银行也于去年在布达佩斯开业，这是中国银行在中欧地区的唯一分支机构，可为中国商人的投资提供更有力的支持。

（二）服装行业出现两极分化

服装鞋帽和纺织品是中国商人不可忽视的一个领域。由于中东欧国家在私有化的过程中基本将轻工业解体，使得轻工业消费品特别是服装鞋帽主要依靠进口，而老百姓的消费能力又使中国物美价廉的产品受到了极大的欢迎。根据2002年数据，中国对匈出口的服装产品占到了总出口额的36.39%，纺织品占2.98%，鞋类占了5.26%。

从2001年起，匈牙利经营服装的华商开始分化，一部分稳定发展的公司加强品牌意识建设，在不断开发新产品的同时加强品质管理和售后服务，形成了较为专业的进口批发商；另一部分则分散到城乡开连锁店，控制了零售环节，目前匈牙利几乎3 000人以上的村镇都有中国商店，零售网络遍布全国。因此，到匈牙利做这一行的华人可以根据自己的情况选择具体的经营模式。

（三）电子产品批发市场是处女地

中国机电产品还需进一步进入中东欧地区。目前在我国对外出口的产品中，机电产品占到了50%，但对中东欧的出口还远没有达到这个水平。

虽然匈牙利电子产品零售卖场基本上被德国的超大零售集团垄断，但是批发市场几乎还是一块处女地，潜力非常大。以布达佩斯为中心由几十个国家组成的商圈，没有一个像北京海淀海龙或太平洋1/5规模的电子产品批发市场。中国商城很希望接纳国内经营电子产品的商家。

（四）1.5万美元可注册公司

加入欧盟后的匈牙利对中国采取欧盟统一的关税税率，即关税从原来的9%降到现在的3.5%。由于欧盟执行共同企业运作规则和技术标准，所以在匈牙利被认可的产品就可不再通过其他检查进入其他欧盟国家。海信最近就在匈牙利设厂，准备年产100万台电视机，占领欧盟市场。

匈牙利的企业税为18%，这在中东欧国家里是非常低的。在匈牙利注册公司的启动资金只要1.5万美元。公司如果雇用匈牙利的失业工人，头一年这些工人工资的一半将由政府支付。

匈牙利的生活费用不高。按照经济学家情报联合会的统计，以纽约为标准，如果纽约的实际生活费用为100%，北京为92%，布达佩斯只有63%。

对于未来中国和匈牙利的经济往来形式，中国人应该改变过去那种只重经商不重投资的做法。从20世纪90年代开始，发达国家的对外经济都采取了以投资带动贸易发展的模式，以公司的形式进入发展中国家或新兴的市场。投资可以避免反倾销纠纷，并可把根扎得更稳。

为了鼓励投资贸易，匈牙利政府1993年成立了投资贸易发展署。该署可为想在匈牙利从事商业活动的人士提供相关信息，为外国公司制定商务考察计划，为外商在匈牙利建立业务基础提供协助，也可协助外国投资者在匈牙利寻求最合适的业务伙伴。

十一、投资合作项目

建汽车销售中心

项目：建立汽车销售中心

要求：寻求以合资形式合作且保证快速回报的投资伙伴

联系企业：GEMENC 汽车中心

集市中心工程

项目：集市中心工程

要求：投资方可以合理的利率在一两年内提供中期贷款

联系企业：EXC02000 股份有限公司

投资购物中心

项目：2.5 万平方米购物中心要求：邀请从事旅游方面业务的投资或专业伙伴

联系企业：GYULA 购物中心

物流中心

项目：拥有完整的物流中心，各种独立的公司可以在这里进行不同的物流服务如转运、海关行政及存储货物等

要求：由于大多数服务已经按照计划开始运行，将逐步完善并达到预期效果

联系企业：DELOG 股份有限公司

机场设备及相关领域

项目：机场设备及相关领域要求：投资商可以选择持少量股权的方式加入合资公司，参加机场运作

联系企业：DEBRECEN 城

肉类加工

项目：目标是成立一家屠宰厂，屠宰量是每天屠宰 400 到 500 头猪，并以此作为绿色食品领域的投资

要求：寻求拥有其他市场领域及技术的专业伙伴

联系企业：BORSODI 肉类加工合作公司

蔬菜水果加工生产

项目：公司主要在两万亩土地上开发谷类作物及园艺产品（如番茄、土豆等）

要求：寻求投资或专业伙伴贷款并以产品为回报

联系企业：DAN 农场股份有限公司

开发加工矿石

项目：加工硅，开发并加工矿石，安装可生产不同型号产品的机器，增加生产量

要求：寻求各种形式的合作，如合资或专业伙伴

联系企业：EDIAFILT 股份有限公司

棉花加工

项目：棉花纺织、加工；棉花成品的生产；衣料、成衣的生产、批发

要求：寻求可以提供资金的伙伴或者在现有公司中分担股份的伙伴

联系企业：HOGYESZI 合作公司

葡萄酒生产

项目：种植、购买葡萄；生产、加工葡萄酒，装瓶；销售瓶装葡萄酒

要求：寻求愿意出资购买现代化高质量的酒瓶加工机器的合作伙伴

联系企业：ESZES 投资股份有限公司

十二、联系方式

中华人民共和国驻匈牙利大使馆经济商务参赞处

联系方式：

电话：0036－1－4133366、4133362、4133363、4133369、41333367、4133365

传真：0036－1－4133368

电子邮件：hu@ mofcom. gov. cn

捷　　克

一、国名　国旗　国徽

国　名

捷克国名的全称为捷克共和国（The Czech Republic）。

国　旗

国旗呈长方形，长与宽之比为3:2。由蓝、白、红三色组成。左侧为蓝色等腰三角形。右侧是两个相等的梯形，上白下红。白色代表神圣和纯洁，象征追求和平与光明；红色代表勇敢和不畏困难的精神，象征人民的鲜血与胜利。蓝色来自原来的摩拉维亚和斯洛伐克省徽章的颜色。

国　徽

国徽分为大小两种。大国徽为方形盾徽，盾面分四部分：左上方和右下方为红地上白色的双尾狮，代表波希米亚；右上方为蓝地上红白色相间的鹰，代表摩拉维亚；左下方为黄地上头戴金冠的黑鹰，代表西里西亚。捷克包括历史上的波西米亚、摩拉维亚和西里西亚地区，这枚盾徽形象地揭示了捷克的历史渊源。小国徽为盾形，盾面为红色，上有一头戴金冠、爪为金黄色、前爪腾起的双尾狮。

二、地理环境

捷克共和国原属捷克和斯洛伐克联邦共和国，是欧洲中部的内陆国家。东连斯洛伐克，南接奥地利，北邻波兰，西与德国相邻，面积78 866平方公里，由捷克、摩拉维亚和西里西亚3个部分组成。

捷克处在三面隆起的四边形盆地，土地肥沃。北有克尔科诺谢山，南有舒玛瓦山，东部和东南部为平均海拔500～600米的捷克—摩拉维亚高原。盆地内大部分地区在海拔500米以下，有拉贝河平原，比尔森盆地、厄尔士山麓盆地和南捷克湖沼地带。全国丘陵起伏，森林密布，风景秀丽。

伏尔塔瓦河最长，流经布拉格。易北河发源于捷克的拉贝河，可以通航。东部摩拉瓦河—奥得河上游河谷地区是捷克盆地与斯洛伐克山地之间地带，称为摩拉瓦河—奥得河走廊，自古是北欧与南欧之间通商要道。

捷克森林资源丰富，覆盖面积占全国总面积约1/3，主要树种有云松、冷杉、橡木和榉木等。主要矿藏有煤、铀、陶土、玻璃砂等，其中硬煤蕴藏量为65亿吨，居欧洲第五位。

捷克东靠斯洛伐克，南邻奥地利，西接德国，北毗波兰。地处北温带，受海洋气候影响较大，年均气温6.5℃。年均降水量为696毫米。

三、行政区划

首都布拉格（Prague）

布拉格，面积为496平方公里，人口约为118万。布拉格是捷克的政治、经济和文化中心，欧洲最美丽的城市之一。地处欧洲大陆中心，分布在七座山丘上，伏尔塔瓦河蜿蜒流经布拉格。全市共设22个区。平均海拔235米，为典型的大陆性气候。

1345～1378年，罗马帝国皇帝兼捷克国王查理四世在布拉格正式建都。1621年以后，布拉格不再是罗马帝国的都城。1631年和1648年布拉格先后被撒克逊人和瑞典人占领，从此进入衰落时期。18世纪，中欧局势稳定，经济重新发展，布拉格人口增多，日耳曼、西班牙、意大利贵族及商人云集于此，对布拉格的建筑风格和经济文化生活带来很大影响。

1845年布拉格修建铁路，19世纪20年代行驶电车。现已拥有A、B、C三条地铁线路，总长20多公里。伏尔塔瓦河可行驶客船。布拉格鲁津机场1997年扩建后成为年客运量达500万人次的大型国际机场。布拉格现拥有各类古建筑物1 700多处，故有“世界建筑艺术博物馆”之称。

第二大城市——布尔诺

布尔诺是南摩拉维亚州的首府及教育和工业中心，位于捷克—摩拉瓦高原东缘、斯夫拉特卡河和斯维塔瓦河汇流处。1243年建城。19世纪末，布尔诺是捷克工人运动的中心之一。第二次世界大战前布尔诺的居民以日耳曼人为主，战后以捷克人为主。布尔诺虽屡遭战火，但许多宏伟的建筑物至今犹存，城内保存有很多中世纪的古迹和古代建筑。

西部名城——比尔森

比尔森是捷克西部的经济、文化和运输中心，西捷克州首府。位于肥沃的比尔森盆地中心，处在首都布拉格和德国巴伐利亚之间的公路线上，东北距布拉格100公里。始建于公元10世纪，1292年设市。19世纪开始发展机械工业。在两次世界大战期间，斯柯达工厂是欧洲著名的军事工业中心，生产军火、重型机械、战斗机、机车和车辆。比尔森有“啤酒之乡”的美称。

卡罗维发利市

卡罗维发利又名查理温泉，是捷克著名的温泉城，距布拉格120公里，人口5.5万人。1349年，罗马帝国皇帝查理四世在狩猎时发现温泉并建立温泉城。16世纪成为矿泉疗养地，现已发展为世界著名的温泉疗养中心和旅游胜地。城内有矿泉数十处，其中被开发利用的12眼泉水，水温41.2度至72度，含多种化学元素，可供饮用、沐浴和医疗。

四、人口 民族 宗教 民俗

人 口

捷克总人口为1 023万人。

民 族

主要民族为捷克族，占原联邦共和国总人口的81.3%，其他民族有摩拉维亚族（13.2%）、斯洛伐克族、德意志族和少量的波兰族等。

宗 教

主要宗教是罗马天主教，官方语言为捷克语。

民 俗

捷克人受教育程度和音乐素养普遍较高，有“每个捷克人都是乐师”的民谚，在对外交往中，讲究礼仪、穿着、身份对等；在公共场合讲究秩序，保持安静，尊重个人隐私；在饮食上属欧洲风格，肉类产品消费量大，喜饮啤酒，人均啤酒消费量居世界第一。捷克人有圣诞节前夜吃鲤鱼的习俗，他们认为鲤鱼能带来好运和财富。因此，圣诞节前，捷克人将会吃掉上百万条鲤鱼。

五、历史沿革

在目前捷克的土地上，于公元623年，建立萨摩公国。公元830年，成立了大摩拉维亚帝国，成为第一个包括捷克族、斯洛伐克族和其他斯拉夫族在政治上联合聚居在一起的国家。公元9世纪，捷克和斯洛伐克两个民族同是大摩拉维亚帝国的组成部分。

10世纪初，大摩拉维亚帝国解体，捷克人建立了自己独立的国家——捷克公国，12世纪后，改称为捷克王国。15世纪，爆发了反对罗马教廷、德意志贵族和封建统治的胡斯革命运动。1620年捷克王国在“三十年战争”中失败，沦为哈布斯堡王朝的统治区。1781年废除农奴制。1867年后，为奥匈帝国统治。

第一次世界大战后，奥匈帝国瓦解，于1918年10月28日建立了捷克斯洛伐克共和国。从此，捷克和斯洛伐克两个民族开始拥有自己共同的国家。

第二次大战开始后，德国法西斯头目希特勒利用两个民族之间的矛盾采取“分而治之”的策略，1938年9月，英法在慕尼黑会议上出卖捷克，1939年3月纳粹德国占领捷克，后又宣布斯洛伐克为所谓“独立国家”。1945年5月9日，捷克斯洛伐克在苏联红军的帮助下获得解放，恢复共同国家。1946年，成立联合政府。1960年7月，国民议会通过新宪法，改国名为捷克斯洛伐克社会主义共和国。

1990年3月初，两民族共和国将原名中的“社会主义”取消，分别改称捷克共和国和斯洛伐克共和国。同年3月29日，捷联邦议会决定将捷克斯洛伐克社会主义共和国国名改称为：用捷克文书写是“捷克斯洛伐克联邦共和国”；用斯洛伐克文表达是“捷克—斯洛伐克联邦共和国”，即一个国家两个名称。1990年4月20日，捷联邦议会又通过一项宪法修正案，将国名改为捷克和斯洛伐克联邦共和国。

1992年6月，捷克斯洛伐克全国大选，政治主张和经济纲领截然不同的捷克“公民民主党”和斯洛伐克“争取民主斯洛伐克运动”获胜，两党都成为两共和国的执政党。两党就国家体制问题多次磋商，双方都确认在联邦国体问题上存在原则分歧，最后于7月23日在布拉迪斯拉发展成联邦解体、国家一分为二的协议。1992年11月25日，捷克联邦议会以三分之二多数通过了《捷克和斯洛伐克联邦共和国解体法》，决定联邦共和国于1992年12月31日自动解体，1993年1月1日起，捷克和斯洛伐克成为两个独立的国家。

1993年1月19日，联大接纳捷克为其成员国。1999年11月24日，斯洛伐克和捷克两国总理在布拉迪斯拉发签署关于解决两国财产分割遗留问题的条约及其议定书，根据议定书，捷克政府归还斯洛伐克4.5吨黄金，同时免去斯洛伐克政府所欠的258亿克朗（约34克朗合1美元）的债务。至此，捷克和斯洛伐克1993年分别成为独立国家时遗留的财产问题已全部解决，两国关系发展的一大障碍得以扫除。

六、政治概况

1992年12月16日，捷克民族议会通过第一部宪法。宪法确立捷克共和国是一个主权、统一、民主与法制的国家。宪法规定，立法权归议会，议会由参议院和众议院组成。共和国总统为国家元首，由议会两院联席会议选举产生，必须获得一半以上多数票才能当选。总统须年满40岁，任期5年，最多连任两届。政府为最高行政权力机构，对众议院负责，众议院有权对政府表示信任或不信任。独立法院代表共和国执行司法权。共和国设宪法法院，维护法制。宪法法院由15名法官组成，法官任期10年，由总统任命，并经参议院同意。

2003年2月，瓦茨拉夫·克劳斯（Vaclav Klaus）当选捷克总统，同年3月宣誓就职，任期5年。2005年4月，伊日·帕劳贝克（Jiri Paroubek）任总理。

七、资源概况

捷克原为奥匈帝国的工业区，70%的工业集中于此，以机械制造、各种机床、动力设备、船舶、汽车、电力机车、轧钢设备、军工、轻纺为主，化学、玻璃工业也较发达。纺织、制鞋、啤酒酿造均闻名于世。工业基础雄厚，二战后，改变了原来的工业结构，重点发展钢铁、重型机械工业。

捷克斯洛伐克于1991年开始，由计划经济向市场经济转轨，经济一度严重衰退。经过十多年的努力，市场经济框架基本建成。1993年1月1日，捷克成为独立的共和国。自1994年起，捷克经济开始好转，当年国内生产总值增长4%。1995年和1996年，私有化已基本完成。经济立法不断健全和完善，国民经济开始了不同程度的复苏。

货币名称：捷克克朗（Czech Koruna）

1克朗=100哈莱士

1美元=23.94克朗（2005年6月）

捷克的铁路运输能力很强，有铁路9 430公里，其中7 402公里为单线，1 933公里为复线或多线，并有94公里的窄轨铁道。通行时速120公里的铁路有620公里，2 743公里的铁路已经电气化，占铁路总长的29.1%，电气化铁道适用于时速160公里的火车通行。捷克的公路系统包括高速公路414公里和其他道路的55 086公里，其中包括一级公路6 159公里，二级公路14 273公里。捷克的主要国际机场有布拉格卢津（RUZYNE）机场、布尔诺土拉尼（TURANY）机场、奥斯特拉发莫斯诺夫（MOSNOV）机场和卡罗维伐利（KARLOVYVARY）机场等。

捷克有着非常丰富的旅游资源，有“中欧花园”之称。捷克是个多山的内陆国家，森林覆盖面积占全国面积的1/3，湖泊、鱼塘遍布全国各地。捷克的建筑式样风格独特，几乎囊括了欧洲各个历史时期的建筑风格，尤以哥特式建筑最为著名，全国各地都有依山傍水修建的各个时代的城堡，大多保存完好。首都布拉格有“金色布拉格”和“百塔之城”的称号。2003年，外国人入境旅游者达9 400多万人次，旅游业外汇收入为35.5亿美元，旅游业对国民生产总值的贡献率为4.2%，对出口的贡献率为7.3%。

八、2005年捷克最新经济形势

宏观经济形势

2004年5月1日捷克加入欧盟后宏观经济进一步改善，经济增速明显加快。入盟带来的积极影响表现在工商业繁荣，企业活力增强，外贸额增长，外国直接投资和欧盟援助增加等各方面。

2004年捷克国内生产总值增长4.4%（2003年增长率为2.9%），达到1 070亿美元。2005年第二季度国内生产总值增速达5.1%，是欧盟区平均水平的三倍，上半年增速则为4.9%，是近10年来的最高增速。捷克政府认为，捷克经济形势处在历史最好的时期，经济具有良好的增长基础和长期持续增长的潜力，带动经济增长的主要因素是投资增长和外贸平衡的改善，特别是归功于出口的增长和外资企业在捷克的良好业绩。经济增长结构开始主要由消费增长转向投资增长。

捷克政府为吸引外资，鼓励出口采取了一系列有效措施。目前，捷克经济出现快速增长，而利率和通货膨胀率处于较低水平，同时外汇储备不断增加，克朗保持强势，外债总额453亿美元，捷外汇储备为248亿美元，显示捷克经济具有健康的基础和良好的发展趋势。据预测，捷克经济规模今年有望达到并超过原欧盟十五国中水平最低的葡萄牙。2004年捷克人均GDP已经达到欧盟平均水平的70%和欧元区平均水平的65%，2005年预计将分别达到73%和68%。这样捷克人均收入将分别有望超过马耳他和葡萄牙，达到斯洛文尼亚、希腊和塞浦路斯的水平。此外，捷克拥有较为完善的基础设施和较好的地缘优势，捷克产品主要以出口西欧为主，而厂商的生产供货商以捷克国内为主，这样可以有力地刺激国内需求，使经济的发展出现良性循环。

入盟后，捷工业生产增速明显加快，2004年增长9.9%（2003年为5.8%），2005年7月达11.2%，是近年来的最高增长。带动工业增长的主要动力是外资企业的新开工项目以及世界钢铁市场价格不断走高，使得捷克国内钢铁企业生产大幅增长。2005年1~7月，工业生产制造业中增长最快的是能源行业，增长18.8%，机械设备增长14.2%，交通设备增长13.3%。生产下降幅度较大的部门是：矿业（下降8.5%），纺织业（下降5.2%）。在欧盟经济不景气的情况下，捷克工业实现高增长实属不易，得益于国家的大型交通设施建设工程、新投资外资项目、大型超市和配送中心建设以及住宅建设项目继续增多。

2005年10月与上年同期相比，捷通货膨胀率增长，达到2.6%，燃料价格的急升是主要因素。据预测，2006年捷克通胀率将达到4%，捷克央行可能在2006年1月份小幅提高利率。入盟前，人们普遍担心的物价大幅上涨问题并没有出现，通货膨胀得到较好控制。日常用品上涨的主要是食品。服装、鞋类和家电等价格下降。在物价保持稳定的同时，人均工资由2003年的16 800克朗（约合595美元）提高到2004年的16 931克朗（约合659美元），2005年上半年已达18 220克朗（约合778美元）。

在就业方面，2004年失业率由2003年的7.8%增长到9.5%，从2005年开始，失业率开始逐步下降，2005年8月，失业率回落到8.9%。预计全年失业率将降至8.5%左右。

吸收外资情况

截至2004年底，捷克累计引资497.5亿美元。2004年，捷克共计吸引外国投资44.63亿美元；2005年上半年，吸收外资72.69亿美元。在捷克累计投资最多的五个国家分别是荷兰、德国、奥地利、美国和日本。上半年由于德国经济复苏缓慢，来自德国的外资有所减少，但来自西班牙、日本和其他西欧国家的外资继续增长。为了优化产业结构，提高本国经济的综合实力，捷克吸引外资的政策在逐步调整，由原来的以制造业为引资重点转向以生物医药、通信技术、设立研发、企业配套服务及规划、软件开发中心等为主。

目前，外资企业在捷经济中具有举足轻重的地位，外资主要集中在汽车、电子、橡胶、塑料等领域。

外贸发展情况

作为出口型经济国家，外贸发展对捷经济增长的积极影响在入盟后的第一年中表现得尤为明显。在克朗对主要货币汇率持续攀升的情况下，捷克出口出现大幅增长，贸易增速特别是出口增长比欧盟的平均增长率高出2倍。2004年捷外贸总额达到1 345亿美元，其中出口增长23.8%，达到668亿美元，进口增长19.2%，达到677亿美元，逆差为9亿美元，是1994年以来的最低水平。从入盟前后的对比来看，2004年5～12月，出口平均增长27.4%，进口平均增长20.8%。2005年1～7月，外贸总额达875.81亿美元，其中出口增长8.7%，达447.12亿美元，进口增长2.7%，达428.69亿美元，顺差为18.43亿美元。

在捷克对外贸易中，捷与发达国家的贸易仍占主要地位。2005年1～7月，从出口来看，捷向发达市场经济国家出口占捷出口总额的90.7%，其中对欧盟25国的出口占84.8%；德国的出口占34.2%，捷对发展中国家的出口占捷出口总额的3.5%。对包括独联体在内的欧洲经济转型国家的出口占捷出口总额的5.3%；对包括中国在内的其他经济转型和国有经济国家的出口占捷出口总额的0.4%；从进口方面来看，来自经济发达国家的进口占捷进口总额的80.9%，其中来自欧盟25国的进口占捷进口总额的71.2%；来自德国的进口占30.8%；来自发展中国家的进口占捷进口总额的5.8%；来自包括独联体在内的欧洲经济转型国家的进口占捷进口总额的8.4%；来自包括中国在内的其他经济转型和国有经济国家的进口占捷进口总额的4.7%。

捷贸易伙伴以欧盟及周边国家为主，尽管捷克克朗对美元汇率一直呈上升走势，对出口造成一定影响，但由于捷主要以欧元作为外贸结算货币，因此捷对外贸易仍呈快速发展态势。

2005年捷克经济

2005年1～7月，捷外贸形势进一步好转，首次实现了10年来第一次季度贸易顺差。由于西欧和其他东欧国家对捷工业产品需求增加，捷汽车和机床设备产品占到了出口的一半，目前，捷克对西欧国家的贸易额占到外贸总额的84.8%（2003年对欧盟国家的贸易额占外贸总额的70%）。捷企业界人士认为，入盟是带动捷克出口增长的最大动力，预计2005年出口额将创历史纪录，外贸将实现多年来的首次平衡。

2005年1~7月，贸易平衡的改善成为带动经济增长的主要动力，捷克贸易顺差达到18.43亿美元，是自1993年以来捷克同比贸易顺差的最高额。同期，投资增长了5.5%，居民消费微弱增长1.3%，政府消费下降3.8%，社会消费平均较上年增长0.2%。加工工业增加值增长1.3%，建筑业增长3.7%。

和欧洲其他国家相比，今年第二季度捷克经济增长高于匈牙利（4.1%）和波兰（2.8%），与斯洛伐克（5.1%）持平，欧盟平均增长率为1.1%。自今年年初以来，由于经济增长带来新的就业机会，以及国内企业竞争力增强和大型外资企业的出口能力扩张。失业率逐步下降，达到两年以来的最低点。

2005年，捷克经济仍将保持4.5%以上的增速。今后捷政府将继续加强教育、增加对科研、创新和交通基础设施的投入，以实现更高的增长目标。

九、对外经贸关系

捷克工业和贸易部负责捷克的对外贸易和工业，该部下设5个分部：条法、预算和管理分部，经济政策和企业经营分部，工业和建筑分部，能源、电力和冶金分部，对外经济关系和欧洲一体化分部，每个分部由一位副部长负责。5个分部下设35个司。

另外，工贸部下设捷克投资局（负责吸引外资）和捷克贸易局（负责促进出口）等事业单位。

捷克进口商品主要为：石油和天然气、计算机、机械和交通设备、医药产品和器械、电话机、计算机和辅助设备、通讯设备、铁矿石、家用电器等。

出口商品主要有：机械和运输设备、钢材、玻璃制品、木材、轮胎、家具等。

2004年，捷克前十大的贸易伙伴依次为：德国、斯洛伐克、波兰、奥地利、意大利、法国、英国、荷兰、中国、俄罗斯。

捷克政府非常重视吸引外资。1998年4月，捷克政府颁布了实施投资优惠政策。按照捷克与欧盟谈判规定，入盟后，捷克于1998年开始执行并不断完善的投资优惠政策仍可以保留。

捷克政府简化企业注册的审批程序，根据和其他国家签订的投资保护协定，保证企业利润和资本的自由汇出，克朗的自由兑换保证了企业的外汇平衡，投资环境进一步改善，立法逐步健全。由于近几年捷克经济发展状况较好和捷政府出台一系列吸引外资措施，捷克吸引外资额连续几年位于中东欧国家之首。

捷克政府为了更好地引进和管理外资，在工贸部内设置了由部长直接领导的捷克投资局。中央和地方政府除给外商投资企业提供“国民待遇”外，还在税收、土地、员工培训等方面给予优惠和资助。

据捷克统计局资料，1993~2004年捷克共吸引外商直接投资409.87亿欧元，前十大投资国分别为：德国（30%），荷兰（15%），奥地利（10%），法国（9%），美国（7%），瑞士（6%），比利时（4%），英国（4%），日本（4%）和瑞典（1%）；制造业主要投资产业为：机械设备业（59.52亿欧元），基础金属及金属产品（20.7亿欧元），精炼油及化工业（20.51亿欧元），食品和烟草（16.31亿欧元）。非制造业主要投资产业为：金融业（80.48亿欧元），贸易、酒店和餐饮业（54.6亿美元），运输、储存和通讯业（50.03亿美元）和房地产以及商业活动产业（32.84亿美元）。

2002年，国际知名的标准普尔公司（Standard&Poor's）按捷克本国货币将捷克的长期信用等级评为A+级，短期信用等级A1级。

捷克和包括中国在内的世界上30多个国家签署了投资保护协定，这些协定保证了外国在捷克的投资不受到损害，并和世界上大部分国家签订了避免双重征税协定。

捷克政府1995年制定了外汇法（1995年219号法令），同年10月1日外汇法开始生效。

捷克已于2004年5月加入欧盟，现捷克政府预计捷将在2010年正式加入欧元区。

十、中捷双边经贸关系

自1993年独立后，继续奉行“返回欧洲”的对外政策，重点发展同美德等西方国家的关系，重视加强同波兰、奥地利、斯洛伐克等邻国的关系，并注意与本地区以外的国家发展经济关系。

1993年1月1日，中国承认捷克共和国为独立国家并与其建立大使级外交关系。2004年4月，克劳斯总统对中国进行国事访问。2005年12月，温家宝总理正式访问捷克。

捷克是中国在中东欧地区重要的贸易伙伴。中国与原捷克斯洛克经贸关系始于1950年。20世纪80年代，记账贸易时期双方贸易额最高时达9.1亿美元。自1991年1月1日起，由于中捷贸易由政府协定贸易方式改为现汇贸易方式，双方贸易额曾一度大幅下降。1993年捷克共和国独立之后，中捷两国政府签订了新的中捷经贸协定，相互给予最惠国待遇，经贸协定的签署为双边经贸关系的发展奠定了良好的基础。1994年至1998年期间，双方贸易额低于3亿美元水平，自1995年开始，双边贸易额中中方为顺差，随着双方贸易额的大幅增加，中方顺差也在加大。

自1999年以来，在两国政府有关部门的支持下，经过双方经贸实体的努力，中捷两国经贸关系取得了很大发展，两国贸易额不断大幅攀升。据中国海关统计，1999年两国贸易额为3.57亿美元，双方贸易额首次突破多年徘徊3亿美元以下的局面；2005年双边贸易额达20.3亿美元，其中出口额达16.6亿美元，比2004年增长23.4%，进口总额为3.7亿美元，比2004年减15.9%。

目前在双边进出口商品结构中，中方对捷出口的主要商品是：计算机与通信技术、服装、轻纺产品、鞋类、食品和轻工产品等；中方自捷进口的主要商品是：电容器及其零件、汽车和汽车底盘、集成电路、纺织机械及零件、玻璃制品等。

中捷两国经贸合作前景广阔，在两国贸易取得很大发展的同时，双边经济合作也有很大进展。两国政府都表示将鼓励和支持双方企业开展灵活多样的合作方式，加大市场开拓力度，改善进出口商品结构，增加进出口商品的技术含量，扩大相互投资的规模，使双边合作向更高的层次发展。

捷克企业看重中国的市场潜力，特别是在电力能源、环保、机械设备、交通工具等捷克传统优势项目上与中国合作的潜力，希望利用中国西部大开发时机，加大开拓中国市场的力度。中方将积极开拓捷克市场，使两国的经贸关系达到更高水平。截至2004年年底，捷克对华协议投资额累计约4.03亿美元，实际投资额约为1.11亿美元，涉及319个项目。

目前在捷克的中资公司（包括国营和民营）约300余家，主要从事纺织品贸易、餐饮服务业，一些公司在捷投资食品加工、蔬菜种植、玻璃生产以及房地产等。

经营服装纺织品的中资公司主要以批发贸易为主，是捷克超市服装纺织类产品的主要供货商。另外还有一些中资公司在捷克投资或开展合作，如北京发艾特公司投资50万美元收购捷克玻璃厂、山东济南驻捷克办事处在捷克开展蔬菜种植等。一些国内有实力的大型企业开始探讨在家电、食品加工、电信以及机械等领域投资合作的可能性。在捷克中资公司已由原来从事纺织品贸易和餐饮服务为主扩大为包括制造业、电信业等多领域的生产合作，使投资及经营范围和领域呈现出多元化发展趋势。

十一、贸易政策法规

1. 捷克实行贸易自由化政策，取消了外贸的国有垄断，放开外贸经营权，取消进出口商品限制。根据捷克《贸易法典》只要在法院和工商局注册的企业，都有外贸经营权。

2. 商品和服务的进出口亦自由化，进口关税较低，对欧盟和与捷克签署贸易协定国家提供最惠国待遇。对发展中国家（包括中国）提供普惠制待遇，对最不发达国家提供零关税进口待遇，出口不征税。

只有对极少数产品（如武器，药品和麻醉药品等）实行非关税的进口限制，即许可证制度。对国家承担国际义务限制出口的商品（如纺织品，钢材等）要求出口许可证。

3. 捷克积极支持世界贸易组织的自由化进程，并与欧盟签署了联系国协定，与波、匈、斯（洛伐克）、斯（洛文尼亚）签署了中欧自由贸易协定（CEFTA），在这些协定中，对成员国彼此间商品和服务的市场准入都有更具体的规定。

4. 捷克政府为了扭转过去过度依赖原经互会国家、特别是原苏联的状况，积极与世界各地区发展经贸关系。捷克贸易政策的中心是“面向世界，开展多样化贸易，重点在欧洲”。自经济转轨开始以来，捷克逐渐完成了贸易的地区结构的转变，即从东方市场转向西方发达市场经济国家。目前，对西方发达市场经济国家特别是欧盟国家的贸易已在捷克对外贸易总额中占有极大份额，2003 年向欧盟出口占捷克当年出口总额的 69.8%，从欧盟国家进口则占到捷克当年进口总额的 59%。

此外，经过多年的谈判和努力，捷克等十国已于 2004 年 5 月 1 日正式加入欧盟，在对外经贸政策方面，将执行欧盟的共同贸易政策，并成为欧盟统一市场的一部分。

十二、吸引外资政策

目前，捷克引资主要集中在汽车、电子、化工、建筑等领域，为优化产业结构，捷克引资政策也在逐步调整，引资重点由制造业转向生物医药、通信、研发中心、软件开发等行业。近年来，捷克政府相继出台了一系列包括税收、产业、就业、研发等方面的优惠政策，对促进捷引资起到了重要的推动作用。

鼓励外商直接投资政策

捷政府非常重视吸引外资，为保障和成功实施投资优惠政策，并为外商提供优质服务，捷克政府于 1992 年成立了捷克投资局，隶属于捷克工贸部，由部长直接领导，该局主要负责招商引资，长期以来致力于向国外投资者宣传捷克投资政策与环境，为外商投资提供支持与咨询服务。捷克鼓励外资进入其市场，对投资规模和在公司所持股份比例没有限制。同时，捷克有关鼓励外商投资的政策和措施由捷克工贸部、捷克投资局共同制定。2004 年 5 月 1 日，捷克等 10 个国家加入欧盟，根据捷克与欧盟谈判规定，入盟后捷克将欧盟提供的支持公平竞争规定列入到捷克投资优惠政策中，其投资优惠政策仍保留。

（一）国家鼓励政策

捷鼓励投资法规定，凡三年内投资额在 800 万美元以上，个别高失业地区投资额在 400 万美元以上，同时符合以下条件的可申请享受国家鼓励投资优惠政策：①投资必须用于加工制造业或投资于高新技术领域，且 50% 的生产线用于捷克政府批准的高新技术设备所列目录；②投资于机械设备的资金为总投资的 40%；③投资是新建工厂、扩大现有生产或对产品和生产工艺进行现代化改造；④上述最少投资限额的一半必须是投资者自有资金；⑤生产符合捷克环保条件、标准等，符合上述条件的投资者可申请享受下列优惠政策：

新成立的公司享受免征所得税 10 年，对现有法人实体享受部分减免所得税 10 年。对投资者创造就业给予奖励，对新增就业岗位提供金融支持，支持金额由该投资地区的失业率决定，奖励最高每个雇员 20 万克郎，劳动部每年公布两次不同地区的奖励金额率；提供培训和再培训奖励金，奖励范围从零到最高可奖励员工培训费的 35%，聘用员工的条件必须是捷克公民。捷克政府提供廉价厂房及低成本土地，免征所需机械设备的进口税。

申请优惠条件必须经过工贸部评估，每个项目实际鼓励金额由实际总投资额百分比计算得来，例如资金用于建筑、机械和设备，包括无形资产的投入高于建筑、机械和设备资金的 25%。最大支持比例依捷克地区不同有所区别，中捷克州 50%，中摩拉维亚和西北地区各 49%，东北和东南地区各 48%，西南地区 46%，布拉格 20% 等。

据捷克投资局统计，截至 2005 年 4 月共有

261家公司获得国家投资优惠政策。

（二）地方政府的奖励措施

未达到国家奖励标准的投资者可申请从地方政府获得创造就业奖、培训和再培训奖励，以及获得廉价厂房和土地及使用其他基础设施。

（三）扶持中小企业的优惠措施

捷克政府对50人以下的小型企业和250人以内的中型企业提供一些优惠待遇，包括优惠贷款、短期周转金贷款等，捷克摩拉维亚担保和发展银行办理具体贷款事宜。

（四）特殊短期项目

主要以扶持某些特殊地区（如北摩拉维亚等高失业率地区）就业为目标，在上述地区创造50人以上就业机会的公司，可申请捷克工贸部的投资补贴等各项奖励。

（五）外商投资企业税收政策

在税收方面，捷克自1993年对税收进行了改革，实行增值税，统一所得税，根据“国民待遇”原则外国企业在税收方面不享受特殊的政策。对企业来说主要有以下税种：

1. **增值税**。捷克税法规定，凡一年内营业额超过100万克郎，企业须向税务部门注册为增值税纳税人。

2004年5月1日入盟后，增值税税率调整为5%和19%两档。其中只有少数商品和服务项目纳入5%的增值税范围，如农产品、食品、药品、书刊、报纸、取暖等。一些商品和服务项目增值税为19%，如餐馆、宾馆、旅游、贸易、中介服务、车辆和工具的维修和保养、电力、固体燃料、天然气、电信和理发行业等项目。捷克对出口商品免征增值税。

2. **消费税**。征收对象有5类，如碳氢燃料、碳氢润滑油、烈性酒、啤酒、葡萄酒和烟草制品等，消费税适用于捷克或进口的特别指明的商品，其纳税人在捷克生产或进口这些产品的法人或个人。消费税在单一环节征收，主要集中生产环节，一般为从量征收。最近几年，几乎所有消费税都不同程度提高了税率。

3. **企业所得税**。目前，捷克的企业所得税的基本税率26%，2006年将进一步降至24%。企业经营所得及资产转移所得都应纳税。

4. **个人所得税**。分居民和非居民两类。居民纳税人包括具有永久居留权的个人或在一个日历年内在捷克境内居留时间超过183天的个人，需缴纳个人所得税，而非居民纳税人仅就在捷克境内取得的收入纳税，按年收入的不同税率从15%～32%不等。

5. **社会和医疗健康保险**。雇员的社会和健康保险费为其工资的12.5%，雇主必须额外向捷克社会和健康保险机构缴纳所有雇员工资的35%。其中包括健康保险：雇主支付9%，雇员支付4.5%；养老保险：雇主支付21.5%，雇员支付6.5%；失业险：雇主支付1.2%，雇员支付0.4%；疾病和其他保险：雇主支付3.3%，雇员支付1.1%。

高技术、高附加值产业有关政策

捷克政府在经济转型过渡时期，为适应市场经济需要，通过调整产业结构、制度创新增强经济竞争力，除制定优惠政策鼓励外国公司来捷克投资建厂发展高技术产业外，对认定的高技术产品进口实行无关税政策，并制订了国家发展高技术计划，主要有：

（一）提高捷克工业产品出口计划

该计划的宗旨是支持研究与开发新的工业产品和技术，以提高捷克工业产品的出口效益，支持的项目应具有技术创新性质，应有尖端的技术经济参数，应有效地利用本国资源，包括加工利用废料、降低能耗、增加附加值、替代进口产品，科研工作应在3年内完成，科研结束后5年内收回投资。政府支持的形式是贷款和补贴。政府贷款数额一般只占一个项目总投资的50%，特殊情况下可增至总投资的75%。政府无偿补贴数额一般只占一个项目的50%，特殊情况下可增至总投资的75%，政府对一个项目的经费支持最高额为30万美元。

（二）尖端工业产品技术中心计划

该计划的宗旨是支持科研院所与企业建立技术中心，提高捷克工业产品的竞争力，并建立其长期合作关系，鼓励将工业产品和技术的科研成果转化为生产力。项目的科研工作应在3年内完成，科研工作完成后5年内须收回投资。此类项目一般应为产品商业化之前具有风险投资性质的研究项目，其研究成果应在5～10年内满足产品和技术的需求。政府支持的形式是贷款和补贴。

（三）技术计划

该计划的宗旨是支持中小企业提高技术和工艺水平，掌握新的技术知识和工艺，解决技术创新问题，主要涉及到新产品和技术、材料和信息领域。政府以贷款和补贴形式予以支持。

（四）支出和培训补贴

对符合投资条件的外商设立高科技研发中心和贸易促进服务中心亦提供国家投资优惠政策。

每年支付高于经营支出（工资、无形和有形资本支出）50%以上的津贴。

每年支付用于特殊培训支出的35%（布拉格为30%）以及一般培训费的60%（布拉格为55%）的补偿金，特殊培训是指仅专为投资项目而培训雇员掌握知识和技能的培训并不易转向其他公司，一般培训指可用于投资项目及除此之外项目的知识和技能培训。最多在三年内支付，或如投资者新增超过100个就业岗位在五年内支付最多每个雇员10万克郎（约4 000美元）或对投资者创造新增超过100个就业岗位给予补贴15万克郎（约6 000美元）。

（五）园区计划

该计划的宗旨是通过建立创新机构实现结构变化，支持建立科技园区，扶持企业转让技术，发展高新技术。政府支持方式是对建立科技园区提供所需资金总额的50%，提供科技园区50%的建设经费，最高可达20万美元，目前国家已建立90家经认定的工业园区。

捷克服务外包市场的措施

在跨国公司开始新一轮全球产业布局调整的背景下，捷克政府把发展服务外包业务视为加快本国经济结构调整的重要手段，为此确立了各种吸引外资的优惠措施，并鼓励本国企业积极参与国际外包市场的竞争。

（一）服务外包有关措施

捷克政府确定的优先吸引外资进入的服务外包业务涵盖汽车修理、电子、高科技和生物研发等领域，其中以设立生物医药和通信技术研发中心，设立企业配套服务及设计中心和软件开发等为重点。为将捷克建设成中东欧地区的信息和技术中心，捷克政府在原有的吸引外资优惠政策的基础上，在2002年又提出了培训高素质专业人才、加大对工业园区建设投入等规划，通过重点扶持中小企业、提供税收优惠、劳动力成本补贴和员工培训补贴等措施，鼓励外资在捷设立软件开发、科技研发、设计、跨国公司地区总部及服务中心等。其中一些优惠政策的时限长达十年，旨在为承接服务业的国际转移创造良好的软环境。捷政府的这些措施效果明显，为捷参与国际服务外包市场竞争起到了积极的作用。

为在高失业率地区投资制造业或特殊服务业创造新就业岗位给予金融支持。

项目创造新就业岗位两年内为雇员支付的工资总额的50%补偿，补偿比例按照每个雇员20万克郎（约8 000美元）。

对实际用于雇员培训和再培训支出的35%计算，给予每新增加就业岗位最高30 000克郎（约1 200美元）的奖励。

获得以上金融支持必须符合以下条件：

投资于新产品或特殊服务产品（客户支持和服务中心）以及扩大现有产品、现有特服用品；项目必须设在平均失业率超过14%的地区；无形和有形资产投资（不包括租金）金额不低于1 000万克郎（约40万美元），至少投资额的一半必须是投资者的自有资金（例如20万美元）；至少新增10个工作岗位。上述条件必须在支持协议生效2年内完成。对设立技术中心、软件开发中心、技术支持中心、总部等，最少要求投资60万美元，至少新增15个就业岗位，公司再投资中至少占一半即至少30万美元。对设立电话中心、高技术维修中心（不包括总部）最少投资额120万美元，至少新增50个就业岗位，企业投资资金中至少一半是自有资金即60万美元。

（二）捷克服务外包市场现状及有关经验

捷克承接的服务业国际转移主要来自荷兰、美国等国，外包市场则集中在IT和生物研发领域。IBM、松下、HONEYWELL、爱立信等跨国公司已先后在捷克设立研发中心或者与捷克高校开展研发合作。美国ON Semiconductor公司、FEI公司、

AMI Semiconductor，以及 ST Microelectronics 和 Flextronics Design 公司都在捷开展微电子、半导体和硅晶体等晶片生产加工和科研。ACCENTURE 、PHILIPS、太阳微、LOGICA、IBM，EDS、惠普等企业都在捷克开展了软件开发、IT 服务和客户联系中心等业务。

在 IT 领域，由于近年来捷克 IT 行业的快速发展，捷克已经成为中东欧地区最发达的 IT 市场。2003 年捷克 IT 服务业市场的容量达到 8 亿欧元，IT 产品消费占国内生产总值的比例在中东欧国家中居第一，高于欧盟国家的平均水平。捷克 IT 业产值已达到 23 亿欧元，ICT 行业产值达到 54 亿欧元。

此外，生物研发的也是捷克政府重点扶持的服务外包产业。捷克教育和科研基础好，人力资源具有竞争力，有机和生物化学研发在世界上居领先水平，发展生物和高科技研发具有一定的优势。

近年来，捷克政府对相关行业服务设施的投入不断增加，累计已达 80 亿欧元，初步建成一批先进的工业园区和拥有一批素质较高的专业人才队伍。生物研发行业已成为捷克吸引外资的热点，许多世界知名生物制药企业都在捷设立了生产企业或研发机构。一些跨国公司，如 BECKMAN COULTER、ARROW、BAXTER、LONZA 和 IVAX 等通过收购捷克企业或投资建厂等形式在捷开展了生物产品的生产和研发。

据统计，1998 ~ 2002 年捷克生物制药行业吸引的外资总额约 15 亿美元。目前捷克生物和制药行业的就业人数占总就业人数的比例为 8.9%，高于欧盟 7.4% 的平均水平。

捷克商业流程外包市场相对而言起步较晚，但随着外资不断向捷克金融、咨询管理、物流业、市场营销业的注入，捷克商业流程外包市场今年来发展迅速，据捷克投资局统计，截至目前捷克在商业流程外包市场已吸收 3.78 亿美元的外资，共创造8 200多个就业岗位。

服务外包成为带动捷克经济发展的积极因素，目前企业服务和研发在捷克国民经济中所占比例已达 11%。捷克在承接国际服务外包方面的成功主要得益于良好的投资环境，有大批高素质的人才和专业人士，通过政府投入、改善市场环境、制定透明度高的公平竞争政策，从而吸引跨国公司的服务外包业务。

外汇管理政策

捷克政府 1995 年制定了外汇法（1995 年 219 号法令），同年 10 月 1 日外汇法开始生效。

外汇法取消了一些在商品支付、货物支付和转账方面的限制。外汇交易涉及转账和支付，随着经济的不断发展，捷克国内外汇交易已经放开，捷克货币在国内自由兑换。国内外法人和自然人可以将外汇自由汇入或汇出捷克，并用克朗自由兑换外汇，国外投资者可在捷克境内自由投资，可以在克朗账户或外汇账户上存取款。2001 年捷克政府对外汇法进行了修订，除对国外自然人投资捷克不动产有一定的限制外，新的外汇法取消了与资本流动和外汇交易有关的监管。

在捷克境内，只有取得长期居留许可的外国法人或自然人才可以从事外汇交易，外汇交易法保障其资本及利润汇出的安全性，并对外汇汇出和开立外汇账户无任何限制。

从事外汇交易、外币兑换或其他金融服务都必须要获得相应的许可证。在外汇管理方面，财政部和中央银行作为国家机构，负责外汇管理，其中财政部管理国家机构、国家基金等，中央银行管理国内其他自然人和外国人。外汇交易许可证可以向中央银行申请，央行在发放时一般主要审查申请人从事外汇交易的技术、人员和资金条件、相关管理人员和交易人员的专业能力和无犯罪情况、公司所有者的无犯罪情况等。许可证规定了经营范围、条件和持证人的有关责任等，不能超出经营范围，如买卖国外的有价证券等。同时中央银行也规定了法人可以从事的外汇交易种类，以及法人从事外汇交易的最低资本金。外汇法也规定，所有从事外汇交易、兑换业务的单位或个人都必须在捷克国内银行开立存款保证金特殊账户，按照资本金的一定比例存入保证金。

目前，捷克对于国外资本在捷境内自由流动的限制仅涉及一些特殊的领域，如民用航空和国有土地的私有化等方面，除此以外，合法的外资进入捷克和投资利润的汇出都没有限制，投资者的利益受到投资保障法规的保护。

根据法律规定，随身携带总值超过9 804美元的本外币现金、旅行支票以及能兑换成现金的其他金融支票出入捷克海关时，需向海关申报或出示有关证明。

贷　款

外资企业可以向捷克银行或在捷克开立的外资银行的分行申请贷款。

十三、联系方式

驻捷克使馆经商参处

电话：00420－233028873，233028872

传真：00420－233028876

电子邮件：cz@ mofcom. gov. cn

地址：捷克共和国　布拉格六区　佩莱奥瓦街18号

PELLEOVA 18，16000 PRAGUE 6 - BUBENEC，THE CZECH REPUBLIC

邮政编码：16000

附：

对华贸易战略规划（摘编）

编者按：此文为捷克工贸部撰写，作者站在我国贸易伙伴的立场上，比较客观地分析了我国经济形势及双边经济贸易的态势。此文虽然较长，但值得一读。

前　言

近10年来中国经济实现了高速增长，目前其国内生产总值在美国之后居世界第二位（按照购买力平价计算）。中国是世界上人口最多的国家，很多地区的发展潜力巨大，这为中国经济的继续发展创造了条件。

现在欧盟及其成员国、美国、日本、俄罗斯、澳大利亚以及其他主要经济体和国家都重视与中国经贸关系发展中出现的问题。中国市场由于竞争激烈而具有一定的挑战性，因此需要国家、行业以及企业共同参与并制定贸易战略规划。中国与其主要贸易伙伴的贸易特点是中国贸易的顺差。这一明显特点也反映在中国与欧盟之间，欧盟自中国的进口额是其向中国出口额的两倍，欧盟国家正在努力改善这一趋势。中捷贸易关系也存在同一特点，而且贸易不平衡程度更严重。

2003年2月24日，捷克政府通过的188号决议，即促进出口政策规划，确定中国是捷克鼓励出口的重点国家之一。这一规划分析了双边经贸合作的现状并确定了实现规划目标——减少双边贸易中捷方逆差的方向和方式。

捷克对华贸易战略规划是具有系统性的进程，一方面，规划参考已出台的国家促进出口政策和企业界、工业行业部门的建议，同时根据实际的需要和情况确定了一些新的内容。

第一节　出发点

（一）目前中捷双边经贸关系的简要分析

中国是前捷克斯洛伐克传统和重要的贸易伙伴。从上个世纪30年代起捷克斯洛伐克曾向中国提供工业成套设备，在50年代捷克向中国出口工业和电力成套设备进一步增加。那时主要向中国出口机床、纺织和制鞋机械、汽车等产品，参与中国的工业化进程。从70年代开始，捷克主要向中方神头电厂提供4套20万千瓦和2套50万千瓦发电设备。

在20世纪90年代易货贸易取消后，捷克向中国的出口成套设备和其他机械产品（主要是汽车和拖拉机）开始急剧减少，因为实行现汇贸易后，捷克产品价格对中国客户来说比较高。随着90年代欧洲一些国家政治体制的变化和中苏关系的改善，捷克作为中国与中欧国家关系调解人的作用开始停止。

1993年，由于冶金钢铁产品、卡车和小汽车出口的快速增长，捷克向中国出口曾大幅增加。1994年又出现逆差。近年来，尽管捷产品对中国出口不断增加，捷方逆差趋势仍继续扩大。中国产品对捷出口增势强劲，捷方逆差不断增加。据统计，2003年捷克出口额约占中国进口总额的0.5%，中国出口额约占捷克进口总额的5.22%。其中捷克向中国出口产品主要是小汽车以及零配件、电子产品零配件、纺织纤维设备零件、工业阀门等，中国向捷克出口产品除了传统的纺织品和鞋（其中纺织品占捷进口纺织产品总额的5%），主要是电脑及电子零配件产品（约占捷进口总额的52%），组装后的电子产品大部分出口到欧盟等发达国家市场。

对双边经贸关系的整体评价，除了上述已经谈到的一些传统的超出正常水平的关系外，目前中国国家领导人以国家利益为出发点对发展双边关系的态度是实用的；另外，捷克企业家在一定程度上在中国一直是受欢迎的，这就为捷克企业向中方提供有竞争力的设备创造了条件，当然了解当前双边政治经济关系对企业合作来说也是重要的。

2004年4月，克劳斯总统访华对双边关系的发展具有积极的促进作用，访问期间双方在北京签署了与欧盟有关法规一致的《捷中经济合作协定》。

（二）中国市场对捷克企业的利弊、机遇和威胁

1. **利处**。中国国内生产总值达到14 060亿美元的经济大国（按照购买力平价计算GDP居世界第二位，按简单汇率折算GDP居世界第六位）。每年超过7%以上的稳定的经济增长。政治稳定，领导人具有一定的开放性。金融稳定。货币汇率稳定，通货膨胀率低。私营经济发展快。融入全球经济结构（主要是世贸组织）。经济体制从计划向市场过渡。居民生活水平不断提高（2003年13亿人口，人均GDP 1 069美元）。

2. **弊处**。国内市场保护程度高（如禁止进口60万千瓦以下的电站设备）。一定程度的腐败现象。法制不透明。中央集权和地方社会发展不平衡。有问题的国有企业转制未完成。银行信贷谨慎度低。货币不可兑换及相关问题。

3. **机会**。电力行业特别电力生产处在快速发展的阶段。在中国一些落后地区正在进行的开发和工业化。落后基础设施的改建。重视改善环保。汽车制造业的强劲发展。国有企业转制及其现代化。私营经济的快速发展。出口型生产企业的建设。外资流入多。筹备大型国际性活动（如2008年奥运会和2010年世博会）。银行愿对国内项目融资。

4. **威胁**。部分地区（主要是台海）紧张局势升级的可能性。经济过热，存在硬着陆或者软着陆的可能性。效益不佳的国有企业关闭及其对经济发展的不利影响。沿海发达地区、中央政府和落后西部省市之间的长期存在的利益矛盾。目前城乡发展速度差异日益严重。目前经济关系紊乱的可能性以及导致经济改革与中央集权政治体制的矛盾。国内企业竞争力的迅速提高。由于中国市场对有实力的跨国公司具有吸引力，因此中国市场上存在激烈的竞争。

（三）捷克企业进入中国市场的条件分析以及贸易政策前提

1. **贸易政策体制**。从2004年5月1日起，欧盟与中国之间所有有效的协定均适用于捷克与中国之间的贸易关系。欧盟的协定包括：1985年5月21签署日并于1985年10月1日生效的《欧洲经济共同体与中华人民共和国贸易和经济合作协定》。这是一个确定双方贸易和经济关系的框架性协定，包括最惠国待遇。

1998年12月22日签署并于1999年12月14日生效的《欧盟与中国科技合作协定》。

1988年12月9日签署并于1989年1月1日生效的《欧共体与中国纺织产品贸易协定》，确定从2005年起在世贸组织范围内取消纺织产品配额。2004年5月1日生效的《欧盟与中国旅游目的地协定》。

从2004年5月1日起，除了执行欧盟与中国已签订的有关协定外，欧盟对中国采取的其他特殊贸易政策，如反倾销政策也适用于捷克进出口商，主要是欧盟针对中国钢铁产品、化学产品、电子消费产品和自行车等所采取的反倾销措施。

捷克与中国之间的双边经济协定：在不属于欧盟共同贸易政策范围和欧盟机构职能以外的经济领域，主要是经济、工业和科技合作，投资保护和双重征税体制等方面的双边协定包括：2004年10月26日生效的《捷中经济合作协定》，该协定确定了双方愿意发展经济合作的领域，并设立捷克工贸部和中国商务部负责的经济混委会机制，该机制是实施双方合作项目、特别是促进捷成套设备和其他机械产品向中国出口的有效手段。

以前签署的其他重要双边协定包括：《捷克斯洛伐克社会主义共和国和中华人民共和国避免双重征税和防止偷漏税协定》（1987年6月11日布拉格签署），《捷克和斯洛伐克联邦共和国和中华人民共和国鼓励和保护投资协定》（1991年12月4日北京签署）。

2. **捷中贸易的机会、挑战和障碍。**对于中国上一代的企业管理者来说，捷克企业具有能够提供高质量产品的可靠信誉，而且他们熟悉捷中之间的传统关系。加入欧盟有利于提高捷克在捷华双边贸易关系中的地位，提高了捷克在解决贸易问题中的谈判地位并充分利用欧盟的有关协定，使捷克产品以“欧盟制造”面对对捷中传统了解较少的年轻一代的中国人，这些产品具有欧洲的质量保证，同时又比西欧国家产品价格低。

目前多数情况下中国客户的支付信誉和银行的偿付能力也是有利于发展双边贸易的积极因素。

在考虑进入中国市场时有必要指出，中国市场对中小型企业来说是有难度的。正常情况下，资金实力大的企业在中国具有更多的机会。捷克参与中国市场的办法之一是加入已经进入中国的跨国公司。中国市场的竞争是激烈的，首先因为各行业几乎所有的世界级对手都已经进入中国市场，中国政府又有强大的国内产业保护政策，同时目前部分地区市场流通体制相对封闭，市场营销成本高昂。

具有中期目标的企业不应该仅考虑只向中国出口产品，而是应该从减少生产和运输成本等考虑在中国开展生产合作。

3. **贸易机会——具有前景的工业行业。**具有技术含量、不易仿制的高科技产品以及高附加值的技术工艺容易进入中国市场是一个基本原则，主要涉及机电、电子、软件等产品，以及化工、汽车和航空工业设备和技术等，军工产品出口受到国际协约的限制。考虑到捷克工业传统，以下行业可视为进入中国市场具有前景的行业或部门：

电力行业发展具有前途。在未来5年中，中国需要电力生产年增长达到25GW～37GW，目前中国国内电厂只能保障年生产能力增长1 800万千瓦。因此中国计划建设高效、环保、安全性高的60万千瓦以上大型电站，包括超临界的和废物焚烧型的。捷克在这一方面具有向中国提供设备的长期传统。此外，捷克核电和水电设备向中国出口也具有潜力，同时可以通过技术转让加强双方在可再生能源利用方面的合作。

机械制造业是中国最重要的工业部门，其占GDP的比例达11%，在2010年前将发展成国民经济的支柱产业。大量外资已经进入这一行业（特别是与汽车工业有关的机械制造业），并主要集中在沿海发达地区。中国机械制造企业的竞争力还不够强，但发展很快，并主要以低价格与捷克产品竞争。2003年中国市场对机床设备的需求增加，捷克企业与中方签订不少供货合同。对捷克机械产品真正构成威胁的不是中国企业，而是其他国家同类产品。除了机床类产品以外，捷克其他向中国具有出口潜力的机械产品包括：制鞋和纺织机械、木材加工机械、包括船舶及船用发动机在内的交通设备、运动飞机、医疗器械、金属加工设备、食品加工以及包装、化工、制药等设备。

汽车工业是中国发展最快的部门，2003年汽车产量比2002年增长了36%，达到440万辆，其中小汽车生产增长80%，产量210万辆，但仍不能满足国内需求。中国专家认为，小汽车进口关税减少不会对进口造成太大的影响，相反，配额限制更重要，2004年进口汽车总配额为103亿元人民币。2005年汽车进口配额将取消。根据最新消息，捷克斯科达汽车厂将开始在中国组装欧雅小汽车，此外德国大众公司也宣布将投资60亿欧元，在未来5年中把小汽车生产能力从目前的80万辆提高到160万辆，日本本田广州公司计划把其生产能力从2003年的12万辆提高到2004年的24万辆，中国国内的汽车生产企业也计划提高产量。专家预计，未来10年中，中国汽车需求年增长达15%，因此汽车产量年增长需达80万辆，才能使市场供需达到平衡。中国汽车工业发展对捷克汽车零配件生产企业来说也很重要。

化学和制药工业（占GDP的6%）的生产能力目前还不能满足国内市场需求，特别是高档化学产品和药品。这就为捷克企业产品向中国出口创造了条件。目前主要的进口产品包括塑料、有机化学品和工业化肥等，国外公司已经在中国生产特种塑料、化工和聚合物产品。预计中国市场对用于食品加工、汽车和电子工业的化学药品、化工产品等的需求将继续增长。在医药产品领域，中国市场对抗生素原料的需求不断增加。

食品工业约占GDP的4%，近年来中国成为小麦的主要进口国，其他还有面粉、水稻和玉米等。向中国出口农产品的主要国家包括：加拿大、美国、欧盟（法国）、澳大利亚、巴西、阿根廷等。捷克可以向中国出口小麦（如果可以拿到配额）、奶制品（奶粉、奶酪）以及动植物油。捷克食品工业设备和技术、啤酒特别是小型啤酒设备也具有出口潜力。

中方比较重视的领域还包括环保，目前在中国有一家捷中合资企业，捷克污水处理设备在中国具有市场，电站废水污物清理的先进技术也受欢迎。

在消费品方面，目前最合适的出口产品是玻璃，如中高档玻璃酒具，礼品、宾馆装饰用玻璃、项链半成品、花瓶和吊灯等。

4. **贸易挑战与障碍**。捷中双边经贸关系中的问题可以分成两种，一种是其他欧盟国家与中国之间存在的共同问题，一种是捷中双边经贸关系中特有的问题。

基本的共同问题之一是欧盟在与中国加入世贸组织之前的双边谈判中中方做出的让步较对美国的让步更少，欧盟从中方所获得的让步（如金融和财政方面）对目前捷克企业开拓中国市场关系不大，捷克和其他欧盟国家企业在中国市场上遇到的困难比美国企业多。

欧盟和中国经贸关系中存在的具体共同问题需要和中方在欧盟共同贸易政策范围内解决，捷克已经在欧盟有关机构中参与这些问题的解决，这些问题主要包括：

知识产权保护。企业重组和外资收购中国国内企业的程序复杂，特别是对国外企业非常谨慎。配额分配不透明，对进口商品技术认证要求过多，不承认一些欧盟根据国际现行标准颁发的认证等，特别是汽车进口、化妆品进口审批程序和木制包装认证等例子。禁止部分农产品进口（包括捷克在内的欧盟国家发现疯牛病后）。金融保险行业准入限制过多。电信行业准入限制过多，如外资企业在建立合资企业时必须选择中方电信运营商这一规定不符合WTO原则。建筑行业准入限制，根据中国2004年4月生效的新的建设法规，虽然可以在中国建立外商独资建筑企业，但行业准入的过多限制使外资企业很难获得建设工程。公共招标中存在的腐败因素，公共招标中存在的倾向地方企业现象。

捷中双边经贸关系中的问题：

双方在执行1992年签署的《捷中海关合作协定》缺乏足够的合作，主要是中方海关不能向捷方及时提供有关货物证明，致使中国出口商在捷海关报关时存在高值低报等问题。由于有大量的中国进口商品在第一次进入欧盟共同关税区时没有缴纳关税，在转运他国过程中，个别捷克海关放行这些商品进入市场流通。另外一种情况是，进口商不提供中国税务部门盖章的正式票据，捷海关通常采取禁止商品进入流通市场、缴纳仓储费、重新估价或者没收等方式。

易货贸易时期遗留债务问题。捷驻北京使馆建议解决记账贸易时期双方公司遗留债务问题，双方金融财政专家组曾在2000年第四次经贸混委会上讨论过这一问题。

技术认证问题。1998年捷克国家标准计量测试局和中国国家进出口商品检验局建立了工作联系，现在有必要继续加强双方有关部门（包括技术认证部门的）之间的合作，以为双边贸易创造便利条件。

捷克企业特有的问题：

目前，捷克企业在中国的地位大部分已经失去，并被其他国家的竞争对手所占领。上个世纪90年代当欧洲企业开始开拓中国市场时，由于人力和财力条件所限，捷克企业的注意力放在了西欧市场。

对中国市场了解不够和害怕中国市场的竞争环境。迄今为止，捷克企业还没有大规模进入中国市场，其原因首先是害怕中国市场激烈的竞争环境，其次是地理相隔遥远和对中国市场的特点缺乏了解。在中国市场运营失败的那些企业常常把失败的原因归咎于客观的市场障碍，而不愿意承认自己的错误或开拓市场力度不够。所以捷克企业把开拓中国市场的困难程度看得比实际情况还要严重。相反的极端情况是一些捷克企业过分地寄希望于政治订单或捷克经济外交的游说力度。当然，如果捷方企业获得向中方提供纳入中国政府制定的5年规划建设的大型成套设备，这种情况需要捷克经济外交提供有效的游说支持。

企业经济实力不足。开拓中国市场意味着较强的资金实力，因此企业应充分利用国家（出口信贷银行和出口担保与保险公司）提供的各种优惠出口资助，这两个机构重点为中小企业提供金融服务。国家为中小型企业在中国与中方企业建立合资企业提供利用资金支持，建议中小型企业充分利用优惠政策。

5. **其他发展双边经贸关系的方式和影响经贸关系发展的因素**。在2006年之前的中期范围内，目前捷克与中国经贸关系中存在的逆差趋势不会有明显的变化。如果不采取有效措施，在双边贸易不断发展的同时，捷方逆差也将继续增大。预计在捷方向神头电站提供的第三和第四套机组供货完成和斯科达汽车向中国出口将减少的情况下，捷方的逆差会更加恶化。在未来两年至五年中，世界跨国公司对中国市场重要行业的影响范围将基本确定，在这一时期捷克企业如果仍不能进入中国市场的话，以后进入这一很有前景的市场的机会将更小。

（五）中国未来经济分析

中国的全球性影响不仅来源于其地缘政治地位，但首先是依靠不断增加的经济实力，长期以来中国国内生产总值年增长率超过7%。2003年中国国内生产总值达到15 000亿美元，同时成为世界贸易大国之一。2001年底中国加入世贸组织，尽管目前国内市场的保护程度比较高，但对所有的世界级大企业来说仍然是其具有巨大贸易潜力的地区。

中国以其8 512亿美元的外贸总额居世界第四大贸易国位置，同时是居美国之后的欧盟第二大贸易伙伴，欧盟也是居日本之后的中国第二大贸易伙伴。欧盟与中国双边经贸关系中也存在欧方逆差问题。2003年欧盟国家向中国出口额达到409亿美元，来自中国的进口达到1 050亿美元。

中国市场有13亿人口，其中城市居民人均月收入达到85美元，这一水平在不断增长。

2003年中国吸引的外资总额达到535亿美元，居美国之后在世界上排第二位。根据捷克中央银行统计，2003年中国在捷克的投资额达到820万美元。

欧盟领导人清楚地意识到中国发展迅速并开始成为世界大国，近期欧中关系日趋紧密，从欧中迅速发展的贸易关系和经济合作中看出双方高访频繁的原因。

中国、俄罗斯和美国是除欧盟以外的捷克最大的三个贸易伙伴国。

目前，中国是捷克贸易逆差的最大来源国。在过去9年中，捷克对中国出口增长了约2.6倍，平均年增长率达到28%，同期，从中国的进口增长了25倍，很明显，如果遵照世贸组织的原则，不可能从政策上限制中国商品进口，那么也就无法实现与中国的贸易平衡（特别是在2005年纺织品配额取消以后）。因此必须分析和寻找所有能够促进捷克产品向中国出口的可能性。

上述情况是制定捷克贸易发展规划必要性的原因，规划中确定了捷克发展对中国贸易发展的方向和方式，以促进双边经贸关系的健康发展。

第二节　我们的目标

（一）推动捷克在华经济贸易利益战略规划的短期基本目标是为捷克向中国出口增长创造条件

中期目标是为捷克出口增长创造条件，捷克出口的逐步增长能够使捷克对华贸易逆差不断增加的趋势停止，这样才能逐步缓解两国贸易不平衡。

同时，其他要达到的目标包括：确定双边贸易的增长趋势，为捷克企业在开展高层次的经贸活动、包括捷克在中国的投资创造条件；加强经济联系，推动中国企业到捷克投资，生产高附加值、技术含量高的产品，并出口到第三国市场、主要是欧盟国家市场。远期目标是促进捷克企业进入中国市场的贸易和服务领域，并充分发挥捷克企业在国内市场和欧盟市场的潜力。

（二）具体目标和任务

利用经贸混委会和组织捷克企业到中国西部和南部考察。通过签订有关新的协定来改进双边避免双重征税和投资保护体制。把对中国的出口支持资金集中用于重要的贸易活动和有前景的领域。推动捷克企业参与中国的展会和对产品进行宣传。在欧盟共同贸易政策的制定中认真体现捷克的出口贸易利益。协调捷克产品在华展示活动与和欧盟在华活动（欧盟使团、展览活动、利用欧盟驻北京商会）。了解中国社会发展、特别是经济发展情况，分析其决策机制。使捷克企业了解有关出口支持政策，了解在欧盟共同贸易政策范围内解决相关问题的方式和利用欧盟的有关发展援助基金。向捷克出口企业介绍中国市场特点和帮助它们获得具体订单。鼓励捷克企业开拓中国市场，以增加面向中国的出口企业数量，扩大向中国出口。

（三）确定战略目标的评估方式

在2006年之前的2年时间里，评估实施战略目标的实际效果不现实，即不可能使捷产品向中方出口有大幅增长，以使捷克对中国的贸易逆差减少。因为，捷克重要的工业部门出口合同需要较长的准备时间。如果捷克政府在2005年1月1日批准这一战略规划，那么在2007年的出口统计中才可以看到实际效果。

（四）影响战略目标实现的关键因素

1. **外部因素**（中国的发展）。中国经济增长有可能放缓。尽管目前中国年经济增速较高，但由于担心经济过热，中国政府将通过压缩大型项目、提高利率和限制对效益欠佳的国有企业贷款等方式，放缓经济增速。从发改委和中国银行领导人的表态中已经可以看出，中国将通过调控手段实现经济软着陆。2004年，已经采取了如严格审批一些建设项目、规定使用农用地的严格条件、增加商业银行的储备金等措施。尽管在中国放缓经济增速的情况下，但其市场对捷克出口商而言仍具有重要商机。

抓住重要行业的需求。2004年4月，中国政府担心产量过剩，开始限制对汽车、钢铁和房地产等行业的资金投入。但是仍然鼓励发展电力、基础设施建设等行业，这对捷克电站设备供货商和生产商非常重要。

国有企业改制的速度。可能对部分效益欠佳的国有企业停止银行信贷将导致市场对一些机床和纺织机械等设备需求的减少。

2. **内部因素**（捷克的发展）。捷克工业的发展情况。目前捷克汽车和一些其他工业部门的发展出现积极态势，这为企业组成有竞争力的供货商、增加竞争力，共同开拓中国市场创造了条件。在这一领域正产生一些先进的具有竞争力的供货公司，在其他一些传统的部门，如提供能源成套设备的部门，增加资金投入，组织协调共同开拓中国市场。如设立代表处和建立合资企业等。

捷克货币汇率趋势。捷克货币克朗对美元汇率的攀升降低了捷克出口商品的竞争力。

国家对出口的资金支持力度。在今后几年中，用于支持出口的政府预算拨款数量也是重要的因素之一。政府对捷克出口银行和出口担保与保险公司的拨款力度将逐年增加。同时应增加捷克贸易局海外代表处的人员。

第三节 实现目标的方向和方式

（一）实现目标的方式

1. **协议**。《经济合作协议》：贯彻实施两国签订的新的经济合作协议，扩大经济交往，工业和技术合作，特别是推动捷克企业向中国市场出口。

经贸混委会：充分利用召开双边经贸混委会的机会，商谈经贸合作的具体项目和实施一些出口项目，如在中国举行混委会时，将邀请捷克公司参加会议，同时根据可能安排企业代表团到中国有关地区考察洽谈。

《双边投资保护协议和防止双重征税协议》：贯彻实施此协议，维护捷克公司在中国的权益，为捷克公司开拓中国市场创造良好的条件（根据捷克驻华使馆的建议，可利用中国希望加强与OECD组织联系的愿望作为筹码，敦促中方贯彻实施好上述协议)。

《双边海关合作协议》:在符合欧盟与中国有关合作协定的基础上,捷克海关将加强对一些向捷克出口的、不法中国公司的监控力度,以及加强对利用假单证进行"高值低报"行为的打击力度。

2. **完善驻外机构网络**。捷克在中国的经济商务机构需进一步完善。目前捷克在中国仅设有在北京的大使馆经商处和在上海的捷克贸易局代表处,其网络既不能够覆盖中国经济发达的南方地区,如广东、香港,也不能覆盖中西部地区,而这两个地方对捷克企业来说具有很好的贸易前景。应增加捷克在中国的经济商务机构数量,考虑在广东设立一个捷克贸易局代表处或将设在上海的捷克贸易局代表处迁到香港或广东,此外还计划在成都或者重庆设立一个新的贸易局代表处,并雇用当地人员以增加经商处以及贸易局代表处的人员。

3. **市场研究**。加强对中国市场的调查研究,从地域上讲不仅包括捷克企业的传统市场——北京和上海,还应包括具有广阔发展前景的中国中西部地区和东北地区,从行业上讲包括基础设施建设和工业建设等,为捷克企业提供更及时、丰富的市场信息。为此,应在重庆(或成都)以及广东地区建贸易代表处,增加当地雇员。

4. **捷克公司的代表处**。捷克政府将为捷克企业在华设立代表处提供资金上的支持,以鼓励捷企业开拓中国市场。同时,政府对那些多家企业联合共同在中国开办一个代表处的捷克企业提供部分资金支持。

5. **展览会和博览会**。组织捷克企业参加在中国举办的展览会和博览会是促进捷企业对华出口的重要措施之一。2004 年至 2006 年中国将举办一系列重要的展览会和博览会。积极组织捷克企业参展将有助于扩大对华出口,为此捷克贸易局应与捷克驻北京使馆合作,组织好捷克企业的参展工作,同时捷克贸易局上海代表处也应以优惠的价格为捷克企业参展提供相关展会信息、代表团住宿以及协助捷克企业展示等服务。

6. **研讨会。中国主题**:继续由捷克工交协会与捷克经济商会合作,同时与捷克贸易局合作举办有关研讨会。捷克投资局也将举办有关中捷经贸合作的研讨会,以及介绍捷克入盟后的投资和贸易新环境等。在工贸部有关领导访华时,捷克驻华使馆经商处应为随行企业家代表团安排洽谈会活动等。

捷克主题:在2005 年,捷克工交协会将与捷克经济商会合作,共同为捷克企业举办关于与中国开展贸易的研讨会。有关活动主题广泛,还将邀请欧盟有关专家与会。

7. **政府团组访问及随行代表团**。两国政府代表团及随行企业家代表团的互访将有助于捷克企业了解中国市场并与中方企业建立联系,捷方团组通常由捷克工交协会或捷克经济商会组织。今后不仅要组织捷企业到中国的经济发达地区,同时也要组织捷企业到中国具有发展前景的中西部和东北地区考察。为此,捷克工贸部长乌尔班的访华具有很重要的意义。

8. **发展援助**。捷克共和国长期以来一直向中国提供发展援助,主要是在以下两个方面:

(1)捷维特科维采公司是利用捷克政府向中国提供发展资金建立了河北固安沼气站项目。

(2)捷 ZPS Prefix 制鞋机械公司利用捷政府向中国提供制鞋发展援助项目资金在华成立制鞋培训中心。

今后捷方拟不再向中方提供进一步的发展援助,因为根据捷克驻华使馆的意见,捷方目前向中国提供的援助对于双边经贸关系的发展并没有起到实际的贡献,也没有明显带动捷方设备向中国的出口,此外,目前中国正处于快速发展阶段,已经不需要这种援助形式。

9. **贷款政策**。建议将国家提供优惠贷款和保险作为鼓励企业开拓中国市场的措施之一。目前,国家在这方面的支持主要是通过捷克出口银行和捷克出口担保与保险公司来承担有关贷款和保险工作。根据 OECD 组织的分类,中国不属于贸易风险高的地区。今后捷克出口银行和捷克出口担保与保险公司需加强对捷克企业,特别是中小企业开拓中国市场的资金支持。

10. **在欧盟框架内的工作**。今后工贸部在处理中捷双边经贸关系中出现的问题与障碍,以及制定有关鼓励发展对华经贸关系的问题上都必须采用与欧盟相一致的政策。同时，捷克驻华使馆经商处也应与欧盟国家驻华经商机构加强合作和信息交流。此外，驻华使馆经商处和捷克驻布鲁塞尔的代表机构也应及时向捷克企业提供如何申请使用欧盟援助基金的信息等。

11. **捷克工交协会与捷克经济商会的合作。**在工交协会与经济商会同工贸部长期的良好合作关系的基础上，进一步强化两会的职能，推动两会加强与中国有关商会、行会的联系。如捷克经济商会设有捷中经济委员会，主要是推动捷企业向中国出口，并已与中国有关商会签订合作协议。捷克驻华使馆建议两会应进一步加强与企业间的信息交流和沟通，并举办更多的企业家洽谈会，并加强与在北京的欧盟商会的联系。

工交协会目前已与中国四家商会和行业协会建立了合作关系，分别是：中国企业家联合会、中国机械电子产品进出口商会、中国国际商会山东分会以及上海工商联。今后，在此基础上捷克工交协会还应进一步加强与中国其他商会的合作。

此外，工交协会还应加强与德国工业联合会的联系，推动捷克企业与德国企业合作，共同开拓中国市场。捷克经济商会则应加强与工交协会合作，共同组织更多的企业家代表团赴中国访问并举办出口洽谈会。

除此以外，其他行业协会如机械与技术生产和供应商联合会也应加强在中国的活动，组织有关企业参加在中国举办的机床博览会，推动本行会成员开拓中国市场。

捷克企业还可以利用在北京和上海的欧盟商会所提供的相关服务。欧盟商会定期将成员国企业在中国市场所遇到的问题与中国政府沟通。

12. **面向中国的出口公司。**开拓中国市场将是一项长期的工作，需要对当地市场有充分的了解，足够的资金支持和广泛的商业关系网等。这些对于中小企业来说不易获得。为此，捷克贸易局作为非营利性质的机构，应积极提供相关的服务和帮助。同时，将成立致力于推动捷克产品向中国出口的公司，专门从事在中国销售捷企业产品并为两国企业建立合资企业创造条件。该公司主要负责向中国销售产品，并为捷克企业在中国进行市场调查和寻找商机。

13. **生产与供货合作。**加强与中国企业的生产合作是捷克企业开拓中国市场的重要途径。同时，捷克企业将加强与德国企业间的合作共同开拓中国市场。捷克工贸部已与德国经济劳动部合作，双方认为捷德两国企业可在能源、机械制造、交通设备、环保设备、建筑设备等领域开展合作，共同开拓中国市场。在2005年，工交协会与捷克贸易局将会同德国工业联合会共同为捷克与德国有关企业举办洽谈会。

（二）实现目标的地区

中国实现改革开放已经有25年。中国政府一直将沿海省份等经济发达地区作为吸引外资的重点地区。在经济特区和直辖市（如北京、上海、天津和深圳），外国投资者（特别是出口导向型企业）享有税收减免等投资优惠政策。因此，这些地区要比中国中西部和东北地区发达。为此，中国政府在2001～2005年度的第十个五年计划中提出要加快发展经济不发达地区的战略目标。据预测，在今后一段时间内上述地区将会取得较大的发展，这些欠发达地区的现代化建设和发达地区基础设施改造都为捷克企业创造了巨大的商机。

捷克企业开拓中国市场的地区重点应放在中部的四川省和重庆市，西部的青海省和新疆维吾尔自治区，以及东北的辽宁省、吉林省和黑龙江省。

至于香港和澳门地区则是捷克企业进入中国南部市场，即广东省和珠三角地区的重要门户，香港企业在内地（如深圳等）有着丰富的投资经营的经验，今后捷克企业应加强与香港企业间的联系。同时，香港和澳门也是将来捷克吸收外国直接投资的潜在地区之一。

内地与台湾之间的经贸关系较为特别。捷克对外贸易政策视中华人民共和国为优先发展贸易的国家。捷克与其他欧盟国家一样，承认和尊重“一个中国”的原则，因此捷克与中国台湾之间主要是发展经济、文化和领事关系。

但中国台湾对捷克有较高投资，截至2004年4月，中国台湾在捷累计投资达8.8亿美元，共创造5 500个就业机会。因此，捷应继续发展与中国台湾的贸易关系。捷企业与中国台湾企业可共同开拓第三国市场，如在捷克投资生产电脑的中国台湾企业，其产品都比较成功地出口到欧盟其他国家。同时在东南亚地区，捷克企业也可与中国台湾企业合作，中国台湾企业在当地的投资活动非常活跃，而一些捷克企业也在当地获得一些项目合同，但是缺乏资金支持。

内地与台湾的经济关系也非常紧密，据预计，这种经济关系将继续积极地发展。由于经济具有互补性，使得台湾企业与内地企业间的关系紧密，而这些对于外国企业来说是很困难的。因此，对于捷一些中小型企业来说，与中国台湾企业合作可作为一条进入中国市场的捷径。

捷克在台北的经济文化代表处将重点关注有关捷克企业与中国台湾企业合作的问题。

（三）贸易机会

在中国经济不发达地区捷克企业可主要与中国企业在如下领域开展合作：

能源机械（主要是发电设备，如水电，热电等，以及核电设备）；原料开采设备；生物研究；环保设备（清洁污水，生化方式处理垃圾等）；提供机械技术，进行新的机械设备生产；在中国经济发达地区捷克企业可主要与中国企业在如下领域开展经济合作：工厂现代化改造和重建（特别是对原由捷克斯洛伐克提供的工厂设备）；发电设备（包括水电、热电以及核电设备）、小轿车和卡车，以及当地组装和生产；汽车零部件；机床，皮革、橡胶、纺织和木材加工机械；特种机械和特种发电技术；造船及相关零部件供应；纸张和造纸机械；化工和纺织产业所需的化工产品和半成品；木材加工业的有关产品；医疗器械及设备；药品；名牌磨花玻璃产品；电讯、电子产品及设备；农业和食品加工设备及技术；啤酒厂、微型啤酒厂；交通通讯基础设施，如有轨交通工具等；环保技术，如垃圾焚烧炉等；

鉴于2008年北京将举办奥运会，2010年上海将举办世博会，以及目前澳门正在兴建跨珠江大桥等，捷克企业有必要及时获得关于建设项目招标信息。捷企业在中国以下领域有巨大的合作商机：

基础设施建设和公共交通；酒店及相关服务设施；环保设备和技术；为此，在北京的捷克驻华使馆经商处，捷克贸易局在上海和香港的代表处将了解有关项目的信息，以使捷克企业可参与一些项目的部分供货。

（四）建议

为做好上述规划，2005年重点要做好如下工作：

1. **双边外交**。根据《中捷经济合作协定》，准备在最近的时间里（在2005年上半年）在北京召开中捷经贸混委会。

2005年与捷克财政部就如下领域进行合作：

适时修改中捷关于避免双重征税以及关于投资保护协议。

在遵循欧盟与中国签订的有关协议的基础上，要求贯彻履行中国政府与捷克和斯洛伐克联邦政府签署的海关合作协议。

建立双方有关部门就解决易货贸易期间中方拖欠捷方债务问题的新一轮会谈。

2. **多边外交（欧盟与WTO）**。在2005年斯科达小轿车进口配额取消后，加强对中方在此领域的有关进口管理体制的关注；

针对中方不承认捷克出口商品（如汽车、药品、木包装材料和化妆品等）在欧盟安装国际标准所获得的有关技术证明的有效性，而额外被要求出具进口商品证明的情况，与中方进行磋商，并要求中方改变有关做法；

要求中方加强对捷克知识产权产品在中国市场上的保护力度（包括斯科达汽车零部件，太脱拉载重汽车、斯科达能源设备等）；

要求中方取消对捷克产品的非关税壁垒措施（如对进口捷克牛肉的限制措施）；

要求中方进一步修改有关贸易法规，以符合WTO的有关规定（中国商务部在2003年1月出台的有关法规，并未完全满足WTO的有关要求）。

3. **加强在国外的经商机构**。工贸部、捷克贸易局、外交部以及捷克驻中国使馆将采取措施，加强捷在华的代表机构。

详细说明捷克在鼓励出口方面的具体政策（包括协助捷企业在中国设立代表处）。

4. **中国举办的展览会和博览会**。捷政府将重点组织捷企业参加在中国举办的如下展会：

CeBIT（2006年5月在上海举办的信息通讯技术展）

Auto China（2006年6月在北京举办的汽车产品及技术展）

Metalworking（2006年10月在上海举办的机床展）

CITME（2006年10月在北京举办的纺织机械展）

Airshow China（2006年11月在珠海举办的航空展）

5. **政府团组互访及随行代表团**。2005年初重点是做好工贸部长的访华工作，同时有随行企业家代表团；

在2005年第二、三季度，主要是做好召开中捷经贸混委会的准备工作。同时与中方共同在四川、辽宁和重庆举办企业家洽谈会；

努力为捷企业提供随同欧盟有关代表团访华的机会。

6. **研讨会**。举办有关在中国开展贸易的研讨会，捷克驻华使馆经商处参加；

与欧盟合作共同为捷克企业举办积极参与欧盟统一贸易政策的研讨会；

由工贸部、捷克贸易局上海代表处和捷投资局香港代表处共同举办（地点可选择在香港、台北或上海）介绍捷克投资贸易机会的研讨会；

由捷克工交协会与德国工业联合会共同举办捷德企业合作开拓中国市场的研讨会。

7. **商业规划**。为更好地为企业提供市场信息，协调各方工作，捷克贸易局将与捷克经济商会和捷克工交协会等有关商会合作，建立有关在华捷克企业的数据信息库，以更好地为中小企业服务。

白天鹅宾馆

|天鹅宾馆座落于风光旖旎的沙面岛，濒临三江汇聚的白宾馆优美独特的园林设计与周围幽雅的环境融为一体，|闹市中的“世外桃源”。宾馆拥有843间（套）豪华舒房、9个风格各异的中西餐厅、2500平方米设备先进的施、服务完善的商务中心，以及一应俱全的康乐设施，宾馆的中外客人提供安全舒适的环境。

|天鹅宾馆于1983年2月6日正式开业，是中国第一间中的豪华酒店，也是第一间完全由中国人自行设计、施工、大型现代化酒店。宾馆于1985年被“世界一流酒店组纳为首家中国成员，1990年被国家旅游局评为首批三级饭店之一。1996年，在国家旅游局举办的首届全国十佳星级饭店评比中，白天鹅宾馆荣登榜首。1999年权威经济杂志《财富》（中文版）评选为“中国最受赞资企业”，连续多年被《亚洲华尔街日报》、《机构投、《亚洲财富杂志》、《商旅-亚太版》等国际权威刊为国际商务人士在广州的首选酒店，并被亚洲酒店网“中国最佳酒店”。1994年，白天鹅宾馆的“白天鹅”荣地成为中国第001号服务商标；2000年，“白天标被国家工商局认定为中国驰名商标，成为中国酒店唯一一个使用在宾馆服务上的中国驰名商标。

业23年来，白天鹅宾馆始终如一地坚持依法经营、诚信秉承“顾客至上，服务第一”的服务宗旨，以高雅优质格，成功接待了无数国家政要和各界名流，包括中国改的总设计师邓小平、英女王伊丽莎白二世、美国总统尼布什等等，在国内外赢得了良好的口碑和信誉。20多年天鹅宾馆不断追求卓越，在实践中把国际先进的酒店管与中国的国情相结合，走出了一条融中西管理模式于一店管理之路，在中国酒店业发展史上创下了15个“第树立了广受海内外各界肯定和赞赏的中国酒店业的民族成功跻身于世界一流酒店行列。

宾馆党委书记、法定代表人、总经理：杨小鹏

电话：(86-20)81886968 **传真：**(86-20)81861188

地址：中国广东省广州市沙面南街一号 邮政编码：510133

网址： www.whiteswanhotel.com

电子邮箱： swan@whiteswanhotel.com

白天鹅賓館
WHITE
SWAN
HOTEL

one of
The Leading Hotels of the World®

北京中润伟业投资有限公司简介

Beijing Union Glory Investment Co., Ltd.

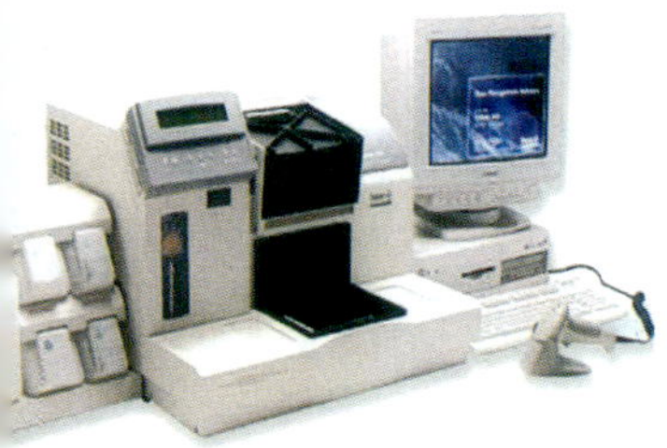

北京中润伟业投资有限公司[通过ISO 9001 国际质量体系认证]成立于1999年3月，注册资本1000万元人民币，法定代表人是林学访博士。公司以投资及投资咨询、国际贸易、国际会展、餐饮服务、软件开发、保险代理等业务为主，具备外贸

轿车经营权、医疗器械经营许可、保险代理证书等经营资质，是一家
的外贸公司。

业为国际贸易，目前与美国通用电气医疗系统公司、德国西门子（中
限公司、荷兰飞利浦医疗系统、日本株式会社三广医疗、美国瓦里安
疗系统公司、美国拜耳医疗保健有限公司、日本富士达电梯有限公
国蒂森克虏伯集团等国外知名企业有着长期友好的贸易关系，主要进
超声波诊断仪、CT扫描机、X光机、核磁共振机、直线加速器等医疗设
客电梯、扶梯、观光梯等电梯设备，年进出口额在2000万美元以上。

国际会展方面，公司承办中国国际医疗器械高科技成就展览及相关会议活动。

在投资及投资咨询领域，公司投资医疗器械的生产和经营；投资彩色棉花产业－九采罗彩棉产业有限公司；投资证券期货－金宝期货经纪有限公司；投资饮食文化－北京元禄餐饮有限公司。

公司为深中集、皇台酒业等上市公司作咨询顾问。

公司的其他业务，例如：与中招国际招标公司合作，开展国际招投标业务；协助中国欧洲经济技术合作协会，加强与欧洲各国的经贸往来；在软件开发方面，为北京证券及期货业作征信建设软件开发工作；在保险代理方面，为保险公司开展全面的保险代理业务等等。

公司本着"开拓、创新、诚信、效率"的宗旨，与时俱进，勤勉尽责，热忱为社会服务，为人类的繁荣与进步贡献力量。

www. UG-med.com

www. UG-med.com

With a registered capital of RMB 10 million, Beijing Union Glory Investment Co., Ltd [It has passed the international quality system attestation of ISO9001] was established in March 1999. Dr .Lin Xuefang is the legal representative. UG is primarily engaged in investment, investment consulting, international trade, international exhibition, food and drinking services, software development, insurance agent and so on. It is a comprehensive trading company that has obtained four engagement qualifications: international trading, operation of cars, operation of medical equipment, insurance agent.

UG is mainly involves in international trade. It has established and maintained good business relationships with famous multinational corporations, such as GE Medical Systems|, Siemens Ltd., China, Philips Medical Systems, Sanko Medical Systems, Varian Medical systems, Bayer Healthcare Diagnostics, Fujitec, Ltd., German Disencrub Group etc. The major imported products are medical equipments such as Color Ultra-sound Systems, Scanner of CT, X-ray Machine and Magnetic Resonance Spectrometer, Linear Accelerator and Elevator, Hand Ladder and Staircases for sightseeing with the imports and exports amount exceeding US$20 million annually.

In international exhibition, UG organizes China International Medical Equipment High-Tech Achievement Exhibition and relevant conference activities.

In the field of investment and investment consulting, UG invests the production and management of medical equipment, the colorful cotton industry ---Jiu Cai Luo colorful cotton industry, security futures ---Jin Bao futures agent limited company and food cultural service --- Beijing Yuan Lu Catering Inc..

UG makes consultancy for the listed company Shen Zhong Ji, Huangtai wine Industry and so on.

Other business, for example, UG Cooperates with China CNTC International Tendering Corporation in international biddings. It also takes an active part in helping China-Europe Association for Economic & and Technical Cooperation to enhance the commercial intercourse with European countries. In the aspect of software development, UG undertakes the work of information collection and software development for Beijing Securities and Futures. As an insurance business agent, it operates in overall insurance service.

In line with the aim of "expand, innovation, trustworthies, efficiency", UG keeps space with times, earnest and responsible, serve the society cordially and tries its best to contribute to the prosperity and progress of human being.

话: (8610) 87638680 87638378
真: (8610) 87638675 87630098
址: http://www.UG-med.com
邮: yiliao2006@163.com
ongrun@public3.bta.net.cn

Tel: (8610) 87638680 87638378
Fax: (8610) 87638675 87630098
http://www.UG-med.com
E-mail: yiliao2006@163.com
zhongrun@public3.bta.net.cn

G O N

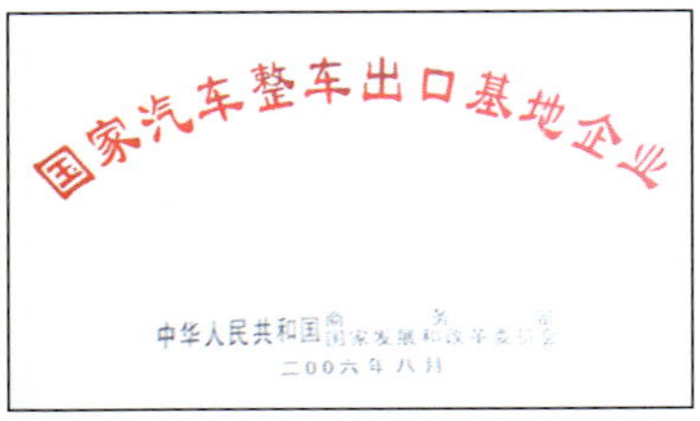

浙江吉奥汽车有限公司创建于2003年9月27日，座落于浙江省台州市路桥区新桥镇，现有员工1000余人（其中高新技术、管理人才100余人），是一家新崛起的民营汽车整车生产企业。一期投资4.5亿元兴建皮卡和SUV汽车制造基地，该基地工程建设用地26.8万平方米，设计年生产能力6万辆皮卡和SUV汽车、6万台发动机。现已建成冲压、焊装、涂装、总装四大工艺生产车间，建筑面积超过10万平方米，发动机厂、车架厂、模具中心已全部投入运转。二期规划用地1500亩，设计年生产能力为25万辆微型面包车。

目前，企业正以超人的速度完成历史赋予的使命。2004年3月18日首辆吉奥汽车下线，同年7月3日首批商品车正式投放市场。2005年皮卡、SUV汽车销售超万辆，其中经济型SUV汽车销量进入国内前三名。与此同时，企业正以超勇气、超智慧的胆略实施着国际化的发展战略。2005年6月SUV汽车出口欧洲161辆，成为中国自主品牌汽车出口欧洲的第一家；2005年12月吉奥皮卡成功出口欧洲2050辆，开创军用车先河，赢得当年中国汽车出口单笔第一大订单，实现了中国民族品牌汽车征战国际市场的梦想。公司的跨国合作战略也在逐步推进，2006年5月与韩国大宇国际贸易株式会社正式签署战略合作协议，这标志着吉奥已从自主单纯的研发、设计、制造模式开始向与国际接轨新模式的转型，从此拉开了吉奥汽车对外合作的帷幕。

企业创始人缪雪中当年在台州市委、市政府“回归工程”的感召下，毅然从上海移师回家乡台州路桥，投资兴办汽车制造企业。吉奥起步就开始全面创新：管理创新、技术创新、产品创新、服务创新、制度创新，新的生命具备新的动力。企业严格遵循“技术要与世界先进接轨、质量要与国内一流同步”，以“大投入、高起点、大市场”来实现与当今国内先进水平接轨。

沧海横流方显英雄本色！目前，吉奥在公司董事长缪雪中的带领下，以“信、和、勤、廉”为企业理念，团结所有勇于超越困难、志同道合的行业精英，昂首阔步朝着既定的目标前进。未来的每一天，都将是吉奥的产品日，品牌日，当所有先决的、先天的优势化为实施的动力与信念时，吉奥将在笑看风云中翘首未来，吉奥永远在行动！

Zhejiang Gonow Automobile Co., Ltd., established in May of 2003 with a high start-point, is a private company specialized in manufacture of pickup and sport-utility vehicle (SUV). The company is located in Luqiao District, Taizhou City, Zhejiang Province, P.R.China, where is a newly founded industrial base and is known for its abundant private fund. It covers an area of 268,000 square meters in the first stage with annual production capacity of 60, 000 pickups and SUV, and 60,000 engines, as well as another 100 hectares in the second stage with annual production capacity of 250,000 vehicle under cooperation with Korea “DEAWOOD”（大宇国际）company. With initial total investment of more than USD 50 million, the company is striving for leading manufacturer of pickup and SUV in China. For this goal, it cooperates with Wuhan Industrial University establishing Gonow Automobile R&D center, handing with international famous companies for technical support and introducing advanced Germany and Japanese technology and equipments in aspects of engine, transmission, body, chassis, exterior design.

Gonow have exported 2050 units of pickup to Africa in December of 2005, achieving the first largest order for export of China-made vehicle. In 2010, Gonow company are planning to produce 100000 units of pickups, SUVs, and 250000 mini buses, as well as 200000 engines. All these show that Gonow will develop as an international large company.

With the assistance of all levels distributors, the advanced sales methods, scientific net work management, perfect service system, convenient and prompt on site service, Gonow Company has won praise from various kinds of customers, so far, 4S sales and service network of Gonow auto has approached to 300 units and the exclusive stores in domestic and abroad is approximately 200 units.Gonow Company has been authorized to export and import in auto fields. We are also extending our business with customers all over the world.

浙江吉奥汽车有限公司　地址：浙江省台州市路桥区新桥镇中林村　邮编：3180

SHANTRA

把握机遇　开拓进取

东方国際集团

上海市对外贸易有限公司

ORIENT

INTERNATIONAL HOLDING

SHANGHAI

FOREIGN TRADE CO.,LTD.

公司简介

东方国际集团上海市对外贸易有限公司,前身是上海市对外贸易公司，成立于1988年1月，是以进口为主，进出并举的地方性外贸企业，以代理、自营或转口贸易等方式，经营五金矿产、化工、粮油、纺织、机械、仪器、设备、医疗器械等产品的进出口业务，并拥有钢材、羊毛、腈纶、胶合板、天然橡胶、燃料油等商品的专项经营权；承办来料加工、来样加工、来件装配业务和补偿贸易；开展中外合资、合作生产业务；承接国际招标、投标业务；经营国内外各类商品的批发、零售、邮购及汽车进口销售（含小轿车）业务；接受国外和港、澳、台厂商的委托，经营寄售业务和进出口产品的售后维修服务。

公司拥有一批长期从事外贸的业务骨干，积极发展与国内外用户、客商的贸易关系，在国内外享有良好的声誉和较高的知名度，并已连续多年进出口总额达到10亿美元以上，2005年更是达到了21 亿美元的历史新高，在上海外贸企业中名列前茅。

进入90年代以来，上海加快实施“开放开发浦东”和“建设国际经济、金融、贸易中心”的发展战略。为进一步扩展业务，先后在美国、日本、澳大利亚、新加坡、香港、俄罗斯、斯洛伐克、波兰等八个国家和地区设立了海外子公司及合作企业，并相继成立了浦东分公司、上海商都贸易有限公司、上海东松贸易有限公司、上海东贸贸易有限公司、上海东方国际招标有限公司和上海久茂贸易有限公司等子公司，使公司的经营更具规模。

1996年11月,本公司加盟东方国际（集团）有限公司，实行了现代企业制度改革，并更名为“东方国际集团上海市对外贸易有限公司”。面对国际经济形势的风云变幻和加入WTO的新形势，本公司将继续弘扬诚实守信的企业文化，实施“以贸为主，以新型实业为依托的多元化延伸战略”，并以东方国际（集团）有限公司为依托，充分发挥集团综合商社的贸易、金融、信息、服务、开发等多种功能和强大优势，立足上海，面向全国，走向世界。

BRIEF INTRODUCTION

Orient International Holding Shanghai Foreign Trade Co., Ltd. (formerly Shanghai Foreign Trade Corporation), established in January 1988, is a local import-and-export-oriented trading enterprise, which handles import and export business covering metals & minerals, chemicals, cereals & oils, textiles, light industrial products, machinery, instruments and equipment, medical apparatus, etc. in such diversified ways as agency, buy-and-sale and entrepot. Especially, the company has been authorized to deal with steels, wools, acrylic fibres, plywood, netural rubber and fuel oil. Other business practices like processing with imported materials or samples, assembling with supplied parts, international bid, compensation trade, joint venture, co-production, real estate, wholesale and retail, mail-order of various goods, and automobiles import and sales are also undertaken. Meanwhile, the company is entrusted by overseas manufacturers and those from Hong Kong, Macao and Taiwan, with consignment and after-sales services.

Staffed with a number of professionals, who have years of experience in international trade, the company persists in developing business relations with domestic and overseas clients, and enjoys an established reputation both at home and abroad. For years in succession, its annual business amount had always been above US$1,000,000,000, especially for the year of 2005, it has reached USD2,100,000,000, which is among the toppest in Shanghai.

Entering 1990s, Shanghai has sped up the implementation of the strategy of "opening up and developing Pudong" and "building the city into one of the international economic, financial and trade centers". To further expand the international market, the company has established several overseas branches and cooperatives in eight countries and regions, including USA, Japan, Australia, Singapore, Hong Kong, Russia, Slovakia and Poland. The subsidiaries such as Pudong branch, Shanghai Shantra Trading Co., Ltd., Shanghai Dong Song International Trading Co., Ltd., Shanghai Dong Mao Trading Co., Ltd., Shanghai Orient International Tendering Co., Ltd. and Shanghai JiuMao Foreign Trade Co., Ltd. were founded in succession which elevates the whole business scale to a higher level.

The coming turn of the century is a crucial period for the future development. In November 1996, with the restructuring of the modern enterprise system, the company joined Orient International (Holding) Co., Ltd. and renamed itself as a group member accordingly. Facing new opportunities and challenges of international economy and entrance into WTO, Shanghai Foreign Trade Co., Ltd. shall continue to develop the enterprise culture of honesty and credibility and carry out the multi-extension strategy relying on new industry and focusing on trading, with the support from Orient International Holding, to bring into full play of the multi-function and strength of a comprehensive group engaged in trade, finance, information, service and development. Based on Shanghai and facing China, the company is marching towards the global market.

地址：中国上海市娄山关路85号东方国际大厦B座　邮政编码：200336

电话：（86-21）62786500　传真：（86-21）62786588

邮箱：business@cnsftc.com　网址：http://www.cnsftc.com

ADD:Building B Orient International Plaza 85 Lou Shan Guan Road, Shanghai 200336 China

TEL: (86-21) 62786500 FAX: (86-21) 62786588

E-mail:business@cnsftc.com INTERNET: http://www.cnsftc.com

国家开发银行—中国的开发性金融机构

China Development Bank — China's Foremost Development Finance Institution

国家开发银行是中国的开发性金融机构，成立于1994年。总行在北京，目前在全国设有32家分行和5家代表处。

国家开发银行以增强国力、改善民生为使命，根据政府的发展战略和政策，筹集和引导境内外资金，重点支持基础设施、基础产业、支柱产业以及高新技术等重大项目建设，缓解经济社会发展中的瓶颈制约，促进经济社会协调全面可持续发展。

12年来，从支持三峡工程、南水北调、岭澳核电站、塔里木油气田等一大批国家重大项目建设，到促进中小企业发展、改善教育设施和提供助学贷款、支持新农村建设，国家开发银行逐渐把在基础设施领域的雄厚实力和丰富经验拓展到社会瓶颈领域，以市场建设的方法实现政府的发展目标，已成为中国金融体系的重要力量。

国家开发银行具有准主权级的国际信用评级，已同100多家国外主要金融机构建立了合作关系，并参加了多个区域性国际金融组织。国家开发银行积极开展国际业务，支持中国企业到境外投资，拓展国际市场，是中国企业海外发展的坚强后盾。

2005年10月，国家开发银行与上海合作组织其他成员国政府指定的银行共同发起成立了上合组织银行联合体，被推举为银联体首届理事会主席行，陈元行长为首届理事会主席。银联体在促进上海合作组织成员国家之间的经济和金融合作方面取得了重要成果。

截至2005年底，国家开发银行管理资产余额达23000多亿元。国家开发银行致力于建立全面风险管理体系，自2002年以来主要经营指标保持国际先进水平，2005年底不良贷款率仅为0.87%，实现了国家信用与市场业绩的统一。

面向未来，国家开发银行任重而道远。作为中国经济社会发展变革的推动者，市场建设的先行者和开拓者，国家开发银行将时刻铭记自己的责任和使命，以成功的开发性金融实践，为国家和人民创造更加美好的明天。

China Development Bank (CDB) is a development financial institution that was established in March 1994. It is headquartered in Beijing and has 32 branches and 5 representative offices across the country.

Driven by the dual missions of enhancing the national economic strength whilst improving the people's livelihoods, CDB, in accordance with the government's development strategies and policies, has raised funds domestically and abroad. It has used those funds to focus its support on the construction of key projects in infrastructure, basic, pillar and high-technology industries. It has made substantial efforts to remove bottleneck constraints on the nation's economic growth so as to promote the overall harmonious and sustainable development of China, socially as well as economically.

For twelve years it has financed such high-profile construction projects as the Three Gorges Project, the Pudong (Shanghai) International Airport, the (National) South-to-North Water Diversion Project, the Lingao Nuclear Power Plant and the Tarim Oilfield. At the same time, CDB has promoted the growth of small to medium enterprises and educational facilities throughout China, offered student loans to over 100,000 scholars and helped in massive rural development projects. CDB has learned to leverage its robust financial strength and abundant experiences in the fields of infrastructure to alleviate constraints to social progress, so as to realize governmental goals for development by means of market building. In this way, it has become an important force in the evolution of financial systems in China.

With an internationally recognised quasi-sovereign credit rating, CDB has established cooperative relationships with more than one hundred major overseas financial institutions and joined several regional financial organizations. It is committed to actively developing international business, and supporting Chinese enterprises that invest abroad, explore and create international markets. It has become a strong supporter for Chinese businesses wishing to expand abroad.

In October 2005, CDB, together with banks appointed by other member states to the Shanghai Cooperation Organization (SCO), established the SCO Banks Consortium; CDB was selected as Principal Bank of the Consortium and CDB's Governor Chen Yuan was elected as the first Chairman of the Consortium's Council. Together, the members of the SCO Banks Consortium are taking giant strides in the economic and financial cooperation of their member states.

As of the end of 2005, assets managed by CDB reached 2,300 billion yuan (about 287 billion US dollars). CDB's commitment to overall risk management has evidenced itself in world-class performance indices that have been substantiated through PricewaterhouseCoopers audits continuously since 2002. For example, as of the end of 2005, CDB's non-performing loans stood at a remarkably low 0.87% of its assets. CDB has proven that good public banking is good banking by any standards.

In the coming years, CDB has set a high bar for its endeavors. As a key promoter of China's economic and social development, as a reformer of China's financial systems and as a pioneer in China's market building processes, CDB is very clear about responsibilities and mission. It seeks nothing less than a brilliant future for China and its people through the bank's leading-edge practices in development finance.

China Development Bank

Located at 22 Qingshan Road, Nanning and close to the famous Qingxiushan Scenic Spo Liyuan Resort enjoys favorable geographical location with easy traffic access, quiet enviro ment and beautiful scenery; Liyuan Resort has 21 villas including 378 deluxe and standar suites and rooms, which can meet the needs of the guests. The litchi trees are planted all ove the mountains, which is worth commending and the name of Liyuan Resort (meaning the Litch Garden Resort) is thus derived. The elegant villa groups are buried deep in the litchi tree with the Southland styles and features. At sunrise in the morning the booths and pavilion in the resort areas are partly hidden and partly visible in the morning mist, making it fairyland for you. At midday the shining sun sheds it light on the booths and pavilions, making them all the more splendid. At night the clear and bright moon sheds it slight on the resort, making the resort all the more tranquil and quiet. In days with misty rain the pavilions and buildings in the resort seem to be lost among the mist and rain, giving a full picture of the Southland whose beautiful scenery can make you forget to return home. With unique environment, first-class facilities and service of a state-guest house supported by an exclusively-owned international convention center and a golf course, the resort is a modernized hotel integrated with such functions as reception, business service and recreation, etc., having for many times successfully provided services to heads of state and government leaders from all over the world.

Large assembly hall 大会议室

Great Banquet Hall 宴会厅

VIP Building 贵宾楼

荔园山庄位于南宁市青山路22号，毗邻南宁著名的青秀山风景区，交通便捷，景色宜人。山庄内21栋别墅楼群掩映在生态荔枝林中，“荔园山庄”也由此而得名。楼内豪华套房、豪华标准间等各类客房共378间（套），满足顾客多样选择。整个山庄被大自然包围起来，汇聚天地灵气、日月光辉，坐享邕城之钟灵毓秀，四处绽露南国风情的荔枝林尽收眼底。汉白玉桥横跨于流水之上，鱼儿嬉戏水中。入夜立于桥头，可在此欣赏当空的明月或是浩瀚的星空，且明月繁星倒影水中，于宁静中更使山庄的高贵得到升华，让您远离城市的喧嚣，如置仙境。此外，山庄准备了各式精美的中西佳肴以顺应不同宾客的饮食需求。山庄还独家拥有国际会议中心、高尔夫球场，以其独一无二的环境，一流的设施，国宾馆的服务，多次成功接待世界各国元首及政要，是一家集接待、商务、休闲为一体，服务专业的现代化酒店。

地址（Add）：中国广西南宁市青山路22号
(No.22 Qingshan Road,Nanning,Guangxi,China)
电话(Tel):0086-771-5333399
传真(Fax):0086-771-5360000
邮政编码(Post):530021
网址(Http)://www.liyuanresort.com
电子信箱(E-mail):liyuan@liyuanresort.com

中招国际招标公司的宗旨“服务、效率、公正、权威”

中招国际招标公司1993年经原国家经贸委批准组建、1994年在国家工商管理局注册成立，经过数年开拓创业和精心经营，目前已成为中国最具实力的专职招标代理机构之一。

中招国际招标公司的经营范围是：主营货物、工程、服务的招标代理；从事利用国外贷款和国内资金采购机电产品的国际招标和其它国际招标采购业务，招标合同项下的进出口经营业务。兼营国际、国内经济技术交流与合作的咨询服务；经济技术的开发；与招标代理相关的咨询服务。中招国际招标公司在经营范围内开展的相关业务，均首批获得原外经贸部、建设部、原国家经贸委和财政部等主管部门的资质认定或备案许可。公司还通过ISO9001：2000质量管理体系认证，获得原国家经贸委授予的“招标工作先进集体”称号，以及全国市场诚信建设组织委员会授予的“质量、服务诚信示范单位”称号等。

中招国际招标公司本着“服务、效率、公正、权威”的宗旨，依靠高素质的专业服务人才、多年积累的运作经验及现代化的办公条件，形成了较强的招标代理能力，得到社会各界认可，为国家经济建设和社会发展作出了贡献。

China CNTC International Tendering Corporation

China CNTC International Tendering Corporation is founded in 1993 with the approval of the former State Economic and Trade Commission and registered in 1994 with the State Administration Bureau for Industry and Commerce. China CNTC International Tendering Corporation has become one of the strongest professional tendering agencies in China after several years of pioneering work and painstaking operation.

The business scope of China CNTC International Tendering Corporation mainly involves the tendering of goods, engineering and services, as well as the international tendering for procurement of machinery and electric equipment using foreign loans and domestic fund and other international tendering for procurement business, import and export business under tendering contract. It also engages in consultation services on international and domestic economic and technical exchange and cooperation, the economic and technical developments as well as consultation services related to tendering agency. For all qualifications about the business scope of the China CNTC International Tendering Corporation, it was one of the first corporations to obtain the engagement Grade A qualification recognized or granted by the national responsible department such as the former Ministry of Foreign Trade and Economic Cooperation, the Ministry of Construction, the former State Economic and Trade Commission and the Ministry of Finance. The corporation has obtained the ISO9001:2000 quality management system certification. The corporation was awarded the title of “Advance tendering agency” by the former State Economic and Trade Commission and “Exemplary organization of providing high quality service with good faith” by the National Organizing Committee for Market Credit Building.

In line with the aim of “service, efficiency, fairness and authoritativeness” and rely on the high-quality professional talents, rich operation experience of tendering for years and modern office facilities, China CNTC International Tendering Corporation possesses strong capability as a tendering agent, and it has made contribution to China’s economic construction and social development, thus enjoying a high opion of the cooperation parties and people of all circles.

中招国际招标公司董事长 谢荣全

中招国际招标公司总经理 白会宜

开标大会

Full Services on
Advanced Science and Technology

领先科技的全

工程承包与设备成套

Project Contracting & Complete Sets of Equipment Providing

中国机械工业集团公司［国机集团］成立于1997年1月，原名中国机械装备（集团）公司。

国机集团旗下聚集了中国机械工业大型工程承包及设备成套、工程勘察设计与施工监理、科研开发与产品制造、国内外贸易等领域的核心骨干企业。服务领域覆盖了包括工业、农业、交通、能源、建筑、轻工、汽车、船舶、矿山、冶金、航空航天等在内的国民经济重要产业领域。其中，以成套机电设备为载体的工程承包是国机集团的主体业务。

经过多年发展，国机集团已成为中国最大的国际工程承包和进出口贸易企业之一，是中国机械工业实力最强的科研开发及产业化基地和勘察设计施工企业。连续多年入选美国《工程新闻记录》(ENR)"全球225家最大国际承包商"前50强和"全球200强工程咨询设计企业"前100强。

国机集团致力于成为以人为本，以市场为导向，以创新为动力，以工程承包为主体，以国内外贸易、高新技术产品开发与制造为两翼，管理科学，资本结构多元，集工、贸、科、金为一体的大型跨国企业集团。

With approval of the State Council, China National Machinery Industry Corporation (SINOMACH) was established in January 1997, originally registered as "China National Machinery & Equipment Corporation (CNMEG).

SINOMACH has possessed major enterprises in China's machinery industry specialized in large-scale projects contracting, complete sets of equipment providing, projects designing and constructing, machinery and equipment R & D and manufacturing, as well as internal and international trading. Service contracts of SINOMACH cover such diverse fields as industry, agriculture, communications and transportation, energy, building, light industry, automobile, ship-building, mining, metallurgy, and aerospace industries. The Core business for SINOMACH is Contracting large-scale projects by supplying complete sets of turn-key equipment for both domestic and world markets.

SINOMACH has become one of the largest contractors for international projects, and one of the largest traders for imports and exports. It is the strongest commercialization base for product research and development in the machinery sector and houses the most powerful workforce for the sector's engineering prospect and design and construction. For many mispelled years successively, SINOMACH has been listed by the US ENR as the first fifty of "The Top 225 International Contractors"and the first one hundred of "The Top 200 International Design Firms".

SINOMACH is dedicated to becoming a multi-national group company, incorporating manufacture, trade, scientific research and finance into one entity, taking people as foundation, market as guidance, innovation as power and engineering contract as the main body; Additionally, combining domestic & foreign trades and high-tech products development and manufacture as its two wings through everlasting pursuit of scientific management and diversification of capital structure.

http://www.sinomach.com.cn

方位服务
国内外贸易
Internal & International Business
工程勘察设计与施工监理
Project Prospect, Design, Construction & Supervision
高科技产品研发与产业化
Scientific Research, Development & Production
国机集团
中国机械
地址:中国北京市海淀区丹棱街3号 邮编:100080
Add: No.3 Danling Street, Haidian District, Beijing, P. R. China P.C.:100080
Tel:(010)82688888 Fax:(010)82688811

厦门金龙汽车集团股份有限公司
XIAMEN KING LONG MOTOR GROUP CO., LTD

厦门金龙汽车集团股份有限公司创立于 1988 年，1992 年改制为股份制企业，1993 年公司股票“厦门汽车”(现更名为“金龙汽车”在上海证券交易所挂牌上市。截止 2006 年中期，公司总股本为 1.97 亿元，总资产 44.7 亿元，净资产 5.7 亿元。

公司以大、中、轻型客车的制造与销售为主导产业，旗下拥有厦门金龙联合汽车工业有限公司、厦门金龙旅行车有限公司、金龙联合汽车工业(苏州)有限公司、南京金龙客车制造有限公司等客车整车制造厂以及金龙汽车车身、电器、座椅、橡塑、空调和冲压零件等汽车零部件生产厂，具备大、中、轻型客车全系列车型的生产能力，形成了集客车整车与零部件制造的金龙客车生产体系。2005 年度，公司实现主营业务收入 77.2 亿元，主要产品大中型客车的市场占有率位居客车行业龙头，并远销到海外 30 多个国家和地区。

近年来，公司保持快速、稳健的发展速度，连续两年被评为“福建省最具竞争力上市公司”，主要产品“金龙”、“金旅”牌大、中型客车均被国家质量监督检验检疫总局授予“中国名牌产品”，“金龙”品牌还获得“中国 500 最具价值品牌”、“中国著名品牌 200 强客车类第一名”“中国品牌年度大奖 (NO.1) 客车类”等荣誉。

展望未来，公司将发挥品牌、市场、资源等优势，加快做强做大汽车工业主业，实现企业可持续发展。公司主要客车生产企业将入驻首期规划 1.7 平方公里的厦门机械工业集中区汽车工业城，并以此为平台，加大与境内外汽车集团的合作，投资扩大客车整车生产规模，发展关键零部件及总成制造，形成客车产业集群，逐步发展成为国内外重要的客车生产基地，以更加良好的经营业绩回报股东和社会，为中国的汽车工业做出贡献。

Xiamen King Long Motor Group Co., Ltd. was first established in 1988, transformed to a share company in 1992, and listed in Shanghai Stock Exchange in 1993 with the short name Xiame Motor, which is now King Long Motor. As of the mid term of 2006, total capital of the Company amounted to RMB 197 million, total assets reached RMB 4.47 billion, and net asset reached RM 570 million.

The Company is specialized in the manufacturing and marketing of heavy-, medium- and light-duty coaches. Its subsidiaries or divisions include whole-car manufacturing plants includin Xiamen Kinglong United Automotive Industry Co., Ltd., Xiamen Golden Dragon Van Co., Ltd., Kinglong United Automotive Industry (Suzhou) Co., Ltd., Nanjing Jinlong Coach Manufactur Co., Ltd. and manufacturing plants of auto parts ranging from Kinglong auto body, electric appliance, seat, rubber and plastic wares, air conditioner and autostamping parts, thus have th capability to manufacture full-range heavy-, medium- and light-duty coaches, possessing both Kinglong whole-car and part production lines. In 2005, the Company realized the major operatio revenue of RMB 7.72 billion. The market share of its major products, namely, heavy- and medium-duty coaches was in a leading position in the industry, which were sold in more than 3 nations and regions around the world.

The Company has been keeping a rapid and steady development in recent years and was named Most Competitive Publicly Listed Company of Fujian Province for two consecutive years Our major products - Kinglong and Golden Dragon heavy- and medium-duty coaches were named Famous Chinese Brand by the General Administration of Quality Supervision, Inspectio and Quarantine of the People's Republic of China. The Kinglong brand has also won merits including Top 500 Valuable Brand Name of China, the No.1 Coach Brand Name of the Top 20 Famous Brand Name of China, and No.1 Chinese Coach Brand Name Prize of the Year.

Looking to the future, the Company will make full use of its advantages in brand name, market and resources and step up the efforts to expand and strengthen the Company's princip operation, i.e., automobile operation, and seek sustainable development. The major coach manufacturing divisions of the Company are planned to be relocated to the Automobile Industrial Park i the planned phase 11.7-square-kilometer Xiamen Electro-mechanic Industrial Zone. We will take it as a base in increasing cooperation with automotive groups home and abroad, making furthe investment to expand the whole coach manufacturing capability and developing key parts and general assembly manufacturing. We will build it into a coach industry complex and gradually develo it into a key coach production base domestically and internationally. We will repay our shareholders and the society at large with better performance and make contribution to the development China's automobile industry.

XIAMEN
KING L
MOTOR

康佳D163手机是深圳康佳通信科技有限公司自主研发的一款超薄直板、200万像素拍照，支持3、MP4 播放的功能强大的产品。是深圳康佳通信科技有限公司06年实施“精品工程”以后的第精品机。康佳D163定位为中档超薄多媒体手机，是深圳康佳通信科技有限公司继 M610后第二薄机型，并支持目前较流行的多媒体功能（音乐、电影、百万拍照），以年轻白领和大学生为消费群，是深圳康佳通信科技有限公司一款中高档的产品。康佳D163的外观极具特色，概括而以下几点：

1.5mm超薄设计　b.时尚DC双面外观　c.内置200万数码相机　d.支持MP3音乐播放
持MPEG4电影播放　f.支持超长时间录音

D163无论是在按键、，还是耳机、充电器口，均设计的非常精给消费者以高品质的，除超薄锋锐机身这要竞争优势外，还有的多媒体功能作为支：强大的多媒体功能0万像素数码拍照、、MP4 播放、超长、电子书）和强大多功能相匹配的内存容60M本机内存、支持扩展）附加功能。上，在第四届中国企业品创新设计”大赛颁式上，康佳D163手机独特的超薄卡片式设获中国工业创新设计。继 M910获2005年彩中国”设计大奖之在产品设计领域内又荣誉。此外，D163的团队还同时获得了优计团队奖。

据悉，中国企业“产新设计”奖（CIDF产计奖）是国内工业设域唯一的一个国家级奖项，有“中国工业的奥斯卡”的美誉，已成功举办四届。

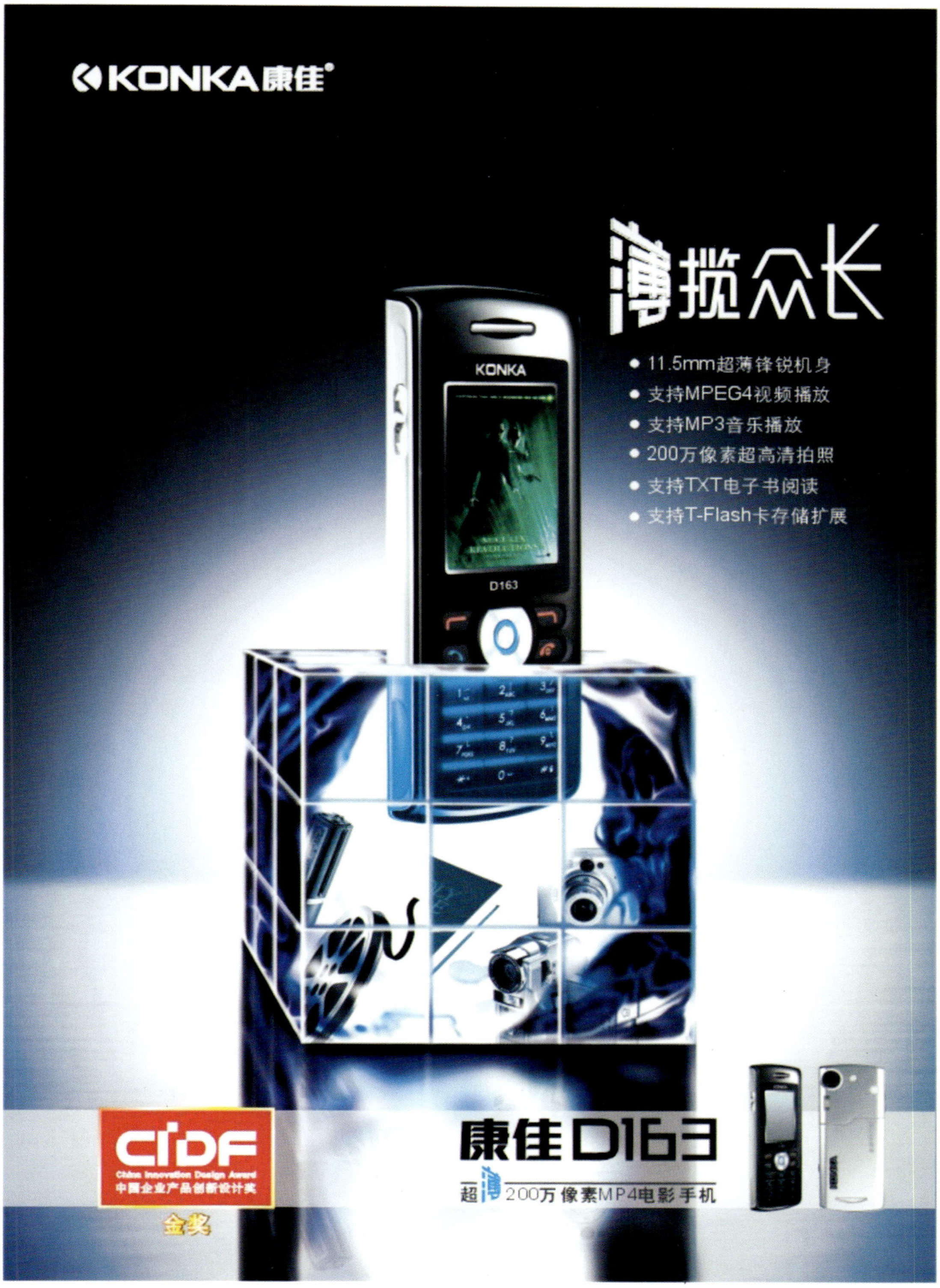

中国机电产品展览中心 China Machinery& Electronic Products Exhibition Center

中国机电产品展览中心（英文简称 CHINAMEX）是经中国商务部批准成立并列入商务部海外中心管理系列的海外企业。

China Machinery & Electronic Products Exhibition Center (CHINAMEX), is an overseas company approved by Ministry of Commerce of the People's Republic of China which has been listed into the companies of MOFCOM's management system of overseas centers.

CHINAMEX 是中国政府实施市场多元化战略，推动和扩大中国企业“走出去”和中国机电产品出口，参与国际市场竞争的一项重要举措，是中国在境外设立的第一个专项从事中国机电产品及其它商品展览、交易的场馆和服务中心。

CHINAMEX is one of the important steps for the implementation Diversification Strategy of Chinese government to encourage Chinese manufactures "going global" and to increase the exports of Chinese Machinery &Electronic Products fostering Chinese companies to participate positively in the international competition. CHINAMEX is the first center established overseas focusing on the exhibition and trade of Chinese machinery & electronic and other products.

从 2000 年开始，CHINAMEX 先后在海外举办了 18 届（次）中国商品综合或专业展览会，得到了国务院领导、商务部领导、驻在国中国使领馆的肯定与支持。截至 2005 年底，参加过 CHINAMEX 在境外举办展会的中国企业累计达 2900 余家（6200 余人次），共接待了来自 65 个国家和地区的近 20 万名专业客商和观众参展，合同成交和意向成交总额超过了 46 亿美元。

Since year 2000, CHINAMEX has successively held 18 comprehensive or professional Chinese commodity fairs, with great supports and recognition by the officials from the State Council, Ministry of Commerce and Chinese Embassies and Consulates. Till the end of 2005, there had been nearly 6200 representatives from 2900 enterprises exhibiting in the fairs and more than 200,000 visitors from 65 countries and regions attending. The total value of contract and intent transactions has reached $ 4.6 billion.

经过 6 年的发展，CHINAMEX 已在中东、东欧、北非等地区享有一定的誉并产生了品牌效应。CHINAMEX 已与 23 个国家的工商会及大型跨公司建立了广泛联系，成为了中国企业与国外企业的联系纽带。许多国的当地商人更将 CHINAMEX 视为中国企业在当地的窗口，认为通 CHINAMEX 介绍和洽谈的经贸合作项目具有质量和信誉的保证。

After 6 years' development, CHINAMEX has built up its brand and fame in the Middle East, East Europe and North Africa. CHINAMEX has also established extensive contacts with Chambers of Commerce and big-sca multinational companies from 23 countries, acting the role as a bridge between Chinese and foreign companies. Many local businessmen even regard CHINAMEX as a window of Chinese companies, believing the projects introduced via CHINEMEX are with quality and credit assurance.

CHINAMEX 拥有一支从事国际展览、市场开发推广、项目投资、咨询及融服务的专业队伍，将竭诚为中外商人提供优质服务。

Possessing a professional team engaging in international exhibition, mar promotion, project investment, consulting and financing, Chinamex will offer the best services to Chinese and foreign traders with utmost sinceri

中国机电产品展览中心（CHINAMEX）北京代表处
China Machinery & Electronic Products Exhibition Center (CHINAMEX) Beijing C

法人代表：郝锋 Legal representative：Hao Feng
地　址：中国北京市东城区朝阳门北大街8号富华大厦B座9层（100027）
Adress：Floor 9, Building B, Fuhua Mansion, NO.8 Chaoyangmen North Ave Dongcheng District, Beijing China (100027)
电　话 Tel：+8610－65542775
传　真 Fax：+8610－65542771

2005

CHINA & EUROPE BUSINESS AFFAIRS YEARBOOK

中国欧洲商务年鉴

第六篇

中国东西部地区投资指南

CHAPTER VI THE GUIDELINE OF INVESTMENT IN WEST-EAST OF CHINA

黑龙江省

一、地理概况

黑龙江省位于东北亚中心地带、中国大陆的东北端，是全国纬度最高的省份，由中俄最大的界河——黑龙江而得名。黑龙江省北部和东部隔黑龙江、乌苏里江与俄罗斯相望，边境线长达3 045公里，面积为45.4万平方公里，占全国总面积的4.7%，居全国第六位，有效利用面积居全国之首。黑龙江省属于中温带大陆季风气候，地貌特征是“五山、一水、一草、三分田”。

黑龙江省下辖13个市（地），66个县（含县级市）、1个民族自治县。全省总人口3 813万人，除汉族外，还有满、朝鲜、蒙古、赫哲等51的少数民族。省会哈尔滨市是一座现代化的年轻开放城市，是全省政治、经济、文化中心。

经过半个多世纪的开发建设，黑龙江省发生了翻天覆地的变化，具有独特的比较优势和巨大的发展潜力。

二、自然资源

黑龙江省土地条件居全国之首，总耕地面积和可开发的土地后备资源均占全国1/10以上，人均耕地和农民人均经营耕地是全国平均水平的3倍左右。全省现有耕地1 180万公顷，土壤有机质含量高于全国其他地区，黑土、黑钙土和草甸土等占耕地的60%以上，是世界著名的三大黑土带之一。黑龙江省盛产大豆、小麦、玉米、马铃薯、水稻等粮食作物以及甜菜、亚麻、烤烟等经济作物。全省草原面积约433万公顷，草质优良，营养价值高，适于发展畜牧业。其中松嫩草场是世界三大羊草地之一。

森林资源

全省林业经营总面积3 126万公顷，占全省土地面积的68.9%。有林面积1 919万公顷，活立木总蓄积15亿立方米，森林覆盖率达41.9%，森林面积、森林总蓄积和木材产量均居全国首位，是国家最重要的国有林区和最大的木材生产基地。全省林业用地面积2 547.2万公顷。森林树种达100余种，利用价值较高的有30余种。黑龙江省是全国最大的林业省份之一，林业生态地位十分重要。

矿产资源

黑龙江省已发现的矿产达131种，已探明储量的矿产有74种。石油、石墨、矽线石、铸石玄武岩、石棉用玄武岩、水泥用大理岩、颜料黄土、火山灰、玻璃用大理岩和钾长石等10种矿产储量居全国之首，煤炭储量居东北三省第一位。黑龙江省现已开发利用的矿产达39种，各类矿产年产值居全国第二位。

水资源

全省境内江河湖泊众多，有黑龙江、乌苏里江、松花江、嫩江和绥芬河五大水系，现有湖泊、水库6 000余个，水面达80多万公顷。黑龙江省是中国水资源较丰富的省份之一，年降雨量70%集中在农作物生长期，雨热同季，生物生长环境良好。

旅游资源

黑龙江省旅游资源特色鲜明，冰雪资源堪称全国之最，滑雪期长达120天至140天，雪质好、降雪多，山区降雪可达100厘米至300厘米，山体坡度适中，适于建大型滑雪场的山地有100多处。镜泊湖、五大连池等江河湖泊气势宏大。丰富多彩的人文资源别具一格，民俗、民情浓郁，少数民族历史源远流长，唐代渤海国、金上京会宁府、龙泉府遗址保存完好。围绕黑龙江、乌苏里江两大界河开展的对俄边境和跨国旅游是黑龙江省重要旅游产品，哈尔滨、大庆、伊春等一批城市都具有浓郁的北疆城市特色。秀美山川、森林草原、湿地、江河湖泊提供了开展生态旅游的资源基础。此外还有东北虎园、丹顶鹤栖息地、北极光、火山口森林以及大厂矿、大农业、大油田等工、农业旅游资源，这些都是发展特色旅游的物质基础。

三、投资优势

农业优势明显。黑龙江省是全国的粮食主产区和商品粮基地，素有“大粮仓”的美誉。耕地面积960.1万公顷，粮食产量及综合加工能力、农业机械总动力均居全国之首。近年来，围绕“打绿色牌，走特色路”，重点发展畜牧业、大豆和绿色食品三大优势产业，大力促进传统农业向现代农业转变，取得了可喜成绩。

工业基础雄厚。黑龙江省工业起步较早，规模较大。目前已形成了以重工业为主体，以大型企业为骨干，以机械、冶金、电力、煤炭、石化、建材、轻工、纺织、医药、食品等为重点，门类比较齐全的工业体系。拥有一大批实力雄厚、技术精良的大型企业，很多企业已经成为国际先进、国内领先的行业排头兵。

基础设施完备。黑龙江省铁路营业里程5 464公里，占全国的8.5%，居全国之首，铁路主干线贯通全省四面八方。民用航空开通国内、国际航线73条，改扩建5个民航机场。公路网建设突飞猛进，绥芬河经哈尔滨至满洲里是连接欧亚两洲的“大陆桥”，可开展国际过境集装箱运输业务，目前全省98%以上的乡镇和95.3%村屯通了汽车。沿黑龙江水道，通过江海联运，可以直达日本、韩国及东南亚各国。黑龙江省的综合运输能力显著增强。

黑龙江省电力资源丰富，发电能力强。全省规模以上的发电企业64个，其中火力发电企业49个，水力发电企业15个。2004年全年发电量达546.3亿千瓦，为企业生产提供了充足的能源保障。

通讯基础网络已经达到国际先进水平。银行、保险、证券等金融及有关中介、代理服务日趋完善，水平不断提高。

国家加快振兴东北老工业基地的战略决策为黑龙江省创造了发展的历史机遇和无限商机，老工业基地的振兴，必须进一步扩大对外开放。黑龙江省国有企业比重大，将推出一大批国有企业，欢迎国内外的投资商以并购、重组等多种方式参与黑龙江省的企业产权制度改革，也欢迎国内外客商以技术合作、技术入股、技术和设备输出等多种方式参与黑龙江省的企业技术改造。

四、投资导向

外商投资优势产业目录（2004年修订）已经国务院批准，自2004年9月1日起执行

1. 亚麻纺织品及制品生产
2. 退耕还林还草、天然林保护等国家重点生态工程后续产业开发
3. 节水灌溉技术开发及应用
4. 煤炭加工应用技术开发和产品生产
5. 石墨产品深加工
6. 中药冻干粉针制剂生产
7. 电工仪表及电网智能管理控制系统设备制造
8. 城市供气、供热、供排水管网建设、经营（大中城市中方控股）
9. 冰雪旅游资源及森林旅游资源开发
10. 旅游景区（点）开发及配套设施建设、保护和经营
11. 公路旅客运输

五、地区政策及规定

黑龙江省关于鼓励各类投资者参与国有企业产权制度改革的试行办法

黑政发【2004】22号

第一章 总 则

第一条 为创造宽松投资环境，鼓励各类投资者参与国有企业产权制度改革，搞活并做大做强企业，加快所有制结构和国有经济布局调整的步伐，振兴老工业基地，特制定本办法。

第二条 本办法所称各类投资者，是指国外和港、澳、台投资者，国内和省内各种所有制的投资者。

第二章 资产出让

第三条 各类投资者并购国有企业，原则上只需出资收购国有净资产（包括无形资产）；对于与债务相当的资产，可以承债方式收购；对于超过资产的债务，以及富余人员、办社会等包袱，一般不由投资者承担。

第四条 国有企业资产出让，应征得相关债权人同意，进入产权交易市场，采取竞价、招投标、公示转让等方式，公开、公平、公正操作。

第三章 人员安置

第五条 非国有投资者整体并购或控股我省国有企业，由原企业按国家和省有关规定解除或终止在册职工劳动关系；国有投资者并购、控股或非国有投资者参股我省国有企业，对下岗职工、新裁减职工和主辅分离、辅业改制分流的职工，由原企业按有关政策规定解除或终止劳动关系。

第六条 原企业解除职工的劳动关系并支付经济补偿，由原企业按政策规定的标准从自有资金中支付；其自有资金不足的，可用国有资产（含土地）变现收入支付；对于亏损企业支付经济补偿，各级政府按国家社保试点政策给予补贴。

第七条 各类投资者并购或控股我省国有企业，可根据企业发展需要和国家相关政策法规，自主录用所需员工。但同等条件下应优先录用原企业员工。凡吸纳原亏损国有企业下岗、失业人员达到职工总数30%以上，并签订新的劳动合同的，可享受3年内免征企业所得税的优惠政策。

第八条 各类投资者并购或控股我省资不抵债的国有企业，并负责安置原企业大多数职工的，根据有关规定，经地方政府批准，可在资产、土地出让和企业新增上缴税收等方面给予优惠照顾。

第四章 债务处置

第九条 各级政府支持改制企业进行债务重组，帮助改制企业就灵活处置不良贷款、减免表外欠息等问题与债权银行协商；监督改制企业落实银行债权，防止逃废银行债务。

第十条 各类投资者可以通过市场购买金融资产管理公司持有的有限责任公司股权或国有企业债权；对收购、兼并国有企业的投资者，可在同等条件下优先购买金融资产管理公司持有的原企业股权或债权。

第十一条 经债权人同意，各类投资者参与改制的国有企业所欠非金融机构的债务可转为债权单位对改制企业的股权，由同级国有资产监管机构办理产权变更登记等有关手续。

第十二条 各类投资者整体收购符合破产条件的国有企业，由各级政府优先申报列入全国企业兼并破产计划。破产后由投资者利用抵偿职工安置等费用的有效资产重组的新企业，吸纳原企业职工30%以上（含30%），并签订新的劳动合同的，可享受3年内免征企业所得税的优惠政策。

第五章 分离企业办社会职能

第十三条 各类投资者并购我省国有企业，

原企业自办普通中小学校由当地政府接收。

第十四条　改制企业其他办社会、辅业单位实行带资剥离。各类投资者并购或控股国有大中型企业中辅业单位，吸纳原企业富余人员达到30%以上，并签订新的劳动合同的，可享受辅业改制分流免征企业所得税3年等优惠政策。

第六章　土地使用

第十五条　各类投资者并购、控股我省国有企业，其用地主要采取挂牌方式，通过市场出让或租赁，也可作价入股。符合国家《划拨用地目录》规定范围的用地项目，可继续以划拨方式供地。采取出让方式的，地方政府可在测算投资项目总体效益的基础上，对投资者用地费用给予补助。

第七章　财政扶持

第十六条　各类投资者并购我省国有企业后，对年入库税金超过一定额度的，地方政府可从地方分成部分给予一定比例的奖励；对水、电、气、通信等经营性服务费用，地方政府可根据投资项目的具体情况给予投资者优惠政策支持或补贴。

第十七条　各类投资者启动停产2年以上的国有企业，启动生产1年内，仍视为停产，除缴纳职工养老、失业保险等费用外，按照有关规定减免行政事业性收费；所征税金属地方财政预算内收入的，财政部门视财力可能予以支持。

第十八条　各类投资者并购我省国有企业，可按规定享受国家振兴东北老工业基地的国债贴息、豁免历史陈欠税金、购置机器设备所含增值税抵扣、增提折旧、缩短无形资产摊销期限、研发经费加计扣除、提高计税工资税前扣除标准等支持企业发展、减轻企业负担的政策。

第十九条　各类投资者并购我省农业产业化龙头企业，一次性固定资产投资在5 000万元以上的，省财政按投资额的10%作为政府投入，用于支持投资者购置设备或支付流动资金。

第八章　投资环境

第二十条　各类投资者并购我省国有企业，对其改造、扩建项目，除国家法律、行政法规设定行政许可的以外，一律由审批改为备案。需要向上申报的，优先办理，快速出具文件。对国家、省支持鼓励的重点项目，优先纳入老工业基地调整改造计划，在投资和政策上给予倾斜。对重大投资项目实行一事一议，特事特办。

第二十一条　各类投资者并购我省国有企业，允许继续使用原名称的主体部分登记注册；原企业已拥有的许可证、商标等认证、认可，按国家规定由有关部门办理变更手续。对于产品出口的企业，可优先赋予外贸经营权。

第二十二条　各类投资者并购国有企业，由各级国有资产监管部门、招商部门提供全程免费服务，或由投资服务中心提供全程代理服务，并严格实行首问负责制、服务承诺制、限时办结制、失职追究制、否定报备制、无偿代办制。改制过程中，由地方政府派出改革推进组具体服务。改制结束后，投资者合法权益受到侵犯，由各级政府投诉举报中心受理，并限时答复和办结。

第九章　附　则

第二十三条　本办法由省国有资产监督管理委员会负责解释。

第二十四条　本办法自发布之日起施行。

关于黑龙江省招商局进一步简化外商投资项目核准手续实施办法的通知

黑招函［2005］52号

各市（地）外资主管部门，哈尔滨、大庆开发区管委会：

为了贯彻落实《中共黑龙江省委、黑龙江省人民政府关于加快发展县域经济的若干意见》（黑发［2003］15号）和《黑龙江省人民政府关于扩大十强县（市）经济管理权限的决定》（黑政发［2004］18号）文件的精神，简化外商投资项目核准手续，加快核准进度，特制定以下实施办法：

一、凡设立在各市（地）和哈尔滨、大庆等国家级开发区内的外商投资项目，均由所在市（地）外资主管部门和管委会依法审核。

二、总投资不超过3 000万美元（含3 000万美元）的鼓励类和允许类项目，由所在市（地）外资主管部门或管委会直接依法核准并发放批准证书。申请者应当自收到批准证书之日起1个月内，按照国家有关规定，向工商行政管理机关办理登记手续。

三、超过限额的鼓励类、允许类项目以及限制类、涉及许可证管理、特许权经营类等有特殊规定的项目，由所在市（地）外资主管部门或管委会依法审核后报省招商局。省招商局按权限核准并发放批准证书或按规定上报商务部。申请者应自收到批准证书之日起1个月内，按照国家有关规定，向工商行政管理机关办理登记手续。

四、有关外商投资项目进口设备税收优惠的确认以及外商投资的产品出口企业和先进技术企业的确认仍按原办法执行：即由企业所在市（地）外资主管部门或管委会依法审核后，报省招商局办理。

五、根据“谁核准、谁负责”的原则，市（地）外资主管部门及管委会必须按相应权限依法核准项目，并做好项目的后期管理工作。

六、各市（地）外资主管部门及管委会要按照国家《外商投资产业指导目录》及有关法律法规，在把握好项目是否符合“维护经济安全、合理开发利用资源、保护生态环境、优化重大项目布局、保障公共利益、防止出现垄断”等原则下，加快核准速度。

七、对原由省主管部门审批的3 000万美元以下外商投资项目实行属地管理，省招商局不再办理这些企业的变更、年检和清算事宜，各市地、县有关部门要及时掌握企业情况，保证工作的连续性。

八、本办法自2005年1月1日起施行，由省招商局负责解释。

六、其他优惠政策

土地使用

（一）提供土地方式

实行国有土地使用权有偿有期的土地使用制度。一般情况下，采取土地出让方式（拍卖、招标、协议三种），从事基础设施、公益事业、能源、交通、水利等项目开发用地的，按划拨方式提供。

（二）土地使用年限

外商在黑龙江省指定区域内，通过出让方式取得土地使用权，土地使用权出让期限最长：居住用地七十年；工业用地五十年；教育、科技、文化、卫生、体育用地五十年；商业旅游、娱乐用地四十年；综合或者其他用地五十年。在使用期内，可以将土地使用权转让、出租、抵押。

（三）土地审批时间

凡是由省里审批的土地，在用地单位报齐有关用地申请文件和材料后，省政府在一个月内办完用地审批手续，并在批准之日起十个工作日受理土地登记申请，二十个工作日内核发土地使用证；属于上报国家的，在用地单位报齐有关用地申请和材料后，在一个月内负责将其上报国务院，并在国家批准之日起十个工作日内受理土地登记申请，二十个工作日内核发土地使用证。

矿产资源利用

1. 外商以独资或者与中方合作的方式进行非油气矿产资源风险勘探的，按照被授予的探矿权，对勘探作业区内发现的具有开采经济价值的非油气矿产资源，保障其享有法定的优先采矿权。勘探费用计入递延资产，在开采阶段分期推销。

2. 外商投资开采回收非油气矿产资源主矿种之外的共、伴生矿的，减半缴纳共、伴生矿产品的矿产资源补偿费；利用尾矿的，免缴矿产资源补偿费；采用先进技术使国内现有技术难以开发利用的矿产资源得到开发利用的，减半缴纳矿产资源补偿费三年。

3. 外商与中方探矿权人及采矿权人合作进行非油气矿产资源的勘探与开发，通过技术投入使开采回采率、选矿回收率和综合利用率高于国内同类企业水平的，减半缴纳矿产资源补偿费三年。

对高于国内企业水平多开采出的矿产品部分，免缴矿产资源补偿费。

4. 允许外商以先进技术或设备参股从事非油气矿产资源勘查开采活动，允许外商购买国有大中型企业的非油气矿产资源探矿权、采矿权。

5. 外商投资取得的非油气矿产资源探矿权、采矿权可以依法转让。

外汇管理

（一）改善外汇环境

从1994年1月1日起，中国按照国际惯例取消汇率双轨制，实行汇率并轨，实施以市场供求为基础、单一的、有管理的浮动汇率制和外汇制定银行结售汇制。改善外汇环境。

实行新的汇率制度后，对外商投资企业的外汇管理办法不变。允许外商投资企业自由选择外汇指定银行和境内外资银行开立现汇账户，保留现汇；外商投资企业经常项目下的用汇，可以从其现汇账户余额中直接办理支付，不足支付的，可以在外汇制定银行购汇支付。

（二）允许外商将获得的人民币利润进行再投资，并享受外汇投资待遇

外国投资者从其公司净利润中分得的人民币利润，经批准后用于增资或再投资于境内能创汇或能增加外汇收入的企业，除依法享受退还已缴纳的部分所得税的优惠外，外商可以接受该项投资的企业新增加的外汇收入中获得外汇，以汇出其合法利润。在对外商获得的人民币利润再投资进行审批和注册资本验证时，外商应提供原企业董事会和利润分配决议和当地外汇管理部门出具的人民币利润再投资的证明。

（三）中国对外资银行发展的政策

目前，中国允许外国银行、外国银行分行、合资银行按照中国人民银行批准的业务范围，可以部分或者全部经营：

1. 外汇存款；
2. 外汇放款；
3. 外汇票据贴现；
4. 经批准的外汇投资；
5. 外汇汇款；
6. 外汇担保；
7. 进出口结算；
8. 自营和代客户买卖外汇；
9. 代理代理外币及外汇票据兑换；
10. 代理外币信用卡付款；
11. 保管及保管箱业务；
12. 资信调查和咨询；
13. 经批准的本币业务和其他外币业务。

外资金融机构的正常活动和合法收益受中国法律的保护。

（四）财政优惠

1. 对生产性外商投资企业，经同级财政部门批准，可以适当缩短固定资产折旧年限。

2. 外商投资企业购买本企业生产、生活和办公需要的商品，不受省内社会集团购买力的限制。

（五）引荐外资鼓励

黑龙江省对在引进国外资金（含技术、设备）活动中起到引荐和介绍作用的企业、部门（不含职责范围内从事招商引资工作的部门）或个人，经有关部门确认后予以奖励。

吉 林 省

一、地理历史概况

吉林省简称“吉”，位于中国东北地区的中部，地处北温带，位于北纬40°52′~46°18′、东经121°38′~131°19′之间。全境东西最长约750公里，南北最宽约600公里，总面积18.74万平方公里，约占全国总面积的2%，居全国第14位。

吉林省处于日本、俄罗斯、朝鲜、韩国、蒙古与中国东北部组成的东北亚的腹心地带，东部与俄罗斯接壤，东南部以图们江、鸭绿江为界，与朝鲜民主主义人民共和国相望，边境线总长1 438.7公里。其中中俄边境线232.7公里，中朝边境线1 206公里。南连辽宁省，西接内蒙古自治区，北邻黑龙江省。

最东端的珲春市处于东北亚地理位置的几何中心，距日本海15公里，距俄罗斯的波谢特湾仅4公里。省会长春市位于东北亚十字交通线的交汇点上。

吉林省地貌形态差异明显。地势由东南向西北倾斜，呈现明显的东南高、西北低的特征。以中部大黑山为界，可分为东部山地和中西部平原两大地貌区。东部山地分为长白山中山低山区和低山丘陵区，中西部平原分为中部台地平原区和西部沙丘覆盖平原区。地貌类型主要有火山地貌、侵蚀剥蚀地貌、冲洪积地貌和冲积平原地貌。在总面积中，山地占36%，平原占30%，台地及其他占28.2%，其余为丘陵。

早在远古时期，就有人类在吉林这块土地上繁衍生息。距今约5万年~1万年前出现的“青头山人”、“榆树人”、“安图人”，是吉林古人类文明形成的重要标志。远在舜、禹时代，吉林省境内的古代民族就开始与中原王朝建立了具有隶属性质的贡纳关系，并逐渐成为中华民族的重要组成部分。

吉林区域的形成经历了漫长的历史演变过程。从先秦开始，吉林就被历代中央政权划入行政区域管辖之下。在汉朝时就设置了郡县，唐朝的渤海及后来的辽、金、元各代也都设立府、州、县。明朝设立都司、卫所。公元1653年（清顺治十年）清政府设置宁古塔昂邦章京，是吉林省建置之始。公元1662年（清康熙元年）改称宁古塔将军。公元1673年（清康熙十二年），吉林建城，史称“吉林乌拉”（满语译音“沿江”之意），吉林由此得名。公元1757年，宁古塔将军改称吉林将军，自此以后，“吉林”由原来城邑名称扩大为行政区称谓。公元1907年（清光绪三十三年），正式建制称吉林省。清前期，吉林一直处于封禁状态，社会经济发展缓慢。清中后期逐渐开禁，经济有了发展。20世纪初，东北成为日、俄帝国主义进行殖民扩张的角逐之地。在“五四”运动的推动和后来“五卅”运动的影响下，吉林大地不断掀起反帝爱国斗争风潮。民族工商业有所发展，具有近代规模的城市相继出现。1931年“九一八”事变后，吉林沦为日本的殖民地。

面对俄、日等殖民主义、帝国主义的野蛮入侵，吉林人民不畏强暴，顽强抗争，充分体现了中华民族不屈不挠的斗争精神。特别是在抗击日本帝国主义入侵斗争中，吉林人民奋起抗日，英勇杀敌，用鲜血和生命谱写了一曲曲气壮山河的爱国主义篇章。

东北解放战争时期，中国共产党领导的东北民主联军（后称东北人民解放军），在吉林大地上发动了震惊中外的“四战四平”、“四保临江”、“三下江南”等战役，成为扭转东北战局的关键。1948年辽沈战役开始，东北人民解放军围困长春，在强大的政治攻势和军事压力下，国民党驻守长春部队向解放军投诚。至此，吉林全境获得解放。

新中国成立后，吉林省行政区划几经调整。

建国初期，吉林省仅辖2个市、2个专区、1个旗、22个县和1个工业特区。1954年，东北行政区划调整，将原黑龙江省的7个县划归吉林省，与原属吉林的乾安县共同组建白城专区；将原辽东省的1市9县划归吉林省，设立通化专区；将原辽东省的辽源市、西安县、东丰县和原辽西省的四平市、双辽县、梨树县划归吉林省管辖。同年，吉林省人民政府由吉林市迁至长春市。1969年，内蒙古自治区的哲里木盟和呼伦贝尔盟的1县1旗划归吉林省，1979年又划归内蒙古自治区。从此，吉林省行政区域延续至今。全省现有8个地级市，1个自治州，60个县（市、区），765个乡（镇），241个街道办事处。

二、民族、民俗

吉林省共有49个民族。除汉族外，48个少数民族人口为245.34万人，占全省总人口的9.15%，主要有朝鲜族、满族、蒙古族、回族和锡伯族。朝鲜族主要分布在东部的延边、吉林、通化、白山等市州，蒙古族和锡伯族主要分布在西部的白城市和松原市，满族、回族以长春、吉林、通化、四平市居多。由于历史上的不断互相交往，形成了各民族既杂居、又聚居的状况。吉林省在少数民族聚居区实行民族区域自治，有延边朝鲜族自治州和前郭尔罗斯蒙古族自治县、伊通满族自治县、长白朝鲜族自治县以及33个民族乡（镇）。改革开放以来，吉林省少数民族自治地方经济和社会事业得到较快发展。2004年，民族自治地方生产总值达到315.59亿元。延边朝鲜族自治州在全国30个少数民族自治州中唯一连续3次被国务院授予“民族团结进步模范自治州”称号。

朝鲜族有自己的语言文字，具有吃苦耐劳、坚强勇敢的光荣传统。在抗日战争、解放战争、抗美援朝战争中，为中华民族的解放和新中国的建立与巩固，付出了巨大牺牲，做出了重要贡献。朝鲜族爱穿素白服，注重礼仪，尊老爱幼，能歌善舞，重视教育。延边朝鲜族自治州成立于1952年9月3日，素以“歌舞之乡”、“足球之乡”著称于世。

满族是一个历史悠久、勤劳勇敢和具有革命传统的民族。满族有自己的语言文字，现已通用汉语。满族妇女喜爱穿着旗袍，样式美观大方，具有鲜明的民族特点，已成为中国传统女装，并深受青睐。满族传统的礼俗、祭俗、婚俗、葬俗、居住习俗、育儿习俗等，现在还影响很多地区。其绘画、剪纸、歌舞、曲艺、民间故事、民族体育传承久远，至今流行。满族饮食独具特色，“满汉全席”闻名遐迩。

蒙古族有自己的语言文字，其服饰、饮食、住行、建筑、婚俗、丧葬、禁忌和礼节等具有鲜明的民族特色。每逢自治县、民族乡成立纪念日和蒙古族的传统节日，都举办那达慕（娱乐）大会，开展赛马、叼羊、摔跤等民族体育活动和歌舞表演。

锡伯族人多喜欢饮白酒和浓茶。敬重老人是锡伯人风俗中的重要道德规范。其文化活动多已同当地蒙、汉族文化融合。

各少数民族的民风民俗，随着历史的演进、社会的发展、时代的变迁以及政治、经济、文化、生活等诸种因素的影响而不断变化和发展。

三、自然资源

吉林省素有“黑土地之乡”之称。现有耕地553.78万公顷，占全省土地面积的28.98%；人均耕地0.21公顷，是全国平均的2.18倍；土地肥沃，土壤表层有机质含量为3%～6%，高者达15%以上。一望无垠的平川沃野，盛产玉米、水稻、大豆、油料、杂粮等优质农产品，具有发展高效农业、绿色农业的有利条件。

吉林省已探明储量的矿产资源有96种。其中油页岩、硅藻土、硅灰石、火山渣等11种矿产储量居全国首位，另有钼、锗、镍等41种矿产储量居全国前十位。其中，油页岩已查明储量占全国的54%，开发潜力十分巨大。长白山区拥有全国最大最好的矿泉水资源，是世界三大优质矿泉水源地之一。靖宇县被誉为“中国长白山矿泉城”。

吉林省位于东北地区主要江河的上、中游地带。长白山天池是中国最大的高山淡水湖泊。省内流域面积在20平方公里以上的大小河流有1 648条，分别属于松花江、辽河、鸭绿江、图们江、绥芬河五大水系。水能资源得天独厚，可开发水能资源总量为500.81万千瓦，有白山、红石、丰满等较大的水电站。吉林省是东北地区主要江河的河源省份，松花江、图们江、鸭绿江、东辽河和绥芬河五大水系均发源于此。

吉林省是中国的重要林业基地，森林覆盖率高达42.5%。现有活立木总蓄量86 089万立方米，列全国第6位，林业年创经济价值220亿元。长白山区素有“长白林海”之称，是中国六大林区之一，有红松、柞树、水曲柳、黄菠萝等，种类繁多。“长白松”为长白山特有的珍稀树种，因其树干挺拔、树皮鲜艳、树形娇美而被称作“美人松”，并列入1999年国务院公布的《国家重点保护野生植物名录》。

吉林省具有丰富、优越和得天独厚的旅游资源，自然景观千姿百态，人文景观独具特色。东部的长白山自然保护区，“雄山托天池，林海藏珍奇”，是世人瞩目的神奇之地。1983年，邓小平同志登上长白山，发出了“不登长白山，终身遗憾!”的赞叹。长白山天池是中国最大的火山口湖，天池“怪兽”的传说，更增添了它的神秘色彩。长白山瀑布从天池一角，如玉带从天坠下。冰清玉洁的吉林雾凇，以其“冬天里的春天”般的诗情画意，同桂林山水、云南石林、长江三峡一起被誉为中国四大自然奇观。碧波荡漾的松花湖是国家级重点风景名胜区，两岸绿树叠嶂，湖光山影，目不暇接。

辉南三角龙湾是古火山喷发口，湖水深邃，景色秀美。中部的长春净月潭是国家级森林公园，绿荫如盖，潭水清澈，森林浩瀚，其规模堪称亚洲人工林之最。西部的通榆向海自然保护区，在中国七大湿地中面积最大、生物物种最丰富，被世界野生生物基金会评为具有国际意义的“A”级自然保护区，并载入世界著名湿地名录。乾安泥林千姿百态，趣味横生，人称“狼牙坝”，又因恐怖多怪，被称作“魔鬼之谷”。

列入世界文化遗产名录的集安高句丽遗迹闻名海内外，将军坟雄伟壮观，被誉为“东方金字塔”，好太王碑堪称中华民族碑刻艺术的瑰宝。长春伪满皇宫是伪满洲国“皇帝”溥仪的宫殿，被国家列为爱国主义教育的重要基地。伪满国务院及“八大部”遗址是伪满洲国的统治中心，由一组日本宫廷式风格的建筑群组成，被列为省级重点文物保护单位。

1976年3月18日15时2分36秒，天外来客陨石雨降落在吉林市西北郊区和永吉县。这次陨石雨散落面积达500平方公里，收集到陨石标本138块，总重量2 616公斤。其中最大的1号陨石重1 770公斤，是目前世界上最大的一块石陨石。吉林陨石雨散落面积之大、重量之巨、数量之多、收集之丰，均为世界罕见。

四、经济概况

中华人民共和国建立之前，吉林省的经济十分落后。农业生产基本上沿用传统的生产方式，工业化处于起始阶段，只有个别行业有一些小型的工业作坊，城乡人民生活十分贫困。建国之后，吉林省的经济飞速发展，建成了以机械、汽车、化工为一体的门类比较齐全的的现代化工业体系，农业现代化也取得了长足的进展，吉林省成为全国重要的工业和农业生产基地。改革开放以来，全省经济持续、快速、健康发展，经济综合实力显著提高，全省人民生活总体上基本达到了小康水平。2004年，全省经济总量达到2 958.21亿元，全年一般预算全口径财政收入完成329.0亿元，全社会固定资产投资达到1 171.64亿元。

吉林省是农业大省，是中国重要的商品粮生产基地，农业资源丰富。多年来，人均粮食占有量、粮食商品率、粮食调出量及玉米出口量均居全国第一位。绿色、特色、优质农产品在国内外具有广阔的市场和较高的声誉。全省已有38个绿色食品基地县和50个生产基地，绿色食品标识产品达155个。吉林省也是新兴的畜牧业生产基地，人均肉、蛋占有量分别居全国第一位和第五位，畜牧业产值占农业总产值的43.3%，已成为农村经济的支柱产业。近年来，“订单农业”形成规模，绿色食品迅速崛起，避寒增温暖棚农业呈规模化发展趋势，农业科技化、产业化、市场化水平不断提高。农业发展已逐步转移到依靠科技进步和提高劳动者素质的轨道上来，农业的增长方式正由传统农业向现代农业、由粗放经营向集约经营转变。

吉林省地处东北黄金玉米带，气候、土壤等条件非常适宜玉米的生长，而且品质上乘。玉米面积占全省农作物播种面积60%左右，玉米产量占全省粮食总产量的70%左右，玉米总产量、人均占有量、商品量、出口量、调出量多年一直居全国第一位。玉米生产对农业生产、农民收入和全省经济发展举足轻重。吉林省确立了发展玉米经济的新思路，不仅把玉米作为粮食作物，而且作为经济作物，用产业经济的发展思路来谋划玉米生产和农业发展，变玉米资源优势为经济优势，推进农业和农村经济的跨越式发展。发展玉米经济，主要是改革现有生产方式，强化玉米的转化加工，提高其附加值。吉粮集团、吉林德大、长春皓月、公主岭华正等一批粮食流通和畜禽饲养加工企业发展势头强劲。玉米经济已经展现出勃勃生机。

吉林省是国家老工业基地之一，国有企业比重大，大中型企业较多。“一五”计划时期，全国156项重点建设工程，在吉林省有12项，包括第一汽车制造厂、吉林化肥厂、吉林染料厂、丰满发电厂等一批重点企业新建、扩建并投产，形成了吉林工业的主体框架。改革开放以来，吉林工业通过结构调整、体制创新，进入了新的发展时期。国有企业活力增强，股份制企业、外商投资企业、民营企业快速增长，汽车、化工两大支柱产业进一步壮大，电子、食品、医药成为优势产业。建成投产了一汽大众15万辆轿车、吉化30万吨乙烯、百万吨玉米深加工、彩色液晶显示器（TFT—LCD）先导工程等，形成了一批新的经济增长点。高新技术产业发展取得进展，技术创新能力不断增强。企业组织结构优化，涌现出一批大企业集团和“小巨人”企业。

吉林省非国有经济有了较大发展，尤其是股份制企业、港澳台商和外商投资企业发展更快，所创造产值占全省比重由1995年10.5%上升到2004年的65.7%。经过50多年的发展，吉林工业形成了以汽车、石化工业为支柱，食品、医药和电子工业为三大优势，重型工业、国有经济、骨干企业为主导的结构特点。

2004年，吉林省根据《振兴吉林老工业基地规划纲要》，制定并组织实施了汽车、化工等专项发展规划和两年实施要点，全省有200户国有及国有控股工业企业完成改制。争取老工业基地调整改造工业国债项目179项，总投资2 855亿元；高技术专项40项，总投资46.2亿元。一汽大众33万辆轿车等一批大项目竣工投产，新开工项目占当年全部在建工程的83.9%。

吉林省参加或举办了一系列国内外经贸交流和招商引资活动，引进外省资金121亿元，外商直接投资4.5亿元美元。旅游业总收入84亿元，民营经济实现增加值增长26%。

五、投资优势

交通运输

吉林铁路自1897年（光绪二十三年）清政府修建东清大铁道以来，先后经历清末、中华民国、东北沦陷、解放战争、新中国等不同历史阶段，其隶属关系和称谓依次为中东铁路、吉长铁路、满铁、中长铁路和吉林铁路局。现在，全省铁路以长春为中心，有长大、长哈、长图、长白主要干线向四方辐射。2004年，全省铁路货物周转量完成499.86亿吨公里，旅客周转量完成146.8亿人公里，旅客发送量完成4 687万人次。

截至到2004年末，吉林境内有国道8条，省道16条，县级公路162条。公路总程47 255公里，其中等级公路占93.5%。全省村通公路率达95.5%，乡通油路率达97.3%，基本实现了省会长春到各市州为二级以上公路连接。全省公路货运量2.6亿吨，公路客运量2.2亿人次。至2004年，全省高速公路总程已达542公里，标志着吉林省公路建设进入了现代化的历史阶段。

吉林省民航事业始于1932年。新中国成立后，吉林省民航事业逐步发展。现已形成以长春机场为中心，吉林和延吉机场为主干，辐射周边国家和地区的航空网络。通航城市达30多个，可以起降波音757等大型飞机，国际国内和地区航线近50条，与俄罗斯、日本、韩国等国外城市及香港通航。2004年，吉林民航旅客吞吐量210.2万人次，货邮吞吐量2.84万吨。

全省内河通航里程为169公里，内河港口5处，年设计吞吐能力为180万吨。大安港是国家一类内河口岸，年设计吞吐能力为100万吨，经水路可直达俄罗斯远东一些港口，并可进入日本海。此外，还有扶余港、吉林港和丰满港等主要港口。

改革开放以来，吉林省邮电通信事业取得显著成就。在通信建设方面，全省传输光缆长度达2万公里，长途自动交换机总容量达15.2万路端，长途业务电路总数达5.5万条。2002年，全省电信部门完成固定资产投资42.5亿元，进一步加强了一级干线微波、东中西线光缆传输的建设。长途电路总数达到20.9万路端口，基本上满足了地方经济发展对长途电路的需求。数据通信发展迅猛，高速上网、虚拟专网等业务功能在宽带网上实现。2004年全省电信业务总量达200.1亿元，到2004年底，全省本地电话用户达到667.4万户，移动电话用户达到762.9万户，互联网拨号用户达到173.2万户。

生态省建设

1999年11月，国务院授权国家环保总局批准吉林省为国家生态省建设试点。吉林省人大审议批准实施《吉林省生态省建设总体规划纲要》。吉林省生态省建设分为近期启动、中期发展、远期提高三个阶段。现已进入第二阶段：2006～2015年，为生态省建设发展期。就是用10年时间，使吉林省经济、社会和生态环境步入良性循环，形成生态环保型效益经济体系，树立绿色产业大省形象。第三阶段：2016～2030年，为生态省建设提高期。就是用14年时间，全面达到生态省建设的各项目标，展现吉林省绿色经济强省形象。

目前，已经启动了56个生态省建设优先工程项目，总投资98.52亿元，建立自然保护区29个，面积195.1万公顷，占全省总面积的10.8%；生态示范区建设发展到19个，面积达849.61万公顷，占省内面积的45.2%；完成公益林造林9.63万公顷，幼林培育68.2万公顷。按照《吉林省生态省建设总体规划纲要》的总目标要求，吉林省力争通过30年的努力奋斗，把吉林省建设成为经济比较发达、社会文明、生态环境优良，资源永续利用的生态强省，为人类物质文明和精神文明的全面进步做出新的贡献。

不断扩大的对外开放

2005年，吉林省利用外资额达11.51亿美元，引进内资242.9亿元，均比上年增长1倍以上，实现了双翻番，一举结束了吉林省招商引资多年来徘徊不前的局面。

省委、省政府审时度势，科学谋划，提出吉林省的奋斗目标：必须紧紧抓住并充分利用好振兴老工业基地这个战略机遇，加快吉林发展，争先进位，富民强省，构建和谐社会，加快振兴吉林老工业基地，建设新型工业基地。加大投资是提升产业层次、调整产业结构、扩大经济总量的关键，是保持经济较快增长的主要途径。

有关资料显示，德国许多企业特别是汽车配套和化工企业非常看好中国市场。日本一些大企业正计划把生产线移向域外，约2/3的企业准备把转移地点选在中国。韩国30多万户中小企业，已有6 000多家转移到中国，今后还将有更多的中小企业向国外转移。

吉林省委、省政府抓住机遇，派出多支代表团出访西欧一些国家及日本、韩国。主动到一些世界级大企业叩门招商，推动了一批重大项目的签约和进展，加强与国外机构和组织的工作联系，注重搭建招商引资长期合作平台。在“走出去”

的同时，吉林省还下大力气“请进来”。德国、芬兰、法国、美国、日本、韩国、新加坡、津巴布韦等30多个国家和地区的政府代表团、企业家代表团来吉林省进行访问和考察，全面加强了经贸交流与合作。

2005年，吉林省主办的中国吉林·东北亚投资贸易博览会取得圆满成功。国内外参展、参会政要、客商总数超过3万人，其中，国外客商4 000多人、国内外副部级以上政要94人，世界500强企业集团总裁或中国总部总裁、副总裁45人。东北亚博览会规模之大、层次之高、范围之广，在吉林省史无前例。东北亚博览会共签订投资类项目276个，吸引外来投资750多亿元，其中合同项目132个，总投资额367.9亿元，吸引外来投资326亿元。

至2005年底，世界500强、国内500强来吉林省投资建厂明显增多，项目质量有较大提高，一汽大众轿车二厂、PQ35平台零部件、一汽丰田V6发动机、长春大成玉米深加工新厂、松原华润赛力事达、采埃夫底盘等项目相继建成投产；福耀玻璃、冀东水泥、纳爱斯集团、小天鹅公司、高榕集团、娃哈哈集团、农夫山泉等我国著名企业先后到吉林省落户。

近年来，欧洲主要国家在投资与贸易等方面与吉林省的合作越来越密切，特别是2004年德国总理施罗德来吉访问，2005年省委书记率团回访欧洲国家，为吉林省和欧洲各国进一步加强经贸合作奠定了坚实基础。双方互访表明吉林省与英法意等欧洲国家进一步加强合作和扩大经贸往来的意愿。

今后，吉林省将通过举办一系列经贸交流会、项目洽谈对接会和重点拜访会晤等招商引资活动，促进石化、矿泉水、农牧业、新型建材、汽车零部件和高技术产业等领域与欧洲企业的合资、合作。同时，将邀请更多外商投资者到吉林省参观访问和考察洽谈。

六、投资导向

外商投资优势产业目录（2004年修订）已经国务院批准，自2004年9月1日起执行

1. 长白山生态可食资源的开发、培育养殖和加工
2. 退耕还林还草、天然林保护等国家重点生态工程后续产业开发
3. 节水灌溉技术开发及应用
4. 镍矿勘探开发
5. 动植物药材资源开发生产（列入国家保护的资源除外）
6. 油页岩资源开发及综合利用
7. 汽车零部件制造
8. 大规格超高功率石墨电极及特种石墨开发生产
9. 城市供气、供热、供排水管网建设、经营（大中城市中方控股）
10. 冰雪旅游资源开发及滑雪场建设、经营
11. 旅游景区（点）开发及其配套设施建设、保护和经营
12. 公路旅客运输

七、地区优惠政策

国家赋予振兴吉林老工业基地吸引外资优惠政策

（一）鼓励外资并购国有企业

在外资并购和嫁接改造国有企业过程中，国有商业银行经批准可采取灵活措施处置所拥有企业的不良资产和自主减免贷款企业的表外欠息。

鼓励外资以并购、参股等多种方式参与国有企业改组改制。外资并购国有企业享受金融资产

管理公司吸收外资参与资产重组与处置的相关政策，凡外资比例达到或超过25%的，按鼓励类外商投资项目享受相关政策。

允许外商投资基金按国际通行规则收购金融资产管理公司、国有商业银行的不良债权、股权，并对其拥有的资产进行重组与处置。

外国投资者并购和嫁接改造国有企业，原国有企业历史形成、确实难以归还的历史欠税，按照规定经有关部门批准后可给予豁免。

外国投资者并购国有企业后设立外商投资企业，在经济性减员、人员安置和再就业等方面享受与国有企业相同的政策。

外国投资者并购国有企业，其资产评估可参照国际通行的评估办法，资产交易价格以资产评估结果为基础确定。

（二）鼓励外资投资产业

对符合东北地区老工业基地规划且能够促进优势产业发展、完善产业链条的允许类外商投资项目，可享受鼓励类外商投资项目的相关政策。

外商投资于国家重点发展的装备制造业、石油化工业、冶金工业等产业的重大项目经批准可适当降低资本金比例并放宽外资持股比例。

外商投资企业被认定为高新技术企业的，与在国家高新技术产业开发区内设立的同类企业享受相同的政策。

鼓励跨国公司设立独资或与当地企业、科研机构、高等学校合资设立研究开发中心，除享受规定的优惠政策外，其进口耗材、试剂、样机、样品等免征关税和进口环节增值税，服务于各业的技术成果转让、技术培训、技术咨询、技术服务、技术承包所取得的技术性收入比照国内科研机构免征企业所得税。

外商投资研究开发中心试验室土建投资的，按投资额25%给予一次性资金补助。

外商投资于资源枯竭型城市，享受沿海经济特区政策。在重大项目生产力布局上优先安排有利于发挥资源枯竭型城市资源、人才、现有生产能力优势的综合利用、精深加工和接续产业项目；外商投资上述项目，经批准，按鼓励类外商投资项目享受相关政策。

（三）扩大外资投资领域

放宽外商投资城市燃气、热力和供排水管网建设、经营项目的股比限制，允许外方控股并享受鼓励类项目的相关政策。

进一步扩大银行业的对外开放，加快发展证券、保险等金融服务。允许外资金融机构在长春市经营人民币业务，放宽外资银行设立机构和开办业务的资格条件，允许设立中外合资商业银行，并面向国内所有客户开展外汇和本币业务。

对外商设立合资证券公司、证券投资基金管理公司、保险经纪公司和外资保险公司经营机构给予优先许可，并适当放宽设立资格条件。

鼓励外商投资交通运输业。对铁路、公路、航空运输业务及定期、不定期国际海上运输业务和国际集装箱多式联运业务等经批准可放宽外资股比限制，并允许外资控股或独资经营。

允许设立外商投资物流企业。

（四）优化外商投资环境

外商投资设立的培养各类职业技术人才、国际商务人才的高级职业技术培训机构，自设立之日起3年内，根据其培训学员的数量，以助学金的方式给予每位学员培训成本1/3的资助，其进口的教学仪器、仪表、实验器材、化学试剂等免征进口关税和进口环节增值税。

国家级开发区可在原批准规划面积已得到充分利用的情况下，依据土地利用总体规划和城市总体规划，适当增加用地规模，扩大规划面积。

（五）吸引外资政策

国家级经济技术开发区、高新技术产业开发区的生产性外企和高新技术企业，减按15%的税率征收企业所得税。长春、珲春生产性外企减按24%税率征收企业所得税。其中，技术密集、知识密集型、外资在3 000万美元以上且回收投资时间长的项目、能源、交通、港口建设项目，报有关部门批准后，减按15%税率征收企业所得税。

经营期10年以上的生产型外商投资企业，从获利年度起享受“两免三减半”的优惠政策。

国家鼓励类外企、现行税收优惠政策期满后3年内，减按15%税率征收企业所得税。

农林牧业的外企享受减免税政策期满后，经国家批准，在以后的10年内可继续减征15%～

30%的企业所得税。

外企先进技术企业，享受减免税后，仍为先进技术企业，延长3年减半征收企业所得税。

外企产品出口企业，在减免税后，当年出口额达当年产品销售额70%以上的减半征收企业所得税。已按15%税率缴纳企业所得税的产品出口企业，符合上述条件，按10%税率征收企业所得税。

外企外国投资者将从企业取得的利润直接再投资于该企业，增加注册资本或作为资本投资开办其他外企，经营期不少于5年，退还再投资部分已缴纳所得税40%税款。

外企及外国企业设立的从事生产、经营的机构、场所的年度亏损可以用下一纳税年度的所得税的所得弥补，可逐年延续弥补，最长不超5年。

现有外省的外企在我省再投资、外资比例达25%以上享受外企待遇。

独资或合资的城市基础设施和公益事业以及能源、交通、水利项目采取划拨方式取得国有土地使用权。

"十五"期间，以出让方式取得国有土地使用权暂缓缴纳土地出让金、土地租金。

外商投资农牧渔业项目，以租用方式取得的生产用地，前5年免缴土地租金，第6～10年减半。

在吉林省投资长白山生态可食资源的开发、培育养殖和加工项目；退耕还林还草、天然林保护等国家重点生态工程后续产业开发项目；节水灌溉技术开发及应用项目；镍矿勘探开发项目；动植物药材资源开发生产项目（列入国家保护的资源除外）；油页岩资源开发及综合利用项目；汽车零部件制造项目；大规格超高功率石墨电极及特种石墨开发生产项目；城市供气、供热、供排水管网建设、经营项目（大中城市中方控股）；冰雪旅游资源开发及滑雪场建设、经营项目；旅游景区（点）开发及其配套设施建设、保护和经营项目；公路旅客运输项目等12个方面的外商投资项目，享受《外商投资产业指导目录》中鼓励类的相关优惠政策。

国家赋予振兴吉林老工业基地的特殊优惠政策

（一）税收方面优惠政策

对东北地区从事装备制造业、石油化工业、冶金业、船舶制造业、汽车制造业、农产品加工业产品生产为主的增值税一般纳税人，购进固定资产、用于自制固定资产的货物或应税劳务和为固定资产所支付的运输费用等所进项税金，准予用当年新增加的增值税税额抵扣。当年没有新增加的增值税税额或新增加的增值税税额不足抵扣的，未抵扣的进项税额可以结转以后年度继续抵扣。自2004年7月1日起执行。

对东北地区的低丰度油田和衰竭期矿山，经省级人民政府批准，可以在不超过30%的幅度内降低资源税适用税额标准。

提高计税工资税前扣除标准。东北地区企业的计税工资税前扣除标准提高到每月人均1 200元，具体扣除标准由省级人民政府根据当地平均工资水平，在不超过上述限额内确定。企业在省级人民政府确定的标准以内实际发放的工资可以在税前扣除。自2004年7月1日起执行。

提高固定资产折旧率。东北地区工业企业的固定资产（房屋、建筑物除外），可在现行规定折旧年限的基础上，按不高于40%的比例缩短折旧年限。

缩短无形资产摊销年限。按不高于40%的比例缩短摊销年限。但协议或合同约定有使用年限的无形资产，应按协议或合同约定的使用年限摊销。

（二）社会保障试点的有关政策

社会保障试点已由辽宁省扩大到黑龙江和吉林省，实施工作已全面展开。国家拿3.75%，用人单位拿1.25%，做实个人账户5%，为国企改制创造了良好条件。

（三）投资方面支持政策

国家每年专设振兴东北老工业基地工业国债项目专题计划。东北老工业基地工业建设项目只要列入国家该专题计划中的项目，原则上按固定资产投资的10%安排国债资金，最高不超过15%。

八、服务机构

吉林省商务厅
地址：长春市人民大街3855号
电话 Tel：0086－431－5673226　5660404
传真：0086－431－5624772
E－mail：jltzcj@163.com

吉林省经济委员会
地址：长春市新发路329号
电话 Tel：0086－431－8904525　8914919
传真 Fax：0086－431－8939262
E－mail：chinajljwtz@yahoo.com.cn

吉林省发展和改革委员会
地址：长春市新发路329号
电话：0086－431－8904502　8904598
E－mail：jlwlg@126.com

吉林省国有资产管理委员会
地址：长春市自由大路283号
电话：0086－431－5618510
E－mail：gzw_ chz@mail.jl.gov.c

吉林省外事办公室
吉林省侨务办公室
地址：长春市新发路26号
电话：0086－431－2714257　2768382
E－mail：xuanxinping@mail.jl.gov.cn

吉林省外资企业协会
中国国际贸易促进委员会吉林分会
地址：长春市安达街982号
电话：0086－431－8549499
E－mail：jl@ccpit.org

吉林省开发区管理办公室
地址：长春市新发路文化胡同2号
电话：0086－431－2714641
E－mail：gjdx@sina.com

国家外汇管理局长春分局
地址：长春市人民大街2219号
电话：0086－431－8944302
E－mail：1962liu@sina.com

吉林省工商行政管理局
地址：长春市南湖大路599号
电话：0086－431－5279001
传真：0086－431－5882701
E－mail：rainie@21cn.com

吉林省国家税务局
地址：长春市长春大街358号
电话：0086－431－8994000
E－mail：jaesu@163.com

吉林省地方税务局
地址：长春市建设街21号
电话：0086－431－8549082
E－mail：xfc1975@163.com

吉林省出入境检验检疫局
地址：长春市普阳街45号
电话：0086－431－7691188

吉林省外事服务中心
地址：长春市新发路26号
电话：0086－431－2771386
E－mail：wangweiw@public.cc.jl.cn

九、省会介绍——长春市

长春概况

长春市是吉林省省会，全省的政治、经济、文化中心，辖有朝阳、南关、二道、宽城、绿园、双阳6个区，九台、榆树、德惠三个县级市和农安县。长春市总面积20 571平方公里，其中市区面积3 663平方公里。全市户籍总人口724万人。

长春位于北半球中纬地带，欧亚大陆东岸的中国东北大平原腹地，地处东经124°18′至127°02′，北纬43°05′至45°15′；市中心坐落在东经125°19′，北纬43°43′。气候为中温带大陆性季风气候。素有“塞北春城”的美誉。长春受经纬度的影响，冬季气温比较低，夏季日照时间比较长。美国的汽车城底特律和玉米带，意大利的汽车制造中心都灵和集约农牧区，都与长春处于同纬度或接近同纬度地带。

长春位于东部低山丘陵向西部台地平原的过渡地带。平原面积较大，台地略有起伏，地势平坦，便利交通。长春地区除东部有小面积的低山丘陵，绝大部分为台地，第二松花江、饮马河、伊通河纵贯其间，沿河两岸则为平坦的冲积平原。地势平坦，方便交通。四通八达的自然区位，对发展长春经济十分有利。

长春地区有两个特点：一是地势起伏小。地表相对高差不超过40米至50米，地面坡度不超过4度至5度，有利于发展城市交通运输。二是地耐力比较好。长春地区的地质基础比较稳固，地耐力为15吨至20吨/平方米，有利于城市基础设施建设。

长春位于东北经济区中部，地处东北大平原腹地。西接松嫩平原，东连长白山地，南邻东辽河，北隔拉林河与哈尔滨市相望。

长春西部是辽阔的白城农牧区和内蒙古东四盟（市）。白城地区的羊毛总产量占吉林省的7%，油料占80%，甜菜占50%。位于该区的扶余油田是吉林省的石油化工基地之一。内蒙古东四盟（市）的森林资源、煤炭资源十分丰富，畜牧业、林业相当发达。西部邻区可向长春提供木材、农牧产品和石油化工原料。

长春东部是资源丰富的长白山区。吉林、通化、延边、白山等集中了吉林省的大部分森林资源、煤炭资源和矿产资源。木材产量占吉林省木材总产量的85%，水电占70.2%，钢铁占71.6%，原煤占47%，合成氨占76.9%，铁合金占89%。东部邻区可向长春提供能源、木材、钢铁、煤炭和化工原料。

长春北部联结黑龙江省。原油、木材、煤炭、发电设备是黑龙江省的优势产业，也是长春经济发展的重要配套条件。松花江边境城市同江已成为长春玉米出口的重要口岸。

长春南部靠近东辽河。四平市和辽源市是吉林省的重要农业区和工矿区。四平盛产粮食，机械、食品、建材工业相当发达。辽源煤炭资源丰富，盛产优质煤，化工产品较多。位于四平南部的辽宁处是全国著名的重工业基地，东北地区唯一的沿海省份。南部邻区的工农业产品与长春协作配套，优势互补，是开展横向经济联合的重要条件。辽宁省的大连、营口等沿海城市的海上运输，已成为长春工农业产品运往关内和对外出口的必经之路。

东北城市间的经济交流，主要依靠铁路、公路运输。长春市位于东北交通的网络中心，地处城市通衢的十字路口，区位优势明显。长春城市风貌别具一格，整个城市建在平缓台地和河谷阶地上，既有缓丘森林，又有沟谷林绿地，盛夏林荫蔽路，寒冬银装素裹，是避暑和观赏雪景的好地方。多种自然景观的有机结合，对建设具有自己特色的北方旅游城市十分有利。

资源概况

长春土地资源十分丰富，总面积为20 571平方公里，人均土地资源面积为3.5公顷，均居全省第一位。其中，黑土台地面积占长春土地资源总面积的28.13%，河谷低平地占16.90%，黑钙土台地占13.20%，草甸土低平地占9.93%，暗棕壤低山占0.76%，暗棕壤丘陵占7.41%，沟谷地占7.29%，草甸黑土平地占5.93%，白浆土台地占4.31%，潜育草甸土低洼地占2.69%，沙地占2.02%，水域占1.43%。以黑土台地为主要类型的土地资源，为发展以农为主，农林牧副渔多种经营提供了有利条件。

长春光能、热量、降水等气候资源多集中在农作物生长季节，综合利用价值高，对发展农业生产十分有利。长春地处东北大平原中部，太阳辐射较强，光能资源丰富，辐射强度大，日照时间长，对作物生长发育十分有利。

长春水资源相当丰富，国家允许利用的过境客水资源为173.7亿立方米，相当于境内水资源的6.5倍。地下水储量为14.67亿立方米，占境内水资源总量的52.1%。全市222条河流中，可发电的河流仅有10条，理论蕴藏量为13.07万千瓦。

长春植物资源共约800多种，森林资源不丰富，长春林地面积低于全省和全国的平均水平。长春森林资源的特点是防护林面积大，经济林面积小；幼龄林面积大，成熟林面积小；东部山地丘陵区森林资源比较丰富，西部台地平原区比较贫乏。长春草地资源共有8.6万公顷，主要分布在长春西北部，其次是松花江河漫滩及其支流卡岔河，拉林河河谷低地。

长春动物资源共264种，其中，优势级动物14种，占动物资源种数的5.3%；常见级动物58种，占22%；少见级动物136种，占51.5%；偶见级动物56种，占21.2%。长春动物资源多分布在中西部地区，毛皮兽和食虫鸟类多分布在东部山区。

长春已查明的矿产资源共39种，258处，主要是能源矿、非金属矿和金属矿。能源矿主要有煤炭、石油和油母页岩。已探明原煤炭储量为53.2亿吨，保有储量2.3亿吨，共有5处煤产地，即营城子煤田、羊草沟煤田、孙家沟煤田、长春煤田、双阳煤田。石油是长春新发现的优势矿种，位于双阳县境内，油田长300公里，宽14公里至20公里，油气层埋深2 000米左右，预计储量为4亿至8亿吨，可年产石油350万吨，天然气5亿立方米。现已开采，命名为“长春油田”。长春油母页岩分布于农安县境内，探明储量为168.9亿吨，占吉林省探明储量的97%，占全国50%，尚未开采。

长春非金属矿主要有石炭岩、膨润土、珍珠岩、沸石和建筑石材等，多位于九台市和双阳县。长春石炭岩的探明储量为2.7亿吨，占吉林省探明储量的50%。

优惠政策

外商投资企业税收优惠政策

1. 长春市的生产性外商投资企业，享受国家给予沿海开放城市和地区的税收优惠，减按24%的税率征收企业所得税（注：两个国家级开发区，长春经济技术开发区、长春高新技术产业开发区，按15%的税率征收企业所得税）。

2. 生产性外商投资企业，经营期在十年以上的，从获利的年度起，可享受两年免征、三年减半征收企业所得税的优惠。

3. 外商投资举办的产品出口企业，在依照税法规定免征、减征企业所得税期满后，凡当年出口产品产值达到当年企业产品产值70%以上的产品出口企业，可按照税法规定的税率减半征收企业所得税。但对按15%税率征收企业所得税的企业，符合上述的条件，按10%的税率征收企业所得税。

4. 外商投资举办的先进技术企业，在依照税法规定免征、减征企业所得税期满后，仍为先进技术企业的，可按照税法规定的税率延长三年减半征收企业所得税。但对按15%税率征收企业所得税的企业，符合上述的条件，按10%的税率征收企业所得税。

5. 属于国家鼓励类的外商投资企业，在现行税收优惠政策执行期满后三年内，可减按15%的税率征收企业所得税。

6. 外国投资者从外商投资企业取得的利润直接再投资于该企业，增加注册资本，或者作为资本开办其他外商投资企业，经营期不少于五年的，可退还再投资部分已缴的企业所得税款的40%。

7. 外国投资者从外商投资企业取得的利润，在中国境内作为资本直接再投资开办、扩建产品出口企业或先进技术企业，经营期不少于五年的，可以全部退还再投资部分缴的企业所得税税款。

8. 外商投资企业向中西部地区投资，被投资公司注册资本中外资比例不低于25%的，经审批机关批准，可享受外商投资企业税收优惠待遇。

9. 对符合《外商投资产业指导目录》的鼓励类，并转让技术的外商投资项目，在投资总额内进口的自用设备及其配套的技术、配件、备件，除《外商投资项目不予免征的进口商品目录》所列的商品外，免征关税和进口环节增值税。

10. 属于国家鼓励类的外商投资企业在投资总额内采购国产设备，如该类进口设备属免征进口税范围，可全额退还国产设备增值税。

外商投资企业进行符合国家产业政策的技术改造及生产高新技术产品，其采购的国产设备按有关规定抵免企业所得税。

11. 对符合《外商投资产业指导目录》的鼓励类外商投资企业，外商投资研究开发中心、先进技术型和产品出口型外商投资企业技术改造，在原审批的生产经营范围内，利用投资额以外的自有资金进口国内不能生产或性能不能满足需要的自用设备及其配套的技术、配件、备件，免征进口关税和进口环节增值税。

12. 外商投资于中西部地区的利用外资优势产业和优势项目，经有关部门批准后，可享受《外商投资产业指导目录》中鼓励类项目政策及相应优惠待遇（如本政策中第2条第二款、第5、9、10、11条的相关优惠）。

13. 外商投资设立的研究开发中心，在投资总额内不能生产或性能不能满足需要的自用设备及其配套的技术、配件、备件，免征进口关税和进口环节增值税。

14. 外国企业向我市转让技术免征营业税；凡属技术先进或条件优惠的，经国务院税务主管部门批准，免征企业所得税。外商投资企业（包括外商投资设立的研究开发中心）取得的技术转让收入免征营业税。

15. 外商投资企业技术开发费比上年增长10%以上的，允许再按技术开发费实际发生额的50%，抵扣当年度的应纳所得税额。

16. 属于国家给予减免企业所得税优惠待遇的外商投资企业，同时减免地方所得税。经营期在十年以上的生产性外商投资企业，其地方所得税从开始获利年度起免征10年。地方所得税免征期满后，对当年产品出口额达到当年企业全部产品销售额50%以上的，免征当年地方所得税。

17. 外商投资企业享受国家给予东北老工业基地新出台和陆续出台的有关税收政策。

在高新技术开发区外商投资企业的优惠政策

1. 在高新区内投资兴办的外商投资企业，所得税按国务院对高新技术产业开发区规定的15%的税率征收。新办企业从获利年度起，第二年、第三年免征企业所得税，第三年至第八年减按10%的税率征收所得税。

2. 对新办的外商投资企业，其地方所得税从获利年度起免征十年。

3. 高新区产品出口型企业，在减免企业所得税期满后，凡当年出口产品产值达到当年企业总产值70%以上的，可减按10%的税率征收企业所得税。

4. 外商投资企业将税后利润在中国境内再投资举办、扩建产品出口企业或者先进技术企业，经营期不少于五年的，可退还企业再投资部分缴纳所得税全部税款。

5. 外商投资者将从企业分得的利润汇出境外时，免征所得税。

6. 外商投资企业在投资总额内进口的生产用设备，免征进口关税的进口环节增值税。

7. 高新技术企业生产的出口产品除国家限制出口或另有规定的产品外，免征出口关税。

8. 经海关批准，高新技术企业可以在高新区内设立保税仓库、保税工厂。海关按照进料加工的有关规定，以实际加工出口数量，免征（保税）进口关税和进口环节增值税。

9. 外商投资企业投资兴建厂房等建筑工程，可免征固定资产投资方向调节税。外商投资企业除享受国家、省、市赋予高新区的优惠政策外，同时享受先进技术型外商投资企业的优惠政策。

10. 高新区企业因公出国人员的出国（境）和邀请外商来华的审批手续，由高新区管委会自行审批。

11. 在新区建成厂的企业免收土地、规划、建设等行政收费。

12. 区内企业购买国家规定的“社会集团购买力控制商品”可由区财政部门审批。

经济技术开发区优惠政策

长春经济技术开发区享受同深圳、上海等沿海开放城市同等的优惠政策，具体包括：

1. 开发区内的生产性外商投资企业，从事生产经营所得和其他所得减按15%的税率征收企业所得税。其中，凡经营期在十年以上的，经企业申请，税务机关批准，从开始获利的年度起，第一年、第二年免征企业所得税，第三年至第五年减半征收企业所得税。

2. 外商投资兴办的产品出口企业，在依照税法规定免征、减征企业所得税期满后，凡当年出口产品产值达到当年企业产品产值70%以上的，可减按10%税率征收企业所得税。外商投资举办的先进技术企业。在减免税满后，可以延长三年按10%征收所得税。

3. 外商投资企业的外国投资者，将从企业取得的利润直接再投资于该企业，增加注册资本，或者作为资本投资开办其他外商投资企业，经营期不少于五年的，经投资者申请，税务机关批准，退还其投资部分已缴纳所得税的40%税款。其中，外国投资者将从企业分得的利润，在开发区直接再投资兴办、扩建产品出口企业或先进技术企业，可以全部退还再投资部分已缴纳的企业所得税税款。

4. 开发区内鼓励外商投资企业（包括外商投资设立的研发中心）进口自用设备及其配套的技术、配件、备件，可按有关规定免征进口关税和进口环节税。

5. 在开发区内以土地出让方式取得土地所有权的外商投资企业，不再缴纳场地使用费。

6. 外商投资企业在投资总额内采购国产设备，如该类设备属免税目录范围，可全额退还国产设备增值税，并按有关规定抵免企业所得税。

7. 开发区内外商投资企业免征投资方向调节税。

8. 根据《鼓励软件产业和集成电路产业发展的若干政策》（国发［2000］18号），企业销售其自行开发生产的软件产品，对实际增值税税负超过3%的部分即征即退；企业销售其自产的集成电路产品，对实际增值税税负超过6%的部分即征即退。

9. 开发区内外商投资企业技术开发费比上年增长10%或高于10%的，经税务机关批准，允许再按技术开发费实际发生额的50%，抵扣当年度的应纳税所得额。

10. 开发区内外商投资企业（包括外商投资设立的研发中心）取得的技术转让收入，免征营业税。

11. 国内其他地区外商投资企业到开发区再投资的项目，凡外资比例达到25%以上，均可享受外商投资企业待遇。

十、联系方式

长春市经济委员会
地址：长春市人民大街1811号
电话：0086－431－8927964
传真：0086－431－8927964
E－mail：gllig@ sina. com. cn

贵 州 省

一、地理及历史概况

地 理

贵州省简称“黔”或“贵”。位于我国西南腹地，云贵高原东部，北接川、渝，南连广西，东毗湖南，西邻云南。

贵州省位于长江和珠江两大水系的分水岭地带，属贵州高原的主体部分，系高起于四川盆地、广西丘陵间的亚热带喀斯特化高原。地势由西部海拔2 400米以上降到中部1 400～1 200米和东部的800～500米，呈梯级状大斜坡，再由中部向南、北倾斜降低。因而乌江、北盘江、清水江、都柳江、涟江等水系由西、中部向北、东、南呈帚状分流。高原平均海拔虽仅1 100米左右，但分布有高达1 500～2 500米以上的山脉，如北部的大娄山、东北部的武陵山、西部的乌蒙山及横亘东南部的苗岭。这些山脉顺应新、老地质构造分布，构成了贵州高原的地形骨架。

全省总面积17.6万平方公里，其中山地61.7%，丘陵30.8%，山间平坝7.5%，平均海拔1 170米。贵州61.9%的国土面积为喀斯特地貌，是世界上岩溶地貌发育最典型的地区之一。耕地面积为185.4万公顷，森林面积有220万公顷，此外还有大面积（占24.3%）的宜牧草山草坡，疏林地，灌木林和宜林荒地。

历 史

贵州是我国古人类发祥地之一。已出土的石器时代文化遗址证明，贵州有悠久而丰富的古文化。黔西县观音洞遗址，是我国长江以南旧石器时代早期文化的重要代表；桐梓县岩灰洞发现的旧石器时代中期的“桐梓人”牙齿化石，是我国南方发现最早的古人类化石；水城特区硝灰洞、兴义县猫猫洞和普定县穿洞、赫章县可乐、平坝县飞虎山等地，都有石器时代文化遗址发现。

春秋以前，贵州为荆州西南裔，属于“荆楚”或“南蛮”的一部。春秋时期（公元前770年～公元前476年），境内部族林立，著名的有牂牁国，其政治中心叫夜郎邑。战国（公元前475年～公元前221年）后期，夜郎取代牂牁的地位，成为强大的地方割据政权。

秦代，大部分地区仍为古夜郎国辖地。汉代，大部分地区属特阿郡。唐代，贵州地域分属黔中道、剑南道、岭南道等。宋代，贵州大部分地区属藿州路。

公元974年（宋开宝七年），土著首领普贵以所领矩州归顺，宋朝廷敕书称“唯尔贵州，远在要荒”，“贵州”之名称始见诸文献。元代，贵州分属四川、湖广、云南三行中书省。明永乐年间，设置贵州市政使司，贵州行省建制始建立。清代仍设贵州行省，公元1727年（雍正五年），朝廷将领辖地域调整以后，今贵州疆域便基本形成，其行省建制沿用至今。

贵州冬无严寒，夏无酷暑，大部分地区年平均气温为14℃～16℃，最冷月～1月平均气温多不低于5℃，最热月～7月多在25℃以下。年度气温变化小，冬暖夏凉，气候宜人。

降水丰富，年降水量一般1 100毫米～1 400毫米。热量较充足，无霜期为270天以上，且雨热同季，利于植物生长，能满足农作物一年两熟的要求。受地形和纬度等因素的影响，省内气候从东到西，从南到北，从低到高变化明显，形成多种气候类型，为农业综合发展、多种经营创造了优越的气候条件。但因雨日多达160天，相对湿度常达80%，日照仅1 200小时～1 500小时，日照率不足25%～30%，故有“天无三日晴”之谚，对喜光作物不利。又因雨量月变率大，也会出现干旱。

贵州省现设4个地级市、3个少数民族自治州、2个地区，统辖87个县（市、特区）。省会贵阳，是全省政治、经济、文化中心。遵义、六盘水、安顺、都匀等为省内主要城市。

二、人口及民族

贵州在明代以前，人口增长缓慢。到了近代，人口增长速度逐渐加快。随着经济的发展和医疗卫生等条件的不断改善，贵州的人口数量大幅度增长，人口质量也逐步提高。目前，全省总人口为3 756万。

贵州人口的主要特点：

一是年龄构成年轻。据1985年统计，15岁以下未成年人口占总人口的43.2%，高于全国同期33.6%的水平。

二是文化素质比较低。在6周岁以上人口中，大专以上文化程度的只占0.5%，高中文化程度的占3.5%，初中文化程度的占13.5%，小学文化程度的占33.6%，不识字或识字很少的占49.1%。

三是农村人口和农业人口比重大。据1985年统计，市镇人口占29.5%，乡村人口占70.5%。

贵州省是我国多民族的省份之一，据1982年第三次人口普查，全省共有47个民族，世居的有汉族、苗族、布依族、侗族、彝族、水族、回族、仡佬族、壮族、瑶族、满族、白族、土家族13个民族。全省少数民族人口有742.35万人，占全省总人口的26%。贵州实行区域自治地方的少数民族人口，占全省少数民族人口的51.3%，其余的少数民族人口分布在全省各地。贵州各族人民团结友爱，和睦相处，创造了许多独特的民族传统文化，并开创了共同繁荣的新局面。

三、自然资源概况

贵州是全国资源大省之一，具有独特的战略发展优势和巨大的开发潜力。

全省已探明的矿产有110多种，其中，有76种已探明储量，有40种保有储量排在全国前10位，有22种列1至3位。煤、磷、汞、铝土矿、锑、锰、金、重晶石、硫铁矿、水泥与砖瓦原料以及各种用途的白云岩、砂岩、石灰岩等，在国内占有重要地位。铝土矿质佳量大，保有储量3.95亿吨，列全国第二；磷矿储量是全国最多的省份，占全国总量的40%以上；重晶石甲冠中华，储量为全国的1/3；金矿储量居全国第12位，是国内新崛起的黄金生产基地。目前，贵州省已建成了全国最大的电解铝厂、最大的磷矿肥基地、最大的磨料和人造金刚石生产和出口基地。

贵州省森林资源相对贫乏，全省林地面积22万公顷，占全国林地面积1.8%，森林覆盖率12.6%，林木蓄积总量1.38亿立方米，占中国总蓄积量的1.5%。贵州国家级珍稀植物有银杉、珙桐、秃杉、桫椤等115种，食用植物500余种，药用材近300种。天麻、杜仲、吴茱萸、黄连、石斛是贵州五大名药。珍稀动物有黔灰金丝猴、黑颈鹤、华南虎等32种。贵州粮食作物主要有水稻、玉米、小麦、薯类等，经济作物主要有烤烟、油菜籽、生漆、油桐、茶叶、苎麻、甘蔗、棉花、五倍子、柞蚕等，其中油菜籽和油桐籽产量居中国前列，五倍子为全国之冠，约占全国的一半，生漆是贵州省著名传统物产。

贵州气候温和湿润，冬无严寒、夏无酷暑，四季如春，是中外游客天然的避暑胜地。喀斯特地貌发育充分且分布广泛，喀斯特岩溶景观融山、水、洞、林、石于一体，令人心驰神往。黄果树大瀑布、龙宫、织金洞、马岭河峡谷等8个国家级风景区和铜仁梵净山、茂兰喀斯特森林、赤水桫椤、威宁草海等5个国家级自然保护区、9个国家级文物保护单位以及40个省级风景名胜区和200多个已开发的旅游景区（点），这一颗颗璀璨的高原明珠和贵州绚丽多姿的民族文化风情更是交相辉映、珠联璧合。在世界“回归自然”的潮流中，素有“公园省”美誉的贵州将成为旅游资源与民族文化完美结合的旅游大省，成为人们旅游和休闲度假的人间胜景。

四、贵州省实施西部大开发的基本思路和战略规划

（一）加快以交通为重点的基础设施建设

古谚云“地无三尺平”，形容贵州的交通艰难和闭塞。因而，改变交通落后面貌，建成公路、铁路、航空、内河航运相互配套的综合运输体系，实现中央提出“通江、达海”的要求，是贵州发展的关键。到2010年，贵州要建成适应经济社会发展的交通运输、通信和城乡公共服务等基础设施体系。

加强以公路为重点的交通建设，具体实施的项目有：打通一条大西南南下出海大通道，建设一条横贯东西的国道主干线，构建贵阳连接各地州市的高等级公路骨架；建成遵义至崇溪河、贵阳至新寨、贵阳至毕节、麻江至凯里、黄果树至水城、镇宁至兴义、玉屏至铜仁、清镇至黄果树等高等级公路；建设盘县至胜境关、凯里至玉屏、黄果树至盘县、沿河至威宁等高等级公路。实施国道、省道和县际公路改造工程，实现县县通柏油路。着力提高重点旅游风景区、工矿区的公路等级，沟通周边县与邻省的“断头路”。到2010年，建成以“二横二纵四联线”为主体的高等级公路骨架，形成连接邻省、沟通城乡、适应经济社会发展的公路运输体系。

在完善铁路路网结构方面，实施项目有：进一步拓宽出省通道，建成株六复线、内昆铁路贵州段和水柏铁路；努力建成渝怀铁路贵州段；建设隆昌至百色、贵阳至福州或贵阳至珠海、威宁经遵义至湖南吉首等一批出省通道铁路。到2015年，建成沟通贵州中心城市和主要工矿区、连接邻省的现代化铁路运输网。

航空运输方面，开辟国内外航线，加快机场基础设施建设，把贵阳龙洞堡机场扩建成为大型国际机场。建成铜仁、兴义、黎平、荔波等一批支线机场，初步形成干线机场与支线机场相配套的航空运输网。到2015年，建成以贵阳为中心、连接国内外、沟通省内边远地区的现代航空运输体系。

有重点地改善内河航运条件，提高通航能力，使内河航运成为综合交通运输体系的重要组成部分。

加强电网、通信和广播电视等基础设施建设。实施“西电东送”，建成安顺至广东的超高压输电通道，建设向华中送电的超高压输电线路。加快城乡电网建设和改造，实现行政村通电，实现城乡电网同价。

邮电通信要以干线光缆为骨架，进一步完善省内传输网络，发展微波和卫星等辅助通信网络，建成省内智能网和宽带多媒体数据网。采用有线、无线等多种方式，完善乡镇通信设施，提高农村电话普及率。

实施广播电视“村村通”计划。已通电的行政村要实现村村通广播电视。加强有线广播电视网和农村卫星广播电视收转站建设，不断扩大农村广播电视覆盖面，提高节目制作和传输质量。到2010年，全省广播电视覆盖率达到90%以上。

加快城镇基础设施建设。支持和帮助中心城市在新区扩容和旧城改造中建设一批重点工程。抓好城镇供水、供气、供电、防洪、污水和垃圾处理等基础设施建设。解决中心城市和76个县城的缺水问题，实现小城镇用上自来水。到2010年，初步完成中心城市、重点城镇的基础设施规划和建设，形成大、中城市和小城镇布局合理，基础设施比较完善的城镇发展格局。

加强水利基础设施建设，充分发挥水利工程的防洪、灌溉、发电、供水功能；加快灌区改造，增加有效灌溉面积。建设小水窖、小水池、小山塘，实施集雨工程，大力推行节水灌溉技术，提高水资源利用效率。解决岩溶山区工程性缺水的问题，鼓励农村集体和农户建设和管理小型水利设施，努力提高农村自来水普及率，大力实施“渴望工程”，解决农村人畜饮水困难。

（二）加强生态环境的保护和建设

按照中央的要求，遵循客观规律，以建设“两江”生态屏障为目标，与扶贫开发、调整农业

结构、非农化转移等结合起来，切实解决好农民的吃饭、燃料和增收问题，促进生态效益、经济效益与社会效益相统一。按照《全国生态环境建设规划》，切实抓好乌江、赤水河、綦江流域生态环境综合治理。坚持以退耕还林还草作为突破口，封山育林育草、飞播造林、人工造林。实施天然林保护工程，严禁砍伐天然林。按照全省流域综合治理规划，配套采取工程措施、生物措施和农业保土耕作措施，加快长江和珠江防护林体系建设和水土流失治理。将25度以下的坡耕地改为梯土或梯田，实施旱作农业示范、草地建设、园地建设、农村能源、环保等生态农业工程。到2010年，森林覆盖率由现在的30.8%提高到38%左右，实现中央提出“五年初见成效，十年大见成效”的目标。

（三）积极调整经济结构，大力发展特色经济

实施经济结构的战略性调整，要按照国家产业政策，以市场为导向，依靠科技进步，发挥资源优势，加快工业化和城镇化进程，重点培育和扶持一批具有比较优势的产业，大力发展特色经济。

进一步加强农业的基础地位，积极调整农村经济结构，努力增加农民收入。在稳定粮食生产的同时，大力发展品质好、产量高、有市场竞争力的优质农产品，积极调整种植业结构。围绕建设畜牧养殖业大省的目标，稳定发展生猪生产，重点发展商品牛羊，积极发展高效特种动物养殖，实现畜禽产品多次加工增值。加强农民技术培训，认真组织劳务输出，加快非农化转移，拓宽农民增收渠道。

巩固和提高“两烟一酒”支柱产业。烤烟生产按照建设优质烟叶基地省的目标，合同收购，调整布局，改进品种，提高单产和质量。卷烟生产要提高质量，优化结构，发展中高档名牌产品，积极开拓省外、国外市场，加快资产重组步伐，推动卷烟企业集团化发展，提高整体效益和水平。酿酒工业要重点发展名优白酒、低度饮料酒和保健酒，发挥国酒茅台等名牌效应，组建酒业集团，增强市场竞争力。

加快电力工业发展，积极实施“西电东送”。水电开发，把建设乌江梯级电站作为重点，同时加快南北盘江、红水河、都柳江等流域的梯级开发；鼓励社会投资建设农村小水电。火电开发，要配套采取环保措施，在黔北、黔西北、黔西南等主要煤炭产地建设一批坑口电站，成为大西南电网重要骨干调峰电源。到2015年，把贵州省建成西部能源强省和“西电东送”的重要基地。

发展原材料工业。按照建设优质煤炭出口基地的目标，重点开发织纳煤田、松河煤田和水城格目底煤田等大型矿井，规划建设金沙、大方、黔西、习水优质无烟煤矿井。大力发展煤化工、水煤浆等煤炭加工业，加快煤层气的开发利用。依托初具规模的铝及铝加工、磷及磷化工、冶金及制品、磨料磨具等大中型骨干企业，积极调整产品结构和企业组织结构，提高技术水平和产品质量，扩大生产规模。打破行业、部门垄断，以资产为纽带，采取联营、合作、参股等形式，加快煤电、磷电、铝电联营步伐，组建企业集团，增强整体竞争力。

大力发展高新技术产业。抓住国家调整产业结构和加强国防工业建设的机遇，支持国防尖端工业发展，充分发挥三大军工基地的技术和人才优势，加快“军转民”步伐，建设一批科技含量高的新、精、尖项目。加快高新技术成果转化，重视网络技术运用和产品开发，发展通讯、计算机、多媒体产品，建设西部重要的新型电子元器件开发生产基地。积极扶持软件产业，发展电子商务、远程教育等新兴服务业，大力推进国民经济信息化。支持生物制药工业引进先进的科研和生产技术，高起点地做好新药的研制和开发。重视运用基因工程加快品种改良，直接引进一批国内外先进的优质粮、畜、果品种。加强环保和资源综合开发利用的技术创新，加快清洁能源、节能降耗技术、清洁生产相关技术等的开发与应用，重视发展科技含量高的环保产品。

加速发展生物制药工业。编制和实施全省制药工业中长期发展规划，支持一批骨干企业扩大规模，增强实力，规范经营，发展成为国内制药工业的优势企业。发挥民营制药企业的机制优势，加快资产重组步伐，盘活国有制药存量资产。坚持引进与创新相结合的原则，重点发展一批在国内外有良好前景的中药制剂和名优中成药产品。依托生物制药龙头企业，扩大特色名优中药种植规模。到2010年，把医药工业发展成为高技术、外向型的支柱产业。

积极培育壮大特色食品加工业。依托生物资源优势，立足特色资源和特有工艺，高起点、高质量地发展特色食品工业。在全省统一规划的基础上，重点扶持茶叶和辣椒、猕猴桃、洋芋、魔芋、肉食和奶制品、干鲜果品等特色食品加工，努力培育一批各具特色的“小巨人”企业。

加快发展第三产业。在大力发展商贸、饮食娱乐、交通运输、邮电通信、金融保险等服务业的同时，积极发展信息、咨询、技术、法律和会计服务等产业，健全资产评估、业务代理、行业协调等中介服务，引导房地产业健康发展。加快文化、体育产业化步伐，发展形式多样的社区服务业和休闲娱乐业。

建设自然风光与民族文化相结合的旅游大省，进一步改善旅游发展的软硬环境。高起点地搞好旅游规划和项目开发，重点建设国家级风景名胜区和自然保护区，积极建设省级风景名胜区，搞好国家级、省级文物保护单位的建设。加快以贵阳为中心的旅游景区建设，继续完善西线和东线旅游景区配套建设，积极开发南线和北线旅游资源，抓好一批生态博物馆和民族村镇的建设，加快旅游度假区建设。

大力发展非公有制经济。坚持把发展非公有制经济作为富民兴黔的一个战略重点，进一步放宽非公有制经济从业的领域和范围，在符合国家政策的前提下，鼓励和支持外资、私营、混合所有制企业和个体经济在竞争性领域放心、放胆、放手地发展，促进非公有制经济持续快速健康发展。

加快城镇化发展进程，积极调整城乡结构。适当扩大城市规模，大力发展城市经济，切实加强城市管理，努力完善城市功能。深化户籍制度改革，加快农村人口向城镇转移。今后5年，每年城市化水平提高1至2个百分点，使全省城市化水平由现在的18%左右提高到25%左右。充分发挥省会城市在西部大开发中的龙头带动作用，支持贵阳市加快旧城改造步伐，高标准、高起点地建设金阳新区，把贵阳市建设成为现代化的内陆开放城市和西南地区重要的经济增长点。支持遵义、六盘水、安顺、都匀逐步建设成为较强经济实力的大城市，支持凯里、兴义、毕节、铜仁市逐步建设成为各具特色的中等城市，支持清镇、仁怀、赤水、福泉等城市加快发展，全面完善县城综合功能。以县城和骨干建制镇为重点，规划建设200个万人以上规模的小城镇。

（四）大力发展科技教育，加快人力资源开发

加强教育基础设施建设，大力发展教育事业。加快普及九年义务教育，继续实施“国家贫困地区义务教育工程”，加大扫除青壮年文盲的力度，使全民平均受教育程度超过7年。积极发展各级各类教育，地州市所在城市普及高中阶段教育，中等职业学校在校生达到50万，高等教育毛入学率由4.2%提高到7%以上。深化高等教育管理体制改革，依法落实高等学校办学自主权。加强贵州大学、贵州工业大学、贵州师范大学3所省属重点大学和30个重点学科建设，培养500名学科带头人。支持有条件的地方创办新型的高等院校。加强贵州高校与国内外大学的合作办学，在贵州建立国外知名大学分校，聘请一批国内外知名学者到高校担任客座教授。大力发展职业技术教育和成人教育，提高劳动者素质。

大力推进科技进步和技术创新。全面深化科技体制改革，推进应用型科研机构的企业化转制和其他类型科研机构改革，逐步建立经济与科技相互促进、共同发展的新型科技体制和运行机制。大力推进高新技术成果商品化、产业化进程，推进产学研结合，直接引进、消化和采用最新的技术成果，努力缩短技术进步和产业升级进程。实施以企业为主体的技术创新工程，集中建设一批工程技术中心和重点实验室，重点突破一批行业共性技术、关键技术和高新技术，支持有条件的企业到发达地区建立技术开发机构，跟踪科技发展最新动态。

大力开发人才资源，做好人才资源开发规划，创造各类人才脱颖而出的环境，加大培养人才、稳定人才、吸引人才的力度，充分发挥各类人才在大开发中的作用。重点培养一批具有开拓创新能力的企业家和学科带头人，积极培养中青年高级人才，加强社会化专业技术人员、职业化企业经营管理人员、专业化技术工人队伍建设。盘活人才存量，优化人才结构，建立高等学校人才引进基金，围绕重点产业、重点学科和重大项目，采取优惠政策和灵活措施，引进一批高层次人才。深化人事制度改革，建立政府宏观调控、社会共同参与、市场配置人才的机制，促进人才合理流动和优化配置。

（五）加大经济体制改革力度，进一步扩大对内对外开放

进一步扩大对内对外开放。根据中央提出的“走出去”战略，调整和完善贵州开放带动战略的政策措施。鼓励有条件的企业通过开辟销售网点、委托市场代理等形式，参与国际市场竞争。争取国际投资机构、融资中介组织到贵州项目论证和评估，按照国际资本市场的要求，推出一批规模较大、效益较好的基础设施、基础产业和公益性项目，到国际资本市场进行直接和间接融资，吸引国外投资基金、大公司、大财团参与建设。加大对港澳台地区和周边国家招商引资力度，加强在欧美地区的宣传和开拓，积极争取跨国公司到贵州投资。进一步优化对外贸易结构，增加制造业产品、深加工产品的出口比例，努力培育新的出口增长点。完善进出口政策，鼓励各地及企业积极开展出口贸易，把出口产品和进口设备、引进先进技术紧密结合起来，加强国际经济技术合作，重视发展涉外旅游和劳务输出等非贸易创汇。进一步改善投资软硬环境，制定和落实优惠政策，提高服务质量。以深圳、宁波、青岛、大连为重点，加强与东部沿海地区的经济技术合作；以西南六省区市七方经济协调会为载体，搞好西南、华南部分省区的区域经济协作。利用我省丰富的资源、巨大的市场潜力和土地、电力、劳动力价格便宜的竞争优势，吸引国内外企业投资办厂、开发资源、改造老企业。重视和发挥民间商会、社团、中介组织的作用，积极开展民间经济合作。注重发挥外事、侨办、台办和驻外办事处等涉外单位在招商引资方面的“桥梁”和“窗口”作用。

按照建立社会主义市场经济体制的要求，改革政府对基础设施建设的投入方式，通过政府贴息、资产置换、发行股票和债券、设立产业投资基金等方式，最大限度地调动信贷资金和社会投资，千方百计扩大投资规模。对国家确定在贵州建设的重大项目，争取国家注入资本金投资建设；对全省性的基础设施项目，由省集中筹措项目资本金，积极争取国家投资和金融部门贷款建设；对区域性的城市基础设施项目，由当地政府采取财政投入、出让股权、级差地租收益、存量资产置换、特许经营权、土地批租等方式筹措项目资本金，争取多方面资金投入建设；对一般的竞争性项目，充分发挥市场配置资源的基础性作用，鼓励非国有经济和国外、省外企业参与投资建设。

五、战略发展优势

区位优势及现代物流

贵州位于西南地区连接华南的前沿，是西南“三省一市”南下出海的重要通道和陆路交通枢纽。这里既是四川、重庆南下出海的必经之地，也是华中、华南与西南联接的重要通道。境内有川黔、湘黔、贵昆、黔桂和南昆五条铁路干线，贵阳航空口岸和贵阳铁路货运口岸分别为国家一类口岸和二类口岸，其中，铁路货运口岸为西南地区最大的货运编组站。在公路交通方面，上海至瑞丽、重庆至湛江两条国道主干线穿越贵州并形成公路枢纽。省会城市贵阳距重庆长江口岸300多公里，距广西北海直线距离约500公里。随着这两条高等级公路的开通，贵州在西部地区的区位优势将更加突出。要占领西南市场，贵州就是一个制高点。

能源优势

水能蕴藏1 874万千瓦，可开发能源1 683万千瓦。特别是水位落差集中的河段多，开发条件优越。全省年发电量已达404亿千瓦小时，人均发电量和用电量均属全国前列；煤炭资源量2 401亿吨，保有储量530.97亿吨，为南方12省（市、自治区）总和，居江南各省之首。煤层中还蕴藏着大量的煤气层可供开发利用。目前，贵州电力工业已形成水火互济的格局，与四川、云南、广西、广东电网联为一体。在全国范围比较，贵州的水电和火电的单位造价都处于最低水平。由于具有资源优势和距广东较近的区位优势，国家已确定"西电东送的重点在云贵，云贵的重点在贵州"。

旅游资源优势

在典型、奇特的喀斯特地貌和丹霞地貌条件下，在既为长江上游，又为珠江上游的土地上，山石、水景、洞穴、林木融为一体，遍布全省，使贵州具有"中国旅游的宝库，世界天然公园"之美誉。全省拥有可以进行规模开发接待游客的景区（点）1 000多个，目前仅开发200个。神秘雄奇的自然风光，古朴浓郁的民族风情和悠远凝重的历史文化，三者交相辉映，堪称举世无双。据法国、英国和挪威专家的看法，贵州省民族人文生态的保护和传统艺术的继续，在全世界并不多见。闻名世界的黄果树大瀑布、龙宫、织金洞、马岭河峡谷等国家级风景名胜区和铜仁净山、茂兰喀斯特原始森林、赤水桫椤、威宁草海等国家级自然保护区，令人目不暇接、留连忘返，加上宜人的气候条件，使贵州成为理想的旅游观光和避暑胜地。

高新技术产业投资优势

随着经济建设的发展，尤其是六七十年代"三线建设"时期国家对贵州的投入，大批工厂和科技人员内迁，为贵州输送了一批优秀的科技和管理力量。全省每万名职工中拥有的自然科技人员高于全国平均水平。航天、航空、电子三大基地为主的国防科技工业，不仅拥有先进的技术装备、科研试验设备和检测手段，并且拥有雄厚的科技实力，职工素质好，管理水平高，有健全的技术责任和质量保证体系，具备较强的引进消化和开发能力，大批闲置厂房以及高素质但价格低廉的科技力量，可为投资者投资开发高科技产业提供优惠的生产场地和理想的合作伙伴。

强劲的后发优势

贵州为世人称道美妙绝伦的自然生态和人文生态能够保留至今，是因为过去工业化进展缓慢。到过贵州的朋友无不为其山青水秀、空气清新而倍加赞叹，这里很适合发展保健食品、药品以及电子信息等高科技产业和文化、卫生、教育、旅游等朝阳产业。因为贵州经济发展起步晚，有许多领域急待开发，例如，住宅、酒店、交通、通信、教育、医疗、文化等方面都有很大的发展空间。

六、投资导向

外商投资优势产业目录（2004年修订）已经国务院批准，自2004年9月1日起执行

1. 退耕还林还草、天然林保护等国家重点生态工程后续产业开发
2. 节水灌溉技术开发及应用
3. 煤炭加工应用技术开发和产品生产
4. 马铃薯、魔芋等产品深加工
5. 特色食用资源开发
6. 磨料磨具产品生产
7. 钛冶炼
8. 钡盐生产（中方控股）
9. 苎麻产品深加工
10. 动植物药材资源开发生产（列入国家保护资源的除外）
11. 磷化工产品生产
12. 城市供气、供热、供排水管网建设、经营（大中城市中方控股）
13. 旅游景区（点）开发及其配套设施建设、保护和经营
14. 公路旅客运输

七、优惠政策

贵州省人民政府关于西部大开发若干政策措施的实施意见

实施西部大开发战略，加快中西部地区发展，是党中央高瞻远瞩、总揽全局、面向新世纪作出的重大战略决策。为了进一步贯彻落实国务院关于实施西部大开发战略的若干政策措施，促进贵州经济和社会发展，现将贵州省实施意见通知如下：

（一）实行税收优惠政策

1. 对设在我省以国家规定的鼓励类产业项目为主营业务，其当年主营业务收入超过企业总收入70%的内资企业和外商投资企业，在2003年至2010年内，减按15%税率缴纳企业所得税。

2. 民族自治州、县内除国家明令禁止、关闭和限制的企业外，内资企业在2003年至2010年内，第一年至第三年免征企业所得税，第四年至第五年减半征收企业所得税。对已享受减免企业所得税不满三年免征两年减半征收的，可再延长至期满；凡减免税款涉及中央收入100万元（含100万元）以上的，需报国家税务总局批准。外商投资企业免征地方所得税十年。企业所得税减免的审批权限和程序按现行有关规定执行。

3. 对新办的交通、电力、水利、邮政、广播电视企业，其主营业务收入占企业总收入70%以上的，内资企业自开始生产经营之日起，第一年至第二年免征企业所得税，第三年至第五年减半征收企业所得税；外商投资企业经营期在十年以上的，自获利年度起，第一年至第二年免征企业所得税，第三年至第五年减半征收企业所得税。

4. 在2003年至2010年内，外商投资企业五年内免征车船泛用牌照税。外商投资企业自建的房屋或购置自用的新建房屋，自建成或购买月份起，五年内免征城市房地产税。中方投资者以自有房地产作价与外来投资者合资、合作、兴办开发性生产性项目，在办理房地产过户时免征契税。

5. 省内公路国道、省道建设用地，以及经省人民政府批准修建的国道、省道以外的其他公路建设用地，免征耕地占用税。免征耕地占用税的范围限于公路线路、公路线路两侧边沟所占用的耕地。上述免税用地，凡改变用途，不再属于免税范围的，应当自改变用途之日起补缴耕地占用税。“西电东送”及省重点水利工程建设用地，免征耕地占用税。

6. 内、外商投资企业投资国家鼓励类产业的项目在投资总额内进口自用设备，除国家明确不予免税的商品外。免征关税和进口环节增值税。

7. 鼓励企业提高技术开发经费的开支比重。企业研究开发新产品、新技术、新工艺或引进国外先进技术进行国产化研制所发生的各项费用，不受比例限制，计入管理费用。其费用比上年实际增长10%以上（含10%）的，可再按实际发生额的50%抵扣当年应纳税所得额。

8. 农产品加工和流通企业（一般纳税人）购进农业生产者销售的免税农业产品的进项税额扣除率由10%提高到13%。对实施生态环境保护、退耕还林（生态林应占80%以上）产出的农业特产收入，可申请从取得收入年份起十年内免征农业特产税。

（二）改革投融资体制，加大资金投入力度

9. 加强政府部门与金融机构的联系和协作，鼓励金融机构介入重点项目前期工作，及时进行项目评估，积极争取国家信贷支持。对省级重点建设项目，要努力争取国外政府贷款、国际金融组织贷款和国内外商业贷款，切实加大投资力度。

10. 加大对农业、生态建设的信贷投入。对特色农业、生态农业发展在信贷上给予支持，扶持有发展前景、带动作用强的龙头企业。农业银行和农村信用社要积极推行农户小额信用贷款、农户联保贷款和小额扶贫贷款。在扶贫信贷资金使用上，继续支持具有还贷能力的贫困农户发展生产、脱贫致富。配合退耕还林还草、封山绿化

等生态环境建设工程，对一些有还贷能力的速生丰产用材林、经济林、中药材开发以及个体苗圃等项目，增加信贷投入。

11. 运用信贷杠杆支持经济结构及产业结构调整。支持能源、原材料、旅游、生物制药、特色食品等优势产业的发展；对企业技术改造、高新技术企业和中小企业发展、企业污染防治给予信贷支持。

12. 推行以基础设施建设项目收费权或收益权为质押进行贷款的担保抵押制度。办好农村电网收益权质押贷款和开展公路收费权质押贷款业务，逐步将收费权质押贷款范围扩大到城市供电、供水、污水和垃圾处理、供热、公交、电信等城市基础设施项目。对具有还贷能力的水利开发项目，逐步开办以项目收益权或收费权为质押发放贷款的业务。简化操作程序，规范收费标准。

13. 健全风险投资机制。建立高新技术产业投资基金和风险担保基金，通过参股、融资、担保、贴息等方式支持高新技术开发项目。

14. 积极创造条件，争取国内外金融机构到我省建立分支机构，发展股份制商业银行。加快城乡信用社改革步伐，更好地为中小企业提供金融服务。

15. 改革国有资产管理体制，建立国有资产出资人制度。制定国有资产投资营运管理办法。通过国有资产营运公司的有效营运，推进国有资产的合理流动和优化重组，将分散的国有资产从实物管理推向价值管理，从资产经营转变为资本经营，集中投向基础设施、城市改造及政府需要实施经济结构战略性调整项目。

16. 积极推进国有企业股份制改革。对有产业优势、品牌优势及效益较好的企业，采取重点帮助和扶持企业进行改制等办法，通过公开发行股票，在国内外资本市场融资。

17. 鼓励和支持重点企业和重点项目发行企业债券和建设债券。优先安排符合发债条件的基础设施、高新技术产业化、产业结构调整等项目通过发行企业债券融资。

（三）实行土地使用和矿产资源优惠政策

18. 有计划、有步骤地对坡耕地退耕还林，认真落实对计划内所退耕地实行粮食补助、现金补助、种苗费补助、减免退耕地农业税和粮食定购任务的政策。鼓励利用宜林宜草荒山、荒地造林种草，实行谁退耕、谁造林、谁种草、谁经营、谁拥有土地使用权和林草所有权。国有荒山、荒地等未利用地依法出让给单位和个人进行造林、种草等生态建设的，可减免土地出让金，实行土地使用权五十年不变；达到出让合同约定的投资金额并符合生态建设条件的，土地使用权可以依法转让、出租、抵押和作价出资。土地使用权期限届满后，可以申请续期。利用农村集体所有的荒山、荒地等未利用地进行造林、种草等生态建设的，可以通过承包、租赁、拍卖等方式取得土地使用权，实行土地使用权五十年不变；土地使用权可以依法继承、转让（租）、抵押。

19. 对基本农田实行严格保护，实现耕地占补平衡。坡耕地较多的地区，为保护当地粮食生产能力，在不影响生态建设的前提下，依据土地利用总体规划，可将部分已经过多年整治、有良好的水利与水土保持设施、坡度为15度至25度之间的耕地划定为基本农田，也可以将部分配套设施较好的新开发整理的耕地划定为基本农田。把未利用地开发成草地、园地，经政府有关主管部门认定能调整为耕地的，可折抵补充耕地指标，按耕地加以保护和管理。重点基础设施建设占用耕地，没有条件开垦或开垦的耕地不符合要求的，其耕地开垦费可按土地管理法律、法规规定的下限标准执行。

20. 增加对土地开发整理和复垦的资金投入。省上缴中央的新增建设用地有偿使用费，尽可能通过实施土地开发整理项目，争取中央全额下拨。县（市、区）上缴省的新增建设用地土地有偿使用费，通过安排土地开发整理项目下拨，专项用于土地开发整理。

20. 提高建设用地审批效率，减少审批环节，及时提供并保障经济建设用地。对需报国务院批准的建设用地，在用地报批阶段，政府主管部门主要审查是否符合土地利用规划与计划、耕地占补平衡和征地补偿安置能否落实。报批资料可以根据审查内容相应简化。

22. 实行国有土地有偿使用制度。商业、旅游、娱乐和商品住宅等各类经营性用地，必须以招标、拍卖或者挂牌方式出让。建设项目用地除法律另有规定外，应依法有偿使用国有土地。外商投资项目用地，确属必需的，经省人民政府批准，可采用土地使用权作价出资（入股）的方式提供土地使用权。

23. 投资勘查、开采矿产资源，符合国家规定条件的，可以申请减缴或免缴探矿权使用费、采矿权使用费。探矿权使用费，第一个勘查年度可以免缴，第二至第三个勘查年度可以减缴50%，第四至第七个勘查年度可减缴25%。采矿权使用费，矿山基建期和矿山投产第一年可以免缴，矿山投产第二至第三年可以减缴50%，第四至第七年可以减缴25%，矿山闭坑当年可以免缴。

24. 探矿权人投资勘查获得具有开采价值的矿产地后，可依法获得采矿权。允许将勘查费用计入递延资产，在开采阶段分期摊销。由国家出资勘查形成的探矿权、采矿权价款，符合有关条件的，经批准，可以部分或者全部转为国有矿山企业或地勘单位的国家资本。

25. 积极培育矿业权市场，促进探矿权、采矿权依法出让和转让。国家出资勘查并已经探明的矿产地、依法收归国有的矿产地和其他矿业权空白地，可采取依法申请批准、招标、拍卖等其他方式出让矿业权。探矿权人、采矿权人可以采取出售、作价出资、合作勘查或开采、上市等方式依法转让探矿权、采矿权，也可以按有关规定出租、抵押探矿权、采矿权。

26. 鼓励外商投资企业按照《外商投资产业指导目录》勘查、开采非油气矿产资源。允许外商投资企业在批准范围内进行地质调查，在调查区域内发现的重要找矿线索区块，可优先取得探矿权。外商投资企业对其投资勘查并探明的矿产资源，可优先取得采矿权。允许外商投资企业经依法批准后，购买非油气矿产资源探矿权、采矿权。外商投资企业取得的非油气矿产资源探矿权、采矿权可以依法转让、出租、抵押。

27. 外商从事非油气矿产资源勘查开采，除享受国家已实行的有关优惠政策外，免缴探矿权、采矿权使用费一年，减半缴纳探矿权、采矿权使用费两年。外商从事《外商投资产业指导目录》中鼓励类非油气矿产资源开采的，五年内免缴矿产资源补偿费。

（四）大力改善投资软环境

28. 简化投资项目审批程序。除关系国民经济全局和长远发展、对国家安全有重要影响的重大项目或有特殊规定的项目外，企业利用自有资金或国内银行贷款投资于国家非限制类产业的项目，需要政府平衡建设、经营条件的，政府主管部门只审批其项目建议书；企业在落实各项建设条件后，自主决定是否开工建设，并在开工后报政府主管部门备案。对于不需要政府平衡建设、经营条件的，由企业自主决策、自担风险，报政府主管部门登记备案后，自主开展建设前期工作，自主决定开工。

29. 建立和完善外来投资保障机制和服务体系。建立外来投资者“一站式”服务工作机构，实行集中受理、一个窗口对外和办事限时制度；在各级政府有关部门设立外来投资者投诉机构，建立外来投资者投诉协调机制，加强和完善法律援助工作，对外来投资者投诉的案件依法及时协调处理，并实行分级、分工负责和党政领导包案督办制度；建立投资环境评价考核公示制度；建立损害投资环境责任追究制度；建立新闻媒体经常性监督机制。

30. 坚持和完善现行的收费许可证制度，公开收费标准，取消不合理的收费项目，依法严肃查处乱收费行为。

31. 转变政府职能，实行政企分开，规范办事程序，提高办事效率和透明度。整顿市场经济秩序，切实保护知识产权，维护经济法制。加强仲裁机制建设，及时处理经济纠纷案件，反对地方保护主义和垄断行为，保障投资者的合法权益。

（五）利用价格和收费机制进行调节

32. 依法治价、依法行政，简化价格审批程序。强化政府定价和政府指导价的管理，制定定价目录。对已经形成充分竞争的商品和服务价格，放开由市场进行调节。

33. 完善电价形成机制。核定电网输配电费用，鼓励电力生产企业与用户直接签订购电合同，加大对丰水期低谷时段用电价格的优惠力度。

34. 逐步加大污水处理费的征收力度，合理调整城市供水价格。对已建成投产的污水处理企业按照补偿成本和合理赢利的原则并考虑用户的承受能力，逐步将污水处理费调整到合理的水平，合理调整城市供水价格。完善垃圾处理收费政策，推行城镇垃圾处理收费制度。

35. 分级制定国家级、省级、市（县）级风景名胜区门票价格。非商业性投资的风景名胜区和公益性公园门票价格实行政府指导价；逐步推行公益性公园免收门票。

36. 实行鼓励投资的收费政策，促进基础设施建设。对所有投资城市基础设施的建设项目，免收城市市政建设配套费；对其他建设项目，按《贵州省城镇基础设施配套费征收管理办法》中有关规定收取。

（六）扩大对外开放，拓宽外来投资渠道

37. 扩大外商投资企业在我省的投资领域。外商投资农业、林业、水利、交通、能源、市政公用、环保等基础产业或基础设施建设，矿产、旅游等资源开发，建立技术研究开发中心，享受外商投资鼓励类产业的各项优惠政策。鼓励利用国内外资金改造传统产业；积极争取国家将贵州省作为银行、外贸、商业零售、保险、中介服务、电信、运输等服务贸易领域对外开放的试点省区。

38. 外来投资企业在贵州省的投资方式不受限制。鼓励外来投资者在贵州省进行各种形式的投资开发，除现行的合资、合作、独资外，还可采用收购、兼并、参股、控股等方式参与国有企业和其他所有制企业的嫁接、改造和重组；鼓励外来投资者对旅游景区（国家有明文规定除外）采取独资、合资、合作、特许经营、经营权公开拍卖、租赁等方式进行投资开发；鼓励外来投资者与我省民营企业以及科研、教学机构合资、合作，进行科研开发和设立研发中心；鼓励外来投资者设立行业性的投资公司、风险投资公司等；允许外来投资企业对土地进行成片开发，对优势资源进行区域性综合开发。

39. 放宽外来投资者在我省设立企业的条件和持股比例。外商投资基础设施、优势产业和高新技术项目，可放宽投资股比限制。外商投资企业投资商业项目，经营年限可放宽至四十年，注册资本可放宽至3 000万元人民币。在华外商投资企业来黔投资，被投资企业注册资本中外资比例不低于25%的，享受外商投资企业政策。

40. 积极支持企业申请进出口经营权和对外承包工程、劳务合作、设计咨询经营权。企业进出口经营资格实行统一的标准和管理办法。注册资金不低于200万元人民币（科研院所、高新技术企业和机电产品生产企业不低于100万元）的生产企业可申请自营进出口权。注册资本在300万元人民币以上的外贸企业，上年进出口总额达到5 000万美元或出口额达到3 000万美元，经申请可赋予对外劳务合作经营权；上年出口额达3 000万美元的经营机电产品及设备为主（占年出口60%以上）的外贸流通公司，经批准可取得对外承包工程、劳务合作经营权。

（七）加大科技、教育支持力度，吸引和用好人才

41. 以科技成果作价出资的，一般科技成果的入股金额可占注册资本的20%，高新技术成果的入股金额可占35%。对具有自主的知识产权、可形成较大产业规模的高新技术成果，其出资总金额占公司注册资本的比例以及合作各方另有约定的，可不受35%的限制。

42. 公司设立、变更登记，国有企业改制、科研机构转制或分类改革时，职务成果或职务发明专利作价入股，可在该技术股份中提取不低于20%的比例，由科技成果完成者、专利发明人和成果转化的主要实施者持有。

43. 高新技术成果作为股权投资的，其成果完成人可获得与之相当的股权收益。凡属政府全额资助的项目，从项目成果实施之日起三年内，根据成果折价入股占注册资本的比例，成果完成人可享有不低于该比例60%的股权收益；三年后可享有不低于40%的股权收益。凡属企业自主开发的高新技术成果作为股权投资的，成果完成人根据成果价值占注册资本的比例，前三年可享有不低于30%的股权收益，后三年可享有不低于该比例20%的股权收益。

44. 在实施职务科技成果转化的，要依法对研究开发该项技术成果的完成人和为技术成果转化做出重要贡献的组织者给予奖励。其中，以技术转让方式将成果提供给他人实施转化的，可从技术转让取得的税后净收入中提取25%用于一次性奖励；自行实施转化或与他人合作方式实施转化的，在项目成功投产后的连续五年内，从实施该项成果的税后净利润中提取不低于8%的比例用于奖励。在科研开发和成果转化中做出重要贡献的人员，所奖份额不低于奖励总额的50%。

45. 大专院校、科研院所和其他事业单位的科技人员在确保完成本职工作、不损害本单位利益的前提下，经单位同意，可兼职从事兴办科技企业或科研开发、科技成果转化和技术服务等活动，并获取相应报酬；可以离岗兴办科技型企业或从事科技成果转化工作，在3～5年内保留其在原单位的工作关系。

46. 加大对基础教育、职业教育的支持力度，多渠道筹措资金，改善办学条件，扩大办学规模。集中力量建设高等学校、省级重点学科和重点专业。增加各级财政对教育的投入，完善教育资助政策，健全奖学金、国家助学贷款、委托出资培养等制度。大力促进民办教育事业的发展。推动我省高等院校和科研院所与国内发达地区、港澳台地区、发达国家的高校及科研机构的交流与合作。积极发展远程教育。加大对申报硕士点、博士点、博士后科研流动站、企业博士后科研工作站设置工作和重点学科建设的支持力度。

47. 加强人才培训。加大对中小学骨干教师、中青年科技骨干、公务员和各类管理人员的培训力度。结合西部开发重点任务、重大建设项目和重要研究课题的实施，采取当地培训、到发达地区培训、出国培训等方式，培养紧缺急需人才。

48. 凡具有大学本科以上学历、中级以上专业技术职称的人员和留学回国人员，到贵州省工作或合作开发技术（项目）、转化科技成果、投资创办科技、经济实体的，可实行“户口不迁、关系不转、来去自由”的办法。对到艰苦边远地区工作的大中专毕业生，实行提前定级、上浮工资的政策。

49. 凡愿意来黔或留黔就业的具有大学本科以上学历的人员，可在省内各城镇先落户，后就业，人事档案关系可由接收单位或政府人事部门所属的人才交流机构保管。政府人事部门所属的人才交流机构对其5年内免收档案管理费用，并负责提供档案工资调整、职称评定等社会化服务。

50. 对已到退休年龄的高级专业技术人员，确因工作需要，经批准，可适当延聘。高级专业技术人员延聘除承担国家重大经济建设项目、科研项目和急需紧缺的副高级职务专业技术人员外，仅限于符合延聘条件的正高级职务专业技术人员。

51. 对在贵州省工作的在职两院院士、博士生导师、博士后、博士以及经省知识分子工作领导小组确定急需引进的其他高层次人才，由省有关部门按相应标准提供一套住房。在贵州省工作满10年的上述人员，个人获得住房完全产权。

52. 辞职、退职后来黔工作和在黔辞职、退职后重新受聘于本省其他单位工作的高层次专业技术人才，经批准，承认原来的专业技术职务，工龄连续计算，工资按有关规定执行。可以聘请国内外专家、学者来我省任职、讲学。对学有所长，自愿来黔工作的人员允许来去自由，可以跨地区兼职，也可以实行季节工作制、流动工作制。

53. 改革户籍管理制度。调整户口迁移政策，放宽各类人员户口迁移限制。在地级城区（含地级市城区）和小城镇有合法固定住所、稳定职业或生活来源的人员，可根据本人意愿办理城镇常住户口，各部门均不得收取城镇增容费或其他类似费用。改革户口“农转非”计划管理体制。在地级市城区逐步取消农业和非农业户口之分。

（八）政策措施的解释和落实

54. 本政策措施总体上由省西部开发办公室负责解释，根据职能分工，有关主管部门对具体内容分别进行解释。省级有关部门要对相应条款制定具体操作办法。省人民政府授权西部开发办公室具体承担本政策措施执行情况的督促检查。本政策措施自2003年起开始实施。

贵州省进一步放宽政策改善投资环境的若干规定

一、外商投资（包括外国和香港特区，台、澳地区投资，下同）兴办生产性项目（除石油、天然气、稀有金属等资源开发项目外）和外省（直辖市、自治区，下同）投资兴办生产性企业，经营期在十年以上的，从获利年度起，两年内免征企业所得税，第三年至第五年缴纳的企业所得税由同级财政部门全额返还；外商和外省投资兴办能源、交通、水利、市政公用设施等基础设施及绿色产业、旅游开发项目，经营期在十五年以上的，从获利年度起，两年内免征企业所得税，第三年至第十年缴纳的企业所得税由同级财政部门全额返还。原已执行有关企业所得税减免政策期限未满的今后可按上述规定顺延办理。

二、外商及外省投资企业利用非耕地资源兴办农业开发项目，从取得收入的当年起免征农业税三至五年，具体适用年限由同级财政部门确定；在非耕地上开发应税农业特产品，从取得收入的当年起免征农业特产税三年。

三、中方投资者以自有房地产作价与外商和外省投资者合资、合作兴办开发性生产性项目，在办理房地产过户时免征契税。

四、外省投资者到贵州省兴办符合国家产业政策、发展贵州省支柱产业、促进科技进步的项目，经主管税务机关批准，在征收固定资产投资方向调节税等方面给予特别照顾。

五、外商和外省投资企业使用土地，可根据不同行业、地块的不同用途、不同区位以及产业政策和供求关系等情况，分别依法通过划拨和出让等方式取得土地使用权，并在缴纳土地使用费和支付土地出让金的数额和时限等方面给予特殊优惠。

六、鼓励外商和外省投资者参与贵州省国有企业的改组、改制、改造。在坚持政府引导、企业自愿的前提下，选择相当一批国有企业包括经济效益较高、发展前景较好的大中小型企业对外招商引资，进行嫁接改造。外商和外省投资者可自愿采取参股、控股、联营、兼并、收购、租赁、托管、承包等形式参与。对外省国有优势企业的参与，可以采取资产授权经营的形式；对外商的参与，国家有规定必须由中方控股的行业按国家规定办，其余的放开持股比例。在嫁接改造过程中，可享受国家和贵州省有关国有企业改革的扶持政策；对国有企业资产的评估，既要遵循国家的有关准则，又要注意区别不同情况采用符合规定的各种方法进行评估，并按照随行就市的作价原则，由同级政府确定底价，促进存量资产的盘活。

七、外商和外省投资者收购、兼并贵州省企业，可以重新申请企业名称，也可继续使用原名称。

八、外商在中国境内已投资 3 个以上具有一定规模的企业或实际到资3 000万美元以上，即可在贵州省申报建立投资性公司。

九、外商和外省投资者来贵州省兴办企业，其所需流动资金和技术改造贷款，各金融机构要根据国家信贷政策，与省内企业一视同仁，给予贷款支持；对其中合作开发优势资源项目、扶贫协作项目和现有企业重点技改项目，在贷款上应予优先安排。

十、外商投资企业产品的内外销比例，除国家有特殊规定的以外，不受限制，由企业自主确定。

十一、对外商投资企业的供水、供电、供气、通信及其他收费，实行与省内企业同等价格；对在贵州省投资的外商常住人员及其配偶、子女，持有效证件，在贵州省范围内的医疗卫生单位就医、子女就学、旅游服务、购买商品房等方面，一律享受当地居民的同等待遇；对为贵州经济发展作出突出贡献的外商，可由所在地人民政府授予“荣誉公民”等称号；对守法经营、信誉良好、纳税额高的外商投资企业，可由当地政府授权有关部门授予相应的荣誉证书或称号。

十二、对到贵州省投资办企业的外省客商放宽户口限制，并对其中投资数额较大的客商子女入学、升学给予照顾。各地可从实际出发制定相应的具体实施办法。

十三、在贵州省各城市实际投资总额 100 万美元以上的外商投资企业，对其引进的管理人员和技术骨干，凡在该企业服务2年以上者，可申办所在城市常住户口，由审批该企业的外经贸部门对企业资质和引进人员服务年限进行审核后，到当地公安部门办理入户手续。

十四、按照国际惯例依法保护外商和外省投资企业的版权、专利权、商标权以及图纸、设计方案、技术说明书、技术规范、电脑软件等知识产权、依法处理侵权的单位和个人。

十五、实行行政事业性收费许可证制度，坚决制止乱收费。除法律法规、国务院及国家计委、财政部和省人民政府的行政事业性收费项目和标准外，不得对外商投资企业和外省投资企业征收行政事业性收费。收费单位须凭省物价局颁发的收费许可证，使用省财政厅统一印刷的收费票据，实行亮证收费。未经省财政厅、省物价局批准，任何单位不得向企业收取任何费用。有关部门要制作“企业收费监督卡”发给企业，卡上写明收费项目、标准、依据、时间、金额等，收费人员收费后要签注单位名称和本人姓名，以便监督。收费人员如不签名，企业有权拒缴，并向有关部门投诉和反映。

十六、实行公开办事制度，提高服务质量和工作效率。各级涉及外商和外省投资企业办手续的部门和单位，都要明确办事要求、办事程序、办事时限、收费标准，并连同办事人员姓名、职务等一并以书面形式在办公地点公示，公开承诺，接受监督。凡应办理的必须尽快办理，不能办理的，应根据有关规定说明情况。各地要推行“一站式”办公方式，实行联合办公，“一条龙”服务，简化办事程序，提高工作效率，方便投资者。

八、贵州省开发区

贵州省开发区创建于1992年。目前全省共有2个国家级和10个省级开发区，平均规划面积11平方公里，分布于川黔、滇黔、黔桂、南昆四大铁路干线和贵阳到黄果树、贵阳到遵义、贵阳到新寨（黔桂边界）三大高等级公路沿线，紧依川滇黔渝三省一市，南下出海的必经此地，背靠贵阳、遵义、六盘水、安顺、都匀、兴义、铜仁、凯里等省内中心城市。

贵州举办开发区的宗旨是：以省内中心城市和大中型企业为依托，加大投资力度，加快改革开放步伐，开展外引内联，推进科技进步，重点培植对全省经济发展带动性大、竞争性强的汽车、电子等后续支柱产业的成长。同时，按高起点，高标准，高速度的要求，把开发区建设成为城市现代化新区。

1．贵阳国家高新技术产业开发区

管委会主任：翟彦

地址：贵州 贵阳市金阳科技园

邮编：550022

电话：0851－4701272

传真：0851－4720443

2．贵阳国家经济技术开发区管委会

主任：兰义彤

地址：贵州 贵阳市小河区黄河路443号

邮编：550006

电话：0851－3833531

传真：0851－3833198

3．贵州遵义经济技术开发区

管委会主任：罗建强

通信地址：贵州遵义市香港路开发区管委会大楼V 邮编：563000

电话：0852－8680648

传真：0852－8683232

4．贵州安顺经济技术开发区

管委会主任：周武昌

通信地址：安顺市开发区西航路1号

邮编：561000

电话：0853－3460390

传真：0853－3461967

5．贵州白云经济开发区

白云区工作副主任：徐昊

通信地址：中国 贵州 贵阳市白云区白云南路开发区管委会大楼

邮编：550014

电话：0851－4831038

传真：0851－4605392

6. 贵州都匀经济开发区

管委会主任：胡晓剑

通信地址：中国 贵州 都匀市龙山大道开发区管委会大楼

邮编：558000

电话：0854－8234516

传真：0851－8314696

7. 贵州顶效经济开发区

管委会主任：吴家富

通信地址：中国 贵州 兴义市顶效经济开发区

邮编：562400

电话：0859－3520558

传真：0859－3520298

8. 贵州红果经济开发区

管委会常务副主任：段炼

通信地址：中国 贵州 盘县红果开发区管委会办公楼

邮编：561600

电话：0858－3632007

9. 贵州钟山经济开发区

管委会主任：肖才忠

通信地址：中国 贵州 六盘水市钟山中路

邮编：553000

电话：0858－8680316

传真：0858－8680316

10. 贵州凯里经济开发区

管委会主任：杨尤光

通信地址：中国 贵州 凯里市翁义

邮编：556000

电话：0855－8556515

传真 0855－8556516

11. 贵州大龙经济开发区

管委会常务副主任：张雪松

地址：贵州 玉屏 大龙镇

邮编：554001

电话：0856－3321706

传真：0856－3322281

12. 贵州黎阳高新技术工业园区

管委会主任：袁建平

通信地址：中国 贵州 平坝天台山宾馆

邮编：561100

电话：0853－4226281

传真：0853－4222554

广西壮族自治区

一、地理概况

广西壮族自治区地处中国南部，于北纬20°54′~26°23′，东经104°29′~112°04′。南临北部湾，与海南省隔海相望，东连广东，东北接湖南，西北靠贵州，西邻云南，西南与越南毗邻。陆地区域面积23.67万平方公里，占全国国土总面积的2.5%，居各省区市第9位。

广西地处云贵高原东南边缘，山多地少。地势由西北向东南倾斜，四周山地环绕，呈盆地状，盆地边缘多缺口，中部和南部多为平地。在陆地总面积中，山地（海拔400米以上）占39.8%，石山（海拔400米）占19.7%，丘陵（海拔200~400米）占10.3%，台地（海拔200米以下）占6.3%，平原占20.6%，水面占3.3%。现有耕地面积约4 000万亩，占土地面积的11%，人均耕地0.82亩。

广西属沿海地区。北部湾海域面积约12.93万平方公里，海岸线东起粤桂交界处的洗米河口，西至中越边境的北仑河口，大陆海岸线长1 500多公里。海岸类型分冲积平原海岸和台地海岸两种。沿海岛屿有697个，岛屿岸线长600余公里，岛屿总面积84平方公里。涠洲岛是广西沿海最大的岛屿，面积约28平方公里。

广西属亚热带季风气候区。主要特征是夏天时间长、气温较高、降水多，冬天时间短、天气干暖。年平均气温21.1℃。最热月是7月，月均气温23~29℃；最冷月为1月，月均气温6℃~14℃之间。年日照时数1396小时。≥10℃年积温达5 000℃~8 300℃，持续日数270~340天。年均降雨量在1 835毫米。桂南防城、桂中金秀——昭平、桂东北的桂林和桂西北的融安为多雨中心，年降雨量均在1 900毫米以上。桂西左、右江谷地和桂中盆地是主要旱区，年降雨量仅为1 100毫米~1 200毫米。

广西沿海、沿边、沿江，处在我国大陆东、中、西三个地带的交汇点，是华南经济圈、西南经济圈与东盟经济圈的结合部，是西南乃至西北地区最便捷的出海通道，也是联结粤港澳与西部地区的重要通道。特别是随着中国—东盟自由贸易区的建立，广西作为连接中国西南、华南、中南以及东盟大市场的枢纽，在拥有5.3亿人口的东盟和5.4亿人口的泛珠江三角经济圈两个大市场中，将发挥结合部的重要战略作用。

广西海岸线曲折，直线距离仅185公里，仅为海岸线总长的11.6%。从东到西分布有铁山港、廉州港、三娘港、钦州港、防城港、珍珠港等港湾，形成"天然港群海岸"。拥有大小港口21个，其中适合建设泊靠能力万吨以上的有防城、钦州、北海、珍珠、铁山等5个港口，最终开发潜力达年吞吐能力2亿吨以上。广西沿海港口同时具有水深、避风、浪小等特点，距港澳地区和东南亚的港口都较近，北海港距香港425海里，钦州港距新加坡港1 338海里，防城港距越南海防港151海里，距泰国曼谷港1 439海里。

广西有8个县（市）与越南接壤，现有边境口岸12个，其中东兴、凭祥、友谊关、水口、龙邦等5个口岸为国家一类口岸，另外还有25个边民互市贸易点，各边境口岸和边贸点都有公路相通。从凭祥市友谊关至越南谅山市仅18公里，到越南首都河内市180公里。湘桂铁路与越南铁路连接，火车可直达河内市。广西沿边的开放，为中国与越南及东南亚国家的直接贸易，双边、多边或转口贸易，发展出口加工，提供了一块理想的黄金宝地。

珠江水系的西江，纵横广西境内梧州、贵港等城市，西通云南、贵州，东经广州出海，西江的年径流量是黄河的5倍，是德国莱茵河的4.5倍。西江在广西境内有年吞吐能力万吨以上的内河港口77个，经过国家重点投资整治的西江河道，其运输能力仅次于中国第一大河——长江，西江下游的梧州市，是广西内陆口岸一个历史悠久的商埠，梧州下航至香港、澳门为400公里左右，梧州港为中国第六大内河港口。西江水道是连接云、贵内河通向广东及港澳地区的一条“黄金水道”。

二、行政区划

广西壮族自治区
县级以上行政区划一览

2005年辖：14个地级市；34个市辖区、7个县级市、56个县、12个自治县。

南宁市

辖6个市辖区、6个县

青秀区、兴宁区、西乡塘区、良庆区、江南区、邕宁区（蒲庙镇）

武鸣县（城厢镇）、隆安县（城厢镇）、马山县（白山镇）、上林县（大丰镇）、宾阳县（芦圩镇）、横县（横州镇）

柳州市

辖4个市辖区、4个县、2个自治县

城中区、鱼峰区、柳北区、柳南区

柳江县（拉堡镇）、柳城县（大埔镇）、鹿寨县（鹿寨镇、融安县（长安镇）

融水苗族自治县（融水镇）、三江侗族自治县（古宜镇）

桂林市

辖5个市辖区、10个县、2个自治县

象山区、秀峰区、叠彩区、七星区、雁山区

阳朔县（阳朔镇）、临桂县（临桂镇）、灵川县（灵川镇）、全州县（全州镇）、平乐县（平乐镇）、兴安县（兴安镇）

灌阳县（灌阳镇）、荔浦县（荔城镇）、资源县（资源镇）、永福县（永福镇）

龙胜各族自治县（龙胜镇）、恭城瑶族自治县（恭城镇）

梧州市

辖3个市辖区、3个县，代管1个县级市

万秀区、蝶山区、长洲区

岑溪市

苍梧县（龙圩镇）、藤县（藤城镇）、蒙山县（蒙山镇）

北海市

辖3个市辖区、1个县

海城区、银海区、铁山港区

合浦县（廉州镇）

防城港市

辖2个市辖区、1个县，代管1个县级市

港口区、防城区

东兴市

上思县（思阳镇）

钦州市

辖2个市辖区、2个县

钦南区、钦北区

灵山县（灵城镇）、浦北县（小江镇）

贵港市

辖3个市辖区、1个县，代管1个县级市

港北区、港南区、覃塘区（覃塘镇）

桂平市

平南县（平南镇）

玉林市

辖1个市辖区、4个县，代管1个县级市

玉州区

北流市

容县（容城镇）、陆川县（陆城镇）、博白县（博白镇）、兴业县（石南镇）

百色市

辖1个市辖区、10个县、1个自治县

右江区

凌云县（泗城镇）、平果县（马头镇）、西林县（八达镇）、乐业县（同乐镇）、德保县（城关镇）、田林县（乐里镇）、田阳县（田州镇）、靖西县（新靖镇）、田东县（平马镇）、那坡县（城厢镇）、隆林各族自治县（新州镇）

贺州市

辖1个市辖区、2个县、1个自治县

八步区

钟山县（钟山镇）、昭平县（昭平镇）

富川瑶族自治县（富阳镇）

河池市

辖1个市辖区、4个县、5个自治县，代管1个县级市

金城江区

宜州市

天峨县（六排镇）、凤山县（凤城镇）、南丹县（城关镇）、东兰县（东兰镇）

都安瑶族自治县（安阳镇）、罗城仫佬族自治县（东门镇）、巴马瑶族自治县（巴马镇）、环江毛南族自治县（思恩镇）、大化瑶族自治县（大化镇）

来宾市

辖1个市辖区、3个县、1个自治县，代管1个县级市

兴宾区（来宾镇）

合山市

象州县（象州镇）、武宣县（武宣镇）、忻城县（城关镇）、金秀瑶族自治县（金秀镇）

崇左市

辖1个市辖区、5个县，代管1个县级市

江州区

凭祥市

宁明县（城中镇）、扶绥县（新宁镇）、龙州县（龙州镇）、大新县（桃城镇）、天等县（天等镇）

三、人口和民族

2003年末，广西总人口4 857万人，居各省区市第10位，人口密度为每平方公里205人，比全国平均多70人。在总人口中，城镇人口1 411万人，占29.1%；农村人口占70.9%。

广西是我国5个民族自治区之一。世居有壮、汉、瑶、苗、侗、仫佬、毛南、回、京、彝、水、仡佬等12个主要民族，另有25个其他少数民族成分。汉族人口约3 000万人，占全区总人口的61.6%；少数民族人口1 800多万人，占38.4%。其中壮族人口1 500多万人，占全区少数民族人口的85.7%。

四、交通运输

广西是中国唯一与东盟既有陆地接壤又有海上通道的省区。目前，广西已形成面向东盟广大地区全方位、多层次、宽领域的开放格局，经贸往来日益扩大，东盟已成为广西的第一大贸易伙伴。

广西将加快建设和完善现代化综合交通运输体系，构筑中国连接东盟的国际大通道，把交通等基础设施放到建立中国—东盟自由贸易区、大湄公河次区域和泛珠江三角洲经济区的大格局中去统筹规划和建设。加快建设现代化沿海大型组合港，加快西江航运和内河港口建设，进一步加快出海、出区、出边高等级公路建设；加快拓展铁路路网和提高铁路运输能力；加快国际航空港建设，使广西真正成为双向沟通中国与东盟最为便捷、效益最佳的国际大通道。

目前，以沿海港口为龙头，南昆铁路为骨干，高等级公路、水运、航空和其他基础设施相配套的出海大通道框架已形成。铁路方面，湘桂、南昆、黔桂、焦柳等四条铁路汇集广西，全区铁路营运里程超过3 000公里。

公路方面，重庆—湛江、衡阳—昆明、内蒙古—北海、汕尾—清水河等国家高速公路主干线以及南宁—广州、南宁—友谊关、桂林—梧州等高速公路纵横广西，高速公路通车里程突破1 000公里。航运方面，拥有南宁、贵港、梧州等主要内河港口；沿海防城、钦州、北海三大港口年吞吐能力2 000多万吨。

航空方面，已建成南宁、桂林、北海、柳州、梧州五大航空港，开通航线100多条。我国通过陆路进入越南，通往东南亚各国主要公路通道有3

条，其中广西2条，距离最近。一条是南宁经东兴、芒街至河内，全长538公里；另一条是南宁经凭祥友谊关、谅山至河内，全长419公里。

随着交通、口岸等通道设施的进一步完善，广西将成为沟通中国内地与东盟各国的最便捷、综合效益最佳的国际大通道，成为中国与东盟各国实施双向开放的桥梁和基地，以及中外客商兼顾中国内地与东盟两大市场理想的投资场所。

五、资源概况

广西雨量充沛，河流众多，水能资源十分丰富。全区地表河流总长3.4万公里，水域面积约4 700平方公里，集雨面积超过50平方公里的河流937条。全区拥有单河理论蕴藏量1万千瓦以上的河流246条，技术可开发量1 897万千瓦，年发电量811亿千瓦时，居全国第8位，是全国优先开发的三大水电建设基地之一。广西水能资源主要集中分布在红水河、郁江、柳江（均属于西江水系），其中红水河占广西水能资源总量的68%。红水河开发规划自其上游南盘江天生桥至其下游黔江大藤峡，河流总长1 050公里，总落差760米，具有修建高库大坝的有利地形，可开发建设10座梯级电站，总装机容量1 291万千瓦。正在建设的龙滩水电站总装机540万千瓦，是目前国内在建的仅次于长江三峡水电工程的特大型水电工程，建成后除本身发电、防洪外，还能起到平衡下游梯级水电站出力的作用。

广西是全国10个重点有色金属产区之一。已发现矿种145种（含亚矿种），占全国探明资源储量矿种的45.7%。探明储量的矿藏有97种，其中储量居全国前10位的64种；居全国第一的12种；居全国第2位~第6位的25种。广西铝土矿探明储量6.8亿吨，远景储量超10亿吨，且矿藏分布集中、矿石质量佳、易开采，是我国唯一可直接采用纯拜尔法生产优质砂状氧化铝的基地；锰矿保有储量2.28亿吨，占全国保有储量的39%；锡、锑、铟保有储量分别占全国的28%、33%和32%；铟产量占全世界产量的1/3。广西非金属矿产也十分丰富。石灰岩分布广泛，储量大、质地好，高岭土、滑石、膨润土等非金属矿储量均居全国前列，可建成中国南方最大的水泥基地。

广西是国内水、土、热资源配合较好的地区之一，物产丰富多样，主要盛产南亚热带水果、蔬菜、甘蔗、麻类作物、桑蚕、药用作物、香料作物、松脂、桐油、三黄鸡、奶水牛、水产品等农产品。目前，全区水果栽培面积1 700多万亩，名列全国前茅，主产柑、橙、柚、香蕉、荔枝、龙眼、芒果等；蔬菜种植以秋冬蔬菜为主，面积达1 500多万亩。广西是世界10大产糖区之一，甘蔗种植面积900万亩左右，单产和糖份均达到巴西等著名产糖国先进水平。全区共有草山草坡9 700万亩，可利用面积70%以上，年产鲜草1.6亿吨以上。广西水牛奶别具特色，现有水牛400多万头，占全国总数的1/5。适宜水产养殖的水域面积1 300多万亩，对虾、罗非鱼、珍珠、牡蛎等优势和特色产品在海内外占有较大份额。广西是全国最大的松香、松节油产区，松香产量约占全国一半，栲胶、八角、茴油、肉桂等均排全国第一，产量占全国的50%~90%。此外，广西有中草药4 623种，在全国排第2位，其中少数民族用药1 021种，主要有田七、玉桂、罗汉果、砂仁、绞股蓝等。

广西沿海滩涂面积1 005平方公里；20米水深以内的浅海面积6 488平方公里。北部湾的浮游生物十分丰富，浮游植物2 000个/立方米，浮游动物150毫克/立方米，底栖生物143克/立方米，是高生物量的海区，也是中国著名热带渔场。鱼类资源有500多种，虾蟹类220多种。浅海有主要经济鱼类50多种、经济虾类10多种。盛产驰名中外的合浦珍珠。沿海一带拥有10.8万亩的红树林，居全国第2位。海洋矿产资源丰富，海岸带拥有大量的钛、石英砂、磷钇矿等矿产。北海市西南附近的浅海海域有一定的石油、天然气等储量。沿海地区具有较大开发价值的海洋能，主要是潮汐能和波浪能，其中潮汐能开发条件良好，年发电量可达10.8亿千瓦时。

广西旅游资源非常丰富，已开发的景区、景点有400多处。其中列为国家级的风景名胜区3

个、旅游度假区1个、历史文物保护单位7处、森林公园11个；省级风景名胜区31处、旅游度假区9个、历史文物保护单位220处。最著名的是桂林到阳朔的百里漓江风景区，集岩溶风景之大成，素有“山水甲天下”之美称，为全国四大旅游胜地之一。广西旅游资源独具特色。重点可归纳为五大旅游景区：

一是以桂林国际旅游城市为领衔品牌，包括堪称世界一绝的桂林市喀斯特地貌和周边县的丹霞地貌的山水资源，以灵渠、龙胜梯田及桂海碑林、桂林愚自乐园等为代表的历史人文资源，以壮、苗、瑶、侗等少数民族丰富的民族民俗资源，以及桂林两江四湖、桂林乐满地、阳朔西街和遇龙河—月亮山等为代表的休闲旅游资源在内的大桂林国际旅游度假区。

二是包括桂平西山、贺州姑婆山、玉石林、梧州白云山、陆川温泉、大桂山森林资源、容县真武阁等在内的桂东历史文化名胜自然生态旅游区。

三是以金秀大瑶山、宜州刘三姐故乡为领衔品牌的金秀大瑶山生态民俗文化旅游区。

四是以百色大天坑群为领衔品牌的世界第一大天坑群——百色大天坑群旅游区。

五是以北海银滩、德天跨国大瀑布为领衔品种的北部湾滨海旅游和跨国边关风情旅游区。

六、产业优势

广西已初步形成以制糖、有色、冶金、电力、汽车、机械、建材、食品、医药等为主的一批优势产业，具备与国内外企业开展产业合作的良好基础。

广西制糖业在全国具有举足轻重的地位。机制糖产量突破600万吨，占全国糖产量一半以上。广西制糖工业产业链较长，蔗渣造纸制板、糖蜜生产氨基酸、单细胞蛋白、酒精以及提取丙酮等有机化合物、滤泥生产复合肥等综合利用技术达到世界先进水平。同时，广西的制糖成本比国内其他蔗糖主产区每吨低100元~200元，加上综合利用的效益，市场竞争力较强。

“水电为主、水火并举、大中小型并举、电源电网并举”是广西发展电力工业的方针，先后建成西津、大化、岩滩、天生桥、百龙滩水电站以及合山、柳州、田东、永福、来宾A、来宾B火电厂等骨干电源项目。全区发电总装机容量达到772万千瓦，其中水电453万千瓦。目前在建或启动的大型电源项目主要有龙滩、百色水利枢纽、平班、乐滩、长洲水利枢纽等水电项目，以及北海电厂、钦州电厂、防城港电厂、贵港电厂等火电项目，在建项目总装机容量1 144万千瓦。进行前期工作的大型电源项目主要有：桥巩、岩滩扩建、大藤峡、瓦村等水电项目和来宾A厂扩建、永福电厂扩建、南宁电厂、百色电厂、桂东电厂等火电项目，总装机超过1 000万千瓦。广西电力工业发展总思路是，充分发挥资源优势和区位优势，继续加快电源开发步伐，逐步建成为国家“西电东送”的重要基地。到2010年，全区境内总装机容量将达到2 560万千瓦；2020年将达到5 000万千瓦左右。

广西的机械行业拥有11个分行业，年销售收入和实现利润均超过全区的20%。作为传统优势产业，机械行业已培育形成了一批有实力的企业，如玉柴机器股份公司是全国最大的车用内燃机生产企业，柳州建筑机械总厂是全国最大的预应力机具生产企业，柳州工程机械股份公司是全国装载机行业的龙头企业。空气压缩机、机床、农业机械也有相当规模，产品销往全国各地，部分产品远销国外。

汽车工业是广西正在着力培育壮大的支柱产业。中国一汽、上汽、东风三大国内汽车集团，以及美国通用、韩国大宇、法国雷诺等国际大公司已在广西建立生产基地。2003年，广西生产乘用车、商务用车、微型车、载重车、客车、特种车等20万辆，同时，以柳州、玉林、南宁、桂林市为中心的汽配工业正在逐步形成，汽车工业配套能力进一步加强。

铝工业是广西最具发展潜力和优势的支柱产业。平果铝业公司已形成年产85万吨氧化铝、13

万吨电解铝的生产能力，扩建后将达到年产160万吨氧化铝、40万吨电解铝的生产规模。广西与中国铝业公司、中国五矿公司合作兴建的桂西氧化铝厂已经启动，一期建设规模年产160万氧化铝。广西铝材加工已有相当的基础。2010年，广西将形成年产500万吨氧化铝、150万吨电解铝、120万吨铝材加工的生产规模，成为全国乃至亚洲重要的铝工业基地。

广西是我国南方重要林区之一。宜林面积1 360万公顷，占土地总面积的57.7%，在南方速生林发展重点省区中居第一位。现有森林面积982万公顷，森林覆盖率为41.3%。主要造林树种有：桉树、松树、杉树、竹子等用材林，以及八角、板栗、肉桂、油桐、苦丁茶等经济林。目前，广西正在把速生丰产林基地建设与林浆纸、林板产业结合起来，加以扶持发展。现有的100万公顷速生林进入轮伐期后，可以保证年产500万吨～600万吨纸浆的需要。

目前广西具有年产250万吨钢材、60万吨铁合金、80万吨锰矿的生产能力。柳州钢铁（集团）公司是一个包括采矿、选矿、炼铁、炼钢、轧钢、炼焦等配套企业和科研机构的大型钢铁企业，该公司钢、铁产量占广西同类产品的80%左右，已扩建到年产500万吨钢材的规模。在沿海地区，广西将依托20万吨级深水泊位等优越的外部建设条件和广阔的西南、东南亚市场，建设大型钢铁联合企业。

广西建材产品主要有水泥、玻璃、滑石、石材、重晶石等，在全国有一定竞争力，在东南亚颇有影响。广西石灰石矿产总储量23.7亿吨，水泥产量达到2 665万吨，拥有一批知名品牌。柳州水泥厂生产能力达180万吨，是全国最大的水泥厂之一，该厂产品已成为出口免检商品。广西的石英砂品位高、质量好，是制造高级玻璃的优质原料，已探明储量2 500多万吨，居全国第2位。南宁平板玻璃厂是全国第3个用浮法工艺生产玻璃的企业，年产浮法玻璃120万标准箱，产品远销新加坡、香港、澳门等国家和地区。桂林龙胜滑石矿为中国第2大滑石矿，含矿率达79%～92%，白度高达77.85%～93.7%，产品畅销世界近20个国家和地区。广西天然石材主要有花岗岩、大理石和辉绿岩3个系列品种，其主导产品“岑溪红”花岗岩在全国39个花色品种中名列第二。

广西依托丰富的中草药资源优势，已生产单列统计的中药产品13个剂型410个品种，其中国家新药18个、国家中药保护品种55个。西瓜霜、三金片、金嗓子喉宝、骨通贴膏等一批优秀品牌已经形成，云香精、鸡骨草胶囊、花红药剂等中成药具有特殊疗效，有的产品产销量全国第一。目前，广西的医药企业已基本完成了GMP改造，并努力推进中药材生产质量管理规范。

广西品种繁多的热带、亚热带水果、蔬菜、海水产、特色经济作物为食品工业提供了丰富的原材料。目前已形成黑五类食品、梧州冰泉食品、柳州金嗓子、象山牌罐头等一批享誉国内外的品牌。汇源果汁、娃哈哈食品、双汇食品、中国粮油、吉林粮油等一批国内知名大公司已到广西投资建厂。

七、发展现状

（一）广西经济的六大变化

自2000年国家实施西部大开发战略以来，广西抓住机遇，加快发展，促进了经济的持续快速稳定增长，出现逐年向好的发展势头，并且实现了速度与结构、质量、效益协调发展的良好局面。

西部大开发战略实施以来，广西的经济规模迅速壮大，遏制了1995年以来增长速度的下滑趋势，继2001年实现加快增长后，2002年起经济进入新一轮快速增长时期。2000～2003年，广西GDP的年增长速度分别为7.3%、8.2%、10.5%和10.2%，年均增长速度达到9.04%。

在经济实现较快增长的同时，产业结构也不断优化升级。工业占GDP的比重为29.69%，种植业产值在农林牧渔业总产值中所占的比重下降到49.8%，第三产业中的交通运输仓储及邮电通信业快速发展，房地产业、金融保险业等新兴产业也迅速崛起。

从供给方面看，第二、三产业增速提高，呈现出主要依靠第二、三产业共同推动经济增长的发展格局。工业提速成为经济增长的新亮点，2003年工业增速达到14.7%，为1995年以来增长最快的年份。第二、三产业增速高而且呈不断加快态势，使各产业对经济增长的贡献产生较大变化，第二、三产业对经济增长的贡献率稳步提高。

从需求方面看，随着基础设施和生态环境建设投入力度的加大，广西固定资产投资规模快速扩张并成为拉动经济增长的重要力量。从投资管理渠道看，在“西电东送”、道路建设、水利建设等重大项目的拉动下，基本建设投资保持较快增长，2000～2003年，年均增长速度为14.15%。在住房、汽车、电讯、旅游和医疗保健等新的消费热点拉动下，消费需求保持平稳增长态势，消费品市场规模不断扩大。

经济运行的质量也同步提高，财政收入年均增长速度达到14.15%。广西工业企业2003年实现利润63.68亿元，创历史最新高纪录。工业经济效益综合指数大幅攀升，2003年工业经济效益综合指数为121.6%。工业企业亏损面大幅度降低。

城乡居民收入保持不断提高的良好势头，2003年广西城镇居民人均可支配收入为7 785元，年均增速达到8.5%。金融机构存款稳定增长，2003年末广西金融机构储蓄存款余额为3 175.34亿元，年均增长速度达12.1%，其中城乡居民储蓄存款余额为1 971.66亿元，年均增长速度为11.91%。金融信贷明显增加，2003年末广西金融机构贷款余额为2 320.66亿元，年均增长速度达8.96%，其中个人消费贷款增长最为迅猛，2003年末猛增到260.3亿元。

（二）广西开放城市和地区

沿海开放城市

北海市，防城港市港口区

南宁市享受沿海开放城市政策

沿海经济开发区

梧州市（含苍梧县），合浦县，防城港市防城区、钦州市钦南区、钦北区，玉林市

沿边开放城市

凭祥市，东兴市

对外口岸（国家一类口岸）

空运口岸：南宁，桂林，北海

水运口岸：沿海北海港，防城港，钦州港（含果子山港）

内河：梧州港，柳州港，贵港

陆运口岸：公路友谊关，东兴，水口，龙邦

铁路：凭祥市

边贸口岸：江山港，石头埠港，企沙港

八、投资导向

外商投资优势产业目录（2004年修订）已经国务院批准，自2004年9月1日起执行

1. 木薯综合开发利用
2. 天然香料种植和加工
3. 退耕还林还草等国家重点生态工程后续产业开发
4. 节水灌溉技术开发及应用
5. 蔗糖加工及副产品综合利用
6. 动植物药材资源开发生产（列入国家保护资源的除外）
7. 铟、铅、锌的深加工及应用
8. 锰的深加工
9. 滑石和重晶石采选和深加工
10. 松香深加工
11. 氟化盐生产
12. 城市供气、供热、供排水管网建设、经营（大中城市中方控股）
13. 旅游景区（点）开发及其配套设施建设、保护和经营
14. 公路旅客运输

九、优惠政策

广西享受少数民族地区自治政策、西部大开发政策、沿海地区开放政策和边境地区开放政策

一是国家西部开发的优惠政策。广西是国家实施西部大开发12个省市区之一，享有国务院《关于实施西部大开发若干政策措施的通知》和《关于西部大开发若干政策措施的实施意见》规定的五大类十九条具体优惠政策措施，包括了西部开发的产业政策和区域政策，增加资金投入的政策，增强西部地区的吸引力，提高竞争力的举措，吸引人才和发展科技教育的政策等。尤其在产业发展上，对国务院发布的《外商投资产业指导目录》中的鼓励类产业、《中西部地区外商投资优势产业目录》中规定的产业；有色金属、电力、汽车、食品、医药和高新技术等6个广西确定的重点产业；农产品加工和旅游资源开发；投资参与机械、制糖、林产、建材、钢铁锰业、化工、日用品等7个产业的改造等，企业所得税均可减按15%的税率征收。广西根据国家赋予少数民族自治区的自治权限和国家有关文件精神，2001年底出台了涉及投资、税收、土地、矿产资源、价格和收费等6个方面贯彻国家西部大开发政策的措施。2003年，广西又出台了提高对外开放水平、改善投资软环境等4个重要文件，进一步明确扩大开放的一系列政策措施，投资环境进一步改善。

二是边境贸易优惠政策。对边境小额贸易企业通过边境口岸进口原产于毗邻国家的商品，除极少数商品外，进口关税和进口环节税按法定的税率减半征收；边民通过互市贸易进口的商品（仅限生活用品），每人每天价值在人民币3 000元以下的，免征进口关税和进口环节增值税；边境地区对外经济技术合作项下换回物资的进口，享受边境小额贸易的进口税收政策；边境小额贸易企业同时享有对外经济技术合作经营权，可开展与毗邻国家边境地区的承包工程和劳务合作业务。

三是少数民族地区优惠政策。依照法律规定，民族自治地区的自治机关除行使地方国家机关的职权外，可以依照法律规定行使自治权，可以根据本地实际，在不违背宪法和法律的原则下，有权采取特殊政策和灵活措施，加快民族自治地区经济和社会发展。

四是广西作为西部省区中唯一沿海的自治区，享有国家施行的各种沿海开放优惠政策。

产业政策

1. 在广西境内投资举办中外合资经营企业、中外合作经营企业和外资企业的项目以及其他形式的外商投资项目，应符合国家有关外商投资的法律规定和产业政策的要求。

2.《外商投资产业指导目录》和《广西外商投资优势产业目录》是指导审批外商投资项目和外商投资企业适用有关政策的依据。

3. 外商投资项目分为鼓励、允许、限制和禁止四类。鼓励类、限制类和禁止类的外商投资项目，列入《外商投资产业指导目录》。不属于鼓励类、限制类和禁止类的外商投资项目，为允许类外商投资项目。允许类外商投资项目不列入《外商投资产业指导目录》。

4. 鼓励类外商投资项目，除依照有关法律、行政法规的规定享受优惠待遇外，从事投资额大、回收期长的能源、交通、城市基础设施（煤炭、石油、天然气、电力、铁路、公路、港口、机场、城市道路、污水处理、垃圾处理等）建设、经营的，经批准，可以扩大与其相关的经营范围。

5. 产品全部直接出口的允许类外商投资项目，视为鼓励类外商投资项目；产品出口销售额占其产品销售总额70%以上的限制类外商投资项目，经自治区人民政府或者国务院主管部门批准，可以视为允许类外商投资项目。

6. 列入《广西外商投资优势产业目录》的项目，视为鼓励类外商投资项目。

税收优惠政策

（一）国家鼓励类外商投资企业税收优惠政策

国家鼓励类外商投资企业是指以《外商投资产业指导目录》中鼓励类项目和《广西外商投资优势产业目录》中规定的产业项目为主营业务，其主营业务收入占企业总收入70%以上的企业。

1. 在2001年至2010年期间，减按15%的税率征收企业所得税。

2. 在项目投资总额内进口自用设备，除《外商投资项目不予免税的进口商品目录》所列商品外，免征关税和进口环节增值税。

3. 企业利用投资总额以外的自有资金进口国内不能生产或性能不能满足需要的自用设备，以及与上述设备配套的技术、配件、备件，除《外商投资项目不予免税的进口商品目录》所列商品外，免征关税和进口环节增值税。

4. 企业在投资总额内购买的国产设备，除《外商投资项目不予免税的进口商品目录》所列商品外，其购买国产设备投资的40%可从购置设备当年比前一年新增的企业所得税中抵免。

5. 企业对现有设施、生产工艺条件进行改造而在投资总额以外购买的国产设备，其购买国产设备投资的40%也可以从设备购置当年比前一年新增的企业所得税中抵免。

6. 企业在投资总额内采购国产设备，除《外商投资项目不予免税的进口商品目录》所列商品外，可全额退还增值税。

7.《外商投资项目不予免税的进口商品目录》中所列的进口设备为电视机、摄象机、录像机、音响设备、空调器、电冰箱、电冰柜、洗衣机、照相机、复印机、程控电话交换机、微型计算机及外设、电话机、无线寻呼机、传真机、电子计算器、打字机及文字处理机、汽车、摩托车等。

8. 从事《外商投资产业指导目录》中鼓励类项目的外商投资企业，追加投资形成的新增注册资本额达到或超过60 000万美元的；或者追加投资形成的新增注册资本额达到或超过1 500万美元，且达到或超过企业原注册资本50%的，其投资者在原合同以外追加投资项目取得的所得，经自治区国家税务局批准，可单独计算并享受“免二减三”、“免五减五”的企业所得税定期减免优惠。

（二）对如下地区和产业实行长期减低税率征收企业所得税

1. 对设在南宁经济技术开发区的生产性外商投资企业、在广西从事港口码头建设的中外合资经营企业、在南宁高新技术产业开发区和桂林高新技术产业开发区设立的被广西科技厅认定为高新技术企业的外商投资企业实行长期减按15%的税率征收企业所得税。

2. 对设在南宁市、北海市、梧州市、钦州市、玉林市、防城港市、凭祥市、东兴市、合浦县、苍梧县的生产性外商投资企业，以及设在北海国家旅游度假区内的外商投资企业，实行长期减按24%的税率征收企业所得税。其中属于国家鼓励类的外商投资企业，在2001年至2010年期间，减按15%的税率征收企业所得税。

生产性外商投资企业是指从事下列行业的外商投资企业：

A. 机械制造、电子工业；

B. 能源工业（不含开采石油、天然气）；

C. 冶金、化学、建材工业；

D. 轻工、纺织、包装工业；

E. 医疗器械、制药工业；

F. 农业、林业、畜牧业、渔业和水利业；

G. 建筑业；

H. 交通运输业（不含客运）；

I. 直接为生产服务的科技开发、地质普查、产业信息咨询和生产设备、精密仪器维修服务业。

高新技术企业是指从事下列高新技术范围内的企业：

A. 电子与信息技术；

B. 生物工程和新医药技术；

C. 新材料及应用技术；

D. 先进制造技术；

E. 航空航天技术；

F. 现代农业技术；

G. 新能源与高效节能技术；

H. 环境保护新技术；

I. 海洋工程技术；

J. 核应用技术；

K. 其他在传统产业改造中应用的新工艺、新技术。

（三）对符合以下条件的企业实行定期减免企业所得税

1. 对生产性外商投资企业，经营期在十年以上的，从开始获利的年度起，第一年和第二年免征企业所得税，第三年至第五年减半征收企业所得税，简称“免二减三”。其中，属于国家鼓励类的外商投资企业，在2001年至2010年期间，减半征收企业所得税按15%的税率减半计算。

2. 从事港口码头建设的中外合资经营企业，经营期在十五年以上的，可以从开始获利的年度起，第一年至第五年免征企业所得税，第六年至第十年减半征收企业所得税，简称“免五减五”。

3. 在南宁高新技术产业开发区和桂林高新技术产业开发区设立的被广西科技厅认定为高新技术企业的中外合资经营企业，经营期在十年以上的，从开始获利的年度起，第一年和第二年免征企业所得税。其中，对生产性外商投资企业、国家鼓励类的外商投资企业，按上述第1款规定执行。

4. 外商投资举办的产品出口企业，在依照上述“免二减三”规定免、减企业所得税期满后，凡当年出口产品产值达到当年企业产品产值70%以上的，可以减半征收企业所得税。符合按15%的税率缴纳企业所得税条件的产品出口企业，减按10%的税率征收企业所得税。

外商投资产品出口企业由广西商务厅认定。

5. 外商投资举办的先进技术企业，在依照上述“免二减三”规定免、减企业所得税期满后仍为先进技术企业的，可以延长三年减半征收企业所得税。

凡同时具备下列条件的，可确认为先进技术企业：①属于国家鼓励外商投资的生产性项目；②采用国际先进和适用的工艺、技术和设备；③生产的产品质量、技术性能处于国内领先地位。

外商投资先进技术企业由广西商务厅认定。

6. 对外商投资新办交通、电力、水利、邮政、广播电视企业，经营期在十年以上的，自获利年度起，第一年至第二年免征企业所得税，第三年至第五年减半征收企业所得税。交通企业是指投资新办从事公路、铁路、航空、港口、码头运营和管道运输的企业；电力企业是指投资新办从事电力运营的企业；水利企业是指投资新办从事江河湖泊综合治理、防洪除涝、灌溉、供水、水资源保护、水力发电、水土保持、河道疏浚、河海堤防建设等开发水利、防治水害的企业；邮政企业是指投资新办从事邮政运营的企业；广播电视企业是指投资新办从事广播电视运营的企业。上述各类企业主营收入需占企业总收入70%以上。

（四）外商投资企业有下列情形之一的，免征地方所得税

1. 外商投资企业在根据税法规定享受所得税“免二减三”期间；

2. 属于国家鼓励类或广西外商投资优势产业的外商投资企业；

3. 属于外商投资先进技术型企业或出口产品产值达到当年产品产值50%以上的企业；

4. 在沿海开放城市，沿海经济开放区、国家级旅游城市、边境开放城镇、国家和自治区认定的开发区和贫困县举办的外商投资企业；

5. 外商投资农、林、牧、渔企业；

6. 外商投资企业在广西转让省级以上（含省级）专有技术等科研成果的所得；

7. 总投资额在300万美元以上，当年利润不满100万元人民币的外商投资企业；

8. 建设和经营能源、交通、港口、码头等基地础设施的外商投资企业。

（五）其他有关税收和收费优惠

1. 外国投资者从企业分得的利润，免征所得税。

2. 外国投资者将其从企业分得的利润直接再投资于该企业，增加注册资本，或者作为资本投资开办其他外商投资企业，经营期不少于五年的，退还其再投资部分已缴纳企业所得税的40%税款。

3. 外国投资者将其从企业分得的利润在中国境内投资举办、扩建产品出口企业或者先进技术企业，经营期不少于五年的，全部退还其再投资部分已缴纳的企业所得税税款。

4. 对为保护生态环境，退耕还生态林（生态林应占80%以上）、还草和治理石漠化产出的农业特产品收入，自取得收入年份起十年内免征农业特产税。

5. 外商投资公路建设用地，属国道、省道占用耕地的，以及修建二级公路等级以上公路用地，比照铁路、民航用地免征耕地占用税。免征耕地占用税的范围限于公路线路、公路线路两侧边沟所占用的耕地。上述免税用地，凡改变用途，不再属于免税范围的，应当自改变用途之日起补缴耕地占用税。

6. 外商投资企业在广西再投资，被投资企业注册资本中外资比例不低于25%的，享受外商投资企业待遇。

7. 对于外商从事非油气矿产资源勘查开采的，除享受国家已实行的有关优惠政策外，还可以享受免缴探矿权、采矿权使用费一年，减半缴纳探矿权、采矿权使用费二年的政策。在中外合营方式中，中方以探矿权、采矿权入股的，其探矿权、采矿权应按规定依法评估确认，合理作价，由中方提供相关的地质成果资料。

8. 对外商投资研究开发中心、先进技术型和产品出口型外商投资企业技术改造，在原批准的生产经营范围内，利用投资总额以外的自有资金（指企业储备基金、发展基金、折旧和税后利润）进口国内不能生产或性能不能满足需要的自用设备以及与上述设备配套的技术、配件、备件（包括随设备进口或单独进口的），除《外商投资项目不予免税的进口商品目录》所列商品外，免征关税和进口环节增值税。

9. 对外商投资企业技术开发费比上年增长10%以上（含10%）的，允许按技术开发费实际发生额的50%抵扣当年度的应纳税所得额。

10. 对允许类产品全部出口的外商投资项目项下进口设备，征收进口关税和进口环节增值税，经商务部门核准，每年返还已纳税额的20%，五年内全部返还。

11. 西部开发税收优惠政策

（1）对设在广西的国家鼓励类外商投资企业，国家鼓励类企业，自治区确定的有色金属、电力、汽车、食品、医药和高新技术六个重点产业的企业，自治区支持用高新技术改造提升的机械、制糖、林产、建材、钢铁锰业、化工、日用品七个传统产业的企业和农产品加工企业，旅游资源开发企业，上市公司，减按15%的税率征收企业所得税。

（2）对广西外企业、单位和个人到广西独资或联营新办符合国家产业政策的企业，从生产经营之日起，对外来方的生产经营所得，五年内免征企业所得税。

（3）对新办的其他企业，除国家明令禁止和淘汰的企业外，从生产经营之日起，免征企业所得税两年。

（4）外商投资企业根据税法规定享受所得税“免二减三”期间，同时免、减地方所得税。

（5）对在自治区人民政府批准设立的沿海工业园区内投资新办的属于国家鼓励类产业的企业，自生产经营之日起，前三年免征后两年减半征收企业所得税。

（6）对设在重点镇、通道工业带上的小城镇新办的农产品加工、环境保护、资源综合利用等企业，从生产经营之日起，三年免征七年减半征收企业所得税。

（7）新办交通、电力、水利、邮政、广播电视外商投资企业，经营期在10年以上的，自获利年度起，第一年至第二年免征企业所得税，第三年至第五年减半征收企业所得税。

（8）新办交通、电力、水利、邮政、广播电视、有色金属、汽车、制糖、食品、信息技术、医药、生物技术、特色农业、水利、林业、环境保护和资源综合利用企业，自生产经营之日起，两年免征三年减半征收企业所得税。

（9）新办的高新技术企业，经自治区科技主管部门认定后，自生产经营之日起，五年免征三年减半征收企业所得税。

(10) 对退耕还生态林（生态林应占80%以上）、还草和治理石漠化产出的农业特产品收入，自取得收入年份起十年内免征农业特产税。

(11) 属国道、省道占用耕地的，以及经自治区批准修建二级公路等级以上的公路用地，比照铁道、民航用地免征耕地占用税。

(12) 对西部地区内资鼓励类产业、外资鼓励类产业及优势产业的项目，在投资总额内进口自用先进技术设备，除国家规定不予免税的进口商品外，免征关税和进口环节增值税。符合《中西部地区外商投资优势产业目录》的外商投资项目，在投资总额内进口自用设备，免征关税和进口环节增值税。

（六）国务院实施西部大开发价格和收费政策

1. 对已经形成竞争的水运、公路货运、食糖、发电用煤、报刊杂志、厂丝、足金饰品、外贸仓储、物资流通、客房、松脂等商品和服务价格，放开由市场调节。

2. 将现行按发电项目还贷需要来核定还贷期的还本付息电价的做法，改为按发电项目经营期核定上网电价（经营期火电按20年、水电按30年计算）；新投产发电企业的上网电价，按自治区电网内同时期建设的同类型技术先进的发电机组的社会平均成本为基础核定，符合环保要求的机组所增加的投资，按照国家规定另行计算发电成本，核定上网电价。

3. 新建地方铁路按照偿还贷款本息、补偿合理经营成本的原则，实行新路新价政策。

4. 对污水处理项目实行价格承诺制度，允许在项目建成前三年开征污水处理费。逐步将污水处理费调整到合理的水平，并相应提高城市供水价格，以保证企业的正常运行。

5. 商业性投资的景点实行市场调节价，由经营者自主确定门票价格。

6. 对以基础设施项目收益权或收费权为质押发放贷款范围的项目，在办理有关收益权或收费权承诺时，只要相关手续和材料齐全，在规定工作日内办理完毕。

7. 对所有投资于城市基础设施的建设项目，其城市基础设施配套费，在国家治理方案出台前，免收城市市政建设配套费；对其他项目，减半收取城市市政建设配套费。以上项目均减半收取城市规划综合技术服务费。

8. 取消乡镇企业管理费、社会福利生产管理费和外来务工人员暂住费、暂住人口（流动）人口管理费、计划生育管理费、城市增容费、外地（外省）建筑（施工）企业管理费。

9. 除义务教育外，对经批准的社会力量办学，收费标准与办学主体的筹资方式相适应，并按培养学生的完全成本进行收费；对经批准利用社会力量举办的义务教育，其收费除可收取自治区规定的杂费、住宿费、代收费外，学校可向学生收取一定比例的捐资款。

10. 对以银行贷款及社会资金按照学校后勤社会化的要求，统一规划投资建设的大中专学校学生宿舍（公寓），其住宿收费允许按现行最高收费标准执行。

土地政策

（一）外商投资企业申请取得国有土地使用权的形式

1. **有偿出让**。国家将国有土地使用权在一定年限内出让给土地使用者，土地使用者支付土地使用权出让金。土地使用者可以通过协议、招标或拍卖方式受让土地使用权，并与土地局签订出让合同，按合同约定付清全部出让金后，办理土地登记，领取《土地证书》。以这种方式获得的土地使用权可以转让、出租、抵押。土地使用权出让最高年限是：

(1) 居住用地七十年；

(2) 工业用地五十年；

(3) 教育、科技、文化、卫生、体育用地五十年；

(4) 商业、旅游、娱乐用地四十年；

(5) 综合或者其他用地五十年。

2. **有偿转让**。土地使用者以有偿方式将国有土地使用权再转让给其他土地使用者。土地使用权转让应当签订转让合同。以这种方式获得的土地使用权，其使用的年限为出让土地年限减去已使用年限的剩余年限。

3. **以土地使用权作为合资、合作条件**。土地使用者将其拥有的土地使用权作价入股或作为合资、合作条件，与其他单位或个人共同组成合资、合作企业，这种合营方式必须到项目所在地的土地局办理用地手续。如所用土地为行政划拨的，应补办土地出让手续，补缴出让金。

4. **土地使用权出租**。土地使用者作为出租人将土地使用权随同地上建筑物、其他附着物租赁给土地承租人使用，出租人和承租人依法签订租赁合同，承租人依据租赁合同规定向出租人支付租金：如供出租的土地是以划拨方式获得的，必须补办出让手续，补缴出让金。

（二）外商投资企业申请取得集体土地使用权的形式

1. 集体所有的土地由国家先征用转为国有土地后，再出让给外商投资企业，集体土地不得直接出让或出租。

2. 农村集体经济组织或乡镇企业以集体所有的土地作价入股或作为合作条件，与外商举办中外合资、合作企业，必须经县级人民政府批准。此类项目用地的集体土地所有权不变，集体土地的股份不得转让。

（三）外商投资企业取得土地使用权的程序

外商投资企业在领取批准证书和营业执照后，可通过有偿出让、有偿转让、土地使用权出租的方式向县或县级以上人民政府的土地局申请取得土地使用权，并与土地局签订土地有偿使用合同，土地局颁发《建设用地批准书》，土地使用者缴纳土地有偿使用费后，依照规定办理土地登记手续，并领取《土地证书》。

（四）外商投资企业使用土地的审批权限

1. 征用下列土地的，由建设项目所在地县以上人民政府逐级审查，报国务院批准：

（1）基本农田；

（2）基本农田以外的耕地超过35公顷的；

（3）其他土地超过70公顷的。

2. 外商投资企业在土地利用总体规划确定的土地开垦区内，开发未确定使用权的国有荒山、荒地、荒滩等未利用地从事种植业、林业、畜牧业、渔业生产的，应向设区的市、县（市）人民政府土地局申请，并按下列权限报经批准后方可进行开发：

（1）一次性开发不超过50公顷的，由县（市）人民政府批准；

（2）一次性开发超过50公顷不超过100公顷的，由地区行政公署、设区的市人民政府批准；

（3）一次性开发超过100公顷不超过600公顷的，由广西人民政府批准；

（4）一次性开发超过600公顷的，报国务院批准。

3. 外商投资企业使用现有国有建设用地和已批准农用地转用、土地征用范围内的土地，以及使用土地利用整体规划确定的国有未利用土地的，由市、县人民政府审批，报上一级国土资源部门备案；外商投资企业确需临时占用基本农田保护区以外土地的，由所在市、县人民政府审批。

4. 外商投资企业具体建设项目需要占用土地利用总体规划确定的国有未利用地的，按照下列权限办理审批手续：

（1）不超过1公顷的，由县（市）人民政府批准，报地区行政公署、设区的市人民政府土地局备案；

（2）超过1公顷不超过5公顷的，由地区行政公署、设区的市人民政府批准，报广西国土资源厅备案；

（3）超过5公顷和跨地区、设区的市行政区域的建设项目用地，由广西人民政府批准。

（五）国务院实施西部大开发的土地政策

1. 外商投资企业可以依法申请使用国有荒山荒地，进行恢复林草植被等生态环境保护建设，在建设投资和绿化工作到位的条件下，可以出让方式取得国有土地使用权，减免出让金，实行土地使用权五十年不变，期满后可申请续期，可以继承和有偿转让。国家建设需要收回国有土地使用权的，依法给予补偿。

2. 对公路国道、省道建设用地比照铁路、民航用地免征耕地占用税。

3. 对基础设施建设占用耕地的，在保证耕地占补平衡的前提下，其耕地开垦费可按广西所定标准的下限收取。

4. 土地使用优惠政策。

(1) 对西部开发中的重点建设项目用地的计划指标予以保障，在国家下达的新增建设用地指标不够时，可以使用周转指标、置换指标和折抵指标及其他政策性指标。把未利用地开发成草地、园地经有关部门认定能调整为耕地的，可折抵补充耕地指标。

(2) 对利用国有荒山、荒地、荒滩等未利用土地发展旅游业的，可通过出让方式取得土地使用权；协议出让土地使用权的，可以给予一定的地价优惠；实行土地使用权五十年不变，可以继承和有偿转让，期满后可依法申请续期。利用当地农村资源优势发展特色旅游业，其旅游基础设施使用集体土地的，可依法按集体建设用地办理审批手续。

(3) 企业采矿、取土用地可按临时用地的方式供应土地，采矿企业的采矿区外接道路还可采取企业投资、农村集体经济组织提供土地的方式共建共享，其用地视为乡村公共设施建设用地，按集体建设用地方式办理用地手续；用地单位原有土地适宜于被用地单位使用和管理的，可以按对等方式协商置换土地使用。

(4) 对单独选址的建设项目，其压覆重要矿床手续和地质灾害危险性评估确认，在可行性研究阶段提出用地预审申请前完成，正式报批用地时不必再办理。

(5) 在土地登记发证中，土地行政主管部门已完成权属调查，而土地登记申请人又能够提供符合要求图件的，可免收地籍测量费（中介机构收取部分除外）。

(6) 国家和自治区确定的优势资源开发利用、高新技术及军转民技术产业化项目、重点交通建设项目、自治区路网二级公路用地按《自治区人民政府批转自治区计委等部门关于广西壮族自治区基础设施重大项目建设用地征地拆迁暂行办法的通知》（桂政发［2000］39号）文件的规定办理。建设项目使用国有未利用土地的，免缴土地补偿费。

(7) 对利用荒山、荒地等未利用土地造林种草及坡耕地退耕还林还草，实行谁退耕、谁造林种草、谁经营、谁拥土地使用权和林草所有权的政策。

（六）国务院实施西部大开发矿产资源优惠政策

1. 石油、天然气、煤层气、铀、富铁矿、优质锰矿、菱镁、铬铁矿、铜、钾盐、铂族金属、地下水等矿产资源的勘查、开发，大中型矿山企业为寻找接替资源申请的勘查、开发，运用新技术、新办法提高综合利用水平（包括低品位、难选冶的矿产资源开发及老矿区尾矿利用）的矿产资源开发，以及在自治区矿产资源规划确定的鼓励勘查区内进行矿产资源勘查开发的，探矿权使用费．第一个勘查年度可以免缴，第二至第三个勘查年度可以减缴50%，第四至第七个勘查年度可减缴25%；采矿权使用费，矿山基建期和矿山投产第一年可以免缴，矿山投产第二至第三年可以减缴50%，第四至第七年可以减缴25%，矿山闭坑当年可免缴。

2. 对于外商从事非油气矿产资源勘查开采的，除享受国家已实行的有关优惠政策外，还可以享受免缴探矿权、采矿权使用费一年，减半缴纳探矿权、采矿权使用费二年的政策。对于外商从事《外商投资产业指导目录》中鼓励类非油气矿产资源开采的，享受免缴矿产资源补偿费五年的政策。

3. 探矿权人投资勘查获得具有开采价值的矿产地后，可依法获得采矿权。允许将勘查费用计入递延资产，在开采阶段分期摊销。

4. 开采回收非油气矿产资源主矿种之外的伴生矿的，免收矿产资源补偿费。

5. 除采取依法申请批准方式外，可以采取招标、拍卖等其他方式出让矿业权。探矿权人、采矿权人可以采取出售、作价出资、合作勘查或开采、上市等方式依法转让探矿权、采矿权，也可以按有关规定出租、抵押探矿权、采矿权。

十、服务地带

广西壮族自治区发展和改革委员会

负责编制全自治区国民经济和社会发展计划，新建和扩建项目的审核、核准、备案以及重大项目的前期协调工作。

地址：中国广西南宁市民乐路1号

邮编：530012

电话：+86-771-2328880

传真：+86-771-2328600

广西壮族自治区经济委员会

负责全自治区技术改造项目的审核、审批及其前期工作。

地址：中国广西南宁市民乐路1号

邮编：530012

电话：+86-771-2803041

传真：+86-771-2800166

广西壮族自治区商务厅

负责管理全自治区国内外贸易，管理和审批全自治区外商投资项目合同和章程。

地址：中国广西南宁市七星路137号

邮编：530022

电话：+86-771-2109538　2109011

传真：+86-771-5321237

广西壮族自治区招商促进局

广西壮族自治区人民政府投资投诉中心

负责管理和协调全自治区招商引资工作，以及招商项目的对外发布、接洽，代表自治区人民政府受理、协调和处理外商投诉事项，依法维护投资者的合法权益。

地址：中国广西南宁市民族大道91号

邮编：530022

电话：+86-771-5885983

传真：+86-771-5853854

外商投诉电话：+86-771-5885010

网址：www. gxipn. gov. cn

E-mail：gxipa@163. com

广西壮族自治区财政厅

负责全自治区财政收支、财税政策、国有资本金基础工作，负责企业财务的监管和财务管理工作。

地址：中国广西南宁市桃源路69号

邮编：530021

电话：+86-771-5331672

传真：+86-771-5331776

广西壮族自治区国有资产监督管理委员会

指导推进全自治区国有企业改革和重组，对所监管企业国有资产的保值增值进行监督和管理工作。

地址：中国广西南宁市天桃路24号

邮编：530022

电话：+86-771-2809208

传真：+86-771-2809238

广西壮族自治区国土资源厅

负责全自治区建设用地、海域使用管理，及矿产资源勘查和开发管理。

地址：中国广西南宁市民族大道74号

邮编：530022

电话：86-771-5855433

传真：86-771-5861019

广西壮族自治区建设厅

负责全自治区城市总体规划的管理，负责城市市政工程建设和建筑市场管理。

地址：中国广西南宁市民乐路1号

邮编：530012

电话：86-771-2802288

传真：86-771-2808383

广西壮族自治区林业局

负责全自治区林地、林权管理，负责征用、占用林地的初审，主管森林资源有偿使用并监督林地开发利用。

地址：中国广西南宁市七星路133号

邮编：530022

电话：+86-771-2811471　2266524

传真：+86-771-2811471

广西壮族自治区环境保护局

负责全自治区环境的监测、监理和建设项目环境管理工作。

地址：中国广西南宁市民乐路1号

邮编：530012

电话：+86－771－2803997

传真：+86－771－2849817

广西壮族自治区工商行政管理局

负责全自治区企业以及国（境）外企业驻广西办事机构的省级登记和管理。

地址：中国广西南宁市怡宾路1号

邮编：530028

电话：+86－771－5533551

传真：+86－771－5531200

广西壮族自治区国家税务局

负责全自治区国税征管范围内的税收法规、政策的执行、解释，以及税款征收与税务管理。

地址：中国广西南宁市望园路19号

邮编：530022

电话：86－771－5706319

传真：86－771－5706838

广西壮族自治区地方税务局

负责全自治区地方税收征管范围内的税收法规、政策的执行、解释，以及税款征收与税务管理。

地址：中国广西南宁市民族大道105号

邮编：530028

电话：86－771－5538058

传真：86－771－5536262

国家外汇管理局广西分局

负责全自治区外汇业务的管理和服务。

地址：中国广西南宁市桃源路39号

邮编：530021

电话：+86－771－2825544

传真：+86－771－2809173

南宁海关

负责全自治区海关业务及进出关境监督管理机构。

地址：中国广西南宁市桃源路65号

邮编：530021

电话：+86－771－5398625　5398555

传真：+86－771－5398363

中华人民共和国广西出入境检验检疫局

负责广西出入境卫生检疫、动植物检疫和进出口商品检验的行政执法，以及广西的出入境检验检疫、鉴定和监管工作。

地址：中国广西南宁市滨湖路38号

邮编：530028

电话：+86－771－5515089　5515419

传真：+86－771－5515419

甘　肃　省

一、地理概况

甘肃省简称甘，因古甘州（张掖市）和古肃州（酒泉市）而得名。省内的陇山为历史名山，历史上将甘肃特称为“陇右”，故又简称陇。甘肃位于中国西北内陆地区，黄河上游，北纬32度31分至42度47分，东经92度10分至108度46分。地处黄土高原、内蒙古高原和青藏高原的交汇处。东邻陕西省，南与四川省、青海省接壤，西部与新疆维吾尔自治区相邻，北部与内蒙古自治区和蒙古国交界，东北部与宁夏回族自治区连接。面积45.44万平方公里。省境由东南向西北斜长绵亘。从地貌上看，基本涵盖了山地、高原、平川、河谷、沙漠、戈壁等多种类型，地势自西南向东北倾斜，构成甘肃独具特色的六大地形区域。

陇南山地

这里层峦叠嶂，山高谷深，植被丰厚，河流遍布。区域内包括渭水以南，临潭、迭部一线以东的山区，是秦岭的西延部分，丘陵和山地为主。整个地势西高东低，绿山对峙，溪流湍急，既有北国山川的壮美，又兼具江南水乡之秀色。

陇中黄土高原

位于甘肃省中部和东部，东起甘陕交界，西至乌鞘岭，这里曾经孕育了华夏民族的先民。亿万年的地壳运动把陇中黄土高原分割为大小不等的塬、梁、峁、沟壑等，其中就有因地利不便而苦甲天下的定西地区。这块11.3万平方公里的土地蕴藏着极为丰富的资源和财富，在黄河干流上，现已建成了刘家峡、盐锅峡、八盘峡等大型水利电力枢纽工程，浇灌全省70%的耕地，也提供了强大的电力。

甘原高原

这里地处“世界屋脊”——青藏高原东部边缘一隅，地势较高，平均海拔在3 000米以上，是典型的高原区，总面积约定4.4万平方公里。这里地域开阔，水草丰美，有大片的平坦土地和天然牧场。

河西走廊

在祁连山以北，北山以南之间，为一条狭长而倾斜的地带，东起乌鞘岭，西至甘肃、新疆交界处，长约1 000公里，形似宽阔的长廊，所以冠之以河西走廊的美名。这里地势平坦，面积达11.1万平方公里，机耕条件好，光热充足，水资源较为丰富，具有发展农业的良好条件，前景十分广阔。河西走廊目前已成为甘肃乃至全国闻名的商品粮基地。

祁连山地

在河西走廊以南，长达1 000多公里，面积7万多平方公里，大部分海拔在3 500米以上，终年积雪，形成了特有的冰川绵延地带，是河西走廊的天然固体水库。这里植被垂直分布明显，荒漠、草场、森林、冰雪包容其中，是一块色彩斑斓而又不可多得的立体世界。

河西走廊以北地带

东西长1 000多公里，海拔在1 000～3 600米之间，总面积约为11.2万平方公里，人们习惯称之为北山山地。这里靠近腾格里沙漠和巴丹吉林沙漠，风高沙大，山岩裸露，荒漠一片。游人到此尽可领略“大漠孤烟直，长河落日圆”的塞外风光。

二、人口及民族

甘肃，人口2 562万。唐代置陇右道，元代始建甘肃行省，延续至今。由于甘肃省东西狭长，南北跨度大，自然及人文条件复杂多样，人口分布很不平衡，总趋势是东南部稠密，西北部稀疏。天水市和临夏回族自治州人口最稠密，为204人/平方公里；兰州市次之，为192人/平方公里；酒泉地区最低，为4.2人/平方公里。甘肃历来是一个多民族聚居的省份。全省共有45个民族，有汉、回、藏、东乡、土、满、蒙古、哈萨克、维吾尔、壮、土家、朝鲜等民族。汉族占总人口的91.7%，少数民族占8.3%。44个少数民族中又以回、藏、东乡三个民族为主，占少数民族人口的96.5%；东乡、保安、裕固三个民族是甘肃特有的少数民族。

少数民族中，回、东乡、保安、撒拉、哈萨克等民族多信仰伊斯兰教，藏、裕固、蒙古、土等民族多信仰藏传佛教（又称喇嘛教）。各民族在饮食、服饰、婚葬、节日庆典等方面均有自己的特色，如藏族著名的香浪节、末花节、浴佛节等，回、东乡、保安、撒拉族的花儿会，裕固族的婚礼仪式，土族的“嘠尔”歌舞，哈萨克族的库尔班节等。

三、自然资源及支柱产业

自然资源

甘肃省自然资源丰富。土地资源总量为4 544.02万公顷，人均占有量2公顷，居全国第5位；除沙漠、戈壁、沼泽、石山裸岩、永久积雪和冰川等难以直接利用的土地外，尚有2 731.41万公顷土地可用于生产建设，占土地总面积的60.11%。

各种林地资源面积396.65万公顷，有白龙江、洮河、祁连山脉、大夏河等地的成片原始森林，森林中的野生植物达4 000余种，其中有连香树、水青树、杜仲、透骨草、五福花等珍贵植物；野生动物中列入国家稀有珍贵动物的达54种或亚种，如大熊猫、金丝猴、羚牛、野马、野骆驼、野驴、野牦牛、白唇鹿等。各类草地资源面积1575.29万公顷，占土地资源总面积的34.67%，其中天然草地1 564.83万公顷，占草地总面积的99.34%，是中国主要的牧业基地之一。

水力资源理论蕴藏量1 724.15万千瓦，居全国第10位，可能利用开发容量1 068.89万千瓦，年发电量492.98亿千瓦小时。矿产资源种类多而储量丰富。能源矿产中，煤、石油、油页岩、天然气、地热水均有储量，仅煤炭就包括了无烟煤、一般用煤、焦煤、褐煤等几大类；黑色金属有铁、锰、钒、铬等及冶金辅助原料矿产熔剂灰岩、熔剂白云岩等14种，大部分已探明储量，铬铁矿、钒矿、菱镁矿及铸型用粘土等储量在中国居前5位；有色金属矿产包括了有色金属、贵金属、稀有金属和分散元素矿产共28种已探明储量，其中铜、镍、钴、铅、锌、锑、铂族、硒和碲等矿产是甘肃的优势矿产；此外尚有硫、磷、蛇纹岩、芒硝等非金属化工原料矿产9种和石棉、白云母、石膏、石灰岩等非金属建材原料矿产14种均已探明储量。

支柱产业

（一）农业

甘肃农业经济中种植业居突出地位，主要种植小麦、玉米、马铃薯、糜子、胡麻、油菜籽、甜菜、棉花、大麻、烟叶、当归、党参等，此外还有各种蔬菜瓜果种植栽培，形成了种类繁多、布局合理的种植体系，很多产品已成为甘肃省的名优特产，如河西甜菜（含糖率居全国第二位）、敦煌长绒棉、山丹油菜籽、兰州水烟、黑瓜籽、天水花牛苹果、岷县当归、纹党、潞党等。

畜牧业是仅次于种植业的农业经济部门，畜禽品种齐全，大家畜有马、牛、驴、骡、骆驼，小畜禽有猪、羊、鸡、兔等，有28个优良畜禽品种，其中河曲马、山丹马、岷县黑裘皮羊、合作猪、静宁鸡、甘肃双峰驼等是全国闻名的优良畜种。随着多种经济的发展，利用2万余公顷水面发展了渔业生产，共养殖100多个鱼种，其中红鳟鱼、细鳞鲑、大鲵、甲鱼、黄河鲤鱼、鸽子鱼、石花鱼为名优特产品。

甘肃依靠森林资源和宜林土地资源积极发展林业生产，形成了以用材林、防护林、特用林、经济林、薪炭林为结构，以冷杉、云杉、油松、华山松、栎类林、杨桦林等为优势种的林业生产体系，活立木总蓄积量1.74亿立方米。

（二）工业

甘肃工业经过几十年的建设发展，已初步形成了结构比较合理、门类比较齐全的体系，是甘肃国民经济的主导产业。建成兰州、白银、金昌、嘉峪关、天水等重要的工业城市。有色、石化、冶金、能源、机械、电子、建材、轻纺、医药、食品工业等行业是甘肃工业的重要支柱，已成为中国有色金属、电力、石油化工、石油机械制造和建筑材料的重要基地。全省独立核算工业企业有6 528个，其中大中型骨干企业260个。全省工业总产值完成956.93亿元。其中，国有企业517.95亿元。在各类经济类型中非国有经济发展势头强劲，国有工业发展平稳。

甘肃省是中国著名的有色金属之乡，已形成铜、铝、镍、铅、锌等从采选、冶炼到加工一条龙的体系。金川有色金属公司、白银有色金属公司、兰州铝厂、连城铝厂等已成为甘肃省的骨干企业。黑色金属冶炼工业也是优势产业，甘肃相继建成了西北地区最大的钢铁联合企业——酒泉钢铁和生产规模在全国同行业中名列前茅的西北铁合金厂以及一批中小型冶金企业，每年可提供20多个品种，760多万吨的冶金产品。其中，钢铁30万吨，生铁119万吨，钢材84万吨，铁合金16.6万吨，焦炭89万吨等。

甘肃是中国最早的石油化工基地之一，不仅提供了大量石油化工产品，而且还为全国输送了大批技术人才。多年来，生产规模、产品产量都有长足的进步。

电子工业是甘肃省的新行业，目前已成为西北地区电子工业基地之一，拥有年产量2 500万块集成电路、6亿只集成电路引线框架、60万部彩色和黑白电视机、10万台电冰箱、10万部组合音响、60万只连续波磁控管和稀土永磁材料一系列支柱电子产品。

甘肃机械工业已形成石油化工机械、矿山设备、动力设备、轴承、机床、仪器仪表、电子、电影设备、农业机械等综合机械工业。兰州石油化工机械工业公司是中国最大的石化设备制造中心，全国各油品一半以上的石油钻采设备都是这里生产的。

建材工业是甘肃的重要产业之一。全省乡以上建材企业达1 210家，拥有固定资产净值16.5亿元，工业总产值达22.4亿元，水泥、建筑、建筑陶瓷、平板玻璃、石棉制品等已具有相当规模。

轻纺工业近几年来发展较快，毛纺、棉纺、皮革加工、日用品等行业研制、开发和生产了许多新、优产品，具有广阔的发展前景。

（三）科教事业

甘肃省共有各类科研机构246所，拥有一批高素质的科技队伍，各类专业技术人员达34.6万余人，其中科学院士7人。技术力量雄厚，综合科技实力较强。近年来，其取得重大科研成果4 000多项，科技成果转化率达73%，其中在重离子核物理、辐射技术、冰川冻土、金属回收等方面代表了国家的水平。教育结构合理，师资力量雄厚。

（四）旅游

甘肃省历史文物古迹、风景名胜众多。已查明保存在省境内的历史文物古迹达1 000余处，列入省级以上重点保护的有230处，其中敦煌石窟被联合国教科文组织遗产委员会列为世界文化遗产重点保护单位，莫高窟、榆林窟、麦积山石窟、炳灵寺石窟、北石窟寺、南石窟寺、嘉峪关、拉卜楞寺、重修护国寺感兴塔、玉门关、马家窟文化遗址、居延烽燧遗址、秦安大地湾遗址等13处系全国重点文物保护单位。省境内自然风景名胜也很多，有国家级风景名胜区麦积山风景区，还有榆中兴隆山、漳县贵清山、平凉崆峒山、永登吐鲁沟、敦煌鸣沙山、月牙泉、兰州五泉山、武都万象洞、文县天池、嘉峪关“七一”冰川、甘南草原、庆阳董志塬、白水江大熊猫自然保护区，肃北盐池湾野生动物自然保护区、阿克塞苏于湖候鸟自然保护区等。

（五）交通和通讯

甘肃的地理位置具有十分重要战略地位，既是古丝绸之路的必经要道，又是新亚欧大陆桥的“咽喉”、西北交通运输的中枢，也是连接东部和西北地区的纽带。兰州是全国的地理中心和交通枢纽。全省的铁路、公路、航空交通网已经形成，铁路从东到西纵贯全省，陇海、兰新、包兰、兰青四大干线都以兰州为枢纽。陇海线的宝兰段、兰武段实现了电气化，宝中铁路已全线通车，兰新铁路复线建成。全省境内铁路营运里程为1 982公里，公路通车里程已达到3.52万公里。航空运输已开辟了20多条航线，省境内通航里程达2 166公里，兰州航空港正式开放并直航香港。

邮电通信事业发展迅速，兰州已成为西北5省区的长途电信交换中心，全省各市县都已进入长话自动网络系统。

四、经济发展战略和规划

甘肃省在西部大开发的进程中，以富民强省为目标，按照市场导向、突出重点、科技进步与创新和可持续发展的原则，远近结合，统筹规划，抓好1个调整（经济结构调整），实施2个战略（对外开放战略、科教兴省战略），加强3个基础（基础设施、生态环境、建设人才），加快5个开发（特色农副产品、生物技术与新医药、石油天然气、化工、有色冶金材料综合开发和旅游资源），有步骤、分阶段地提高国民经济运行的质量和效益，大力培育特色经济，实现甘肃经济、社会、环境的相互协调和可持续发展。

超前建设基础设施

在2010年以前，甘肃省以交通通信建设为重点，同时，突出水资源的开发和有效利用，大力改善城市基础设施。水利建设坚持开源与节流并重的方针，大力推广喷灌、滴灌等节水技术，统筹进行外流域调水，发展水利产业，重点实施河西农业节水灌溉工程，加快疏勒河和黑河流域综合开发建设，建设引洮生态农业综合开发工程和九甸峡水利枢纽工程；公路建设突出高等级化和路网改造，建成兰州与周边省会城市的高速通道，使连云港至霍尔果斯、丹东至拉萨两条国家的东西、南北大通道甘肃境内全线高速化，重要路段高等级化，省地通2级以上公路，地县通3级以上油路，423个乡镇通4级公路，形成全省纵横交错的公路网络；铁路建设主要是实现陇海线、兰新线甘肃段的复线化和提速，建设兰州至广元、玉门至敦煌、平凉至三原等铁路，增加到省外的通道；民航建设主要是完成中川机场、敦煌机场改扩建，扩建嘉峪关机场及天水、庆阳等支线机场；内河航运建设重点整治、开发黄河刘家峡至白银段；能源建设要加快城乡电网改造和建设，积极开发天然气、水能、核能、太阳能、风能等新能源和清洁能源，优化甘肃的能源结构。加快小峡以及张拉黑河上游梯级电站的滚动开发和长江上游水电开发，开展连城电厂二期、靖远电厂三期和张掖电厂的前期工作。

合理开发利用青海、陕西、新疆的天然气，加快西固热电厂等企业的工业燃料、原料改用天然气工程建设，开展兰州燃气电厂的前期工作；管道工程重点是建设兰州经成都至重庆输送成品油管道工程、青海涩北经西宁至兰州、兰州至白银、陕西靖边至庆阳长庆桥、新疆经甘肃至上海输气管道工程，并抓紧管网配套建设；电信建设以全省公用通信网数字化为重点，加快国家干线光缆和省区光缆建设，加速专用网、数据网和通讯网“三网合一”，建立现代、高效、覆盖面广的邮电通信信息网络，大力发展信息产业；农村基础设施用2~3年时间，采用大电网供电、风力发电、太阳能发电等多种方式，实现全省村村通电，农户通电率为95%。采用高科技手段，运用无线发射、有线入户等形式，使全省村通广播电视率达到100%；城市基础设施重点建设兰州及天水、白银、金昌、嘉峪关等省辖市的城市水源保护与供水、集中供热、道路改扩建、污水处理、垃圾资源化处理、环境综合治理等工程，建设兰州轻轨和南山环城高速通道工程。

加快生态环境建设

要把生态建设与调整优化农业结构、扶贫开发、发展地方经济结合起来，按照"退耕还林（草）、封山绿化、以粮代赈、个体承包"的方针，按先易后难、分步实施、注重效益、尊重科学的原则，制定全省"山川秀美"五十年规划纲要。当前要搞好退耕还林（草）试点示范和宜林荒山人工造林、飞播造林、封山育林，抓好刘家峡库区流域绿化建设工程、兰州市南北两山环境绿化建设工程等生态建设项目。近10年实现退耕还林、宜林荒山造林、封山（滩）育林（草）8 000万亩，使全省森林覆盖率由现在的9%，提高到2010年的13.6%，达到初见成效的目标。

大力推进产业结构调整

要以市场为导向，以产品结构调整为重点，依靠科技进步，强化农业基础地位，再造工业新优势，培育旅游业等新的经济增长点，推动产业结构优化，建立有发展前景的特色经济和优势产业。

调整农业产业结构。通过退耕还林还草和利用荒山荒坡种草种树，大力发展特色、优质林果业和畜牧业，把甘肃建成一个重要的林牧业基地。实施农业新品种新技术引进推广计划，在搞好商品粮基地建设的同时，大力发展绿色食品，抓好饲料、饲草基地建设和啤酒花、中药材、油橄榄、牛、羊等名优特稀产品的基地建设，加快14个高效农业科技园区建设。

用高新技术改造、提升传统产业和老工业基地。对石油化工、有色冶金、机械、轻纺、食品、建筑建材等传统产业进行改造、提升，把医药、电子等发展潜力大的行业培育成新的经济增长点。搞好天然气综合利用及后加工、石油炼化及后加工、生物制药和中药新剂型及医疗仪器、新材料及新建材、有色产品和后加工产品、重大国产化装备和农业机械、特种钢、品种钢及大规格超高功率石墨电极与专用炭砖、计算机及数字通信产品、高档服装面料及产业用纺织产品、高浓度化肥及复合肥等10大项目，提高工业发展的整体质量和水平。

推进高新技术产业的发展。要以高新技术开发区和经济技术开发区为基地，以兰州、天水、金昌、白银等城市为中心，重点发展生物技术和新医药、新材料、光机电一体化、电子与信息、先进制造技术、新能源、高效节能技术与环境保护技术等领域的高新技术产业，形成若干个产值过亿元的高新技术企业集团，提高高新技术产业在国民经济中的比重。

坚持抓大放小。继续实施品牌战略，坚持企业集团化改组的方向，规范组建一批大企业集团，构建经济发展的主力军。以提高经济效益为中心，积极发展非国有经济，采取改组、联合、兼并、租赁、承包经营、股份合作制和出售等多种形式. 培育二三十个能带动区域经济发展的"小巨人"企业。

加快发展以旅游业为主的第三产业。要加快旅游点、旅游地相互之间的快速通道和旅游基础设施的建设，大力开发敦煌、天水、夏河、兰州及其周围地区新的特色旅游景点和特种、特色旅游项目，以敦煌国际旅游城建设为龙头，开发建设丝绸画廊、大漠黄河、三国遗址、回藏风情4大旅游板块，提高旅游产品的文化、技术含量、把旅游业培育成甘肃省的一大支柱产业。

加大推进城镇化。以中小城市和县城升级为主，重点把兰州建成甘肃乃至西北的一个现代交通通信枢纽和经济、科技、商贸、金融、信息中心，依次重点发展中小城市、城市近郊中心镇或重点镇、县城所在镇等，建成100个居住人口上万、国民生产总值过亿的乡镇企业型、交通枢纽型、商业型中心镇或重点镇，走具有甘肃特色的城镇化发展道路。

实施科教兴省战略。要在兰新、酒钢等20户企业已建立技术开发中心的基础上，大力推进产学研相结合，推动开发型科研院所向企业转制，以不同形式进入企业．尽快建立其他的多户大型企业的技术开发中心，加速科技成果的转化。早日形成以企业为主体，具有甘肃特色的技术创新体系和有利于加速科技进步与创新的体制和机制，积极开展国内外科技合作与交流，引进高新技术成果，充分发挥科技在甘肃开发中的支撑和促进作用。

采取特殊政策，大力发展教育。不失时机地建设好人才工程，盘活现有人才存量，积极引进稀缺人才。不断加大投入，鼓励社会力量投资办学。调整优化教育结构，大力推进应试教育向素质教育的转变，积极发展职业教育特别是高等职业教育等非义务教育，逐步扩大高中、高校招生规模，加快少数民族地区教育的发展。

努力扩大对内对外开放。实施大经贸战略，鼓励企业到境外办企业，修订和完善出口商品升级换代的规划和措施，以甘肃省具有比较优势的机电产品、轻纺产品、土畜产品、中医药保健品、精细化工、铁合金产品、镍铝稀土有色金属产品为重点，大力开发具有国际市场竞争力的精细化工产品和名优新特产品，努力形成稳定的出口商品生产基地。积极调整出口结构，努力形成外资、外经、外贸相互依托、综合开发国际市场的格局。

要调整利用外资结构，加大基础设施、基础产业、出口创汇产业、高新技术产业等重点领域的外资利用力度。进一步主动加强同东部沿海地区的技术经济交流与合作。充分利用开发区在对外开放中的窗口作用和在大开发中的带动作用，积极招商引资，加快产业开发。有条件的还要建立“企业孵化器”，重点抓好兰州高新技术开发区和敦煌旅游经济开发区。

五、投资导向

《外商投资优势产业目录（2004年修订）》已经国务院批准，自2004年9月1日起执行

1．退耕还林还草、天然林保护等国家重点生态工程后续产业开发

2．节水灌溉技术开发及应用

3．马铃薯产品深加工

4．优质酿酒葡萄基地建设及优质葡萄酒酿制

5．优质啤酒原料种植、加工

6．稀土深加工及应用产品生产

7．天然气化工、管道

8．集成电路封装

9．港口及船舶用毫米波导航设备

10．钻机及油田设备制造

11．城市供气、供热、供排水管网建设、经营（大中城市中方控股）

12．旅游景区（点）开发及其配套设施建设、保护和经营

13．公路旅客运输

甘肃省鼓励外商投资产业指导目录

外商在甘肃省投资可以举办国家《外商投资产业指导目录》中所允许的任何产业项目。特别鼓励外商投资于农业、综合开发、基础设施、基础产业、社会公益性事业和高、新科技产品开发及其他新兴产业。

（一）农、林、牧、渔业及相关工业

1．荒山、荒地开垦、开发（含有军事设施的除外），中低产田改造

2．糖料、果树、蔬菜、花卉、牧草等农作物优质高产新品种、新技术开发

3．蔬菜、花卉无土栽培系列化生产

4．林木营造及林木良种引进

5．优良种畜种禽、水产苗种繁育（不含我国特有的珍贵优良品种）

6．名特优水产品养殖

7．高效、安全的农药原药新品种（杀虫率、杀菌率达80%及以上，对人畜、作物等安全）

8．高浓度化肥（钾肥、磷肥）

9．农膜生产新技术及新产品开发（纤维膜、光解膜、多功能膜及原料）

10. 动物用抗菌原料药（包括抗生素、化学合成类）

11. 动植物用驱虫药、杀虫药、抗球虫药新产品及新剂型

12. 饲料添加剂及饲料蛋白资源开发

13. 粮食、蔬菜、水果，肉食品、水产品的贮藏、保鲜、干燥、加工新技术、新设备

14. 综合利用水利枢纽的建设、经营

15. 旱作农业、节水农业、生态农业技术与设备开发与推广

16. 农业机具新技术设备制造

17. 生态环境治理和建设工程

18. 粮食、棉花及油料的良种开发生产（中方控股或占主导地位）

19. 中药材种植、养殖（不允许外商独资）

（二）轻工业

1. 非金属制品模具设计、加工、制造

2. 皮革鞣剂生产及后整饰加工新技术设备制造

3. 无汞碱锰二次电池、镍氢电池、锂离子电池生产

4. 高技术含量的特种工业缝纫机生产

5. 聚酰亚胺保鲜薄膜生产

6. 新型、高效酶制剂生产

7. 合成香料、单离香料生产

8. 替代氟利昂应用技术研究及推广

9. 外国牌号无酒精饮料（含固体饮料）生产

10. 天然香料生产

11. 食盐、工业用盐生产

12. 优质品牌葡萄酒生产及优质酿酒葡萄基地建设

13. 玉米淀粉深加工的精细化工

14. 优质洗涤用品的改造

15. 制糖副产品综合利用技术开发和建设

（三）纺织工业

1. 维纶、丙纶丝织物及工业用特种纺织

2. 高仿真化纤及高档织物面料的印染及后整理加工

3. 纺织用助剂、油剂、染化料生产

4. 高仿真化学纤维及芳纶。碳纤维等特种化纤（不允许外商独资）

5. 纤维级及非纤用聚酯。睛纶、氨纶（不允许外商独资）

6. 中高档成衣服装生产线

（四）交通运输业

1. 铁路运输技术设备机车车辆及主要部件设计与制造、线路设备设计与制造、高速铁路有关技术与设备制造、通信信号和运输安全监测设备制造、电气化铁路设备和器材制造

2. 支线铁路、地方铁路的建设、经营

3. 公路新型机械设备设计与制造

4. 公路、独立桥梁和隧道的建设、经营

5. 民航机场的建设、经营

6. 航空运输（中方控股或占主导地位）

7. 通用航空（中方控股或占主导地位）

（五）邮电通信业

1. 蜂窝移动通信交叉连接/码分多址（DCS/CDMA）系统设备制造

2. 2.5千兆比/秒（2.5GB/S）光通信、无线通信、数据通信计量仪表制造

（六）煤炭工业

1. 煤炭采掘运选设备设计与制造

2. 煤炭开采与洗选

3. 水煤浆、煤炭液化生产

4. 煤炭综合开发利用

5. 低热值燃料及伴生资源综合开发利用

6. 煤层气勘查、开发

（七）电力工业

1. 单机容量30万千瓦及以上火电站的建设、经营

2. 发电为主水电站的建设、经营

3. 燃气电站的建设、经营

4. 小电网、边远山区及低质煤、煤矸石热电联产电厂建设、经营

（八）节能及再生能源

1. 节能新技术的开发及设备制造

2. 新能源电站的建设、经营（太阳能、风能、地热能、生物质能等）

3. 光伏电源技术的设计、开发、制造及应用

（九）黑色冶金工业

1. 50吨及以上超高功率电炉（配备炉外精炼和连铸）、50吨及以上转炉炼钢

2. 不锈钢冶炼

3. 热、冷轧不锈钢板生产

4. 石油钢管、大直径焊管、薄板坯连铸连轧

5. 废钢加工和处理

6. 铁矿、锰矿、铬矿采选

7. 直接还原铁和熔融还原铁生产

8. 干熄焦生产

9. 煤焦油深加工

10. 高档新型耐火材料

11. 炼钢高炉高效长寿综合技术

12. 超高功率电炉（配备炉外精炼）及综合节能技术，高功率、超高功率石墨电极

13. 稀土铁合金、镍铁合全、钛铁合金等特种铁合金生产

14. 新兴炭素材料生产工艺及技术设备

（十）有色金属工业

1. 硬质合金、锑化合物生产

2. 有色金属复合材料、新型合金材料生产

3. 铜、锑、铅、锌矿开采（不允许外商独资）

4. 稀土应用

5. 稀土选矿、冶炼、分离及应用（不允许外商独资）

6. 铜加工、铝加工（不允许外商独资）

7. 贵金属（金、银、铂族）矿产开采、选矿、冶炼、加工（不允许外商独资）

（十一）石油、石油化工及化学工业

1. 5万吨以上离子膜烧碱生产及有机氯系列化工产品

2. 年产60万吨及以上乙烯（中方控股或占主导地位）

3. 聚氯乙烯树脂（中方控股或占主导地位）

4. 乙烯副产品C4—C9产品的综合利用

5. 工程塑料及塑料合金

6. 合成材料的配套原料：双酚A、丁苯吡胶乳、吡啶、二苯基甲烷二异氰酸酯、甲苯二异氰酸酯

7. 基本有机化工原料：苯、甲苯、二甲苯（对、邻、间）衍生物产品的综合利用

8. 合成橡胶：溶液丁苯橡胶、丁基橡胶、异戊橡胶、乙丙橡胶、二烯法氯丁橡胶、聚氨脂橡胶、丙烯酸橡胶、氯醇橡胶生产

9. 精细化工：染（颜）料、中间体、催化剂、助剂及石油添加剂新产品、新技术、染（颜）料商品化工技术，电子、造纸用高科技化学品，食品添加剂，饲料添加剂，皮革化学品、油田助剂，表面活性剂，水处理剂，胶粘剂，无机纤维，无机粉体填料生产

10. 煤化工产品生产

11. 废气、废液，废渣综合利用

12. 汽车尾气净化剂、催化剂及其他助剂生产

13. 增加石油采收率的三次采油新技术开发与运用（中方控股或占主导地位）

14. 输油、输气管道及油库的建设、经营（中方控股或占主导地位）

15. 合成纤维原料：精对苯二甲酸、丙烯睛、已内酰胺、尼龙66盐等

16. 微量元素复合肥及稀土复合肥

17. 磷石膏制酸联产水泥

18. 天然气化工

19. 高效催化剂生产

（十二）机械工业

1. 卷筒纸和对开以上的单纸张多色胶印机制造

2. 安全生产及环保检测仪器新技术设备制造

3. 新型仪表元器件和材料（主要指智能型仪用传感器、仪用接插件。柔性线路板、光电开关、接近开关等新型仪用开关、仪用功能材料等）

4. 重要基础机械、基础件、重大技术装备等研究、设计开发中心

5. 精冲模。精密型腔模、模具标准件生产

6. 25万吨/日及以上城市污水处理设备，工业废水膜处理设备，上流式厌氧流化床设备和其他生物处理废水设备，粉煤灰砌块生产设备（每年5万吨~10万吨），废塑料再生处理设备，工业锅炉脱硫脱硝设备，大型耐高温、耐酸袋式除尘器制造

7. 精密轴承及各种主机专用轴承制造

8. 汽车关键零部件制造

9. 摩托车关键零部件制造

10. 石油工业专用车等特种专用车生产

11. 10吨/小时及以上的饲料加工成套设备、

关键部件生产

12. 石油勘探开发新型仪器设备设计与制造

13. 输变电设备：220 千伏及以上大型变压器、高压开关、互感器、电缆设备制造（不允许外商独资）

14. 电气控制和成套设备制造

（十三）电子工业

1. 线宽 0.35 微米及以下大规模集成电路生产

2. 新型电子元器件（含片式元器件）及电力电子元器件生产

3. 光电器件、敏感元器件及传感器生产

4. 半导体、光电子专用材料开发

5. 新型显示器件(中板显示器及显示屏)制造

6. 电子专用设备、仪器，工模具制造

7. 水文数据采集仪器及设备制造

8. 卫星通信系统设备制造

9. 数字交叉连接设备制造

10. 大容量光、磁盘存储器及其部件开发与制造

11. 数据通信多媒体系统设备制造

12. 支撑通讯网络的新技术设备制造

13. 宽带综合业务数字网设备（ISDN）制造

14. 移动通信系统（蜂窝，集群，无线寻呼、无线电话）

15. 卫星导航定位接受设备及关键部件（不允许外商独资）

16. 2.5 千兆比/秒（2.5GB/S）以下光同步数字系列、144 兆比/秒（144MB/S）及以下微波通信系统设备制造

17. 中继通讯系统、数字模拟集群通信系统

（十四）建筑材料、设备及其他非金属矿制品工业

1. 日熔化 500 吨级及以上优质浮法玻璃生产线

2. 年产 50 万件及以上高档卫生瓷生产线与其配套的五金件、塑料件

3. 新型建筑材料（墙体材料、装饰装修材料、防水材料、保温材料）

4. 日产4 000吨及以上的水泥熟料新型干法水泥生产线

5. 散装水泥仓储运输设施

6. 年产 1 万吨及以上玻璃纤维（池窑拉丝工艺生产线）及玻璃钢制品

7. 无机非金属材料及制品（石英玻璃、人工晶体）

8. 玻璃、陶瓷、玻璃纤维窑炉用高档耐火材料

9. 平板玻璃深加工技术及设备制造

10. 城市卫生特种设备制造

11. 树木移栽机械设备制造

12. 优质塑料复合门、窗、管道、墙地覆面材料）

（十五）医药工业

1. 受我国专利保护或行政保护的化学原料药，需进口的医药专用中间休

2. 采用新技术设备生产的解热镇痛药

3. 维生素类：烟酸

4. 新型抗癌药物及新型心脑血管药

5. 药品制剂：采用缓释、控释、靶向、透皮吸收等新技术的新剂型、新产品

6. 氨基酸类：丝氨酸、色氨酸、组氨酸

7. 新型药品包装材料、容器及先进的制药设备

8. 国内尚未生产的新型、高效、经济避孕药具

9. 中成药产品质量控制、改变

10. 中药有效成分分析的新技术、提取的新工艺、新设备

11. 采用生物工程技术生产的新型药物

12. 新型佐剂的开发应用

13. 肝炎、艾滋病及放射疫类等诊断试剂生产

14. 高技术的疫苗生产（艾滋病疫苗、丙肝疫苗、避孕疫苗等，中方控股或占主导地位）

15. 国家计划免疫的疫苗、菌苗类及抗毒素、类毒素类（卡介苗、脊髓灰质炎、白百破、麻疹、乙脑、流脑疫苗等）的生产

16. 中药材、中成药半成品及制成品（中药饮片传统炮制工艺技术除外）

（十六）医疗器械制造业

1. 电子内窥镜

2. 医用导管

3. 一次性注射器、输液器、输血器及血袋

4. X 射线计算机体层摄影装置（CT），磁共振成像装置（MRI）及医用加速器等大型医疗设备制造

（十七）航天航空工业

1. 飞控仪器技术、设备生产

（十八）新兴产业

1. 微电子技术

2. 新材料

3. 生物工程技术（不包括基因工程技术）

4. 信息、通信系统网络技术

5. 同仁素、辐射及激光技术

6. 苦咸水淡化及利用技术

7. 节约能源开发技术

8. 资源再生及综合利用技术

9. 环境污染治理工程及监测和治理技术

（十九）内外贸、旅游、房地产及服务业（不允许外商独资）

1. 国际经济、科技、环保信息咨询

2. 精密仪器设备维修、售后服务

3. 高新技术、新产品开发中心的建设与企业孵化

4. 国内商业零售业（中方控股或占主导地位）

5. 对外贸易（中方控股或占主导地位）

6. 旅行社

7. 合作办学（基础教育除外）

8. 医疗机构（中方控股或占主导地位）

9. 土地成片开发

10. 大型旅游、文化、娱乐公园及人造景观

11. 国家级旅游区建设、经营

（二十）产品全部直接出口的允许类项

六、地区优惠政策及规定

甘肃省实施西部大开发若干政策措施

为了抓住国家实施西部大开发战略的历史性机遇，吸引国内外的资本、技术、人才参与甘肃开发，加快全省经济和社会发展，除坚决贯彻执行《国务院关于实施西部大开发若干政策措施》、《国务院西部开发办公室关于西部大开发若干政策措施的实施意见》等国家政策外，根据国家有关文件精神，结合甘肃实际，特制定以下政策措施：

（一）税收和财政优惠政策

1. 对设立在甘肃境内临夏回族自治州、甘南藏族自治州以及张家川、天祝、肃南、肃北、阿克塞等少数民族自治县的内资企业和外商投资企业，除国家明令禁止、关闭和限制的产业、企业外，从 2001 年到 2010 年，由当地人民政府提出申请，报经省人民政府批准，内资企业可以减征或免征企业所得税，外商投资企业可以减征或免征地方所得税。

2. 甘肃境内的内资企业被确认为产品出口企业且当年出口产值达到总产值 70% 以上的，经财政部门批准，由受益级财政在其缴纳的企业所得税地方分享部分中给予一定的补助。

3. 对省级重点建设项目，除证照费、工本费外，减免在规划、消防、施工审批过程中的地方性、行政事业性收费，政府指导性定价的收费按下限收取。

4. 对投资兴办的供排水、垃圾处理等环保和公益性项目，收费标准暂时不到位的，允许同级人民政府采取适当的方式给予补贴，直到收费标准到位时取消。

5. 鼓励国内外各种经济组织和个人来甘肃投资兴办民营科技企业。民营科技企业的税收优惠政策按《甘肃省人民政府关于大力发展民营科技企业的决定》（甘政发［2000］30 号）文执行。

6. 经省级科技、财政主管部门共同认定，以科技风险投资为主的省内科技风险投资公司，从获利年度起，报财政部门批准，五年内由受益级财政在其缴纳的企业所得税地方分享部分中给予

一定补助。

7. 鼓励国内、国外企业与甘肃境内的科研机构合作。科研机构与企业合作成功并转制为独立核算的科技型企业后，经财政部门批准，在2004年底前由受益级财政在其缴纳的企业所得税地方分享部分中给予一定补助。

8. 企业为开发新技术、研制新产品所购置的试制用关键设备、测试仪器，单台价值在10万元以上的，经财政部门认定后，可一次或分次摊入成本。

9. 鼓励跨国公司、外商、外资企业及省外投资企业兼并或收购甘肃境内企业。企业被兼并后，不论被兼并企业是否仍然具备纳税人条件，被兼并前尚未弥补的亏损，经省级税务机关批准，允许用其以后年度与被兼并企业资产相关的经营所得，在合法弥补期限内税前继续弥补。

10. 托管、租赁、承包甘肃境内严重亏损的企业，期限不少于五年的，从获利年度起，经财政部门批准，受益财政第一年至第三年全部、第四年至第五年减半返还企业所得税地方分享部分。对资产与负债基本持平的国有企业，经省级国有资产管理部门指定的具有资质的资产评估单位评估并批准评估结果后，在界定清楚收购方法律责任，明确原国有企业债权、债务由收购方承担的基础上，可以实行零资产转让。通过合资、合作、兼并、收购、参股等形式转为外商投资企业的原甘肃境内企业，享受外资企业的待遇。

11. 大力支持文化事业的发展。对甘肃境内的纪念馆、博物馆、科技馆、文化馆（站、中心）、美术馆、展览馆、书画院、图书馆及文物保护单位举办文化活动的第一道门票收入免征营业税。

（二）信贷和融资政策

12. 加大对甘肃境内重点建设项目信贷的支持力度。加强政府部门与金融机构的联系与协作，做好项目前期工作。鼓励金融机构介入交通、通信、能源、水利、市政等基础设施，以及特色农业、生态建设、有色冶金、石油化工、机械电子、高新技术产业、食品工业、生物药品、特色旅游等领域的重点项目前期工作，及时进行项目评估，积极向总行推荐贷款。

13. 加大对中小企业的信贷支持力度。积极帮助中小企业按照国家产业政策调整结构，提高技术等级，增加产品科技含量。对产权明晰、管理规范、资产负债率低、有一定自有资本金的有市场、有效益、有信用的中小企业积极给予信贷支持，尽量满足其合理的流动资金需求。

14. 规范建立股份制投资基金，鼓励其投资基础设施和高新技术产业化项目。鼓励组建资产优良和实力雄厚的公司法人，作为基础设施和高新技术产业化项目统贷统还的主体。

15. 积极创新金融产品，提高信贷服务水平。大力推行仓单质押贷款、出口退税质押贷款、应收账款质押贷款业务、保付代理业务、联保协议贷款、流动资金循环贷款、出口创汇企业国外转贷款、对外担保、信用证等新的金融服务品种，加大信贷投入。

16. 鼓励符合法律规定和设立条件的主体，按有关规定申请设立保险机构，积极支持中资和外资保险公司在甘肃境内设立分支机构。

17. 鼓励符合条件的企业进行股份制改造，按有关法规申请上市融资。支持上市公司发行A股、B股、H股及境外债券。

18. 进一步扩大甘肃地方企业债券的发行规模。优先安排符合发债条件的基础设施、高新技术产业化、重大工业结构调整等项目通过发行企业债券融资。

（三）土地利用优惠政策

19. 依法出让给单位和个人进行造林、种草等生态建设的国有荒山、荒坡、荒滩等未利用土地，出让金每亩40元以下，可以进行减免，具体减免由市、县人民政府确定。

20. 基础设施建设占用耕地，建设单位没有条件开垦或者开垦的耕地不符合要求的，其应缴纳的耕地开垦费按《甘肃省基本农田保护条例》所规定的等级和标准的下限收取。

21. 提高建设用地审批效率，及时提供并保障经济建设用地。对重大基础设施建设项目，国土管理部门要提前介入，加快用地审批速度。对需报国务院批准用地的铁路、国道主干线公路、重要水利工程等重点基础设施建设项目，其影响工期的单体控制性工程，建设单位可以申请先行用地，由省级有关部门报国务院主管部门核准先行动工建设，并在规定期限内完成用地报批手续。对属甘肃各级政府批准的建设用地，报批材料要尽可能简化，并减少审批工作环节，在上报合格材料后的5个工作日内完成用地审批手续。征地工作，由县级以上人民政府依法统一进行。

22. 除法律另有规定外，对商业、旅游、娱乐、商品房等项目以招标、拍卖、挂牌等方式公开出让国有土地，对其他项目建设用地实行协议出让、租赁、作价出资（入股）等有偿使用制度。购买、兼并、参股国有企业时，可经批准将国有企业原划拨土地评估后转为国家资本金、国有股。以土地使用权作为引资的国有企业集团，其土地使用权不发生转移、土地使用性质不改变的，可继续以划拨方式保留土地使用权。划拨土地需要转为有偿使用土地的，按出让土地使用权价格计算租金或增加国家资本金、国家股本金。

投资于城市基础设施、非经营性科技、教育及其他公益事业、能源、交通、水利等基础设施的用地，经县级以上人民政府批准，可以划拨方式取得。

23. 国内外各类经济组织在甘肃境内投资举办的生产性出口企业、高新技术企业等鼓励类产业的用地，其土地使用权出让金减收40%。省级以上开发区经省人民政府批准，可根据实际情况进一步优惠。

（四）矿产资源开发优惠政策

24. 国土资源调查中，优先安排祁连山、西秦岭、河西等重要矿产资源集中区、国家紧缺矿产和黑河流域、石羊河流域、中部和陇东等区域地下水资源的调查评价工作，并在工作经费上予以支持。同时，加强地质工作程度较低地区、地质灾害严重地区的基础地质工作。

（五）扩大对内对外开放的政策

25. 鼓励投资创业。申办生产经营性和商业批发为主的公司，注册商标、品牌、技术、科研成果等无形资产，经评估作价后可作为注册资本，但占注册资本的比例不能超过20%。高新技术成果作价入股，按国家有关规定认定后，占注册资本的比例可达到35%，另有约定的除外。

26. 对外商投资在甘肃境内兴办的医院，经审核，符合城镇职工基本医疗保险定点医疗机构条件的，可确定为城镇职工基本医疗保险定点医疗机构。

27. 社会力量在甘肃境内投资办学和中外合作办学，除国家另有规定外，在办学审批、职称评定、推荐就业、行政管理等方面享受公办学校同等待遇。

28. 对来甘肃发展的外资和省外企业，在企业和产品的认定、资质评审、经营权限审批及项目招标、业务承接等方面，享有与甘肃企业同等的权利和机会。

（六）引进和留住人才的优惠政策

29. 围绕重点领域、重大项目聘请高层次人才。在高新技术高地设立30个甘肃省特设首席专家岗位。在省内高等院校选择30个与甘肃经济社会发展密切相关的重点学科或重点实验室，设立甘肃省特聘首席教授岗位。特聘首席专家和特聘首席教授，以个人申报、单位遴选、省级人事部门批准、签订聘用合同方式，面向省内外、海内外公开招聘，聘期一般三年。聘任期间，除用人单位按合同规定向特聘首席专家、特聘首席教授发给相应工资、津贴并提供住房外，省人民政府每人每月再发给岗位补贴4 000元。

30. 建立甘肃省留学生创业园和大学科技园。在科技园区建立若干从事科研成果开发转化的工程研究开发中心，动员和吸引省内外高校的科研力量、优秀海外留学人才来园区，从事科研成果的开发转化工作，兴办高新技术企业。回国留学人员在甘肃创办企业，可凭中国护照直接注册登记，注册资本金可按有关最低标准执行。经省级科技部门确认，对进入园区搞科技项目推广、成果转化的甘肃急需高新技术和支柱产业、重大工程、关键性技术攻关项目，优先给予贷款贴息、担保等风险投资优惠。回国留学人员投资兴办的高新技术企业，除享受高新技术企业有关优惠政策外，同时享受甘肃省对外商投资企业的优惠政策。

31. 允许甘肃境内的大专院校、科研院所的专业技术人员，在完成本职工作和不影响原单位利益的前提下兼职兼薪，进行科技开发、科技推广工作。兼职报酬由本人和用人单位协商确定，兼职工作中发生的意外伤害，由临时聘用的受益单位负责，其他事宜由双方按合同约定办理。

32. 加大对科技成果完成人的奖励。在企业、科研机构、高等院校取得的职务成果进行转化，成果完成人可根据不同的转化方式，获得与之相当的股权、收益或奖励。其中，以股权投入方式进行转化的，成果完成人可享有不低于该项成果所占股份的20%的股权；以技术转让方式将成果提供给他人实施转化的，成果完成人可享有不低于该项成果转让所得税后净收入的20%的收益；以自行实施转化或以合作方式实施转化的，在项目盈利后3~5年内，每年可从实施该项成果的税后净利润中提取不低于10%的比例，用于奖励成果完成人。企业自主开发的非本企业主导经营领域的成果，在项目盈利后3~5年内，每年可从实施该项成果的税后净利润中提取不低于10%的比例，用于奖励成果完成人。

33. 设立甘肃省科技功臣奖和甘肃省科技进步奖，奖励对我省科技事业做出突出贡献的公民、组织。科技功臣奖的获得者，授予“甘肃省科技功臣”荣誉称号，由省人民政府颁发荣誉证书和奖金人民币60万元。

34. 逐步改善具有副高以上专业技术职称或具有博士、留学回国具有硕士及其以上学位的专家、学者的工作和生活条件。在甘“两院”院士的医疗保健、交通工具、住房等工作生活待遇，可按副省级干部标准执行。建设专家公寓，为引进国内外专家和学者创造一个良好的工作环境和生活环境。

35. 各级政府选拔录用国家公务员，要面向社会公布空缺职位，通过公开、公平、竞争的办法择优录取。省人民政府职能部门空缺的副厅局级领导干部职位，按计划面向省内外公开选拔优秀人才担任。实行专业技术职务聘任制的事业单位，可在本行业专业技术职务岗位设置总量内，按照“精简高效、结构合理、群体优化”的原则，自主设置岗位，实行竞聘上岗。

36. 建立人才社会保障制度。来甘肃工作的教授级、正高级专业技术人才、高级工程师、高级经济师、高级会计师，具有博士或留学回国具有硕士及其以上学位的人才，已参加养老、失业、医疗保险的，由接受单位负责到当地社会保险经办机构办理保险转移手续；原先在企业工作但未参加养老、失业、医疗保险的，自到我省工作之日起，可依法参加企业的养老、失业、医疗保险，按国家规定享受养老、失业、医疗保险待遇。依照国家有关规定，参加基本养老保险社会统筹的企业，应优先为来甘肃工作的各类高级人才建立企业补充养老保险，并实行市场化运营和管理。

大专院校、科研院所的专业技术人员和管理人员离岗兴办民营科技企业和咨询服务中介机构，或进入科技企业和咨询服务中介机构工作，在自己承担社保和医保缴费的前提下，根据本人意愿，可保留其在本单位的档案、社保和医保关系，在企业、事业单位社保体制并轨后，按新规定执行。

37. 调整兰州等城市的户口迁移政策，放宽各类人才的户口迁移限制。凡急需引进的高层次人才、具有大学本科及其以上学历的人员、中级及其以上专业技术职称的人员和留学回国人员，以及其他拥有专利、发明、专有技术等知识产权的特殊人才，到甘肃境内国有或非国有单位工作，或合作开发技术（项目），转化科技成果，投资创办科技、经济实体的，实行“户口不迁、关系不转、时间不限、来去自由”的办法。若本人提出办理调动、户口等关系，可经用人单位考核并经上级管理部门审核后报省人事部门和公安部门，随时办理调动以及本人及其直系亲属落户等手续，不收取除工本费外的其他任何费用。在兰州市以外工作的，也可在兰州落户。对大学本科及其以上的毕业生暂未落实工作单位的，可先落户、后就业。对投资兴办实业、购买了商品房的人员，准予本人及其共同居住、生活的直系亲属落户。外地来兰州并在市区有合法固定住所的个体经营者，凡连续三年每年缴纳个人所得税额超过8万元（含8万元）的，业主本人及其配偶和未成年子女可办理入户手续。

（七）大力改善投资软环境

38. 改革项目审批制度。除使用各级财政性资金和非商业银行贷款以及国家有明文规定的项目外，按业主自主决策原则，取消对其他全额自筹资金项目的审批，实行项目登记备案制。项目业主单位按基建、房地产、技改等不同性质，将项目建议书按规定的审批权限分别送达省或所在地州市（县市区）有关部门登记备案。符合产业政策的项目，同级计委或经贸委在三个工作日内签发备案核准证。备案核准证与项目建议书批复文件具有同等法定效力。

外商投资项目，属于国家鼓励类，不需国家综合平衡的限额以上项目，由省级有关部门审批项目建议书或可研报告；外商投资3 000万美元以下项目，在不需省级有关部门平衡资金、资源及协调环保事宜的情况下，由当地有关部门分别批准项目建议书和可研报告、合同及章程。

凡是必须审批的项目，属省级审批权限的，省级有关部门对项目建议书和可研报告合并一道审批；资料齐全的，各项审批最长不超过五个工作日。属于国家审批权限的，省级有关部门在项目单位报送符合国家要求的全部合格资料后十五个工作日内，向国家审批部门报出。省内各项审批事项，实行政策、程序、资金、人员、结果公开和时限承诺的“五公开一承诺”制度。

39．积极推进行政大厅和行政首问制度。凡是一个事项由多个部门审批的，要实行联合办理或集中统一办理。对在甘肃境内投资的项目实行全程服务，及时协调有关部门帮助解决建设和生产经营过程中出现的问题，及时调解纠纷和矛盾，监督合同的执行。省外商投诉中心设立公开投诉电话，受理内、外商企业的各种投诉。鼓励公民、法人或其他组织对行政机关依法行政进行监督，发现违反行政规定的行为可以各种方式向各级监察部门举报。

40．禁止向企业乱摊派、乱收费、乱罚款。取消所有不合理收费项目，实行收费公示制和“单位开票、银行收款、财政管理、收缴分离”的征管体制，严格执行“两证一书一票一卡”制度（即：《收费许可证》《收费员证》《进企业收费审批通知书》、统一收据、收费登记卡），维护企业合法权益。

41．对来甘肃工作的高层管理和科技人才、投资数额较大（指在兰州市投资500万元以上或在其他地、市、州投资250万元以上）的外籍投资者提供入境、居留便利。对从事商务考察、贸易活动需多次临时入出境的境外人员，可根据需要发给有效期最长不超过五年、每次停留期最长不超过六个月的多次入境签证。对需在甘肃长住人员，可根据实际需要发给一年以上最长不超过五年的外国人居留证；若需多次入出境的，同时发给与外国人居留证相同期限的多次往返签证。对来甘肃考察、投资的华侨、港澳台同胞，公安机关出入境管理部门应当依法办理居留和签注手续，手续齐全的即日办理。

（八）附　则

42．自本政策生效日起，《甘肃省实施西部大开发战略优惠政策》自行废止；甘肃省现行政策中与本政策不一致的条款，一律停止执行。

43．上述政策措施自发布之日起实行，并设置投诉电话和网上投诉信箱。省人民政府各有关部门可根据工作需要，在不违反本政策条款原则的情况下，对相应条款制定有关政策细则或具体实施意见。

优惠政策

市场准入政策

除法律有特殊规定外，凡对外商开放的投资领域，国内各种所有制企业均可进入。鼓励个体、私营等非公有制经济主体以独资、合资、合作、特许权等多种方式进行投资。

允许民间资本以独资或股份制形式成立各种非金融类投资公司。

放宽非公有制经济的市场准入条件。凡自然人申请设立有限责任公司，注册资本不足法定出资额的，可分期注入。首期注入资本只要达到法定最低出资额的20%，工商部门即可登记注册，但一年内注入额必须达到50%，三年全部到位。

省内外私人资本均可通过参股、控股、兼并、收购等形式，参与国有企业改革和资产重组。

税收政策

对设在甘肃境内，以国家规定的鼓励类产业项目为主营业务，且当年主营业务收入超过企业总收入70%的企业，经税务机关审核确认后，企业可按15%的税率缴纳企业所得税。

对在甘肃境内新办交通、电力、水利、邮政、广播电视基础产业的且上述项目业务收入占企业总收入70%以上的，经税务机关审核确认后，内资企业自开始生产经营之日起，第一年至第二年免征企业所得税，第三年至第五年减半征收企业所得税；外商投资企业经营期在十年以上的，自获利年度起，第一年至第二年免征企业所得税，第三年至第五年减半征收企业所得税。

对保护生态环境，退耕还林（生态林应占80%以上）还草产出的农业特产收入，自取得收入年份起十年内免征农业特产税。

投资建设国道及省道公路、铁路、民航机场用地，免征耕地占用税。

甘肃省境内的内资鼓励类产业、外商投资鼓励类产业的项目在投资总额内进口自用设备，除《国内投资项目不予免税的进口商品目录》（2002年修订）和《外商投资项目不予免税的进口商品目录》所列商品外，免征关税和进口环节增值税。符合《中西部地区外商投资优势产业目录》的外商投资项目，在投资总额内进口自用设备，免征关税和进口环节增值税。

鼓励企业提高技术开发经费的开支比重。企业研究开发新产品、新技术、新工艺所发生的各项费用，包括新产品设计费、工艺规程制定费、设备调整费、原材料和半成品试验费、技术图书资料费、未纳入国家计划的中间试验费、研究机构人员工资、研究设备折旧、与新产品试制和技术研究有关的其他经费，以及委托其单位进行科研试制的费用，不受比例限制，计入管理费用。企业研究开发新产品、新技术、新工艺的各项费用应逐年增长，增长幅度在10%以上的企业，可以再按照实际发生额的50%抵扣应税所得额。

开山填海整治的土地和改造的废弃土地，以土地管理机关出具的证明文件为依据确定，报经省税务局批准后，从使用的月份起免征城镇土地使用税五至十年。

土地政策

非公有制经济组织和个人按照国家有关规定，投资城市规划区以外农村土地开发整理项目的，按照“谁开发，谁使用，谁受益”的原则，可优先取得50年以下的土地使用权，在使用期限内可以转让、出租、抵押、继承；对投资耕地占补平衡项目的，所开耕地超出部分可按60%的比例折抵建设用地。

投资兴办生产性出口企业、先进技术企业等鼓励类产业的用地，其土地使用权出让金减收60%；其他投资项目用地，其土地使用权出让金减收40%。省级以上开发区可根据实际情况进一步优惠。

以出让方式取得土地使用权的外商投资企业不再缴纳场地使用费。

投资于城市基础设施、教育及其他公益事业、环保、能源、交通、水利等基础设施建设用地，经县级以上人民政府批准，可以以划拨方式取得。

各种经济组织和个人进行恢复林草植被等生态环境保护建设，经县级以上人民政府批准，可以以划拨方式取得国有荒山、荒地的土地使用权，实行土地使用权五十年不变，并可以依法继承和有偿转让。

金融、信贷

对投资大，建设期长的基础设施项目，根据项目建设周期和还贷能力，适当延长贷款期限。

国家开发银行对高速公路项目，在项目资本金比例达到40%和统借统还的条件下，贷款期限可放宽至十八年；对水电项目，贷款期限可放宽至二十五年；对“西气东送”非水电项目，贷款额超过3亿元的，贷款期限一般可放宽至十八年，最长可放宽至二十年；对城市基础设施项目，贷款期限可放宽至十年；对其他基础设施项目，贷款期限可放宽至十五年。

对外商投资西部地区基础设施和优势产业项目，适当放宽国内银行提供固定资产投资人民币贷款的比例，中外合资合作项目一般放宽到中方出资比例的120%，外商独资项目扩大到外方注册资本的100%。

鼓励投资政策

对外商投资西部地区商业项目，经营年限可放宽至四十年，比东部地区延长十年；注册资本可放宽至3 000万元，比东部地区降低2 000万元。

国内外商投资企业在甘肃再投资，其再投资项目外资比例超过25%（含25%）的，视为外商投资企业，享受相应的优惠政策。

外商、外省投资企业在甘肃省生产的产品，每出口创汇1美元，由地方同级财政给予0.05元人民币内陆运输补贴。

审　批

除重大项目或有特殊规定的项目外，外商投资项目利用自有资金和商业银行贷款在甘肃省投资于国家鼓励类产业及优势产业的，政府主管部门只审批项目的可行性研究报告，项目建议书、开工报告不再报政府主管部门审批。逐步简化对外商投资企业合同、章程的审批程序。

其他政策

向国内外经济组织转让国有公路、桥梁、隧道、城市市政等公用基础设施资产权益，并为其提供收费价格批文质押、履约保险等必要的融资和经营条件。最长期限可为二十五年。

外商投资企业购买自用的办公和生活用品（含汽车、摩托车等），免交地方附加费。外商投资企业暂免征收城市市政公用设施配套费。

国内外有资质的勘探企业在甘肃省勘查开采矿产资源，经批准，可减缴或免缴探矿权使用费和采矿权使用费。

鼓励跨国公司、外商及省外投资企业兼并或收购甘肃企业。企业兼并后，不论被兼并企业是否仍然具备纳税人条件，被兼并前尚未弥补的亏损，经省级税务行政主管部门批准，允许用其以后年度与被兼并企业资产相关的经营所得，在合法弥补期限内税前继续弥补。接收原企业50%以上职工的，企业每年缴纳的企业所得税比上年新增部分，经财政部门批准，三年内由受益级财政给予补助；接收原企业职工30%以上的，二年内由受益级财政给予补助。

各类高级人才（包括副高职称以上人才、高级技能人才）和拥有各类知识产权的特殊人才来甘长期工作，优先解决落户及编制问题，工龄和服务年限连续计算，享受应有养老、医疗等社会保险待遇。在兰州市以外工作的可以在兰州市落户。

七、相关服务机构

甘肃省投资贸易促进中心

中国兰州投资贸易洽谈会组委会办公室

联系方式

地址：甘肃省兰州市静宁路158号200信箱（昌运大厦九楼）

邮编：730030

电话：0086-931-8824277/8873355/8870352

传真：0086-931-8811567

网址：www.gsinvest.com.cn

Email：fair@gsei.com.cn

invest@gsei.com.cn

宁夏回族自治区

一、地理概况

宁夏有五千多年文明史，宁夏回族自治区成立于 1958 年。是全国唯一的回族自治区，简称“宁”。

地处黄河中上游地区。东临陕西，北接内蒙古，南连甘肃，总面积 6.64 万平方公里。地形狭长，南高北低。平均海拔为1 090米至2 000米。境内最高峰为海拔3 556米的贺兰山，是银川平原的天然屏障。黄河从中北部穿越宁夏，境内流程 397 公里。

自治区现下辖 5 个地级市，2 个县级市，8 个市辖区，12 个县。

自治区首府银川市，是一座历史悠久、风光秀丽的文化名城，辐射周边 500 公里、1 000 多万人口，是西北重要的区域性中心城市。银川宽阔的马路、漂亮的广场、繁华的闹市、风格迥异的住宅群，以及塞上湖城的特色，与周边的草原荒漠地区相比，形成了强烈的反差，成为人们向往的地方，目前正在申请联合国人居环境奖。

二、历史沿革

早在三万年前的旧石器时代，人类就在此繁衍生息，宁夏北部出现“水洞沟文化”居民。公元前 272 年，战国时期的秦国设北池郡，为宁夏地区行政建制之始。秦始皇统一中国后，派兵在河套平原屯垦，修筑了著名的秦渠，开创了引黄河水灌溉的历史。“安史之乱”后，公元 765 年，太子李亨在今宁夏的灵武登基称帝，史称唐肃宗。

公元 1038 年到 1227 年，在今宁夏、甘肃等地区，以党项族为主建立地方政权大夏国，史称西夏。宁夏为其主要辖区，国都兴庆府即今银川市。

元代，设行省于西夏故地，后改宁夏路，宁夏得名始于此。明代设宁夏卫，清代设宁夏府，民国初年建朔方道，1929 年建宁夏省。

1949 年 9 月 23 日，宁夏解放。新中国成立初，仍为宁夏省。1954 年，撤销宁夏省，原辖阿拉善左旗、阿拉善右旗、额济纳旗和磴口县划归内蒙古自治区，其余部分并入甘肃省。1958 年 10 月 25 日，宁夏回族自治区成立，辖银川专区、吴忠回族自治州、西海固回族自治州及泾源、隆德两县。

三、人口　民族　宗教

全区有回、满、东乡等 35 个少数民族，现有总人口 596.2 万，其中回族人口占 1/3 强。

中国回族

回族在中国人口较多，分布较广，是信仰伊斯兰教的一个少数民族，是由古代中亚细亚人、波斯人，阿拉伯人与中国汉族等民族在历史上融合而成的一个年轻的民族。回族与中国其他各民族一道创造了中华民族光辉灿烂的文明史。

据历史记载，回族的形成和发展有一个较长过程。自 7 世纪中叶起，就不断有大批阿拉伯人和波斯人沿水、陆“丝绸之路”来到中国，或出使，或贸易通商，或进行宗教和文化交流。水路来的留居广州、泉州、扬州，杭州等地，陆路来的活跃于天山南北、河西走廊、长安、洛阳等地，成为回族最早的先民。13 世纪初叶，成吉思汗西征获胜后，征调和迁移大批阿拉伯人，波斯人和中亚其他多族人来中国，以半军事，半屯牧的形式进驻各地，并与当地汉、蒙古、维吾尔等民族通婚，逐渐开成了回族这一新的民族共同体。因此，中国的回、汉民族之间，回族和其他各族人民之间，有着密切的姻亲关系。

作为中国民族大家庭一员的回族，对中国的历史，经济和文化的发展，有着极其重要的贡献。回族喜农擅商，智慧勤劳，并涌现出一批政治家、思想家、科学家和文学艺术家。

回族由于长期与汉族等民族杂居交往，受汉文化影响较深，普遍使用汉文，讲汉语。但日常用语中也保留了一些阿拉伯和波斯语的词汇，诵读的经书大都是阿拉伯文。回族人民传统上信奉伊斯兰教，伊斯兰教对回族的形成及其生活习惯、风俗人情和文化艺术等，有很大的影响，特别是其宗教上的规定，和回族风俗习惯往往交织在一起。与中国其他少数民族相比，回族在衣着，饮食、起居、卫生、婚姻、丧葬、节庆和文娱体育诸多方面均独具特色。

目前，中国有800多万回族人，居住在全国各地，以宁夏、甘肃、青海、陕西、新疆、河南、河北、山东、云南、安徽、辽宁、北京等省市分布较多，回族有大分散、小集中的特点。据此，国家除建立宁夏回族自治区外，还在其他省建立了两个回族自治州和九个回族自治县，由回族人民当家作主行使自治权力，管理本民族地方性的内部事务。

回族和中国其他民族平等、团结、和睦相处，为中国的现代化建设贡献着他们的聪明和才智。

宗教信仰

宁夏的回族，在历史上全民信仰伊斯兰教，并把宗教为容纳和融合其他民族成员的根本前提。在宁夏回族聚居地区，建有不同建筑形式和不同规模的清真寺3 500座，有阿訇大约5 000名，回族群众的宗教生活得到了满足，宗教活动自由。

回族穆斯林等群众一般奉行五项“功德”：念（念诵“清真言”），礼（每天面向麦加作五次礼拜，每礼拜清真寺参加聚礼），斋（一年封一月斋），课（按财产情况交“天课”——宗教税），朝（有条件的，一生至少到麦加朝觐一次）。

回族的传统节日有开斋节、古尔邦节（又称“宰牲节”）和圣纪节三大节日。

圣纪节，因为穆罕默德诞生和归真都在同一天——伊斯兰教历3月12日，所以把圣诞和圣忌合称为“圣纪节”。每年这一天，回族都举行各种形式的纪念活动。

回族穆斯林还在区、地、县建立了各级宗教社会团体，即伊斯兰教协会，管理自己的宗教生活。

自治区在银川开办了宁夏伊斯兰教经学院，在同心县开办了同心阿拉伯专修学校，帮助穆斯林群众增加了大批有宗教学识和阿拉伯语的人才。

除伊斯兰教外，宁夏还有佛教、天主教、基督教、道教等宗教。自治区政府对各种宗教都一视同仁支持信教群众建立各自的宗教协会和宗教活动场所，正常的宗教活动受到保护，各种宗教在宁夏长期和睦相处。

风俗习惯

受伊斯兰教的影响，宁夏回族在衣着，饮食、起居、卫生、婚姻、丧葬等方面形成了独具特色的风俗习惯。回族妇女都喜欢戴白色的帽子，穿黑色的马甲。回族妇女还喜欢戴盖头，戴金银耳环、戒指、手镯等。

回族特别讲究卫生，室内清洁整齐，灶具洁净。平时洗脸洗手多用汤瓶，沐浴用吊罐。

回族喜欢吃牛、羊、骆驼等反刍类的偶蹄食草动物肉，也吃鸡、鸭、鹅、鱼肉，忌食猪肉，不食动物血液和自死的禽畜。虔诚的教徒食用的禽畜，还经由阿訇代宰。回族一般不抽烟，不喝酒，男女老幼都爱泡有糖、茶叶、核桃、芝麻、桂圆、红枣、果脯等营养丰富的佐料的“八宝”盖碗茶。喜庆节日，他们制作油茶、馓子、油果等油炸面食。有尊贵客人，会以丰盛的“全羊席”和各种“回民小吃”盛情款待。

婚姻方面，实行一夫一妻制。回族婚礼很隆重，且有许多宗教和民族的特点。如举行婚礼，要请阿訇念“尼卡哈”，用阿拉伯经文进行证婚和祝贺。

过去，回族受伊斯兰教和中国传统意识的影

响，不提倡歌舞，但回族群众喜爱唱一种叫“花儿”的民歌，回族妇女爱弹一种用竹子制成的“口弦”。至今，民间还活跃着不少“花儿”歌手。

四、比较优势

概括地说，宁夏的特点是一小二少。

一小是指面积小，只有6.64万平方公里，在全国除四个直辖市和港澳地区外，仅大于台湾和海南。二少，一是人口少，总人口596.2万，其中回族人口占总人口的35%，总人口高于西藏、青海，回族人口是全国最集中的地方；二是市、县少，全区有5个地级市，22个县、市（区），首府银川就是“聚银之川、汇才之川”。按农业地理划分，分为北部引黄灌区、中部干旱风沙区、南部黄土丘陵区。北部引黄灌区主要指宁夏平原，这里从秦代起就引黄河水自流灌溉，是宁夏农业精华地带，素有“塞上江南”的美誉。中部干旱风沙区和南部黄土丘陵区，属半农半牧区和旱作农业区，是国家级贫困地区。

宁夏虽是小省区，经济总量不大，但小有小的特色，小有小的好处，船小好调头，量小好发展。比较而言，宁夏具有农业、能源、旅游等三方面的优势，开发前景广阔。

五、优势资源和支柱产业

农业优势

农业优势丰富的土地资源、便利的引黄灌溉和良好的光热条件基础上的农业优势。宁夏有两千多年的农耕史，秦朝时蒙恬就在这里屯垦戍边，是历代兵家必争之地，相继留下了秦渠、汉延渠、唐徕渠，素有“天下黄河富宁夏”、“黄河百害、唯富一套”之说。一千多年前，唐代诗人韦蟾就有“贺兰山下果园城，塞北江南旧有名”的赞美诗句。地处银川平原的贺兰山东麓地区，气候、土壤、地理条件接近于法国优质葡萄产区——波尔多地区，是世界优质葡萄栽培的极佳生态区之一，是经国家认证的葡萄原产地。全区现有耕地1 900多万亩，人均3.5亩，居全国第二位。盛产水稻、小麦、玉米和各种瓜果蔬菜，尤以大米最为著名，被誉为“塞上珍珠”。有待开发的荒地1 000多万亩，是我国八个宜农荒地较多的省区之一，有可利用的草地4 500万亩，是全国十大牧区之一。黄河在宁夏年过境流量325亿立方米，年可利用水资源40多亿立方米。沿黄河两岸的宁夏平原，土地肥沃，农业综合生产水平在西北地区名列前茅，现已列入国家级“两高一优”农业示范区，是全国四大自流灌区和七大商品粮基地之一。这里麦稻高产，瓜果丰盛，沟渠纵横，林带成网，田园如画。宁夏日照时间长、昼夜温差大的光热条件，十分有利于农作物生长和有机质积累，具有适宜枸杞、甘草、麻黄等中药材种植，以及酿酒葡萄、瓜果、桑蚕、马铃薯、牛羊等生产养殖的生态环境，是国家确定的中药材产业基地。

特色医药产业

特色医药产业是自治区确定的重点发展高新技术产业之一。宁夏进入药典的中药材有350多种，大宗品种50多种，知名的有枸杞、甘草、苦豆子、麻黄、葫芦巴、黄芪、银柴胡、肉苁蓉、锁阳、月见草等。沙生药材资源以其独特的药用功效，享誉海内外。枸杞作为国家原产地保护的中药材，种植规模近30万亩，已开发出枸杞保健酒、枸杞多糖胶囊、枸杞滴丸、枸杞全粉、枸杞原汁、枸杞茶、枸杞咖啡等保健品和药品10大类、60多个品种。从苦豆籽中提取分离出13种生物碱，已取得十项专利，其中治疗乙肝的苦生素注射液和苦生素胶囊已行销全国市场。人工种植肉苁蓉作为国家“十五”科技攻关计划已接近尾声，为挽救濒危名贵中药材积累了宝贵的经验。同样，以羊胎素为代表的动物药用有效成分的提取和精深加工也取得了长足的发展。干燥的气候，丰富的原料和廉价的能源，以及先进的发酵技术，使宁夏成为全国重要的抗生素原料药生产基地之一。盐酸四环素生产工艺领先于全国水平，生产能力4 000吨，在世界市场上的占有率将达80%以上。红霉素生产能力也将达到年产2 000吨以上，居全国之首。同时，依托资源优势和民族特点，回药开发也呈现出良好的态势，成为客商投资的亮点。

清真牛羊肉

清真牛羊肉是宁夏的战略主导产业之一，清真羊肉被确定为全国优势农产品主产区。宁夏滩羊和中卫山羊是国家优良的畜禽品种。宁夏滩羊肉质细嫩、味道鲜美、无膻味、营养价值高，中外食客赞不绝口，深受广大消费者的欢迎。“黄渠桥羊羔肉”、“纳氏羔羊”、“纳氏肥牛”“国强手抓”等品牌已具一定的知名度，深受广大消费者的普遍欢迎。沿黄河两岸水产养殖条件优越，其中仅贺兰县年水产品产量就是甘肃省的总和。

宁夏具有建立在丰富的煤炭等资源和黄河水能良好组合基础上的能源优势。已经发现的矿产有50余种，以非金属矿为主。按丰值度计，人均自然资源潜在价值相当于全国平均值的1.6倍，居全国第5位。主要有煤炭、石膏、石油、天然气、陶土、石英砂岩、重晶石、白云石、硅石等。

矿产资源

宁夏煤炭资源储量大、品种全、质量优、开发条件好，全国10大煤种，宁夏就有9种，已探明储量310多亿吨，远景储量2 027亿吨，居全国第6位和第5位。现年产煤能力2 000多万吨。其中，优质无烟煤——太西煤，具有“三低六高”(低灰分、低硫、低磷，原煤发热量高、比电阻率高、精煤回收率高、块煤率高、化学活性高、机械强度高）的特点，畅销亚欧美10多个国家，成为宁夏出口拳头产品。宁东煤田是我国巨型煤田之一，已探明储量270亿吨，主要煤种为不粘结煤，具有低灰、低硫、低磷、发热值高和化学活性高的特点，是理想的动力用煤和化工用煤，开发和利用价值很大，已被国家列为13个重点发展的亿吨矿区之一，目前正在这里规划建设投资1 000亿元的能源重化工基地。宁夏煤层气资源十分丰富，预计埋深在1 000米以浅的煤层气资源量为2 419亿立方米，具有良好的开发前景。

水利资源

黄河水利水能资源相对富集，煤田分布与黄河水利水能资源在地域上的有机结合，有利于发展大型坑口电站，构成建设国家西电东送电源基地的优越条件。宁夏石油、天然气储量也比较丰富，具备发展石油、天然气化工和煤化工的良好条件。陕甘宁盆地是世界整装级大气田和国家重要的石油基地，银川市距气田中心不到300公里，发展石油、天然气化工条件得天独厚。宁夏其他矿产资源十分丰富，其中探明石膏储量20多亿吨，居全国前列。太阳能、风能、地热资源也很丰富。宁夏多种能源相互补充，分布集中，综合开发前景十分广阔。依托丰富的能源和非金属矿产资源为基础，宁夏已形成了以煤炭、电力、冶金、化工、建材等行业为主体，门类齐全、结构完善的工业体系。经过全区上下的共同努力，有希望把宁夏建设成为两个千万千瓦级的电力基地、石油天然气化工和煤化工基地、高载能原材料基地。

旅游资源

宁夏是一个气候宜人，适合度假的“夏都”，是一个美丽而神奇的地方。既有南国水乡的特色，又有塞外边陲的壮丽景观。古老的黄河文明、神秘的西夏文化、浓郁的回乡风情、雄浑的大漠风光，构成了宁夏多姿多彩的旅游资源。3 500余座阿拉伯建筑风格、中国古建筑风格的清真寺院星罗棋布于全区城镇和乡间，数百公里的历代秦长城、明长城遗迹横亘于塞上，被专家誉为中国的“长城博物馆”。悠久的中国历史文化与伊斯兰文化相交汇，形成了宁夏具有地方特色和民族特性的名胜古迹。风光旖旎的沙湖是全国35个王牌旅游景点之一，距银川市56公里，有数万亩湖水、沙丘，景区融大漠风光与江南水色为一体，良好的生态环境，成为候鸟繁育、栖息的乐园。被誉为“塞上湖城”的首府银川，素有“72连湖”之称，西有阅海、南有宝湖、东有鸣翠湖、北有北塔湖，万顷湖面，芦苇葱茏，碧波鳞鳞，荷花飘香，百鸟放歌，是生态旅游的黄金宝地。沙坡头是沙漠与黄河结缘的地方，这里的治沙成果蜚声中外，被联合国授予全球环保500佳，黄河漂流、沙漠旅游项目异彩纷呈。须弥山石窟历经唐、宋、西夏王朝开凿，是中国最重要的石窟艺术宝库之一。六盘山旅游区地处古丝绸之路，山势雄伟，林森物茂，是黄土高原上的绿岛，也是红军长征翻越过的最后一座大山，毛泽东同志留下了《清平乐·六盘山》的壮丽词章。散布在贺兰山东麓40平方公里范围内的西夏王陵，记述了西夏古国的神秘历史和兴衰沧桑，被海外誉为“东方金字塔”。华夏西部影视城、贺兰山岩画、青铜峡鸟岛、水洞沟遗址等景点和古迹，在西部独具一格，具有较高的知名度，沙湖、西夏王陵、沙坡头、六盘山风景区、须弥山石窟等风景区吸引着广大的海内外游客。

六、投资导向

《外商投资优势产业目录（2004年修订）》已经国务院批准，自2004年9月1日起执行

1. 枸杞种植及其深加工
2. 退耕还林还草、天然林保护等国家重点生态工程后续产业开发
3. 节水灌溉技术开发及应用
4. 煤炭加工应用技术开发和产品生产
5. 碳基材料生产
6. 优质酿酒葡萄基地建设及优质葡萄酒酿制
7. 马铃薯产品深加工
8. 天然气下游化工产品生产和开发
9. 聚氯乙烯树脂生产
10. 子午线轮胎生产
11. 片式固体钽电解电容器生产
12. 城市供气、供热、供排水管网建设、经营（大中城市中方控股）
13. 旅游景区（点）开发及其配套设施建设、保护和经营
14. 公路旅客运输

七、投资平台

目前，宁夏有宁夏宁东化工产业园区、银川（国家级）经济技术开发区、宁夏石嘴山经济开发区、宁夏石嘴山工业园区、宁夏中卫工业园区、宁夏贺兰工业园区、宁夏永宁工业园区、宁夏灵武羊绒产业园区、宁夏吴忠工业园区、宁夏固原经济开发区、宁夏平罗工业园区、宁夏中宁工业园区、宁夏同心羊绒产业园区、宁夏吴忠红寺堡工业园区、宁夏盐池工业园区、宁夏固原清水河工业园区、银川兴庆科技园等国家级、自治区级及地市、县级各类开发区。

各类开发区本着“主业突出、特色明显”的原则布局创办，园区内基础设施日趋完善，办事效率不断提高，投资环境持续创新，为外来投资者提供了理想的投资创业平台。

八、地区优惠政策

宁夏回族自治区招商引资的若干政策规定

宁政发［2004］61号

为进一步实施西部大开发战略，扩大对外开放和东西合作，大招商，招大商，推动宁夏经济社会实现跨越式发展，根据《中华人民共和国民族区域自治法》和《国务院关于实施西部大开发

若干政策措施的通知》（国发［2000］33号）、国务院转发《国务院西部开发办关于西部大开发若干政策措施的实施意见的通知》（国办发［2001］73号），以及有关部委的文件精神，本着“不求所有，但求所在”和“优势互补、互惠互利、共同发展”的原则，结合我区实际，特制定如下政策规定。

一、关于市场准入和注册登记政策

第一条 除法律法规和国家政策明确限制的外，市场经营领域和投资领域均欢迎国（境）内、外企业、自然人投资者进入。工商行政管理部门可将经营范围核准为“法律、法规禁止的，不得经营；应经审批的，未获准审批前，不得经营；法律、法规未规定审批的，自主选择经营项目，开展经营活动。”

第二条 凡申办企业，符合企业法人条件，经营项目需前置审批而暂未取得批准文件的，可核发有效期一年的企业法人营业执照，允许其在银行开户和刻制公章、财务专用章，经营范围可核“筹建”，待企业完备前置审批手续后，再核定其经营范围。

第三条 放宽注册资本缴付期限。对新设立内资企业的注册资本，允许其首期缴付额达到注册资本额的10%，其余部分可在1~2年内分期到位。所核发的营业执照注明注册资本和实缴资本。

第四条 放宽企业集团设立条件。企业集团核心企业注册资本达到人民币2 000万元，拥有3个控股子公司的可登记为企业集团。

第五条 放宽企业名称登记条件。注册资本额在100万元人民币以上的，申请企业名称中可冠以“宁夏”、“宁夏回族自治区”字样。坚持在不重名、不混同的原则下，按照规定程序核准。

第六条 凡来宁夏投资项目，符合国家产业政策和环保要求，资金全部自筹，不需要平衡资源条件的，不再由有关部门进行立项审批，实行项目备案制。环保部门依据企业提供的建设项目环境影响评介文件依法进行审批。工商、商务等部门依据企业提供的项目建议书或可研报告等材料，依法进行注册登记。凡来宁夏投资的地方权限内外商投资项目，简化程序，不再审批项目建议书、可研报告，实行核准制。其他部门做好相应配套服务。

二、关于税收政策

（一）内资企业优惠政策

第七条 凡来宁夏新办的工业企业，从生产经营之日起，第一年至第三年免征企业所得税，第四年至第五年减半征收企业所得税。新办的商贸和服务型企业，从生产经营之日起，免征所得税3年。

第八条 属于国家鼓励类产业的企业，在2010年以前按15%的税率征收企业所得税；享受15%优惠税率的企业，在减半征收所得税时，按15%税率计算出应纳所得税后，减半执行。

第九条 在南部山区（包括固原市的原州区、西吉县、隆德县、江源县、彭阳县，吴忠市的同心县、盐池县、红寺堡，中卫市的海原县）新办的工业企业，从生产经营之日起，免征所得税五年；加工农副产品的企业，在免税五年期满后，再减半征收所得税二年。在川区移民吊庄兴办农副产品加工企业，可参照本款执行。

第十条 经自治区农业产业化协调领导小组上报国家农业部等部委认定的国家级农业产业化重点龙头企业，暂免征所得税。

第十一条 现有企业（不包括金融保险、邮电通讯、建筑业、娱乐业，以及销售不动产、转让土地使用权，服务业中的广告业。桑拿、按摩、网吧、氧吧；商贸企业中的批发和批零兼营和其他非零售企业），当年新招用下岗、失业、待业人员超过原企业从业人员50%（含50%）的，免征所得税三年，超过30%（含30%）的，免征所得税二年。

第十二条 科研机构和高等学校服务于企业的技术转让、技术培训、技术咨询、技术服务、技术承包所得，免征所得税。其他专门从事技术推广和技术服务、咨询、培训的经济实体取得的技术性服务收入，从其开业之日起，免征所得税五年，免税期满后，年净收入在30万元以下的，继续免征所得税，超过30万元的部分，依法缴纳所得税。

第十三条 转制为企业的科研机构和进入企业的科研机构，在2006年底以前，免征科研开发自用土地的城镇土地使用税、房产税、企业所得税和从事四技服务的营业税。对上述科研机构以及承担中试的企业，其中试产品在试销期内免征所得税。

第十四条 科技特派员的创业企业和为农业生产的产前、产中、产后服务的企业，其技术服务和劳务所得，免征所得税。

第十五条 外省、区、市的内资企业收购、兼并宁夏自治区资不抵债和长期亏损企业，从收购、兼并的次年起，免征三年企业所得税，免税期满后再减半征收所得税二年。区内企业兼并、收购比照执行。

第十六条 软件和集成电路企业，其主营业务收入在70%以上的，从获利年度起，免征所得税五年。

第十七条 经国家和自治区科技主管部门认定的国家级和自治区级高新技术企业的，从认定年度起，免征所得税五年。

第十八条 鼓励企业提高技术开发经费的开支比重。企业研究开发新产品、新技术、新工艺或引进国内外先进技术进行国产化研制所发生的各项费用，不受比例限制，计入管理费用。其费用比上年实际增长10%以上（含10%）的，可再按实际发生额的50%抵扣当年应纳税所得额。

第十九条 来宁夏兴办畜牧业项目的，从受益年度起五年内免征牧业税和草原使用费。

第二十条 企业利用《资源综合利用目录》（2003年修订）所列的废弃资源作为主要原料进行生产，利用率在30%以上的，免征所得税五年。

（二）外商投资企业所得税优惠政策

第二十一条 所有来宁夏兴办的外商投资企业，免征3%的地方所得税。

第二十二条 在银川市辖区内兴办的生产性外商投资企业，减按24%的税率征收企业所得税。

第二十三条 设在国家级银川经济技术开发区（含银川高新技术产业开发区）的生产性外商投资企业，减按15%的税率征收企业所得税。

第二十四条 外商投资额在3 000万美元以上，回收期较长的项目；从事能源、交通基础设施项目；技术密集、知识密集型项目，经报国家税务总局批准，可减按15%的税率征收企业所得税。

第二十五条 来宁夏设立的属于国家鼓励类产业的外商投资企业，在2010年以前，减按15%的税率征收企业所得税。

第二十六条 外商举办的产品出口企业，在依法免税、减税期满后，凡当年出口产值达到企业产品产值70%以上的，按15%（银川市的企业按12%）的税率征收企业所得税，银川经济技术开发区以及其他已经执行15%税率的产品出口企业，符合出口产值比重的，按10%的税率征收企业所得税。

第二十七条 投资额在3 000万美元以上的生产性外商投资企业，除依法从获利年度起两年免征、三年减半征收所得税外，对其缴纳的所得税（地方留成部分）在三年内由同级财政列支支持企业。

第二十八条 来宁夏兴办的生产性外商投资企业，经营期在十年以上的，从获利年度起，第一年至第二年免征企业所得税，第三年至第五年减半征收企业所得税。经自治区商务、科技等部门认定属于先进技术企业的，依法免征和减征所得税期满后仍为先进技术企业的，可以按照规定的税率延长三年减半征收企业所得税地方留成部分。

第二十九条 外商投资企业利用《资源综合利用目录》（2003年修订）所列资源进行生产的所得，在作为生产性企业享受两年免征所得税、三年减半征收所得税的优惠政策后，对其缴纳的所得税中的地方留成部分，给予返还两年的照顾。

第三十条 经自治区科技主管部门认定为自治区级高新技术企业的外商投资企业，在享受两年免征所得税、三年减半征收所得税的优惠政策后，对其缴纳的所得税中的地方留成部分，给予退还三年的照顾。

第三十一条 外商投资企业进行技术开发当年在中国境内发生的技术开发费比上年实际增长10%（含10%）以上的，经税务机关审核批准，允许再按当年技术开发费实际发生额的50%，抵扣当年度的应纳税所得额。

第三十二条 外商投资企业投资国家鼓励类产业的项目在投资总额内进口自用设备，除国家明确不予免税的商品外，免征关税和进口环节增值税。

第三十三条 来宁夏设立的外商投资企业，在投资总额内购买的国产设备，凡符合《国务院关于调整进口设备税收政策的通知》（国税发［1997］37号）中规定的《外商投资产业指导目录》鼓励类、限制乙类的投资项目，除国发［1997］37号规定的《外商投资项目不予免税的进口商品目录》外，其购买国产设备投资的40%可以从购置设备当年比前一年新增的企业所得税中抵免。外商投资企业和外国企业每一年度投资抵免的企业所得税税额，不得超过该企业当年此设备购置的前一年新增的企业所得税额。如果当年新增的企业所得税税额不足抵免时，未予抵免的投资额，可用以后年度比设备购置的前一年新增的企业所得税额延续抵免，但延续抵免的期限最长不得超过五年。(该条款适用内资企业)

第三十四条 鼓励在华外商投资企业到宁夏再投资，被投资企业注册资本中外资比例不低于25%（实际投资不低于200万元人民币）的，享受外商投资企业待遇。

第三十五条 外国投资者从外商投资企业中取得的利润免征所得税。外商投资企业的外国投资者，将从企业取得的利润直接再投资于该企业，增加注册资本，或者作为资本投资开办其他外商投资企业，经营期不少于五年的，经投资者申请，税务机关批准，退还其再投资部分已缴纳所得税的40%税款，再投资不满五年撤出的，应当交回已退税款。

第三十六条 外商投资企业（含区外投资者）来宁夏投资兴办的企业，技术先进，投资额大（2亿元以上），投资期长（二十年以上），对宁夏自治区经济发展具有重大支撑和带动作用的项目，自治区人民政府将在以上优惠政策的基础上，作为个案给予财政贷款贴息等政策扶持。

第三十七条 外资企业中的管理人员的个人所得税税前免除项目，参照宁夏回族自治区人民政府《关于个人所得税税前扣除项目的通知》（宁政发〔1999〕86号）相关条款标准的5~10倍执行。

（三）增值税优惠政策

第三十八条 生产销售除农膜、除尿素以外的氮肥、除磷酸二铵以外的磷肥、钾肥，以及以免税化肥为主要原料的复混肥、国家允许生产销售的农药和饲料等产品，免征增值税。

第三十九条 在生产原料中掺有不少于30%的煤矸石、石煤、粉煤灰、烧煤锅炉的炉渣（不包括高炉水渣）及其他废渣生产的建材等产品，实行增值税即征即退政策。

第四十条 利用煤炭开采过程中伴生的舍弃物油母页岩生产加工的页岩油及其他产品实行增值税即征即退的政策。

第四十一条 在2010年以前，软件产品和集成电路产品的增值税税负超过3%的部分，实行即征即退政策。

第四十二条 利用城市生活垃圾生产的电力，增值税实行即征即退的政策；利用风力生产的电力，减半征收增值税。

第四十三条 个体工商户经营者增值税的起征点按国家增值税起征点上限执行，即：增值税销售货物的月销售额5 000元；销售应税劳务的月销售额3 000元；按次纳税的每次（日）销售额200元。

第四十四条 国家级新产品从投产之日起三年内，自治区级新产品从投产之日起两年内，将其新增增值税地方部分列支返还给企业，继续用于科技成果转化。

第四十五条 独资兴办或与农村集体经济组织、农村专业合作经济组织合资合作兴办农林畜产品生产、加工或流通等农林牧畜产业化项目的，除享受所得税有关优惠政策外，自生产经营之日起三年内，由当地财政按年度企业实际上缴增值税地方部分列支支持企业。

第四十六条 对自治区重点培育的优势产业、高新技术中试产品、发展潜力大、带动力强的产品，在生产初期，经营困难的，经地方政府批准，可在一定期限内给予增值税地方部分列支支持照顾。

第四十七条 内外资企业涉及区、市、县共享税列支支持的，按照预算收入入库级次分别由区、市、县财政列支支持。

三、关于引进技术和引进人才政策

第四十八条 允许技术、管理资本等生产要素按贡献参与收益分配。鼓励企业通过各种形式引进科技和经营管理人才，企业用于奖励引进人才的奖励经费可以列入成本。专利、商标及其他科研成果等各类知识产权均可作价入股或参与收益分配，入股或参与收益分配的比例，由知识产权所有人与企业自行商定。

第四十九条　以科技成果作价出资的，一般科技成果的入股金额可占总投资的20%，高新技术成果的入股金额可占35%。对具有自主知识产权、可形成较大产业规模的高新技术成果，其出资总金额占公司注册资本的比例，以及合作各方另有约定的，可不受35%的限制。

第五十条　高新技术成果作为股权投资的，其成果完成人可获得与之相当的股权收益。凡属政府全额资助的项目，从项目成果实施之日起三年内，根据成果折价入股占注册资本的比例，成果完成人可享有不低于该比例60%的股权收益；三年后可享有不低于40%的股权收益。凡属企业自主开发的高新技术成果作为股权投资的，成果完成人根据成果价值占注册资本的比例，前三年可享有不低于30%的股权收益，后三年可享有不低于该比例20%的股权收益。

第五十一条　在实施职务科技成果转化的，要依法对研究开发该项技术成果的完成人和为技术成果转化做出重要贡献的组织者给予奖励。其中，以技术转让方式将成果提供给他人实施转化的，可从技术转让取得的税后净收入中提取25%用于一次性奖励；自行实施转化或与他人合作方式实施转化的，在项目成功投产后的连续五年内，从实施该项成果的税后净利润中提取不低于8%的比例用于奖励。在科研开发和成果转化中做出重要贡献的人员，所奖份额不低于奖励总额的50%。

第五十二条　鼓励和吸引留学归国人员和区外科研人员来宁夏从事高新技术项目研究开发，携带高新技术成果来宁夏转化和创业。经有关部门认证后，由所在地政府相关部门和园区给予科研经费和项目贷款贴息的支持。各级政府参股的中小企业担保中心要优先予以贷款担保支持。

第五十三条　对在高新技术成果转化中做出重大贡献的专业技术人员和管理人员，自治区政府授予荣誉称号并给予奖励，所得奖金免征个人所得税。对创全国驰名商标或名牌产品的，自治区人民政府给予企业或有突出贡献人员200万元以内的奖励。

第五十四条　吸引国内外市场营销策划专业人才为自治区企业服务。自然人所得收入应缴个人所得税地方部分，三年内由所在地财政先征收，全额列支予以奖励。

第五十五条　向自治区生产企业提供新技术、新工艺、新产品和转让科技成果的单位和个人，受益单位除按合同一次性付给转让费外，在项目投产后3~5年内，每年按新增税后利润的10%给予奖励。引进高新技术、名牌产品的，可根据先进程度、产品知名度、经济效益情况，受益方可按年度新增税后利润1%~3%给予中介人一次性奖励；其他方式的协作如果效益较好，受益方按年度新增税后利润1%~2%给予一次性奖励。奖励可以计入企业成本。受奖人个人所得税地方部分先征收，后由地方财政列支奖励。

第五十六条　对引进国内外资金或项目的中介人（非本区公务人员），在资金到位、项目建成后，同级政府或受益方视引资项目情况，给予适当奖励。具体办法由各地制定。

四、关于矿产资源开发和土地使用政策

第五十七条　凡来宁夏勘察、开采矿产资源的，在自治区审批权限范围内，除国家规定应当通过招标、拍卖、挂牌等方式取得探矿权；采矿权外，可通过依法申请批准的方式有偿取得探矿权、采矿权。探矿权人可优先依法获得采矿权。

第五十八条　允许企业将自我出资的勘察费用计入递延资产，在开采阶段分期摊销。

第五十九条　勘察开采国家和自治区鼓励类的矿产资源，可以减缴或免缴探矿权使用费、采矿权使用费。探矿权使用费，第一个勘察年度可以免缴，第二至第三个察查年度可以减缴50%，第四至第七个勘察年度可以减缴25%。采矿权使用费，矿山基建期和矿山投产第一年可以免缴，矿山投产第二至第三年可以减缴50%，第四至第七年可减缴25%，矿山闭坑当年可免缴。

第六十条　生产性投资项目征用国有土地，属于国家《划拨用地目录》的，可以以划拨方式供应土地使用权。

第六十一条　根据投资新办企业的实际情况，可以采取国有土地使用权出让、国有土地租赁或

者国有土地使用权作价出资等多种方式供应土地使用权。

第六十二条 生产性项目用地以有偿方式取得土地使用权的，企业确有困难的，可以分期缴纳土地出让金；对于占用未利用土地的投资企业，可先缴纳新增建设用地有偿使用费中上缴中央的30%，对自治区收取新增建设用地有偿使用费的70%予以缓缴。

第六十三条 在宁夏土地利用总体规划划定的可垦区域内进行土地综合开发的，免征农业税和土地使用费。

五、关于基础性、公益性、服务性投资的政策

第六十四条 鼓励国内外企业和个人以参股、控股、兼并、收购等形式参与交通、水利、邮政运营、广播电视运营等基础设施建设以及供水、供热、供气、环保、垃圾处理、污水处理、园林、绿化等城市公用设施建设；投资教育、科技、文化、卫生、体育事业；参与服务业的发展，推进连锁经营、特许经营、物流配送、多式联运等组织形式和服务方式的发展；鼓励发展经纪代理和中介服务，鼓励设立多种形式的企业贷款担保公司和风险投资公司；鼓励开发旅游资源，兴办旅游和酒店业；鼓励兴办物业管理、社区服务的企业或经营单位。城市供水、供气、供热、公共交通、垃圾、污水处理行业实行特许经营许可制度，由政府通过公开招标选择经营企业，签订特许经营合同。

第六十五条 新建和收购重组的上述领域项目中，属行政事业性收费的由同级政府授予特许经营权，收费按照自治区财政厅、物价局制定的价格执行。其余一律放开经营，市场定价。

第六十六条 欢迎区外商业银行和非银行金融组织经批准来宁夏独立或联合设立分支机构，鼓励开办存款、贷款、结算、信托、股票交易、投资基金等有关金融业务。

第六十七条 从事基础设施建设和社会公益性建设项目等，依照国家规定可以使用国有划拨土地的，经有批准权限的人民政府批准，以划拨方式供地。

第六十八条 鼓励区内外有识之士深度发掘自治区历史文化、风景名胜等旅游资源，用新的理念去开发经营文化旅游项目，承认其无形资产，经有关部门认定后批准立项，允许其以知识产权作价入股，参与收益分配。分配的比例由知识产权所有人与投资方自行商定。

第六十九条 在宁南山区（含红寺堡）开发旅游资源、新建三星级以上酒店的，在川区投资重点旅游开发项目、新建四星级以上酒店的，经自治区人民政府批准，可以划拨方式供地，并给予营业税、所得税方面的优惠支持。

六、其他优惠扶持政策

第七十条 属国家和自治区鼓励类产业项目的内资企业，在生产经营过程中使用的机器设备，综合开发利用资源的企业在生产经营过程中使用的固定资产，经批准可以采取加速折旧的方法计提折旧。外商投资企业报经国家税务总局批准，也可采取加速折旧的方法计提折旧。

第七十一条 工业投资项目，原则上要求布局在经批准的各类工业园区内。归类进入特色园区方能享受区别性优惠政策。具体实施细则另行制定。

第七十二条 积极支持企业申请进出口经营权，注册资金不低于200万元人民币（科研院所、高新技术企业和机电产品生产企业不低于100万元）的生产企业可申请自营进出口权。

第七十三条 外商投资企业和东西部合作生产性企业，实施机电出口产品、高新技术产品、重点支柱出口商品，出口产品创汇额占总销售收入50%以上的，由当地政府给予适当补贴。补贴标准为每出口一美元补贴一般不超过人民币0.05元。

第七十四条 进入自治区确定的高载能工业园区的企业，可享受自治区定期公布的电力优惠扶持政策。实施节能环保项目的，给予节能技术改造部分贴息的支持；自治区环保专项资金给予倾斜支持。支持园区项目申请国家、地方环保补助资金用于污染治理工程。

第七十五条 鼓励区外有规模、有实力企业参与自治区国有企业改制改组。改制企业对留用职工要依法重新签订或变更劳动合同。对解除劳动合同的职工要依法支付经济补偿金，对移交社会保险机构的职工要依法一次性缴足社会保险费，所需资金从改组前被改组企业净资产抵扣，或从国有产权持有人转让国有产权收益中优先支付。对支付不足部分，各级财政部门给予一定补贴。

第七十六条 对民族贸易网点和民族用品生产企业技改贷款给予贴息支持，利息补贴由中央财政和自治区财政各承担50%。

第七十七条 凡来宁夏投资从事民族贸易和民族用品生产的企业，执行流动资金优惠利率政策。流动资金贷款由主贷银行审核，一年期贷款实行比正常的一年期贷款利率低2.88个百分点的优惠利率，利差补贴银行按季返还企业，用于补充自有流动资金。民族贸易和民族用品定点企业，由自治区民委审查报国家民委批准。

第七十八条 为外籍投资者、高科技人才、高级管理人员提供入境、居留便利。符合国家规定的人员，如需多次临时入境，可根据实际需要发给有效期一年以上、最长不超过五年的多次入境有效签证；对需在华常住人员，可根据实际需要发给一年以上、最长不超过五年的外国人居留证，如需要多次入境的同时发给与外国人居留证相同期限的多次返回签证。对外籍来宁夏长期工作人员配偶择业、子女就读给予优先特殊照顾。

七、 简化审批手续、 提高办事效率

第七十九条 各行政审批机关应明确承诺办事的服务标准和时限，实行服务承诺制和首问责任制。

第八十条 由一个行政机关负责的审批事项，实行“窗口”式服务，审批内容单一，报送材料齐全的，行政机关应即时办理；内容复杂，不能即时办理的，应在两个月内答复。

第八十一条 实行“一条龙”式服务。有条件的地方政府应建立联合办证大厅，集中办理由多个行政机关负责的多项审批，凡手续齐备、材料齐全的审批事项，应即时办理。

第八十二条 建立“并联”审批制度，审批由多个行政机关负责的，可由最终审批的机关接受申请，并负责与其他审批机关协调，在十五个工作日内完成各项审批程序。最终审批的机关与其他审批机关协调时，其他审批机关逾期不作答复的，视为同意。

第八十三条 法律、法规对审批时限有特别规定的，从其规定。国家和自治区宏观调控措施有阶段性要求的从其要求。重大事项审批相关部门不能达成一致的，报自治区招商引资协调领导小组研究确定。

第八十四条 本政策规定自发布之日起施行。凡自治区以前制定的优惠政策与本政策规定不一致的一律停止执行，对本政策规定施行前已享受有关优惠政策期限未满的，仍按原政策执行。本政策规定未涉及的内容，按自治区现行有关规定执行。如遇特殊重大项目，可按一事一议的办法，报自治区招商引资协议领导小组研究，给予个案特殊政策优惠。

第八十五条 国家有关政策发生变化，自治区人民政府将及时修改完善。

第八十六条 本政策规定由自治区人民政府办公厅负责解释。由自治区招商局负责外来投资企业的认证。自治区有关部门要按照本政策规定制定具体实施办法及服务承诺制。

宁夏回族自治区外商投资项目核准暂行管理办法

（2005年1月1日）

第一章 总 则

第一条 根据《中华人民共和国行政许可法》和《国务院关于投资体制改革的决定》，以及国家和自治区其他有关规定，为规范对外商投资项目的核准管理，制定本办法。

第二条 宁夏回族自治区内的中外合资、中外合作、外商独资、外商购并境内企业、外商投资企业增资等各类外商投资项目实行核准制。

第二章 核准机关及权限

第三条 各级发展改革部门是自治区外商投资项目的核准机关（自治区经济委员会和五个地级市经济委员会负责对现有工业企业改造项目进

行核准）。

第四条 按照《外商投资产业指导目录》分类，限制类项目和总投资（包括增资额，下同）2 000万美元及以上的鼓励类、允许类项目，由自治区发展改革委核准（其中现有工业企业改造项目由自治区经济委员会核准）；总投资1亿美元及以上的鼓励类、允许类项目和总投资5 000万美元及以上的限制类项目，由自治区发展改革委对项目申请报告审核后报国家发展改革委（其中现有工业企业改造项目，由自治区经济委员会与自治区发展改革委审核后联合上报）。

第五条 总投资2 000万美元以下的鼓励类、允许类项目由项目所在地市、县（区）及计划单列开发区发展改革部门核准（其中现有工业企业改造项目由项目所在地的地级市经济委员会核准）。

银川经济技术开发区享有自治区级鼓励类、允许类项目核准权，限制类项目由自治区发展改革委按权限核准或审核后上报国家发展改革委（其中现有工业企业改造项目由自治区经济委员会按权限核准或与自治区发展改革委审核后联合上报）。

第三章 核准程序

第六条 项目申请人向项目所在地的核准机关提出项目申请报告，由核准机关按照权限核准或审核后上报上级核准机关。自治区重点骨干企业可直接向自治区发展改革委提交项目申请报告（其中现有工业企业改造项目可直接向自治区经济委员会提交项目申请报告）。

第七条 核准机关核准项目申请报告时，需要征求有关部门意见的，应向有关部门出具征求意见函并附相关材料。有关部门应在接到上述材料之日起7个工作日内，向核准机关提出书面意见。逾期没有反馈书面意见的，视为同意。

第八条 核准机关在正式受理项目申请报告之日起五个工作日内，对需要进行评估论证的重点问题委托有资格的咨询机构进行评估论证。接受委托的咨询机构应在规定的时间内向核准机关提出评估报告，并对评估报告负责。

第九条 核准机关自正式受理项目申请报告之日起二十个工作日内，做出对项目申请报告是否核准的决定，或向上一级核准机关报送审核意见。如二十个工作日内不能作出核准决定或报送审核意见的，由核准机关负责人批准延长十个工作日，并将延长期限的理由告知项目申请人。

前款规定的核准期限，不包括委托咨询机构进行评估的时间。

第十条 核准机关对核准的项目出具书面核准文件；对不予核准的项目，应以书面决定通知项目申请人，说明理由并告知项目申请人享有依法申请行政复议或者提起行政诉讼的权利。

第四章 项目申请报告

第十一条 项目申请报告应包括以下内容：

（一）项目名称、经营期限、投资方基本情况；

（二）项目建设规模、主要建设内容及产品，采用的主要技术和工艺，产品目标市场，计划用工人数；

（三）项目建设地点，对土地、水、能源等资源的需求，以及主要原材料的消耗量；

（四）环境影响评价；

（五）涉及公共产品或服务的价格；

（六）项目总投资、注册资本及各方出资额、出资方式及融资方案，需要进口设备及金额。

第十二条 核准机关根据项目具体情况，可要求同时附以下文件：

（一）中外投资各方的企业注册证（营业执照）、商务登记证及最新企业财务报表（包括资产负债表、损益表和现金流量表）、开户银行出具的资金信用证明；

（二）投资意向书，增资、购并项目的公司董事会决议；

（三）银行出具的融资意向书；

（四）环境保护部门出具的环境影响评价意见书；

（五）规划部门出具的规划选址意见书；

（六）国土资源管理部门出具的项目用地预审意见书；

（七）以国有资产或土地使用权出资的，需有有关部门出具的确认文件。

第五章 核准条件及效力

第十三条 核准外商投资项目申请报告的条

件是：

（一）符合国家有关法律法规及《外商投资产业指导目录》、《中西部地区外商投资优势产业目录》的规定；

（二）符合国民经济和社会发展中长期规划、行业规划和产业结构调整政策的要求；

（三）符合公共利益和国家反垄断的有关规定；

（四）符合土地利用规划、城市总体规划和环境保护政策的要求；

（五）符合国家规定的技术、工艺标准的要求；

（六）符合国家资本项目管理、外债管理的有关规定。

第十四条 项目申请人凭核准机关的核准文件，依法办理土地、规划、城建、环保、资源开发、企业设立（变更）、资本项目管理、设备进口及适用税收政策等相关手续。

第十五条 项目核准文件自核准之日起有效期两年。在核准文件有效期内相关手续未办理完毕的，项目单位应在核准文件有效期届满三十日前向原项目核准机关申请延期。原项目核准机关应在核准文件有效期届满前做出是否准予延期的决定。在核准文件有效期内未办理相关手续也未向原项目核准机关申请延期的，原项目核准文件自动失效。

第十六条 未经核准的外商投资项目，土地、规划、城建、环保、工商、海关、税务、外汇管理等部门不得办理相关手续。

第十七条 项目申请人以拆分项目或提供虚假材料等不正当手段取得项目核准文件的，核准机关有权撤消对该项目的核准文件。

第十八条 核准机关可以对项目申请人执行项目情况和下级核准机关核准外商投资项目情况进行监督检查，并对查实问题依法进行处理。

第六章 变更及其核准

第十九条 已经核准的项目如出现下列情况之一的，需向核准机关申请变更：

（一）建设地点发生变化；

（二）投资方或股权发生变化；

（三）主要建设内容及主要产品发生变化；

（四）总投资超过原核准投资额30%及以上；

（五）有关法律法规和产业政策规定需要变更的其他情况。

第二十条 变更核准的程序比照本办法第三章的规定执行。

第七章 附 则

第二十一条 市、县（区）及计划单列开发区核准机关核准的外商投资项目，在项目核准之日起五个工作日内，将核准文件报自治区发展改革委备案（自治区经济委员会和五个地级市经济委员会核准的现有工业企业改造项目，核准文件抄送自治区发展改革委备案）。

第二十二条 香港特别行政区、澳门特别行政区和台湾地区的投资者在宁夏回族自治区举办的投资项目，参照本办法执行。

第二十三条 本办法由自治区发展改革委负责解释。

第二十四条 本办法自发布之日起执行。此前有关外商投资项目审批的规定，凡与本办法有抵触的，均按本办法执行。

昆 明 市

一、昆明概况

地理位置

昆明是云南省的省会，是全省的政治、经济、文化中心和交通、通信枢纽，是我国的历史文化名城，是面向东南亚、南亚的国际性商贸旅游城市。

昆明市坐落于中国西南云贵高原中部，地势北高南低，面向东南亚。昆明市处于云南省中部，位于东经102度10分至103度40分，北纬24度23分至26度22分，总面积21 018平方公里。大部分地区海拔在1 500米至2 800米之间，最高海拔4 247米，最低海拔746米，市中心区海拔1 891米。城区在滇池盆地北部，南临滇池，三面环山。湖光山色，天然成趣。

气 候

由于昆明地处低纬高原，形成“四季如春”的气候。年平均气温15.1℃，最热月（七月）平均气温19.7℃，最冷月（一月）平均气温7.5℃，年温差12℃至13℃。年日照时间平均为2 448.7小时，无霜期约227天；年平均降水量约1 035毫米，每年5月至10月为雨季，年平均相对湿度74%。以西南季风为主，平均风速2.2米/秒。鲜花常年不谢，草木四季长青，故名“春城”。昆明气候宜人，特别是有高原湖泊——滇池调节着温度和湿度，这里的空气清新、天高云淡、阳光明媚。昆明，冬季可以避寒，夏季可以避暑，是中国乃至世界上气候条件最宜人的城市。

历史及文化沿革

昆明是深邃而绚丽的，昆明善于把各种文明进行融合创新，从两千年前的晋宁石寨山青铜器滇文化奇迹，到现代抗日战争时期，昆明留下了众多的文物古迹，石寨山青铜器遗址、大理国经幢、大观公园、金殿、筇竹寺、近日楼、圆通寺、真庆文化广场、官渡古镇、云南陆军讲武堂、“西南联大”旧址等文化景点都是“国家级历史文化名城”桂冠上的光环。

行政区划

昆明市下辖盘龙、五华、官渡、西山、东川特区共五个区，以及安宁市、呈贡县、晋宁县、富民县、宜良县、嵩明县、石林县、禄劝县、寻甸县九个县（市）。

人口民族

昆明全市总人口578万人，汉族约占总人口的87.5%，本地少数民族有彝、回、白等25个，约占总人口的12.5%。今天，昆明市作为我国民族种类最多的省会城市，多民族文化的包容性、开放性、创造性得到充分发挥，使昆明成为中国民族文化资源最丰富、形态最多样化的地区，昆明南郊的“云南民族村”最好地展示着昆明绚丽的多元文化。

二、资源概况

主要矿产资源有磷、盐、煤、石英砂、铝土等。磷矿最为丰富，总储量46亿吨，已探明储量13亿吨。盐矿总储量138亿吨；铁矿储量6 000万吨，还有钛矿、硅藻土矿、铜矿等。

昆明温湿度适宜，日照长，霜期短，适宜多种植物花卉生长。野生种子植物150多个科、

1 190多种，菌类206种，粮食作物348种，经济作物35种，蔬菜34种，药材296种，花卉460多种，水果品种400多个（地产品种40个）。

旅游资源非常丰富，自然景观、名胜古迹、民俗风情融为一体，旅游景点25大类，300多项。主要有滇池国家级风景区、石林国家级风景区、阳宗海风景区等。昆明具有2 300多年历史，名胜古迹众多，现有市级重点文物70多项，其中，国家级4项，省级26项。世界园艺博览园、石林、九乡、西山龙门、翠湖戏鸥、圆通山樱潮都是昆明最著名的自然景观。

三、对外经贸状况

昆明犹如一颗璀璨的明珠，镶嵌在祖国的大工业西南边陲。勤劳智慧的昆明人民正在为自己的家乡绘制更加宏伟的蓝图。在商务活动中，昆明市取得了巨大的成就。

昆明市现有900余家企业获得进出口经营权，153家外商投资企业出口创汇，150多家工业企业产品出口，基本形成了多元化、多渠道、多种经营成份的外贸经营格局。2004年，全市进出口总额达6.06亿美元，昆明地区进出口总额达26.15亿美元，占全省的70%。

昆明外商投资企业累计达到1 484户，2004年，合同外资1.74亿美元，实际利用外资6 228万美元，占全省总数的40%以上。外商在昆明的投资领域广泛，遍及三大产业，花卉、机电、木加工、食品、房地产、旅游等成为投资热点。外商投资企业正在成为地区经济新的增长点，间接利用外国政府资金和世界银行贷款也逐步展开。

目前，全市累计实施国内经济合作项目1 107项，项目协议投资额912.7亿元，实际引进市外到位资金134亿元。投资领域涵盖一、二、三产业，国内知名企业北京世纪金源、中国华电、中国联通、浙江之江、广东美的、四川新希望、禾嘉、西安交大等都已在昆明投资兴业。

昆明市累计批准设立境外企业25家，总投资2 000多万美元，分布在四大洲七个国家。在缅甸、老挝等地的新企业陆续开业，成为重要的“窗口”。

四、交通运输

云南地处西南边陲、云贵高原，昔日山高路险、交通闭塞；现在天堑变通途，航空、铁路、公路得到全方位的发展。

昆明机场就是昆明市的“窗口”。该机场是中国五大航空港之一，共开通国内、国际及地区航线90余条，日出港航班90多个班次，年旅客吞吐量700万人次。即将动工建设的昆明新机场，将成为我国第四大航空港。

昆明市是云南省铁路网的中心，有南宁—昆明、贵阳—昆明、成都—昆明、昆明—河口、昆明—大理、昆明—内江等6条铁路干线。

昆明是云南省公路交通枢纽，有6条公路干线通过昆明辐射全省，其中4条重要国道分别从不同方向向缅甸、越南、老挝和贵州、四川延伸。“昆曼国际公路”（昆明—磨憨—曼谷）、“昆缅国际公路”（昆明—瑞丽—仰光）、泛亚铁路等国际大通道正在建设。

昆明的邮政业务已经实现微机化、自动化、高效化，以光纤电缆、卫星数字通讯和程控交换为主的现代化电信网络。

五、发展前景

目前，昆明市委、市政府制定了“十一五”发展规划。提出建设现代新昆明的战略，发展规划的11项主要任务是：

第一，扎实推进社会主义新农村建设；

第二，聚焦呈贡新城和航空港，努力建设适宜人居住的城市；

第三，实施工业强市战略，做大做强产业；

第四，进一步转变政府职能，营造良好的创业发展环境；

第五，让全市人民共享改革开放发展的成果，努力构建和谐社会；

第六，实施可持续发展的战略，建设资源节约型、环境友好型城市；

第七，深入实施科教兴市战略，切实做好人才工作；

第八，加快推进各项改革，扩大对内对外开放；

第九，坚持依法治市，积极推进民主法制建设；

第十，加强思想政治建设和文化卫生体育等社会事业建设，提高市民素质和城乡文明程度；

第十一，以改革的精神全面加强和改进党的建设，提高执政能力。

“十一五”发展规划要着重解决群众最关心的十个问题：

第一，千方百计扩大就业；

第二，强化政府对义务教育的责任，在“十一五”期间下决心普及高中教育；

第三，在全市所有县（市）区全面建立农村合作医疗体制，解决农民看病难、看病贵的问题；

第四，高度重视解决城市和农村饮用水安全问题，基本解决松华坝、云龙水库水源区群众的产业结构调整，建立起农民的社会保障；

第五，推进“平安昆明”建设，使昆明的社会治安进一步好转；

第六，基本建立失地农民的社会保障体系，解决外来务工人员工伤、住院、医疗等社会保障问题；

第七，建立覆盖广泛的安全事故监测预防、预警体系和突法公共安全事件应急机制；

第八，抓好禁毒和防治艾滋病工作；

第九，建立健全城市灾害应急管理机制；

第十，基本解决农村贫困群众的生活问题，解决城市人民群众的住房困难问题，解决困难家庭子女入学费用的减免问题。

古老春城将焕发出无限的青春和活力，以崭新的姿态大步走向世界。

六、城市规划

为适应经济全球化进程，积极应对中国——东盟自由贸易区的建立，云南省提出，加快昆明的城市建设和城市发展，制订了现代新昆明建设规划，即实施“一湖四环”工程，形成“一湖四片”的城市新格局，把昆明建设成特色鲜明、环境优美的湖滨生态城市和中国面向东南亚、南亚的现代化开放城市。

到2020年，昆明将完成“一湖四环”工程，即环湖交通、环湖截污、环湖生态、环湖城市布局。

——环湖交通：建成连接北城、东城、南城、西城的快速、大容量的现代交通网络，加快昆明连接周边省会城市、周边国家首都及主要城市的高速公路、铁路和国际航线等枢纽工程建设，将昆明建成中国连接东南亚、南亚国际大通道的交通中心枢纽。

——环湖截污：一是建设环滇池的排污总干渠，把污水集中起来，引到下游统一治理后排出，不让污水排入滇池；二是城区排水系统实施清污分流；三是实施补水和水体置换计划；四是疏浚滇池池底泥，堆成湖中岛；五是固体垃圾处理工程；六是生态治理工程。

——环湖生态：通过退田、退塘、堆堤，还湖、还湿地，恢复建设湖滨带湿地、风景林区，建设环湖生态农业、环湖城市生态林等项目。

——环湖城市布局：以滇池为中心，构建“一湖四片”现代新昆明城市区，包括北、东、南、西四个城区。

那时的昆明，山水在城中，城在山水中，是一个到处都有鲜花、绿地和树荫，最适宜人类居住的美丽城市，人与自然和谐共处的山水生态春城。

那时的昆明，环湖交通发达，各城功能布局合理，保持着云南省政治、经济和文化中心的地位，是全省经济社会发展中最重要的增长级和发动机，是中国西南地区重要的商贸、旅游中心之一，是西部大开发的带动型城市，是中国面向东南亚、南亚的现代开放城市，是投资环境最佳、最适合经济活动的创业城市。

那时的昆明，更充分地展示着开放而多元的滇文化、多民族文化，文化形态的多样性、综合性和文化市场的开放性、外向性，树立开放的国际大都市形象，南北文化交汇、东西文化交融，成为中国与东南亚、南亚重要的贸易、金融、旅游、进出口加工中心和交通信息枢纽。

未来的“新昆明”，将是一个环绕滇池的更美丽的山水城市，将是一个连接两大洋（太平洋、印度洋）和三大市场（中国和东南亚、南亚）的陆路大枢纽，将是一个文化更开放、更具活力的国际大都市。

七、投资导向（云南）

《外商投资优势产业目录（2004年修订）》已经国务院批准，自2004年9月1日起执行

1. 优质桑、蚕的种植、养殖及产品的开发生产
2. 退耕还林还草、天然林保护等国家重点生态工程后续产业开发
3. 节水灌溉技术开发及应用
4. 煤炭加工应用技术开发和产品生产
5. 特色食用资源开发
6. 马铃薯产品深加工
7. 天然橡胶、亚麻的加工及开发
8. 动植物药材资源开发生产（列入国家保护资源的除外）
9. 铜、铅、锌、镍有色金属矿的勘探及开发
10. 磷化工产品生产
11. 轻型车用柴油发动机及零部件制造
12. 城市供气、供热、供排水管网建设、经营（大中城市中方控股）
13. 旅游景区（点）开发及其配套设施建设、保护和经营
14. 公路旅客运输

八、昆明鼓励投资的主要领域

农、林、牧、渔业及相关工业

1. 粮食、经济作物种子、种苗的开发、生产
2. 农作物基因工程技术的推广应用
3. 旱作农业、生物农业、热区农业的综合开发
4. 农作物、森林病虫害防治新技术
5. 天然橡胶的种植和深加工
6. 绿色食品、用品；营养食品、保健食品；民族传统系列食品、饮品的开发与生产
7. 绿色饲料的研制与开发
8. 珍稀、濒危动植物的保护性快速繁育、利用；珍贵树种基地的建设与开发利用
9. 工业原料林、商品林的可持续开发、利用
10. 优质茶叶、咖啡种植及精加工

轻工、纺织业

1. 民族传统工艺品系列的开发利用
2. 高档混合型、低焦油卷烟的研制、加工与开发（中方控股）
3. 天然香料、香精的深加工及生产
4. 高中档皮具的设计与制造
5. 新型包装设计与包装材料生产
6. 蔗糖的精加工、副产品的综合利用
7. 高档纸和纸板加工
8. 高品质凹印油墨生产技术
9. 民族纺织品原料、产品、服饰的系列开发

交通、运输、邮电通信业

1. 港口公用码头设施的建设、经营
2. 高等级公路沿线综合服务区的开发

3．水上运输

4．出入境汽车运输

5．立交桥、立体停车场的建设、经营

电力工业

1．出口电力的电站建设与经营

有色金属工业

1．贵金属（金、银、铂族）矿业的地质勘察、开采、选矿、冶炼、加工

2．国家产业政策允许规模内的镍、锡、钨、锑、铜、铅、锌等金属矿的地质勘察、开采、选冶、加工

3．锗金属的深加工

4．钛资源开发及深加工

其他地质资源的勘察与开发

1．石油天然气的勘察、开发

2．地热资源的勘察、开发

3．非金属矿产地质勘察与开发

4．石材的勘察、开采、加工

5．金刚石及天然宝、玉石等贵重非金属矿的勘察、开采及加工（不允许外商独资）

6．寻找隐伏金属矿产的物化勘察

化学工业

1．高性能橡胶配件及制品生产

2．子午线轮胎制造

3．离子膜烧碱及有机氯系列化工产品

4．黄磷的深加工产品及各种磷酸盐、磷化物、有机磷等

5．大中型湿法磷酸

6．盐化工系列产品及芒硝深加工

机械工业

1．精密机床、数控机床、超精加工技术及设备制造

2．工业机器人和柔性生产线制造

3．客车、轿车及零部件制造

4．柴油发动机及关键配件制造

5．自动停车系统及收费系统设计制造

6．先进水力发电机设备制造

7．造纸法烟草薄片设备制造

8．220 千伏及以上大型变压器制造

9．真空断路器成套设备、高低压开关柜制造；SF6 环网柜配电单元；SF6 断路器、高压互感器。

10．特种电缆制造

11．阀控密封蓄电池

12．耐磨、耐腐泵和喷淋泵制造

医药工业

1．天然药物的深度开发和加工

2．传统中成药、中药饮片的高新技术改造和精制，中药材种植、养植

3．高技术的疫苗生产（流感、B 型嗜血杆菌疫苗，中方控股）

4．基因修复技术的科研与利用。

内外贸、旅游、房地产及服务业

1．国内商业

2．对外贸易

3．特色专科医院

4．旅行社

5．民族风俗、休闲文化、生态旅游区的建设、经营

6．野生动物放养公园

7．高科技游乐设施的建设、经营

8．高档宾馆（稀缺地区）、国际会展中心的建设经营

9．旅游客运

10．旅游商品的开发和生产

11．高尔夫球场（不占用耕地）

12．会议、审计、法律咨询服务

13．经纪人公司

14．广告业务

15．城市供排水、煤气、热气管网的建设、经营

16．建筑设计及施工

17．新、旧城区的改造与开发；商品住宅的开发与经营

18．城市土地成片开发

其他产业

1. 实用技术培训及教育设施建设；合作办学（不允许外商独资）

2. 体育、健身场所的建设、经营

3. 经营儿童智能开发、心理健康教育中心

九、优惠政策

昆明市鼓励外商投资政策

（一）进一步放开投资领域并鼓励外商进入的行业

凡符合国家法律、行政法规规定，不违反产业政策的行业、领域和商品，均允许各类外商进入；凡对外开放的行业、投资领域，均对非公经济开放。

凡是外商参与能源、交通、环保、市政基础设施、基础产业建设及农、林、水等农业综合开发的，比照享受国有企业的有关优惠政策。

对外商投资实行与国有投资一视同仁的政策待遇。在项目审批、土地使用、税费征收、银行贷款获得、财政贴息、股票上市、债券发行等政策制定和执行上，不以所有制性质的不同而区别对待，而是根据产业政策和项目的优劣，使非公经济资本通过公平竞争获得资源配置的机会。

鼓励外商参与交通、水利、电力等基础设施建设。现有收费公路、桥梁等由政府出资建设的基础设施项目的经营权、股权可向外资公开招标出让。

鼓励外商进入市政公用行业。在统一规划和规范管理的前提下，鼓励非公经济采取独资、合资、合伙等多种方式投资开发旅游景区、供水、供气、公共交通、厕所、污水及垃圾处理等市政公用基础设施建设和经营管理；采取公开招标的形式选择供水、供气、公共交通、污水处理、垃圾处理等市政公用企业经营单位，由政府授权特许经营；鼓励非公经济投资成片开发工业园区，参与盘活、经营管理城市现有国有资产和服务项目，市政公用企业通过合法经营获得的合理回报受法律保护。

鼓励外商资本投资农业资源开发和农业产业化经营。政府以贷款贴息、补助等多种方式，鼓励和吸引非公经济资本以独资、合资、合伙等多种形式，参与投资开发和经营农产品深加工、农产品批发市场建设，组建各种形式的专业合作经营组织和股份合作制企业，符合国家及省、市龙头企业条件的，可享受农业产业化龙头企业的扶持政策。

鼓励外商投资高新技术产业。允许外资参与大学和科研院所的研发中心、实验室建设。对外商符合国家产业政策的重大技术改造项目，予以贴息扶持。

鼓励有条件的外资企业设立创业投资公司。

鼓励外资参与国有企业改革，鼓励采取改组、联合、兼并、租赁、承包经营和股份合作制、收购等多种形式，参与国有经济的改组、改造。鼓励外资通过产权交易，受让已改制企业的股权。

鼓励外商投资社会事业。鼓励投资教育及高校后勤社会化、文化、体育、信息咨询、中介服务、社区服务等社会发展基础设施建设，并按规定享有经营权和收益权。现有社会事业设施和资源，可采取有偿转让经营、合作经营等方式转由外资经营。

（二）进一步给予政策支持

1. 外商投资企业，经营期在十年以上的生产性企业，从获利年度起，头两年免征企业所得税，第三至五年减半征收企业所得税，免征地方所得税；属于先进技术企业，在五年的减免税期满后可延长三年减半征收所得税；属于农业、林业和设在贫困地区的企业，享受两免三减政策期满后，经批准可在以后十年内按应纳税额减征 15% ~ 30% 的企业所得税。

放宽外资注册登记条件。降低公司制企业注册资本金限额，资本金不能一次到位的，可分期注入，首期注入资本金可放宽到注册资本金的

10%；允许人力资本（管理才能、技术专长）、智力成果（发明专利、技术成果）等无形资产经有资质的中介部门计价入股；外资企业组建企业集团，母公司注册资本金只需达到500万元以上，并拥有三个以上子公司，母公司和子公司注册资本金合计达到11 000万元，即可注册登记。

外资企业申请外经贸经营权，生产企业只需有50万元人民币注册资本金即可登记，并在对外经贸业务及出口退税、配额分配、外经贸发展促进资金的使用、出国考察和商务活动、出口退税账户质押融资等方面，享受与国有企业同等的待遇。

外资新办企业、确定为农业产业化的重点龙头企业和兼并收购国有、集体企业的非公企业，自新办企业生产经营之日起，免征企业所得税三年，至2010年期间，减按15%的税率征收企业所得税。

对外商投资符合国家产业政策的技术改造项目的；外资企业发生的技术开发费比上年增长10%以上的；外资企业安置国有企业下岗职工达到规定比例的；以及外资高新技术企业、软件企业，可享受企业所得税方面的相关优惠政策。

外资新办市场自开业之日起，一年内免收各种行政事业性收费，凡进入新办市场的经营者，两年内免收各种行政事业性收费。

外资投资城乡供排水、垃圾无害化处理、污水处理、燃气、厕所等公用基础设施，其商品或服务的价格在一定时期内可以按高于政府投资项目回报率确定。

2. 外资企业对需以出让等有偿方式提供用地的，除经营性用地外，出让金可按评估地价的20%收取，出让金在六十天内付清的，可享受减免30%的优惠。分期缴纳的，六十天内先付25%，余款可在五年内付清。

外商有偿开发国有、集体未利用土地，从事林业、种植、养殖业及其辅助设施建设的，从签订出让、承包、租赁合同之日起，返还头五年的土地出让金、承包金或租金。

鼓励外资采取建立工业园区、建设标准厂房。园区经批准设立之日起五年内的土地收益，可留在园区用于基础设施建设。

3. 为昆明市成功引进外资并经有关管理部门批准设立外商投资企业的国内外公民（国内公务员除外）、法人和其他组织（以下统称中介人）可以获得政府奖励。

对引进现金投资的，按照外资实际到位总额的一定比例一次性给予奖励。其中，引进外资100万美元以内（含100万美元）的，按照实际到位金额的1%给予奖励；引进外资超过100万美元、在1 000万美元以内（含1 000万美元的），其超过部分按照0.7%给予奖励。

引进实物和无形资产投资，经合法的评估机构评估和有资格的会计师事务所验资后，按照验资金额依照以上标准进行奖励。

（三）提供优质高效的服务

昆明市人民政府设立便民服务中心及投资服务中心，对外商投资实施“绿色通道”审批制度，减少审批环节、提高工作效率和服务水平，实行行政审批的时限制、承诺制，对投资项目开展从登记审批、规划用地审批和开工建设审批的“一窗式”全程优化服务。

十、服务机构

昆明市投资促进局设6个职能处（室）：

（一）办公室
电话：（0871）3132132
（二）综合调研处
电话：（0871）3154282
（三）国际合作处
电话：（0871）3194561
（四）国内合作处
电话：（0871）3154345
（五）项目与督办处
电话：（0871）3154257
（六）联络服务处
电话：（0871）3153398
（七）机关党委（人事处）
电话：（0871）3189693

十一、昆明开发区、度假区一览表（鼓励投资重点区域）

开发区名称：昆明经济技术开发

联系单位：昆明经济技术开发区管理委员会

地址：云南省昆明市昆明经济技术开发区经开路1号

联系电话：（0871）7275011　7275008

邮政编码：650217

开发区名称：昆明高新技术产业开发区

联系单位：昆明高新技术产业开发区管理委员会

地址：昆明市梁家河西苑立交桥

联系电话：（0871）8188795　8188749

邮政编码：650118

度假区名称：昆明滇池国家旅游度假区

联系单位：昆明滇池国家旅游度假区管理委员会

地址：云南省昆明市海埂

联系电话：（0871）4311584　4311607

邮政编码：650288

四　川　省

一、自然概况

地理特点

四川省位处中国西南，地当长江上游，介于东经92°21′～108°12′和北纬26°03′～34°19′之间，东西长1 075余公里，南北宽900多公里。东连重庆市，南邻滇、黔，西接西藏，北界青、甘、陕三省。面积48.5万平方公里，次于新疆、西藏、内蒙和青海，居全国第五位。

全省地貌东西差异大，地形复杂多样。四川位于我国大陆地势三大阶梯中的第一级和第二级，即处于第一级青藏高原和第二级长江中下游平原的过渡带，高差悬殊，西高东低的特点特别明显。

西部为高原、山地，海拔多在4 000米以上；东部为盆地、丘陵，海拔多在1 000米～3 000米之间。全省大致可分为四川盆地和川西高原两大部分。东部四川盆地是我国四大盆地之一，面积16.5万平方公里。盆地四周为邛崃山、岷山、大巴山等山地和贵州山地环绕，重峦叠嶂。盆地中部海拔400米～800米，地势微向南倾斜，岷江、沱江、嘉陵江从北部山地向南流入长江。

气候温暖湿润，冬暖夏热，大部分地区年降水量900毫米～1 200毫米，多亚热带植物。西部为川西高原，海拔3 000米～5 000米，山高谷深，高山峡谷间大江如带。山河呈南北走向，有沙鲁里山、大雪山、峨眉山等和金沙江、雅砻江、大渡河等。气候高寒，植物呈垂直分布，以针叶林和草地为主。

历史文化

四川省简称川或蜀。在商周时期，四川地区建立了两个国家：一个是在今川西地区，由古蜀族为中心建立的蜀国；另一个是在今川东地区（包括今重庆市），由古巴族为中心建立的巴国。所以，四川地区古称“巴蜀”。

公元前316年，秦灭巴蜀，置巴蜀二郡，汉属益州，唐属剑南道及山南东、西等道，宋置川陕路，后分置益、梓、利、夔四路，总称四川路，至此始有四川之名。元设四川行中书省，简称“四川行省”，明置四川布政使司，辖区内还包括今贵州省遵义和云南东北部及贵州西北部。清为四川省，并对川、滇、黔3省省界进行较大调整，基本确定了现在四川的南部省界。

民国时期，今四川西部分治为西康省，1955年西康省划归四川。1997年将四川分为今重庆直辖市和四川省，川渝分治。目前，四川省辖18个市，3个民族自治州。

自古以来四川就享有“天府之国”的美誉。优越的地理条件和经济条件，使四川成为中国经济开发最早的地区之一。据考古证明，旧石器时期今四川境内就有人类活动，在距今4000～5000年时期，成都平原地区是长江上游区域文化的起源中心。其中广汉三星堆和成都金沙遗址，是古蜀国政治经济和文化中心。农业文明和城市文明的很早兴起，使历史上四川的农业、冶金、丝织、建筑等都得到一定发展。优越独特的生态环境为巴蜀文明的生长、繁衍创造了有利条件。四川是中国文明的重要起源地之一，以其显著而独特的内涵和特点闻名于世。

文明渊源深厚。四川文明在夏商时代为神权文明，西周至春秋战国为礼乐文明。秦统一巴蜀后，巴蜀文化逐步转型为秦汉文化的一支重要地域亚文化。汉魏之际为中国道教的发源地，隋唐五代为文学繁荣之地，佛教也取得了令人瞩目的成就。宋代经济文化高度繁荣，出现了全世界最早的纸币“交子”。巴蜀的科技在历史上很发达，有都江堰水利工程、种植技术、盐井技术、青铜冶炼技术、天文学、数学、医学等。

地方特色显著。四川主要属于巴蜀文化区，区域文化自成体系。四川语言文化、戏曲文化、茶文化、酒文化、饮食文化、织锦文化、盐文化等都具有浓郁的地方风格，如四川方言、川戏、川茶、川酒、川菜、川药及蜀绣、蜀锦、川派盆景等文化品牌都带有强烈的地方特色。

文化珍品荟萃。四川悠久的历史和丰厚的人文积淀，留下了一批珍贵稀有的高品味文化。峨眉山——乐山大佛和都江堰——青城山是两处世界级的自然与文化遗产，广汉三星堆和成都金沙遗址出土的大量金器、铜器、玉器和陶器都属文物精品。有国家级历史文化名城7座，省级历史文化名城24座，省级历史文化名镇22座，全国重点文物保护单位64处，省县级重点文物保护单位3 000余处，其他人文景点200多个。川菜位居我国四大菜系之列，五粮液等川酒为国宴珍品，蒙顶茶、峨嵋毛峰等中国名茶享誉全国。

兼容多元文化。四川文化虽不可避免地具有农业文明的封闭性和静态性，但它又明显地具有对外努力开拓的开放性。除了境内本土的巴蜀文化和西部藏区文化外，只要跨出盆地，便与楚文化、秦陇文化、滇文化、夜郎文化、藏彝文化区域路途相接，促成了与四方经济文化的交流渗透，形成巴蜀文化多元兼容开放的明显特点。改革开放以来，还吸纳了西方节庆文化与饮食文化。

气候特点

2004年，四川省气候的主要特点是年平均气温比常年略偏高，各月平均气温中，6月异常偏低、10月显著偏低，其余月份正常略偏高。年降水量较常年略偏少，各月降水量中，3月显著偏多(为1961年以来同期最多)，2月、4月偏多，7月偏少，其余月份正常。年内，暴雨、洪涝、雷灾、雾灾、地质灾害明显，盆地出现一般性伏旱，局部较重。全省气候总体正常，气候灾害较轻，属气候较好年景。

全省年平均气温16.2℃，比常年偏高0.2℃(年平均气温连续8年高于常年值)。盆地区16.4℃～18.2℃、川西南山地16.8℃～20.5℃、川西北高原7.0℃～8.7℃，与常年相比，除德阳、成都、绵阳三市显著偏高外，省内其余地区正常。全省冬季平均气温7.4℃，比常年同期偏高0.6℃，但未达到暖冬标准；春季平均气温17.0℃，比常年同期偏高0.7℃；夏季平均气温24.1℃，比常年同期偏低0.2℃；秋季平均气温16.0℃，比常年同期偏低0.4℃。

人口特点

截至2004年12月31日，全省共有26 060 550户、85 952 931人。总人口中，男性44 599 751人，占总数的51.89%，女性41 353 180人，占总人口的48.11%，总人口中：18岁以下的19 210 056人，占总人口的22.35%；18～35岁的25 350 683人，占总人口的29.49%；35～60岁的29 744 942人，占总人口的34.61%；60岁以上的11 647 250人，占总人口的13.55%。

民族及分布

四川省位于中国西南部，民族众多，有55个少数民族，世居少数民族有藏、彝、羌、苗、回、蒙古、傈僳、满、纳西、土家、白、布依、傣、壮14个民族。据2000年全国第五次人口普查统计，全省少数民族人口有410多万，约占全省总人口的5%。少数民族主要聚居在大小凉山和川西北高原地区的甘孜藏族自治州、阿坝藏族羌族自治州、凉山彝族自治州和木里藏族自治县、马边彝族自治县、峨边彝族自治县、北川羌族自治县。其分布具有地域辽阔、民族地区人口密度较小等特点；内地少数民族分布极不平衡，呈现大杂居、小聚居的特点，较集中的分布在米易、盐边、平武、石棉、金口河、仁和6个县（区）和94个民族乡。

二、行政区划

成都市

锦江区 青羊区 金牛区 武侯区 成华区 龙泉驿区 青白江区 都江堰市 彭州市

邛崃市

崇州市 金堂县 双流县 温江县 郫县 新都县 大邑县 蒲江县 新津县

自贡市

自流井区 贡井区 大安区 盐滩区 荣县 富顺县

攀枝花市

东区 西区 仁和区 米易区 盐边县

泸州

江阳区 龙马潭区 纳西区 泸县 合江县 叙永县 古蔺县

德阳市

旌阳区 广汉市 什邡市 绵竹市 中江县 罗江县

绵阳市

涪城区 游仙区 江油市 安县 梓潼县 平武县 北川县 三台县

广元市

市中区 元坝区 朝天区 剑阁县 旺苍县 青川县 苍溪县

遂宁市

市中区 蓬溪县 射洪县 大英县

内江市

市中区 东兴区 资中县 威远县 隆昌县

乐山市

市中区 五通桥区 沙湾区 金河口区 峨眉山市 夹江县 犍为县 沐川县 井盐县 马边县 峨边县

南充市

顺庆市 高坪区 嘉陵区 阆中市 南部县 西充县 营山县 仪陇县 蓬安县

宜宾市

翠屏区 宜宾县 南溪县 江安县 长宁县 高县 筠连县 珙县 兴文县 屏山县

广安市

广安区 华蓥市 岳池县 武胜县 邻水县

达州市

通川区 万源市 达县 宣汉县 开江县 大竹县 渠县

巴中市

巴州区 平昌县 通江县 南江县

雅安市

雨城区 名山县 荥经县 汉源县 天全县 芦山县 宝兴县 石棉县

眉山市

东坡区 仁寿县 彭山县 洪雅县 丹棱县 青神县

资阳市

雁江区 简阳市 安岳县 乐至县

阿坝藏族羌族自治州

汶川县 理县 茂县 松潘 九寨沟县 金川县 小金县 黑水县 马尔康县 壤塘县 阿坝县 若尔康县 红原县

甘孜藏族自治州

康定县 泸定县 丹巴县 九龙县 雅江县 道孚县 炉霍县 甘孜县 新龙县 德格县 白玉县 石渠县 色达县 巴塘县 乡城县 稻城县 得荣县 理塘县

凉山彝族自治州

西昌市 木里县 盐源县 德昌县 会东县 宁南县 普格县 布拖县 金阳县 昭觉县 喜得县 冕宁县 越西县 甘洛县 美姑县 雷波县 会理县

三、资源特点

四川省地大物博，历史悠久，是全国农业产品供应大省，全国最大的粮、油、猪生产基地之一，也是全国重要的工业基地之一。水资源、生物资源、矿产资源、旅游资源极其丰富。自古就享有“天府之国”的美誉。

土地资源

四川地域辽阔，国土总面积48.5万平方公里，占全国土地总面积的5.1%，居全国第5位，在西部地区居第4位。但人均占有量低于全国平均水平，人多地少的矛盾十分突出。

四川地貌以多山与高原为特色，山地、丘陵、平原和高原4种地貌类型齐全，分别占全省幅员的77.1%、12.9%、5.3%、4.7%。复杂的自然地理条件使得土壤类型丰富多样，据第二次土壤普查，全省共有25个土类、66个亚类、137个土属、380个土种，土类和亚类数分别占全国总数的43.48%和32.60%，土壤种类之多，在全国少有，土地质量在西部地区居第一位。

按土地的自然、社会经济利用现状及其他因素划分，四川省的土地资源利用类型有8个一级利用类型（表1），45个二级利用类型和62个三级利用类型。除橡胶园以外，其他省的一、二级土地利用类型四川皆有，在全国极富代表性。土地利用以林牧业为主，土地利用地域差异十分明显，林地和牧地集中分布于盆周山地和西部高山高原；耕地则集中分布于东部盆地和低山丘陵区，占到全省耕地的85%以上，以坡耕地为主，耕地质量不高；园地主要集中分布于盆地丘陵和西南山地，占全省园地的70%以上；交通用地和居民点及工矿用地集中分布在经济较发达的平原地区和丘陵区。

表1　四川省土地资源利用现状结构表

地土资源利用类型	辖区	耕地	园地	林地	牧草地	居民点及工矿用地	交通用地	水域	未利用土地
单位：万公顷	4840.6	637.09	64.07	1925.07	1375.57	129.47	29.77	110.75	568.8
比例（%）	100	13.16	1.32	39.77	28.42	2.67	0.61	2.29	11.75

水资源

四川地处亚热带季风气候区，降雨量大，全省多年平均降水总量约为4 889.75亿立方米。水资源以河川径流最为丰富，境内河流众多，共有大小河流近1 400条，被誉为“千河之省”。

水资源总量为3 489.7亿立方米，其中多年平均天然河川径流量为2 547.5亿立方米。全省还有地下水资源量546.9亿立方米，年可开采量为115亿立方米；境内遍布湖泊冰川，有湖泊1 000多个、冰川约200余条及一定面积的沼泽，多分布于川西北和川西南，湖泊总蓄水量约15亿立方米，加上沼泽蓄水量，共约35亿立方米。

四川省水资源总的特点是：水资源总量丰富，人均水资源量高于全国；河道迂回曲折，有利于农业灌溉；天然水质良好，但近年来污染有所加重；水资源时空分布不均，洪旱灾害时有发生。

生物资源

四川省复杂多样的自然环境，孕育了丰富的生物资源，有许多珍稀、古老的动植物种类，是一座宝贵的生物物种基因库。

植物种类异常丰富，全省已查明高等植物1万余种，约占全国总数的1/3，仅次于素有“植物王国”之称的云南。其中苔藓植物500余种，维管束植物232科、1 620余属、9 500余种；蕨类植物708种、裸子植物100种（含变种）、被子植物8 500余种；松、杉、柏类植物87种，居全国之首。在全国389种珍稀濒危保护植物中，四川分布有74种，其中国家一级保护植物3种、二级32种、三级39种，分别占全国各级重点保护植物种数的37.5%、20%和18%。

全省有各类野生经济植物5 500余种。其中药用植物4 600多种，所产中药材占全国药材总产量的1/3，是全国最大的中药材基地。芳香及芳香类植物300余种，是全国最大的芳香油产地。野生果类植物达100多种，其中以猕猴桃资源最为丰富，居全国之首，并在国际上享有声誉。菌类资源在全国最为丰富，野生菌类资源达1 291种，占全国的95%。森林面积1 172.35万公顷，森林蓄积居全国第二，活立木蓄积14.65亿立方米，仅次于黑龙江省。

野生动物资源极其丰富，有1 246种脊椎动物，占全国总数的45%以上，兽类和鸟类约占全国的53%。其中：兽类217种，鸟类625种，爬行类84种，两栖类90种，鱼类230种。属于国家重点保护的野生动物146种，其中一级保护动物30种，占全国的30.9%，二级保护动物112种，占全国的47.1%；“国宝”大熊猫的数量占全国的85%以上。四川省雉类资源极为丰富，达20种，占全国总数的40%，其中有许多为珍稀濒危雉类。大熊猫野外种群数量居全国第一位。

能源资源

能源资源丰富，已探明的可开发能源资源储量折合标准煤达500亿吨。能源资源品种较为齐全，包括10余种。其中以水能、煤炭和天然气为主，它们在四川省一次能源生产总量中占99.96%的比重。

水能资源最为丰富，理论蕴藏量达1.43亿千瓦，占全国的21.2%，仅次于西藏；技术可开发量1.03亿千瓦，占全国的27.2%，经济可开发量7 611.2万千瓦，占全国的31.9%，都在全国居首位。四川水能资源集中分布于川西南山地的大渡河、金沙江、雅砻江三大水系，约占全省水能资源蕴藏量的2/3，占全省技术可开发量的80%，也是全国最大的水电“富矿区”。

煤炭资源保有储量97.33亿吨，探明储量约占全国总储量的0.9%，居全国第14位。天然气资源远景资源量为7.19万亿立方米，累计探明地质储量为7 590.56亿立方米。四川省属贫油省份，四川盆地累计探明新增地质储量6 796万吨。

生物能源比较丰富，每年有可开发利用的人畜粪便量3 148.53万吨，薪柴1 189.03万吨，秸秆4 212.24万吨。泥炭资源初步查明储量约20亿吨。

此外，太阳能、风能、地热资源也较为丰富，有望很好的开发利用。

矿产资源

四川省地质成矿条件优越，矿产资源丰富且种类比较齐全，能源，黑色、有色、稀有、贵金属，化工、建材等矿产均有分布。已发现各种金属、非金属矿产132种，占全国总数的70%；已探明一定储量的有94种，遍及全省大部分地区。有32种矿产保有储量居全国前5位，其中，钛矿、钒矿、硫铁矿等7种矿产居全国第一位，以钒、钛具有世界意义，钛储量占世界总储量的82%，钒储量占世界总储量的1/3；天然气、锂矿、芒硝等11种矿产居全国第二位；铂族金属、铁矿等5种居全国第三位；炼镁用白云岩、轻稀土矿等8种矿产居全国第四位；磷矿居全国第五位。

四川矿产资源的特点：一是资源总量丰富，但人均占有量低于全国水平。二是矿产地分布相对集中，有利于形成综合性矿物原料基地。如川西南以黑色、有色金属和稀土资源为优势，是我国的冶金基地之一；川南地区以煤、硫、磷、岩盐、天然气为主的非金属矿产种类多，蕴藏量大，是我国化工基地之一；川西北地区稀贵金属（锂、铍、金、银）和能源矿产（铀、泥炭）资源丰富，是潜在的尖端技术产品的原料供应地。三是矿床的共、伴生矿产多，具有重要的综合利用价值。如攀西地区的钒钛磁铁矿是我国著名的三大综合利用共生矿之一。四是已探明储量的矿产中贫矿多、富矿少。

旅游资源

四川省旅游资源得天独厚，具有丰富的自然景观、人文景观和其他旅游资源，其数量和品位均在全国名列前茅，是我国著名的旅游资源大省。

目前，四川省被列入《世界遗产名录》的风景名胜区有4处，居全国第二位，其中世界自然遗产有2处（九寨沟、黄龙），世界自然和文化双重遗产1处（峨眉山——乐山大佛），世界文化遗产1处（青城山——都江堰）。被列入《人与生物圈保护网络》的自然保护区4处（九寨、卧龙、黄龙、蜀南竹海），占全国的25%。拥有国家级重点风景名胜区15处，居全国第一位，有省级风景名胜区75处；有“中国旅游胜地40佳”5处，占全国的12.5%；有国家4A级旅游区（点）13处，占全国的5.7%；有中国优秀旅游城市5座，占全国的4.1%。此外，还有各级自然保护区131个，其中国家级18个，省级65个；保护区中以大熊猫为主要保护对象的自然保护区35个，占全国同类自然保护区总数的87%。全省共建立87个森林公园，其中国家级28个，省级52个，县级7个；国家级地质公园8处，新增世界级地质公园1处；国家级历史文化名城7座，省级历史文化名城（镇）46座；全国重点文物保护单位62处，省级重点文物保护单位227处。

四、通讯和交通

唐代大诗人李白曾感叹四川交通之艰难："蜀道之难，难于上青天!"

如今，四川的交通及通讯事业发展迅猛。水陆空交通日趋完善发达，全省有民用机场10个，双流国际航空港，是全国六大航空枢纽之一，开通国际国内航线170余条；四川铁路通车里程达4 473公里（双线869.9公里），其中：电气化铁路3 703.8公里，内燃化铁路769.2公里；营业车站481个。通达全省各主要城市，全亚洲最大的列车货运编组站现已在成都开工建设；高速公路通达全省19个市州，成都平原都市群与中心城市间平均车程在2.5小时以内；万里长江第一城宜宾，水路直通上海，距成都车程仅2.5小时以内，全省水路运输完成货运量2 917万吨。货物周转量23亿吨公里，客运量3 482.2万人次，旅客周转量2.8亿人公里。

在通讯方面，微波、光纤、卫星、程控电话、无线寻呼、图文传真、互联网等现代通信遍布全省各市、地、州、县及部分乡村，初步形成了现代交通、通信网络。

五、对外合作

近年来，四川省对外开放的步伐不断加大，通过经贸往来和多方交流，区域经济合作蓝图织就，四川在开发中融入全国，在开放中走向世界，新型投资合作平台渐趋完善。

以"四川—香港合作开发周"、"四川—澳门合作开发周"、"四川—北京经贸发展周"为契机，四川先后与香港、澳门、北京等经济发达地区建立起紧密的区域合作关系，并就经贸合作、投资促进等领域签订了框架协议。

"泛珠江三角洲"省区（包括福建、江西、湖南、广东、广西、海南、四川、贵州、云南，以及香港、澳门）间的合作进入实施阶段，各方在交通、通讯、能源等基础设施、基础产业和重大制造业、商业贸易等方面加强合作。

"成渝经济带"已纳入国家重点发展的区域规划，川浙合作再上新台阶，西南六省市区经济合作更加紧密，合作领域更加广阔。各类产业带、产业园、产业链正在成为投资商投资的理想选择。

2004年，四川省完成进出口总额68.72亿美元，全省出口额39.84亿美元，呈现四大亮点：①民营企业出口增长。全年民营企业出口额11.66亿美元。②特色优势产品出口增长迅猛。农产品出口额4.36亿美元。③出口队伍进一步壮大。有进出口实绩的企业新增550家，总共达1 553家。④市州出口额增长快。21个市州中有17个市州的出口额增长，9个市州的出口额超过1亿美元，其中成都市出口额达到11.69亿美元。

2005年10月15日，商务部与四川省在成都召开商务工作座谈会，商务部部长薄熙来与四川省省长张中伟、常务副省长蒋巨峰等出席会议。薄熙来表示，商务部将按照促进城乡区域协调发展的要求，服务西部大开发战略，支持四川等西部省区商务事业发展。

薄熙来说，四川是西部地区经济大省，人才、资金、劳动力等多项经济要素汇集，具备发展大市场、大流通的有利条件。近年来，农业、工业、基础设施和城市建设均有长足进步，特色经济突出，粮、酒、肉等的产量居全国前列，人文资源丰富，发展很有后劲。

薄熙来表示，商务部将积极支持四川发展外贸、吸引外资和搞活流通。他指出，目前西部地区的出口规模相对较小，但潜力很大，要制定鼓励西部地区扩大出口的有效政策，支持西部地区建设一批具有地区产业优势的出口基地。吸收外资对实现西部的跨越式发展具有重要作用，要为西部地区承接沿海外资的梯度转移创造有利条件，引导世界500强等著名跨国公司到西部投资。要支持有条件的西部城市大力发展会展经济，多举办一些市场化程度高、专业特色强、辐射带动作用大的重要展会。要更加有效地通过搞活流通促进西部经济发展，促进连锁商业，抓好“万村千乡”市场工程，改善流通环境，服务老百姓。薄熙来还表示，商务部将一如既往继续做好对广安、仪陇两个革命老区的对口扶贫工作。

张中伟表示，四川是内陆大省，搞好商务工作对促进地方经济发展具有重要意义，四川将积极发展外向型经济，扩大对外贸易和吸收外资，发展现代物流，搞活商贸流通。他说，国家实施的“万村千乡”市场工程，是一项深受农民欢迎的民心工程，搞活农村流通，有利于提高农产品商品化率，把分散的小生产带入大流通，大市场，四川省将与商务部密切配合，共同做好这项工作。

六、外商投资优势产业目录

外商投资优势产业目录（2004年修订）已经国务院批准，自2004年9月1日起执行

1. 退耕还林还草、天然林保护等国家重点生态工程后续产业开发
2. 节水灌溉技术开发及应用
3. 稀土深加工及应用产品生产
4. 高产优质蚕桑基地建设及丝绸产品加工
5. 苎麻纺织品及制品生产
6. 动植物药材资源开发生产（列入国家保护资源的除外）
7. 天然气下游化工产品生产和开发
8. 电工薄膜生产
9. 城市供气、供热、供排水管网建设、经营（大中城市中方控股）
10. 旅游景区（点）开发及其配套设施建设、保护和经营
11. 公路旅客运输

七、服务机构

四川省对外贸易经济合作厅

机构性质：省对外贸易经济合作厅是主管全省对外贸易与经济合作工作的省政府组成部门。

内设机构：省对外贸易经济合作厅设12个职能处室和机关党委。

办公地址：成都市成华街4号

联系电话：028－83226033　83222712

八、省会介绍——成都市

地理历史概况

成都，四川省省会，位于中国西南，地处成都平原腹心地带。北纬31度和东经104度交叉点，平原地带和青藏高原在此交接，长江水量最大的支流用清洁的雪水灌溉着一大块平原，这就是有着“天府之国”美誉的成都平原。在今天的中国富庶地区排行榜上，有长江三角洲、珠江三角洲，也有成都平原。

成都平原海拔高度540米左右，西北高、东南低，地势平坦，平均坡降0.3%。属亚热带湿润季风气候，四季分明，夏无酷暑，冬无严寒，年平均气温15.2℃～16.6℃，年平均降雨量945.6毫米，年无霜期337天以上。成都是个美城，冬无天寒地冻之苦，夏无酷暑炎炎之忧；既拥有沃野千里的粮仓，又坐享世界自然与文化双遗产的美境。

“天府之国”——成都，是西南地区最大的平原，共6个城区、4个郊区、6个县，总面积1.26万平方公里，中心城区面积283.86平方公里。总

人口1 059万人，平均人口密度为每平方公里854人。

成都有2 300多年建城史，文化遗存丰富，历代都是中国西南地区的政治、经济、文化中心和长江流域的重要城市。成都是古蜀文化的中心，有比较独特的人文环境、休闲文化、历史文化、饮食文化和风俗。这里不仅地处全川中心，同时也是四川省政治、经济、文化的核心，成都不仅人文景观丰富，自然风貌也独具一格，早在1 000多年前的唐代，诗人就唱出了“窗含西岭千秋雪，门泊东吴万里船”的名句。作为我国历史文化名城之一，1 500多年前的晋代诗人左思曾由衷地称它是“既崇且丽”。不论是“诗仙”李白，还是“诗圣”杜甫都曾无限深情地讴歌过这座风姿独具的城市。的确，成都是一座既宁静又繁荣，既有深厚的文化积淀，又有优美自然环境的城市。

成都著名的还有“美人”。成都姑娘的美貌早已名声在外。但成都的“美人”还有其更加深刻的内涵。由于大部分居民的祖先来自中原和沿海地区，移民文化的传统决定了成都人聪慧、幽默、时尚、对外来人温和友善、具有超前消费意识、乐于接受新鲜事物，他们在中国五彩缤纷的市民性格群中是独特的。他们独特的文化包容性，使得无数来客很容易找到第二故乡的美妙感觉。一个不容忽略的事实是：即使是在面对经济高速增长20余年的沿海地区的强力诱惑，现代人才频繁流动的气氛下，成都仍能保持一个稳定、充裕的人才群体，这在中国内陆大城市中是少见的。

交通、通讯

唐代大诗人李白曾感叹四川交通之艰难：“黄鹤之飞尚不得过，猿猱欲度愁攀援。”如今，成都的交通及通讯事业发展迅猛，水陆空交通日趋完善发达。

成都已是西南地区的交通枢纽，是8条高速公路和4条铁路干线的交汇点。成都双流国际机场是中国四大航空港之一，现已开通国际航线29条，国内航线200多条。

目前，在成都从事客货运输的企业主要有以成都双流国际机场为基地的中国国际航空西南公司和四川航空公司，以及东方航空公司、南方航空公司等多家国内航空企业和香港港龙航空公司、泰国航空公司、韩亚航空公司、澳门航空公司、新加坡胜安航空公司等国际航空企业。机型主要为波音747、757、737和空中客车340、321、320等大、中型飞机，年平均客座率62%，载运率58%，有较为充裕的运输能力。

成都现已开通中国香港、中国澳门、曼谷、新加坡、汉城、东京、福冈、加德满都、大阪、巴黎、吉隆坡、洛杉矶、温哥华、伦敦、德里、悉尼、墨尔本、法兰克福、雅加达、纽约、旧金山、普吉、槟城、马尔代夫等国际（地区）的航线29条。同时，成都正在积极申请开放第五航权，届时第三国飞机可在成都装卸货物。

目前，成都到出海港口的铁路线路主要有成都至上海、深圳和连云港三条。同时，成都也是四条铁路干线的交汇点（宝鸡—成都、成都—昆明、成都—重庆、达州—成都）。成都至上海的高速铁路将于2020年建成通车，届时成都至上海只需要10小时，将大大缩短成都至上海的运输时间。

重庆港距成都360公里，由成都—重庆高速公路连接。港口货物吞吐量800万吨/年，集装箱吞吐量5万标箱/年，最大起重能力180吨，待三峡工程蓄水完成后，万吨级轮船可直达重庆港。

成都具有国际货物运输代理资格的企业有成都机场明捷航空服务有限公司（Menzies）、大通国际运输公司（EHA）成都公司、中外运空运发展股份公司（Sino Trans）西南分公司等，可以为客户提供各类货物代理及咨询。北京近铁运通运输有限公司、金鹰国际货运代理有限公司在成都设有机构。联邦快递，联合包裹等在成都也设立有分支机构。

成都是西南地区的通信枢纽。作为全国八大通信枢纽之一，成都是中国“八纵八横”光纤干线网节点。已实现长途和市话交换、传输数字化，开通了180多个国家和地区以及国内600多个城市之间的通讯业务。成都信息港已建成并开通了成都互联网数据中心、成都互联网交换中心。电话总容量、移动电话用户、计算机互联网注册用户、报刊发行量、函件、包件、汇款业务等均在全国各大城市中位居前列。

投资环境

成都城市环境优美，是一座推开窗户就能看到风景的好地方。城区绿化覆盖率和绿地率分别为32.9%和30.4%；城区环境噪声常年保持在54.6分贝以下；城区空气质量良好，空气污染指数API常年保持在100以下；供水水质优于国家《生活引用水卫生标准》，达到欧共体EEC（98）标准。

在2004年《福布斯》对中国660个城市的商业环境评估中，成都在西部地区排名第一。

2004年9月，台湾电机电子同业工会在对中国大陆65个城市投资风险调查评估中，成都在其“极力推荐”的14个城市中名列第三，“投资环境”名列第四。成都的证券交易额居全国第三位，私人轿车拥有量仅次于北京和广州，名列第三位。

2004年11月，在由中国中央电视台经济频道主办的“2004CCTV中国最具经济活力城市”评选活动中，成都等10个城市最终从280个城市中脱颖而出，成为中国最具经济活力城市。成都是中国中西部地区唯一获奖城市。

2004年12月，《财富》（中文版）首次推出年度“中国大陆最佳商务城市调查”。调查标准主要包括商业环境、商务成本、劳动力供应和生活质量，范围涉及中国大陆40个主要城市。成都进入中国大陆最佳商务城市前十名之列，是中国中西部地区唯一入选城市。

2005年6月23日，《2003—2004中国城市发展报告》在北京发布。成都在50个具有代表性的城市中（城市综合实力、城市发展潜力、城市发展真实能力）排名第九位，西部排名第一位。

成都分别获得“联合国人居奖”、“国际人居领域2000年最佳范例奖”、“2000年地方政府首创奖”。被山围绕、被水滋养的成都实现了最具经济活力和最佳人居环境的完美结合。

成都已与11个国外城市结为友好城市，与150多个国家和地区开展了经贸、文化交流与合作。目前，美国、德国、韩国已在成都开设了总领事馆。许多国际知名企业如摩托罗拉、IBM、英特尔、爱立信、康宁、联合技术、中芯国际、友尼森、拉法基、芯源、索尼、丰田、住矿、神钢、丸红、通用水务、可口可乐等在成都设厂或建立研发机构。来自世界各地的3 000多家外商投资企业落户成都，有101家属于世界500强企业。

四川水电资源可开发量为1.2亿千瓦，占全国技术可开发量的27%，目前已建成的水力发电装机容量为1 000万千瓦，仅开发了可开发量的10%，发展空间巨大。随着几座大型水电站的陆续建成和投产，成都的电力供应将更加充足。成都是中国少见的水能资源丰富、电力供应充足并可持续利用和发展的大城市。

成都属足水区域，年均水资源总量为304.72亿立方米。境内降水充沛，河网稠密，过境水184.17亿立方米。河流源于成都以西的高山峡谷区，水质优良且基本没有污染。

成都有丰富的旅游资源。作为现代化都市，林立的办公楼宇和高品味的住宅小区使来自发达国家和地区的客人丝毫没有工作环境和生活水平的距离感；休闲时刻，中国人耳熟能详的前人故地、古城民居、丝竹香茗还能使人忘却暂时的烦恼。

川菜名满天下，成都另有一美，即为美食。由于取材范围有限，川菜厨艺不得不格外重视食物烹饪的配料和加工技艺的精细，追求色、香、味、意；另外，由于川菜的原始消费市场由全国的移民构成，厨师们也不得不重视随时的革新与调整，这种精神渗透到市民中，就逐步形成追求实效、灵巧应变、不拘泥教条、服务意识强的城市性格，这恰恰也是现代企业所共同推崇的理念。

美城、美人、美食文化的完美组合，这就是天府成都的魅力所在。中国的传统文化中，“安居”和“乐业”是两个重要的人生目标。在成都，人们的生活和工作都体现着高水准的满意值。

发展现状

今天的成都是中国西部地区综合实力最强的经济、贸易、文化中心，是中国西部和西南最大的消费市场与信息中心。强大的市场辐射力决定了它在中国西部经济商圈中的绝对话语权。成都是国务院确定的西南地区科技中心、商贸中心、金融中心、交通枢纽和通讯枢纽。

2004年，成都市国内生产总值达2 185.7亿元人民币。成都市GDP从1991年起连续12年以两位数字增长。

成都是中国西部地区最重要的科技研发中心和智力资源库，汇集了29所高等院校、2 700多个科研机构和58万各类专业技术人员。在电子、生物、高新材料、光学、光纤通讯、航空航天技术等领域具有较强的综合优势和技术开发能力。

作为西部最大的商贸中心，成都背靠四川8 700万人口的巨大市场，辐射西南、全国乃至部分东南亚和中亚地区。2004年社会消费品零售总额达875.3亿元，位居中国西部地区第一。成都市在发展商品市场的同时，建立和发展生产资料、产权交易、金融、技术、劳动力要素市场，健全的市场体系正在逐步形成，对外的吸引力、辐射力和城市综合服务功能日益增强。

成都具有区域性金融中心的地位。全市金融机构数量、金融业务交易量居中国西部各城市首位，证券业务成交量仅次于上海、深圳。现有13家外资金融机构在蓉设立了分行或代表处。中国人民银行、中国银行监督管理委员会、中国证券监督管理委员会、中国保险业监督管理委员会在成都设立大区分行和派出机构，监管西南地区的银行、证券、保险业务。

成都市的发展定位：努力建设中国西部创业环境最优、人居环境最佳、综合实力最强的现代特大中心城市。

成都产业规划是通过对现有21个工业集中发展区的规划布局和具体实施，打造中国西部六大产业基地，逐步形成高新技术产业、现代制造业和特色产业三大工业经济区域，以此构建成都未来工业发展的新格局。六大主导产业为：电子信息产业、机械（汽车、航空航天）产业、医药产业、食品（含烟草）加工工业、冶金建材工业、石油化工产业。

优惠政策

一、成都市鼓励外商投资条例

第一章　总　则

1. 为积极有效地参与国际经济技术合作，鼓励外商来成都市投资，保护外商合法权益，加快对外开放步伐，促进成都市的经济建设，根据国家有关法律、法规、结合成都市实际制定本条例。

2. 本条例所称外商是指来成都市投资的外国公司、企业和其他经济组织或个人。

本条例所称外商投资企业是指在成都市行政区域内举办的中外合资经营企业、中外合作经营企业和外资企业。

香港、澳门、台湾同胞和华侨在成都市投资的，除法律、法规另有规定外，适用本条例。

3. 鼓励外商投资举办各种优化成都市产业结构、符合成都市经济发展需要的外商投资企业，以及根据成都市的城市总体规划进行房地产综合开发、商贸、旅游开发，金融、信息咨询业的投资合作。特别鼓励投资举办高新技术企业、技术先进和产品出口企业，以合资、合作经营方式进行旧城改造、能源、道路、桥梁、环保等公用基础设施的建设。

4. 外商可采取以下投资方式：

举办投资企业；

来料加工、来样加工、来件装配和补偿贸易；

参股、租赁；

购买股票、债券等有价证券；

从事房地产开发经营；

国家法律、法规允许的其他投资方式。

5. 外商出资形式包括以下各类：

可自由兑换的外币；

机器设备、原材料和其他物料；

在中国境内投资经营所得利润及其他合法收益；

依法取得的土地使用权和地上建筑物、其他附着物；

工业产权、专有技术。

6. 外商投资工作的归口管理机关是成都市对外经济贸易委员会。市人民政府各有关机关应按照各自职责依法对外商投资企业进行管理。

第二章　投资保障

1. 外商及其投资企业的合法权益依法受到保护。外商及其投资企业的一切活动必须遵守中国的法律、法规以及四川省、成都市的地方性法规和规章。

2. 外商投资所得利润，可以依法汇出境外；外商投资企业外籍职工的工资及其他合法收入，依法纳税后，可以汇出境外。

3. 外商投资企业在批准的合同、章程范围内，自主决定企业的发展规划、生产经营计划、收支预算、利润分配、劳动工资计划等重大问题。

4. 外商在中国申请批准的专利技术，以及外商投资企业经申请注册的商标，受我国《专利法》、《商标法》的保护。

5. 中外合资、合作经营企业各方在履行合同（协议）过程中，如发生争议，经协商或调解不成的，可以根据有关规定，提请仲裁。

6. 外商投资企业认为行政机关的行政行为侵犯其合法权益时，可以依照《中华人民共和国行政诉讼法》及有关法律法规，申请行政复议或提起诉讼。

第三章　投资服务

1. 成都市外商投资服务中心是成都市具体承办外商投资工作的办事机构，由市政府有关部门组成，实行集中审批、综合服务。

成都市外商投资服务中心的主要职责是：

提供投资咨询；

介绍投资伙伴；

审查项目并办理批准手续；

受理外商投资企业的投诉；

接受委托办理外商投资企业特殊需要的事务。

2. 在成都市审批权限范围内，对外商投资项目的立项和可行性研究报告的审批一并完成。

3. 成都市外商投资服务中心收到完备的报批文件后，必须在两个工作日内决定批准或不予批准立项。不予批准的应回复理由。

对决定批准的外商投资项目，在决定批准项目申报材料齐备后，除个别特殊项目外，一般应在十个工作日内完成下列各项审批手续：

项目建议书；

可行性研究报告；

企业名称核准；

合同、章程；

工商注册登记。

4. 依照规定由国家有关部门审批的，成都市有关机关必须在收到完备的报批文件后三十日内报出。

第四章　税收优惠

1. 外商投资企业生产、销售的出口产品，除国家另有规定的外，免征工商统一税。

2. 生产性外商投资企业从事生产、经营所得和其他所得，按24%的税率征收所得税；设在高新技术产业开发区内经认定高新技术企业的外商投资企业和设在经国务院批准设立的经济技术开发区内的生产性外商投资企业所得税率为15%；设在前述两区内出口产品产值占年产值70%以上的外商投资企业所得税率为10%。

3. 经营期在十年以上的生产性外商投资企业，除国家另有规定的外，从开始获利的年度起，免征企业所得税二年，第三年至第五年减半征收企业所得税。从事道路、铁路、机场、能源、水利、市政公用设施等基础设施建设项目的企业和从事企业、林业、畜牧业、渔业开发经营的企业，经营期在十五年以上的，从开始获利的年度起，免征企业所得税五年，第六年至第十年减半征收企业所得税。

产品出口企业，减免企业所得税期满后，凡当年出口产品产值达到当年企业产品产值70%以上的，减半征收企业所得税。

先进技术企业，企业所得税期满后仍为先进技术企业的，可以延长三年减半征收企业所得税。

已按规定减按15%的税率征收企业所得税的产品出口企业，先进技术企业，符合上述条件的，可按10%的税率征收企业所得税。

4. 设在成都市高新技术产业开发区内被认定为高新技术企业的外商投资企业，经营期在十年以上的，从开始获利的年度起，第一年和第二年免征企业所得税。纳税有困难的，可向当地税务机关申请，按税收管理体制报批后，可给予一定期限的减免所得税优惠。

5. 外商投资举办的高新技术企业、产品出口企业、先进技术企业和从事道路、铁路、机场、能源、水利、市政公用设施等基础设施建设项目的企业，以及从事农业、林业、畜牧业、渔业开发经营的企业，免征地方所得税。

经营期不足十年的其他生产性外商投资企业，从开始获利的年度起，免征地方所得税十年。

6. 外商投资企业的外国投资者，将从企业取得的利润直接再投资于该企业，增加注册资本，或者作为投资开办其他外商投资企业，经营期不少于五年的，经税务机关核准，退还其投资部分已缴纳所得税的40%税款。

外商投资企业的外国投资者符合下列条例之一的，可退还其的投资部分已缴纳所得税的全部税款：

高新技术企业、产品出口企业、先进技术企业和从事道路、铁路、机场、能源、水利、市政公用设施等基础设施的建设项目，以及从事农业、林业、畜牧业、渔业开发经营的企业，其外国投资者将从企业取得的利润直接再投资于企业，增加注册资本，经营期不少于五年。

外商投资企业的外国投资者，将从企业取得的利润直接作为投资开办新的高新技术企业、产品出口企业、先进技术企业或从事道路、铁路、机场、能源、水利、市政公用设施等基础设施建设项目的企业以及从事农业、林业、畜牧业、渔业开发经营的企业，经营期不少于五年的。

7. 外商投资企业的外国投资者将从企业取得的利润汇出中国境外，免征汇出额的所得税。

8. 外商投资企业，经税务机关批准，从投资或营业年度起，按本条例第二十一条的规定计证房产税和车船使用牌照税。

9. 外国公司、企业和其他经济组织，在成都市未设立机构而有来源于成都市的股息、利息、租金、特许权使用费和其他所得，减按10%缴纳所得税。

第五章 费用

1. 对新建生产性外商投资项目，供水、供电、供气配套建设费用，分别按核定标准给予优惠。

2. 外商投资举办的高新技术企业、产品出口企业和先进技术企业以及从事道路、铁路、机场、能源、水利、市政公用设施等基础设施建设项目的企业，免征市政公用设施配套费及其他有关费用；其他生产性企业减半缴纳费用。

3. 外商投资企业生产经营所需的水、电、气和原材料应优先安排，并按国营企业的同一收费标准以人民币计收。生产经营所需的运输条件和通讯条件，应优先安排。

4. 除法律、法规规定或省、市人民政府规章规定外商投资企业应当缴纳的费用外，外商投资企业有权拒绝其他名义的收费。

第六章 土地使用

1. 外商投资企业可以依法通过国有土地使用权出让、转让方式取得土地使用权，也可以依法通过国有土地使用权行政划拨方式取得土地使用权。

2. 外商投资企业以出让方式取得土地使用权的，按《成都市城镇国有土地使用权出让和转让管理办法》的有关规定执行，其土地使用权让金按开发程序不同以优惠价格计收。

3. 外商投资企业以出让方式取得的土地使用权，在有效期内可以依法转让、出租和抵押。

按前款规定取得土地使用权的外国投资者个人，其使用权在有效期内可以依法继承。

4. 外商投资企业以行政划拨方式取得土地使用权后，属于利用原有场地或自行开发的，应按规定标准缴纳场地使用费；属于委托开发的，应按规定标准缴纳场地使用费并一次性支付场地开发费。

中国合营者、中国合作者以土地使用权作为投资或合作条件的，场地使用费分别由中国合营者、中国合作者缴纳；租用房屋开办外商投资企业的场地使用费，由房屋出租者缴纳。

5. 对经营期在五年以上的高新技术企业、产品出口企业、先进技术企业、设在锦江区、青羊区、金牛区、武侯区、成华区繁华地段以外的，从优减免场地使用费；

利用原有场地的，从企业营业之日起，免收场地使用费三年，从第四年起，按规定标准减半收取场地使用费。经营期在十年以上的，免收场地使用费六年，从第七年起，按规定标准减半收取场地使用费。

自行开发或委托开发的，从企业营业之日起，免收场地使用费五年，从第六年起，按规定标准减半收取场地使用费。经营期在十年以上的，免收场地使用费七年，从第八年起，按规定标准减半收取场地使用费。

其他的外商投资企业和经营期在五年以下的高新技术企业、产品出口企业、先进技术企业，从企业营业之日起，按规定标准减半收取场地使用费。

6. 外商投资的教育、能源开发和城市基础设施项目建设用地、免收场地使用费。

对从事农业、林业、畜牧业和渔业开发经营的外商投资企业，从得到土地使用权之日起，免收场地使用费五年，从第六年起，按规定标准减半收取场地使用费。

对因不可抗拒或其他特殊原因造成经济上严重损失、确属无法缴纳场地使用费的，经市人民政府批准，可减收、免收场地使用费。

7. 外商投资企业建设期间的场地使用费，按规定标准的10%至15%缴纳。

高新技术企业、产品出口企业和先进技术企业建设期间免收场地使用费。

8. 场地使用费按每一土地级别和地段的低限标准收取，可以用外币支付，也可以用人民币支付。

9. 外商投资企业以行政划拨方式取得的土地使用权转让、出租和抵押的，按国家有关规定办理。

10. 从事房地产开发经营的外商投资企业，必须以出让方式取得土地使用权，并按照城市总体规划的要求对土地进行综合性开发后，方可依法转让或出租国有土地使用权。

第七章　外汇

1. 外商投资企业可在成都市经营外汇业务的银行或其他金融机构开立外汇账户，由企业根据需要自由选择开户银行。如果在两家或两家以上的银行开立辅助账户或需跨地区开立外汇账户，须向市外汇管理局申请办理。

外商投资企业因业务经营需要，可向市外汇管理局提出申请，在境外开立外汇账户。

2. 外商投资企业可以通过国内的外汇调剂市场调剂外汇余缺。如外商所得利润为人民币，可在外汇调剂市场调剂后汇出境外。

3. 外商投资企业合法取得的外汇收入，均保留现汇，并全额进入企业包汇账户。

4. 外商投资企业与中国境内的机关、企业之间的结算，凡符合下列条件之一者，可向市外汇管理局申请以外币计价结算销售其产品：

企业生产的产品属国家计划内需要进口的商品；

企业向经济特区、经济技术开发区或其他外商投资企业销售其产品；

企业生产的产品属于成都市生产企业需要用外汇进口的原材料和零配件。

5. 外商投资企业可直接向境外筹措外汇资金，向境外及国内的外资银行借款，但须在合同签订后十五日内到市外汇管理局办理外汇登记手续。

6. 外商投资企业可以向中国人民银行成都市分行、市外汇管理局申请办理外汇抵押人民币贷款，抵押期间，外汇、人民币互不计息。

7. 对属于成都市特别鼓励外商投资的合资、合作项目，中方股本金（或投资额）不足的，可向银行申请贷款，银行予以优先安排。企业还可采取以下方式筹措资金：

经中国人民银行成都市分行批准，面向社会发行债券；

经有关机关批准，发行股票。

第八章　货物进出口

1. 外商投资企业生产的产品出口，除国家另有规定的外，免征出口关税。

2. 外商投资企业在投资总额内（含增加投资）进口的机器设备、办公用品和生产车辆，以及投资的外商和国外技术人员进口的安家物品和自用、合理数量的交通工具，予以免税。

3. 外商投资企业为生产出口产品所实际耗用的进口原材料、元器件、零部件、包装物料等，予以免税。

4. 生产出口产品的外商投资企业，根据需要提出申请，经海关批准，可设立保税仓库、保税工厂和“信誉良好企业”。

5. 外商投资企业应通过出口本企业的产品，达到外汇收支平衡。对于暂时存在困难的生产性企业，可在一定期限内申请购买国内产品出口，以解决本企业的外汇收支平衡。

6. 外商投资企业出口产品的运输纳入成都市出口运输计划，并优先安排。

第九章 劳动人事

1. 外商投资企业可以根据生产经营的需要，自行确定企业内部的机构设置、人员编制、所需劳动力可自主招收招聘，并按市人民政府的规定办理有关手续。

2. 外商投资企业招聘中方在职职工，除国家规定限制流动的人员以及确因生产、科研工作需要不能离开的人员外，被招聘人员应在三个月内向原单位或有关部门申请办理辞职、调动或借调手续。凡符合条件逾期不办理的，可由劳动人事部门协调。被招用人员的原所有制职工身份予以保留，工龄连续计算。

外商投资企业招用人员的中方职工，实行劳动合同制。

外商投资企业与员工因履行劳动合同发生争议，由劳动争议仲裁机构仲裁。对劳动争议仲裁不服的，可依法向人民法院起诉。

3. 外商投资企业的工资标准、工资形式、奖励和津贴等分配制度，由董事会自行决定。

4. 外商投资企业要为中方职工建立待业保险、养老保险、医疗保险和工伤保险，并在劳动保护等方面，按照国家有关法律法规规定，保障员工的合法权益。

5. 外商投资企业中的外籍人员因商务活动需要多次出入境的，由市公安局按规定简化办理一定期限内多次出入境手续。

二、 税收优惠政策

1. 凡生产性外商投资企业，经营期在十年以上的，从开始获利年度起，第一、二年免征企业所得税，第三年至第五年减半征收企业所得税。

2. 生产性外商投资企业，减按24%的税率征收企业所得税。设在成都经济技术开发区内以及设在成都高新技术产业开发区（含成都海峡两岸科技开发园）被认定为高新技术企业的生产性外商投资企业，减按15%的税率征收企业所得税。

3. 对设在中国西部的外商投资属国家产业政策鼓励类的生产性的项目，在先行税收优惠执行期满后的三年内，减按15%的税率征收企业所得税。

4. 对设在国家西部地区，属国家《外商投资产业指导目录》的外商投资企业，其规定的产业项目为主营项目，且主营收入占企业总收入70%以上的企业，2001年至2010年，减按15%的税收征收企业所得税。

5. 从事技术密集、知识密集项目；外商投资在3 000万美元以上、投资回收期长的项目；能源、交通建设项目等生产性外商投资企业，经税务机关批准，可减按15%的税征收企业所得税。

6. 外商投资举办的产品出口企业，规定的免征企业所得税期满后，凡当年出口产品产值到当年企业产值70%以上的，可以按照国家规定的税率减半征收企业所得税。按照国家规定15%的税缴纳企业所得税的产品出口企业，符合上述条件的，按10%的税率征收企业所得税。

7. 在成都市设立的外资银行、中外合资银行等金融机构，外国投资者投入资本或者分行由总行拨入营运资金超过1 000万美元、经营期在十年以上的，由企业申请，经税务机关批准，减按15%的税率征收企业所得税，并从获利年度起，第一年免征企业所得税、第二年和第三年减半征收企业所得税。

8. 外商投资企业的外国投资者，将从企业获得的利润，用于企业增资或作为资本在成都市举办其他外商投资企业，经营期不少于五年的，经税务机关批准，退还其再投资部分已缴纳的企业所得税的40%税款。如再投资举办的是高新技术企业、产品出口企业或从事道路、能源、水利、市政公用设施等基础设施建设项目的企业，以及从事农业、林业、畜牧业、渔业开发经营的企业，且经营期不少于五年的，全部退还其投资部分已缴纳的企业所得税税款。

9. 外国公司、企业和其他经济组织，在成都市未设立机构而有来源于成都市的股息、利息、租金、特许权使用费和其他所得的，减按10%缴纳所得税。

10. 外商投资企业技术开发费比上年增长10%以上（含10%）的，允许再按技术开发费实际发生额的50%抵扣当年度的应纳税所得额。

11. 外商投资举办的先进技术企业，在依照税法规定免征，减征企业所得税期满后仍为先进技术企业的，可以按照税法规定的税率延长三年减半征收企业所得税。符合条件减半后税率不足10%的，应按10%的税率征收企业所得税。

九、服务机构

成都市外商投资促进中心

地址：四川成都草市街2号政务中心大楼五楼

TEL：+86 28 86912031

FAX：+86 28 86912630

Email：office@ cdfipc. gov. cn

邮政编码：610031

陕西省

一、地理概况

陕西省地处中国内陆腹地，位于西北地区东部的黄河中游，地处北纬31°42′～39°35′，东经105°29′～111°15′，与山西、河南、湖北、重庆、四川、甘肃、宁夏、内蒙古接壤。地域南北长、东西窄，南北长约880公里，东西宽约160公里～490公里。陕西省北部地处黄土高原——陕北高原，中部为号称“八百里秦川”的渭河冲积平原——关中平原，南部属秦巴山地。地形总体趋势是南北高、中间低。主要山脉有秦岭、大巴山、华山等。以秦岭为界，河流分属黄河、长江两大水系。黄河流经东部省境，渭河为黄河最大支流；并有无定河、泾河、嘉陵江、汉水等河流。中华人民共和国大地原点就在陕西省泾阳县永乐镇。

陕西从北到南纵跨温带、暖温带、北亚热带三个气候带。年平均气温摄氏8至16度，年平均降水量674毫米，无霜期一般在150～270天之间。

土地总面积20.58万平方公里，占全国土地面积的2.1%。其中耕地面积480万公顷，林地面积962.6万公顷，草地面积317.9万公顷，水域面积40.3万公顷，未利用土地面积114.9万公顷。

2004年末，全省总人口为3 705.2万人，人口密度167人/平方公里。汉族占总人口的99.4%。

陕西省现辖西安、宝鸡、咸阳、渭南、铜川、汉中、安康、商洛、延安、榆林十个市和杨凌示范区。

二、资源概况

陕西省地质资源非常丰富，目前探明储量的有91种。储量居全国前10位的有58种；黄金储量居全国第五位，产量居第四位。钼精矿产量居全国的1/2。煤炭探明储量1 618亿吨，是陕西第一大矿种。正在开发的陕西北神府煤田，储量1 340亿吨。煤层厚、埋藏浅、易开采，是世界少有的优质动力煤田。陕北世界级整装天然气田，已探明储量3 500亿立方米。

陕西生物资源也十分丰富，有野生脊椎动物750多种，其中珍稀动物79种，有国家重点保护类动物大熊猫、金丝猴、朱鹮、云豹等12种。森林面积593万公顷，主要分布在秦巴山区、关山、黄龙山和桥山，森林覆盖率28.8%。有野生植物3 300余种；珍稀植物37种；药用植物近800种。丰富的沙棘、绞股蓝等保健药材资源极具开发价值。生漆产量和质量居全国之冠。红枣、核桃仁、桐油是传统的出口产品。

三、发展概况

陕西是欠发达的内陆省份，但具有巨大的发展潜力和后发优势。地处中国腹地，具有承东启西、连接南北的区位之便，既可以成为生产要素由东向西转移的首选承接地，又可以成为生产要素向大西北乃至整个西部地区转移的起点。陕西省有条件成为西部大开发的“桥头堡”和“第一阶梯”。

陕西是我国西部工业较为发达的省区，重点支柱产业有军工、机械、电子、煤炭、电力、纺织、食品、化工等，是我国新兴的工业基地之一。

陕西机械工业基础雄厚，有飞机制造、电工电器、仪器仪表、机末工具、重型机械、汽车、轴承、纺织机械和农业机械等200多个行业小类，成为国家机械生产、科研的重要基地。纺织工业已经形成了以棉纺织业为中心，包括毛、丝、麻、化纤织物复制、印染、纺织机械器材、服装以及相应的科研教育在内的比较完整的体系，在西北和全国占有重要地位。

国防科技工业规模大、实力强、门类齐全，包括核工业、航空、航天、电子、兵器、船舶等部门，聚集了一批火箭、导弹、航空、兵器、电子方面的专家。陕西电子工业是全国的重要基地之一，已形成了以西安、咸阳、宝鸡三个中心城市为依托的关中电子工业带。产品涉及到雷达、通讯、导航、广播电视及电子元器件、电子测量仪器、电子计算机及外围设备、电子专用设备和工具、应用电子整机等10多个门类和领域；陕西煤炭、石油、天然气储量十分丰富，为陕西能源工业提供了良好的条件。陕西医药保健品以其种类齐全、生产规模大、功效高、知名度高而闻名全国。

中央实施西部大开发的战略以来，陕西省非公有制经济不断发展壮大，显现出5个新特点：

私营企业数量增多、规模扩大。陕西省累计有私营企业7.05万户，注册资本503.6亿元，从业人员86.45万人。其中注册资金过百万元的有9 260户，千万元以上的740户，超亿元的11户，私营企业集团121户。

科技企业正在崛起。据统计，在陕西省的私营企业中，科技型企业达3 894户，涉及电子、航空、航天、通讯、生物医药工程、新材料，新能源等各个方面，其中有的技术能力已达到国际先进水平，在同行业中有举足轻重的地位。

产业结构日益趋向合理。个体私营企业从传统的较为集中的第三产业逐步向第一、二产业发展。私营企业中第一产业占总户数的31%，第二产业占总户数的29.4%；个体户中第一产业占总户数的3.7%，第二产业占9.8%。

企业投资热点逐渐向农副产品加工和生态建设倾斜。据陕西省的榆林，延安两市统计，已经有389户非公企业参与生态环境治理。

企业的品牌意识增强。在去年全省各类企业申报著名商标的223户、272件中，非公企业75户、99件。经审核评定的全省134户、167件著名商标中，非公有制企业为57户、65件。

陕西省的农业以粮食生产为主，主产水稻、小麦、红薯、玉米。经济作物有棉花、油菜、柑橘、苹果等。山区出产核桃、板栗、桐油等经济林产品。畜牧业以养羊为主，并养牛、驴；秦川牛、关中驴为优良畜种。

陕西是教育大省、科技大省、旅游大省、文化大省，但最大的优势还是人才优势，科技综合实力位于全国前列。陕西有普通高校52所，军事院校10所，成人高等学校27所，国家级重点学科65个，民办高校57所。全省现有科研院所1 076个、博士后科研流动站59个、企业博士后工作站40个，在站博士后260余人，拥有各类专业技术人员85.1万人，在陕两院院土37名，博士生导师1 200多名。

改革开放使陕西省的经济环境和发展条件有了极大改善，特别是中央实施西部大开发以来，陕西的基础设施又有了极大发展，铁路、公路、航空运输体系充分建立，道路体系总长度（包括高速公路和公路）54 000公里。水平和总量均明显优于中西部地区的普遍状况，陕西已成为中国交通网络的中心和新欧亚大陆桥上最大的交通枢纽中心。

全省交通以铁路为主。陇海铁路横贯东西，是陕西省交通主动脉；宝成、襄渝、西延等线连通南北。铁路总长超过3 300公里，铁路货运量超过4 600万吨。

公路以西安为中心，高速公路和地方公路辐射全省，通达各县乡。高速公路总长超过1 400公里，公路货运量超过31 000万吨。

西安是我国西部民航枢纽之一，从西安咸阳机场通达国内外航线有110条，空运货运量超过5万吨。

陕西历史悠久，文物、名胜、古迹众多。秦始皇陵兵马俑坑大气磅礴，发现时曾震惊天下，被誉为“世界第八大奇迹”，被列入《世界文化遗产名录》。散布在陕西境内的72座帝王陵，是再现当时社会、经济、文化的佐证。黄帝陵、兵马俑、法门寺、西安碑林、陕西历史博物馆、西安古城墙等十大景观堪称“中国之最”。临潼骊山为历代帝王游幸之处，华清池传说动人，令人留恋，中国现代史上的“西安事变”也曾发生在这里。华山为五岳中的西岳，以奇险著称，有“自古华山一条路”之说。延安为抗战时期中共中央驻地，革命遗迹十分丰富。

四、发展战略

陕西实施科教兴陕战略，全面推进科技创新，努力实现跨越式发展。充分发挥科教优势，把高科技产业作为全省经济的第一增长极。发挥资本市场对高新技术产业的催生作用，支持民营企业进入香港创业板二级市场。以西安、宝鸡、杨凌三处高新技术产业园区为重点，加快关中高新技术产业开发带的建设。确保教育优先，为西部大开发培养人才。

加快以公路为重点的基础设施建设，公路建设投资80亿元，新增公路里程达1 000公里，新开工的有西安汉中高速、榆靖高速、西康公路秦岭隧道等项目。

加强生态环境建设，有计划有步骤地实施山川秀美工程。实行“退耕还林（草）、封山绿化、个体承包、以粮代赈”措施。主攻陕北黄土高原丘陵沟整区植树种草和秦巴山区天然林保护。加快关中平原绿化步伐。人工和飞播造林47.5万公顷，种草18.3万公顷，新建骨干拦泥坝450座。

努力发展特色经济。将有比较优势的科技、旅游、果业、军工产业培养成为陕西特色经济的四个重要支柱。大力培植高新技术产业把以文物为特点的旅游产业做大做强；加快以苹果为龙头的果业产业化步伐发挥军工优势，使军工成为带动地方经济的一支重要力量。

全方位扩大对外开放。实际利用外资额要达到3.6亿美元。确保出口12亿美元。进一步加强与东部省市的合作，吸纳东部西进的资金、技术、人才等生产要素。

到2010年，实现人均国民生产总值比2000年翻一番，国民生产总值达到4 500亿元，人口控制在4 000万以内，人民的小康生活更加富裕，社会生产力、综合实力、人民生活水平再上一个大台阶，国民经济总体水平进入国内中等省区行列。

形成比较完善的社会主义市场经济体制，国民经济以较大步伐转向现代结构。一、二、三次产业的结构，由2000年的15：47：38调整为2010年的9：48：43。现代化的农业建设和城乡一体化进程取得明显进展，主要农产品能够满足国民经济发展的需要，农村全面实现小康，主要农产品能够满足国民经济发展的需要，农村全面实现小康。

建成贯穿南北、东西畅通的现代化综合运输体系。形成方便快捷的现代化通信网络。优势能源资源得以充分开发，原煤生产能力达到1.2亿吨，电力装机容量达到1 800万千瓦，天然气产量达到50亿立方米，成为全国能源大省。

优势产业成为推动陕西省经济增长的主要动力，高新技术产业形成强劲的经济新增长点。区域经济和产业布局更加合理，整体素质和效益提高到一个新水平。人民的科技文化素质和道德修养显著提高，社会保障和社会服务体系基本完善，环境质量得到明显改观，社会向和谐、公正、安全、文明、健康发展。

五、对外贸易

陕西与世界上100多个国家和地区建立了良好的贸易关系。

出口货物可在西安报关、商检后直接出口，也可经临近港口报关、商检后出口。现省内拥有保税仓库8家，大型海运、空运公司20余家。

2004年全省进出口总额为36.4亿美元，比上年增长30.9%。其中，出口24亿美元，比上年增长38.2%，进口12.4亿美元，比上年增长24%。

2004年全省对外承包工程和劳务合作营业额12 700万美元，在外劳务3 370人。

2004年，批准外商直接投资项目271个，增长18.3%；合同使用外资10.49亿美元，实际使用外资5.3亿美元，增长13%。

截至2004年末，全省累计批准设立外商投资企业4 721家，合同外资84.03亿美元，实际使用外资43.74亿美元，在陕西投资的世界500强企业已达29家。

六、投资导向

外商投资优势产业目录（2004年修订）已经国务院批准，自2004年9月1日起执行

1. 粮食、马铃薯、棉花、油料种子开发生产（中方控股）

2. 退耕还林还草、天然林保护等国家重点生态工程后续产业开发

3. 节水灌溉技术开发及应用

4. 煤炭加工应用技术开发和产品生产

5. 优质酿酒葡萄基地建设及优质葡萄酒酿制

6. 钼、钛等金属矿产开发及深加工

7. 金属功能材料生产

8. 动植物药材资源开发生产（列入国家保护资源的除外）

9. 天然气下游化工产品生产和开发

10. 现场总线智能仪表制造

11. 数控机床、数控刀具及关键零部件设计与制造

12. 高炉煤气能量回收透平装置设计制造

13. 城市供气、供热和供排水管网的建设、经营（大中城市中方控股）

14. 旅游景区（点）开发及其配套设施建设、保护和经营

15. 公路旅客运输

七、优惠政策

1. 对国家鼓励类和限制乙类外商投资企业、外商投资研究开发中心，及转让技术的外商投资项目，在投资总额内进口的自用设备，除《外商投资项目不予免税的进口商品目录》所列商品外，免征进口关税和进口环节税。

2. 对国家鼓励类和限制乙类外商投资企业、外商投资研究开发中心、先进技术型、产品出口型外商投资企业技术改造项目，在批准的生产经营范围内，使用投资总额以内的自有资金进口国内不能生产或性能不能满足需要的自用设备及配套的技术、配件、备件，免征进口关税和进口环节税。

3. 外商投资企业在投资总额内采购国产设备，如该类设备属免税目录范围，全额退还国产设备增值税并按有关规定抵免企业所得税。

4. 对符合中西部地区（陕西）利用外资优势产业目录的项目，在投资总额内进口国内不能生产或性能不能满足需要的自用设备及其配套的技术、配件、备件，免征进口关税和进口环节税。

5. 对外商投资企业引进属于《国家高新技术产品目录》所列的先进技术，按合同规定向境外支付的软件费，免征进口关税和进口环节税。

6. 设在西安市区的生产性外商投资企业，减按24%的税率征收企业所得税。设在西安、宝鸡市高新技术产业开发区、西安经济技术开发区、杨凌农业高新技术产业示范区内的外商投资高新技术企业，减按15%的税率征收企业所得税。

7. 在全省范围内设立的经营期在10年以上的生产性外商投资企业，从开始获利年度起，前两年免缴企业所得税，第三年至第五年减半缴纳企业所得税。

8. 属国家鼓励类外商投资企业，在现行税收优惠政策执行期满后的三年内，可减按15%的税率征收企业所得税。

9. 被确认为先进技术企业的外商投资企业，在规定的减免税期满后，可延长3年减半征收企业所得税。外商投资兴办的产品出口企业，在规定的减免税期满后，当年出口产值达到总产值70%以上的，还可减半征收企业所得税，但减半后税率低于10%的，按10%的税率征收企业所得税。

10. 从事技术密集、知识密集项目，或外商投资在3 000万美元以上且投资回收期长的项目；能源、交通、环保等基础设施项目，可减按15%的税率征收企业所得税。

11. 从事农、林、牧业的外商投资企业和设在经济不发达的边远地区的外商投资企业，在规定的减免企业所得税期满后，经申请，国家税务主管部门批准，在以后的10年内可以继续按应纳税额减征15%~30%的企业所得税。

12. 外商在陕西省行政区域内投资勘察、开采非油气矿产资源的，其探矿权使用费、采矿权使用费第一年免缴、第二年至第三年减半缴纳，第四年至第七年减缴25%。矿山基建期和闭坑当年可以免缴采矿权使用费。

13. 外商在陕西省行政区域内投资勘察、开采非油气矿产资源，探明可供开采矿产资源的矿产勘察费用允许计入递延资产，在开采阶段逐年分期于税前摊销。经主管税务机关批准，可加速固定资产折旧。

14. 鼓励外商综合开发、利用矿山资源，开发回收主矿种之外的共生、伴生矿产的，减缴纳矿产资源补偿费；利用尾矿的，免缴矿产资源补偿费；采用先进技术使国内现有技术难以开发利用的矿产资源得到开发利用的，享受减半缴纳矿产资源补偿费3年的政策。

15. 外商在西部地区投资国家鼓励类非油气矿产资源的，享受免缴矿产资源补偿费5年的政策。

16. 外国投资者将其从企业分得的利润，在中国境内直接再投资兴办扩建产品出口企业或先进技术企业，经营期不少于五年的，经申请，税务机构批准，全部退还再投资部分已缴纳的企业所得税。

17. 外商投资企业的外国投资者，将从企业取得的利润再投资于该企业，增加注册资本，或者作为资本投资开办其他外商投资企业，经营期限不少于5年的，经申请，税务机关批准，退还其再投资部分已缴纳所得税40%的税款。

18. 在西安市区投资举办一般生产性外商投资企业，在经营期开始起的60%的期限内免缴地方所得税。

19. 外商投资企业技术开发费比上年增长10%以上的，经税务机关批准，按技术开发费实际发生额的50%抵扣当年度的应纳税所得额。

20. 外商投资生态环境建设，成片成流域治理荒山、荒沙、荒滩，可通过出让方式取得国有土地使用权，免收出让金，其产品10年内免征农业特产税；国家建设需要收回国有土地使用权，依法给予补偿。

21. 外商投资于产品出口企业、先进技术企业、农业、林业、牧业、能源、交通等城市基础设施及社会公益事业的，以及在省内不发达地区兴办的各类企业，免征地方所得税、城市房地产税和车船使用牌照税。

22. 外商投资企业、外商投资设立的研究开发中心、外国企业以及外籍个人从事技术转让、技术开发业务和与之相关的技术咨询、技术服务业务取得的收入，免征营业税。

23. 资源开发及综合加工项目中，外商投资额大、回收期长的，可通过扩大与其相关的经营范围加以补偿，其注册资本占总投资的比例在特殊情况下，经批准也可适当低于现行规定。

24. 鼓励外方以技术、科研成果、营销和管理等要素入股，合资、合作兴办高新技术企业。外方投资的技术入股比例可放宽为35%，合作各方另有约定的，从其约定。

25. 凡外商承包、租赁陕西省企业，实行与本地人员承包、租赁企业相同政策。外商投资企业购买陕西省企业、投资新办企业，凡外资额达到该企业注册资本25%以上的，均可批准，注册为外商投资企业，享受相应政策。

26. 鼓励外商采用BOT、TOT等国际通行的投资方式，参与道路、桥梁、隧道、铁路、地铁、电厂、水厂等大型基础设施建设。经批准，可以出让已建成或再建的交通、能源和市政基础设施项目的股权和一定期限的经营权，或有选择地拍卖现有建成设施，用出让金和拍卖所得，建设新的基础设施项目。

27. 凡以独资、合资、合作经营等方式修建的20公里以上的封闭型或部分封闭的高等级公路、300米以上的公路桥梁、200米以上的公路隧道，均可单独立项，建成后在合同期内由投资者自行经营管理，单独收费，亦可委托当地交通部门代为经营管理。还清本息后，可适当延长投资者的盈利年限。

28. 鼓励外商投资兴办创汇农业项目。外商投资兴办的种植、养殖和农副产品深加工企业，或集农副产品生产、加工、储运以及销售（除粮棉油外）、出口于一体的贸工农一体化企业，当年实际出口或提供出口货源占总产值50%的，经税务部门和外经贸主管部门批准，可享受出口型企业的优惠政策。

29. 外商投资举办一般生产性企业的，在合同期50%的期限内，免征土地使用费，期满后减半征收；以出让方式取得土地使用权的外商投资企业，不再缴纳场地使用费。

30. 对一次性取得土地使用权的外商投资企业，不再收取城市配套费。经认定的高新技术企业，可直接以受让方式取得土地使用权，使用权出让金优惠50%。外商投资企业兴办产品出口企业和先进技术企业、农林牧业、能源、交通建设项目和社会公益事业的，均可免收土地使用费。

31. 外商投资企业土地使用年限和企业经营权的最高年限为：商业、旅游、娱乐业用地40年；工业用地或教育、科研、文化、卫生、体育、以及农业开发性项目用地50年；居住用地70年。

32. 外商投资企业在境内融资时，允许中资银行接受外方股东的担保。允许外商投资企业以外汇质押方式向境内中资外汇指定银行申请人民币贷款。外商投资企业所有外汇资金均可质押；对外汇担保项下人民币贷款，可由境外金融机构或境内外资金融机构提供信用保证；取消外汇质押、外汇担保项下的登记手续和对提供外汇担保的外资银行信用等级的特别限制。

33. 外商投资企业可以其外方投资者的海外资产向境内中资银行的海外分行提供抵押，由中资商业银行的海外分行或国内分行向其发放贷款。

34. 允许外商投资企业用现汇或固定资产做抵押，向专业银行申请借贷人民币资金。

35. 列入中西部地区（陕西）利用外资优势产业目录中的外商投资企业，可申请《国家专项产业投资基金》，解决外商投资企业增资时，中方股本金不足的问题。

36. 允许境内中资商业银行在中外合资、合作企业外方股东应增加的股本金同步到位的前提下，对中方股东发放不超过50%的股本贷款，期限不超过十年。

37. 符合条件的外商投资企业可申请发行A股或B股。

38. 产品出口企业和先进技术企业的外国投资者，将其从外商投资企业获得的利润汇出境外时，免征汇出额的所得税。

39. 外籍工作人员的工资和其他合法收入，可依法汇出境外。

40. 凡在国内兴办3个以上投资项目的跨国公司，经批准可以成立外商投资性公司。

41. 海外留学人员兴办的高新技术企业视同外商投资企业，享受相应的优惠政策。

42. 国内外商亲友使用外商赠予的可自由兑换货币资金兴办的企业，其投入的外汇资金占企业注册资金的25%以上，经批准，可享受外商投资企业的各项优惠待遇。

43. 外商投资企业由于特殊原因需要对固定资产加速折旧的，由企业提出申请，按隶属关系报经有关部门批准，允许加速折旧。

44. 中外合营企业生产的出口产品，国内运输费用高出沿海地区的部分，经企业各方协商后，允许中方在其分配利润中给合营企业以适当补贴。补贴数额由双方在合营合同中约定。

45. 外商投资企业到陕西省再投资的项目，凡外资投入比例达到注册资金25%以上的，均可享受外商投资企业的各种待遇。

46. 对引进、介绍外商来陕西省投资并取得成功的引进人、介绍人，按照外国投资的一定比例发给奖金。具体标准按照地市政府制定的相关政策执行。

八、外商投资指南

投资形式

外商在陕西可采用下列方式进行投资：

1. 外商拥有全部资本的独资经营企业。

2. 与境内企业共同举办的合资经营企业。

3. 与境内企业签订合同举办的契约式合作经营企业。

4. BOT、TOT 方式。

5. 在境内参股、购买部分股权和生产经营权。

6. 展开补偿贸易、来料加工、装配等合作生产。

7. 租赁、承包经营境内企业。

8. 购并境内中小型企业。

9. 在陕举办控股公司、投资性公司、股份公司、跨国公司的地区总部等。

10. 借款给境内项目或企业。

11. 中国法律允许的其他投资形式。

合营期限

1. 一般项目，合营期限为10年至30年。

2. 投资大、建设周期长、利润率低的项目，合营期限为30年以上。

3. 有偿受让方式取得土地使用权的项目，根据土地使用权有偿出让的期限而定。

出资方式

创办外商投资企业、除现金投资外，还可以用厂房、设备、其他物料、土地使用权、工业产权及专有技术作价等出资。

1. 投资总额在300万美元以下（含300万美元），外商注册资本占投资总额比例不低于7/10。（注：投资总额300万美元以下，外商注册资本占投资总额比例低于25%的，纳入审批，不享受外商投资企业优惠政策）

2. 投资总额在300万美元～1 000万美元（含1 000万美元），外商注册资本占投资总额比例1/2（投资总额在420万美元以下的，不低于210万美元）。

3. 投资总额在1 000万美元～3 000万美元（含3 000万美元），外商注册资本占投资总额比例2/5（投资总额在1 250万美元以下的，不低于500万美元）。

4. 投资总额在3 000万美元以上，外商注册资本占投资总额比例1/3（投资总额在3 600万美元以下的，不低于1 200万美元）。

出资期限

外商投资企业注册资本分期出资的，第一期合资各方自营业执照签发之日起三个月内，投入注册资本的15%；其余出资按以下规定交付；

1. 注册资本在50万美元以下（含50万美元）的，自营业执照核发之日起一年内，应将资本全部缴齐；

2. 注册资本在50万美元以上，100美元以下（含100美元）的，自营业执照核发之日起一年半内，应将资本全部缴齐；

3. 注册资本在100美元以上，300美元以下（含300美元）的，自营业执照核发之日起两年内，应将资本全部缴齐；

4. 注册资本在300美元以上，1 000美元以下（含1 000美元）的，自营业执照核发之日起三年内，应将资本全部缴齐；

5. 注册资本在1 000万美元以上的，出资期限由审批机关根据实际情况审定。一次性出资的，合营各方自营业执照签发之日起，六个月内投入全部资金。

两类企业的确认

产品出口企业和先进技术企业（简称两类企业），由省商务厅审核确认。经确认的两类企业享受国家有关优惠政策。

申报产品出口企业必须具备下列条件：

1. 生产出口产品的企业；

2. 年出口产品总值（包括企业自行出口，外贸公司代理出口等方式）达到当年企业全部产品销售额的70%以上；

3. 当年实现营业外汇收支平衡有余（当年实现营业外汇收入大于当年营业外汇支出，不包括上年结转余额）；

4. 企业当年实现盈利。

申报先进技术企业须具备条件：

（1）属于国家鼓励投资的生产性项目；

（2）采用国际先进和适用的工艺、技术和主要设备；

（3）生产的产品质量、技术性能处于国内领先地位。

申办机关

1. 投资主管部门（省、市发改委），负责实施核准外商投资的项目申请报告。

2. 商务（外经贸）主管部门（省、市商务厅、局），负责审查批准外商投资项目的合同、章程，领取批准证书及办理变更手续。

3. 工商行政管理部门（省、市工商行政管理局），负责外商投资企业的名称审核和登记注册及领取营业执照。

申批权限

1. 总投资1亿美元以上鼓励类、允许类项目，和总投资5 000万美元以上限制类项目报请国务院授权部门核准、审批。

2. 总投资1 000万美元～1亿美元鼓励类、允许类外商投资项目，和限制类项目由省级主管部门核准、审批。

3. 总投资1 000万美元以下鼓励类、允许类外商投资项目由市级主管部门核准、审批。

九、联系方式

陕西省发展和改革委员会
地址：西安市陕西省政府院内
联系电话：029－87294101

陕西省人民政府外事办公室
地址：西安市解放路西四路口
联系电话：029－87424979

陕西省商务厅
地址：西安市陕西省政府院内
联系电话：029－87291591

陕西省财政厅
地址：西安市冰窖巷
联系电话：029－85395728

陕西省国土资源厅
地址：西安市劳动南路
联系电话：029－84333010

中国国际贸易促进委员会陕西省分会
地址：西安市陕西省政府院内
联系电话：029－87291413

陕西省人民政府对台事务办公室
地址：西安市兴善寺东街57号
联系电话：029－85215144

陕西省旅游局
地址：西安市长安北路15号
联系电话：029－85250157

陕西省国税局
地址：西安市二环南路39号
联系电话：029－87695599

陕西省地税局
地址：西安市甜水井28号
联系电话：029－87636365

陕西省经济技术合作局
地址：西安市陕西省政府院内
联系电话：029－87292565

陕西省外汇管理局
地址：西安市解放路159号
联系电话：029－87412369

陕西省出入境商品检验检疫局
地址：西安市含光北路10号
联系电话：029－85365733

西安海关
地址：西安市高新区唐延路19号
联系电话：029－83196028

中国银行陕西省分行
地址：西安市东大街菊花园38号
联系电话：029－87261941

中国财产保险公司陕西公司
地址：西安市咸宁东路488号
联系电话：029－83271303

中国国际商会陕西商会

地址：西安市陕西省政府院内

联系电话：029－87292697

陕西省外商投资企业协会

地址：陕西省政务大厅

联系电话：029－85395729

西安世界贸易中心

地址：西安市陕西省政府院内

联系电话：029－87292439

陕西省外商投资服务中心

地址：陕西省政务大厅

联系电话：029－85393187

陕西省外国企业服务中心

地址：西安市友谊东路443号

联系电话：029－82110810

十、省会介绍——西安市

基本情况

西安位于中国地理位置的中心，是陕西省省会城市。全市总面积10 108平方公里，其中城市建成区270平方公里；总人口750万人，其中市区人口近500万人。

西安是一座世界历史文化名城，与雅典、罗马、开罗并称为世界四大历史文化古都。有3 100多年的建城史和1 200多年的建都史，先后有13个王朝在此建都。华夏文明在此发祥，丝绸之路从此开始。

西安葆有丰富的文化遗存，堪称中国古代社会的天然历史博物馆。西安有重点文物保护单位249处，其中国家级34处、省级51处，馆库藏文物12万余件。西安周围帝王陵墓就有72座，保存完整、规模宏大的古城墙、面积108平方公里的周秦汉唐“四大遗址”、被誉为“世界第八大奇迹”的秦始皇陵兵马俑等，皆为人类极其珍贵的文化遗产。

关中地区自古以来就是我国由东北通往西南、西北通往东南的交通要道。西安——古代的长安，既位于这一重要通道的枢纽，又是沟通东西交通的“丝绸之路”的起点。唐、宋以来，阿拉伯、波斯、中亚等地的商人、外交人员、宗教家在这条路上不断来往，并且有相当数量的人，由于多种原因，先后定居下来。

伊斯兰教传入长安的时间约在7世纪三四十年代。阿拉伯的使者、商人、宗教家，通过“丝绸之路”来到长安，其中尤以商人居多。当时长安的东、西两市，是他们的云集之地，唐人笔记、《太平广记》中都多次提到“胡店”、“波斯肆”，这是唐代长安穆斯林的来源之一。

唐代在安史之乱期间，曾借过阿拉伯帝国的军队帮助平乱。唐王曾答应阿拉伯帝国的援唐官兵，可以留住长安，允许他们和中国女子结婚，并在762年（唐肃宗宝应元年）敕建清真寺一座。这是长安穆斯林的来源之二。

《资治通鉴》记载：“庚辰（七月）诏回纥、诸胡在京师者各服其服，无得效华人。”“诸胡”包括中亚的“九姓胡”在内。“九姓胡”是康、安、曹、石、米、何等九个小王国的总称。他们不断到长安经商，居住久了，各以国名为姓。在长安及附近回族中，安、曹、康、何、米等姓的为数不少，且多聚居一村，以族姓为村名。“九姓胡”各国被阿拉伯帝国征服后，皈依了伊斯兰教。8世纪以后来长安的“九姓胡”人中，当有不少穆斯林。这是当时长安的穆斯林的来源之三。

综合以上情况，说明唐代国外各地的穆斯林，不少在长安及其附近居住下来，经过唐、五代，长期生息繁衍，使这里的穆斯林人数日益增多。这就为这里回族的形成奠定了基础。

现在，西安是中国重要的科研、高等教育、国防科技工业和高新技术产业基地，居中国城市第三位。西安有市级以上科研机构672家，国家重点实验室55个，有各类技术开发机构2 000多家。每年产生3 000多项科技成果，其中重大科技成果1 000项左右，中国第一台运载火箭发动机，第一颗人造卫星的星载控制、通讯设备，第一块集成电路与第一批电力半导体器件等都诞生在西安。科技进步对全市经济增长的贡献率达到45%。

西安有普通高等院校35所，研究生培养单位48个，民办高等院校68所，在校生80多万人；中等专科学校236所，国家、省部级重点技工学校等178所。西安拥有43名两院院士，有各类专业技术人员40万人，密度在全国城市中名列前茅；民办高校规模和实力居全国第一。可为高新区企业提供充足的科技人才资源和科技开发支撑服务。

西安是著名的国际旅游城市，其旅游资源在中国旅游资源普查的109个类型中占据80多种。除独特的人文景观之外，还有秀美的自然风貌，华山、太白山、翠华山等风景名胜区建有森林公园11个。西安迄今已接待了200多位国家元首，已与15个国家的17个城市结为友好城市。

西安高新技术产业开发区

西安经济技术开发区成立于1993年，2000年2月被国务院批准为国家级经济技术开发区，2002年6月设立国家级陕西西安出口加工区。国务院对经济技术开发区的全新定位是“以提高吸收外资质量为主，以发展现代制造业为主，以优化出口结构为主，致力于发展高新技术产业，致力于发展高附加值服务业，促进国家经济技术开发区向多功能综合性产业区发展”。

西安经济技术开发区位于西安市北城。开发区的中心区位于西安北绕城高速与北二环之间的城市南北中轴线迎宾大道两侧。泾渭工业园、草滩生态产业园、出口加工区等开发区的其他园区依附在中心区周边随着西安拉大城市骨架、城市重心北移、跨过渭河发展战略的实施，开发区将成为西安经济社会发展最重要的区域。

西安市委、市政府提出，要把西安建设成为“国际化，市场化、人文化、生态化”大都市，不断强化开发区的城市功能，努力打造“西安经济社会发展的第一阶梯和桥头堡”。经过10余年的开发建设，开发区已初步成为了一个外向型的现代化工业园区和城市新区，成为海内外投资商关注的热点。

近几年，开发区的各项经济指标一直保持40%左右的增长速度，主要指标不仅在西安市历年经济目标评比中名列前茅，而且在中西部地区同类开发区中也居于前列，发挥了国家级经济技术开发区的聚集产业、吸引外资的示范带动作用。

开发区坚持“招商第一、产业第一、服务第一”的发展理念，继续保持经济快速发展的良好态势，把开发区建设成为一个产业环境配套完善，政务环境高效廉洁，人居环境优美便捷，社会环境安全文明的城市新区。

开发区目前已有各类企业1 700多家，其中有可口可乐、西门子、三菱、日立、罗尔斯·罗伊斯、ABB、海德鲁等13家世界500强企业，有中国台湾顶新集团（康师傅），有陕西重汽山西永济西部超导、启源机电等多家国内知名企业。10多年来，西安高新区主要经济指标增长迅猛，综合指标位于全国53个高新区前5位。目前开发区已基本形成了以石油化工、电力电子、食品饮料和生物医药等四大支柱产业。

西安高新区在推动技术创新、发展拥有民族自主知识产权的高新技术产品方面形成了自己的优势和特色。中国第一台SP30超级程控交换机、第一块片式压电陶瓷变压器、第一个数字化虚拟演播室、亚洲最大的移动天线研发生产基地、世界三大移动通信标准之一和网络无线接入标准都诞生在西安高新区。

如今，西安高新区已成为中国中西部地区投资环境好、市场化程度高、经济发展最为活跃的一个区域，成为陕西、西安最强劲的新经济增长点和对外开放窗口，成为我国发展高新技术产业的重要基地。目前，已有美国、日本、德国、新加坡、中国香港、中国台湾等29个国家和地区在西安高新区创办外商投资企业660家，注册资本总额16亿美元，其中世界五百强企业和著名跨国公司40多家。外商投资的项目90%以上集中在高新技术领域，其中电子信息技术占40%，生物医药占20%，光机电一体化占20%，新材料占10%，其他占10%。

西安高新区是西安人才最密集、整体素质最高、消费能力最强的区域。现有从业人员28万，其中具有大专以上学历的达50%左右，其中博士2 461人、硕士7 544人、本科生6.28万人，有博士后科研工作站13个。西安研发人才稳定性好，流动性小。

鼓励外商投资领域

1. 微电子科学和电子信息技术
2. 空间科学和航空航天技术
3. 光电子科学和光机电一体化技术
4. 生命科学和生物工程技术
5. 材料科学和新材料技术
6. 能源科学和新能源、高效节能技术
7. 生态科学和环境保护技术
8. 地球科学和海洋工程技术
9. 基本物质科学和辐射技术
10. 医药科学和生物医学工程技术
11. 其他在传统产业基础上应用的新工艺、新技术及出口创汇替代进口为主、能产生高效益的其他产品
12. 金融、通讯、房地产开发、基础设施建设

西安高新区适宜投资的领域

（一）软　件

西安每年有3 000名计算机专业毕业生，有超过2万名的软件从业人员。区内已有约200家小型软件企业，有近30家外企及研发中心。软件开发人员稳定性好，每年人才的流动率为10%左右，中低层软件开发人员工资低于沿海地区40%至50%。

（二）生物制药

西安之南有被喻为“天然植物基因库”的秦岭，秦岭蕴含3 000种高质量中药资源，还有以商洛为中心的中药材基地。第四军医大学、交大医学院和其他院校每年提供1 200名医学毕业生，仅四医大内就有7家国家级研究实验室从事医疗和药物方面的研究。

在劳动力和能源方面，西安有成本优势，技术人才的工资比上海低40%至50%，电价低于沿海，而且供应充足。虽然主要市场在人口较密集的东部，但运输成本可以控制得很低。生物制药在陕西40个行业的产值排名中居第四位。高新区有东盛、杨森、利君、步长、金花等较有规模的知名制药企业。

（三）机械产业

西安在电力机械、机床、筑路机械等机械工业方面具有产业优势：西安机械工业拥有员工8万名，有大量熟练劳动力，机械专业毕业生与上海相近，有25家国家级相关实验室分布于大学及研究所中。

（四）电信

西安有较强的无线传输技术研发、生产能力。通讯技术专业毕业生充足，每年毕业人数在5 000人左右，大唐电信、中兴、华为等在此设立研发中心或生产基地。

（五）航空产业

距西安1小时车程的阎良，具备生产所有飞机部件和整机制造方面的能力，现已与国际航空制造业巨头开展多种部件的合作生产，每年有5 000名航空专业毕业生。

（六）半导体

西安有从材料、设计、3寸至6寸芯片制造到封装测试的完整的产业链。微电子领域有20多个研究所和测试试验室，西北工业大学、西安交通大学、西安电子科技大学的微电子专业研究能力均处于全国前列，每年有1 500名微电子专业毕业生。德国英飞凌（西安）公司成功起步并计划在2年内发展成为近300人的IC设计公司。

西安高新区税收优惠政策

（一）外商投资企业所得税减免优惠政策

1. 外商投资的生产性高新技术企业，经营期在十年以上的，减按15%的税率征收企业所得税。新办的生产性外商投资高新技术企业，其生产经营期在十年以上的，可从开始获利年度起，第一年至第二年免征所得税，第三年到第五年减按7.5%的税率征收企业所得税；减免税期满后，仍为先进技术的，报有关部门批准，可延长三年减按10%的税率征收企业所得税（《国家税务总局关于高新技术企业如何适用优惠政策问题的通知》国税发〔1994〕151号1994.6.29.）。

2. 外商投资的产品出口企业，免税期满后，出口产品产值达到当年总产值70%以上的，当年减按10%的税率征收企业所得税（《中华人民共和国外商投资企业和外国企业所得税法实施细则》国务院令第85号发布1991.6.30.）。

3. 外商投资企业发生年度亏损的，可以用下一年度所得弥补，下一年度的所得不足弥补的，可以逐年弥补，但最长不得超过五年（《中华人民共和国外商投资企业和外国企业所得税法》1991年4月9日第七届人民代表大会第四次会议通过，同日中华人民共和国主席令第45号公布）。

4. 对设在中西部地区内的国家鼓励类产业的外商投资企业，在2001年至2010年期间，减按15%的税率征收企业所得税（《财政部 国家税务总局 海关总署关于西部大开发税收优惠政策问题的通知》财税〔2001〕202号2001.12.30.）。

5. 外商投资企业到中西部地区再投资的项目，凡外资比例达到25%以上的，均可享受外商投资企业待遇（《国务院办公厅转发外经贸部等部门关于当前进一步鼓励外商投资的意见的通知》国办发〔1999〕73号1999.8.20.）。

（二）外商投资企业再投资退税政策

外商将从投资企业取得的利润直接再投资于该企业，增加注册资本，或者作为资本投资开办其他外商投资企业，经营期不少于五年的，经税务机关批准，退还其再投资部分已缴纳所得税的40%。外商投资者从企业获得的利润再投资举办、扩建产品出口企业或先进技术企业的，可全部退还其再投资部分已缴纳所得税税款（《中华人民共和国外商投资企业和外国企业所得税法》1991年4月9日第七届全国人民代表大会第四次会议通过，同日中华人民共和国主席令第45号公布）。

（三）外商投资企业车船使用牌照税、房产税减免优惠政策

外商投资的生产性企业，经营期限在10年以上的，在60%的经营期限内，免征车船使用牌照税、房产税，其中属于先进技术企业和出口创汇企业的，经有关部门认证后全部免收。

（四）外商投资企业国内采购优惠政策

对外商投资企业在投资总额内采购国产设备，如该类设备属国家免税目录范围，可全额退还国产设备增值税，并按规定抵免企业所得税（《国务院办公厅转发外经贸部等部门关于当前进一步鼓励外商投资意见的通知》，国办发〔1999〕73号 1999.8.20.）。

（五）进出口关税减免政策

1. 外商投资项目、政府贷款、国际金融组织贷款和国内投资项目，所需进口自用设备以及数量合理的套件、备件准予免征关税和进口环节增值税（《国务院关于调整进出口设备税收政策的通知》，国发〔1997〕37号）。

2. 对已设立的鼓励类和限制乙类外商投资企业、外商投资研究开发中心、先进技术型和产品出口型企业技术改造，进口国内不能生产或性能不能满足需要的自用设备及其配套技术，配件、备件，免征进口关税和进口环节税（《国务院办公厅转发外经贸部等部门关于当前进一步鼓励外商投资意见的通知》，国办发〔1999〕73号 1998.8.20.）。

3. 对列入科技部、外经贸部《中国高新技术商品出口目录》的产品，凡出口退税率未达到征税率的，经国家税务总局核准，产品出口后，可按征税率及现行出口退税管理规定办理退税。

（六）内资高新技术企业税收减免优惠政策

1. 高新区内经认定的内资高新技术企业，减按15%的税率征收企业所得税。新办的高新技术企业，从投产年度起免征所得税二年（财政部、国家税务总局《关于企业所得税若干优惠政策的通知》，财税字〔1994〕001号1994.3.29.）。

2. 对设在中西部地区内的国家鼓励类产业的内资企业，在2001年至2010年期间，减按15%的税率征收企业所得税（《财政部　国家税务总局　海关总署关于西部大开发税收优惠政策问题的通知》财税〔2001〕202号　2001.12.30.）。

（七）技术服务收入减免税政策

1. 对科研单位和大专院校服务于各业的技术成果转让、技术培训、技术咨询、技术服务、技术承包所取得的技术性服务收入暂免征收所得税（财政部、国家税务总局《关于企业所得税若干优惠政策的通知》，财税字〔1994〕001号1994.3.29.）。

2. 企事业单位进行技术转让、以及在技术转让过程中发生的与技术转让有关的技术咨询、技术服务、技术培训的所得，年净收入在30万元以下的，暂免征收所得税；超过30万元的部分，依法缴纳所得税（财政部、国家税务总局《关于企业所得税若干优惠政策的通知》，财税字〔1994〕001号　1994.3.29.）。

（八）软件和集成电路产业的若干政策（《财政部、国家税务总局、海关总署关于鼓励软件产业和集成电路产业发展有关税收政策问题的通知》）

1. 对增值税一般纳税人销售其自行开发生产的计算机软件产品，2010年前按17%的法定税率征收增值税，对实际税负超过3%的部分即征即退。所退税款由企业用于研究开发软件产品和扩大再生产，不作为企业所得税应税收入，不予征收企业所得税。

增值税一般纳税人将进口的软件进行转换等本地化改造后对外销售，其销售的软件可按照自行开发生产的软件产品的有关规定享受即征即退的税收优惠政策。

2. 新创办软件企业经认定后，自获利年度起，第一年和第二年免征企业所得税，第三年至第五年减半征收企业所得税。

3. 对国家规划布局内的重点软件企业，如当年未享受免税优惠的，减按10%的税率征收企业所得税。

4. 软件企业人员薪酬和培训费用，可按实际发生额在计算应纳税所得额时扣除。

5. 对增值税一般纳税人销售其自行生产的集成电路和产品（含单晶硅片），减按17%的法定税率征收增值税，对其实际税负超过6%的部分即征即退。所退税款由企业用于研究集成电路产品和扩大再生产，不作为企业所得税（《国务院关于印发鼓励软件产业和集成电路产业发展若干政策的通知》国发〔2000〕18号　2000.6.24.）。

6. 软件企业可依照国家有关法律法规，根据本企业经济效益和社会平均工资，自主决定企业工资总额和工资水平。

7. 国家高新区内软件企业的系统集成项目可以按30%的比例核算软件销售收入。

8. 国家高新区内的企事业单位购进软件，凡购置成本达到固定资产标准或构成无形资产，可以按照固定资产或无形资产进行核算。其折旧或摊销年限可以适当缩短，最短可为两年。

（九）鼓励研发创新的政策（《西安高新区关于进一步促进科技产业发展的实施意见》市管会字〔2002〕014号　2002.1.28.）

1. 高新区内独立核算的研发中心可以享受高新技术企业的税收优惠政策。

外商投资设立的研发中心，从开始获利年度起，两年内免征所得税，第三年至第五年减按7.5%的税率征收企业所得税，第六年至第八年减按10%的税率征收企业所得税，以后年度减按15%征收企业所得税。

新办的内资研发中心，从开始获利年度起两年内免征所得税，以后年度减按15%的税率征收企业所得税。

2. 企业技术开发机构进口所需的科研设备，以及按照合同随设备进口的技术及配套件、备件，除按照国发〔97〕37号文件规定《国内投资项目不予免税的进口商品目录》所列商品外，免征关税和进口环节增值税。

3. 鼓励企业加大研发投入力度。企业研究开发新产品、新技术、新工艺所发生的各项费用，包括新产品设计费、工艺规程制定费、设备调整费、原材料和半成品实验费、技术图书资料费、未纳入国家计划的中间实验费、研究机构人员工资、研究设备折旧、与新产品试制和技术研究有关的其他经费，以及委托其他单位进行科研试制的费用，不受比例限制，计入管理费用。

（十）创业服务、中介服务业税收减免政策

1. 鼓励各种社会力量以多种形式举办各类企业孵化器。对创业服务中心等综合类企业孵化器和软件园、生物医药园等专业孵化器以及生产力促进中心等机构，经省市科技部门认定后，享受高新技术企业的所得税优惠政策。

2. 对新办的独立核算的会计、审计、评估、培训、管理、咨询、人才中心、投资促进等中介服务机构，自开业之日起，两年内免征企业所得税，以后年度按照西部大开发的有关政策，享受15%的所得税优惠政策。

（十一）固定资产投资方向调节税暂停征收政策

高新区内企事业单位的固定资产投资方向调节税暂停征收。

西安高新区
《关于鼓励和吸引创业资本投资高新技术产业的若干政策》

一、本规定所称创业投资又称风险投资，是指向科技型高成长性创业企业进行股权投资，或为其提供投资管理和咨询服务，以期在被投资企业发展成熟后，主要通过股权转让获取收益的投资行为。

本规定所称科技型高成长性创业企业，一般是指从事《高新技术产品目录》所列产品的研发、生产及相关服务的企业。

本规定所称创业投资机构包括创业（风险）投资公司和创业（风险）投资管理公司，其经营范围一般是指投资及投资管理咨询。

二、鼓励国内外金融机构、投资公司和其他经济组织或个人在高新区创办创业（风险）投资公司或创业（风险）投资管理公司。

三、创业（风险）投资机构的设立实行注册登记制。由创业（风险）投资机构直接到高新区工商行政管理分局注册登记，同时到高新区管委会经济贸易发展局备案。

鼓励国内外机构在西安高新区创办外商投资创业（风险）投资公司和创业（风险）投资管理公司，在高新区管委会招商局办理有关手续。

四、鼓励以有限责任公司、股份有限公司等形式创办创业（风险）投资公司或创业（风险）投资管理公司。公司注册资本按照《公司法》有关规定办理。

五、设立在高新区内的创业（风险）投资机构，如其投资收入的50%以上来源于对区内高新技术企业的风险投资，由企业申请，经高新区管委会审核认定，按照高新技术企业的税收优惠政策执行。

六、创业（风险）投资机构可以按其投资额提取不超过3%的风险准备金，用于补偿投资性亏损。

七、创业（风险）投资公司的投资比例不受限制。

八、鼓励创业（风险）投资公司采取经营管理人员持股等激励制度。

九、创业（风险）投资机构可以通过企业并购、股权回购、上市等方式撤出变现。高新区管委会拓宽渠道，优先组织和推介创业投资利用国内外创业板证券市场撤出变现。

十、鼓励在高新区建立创业（风险）投资机构办事处和与创业（风险）投资有关的中介服务机构及其办事处，并为设立此类机构提供便利、创造条件。

十一、在西安高新区设立外资中介服务机构办事处或创业（风险）投资机构办事处，直接在西安高新区工商行政管理分局注册；内资创业投资（风险）机构办事处在高新区管委会经济发展局办理登记备案手续。

十二、成立西安高新技术企业协会风险投资专业委员会，促进信息交流，推动同业合作。

新疆维尔自治区

一、地理概况

新疆维吾尔自治区，简称新，位于中国西北边陲，面积166万平方公里，占中国国土总面积的1/6，是中国面积最大的省级行政区。新疆地处亚欧大陆腹地，陆地边境线5 600多公里，周边与俄罗斯、哈萨克斯坦、吉尔吉斯斯坦、塔吉克斯坦、巴基斯坦、蒙古、印度、阿富汗八个国家接壤，是我边境线最长，交接邻国最多的省区。新疆在历史上是古丝绸之路的重要通道，现在又成为第二座“亚欧大陆桥”的必经之地，战略位置十分重要。

新疆地形特点是：山脉与盆地相间排列，盆地被高山环抱，俗喻“三山夹两盆”。北为阿尔泰山，南为昆仑山，天山横亘中部，把新疆分为南北两半，南部是塔里木盆地，北部是准噶尔盆地。习惯上称天山以南为南疆，天山以北为北疆。塔里木盆地位于天山与昆仑山中间，面积约53万平方公里，是中国最大的盆地。塔克拉玛干沙漠位于盆地中部，面积约33万平方公里，是中国最大、世界第二大流动沙漠。塔里木河长约2 100公里，是中国最长的内陆河。在新疆东部有吐鲁番盆地，最低点154米，是中国海拔最低的地方。新疆属典型的温带大陆性干旱气候，年均天然降水量155毫米。区内山脉融雪形成众多河流，绿洲分布于盆地边缘和河流流域，绿洲总面积约占全区面积的5%，具有典型的绿洲生态特点。

新疆现有14个地、州、市，88个县（市），其中33个为边境县（市）。新疆生产建设兵团是新疆的重要组成部分，有174个团场。

新疆素以优质丰盛的物产、灿烂悠久的文化、独特浓郁的民族风情而闻名于世，被誉为丝绸古道上一颗璀璨的明珠。

二、历史沿革

新疆，古称西域，自古以来就是中国不可分割的一部分。

在古代历史上，曾有许多部落、民族在新疆聚居。新疆居民的族属，从汉代开始才有明确记载，当时主要有：塞、月氏（音：肉支）、乌孙、羌、匈奴和汉人。西汉之初，西域各地处在匈奴统治之下。公元前138年，为击退匈奴对汉朝边境地区的劫掠，汉朝派遣张骞出使西域。公元前121年，汉军打败驻牧在河西走廊一带的匈奴军队，汉朝在此先后置武威、张掖、酒泉、敦煌四郡。

公元前60年（汉宣帝神爵二年），汉王朝设置“西域都护府”。当时，匈奴统治层内部发生动乱，驻守西域的匈奴日逐王贤掸“率其众数万骑”自愿归服汉朝，西汉王朝委任郑吉为“西域都护”，驻乌垒城（今轮台县境内），治理西域全境。设立西域都护府标志着西汉开始在西域行使国家主权，新疆成为中国统一多民族国家的一个组成部分。

魏晋南北朝时期是中国民族大融合时期，各民族迁徙往来频繁，又有许多古代民族进入新疆，如柔然、高车、哒、吐谷（音：玉）浑等。隋唐时期，突厥、吐蕃等古代民族对新疆历史进程产生了重要影响。公元744年，发展壮大了的回鹘于漠北建立政权（回鹘，原称回纥），并两次出兵帮助唐朝中央政权平息“安史之乱”。

公元630年，原属西突厥的伊吾城（今哈密）主率所属七城归顺唐朝，唐朝设西伊州（后改称伊州）。公元640年，唐朝在高昌设安西都护府，这是在西域建立的第一个高级军政管理机构，后迁至库车，改置为安西大都护府。唐玄宗年间，唐朝又在两大都护府之上设“碛西节度使”，当时是全国八大节度使之一。

13世纪初，成吉思汗率军进入新疆后，把他征服的地方分封给其子孙。回鹘人进一步同化、融合了部分契丹人、蒙古人。元朝时期成吉思汗完成对天山南北的政治统一。蒙古汗最初设立“达鲁花赤”（蒙古官名，意为镇守官）等军政管理机构，对西域进行军政管辖。

瓦剌，是明代对漠西蒙古的总称，初分布于叶尼塞河上游地区，后不断向额尔齐斯河中游、伊犁河流域扩展。17世纪初，逐渐形成了准噶尔、杜尔伯特、和硕特、土尔扈特四部。17世纪70年代，准噶尔占据伊犁河流域，成为四部之主，并统治南疆。1406年，明朝设立了哈密卫，任用哈密当地的世族首领为各级官吏统辖当地军政事宜，维持中西商贸通道之安全，并对西域其他地区实施羁縻控制。

18世纪60年代以后，清朝政府为加强新疆边防，从东北陆续抽调满、锡伯、索伦（达斡尔）等族官兵驻防新疆，他们成为新疆少数民族中的新成员。以后，又有俄罗斯、塔塔尔等民族移居新疆。至19世纪末，新疆已有维吾尔、汉、哈萨克、蒙古、回、柯尔克孜、满、锡伯、塔吉克、达斡尔、乌孜别克、塔塔尔、俄罗斯共13个民族，以维吾尔族为主体，形成了新的多民族聚居分布格局。

清朝政府对西域的统一规模和管辖范围。1757年，清朝平定长期割据西北的准噶尔政权。两年后，清朝平定伊斯兰教白山派首领大、小和卓（大和卓波罗泥都、小和卓霍集占）叛乱，巩固了对西域各地的军政统辖。清朝统治时期，新疆的社会经济稳步发展。

1840年鸦片战争以后，新疆受到沙俄等列强的侵略。1875年，陕甘总督左宗棠就任钦差大臣，督办新疆事务。到1877年底，清军陆续收复了中亚浩罕汗国（费尔干纳）阿古柏侵占的天山南北诸地。

1881年2月，清政府收复被沙俄强行占领长达11年之久的伊犁。1884年，清政府正式在新疆建省，并取“故土新归”之意改称西域为“新疆”。自此，由巡抚统管全疆各项军政事务，新疆军政中心由伊犁移至迪化（今乌鲁木齐）。至1909年，新疆省下辖4道，道以下共隶有6府、10厅、3州、21个县或分县，新疆行政建置与内地完全一致。

1912年，即辛亥革命爆发后第二年，革命党人在伊犁策动起义成功，成立新伊大都督府，宣告了清朝在伊犁地区政治统治的结束。民国政府建立后，不断强化新疆防务。

1949年9月25日，新疆和平解放，国民党新疆警备司令陶峙岳、新疆省政府主席包尔汉宣布起义，中国人民解放军第一野战军第一兵团在王震将军率领下进驻新疆。1949年10月1日，新疆各族人民同全国人民一起，迎来了中华人民共和国的成立。

1955年10月1日，成立新疆维吾尔自治区。

三、资源丰富

在天山南北辽阔的大地上，蕴藏着极为丰富的矿产资源，新疆矿产种类全、储量大，开发前景广阔。目前发现的矿产有138种，其中，探明储量居全国前10位的达43种，是全国少数几个资源配套程度较高的省区之一。石油、天然气、煤、金、铬、铜、镍、稀有金属、盐类矿产、建材非金属等蕴藏丰富。新疆石油资源量208.6亿吨，占全国陆上石油资源量的30%；天然气资源量为10.3万亿立方米，占全国陆上天然气资源量的34%。新疆油气勘探开发潜力巨大，远景十分可观。全疆煤炭预测资源量2.19万亿吨，占全国的40%。黄金、宝石、玉石等资源种类繁多，古今驰名。

新疆具有得天独厚的水土光热资源。日照时间长，积温多，昼夜温差大，无霜期长，年太阳能辐射量仅次于西藏，对农作物生长十分有利。

新疆现有耕地6 038万亩，人均占有耕地3.12亩，为全国人均数的2.1倍。新疆是全国五大牧区之一，在三山和两盆的周围有大量的优良牧场，牧草地总面积7.7亿亩，仅次于内蒙古、西藏，居全国第三。

新疆水资源比较丰富，境内的塔里木河是我国最大的内陆河。2004年，新疆地表水年径流量1 119.9亿立方米，人均地表水占有量5 146立方米，是全国平均值的2.25倍。地下水可开采量251亿立方米，冰川储量占全国的50%。但由于新疆地处欧亚大陆腹地，气候干旱，水资源受季节因素影响，时空分布极不平衡，地表水蒸发量大，致使一些地方水资源不足。

全区现有耕地和人工草场6 000多万亩，宜农荒地7 300万亩。主要农作物有小麦、棉花、油料、甜菜、瓜果等。全区可利用草原面积达7亿多亩，是我国第二大牧区。新疆细毛羊、中国美利奴羊、阿勒泰羊、伊犁马、焉耆马等均在国内外享有盛名。新疆素有“瓜果之乡”的美誉，库尔勒香梨、哈密瓜、吐鲁番的葡萄等驰名中外。

新疆的生物资源种类繁多、品种独特、特性优良，开发和发展的潜力较大。新疆野生动植物达4 000余种。农作物地方品种及引入品种达10 000多个，不少物种品质优异。新疆地方畜禽品种具有适应性强、抗病、耐粗饲等优良特性。新疆还是多种果树的原始起源中心和次生中心，果树资源丰富，其中优良品种约300余个。天然药物如：麻黄、罗布麻、甘草、贝母、雪莲等分布广泛，质量上乘，具有独特的品质和优良的特性。

新疆旅游资源丰富而独特。按照《中国旅游资源普查规范》的资源分类，在中国旅游资源68种基本类型中新疆至少拥有56种，居全国之冠。新疆自然景观神奇独特，冰峰与火洲共存，瀚海与绿洲为邻，自然风貌粗犷，景观组合独特。著名的自然风景有天池、喀纳斯湖、博斯腾湖、赛里木湖、巴音布鲁克草原等。新疆人文旅游资源丰富，在新疆5 000多公里古丝绸之路的南、北、中三条干线上留下数以百计的古城池、古墓葬、千佛洞、古屯田遗址等人文景观，其中，交河故城、高昌故城、楼兰遗址、克孜尔千佛洞、香妃墓等蜚声中外。新疆自古以来就是一个多民族聚居的地区，各民族的文化艺术和风情习俗绚丽多彩，构成了具有浓郁民族特色的旅游人文景观，深受中外游客的喜爱。

四、人口　民族　民俗

2005年底，新疆人口为2 010.35万人，其中少数民族人口约占60.3%。新疆共有47个民族，众多的民族，绚丽多彩的民族文化构成了新疆独特人文景观。

新疆各民族都有自己独特的生活习惯和爱好。饮食方面以面粉、大米为主食，喜喝奶茶，佐以面粉烤制的馕。他们大都信仰伊斯兰教。

维吾尔、哈萨克等民族妇女爱穿彩色绸裙，戴艳丽或洁白的头巾，喜爱耳环、项链、手镯、戒指等饰物。男性喜穿西服，戴绣花帽、穿袷袢、穿皮靴。维吾尔族人待人讲究礼貌，遇到年长者或朋友时，习惯于把右手按在前胸中央，然后身体前倾，连声问好。维吾尔族是一个能歌善舞的民族。他们的舞蹈轻巧、优美，以旋转快速和多变著称，反映了他们乐观开朗的性格。

维吾尔族有自己的语言和文字，在自治区范围内通用维吾尔、汉两种语言文字。维吾尔族流传着许多精彩的民间故事、民歌、谚语，尤其是《阿凡提的故事》在全中国乃至世界都广为知晓。11世纪维吾尔族著名学者、语言学家马赫穆德·喀什葛里编纂的《突厥语大词典》，著名诗人玉素甫·哈斯哈吉甫的叙事长诗《福乐智慧》都引起世界学者的重视。中国少数民族有三大史诗著称于世，新疆是蒙古族叙事长诗《江格尔》的故乡，也是柯尔克孜族民间长诗《玛纳斯》的流传之地。

新疆以千姿百态的自然景观，绚丽多彩的民俗风情和令人向往的古“丝绸之路”而著称于世。各民族丰富多彩的音乐、舞蹈、美术等文化艺术熠熠生辉，是中华民族文化的瑰宝。

五、发展现状

新疆维吾尔自治区成立50年来，新疆经济社会等各方面的发展取得了历史性的辉煌成就。

2005年新疆生产总值2 609亿元，比上年增长10.9%，新疆人均生产总值13 030元；产业结构得到不断优化和调整，一、二、三产业的比重由1978年的35.8：47.0：17.2调整为19：46：35。财政收入大幅度增长，2005年全区地方财政一般预算收入180亿元，比上年增长18.5%。

工业经济快速增长，技术水平明显提高，形成了以矿产资源开发和农副产品深加工为主导力量，包括石油天然气开采、石油化工、钢铁、煤炭、电力、纺织、建材、化工、医药、轻工、食品等门类基本齐全、具有一定规模的现代工业体系。2005年工业增加值992亿元，比上年增长17%。

新疆农业综合生产能力逐年提高，目前已形成了棉花、粮食、甜菜、林果和畜牧等优势主导产业。2005年粮食总产量876万吨，比上年增长5.7%；棉花产量195.7万吨；现代畜牧业不断发展，2005年肉类总产量141万吨，比上年增长10.0%。

非公有制经济发展加快。2004年新疆私营企业发展到4.3万户，从业人员57.25万人，注册资金643.2亿元；个体工商户46.7万户，从业人员74.2万人，注册资金86.8亿元。非公有制经济创造的生产总值约占全区的21.8%，对扩大就业、增加税收、促进经济增长起到了重要作用。

科学技术的整体实力大为增强，建立起了专业比较配套，布局比较合理，具有新疆区域特征的研究与开发体系；培养了一批学术造诣较深的科技专家，造就了一支具有较强研究，开发，实验，推广和管理能力的多民族科技队伍；重点建设了一批反映新疆科技优势的实验中心，试验基地，全区各类专业技术人员已达38.51万人。新疆共取得重大科技成果7 102项，其中获国家奖励的201项，中国美利奴羊推广技术达国内先进水平，沙漠公路修建技术等处于国际领先水平。

近年来，地域宽广、民族众多、风貌独特的新疆成为旅游天堂。新疆古迹众多，自然景观独特，民族风情丰富多彩。旅游资源总量大、类型多，居全国第一位，旅游业已成为新疆国民经济发展新的经济增长点。2005年，新疆接待国际旅游人数33.11万人次，旅游外汇收入1亿美元，比上年增长9.9%；国内旅游人数1 465万人次，国内旅游收入130.55亿元，比上年增长19.8%。旅游业已成为新疆国民经济发展新的经济增长点。

如今的新疆，已不再是古诗中“大漠孤烟直，长河落日圆”的景象，昔日的驼铃悠扬的丝绸古道上正绘就一幅经济开发高潮到来的图画。

六、石油、天然气及“西气东输”

新疆地区石油、天然气资源蕴藏丰富，有可供石油、天然气勘探的沉积岩面积约90.1万平方公里，占全疆总面积的54%，占全国沉积岩面积1/5。新疆的预测石油资源量208.6亿吨，占全国陆上石油资源量的30%，天然气资源量10.3万亿立方米，占全国陆上天然气资源量的34%，油气资源主要分布在准噶尔、塔里木和吐鲁番哈密盆地。

西气东输工程是“十五”期间国家安排建设的特大型基础设施，是西部大开发的标志性工程。塔里木具有良好的天然气资源条件，目前已探明的储量为3 900亿立方米，按照西气东输120亿立方米~140亿立方米的年供气规模，可稳定供气11年~13年。管道工程起于新疆塔里木，沿线经过新疆、甘肃、宁夏、陕西、山西、河南、安徽、江苏、上海、浙江十个省市区。西气东输工程总投资约1 643亿元。西气东输工程将作为我国进入新世纪后的第一个重大建设项目而载入史册。

西气东输工程将把西部的资源优势变为经济优势，实现天然气能源供给与需求的衔接。同时，工程建设也将促进和加快西部及沿线地区的经济发展，增加财政收入和就业机会，有效治理大气污染，经济和社会效益十分显著。

七、投资环境

新疆的基础设施建设得到迅猛发展，投资环境有了明显改善。20多年来，累计投资4 185亿元，形成了一大批新的生产能力，增强了新疆经济发展的后劲。

新疆位于中国铁路网的西端、是连结亚欧大陆的通道。铁路运输是新疆交通大动脉的主体、兰新铁路、北疆铁路、南疆铁路连通天山南北、横贯大漠东西。兰新线是新疆与中国内地交通的大动脉，也是新疆通往中国内地唯一的铁路运输干线，是构成中国西北地区铁路网络的重要组成部分，兰新复线于1995年6月30日正式投入运营。南疆铁路北接吐鲁番、南接南疆重镇——喀什市，1999年12月6日投入使用，南疆铁路的建成使南疆地区人民的经济生活发生了深刻的变化。北疆铁路东起乌鲁木齐，西与哈萨克斯坦的土西铁路接轨，全长460公里。1990年9月12日，第二座亚欧大陆桥全线贯通。1992年12月1日正式开办中哈国际旅客、货物运输业务。

新疆地域辽阔，公路运输在新疆占有特殊地位。截至目前、新疆公路通车里程已达33 484公里，共有7条国道公路、全长8 824公里、省道公路62条、全长6 847公里、县道公路561条、全长11 413公里、乡道公路332条、全长2 676公里；专用公路122条、全长3 724公里。拥有四车道高速公路170公里。已经形成一个以乌鲁木齐为中心以国省干线为主骨架、东连甘肃、青海、南接西藏、西出中亚、西亚各国的四通八达的公路交通网络。

全疆现有民用机场12个，航线92条，形成了以乌鲁木齐为中心、连接国内外65个大中城市和11个国外城市的空运网，通航里程已达11.18万公里。

新疆目前已建成了乌鲁木齐经奎屯、博乐至伊犁，奎屯经克拉玛依到阿勒泰，吐鲁番经库尔勒、阿克苏、喀什至和田的数字微波干线电路；南北疆数字微波工程西安经兰州、乌鲁木齐、伊宁到霍尔果斯口岸的四条群干线光缆；乌鲁木齐经吐鲁番、库尔勒、若羌从茫崖出疆的第二出疆光缆，亚欧光缆；乌鲁木齐至南北疆及各主要地州市光缆。新疆的通信事业已开始步入卫星、微波、光缆和程控的全新时代。

中国新疆乌鲁木齐对外经济贸易洽谈会（简称“乌洽会”）是新疆对外开放的一个窗口，乌洽会是经国家商务部批准，每年定期举办的中国西北部规模最大的区域性国际投资贸易洽谈会。乌洽会以促进我国与中西亚国家商品贸易和双向投资为特色，是了解中西亚的窗口，是连接俄罗斯、中亚、西亚国家的桥梁。

在2005年的乌洽会上，对外贸易成交额达26.66亿美元，对外经济技术合作项目成交8.18亿美元，国内经济合作项目及贸易成交额596.90亿元人民币。出口成交额在1 000万美元以上的商品有石油钻机、棉花、番茄酱、聚脂切片、日用百货、服装、输电线路、水泥生产设备、钢材、鞋靴、焦炭、家用电器、车辆、电焊条、塑料编织袋、苹果、镀锌铁丝、拖拉机、方便面等21种。进口成交额在1 000万美元以上商品有铜及铜材、铬铁、皮张、钢材、成品油、锌锭、废钢、铝锭、废铝、镉粉、聚乙烯、原木等12种。

地处亚欧大陆桥桥头堡的新疆，已形成了陆桥沿线和边境沿线“两线开放”的格局，具有对外开放的地缘优势。目前已有国家批准的开放市、县70个，其中有两个国家级经济技术开发区、一个国家级高新技术开发区、一个加工贸易区和三个边境经济合作区，已同100多个国家和地区建立了经贸关系。2005年，对外贸易进出口总额79.42亿美元，比上年增长40.9%。对外贸易主要国家和地区为哈萨克斯坦、美国、俄罗斯、欧盟等。新疆自治区利用外资规模不断扩大，自1978年起，外商直接投资累计5.8亿美元。大量国内产品通过新疆走向中南亚和欧洲，现有20多个国家一、二级口岸。

一类口岸有：阿拉山口陆运（铁路、公路）口岸、霍尔果斯陆运（公路）口岸、木扎尔特陆运（公路）口岸、阿黑土别克陆运（公路）口岸、都拉塔口岸、巴克图陆运（公路）口岸、吐尔尕特陆运（公路）口岸、伊尔克什坦陆运（公路）口岸、乌拉斯台口岸、红其拉甫陆运（公路）口岸、喀什机场空运口岸、老爷庙陆运（公路）口岸、红山嘴陆运（公路）口岸、吉木乃陆运（公路）口岸、塔克什肯陆运（公路）口岸、乌鲁木齐国际机场空运口岸。

二类口岸有：伊犁巴音岱口岸、伊宁口岸、塔城客运站口岸、华凌市场口岸、乌鲁木齐客运站口岸、乌鲁木齐经济技术开发区口岸、边疆二类口岸、乌鲁木齐商贸城口岸、奎屯火车站口岸、昌吉亚中商贸城综合批发市场口岸、喀什市中亚国际贸易市场口岸。

八、新疆自治区（含新疆生产建设兵团）投资导向

外商投资优势产业目录（2004年修订）已经国务院批准，自2004年9月1日起执行

1. 优质蕃茄、枸杞种植及深加工
2. 退耕还林还草、天然林保护等国家重点生态工程后续产业开发
3. 节水灌溉技术开发及应用
4. 甜菜糖加工及副产品综合利用
5. 天然香料、食用菌的种植、加工
6. 优质酿酒葡萄基地建设及优质葡萄酒酿制
7. 棉籽、葵花、红花油脂深加工
8. 亚麻种植及其制品生产
9. 高档棉毛产品升级改造
10. 铜、铅、锌、镍有色金属矿的勘探及开发
11. 蛭石、钠硝石、云母、石棉、膨润土等非金属矿产的综合利用
12. 煤炭加工应用技术开发和产品生产
13. 高档皮革产品制造
14. 乙烯下游深加工产品及精细化工产品生产
15. 天然气下游化工产品生产和开发
16. 维吾尔族特色药用植物种植、加工和制药新工艺开发
17. 以牛羊内脏为原料的生物制药产品的开发利用
18. 民族特需产品、工艺美术品、包装容器材料及日用玻璃制品生产
19. 城市供气、供热、供排水管网建设、经营（大中城市中方控股）
20. 旅游景区（点）开发及其配套设施建设、保护和经营
21. 公路旅客运输

九、优惠政策

新疆维吾尔自治区关于西部大开发税收优惠政策有关问题的实施意见（摘编）

（一）对国家鼓励类产业的内资企业和外商投资企业，在2001年至2010年期间，减按15%的税率征收企业所得税。主管税务部门应按《当前国家重点鼓励发展的产业、产品和技术目录》(2000年修订)、《国家外商投资产业指导目录》、《国家中西部地区外商投资优势产业目录》（第18号令）进行审核，凡符合以上《目录》范围，且主营收入占企业总收入70%以上的内、外资企业均享受此项税收优惠政策。

（二）对自治区鼓励类产业的内资企业，在2001年至2010年期间，减按15%的税率征收企业所得税。主管税务部门应按《当前自治区重点鼓励发展的产业、产品和技术目录》（待定）进行审核，凡符合以上《目录》的产业范围，且主营收入占企业总收入60%以上的内资企业，均享受此项税收优惠政策。除上述《目录》以外需要照顾

的企业，报经自治区人民政府批准同意可定期减征或免征企业所得税，由税务部门审核执行。中央企业所得税减免的审批权限和程序按现行有关规定执行。

（三）对在自治区境内新办的内资企业（除国家明令禁止和淘汰的企业外），报经自治区税务部门批准，三年内免征企业所得税。新办交通（公路、铁路、航空、港口、码头运营和管道运输，下同）、电力（电力运营，下同）、水利（江河湖泊综合治理、防洪除涝、灌溉、供水、水资源保护、水利发电、水土保持、河道疏浚、河海堤防建设等，下同）、邮政（邮政运营，下同）、广播电视（广播电视运营，下同）、农产品加工、旅游内资企业，上述项目业务收入占企业总收入70%以上的，免征企业所得税期满后，减半征收企业所得税三年。对在自治区境内新办交通、电力、水利、邮政、广播电视企业，上述项目业务收入占企业总收入70%以上的外商投资企业，经营期在十年以上的，自获利年度起，第一年至第二年免征企业所得税，第三年至第五年减半征收企业所得税。

（四）对为保护生态环境，退耕还林（生态林应在50%以上）、还草产出的农业特产收入，自取得收入年份起十年内免征农业特产税。对人工种植甘草、麻黄草、肉苁蓉、芦苇等工业企业原料的农业特产收入，比照保护生态环境和退耕还林、还草产出政策执行。

（五）区外投资企业和外商投资企业投资项目，享受如下优惠政策。

1. 区外投资企业（区外独资企业以及区外投资者出资额达到25%以上，经营期十年以上的合资、购并、参股企业，或承包、租赁在五年以上的企业，下同）在自治区新办的生产性企业，自生产经营之日起，五年内免征企业所得税、车船使用税和房产税，期满后在2010年内，减按15%的税率征收企业所得税；建设期内免征土地使用税。其中，凡在和田、喀什、克州以及国家和自治区划定的贫困县（包括兵团贫困团场）投资兴办企业，免征企业所得税八年，期满后在2010年内，减按15%的税率征收企业所得税。新办非生产性企业，自经营之日起，三年内免征企业所得税，期满后减半征收企业所得税三年。在自治区设立的外商投资企业，经营期在十年以上的，暂免征地方所得税。

2. 区外投资企业在自治区进行技术转让的收入，免征营业税，对其技术转让和与技术转让有关的技术培训、技术服务、技术咨询等技术性收入免征企业所得税。

3. 区外投资企业，经自治区人民政府批准，新建自治区基础设施、生态环境建设和高新技术项目，自生产经营之日起，八年内免征企业所得税、车船使用税、房产税和土地使用税，期满后，在2010年内，减按15%的税率征收企业所得税。建设期内免征土地使用税。投资退耕还生态林、草，保护生态环境的，其产出的农业特产品收入，在20年内免征农业特产税。

4. 在自治区投资兴办农业产业化经营的内资企业，龙头企业加工、销售国家规定的农产品，增值税税率按13%计征，超过部分由财政予以补贴；销售自产农产品，在自治区境内销售自产农产品的初级加工品，免征增值税。兴办畜牧业项目的，从受益年度起五年内免征牧业税和草原使用费。从事农业生产的外商投资企业，免征农业税五年。

5. 区外投资企业和外商投资企业，从事矿产资源开采（属于石油、天然气资源开采项目除外），自建成投产之月起，暂缓征收资源税五年。

6. 举办产品出口的外商投资企业，在规定减征企业所得税期满后，凡当年产品出口产值达到当年产品产值50%以上的，可以按照税法规定的税率减半征收企业所得税；已经减按15%的税率征收企业所得税的产品出口企业，按10%税率征收企业所得税。

7. 外商投资企业投资于生态环境建设、科技教育和旅游的企业，在十年内免征城市房地产税。外商投资企业自有自用房产，自生产、经营之月起，免征城市房地产税五年，自第六年至第十年减半征收城市房地产税。从事房地产开发经营的外商投资企业，自建成投产之月起，在开发经营期前五年，暂缓征收土地增值税。

8. 外商投资重点鼓励产业中的项目，其实际出资额在500万美元以上的，从生产经营之日起，五年内可享受不超过该企业上缴增值税 10% 的财政补贴。

9. 外商投资企业自领到工商营业执照之月起，免征车船使用牌照税、屠宰税十年。

（六）对一个企业的减免税政策如出现交叉的情况，可选择适用其中一项最优惠的政策，不能两项或几项优惠政策累加执行，享受优惠政策的时间连续计算。

（七）除对区内公路国道、省道免征耕地占用税外，对符合等级要求的道路建设用地，均可免征耕地占用税。公路国道、省道和等级道路以外其他公路建设用地是否免征耕地占用税，由有关部门向同级财政部门提出申请，统一由自治区财政部门审核后，报自治区人民政府决定。享受免征耕地占用税的建设用地具体范围限于公路线路、公路线路两侧边沟所占用的耕地，公路沿线的堆货场、养路道班、检查站、工程队、洗车场等所占用的耕地不在免税之列。上述免税用地，凡改变用途，不再属于免税范围的，应当自改变用途之日起补缴耕地占用税。

（八）对自治区内资鼓励类产业、外商投资鼓励类产业及优势产业的项目在投资总额内进口的自用设备，除《国内投资项目不予免税的进口商品目录（2000 年修订）》和《外商投资项目不予免税的进口商品目录》所列商品外，免征关税和进口环节增值税。外资优势产业按国家经济贸易委员会、国家发展计划委员会和对外贸易经济合作部联合发布的《中西部地区外商投资优势产业目录》（第 18 号令）执行。上述免税政策按照《国务院关于调整进口设备税收政策的通知》（国发［1997］37 号）的有关规定执行。

（九）对自治区境内的内资企业和外商投资企业研究开发新产品、新技术、新工艺所发生的各项费用，不受比例限制，据实在税前扣除。企业研究开发费增长幅度在 10% 以上的企业，经主管税务部门核准后，可以再按照实际发生额的 50% 抵扣应税所得额。

（十）对自治区实行分类管理办法的年创汇额在1 500万美元以上或生产规模在1 000万美元以上的出口企业（近 3 年未发生过骗税或涉嫌骗税问题、拥有一定规模的资产、财务制度健全）在办理出口货物退税时，可暂不附送出口收汇核销单，待年度清算时补齐。

新疆维吾尔自治区招商引资若干政策规定（摘编）

第一章 总 则

第二条 符合国家和自治区产业政策的区外独资企业，以及区外投资者出资额达到 25% 以上、经营期 10 年以上的合资合作、参股控投、收购兼并企业，或由区外投资者承包和租赁在五年以上的企业，均可享受本规定的优惠政策。

第三条 新疆维吾尔自治区境内的资源、产业、市场，除国家和自治区有特殊规定的，一律向全国开放。兄弟省市区国有、集体、私营、“三资”等各类企业、个体经营者及大专院校、科研机构均可以有形和无形资产参与新疆的大开发、实行多层次、多形式、多要素的经济技术合作。

第二章 优惠政策

第四条 区外投资者在自治区兴办生产性企业，自生产经营之日起，五年内免征企业所得税、车船使用税和房产税，期满后在一定期限内，减按 15% 的税率征收企业所得税；建设期内免征土地使用税。其中，凡在和田、喀什、克州以及国家和自治区划定的贫困县（包括兵团贫困团场）投资兴办企业，免征企业所得税八年，期满后在一定期限内，减按 15% 的税率征收企业所得税。兴办非生产性企业，自经营之日起，三年内免征企业所得税，期满后减半征收企业所得税三年。区外投资企业，经自治区人民政府批准，兴建我区基础设施，生态环境建设和高新技术项目，自生产经营之日起八年内免征企业所得税、车船使用税、房产税和土地使用税，期满后，在一定期限内，减按 15% 的税率征收企业所得税。建设期内免征土地使用税。区外投资者在我区投资兴办农业产业化经营企业，龙头企业加工、销售国家规定的农产品，增值税税率按13%计征，超过部分由财政予以补贴。销售自产农产品，在自治区境内销售自产农产品的初级加工品，免征增值税。

第五条 区外投资者在自治区投资兴办企业（公司)，法定注册资本金可实行3年内分期到位。申办以生产、批发为主的企业（公司)，首期出资5万元以上；申办以商业零售和中介服务为主的企业（公司)，首期出资3万元以上；申办科技开发企业（公司)，首期出资1万元以上，均可按程序办理注册登记手续。

第六条 鼓励区外投资者在自治区推广新技术、新产品、新工艺。区外投资企业在自治区进行技术转让的收人，免征营业税，对其技术转让和与技术转让有关的技术培训、技术服务、技术咨询等技术性收人免征企业所得税。鼓励以高新技术入股创办科技开发企业，国家和省、市、区认定的高新技术，入股比例可放宽到45%。科技人员以科技成果入股创办高新技术企业，注册资本不足法定数额的，缺口部分可在5年内分期到位。

第七条 区外投资企业，进口自用的先进技术设备和种子、种苗与种禽、种畜等，除国家有特殊规定外，免征关税和进口环节增值税。区外投资者与自治区周边国家进行工程承包、劳务合作而进口的补偿商品（除国家限制进口的商品外)，视为边贸进口商品，享受边贸商品关税优惠政策。区外投资企业为生产出口产品而进口所实际耗用的原辅材料，零部件、元器件，包装物料，符合加工贸易有关政策，按保税货物管理，享受有关优惠政策。

第八条 在边境地区注册成立的区外投资企业，注册资金在50万元人民币以上，经批准可享有边境小额贸易权。符合条件的生产型企业，经批准可享有进出口贸易。

第九条 区外投资者，开办矿山企业从事矿产资源开发的，自生产经营之日起，暂缓征收资源税5年；综合开发矿产资源的，对伴生矿产减半征收矿产资源补偿费；探明可供开采矿床的地质勘察费用，可作为递延资产，在开采该矿床后，税前逐年摊销。

第十条 区外投资者来自治区开发“四荒”（荒山、荒地、荒滩、荒坡）种树种草的，免征一切地方税费和土地出让金，投资者拥有所植草木的所有权和经营权，土地使用权50年~70年不变，期满后可申请续期，可以继承和有偿转让。对投资退耕还生态林、草，保护生态环境的，免征土地使用费，其产出的农业特产品收人，在20年内免征农业特产税。在自治区土地利用总体规划划定的可垦区域内进行土地综合开发的，从受益年度起5年内免征农业税、农业特产税及土地使用费。来自治区兴办畜牧业项目的，从受益年度起5年内免征牧业税和草原使用费。

第十一条 区外投资者按租赁方式取得土地使用权，经营期在20年以上的，自企业取得使用权之日起，前五年免交土地租金（土地有偿使用费)，在国家、自治区划定的贫困县内投资的，免缴10年土地租金（土地有偿使用费)。区外投资者以出让方式取得国有土地使用权，经营期在20年以上的，可免交25%土地出让金；经营期在30年以上的，免交30%。使用城镇规划区外的非立农荒地、荒山的，及在国家和自治区划定的贫困县投资的，免缴40%的土地出让金。

第十二条 区外投资者从事水利、能源、交通、环境保护、生态建设、小城镇建设、城市市政建设等基础设施项目的建设用地，公益性事业用地，以及国家和省、市、区认定的高新技术项目用地可按行政划拨的方式取得土地使用权。以出让方式获得土地使用权的，在交纳全部出让金后，可以依法转让、出租和抵押；以行政划拨方式获得国有土地使用权的，在补交土地出让金后，也可以依法转让、出租和抵押。获得土地使用权的投资者，还可以以土地使用权作价入股（扣除政策优惠部分)，创办新企业。

第十三条 区外企业来自治区设立分支机构，已做过信用等级评定的，银行和有关部门不再重新评定等级，享受区内同类资信等级的优惠政策和授信额度。

第十四条 区外投资企业所需配套的固定资产、技改贷款及流动资金贷款，经办银行可根据国家有关金融法规政策，给予积极支持。区外投资者投资自治区农、林、牧、副、渔、水利等项目，可以申请农业开发贷款，并视同自治区企业享受有关优惠。区外投资者在自治区贫困地区兴办有助于带动贫困人口脱贫致富的独资、合资项目，可以按照有关政策，申请扶贫贷款。区外投资企业进行新产品、新技术开发，可申请使用银行科技开发贷款，并可享受区内企业相关的优惠政策。区外投资者在自治区独资或联合兴办乡镇企业，可享受自治区乡镇企业各项优惠扶持政策。区外投资者来自治区独资或联合兴办福利企业，可享受自治区社会福利企业各项优惠扶持政策。

第十五条 区外投资者兴办国家认定的高新技术企业和前景良好的成长型企业，由自治区按区内企业标准，推荐上市融资。

第十六条 在边境城市投资注册并取得进出口经营权和边境贸易权的区外投资企业，在注册地从事进出口贸易，办理有关结汇、售汇以及进出口收、付汇核销等方面，享受区内同类企业的同等待遇。

第十七条 区外投资者，凡在自治区一次性购买500平方米以上商品房的（含500平方米），减半征收购房交易手续费（服务费、登记费）和房产交易税。

第十八条 区外投资者，一次性投资50万元以上的，可在投资所在地申办两个城镇居民常住户口，投资100万元以上的，可申办四个城镇居民常住户口；一次性投资300万元以上的，可为其法人代表、经营管理人员及其配偶、子女申办城镇居民常住户口，免征城市市政公用基础设施增容费（县乡和贫困地区还可放宽）。从区外招收的技术骨干，免收暂住费。

第十九条 区外投资者从海外和外省市区引进具有大学本科以上学历的专业技术人员、管理人员和高级技术工人，可按有关规定申办乌鲁木齐市和各地州市城镇常住户口，免征城市市政公用基础设施增容费。

第二十条 所有区外投资企业（包括个体和私营企业）以及他们的员工及其配偶和子女，除本政策规定的，均与自治区企业同等对待。区外投资企业的外省市区职工子女，需在中小学就学的，到所在地的教育部门办理就学手续，按当地企业职工收费标准收取费用。区外投资企业携带已在区外注册登记的车辆，按规定优先办理代检手续。在新疆购买的车辆允许在新疆办理注册登记手续，其车辆年检与区内企业车辆同等对待。

第二十一条 凡在自治区引进资金、高新技术的个人和中介组织，由受益单位按所引进资金额或新增利税总额的1% ~3% 给予一次性奖励。区外各类管理人员到自治区各类企业，从事经营活动，为企业扭亏增盈成绩显著的，可按新增效益的3% ~5% 给予奖励。

第三章 投资保障

第二十二条 区外投资者自主确定投资项目、合作伙伴和合作形式。投资国家和自治区产业政策鼓励的项目，计委对其审批管理的事项，文件资料齐全的，7个工作日内审查、批复。投资国家及自治区限制的项目，有关审批部门，在文件资料齐全的情况下，30个工作日内给予批复和报批。工商行政管理部门对文件资料齐全的项目，在7个工作日内办完注册登记手续。规划、城建、粮食、公安、税务等各有关部门受理区外投资企业申请办理的文件资料齐全的事项，属于审批权限内的，在7个工作日内办结批复；需要逐级报批的，由该部门实行全程服务，在30个工作日内办结批复。

第二十三条 严禁以任何名义向区外投资企业乱收费、乱摊派、乱罚款。收费单位向企业收费，必须出示国务院及自治区人民政府批准的有关文件及物价部门发放的收费许可证，逐项填写（企业交费登记卡），否则，企业有权拒交。

第二十四条 所有执法部门无正当理由和法定手续，不得随意到区外投资企业进行检查，不得借执法为名，检查干扰企业正常的生产、经营秩序。如确需进行执法检查，须经上一级执法部门批准，严格按照法定程序进行。

第二十五条 各级纪检监察部门、物价部门定期进行检查，严厉查处针对区外投资企业的违法违纪问题。非法干预给企业造成损失的，要依法赔偿；情节严重的，要依法追究刑事责任。

第四章 附则

第二十六条 自治区经协办及各级经协办（或政府指定的部门）负责自治区及各级政府对内开放、引进内资、促进国内经济技术合作的日常工作。

新疆维吾尔自治区招商引资若干政策规定实施细则（摘编）

第二条　《规定》所称区外投资者，是指出资参与自治区开发建设的在外省、区、市、注册登记的企业、事业单位、大专院校、科研院所和户籍所在地在外省区市的个人。《规定》所称区外投资企业，是指区外投资者在自治区行政区域内出资新办或联办的企业，或者区外投资者在新疆租赁、承包的企业。

第三条《规定》适用范围是：

（一）区外投资者在新疆注册登记的新办企业（公司）或收购兼并的企业（公司）。

（二）区外投资者出资额达到注册资本　25%以上、经营期在十年以上、通过合资合作、参股控股等形式在新疆投资新办的企业。

（三）区外投资者在新疆出资承包或租赁自治区企业，承包或租赁期限在五年以上的。符合以上规定的区外投资企业，其投资项目应当符合国家及自治区产业发展政策和方向。

第四条　区外投资者可以用货币投资，也可以用机器设备等有形资产或工业产权、非专利技术等无形资产投资。采用货币以外的其他资产投资的，须按国家有关规定对该资产进行评估和确认。

第五条　区外投资企业符合《规定》条件的，应按以下程序办理享受优惠政策事项：

（一）凡已具备生产或经营条件的区外投资企业向所在地的主管部门提交区外投资企业享受优惠政策申请书和有关文件。

（二）区外投资企业按规定将全部文件提交齐全后，由具有审核办理权的主管部门七日内作出审核决定。经审核，符合条件的，发给《区外投资企业享受优惠政策证书》，不符合条件的不予发放。

（三）区外投资企业取得《区外投资企业享受优惠政策证书》后，据此向有关部门申请办理优惠政策事项。各有关部门依据区外投资企业享受优惠政策证书和有关材料，对区外投资企业的申请事项进行审核，符合规定的，按管理权限批准或报批。区外投资企业接到不予发放区外投资企业享受优惠政策证书通知后不服的，可以向原办理机关提出复核或向上一级机关提出复议。复核或复议受理部门应在30日内办复。

第六条　自治区协作办和各级协作办（或政府指定的部门）是审核办理区外投资企业享受优惠政策证书的主管部门。区外投资者在新疆投资新办企业或承包、租赁企业，出资额在500万元（含500万元）以下的，由企业所在地的县（区、市）协作办（或政府指定的部门）审核办理，报所在地州市协作办（或政府指定的部门）备案；出资额在500万元至1 000万元的，由企业所在地的地州市协作办（或政府指定的部门）审核办理，报自治区协作办备案；出资额在1 000万元（含1 000万元）以上的，由自治区协作办审核办理。自治区行政区域内的国家级和自治区级经济技术开发区、高新技术产业开发区及边境经济合作区，负责审核办理辖区范围内的区外投资企业享受优惠政策事项，报自治区协作办备案。

第七条　申请办理区外投资企业享受优惠政策证书，应当向主管部门提交下列文件：

（一）企业负责人签署的（区外投资企业享受优惠政策申请书）。

（二）工商行政管理部门核发的企业法人营业执照副本及法人代表证明书。

（三）政府主管部门审批的项目建议书，企业章程。

（四）组建区外投资企业所签订的合同书或协议书。

（五）具有法定资格的验资机构出具的证明区外投资者实际出资的有关文件。

（六）区外投资者的法人资格证明或自然人身份证明。

第八条　区外投资企业有下列情形之一的，由原发证机构撤销或收回区外投资企业享受优惠政策证书：

（一）隐瞒真相、弄虚作假取得区外投资企业享受优惠政策证书的；

（二）在年度检查复核中认定为不符合区外投

资企业条件的。被撤销或收回区外投资企业享受优惠政策证书的，停止执行《规定》和本细则的各项优惠政策，对已享受优惠政策减免的税、费应予补缴，并承担相应的处罚。

第九条 区外投资企业符合《规定》第四条有关减、免税优惠规定的，可向企业所在地的主管税务机关提出减免税申请，经主管税务机关审核后，按规定的减免税管理权限批准或者报批后执行。生产性区外投资企业追加投资或用分得的利润再投资形成新的生产能力，自生产经营之日起，免征其追加投资或再投资部分新增的企业所得税 5 年，期满后在《规定》执行期间，减按 15% 的税率征收企业所得税。经批准后减免的企业所得税，必须用于企业的生产经营。《规定》第四条所称在一定期限内，暂定为 2001～2010 年。《规定》第四条所称“自生产经营之日起”、“自经营之日起”，是指生产性企业自实际开工投产之日起和非生产性企业自实际开业之日起（非企业工商注册登记之日）。

第十条 《规定》下发前已在自治区投资的区外投资企业，符合（规定》第二条和本细则第三条的，可享受以下税收优惠政策：

（一）生产性区外投资企业，在《规定》执行期间，减按 15% 的税率征收企业所得税；

（二）对经自治区人民政府批准兴建的自治区基础设施、生态环境建设和高新技术项目，可在原已享受政策优惠的基础上，从 2001 年 1 月起再免征企业所得税三年，期满后在《规定》执行期间，减按 15% 的税率征收企业所得税。

第十一条 《规定》第五条，区外投资者在自治区投资新办企业，申请的注册资本达不到最低法定注册资本金要求的，注册资本金可实行三年内分期到位。申请的注册资本在法定注册资本金最低限额之上的，首期出资额不得少于申报注册资本的 10%。前款所称首期出资额是指区外投资企业登记注册时的实际出资额。注册资本金三年分期到位，是指从注册之日起，未到位注册资金 12 个月内达到注册资本金法定最低限额的 50%，其余部分应在后 24 个月内全部到位。

第十二条 《规定》第四条第三款所称的高新技术项目是指经过国家或自治区科技主管部门认定的项目。区外投资企业符合《规定》第六条第一款的，须持技术转让的书面合同，到自治区科技行政主管部门或其授权下设的技术合同认定登记机构进行认定登记，由自治区科技行政部门将有关材料按季度统一报自治区地税局审批。《规定》第六条第二款，区外投资者以高新技术成果出资入股的，高新技术成果需经国家或省级科技行政部门认定和法定评估机构评估作价，作价金额超过公司注册资本 20% 的，经自治区科技行政部门认定后，入股比例可放宽到 45%。科技人员以科技成果出资入股创办高新技术企业，注册时应到位不低于 10% 的注册资本金，缺口部分可按每年 20% 的比例，五年内到位。

第十三条 区外投资企业投资符合鼓励类产业及优势产业的项目，在投资总额内进口自用的先进技术设备，除国家规定不予免税的商品外，免征关税和进口环节增值税。《规定》第七条第二款所称享受边贸商品进口关税优惠政策，主要是指比照边境贸易政策享受减半征收进口关税和进口环节增值税，并可自行销售进口商品。《规定》第七条第三款所称享受有关优惠政策，主要是指享受加工贸易有关优惠政策，即除国家规定必须申请进出口许可证的商品外，可免领进口许可证，免征进口关税和进口环节增值税。符合《规定》第七条和以上条款的，区外投资企业可在乌鲁木齐海关申请办理享受进口税收优惠待遇，经审核批准后执行。

第十四条 符合《规定》第八条的区外投资企业，可向所在地外经贸主管部门提出申请，由外经贸主管部门按规定的管理权限审核批准或报批后，享受边境小额贸易权或进出口贸易权。

第十五条 《规定》第九条，区外投资者依法开办矿山企业从事矿产资源开发申请暂缓征收资源税的，经县级以上人民政府国土资源行政主管部门审核，并出具矿山企业合法采矿证明后，可凭证明及有关文件向主管税务机关申请办理暂缓征收资源税五年。矿产资源补偿费的减征，由区外投资企业提出申请，由自治区国土资源行政主管部门会同自治区财政部门审核批准。

第十六条 区外投资者来自治区开发国有“四荒”（荒山、荒地、荒滩、荒坡）进行种树种草等生态建设的，实行谁种树种草、谁经营、谁拥有土地使用权和林草所有权的政策。开发国有“四荒”的区外投资者，应按依法批准的县级土地利用总体规划和有关规定，在进行可行性研究后，确定开发方案，向当地县级以上人民政府国土资源行政主管部门提出开发申请，由县级以上人民政府按规定的批准权限批准。经批准的区外投资者依法取得土地开发许可证，项目完工后，申请土地开发验收，凭土地开发验收手续办理土地使用证，取得土地使用权。区外投资者可凭土地开发许可证和区外投资企业享受优惠政策证书等手续向有关部门申请办理免征地方税费和减免土地使用费，凭土地使用证和区外投资企业享受优惠政策证书等手续办理减免土地出让金。

第十七条　符合《规定》第十条的区外投资企业，申请免征农业税、农业特产税和牧业税，经县级财政征收机关审核，报上级财政主管部门批准后执行。申请免缴土地使用费，报县级以上人民政府国土资源行政主管部门审核，符合规定的，由县级以上人民政府按规定的批准权限批准。

申请免缴草原使用管理费，报县级以上人民政府农牧业行政主管部门审核，符合规定的，由县级以上人民政府按规定的批准权限批准。《规定》第十条所称“受益年度”是指从取得土地开发许可证的当年起算的第三年。

第十八条　《规定》第十一条，区外投资者以租赁方式取得土地使用权的，须依照国家及自治区的有关规定，签订土地使用权租赁合同，土地租金（土地有偿使用费）的免缴，可按《规定》第十一条第一款的优惠在合同中约定。需审核批准的，由县级以上人民政府按规定的批准权限审核批准。区外投资者以出让方式取得土地使用权的，须依照国家及自治区的有关规定，签订土地使用权出让合同，土地使用权出让金的免缴，可按《规定》第十一条第二款的优惠在合同中约定。需审核批准的，由县级以上人民政府按规定的批准权限审核批准。区外投资者在签订用地合同时尚未取得区外投资企业享受优惠政策证书，而需先行办理土地划拨、租赁、出让等手续并享受优惠的，可在合同中先行约定享受优惠政策部分收费的暂缓缴纳条款，经国土资源行政主管部门同意并办理有关收费的缓交手续，待正式取得区外投资企业享受优惠政策证书时再办理减免手续，并领取土地使用证。

第十九条　区外投资者从事《规定》第十二条第一款所列项目和经国家科技行政主管部门认定的高新技术项目，可向县级以上人民政府国土资源行政主管部门申请，经按批准权限批准后，可按行政划拨方式取得土地使用权。

第二十条　区外投资者在自治区投资农、林、牧、副、渔、水利等项目，符合自治区农业综合开发有关政策规定的，可向县级以上人民政府农业综合开发办公室申请列入农业综合开发项目，并视同自治区企业享受有关优惠。

第二十一条　区外投资者在自治区贫困地区兴办有助于带动贫困人口脱贫致富的独资、合资项目，符合国家和自治区扶贫开发项目规定的，由县级以上人民政府扶贫开发主管部门列为扶贫开发项目，协助申办扶贫贷款。

第二十二条　区外投资企业进行新产品、新技术开发，可向当地县级以上人民政府科技行政主管部门申请列入科技开发项目，并视同自治区企业享受有关优惠。

第二十三条　区外投资者凡在自治区一次性购买500平方米以上商品房的（含500平方米），可凭区外投资企业享受优惠政策证书及购房合同和房产交易资料，向当地房地产市场管理部门和主管税务机关申请减半缴纳购房交易手续费和房产交易税。

第二十四条　区外投资者在新股投资和区外投资企业引进人才，符合《规定》第十八条、第十九条的，可持区外投资企业享受优惠政策证书及企业引进人员的有关证明材料，向投资所在地的公安机关申办投资者本人及其配偶、子女和符合规定的企业引进人员的城镇居民常住户口，申请免缴城市市政公用基础设施增容费。从区外招收的具有中级以上职称的技术骨干，可申请免缴暂住费。

新疆维吾尔自治区鼓励外商投资若干政策规定（摘编）

第一章 总 则

第二条 本规定适用于外国公司、企业、其他经济组织和个人在自治区行政区域内投资举办的企业及其他项目（以下统称外商投资企业）。

第二章 产业导向

第三条 外商可以举办国家《外商投资产业指导目录》中所允许的所有产业项目。鼓励外商投资以下重点产业：

（一）农林牧业综合开发及其产品深加工；

（二）水利、能源、交通等基础产业和基础设施建设；

（三）生态环境建设、小城镇经济建设；

（四）高技术含量、高附加值的轻工产品、特色食品；棉、毛、丝、麻纺深加工技术与产品开发、高仿真化纤生产、织物印染及后整理加工；

（五）石油化工、精细化工、农用化工；

（六）有色金属、黑色金属和非金属矿产的勘察、开采和加工；

（七）新型建筑材料和节能建筑材料；

（八）新材料、生物工程技术（不包括基因工程技术）、信息、通信系统网络技术、资源再生及综合利用技术、节约能源开发技术、环境污染治理工程及监测和治理技术；

（九）旅游资源的开发及旅游景点建设。

第四条 经国家批准，有条件的城市可开展商业、外贸（一般贸易、地边贸易）、金融等领域及旅行社的开发试点，对设立此类中外合资、合作企业，可放宽中外投资者及合营公司应具备的条件。放宽《外商投资产业指导目录》中限制类和限定外商股权比例项目的设立条件。

第三章 优惠政策

第五条 设立外商投资企业，经营期在10年以上，免征外商投资企业和外国企业所得税中的地方所得税。

第六条 外商投资举办的先进技术企业，依照税法规定免征、减征所得税期满后仍为先进技术企业的，经税务机关批准，可按照税法规定的税率延长三年减半征收企业所得税。举办产品出口企业，在依照税法规定免征、减征企业所得税期满后，凡当年产品出口产值达到当年产品产值50%以上的，可以按照税法规定的税率减半征收企业所得税；已经减按15%的税率征收企业所得税的产品出口企业，按10%税率征收企业所得税。

第七条 从事农业生产的外商投资企业，免征农业税5年。

第八条 外商投资本规定重点鼓励产业中的项目，其实际出资额在500万美元以上的，从生产经营之日起，五年内可享受不超过该企业上缴增值税10%的财政补贴。

第九条 从事矿产资源开采（属于石油、天然气资源开采项目除外）的外商投资企业，自建成投产之月起，暂缓征收资源税五年；综合开采回收共、伴生矿产的，减半征收矿产资源补偿费；对在依法勘查区域内探明可供开采矿床的地质勘察费用，在该矿床进入商业开采后，可作为递延资产，税前逐年分期摊销。

第十条 外商投资企业自有自用房产，自生产、经营之月起，免征城市房地产税五年，自第六年至第十年减半征收城市房地产税。

从事房地产开发经营的外商投资企业，自建成投产之月起，在开发经营期前五年，暂缓征收土地增值税。

第十一条 外商投资企业自领取工商营业执照之月起，免征车船使用牌照税、屠宰税十年。

第十二条 外商投资企业从事水利、能源、交通、小城镇等基础设施项目的建设用地和公益事业用地，可按行政划拨方式取得国有土使用权。

第十三条 外商投资企业可以按租赁方式取得国有土地使用权（房地产开发除外）。经营期在20年以上的，自企业取得土地使用权之日起，免缴五年土地租金（土地使用费）。对本规定重点鼓励的产业，第六年至第十年免缴50%的土地租金（土地使用费）。

第十四条　外商投资企业以出让方式取得国有土地使用权，经营期在20年以上的，免缴25%的土地使用权出让金。经营期在30年以上的，免缴30%的土地使用权出让金。其中使用城镇规划区外的非宜农荒地、荒山的，免缴40%的土地使用权出让金。

第十五条　外商投资企业从事本规定重点鼓励的产业，采取出让方式取得国有土地使用权，并且经营期在30年以上的，免缴30%的土地使用权出让金，其余土地使用权出让金可实行挂账，自生产、经营之月起五年内分期付清。

第十六条　对中外合资、合作经营企业，中方可将土地资产折价作为国家股投入。

第十七条　从事本规定重点鼓励产业的外商投资企业，使用的土地可按当地地价的低限予以出让或收取土地租金（土地使用费）。

第十八条　外商投资企业以出让方式取得国有土地使用权的，在缴纳全部土地使用权出让金后，可以依法转让、出租或抵押；以行政划拨方式取得国有土地使用权的，在补办出让手续、补交出让金后，也可依法转让、出租或抵押。外商投资企业以出让或租凭方式取得国有土地使用权的，出让或者租赁期限届满后需继续使用土地的，经依法批准后可以续期使用土地。以出让方式取得土地使用权的外商投资企业，不再缴纳场地使用费。

第十九条　外商投资企业应当享受的其他优惠政策：

（一）外商投资企业在新疆境内举办企业，外商投资比例超过25%的项目，视同外商投资企业，享受相应政策。

（二）对外商投资企业减半征收城市基础设施配套费。

（三）除工本费外，其他行政事业性收费规定标准有幅度的，以低限为基准减半收费，无幅度的一律减半收费。

（四）外商投资企业在生产经营中所交纳的各项费用与国有企业同等对待。

（五）对引进外商投资的中介机构和个人，可按实际到位资金由受益方支付适当佣金或奖金。

（六）举办生产性外商投资企业，开业满1年后，按实际进资额计算，每10万元可在投资所在地、州、市为本企业职工或投资者的亲属安排一个城镇户口指标。

第四章　投资保障

第二十条　有关主管部门审批外商投资企业项目及办理相关证照，须在收到申请之日起5个工作日内作出答复，对资料齐全的，应在10个工作日内办理完毕本部门的审批及登记手续。如无特殊原因在规定期限内未予答复的，视为许可；限额以上项目和国家《外商投资产业指导目录》中列为限制乙类的项目，各部门必须在15个工作日内报送国家有关部门。

第二十一条　按照同等优先的原则办理外商投资企业人员的出入境手续。

第二十二条　优先保证外商企业生产经营所需水、电、暖、气的供应，优先安排土地使用、运输计划和进出配额。

第二十三条　禁止向外商投资企业乱摊派、乱收费、乱罚款、乱检查。

为减轻外商投资企业的负担，在法律、法规、规章及自治区人民政府出台的收费项目外，各地不得出台收费项目，已经出台的一律取消。

涉及外商投资企业的各类收费，按照《中华人民共和国价格法》、《新疆维吾尔自治区行政事业性收费管理条例》和国家有关规定执行。收费单位执行公务时，必须出示国家发展计划委员会监制、自治区物价局统一制发的《收费许可证》，并开具规定的合法票据。对违反前款规定的收费，外商投资企业有权拒付。

第二十四条　外商投资企业的合法权益受法律保护。任何部门或个人不得干涉企业的合法经营。其合法权益受到侵害时，外商投资企业可以依法申请复议或者提起诉讼。

第五章　附　则

第二十五条　台湾、香港、澳门同胞及华侨在新疆境内投资的，除法律、法规另有规定外，参照本规定执行。

十、联系方式

新疆维吾尔自治区人民政府办公厅

地址：乌鲁木齐市中山路2号

邮编：830041

电话：（0991）2803114（查号）、2803104、2803101（值班）

自治区发展和改革委员会

地址：乌鲁木齐市明德路16号

邮编：830002

电话：（0991）2810105

自治区经济贸易委员会

地址：乌鲁木齐市友好南路179号

邮编：830000

电话：（0991）4523947、4543050

自治区招商发展局

地址：乌鲁木齐市友好南路179号

邮编：830000

电话：（0991）4522105、4520680

网址：www. xjzsw. gov. cn

自治区地方税务局

地点：乌鲁木齐市解放北路3号

邮编：830002

电话：（0991）2840548

乌鲁木齐海关

地址：乌鲁木齐市北京南路17号

邮编：830011

电话：（0991）3835181－5309

网址：www. urumqi－customs. gov. cn

新疆出入境检验检疫局

地址：乌鲁木齐市南湖路76号

邮编：830063

电话：（0991）4640057

E－mail：xjciqbg@ xj. cninfo. net

第七篇

调研与分析

CHAPTER VII INVESTIGATION & ANALYSIS

国际中小企业合作“地区导向”模式浅析

2004年12月8日，值意大利共和国总统钱皮访问中国之际，江苏省人民政府和意大利工业家联合会共同签署了旨在发展双方中小企业交流合作的《谅解备忘录》。这是我国以地方政府名义和国外国家级机构签署合作协议的典型案例，开创了我国以地区为导向的国际中小企业合作发展的新模式。

2005年4月，江苏省李全林副省长带领江苏省政府和企业家代表团一行160余人成功访问了意大利，标志着双方的合作和交流进入了实质性阶段。下面以“中国江苏—意大利”合作（以下简称“苏—意合作”）模式为例，对这种新型的“地区导向”合作模式和合作趋势进行简要分析。

一、“苏—意合作”简介

2004年12月，意大利共和国总统钱皮访问中国，12月8日到达上海，出席了意大利工业家联合会举办的“意大利制造业中国论坛”。其间，江苏省人民政府和意大利工业家联合会共同签署了旨在发展双方中小企业交流合作的《谅解备忘录》。备忘录签署100多天后，应意大利工业家联合会的邀请，2005年4月12至15日，江苏省副省长李全林带领江苏省政府和企业家代表团一行160余人访问了意大利。代表团成员包括江苏省经贸委、中小企业局、工商联、外事办、财政厅有关领导和南京、无锡、苏州、常州、南通、连云港等城市的副市长，以及相关中介组织、大学和企业家代表等。4月12日，代表团全体成员首先参加了在罗马举行的“中国江苏·意大利中小企业合作与发展论坛”，随后4月13日按照地区行业特点分成三组分赴都灵、维琴家和威尼斯，参观意大利企业、研发中心，出席针对当地企业特点的技术研讨会和中意企业对口会谈等，15日代表团在米兰会合，参观了米兰国际家具展并继续开展企业间商业洽谈。

代表团一行活动四天，日程安排紧凑、项目针对性强，取得了积极的成果和良好的效果。意大利企业也表现出了与江苏省中小企业交流的浓厚兴趣，双方进行了广泛接触，达成了众多合作意向。为使双方合作更具成效，江苏省政府与意大利工业家联合会就采取进一步行动，加快推进双方中小企业的合作与交流达成了新的共识。双方表示将增派人员，组建常设的办事机构，加强交流，密切联系，协调各方力量全面推进《谅解备忘录》的实施，把合作落到实处。根据双方意愿和商定的计划，江苏省政府还邀请意大利工业家联合会2005年9月组织相关行业的意大利企业回访中国江苏。

二、国际中小企业合作“地区导向”模式的特点

纵观以往的国际中小企业合作，多以国家级部委之间、国家级中小企业联合会、协会间合作为主，双方签订合作协议并不定期组织政府管理部门和企业家的互访和接洽。然而随着我国乡镇、民营企业的蓬勃发展，中小企业的逐渐增加，中小企业要求国际间合作的呼声也越来越大，国家级的活动很难覆盖到地方各级有意愿和有能力的中小企业，因此地方政府组织的“地区导向”合作模式便应运而生。这种模式有如下几个方面的特点：

（一）效率高、针对性强

地方政府组织的代表团、企业家，由于直接针对地方产业特点，充分利用了本地产业优势，引进急需技术和弱势行业，因此所组织的各项研讨会、洽谈会等针对性较强，大大提高交流活动及其后续合作的效率，可以按照预计的目标达到良好的效果。

（二）结构紧密、便于组织

地方政府对中小企业的管理主要是通过地方各级经贸委（或者商务厅、发改委）下辖的中小企业管理局（乡镇企业管理局）进行垂直管理、业务指导和提供服务。各省级地方政府中小企业管理部门与下辖市、区、县相关部门的管理和隶

属关系相对紧密。此外，由于各级管理部门对本地区中小企业的特点较为了解，对具体相关中小企业及其企业家的情况也非常熟悉，因此在组织报名、推荐、甄选和安排活动等过程中更加方便，访问活动中也更易管理。

（三）充分发挥地方各级政府的职能

中小企业，由于其自身在市场竞争中的弱势地位，比大型企业更需要政府的支持、引导和组织、协调。中小企业合作的“地区导向”模式由于借助了地方政府的影响，能够组织较大规模的国际合作安排；由于借助了地方政府的安排，使得当地中小企业可以广泛参与其中，结识更多的贸易及合作伙伴；由于借助了当地政府的组织协调，便能够有针对性的引导中小企业发挥对当地经济的促进作用；由于中小企业能更方便地向当地政府反馈需求和信息，从而有助于政府调整方案，向中小企业提供更加便捷、有效的服务。凡此种种，都能够更深层次地发挥地方各级政府对中小企业的管理和服务职能。

三、国际中小企业合作“地区导向”模式参考程序

地方政府在组织“地区导向”的国际中小企业合作时，一般也遵循一定的模式或程序，结合“苏一意合作”的实际案例，现将“地区导向”模式可供借鉴的基本程序介绍如下：

（一）事前准备——找准合作点

在正式签署合作协议前，必须熟知双方企业的特点和合作意向，找准合作点。或者双方在某些行业或领域具有共同发展空间，或者双方企业在产业结构上具有互补性，或者双方愿意在以往合作的基础上继续扩展合作的广度和深度。

案例：“苏一意合作”中，江苏省和意大利就存在多方面的共同点和合作基础：①双方都存在中小企业多的特点。意大利中小企业占全部企业总数的99%，而江苏省也有众多的中小企业，占全省企业总数的99.7%。②双方拥有良好的政治经济关系。江苏省和意大利的托斯卡纳大区、威内托大区都建立了友好省区的关系，江苏省的南京市和意大利的佛罗伦萨市、苏州市一威尼斯市、常州市一普拉托市、盐城市一基亚提市都已结成友好城市。③双方具有深厚的经济合作基础。目前已经有近100家意大利企业在江苏投资、设立办事机构，特别是意大利的重要工业企业一菲亚特（FIAT）集团在江苏的直接投资已经超过了5亿美元，一些江苏企业如小天鹅电器公司、月星家具公司、森达集团等相继同意大利企业开展合作并结出硕果。④双方中小企业互补性较强，扩大合作前景广阔。意大利具有高度开放和国际化的优势，江苏省消费市场的规模较大，加工贸易发展迅速。加强合作，不仅可以利用双方的贸易平台，扩大江苏中小企业的产品出口，也可以把意大利更多的优势产品和世界先进技术设备引进到江苏。

（二）签署合作协议

确定了双方的合作意向后，便可以有针对性地签署双方的合作协议或谅解备忘录，约定合作目的、合作范围、预定的成果以及双方承担的权利义务等。合作协议应当为双方中小企业合作提供很好平台。为达到宣传效果、扩大影响和提高有效性，一般可以选择在两国高层互访或双方领导人会谈的时机签署。

案例：“苏一意合作”中，在较充分的交流和事前准备的基础上，江苏省和意大利工业家联合会选择在意大利钱皮总统访华期间签署了谅解备忘录，并成为钱皮总统访问上海一站的重要组成部分。谅解备忘录中约定了江苏省人民政府和意大利工业家联合会在促进苏意经济、技术和商业合作方面的伙伴关系；商定了双方组织以中小企业为主的代表团定期互访，进行考察与商业洽谈；双方就各自国家有关的互利合作事项经常交流信息，及时通告法规变化和优惠政策，互通投资和贸促信息，拓展合作领域和合作空间。双方均认为，备忘录的签署把双方的合作与交流带进了新的历史时空，为双方进一步合作打下了重要基础。

（三）组织政府及企业家代表团访问

为落实协议内容，最有效和直接的步骤就是组织政府和企业家代表团开展访问、参观和商务洽谈。通过访问，可以加深双方企业间的了解，沟通信息，以及进行直接接触，拓展合作商机。访问活动中，可以采用参观企业、考察工业园区、参加国际展览会、组织研讨会和对口洽谈会等多种形式。为提高效果、扩大影响，还有必要组织

一至两场具有标志性的研讨会或论坛等。

案例：作为落实江苏省人民政府与意大利工业家联合会签署的《谅解备忘录》重要内容之一，2005年4月12日至14日江苏省组成了规模庞大的政府和企业家代表团赶赴意大利，开始了对意大利罗马、都灵、维琴察、威尼斯、米兰等地的考察和访问，与意大利工业家联合会及旗下企业广泛接触，举行了一系列活动，就进一步加快推进双方中小企业的合作与交流达成了众多意向。继4月12日在罗马成功举办“中国江苏·意大利中小企业合作与发展论坛”后，4月14日，机械行业、汽车零部件技术研讨会又在都灵举行。代表团在意大利期间，还考察了菲亚特（FIAT Orbassano）研发中心、宾尼法力纳（PININFARINA）汽车设计公司、卡尔那基（Pietro Carnaghi）飞机发动机制造厂；组织相关家具企业等参观了久负盛名的米兰国际家具展；分别在维琴察和威尼斯举办了技术研讨会和地区投资环境推介会等；同时，还与意大利工业家联合会下属的企业举行了3场对口洽谈，中意双方共有250多家企业参加了洽谈，达成了一系列合作意向。据参会的南京轴承有限公司负责人介绍说，仅仅一个小时之内，就有8家意大利企业前来洽谈合作，颇让他在应接不暇中感到十分惊喜，认为不虚此行，收获很多。

在众多活动中，最早在罗马举行的“中国江苏·意大利中小企业合作与发展论坛”颇为引人注目，江苏省代表团一行160余人和意大利政府和企业界代表200余人参加了论坛。意方也表达了相当的重视，意大利生产活动部部长马尔扎诺（Marzano）、工业家联合会主席蒙特泽莫罗（Montezemolo）、对外贸易委员会主席坤蒂耶利（Quintieri）、意大利银行协会主席塞拉（Sella）、意大利对外投资公司总裁曼切蒂（Manciati）、罗马市市长维特罗尼（Veltroni）、罗马商会主席蒙德罗（Mondello）等参加会议并作了主题发言。江苏省副省长李全林、江苏省中小企业局局长任懿奇、常州市副市长王正平等也作了宣传介绍和主题讲话。罗马论坛是此次访问的第一项、同时也是最重要的一项活动内容，它的圆满举办不仅成为此次访问的标志性活动，也为后续的活动和今后双方的合作打下了良好的基础。

（四）交流经验、沟通新的意向

通过首次访问，双方加深了沟通与了解，更准确地认清了彼此的需要和合作方向，也有必要在交流经验的基础上，构建更深层次的合作机制和合作方案。

案例：考察访问后，为使双方合作更具成效，江苏省与意大利工业家联合会就采取进一步行动，加快推进双方中小企业的合作与交流达成了初步意向。江苏省中小企业局拟在意大利罗马建立常设机构——中小企业办事处，为江苏中小企业到意大利开展贸易、投资等事务提供服务，也为意大利中小企业前往中国提供便利。同时，江苏省希望意大利工业家联合会也以适当的方式在江苏设立相应机构。意方大力支持江苏省在意设立办事处，罗马市市长表示愿意为办事处选址等提供方便，意大利工业家联合会主席则表示愿意在设立程序等各方面给予帮助。双方同意进一步增派人员，加强交流，密切联系，并建议尽早建立江苏省与意大利工业家联合会推进双方中小企业合作与交流的联合工作委员会。

（五）回访

首次访问后，受访方通常应当组织对来访方的回访。通过回访，会进一步促进双方政府主管部门和企业之间的了解，促进对双方贸易投资环境的了解。在回访过程中，也可以对进一步的合作意向进行确认，推进交流的深度和广度。

案例：江苏省代表团在访问结束前，真诚地向意大利工业家联合会发出了邀请，希望其能够在2005年下半年的适当时候（初步商定于9月份）组织代表团访问江苏，并准备在回访期间正式签订成立“联合工作委员会”的协议，建立更加有效的工作机制。

（六）建立常设机构、落实长效机制

回访结束后，以互访为促进手段的一个初步循环便已完成，但是要达到更加有效的后果，这才仅仅是一个开端。双方必须商讨并落实合作交流的长效机制，把双方的中小企业合作不断推向前进。其中，互建常设机构、办事处、服务中心，以及签署促进合作的“联合工作委员会”，制定互惠双方的优惠管理政策等等都是可供选择的有效手段。

案例：江苏省代表团结束对意大利的访问后，立即着手了在意大利罗马开设中小企业办事处的准备工作，并确定了“联合工作委员会”江苏省方面的负责人（李全林副省长任联合工作委员会中方主席，省中小企业局局长担任副主席，省财政厅、中小企业局、外事办公室派员参加联合工作委员会），同时希望意方尽早设立驻苏常设机构，并确定参加联合工作委员会的相关人员。随着双方联系的日益紧密，我们预祝中国江苏和意大利的中小企业合作深入持久、成果丰硕！

四、几点建议

通过对国际中小企业“地区导向”模式和“苏—意合作”案例的分析，我们有以下几个方面的建议：

（一）中小企业合作必须依靠政府的参与和支持

在推进国际中小企业合作的过程中，政府发挥着不可或缺的重要作用。中小企业由于其数量多、产业门类全、经营领域广，在解决就业、稳定社会、保持经济活力、缩小地区差距等方面发挥了重要作用，然而，由于它们在资金、技术、人才、信息等方面的不足，在经济竞争中处于劣势，因此，比大型企业更加需要政府的参与和支持。只有通过政府的帮助，中小企业才能获得充足的信息，广泛的参与国际间合作，结识众多的国内外商业伙伴，以及向相关主管部门反馈其需要并获得进一步的帮助。国家还应当进一步完善中小企业管理的政策体系，大力促进中小企业技术创新和提高竞争力的政策、促进中小企业国际化的政策，改善中小企业的融资条件，促进中小企业的信息化和网络化，营造平等竞争的环境。

（二）发挥半官方机构或中介机构、中小企业协会的作用

随着政府职能的不断转变，指导和服务成为政府对企业管理的主要形式。参访意大利的管理体系，在政府与企业之间存在着诸如意大利对外贸易委员会（ICE）、以公司性质存在的意大利发展局（Sviluppo Italia）、意大利对外投资公司（SIMEST）、外贸保险服务公司（SACE）等半官方机构，以及工业家联合会（Confidustria）等大型中介机构或企业协会，它们通过会员制或提供有偿服务的管理机制，发挥着政府职能以外的协调和服务作用，为意大利企业、尤其是众多中小企业提供了信息咨询、组织研讨、商业洽谈、可行性研究、信贷保险业务等全方位服务和其他个性化服务，是政府对中小企业管理的重要补充和服务扩展。

我国在企业管理中应该逐步完善这一层次的管理体系。以中小企业为例，中国中小企业对外合作协调中心（受国家发改委管理）为首的中介机构和协会组织可以以会员制管理的方式提供中介协调服务；而商务部投资促进事务局和贸易促进事务局等半官方机构则可以通过提供有偿服务的方式达到延展政府职能，提供有效服务的目的。鉴于商务部在国际贸易和经济合作领域的管理经验和人才优势，建议在拓展国际中小企业的合作方面，商务部应当发挥更多指导和协调作用，统一安排和部署，逐步完善“地区导向”模式国际中小企业合作机制，并可具体通过上述中间层次的机构同国外对等机构建立长期联系、或商签合作协定。

（三）建立长效沟通机制，切忌走过场

国际中小企业合作“地区导向”模式中，无论是签署备忘录、合作协议，还是组织双方互访，都是为了确定目标、增进了解、扩大交流，为最终建立长效的沟通和合作机制服务。切忌搞花架子、或者为了安排出国访问而虚设形式，走过场。那样不仅违背了政府的服务职能，损害了众多中小企业的利益和期望，还会破坏中国政府和企业家的国际形象。正确的做法是要积极落实和推进双方协议或互访的内容及成果，以建立常设机构、联合工作委员会等长效机制为目的，最终为促进双方中小企业的长期合作和交流服务。

访问前要认真组织、精心准备、力求达到访问实效，并注意对代表团成员国际礼仪和国际商务知识的必要培训。访问期间应当尽量多地安排企业家直接沟通的机会，增进了解，扩大商机。要加强双方的信息交流，条件成熟时可以建立信息数据库，实现供需信息共享。

（四）进一步拓展国际中小企业合作的“地区导向”和“行业导向”模式

在中国中小企业同国际中小企业间的合作实

践中，除了“地区导向”模式以外，“行业导向”的模式和趋势也逐渐显现出来。“行业导向”模式的主要策划人不是政府，而是双方对等的行业协会或商会组织。具体某一行业的国际博览会虽然说是国际企业合作“行业导向”模式的重要形式，但是对于中小企业而言，以实力较强的大型企业参展为主的国际博览会显然不能给它们提供很广泛的合作机会，因此，双方行业协会或商会组织的交流、沟通和信息服务则更容易成为中小企业合作的有效模式。

随着经济全球化的逐步深入，占我国企业总数99.6%的中小企业开展国际间合作的需要会越来越强烈，而实效较强的国际中小企业合作“地区导向”和“行业导向”模式则会进一步得到发展。我们也相信随着这些模式的逐步完善，中国的中小企业会在国际舞台上发挥更加重要的作用，取得更加辉煌的成就。

捷克环保设备特点和优势及加强中捷企业在环保领域合作的建议

一、 捷克环保工业及设备的特点和优势

捷克工业历史悠久，汽车、机械、化工、环保、能源等行业基础雄厚，其机械制造业在世界上具有一定的竞争力和知名度，主要以成套设备、交通运输工具、工业机床、环保设备等为主，产品种类广泛。近年来，由于大量外资通过直接或间接投资的形式进入捷机械制造行业，使得捷机械制造企业的技术水平不断提高。目前，捷约75%的机械设备产品面向出口，其中60%出口到以德国为首的欧盟国家。捷克在一定程度上已经成为发达国家的机械制造工业基地之一。

捷克的环保设备、特别是污水及工业和城市垃圾处理设备是主要出口产品之一。其中环保设备具有相当高的水平，其技术工艺具有一定的特点，出口到许多国家。捷克环保设备和技术的先进性主要表现在以下方面：

（一）生物污水处理技术先进，具有捷克特色

捷克国土面积小，工农业用水主要依赖地表水资源，在历史传统上就比较重视水资源的利用和保护。捷克政府重视环保建设，并按照欧盟标准制订污水排放标准，目前全国共有近1 000个污水处理厂，城市生活污水处理率达75%，高于经合组织国家平均约60%的处理率。捷克科研和技术人员在总结以往污水处理经验的基础上，研发出利用生物反应池开展再生—无氧—缺氧—好氧多阶段流程技术的污水生物处理技术（简称R—AN—D—N技术），解决了污水处理过程中长期以来存在的硝化不足问题，是世界范围内环保工艺的新技术，成功有效，且成本较低，已经在捷克和其他发达国家广泛应用。捷克环保技术的另一个领先领域是污水沉积物过滤达到世界先进水平，其特有的流体过滤技术（简称USBF）为专利技术，符合欧洲及美国的污水处理标准，具有较高的技术水平，领先于目前很多国家仍在使用的SBR污水处理技术。美国、德国、意大利、加拿大、西班牙等国家都有以这种技术为核心建造的污水处理厂。捷企业能够按照客户要求设计和提供各种规模、加工程度不一（如净化成工业用水或饮用水）的设备。

（二）微生物净化、城市垃圾处理和干法脱硫工艺具有较高水平

微生物净化（也叫做有益微生物净化，简称EM生物技术）是集农牧业生产、环保与资源再利用于一体的综合技术，在许多国家得到了广泛应用。它能够将农业废料（如杂草、牛粪、有机垃圾等）转化成高效农肥，具有成本低、效率高、促进农作物增产等特点。捷具有多年的从事微生物净化技术研发和设备生产的经验，其中维特科维采公司利用捷政府向中国提供的发展援助资金，已经在中国建成了河北廊坊微生物净化站和江西南昌生物沼气及农作物废料处理站。

在固体垃圾处理方面，捷企业能够设计和提供把城市垃圾（金属、塑料和公共垃圾）密封焚烧后生成煤气的处理设备，并已经在捷国内和其他许多国家广泛使用。

在脱硫技术方面，捷企业重视利用先进技术解决烟气或煤气排放对环境造成的污染。目前捷克的电力生产以煤电为主，自20世纪90年代以来，捷企业采用独创的干法脱硫工艺不仅解决了烟气排放污染问题，而且具有脱硫效率高、运行成本低的优势。皮尔森电厂自1996年开始使用这一工艺，目前国内所有的燃煤电厂都安装烟气脱硫设备，一些专家认为，捷克燃煤电厂甚至比西欧的燃煤发电设备更为环保。近年来，捷科研人员发现的微生物脱硫技术也在世界上享有盛誉。

目前，捷国内有以Ecofluid和维特科维采等公司为代表的环保企业近50家，它们能够承接有关环保项目的设计、建造、研发咨询、提供设备等一揽子服务，同时可以对现有污水处理厂进行技

术升级和改造，世界上许多国家，如美国、德国、意大利、加拿大、西班牙、斯洛伐克、波兰以及埃及等国家都有以捷克技术工艺或设备为主建成的污水处理厂等环保工程。捷克环保设备符合欧盟技术标准，质量可靠，可与其他发达国家产品媲美，而价格仅相当于西方发达国家同类产品的约2/3。

二、中捷企业在环保领域开展合作的潜力及建议

捷克是我国在中东欧地区的重要贸易伙伴之一，2004年双边贸易额达到17.9亿美元，创历史新高。目前，两国贸易中存在着明显的不平衡状况，为了缓解贸易不平衡，我国曾经主动采取一些积极措施鼓励进口捷机械设备，收到较好效果，如中方曾在1999年和2002年先后派出企业考察采购团来捷了解捷市场和产品情况，并进口捷各类机械设备。

目前，包括中国在内的各国政府都重视环保和可持续发展。依靠长期的研发力量和独创技术，近年来捷克环保设备向美欧发达国家以及亚非拉发展中国家的出口增长迅速，同时捷克企业积极参与一些国家现有环保设施的技术更新和改造。欧盟有关机构的研究报告认为，捷克机械制造工业的综合竞争力已跻身欧洲前5位，特别是自2004年5月加入欧盟后，包括环保设备在内的捷机械设备向西欧国家出口大幅增长，对于改善捷贸易平衡起到了积极作用。

从中捷两国经贸关系发展和企业竞争优势来看，促进两国企业在环保领域的合作具有很大潜力。目前，随着我国社会经济建设的快速发展，解决资源瓶颈和保护环境已经成为构建社会主义和谐社会的重要组成部分，特别是在西部开发和振兴东北工业基地过程中的污染治理项目可以为两国企业在环保领域展开合作创造条件。污水处理、垃圾焚烧、微生物净化和煤电厂烟气脱硫等都适合我国不同地区的实际需求，和发达国家同类产品相比捷技术和设备具有技术和价格两方面的竞争力。国内企业可以在考察捷克环保工业的基础上积极考虑进口捷环保设备或与捷方开展生产技术合作。

为使国内企业了解捷环保技术，并促进双方在环保技术领域开展合作，建议：

1. 国家有关部门牵头组织国内企业或者规划项目代表来捷考察并洽商进口捷全套或者关键设备的可能性，中方可以先向捷方提供设备参数和其他技术要求，由捷方有关部门协调其企业与中方洽谈。

2. 通过技术转让在中国设立生产适合我国实际需求的先进环保设备，并在中国推广捷生物净化、过滤和脱硫等先进工艺。

3. 建立双方有关对口部门、如企业和科研单位间的联系，在污水、垃圾处理技术等方面开展人员与技术交流，让捷克企业参与我国有关环保设施的设计或技术咨询。

4. 继续利用捷政府向我国提供的发展援助资金，在已经建成的两个微生物净化站的基础上，尝试建设小型污水处理厂。

5. 鼓励国内企业通过参加捷环保设备展等方式了解其产品特点，寻找适合我国需求的产品或工艺。

6. 吸引捷企业在中国投资建立环保设备生产企业，以进一步降低生产成本，提高产品综合竞争力，拓展产品进入中国市场的途径和空间。

瑞典经验对中国外贸可持续发展的借鉴

一、 导言： 外资可持续发展背景

1972年联合国人类环境会议在瑞典首都斯德哥尔摩召开，首次提出“连续的和持续的发展”新概念。目前世界公认的对可持续发展概念的定义是：“既能满足我们现今的需求，又不损害子孙后代的利益且能满足他们的需求的发展模式”[①]。这标志着将资源和环境，公平和合理与经济结合起来讨论发展，强调资源、环境与经济的一体化发展已成为全人类的共识。进入21世纪，可持续发展已经成为世界性的主题，外贸可持续发展也成为国际经济领域的重要发展方向。

就外贸可持续发展而言，包含两个层面的含义。从贸易层面讲，是指一国进口和出口的总额在未来一定时期内实现持续地、稳步地增长；从综合层面看，是指一国进出口贸易的增长不以损害后代利益和发展需求为代价，兼顾环境和社会的综合平衡发展。衡量其成功与否的标准不仅包括商品和服务的贸易量，也应包括环境的变化量（改善收益或恶化成本），环境变量应被纳入外贸效益评价体系之中。WTO的“贸易与环境委员会”已经致力于在新规划中增列《华盛顿公约》、《蒙特利尔议定书》、《巴塞尔公约》等国际环保公约中的贸易制裁条款，同时化解环保主义与自由贸易的冲突。因此，在新的国际经济环境中，如何实现外贸的可持续发展是不容忽视的，对当今的贸易大国——中国而言，更是个重要议题。

二、 我国外贸发展状况概述

改革开放以来，我国的外经贸事业取得了丰硕成果，规模大幅增长，结构不断优化。1978年，我国的进出口总额为206.4亿美元，到2004年，外贸额已经突破10 000亿美元，年均增长率达到14.5%，不仅大大高于同期世界贸易6%左右的增长速度，也高于我国同期GDP的增长速度。同时，出口依存度从5%提高到31.1%；机电产品比重从5%左右提高到51.9%。外贸的蓬勃增长有力地推动了国民经济增长，增加了税收，扩大了就业，改善了国际收支状况，增强了我国的综合国力和国际竞争力。如今，我国已经成为世界上仅次于美国和德国的第三大外贸主体，中国产品遍布全球。

然而，在外贸繁荣的背后，应当看到存在的问题。经历了数十年发展后的今天，以低成本、低价格为核心的数量扩张型出口增长模式尚未根本改变，贸易条件明显恶化，贸易摩擦急剧增加。从数量上看，根据WTO统计，在WTO成员发起的反倾销调查中，约每7起就有1起涉及中国出口产品。从程度上看，摩擦争执点从单个产品逐渐扩散到产业，最后直抵政策和制度层面。从范围上看，贸易摩擦的涉及面呈广泛化趋势，从传统市场扩散到新兴市场，从双边较量演变为多边较量，在国际环境中造成严重影响。而且，我国的出口产品大多是对生态和环境影响较大的初级产品以及污染较重的中间产品和制成品，其中资源密集型产品的出口使原本稀缺的资源更加紧张，而高污染产品在生产过程中常具有巨大的外部不经济，给生态环境造成严重污染。

随着经济和社会的全面发展，人们对环境的关注程度超过对外贸增长的关注程度。各国政府日益以保护有限资源、生态环境和人民健康为名义，制定一系列环保标准，对进口商品加以限制，形成绿色贸易壁垒。作为一种新的非关税壁垒形式，绿色贸易壁垒已越来越为更多的国家所用，成为我国外贸发展的严峻障碍。

因此，无论从贸易层面还是综合层面来看，我国的外贸发展空间和方向都到了需要整合的阶段。下面将对瑞典在外贸可持续发展方面的做法进行分析，希望对我国的外贸可持续发展提供有益的借鉴经验。

---

① 《我们共同的未来》，世界环境与发展委员会，1987年。

三、瑞典在外贸可持续发展方面的做法和经验

回顾150年前，瑞典经济以农业为主，而今已发展成为现代化的工业国和贸易强国，成为欧洲乃至世界最发达的国家之一。作为典型的小国经济体（人口只有900万），瑞典狭小的国内市场迫使企业对外发展，形成了高度外向型经济，对外贸易依存度达62%，出口对GDP的贡献率为45%左右。值得称道的是，瑞典在外贸和经济高速发展的同时依然保持了优美的生态环境，成为可持续发展社会的典范。

在20世纪初，瑞典外贸和工业的发展，导致对森林、能源、矿产的大量开发，造成严重的环境影响。但在当时，这些环境变化作为一种新现象. 很少有人真正意识到它的危害。二战后，瑞典作为中立国迎来了外贸和经济的井喷式增长，开始步入现代化工业社会，但是外贸和经济的高速增长却进一步恶化了环境问题。20世纪60年代早期，一些科学家和NGO（非政府组织）成员开始系统地对环境污染进行研究和评估，声势渐高的批评和讨论使人们的环境意识明显增强。之后，瑞典开始了大规模的环境运动，如《环境法》的颁布、治理污水及空气污染的工厂开始建造等。瑞典政府对生态环境保护极为重视，正致力成为生态平衡可持续发展的领先国家。1995年，瑞典成为欧盟成员国后，其环保政策和法规甚至被用作欧盟标准。现在，可持续发展的理念已经深入到每个企业、每个家庭、每个人，绿色贸易成为外贸可持续发展的方向。

在实现外贸可持续发展上，瑞典的主要做法有以下几个方面：

（一）明确外贸发展目标，制定可行计划

如何确定外贸发展的目标是实现外贸可持续发展的前提。瑞典国会在1998年秋制定了新的国家可持续发展战略目标，从环保、工业、经济、社会等方面入手，致力于使瑞典成为生态平衡可持续发展的领先国家。此目标拟用一代人的时间来完成，即在2020~2050年前实现。

为了国家的可持续发展战略的实现，瑞典各部门、各省、市地方政府都订立了“21世纪议程”，在各自范围制定了更为详尽的具体目标、规划和策略，基本已于2000年底完成。在地方可持续发展进程中，社会不同阶层和组织，如地方政府、城市当局、公司、学校、农场主、非政府组织的参与是非常必要的，但最关键的是唤起公众的意识，把可持续发展融进公众的思想和行动之中。

根据国家发展战略的宗旨，瑞典认为，外贸可持续发展的目标是实现整体效益最大化，而非单纯的贸易利润最大化。其前提是确保人们现在和将来都拥有一个良好且有益于健康的环境。在这一目标的引领下，人们从观念上真正意识到，外贸的发展不应以生态资源为代价，大自然不是人类可以随意开发的经济资源，自然界有其固有的自身价值，在发展外贸的同时应当尽力保护自然。

（二）建立专门机构，负责可持续发展

外贸的可持续发展不单是外贸机构的任务，还牵涉到诸多其他部门。为整体实施国家的可持续发展战略，瑞典专门成立了可持续发展部（Ministry of Sustainable Development）、环境部（Ministry of Environment）、环境目标委员会（Environmental Objectives Council）等机构。此外，瑞典交通部、外交部、国家贸易署、贸易委员会、海关等机构负责与外贸相关的可持续发展工作。

（三）推行贸易便利化，优化外贸可持续发展的软环境

早在20世纪50年代，瑞典就已开始推行贸易便利化，力图在全国范围内将贸易文件标准化，提高贸易程序的公开透明度，更多地以电子化标准系统来加快效率。如今贸易便利化已经成为全球关注的焦点外贸问题之一，瑞典政府一直积极与联合国、欧盟、世贸组织等国际性组织和主要经济体就此领域开展合作。为实现贸易便利化，瑞典政府专门成立了Open Trade Gate和Tradeasy等机构，并投资赞助这些机构开展贸易便利化的研究与服务。以Open Trade Gate为例，其目标是为发展中国家向瑞典出口提供便利，免费为发展中国家的企业介绍瑞典贸易法规和程序，为客户提供明确的贸易标准、进口限制等方面的咨询，帮助客户与相应机构建立业务联系。国家贸易署、海关等机构则从宏观层面简化贸易程序、提高贸

易效率，实现贸易便利化。其结果是，日益便利化的贸易通商环境为外贸的持续发展创造了优良空间。

（四）积极推广绿色产品和绿色贸易

在综合层面上，外贸可持续发展应在实现外贸增长的同时，考虑环保要求，兼顾环境和社会的平衡发展。在瑞典，有很多公司在外贸可持续发展方面取得了较大的成效。如，Electrolux 伊莱克斯公司（生产无氟冰箱）；IKEA 宜家公司（制造环保家具）；Volvo 沃尔沃公司（生产工业清洁设备，设计环保汽车）这些大企业在开展国际贸易和经济往来的过程中，始终坚持生产绿色产品、开展绿色贸易、提倡绿色消费的理念。现在，瑞典有大量的环境标志产品，例如纸、洗涤剂、布、建筑材料、计算机、家具、冰箱等。另外还有大量的绿色食品，如蔬菜、牛奶、乳酪。谷物、肉等。这些公司坚信，向“绿色”方式转变是企业更具竞争力。实现外贸可持续发展的关键。

（五）实行清洁生产方式，奠定外贸可持续发展的基础

20 世纪 70 年代，废物再循环利用和清洁生产在瑞典被广泛接受，而且这些概念现在正在不断丰富和发展。清洁生产是将综合预防的环境策略持续地应用于生产过程和产品中，以减少对人类和环境的风险性。对生产过程而言，旨在减少产品在整个生产周期过程（包括从原料提炼到产品的最终处置）对人类和环境的影响。清洁生产通过应用专门技术、改进工艺技术和改变管理态度来实现，注重污染预防，在生产过程之中把污染物资源化或无害化，既保护了环境，又增加了经济收入，体现了经济效益和环境效益的统一。1994 年，瑞典颁布了《生产者责任法》，规定生产者对所有产品应负责回收利用。居民把废物中的有机物挑选出来，其目的在于减少废物体积，同时把有机废物作为他们花园的优质肥料。正是得益于清洁生产方式，瑞典的外贸发展也迈上了可持续型的道路。

（六）调整产业结构，引领外贸结构升级

从贸易层面看，外贸可持续发展能力的强弱，最终取决于一国产业的国际竞争力。老化、落后的产业结构会掣肘外贸发展，只有保持优势产业的国际竞争力，才能实现外贸的可持续增长。瑞典在产业结构调整中遵循“可为、可不为和不可为”的原则，对传统产业和现代产业进行取舍整合，实现了可持续发展。

在工业化初期，瑞典的外贸发展动力主要来自传统产业，如木材、铁矿、造纸等。在一次世界大战期间，瑞典的初级产品出口量激增，例如，纸与纸板的出口量在 1875～1900 年间增长了 10 多倍，而铁矿产品的出口量则飚升了近 70 倍。然而，传统产业大多以自然资源为基础，有着高能耗、高污染的特点，与外贸可持续发展是背道而驰的。在追求可持续发展过程中，瑞典对传统产业进行了取舍，坚决地放弃对环境影响严重的不可为行业，并对可为可不为的行业进行改造，降低能耗和污染水平，提高质量和竞争优势，促进其可持续发展。同时，大力发展可为产业，集中投入污染少、能耗低、附加值多的高新产业，如信息通讯、生物工程、医药、航天等，专注于研究开发和产品设计，通过加速技术革新，提高了国际竞争力。据统计，瑞典大约 80% 的出口品是高附加值的工业制成品，从所占国内生产总值的比例来看，瑞典的出口盈余在世界上是最高的，这正是其产业升级的结果。

四、瑞典经验对我国的借鉴

“他山之石，可以攻玉。”作为世界上可持续发展国家的典范，瑞典经验对我国的外贸可持续发展具有借鉴意义。

（一）树立科学的外贸可持续发展观

从瑞典经验可见，发展方向是否正确首先取决于发展观念正确与否。要实现我国外贸的可持续发展，必须树立科学发展观，改变过去的数量扩张型发展模式，正确处理好规模与结构、速度与效益的关系，统筹进出口对环境、社会发展的综合作用。具体地说，可依照瑞典模式，从宏观和微观、从全国到地方、从行业到企业等各级层面制订明确的外贸可持续发展目标和规划。目前，我国已形成了法律、法规、规定和标准组成的环境法规体系，而且这些法律法规都涉及到了贸易进出口、外商投资、建设项目和环境标准四个方面。我国还先后签署了 30 多项保护资源和环境的国际公约，并从国情出发制定了《中国21世纪议程》。这些法律法规是我国实施外贸可持续发展的重要依据。今后一段时期，在科学发展观的指引下，以商务部、环保局为代表的政府部门应尽可能地将可持续发展理念渗透到外贸的各个领域和环节，引导外贸行业的可持续发展方向。

（二）调整产业结构，统筹外贸发展体系

瑞典之所以保持长久的外贸增长动力，很大程度上得益于其领先的产业结构。现阶段我国外贸发展的瓶颈在于相对落后的产业结构和产业链，在进口附加值多的高新技术产品的同时，我国出口的则是层次低、附加值少的加工产品。战略性贸易政策理论指出，适当的政府干预可以改进市场本身运行的次优结果，从而获得优于自由贸易政策的效果。为了尽快实现低消耗、低污染、高效益、高科技含量的出口增长模式，培育我国新兴产业和战略产业的国际竞争力，我国应按照“可为、可不为和不可为”的原则进行产业结构调整。有选择地禁止“不可为”的资源性产品的出口，深层次整合环境污染严重的“不可为”产业。同时，加快发展大有可为的高科技产业，着重在某些领域形成竞争优势，促进以技术差异为主的产业内贸易的发展，这也是提高我国外贸可持续增长能力的重要方面。我国政府应着眼于长期战略发展的需要，科学地选择那些具有战略意义、发展远景、污染度低的高科技部门，通过产业政策的扶持，促使这些产业达到规模经济，通过贸易政策的倾斜，保证它们在竞争中处于优势地位，从而使得贸易、环境、资源和社会发展之间产生良性循环。

（三）实现清洁生产，提高外贸发展的经济效益

外贸发展模式根本上是由生产方式决定的，资源消耗型和环境污染型的生产方式注定导致外贸的非健康发展。因此，实现清洁生产是实现外贸可持续发展的关键之一，它对于提高资源利用度，预防工业污染，提高企业经济效益具有重要意义。清洁生产所强调的是在工业生产的各个环节，采取综合的、预防性的各种措施，尽可能地在源头削减污染物的产生，防止生产过程对环境的污染，减少废弃物对人的危害。1992年联合国环境与发展会议制订了“二十一世纪”议程，把清洁生产正式列入其中。清洁生产是通过产品设计、原料选择、工艺流程、技术管理、过程产物内部循环利用等诸多环节的科学化，使工业生产过程中不产生污染或产生量达到最小的程度。这个思路彻底改变了传统的先污染，后治理，谁污染，谁治理的传统，把污染控制在源头而不是在排污的末端，成为世界各国工业界、环保界、经济界的共识。在我国，国家环保局设有清洁生产项目办公室，并成立了中国国家清洁生产中心，正在积极地开展工作。各级商务主管部门应当将清洁生产的理念灌输到与外贸相关的生产部门，从源头实现可持续发展。

（四）加快自主出口品牌建设，增强外贸竞争力

初级阶段的外贸是靠价格和产品说话，高级阶段的外贸则以品牌和技术取胜。瑞典虽然仅有900万人口，却拥有众多知名的国际品牌，以爱立信、沃尔沃、利乐、宜家、伊莱克斯等为代表的跨国公司成为瑞典外贸持续发展的中流砥柱。对我国来说，在当前跨国公司利用资金、技术、市场优势全面挤压我国自主品牌发展空间的形势下，加快自主品牌建设尤为重要。自主出口品牌建设是一项系统工程，需要加强中央、地方、中介、企业各方的配合，加大培育工作力度，扶持、保护、发展一批具有较强核心竞争力的自主出口品牌。首先应制定自主出口品牌发展规划。其次要加强协调，建立政策支持体系和协调机制。三是多管齐下，加大对出口名牌的扶持力度。四是加强知识产权管理，创造出口名牌发展的良好环境。自主品牌建设的基础是科技，主体是企业，关键是资金。外贸企业要逐步将产业链向两头迁移，加强上游的研发、设计和下游的营销、服务工作，变出口产品为出口品牌。在国际市场的竞争中成长为出口名牌，乃至世界名牌，唯此才能保持长久的外贸可持续发展能力。

（五）推行“绿色管理”，实现全程可持续运营

工业文明的进步使人类日益重视人与自然的和谐发展，当今世界已经是绿色产品蔚然成风的世界，绿色消费已扩及到从发展中国家进口的产品，如农产品、纺织品、家用产品等，从而对发展中国家的外贸发展造成较大影响。在西方消费观念中，伦理道德的需求正在增加，恶劣的工作条件、雇佣童工、破坏自然环境等现象不能被人们接受，与之相关的企业也必然得不到进口方的认可。在瑞典，人们对家庭中可持续的生活方式越来越感兴趣，这已经改变了人们的消费方式，对企业的运营理念也产生了很大影响。瑞典企业界早已将绿色管理纳入企业系统内，真正承担了企业的社会责任，成为名副其实的“绿色企业”。我国外贸企业亦应顺从发展趋势，推行“绿色管理”，把可持续发展的思想观念溶于企业的外贸经营和生产营销活动中，尽可能的承担起企业的社会责任，实现外贸增长的厚积薄发。

（六）立法明确企业的社会责任，[①]提升外贸竞争层次

改革开放和入世给中国外贸带来了春天，但不容忽视的是，我国不少企业急功近利，掌握了西方先进的竞争模式和利润最大化思维，却没有领悟西方企业的社会责任理念。近年来，企业社会责任成为瑞典工商界中最常见的一个词，几乎所有的瑞典大中型企业都有一个专门的部门，负责企业社会责任的实施。2005 年 5 月 1 日，瑞典议会出台新的法律，要求所有瑞典企业在年终报表中除了提供财务数据以外，还必须呈交一份企业可持续性发展的报告，包括企业在经营中对环境保护、资源利用方面做的努力和成果，并将环保等社会责任作为评估企业业绩的一方面。企业社会责任不达标，其产品出口将受到严重影响。

如今我国的外贸业竞争日趋激烈，但竞争手段仍然多以价格杠杆为主，形成恶性循环，导致企业承担社会责任的能力十分有限，甚至故意逃避社会责任。在市场难以对此进行自我调整的情况下，有关政府部门应以社会公众利益代表的身份，以法律的形式，根据企业经营环境的动态变化，及时完善和出台一整套涉及环境保护、安全生产、职工劳动保障、消费者权益，以及市场经济秩序等方面的法律、法规和规章，让企业不能避责、不敢逃责，真正担负起社会责任。我国企业应该承担相应的社会责任，这既是国际竞争的需要，更是我国社会发展的需要，建立和谐社会的需要。

此外，我国与外贸相关的部门还应大力推行贸易便利化工程，创造可持续发展的制度环境。

---

① 企业的社会责任（Corporate Social Responsibility，CSR）是指，企业在所从事的各种活动当中，应当对所有利益相关者承担相应的责任，以求不仅在经济方面，更在社会、环境等领域获得可持续发展的能力。

中国汽车登陆俄市场的喜与忧

内容提要：近年来，中俄汽车领域合作成为双边经贸合作的新亮点，在俄正兴起中国汽车热。但欣喜的同时，我们也应清醒地认识到，中俄汽车领域合作机遇与挑战并存。

一、我国汽车开始进入俄市场，形势喜人

（一）我国汽车具备条件登陆俄市场

改革开放以来，我国汽车行业通过建立合资企业使自己实力不断成长和壮大，已初步具备了“走出去”的实力和水平。加之国内市场渐趋饱和，正逐步走向供大于求，这为我国汽车向俄市场拓展提供了外部推动力。我国汽车进入俄市场的优势较为明显：

1. **车型定位贴近市场。**我国汽车企业进入俄市场的切入点准确，选择了最为有利的市场定位，瞄准了俄汽车企业较少涉足的皮卡市场，以该车型打头阵，短期内不用担心受到俄汽车企业的排挤，外国公司产品也无法与之竞争。

2. **经济实用、价格诱人。**近年来，俄政府鼓励发展各类中、小型企业，市场对小型货车、小型厢式货车的需求量大幅增加。中国轻卡、皮卡、小面包、中低档汽车尤其畅销，其中，物美价廉成为俄消费者选购的首要考虑因素。

3. **互为近邻，地缘优势突出。**

（二）俄汽车市场拓展空间较大

1. **俄汽车市场潜力巨大。**目前，俄汽车保有量超过2 000万辆，其中半数车龄超过10年，汽车严重老化，亟待报废和更新。据俄经贸部统计，俄每年大约生产120万辆汽车，仍无法满足每年170万辆的需求。2004年，俄国内汽车销量达160万辆，外国品牌汽车共40万辆（其中，俄境内组装13.3万辆），俄国内组装的外国品牌汽车占其汽车总产量的11%，而2003年这一比例仅为5.3%。

根据俄2002～2010年汽车工业发展纲要，俄拟将汽车年产量从目前的120万辆提高到220万辆，汽车年销量从目前的140万辆～150万辆提高到250万辆。但业内专家普遍认为，俄汽车生产能力有限，根本无法满足不断增长的市场需求，预计每年将有50万辆～90万辆的缺口，只能依靠外国品牌汽车来满足需求。

2. **俄汽车市场准许外国品牌进入已成必然。**俄长期奉行保护政策，闭关锁国，国内汽车行业因循守旧，安于现状，研发资金短缺，致使技术更新缓慢，产品缺乏国际竞争力。随着外国汽车的进入，俄产汽车的价格优势已不复存在，其产品普遍滞销，市场日趋萎缩，俄多数汽车企业面临着生存危机，市场空间只能由外国品牌来填补。目前，“福特”、“宝马”、“现代”、“丰田”等都已在俄建立了组装厂。

（三）两国现行政策为我国汽车进入俄市场提供便利

2005年，俄政府出台了《经济特区法》，鼓励外国公司在俄特区投资，包括建立汽车厂等。自2005年4月15日起，俄将61种用于工业组装的汽车组件进口关税调低至3%～5%，取消汽车生产设备的进口税。俄各汽车企业如获大赦，蜂拥而上寻找中国合作伙伴，这为我国汽车企业走出国门提供了大好时机。而我国调整出口政策时，汽车出口退税率基本未变。这使我国汽车在国际市场上依然保持较强竞争力。

二、中俄汽车合作发展趋势令人担忧

（一）我国汽车企业观念陈旧，固守简单贸易方式

目前，我国汽车企业尚未在俄建厂，仍以简单的买卖贸易方式为主，中方主要通过当地经销商出口汽车。但俄不鼓励此种单一的进口方式。俄更希望通过建立合资企业，学习和掌握外国先进技术，以便振兴民族汽车工业。

（二）我国汽车尚未通过俄相关标准

1. **安全技术标准。**虽然中国汽车已开始登陆俄市场，但我国出口汽车尚未通过俄相关技术认证，皆以每批100辆左右的“试出口”方式向俄经销商供货，避开了俄方要求提供汽车技术标准

的规定。我国对俄出口的汽车多没有安全气囊和ABS系统，质量也与欧美等国产品有一定差距。俄塔拉索夫工厂执行经理安托申就此指出，中国汽车就像其玩具一样，价格便宜，但多不符合俄相关技术标准。

2. **环境保护标准**。俄拟自2006年1月1日起执行机动车排放欧2标准，从2008年开始执行欧3标准，从2010年起提高到欧4标准。这就需要我国汽车企业加强对俄汽车市场的调研，做好相应准备工作，不要错误地将俄当成高排放车型的抛售地。

3. **售后服务标准**。目前，由于中国汽车在俄没有售后服务网络，造成中国品牌汽车在俄没有根据地，发展乏力。国外汽车企业通常先建维修中心，之后卖车，而中国汽车企业则是只卖车，根本无人问津建维修中心事宜。

（三）中国汽车在俄价格竞争加剧

我国汽车企业多对俄汽车市场了解不够充分，往往在得知同行向俄出口成功后便蜂拥跟进，结果导致出口产品“扎堆”于俄市场。无论是卡车、汽车，还是客车，我国输俄汽车档次仅限于中低端，产品差异不大，价格接近，这就使得俄成为我国汽车企业价格交锋的又一战场。

（四）技术研发实力弱，易受外国企业挤压

随着我国汽车出口规模的扩大，将不可避免地触及外国汽车企业在俄的利益。外国汽车企业对我国新生势力不会袖手旁观，他们在俄经营多年，了解俄消费者心理和习惯，很多品牌专门开发和研制俄版车辆，而对初出茅庐的中国汽车企业来说，技术研发依然是软肋，在俄市场难免遭遇外国汽车企业的打压。

三、对我国汽车企业开拓俄市场的几点建议

（一）加强内部协调和行业指导

我国企业在开拓俄市场，尤其是整车出口时，应确保出口产品符合和具备进入俄市场的条件，不能一哄而起。为此，国内相关机构和行业协会等应适当指导、把关和审批。

（二）避免重蹈历史的覆辙

1. **严把质量关**。20世纪90年代我国部分输俄假冒伪劣产品影响了中国商品形象，中国制造在俄居民心中的形象曾大受伤害。如果我国输俄汽车不严把质量关，万一因质量原因造成伤亡事故，不仅会毁掉品牌，我国汽车也可能重蹈历史的覆辙，进军俄市场被叫停，最终彻底失去该市场。

2. **完备售后服务体系**。中俄汽车领域合作是个系统工程，包括售后服务、零部件网络建设等。我国汽车企业要想真正在俄市场站稳脚跟，取得俄消费者的信赖，就必须在俄建立自己完善的售后服务体系。

3. **提高产品核心竞争力，树立品牌形象**。我国汽车企业应加大技术研发和创新的投入，努力掌握核心技术，不要相互模仿，避免困扰在“低质量产品—低价销售—遭遇反倾销或知识产权侵权诉讼”的怪圈之中。要加快树立自己的品牌，改变中国汽车仅仅是价廉的形象，要以技术为本，走精品之路，这才是我国汽车开拓俄市场的长久之计。

（三）避免价格恶性竞争和自相残杀

我国汽车企业开拓和巩固俄市场应讲求策略，要合理利用廉价的劳动、资源等优势。使用价格优势打入市场，只能是对俄汽车出口的第一招，决不能陷入价格竞争的恶性循环。一味急速扩张和价格的恶意竞争只能使我国企业在俄利润和发展空间愈来愈小，互相压价进占俄市场不但损害了彼此利益，还容易引起俄对我国实行反倾销调查。

（四）学习和借鉴他国在俄组装和建厂的经验

固守代理出口，是已被西方证明不成功的范例。因此，我国汽车企业在加大对俄汽车销售力度的同时，也应从简单出口向在俄组装及设厂转向，由代销出口向组装生产和建厂生产调整。

综上所述，俄目前已适度放宽对汽车市场的保护，为我国汽车进入其市场提供了前所未有的机遇，但我国汽车企业要真正在俄市场站住脚，实现从简单产品输出向技术输出和资本输出过渡和转变还有很长一段路要走。

第八篇

中欧经济技术交流与合作活动大事记(2005年)

CHAPTER VIII THE MEMORABILIA ON EU-CHINA'S ECO-MOMIC-TECHNIC EXCHANGE AND WORK ACTIVITY (2005)

中华人民共和国商务部大事记

2005 年 1 月

薄熙来部长会见了即将卸任的德国西门子公司董事长冯必乐及候任董事长柯菲德一行。

薄熙来部长会见富士康集团总裁郭台铭。

薄熙来部长会见了世界贸易中心总裁杜苏里一行。

薄熙来部长会见了来访的美国商务部长埃文斯一行。

张志刚副部长出席胡锦涛主席与来访的葡萄牙总统桑帕约举行的会谈。

张志刚副部长出席"中葡企业家论坛"并致辞。

安民副部长在商务部会见了英国太古集团即将离任主席施雅迪爵士和候任主席何礼泰先生一行。

易小准部长助理会见了澳大利亚驻华大使唐茂思。

薄熙来部长会见了陪同葡萄牙总统来访的葡国务兼经济活动和劳动部长巴雷托。

陈健部长助理会见了应农业部邀请来访的巴林市政事务和农业部次大臣卡兹姆·哈希米。

张志刚副部长出席罗马尼亚驻华大使伊斯迪乔亚在其官邸所设的宴请。

高虎城副部长同美国商务部副部长阿尔多纳斯就中美商贸联委会框架下的中美纺织品贸易、市场经济地位及贸易救济等问题举行双边会谈。

高虎城副部长会见法国电力公司董事长兼首席执行官嘉德奈。

薄熙来部长接见中国政府派往斯里兰卡、马尔代夫、印尼、泰国的灾后评估及重建专业考察组全体人员并送行。

薄熙来部长与捷克工贸部长乌尔班举行会谈。

薄熙来部长会见了来访的菲律宾贸工部长普利斯马和环境与自然资源部长迪范瑟

薄熙来部长与应商务部邀请访华的荷兰外贸大臣范赫尼普举行工作会谈。

于广洲副部长陪同温家宝总理会见安道尔首相福尔内。

于广洲副部长会见了安道尔外交大臣米诺韦斯。

张志刚副部长陪同吴仪副总理会见来访的捷克工贸部长乌尔班。

马秀红副部长会见澳大利亚外交贸易部副秘书长芮捷锐博士（Raby）。

廖晓淇副部长会见了来访的美国"百人会"代表团。

易小准部长助理会见了来华访问的澳大利亚外交贸易部副秘书长芮捷锐博士（Raby）。

薄熙来部长会见欧盟前贸易委员、WTO 总干事参选人拉米。易小准部长助理出席。

薄熙来部长会见了陪同爱尔兰总理埃亨访华的爱企业、贸易和就业部长迈克·马丁一行。

中国—爱尔兰软件领域合作圆桌会议在北京举行。在圆桌会议之前，薄熙来部长简短会见了迈克尔·马丁部长一行。

中国—爱尔兰软件领域合作圆桌会议在北京举行。于广洲副部长和爱尔兰企业、贸易和就业部部长迈克尔·马丁出席会议并讲话。

于广洲副部长参加温家宝总理为来访的爱尔兰总理伯蒂·埃亨举行的欢迎仪式、正式会谈、签字仪式和欢迎宴会。

张志刚副部长在京会见了来访的捷克工贸部长乌尔班一行。

陈健部长助理与来华举办矿业投资推介会的菲律宾贸工部副部长赫尔南德斯共同签署了两国矿业领域合作谅解备忘录。

薄熙来部长会见了瑞典沃尔沃集团总裁兼首席执行官雷夫·约翰松先生一行。

薄熙来部长会见了印尼力宝集团董事长李文正一行。

马秀红副部长会见了来访的瓦努阿图副总理

基尔曼（Kilman）。

廖晓淇副部长会见了以霍震寰先生为团长的香港中华总商会访京团一行。

薄熙来部长在京会见了随同加拿大总理保罗·马丁访华的加拿大国际贸易部长彼得森（Peterson）。

安民副部长出席了在美国纽约举办的“中国名牌出口商品美国展”开幕式并讲话。

安民副部长在美国纽约会见费城城市政府代表团。

高虎城副部长陪同曾庆红副主席会见伊拉克临时副总统并出席欢迎晚宴。

高虎城副部长会见了来访的美国嘉吉公司董事长史华伦。

魏建国副部长主持召开曾培炎副总理出访肯尼亚等国部内准备工作会。

马秀红副部长出席加拿大驻华使馆举行的中加经贸研讨会并发表演讲。

廖晓淇副部长陪同曾培炎副总理出席加拿大中国理事会在人民大会堂举行的盛大晚宴。

马秀红副部长陪同曾庆红副主席访问墨西哥、秘鲁、委内瑞拉、特立尼达和多巴哥及牙买加。

马秀红副部长宴请墨西哥经济部长卡纳雷斯（CANALES），重点就市场经济地位问题做墨方工作。

陈健部长助理在商务部会见了陪同毛里求斯总理访华的毛劳工、产业关系与就业部部长一行。

陈健部长助理在商务部谈判厅会见了来访的格林纳达外交和国际贸易部长埃尔文·尼姆罗德（Elvin Nimrod）。

张志刚副部长与来访的哈萨克斯坦工业和贸易部副部长斯马古洛夫共同出席在北京举行的中哈霍尔果斯国际边境合作中心首次专家会议并宴请哈方代表团。

魏建国副部长在商务部会见了正在中国访问的阿联酋迪拜港口、海关和自由区主席苏尔坦。

张志刚副部长与应邀来访的哈萨克斯坦工贸部副部长斯马古洛夫就建立中哈霍尔果斯国际边境合作中心问题举行会谈。

安民副部长率中国政府经贸代表团对圭亚那进行了友好访问。

易小准部长助理会见了美国辉瑞制药有限公司全球副总裁 Searing 女士一行。

安民副部长与圭亚那对外贸易和国际合作部长克莱蒙特·罗西分别代表各自政府就中国政府向圭亚那政府无偿提供救灾援助事在乔治敦换文确认。

张志刚副部长会见由魏文思主席率领的中国德国商会新任董事会一行。

陪同曾庆红副主席出访委内瑞拉的商务部副部长马秀红与委内瑞拉轻工贸易部长贝塔库尔女士（BENTACOUR）举行了会谈。

2005 年 2 月

在牙买加访问的安民副部长在金斯敦主持召开中方记者内部吹风会，介绍了首届“中国—加勒比经贸合作论坛”召开的背景情况，并就论坛及系列活动期间的新闻报道相关事宜向与会记者进行了通报。

魏建国副部长出席黄菊副总理与土耳其副总理兼外长居尔的会谈和晚宴。

马秀红副部长陪同曾庆红副主席对特利尼达和多巴哥进行正式访问。

陪同曾庆红副主席访问牙买加的马秀红副部长应约会见了古巴政府部长卡布里萨斯（Ricardo Cablisas）。

马秀红副部长与牙买加外交外贸部长 K. D. 奈特分别代表各自政府在金斯敦签署了关于我国向牙买加提供无偿援助的经济技术合作协定。

马秀红副部长与牙买加财政计划部长戴维斯分别代表各自政府在金斯敦签署了关于我国向牙买加提供优惠贷款的框架协议。

马秀红副部长与牙买加教育、青年部长玛克辛·亨利－威尔逊分别代表各自政府就中国政府同意派遣一名中文教师赴牙买加西印度大学教授中文事在金斯敦换文确认。

薄熙来部长会见了来访的新加坡外长杨荣文。

薄熙来部长会见了来访的土耳其副总理兼外长阿卜杜拉·居尔。高虎城副部长参加了会见。

薄熙来部长会见美国前商务部副部长、耶鲁大学商学院院长加顿（Jeffrey Garten）。

张志刚副部长陪同温家宝总理在中南海紫光

阁会见土耳其副总理兼外长居尔。

由商务部和牙买加外交外贸部联合主办的“中国—加勒比贸易展览会”开幕式在牙买加举行。曾庆红副主席出席。开幕式上安民副部长和牙外交外贸部长奈特分别致辞，开幕式由马秀红副部长主持。

在牙买加出席首届“中国—加勒比经贸合作论坛”的安民副部长应约会见了苏里南贸工部长杨进华（Michael Jong Tjien Fa）。

薄熙来部长会见了美国犹太人大会前主席罗森。

易小准部长助理应约会见即将离任的巴基斯坦驻华大使穆罕默德·汉。

张志刚副部长会见法国家乐福集团副总裁何毕飞。

陈健部长助理会见了吉尔吉斯斯坦共和国财政部副部长伊斯马伊洛夫率领的优惠出口买方信贷工作组。

易小准部长助理赴瑞士日内瓦出席WTO特别高官会。

张志刚副部长访问吉尔吉斯斯坦、塔吉克斯坦、土库曼斯坦、乌兹别克斯坦四国。

魏建国副部长出席胡锦涛主席为厄立特里亚总统伊萨亚斯·阿弗沃访华举行的欢迎仪式、正式会谈、签字仪式和欢迎宴会。

魏建国副部长陪同温家宝总理会见厄立特里亚总统伊萨亚斯·阿弗沃。

张志刚副部长率团访问了吉尔吉斯斯坦，吉第一副总理兼交通通讯部部长朱马利耶夫和副总理奥托尔巴耶夫会见了张副部长。

上海合作组织经贸部门领导人会议在吉尔吉斯斯坦首都比什凯克举行，张志刚副部长率团出席会议。

魏建国副部长会见了陪同厄立特里亚总统访华的厄国家发展部部长沃尔戴·富图尔。

魏建国副部长与阿拉伯国家驻华使团的22位使节举行了工作会谈。

魏建国副部长在贵宾楼会见叙利亚驻华大使穆罕默德·瓦迪。

魏建国副部长会见了叙利亚驻华大使瓦迪。

陈健部长助理率团对瓦努阿图、斐济进行了正式访问。

魏建国副部长陪同曾培炎副总理访问肯尼亚、刚果（布）、安哥拉。

马秀红副部长会见了来访的玻利维亚副外长马依达纳。

张志刚副部长率团访问塔吉克斯坦。

马秀红副部长会见了到访的哥伦比亚众议长哈丁一行。

高虎城副部长陪同曾庆红副主席会见塞黑的塞尔维亚共和国总统塔迪奇并参加了欢迎宴会。

易小准部长助理率团访问了巴基斯坦。

马秀红副部长会见了以多米尼克工党领导人马修·沃特尔（Mathew Walter）为首的多米尼克执政党联盟代表团。

傅自应部长助理会见了瑞典第一副议长韦斯特贝里一行。

薄熙来部长在钓鱼台国宾馆会见了来访的塞黑的塞尔维亚共和国总统塔迪奇。

马秀红副部长在钓鱼台国宾馆拜会了来访的瓦努阿图总理汉姆·利尼，双方讨论了双边经贸合作的进展情况。

马秀红副部长陪同吴仪副总理会见了联合国儿童基金会执行主任贝拉米女士。

薄熙来部长参加温家宝总理为瓦努阿图总理利尼访华举行的欢迎仪式、会谈、签字仪式和欢迎宴会。

高虎城副部长陪同吴仪副总理会见欧盟贸易委员曼德尔森。

陈健部长助理访问南太途经悉尼期间，在悉尼经商室召开了中资企业座谈会。

薄熙来部长会见了丹麦A. P. 穆勒－马士基集团首席执行官杰斯·苏德伯格一行。

高虎城副部长会见南非国际贸易管理委员会主席麦米拉女士，就中南纺织品问题交换意见。

2005年3月

张志刚副部长率团访问土库曼斯坦。

于广洲副部长会见了由麦克福尔主席率领的英国议会下院财政委员会代表团一行。

于广洲副部长会见了白俄罗斯外长马丁诺夫一行，双方就中白经贸合作、援白项目等问题交换了意见。

陈健部长助理出席2005年匈牙利“中国工程和技术展览会”筹备会。

马秀红副部长应约会见美国驻华大使雷德，双方就分销、直销和政府软件采购等问题交换了意见。

易小准部长助理和加拿大驻华大使柯杰分别代表两国政府在中国和加拿大发展合作“中加政策选择研究项目”和“中加立法合作项目”谅解备忘录上签字。

傅自应部长助理会见美国管理会计师协会总裁兼首席执行官保罗·夏曼。

薄熙来部长会见了阿根廷外长别尔萨。

薄熙来部长会见并宴请来访的澳大利亚贸易部长维尔（Vaile）。易小准部长助理和澳大利亚驻华大使唐茂思、澳外交贸易部副秘书长芮捷锐参加了会谈。

魏建国副部长约见了阿联酋驻华大使穆罕默德·布特。

易小准部长助理在北京饭店宴请菲律宾国家粮食署署长格里高里奥·谭。

薄熙来部长会见了前来出席中古经贸混委会第十七次会议的古巴政府部长卡布里萨斯。

马秀红副部长与来华访问的古巴政府部长卡布里萨斯共同主持召开了中古经贸混委会第十七次会议

魏建国副部长会见了南非英美资源集团执行副总裁金若澎。

张志刚副部长与哈萨克斯坦工贸部副部长斯马古洛夫共同主持了中哈经贸合作分委会第一次会议。

黄海部长助理会见了德国麦德龙公司中国区总裁杜哲思先生。

张志刚副部长参加了胡锦涛主席与来访的阿塞拜疆总统阿利耶夫举行的会谈。

魏建国副部长会见了巴基斯坦驻华使馆临时代办娜格玛娜公使。

薄熙来部长会见了美国艾默生公司董事长兼首席执行官范大为一行。

薄熙来部长会见法国标致雪铁龙集团总裁佛尔兹。

薄熙来部长会见了美国银行家协会（ABA）总裁兼首席执行官欧德鼎。同日，薄熙来部长会见美国银行家协会主席（Don Ogilve）。

黄海部长助理在北京会见了法国家乐福集团新任首席执行官杜哲睿（Jose Luis Duran）一行。

薄熙来部长在商务部会见了法国外贸部长级代表洛斯一行。

薄熙来部长在商务部会见了来访的巴西副外长乌格内。同日，薄部长在京会见了法国米其林集团总裁爱德华·米其林。

魏建国副部长参加了胡锦涛主席和刚果（金）总统卡比拉举行的会谈。

马秀红副部长会见了来访的美国联邦快递集团公司高级执行副总裁达科。

魏建国副部长在商务部会见了随刚果（金）总统卡比拉访华的刚果（金）计划、矿业、能源和交通四位部长。

魏建国副部长参加了温家宝总理与朝鲜总理朴凤柱举行的会谈。

马秀红副部长会见了美国玫琳凯公司首席运营官大卫·霍尔一行。

廖晓淇副部长率团访问了多米尼克。

陈健部长助理会见了应邀来访的阿根廷联邦计划、公共投资和服务通讯国务秘书吉耶尔摩·墨来诺先生率领的阿方铁路工程合作工作组。

陈健部长助理会见了来访的坦桑尼亚劳工、青年发展和体育部常秘拉贾布、总统办公室负责计划的常秘布库库一行。

薄熙来部长应约会见了巴基斯坦新任驻华大使萨尔曼·巴希尔。

魏副部长会见了肯尼亚财政部部长穆维拉里阿一行。

廖晓淇副部长出访多米尼克。

陈健部长助理会见了来访的特立尼达和多巴哥共和国天然气出口委员会主席朱利安教授（Kn-neth Julian）一行。

中国—巴基斯坦自由贸易区联合研究第二次工作组会议在北京召开。易小准部长助理会见了巴方代表团成员并讲话。

廖晓淇副部长访问了格林纳达。

魏建国副部长会见苏丹驻华大使萨利赫。

廖晓淇副部长访问美国。

薄熙来部长会见了挪威外交大臣扬·彼得森。

魏建国副部长与安哥拉财政部长若泽·莫赖斯共同主持了联合工作组第二次会议。

马秀红副部长会见了美国J·C·PENNEY百货公司高级副总裁、美国纺织品服装进口商协会主席麦克·格拉斯一行，就中美纺织品贸易问题交换了意见。马副部长强调了中方坚持一体化权益，反对美方滥用限制措施的立场。

马秀红副部长约见澳大利亚驻华大使唐茂思(Thomas)。

陈健部长助理应约会见了巴基斯坦新任驻华大使萨尔曼·巴希尔。

2005年4月

马秀红副部长应约会见巴西驻华大使内维斯。

薄熙来部长会见了应商务部邀请来华访问的斐济商业部长武埃蒂洛沃尼一行。

针对阿联酋迪拜单方面提出改变中国商品(迪拜)分拨中心合作原则一事，魏建国副部长主持召开会议研究如何从政府层面协助企业做好应对与对外谈判工作，以保证分拨中心和入驻企业的稳定与发展。

薄熙来部长陪同温家宝总理对巴基斯坦、孟加拉、斯里兰卡、印度进行了正式访问。

高虎城副部长与欧委会贸易总司长卡尔通电话，就欧盟方面将要对我纺织品出台特别限制措施行动指南提出严正交涉。

陈健部长助理会见了应邀来华与商务部合作司共同主持召开中巴混合工作组首次工作会议的巴西计划、预算和管理部国际事务副秘书亚历山大·罗沙先生及混合工作组全体成员。

陪同温家宝总理访问巴基斯坦的薄熙来部长同巴基斯坦总理财政顾问萨尔曼共同主持召开中巴经贸科技联委会第十二次会议。同日，薄部长还陪同温总理出席了中巴友谊中心项目奠基仪式。

张志刚副部长率团出访欧盟总部布鲁塞尔，就中欧纺织品问题进行交涉。

魏建国副部长会见了来访的苏丹内阁国务部长兼苏丹航空公司董事长卡马尔·阿卜杜拉一行。

马秀红副部长会见了随同哥伦比亚总统乌里韦来访的哥伦比亚贸易、工业和旅游部长博特罗(BOTERO)。

马秀红副部长与哥伦比亚外交部长卡罗利娜·巴尔科分别代表各自政府在北京签署了中国政府向哥伦比亚政府提供无偿援助、提供人民币无息贷款的经济技术合作协定。

陈健部长助理会见了塞拉里昂总统公共事务部长塞塞。

安民副部长参加了吴仪副总理与来华参加中蒙经贸联委会第九次会议的蒙古交通运输旅游部长巴特呼一行的会见。

马秀红副部长与新西兰外交贸易部副秘书长李思科在北京共同主持召开了中新经贸联委会第25次会议。

易小准部长助理会见了新西兰外交贸易部副秘书长里斯科一行，双方就WTO新一轮谈判交换了意见。

易小准部长助理会见了世界银行贸易局局长尤里·达杜什。

马秀红副部长会见美国雅芳公司董事长兼首席执行官钟彬娴(Andrea Jung)，双方就雅芳公司在华业务、直销立法等问题交换了意见。

陈健部长助理会见土耳其总理经济顾问HASSAN DAGCI。

张志刚副部长应约会见来访的德国批发外贸商协会(BGA)主席伯尔纳(Boerner)。

魏建国副部长会见了率尼日利亚总统访华先遣团来华的尼商业部长阿德里斯·瓦齐里。

魏建国副部长会见了率团参加中阿合作论坛企业家大会的巴勒斯坦国民经济部长马赞。

魏建国副部长会见了率团参加中阿合作论坛企业家大会的也门工贸部长哈立德。

魏建国副部长出席了制博会新闻发布会。

易小准部长助理会见了澳大利亚驻华大使唐茂思和外交贸易部北亚司司长莫婷。

易小准部长助理会见了来访的澳大利亚国际发展署副署长Charles Tapp先生。

黄海部长助理会见了来访的美国如新公司首席执行官贺楚门(Truman Hunt)。

魏建国副部长会见了应中国农业发展集团总公司邀请来华参加“2005年中几比渔业混委会”

的几内亚比绍渔业部长恩巴洛。

易小准部长助理会见了澳大利亚议会众议长霍克，双方就中澳自贸区问题交换了意见。

于广洲副部长会见了乌干达贸易国务部部长那罕·纳比塔·伊戈梅率领的阿拉伯国家政府代表团。

安民副部长会见了怡和集团总裁韦德乐先生。安副部长表示怡和集团在中国经营历史悠久，希望双方今后加强沟通与合作。

魏建国副部长参加了胡锦涛主席与尼日利亚总统奥巴桑乔进行的会谈。

魏建国副部长参加了温家宝总理与尼日利亚总统奥巴桑乔的会见。

薄熙来部长参加了温家宝总理与来华进行工作访问的澳大利亚总理霍华德的会见。

魏建国副部长会见了美国 Salesforce 信息技术公司董事长兼首席执行官马克·贝尼奥夫一行。

魏建国副部长会见了美国商务部前副部长、旧金山 Salesforce. com 公司副总裁杰斯特（Kenneth Juster）。

魏建国副部长会见了来访的突尼斯通信技术部部长蒙塔赛尔·瓦伊利。

马秀红副部长与古巴外交部长费利佩·佩雷斯·罗克分别代表各自政府在北京签署了中国政府向古巴政府提供人民币无偿援助的经济技术合作协定。

薄熙来部长作为中方主宾出席了中国澳大利亚商会为欢迎澳总理霍华德访华举行的午宴。

张志刚副部长与俄罗斯工业能源部副部长马捷罗夫共同主持召开中俄经贸合作分委会下设的森林资源开发和利用常设工作小组第四次会议。

马秀红副部长会见意大利贝内通集团执行总裁阿莱桑德罗·贝内通。

马秀红副部长分别参加了吴邦国委员长、温家宝总理、曾庆红副主席与古巴共产党中央委员会第二书记劳尔·卡斯特罗（RAUL CASTRO）的会见。

薄熙来部长陪同胡锦涛主席对文莱、印度尼西亚、菲律宾东南亚三国进行了国事访问，出席了亚非峰会和万隆会议 55 周年纪念活动。

张志刚副部长陪同温家宝总理会见来访的奥地利总理许塞尔。

张志刚副部长参加由北京物美商业集团股份有限公司和意大利对外贸易委员会在物美大卖场城建店举行的“意大利商品促销展卖月”开幕式活动并致辞。

张志刚副部长出席意大利美食节开幕式并致辞。

马秀红副部长会见了乌拉圭驻华大使迪亚斯（DIAZ）。

廖晓淇副部长和俄罗斯工业能源部副部长马捷罗夫出席了中俄森林资源开发利用合作研讨会并致辞。

陈健部长助理会见了首次访华的坦赞铁路局总局长姆维亚一行。

于广洲副部长与奥地利总理许塞尔共同为奥地利对华经济成就展示会揭幕并讲话。

张志刚副部长参加了温家宝总理与法国总理拉法兰举行的会谈。

张志刚副部长会见了来访的西班牙参议长罗霍。

马秀红副部长出席了由吴仪副总理主持召开的“中国—巴西主委会筹备会”。

廖晓淇副部长会见欧盟委员会竞争总司长罗维。

陈健部长助理会见了来访的瓦努阿图贸易、商业和旅游部长布莱。

薄熙来部长参加了正在雅加达出席 2005 年亚非峰会和万隆会议 50 周年纪念活动的胡锦涛主席与阿尔及利亚总统布特弗利卡、苏丹总统巴希尔和加纳总统库福尔的会见。

张志刚副部长应邀参加了克罗地亚驻华大使伟利奇所设晚宴。

马秀红副部长参加曾庆红副主席与秘鲁副总理魏斯曼的会见，并出席了曾庆红副主席为秘鲁副总统魏斯曼（WAISMAN）私人访华举行的晚宴。

陈健部长助理会见了莱索托财政与发展计划大臣塔哈尼。

易小准部长助理率团在海合会总部利雅得与海合会代表团团长、阿曼经济部次大臣马利克举行了中国—海合会国家自贸区首轮谈判。

高虎城副部长会见了率团参加中墨市场经济地位工作组第一次会议的墨经济部副部长加西亚·维拉先生一行。

陈健部长助理率领中国政府慰问团参加了赞比亚政府为BGRIMM炸药公司爆炸事故死难者举行的葬礼，赞比亚总统姆瓦纳瓦萨出席了葬礼并发表讲话。

于广洲副部长与陪同阿富汗副总统来华访问的总统顾问伊斯哈克·纳德里举行了会谈。

张志刚副部长会见到访的塔吉克斯坦通讯部长祖瓦伊多夫。

陈健部长助理拜会了赞比亚总统利维·姆瓦纳瓦萨，并分别会见了赞比亚外交部长罗尼·西卡普瓦夏、矿业部部长卡翁达·楞巴楞巴和商贸工部副部长郁金·阿帕尔。

马秀红副部长会见了美国商会副会长布里连特（Brilliant）。

易小准部长助理在京会见了来访的联合国贸发会议代理秘书长卡洛斯·福廷。

2005 年 5 月

薄熙来部长率团访问法国。

高虎城副部长率中国政府经贸代表团出访美国、加拿大。

马秀红副部长与萨摩亚外交贸易部首席执行官阿伊奥诺·摩塞·苏瓦分别代表各自政府在北京签署了中国政府向萨摩亚政府提供人民币无偿援助的经济技术合作协定。

马秀红副部长会见澳大利亚驻华大使唐茂思。

陈健部长助理会见了圣卢西亚卫生部长。

薄熙来部长会见了美国联合技术公司高级顾问、美国前国务卿亚历山大·黑格及该公司董事长兼首席执行官乔治·大卫一行。

于广洲副部长率中国政府经贸代表团出访摩洛哥、突尼斯、孟加拉。

张志刚副部长会见了吉尔吉斯斯坦代理外长奥通巴耶娃。

马秀红副部长会见了美国霍尼韦尔国际公司董事长兼首席执行官高德威。

率团访问突尼斯的于广洲副部长与突外交国务秘书施蒂维共同主持召开了中突第七届经贸混委会。5月13日，突尼斯总理格努希会见了于副部长。

张志刚副部长会见并宴请了来访的匈牙利前总理麦杰希一行。

廖晓淇副部长会见了家乐福集团新任监事会主席范伟德。

薄熙来部长会见了乌兹别克斯坦第一副总理兼经济部长阿济莫夫一行。陈健部长助理参加了会见。

薄熙来部长会见了欧盟驻华大使。

廖晓淇副部长会见了美国IBM公司（International Business Machines Coporation）总裁兼首席执行官彭明盛（Sam Palmisano）

陈健部长助理会见了匈牙利经济交通部副国务秘书高劳姆海季一行。

于广洲副部长率团访问摩洛哥。

魏建国副部长会见了来访的美国波音公司高级副总裁皮克林一行。

马秀红副部长会见了纽约市经济发展局总裁安得鲁·奥尔泊一行。

陈健部长助理会见来访的巴西石油公司第一副总裁雷纳多·杜克一行。

魏建国副部长陪同吴邦国委员长访问新加坡、澳大利亚、新西兰和马来西亚。

廖晓淇副部长参加了胡锦涛主席与来访的冰岛总统格里姆松举行的正式会谈。

高虎城副部长率中国政府经贸代表团与加拿大国贸部副部长方伯格共同主持会谈。

薄熙来部长会见了美国商会会长多诺霍一行。

薄熙来部长会见了随巴勒斯坦民族权力机构主席阿巴斯访华的巴国民经济部长马赞·桑格拉特。

马秀红副部长会见了雅诗兰黛集团全球事务主席弗雷德·连翰墨（Fred Langhammer）。

易小准部长助理会见了德国联邦议会发展合作委员会主席鲁道夫·克劳斯先生。

陈健部长助理会见了巴布亚新几内亚矿业部长山姆·阿考伊泰和石油能源部长默伊·阿维率领的政府代表团。

易小准部长助理会见了智利驻华大使卡夫雷拉。

薄熙来部长会见了欧盟驻华大使安博。

马秀红副部长会见雅诗兰黛集团（The Estée Lauder Companies Inc.）全球事务主席雷德·连翰墨（Fred Langhammer）。

廖晓淇副部长会见应中联部邀请访华的秘鲁人民行动党领袖帕尼亚瓜（PANIAGUA）。

张志刚副部长率团出访英国、挪威等国。

薄熙来部长应约与美国商务部长古铁雷斯通电话，就纺织品问题交换意见。

陈健部长助理会见了应中联部来华访问的格林纳达新民族党主席、外交和国际贸易部长埃尔文·尼姆罗德一行。

张志刚副部长率中国政府经贸代表团访问芬兰。

高虎城副部长率团访问欧盟总部，会见了欧盟贸易委员曼德尔森及贸易总司总司长卡尔。

5月23日，商务部和澳大利亚外交贸易部共同主办的“中澳经贸合作论坛”在悉尼举行。吴邦国委员长出席论坛开幕式并发表演讲。魏建国副部长和澳外交贸易部芮捷锐副秘书长分别代表中、澳双方致开幕词。下午，魏副部长和澳大利亚外交贸易部芮捷锐副秘书长共同主持召开中澳贸易投资委员会第三次会议。尔后，魏副部长和芮捷锐副秘书长出席了中澳自贸协定谈判首轮开幕式并致辞。

易小准部长助理与哈萨克斯坦谈判团举行了中哈首轮 WTO 双边市场准入谈判。

薄熙来部长会见了哈萨克斯坦工贸部第一副部长艾依特让诺娃率领的哈 WTO 谈判代表团。

薄熙来部长与欧委会贸易委员曼德尔森通电话，双方就中欧纺织品贸易问题交换了意见。

张志刚副部长在赫尔辛基会见了芬兰贸工部长佩卡里宁。

廖晓淇副部长会见了德国德固赛公司董事长费溪德。

高虎城副部长在布鲁塞尔会见欧盟贸易委员曼德尔森。

张志刚副部长率中国政府经贸代表团访问挪威。

廖晓淇副部长会见了德国巴斯夫公司董事长、德国经济亚太委员会候任主席贺斌杰。

廖晓淇副部长参加了胡锦涛主席和温家宝总理分别与乌兹别克斯坦总统卡里莫夫举行的会谈和会见。

易小准部长助理会见了来访的联合国商品共同基金总裁阿里·穆秋莫先生一行。

薄熙来部长与应胡锦涛主席邀请来访的乌兹别克斯坦总统卡里莫夫共进工作午餐。

薄熙来部长与西班牙工业旅游贸易大臣蒙蒂利亚举行会谈。

于广洲副部长参加了温家宝总理在人民大会堂与来访的克罗地亚总理萨纳戴尔举行的会谈、签字仪式及晚宴。

魏建国副部长会见了应科技部邀请来访的以色列工贸部首席科学家奥博。

陈健部长助理会见了刚果（布）水利和能源部长。

薄熙来部长应邀与欧盟贸易委员曼德尔森进行了电话会谈。

于广洲副部长参加了曾培炎副总理在中南海紫光阁与来访的西班牙工业旅游贸易大臣蒙蒂利亚的会见。

于广洲副部长主持召开会议，研究对欧纺织品磋商方案。易小准、傅自应部长助理出席。

张志刚副部长率中国政府经贸代表团访问英国。

薄熙来部长会见了中国美国商会主席卫兴华一行。

薄熙来部长会见了智利外长瓦尔克。

于广洲副部长参加了温家宝总理与来访的新西兰总理克拉克（Clark）的会谈和欢迎宴会。

陈健部长助理会见了罗兰贝格公司董事长。

易小准部长助理会见了加拿大国际发展署副署长谢孝锦先生。

黄海部长助理在北京会见了法国家乐福集团质量、责任和风险管理总监罗览（Roland Vaxelaire）一行。

马秀红副部长赴加拿大渥太华主持中加经贸联委会前，在加阿尔伯塔省实地考察了加 SYNENCO 公司的油砂生产过程。

高虎城副部长两次与欧委会贸易总司总司长卡尔通电话。

易小准部长助理会见了智利外交部经济关系总司长弗奇。

黄海部长助理在商务部会见了瑞典欧瑞莲公司董事会主席罗伯特·约克尼克一行。

2005 年 6 月

在英国访问的张志刚副部长与英国卫生部国务部长华纳勋爵分别代表双方在《关于招聘护理专业人员合作意向书》上签字。

魏建国副部长会见了应我国交通部邀请来华访问的科特迪瓦交通国务部长科贝南·阿纳基一行。

高虎城副部长与来访的意大利生产活动部副部长乌尔索举行双边对口会谈。

高虎城副部长与欧委会贸易总司卡尔总司长就纺织品问题进行电话会谈。

于广洲副部长会见了来访的德国经济部国务秘书普法芬巴赫。

张志刚副部长应邀出席了意大利国庆招待会。

魏建国副部长会见了阿曼驻华大使候斯尼。

马秀红副部长在渥太华与加拿大国际贸易部副部长方伯格共同主持了中加经贸联委会第 18 次会议。

在韩国参加亚太经合组织贸易部长会议的薄熙来部长会见了美国贸易代表波特曼。

魏建国副部长会见了阿尔及利亚驻华大使马吉德。

薄熙来部长与来访的美国商务部长古铁雷斯举行了会谈。

薄熙来部长应约两次与欧盟委员会贸易委员曼德尔森进行电话会谈。高虎城副部长、傅自应部长助理参加。

薄熙来部长与新西兰贸易谈判部长萨顿共同主持召开了中新部长级委员会第一次会议，马秀红副部长出席了会议。

张志刚副部长参加了胡锦涛主席与来访的比利时国王阿尔贝二世的会谈。

安民副部长与缅甸计划发展部吴梭达部长共同主持召开了中缅经济、贸易和科技合作联委会第一次会议。

魏建国副部长与访华的赤道几内亚外交、国际合作和法语事务部长米恰共同主持召开了“中国—赤道几内亚第二届混合委员会”。

陈健部长助理在商务部会见了毛里塔尼亚经济事务部长和运输装备部长。

易小准部长助理会见了美国鞋业联合会会长 Peter T. Mangione 先生。

张志刚副部长陪同吴仪副总理会见随比利时国王访华的比利时企业家代表团。

魏建国副部长陪同曾培炎副总理访问俄罗斯。

廖晓淇副部长出席了商务部在昆明举办的“加强中国与俄罗斯、中东欧和中亚地区经贸合作研讨会”并致辞。

张志刚副部长召集中俄总理定期会晤委员会各分委会有关单位，听取和了解目前各相关领域我国与俄罗斯、哈萨克斯坦及在上海合作组织框架内开展经贸合作的进展情况，为胡锦涛主席访问俄、哈并出席上海合作组织峰会做好筹备工作。

安民副部长在马尼拉与菲律宾贸工部副部长阿基诺共同主持召开了中菲经济贸易联委会第二十四次会议。

安民副部长在菲律宾首都马尼拉出席了商务部主办、机电商会承办的中国机电产品展览会开幕式。尔后，安副部长率中国政府经贸代表团参观了展览。

魏建国副部长陪同曾培炎副总理在俄罗斯圣彼得堡分别出席了第二届中俄投资促进会议开幕式及签约仪式以及“波罗的海”项目的奠基仪式。

马秀红副部长在北京会见了德国蒂森克虏伯公司董事长兼首席执行官埃克哈德·舒尔茨先生一行。

陈健部长助理在商务部会见了肯尼亚外交部长姆瓦奎雷一行。

薄熙来部长在上海与专程来访的欧盟贸易委员曼德尔森就中欧纺织品贸易摩擦进行了 10 多个小时的谈判。高虎城副部长、傅自应部长助理参加了谈判。

张志刚副部长参加了胡锦涛主席召开的出访俄罗斯、哈萨克斯坦准备会议，并就有关问题向胡主席做了汇报。

安民副部长会见了菲律宾众议长德贝内西亚。

魏建国副部长陪同曾培炎副总理访问阿曼。

陪同曾副总理访问阿曼的魏建国副部长与阿曼工商部次大臣艾哈迈德·迪布共同主持召开了中阿第六届经贸混委会并签署了会议纪要。

魏建国副部长在曾培炎副总理访问阿联酋期间在阿布扎比主持召开了中国与阿联酋企业家见面会。

马秀红副部长会见了来访的美国夏威夷州州长琳达·林格。

易小准部长助理会见了来访的美国新任 APEC 高官马海黎先生。

魏建国副部长陪同曾培炎副总理在卡塔尔首都多哈出席了第二届南方首脑会议；参加了曾培炎副总理与多哥总统福雷、贝宁总统克雷库、佛得角总理内韦斯、阿富汗第一副总统马苏德和牙买加副总理帕特森等国领导人。6 月 15 日，魏副部长参加了曾培炎副总理与黎巴嫩总统拉胡德简短交谈。

薄熙来部长和张志刚副部长陪同吴仪副总理在哈尔滨会见了白俄罗斯第一副总理谢玛什科一行。

魏建国副部长陪同曾培炎副总理出席了在卡塔尔首都多哈举行的“第二届南方首脑会议”，并陪同曾副总理分别会见了贝宁总统、多哥总统、77 国集团主席牙买加总理、古巴国务委员副主席以及巴基斯坦外长和加蓬外长等。

马秀红副部长会见了美国强生公司高级副总裁托马斯·高瑞先生。

吴仪副总理、俄罗斯总统驻西伯利亚联邦区代表克瓦什宁出席第 16 届哈洽会“俄罗斯商务日”开幕式并做主旨讲话。薄熙来部长、张志刚副部长出席。

中国—海湾合作委员会（海合会）自由贸易区第二轮谈判在北京举行。魏建国副部长率领有关部委人员组成的代表团参加了谈判。

马秀红副部长参加了温家宝总理与来访的牙买加总理珀西瓦尔·帕特森（P. J. Patterson）举行的会谈。

廖晓淇副部长会见了应全国人大邀请访华的智利参议长罗梅罗（ROMERO）。

陈健部长助理率中国政府经贸代表团访问了匈牙利。

易小准部长助理率团出席了在法国迪翁举行的 WTO 少数成员高官会。

魏建国副部长在商务部会见了南部非洲关税同盟成员国（南非、博茨瓦纳、纳米比亚、莱索托）驻华使节。

廖晓淇副部长会见了应中国人民对外友好协会邀请来华访问的危地马拉经济部长奎瓦斯。

陈健部长助理与匈经济交通部国务秘书吉利安举行会谈。

陈健部长助理会见了匈中经贸联委会匈方主席、匈外交部国务秘书豪伊杜。

马秀红副部长与美国商务部代理副部长豪斯（Timonthy Hauser）、贸易副代表夏纳（Josette Sheeran Shiner）就第十六届中美商贸联委会议题进行了磋商。

薄熙来部长会见了英中贸易协会（CBBC）主席鲍威尔勋爵。

薄熙来部长与应邀来访的印尼经济统筹部长巴克利举行会谈。

薄熙来部长与丹麦副首相兼经贸大臣本特森举行会谈。

张志刚副部长与应商务部邀请访华的丹麦副首相兼经贸大臣本特森共同出席中丹区域供热和能源及设计研讨会午餐会。

张志刚副部长会见来访的俄罗斯总理助理日丹诺夫一行。

魏副部长主持召开了“中国—葡语国家经贸合作论坛（澳门）第二次高官会暨2006 年第二次部长级会议筹备工作会议”。

傅自应部长助理与挪威驻华大使赫图安在北京共同签署了洞庭湖生物多样性项目的谅解备忘录。

于广洲副部长陪同全国政协主席贾庆林会见了丹麦副首相兼经贸大臣本特森。

张志刚副部长参加了温家宝总理在人民大会堂与捷克总理帕鲁贝克举行的会谈。

安民副部长参加了吴仪副总理与来访的印尼经济统筹部长巴克利的会见。

陈健部长助理会见了来访的斯里兰卡财政和计划部常务秘书贾亚桑德。

易小准部长助理在江苏无锡率中方代表团参

加了中国—智利自由贸易区第三轮谈判。

于广洲副部长参加了温家宝总理与斐济总理恩加拉塞举行的会谈、签字仪式和欢迎宴会。

魏建国副部长会见了阿尔及利亚驻华大使马吉德、埃及驻华大使侯夫尼和苏丹驻华大使萨利赫。

薄熙来部长参加了胡锦涛主席在莫斯科与俄罗斯联邦委员会主席米罗诺夫的会见。

2005年7月

薄熙来部长陪同胡锦涛主席访问俄罗斯。

安民副部长参加了温家宝总理在人民大会堂与泰国总理塔信举行的会谈。

廖晓淇副部长参加了黄菊副总理与来访的泰国总理他信的会见，随后出席了中泰建交30周年庆祝晚宴。

薄熙来部长参加了胡锦涛主席与俄罗斯总理弗拉德科夫的会见。

薄熙来部长陪同胡锦涛主席参观了新西伯利亚契卡洛夫航空生产联合体并参加了胡主席与俄西伯利亚有关州区行政长官举行的座谈。

张志刚副部长陪同胡锦涛主席访问哈萨克斯坦并出席上海合作组织元首峰会。

薄熙来部长在阿拉木图参观了商务部外贸发展局、哈萨克斯坦国家工商会等单位共同举办的“2005哈萨克斯坦中国商品展览会”，看望了中方参展的150多家企业的代表。

安民副部长陪同温家宝总理出席了大湄公河次区域领导人与工商界对话会。同日，安副部长参加了温总理与与会的越南、老挝、缅甸、柬埔寨等国领导人和亚行行长的会见，代表我国政府与柬埔寨政府签署了向其提供优惠贷款的框架协议和承担政府办公大楼等换文；与缅甸政府签署了两国经济技术合作协定。

高虎城副部长会见并宴请了应邀来访的法国外贸部长级代表拉嘉德女士。下午，高副部长参加了吴仪副总理与拉嘉德女士的会见。

陈健部长助理在北京会见了莱索托通讯科技大臣托马斯·塔巴尼。

马秀红副部长会见了美国众议员韦克斯勒。

马秀红副部长参加了吴仪副总理与美国驻华大使雷德的会见。

易小准部长助理与到访的澳大利亚国际发展署副署长恩玛丽·奥科菲女士，就中澳两国在亚太地区加强艾滋病防治的合作举行了会谈。

傅自应部长助理会见了来访的欧盟鞋业贸易联合会主席马西姆·东达一行。

正在苏丹访问的魏建国副部长与苏人道主义事务部首席部长代表哈赛布共同签署了中国政府向苏丹达尔富尔地区无偿提供人道主义物资援助的交接证书，并与苏国际合作部伊什拉加国务部长签署了中国政府向苏丹政府提供无偿援助和无息贷款的协定。

马秀红副部长会见了美国驻华大使雷德。

于广洲副部长会见了来访的英国贸易、投资兼外交国务部长伊恩·皮尔森。

魏建国副部长率中国政府经贸代表团访问了阿尔及利亚。

陈健部长助理会见了赞比亚总统特使、外长希卡普瓦沙。

薄熙来部长应约与美国贸易代表波特曼进行了通话。

于广洲副部长参加了温家宝总理为格林纳达总理一行来访举行的欢迎仪式、正式会谈和欢迎宴会。

吴仪副总理在人民大会堂出席了第16届中美商贸联委会全会，与美国商务部长古铁雷斯、贸易代表波特曼共同主持了会议。薄熙来部长、马秀红副部长出席了会议。

薄熙来部长在大连会见了前来出席WTO非正式小型部长会议的欧盟贸易委员曼德尔森、中国香港工商和科技局长曾俊华、印度商工部长迈勒·纳特、巴西外交部长阿莫林、美国贸易代表波特曼、WTO总干事素帕猜、日本农水大臣岛村宜伸、日本经产大臣中川昭一、巴基斯坦商务部长胡马云·阿赫塔尔·汗、孟加拉商务部长阿尔塔夫·侯赛因·乔杜里、加拿大农业部长米切尔和澳大利亚贸易部长维尔。

安民副部长参加了胡锦涛总书记和温家宝总理与老挝人民革命党主席及国家主席坎代·西潘敦的会见。

安民副部长会见了来京参加中印尼高官会的

印尼经济统筹部副部长马亨德拉。

薄熙来部长出席了WTO发展中国家农业协调组（G20）会议，中午宴请了与会的G20和G33部长。易小准部长助理参加了相关活动。

魏建国副部长在迪拜出席了阿联酋中国商会成立一周年纪念大会并讲话。

马秀红副部长出席了中美卫生保健论坛并讲话，出席论坛的还有美国商务部长古铁雷斯和美驻华大使雷德。

高虎城副部长陪同美国商务部古铁雷斯部长参观了北京铜牛针织集团有限公司。

WTO非正式小型部长会议经过一天的紧张讨论在大连闭幕。薄熙来部长和香港工商和科技局长曾俊华继续共同主持会议。

张志刚副部长陪同吴仪副总理出席了中哈合作委员会第二次会议并访问哈萨克斯坦、乌兹别克斯坦、土库曼斯坦和塔吉克斯坦四国。

高虎城副部长会见了由土耳其大国民议会议员、土总统经济顾问布兰特·唐腊率领的土耳其媒体代表团一行。

薄熙来部长参加了温家宝总理与来访的欧盟委员会主席巴罗佐举行的会谈。

中—欧（盟）第二次贸易政策对话在北京召开。于广洲副部长与欧委会贸易总司长卡尔共同主持。

高虎城副部长宴请了欧盟贸易总司长卡尔一行。

薄熙来部长应邀出席了欧盟驻华大使安博为欧盟委员会主席巴罗佐访华举行的工作午宴。下午，薄部长会见了来访的越南贸易部长张庭选。

薄熙来部长与瑞士联邦委员兼经济部长戴斯及其率领的企业家代表团举行会谈。

魏建国副部长在商务部会见了应信息产业部邀请来华访问的加纳通讯部长阿尔波特·肯达帕。

廖晓淇副部长参加了曾培炎副总理在中南海紫光阁与瑞士联邦委员兼经济部长戴斯一行的会见。

高虎城副部长应约会见美国驻华大使雷德，听取美方关于纺织品问题的通报。

易小准部长助理在青岛会见了芬兰外交部副国务秘书林杜。

于广洲副部长陪同温家宝总理会见了西班牙首相萨帕特罗。

张志刚副部长陪同吴仪副总理出席了在乌兹别克斯坦首都塔什干举行的中—乌经贸合作高层论坛。

魏建国副部长应约会见了陪同越南国家主席陈德良访华的越南工业部长黄中海。

陈健部长助理会见了来访的巴布亚新几内亚外长纳马柳。

张志刚副部长和土库曼斯坦副总理阿依多格德耶夫分别代表各自政府在阿什哈巴德签订了关于我国向土提供无偿援助的经济技术合作协定。

于广洲副部长陪同温家宝总理会见了来访的西班牙首相萨帕特罗。

于广洲副部长参加了胡锦涛主席为来访的津巴布韦总统穆加贝举行的欢迎仪式、正式会谈和欢迎宴会。

于广洲副部长会见了陪同穆加贝总统来访的津巴布韦外交部长蒙本盖圭、财政部长穆雷鲁瓦、能源部长莫约、邮电部长姆绍威及储备银行行长格诺。

于广洲副部长陪同温家宝总理会见津巴布韦总统穆加贝。

安民副部长参加了温家宝总理与来华进行国事访问的印尼总统苏希洛的会见。

安民副部长参加了胡锦涛主席与苏希洛总统举行的会谈。

2005年8月

陈健部长助理会见了苏丹水资源和灌溉部国务部长欧萨玛。

黄海部长助理出席了由国务院副秘书长汪洋、徐绍史同志主持召开的国务院有关部门负责同志参加的会议，研究猪链球菌病的防治和宣传问题。

8月3日，于广洲副部长在宁夏调研期间，听取了宁夏自治区商务厅和有关企业的汇报，并与宁夏自治区党委书记陈建国和自治区政府主席马启智就当前宁夏商务形势交换了意见。于副部长介绍了当前全国的商务运行形势，对宁夏商务工作取得的成绩表示肯定，表示商务部将一如既往贯彻西部大开发战略，支持少数民族地区的经济发展，希望宁夏商务工作进一步解放思想，大胆开拓，落实科学发展观，研究市场取向，坚持对外开放，推动体制改革，在转变外贸增长方式上多下功夫，推动内外贸的融合，为宁夏的经济发展多做贡献。

高虎城副部长会见了美国参议员马克·戴顿。

高虎城副部长陪同黄菊副总理赴沙特驻华使馆吊唁8月1日病逝的沙特国王法赫德。

陈健部长助理会见了澳大利亚西澳洲发展和能源部长卡彭特。

陈健部长助理在商务部内会见了蒙古驻华大使阿玛尔萨那。

薄熙来部长会见了来访的美国密西西比州州长哈里·巴伯一行。

易小准部长助理应约会见了智利驻华大使卡夫雷拉。

魏建国副部长参加了温家宝总理与柬埔寨国王诺罗敦·西哈莫尼的会见。

薄熙来部长与俄经贸部长格列夫在北京共同主持召开了中俄总理定期会晤委员会经贸合作分委会第八次会议。

魏建国副部长会见了莫桑比克驻华大使安东尼奥·伊纳西奥。

于广洲副部长会见并宴请乌克兰、拉脱维亚和爱沙尼亚三国驻华大使。

易小准部长助理率团出席了在阿拉木图举行的中哈第三轮WTO双边市场准入谈判。17日下午，哈副总理叶西莫夫会见了易助理。

魏建国副部长参加了胡锦涛主席与肯尼亚总统齐贝吉举行的大组会谈。

高虎城副部长应约会见美国惠而浦公司副总裁唐康亚。

于广洲副部长率中国政府经贸代表团访问乌克兰、拉脱维亚和爱沙尼亚三国。

安民副部长参加了温家宝总理与孟加拉总理卡莉达·齐亚举行的双边会谈。

于广洲副部长在出访途经俄罗斯圣彼得堡期间视察了圣彼得堡“波罗的海明珠”项目。

易小准部长助理与捷克工贸部副部长特拉帕签署了中捷技术合作“生物沼气和农作物废料处理站”项目（二期）备忘录。

易小准部长助理会见了由澳大利亚参议院外交国防贸易委员会主席史蒂夫·哈钦斯率领的澳大利亚参议院外委会代表团。

薄熙来部长会见了美国英特尔公司中国区总裁陈伟锭，双方就英特尔公司在华业务、中美经贸关系和美对华出口管制政策等问题交换了意见。

薄熙来部长礼节性会见了尼日尔财政大臣拉纳。

魏建国副部长参加了胡锦涛主席、温家宝总理与来华访问的爱沙尼亚总统吕特尔的会见。

高虎城副部长陪同吴仪副总理会见了泰国副总理兼商业部长颂奇。

陈健部长助理会见了圣卢西亚外交、国际贸易和民航部长彼得勒斯·康普顿（Petrus Compton)。

马秀红副部长会见了美国中西部中国协会主席斯蒂文森。

薄熙来部长、高虎城副部长与欧盟驻华大使安博举行会谈。

薄熙来部长与印尼贸易部长冯慧兰在北京共同主持召开中印尼经贸和技术联委会第七次会议。

廖晓淇副部长会见了来访的厄瓜多尔前总统乌尔塔多。

陈健部长助理会见了乌干达财政部长厄兹拉·苏鲁马。

易小准部长助理会见并宴请了来访的联合国儿童基金会执行主任安·维尼曼女士。

张志刚副部长出席了印尼贸易部和印尼工商会在北京联合举办的印尼风情文化晚宴，会见了印尼副总统尤素夫和贸易部长冯慧兰。

安民副部长出席了印尼贸易部在中国国际展览中心主办的第二届印尼展览会的开幕式并讲话。

安民副部长参加了胡锦涛主席与斯里兰卡库马拉通加总统举行的双边会谈。

易小准部长助理率团与哈工贸部副部长艾伊特让诺娃为团长的哈萨克斯坦代表团在北京举行中哈第四轮WTO双边市场准入谈判。

薄熙来部长在长春同欧盟贸易委员曼德尔森就中欧纺织品问题进行了电话磋商。

张志刚副部长、易小准部长助理参加了吴仪副总理与哈萨克斯坦副总理叶西莫夫的会见。

安民副部长参加了曾庆红副主席与印尼副总统尤素夫·卡拉举行的会谈。

2005年9月

安民副部长陪同黄菊副总理会见来访的马来西亚副总理纳吉布并出席欢迎晚宴。

马秀红副部长应约会见墨西哥驻华大使李子文。

高虎城副部长与欧盟驻华使团安博大使通电话。

廖晓淇副部长会见了巴西驻华大使内维斯。

陈健部长助理会见了厄立特里亚国家发展部部长沃尔戴·弗图尔博士。

薄熙来部长与欧盟贸易委员曼德尔森就输欧纺织品卡关问题举行谈判，高虎城副部长参加。

马秀红副部长会见了美国驻华使馆临时代办谢伟森。

薄熙来部长参加了温家宝总理与来访的欧委会巴罗佐主席、英国布莱尔首相举行的中欧第八次领导人会晤。

薄熙来部长参加了温家宝总理与来访的英国首相布莱尔举行的会谈。

薄熙来部长会见了随英国首相布莱尔访华的英贸工大臣艾伦·约翰逊和英贸易、投资兼外交国务部长伊恩·皮尔森一行。

薄熙来部长会见了美国柯达公司董事长邓凯达一行。

于广洲副部长陪同温家宝总理在北京会见了来访的联合国贸发会议（UNCTAD）秘书长素帕猜先生。

薄熙来部长陪同曾培炎副总理在厦门会见了意大利生产活动部长斯卡佑拉一行。

薄熙来部长、廖晓淇副部长陪同曾培炎副总理在厦门会见了来访的联合国贸发会议（UNCTAD）秘书长素帕猜先生。

于广洲副部长参加了温家宝总理为来访的匈牙利总理久尔查尼进行的会谈和欢迎宴会。

于广洲副部长出席了商务部外贸事务发展局和匈牙利投资贸易发展署共同举办的中匈经济论坛开幕式并致辞。

张志刚副部长参加了中央军委副主席曹刚川与俄罗斯国防部长伊万诺夫在俄罗斯索契主持召开的中俄政府间军技合作混委会第十二次会议。

廖晓淇副部长在厦门分别会见了联合国工业发展组织副总干事卢温德里先生一行、日中投资促进机构副会长绪方谦二郎率领的日中投资促进机构代表团、丹麦外交部副国务秘书斯蒂芬森一行和以色列前任科技部长艾里泽·桑德博格。

陈健部长助理在厦门会见了参加第九届中国投资贸易洽谈会的美国德克萨斯州代表团。

陈健部长助理会见了古巴外资部副部长拉蒙·马林·克雷斯玻一行。

傅自应部长助理在厦门与瑞典驻华大使雍博瑞、瑞典投资促进署署长贺瑞凯共同出席了投洽会瑞典馆馆日开幕活动。下午，傅助理会见了乌拉圭副外长埃雷拉·桑吉内蒂女士一行。

傅自应部长助理在厦门分别会见了参加第九届投洽会的阿拉伯国家代表团、罗马尼亚国务部长顾问阿德里安·尼楚。

于广洲副部长主持召开了访问越南、马尔代夫并赴老挝出席第四次中国—东盟（10+1）和第八次东盟—中日韩（10+3）经贸部长会议的准备工作会议。

廖晓淇副部长出席了意大利发展委员会在第九届国际投资贸易洽谈会期间举办的“投资意大利论坛”并致辞。

陈健部长助理在厦门分别会见了前来参加第九届中国国际投资贸易洽谈会的刚果（布）商业部长恩戈洛、匈牙利经济和交通部副国务秘书高劳姆海季以及与会的东盟、拉美国家及赤道几内亚官员。

傅自应部长助理在厦门会见了参加第九届中国国际投资贸易洽谈会的瑞典议会工商委员会副主席比尔一行。

傅自应部长助理在厦门出席了“南南合作与投资非洲研讨会”并致辞。

高虎城副部长约见南非驻华大使顾坦博，就南非拟对中国纺织品、服装和鞋类产品设限事宜交换了意见。

易小准部长助理在智利进行了中智自贸区第四轮谈判。会前，易助理分别拜会了智利参议长罗梅罗和外长沃克。

马秀红副部长代表商务部与墨西哥经济部矿业总协调员在胡锦涛主席访问墨期间签署了《中华人民共和国商务部与墨西哥合众国经济部矿业领域合作谅解备忘录》。

高虎城副部长与南非贸工部代理总司长马托纳举行了电话会谈。

傅自应部长助理与来访的乌拉圭副外长埃雷拉在北京共同主持召开了中国乌拉圭经贸混委会第15次会议。

薄熙来部长与南非贸工部长姆帕尔瓦通话。

魏建国副部长会见了赤道几内亚财政部长马塞利诺·埃杜。

马秀红副部长出席了美国中国总商会在美国纽约举行的成立大会并致辞。

廖晓淇副部长会见了美国国际知识产权执法总统助理克里斯·易斯雷一行。

陈健部长助理会见了来华商签援也门外交部办公楼项目施工合同的也门外交部次长默罕穆德·侯赛因·哈蒂姆一行。

薄熙来部长会见了加拿大贸易部长马奇。

薄熙来部长会见了美中关系全国委员会会长何立强。

易小准部长助理率中方代表团与智利在其首都圣地亚哥结束了两国自贸区第四轮谈判。

薄熙来部长陪同正在新加坡访问的吴仪副总理拜会了新加坡总统纳丹，并陪同出席了新加坡副总理黄根成举行的欢迎宴会。

张志刚副部长率政府经贸代表团访问了斯洛文尼亚、匈牙利和塞黑三国。

魏建国副部长会见了即将离任的阿尔及利亚驻华大使布盖拉先生。

魏建国副部长陪同温家宝总理与来访的吉布提总理迪莱塔举行会谈。

马秀红副部长会见了美国华平投资集团联席总裁纪杰（Charles R. Kaye）。

马秀红副部长会见了美国纽约州州长乔治·帕塔基，双方就中美经贸关系及纽约州与中国的经贸合作交换了意见。

马秀红副部长与多米尼克外交、贸易、劳工和公共服务部长查尔斯·萨瓦林分别代表各自政府在北京签署了关于中国政府向多米尼克政府提供无偿援助的经济技术合作协定。

高虎城副部长应约会见了美国驻华大使雷德。

在吴仪副总理访问泰国期间，商务部与泰国商业部在清迈共同举办了“中泰经贸与投资合作研讨会”，薄熙来部长主持会议，吴仪副总理和泰国副总理颂奇出席会议并讲话。

薄熙来部长会见了泰国财政部副部长瓦拉贴，双方就清迈卷烟厂项目交换了意见。

易小准部长助理与澳大利亚驻华使馆公使傅关汉签署了中国艾滋病政策支持项目。

薄熙来部长与泰国交通部长鹏萨、商业部副部长刘树勋和财政部副部长瓦拉贴举行会谈。

薄熙来部长陪同吴仪副总理访问了文莱。

马秀红副部长和巴西外贸秘书（副部级）梅西亚特在北京举行了工作磋商。

高虎城副部长与南非贸工部代理总司长马托纳就纺织品、服装和鞋类的贸易摩擦问题举行会谈。

高虎城副部长约见了哥伦比亚驻华大使吉列尔莫·贝莱斯。

陈健部长助理会见了由党领袖蒂尔曼·托马斯率领的格林纳达民族民主大会党代表团。

陈健部长助理应约在商务部会见了由党领袖蒂尔曼·托马斯率领的格林纳达民族民主大会党代表团。

于广洲副部长率中国政府经贸代表团访问马尔代夫。于副部长拜会了马总统加尧姆，并与马经济发展和贸易部部长默哈迈德·贾利举行会谈。

马秀红副部长会见了来访的加拿大魁北克省省长夏雷。

高虎城副部长再次会见了南非马托纳一行。

薄熙来部长会见了瑞士罗氏集团董事会代表团。

马秀红副部长和巴西外贸秘书（副部级）梅西亚特在北京举行了第二轮工作磋商。

高虎城副部长陪同温家宝总理会见了瑞典瓦伦堡财团负责人彼得·瓦伦堡一行。

高虎城副部长与刚果（布）外交和法语事务部部长鲁道夫·阿达达分别代表各自政府在北京签署了我向刚果共和国政府提供无偿援助的经济技术合作协定。

傅自应部长助理会见了亚美尼亚总统办公厅主任图马尼扬。

傅自应部长助理与参加中国和亚美尼亚政府经济贸易混委会亚方代表团团长——亚外交部副部长阿尔明·拜布尔疆分别代表各自政府签署了我向亚提供无偿援助的经济技术合作协定以及援助亚农机项目立项换文。

薄熙来部长与美国贸易谈判代表波特曼就中美纺织品贸易问题进行了电话交谈。

薄熙来部长会见了来访的瑞典工商大臣厄斯特罗斯。

薄熙来部长会见了来访的古巴政府部长卡布里萨斯。

魏建国副部长陪同曾庆红副主席会见了来访的阿曼苏丹国副首相法赫德。

廖晓淇副部长同陪同刚果（布）总统萨苏访华的国务部长皮埃尔·穆萨等6位部长举行了经贸对口会谈。

高虎城副部长陪同温家宝总理会见了应邀访华的刚果（布）总统萨苏。

薄熙来部长会见并宴请了来访的巴西发展工业外贸部部长富兰。

魏建国副部长会见了科特迪瓦新技术和电讯部长巴卡约科。

高虎城副部长与巴西发展工业外贸部外贸秘书梅西亚特举行了工作会谈。

薄熙来部长与巴西发展工业外贸部部长富兰举行会谈。

高虎城副部长与欧盟驻华大使安博共进午餐。

陈健部长助理会见了来访的乌兹别克斯坦财政部第一副部长阿什拉夫罕莫夫一行。

2005年10月

薄熙来部长分别与美国贸易谈判代表波特曼和商务部长古铁雷斯通电话。

易小准副部长率团赴瑞士出席了WTO旨在推动新一轮谈判的苏黎士小型部长级会议、贸易谈判委员会会议及日内瓦部长级磋商。

薄熙来部长与美国际贸易代表波特曼大使通电话。

于广洲副部长率团出席了在塔吉克斯坦首都杜尚别举行的上海合作组织成员国经贸部长第四次例行会议。

马副部长应约接见了丹麦丹佛斯公司董事会主席克劳森一行。

易小准副部长在瑞士日内瓦会见了联合国贸发会议新任秘书长素帕猜。

陈健部长助理会见了来访的伊朗石油部副部长兼南方铝业公司董事会主席阿克巴尔·托尔坎先生一行。

魏建国副部长会见了赤道几内亚财政部长马塞利诺·埃杜。

廖晓淇副部长会见了葡萄牙最大的非金融类企业索纳埃集团总裁阿塞维多。

高虎城副部长约见了美国驻华使馆大使。

陈健部长助理会见加纳能源部长。

魏建国副部长在澳门出席了“中国—葡语国家经贸合作论坛（澳门）”第一次高官会开幕式并发言。

马秀红副部长会见了美中贸委会主席、联合包裹公司董事长兼首席执行官迈克尔·埃斯丘（Michael Eskew）率领的美中贸易全国委员会访华代表团。

马秀红副部长先后陪同胡锦涛主席、温家宝总理会见来华进行国事访问的澳大利亚总督杰弗里。

高虎城副部长率中国政府经贸代表团在斯德哥尔摩出席了瑞典贸易委员会与瑞中贸易委员会联合举办的欢迎午宴并与瑞典商会协会及企业界代表座谈。

马秀红副部长会见了美国联邦快递高级副总裁迈克尔·达克尔（Michael Darkar）。

高虎城副部长在瑞典斯德哥尔摩国际展览中心与瑞典工商部国务秘书林格伦共同出席了“中国—北欧贸易与投资展览会”中国馆开馆式。

易小准副部长会见了来访的联合国副秘书长兼人道主义事务协调办公室（OCHA）主任简·埃格兰。

薄熙来部长陪同曾庆红副主席在南宁分别会见了前来出席第二届中国—东盟博览会及商务与投资峰会的柬埔寨首相洪森和泰国副总理兼商业部长颂奇。下午，薄部长分别会见了泰国副总理兼商业部长颂奇、越南贸易部长张庭选、老挝贸易部长苏里冯达拉冯、柬埔寨国务兼商业大臣占蒲拉西、新加坡贸工部政务部长曾士生、马来西亚贸工部政务次长陈仪乔、菲律宾贸工部副部长阿龙佐及东盟秘书长王景荣。

魏建国副部长会见了赤道几内亚财政部长马塞利诺·埃杜。

马秀红副部长会见了美国纽约人寿保险公司董事会主席兼公司首席执行官西·斯滕博格一行。

高虎城副部长在斯德哥尔摩与瑞典工商部国务秘书林格伦共同出席了“中瑞投资贸易研讨会”并发表演讲。

陈健部长助理会见并宴请了汤加财政大臣乌托伊卡马努。

魏建国副部长在北京参加了胡锦涛主席与赤道几内亚总统奥比昂的会谈。

马秀红副部长会见了第四期拉美和加勒比国家高级外交官访华团。

薄熙来部长在重庆应约与英国贸工大臣艾伦·约翰逊通电话。

魏建国副部长参加了温家宝总理与赤道几内亚总统奥比昂的会见。

马秀红副部长陪同回良玉副总理会见了美国南卡罗来纳州州长马克·桑福德。

薄熙来部长就中美纺织品问题致信美国贸易谈判代表波特曼大使。

于广洲副部长与应邀来访的法国外贸部长级代表拉嘉德女士举行了会谈。

正在丹麦访问的高虎城副部长与丹麦外交部国务秘书、丹麦贸易委员会主席里斯·约根森共同出席了“中丹投资贸易研讨会”。

薄熙来部长会见了塞内加尔国务部长加迪奥。

马秀红副部长会见并宴请了加拿大新任驻华大使罗岚。

傅自应部长助理在广州会见了莱索托王国贸工部大臣姆波·马迪埃先生一行。

薄熙来部长陪同温家宝总理赴俄罗斯出席上海合作组织总理会晤。

温家宝总理出席了在莫斯科举行的上海合作组织第四次总理会议。

于广洲副部长会见了白俄罗斯总统办公厅主任舍伊曼。

魏建国副部长在雅温得拜会了喀麦隆总统保罗·比亚。

高虎城副部长在柏林主持召开了欧盟各国使领馆经济商务参赞领事“应对欧盟贸易救济措施专题工作会”。

陈健部长助理分别会见了蒙古新任驻华大使嘎乐桑·巴特苏赫和瓦努阿图农业部长索佩。

黄海部长助理在日内瓦参加了联合国南亚地震赈灾部长级会议。

于广洲副部长会见了法国中小企业部长杜特莱及法国精品行业联合会代表一行。

马秀红副部长会见了美国微软公司首席技术官克瑞格·蒙迪。

陈健部长助理会见了应人事部邀请来华访问的尼泊尔总行政大臣克瑞斯纳·拉尔·塔卡里。

陈健部长助理会见了应交通部邀请访华的塔吉克斯坦运输部副部长阿克勃罗夫一行。

薄熙来部长出席了欧盟轮值主席国英国驻华大使韩魁发举行的、由欧委会驻华代表团、欧盟25个成员国及保加利亚、罗马尼亚等准入盟国驻华大使（或代办）参加的联合午宴。

薄熙来部长会见了智利外长瓦尔克，草签了自贸协定。

马秀红副部长会见了百事国际集团董事长兼首席执行官白怀民（Michael D. White）。

马秀红副部长会见了德国大众汽车集团董事长毕瑞德。

魏建国副部长在约旦首都安曼主持召开了驻西亚非洲地区经商参赞工作会议。

正在以色列访问的魏建国副部长与以色列工贸劳动部总司长迪努尔进行了工作会谈。

高虎城副部长约见欧盟驻华大使安博。

陈健部长助理率中国政府代表团赴巴基斯坦。

2005年11月

于广洲副部长参加了吴仪副总理与俄罗斯副总理茹科夫在三亚主持召开的中俄总理定期会晤委员会第九次会议。

正在以色列访问的魏建国副部长与以工业、贸易和劳工部总司长拉安南·迪努尔签署了《中华人民共和国政府与以色列国政府双边工业研究与发展合作协议》。

陈健部长助理率团访问了巴基斯坦，就中方对巴地震救灾和参与灾后重建工作进行商谈。

于广洲副部长陪同吴仪副总理与俄罗斯副总理茹科夫在北京共同会见了中俄企业家，与会企业代表就油气资源开发、机械制造、金融保险、冶金、贸易和交通运输等领域合作进行了发言。于广洲副部长会见了英国BP集团首席执行官布朗勋爵一行。

马秀红副部长会见了新西兰第一大公司、全球第四大乳制品公司——恒天然乳品合作集团董事会主席海登和总裁费利尔一行。

马秀红副部长约见了美国驻华大使雷德（Clark Randt）。

黄海部长助理会见了来访的欧委会内部市场总司绍布总司长。

于广洲副部长参加了温家宝总理与来访的俄罗斯总理弗拉德科夫在北京举行的中俄总理第十次定期会晤。当日中午，于副部长陪同吴仪副总理在北京饭店宴请了俄总理弗拉德科夫。

马秀红副部长会见了澳大利亚西澳州副州长瑞伯。

第二十届中国—欧盟经贸混委会在欧盟总部布鲁塞尔召开。薄熙来部长与欧盟对外关系委员瓦尔德纳、贸易委员曼德尔森共同主持会议。

于广洲副部长陪同胡锦涛主席会见了来华出席中俄总理第十次定期会晤的俄罗斯总理弗拉德科夫。

傅自应部长助理分别会见了来访的欧洲社会党主席拉斯姆森一行和匈牙利政府匈中事务协调专员胡斯蒂一行。

于广洲副部长与应邀来访的比利时弗拉芒大区首席大臣莱特姆在北京举行了工作会谈。

马秀红副部长会见了应商务部邀请访华的加拿大安大略省省长麦坚迪。

薄熙来部长陪同胡锦涛主席对英国进行国事访问。

马秀红副部长陪同全国人大常委会副委员长顾秀莲会见了加拿大安大略省省长麦坚迪。

马秀红副部长会见了丹麦维斯塔斯风力系统公司总裁安格尔。

易小准副部长出席了WTO总干事拉米在日内瓦召集的小型部长会议。

易小准副部长出席了在苏黎世举行的“2005瑞士对外经济论坛”。

薄熙来部长陪同胡锦涛主席访问德国并于11月11日与德联邦经济与劳动部长克雷门特共同在柏林主持召开中德经济合作联委会第12次会议。

于广洲副部长应约会见了波兰新任驻华大使克里斯托夫·舒姆斯基。

魏建国副部长会见了佛得角首任驻华大使莫赖斯。

魏建国副部长会见了埃及新任驻华大使阿拉姆。

于广洲副部长会见了来访的丹麦外交部国务秘书里斯约根森。

马秀红副部长会见了辉瑞投资有限公司董事长兼总经理安博。

魏建国副部长陪同中央政治局常委李长春同志访问苏丹、纳米比亚、南非和坦桑尼亚。

薄熙来部长会见了来北京参加中美关系研讨会的美国贸易代表波特曼。

于广洲副部长陪同黄菊副总理访问了突尼斯、几内亚、博茨瓦纳与马达加斯加等非洲四国。

马秀红副部长会见了由州长波兰迪率领的美国明尼苏达州代表团。

姜增伟副部长会见了美国明尼苏达州汤姆森法律和规章公司高级副总裁理查德·金。

易小准副部长和加拿大驻华大使罗岚分别代表两国政府在北京签署了中加发展援助合作项目“统计信息管理项目二期”谅解备忘录。

黄海部长助理陪同国务院副总理回良玉在中南海紫光阁会见了美国明尼苏达州州长蒂莫西·波兰迪（Timothy Pawlenty）一行。

黄海部长助理陪同国务院副总理回良玉在中南海紫光阁会见了美国加利福尼亚州州长阿诺·施瓦辛格一行。

薄熙来部长、易小准副部长在韩国釜山会见了出席2005年APEC部长级会议的新西兰贸易部长戈夫、贸易谈判部长萨顿。

薄熙来部长会见了WTO总干事拉米。

魏建国副部长在苏丹首都喀土穆与苏财政和国民经济部国务部长马基祖布进行了工作会谈。

魏建国副部长分别和苏丹国际合作部部长铁贾尼、国民经济部部长祖贝尔分别代表各自政府在喀土穆签署了我国向苏提供无偿援助和无息贷款的经济技术合作协定。

陈健部长助理会见了来访的叙利亚副外长法鲁克·塔哈。

于广洲副部长陪同黄菊副总理出席了在突尼斯召开的信息社会世界峰会。

傅自应部长助理在上海出席了“法中企业商贸合作洽谈会”开幕式并致辞。

薄熙来部长和智利外长瓦尔分别代表两国政府在韩国釜山签署了《中华人民共和国政府和智利共和国政府自由贸易协定》。

薄熙来部长在韩国釜山会见了美国亚太商业联盟代表团。

于广洲副部长参加了黄菊副总理与几内亚迪亚洛总理的正式会谈。同日，于副部长参加了黄菊副总理与几内亚总统孔戴和松帕雷议长的会见。

于广洲副部长陪同黄菊副总理出席了与博茨瓦纳莫哈埃总统的正式会谈。

于广洲副部长陪同黄菊副总理出席了与马达加斯加西拉总理的正式会谈。

马秀红副部长与玻利维亚外长洛艾萨共同主持了中玻第八届经贸混委会。

傅自应部长助理出席了在北京举行的中国与加拿大发展合作“政策选择项目”启动仪式。

于广洲副部长出席了黄菊副总理与马达加斯加总统拉瓦卢马纳纳、国民议长拉希尼里库和参议长拉库图马哈鲁等的会见活动。

吴仪副总理出席了在宁波召开的全国地方电子口岸建设现场会并作重要讲话，易小准副部长出席会议并代表商务部作了书面发言。

傅自应部长助理会见了德国国际教育与发展公司（InWent）总裁珀普博士一行。

薄熙来部长会见了来访的阿根廷外长别尔萨。

易小准副部长赴白俄罗斯明斯克出席了中白政府间经贸合作委员会第七次会议。

高虎城副部长率团赴巴西就贸易磨擦问题进行磋商。

姜增伟副部长会见了德国慕尼黑市市长乌德和杜塞尔多夫市市长埃尔文。

廖晓淇副部长会见了美国美德维实维克公司（Mead SWestvaco）总裁占姆斯·巴兹德（James Buzzard）。

傅自应部长助理会见了英国国际发展部政务次官格瑞斯·汤姆斯先生一行。

薄熙来部长会见了埃塞俄比亚外长塞尤姆·梅斯芬，双方就进一步发展两国经贸合作交换了意见。

于广洲副部长与希腊副外长斯蒂里亚尼迪斯共同主持召开了中希经贸混委会第九次会议。

魏建国副部长会见了埃塞俄比亚外长塞尤姆·梅斯芬。

魏建国副部长会见了安哥拉财政部副部长塞韦林·德莫赖斯。

马秀红副部长参加了全国人大财经委融资租赁法国际研讨会。

于广洲副部长会见了来访的罗马尼亚经济商务部国务秘书奥克达维安·伯久。

魏建国副部长会见了欧委会发展总司总司长曼塞维斯。

魏建国副部长应约与赤道几内亚财政部长埃杜通电话。

2005年12月

于广洲副部长会见了回国述职的我国驻丹麦大使甄建国。

魏建国副部长在商务部会见了古巴教育部长鲁伊斯·戈麦斯·古铁雷斯。

高虎城副部长与巴西发展工业外贸部富兰部长就巴西落实中国市场经济地位、特保和纺织品特限等问题进行了会谈。

于广洲副部长会见了葡萄牙驻华大使卡洛斯。

魏建国副部长会见了陪同莱索托首相莫西西利访华的莱财政与发展大臣塔哈内和工程与运输大臣莱贝萨。

傅自应部长助理会见了应中联部邀请访华的欧洲社会党主席拉斯姆森。

傅自应部长助理会见了来访的匈牙利政府匈中事务协调专员胡斯蒂一行。

于广洲副部长陪同温家宝总理访问法国。6日，于副部长陪同温总理赴尼斯参观了阿尔卡特—阿雷尼亚宇航公司。7日，于副部长陪同温总理在马赛参观了卡达拉什热核聚变实验中心、热核聚变反应堆建造场址和欧洲直升机公司。

薄熙来部长参加了胡锦涛主席与白俄罗斯总统卢卡申科的会谈。

薄熙来部长会见了来访的土库曼斯坦副总理兼纺织工业部长别尔德耶夫一行。

温家宝总理访法期间，于广洲副部长陪同温家宝总理与法国总理德维尔潘进行了会谈。

易小准副部长会见了随白俄罗斯总统卢卡申科来华访问的白监察委员会主席托济克。

傅自应部长助理会见并宴请了来访的匈牙利经济交通部国务秘书吉利安一行。

于广洲副部长陪同温家宝总理对斯洛伐克和捷克进行了正式访问。

薄熙来部长参加了吴仪副总理与俄罗斯第一副总理梅德维杰夫的会谈。

薄熙来部长会见了巴基斯坦商务部长胡马云·阿赫塔尔·汗。

薄熙来部长出席了中国美国商会第六届年度答谢晚宴并发表演讲。

于广洲副部长陪同温家宝总理访问葡萄牙。

易小准副部长会见了加拿大小麦局局长麦斯纳（Mesener）一行。

于广洲副部长陪同温家宝总理在马来西亚分别会见了菲律宾总统阿罗约和柬埔寨首相洪森。

魏建国副部长与陪同约旦国王访华的计划与国际合作大臣苏海尔·阿里举行会谈。

WTO第六届部长级会议在中国香港开幕。薄熙来部长率中国代表团出席了会议。同日，薄部长还出席了G20部长级会议并分别与巴西外长阿莫林和发展工业外贸部长富兰及印度商工部长纳特举行会谈。易小准副部长参加了大会。

于广洲副部长陪同温家宝总理在吉隆坡分别会见了新西兰总理克拉克、马来西亚友好人士、驻马使馆工作人员及留学生和中资机构代表。晚上，于副部长陪同温总理出席了巴达维总理为各国领导人等举行的欢迎宴会。同日，于副部长还视察了商务部在吉隆坡主办的“马来西亚2005中国出口商品展览会暨投资洽谈会”。

魏建国副部长在北京会见了萨摩亚工程部长法乌姆伊纳·里乌额。

傅自应部长助理会见了美国Global Insight公司首席经济师Nariman Behverash。

薄熙来部长在香港分别会见了欧盟贸易委员曼德尔森、瑞典工商大臣厄斯特罗斯、以色列副总理兼财政部长、代理工贸劳动部长奥尔默特和塞内加尔商业部长迪奥普，就多哈谈判及双边经贸关系交换了意见。薄部长还分别与世贸组织总干事拉米、日本经产大臣二阶俊博、肯尼亚贸易部长基图伊、土耳其国务部长图兹曼和南非贸工部长姆帕尔瓦等人举行了会谈，并与巴西发展工业外贸部长富兰就双边经贸问题进行了磋商。易小准副部长参加。

于广洲副部长陪同温家宝总理在吉隆坡出席了首届东亚峰会。

傅自应部长助理会见并宴请了俄罗斯联邦经济特区管理署马尔科娃、雷乔夫两位副署长率领的俄方代表团。

于广洲副部长陪同温家宝总理出席了马来西亚总理巴达维为温总理访马举行的欢迎仪式和欢迎宴会；参加了两国总理举行的大组会谈和两国政府间合作文件的签字仪式并出席了中马两国经贸合作项目签约仪式。

魏建国副部长在北京宴请了苏丹、纳米比亚、南非、坦桑尼亚等国驻华使节。

WTO第六届部长级会议期间，薄熙来部长分别会见了荷兰副首相布林克·霍斯特、澳大利亚副总理兼贸易部长马克·维尔、美国商会会长多诺霍和保加利亚经济与能源部长奥夫洽罗夫。

薄熙来部长会见了美国商务部主管国际贸易的副部长雷文凯。

于广洲副部长会见了参加WTO香港部长级会议后经北京过境回国的格鲁吉亚经济发展部长乔格瓦泽以及率团参加中格经贸合作委员会第二次会议的格经济发展部副部长科乌紫里泽一行。

魏建国副部长和赞比亚工程与供应部长玛丽娜·恩辛戈（Marina N Nsingo）分别代表各自政府在北京签署了关于中国政府向赞比亚政府提供无偿援助的经济技术合作协定及就中国政府向赞比

亚政府提供购粮现汇援助事宜在北京换文确认。

马秀红副部长与美国商务部副部长雷文凯及美国驻华大使雷德举行了小范围会谈，就美对华钢管特保案和中国企业扩大自美进口面临的签证问题做美方工作。

廖晓淇副部长陪同温家宝总理会见了纳米比亚总统波汉巴。

高虎城副部长与美国商务部主管国际贸易的副部长雷文凯进行会谈。

于广洲副部长应约会见了吉尔吉斯斯坦外长、中吉政府间经贸合作委员会吉方新任主席杰克申库洛夫一行。同日，于副部长还会见了即将离任的英国驻华大使韩魁发。

魏建国副部长会见了来访的布隆迪共和国对外关系与合作部部长安托瓦内特·巴图穆布维拉女士。

魏建国副部长会见了赞比亚工程与供应部部长玛丽娜·恩辛戈和商业、贸易与工业部副部长姆比塔·奇塔拉。

薄熙来部长与来访的古巴政府部长里卡多·卡布里萨斯·鲁伊斯共同主持中古政府经贸混委会第十八次会议。

薄熙来部长与古巴政府部长里卡多·卡布里萨斯·鲁伊斯分别代表各自政府在北京签署了关于中国政府向古巴政府提供无偿援助的经济技术合作协定。

于广洲副部长应邀赴罗马尼亚驻华使馆参加罗大使伊斯迪乔亚的午宴。

第九篇

附 录

CHAPTER IX APPENDIX

2005年中国与欧洲国家贸易统计表

金额单位：万美元

国家（地区）	进出口额	出口额	进口额	累计比去年同期增减%		
				进出口	出口	进口
欧　洲	27 110 551	17 115 724	9 994 827	28.2	39.8	12.3
欧盟（25国）	21 730 700	14 371 158	7 359 542	22.6	34.1	4.9
欧盟（15国）	20 658 051	13 483 855	7 174 196	22.9	35.1	5.1
德　国	6 325 197	3 252 760	3 072 437	16.9	36.9	1.2
荷　兰	2 880 269	2 587 683	292 586	34	39.7	-1.5
英　国	2 450 310	1 897 702	552 608	24.2	26.8	16.1
法　国	2 064 944	1 164 039	900 905	17.5	17.3	17.8
意大利	1 861 774	1 169 134	692 640	18.8	26.8	7.4
比利时	1 174 515	773 977	400 538	25.2	32.1	13.8
西班牙	1 052 418	843 957	208 461	45.7	54.1	19.4
芬　兰	625 445	362 631	262 814	13.4	45.4	-13.0
瑞　典	569 876	257 656	312 220	9.6	38.6	-6.5
爱尔兰	460 745	318 434	142 311	38.4	48.8	19.8
丹　麦	398 510	278 893	119 617	26.4	43.3	-0.8
奥地利	249 226	88 304	160 922	8.8	13.1	6.6
希　腊	202 192	193 523	8 669	37.9	40.2	0.4
卢森堡	219 043	203 960	15 083	109.3	122.3	16.8
葡萄牙	123 586	91 201	32 385	42.2	55.0	15.3
新入盟国家	1 072 649	887 303	185 346	16.5	21.1	-1.6
波　兰	315 295	259 548	55 747	35.3	40.8	14.4
匈牙利	285 920	249 370	36 550	-8.6	-5.9	-23.1
捷　克	203 921	166 745	37 176	13.7	23.4	-15.9
斯洛伐克	49 137	30 835	18 302	70.4	92.9	42.4
斯洛文尼亚	32 281	26 557	5 724	29.7	28.4	36.4
马耳他	53 904	30 111	23 793	2.6	10.2	-5.6
立陶宛	37 244	36 096	1 148	30.3	32.5	-15.1
爱沙尼亚	36 910	31 142	5 768	65.8	54.2	179.4
拉脱维亚	29 023	28 167	856	46.0	57.4	-56.8
塞浦路斯	29 015	28 731	284	55.2	55.1	67.8
欧洲其他国家	1 173 868	607 772	566 096	15.9	31.8	2.7
瑞　士	582 745	194 672	388 073	13.8	29.3	7.4
挪　威	246 582	132 192	114 390	1.6	28.5	-18.2
冰　岛	12 143	7 470	4 673	65.7	62.5	70.9
列支敦士登	1 897	922	975	-37.5	38.5	-58.8
罗马尼亚	166 153	136 924	29 229	20.1	29.5	-10.6
克罗地亚	61 747	57 364	4 383	68.5	66.5	100.1
保加利亚	53 086	44 164	8 922	31	30.7	32.9
塞　黑	22 250	20 108	2 142	26.6	23.2	70.5
波　黑	12 298	1 957	10 341	720.7	37.8	13155.6

续表

国家（地区）	进出口额	出口额	进口额	累计比去年同期增减%		
				进出口	出口	进口
阿尔巴尼亚	9 078	8 374	704	31.2	32.4	18.2
马其顿	3 415	2 150	1 265	22.5	-18.6	763.9
摩纳哥	1 923	925	998	-7.4	-35.5	55
安道尔	324	323	1	53.1	52.9	143.6
圣马力诺	162.3	161.8	0.5	162.6	163.1	68.1
直布罗陀	66	66	0	-12.1	-12.1	—
独联体	4 205 983	2 136 794	2 069 189	39.9	54.5	27.5
俄罗斯	2 910 314	1 321 224	1 589 090	37.1	45.2	31.0
哈萨克	681 032	390 093	290 939	51.4	76.4	27.3
乌克兰	327 730	249 243	78 487	31.7	72.7	-24.9
吉尔吉斯	97 220	86 715	10 505	61.4	76	-4.1
乌兹别克	68 056	23 006	45 050	18.3	33.4	11.8
白俄罗斯	57 174	8 128	49 046	161.2	25.1	218.6
阿塞拜疆	25 835	23 395	2 440	40.4	62.8	-39.3
塔吉克	15 794	14 374	1 420	129.1	168.4	-7.6
土库曼	10 987	9 088	1 899	11.3	7.5	36.7
摩尔多瓦	5 163	5 149	14	114.3	115.3	-24.8
格鲁吉亚	4 342	4 076	266	-23.9	78.1	-92.2
亚美尼亚	2 338	2 303	35	68.9	97.1	-83.7

欧 洲 联 盟

一、欧盟介绍

欧洲联盟

欧洲联盟（简称欧盟，European Union—EU）是由欧洲共同体（European communities）发展而来的，是一个集政治实体和经济实体于一身、在世界上具有重要影响的区域一体化组织。欧盟现有25个成员国和4.56亿人口（2004年1月），总部设在比利时首都布鲁塞尔。

欧洲联盟的宗旨是“通过建立无内部边界的空间，加强经济、社会的协调发展和建立最终实行统一货币的经济货币联盟，促进成员国经济和社会的均衡发展”，“通过实行共同外交和安全政策，在国际舞台上弘扬联盟的个性”。

1946年9月，英国首相丘吉尔曾提议建立“欧洲合众国”。1950年5月9日，法国外长罗伯特·舒曼代表法国政府提出建立欧洲煤钢联营。这个倡议得到了法、德、意、荷、比、卢6国的响应。1951年4月18日，法国、联邦德国、意大利、荷兰、比利时和卢森堡在巴黎签订了建立欧洲煤钢共同体条约（又称《巴黎条约》）。1952年7月25日，欧洲煤钢共同体正式成立。1957年3月25日，这六个国家在罗马签订了建立欧洲经济共同体条约和欧洲原子能共同体条约，统称《罗马条约》。1958年1月1日，欧洲经济共同体和欧洲原子能共同体正式组建。1965年4月8日，六国签订的《布鲁塞尔条约》决定将三个共同体的机构合并，统称欧洲共同体。但三个组织仍各自存在，具有独立的法人资格。《布鲁塞尔条约》于1967年7月1日生效，欧洲共同体正式成立。

1973年后，英国、丹麦、爱尔兰、希腊、西班牙和葡萄牙先后加入欧共体，成员国扩大到12个。欧共体12国间建立起了关税同盟，统一了外贸政策和农业政策，创立了欧洲货币体系，并建立了统一预算和政治合作制度，逐步发展成为欧洲国家经济、政治利益的代言人。1991年12月11日，欧共体马斯特里赫特首脑会议通过了以建立欧洲经济货币联盟和欧洲政治联盟为目标的《欧洲联盟条约》，亦称《马斯特里赫特条约》（简称“马约”）。1993年11月1日“马约”正式生效，欧共体更名为欧盟。这标志着欧共体从经济实体向经济政治实体过渡。1995年，奥地利、瑞典和芬兰加入，使欧盟成员国扩大到15个。欧盟成立后，经济快速发展，1995年至2000年间经济增速达3%，人均国内生产总值由1997年的1.9万美元上升到1999年的2.06万美元。欧盟的经济总量从1993年的约6.7万亿美元增长到2002年的近10万亿美元。

2002年11月18日，欧盟15国外长会议决定邀请塞浦路斯、匈牙利、捷克、爱沙尼亚、拉脱维亚、立陶宛、马耳他、波兰、斯洛伐克和斯洛文尼亚10个中东欧国家入盟。2003年4月16日，在希腊首都雅典举行的欧盟首脑会议上，上述10国正式签署入盟协议。2004年5月1日，这10个国家正式成为欧盟的成员国。这是欧盟历史上的第五次扩大，也是规模最大的一次扩大。此次扩大后的欧盟成员国从目前的15个增加到25个，总体面积扩大近74万平方公里，人口从约3.8亿增至约4.5亿，整体国内生产总值将增加约5%，从现在的9万多亿美元增加到10万多亿美元，经济总量与美国不相上下，欧盟的整体实力有所增强。

2003年7月，欧盟制宪筹备委员会全体会议就欧盟的盟旗、盟歌、铭言与庆典日等问题达成了一致。根据宪法草案：欧盟的盟旗仍为现行的蓝底和12颗黄星图案，盟歌为贝多芬第九交响曲中的《欢乐颂》，铭言为“多元一体”，5月9日为“欧洲日”。

欧盟总部设在比利时首都布鲁塞尔。欧盟的3大主要机构为：欧洲理事会、欧盟委员会和欧洲议会。欧洲理事会，即首脑会议，由成员国国家元首或政府首脑及欧盟委员会主席组成。首脑会议每半年举行一次正式会议和一次非正式会议，必要时还可召开特别会议。欧洲理事会由各成员国轮流担任，任期6个月。欧洲理事会是欧盟的最高权力机构，在决策过程中采取协商一致通过的原则。欧盟目前正在酝酿一系列改革，其中包括在绝大多数问题上采取有效多数票通过的方式，只保留个别领域使用一致通过原则；取消轮流担任欧洲理事会主席国制度，改为设立任期为2.5年的常设主席职位。

欧盟委员会是欧盟的执行机构，负责实施欧盟条约及欧盟首脑会议和部长会议作出的决定；向欧洲理事会和部长理事会提出报告和立法动议；代表欧盟对外联系并负责经贸等方面的谈判。欧盟委员会由来自15个成员国的20人组成，其中法国、德国、英国、西班牙和意大利各有2人，其他成员国各1人。委员会设主席1名，副主席2名。欧盟成员国增至25个后，如何分配欧盟委员会名额还在讨论中。虽然最终方案尚未出台，比较集中的看法是委员会人数过多会影响工作效率，因此，采取每个成员国各1个名额的办法，或把人数减少到20人以下，采取轮流出任的办法比较可行。

欧洲议会是欧盟的监督、咨询机构，在某些领域有立法职能，并有部分预算决定权，其地位和权限正在逐步加强。自1979年起，欧洲议会议员由成员国直接普选产生，任期5年。本届议会1999年6月经第5次直接普选产生，议员共626名。

此外，欧盟机构还包括欧洲法院和欧洲审计院。欧洲法院是仲裁机构，负责审理和裁决欧盟和成员国在执行各项法律法规中发生的各种争执，现有15名法官和9名检察官，由成员国政府共同任命。欧洲审计院负责审计欧盟及各机构的账目，审查欧盟收支情况。审计院1977年成立，由12人组成。

欧盟会旗

1986年5月29日正式悬挂，会旗为天蓝色底，上面有12颗金黄色的星，表示欧洲联盟12个成员国。制作会旗的目的是表示要建立一个统一的欧洲，增强人们对欧洲联盟和欧洲同一性的印象。

欧盟会徽

1988年1月开始使用，会徽的底呈兰色，上面12颗星围成一个圆圈，象征着欧共体12个成员国，圆圈中间为各成员国国名。

欧　元

欧盟的统一货币为欧元（euro），1999年1月1日正式启用。除英国、希腊、瑞典和丹麦外的11个国家于1998年首批成为欧元国。2000年6月，欧盟在葡萄牙北部城市费拉举行的首脑会议批准希腊加入欧元区。这次会议还决定在2003年以前组建一支5 000人的联合警察部队，参与处理发生在欧洲的危机和冲突。

2002年1月1日零时，欧元正式流通。

二、组织机构

欧盟是一个超国家的组织，既有国际组织的属性，又有联邦的特征。欧盟成员国自愿将部分国家主权转交欧盟，欧盟在机构的组成和权利的分配上，强调每个成员国的参与，其组织体制以“共享”、“法制”、“分权和制衡”为原则。

欧洲理事会

欧洲理事会（European Council）是欧盟的最高决策机构，由各成员国元首或政府首脑及欧委会主席组成，每年至少举行两次会议。理事会主席由各成员国轮流担任，任期半年。

欧洲联盟理事会

欧洲联盟理事会（Council of European Union）是由欧盟各成员国部长组成的，所以又称“部长理事会”，一般简称“理事会”（the Council），是欧盟的重要决策机构。根据议题不同，参加会议的分别为外交部长、农业部长、工业部长、运输部长等。部长理事会根据欧委会的建议就欧盟各项政策进行决策，并负责共同外交和安全政策、司法、内政等方面的政府间合作事宜，任命欧盟主要机构的负责人并对其进行监督。欧盟理事会与欧洲议会分享立法权和预算批准权，并负责批准由欧委会预先谈判并签订的国际条约。欧盟理事会根据议题的重要程度以简单多数（15 票当中的 8 票）、有效多数（87 票中的 62 票）和一致同意三种表决机制进行决策。

欧盟理事会主席国的任期及轮任顺序与欧洲理事会的相同。欧盟理事会总秘书处设在比利时首都布鲁塞尔。现任秘书长索拉纳（JAVIER SOLANA），西班牙人，1999 年 10 月上任，任期 5 年。索拉纳还兼任欧盟共同外交和安全政策高级代表。

欧盟委员会

欧盟委员会（European Commission）简称欧委会，是欧盟的常设执行机构，也是欧盟唯一有权起草法令的机构。欧委会受欧洲议会的监督，其主要职责是：实施欧盟有关条约、法规和欧盟理事会作出的决定；向欧盟理事会和欧洲议会提出政策实施报告和立法动议；处理欧盟日常事务，代表欧盟进行对外联系和贸易等方面的谈判；在欧盟共同外交和安全政策方面，欧委会只有建议权和参与权。欧委会由 20 个委员组成，法国、德国、英国、意大利、西班牙各 2 人，其他成员国各 1 人，设主席 1 名和副主席 2 名。欧委会现任主席罗马诺·普罗迪（Romano Prodi），曾任意大利总理，1999 年 9 月 16 日正式上任，任期至 2005 年 1 月 22 日。欧委会总部设在比利时首都布鲁塞尔。

欧洲议会

欧洲议会（European Parliament）和欧盟理事会分享立法权和预算批准权，是欧盟的监督和咨询机构。其主要职责是：拥有欧盟部分预算批准权，并监督预算的执行情况；在一些重要的领域，如签署国际协议、任命欧委会委员、新成员国加入欧盟等方面，理事会必须征得欧洲议会的同意；有权提出立法动议，并对立法有否决权；监督欧委会的工作，有权以 2/3 多数弹劾委员会，迫其集体辞职。

议会每届任期 5 年，设议长 1 人，副议长 14 人，议长和副议长任期均为 2 年半，可连选连任。欧洲议会现任议长为尼古拉·方丹（Nicole Fontaine）女士，法国人，1999 年 6 月当选。议会秘书处设在卢森堡。特别全体会议和各党团、委员会会议在布鲁塞尔召开。

欧洲法院

欧洲法院（European Court of Justice）设在卢森堡，是欧盟的仲裁机构，负责解释欧盟的各项条约和法规，同时负责审理和裁决在执行条约和规定中发生的各种争议。欧洲法院现有 15 名法官，15 个成员国各出 1 名。另有 9 名检察官，其中英、法、德、意有权各推荐 1 名，其余 5 名由其他成员国轮流推荐，其任期均为 6 年，可连任，每 3 年轮换一半。现任院长吉尔·罗达里格斯·伊格莱西亚斯（Rodriguez Iglesias），西班牙人。

欧洲审计院

欧洲审计院（European Court of Auditors）负责审计欧盟及其各机构的账目，审查欧盟的收支状况，并确保对欧盟财政进行良好的管理，对接受欧盟援助的非成员国进行调查等。其特权在受到挑战时，可通过欧洲法院得到保护。

欧洲经济和社会委员会

欧洲经济和社会委员会（EuropeanEconomic and Social Committee）简称“经社委员会”（ESC），于 1957 年根据《罗马条约》成立，为欧盟咨询机构。经社委员会代表雇主、工会以及中小企业、环境组织等经济和社会集团的利益，可应欧洲议会、理事会和欧盟委员会的要求或自发地对欧盟决策在经济和社会方面的影响发表意见，对欧盟决策提供咨询并施加间接影响。欧盟当局在就人员培训、就业、社会基金等问题决策前必须咨询经社委员会的意见。经社委员会总部设在比利时首都布鲁塞尔，但委员们均在所属成员国工作，只在召开经社委员会会议时才来布鲁塞尔。经社委员会设主席1名，副主席2名，由所有委员选出，任期2年。

欧洲地区委员会

欧洲地区委员会（European Committee of the Regions）于1993年设立，和经社委员会一样也是欧盟的咨询机构。地区委员会由来自于各成员国地区当局的代表组成，如市长、市参议员及地区政府首脑等。欧委会和理事会5个方面的决策必须咨询地区委员会的意见：

1. 经济和社会统合（包括结构基金）；
2. 泛欧交通、通讯和能源网络；
3. 公共卫生；
4. 教育和青年；
5. 文化。

在其他领域的决策上，地区委员会也可应欧委会和理事会的要求或自发地提出其意见，对欧盟决策施加间接影响。

欧洲投资银行

欧洲投资银行（European Investment Bank）是欧盟的理财机构，其宗旨为促进欧盟一体化、欧盟的平衡发展以及各成员国的经济和社会统合。欧洲投资银行主要通过提供低息或无息贷款，为欧盟公共机构和私营企业的项目提供资金便利，以支持欧盟落后地区的发展和产业转轨，并促进欧盟交通、通讯和能源等方面的发展。欧洲投资银行也可根据欧盟与第三国签订的发展援助或合作计划对欧盟以外地区的项目进行投资。该行由欧盟成员国出资合营，享有独立法人地位，下设行长董事会（Board of Governors）、总监理事会（Board of Directors）、管理委员会（Management Committee）和审计委员会（AuditCommittee）。银行总部设在卢森堡。

欧洲中央银行

欧洲中央银行（European Central Bank）简称欧央行（ECB），是欧盟欧元区国家统一货币、发行欧元后的中央银行。其前身为欧洲货币局（European Monetary Institute，缩写为EMI）。1998年6月1日欧盟理事会正式任命欧央行行长、副行长及执行董事会的4位成员，这一天被视为欧央行的正式成立日期。欧央行和欧元区各成员国的中央银行共同组成“欧洲央行体系”（European System of Central Banks），负责制定欧元区统一的货币和金融政策，以维持欧元区的价格稳定、刺激欧元区的经济增长。欧央行设监管理事会（Governing Council）、执行董事会（Executive Board）和“欧央行常务理事会”（General Council of ECB）。欧央行行长正常任期为8年，但由于欧盟成员国对第一任行长人选争执不下，后达成折中方案，两位行长候选人各任4年。

现任行长威廉·F·杜森伯格（Willem F. Duisenberg），荷兰人，任期4年，1998年6月上任。欧央行总部设在德国法兰克福。

此外，欧盟还有欧洲统计局、欧洲共同农业基金、欧洲投资基金、欧洲发展基金等机构，对欧盟的机制运行起辅助作用。

三、欧盟理事会的决策表决机制

作为欧盟主要的决策和立宪机构，欧盟理事会自诞生之日起，就倾向于尽可能采用“一致通过”表决机制实现决策。但这一机制在实践中并不容易执行，特别是随着欧盟成员国数量的增加，“一致通过”表决机制的运用越来越困难，于是就产生了“简单多数”表决机制和“有效多数”表决机制，其中“有效多数”表决机制成为欧盟理事会的主要表决机制。

“一致通过” 表决机制

在一些意义重大的问题上，欧盟理事会采用了“一致通过”表决机制，其范围主要包括：外交与安全、内政司法、税收、宪法事务、社会保障机制、能源、文化、工业和与发达国家签署协议等。

“简单多数” 表决机制

“简单多数”表决机制主要用于对程序性决定进行投票表决。欧盟每个成员国只有一票，一项决定以赞同票的多少决定是否被通过。

“有效多数” 表决机制

欧盟理事会的“有效多数”表决机制由来已久。1987年生效的《单一欧洲法令》、1993年生效的《马斯特里赫特条约》和1999年生效的《阿姆斯特丹条约》都进一步扩大了“有效多数”表决机制的适用范围。目前，在涉及内部市场、某些教育事务，以及环境、消费者事务和欧盟区域发展基金等问题时一般都会采用“有效多数”表决机制。

欧盟理事会的“有效多数”表决机制又分为以下三种：

1. **目前正在使用的“有效多数”表决机制。**在这个表决机制中，欧盟15个成员国视其在欧盟中地位和影响力的不同，分别拥有两票到10票的表决权。欧盟理事会的总票数为87票，有效多数为62票。这种“有效多数”表决机制运用到2004年5月1日。

2. **扩大后使用的“有效多数”表决机制。**自2004年5月1日，10个准成员国加入欧盟。至同年11月1日，欧盟理事会将使用过渡性表决机制。但从2004年11月起，欧盟理事会将采用《尼斯条约》中规定的新版“有效多数”表决机制：即总票数为321票，有效多数为232票并能够代表一半以上的成员国。

3. **正在制订中的“有效多数”表决机制。**欧盟正在制定的“欧盟宪法”对“有效多数”表决机制又有更新，要求有效多数能够代表一半以上的成员国和60%以上的欧盟人口。欧盟计划从2009年11月起执行这一表决机制，但目前欧盟成员国和准成员国对该表决机制存在很大分歧。

四、《欧盟宪法条约》

《欧盟宪法条约》是欧盟的首部宪法，其宗旨是保证欧盟的有效运作以及欧洲一体化进程的顺利进行。2004年10月29日，欧盟25个成员国的领导人在罗马签署了《欧盟宪法条约》。条约必须在欧盟全部成员国根据本国法律规定，通过全民公决或议会投票方式批准后方能生效。如获得所有成员国和欧洲议会的批准，条约将于2006年11月1日正式生效。

《欧盟宪法条约》由欧盟宪法、欧盟公民基本权利宪章、欧盟政策和欧盟条约基本规定4个部分组成，其主要内容包括：

设立欧洲理事会主席和欧盟外交部长，组建欧盟外交部，以保持欧盟工作的连续性。欧洲理事会主席的主要职能是为欧盟首脑会议做准备，并主持首脑会议。主席由欧洲理事会（由各成员国国家元首或政府首脑、欧洲理事会主席、欧盟委员会主席和欧盟外长组成，后三者没有表决权）以有效多数表决方式选举产生，任期为两年半，可连选连任一次，主席不能同时在成员国任职。欧盟外交部长由欧洲理事会以有效多数表决方式选举产生，主要负责欧盟共同外交与安全政策，同时也是欧盟委员会副主席。

改革欧盟委员会，扩大欧洲议会的权力。宪法条约规定，条约生效后产生的第一届欧盟委员会仍然实行现行的一个成员国一名委员的制度。从第二届起，欧盟委员会委员的人数将是欧盟成员国数目的2/3，由各成员国轮流提名。宪法条约增加了欧洲议会同欧盟部长理事会在立法和预算方面进行“共同决策”的领域，赋予欧洲议会在欧洲理事会提名的前提下选举欧盟委员会主席的权力。为保障人口少的成员国的权益，条约规定欧洲议会的议员人数不能超过750名，每个成员国至少拥有6个名额，最多不能超过96个名额。

欧盟理事会和欧盟部长理事会的表决机制。除特别规定外，欧盟理事会和欧盟部长理事会均以“有效多数表决机制”进行决策，即通过决定只需得到55%的理事会成员（这些成员需来自至少15个成员国并代表65%以上的欧盟人口）的赞同。但是，如果要否决欧盟委员会或欧盟外交部长的提案，则需要有72%的理事会成员（代表

65%以上的欧盟人口）的反对。

欧盟成员国必须尽其所有的军事和民用能力用于欧盟共同防务政策的实施，最终目标是发展欧盟共同防务。条约规定，一旦某一个成员国受到外来侵略或恐怖袭击，其他成员国必须提供一切资源进行援助，包括军事资源。

2004年11月，立陶宛议会率先批准该宪法条约。2005年1月，欧洲议会批准了《欧盟宪法条约》。2月，西班牙举行全民公决，以76.7%的支持率通过了《欧盟宪法条约》，成为欧盟25个成员国中第一个以全民公决的方式通过该宪法条约的国家。

截至目前，已有拉脱维亚、匈牙利、立陶宛、斯洛文尼亚、意大利、斯洛伐克、希腊、西班牙、奥地利、德国和比利时等11个欧盟成员国分别通过议会表决或全民公决的方式正式批准了《欧盟宪法条约》。

2005年5月29日，法国全民公决否决《欧盟宪法条约》。6月1日，荷兰全民公决否决《欧盟宪法条约》。6月2日，拉脱维亚议会批准《欧盟宪法条约》。7月10日，卢森堡全民公决通过《欧盟宪法条约》。

五、欧盟经贸法规

《罗马条约》强调，欧洲经济共同体应通过建立共同市场，逐步协调各成员国的经济政策，在共同体范围内推动经济的协调、持续、平衡和稳定发展，加快人民生活水平的提高，并在成员国之间建立更加密切的关系。随着欧洲一体化在以后40多年的深入发展，欧盟逐步建立和完善了一系列共同政策，其中主要的有关税同盟、共同农业政策、共同渔业政策、共同地区政策、共同社会政策、共同外交和安全政策、保护消费者政策以及共同外贸政策等。

关税同盟

关税同盟是指在某一国家集团之间或区域内，对集团或区域内的成员取消各种形式的关税壁垒。

欧盟于1968年7月1日取消了各成员国之间的所有关税，建立了统一的海关税则，初步建成了关税同盟，对来自区外的第三国产品实行共同的关税政策，以促进区域内贸易和经济的发展。

共同农业政策

共同农业政策（Common Agricultural Policy，简称CAP）是欧盟内实施的第一项共同政策。该政策最早由《罗马条约》提出，1960年6月30日欧委会又正式提出了建立共同农业政策的方案，并于1962年起逐步予以实施。其基本目标是提高农业的劳动生产率、确保农业人员的“公平”收入、稳定农产品市场、保持农产品合理的销售价格以及确保农产品的供应。其主要内容是对内建立共同农业基金、统一农产品市场和价格、对农产品出口予以补贴，对外则设置随市场供求变化而调整的差价税、配额等贸易壁垒，使欧盟农业免遭外部廉价农产品的竞争。

共同渔业政策

欧盟自1977年起将各成员国在北大西洋和北海沿岸的捕鱼区扩大为200海里，作为共同捕鱼区由欧盟统一管理，并授权欧委会代表欧盟与第三国就签署渔业协定进行谈判。

1983年1月25日，欧盟内部就捕鱼配额的分配、渔业资源的保护和鱼产品的销售等达成了协议。至此，欧盟的共同渔业政策（Common Fisher Policy）基本形成。

地区政策

地区政策（RegionalPolicy）又称“结构政策”（Structural Policy）。《罗马条约》第130a和130b明确规定了共同地区政策的目标，即“促进欧盟整体的协调发展”、“加强其经济和社会统合”以及“降低不同地区之间的发展差异、消除最不发达地区或岛屿及农村地区的落后状况”。为此，欧盟从其预算中拨款设立了“结构和统合基金”（Structural and Cohesion Fund），其中包括“欧洲地区发展基金”（ERDF）、“欧洲社会基金”（ESF）、“欧洲农业指导及保证基金”（EAGGF）及“渔业指导财政金”（FIFG）等，专门用于支持欧盟欠发达地区及行业的发展，或用于工业企业转产、农业现代化等项目，以缩小欧盟不同地区在经济发展方面的差距。

社会政策

欧盟社会政策（Social—Policy）和地区政策两者是相辅相成的，二者的目的均是促进欧盟经济社会的协调发展。“欧洲社会基金”也同时为地区政策和社会政策服务。20 世纪 60 年代，为应付矿井关闭所带来的大量失业，欧洲煤钢共同体采取了一些共同措施，以创造就业并促进劳动力在行业和地区间的流动。为促进欧洲煤钢共同体管辖权限以外的其他行业的发展，1961 年欧盟又专门制定了社会政策。1991 年 12 月马斯特里赫特首脑会议上，各成员国一致通过了关于社会政策的议定书（只有英国放弃参加）。

共同外交和安全政策

共同外交和安全政策（Common Foreign and Security Policy）又称“共同外交和防务政策”。共同外交和安全政策方面的主要内容是：

1. 指导机构：共同外交和安全方面将由欧洲理事会采取“共同战略”及“联合行动和共同立场”，欧洲理事会将是在此方面提出动议并具体指导欧盟外交和安全政策的机构；

2. “建设性弃权”（constructive - abstention）制度，即某成员国可以在共同外交和安全政策方面放弃采取共同行动，但也不能阻止其他成员国采取共同行动；

3. 国际代表：赋予部长理事会秘书长欧盟共同外交和安全政策“高级代表”的职衔，由其协助理事会制定并实施有关决策，部长理事会也可在必要时任命特别代表来处理某特定政治问题；

4. 在理事会内设立“政策规划及早期预警处”，负责监控和分析欧盟共同外交和安全政策的发展，并对可能影响该政策的事件进行评估并提出预警。在 1999 年 6 月科隆首脑会议上，原北约秘书长索拉纳被正式任命为共同外交和安全政策高级代表。

消费者保护政策

消费者保护政策（Consumer Policy）《阿约》第 153 条是欧盟各项消费者政策的法律基础，该条款规定：“共同体将致力于保护消费者的健康、安全和经济利益，并促进他们获得信息和培训的权利以及自我组织以保护自身利益的权利。”该条款同时还规定欧盟在制定其他各项政策时必须统一考虑消费者的利益。另外，各成员国除遵守欧盟统一的消费者政策之外，在内容符合《阿约》的规定并已通报欧委会的前提下，也可自行制定比统一政策更为严格的保护消费者政策。

欧盟多年来出台了很多有关保护消费者的指令和规定，目前适用的主要法规及其基本内容如下：

1. 关于产品安全的欧委会第 92/59 号指令：生产商只能销售在正常和合理条件下可以安全使用的产品。生产商必须在产品的包装、标贴或说明书上提供有关产品使用风险的信息。

2. 1998 年 4 月“消费者利益保护的指令”：如果成员国 A 的消费者的利益因成员国 B 生产的产品或提供的服务而受到了损害，而该损害违反了欧盟有关规定，成员国 A 的消费者组织可以在成员国 B 直接或通过中介机构提出诉讼。

3. 1998 年 4 月“消费产品销售及相关承诺的指令”：欧盟的产品销售商须承诺，消费者在购买产品后两年内如发现该产品有缺陷，可以选择修理、退货或减价购进。

4. 关于产品缺陷责任的欧委会第 85/374 号指令：消费者只要能证明所购产品的缺陷、对其造成的损害以及两者之间的因果联系，就有权对该产品生产商提出诉讼并要求赔偿。

5. 关于消费合同中不公平条款的欧委会第 93/13 号指令：消费者可以不受消费合同中不公平条款或滥用条款的限制，使其合法权益受到保护。

6. 关于“上门销售”（door - to - door - sales）的第 85/577 号指令：对于包括“上门销售”在内的在销售商经营场所之外所达成的协议，销售商必须书面通知消费者其有取消合同的权利，即消费者可以在特定期限内（至少 7 天以上）取消合同。

7. 关于远距离销售的欧委会第 97/7 号指令

规定：对于通过新闻媒体、邮寄、电视、电脑、传真或电话达成的销售协议，供货商必须适当提前书面通知消费者有关该供货商、产品、售后服务等方面的信息，而且消费者可以在收到所购产品或签署服务合同后特定期限内（至少7天以上）无理由地、不承担违约惩罚责任地取消合同，而供货商必须尽快（最多不超过30天）将货款退还消费者。

8. 针对航空公司通用的超员出售某一航班机票以保证满员的作法，欧盟规定，如果乘客因航班超员而被拒绝上机，该乘客可以获得赔偿，航空公司同时也承担将该乘客送至目的地的义务。

另外，欧盟在有毒物品、食品、化妆品、玩具、医药产品等领域还制定了详细的有关产品质量和安全的统一规定。

除上述共同政策外，欧盟近年来还逐步加强在就业、交通、公共健康、环保、科研以及司法和内政等方面采取共同行动，与各成员国在这些领域所采取的国别措施互为补充。

六、一体化重要进程

不少专家和学者将区域一体化分为建立自由贸易区、关税同盟、统一大市场、经济货币联盟和政治联盟五个层次。欧洲一体化从一开始就跨越了自由贸易区阶段，于1968年7月1日实现了关税同盟，于1993年基本建成欧洲统一大市场，于1999年1月1日欧元顺利启动，首先在11个成员国实现了货币联盟，目前正在建设和完善经济货币联盟的阶段，并在为实现政治联盟积极创造条件。

关税同盟

欧盟是以关税同盟为起点，着手建立共同市场，并向经济与货币联盟这种经济一体化的最高形式发展的。因此，关税同盟是欧洲联盟得以存在和发展的基础。欧盟于1968年7月1日完成了罗马条约赋予的取消成员国之间的贸易限制和关税以及统一各国对外关税税率的任务，比原计划提前一年半建成了关税同盟。但是，欧盟成员国之间虽然取消了所有关税并建立了统一的共同海关税则，但在较长时间内成员国之间的海关手续和许多无形的壁垒仍阻碍着商品的自由流通。1994年1月1日欧盟颁布了新的海关法，简化了海关程序和手续，统一了海关规则。

统一大市场

1985年6月米兰首脑会议期间，欧委会正式提出了关于建设内部统一大市场的白皮书，其中列举了300项具体措施（最后定为282项），提出要在欧共体内部建立“无国界”的统一大市场，真正实行人员、商品、资本、服务的自由流通。

1985年12月，统一大市场白皮书得到理事会批准。

为推进“白皮书”的实施，1986年2月17日和28日分别在卢森堡和海牙举行的首脑会议签署了《单一欧洲文件》，提出了实施白皮书282项措施的具体计划和时间表，并提出最迟在1993年初正式建立统一大市场。另外，文件还对《罗马条约》进行了第一次重要修改，以“有效多数”取代“一致同意”作为统一大市场有关事务的决策程序，有效地便利了理事会和委员会建设统一大市场的努力。1993年1月1日，欧洲统一大市场宣布基本建成，并正式投入运作。经过不断完善，现已取得如下成果：

1. 通过一系列有关公共采购和建筑市场的法规，加强了透明度和市场监督，开放了公共市场（尚不包括运输、能源与电讯）；

2. 协调了各成员国在直接税、增值税与消费税等方面的法规，减少了各成员国在税收上的差别；

3. 使资本市场与金融服务自由化；

4. 在标准化方面，一方面通过欧盟统一的技术法规，另一方面各成员国相互承认技术标准与认证，排除了技术标准方面的贸易障碍；

5. 通过相互承认学历和技术证书，使自然人能够自由去其他成员国从业。在申根协定成员国之间通过取消边境检查，使人员可以自由流动；

6. 通过协调成员国的公司法和有关知识产权（商标与专利）的立法，为企业创造了一个便利工业合作的良好基础；

为了进一步消除人员自由流动方面的障碍，1985年6月法国、德国、荷兰、比利时、卢森堡5国在卢森堡与法国和德国交界的小镇申根签署了关于人员自由流通的协议，简称《申根协议》，意大利（1990年11月27日）、西班牙和葡萄牙（1991年11月18日）、希腊（1992年11月6日）、奥地利（1995年4月21日）也先后加入。1995年3月26日，申根协议首先在法、德、荷、比、卢、葡、西7国生效，7国人员及其他欧盟国家的人员均可在7国间自由来往，第三国人员只要取得一国的申根签证，也可在签证有效期内在7国之间自由通行。意大利和奥地利分别于1997年10月和12月开始执行申根协议，从1998年3月31日起，意大利和奥地利也都取消了与申根国家之间的所有边境检查，2000年希腊也开始执行申根协议。1996年12月，丹麦、芬兰和瑞典签署了同意加入申根协议的议定书。英国和爱尔兰目前尚未加入申根协议。1997年10月签署的《阿约》将申根协议所取得的成果纳入一体化。1999年5月1日《阿约》生效，申根协议秘书处被正式并入欧盟理事会秘书处。

经济和货币联盟

经济和货币联盟（Economic and Monetary Union）简称经货联盟（EMU）。欧盟早在《罗马条约》第2条中就提出要“建立经济和货币联盟”。1969年12月，在法国总统蓬皮杜的倡议下，欧盟六个创始国举行首脑会议，作出了建立欧洲经货联盟的原则性决定，并于1970年提出了“维尔纳报告”（Werner Report），提出了在10年间分三阶段建立经货联盟的设想。但由于受20世纪70年代初美元危机和石油危机的冲击，这一努力没有成功，各国不得不谋求其他的货币合作途径以减少美元危机的冲击。

1989年以欧委会主席德洛尔为首的专门委员会再次提出了分三阶段建立经货联盟的报告，史称“德洛尔报告”。1989年6月马德里首脑会议通过了该报告，欧洲经货联盟开始进入实质性建设时期。经货联盟第一阶段从1990年7月1日开始，其目标是要求成员国在欧洲货币体系的基础上进一步加强协调，取消国家外汇管制，促进资本流通，同时各成员国加入欧洲货币体系的汇率机制，缩小汇率浮动幅度；第二阶段自1994年1月1日开始，在法兰克福成立欧洲货币局，进一步协调各成员国的货币政策并加强欧洲货币单位，确定统一的加入经货联盟的标准和时间表；第三阶段最晚于1999年1月1日开始，逐步取消欧元区成员国的货币，逐步推广欧洲单一货币，直至完全建立经货联盟。

1999年1月1日，欧洲经货联盟第三阶段正式开始，欧元开始在银行、外汇交易和公共债券等方面正式使用。

七、欧委会2005年工作重点

欧委会主席巴罗索在近期有关讲话中，对欧委会2005年的工作重点作了阐述，归纳如下。

1. 制订2007～2013年财政预算，欧委会6月底以前拿出该预算的草案。

2. 欧盟扩大：欧委会2005年3月份同克罗地亚启动克入盟谈判，4月份同罗马尼亚、保加利亚签署《入盟条约》，9月3日同土耳其开始入盟谈判，但此前必须先解决塞浦路斯问题。

3. 里斯本战略：2004年中期审议报告的结论表明，里斯本战略的实施情况差强人意，实际进程大大落后于预先的计划。为此，巴罗索主席一再强调里斯本战略是本届欧委会的重中之重。2005年春季欧盟峰会期间将讨论如何加快落实里斯本战略。

4. “近邻政策”（Near neigbourhood policy）：2004年12月乌克兰大选和启动同土耳其的入盟谈判激发起欧盟内部思考如何建立起一种新型的紧邻模式，这种紧邻模式既不是完全意义上的欧盟成员国，但又比欧洲经济区（EEA）的一体化程度要高。

5.《欧盟关于化学品注册、评估、授权和限制的使用规则法规》（R% ACH），2005年下半年欧洲议会将对R% ACH法规草案进行一读审议。

6.《京都议定书》的生效和实施，由于俄罗斯2004年正式批准了《京都议定书》，2005年初该议定书正式生效，欧盟将启动二氧化碳排放"减排方案"。

7. 成员国陆续批准欧盟宪法草案，2005年西班牙、丹麦、爱尔兰、法国、葡萄牙和波兰将举行全民公决批准宪法草案。

8. 美国总统布什2005年2月访问欧盟总部，欧方认为布什连任后此次访欧对修复美欧关系至关重要。

八、动态信息

欧盟25国总人口4.564亿

根据欧共体统计局最新发布的数据，截至2004年1月1日，欧盟25国总人口数为4.564亿。2003年欧盟人口净增了190万，但其中外国移民占170万，人口自然增长仅有20万。

欧盟原15国人口共3.084亿，2004年5月新入盟的10国总人口7 410万。

2003年欧盟为世界最大服务贸易经济体

欧洲统计局于2004年6月1日发布了《2003年欧盟服务贸易》统计报告：

一、2003年，欧盟15国服务贸易进出口均排名世界第一，占世界服务贸易总额的25.8%。其中，欧盟出口3 305.6亿欧元，占世界出口总额的26.8%；进口3 030.5亿欧元，占世界进口总额的24.8%；实现顺差275.1亿欧元。2003年，中国在世界服务贸易进出口总额中的排名为第四位（1997年为第六位），占世界服务贸易总额的3.7%，其中出口413.1亿欧元，进口488.9亿欧元，逆差75.8亿欧元。

二、欧盟服务贸易增长迅速，从1997～2003年，欧盟15国盟外服务贸易增长39.6%，占世界服务贸易的总额也由1997年的24.0%上升到2003年的25.8%。中国也增长较快，占世界服务贸易的总额由1997年的2.5%上升到2003年的3.7%。欧盟增长最快的服务贸易领域为计算机和信息技术服务、保险服务、金融服务和其他商业服务，而交通和旅游则出现下降，旅游收入出现逆差，2003年逆差高达206.4亿欧元。

三、美国仍是欧盟最大的服务贸易伙伴。2003年，双边服务贸易总额达2 051.6亿欧元，其中欧盟对美国出口1 073.0亿欧元，占盟外服务贸易出口的32.5%；从美国进口978.6亿欧元，占盟外服务贸易进口的32.3%；欧方顺差94.4亿欧元。其他贸易伙伴依次是：瑞士、日本和挪威。而中国与欧盟的服务贸易总额远远低于货物贸易，2003年中欧服务贸易总额为101.6亿欧元，其中欧盟对中国出口59.1亿欧元，从中国进口42.5亿欧元，欧方顺差16.6亿欧元；中国为欧盟第七大服务贸易伙伴（2003年中国是欧盟第二大货物贸易伙伴，双边贸易总额达1352亿欧元）。

值得注意的是，中国香港和中国台湾分别为欧盟服务贸易的第八和第20位贸易伙伴，双边服务贸易总额分别为99.1亿欧元和36.6亿欧元。

四、英国为欧盟15国中最大的服务贸易交易国。2003年，英国是欧盟15国中最大的服务贸易出口国和第二大进口国（德国第一），其服务贸易总额占欧盟服务贸易总额的20%以上。欧盟服务贸易顺差主要来自英国和法国，逆差主要来自德国、爱尔兰和意大利。

欧元汇率下跌

欧元区12国财长2005年6月8日在卢森堡召开会议。会议上欧元区财长讨论自法国、荷兰公投否决欧盟宪法后，引发的欧元汇率持续下跌问题。

继法国公投否决欧盟宪法后，荷兰对欧洲宪法的公投再次失败，从而引发了欧元对美元汇率进一步下跌。

但也有经济学家认为，欧元的走弱将有助于欧盟产品的出口，从而恢复欧盟产业在国际市场上的竞争力。

欧盟成员国之间贫富悬殊严重

根据欧盟统计局（Eurostat）按照购买力平价计算的欧盟成员国人均GDP统计数字，卢森堡、爱尔兰、丹麦雄踞前三位，立陶宛、波兰、拉脱维亚垫底。从此批统计数字来看，欧盟各成员国之间贫富悬殊严重。卢森堡的人均GDP是拉脱维亚的5倍多；法国人均GDP是波兰的236%。

如果算上今后可能加入欧盟的克罗地亚、罗马尼亚、保加利亚和土耳其，贫富悬殊的趋势将愈加明显。土耳其的人均GDP只有卢森堡的13%、爱尔兰的20.8%、葡萄牙的40%以及匈牙利的47.5%。

换言之，欧盟东扩进程将面临成员国之间贫富悬殊越来越大的挑战。

欧盟与越南签订有关市场准入的协定

《欧盟官方公报》3月22日公布了欧盟与越南签订的关于市场准入的协定。

在该协定中，越南承诺对欧盟开放其电信、建筑、制药、电脑服务、城市规划、工程设备等行业，允许欧盟企业通过合资、合作或者设立全资公司进入以上领域，承诺为欧盟企业在越南发行、保险、船运、电脑预订系统服务、环境服务等领域建立全资公司发放一定数量的许可证，为欧盟出口的摩托车和单脚滑轮车发放以低于现关税水平进口的配额，同时承诺在投资和服务领域给予欧盟与美国、日本相同的待遇。

作为交换，欧盟允诺自2005年1月1日起取消对越南出口的纺织品和服装的配额限制。

独立国家联合体

一、独立国家联合体简介

独联体是独立国家联合体（Commonwealth of Independent States – CIS）的简称。

1991 年 12 月 8 日，原苏联的三个加盟共和国——白俄罗斯、俄罗斯、乌克兰的领导人在白俄罗斯的别洛韦日签署了一项关于成立独立国家联合体的协定。21 日，除波罗的海三国和格鲁吉亚外的原苏联的 11 个加盟共和国领导人在哈萨克斯坦当时的首都阿拉木图会晤，通过了《阿拉木图宣言》和《关于武装力量的议定书》等文件，宣告成立独立国家联合体和苏联不复存在。25 日，戈尔巴乔夫发表电视讲话，辞去苏联总统职务。苏联正式解体。

独联体是独立主权国家的协调组织，以主权平等为基础。它的宗旨是为各成员国进一步发展和加强友好、睦邻、信任、谅解和互利合作服务；为各成员国在国际安全、裁军、军备监督和军队建设方面协调政策。

独联体的主要机构有独联体国家元首理事会、政府首脑理事会、跨国议会大会、协调协商委员会等。总部设在白俄罗斯首都明斯克。独联体的工作语言为俄语。

独联体现有阿塞拜疆、亚美尼亚、白俄罗斯、格鲁吉亚、吉尔吉斯斯坦、摩尔多瓦、哈萨克斯坦、俄罗斯、乌兹别克斯坦、乌克兰、塔吉克斯坦、土库曼斯坦 12 个成员国。

独联体国家首脑会议是独联体的最高协商机构，系指独联体国家元首理事会和政府首脑理事会分别举行的会议或两者联席会议。2003 年 1 月 29 日，乌克兰总统库奇马在基辅举行的独联体首脑非正式会议上当选为独联体国家元首理事会主席。这是该理事会成立 10 多年来首次由俄罗斯总统以外的国家元首担任主席一职。

独联体集体安全条约组织

1992 年 5 月 15 日，独联体国家首脑在乌兹别克斯坦首都塔什干会晤时签署了集体安全条约。在条约上签字的有俄罗斯、哈萨克斯坦、乌兹别克斯坦、塔吉克斯坦、亚美尼亚和吉尔吉斯斯坦。1993 年格鲁吉亚、阿塞拜疆和白俄罗斯加入此条约。条约于 1994 年正式生效，有效期 5 年。条约的宗旨是建立独联体国家集体防御空间和提高联合防御能力，防止并调解独联体国家内部及独联体地区性武力争端。

1999 年，条约第一个 5 年期限刚满，阿塞拜疆、格鲁吉亚和乌兹别克斯坦三国宣布退出。

独联体集体安全条约组织是由独联体集体安全条约演变而来的。2002 年 5 月 14 日，独联体集体安全条约理事会会议通过决议，将“独联体集体安全条约”改为“独联体集体安全条约组织”。俄罗斯总统普京主持了会议。集体安全条约的全部 6 个成员国总统出席了会议。同年 10 月 7 日，独联体国家首脑会议在摩尔多瓦首都基希讷乌举行。会议期间，独联体集体安全条约组织成员国总统签署了条约组织章程以及有关该组织法律地位的协议。

2003 年 4 月，独联体集体安全条约组织首脑会议在塔吉克斯坦首都杜尚别举行。与会各国一致决定成立集体安全条约组织联合司令部和快速反应部队，以应对在中亚增长的安全威胁。联合司令部于 2004 年 1 月开始运作。

2004 年 8 月 3 日至 6 日，独联体集体安全条约组织在吉尔吉斯斯坦北部伊塞克湖州的埃杰利韦斯军事演习场举行“防线—2004”军事演习。主要目的是检验集体安全条约组织应对恐怖袭击、制定先发制人的措施、跨越国境调遣部队以及采取快速行动的能力。

二、成员国概况

（一）阿塞拜疆共和国

国名　国旗　国徽　独立日

国　名

阿塞拜疆共和国（The Republic of Azerbaijan）

国　旗

呈横长方形，长与宽之比为2∶1。由三个平行的横长方形相连而成，自上而下分别为浅蓝、红、绿三色。红色部分中间有一弯新月和一颗八角星，月和星均为白色。阿塞拜疆于1936年成为原苏联的一个加盟共和国，之后采用的国旗有五角星、镰刀和铁锤图案的红旗，旗面下部有蓝色宽边。在1990年8月宣布独立，1991年2月5日恢复1936年前采用的国旗，即上述的三色旗。

国　徽

呈圆形。三个同心圆，颜色分别为浅蓝、红、绿，同国旗。圆面上有一颗白色八角星，星中心为饰物。圆周下边饰有麦穗、棉花。

独立日

8月30日（1991年）

国家政要

总统伊尔哈姆·阿利耶夫（Ilham Aliev），2003年10月任职。

首　都

巴库（Baku），全国经济、文化中心。里海最大港口。位于阿普歇伦米岛南部，是石油工业中心，有“石油城”之誉。由10个行政区和46个城镇组成，面积2 200平方公里。人口182.88万。1月平均气温为4℃，7月平均气温为27.3℃。

自然地理

位于亚洲与欧洲交界处的外高加索东部，面积为8.66万平方公里。东濒里海，南接伊朗和土耳其，北与俄罗斯相邻，西傍格鲁吉亚和亚美尼亚。位于中阿拉斯盆地、处于亚美尼亚和伊朗之间的纳希切万自治共和国和纳戈尔诺——卡拉巴赫自治州均为处于亚美尼亚境内的飞地。阿塞拜疆全境50%以上为山地，北部有大高加索山脉，南部为小高加索山脉，其间是库临卡盆地。西南部为中阿拉克辛盆地，其北面由达拉拉普亚兹山脉和赞格祖尔斯基山脉所环抱。东南部有塔累什山脉。主要河流有库拉河和阿拉斯河。气候呈多样化特征。

人口及民族

人口：824.6万（2003年10月）。

主要民族为阿塞拜疆族（占77.3%）、亚美尼亚族（占5.6%）和俄罗斯族（占5.2%）。居民主要信奉伊斯兰教，官方语言为阿塞拜疆语（属阿尔泰语系南支突厥语族），通行俄语。

简　史

公元3世纪~10世纪被伊朗、阿拉伯哈里发国统治。9世纪~16世纪建有希尔凡等封建国家。11世纪~13世纪基本形成阿塞拜疆民族。11世纪~14世纪遭受土耳其—塞尔柱人、蒙古鞑靼人、帖木儿的入侵。16世纪~18世纪受伊朗萨非王朝统治。1813年和1928年阿塞拜疆北部归并入俄罗斯（巴库省、伊丽莎白波尔省）。

1917年11月建立苏维埃政权，出现巴库公社。1918年夏遭受英国和土耳其的武装干涉，后来在苏联红军帮助下恢复苏维埃政权。1920年4月28日宣布成立阿塞拜疆苏维埃社会主义共和国，1922年3月12日加入外高加索苏维埃联邦社会主义共和国，同年12月30日作为该联邦成员之一加入苏联，1936年12月5日成为直属苏联的加盟共和国。

1991年2月6日改国名为阿塞拜疆共和国。同年8月30日，阿塞拜疆最高苏维埃通过独立宣言，正式宣布独立，成立阿塞拜疆共和国。

政 治

宪法规定建立民主、法制、文明国家，实行总统制，立法、行政、司法三权分立。

与中国关系

1991年12月27日，中国承认阿塞拜疆共和国独立。1992年4月2日与中国建立大使级外交关系。2005年3月，阿利耶夫总统对中国进行国事访问，两国签署了联合声明。

（二）亚美尼亚共和国

国名 国旗 国徽 独立日

国 名

亚美尼亚共和国（The Republic of Armenia, kbrf Fhvtybz)，简称亚美尼亚。

国 旗

呈横长方形，长与宽之比为2:1。自上而下由红、蓝、橙三个平行且相等的横长方形组成。红色象征烈士的鲜血和国家革命的胜利，蓝色代表国家丰富的资源，橙色象征光明、幸福和希望。亚美尼亚曾是原苏联的一个加盟共和国，当时的国旗是在原苏联国旗的旗面中间加一个稍宽的蓝色横条。1991年宣布独立，正式采用红、蓝、橙三色旗为国旗。

国 徽

为雄鹰和狮子支扶着盾徽，雄鹰在左，狮子在右。盾面上有四组图案，代表该国历史上的四个王朝，象征悠久的历史；中间为一个小盾，上绘有山峰、湖泊。盾徽下面是一条被打断的链子，交叉着绿枝和箭。

独立日

9月21日（1991年9月21日亚举行全民公决，正式宣布独立)。

国家元首

总统罗伯特·科恰良（Robert Kocharyan)，1998年4月就职，任期五年；总理安德拉尼克·马尔加良（Andranik Margarian)，2000年5月任职。

首 都

埃里温（Yerevan, Thtdfy)，人口110.21万(2003年1月)。1月平均气温为-5℃，7月平均气温为25℃。

自然地理

面积为2.98万平方公里。亚美尼亚是位于亚洲与欧洲交界处的外高加索南部的内陆国。东邻阿塞拜疆，西部和东南部与土耳其、伊朗及阿塞拜疆的纳希切万自治共和国接壤，北界格鲁吉亚。地处亚美尼亚高原东北部，境内多山，全境90%的领土在海拔1 000米以上。北部是小高加索山脉，境内最高点是西北高地上的阿拉加茨山，海拔4 090米。东部有塞凡洼地，洼地中的塞凡湖面积1 360平方公里，为亚美尼亚境内最大的湖。主要河流为阿拉克斯河。西南部的亚拉腊大平原被阿拉克斯河分成两半，北部属亚美尼亚，南部则归土耳其和伊朗。气候随地势高低而异，由干燥的亚热带气候逐渐变成寒带气候。地处亚热带北部的内陆气候干燥，属亚热带高山气候。1月份平均气温为-2℃~12℃；7月平均气温为24℃~26℃。

人口及民族

人口：380万（2003年1月）。其中亚美尼亚族占93.3%，其他民族有俄罗斯人、库尔德人、乌克兰人、亚述人、希腊人等。官方语言为亚美尼亚语（属印欧语系的独立一支，古亚美尼亚语与古希腊语相似，现代亚美尼亚语接近土耳其语)，居民多通晓俄语。亚美尼亚人信奉基督教。

简 史

公元前9世纪~公元前6世纪，在现亚美尼亚境内建立了奴隶制的乌拉杜国。公元前6世纪~

公元前3世纪，亚美尼亚领土处于阿凯米尼得王朝和塞琉古王朝统治下，建立了大亚美尼亚国。后两次被土耳其和伊朗瓜分。1804～1828年间，两次俄伊战争以伊朗失败告终，原被伊朗占领的东亚美尼亚被并入俄罗斯。1917年11月，亚美尼亚被英国和土耳其占领。1920年1月29日建立亚美尼亚苏维埃社会主义共和国。1922年3月12日加入外高加索苏维埃社会主义联邦共和国，同年12月30日以该联邦成员国身份加入苏联。1936年12月5日，亚美尼亚苏维埃社会主义共和国改为直属苏联，成为加盟共和国之一。1990年8月23日，亚美尼亚最高苏维埃通过独立宣言，并改国名为“亚美尼亚共和国”。1991年9月21日，亚美尼亚举行全民公决，正式宣布独立。同年12月21日加入独联体。

行政区划

全国划分为10个州和1个州级市：希拉克州、洛里州、塔武什州、阿拉加措特恩州、科泰克州、格加尔库尼克州、阿尔马维尔州、阿拉拉特州、瓦约茨·佐尔州、休尼克州和埃里温市。

政　治

1995年7月5日，全民公决通过新宪法。新宪法规定，亚美尼亚继续实行总统制，立法、行政、司法三权分立；承认多党制。总统的任期为5年，不能连任；在国内居住10年以上、年满35岁的亚美尼亚公民均有权竞选总统。新宪法还赋予总统解散议会和决定提前选举议会的权力。另外，总统还拥有任免政府首脑的权力。议会称国民议会，是亚国家最高立法机关。

经　济

亚美尼亚共和国独立后，由于同前苏联国家经济联系中断，纳卡战争后遭阿塞拜疆、土耳其封锁，经济一路下滑。2000年起有所回升，但总体仍处于转轨过渡时期。2002年经济发展态势良好，GDP同比增长12.9%，创历年最高。政府积极采取措施吸引外资、发展高科技产业、扶持中小企业、加速私有化和扩大内需，取得一定成效。但资源匮乏、出口有限、资金不足等因素仍严重制约亚经济发展。2002年12月加入世界贸易组织。2002年国内生产总值为23.67亿美元，人均国内生产总值622.6美元。货币名称：德拉姆(lhfv)。资源主要有铜矿、铜钼矿和多金属矿。此外，还有硫磺、大理石和彩色凝灰岩等。主要工业部门有机器制造、化学生物工程、有机合成、有色金属冶炼等。主要旅游景点是首都埃里温和塞万湖自然保护区。主要出口产品为宝石和半宝石加工制品、食品、非贵重金属及其制品、矿产品、纺织品、机械设备等。主要进口产品为宝石和半宝石、矿产品、非贵重金属及其制品、食品等。

与中国关系

1991年12月27日，中国承认亚美尼亚共和国独立。1992年4月6日，亚美尼亚共和国与中国建立大使级外交关系。2004年9月，科恰良总统对中国进行国事访问，双方签署了联合声明。

（三）白俄罗斯共和国

国名　国旗　国徽　独立日

国　名

白俄罗斯共和国（The Republic of Belarus），简称白俄罗斯。

国　旗

呈横长方形，长与宽之比约为2∶1。上半部为红色宽面，下半部为绿色窄条，靠近旗杆处为具有民族特色的红白花纹竖条。白俄罗斯曾于1922年成为原苏联的一个加盟共和国，1951年起采用的国旗图案为：左侧为红白色花纹竖条；右侧上半部为上有黄色五角星及镰刀、铁锤图案的红色宽面，下半部是绿色窄条。1991年宣布独立，先采用自上而下由白、红、白三个平行相等的横长方形构成的三色国旗，后改用上述现国旗。

国　徽

呈圆形。两束由国旗颜色的彩带环绕的麦穗等围成圆形，中间自下而上依次为地球、光芒四射的旭日和白俄罗斯的国土轮廓。圆形顶部是一颗红色五角星，底部的饰带上写着“白俄罗斯共和国”。

独立日

8月25日（1991年）

首　都

明斯克（Minsk），坐落在第聂伯河上游支流斯维斯洛奇河畔。

自然地理

全国20.76万平方公里。位于东欧平原，东、北与俄罗斯联邦为邻，南与乌克兰接壤，西同波兰、立陶宛和拉脱维亚毗邻。是个内陆国家，没有出海口，是欧亚两洲陆路交通的必经之路。欧亚大陆桥及与其平行的莫斯科—华沙国际公路横穿境内。境内西北部多丘陵，东南部较平坦。主要河流有第聂伯河、普里皮亚特河、西德维纳河、涅曼河和索日河。有湖泊1.1万个，大湖有4 000个左右，最大的纳拉奇湖面积为79.6平方公里。以距波罗的海的远近不同而分属大陆性气候和海洋性两种气候。

人口及民族

人口：1015万（2000年初）。77.9%为白俄罗斯族，此外还有俄罗斯族（占13.2%）、波兰族（占4.1%）、乌克兰族（占2.9%）和犹太人（占1.1%）。官方语言为白俄罗斯语和俄语。居民多信仰东正教，西北部一些地区信奉天主教及东正教与天主教的合并教派。

简　史

历史上白俄罗斯人是东斯拉夫人的一支。公元9世纪末与现在的俄罗斯人和乌克兰人一起并入基辅罗斯，建立了波洛茨克、图罗夫—平斯克等封建公国。13～14世纪，其领土属立陶宛大公国。1569年起隶属波兰立陶宛王国。18世纪末并入沙皇俄国。1917年11月建立苏维埃政权。1918年2月～11月，白俄罗斯大部领土被德军占领。1919年1月1日，成立白俄罗斯苏维埃社会主义共和国。1922年12月3日作为创始国加入苏联。1941年白俄罗斯被德国法西斯军队占领，1944年6月苏军解放了白俄罗斯。从1945年起，白俄罗斯成为苏联加入联合国组织的三个成员国之一。1990年7月27日，白俄罗斯最高苏维埃通过《主权宣言》，1991年8月25日，白俄罗斯宣布独立。同年12月19日，改国名为白俄罗斯共和国。

政　治

1994年3月15日，白俄罗斯最高苏维埃通过新宪法，规定白俄罗斯由议会制国家转变为总统制共和国。总统是国家和执法机关的首脑，每5年由全民选举一次，任期不能超过两届。最高苏维埃是国家立法机构。1996年11月24日，白俄罗斯全民公决批准了卢卡申科总统提出的新宪法，11月27日，新宪法正式生效，它赋予总统更大的权力，并规定白俄罗斯议会由一院制改为两院制，上院即共和院由64名议员组成，下院（众议院）由前最高苏维埃改组而成，下院的110名议员均为前最高苏维埃代表。

与中国关系

中国和白俄罗斯两国关系一直友好。在白俄罗斯宣布独立后不久，中国予以承认。1992年1月20日，白俄罗斯部长会议主席克比奇访华期间，两国正式签署了建交协议。克比奇是独联体国家中第一个访华的政府首脑。2005年12月，白俄罗斯总统卢卡申科访华。

（四）格鲁吉亚

国名　国旗　国徽　独立日　首都

国　名

格鲁吉亚（Georgia）

国　旗

呈横长方形，方与宽之比为5：3。旗地为红褐色；左上角有两个小长方形，上黑下白。黑色象征刚毅的性格；白色代表神圣和圣洁；红褐色标志着格鲁吉亚人民在历史上的革命斗争，象征胜利。格鲁吉亚曾为原苏联的加盟共和国之一，当时采用的国旗图案与原苏联相似，为左上角有五角星、镰刀和铁锤图案的红旗，旗面上部有一蓝条，以示区别。1991年宣布独立，采用上述三色旗为国旗。

国　徽

在一枚七角星内套着一个圆，圆面上一匹白色骏马飞奔在山峰之上，马上的骑士是英雄吉特里格奥尔基，他身穿铠甲，手持长矛和圆盾，白色披巾随风飘扬。骑士的上面有五枚小八角星，其间镶有太阳和月亮。

独立日

4月9日（1991年）

首　都

第比利斯（Tbilisi）

自然地理

全国6.97万平方公里。位于连接欧亚大陆的外高加索中西部，包括外高加索整个黑海沿岸、库拉河中游和库拉河支流阿拉扎尼河谷地。西临黑海，西南与土耳其接壤，北与俄罗斯接壤，东南和阿塞拜疆及亚美尼亚共和国毗邻。全境约2/3为山地和山前地带，低地仅占13%。北部是大高加索山脉，南部是小高加索山脉，中间为山间低地、平原和高原。大高加索山脉有许多海拔4 000米以上的山峰，境内最高峰什哈拉峰，海拔为5 068米。主要河流有库拉河和里奥尼河。有帕腊瓦纳湖和里察湖等。

西部为湿润的亚热带海洋性气候，东部为干燥的亚热带气候。各地气候垂直变化显著，海拔490～610米地带为亚热带气候，较高处气候偏寒；海拔2 000米以上地带为高山气候，无夏季；3 500米以上终年积雪。

人口及民族

人口：543.75万（1998年）。其中格鲁吉亚族占70.1%，亚美尼亚族8.1%、俄罗斯族6.3%、阿塞拜疆族5.7%。居民大多信奉东正教，少数信奉基督教新教和伊斯兰教。官方语言为格鲁吉亚语，居民多通晓俄语。格鲁吉亚语属于高加索语系伊比利亚—高加索语族，它有多种方言形式，通常分为东格鲁吉亚和西格鲁吉亚两个分支。

简　史

公元前6世纪，在现格鲁吉亚境内建立了奴隶制的科尔希达王国，公元前4世纪～6世纪建立封建国家。公元6世纪～10世纪处于伊朗萨珊王朝、拜占庭帝国和阿拉伯哈里发国统治之下。公元6世纪～10世纪基本形成格鲁吉亚民族。8世纪～9世纪初形成了卡赫季亚、埃列季亚、陶—克拉尔杰特三个封建公国以及阿布哈兹王国。13世纪～14世纪蒙古鞑靼人和帖木儿先后入侵。15世纪～17世纪初，格鲁吉亚出现了许多独立的公国和王国。16世纪～18世纪格鲁吉亚为伊朗和土耳其两国的争夺对象。1801～1864年格鲁吉亚各公国先后并入俄罗斯帝国，改为梯弗里斯和库塔伊西省。1918年德国、土耳其和英国军队侵入格鲁吉亚。

1921年2月25日成立格鲁吉亚苏维埃社会主义共和国，同年12月，阿布哈兹苏维埃社会主义共和国（1931年2月以后改为苏维埃社会主义自治共和国）加入格鲁吉亚。1922年3月12日，格鲁吉亚加入外高加索苏维埃社会主义联邦共和国，并于同年12月作为该联邦成员加入苏联。1936年12月5日，格鲁吉亚苏维埃社会主义共和国成为苏联加盟共和国之一。1990年11月4日发表独立宣言，改国名为格鲁吉亚共和国。1991年4月9日正式宣布独立。1993年10月22日正式加入独联体。1995年8月，通过新宪法，定国名为“格鲁吉亚”。

政　治

实行立法、司法、行政三权分立体制。第一部宪法于1995年8月24日由议会通过，从此废除议会制，实行总统制。总统和议会均由全民以无记名投票方式直接普选产生，总统既是国家元首，又是政府首脑。议会是最高权力代表机构和最高立法机构，实行一院制。司法独立，设宪法法院、最高法院、总检察院、监察院。最高法院是最高审判机关，院长和大法官由总统提名，议会选举产生，任期不少于10年。

与中国关系

1991年12月27日，中国承认格鲁吉亚独立。1992年6月9日，格鲁吉亚与中国建立大使级外交关系。

（五）吉尔吉斯共和国

国名　国旗　国徽　独立日　首都

国　名

吉尔吉斯共和国，简称吉尔吉斯斯坦（The Kyrgyz Republic）。

国　旗

呈横长方形，长与宽之比约为5∶3。旗地为红色。一轮金色的太阳悬于旗面中央，太阳图案中间有一个类似地球的圆形图案。红色象征胜利，太阳象征光明和温暖，圆形图案代表国家的独立、统一和民族的团结和友好。吉尔吉斯斯坦于1936年成为原苏联的一个加盟共和国，1952年起采用带五角星及镰刀、铁锤图案的红旗，旗面中间有一白色横条，其上下各有一蓝条。1991年8月宣布独立，后采用现国旗。

国　徽

呈圆形。圆形上有一只展翅的雄鹰，其背后是山峰和太阳，两侧饰有麦穗和棉桃。国徽上的文字是“吉尔吉斯共和国”。

独立日

8月31日（1991年）

首　都

比什凯克（Bishkek）（建于1878年，原称比什凯克，1926年改名为伏龙芝 Frunze。1991年2月7日又恢复旧名比什凯克）。

自然地理

全国面积为19.85万平方公里，是位于中亚东北部的内陆国。北与哈萨克斯坦相连，西界乌兹别克斯坦，南同塔吉克斯坦接壤，东南和东面与中国为邻。境内多山，全境海拔在500米以上，其中1/3的地区在海拔3 000～4 000米之间。天山山脉和帕米尔—阿赖山脉绵亘于中吉边境。胜利峰为最高点，高达7 439米。低地仅占土地面积的15%，主要分布在西南部的费尔干纳盆地和北部塔拉斯河谷地一带。主要河流有纳伦河和楚河。伊塞克湖是主要湖泊。属大陆性气候。

人口及民族

全国473万人（1999年1月1日）。共有80多个民族，其中吉尔吉斯族占60.3%、俄罗斯族占15.7%、乌兹别克族占14.2%、乌克兰族占1.5%，其余为东干、朝鲜、维吾尔、塔吉克等民族。70%的居民信奉伊斯兰教，多数属逊尼派，其余居民信奉东正教或天主教。国语为吉尔吉斯语（属突厥语族东匈语支的吉尔吉斯—奇恰克语组），俄语可作为官方语言使用。

简　史

公元前3世纪已有文字记载。6世纪～13世纪建立吉尔吉斯汗国。15世纪后半叶吉尔吉斯民族基本形成。16世纪受沙俄压迫，自叶尼塞河上游迁居至现居住地。19世纪前半叶，西部属浩罕汗国。19世纪60年代～70年代，吉尔吉斯全部领土并入俄国。

1917年11月～1918年6月建立苏维埃政权。根据中亚民族国家的划分，1924年10月14日成为俄罗斯联邦的一个自治州，名为卡拉—吉尔吉斯自治州。1925年5月25日称吉尔吉斯自治州。1926年2月1日改为吉尔吉斯苏维埃社会主义自治共和国。1936年12月5日成立吉尔吉斯苏维埃社会主义共和国，加入苏联。

1991年8月31日通过国家独立宣言，宣布独立，改国名为吉尔吉斯共和国，并于同年12月21日加入独联体。

政　治

属政教分离的世俗国家，政治上推行民主改革并实行多党制。

1993年5月5日，议会通过独立后的第一部宪法，1998年10月全民修宪公决通过新宪法。宪法规定，吉尔吉斯是在法制、世俗国家基础上建立起来的主权的、单一制民主共和国，实行立法、司法、行政三权分立；总统是国家元首，享有执行权和管理权，由全民选举产生；最高立法机构由立法会议（上院）和人民代表会议（下院）两院组成，前者为常设机构；政府是国家最高执行权力机关，总理由总统征得议会人民代表会议同意后任命并领导政府，政府成员由总理提名，总统任命。

与中国关系

中吉两国是山水相连的邻邦，有着约1 100公里的共同边界。吉尔吉斯斯坦是古丝绸之路穿越的地方，它的碎叶河畔的托克马克是中国唐代伟大诗人李白的诞生地。

1991年12月27日，中国承认吉尔吉斯斯坦独立。1992年1月5日与中国建立大使级外交关系。

（六）摩尔多瓦共和国

国名 国旗 国徽 独立日 首都

国 名

摩尔多瓦共和国（The Republic of Moldova）

国 旗

呈横长方形，长与宽之比约为2∶1。从左至右由蓝、黄、红三个竖长方形组成，中间绘有国徽。摩尔多瓦曾于1940年成为原苏联的一个加盟共和国，1953年起采用带有五角星、镰刀、铁锤图案，中间有绿色宽条通过旗面的红旗。1990年6月改国名为摩尔多瓦苏维埃社会主义共和国，11月3日启用上述新国旗。1991年5月23日改国名为摩尔多瓦共和国。

国 徽

为一只鹰及鹰胸前的盾徽等图案。鹰嘴叼着金色十字架，两爪握着橄榄枝和权杖。雄鹰是摩尔多瓦民族崇拜的图腾，它象征着人民英勇顽强和不怕困难的性格特征，代表人民热爱和平，追求光明和幸福。鹰胸前的盾面上红下蓝，黄色的公牛头象征公理和正义，牛头上方为一颗八角星，左右两侧为一朵五瓣鲜花和一弯新月。

独立日

8月27日（1991年）

首 都

基希讷乌（chisinau / kishinev），位于摩尔多瓦中部，座落在德涅斯特河支流贝克河畔，有500多年的历史。

自然地理

摩尔多瓦是位于东南欧北部的内陆国，面积为3.38万平方公里。绝大部分国土介于普鲁特河和德涅斯特河之间。

西邻罗马尼亚，北、东、南与乌克兰接壤。地处平原，境内丘陵起伏，河谷和山谷相间，平均海拔147米。中部为科德腊高地；北部和中部属森林草原带，南部是辽阔的草原。最高点是西部的巴拉涅什特山，海拔430米。

河流众多但大部分短小，德涅斯特河和普鲁特河为境内两大河流。地下水资源丰富。森林覆盖面积占全国领土的40%，2/3的土地为黑钙土。属温带大陆性气候。

人口及民族

2000年初有364.5万。其中与罗马尼亚人同宗同文的摩尔多瓦人占64%，乌克兰人占13%，俄罗斯人占13%。此外还有加告兹人、保加利亚人、犹太人和日耳曼人。官方语言为摩尔多瓦语，通用俄语。多数居民信奉东正教，少数人信奉犹太教。

简 史

摩尔多瓦人与罗马尼亚人同宗同文，都是达契亚人的子孙，在西罗马帝国灭亡后直到14世纪上半叶，达契亚人逐渐分为3支：摩尔多瓦人、瓦拉几亚人和特兰西瓦尼亚人。古代的摩尔多瓦的国名为达契亚—图拉真国，它后来又形成了罗马尼亚、摩尔多瓦和特兰西瓦尼亚三国。1359年博格旦一世创立了独立的公国。16世纪~18世纪它遭受奥斯曼帝国占领。18世纪末，德涅斯特河左岸并入俄国，1812年改称比萨拉比亚。1918年11月罗马尼亚占领了比萨拉比亚。1924年10月12日成立摩尔达维亚苏维埃社会主义自治共和国，属乌克兰。1940年苏联军队进驻比萨拉比亚，8月2日摩尔达维亚苏维埃社会主义共和国建立，并加入苏联。

1990年6月5日，摩最高苏维埃通过决议，将国名改为摩尔多瓦苏维埃社会主义共和国。1990年6月23日，摩尔多瓦最高苏维埃通过共和国主权宣言。1991年5月23日，改国名为摩尔多瓦共和国。1991年8月27日摩尔多瓦宣布独立，脱离苏联，同年12月21日加入独立国家联合体。摩独立后，与罗马尼亚的政治、经济、文化交流日益活跃。1993年8月5日，摩尔多瓦议会又否决了摩尔多瓦加入独联体的决定。1994年4月8日，摩尔多瓦议会批准摩加入独联体。

政 治

1994年7月29日通过的宪法规定，摩尔多瓦是一个主权、独立、统一和不可分割的国家，坚持政治多元化条件下的民主，实行总统制、三权分立，公有和私有制并存。

议会实行一院制，共有议席101个。2000年7月27日生效的修宪法案规定，摩尔多瓦由原来的半议会制共和国改为议会制共和国，将总统的产生方式由全民普选改为议会投票选举，总统在国家事务中的权力被削弱。

与中国关系

1991年12月27日，中国正式宣布承认摩尔多瓦共和国独立。1992年1月30日，摩中建立大使级外交关系。

（七）乌克兰

国名 国旗 国徽 独立日

国 名

乌克兰（UKRAINE，УКРАИНА）

国 旗

呈长方形，由上蓝下黄两块平行相等的横长方形组成，长与宽之比为3∶2。乌克兰曾于1917年建立乌克兰苏维埃社会主义共和国，1922年成为原苏联的一个加盟共和国，1952年起采用和原苏联国旗相似的带五角星及镰刀、铁锤图案的红旗，只是旗面下部为蓝色宽边。1991年宣布独立，1992年恢复乌克兰独立时的蓝、黄两色旗为国旗。

国 徽

为盾徽。蓝色盾面上的金色三叉戟是国徽的主体，它是弗拉基米尔大公时代基辅国家的标志，象征乌克兰民族悠久的历史及其发展的连续性，也是乌克兰国家观念复兴和为民族独立而战的标志。

独立日

8月24日；

国家政要

总统列昂尼德·库奇马（leonidkuchma），1994年7月当选，1999年11月连任；最高苏维埃主席伊万·普柳希（ivan plyushch），2000年2月任职；总理维克托·亚努科维奇（Viktor Yanukovich），2002年11月任职。

首 都

基辅（kyiv）。1995年11月23日乌克兰法律术语委员会决定，将首都的拉丁文拼写由“kiev”改写为“kyiv”。人口：260万（1999年12月31日）。

自然地理

全国面积为60.37万平方公里（占原苏联面积的2.7%），东西长1300公里，南北长900公里，位于辽阔的东欧平原西端，西部和西南部与波兰、捷克、斯洛伐克、匈牙利、罗马尼亚接壤，北连白俄罗斯，东部和东北部与俄罗斯，西南部与摩尔多瓦接壤，南临黑海和亚速海，海岸线长达654英里。大部分地区属东欧平原。西部喀尔巴阡山脉的戈维尔拉山海拔2 061米，为最高峰；南部有克里米亚山脉罗曼—科什山。东北为中俄罗斯高地的一部分，东南有亚速海近岸丘陵和顿涅茨岭。境内100公里以上的河流有116条，最长的是第聂伯河，在乌境内长1 204公里。其他的有南布格河、德涅斯特河、北顿涅茨河、普鲁特河、多瑙河（河口部分）等。境内有3 000多个自然湖泊，主要有亚尔普格湖、萨赛克湖、卡古尔湖和阿利别伊湖等。受大西洋暖湿气流影响，多为大陆性气候，克里米亚南岸为亚热带气候。1月平均气温东北部为－7℃～－8℃，克里米亚南岸为2℃～4℃；7月平均气温东南部为23℃～24℃，西北部为18℃～19℃。年降水量东南部为300毫米，西北部为600毫米～700毫米，多集中在6、7月份。

人口及民族

全国4 929万（2000年）。乌克兰是一个多民族国家，主要民族有乌克兰族（73.6%），俄罗斯族（21%），其他还有犹太族、白俄罗斯族、摩尔多瓦族、波兰族和保加利亚族等。官方语言为乌克兰语，通行俄语。居民大多信奉东正教，西部部分地区居民信仰天主教。

简 史

乌克兰地理位置重要，自然条件良好。历史上为兵家必争之地，乌因饱经战乱。乌克兰民族是古罗斯族的分支。“乌克兰”一词最早见于《罗斯史记》（1187年）。公元9世纪～12世纪，现乌克兰大部地区并入基辅罗斯。1237年至1241年，蒙古金帐汗国（拔都）西征占领基辅，城市遭破坏。14世纪受立陶宛大公国和波兰的统治。15世纪大体形成乌克兰民族。1654年东乌克兰并入俄国，西乌克兰在俄国内部取得自治权。18世纪90年代西乌克兰也并入俄国。1917年12月12日，建立了乌克兰苏维埃社会主义共和国。1918年至1920年外国武装干涉时期，西乌克兰被波兰白匪占领。1922年苏联成立，东乌克兰加入联盟，成为苏联创始国之一。1939年11月，西乌克兰与乌克兰苏维埃社会主义共和国合并。1940年8月，北布科维纳和比萨拉比亚的一部分并入乌克兰。1941年，乌克兰被德国法西斯占领，1944年10月，乌克兰全境解放。

1945年10月，乌克兰苏维埃社会主义共和国作为一个非独立国同苏联一起加入联合国。

1990年7月16日，乌克兰最高苏维埃通过《乌克兰国家主权宣言》，宣称乌克兰宪法与法律高于联盟法律；并有权建立自己的武装部队。1991年8月24日，乌克兰脱离苏联，宣布独立，并改国名为乌克兰。1996年通过新宪法。

行政区划

全国划分为24个州、1个自治共和国，2个直辖市，共27个行政区划。

具体如下：克里米亚自治共和国、基辅州、文尼察州、沃伦州、第涅伯罗波得罗夫斯克州、顿涅茨克州、日托米尔州、外喀尔巴阡州、扎波罗热州、伊万—弗兰科夫州、基洛夫格勒州、卢甘斯克州、利沃夫州、尼古拉耶夫州、敖德萨州、波尔塔瓦州、罗夫诺州、苏米州、捷尔诺波尔州、哈尔科夫州、赫尔松州、赫梅利尼茨基州、切尔卡瑟州、切尔诺夫茨州、切尔尼科、夫州、基辅直辖市、塞瓦斯托波尔直辖市。

政 治

1996年6月28日，乌议会通过独立后的第一部宪法，确定乌为主权、独立、民主、社会的法制国家，实行共和制，乌克兰语为国家语言。总统为代表国家的最高元首；最高苏维埃为立法机关；内阁为行政机关，向总统负责。

经 济

乌克兰工农业均较发达。主要工业部门有冶金、机械制造、石油加工、造船、航天、航空等。盛产谷物和糖，其经济实力在原苏联居第二位，在原苏联有“粮仓”之称。顿涅茨—第聂伯河沿岸泾济区、西南经济区和南方经济区等三个经济区的工农业、运输业和旅游业都比较发达。煤炭、冶金、机械、化学工业是其经济的四大支柱。既拥有森林、草原，又有众多江河穿流其中，水力资源丰富。森林覆盖率为14%。矿藏丰富，有72种矿产资源，主要有煤、铁、锰、镍、钛、汞、铅、石油、天然气、石灰石、白云石、石墨、耐火土、矿物化学原料、建筑材料等。其中铁矿石储量为194亿吨，占全苏的30%，锰矿占80%，原苏联最大的煤矿也在乌克兰境内。锰的储量居世界前列，无烟煤和烟煤的储量为390亿吨，褐煤60亿吨。动物种类繁多，有350多种鸟类，约100种哺乳动物和200多种鱼类。

能源严重短缺，仅天然气每年就需进口730亿立方米，每年进口的各类能源总额约值80亿美元，占出口总额的2/3强。俄罗斯是乌克兰最大的能源供应国。

近年来，乌克兰外贸额一直占国内生产总值的2/3左右。主要出口黑色冶金制品、机器设备、电机、化肥、铁矿石、农产品等，进口天然气、石油、成套设备、化学纤维、聚乙稀、木材、药等。

与中国关系

1991年12月27日，中国承认乌克兰独立。1992年1月4日，中乌两国建立大使级外交关系。

（八）塔吉克斯坦共和国

国名　国旗　国徽　独立日

国　名

塔吉克斯坦共和国（The Republic of Tajikistan），简称塔吉克斯坦。

国　旗

呈横长方形，长与宽之比约为2：1。自上而下由红、白、绿三个平行的横长方形组成，白色部分中间有一顶王冠和七颗均匀分布的五角星。红色象征国家的胜利，绿色象征繁荣和希望，白色代表宗教信仰；王冠和五角星图案象征国家的独立和主权。塔吉克斯坦在1929年成为原苏联的一个加盟共和国，1953年起采用上部有黄色五角星及镰刀、铁锤图案，下部有白色和绿色横条的红旗。1991年9月9日宣布独立，采用现国旗。

国　徽

呈圆形。图案中间为王冠和七颗五角星，以及太阳和山峰图案，两侧为饰带扎束的棉桃和麦穗，下方为一本打开的书。

独立日

9月9日（1991年）

首　都

杜尚别（Dushanbe），有人口56.2万（2000年1月）。夏季最高气温可达40℃，冬季最低气温－20℃。

国家政要

总统埃莫马利·拉赫莫诺夫（Emomali Rakhmonov），1994年11月任职，1999年连任。

自然地理及行政区划

面积为14.31万平方公里，是位于中亚东南部的内陆国。西部和北部分别同乌兹别克斯坦、吉尔吉斯斯坦接壤，东邻中国新疆，南界阿富汗。地处山区，境内山地和高原占90%，其中约一半在海拔3 000米以上，有“高山国”之称。北部山脉属天山山系，中部属吉萨尔—阿尔泰山系，东南部为冰雪覆盖的帕米尔高原，最高的为共产主义峰，海拔为7 495米。北部是费尔干纳盆地的西缘，西南部有瓦赫什谷地、吉萨尔谷地和喷赤谷地等。大部分河流属咸海水系，主要有锡尔河、阿姆河、泽拉夫尚河、瓦赫什河和菲尔尼甘河等。水力资源可观。湖泊多分布在帕米尔高原。喀拉湖最大，为盐湖，海拔3 965米。全境属典型的大陆性气候，高山区随海拔高度增加大陆性气候加剧，南北温差较大。全境属典型的大陆性气候，1月平均气温－2℃～2℃；7月平均气温为23℃～30℃。年降水量150毫米～250毫米。帕米尔山西部终年积雪，形成巨大的冰河。境内动植物种类繁多，仅植物就有5 000余种。

全国共分为三个州、一个区、一个直辖市：戈尔诺—巴达赫尚州、索格特州（原列宁纳巴德州）、哈特隆州、和中央直属区和杜尚别市。

人口及民族

人口：625万（2002年1月）。主要民族为塔吉克族（占70.5%），乌兹别克族（占26.5%）、俄罗斯族（占0.32%），此外还有鞑靼、吉尔吉斯、乌克兰、土库曼、哈萨克、白俄罗斯、亚美尼亚等民族。居民大多信奉伊斯兰教，多数是逊尼派，帕米尔一带属于什叶派伊斯玛仪支派。国语为塔吉克语（属印欧语系伊朗语族，与波斯语相近），俄语为族际交流语言。

简 史

公元9世纪~10世纪，塔吉克民族基本形成，是中亚的一个古老民族。9世纪，塔吉克人建立了历史上第一个以布哈拉为首都的幅员辽阔、国力强盛的萨马尼德王朝，塔吉克人的民族文化、风俗习惯正是在这一长达百年的历史时期形成。10世纪~13世纪加入伽色尼王国和花拉子模王国。13世纪被蒙古鞑靼人征服。16世纪起加入布哈拉汗国。1868年，北部费尔干纳州和撒马尔罕州部分地区并入俄国，南部的布哈拉汗为俄国属国。1917年11月~1918年2月，北部地区建立了苏维埃政权，加入土库曼自治共和国。1920年布哈拉人民革命后，宣布成立布哈拉苏维埃人民共和国。1924年10月14日建立塔吉克苏维埃社会主义自治共和国，隶属乌兹别克苏维埃社会主义共和国。1929年10月16日成立塔吉克苏维埃社会主义共和国，同年12月5日加入苏联。1990年8月24日，塔吉克最高苏维埃通过共和国主权宣言。1991年8月底更名为塔吉克斯坦共和国，同年9月9日，塔吉克斯坦共和国宣布独立，确定该日为共和国独立日，12月21日加入独联体。

政 治

1994年11月6日，塔吉克斯坦以全民公决方式通过了独立后的第一部宪法。根据新宪法，议会制改为总统制，目标是建立民主、法制、世俗的国家。总统为国家元首、政府首脑和武装部队统帅，由全民直接选举产生，每届任期7年。议会称“马吉利西·奥利”，为两院制职业议会，是国家最高代表机关和立法机关。上院称“马吉利西·米利”，下院称“马吉利西·纳莫扬达贡”。塔前总统为上院终身议员。上院主要职能是确定、修改、撤销国家根据总统提议选举和罢免宪法法院院长、副院长，最高法院院长、副院长、总检察长、副总检察长等。下院主要职能是组建选举及全民公决委员会；就法律草案提请全民公决；批准国家经济和社会发展计划；批准获取和发放国家贷款；批准总统令等。

经 济

经济比较落后，经济结构单一，地区发展不平衡，对外依赖性较强，所需的燃料、油料、粮食、轻工业产品、日用消费品都依赖进口，是前苏联最贫穷的共和国之一。1996年逐步向市场经济过渡和推行私有化，但进展缓慢。北方的费尔干纳盆地是塔经济的心脏地区。在原苏联国民经济综合体中，塔吉克斯坦是植棉业、有色和稀有金属矿开采的重要地区之一，是生产细纤维棉花的主要基地。以种植业和畜牧业为主。

货币名称：索莫尼（somoni，2000年10月30日起开始发行）。

自然资源以有色金属（铅、锌、钨、锑、汞等）、稀有金属、煤、岩盐为主，此外还有石油、天然气、丰富的铀矿和多种建筑材料。铀储量居独联体首位，铅、锌矿占中亚第一位。工业主要集中在杜尚别和列宁纳巴德，主要有采矿业、轻工业和食品工业。电力工业成就巨大，人均电力资源蕴藏量居世界前列，境内的瓦努列克水电站是中亚地区最大的水电站，在塔国民经济中有举足轻重的地位。轻工业以轧棉、缫丝和纺织制毯为主，民间手工艺做工考究，形式独特。食品工业多半是榨油、提炼脂肪业、葡萄酒酿造业和果品蔬菜加工。

农业是经济的主导部门，果园业、养蚕业和葡萄种植业较为重要。畜牧业以放牧为主，饲养羊、牛、马。种植业占农业总产值的70%，植棉业在农业中举足轻重，尤以出产优质细纤维棉花闻名于世，棉花单位面积产量在原苏联各共和国中居首位。40%的可耕面积用于种植棉花，养蚕业较发达。此外，还种植柠檬、甜柿、红石榴等水果和少量的水稻、玉米、小麦等。主要出口商品为铝锭、皮棉和纺织品，主要进口商品为铝生产原料、石油产品、机器与设备。进口的66%来自独联体国家，出口的65%是非独联体国家。

与中国关系

1991年12月27日，中国承认塔吉克斯坦共和国独立。1992 年 1 月 4 日，中国和塔吉克斯坦共和国正式建立大使级外交关系。2000 年 7 月，江泽民主席曾对塔进行国事访问。

（九）土库曼斯坦

国名 国旗 国徽 独立日

国 名

土库曼斯坦（Turkmenistan）

国 旗

呈横长方形，长与宽之比约为 5:3。旗地为深绿色，靠旗杆一侧有一垂直宽带通过旗面，宽带中自上而下排列着五种地毯图案。旗面上部中间有一弯新月和五颗五角星，月和星均为白色。绿色是土库曼人民喜欢的传统颜色；新月象征光明前途；五颗星象征人类的五种器官功能：视、听、嗅、味、触；五角星的五个角象征宇宙物质的状态：固态、液态、气态、晶态和等离子态；地毯图案象征土库曼人民的传统观念和宗教信仰。土库曼斯坦在 1924 年 10 月成为原苏联的加盟共和国之一，1953 年起采用的国旗为在原苏联国旗旗面上加两道蓝色横条。1991 年 10 月宣布独立，采用现国旗。

国 徽

呈圆形，由三个同心圆组成。外圆周上绘有七颗带绿叶的白色棉桃、两束金色的麦穗、一弯白色新月和五颗白色五角星；中间圆周上绘有五种地毯图案；内圆面上是土库曼人为之自豪的阿哈尔捷金马。

独立日

10 月 27 日（1991 年）

自然地理

面积为 49.12 万平方公里，是位于中亚西南部的内陆国。西濒里海，北邻哈萨克斯坦，东北部与乌兹别克斯坦接壤，东界阿富汗，南部是伊朗。全境大部是低地，平原多在海拔 200 米以下，80% 的领土被卡拉库姆大沙漠覆盖。南部和西部为科佩特山脉和帕罗特米兹山脉。主要河流有阿姆河、捷詹河、穆尔加布河及阿特列克河等，主要分布在东部。横贯东南部的卡拉库姆大运河长达1 450公里，灌溉面积约 30 万公顷。属强烈大陆性气候，是世界上最干旱的地区之一。

首 都

阿什哈巴德（Ashgabat）。

人 口

全国人口 499.35 万（1999 年 1 月 1 日）。有 100 多个民族，其中土库曼族占 77%，乌兹别克族 9.2%，俄罗斯族 6.7%，哈萨克族 2%，亚美尼亚族 0.8%，此外还有阿塞拜疆族、鞑靼族等。

通用俄语。官方语言为土库曼语，属阿尔泰语系的南支。1927 年以前，土库曼语用阿拉伯字母书写，以后采用拉丁字母，1940 年起使用西里尔字母。居民大多信奉伊斯兰教（逊尼派），俄罗斯族和亚美尼亚族信仰东正教。

简 史

历史上曾被波斯人、马其顿人、突厥人、阿拉伯人、蒙古鞑靼人征服。公元 9 世纪 ~ 10 世纪受塔赫里王朝、萨曼王朝统治。11 世纪 ~ 15 世纪受蒙古鞑靼人统治。15 世纪基本形成土库曼民族。16 世纪 ~ 17 世隶属于希瓦汗国和布哈拉汗国。19 世纪 60 年代末至 80 年代中期，部分领土并入俄国。

土库曼人民参加了 1917 年的二月革命和十月社会主义革命。1917 年 12 月建立苏维埃政权，其领土并入土耳其斯坦苏维埃社会主义自治共和国、花拉子模和布哈拉苏维埃人民共和国。在划定民族管理区后，于 1924 年 10 月 27 日建立土库曼苏维埃社会主义共和国，并加入苏联。

1990 年 8 月 23 日，土库曼最高苏维埃通过了国家主权宣言，1991 年 10 月 27 日宣布独立，改国名为土库曼斯坦，同年 12 月 21 日加入独立国家联合体。

政 治

1992年5月18日通过第一部宪法，规定土库曼斯坦为民主、法制和世俗的国家，实行三权分立的总统共和制，立法、行政、司法相互独立又相互平衡和制约。总统为国家元首和最高行政首脑，由全民直接选举产生，任期5年，连任总统不得超过两届。人民委员会为国家最高权力代表机关，立法权和司法权分属国民议会和法院。1995年12月27日人民委员会对宪法进行了修改和补充，将土库曼斯坦中立国地位写入宪法，又在国歌和国旗中加以体现。

与中国关系

1991年12月27日，中国承认土库曼斯坦独立。1992年1月6日，土库曼斯坦同中国建立大使级外交关系。

上海合作组织

上海合作组织简介

上海合作组织是哈萨克斯坦共和国、中华人民共和国、吉尔吉斯共和国、俄罗斯联邦、塔吉克斯坦共和国、乌兹别克斯坦共和国于2001年6月15日在中国上海宣布成立的永久性政府间国际组织。它的前身是“上海五国”机制。

上海合作组织的宗旨是：加强各成员国之间的相互信任与睦邻友好；鼓励成员国在政治、经贸、科技、文化、教育、能源、交通、旅游、环保及其他领域的有效合作；共同致力于维护和保障地区的和平、安全与稳定；推动建立民主、公正、合理的国际政治经济新秩序。

上海合作组织对内遵循“互信、互利、平等、协商、尊重多样文明、谋求共同发展”的“上海精神”，对外奉行不结盟、不针对其他国家和地区及开放原则。

上海合作组织的最高决策机构是成员国元首理事会。该理事会每年举行一次会议，就组织所有重大问题作出决定和指示。上海合作组织成员国政府首脑理事会每年举行一次例会，重点研究组织框架内多边合作的战略与优先方向，解决经济合作等领域的原则和迫切问题，并批准组织年度预算。在元首和政府首脑理事会下面，还分别设有外长、经济、交通、文化、国防、执法安全、监察、民政、边防等年度定期会晤机制。上海合作组织的基层协调机制是成员国国家协调员理事会。

上海合作组织有两个常设机构，分别是秘书处（北京）和地区反恐怖机构（塔什干）。秘书长和反恐怖机构执委会主任均由元首理事会任命，任期三年。

上海合作组织成员国总面积是3 018.93万平方公里，占欧亚大陆面积的3/5；人口14.55亿，占世界总人口的1/4。

上海合作组织会徽呈圆形，主体是中国、俄罗斯、哈萨克斯坦、吉尔吉斯坦、塔吉克斯坦和乌兹别克斯坦六个成员国的版图、左右环抱的橄榄枝和两条飘带，象征成员国为地区和世界和平与发展所起的积极推动作用，并寓意上海合作组织广阔的合作领域和巨大的发展前景。会徽上部和下部分别用中、俄文标注“上海合作组织”字样。会徽选用绿色和蓝色，象征该组织和平、友谊、进步、发展的宗旨。

上海合作组织成员国元首宣言（全文）

上海合作组织成员国元首理事会会议5日在哈萨克斯坦首都阿斯塔纳举行，会议发表了《上海合作组织成员国元首宣言》。宣言全文如下：

上海合作组织成员国元首宣言

（2005年7月5日，阿斯塔纳）

上海合作组织（以下简称“本组织”或“组织”）成员国——哈萨克斯坦共和国、中华人民共和国、吉尔吉斯共和国、俄罗斯联邦、塔吉克斯坦共和国和乌兹别克斯坦共和国元首2005年7月5日在阿斯塔纳举行上海合作组织成员国元首理事会会议，声明如下：

一

2004年6月17日塔什干峰会提出的进一步发展和巩固上海合作组织的所有任务已基本完成。本组织稳步推进成员国的多边合作，积极同其他国际组织和国家开展合作。

2004年启动的本组织常设机构——北京秘书处和塔什干地区反恐怖机构（简称“反恐机构”），成为保障组织顺利运作的有效集体机制。反恐机构的领导机关——理事会的作用日益显著，并应进一步加强。

为提高上海合作组织及其所有机构和机制的工作效率和协调作用，元首们商定，国家协调员理事会在2006年峰会前，就加强秘书处作用和将秘书处领导职务俄文名称改为上海合作组织秘书长提出建议。

元首们指出，采取必要措施，落实2005年6月2日在阿斯塔纳举行的本组织成员国第二次安全会议秘书会议达成的协议十分重要。

为促进反恐机构落实《打击恐怖主义、分裂主义和极端主义上海公约》，元首们同意按照已有的常驻秘书处代表机制的原则，建立成员国常驻反恐机构代表机制。

元首们相信，峰会期间通过的《上海合作组织成员国合作打击恐怖主义、分裂主义和极端主义构想》有利于提高合作效率，使反恐机构的活动更明确，更有针对性。

元首们认为，2005年秋即将在莫斯科举行的政府首脑（总理）理事会会议，将对执行2004年9月在比什凯克通过的《〈上海合作组织成员国多边经贸合作纲要〉落实措施计划》，把成员国对外经贸、交通、环保、紧急救灾、文化和教育部门合作引上务实轨道起到具体推动作用。这一会议还将确定本组织合理的财政预算政策。

本组织实业家委员会的组建工作已近尾声，它应成为促进本组织框架内一体化进程的新资源。各方将本着协商一致的原则加快建立本组织发展基金。同时，各方同意加强银行间协作，为实施区域合作项目提供融资支持。

元首们指出，外长理事会做了大量建设性工作，强调：业已启动的国际问题磋商机制切实运转十分重要。元首们认为，确保本组织审慎和有针对性地开展对外交往是一项迫切任务。这些问题原则上应由外长理事会解决，而本组织常设机构对外交往的日常协调工作则由国家协调员理事会会同反恐机构理事会负责。

元首们相信，给予巴基斯坦、伊朗、印度本组织观察员地位，将增加本组织在各领域开展多边、互利合作的潜力。

本组织国际声望日益提高的重要标志，是本组织2004年12月获得联合国大会观察员地位，2005年4月与东盟和独联体签署谅解备忘录。

近期，国家协调员理事会应会同秘书处和反恐机构制定共同立场，使本组织能够最有效地与联合国秘书处及各委员会开展交往，落实同其他国际组织签署的合作文件，在平等和相互尊重的基础上与区域组织、论坛及有关国家建立联系。

二

元首们指出，在矛盾的全球化进程中，在平等、相互尊重、不干涉主权国家内政、非对抗思维和不断推动国际关系民主化的原则基础上开展多边合作，有助于维护普遍和平与安全，呼吁国际社会超越意识形态和社会制度差异，树立互信、互利、平等、协作的新安全观。

世界文化和文明的多样性是全人类的财富。在信息技术和交通迅猛发展的时代，这种多样性应促进相互了解和宽容、避免极端态度、发展对话。应充分保障各国人民选择自己发展道路的权利。

元首们坚信，公正合理的世界秩序应建立在巩固互信、睦邻、建立真正伙伴关系、不谋求垄断和主导国际事务的基础上。国际法，首先是《联合国宪章》的原则和准则的主导地位越强，这一世界秩序就会越稳定、越安全。在人权领域，必须严格和始终尊重各国人民历史传统和民族特点，坚持所有国家主权平等。

元首们支持联合国进行合理、必要的改革，以提高效率，维护权威。重申联合国改革应遵循最广泛协商一致的原则，不应为改革设立时限及强行推动表决尚有重大分歧的方案。

元首们认为，21世纪，亚太地区必将在促进和平与发展中发挥重要作用，主张：在整个亚太地区或次地区不应出现分界线；国家间的任何误解和争端都应通过谈判和平解决；应在这一充满活力的地区营造持久友好、相互理解、协作和建设性的氛围。推动实现这一目标，是本组织的一项主要工作。

元首们支持中亚国家为维护本国和整个地区和平、安全与稳定所作的努力，赞成本组织在促进中亚稳定和经济发展方面积极发挥作用。

三

元首们认为，成员国应共同努力，有效应对国际和地区安全与稳定面临的新挑战和新威胁。

这一共同努力应具有综合性质，能切实促进成员国对领土、居民、生活保障和基础设施的关键部门实施可靠保护，使其免受新挑战和新威胁的破坏，为本组织内各国的持续发展和消除贫困创造必要条件。这一共同努力包括：

——开展成员国外交、对外经济、执法、特种和国防部门的密切合作；

——充分发挥成员国安全会议秘书会议机制的作用；

——制定本组织对威胁本地区和平、安全与稳定的事态联合作出反应的有效措施和机制；

—共同制定和实施反恐措施；

——协调各成员国安全保障方面的法律；

——在研制和应用应对新挑战和新威胁的现代技术装备领域进行合作；

——在大众传媒领域建立应对新挑战和新威胁的有效机制；

——培训相关人员。

本组织成员国将制止在本国领土上策划和实施恐怖活动，包括针对其他国家恐怖活动的企图，不向被指控或涉嫌实施恐怖、分裂和极端活动的人员提供庇护。在本组织其他成员国提出相关请求后，严格遵照成员国现行法律移交这些人员。

将采取措施完善和提高本组织地区反恐怖机构的工作效率。

重要的是，本组织应在打击国际恐怖主义框架内解决消除恐怖主义的物质基础的问题，首先要打击走私武器、弹药、爆炸物和毒品，打击有组织跨国犯罪、非法移民和雇佣兵活动。特别要注意防范恐怖分子使用大规模杀伤性武器及其运载工具，防范信息恐怖主义。

为打击资助恐怖主义、分裂主义和极端主义的活动，包括将非法收入合法化的活动，迫切需要在本组织框架内制定统一方法和标准，以监控涉嫌参与恐怖活动的个人和组织的资金流动，同时积极推动上海合作组织参与相关国际努力。

根据2004年6月17日签署的《上海合作组织成员国关于合作打击非法贩运麻醉药品、精神药物及其前体的协议》，深化打击非法贩运麻醉药品、精神药物及其前体的合作应成为优先方向。本组织愿积极参与在阿富汗周边构筑“反毒带”的国际努力，参与制定并实施专门计划，帮助阿富汗稳定社会经济和人道主义形势。

我们支持并将继续支持国际联盟在阿富汗进行反恐行动的努力。今天，我们看到阿富汗在国内局势稳定方面发生了积极变化。为开展反恐行动，上海合作组织一些成员国向联盟各国提供了地面基础设施以临时部署军队，还提供了地面及空中军事运输通道。

鉴于阿富汗反恐的大规模军事行动已经告一段落，上海合作组织成员国认为，反恐联盟有关各方有必要确定临时使用上海合作组织成员国上述基础设施及在这些国家驻军的最后期限。

从预防和消除已成为新威胁重要组成部分的各种技术性灾难来看，保护和发展关键基础设施、交通设施越来越迫切。本组织成员国将制定多边机制，对可能发生的灾难及其后果进行监测、交换分析性信息，为进行联合救援行动创造必要的法律和组织条件，包括按统一方法培训人员、迅速调遣人员和实现技术装备的兼容。

上海合作组织将为国际社会维护陆地、海上、空中和外空安全的努力作出建设性贡献。

为提高打击恐怖主义、分裂主义、极端主义及应对其他挑战和威胁的能力，本组织成员国将根据多边经贸合作纲要及其落实措施计划，不断扩大经济合作。在生态和合理利用自然资源领域采取实际措施。

提出一致的方法和建议，在居民中采取预防性措施和进行相应解释工作，以抵制错误引导社会舆论的企图，是一项迫切任务。成员国将积极扩大本组织框架内教育、文化、体育、旅游等领域的合作。

元首们认为，本组织为保障安全和加强自身能力所作的共同努力，丝毫不损害其他国家的利益，不意味着要建立某种同盟。这样做完全符合本组织的开放原则，符合为应对新挑战和新威胁而进行广泛国际合作的精神。

哈萨克斯坦共和国总统

努尔苏丹·阿比舍维奇·纳扎尔巴耶夫

中华人民共和国主席

胡锦涛

吉尔吉斯共和国代总统

库尔曼别克·巴基耶夫

俄罗斯联邦总统

弗拉基米尔·普京

塔吉克斯坦共和国总统

埃莫马利·沙里波维奇·拉赫莫诺夫

乌兹别克斯坦共和国总统

伊斯兰·阿卜杜加尼耶维奇·卡里莫夫

上海合作组织秘书处2005年大事记

2005年1月5日，张德广秘书长致电东盟秘书长王景荣，就印度洋地震海啸灾难给东南亚国家带来的巨大人员伤亡和财产损失表示慰问，并对遇难者表示沉痛哀悼。

电文中说，上海合作组织与东盟是相互毗邻的两个友好区域组织。灾难发生后，本组织有关成员国纷纷投入到对受灾地区的国际人道主义救援行动中。为表达我们对灾区人民的一点微薄心意，本秘书处近日开展了自愿捐赠活动，所得款项将通过东盟轮值主席国老挝驻华使馆转交东南亚有关红十字会。张秘书长最后表示相信，勤劳、智慧、勇敢的东南亚各国人民一定能够团结一致，发奋图强，战胜这场自然灾害，重建昔日美好家园！

此前，秘书长紧急召集秘书处全体会议，通报了秘书处领导关于向东盟发慰问电及开展捐赠活动的决定。会后大家踊跃参加了捐赠。

2005年1月7日，张德广秘书长致函阿富汗新政府外交部长阿布杜拉，对他出任这一崇高职务表示祝贺。

2005年2月6日，张德广秘书长致函乌兹别克斯坦新任外长卡尼耶夫，对其出任这一重要职务表示祝贺。秘书长在贺电中高度评价乌兹别克斯坦政府在推进上海合作组织事业方面所持的积极态度和发挥的建设性作用，并愉快地回忆了去年与卡尼耶夫先生在秘书处举行会见的情景。秘书长最后表示相信，卡尼耶夫先生丰富的外事工作经验将有助于他在新的岗位上为促进本地区的和平与发展做出积极的贡献。

2月14日，卡尼耶夫外长向秘书长发来感谢信。他在信中赞扬上海合作组织所表现出的巨大创造潜力，并表示相信，作为促进地区安全与合作的重要因素，上海合作组织拥有良好的发展前景。

2005年2月7日，张德广秘书长在秘书处会见了德国驻华大使沃克尔·斯坦泽利先生，并应询向对方介绍了上海合作组织的发展历史、组织机构运作及当前开展经济、安全等各领域合作的有关情况。

2005年2月20日至25日，应上海合作组织轮值主席国哈萨克斯坦共和国外交部长托卡耶夫的邀请，上海合作组织秘书长张德广对哈进行了工作访问，并出席了在阿斯塔纳举行的上海合作组织成员国外长会议。副秘书长纳雷索夫和秘书长助理杜伟等秘书处官员陪同。

这是张秘书长2004年初上任以来第二次访哈。2月24日下午，纳扎尔巴耶夫总统在刚刚落成的新总统府亲切会见了张秘书长。哈总统办公厅主任扎克斯别科夫和外长托卡耶夫等陪同会见。纳扎尔巴耶夫总统热情欢迎张秘书长的到访，他表示，哈方一贯高度重视并坚定支持上海合作组织事业。哈方将与各成员国及秘书处一道密切配合，使本次峰会取得新的历史性成果。

张秘书长感谢纳扎尔巴耶夫总统的会见，高度赞扬他作为上海合作组织的奠基人之一在开创和推进上海合作组织组织事业中的历史功绩。张秘书长指出，上海合作组织正在进入一个开展全面合作的新时期，在此背景下，即将举行的阿斯塔纳峰会具有十分重要的意义。他表示完全相信，在纳扎尔巴耶夫总统作为轮值主席的主持下，在各方的共同努力下，本次峰会一定能够把上海合作组织各领域的合作推向一个新的水平，成为上海合作组织发展进程中又一个崭新的里程碑。会见中，双方还就上海合作组织发展及筹备峰会的有关具体问题深入交换了意见。

在哈期间，张秘书长还与哈副总理兼工贸部长梅巴耶夫、安全会议秘书乌杰姆拉托夫、托卡耶夫外长以及前总理捷列先科等举行了会见。双方就筹备7月阿斯塔纳峰会、加快推进组织务实合作、扩大对外交往以及中亚地区形势等一系列迫切问题广泛深入地交换了意见，并达成广泛共识。此外，张秘书长还应邀访问了哈欧亚国立大学，并接受了该校授与的名誉博士称号。

2月25日，张秘书长出席了在阿斯塔纳洲际饭店举行的上海合作组织成员国外长会议。与会各方重点讨论了筹备7月阿斯塔纳峰会等组织当前的迫切任务，并就组织对外交往及国际和地区形势交换了意见。会议通过决议，委托张秘书长代表上海合作组织分别与东盟和独联体商谈并签署秘书处谅解备忘录，此外并商签上海合作组织——阿富汗接触小组章程。会议结束时发表了联合公报。

2005年3月3日下午，张德广秘书长在秘书处会见了来华访问的白俄罗斯外长马丁诺夫，白俄罗斯驻华大使等参加会见。

张秘书长热情欢迎马丁诺夫外长一行到访，表示上海合作组织各成员国都与白方保持着密切友好的关系，愿意看到白政府和人民在巩固国家独立和发展民族经济的道路上不断取得新的成就。他应询向客人介绍了上海合作组织及不久前召开的阿斯塔纳外长会议的有关情况。

马丁诺夫外长高度评价上海合作组织成立以来 在维护地区安全和稳定、促进区域经济和人文等领域合作方面发挥的积极作用，表示白方愿意与上海合作组织加强接触，共同探讨双方开展互利合作的前景。

2005年2月18日~28日，应吉尔吉斯共和国总理和外交部的邀请，根据上海合作组织成员国外长理事会会议的委派，上海合作组织秘书处国际观察员团前往吉尔吉斯斯坦履行使命。

在前往吉尔吉斯斯坦之前，上海合作组织国际观察员团认真研究了吉尔吉斯斯坦宪法、选举法典、参加选举的国际观察员地位和权限条例等有关选举的法律文件，独联体成员国关于民主选举、选举权利和自由标准的公约，欧洲安全合作组织民主机构和人权局的观察选举指南，以及上海合作组织秘书处关于观察哈萨克斯坦和乌兹别克斯坦议会选举的总结报告。

上海合作组织国际观察员团对吉尔吉斯斯坦中央选举委员会、外交部等有关政府机构和组织所提供的工作协助表示感谢。在吉尔吉斯斯坦各派进行竞选活动过程当中，上海合作组织国际观察员团与吉尔吉斯中央选举委员会主席等负责人、各政党、社会派别、非政府组织的代表以及参选的一些候选人举行了会谈和会见，了解了他们的竞选纲领和候选人的情况，访问地方选区委员会，会见了选委员负责人、选民以及当地观察员和其他国际观察员，并与来自独联体、欧安合作组织、中国、英国、以色列、俄罗斯等国家和组织的观察员建立了工作关系。

上海合作组织国际观察员为吉尔吉斯国家新闻社、中央电视台举行了新闻发布会，参加了吉尔吉斯外交部为国际观察员举办的圆桌会议。在这些活动中，上海合作组织国际观察员团介绍了上海合作组织的性质、目标和优先任务，以及上海合作组织在一些重要国际问题上的立场。上海合作组织员、国际和本地观察员以及媒体记者观察了投票进程。大家监督了计票工作，了解了选举工作的总结性纪要文书。各选委会的负责人灵活而高效地解决出现的问题，将选票送到病人和年迈人士家里，对一些选民进行了补充登记，等等。

吉尔吉斯共和国议会选举是一种正常的环境下根据本国法律的要求进行的，遵循了必要的民主标准，总体上符合国际公认的准则和吉尔吉斯共和国对国际社会承担的义务。

这次选举是自由的，民主的，透明的，是一个充满竞争而又公平的一次选举。我们没有发现在选举过程中出现足以影响选举结果的严重违法行动。

我们认为，上海合作组织国际观察员团参加吉尔吉斯斯坦议会选举是有益的，也是必要的。

在我们看来，上海合作组织派出国际观察员团扩大了这次选举的国际意义，体现了对上海合作组织成员国的关注和支持，也是在巩固成员国之间的友谊和互信方面迈出的一步。上海合作组织作为一个权威影响力的国际组织对这次选举作出公正的、不带任何偏见的评价，是证明吉尔吉斯斯坦议会选举民主和公平的一重要因素。上海合作组织国际观察员团的参与，从一方面而言为进一步理解吉尔吉斯斯坦国内形势、了解各政党和社会团体纲领提供了机会和可能，从另一方面而言也为介绍上海合作组织的合作项目、了解当地居民对上海合作组织的理解与认识、听取一些独立人士对发展上海合作组织的建议提供了机会。与此同时，我们还有机会了解和研究其他国际观察员团参加选举的工作形式和方法。

上海合作组织观察员团向吉尔吉斯斯坦中央选举委员会递交了观察选举的总结性声明。可以明确地讲，上海合作组织国际观察员团积极有效的工作提供了上海合作组织在巩固本组织范围内的民主制度方面的作用，是对确保本地区的和平与稳定的重要贡献，也有利于进一步提高上海合作组织的国际声望。

3月7日，张德广秘书长在钓鱼台应约会见了辽宁省大连市市长夏德仁一行。库鲁巴耶夫副秘书长等秘书处官员及大连市政府和外办有关领导出席。

夏市长表示，大连作为东北振兴的重要城市愿积极参加上海合作组织经贸、文化、教育等各领域的交流与合作。同时，希望上海合作组织能为大连创造更多的合作机会，包括在大连举办一些上海合作组织的会议和活动，大连将为此提供大力支持和协助。夏市长邀请张秘书长和秘书处官员在适当的时候访问大连，进一步探寻双方开展合作的途径。

张秘书长感谢夏市长的邀请，并简要介绍了上海合作组织在各领域合作的进展情况，表示欢迎大连市积极参与上海合作组织框架内的合作，特别是即将成立的上海合作组织发展基金和实业家委员会的活动。

3月14日，上海合作组织成员国首轮外交部磋商在上海合作组织秘书处举行。

众所周知，2004年6月举行的上海合作组织成员国塔什干峰会曾向亚太地区的国际组织和论坛发出倡议，通过签署相关协议，在对等基础上相互提供观察员地位，逐渐建立多边合作组织的伙伴网络。上海合作组织认为，落实这一倡议可以推动亚太地区形成一个符合联合国宪章和国际法并兼顾各方利益的地区安全与合作体系。

会议期间，哈萨克斯坦、中国、吉尔吉斯斯坦、俄罗斯、塔吉克斯坦和乌兹别克斯坦外交部的有关司局领导就发展和深化上海合作组织框架内的合作及与亚太地区的多边组织开展协作等诸多紧迫问题交换了意见。

3月14日，张德广秘书长接见了与会的各成员国代表团。他指出，这次会议标志着上海合作组织框架内一个新的磋商机制的启动，其宗旨在于扩大和深化本组织成员国之间的相互理解和信任，发展本组织与其他国际组织的政治和经济联系。张秘书长强调，根据2005年2月上海合作组织外长会议的决定，上海合作组织秘书处将与东盟秘书处签署谅解备忘录，并表示，上海合作组织与东盟在经济、安全、交通运输、文化、教育、旅游、体育、环保等方面发展和深化互利合作关系符合本地区的和平、稳定和可持续发展。

3月25日，上海合作组织秘书长张德广就吉尔吉斯斯坦局势回答了《新华社》记者的提问，全文如下：

上海合作组织从一开始就密切关注着吉尔吉斯共和国国内局势的发展。吉尔吉斯斯坦是上海合作组织的成员，对上海合作组织的成立和发展做出了重要贡献，并积极参与本组织框架内的多边合作。

我认为，吉尔吉斯斯坦的和平、安全与政治稳定对中亚及上海合作组织所在的整个地区的稳定都具有极为重要的意义。

我对目前吉尔吉斯斯坦的复杂局势深表关切。现在重要的是，避免局势的发展脱离宪法轨道，以维护社会治安，保障国内和平与和谐。这符合全体吉尔吉斯斯坦人民的利益，也符合希望吉尔吉斯共和国保持稳定和安宁的所有各方的利益。

3月30日~31日，上海合作组织成员国国家协调员理事会例行会议在秘书处举行，六国协调员及秘书长出席。会议在友好、建设性气氛中就筹备7月初阿斯塔纳峰会及组织当前工作等一系列迫切问题交换了意见并达成一致。会议期间，各方还讨论了上海合作组织对外交往、包括利用联合国观察员地位开展活动及与东盟和独联体开展合作等有关事宜。

会议前夕，在秘书处还举行了筹建上海合作组织发展基金和实业家委员会六国专家会议。各方就建立上述两机制的一些原则问题达成诸多共识。

2005年4月7日，在上海合作组织秘书处举办了“笔墨一音韵一友情联谊会”，特邀中国艺术研究院著名艺术家汪易扬先生举办个人书画精品展及其部分原创歌曲作品演唱会。

2005年4月5日~7日，应吉尔吉斯共和国外交部的邀请，并受成员国的委托，上海合作组织秘书长张德广对吉进行了工作访问。访问期间，张德广会见了吉代总统兼总理巴基耶夫、议长捷克巴耶夫、代外长奥通巴耶娃、贸工部长穆拉利耶夫、国家安全局局长艾特巴耶夫，就进一步加强上海合作组织框架内各个领域的合作及吉当前局势深入交换了意见。

巴基耶夫对张秘书长率团来访表示欢迎，指出吉新政府将继续全面参加上海合作组织框架内的所有合作。巴基耶夫说，在2001~2002年担任总理期间他曾亲自参与上海合作组织的创建工作。巴基耶夫积极评价上海合作组织的宗旨和任务，认为上海合作组织是一个重要的区域合作机制，吉方将全面履行在该组织框架内承担的义务，认真执行签署的各项协议。对吉方在2005年2月经贸部门领导人会议上提出的有关水电、交通等领域的具体项目各方正在研究。张德广介绍了2005年上海合作组织阿斯塔纳元首会晤的准备工作进展情况，巴基耶夫表示吉方将积极参与这一进程。

张德广指出，上海合作组织的国际地位正在日益巩固，已取得联合国大会观察员地位，同联合国下属机构及一些国际金融机构建立了合作关系，不久本组织秘书处将与东盟秘书处签署相互合作谅解备忘录，一些国家正式申请上海合作组织观察员地位。本组织将继续奉行开放政策，在平等互利的基础上同其他国家和国际组织开展交往与合作。

张德广表示，上海合作组织所有成员国真诚希望吉尔吉斯斯坦和平稳定，人民幸福，经济发展，国际地位不断提高。

捷克巴耶夫议长表示，目前吉国内局势正逐步纳入宪法轨道，吉将努力确保2005年6月的总统大选公开、公正进行。吉现行外交政策不会改变。吉高度评价张秘书长来访，认为这表明上海合作组织希望看到吉稳定、发展。张德广说，上海合作组织成员国密切关注吉国内局势，希望吉局势尽快稳定下来。我们注意到，目前吉局势正逐步趋向正常。张秘书长指出，建立成员国议会间交往机制、加强各项合作的法律基础对本组织具有重要意义。

奥通巴耶娃代外长对张秘书长来访表示欢迎，对在比什凯克见到老朋友感到高兴，并愉快地回忆起1996年与张德广共同参与“上海五国”第一次元首会晤的具体工作情景。她说，吉是上海合作组织的创始国之一，今后仍将积极参与本组织框架内的一切活动，进一步推动政治、安全、经贸、人文等领域的合作，使合作取得具体成果。吉非常重视开展旅游合作，这对促进人民间的交往、带动经济发展具有重要意义。同时，我们要充分利用各成员国的人才资源，建立为组织的长远发展提供思想的智库。

在会见穆拉利耶夫、艾特巴耶夫时，双方分别就加强经贸领域的合作及维护地区安全与稳定交换了看法。

2005 年 4 月 12 日，上海合作组织秘书长张德广在秘书处会见了独联体执行委员会主席鲁沙伊洛一行。双方在亲切友好的气氛中就开展上海合作组织与独联体之间的交往及中亚地区形势等有关问题交换了意见。会见结束时，双方签署了《上海合作组织秘书处与独立国家联合体执行委员会谅解备忘录》。该文件规定了两组织常设机构之间在反恐、经贸、人文等领域进行合作的有关具体事宜，其中包括举行有关磋商、交换信息以及相互参加对方活动等。

2005 年 4 月 15 日 ~16 日，上海合作组织成员国大使俱乐部活动在北京著名风景区“天下第一城”举行。此次活动由东道主中方国家协调员、中国外交部部长助理李辉做东主办，哈萨克斯坦、吉尔吉斯斯坦、塔吉克斯坦、乌兹别克斯坦四国大使和张德广秘书长及俄罗斯派驻秘书处代表罗格维诺夫等应邀参加。

在上海合作组织轮值主席国、哈萨斯坦驻华大使卡里布让诺夫的主持下，成员国使节及秘书长举行了工作会议。各方在坦诚友好的气氛中就组织当前工作、特别是筹备 7 月阿斯塔纳峰会等相关问题深入交换了意见。

2005 年 4 月 18 日下午，张德广秘书长在秘书处应约会见了来华访问的蒙古国副外长巴特图尔及其一行，纳雷索夫、库鲁巴耶夫副秘书长、杜伟秘书长助理等出席。

巴特图尔副外长表示，蒙古政府十分重视上海合作组织，认为其国际威望正在日益上升，蒙古愿意积极参与上海合作组织框架内的各项合作、特别是区域经济一体化进程，以及反恐、反毒合作。此外，蒙古方面对参加上海合作组织就重大国际和地区问题举行的外交磋商也十分感兴趣。

张德广秘书长欢迎巴特图尔副外长访问秘书处，高度评价蒙方参与上海合作组织活动的真诚愿望和积极态度。他向客人详细介绍了组织 2005 年有关活动计划、特别是 7 月初阿斯塔纳峰会的筹备情况，强双方合作事宜进一步交换意见。秘书长对此表示感谢并愉快地接受了邀请。

4 月 21 日，上海合作组织秘书长张德广与东盟秘书长王景荣在雅加达东盟总部举行了会谈。

张德广此次雅加达之行应东盟秘书处邀请并受上海合作组织成员国委托。这已不是上海合作组织与东盟这两个重要的区域国际组织领导人的首次晤面。早在 2004 年 4 月，双方就已经在上海开始了工作接触。随后 2004 年 7 月，张德广与王景荣在北京上海合作组织秘书处的会见又为促进两个组织之间的关系注入了新的动力。

上海合作组织及东盟成员国相互毗邻，在亚太地区存在着共同的利益。双方都关心并致力于巩固该地区的和平与稳定，开展彼此之间在经济、交通、文化、旅游等领域的互利合作。

在会谈中，张德广强调指出，上海合作组织已经进入了一个新的发展阶段。2005 年，上海合作组织将举行一系列重要活动，特别是 7 月初将在阿斯塔纳举行本组织成员国峰会。这次会议将通过一系列重大决定。目前各方正在抓紧落实经贸和文教领域的有关合作计划，同时筹备建立上海合作组织论坛，为组织发展提供思想和智力支持。

张德广秘书长指出，上海合作组织的国际威望正在日益提高，已经成为联合国的观察员，并与联合国亚太经社理事会等机构建立了联系。不久前，上海合作组织秘书处与独联体执委会在北京签署了谅解备忘录。此外，许多重要的国家申请成为上海合作组织的观察员。

王景荣秘书长通报了东盟在深化本组织成员国合作方面所采取的努力，并应询着重介绍了东盟在经济、财政、教育和科技领域的合作方式和机制设置等情况。王景荣表示，东盟愿意与上海合作组织继续开展互利合作，包括相互交换信息和举行有关专家磋商。

会谈结束时，双方签署了上海合作组织秘书

处与东盟秘书处谅解备忘录。该文件规定了双方合作的基本方向和领域，包括经济、财政、旅游、环保、自然资源利用、社会发展、能源、打击跨国犯罪等。

上海合作组织与东盟秘书长各自指定了负责与对方保持经常联系的官员，并商定双方将通过磋商研究制订相互合作的具体方式和机制安排。

双方表示相信，在全球化时代，上述合作文件的签署对扩大和加深上海合作组织与东盟的互利合作开辟了新的前景。

2005 年 5 月 11 日下午，张德广秘书长在秘书处应约会见了巴基斯坦新任驻华大使巴希尔。张秘书长向客人介绍了上海合作组织的有关情况，赞赏巴基斯坦参与上海合作组织合作进程的积极愿望。巴希尔大使表示，巴方高度重视上海合作组织，迫切希望能够早日成为该组织的观察员，乃至正式成员。巴希尔大使介绍了南亚区域合作进展情况，表示希望上海合作组织与南亚国家联盟建立联系。巴希尔大使最后邀请张秘书长访问巴基斯坦，张秘书长对此表示感谢。

2005 年 5 月 12 日上午，张德广秘书长在秘书处会见了应邀来华访问的吉尔吉斯斯坦代理外长奥通巴耶娃及其一行，吉驻华大使及秘书处主要官员参加了会见。

张德广秘书长代表秘书处全体人员对奥通巴耶娃外长的来访表示热烈欢迎，并祝贺她成功访华。张德广秘书长积极评价吉现政府奉行的友好务实的地区外交政策，高度赞赏吉方重申忠实于上海合作组织的原则立场，认为吉方的上述立场对维护本地区的政治和安全形势稳定具有重要意义。他表示相信，吉方作为上海合作组织创始成员国，将会继续一如既往地为推动上海合作组织发展做出自己不懈的努力和贡献。

奥通巴耶娃外长表示很高兴来到秘书处访问，对在秘书处受到的热情接待“深表感动”。奥通巴耶娃外长赞扬了近年来上海合作组织在开展内部合作和对外交往方面所取得的成就，称吉对此“深感骄傲”。她重申，吉方将继续恪守上海合作组织框架内签署的所有协议，继续全面参与上海合作组织框架内的各项合作，为不断增强上海合作组织的活力，提高组织的国际威望而竭诚努力。

会见中，张德广秘书长向奥通巴耶娃外长通报了组织目前各领域合作的进展情况。奥通巴耶娃外长也介绍了吉目前国内的局势。双方重点就筹备 7 月初阿斯塔纳峰会有关问题交换了意见，并表示相信，这次峰会一定会取得丰硕成果，将上海合作组织各领域的合作推向一个新的阶段。会见结束后双方接受了中央电视台记者采访。

2005 年 5 月 16 日下午，张德广秘书长在秘书处会见了访华的乌兹别克斯坦政府第一副总理兼经济部长阿济莫夫。乌驻华大使尤素波夫、乌副外长马乌良诺夫等及秘书处有关官员出席会见。

张德广秘书长欢迎阿济莫夫副总理的到访，并祝贺他访华成功。张秘书长高度评价乌方 2004 年作为轮值主席国在推动组织务实合作及成功举办塔什干峰会等方面所做出的重要贡献，表示秘书处将继续与乌方保持密切合作，共同推动上海合作组织事业不断深入向前发展。

阿济莫夫副总理表示，此次造访秘书处是为了体现乌方对上海合作组织的高度重视。他赞扬张德广秘书长上任以来在推动组织务实合作、开展对外交往等方面做出的努力和取得的成果，表示乌方愿意看到上海合作组织事业蒸蒸日上，国际威望不断提高。

阿济莫夫副总理通报了目前在乌安集延市发生的骚乱的有关情况，指出，这是极端分子策划煽动的一场暴乱，目的是搞乱乌兹别克斯坦及整个中亚地区。乌人民对此是谴责的，这也是乌政府能够迅速平息骚乱的重要原因。目前安集延市的局势已基本恢复正常。

张德广秘书长表示，5 月 12 日 ~13 日，在乌兹别克斯坦安集延市发生了骚乱事件，造成人员伤亡。我们注意到乌兹别克斯坦政府为维护法制和稳定所做的相应努力。目前，安集延市局势正逐步恢复稳定。本组织成员国将加强合作，维护和保障地区和平与稳定。

会见中，张德广秘书长还向客人介绍了目前筹备 7 月初阿斯塔纳峰会有关工作的进展情况。

2005年5月16日，上海合作组织成员国首期电信专家培训班在深圳中兴公司通讯学院开学，受张德广秘书长委托，库鲁巴耶夫副秘书长出席了开学典礼。

该培训项目是由上海合作组织秘书处倡议发起，旨在促进本组织成员国间电信领域的交流与合作，共同发展电信事业。首期培训有来自哈萨克斯坦共和国、吉尔吉斯共和国、塔吉克斯坦共和国、乌兹别克斯坦共和国和上海合作组织观察员蒙古国的16名电信专家参加。培训班时间为两周，目标是提高学员的管理能力和技术水平。

2005年5月23日下午，张德广秘书长应约会见了访华的立陶宛共和国外交部副国务秘书萨库利斯一行，立驻华大使等官员在座。秘书长应询向客人介绍了上海合作组织机制运转及有关合作进展情况。会见期间，双方还就其他共同感兴趣的问题交换了意见。

5月21日至23日，应蒙古国政府邀请，上海合作组织秘书处国际观察员团观察了蒙古国总统大选的选举过程。代表团由主管政治事务的副秘书长纳雷索夫率领。在蒙期间，上海合作组织观察员团访问了乌兰巴托和蒙古中央省8个选区的13个小选区。这些选区在5月22日的投票工作组织良好，气氛平静，选民投票积极，没有发现投票过程有什么违规现象。总体上看，此次蒙古国总统选举是具有合法性的、自由透明的一次选举，符合蒙古国国内相关法律。

上海合作组织秘书处对蒙古国中央选举委员会、外交部和其他官方机构、蒙古国各政党竞选总部领导、新闻媒体和一些蒙古国公民向上海合作组织国际观察员团所提供的协助表示感谢。

2005年5月24日下午，上海合作组织成员国儿童画展新闻发布会在秘书处举行，张德广秘书长等秘书处官员、东道国中方有关协办单位代表及媒体记者出席。发布会由扎哈罗夫副秘书长主持。

张德广秘书长在致词中表示，“尊重多样文明”是“上海精神”的一条重要原则。上海合作组织秘书处积极参与这次儿童画展的组织筹办，目的就是希望通过这次活动，展示上海合作组织成员国丰富多彩的文化，宣传上海合作组织的人文思想和价值观念，同时向世人传递六国儿童和人民对和平幸福生活的美好期盼。

这次活动由上海合作组织秘书处、中国美术家协会和中国美术馆三家联合主办，俄中经济贸易合作中心、中国石油天然气集团公司和俄罗斯航空公司提供了赞助。正式画展于5月29日～6月4日在中国美术馆举行。展出各成员国儿童绘制的1500多幅作品。

5月25日，上海合作组织秘书长张德广会见了从汉城回国途中北京作短暂停留的塔吉克斯坦共和国总统拉赫莫诺夫。

双方就上海合作组织成员国阿斯塔纳元首峰会筹备工作以及中亚地区形势深入交换了意见。

2005年5月26日上午，来华访问的乌兹别克斯坦共和国总统卡里莫夫在钓鱼台国宾馆会见了张德广秘书长。乌第一副总理兼经济部长阿济莫夫、副总理兼外长卡尼耶夫及乌驻华大使等出席。

张德广秘书长首先祝贺卡里莫夫总统访华取得成功。他高度评价乌兹别克斯坦作为上海合作组织创始国在组织发展建设进程中所发挥的重要作用，特别赞扬乌方2004年出任组织轮值主席国期间在出色筹办塔什干峰会、推动组织开展全面务实合作等方面做出的积极贡献。张德广秘书长向卡里莫夫总统通报了2005年7月初在哈萨克斯坦首都阿斯塔纳举行的上海合作组织成员国元首会议的有关筹备情况，表示将与乌方等各成员国一道密切协作，共同努力，确保阿斯塔纳峰会取得圆满成功。

卡里莫夫总统积极评价他此次访华取得的丰硕成果，特别指出两国友好合作伙伴关系条约的签署对推动中乌关系进一步发展的重大意义。卡里莫夫总统表示，乌方高度重视上海合作组织，支持张德广秘书长及秘书处本着务实高效的方针积极开展工作，希望看到上海合作组织事业不断发展壮大。他指出，距离2005年阿斯塔纳峰会还剩下一个多月的时间，各方应抓紧进行会议的各项筹备工作，以确保峰会取得预期成果。

会见中，双方还就中亚地区形势等问题深入交换了意见。会见结束后，张德广秘书长接受了乌通社和乌电视台记者的采访。

5月29日，题为“孩子们画笔下的民间故事”的上海合作组织6国儿童画展开幕式在中国美术馆举行。上海合作组织秘书长张德广、中国外交部部长助理李辉、俄罗斯普希金造型艺术博物馆儿童中心主任扎哈罗娃发表欢迎辞。

5 000多名儿童和几百位老师参与了此次画展的筹备工作。此次展览展出的作品约为2000件。

塔吉克斯坦驻华大使阿布杜拉耶夫、乌兹别克斯坦驻华大使尤素波夫、俄罗斯驻华使馆临时代办冈察洛夫以及上海合作组织成员国常驻秘书处代表出席了开幕式。

2005年5月30日，上海合作组织成员国电信专家培训班在北京圆满结业。张德广秘书长、中国信息产业部奚国华副部长、中兴公司周苏苏副总裁、外交部、商务部的代表、成员国驻华使节以及来自成员国和观察员蒙古国的16名学员出席了毕业典礼。

电信领域是上海合作组织经贸合作的一个优先方向。举办本期培训班是上海合作组织在电信领域的第一个合作项目，是一次很好的尝试。通过培训和交流，学员们对当前通讯领域的新技术、新业务有了进一步了解，在掌握和运用电信高新技术和提高管理水平方面都得到了很多宝贵的收获，达到了预期目的，为今后进一步促进和深化这一领域的合作提供了有益的启示。

2005年6月2日在阿斯塔纳举行了上海合作组织成员国安全会议秘书例行会议，会议由哈萨克斯坦主持。哈萨克斯坦共和国安全会议秘书乌捷穆拉托夫、中华人民共和国国务委员周永康、吉尔吉斯共和国安全会议秘书尼亚佐夫、俄罗斯联邦安全会议秘书伊万诺夫、塔吉克斯坦共和国安全会议秘书阿齐莫夫、乌兹别克斯坦共和国总统国家安全会议秘书米尔扎耶夫出席。

与会各方广泛讨论了上海合作组织活动问题，并着重研究了如何加强本组织应对上海合作组织成员国安全和稳定所面临的挑战与威胁的能力问题。在就中亚局势交换看法时，各方对恐怖主义、分裂主义和极端主义分子加紧渗透表示关注。这些势力的目的是破坏本地区国家的稳定并将本地区变为国际紧张局势的新热点。

与会者一致表示，本组织成员国将共同努力加强同这些威胁的斗争。各方确定了旨在提高维护稳定和安全领域合作效率的具体措施，其中包括举行联合反恐演习、培训专家，就打击“三股势力”交流经验。

各方决定加快制定成员国共同打击的恐怖组织和恐怖分子名单。

各方讨论了在打击非法贩运毒品、武器及武器装备、爆炸品及雇佣兵活动领域加快落实各方所达成协议的措施。

各方听取了塔吉克斯坦关于落实《上海合作组织成员国关于合作打击非法贩运麻醉药品、精神药物及其前体的协议》综合情况的通报和哈萨克斯坦就本国落实该协议情况的发言。

各方强调，2005年7月5日在阿斯塔纳举行的本组织成员国元首理事会会议，对进一步扩大本组织框架内多领域合作，积极发展本组织同其他国际组织和国家的交往，具有重要作用。

会议在建设性气氛中举行，各方在审议所有问题时表现出相互理解。

2005年6月4日，上海合作组织成员国外长例行会议在哈萨克斯坦首都阿斯塔纳举行。哈萨克斯坦共和国外交部长托卡耶夫、中华人民共和国外交部长李肇星、吉尔吉斯共和国外交部副部长萨尔巴耶夫、俄罗斯联邦外交部长拉夫罗夫、塔吉克斯坦共和国外交部长纳扎罗夫、乌兹别克斯坦共和国外交部第一副部长涅马托夫与会。上海合作组织秘书长张德广、上海合作组织地区反恐怖机构主任卡西莫夫出席了会议，蒙古外长蒙赫奥尔吉勒作为观察员列席。

哈方主持会议。

外长们在建设性和友好的气氛中，为准备2005年7月初召开的本组织成员国元首理事会阿斯塔纳会议，围绕深化合作等一系列迫切问题，及一些国际和地区问题交换了意见。

外长们指出，2004 年 6 月上海合作组织塔什干峰会召开一年来，各方在进一步巩固本组织、扩大政治、经济和人文领域务实合作、应对地区安全和稳定面临的挑战与威胁方面做了大量卓有成效的工作。即将举行的峰会将为这一工作赋予新的活力。

上海合作组织成员国决定加强合作，共同应对恐怖主义、分裂主义和极端主义势力破坏中亚地区局势稳定的阴谋。

外长们指出，上海合作组织代表以观察员身份参与成员国总统和议会选举，是本组织活动新的重要方面。外长们商定，本组织秘书处将在近期内准备好规范组织框架内上述工作的专门文件。

外长们指出，本组织国际交往日趋活跃，强调与联合国开展合作，落实不久前签署的本组织与东盟、独联体谅解备忘录十分重要。

外长们重申上海合作组织的开放性，对巴基斯坦、伊朗和印度获得本组织观察员地位的愿望表示欢迎。

外长们表示支持对联合国进行合理、必要的改革，以提高其效率，维护其权威。重申进行改革时重要的是遵守最广泛的协商一致，不应强行为改革设定时限及就尚有重大分歧的方案进行表决。

在讨论一系列迫切的国际问题时，外长们强调，本组织始终支持推动多极化，建立公正合理的国际秩序。这一秩序应建立在以下原则基础上：国家之间主权平等、相互尊重、尊重各国的历史、文化、传统及各国人民选择本国发展道路的权利。

2005 年 6 月 15 日，上海合作组织秘书长张德广在秘书处举行招待会，隆重庆祝上海合作组织成立四周年暨“上海合作组织日”。东道国中国外长李肇星、外交部长助理、中方国家协调员李辉和成员国驻华大使应邀出席。出席招待会的还有来上海合作组织观察员国和独联体国家的驻华大使，联合国、欧盟、东盟等有关国际组织的驻华使节或代表，以及东道国有关部委官员及社会各界人士共计 150 人。

张德广秘书长在致辞中感谢各位嘉宾应邀出席庆祝活动，感谢成员国外长发来的热情洋溢的贺电。张德广回顾了上海合作组织成立四年来走过的不平凡道路，指出，四年来的经历向世人证明，上海合作组织是有生命力的，也是有发展前途的。最根本原因在于它的宗旨和原则符合时代潮流，得到越来越多国家的认同和欢迎。

李肇星外长在致辞中高度评价上海合作组织成立以来取得的成果和展现出来的勃勃生机。他说，上海合作组织的建立和发展，顺应了成员国人民谋求和平与稳定，实现发展与繁荣的共同需要，具有强大的生命力。李外长坚信，在“上海精神”的指引下，经过成员国的共同努力，上海合作组织将战胜种种困难和挑战，取得更大的成功。李外长最后表示，上海合作组织是中国对外政策的重要环节。中国将一如既往地高度重视和积极推动上海合作组织向前发展。

上海合作组织轮值主席国、哈萨克斯坦驻华大使卡里布扎诺夫在讲话中指出，上海合作组织虽然年轻，但已经成为地区和国际政治中的一个重要因素。不久前纳扎尔巴耶夫总统在哈萨克斯坦外交部部务会议上指出，发展上海合作组织是哈外交工作最重要的优先方向之一。他表示相信，即将举行的阿斯塔纳峰会一定会取得圆满成功，有力地推动上海合作组织的发展。

招待会上，宾主频频举杯，共同祝愿上海合作组织拥有更加美好的明天。招待会始终洋溢着热烈友好的气氛。招待会前夕，张德广秘书长接受了媒体的采访。

2005 年 6 月 15 日，张德广秘书长在接受中央电视台、《新华社》、《南华早报》、《俄新社》和《哈通社》记者联合采访时，就中亚地区形势有关的问题发表了以下看法：

如何看待乌兹别克斯坦和吉尔吉斯斯坦最近发生的事态，这是当前国际社会普遍关注的问题。首先我想在这里强调一点，上海合作组织尊重成员国主权，不干涉成员国的内政。上海合作组织的目的在于促进这一地区的稳定与安全。

现在，在国际上有这样一种意见，认为在中亚地区要开展“颜色革命”。我个人认为，中亚国家独立以来，在政治、经济改革和社会转型方面都取得了很多成就，有些国家的经济甚至已步入快速增长轨道，这一点必须予以肯定。

目前中亚的总体形势基本上是稳定的，这样一个估计很重要。不能因为发生一些事情和吉尔吉斯出现了政权更替，就下结论说，中亚的形势进入动荡时期了。我不认为中亚形势已处于动乱之中。我深信这一点。

中亚地区有没有不稳定的因素呢？有。有没有威胁和平与安全的因素呢？有。但是，应十分明确地看到，威胁主要来自恐怖主义、分离主义和极端主义势力。这三股恶势力仍然是中亚地区最大的不稳定因素。对此，我们必须保持高度的警惕和清醒的认识。

当然，十多年来，这一地区在经济和社会政治进程中也出现了一些问题或困难。但解决这些问题应该在法制的轨道上进行，而不能打破稳定，搞乱中亚。否则，既无助于解决问题，也不能达到社会进步、经济发展的目标。尤其要高度警惕极端势力和恐怖主义分子可能利用混乱的局势混水摸鱼。不能削弱中亚反恐斗争中的国际团结，不能模糊反恐这样一个主题，不能撤销在中亚反恐这样一个重要的任务。

至于说到民主，我想，在中亚，民主也是处于一个不断进步的过程当中。一个国家实现民主，脱离不了这个国家历史、政治、经济的发展进程，不可能在每个国家实现千篇一律、一概而论的民主模式、民主程度和民主形式。为什么？因为每个国家都有自己的历史和文化传统，处于不同的发展阶段和水平。说到底民主是一个国家政治、经济、历史、文化发展的产物，是一个过程。人为地去加速，搞揠苗助长，人为地去干预，甚至不惜鼓吹动乱，其结果肯定事与愿违，不仅不会给中亚带来民主和进步，反而会打乱中亚正常的社会政治进程。这对中亚地区各国人民是有害的，对地区的和平也是有害的。所以，应该正确地评价中亚地区形势，采取正确而明智的态度。在中亚，保持和平与稳定是大局，毁掉这个大局什么好事也做不成！国际社会应多做有利于维护中亚和平、稳定、安宁的事情，多做有利于保障中亚在稳定中不断取得进步的事情，特别是在打击恐怖主义、分裂主义和极端势力方面多做贡献。

至于说中亚形势的变化对上海合作组织有什么影响，这也是一个各方关心的问题。3月24日吉尔吉斯政权更迭后一个星期，我到达比什凯克，会见了吉代理总统、议长和代理外长，并与吉社会各界进行了广泛接触。吉方新领导人明确向我表示，吉尔吉斯高度珍视上海合作组织，完全忠实于上海合作组织框架内达成的各项协议和承担的各项义务，将继续全面参与上海合作组织事务。事实上也是如此。我们注意到，吉尔吉斯新领导人是这么说的，也是这么做的，他们对上海合作组织的态度没有消极的变化。如果说到中亚发生的事件对上海合作组织有什么影响，那就是使成员国更加深切地认识到，上海合作组织应在维护地区安全和稳定，促进成员国经济共同发展方面做更多的事情，上海合作组织的任务更加繁重了。

当然，如果中亚地区形势严重恶化，发生大规模的动乱，无疑将会影响上海合作组织合作的有效性。比如交通运输合作，如果动乱了，出现打砸抢，恐怖主义势力盘据，安全没有了，稳定被打破了，那么合作就很难搞下去。我真诚希望这样的形势不会发生，为此，我们必须始终保持高度警惕。我相信，只要我们加强团结，共同努力，中亚地区能够在保持总体和平、安全与稳定的条件下逐步解决前进道路上碰到的问题，不断实现新的社会经济进步。

2005年6月17日下午，张德广秘书长在秘书处会见了来华访问的乌兹别克斯坦议会上院外委会主席萨法耶夫一行。秘书处及乌驻华使馆有关官员出席。

张德广秘书长热情欢迎萨法耶夫先生的到访，祝贺不久前乌总统成功访华。萨法耶夫先生表示感谢。他高度评价上海合作组织成立以来所取得的成果，称上海合作组织已经成为为数不多的有吸引力的国际组织之一。

双方就乌国内局势及中亚形势交换了意见。张德广指出，上海合作组织奉行不干涉内政原则，也反对来自其他方面的对本组织成员国的干涉。相信乌方有能力独立自主地妥善解决自己的内部问题。萨法耶夫强调指出，在目前的中亚形势下，必须进一步加强上海合作组织的团结协作，加快发展壮大上海合作组织。

会见中，张德广还应约向客人通报了阿斯塔纳峰会的筹备情况。

2005年7月1日上午，张德广秘书长在秘书处举行记者招待会，来自成员国及美联社、路透社、合众社、日本经济新闻、日本广播协会、印度报业托拉斯、伊斯兰共和国通讯社等30多家媒体记者出席。印度、韩国、罗马尼亚等国的驻华使馆外交官也出席旁听。在一个多小时的记者招待会中，张德广秘书长就即将举行的上海合作组织成员国阿斯塔纳峰会、上海合作组织在安全和经贸等领域的合作、中亚地区形势以及印度、巴基斯坦、伊朗申请观察员地位等有关问题问答了记者的提问。

这是半个月之内张德广秘书长举行的第二次记者招待会。此前6月15日，上海合作组织成立四周年之际，张秘书长曾在秘书处举行了主要面向成员国媒体的记者招待会。

7月7日，在伦敦发生连环恐怖爆炸袭击事件，造成重大人员伤亡，我国对此表示强烈谴责，并对罹难者表示深切哀悼。

伦敦连环爆炸案连同不久前在中亚发生的恐怖暴力事件再次表明，恐怖主义是当代国际社会面临的共同威胁和严峻挑战。

上海合作组织愿与国际社会加强团结，共同致力于打击恐怖主义、分裂主义和极端主义的斗争，维护地区和世界的和平、安全与稳定。

2005年7月11日，上海合作组织国际观察员团团长、负责政治事务的副秘书长纳雷索夫在比什凯克接受了《卡巴尔》新闻社的采访。他表示，吉尔吉斯共和国总统选举全过程公开、自由、组织有序，上海合作组织国际观察员看到，选民们投票积极性很高，整个选举系统取得了很大的进步。

纳雷索夫表示，上海合作组织国际观察员在比什凯克市和楚河州40多个选区观察了选举的筹备与进行，没有发现向选民施压、要其投某一候选人票的情况。

纳雷索夫强调，筹备总统选举是一个复杂的过程，“选举的筹备与进行当中，我们看到了一些不足与欠缺，但这些问题主要是技术性的，没有对投票结果造成决定性的影响。”

纳雷索夫最后表示，吉尔吉斯总统大选完全符合吉尔吉斯国内法律及其承担的国际义务。

纳雷索夫还回答了当地和外国媒体提出的问题。

上海合作组织国际观察员团是7月5日应吉尔吉斯斯坦外交部的邀请开始在吉尔吉斯工作的。

7月11日，纳雷索夫副秘书长与奥通巴耶娃代外长举行了会见。双方讨论了上海合作组织国际观察员团的工作及双方感兴趣的其他问题。

7月22日，张德广秘书长应约在秘书处会见了乌克兰国家安全与国防会议秘书波罗申科一行，双方就共同感兴趣的问题交换了意见。

波罗申科表示很高兴有机会访问上海合作组织总部。他说，上海合作组织作为年轻的国际地区组织，在较短时间内站住脚，并保持良好积极发展势头，在维护地区安全、促进经济合作方面发挥着重要作用。乌作为上合组织成员国友好国家，愿同该组织建立联系，开展互利合作。

张秘书长向客人介绍了秘书处构成和主要职能、2005年阿斯塔纳峰会的主要成果。张秘书长指出，上海合作组织经过四年的发展，已进入在各具体领域开展务实合作的新阶段，目前正沿着正确的道路坚定地向前发展，国际地位和影响日益扩大。本组织奉行对外开放政策，愿同所有国家或组织建立联系，发展互利合作。

2005年7月26日，张德广秘书长应约在秘书处会见了哈萨克斯坦祖国党代主席茹马古洛夫一行。

张秘书长简要介绍了本组织目前工作情况及阿斯塔纳峰会成果。张秘书长说，上海合作组织已进入在各具体领域开展务实合作的新阶段，沿着正确的道路不断向前发展和巩固。阿斯塔纳峰会上与会各国元首讨论了地区形势的最新变化，对此作出相应的反应，并就深化组织框架内的合作通过了一系列重要决定和指示，会议成果必将进一步推动本组织合作取得更大成就。

茹马古洛夫表示很高兴访问上合组织秘书处并对张秘书长拨冗会见表示感谢。他说，上海合作组织正在积极向前发展，合作领域不断扩大，国际地位日益提高，引起世界广泛关注。上合组织站住脚，并日益巩固，已成为地区和平与安全的重要保障。他建议加强对上合组织的理论研究，研究上合组织的成功经验、合作现状、未来发展前景等。哈祖国党愿为此作出努力。

7月29日，吉尔吉斯斯坦新当选总统巴基耶夫致函张德广秘书长，就张秘书长此前祝贺其当选总统一事表示感谢。巴表示相信，在上海合作组织框架内所开展的积极合作必将进一步巩固和加强，造福成员国人民。

应吉方邀请，张秘书长将出席定于8月14日举行的吉新总统就职典礼。

2005年8月10日上午，张德广秘书长在秘书处应约会见了由美国会参、众两院共和与民主两党议员助手组成的代表团。张秘书长向客人们介绍了上海合作组织的有关情况并回答了对方感兴趣的问题。

2005年8月12日~15日，上海合作组织秘书长张德广为出席巴基耶夫总统就职仪式对吉尔吉斯共和国进行了工作访问。

访吉期间，张德广秘书长出席了8月14日举行的巴基耶夫总统就职仪式，并进行了一系列会见。

8月14日，巴基耶夫总统会见了张德广秘书长。张德广秘书长代表上海合作组织并以个人名义，对巴基耶夫总统就任吉尔吉斯共和国元首这一崇高而责任重大的职务表示祝贺，并祝愿他在推动吉发展繁荣的事业中取得巨大成就，以造福吉尔吉斯斯坦人民，并促进本地区的安全与稳定。

巴基耶夫总统感谢张德广秘书长代表上海合作组织出席其就职仪式，称这是对吉尔吉斯共和国的巨大支持。

巴基耶夫总统表示希望，上海合作组织框架内富有成效的合作将会带来更多实实在在的成果，特别是在经济合作方面。巴基耶夫总统请张秘书长相信，吉尔吉斯斯坦今后将会继续积极参与上海合作组织的一切活动。

8月13日，张德广秘书长会见了吉尔吉斯斯坦第一副总理库洛夫。张秘书长介绍了上海合作组织的活动情况和年内将举行的各项会议。

8月12日，张德广秘书长会见了吉尔吉斯斯坦代理经济、工业和贸易部长穆拉利耶夫，双方讨论了日前在上海合作组织秘书处结束的三个经济合作会议的成果、以及成员国经贸部长杜尚别会议和成员国政府总理莫斯科会议的筹备工作情况。此外，双方还就吉尔吉斯斯坦参与上海合作组织经济合作的有关问题交换了意见。

8月13日，张德广秘书长会见了吉尔吉斯斯坦代外长奥冬巴耶娃。奥冬巴耶娃外长高度评价上海合作组织对吉尔吉斯斯坦国内政治改革进程的支持。双方就上海合作组织有关事宜交换了意见。

2005年8月29日~30日，上海合作组织成员国国家协调员理事会会议在秘书处举行，六国协调员及副秘书长纳雷索夫率团出席。会议由主席国中方协调员、外交部部长助理李辉主持。会议讨论了六国政府首脑10月莫斯科会议议题、落实阿斯塔纳峰会指示计划纲要，以及组织当前工作的有关迫切问题。张德广秘书长宴请了各国协调员。

2005年9月6日下午，“欧亚经济论坛”新闻发布会在西安市举行，张德广秘书长出席并讲话。他说，上海合作组织各成员国积极支持举办这次论坛活动，认为此举将有利于推动上海合作组织所在地区的务实经贸合作，探讨多边和双边相补充、政府和企业相结合的合作模式。秘书长对各方、特别是东道主西安市政府为论坛的成功所做的大量准备工作表示感谢，并回答了记者的有关提问。

出席发布会的还有塔吉克斯坦驻华大使、其他成员国驻华使馆外交官，中国开发银行、陕西省和西安市的有关负责人，以及媒体代表共计100余人。

2005年9月26日下午，张德广秘书长应邀赴沪出席了由上海社会科学院“上海合作组织研究中心”等学术单位联合举办的“中亚新形势与上海合作组织”国际研讨会。张德广秘书长在会议开幕式上发表主题演讲，阐述了对中亚形势及上海合作组织的基本评价和看法。

2005年10月9日，张德广秘书长就南亚发生强烈地震分别向巴基斯坦和印度外长发电慰问。电文中说，日前在南亚发生强烈地震，造成重大人员伤亡，我谨代表上海合作组织并以我个人的名义向巴印两国政府和人民，以及死难者家属和亲人表示诚挚哀悼。上海合作组织将在提供紧急救援和消除灾难后果方面进一步加强合作。

2005年10月13日上午，上海合作组织秘书长张德广在副秘书长谢·纳雷索夫等陪同下前往巴基斯坦驻华使馆，就巴蒙受地震灾难事向巴希尔大使表示哀悼并在吊唁簿上留言。秘书长向巴希尔大使表示，上海合作组织准备与巴方开展合作。目前，上海合作组织成员国正在向巴方提供物质援助，以消除地震灾害的后果。巴希尔大使感谢秘书长前来吊唁，感谢上海合作组织在巴经受困难的时刻提供的支持。

2005年10月14日，张德广秘书长致函俄外长拉夫罗夫，对日前俄罗斯卡巴尔达—巴尔卡尔自治共和国首府纳尔奇克市发生的恐怖分子袭击强力机关事件予以坚决谴责，并对遇难执法人员和平民表示哀悼，向其亲人和受伤人员致以慰问。

2005年10月17日上午，张德广秘书长接见了美国务院负责高加索及中亚事务办公室主任约翰·福克斯，美驻华使馆公使衔参赞席天佑等外交官陪同出席。双方就上海合作组织、中亚形势等共同关心的问题交换了意见。

2005年10月17日，张德广秘书长应约与欧盟驻华代表团副团长叶森先生共进工作晚餐，欧盟驻华代表团柯华宁参赞等官员陪同出席。双方就上海合作组织与欧盟开展交流合作等问题交换了意见。

2005年10月18日，哈萨克斯坦外长托卡耶夫主持召开了哈上海合作组织内部协调工作组例会。会议讨论了今年7月举行的阿斯塔纳峰会，以及多边经济合作纲要实施计划、筹建发展基金、实业家委员会和银行联合体体等项目的进展情况。托卡耶夫外长在会上指出，上海合作组织在哈外交中占有优先地位。他要求与会各部门对会议审议的相关问题予以高度重视。

2005年10月20日，上海合作组织成员国汉语培训班在中国西北大学（西安市）礼堂举行开学典礼，来自哈萨克斯坦、吉尔吉斯斯坦、塔吉克斯坦、乌兹别克斯坦的12名学员及陕西省、西安市、西北大学领导出席了仪式。上海合作组织秘书长张德广专程赴西安参加开学典礼并讲话。张秘书长在讲话中强调指出，人才培养对上海合作组织的发展具有重要意义。他要求西北大学按照有关协议的规定，认真教学，严格管理，高标准高质量地完成培训计划。同时，他要求学员们严格遵守学校纪律和有关规定，珍惜这次机会，刻苦学习，努力钻研，将来成为有用人才，为促进各自国家的发展，为推动上海合作组织的事业作出自己的贡献。

10月24日，俄罗斯外交部长拉夫罗夫在莫斯科会见前来参加上海合作组织总理会议的上合组织秘书长张德广。双方就上合组织当前面临的任务和今后发展前景、迎接组织成立5周年、加强成员国与观察员国之间的合作以及地区形势等问题充分交换了意见。

双方认为，上合组织面临良好的发展机遇，相信该组织在维护地区安全与稳定，加强成员国在经济领域合作方面将不断取得新成果。

双方指出，即将在莫斯科举行的上合组织总理会议将为该组织各领域合作，特别是经济合作注入新的活力。

拉夫罗夫表示，俄方高度重视上合组织，将继续积极促进该组织的发展。张德广秘书长对拉夫罗夫外长给予上合组织秘书处工作的关注和支持表示感谢。

2005年10月31日，张德广秘书长就日前在印度首都新德里发生的恐怖爆炸案向印度外长辛格致电慰问，电文如下：

惊闻贵国首都新德里发生恐怖爆炸袭击，造成重大人员伤亡。

我严厉谴责这些恐怖主义行为，并向遇难者表示深切哀悼，向受伤人员表示同情和慰问。

上海合作组织主张打击一切形式的恐怖主义，愿加强与印度的合作，共同维护地区以及世界的和平与稳定。

2005年11月3日，张德广秘书长在上海合作组织秘书处会见了联合国亚太经社理事会总干事金学洙。

张德广向客人介绍了上海合作组织的总体发展及2005年10月26日在莫斯科举行的上海合作组织政府首脑会议情况。指出，目前，经济合作具有特别重要的意义。上海合作组织在这一领域做了不少工作，成立了必要的合作机制，拟定了成员国感兴趣的具体合作项目，建立了海关、质检等领域合作的法律基础。本次总理会议又为充实经济各领域工作提出了新任务。

金学洙感谢张秘书长的详细介绍，表示亚太经社理事会高度重视上海合作组织的发展，愿与上海合作组织开展合作。他认为，亚太经社理事会和上海合作组织可在贸易、投资、交通、信息技术等领域开展合作。他还介绍了亚太经社理事会在中亚地区经济合作计划（SPECA 和 CAREC）的进展情况。

会见是在友好务实的气氛中进行的。

2005年11月4日下午，上海合作组织与阿富汗伊斯兰共和国关于建立联络小组的议定书签字仪式在上海合作组织秘书处举行。上海合作组织秘书长张德广和阿富汗驻华大使齐亚穆丁·拉伊·巴尔拉斯代表双方在议定书上签字。上海合作组织主席国中方国家协调员、外交部部长助理李辉，上海合作组织成员国及观察员国驻华大使出席了签字仪式。张德广秘书长和巴尔拉斯大使分别发表讲话，对签约之举予以高度评价，对双方今后的合作前景表示充满信心。仪式结束后，张德广秘书长和巴尔拉斯大使等回答了记者的提问。当晚，张德广秘书长为出席仪式的各位嘉宾举行了晚宴。

阿富汗是上海合作组织成员国的友好邻邦。多年来，阿国内局势的发展变化对中亚地区的安全形势产生着重要影响。上海合作组织成立及阿新政府建立后，上海合作组织成员国积极谋求与阿方建立合作关系，共同维护地区的和平、安全与稳定。2004年6月，卡尔扎伊总统应邀出席了上海合作组织成员国塔什干峰会。此后，上海合作组织与阿富汗开始商谈建立联络小组的有关问题。2005年4月，上海合作组织成员国外长理事会会议正式授权张德广秘书长与阿方签署有关合作协议。

根据该议定书，联络小组将举行经常性的工作磋商，就促进双方在共同感兴趣的领域开展合作提出建议和意见。议定书将在秘书处网站上全文发表。

2005年11月10日～11日，由上海合作组织秘书处、联合国亚太经社理事会和中国国家开发银行联合主办的欧亚经济论坛在古城西安隆重举行。来自上海合作组织成员国、观察员国及土库曼斯坦、日本、韩国等国的政要、政府官员、地方领导、外交使节、企业界、学术界人士及媒体代表等近千人出席了论坛。

上海合作组织秘书长张德广主持了论坛开幕式。中国全国人大常委会委员长吴邦国、塔吉克斯坦政府总理阿基洛夫、俄罗斯联邦委员会副主席梅津采夫等在开幕式上发表讲话，高度评价举办此次论坛的重要意义，对欧亚区域经济合作的前景表示充满信心。

这是上海合作组织成立以来首次与其他国际组织和金融机构合作举办如此大型的经济论坛，目的是探讨欧亚地区区域经济一体化的战略构想，探讨政府和企业相结合，双边和多边相补充、中央和地方相促进的多元合作模式，探讨中国与俄罗斯及中亚各国毗邻地区地方政府和城市之间交流的有效途径。论坛设能源合作、旅游合作、金融合作和市长圆桌4个专题会议。在为期两天的会议期间，来自欧亚地区各国的代表就本地区经济合作的有关问题进行了广泛认真研讨，达成了一系列重要共识。各方一致认为，欧亚经济论坛为本地区经济合作提供了一个广阔的平台，很有意义，应继续举办下去。

2005年11月11日，出席西安欧亚经济论坛的塔吉克斯坦总理阿基洛夫在下榻宾馆会见了张德广秘书长。

张德广秘书长感谢阿基洛夫总理拨冗出席欧亚经济论坛及塔方对论坛举办做出的贡献。阿基洛夫总理表示，举办欧亚经济论坛是一个非常及时和成功的倡议，为本地区国家的政府官员和实业界、学术界代表及国际组织就开展区域经济合作的迫切问题交换意见提供了可能。双方一致认为今后继续举办此类论坛是有益的。

会见中，双方还讨论了在上海合作组织框架内加强合作的有关问题。张德广秘书长通报了中方拟于2006年峰会前夕在上海举办成员国成就展的计划，邀请塔方届时参加，阿基洛夫表示塔方对此很感兴趣。

2005年11月15日，纳雷索夫副秘书长在秘书处有关人员陪同下前往印度驻华使馆，吊唁印前总统纳拉亚南逝世，并在吊唁簿上留言。

2005年11月17日～18日，关于建立上海合作组织论坛问题的上海合作组织成员国第一次专家会议在秘书处举行。

上海合作组织论坛将是一个多边、非政府的民间专家协商机制。该论坛的主要目标是，促进上海合作组织的多边活动获得学术支持，发展和巩固成员国学术和政治学中心的合作，鼓励政治、安全、经济、环保、新技术及人文等领域的专家进行交流。

张德广秘书长会见了与会人员，特别强调了尽快启动“第二轨道”机制的迫切性，并指出上海合作组织成员国拥有很高的学术水平，各成员国的著名学者和社会活动家为世界科学和文化宝库作出了无比巨大的贡献。张秘书长强调，与许多的著名社会活动家、具有全球声誉的学者、现代文化和艺术家的接触让他坚信，上海合作组织成员拥有巨大的科技、文化艺术和教育方面的潜力。建立一个新的非政府的民间机制，以整合和使用这些取之不尽、用之不竭的智力资源，对上海合作组织更加富有成果的发展将具有重要意义。

各方专家在详细讨论过程中总体上协商了上海合作组织论坛章程草案。在2005年年底前上海合作成员国各方将确定本国的上海合作组织中心，以便在2006年第二季度召开上海合作组织论坛成立大会。

2005年11月29日上午，张德广秘书长会见了塔吉克斯坦新任驻华大使阿利莫夫，对其到任新职表示祝贺。阿利莫夫大使表示希望今后与张德广秘书长及秘书处建立起密切的工作关系，共同致力于推进上海合作组织的务实合作。会见中，双方还就上海合作组织有关问题交换了意见。

2005年12月3日，上海合作组织国际观察团团长、上海合作组织秘书长张德广抵达阿斯塔纳。

当日，张德广秘书长与哈外长托卡耶夫在哈外交部举行了会见。张德广秘书长还访问了哈中央选举委员会。哈选举委员会副主席图尔甘库洛夫向客人详细介绍了选委会的有关情况。

在哈期间，张德广秘书长接受了哈国家和地方以及有关国际媒体的采访。他表示，此次哈总统选举是哈国家生活中的一个重大政治事件，对哈今后的发展具有深远意义。张德广强调指出：“此次选举对于在上海合作组织框架内加强地区的稳定与合作同样具有重要意义。”

张德广指出，本次选举是在哈政局稳定、经济快速增长、大规模的经济、社会改革逐步深入的背景下举行的。选举吸引了国际社会和上海合作组织的密切关注。哈萨克斯坦是上海合作组织的创始成员国之一，为推进组织在安全和经济领域的互利合作做出了巨大的贡献。上海合作组织高度重视这次选举的重要意义。

张德广秘书长介绍了上海合作组织在观察本组织成员国总统及议会选举时所遵循的基本原则，即客观、公正，尊重成员国主权及有关法律法规，不干涉内政，就进一步完善选举进程的各个方面提供切实有益的建议。他指出，应选举国外交部邀请和成员国委托，上海合作组织已先后派观察员参加了哈、吉、塔、乌议会选举和吉、蒙古总统选举。目前本组织正在研究制定对成员国总统和议会选举实施观察的法律基础。

在回答有关“颜色革命”的问题时，张德广秘书长指出，目前中亚局势总体稳定，威胁和挑战主要来自恐怖主义、分裂主义和极端主义。为此，我们必须保持高度警惕，加强反恐斗争的国际团结与合作。

张德广表示，哈及中亚其他国家的民主进程正在不断地前进发展之中。民主就其本质而言是一国经济和政治长期发展的产物，也是特定民族历史、文化、世界观和思想意识长期演变的产物，总之是一个渐进的过程。如果人为加速，揠苗助长，或者削足适履，甚至不惜鼓吹动乱，其结果将适得其反，不仅不会带来民主和进步，反而会阻碍甚至逆转中亚政治、社会发展的正常进程，使该地区陷入破坏性的动荡之中。这与中亚人民的根本利益是背道而驰的。因此，必须正确评估形势并采取谨慎和明智的态度。国际社会应当多做有利于促进中亚和平、稳定与发展的事情，多采取一些具体和建设性的步骤来确保该地区的持续进步。只有这样才是正确的选择，才符合本地区各国人民及所有有关各方的根本利益。

张德广秘书长最后表示相信，只要我们加强团结，共同努力，中亚就一定能够在保持相对和平、安全与稳定的局面下成功地解决自己发展过程中出现的各种问题，取得经济和社会的不断进步。

上海合作组织观察团系应哈外交部邀请并受成员国委托于2005年11月27日抵哈的。12月4日，张德广秘书长前往阿斯塔纳市有关投票站观察了选举和投票情况。他还与许多选民以及在哈观察总统选举的国际组织领导人进行了交谈。

2005年12月4日，上海合作组织观察团团长、上海合作组织秘书长张德广在阿斯塔纳会见了来哈观察哈总统选举的独联体国家观察团团长、独联体执委会主席鲁沙伊洛。双方就对哈总统选举过程的观察情况交换了意见，一致认为，此次选举组织得很好，各级选举委员会工作透明，选民的积极性很高。

除哈总统选举问题外，双方还讨论了上海合作组织与独联体活动的有关问题，并就两组织秘书处谅解备忘录的落实情况交换了意见。

12月5日，哈萨克斯坦总统纳扎尔巴耶夫会见了前来观察哈总统大选的上海合作组织秘书长张德广及其一行。

张德广代表上海合作组织成员国热烈祝贺纳扎尔巴耶夫再次当选哈萨克斯坦总统。他说，选举结果表明，纳扎尔巴耶夫享有崇高的威望，受到哈人民真诚的爱戴和信任。上海合作组织观察团认为，这次选举符合哈萨克斯坦宪法和有关法律的要求，符合哈所承担的国际义务，选举是成立的，合法的。选举成功举行有利于哈萨克斯坦沿着稳定和繁荣的道路继续向前发展，有利于巩固地区和平与稳定，也有利于上海合作组织的发展。

纳扎尔巴耶夫总统对张德广秘书长率团前来观察哈总统大选以及对他再次当选总统的祝贺表示感谢。他说，哈萨克斯坦一贯致力于巩固和加强上海合作组织各领域合作。哈方将同主席国中国及其他成员国密切合作，推动本组织进一步发展壮大。

2005年12月14日，上海合作组织秘书长张德广应约在秘书处会见了世界海关组织秘书长米歇尔·达内。双方介绍了各自组织的有关情况，并就两组织之间开展交往与合作问题交换了意见。

2005年12月14日，张德广秘书长举行记者招待会，来自上海合作组织中亚成员国的十余家媒体记者出席。招待会期间，张德广秘书长就上海合作组织开展多边安全和经贸合作、对外交往以及中亚地区形势等问题回答了记者的提问。

2005年12月15至16日，根据上海合作组织成员国外交部合作计划，上海合作组织成员国外交部干部部门和外交院校在北京上海合作组织秘书处举行磋商。来自上海合作组织六个成员国的外交部干部部门和外交院校的负责人率团与会并做主旨发言。中国外交部干部司刘光源副司长主持会议。上海合作组织张德广秘书长会见与会代表。

与会各国代表就各自在外交部干部管理与培训、外交院校培养外交官的经验和做法进行了交流。

各方表示，上海合作组织框架下各成员国外交部干部部门及外交院校的定期磋商有利于成员国外交部之间加强交流、增进了解、相互借鉴、促进合作。完善成员国外交干部保障的形式和方法。

各方同意今后应进一步加强成员国外交部间的互惠培训合作，拓宽培训渠道，扩大培训规模，丰富培训内容。

各方强调，应进一步利用成员国外交院校在培训、培养外交官方面的优势，加强其在提高外交官业务素质和语言技能方面的作用。

各方将研究俄方关于在上海合作组织框架内成立工作组，以便与国家协调员会议和上海合作组织秘书处共同探讨为该组织常设机构培养和配备干部问题的建议。

磋商在热烈、友好的气氛中进行，取得了积极成果。

2005年12月19日，上海合作组织成员国间文化合作问题专家小组会议第一次会议在秘书处举行。

与会各方都赞同2006年上半年在乌兹克别克共和国首都塔什干举行第三次上海合作组织成员国文化部长会议。

专家们同意，为庆祝上海合作组织成立五周年，2006年在中国上海举办第二届上海合作组织艺术节，在俄罗斯举办“和平的玫瑰”青年专业艺术节，在杜尚别举办上海合作组织成员国电影节，在塔什干举办上海合作组织成员国绘画和工艺品展，在吉尔吉斯斯坦举办上海合作组织伊塞克湖国际运动会。

各方一致认为，必须加强上海合作组织框架内文化合作的宣传工作，为此将更加积极地利用上海合作组织秘书处网站。

会议通过了会议纪要。

2005年12月21日，张德广秘书长在秘书处会见了来华访问的吉尔吉斯共和国外长杰克申库洛夫。张德广向客人介绍了上海合作组织框架内当前有关活动，以及2006年本组织五周年峰会的筹备情况。杰克申库洛夫外长向秘书长通报了吉目前国内局势，并就上海合作组织各领域合作谈了自己的看法。

会见中，双方还讨论了在上海合作组织框架内推进有关经济合作项目及提高秘书处在组织中的作用等问题，并就其他共同感兴趣的问题交换了意见。

12月20日~22日，上海合作组织成员国国家协调员理事会会议在秘书处举行。会议讨论了过去一年来上海合作组织的有关工作，重点讨论了落实成员国元首理事会通过的指示和进一步发展上海合作组织机制等问题。

各方就举办庆贺上海合作组织成立五周年一揽子活动详细交换了意见，初步商定，2006年本组织峰会于6月中旬在上海举行。

会议积极评价了秘书处与有关专家共同就建立上海合作组织活动宣传机制所进行的工作，以及秘书处提供的关于本年度成员国外交部磋商计划实施情况，并确定了成员国外交部就一系列相互感兴趣的问题开展合作的主要方向。

会议还详细讨论了常设机构的干部轮换问题，并确定了需要进一步研究并提交外长理事会讨论的一些问题。会议决定研究2006年2月举行外长理事会非例行会议问题。

2005年12月27日上午，中国甘肃省政府向上海合作组织秘书处捐赠著名文物——“马踏飞燕”复制件的仪式在秘书处隆重举行。张德广秘书长、甘肃省政府省长助理刘晓明及秘书处全体和甘肃省政府外办有关官员出席了捐赠仪式。

刘晓明助理在讲话中高度评价上海合作组织成立以来所取得的成就，表示，甘肃作为中国西北的重要省份，愿意以合适方式积极参与上海合作组织的经贸合作。他说，值此秘书处成立两周年即将来临之际，甘肃省政府决定向秘书处捐赠

"马踏飞燕"青铜制品一比一复制件，以示庆贺。扎哈罗夫副秘书长代表秘书处致答辞，感谢甘肃省政府和人民对上海合作组织的关注和支持，表示秘书处将推动本组织成员国地方政府与甘肃省建立联系，开展互利合作。随后张德广秘书长和刘晓明助理共同为捐赠品揭幕。中午，秘书长设宴款待刘助理一行。

"马踏飞燕"是1969年在甘肃省武威县东汉时期一位将军的墓葬里出土的一件稀世珍品，后成为中国旅游的标志。

第十篇

企业名录

CHAPTER X CORPORATION'S EXPRESS

中国机电产品展览中心

中国机电产品展览中心（英文简称 CHINAMEX）是经中国商务部批准成立并列入商务部海外中心管理系列的海外企业。

CHINAMEX 是中国政府实施市场多元化战略，推动和扩大中国企业“走出去”和中国机电产品出口，参与国际市场竞争的一项重要举措，是中国在境外设立的第一个专项从事中国机电产品及其他商品展览、交易的场馆和服务中心。

从2000年开始，CHINAMEX 先后在海外举办了18届（次）中国商品综合或专业展览会，得到了国务院领导、商务部领导、驻在国中国使领馆的肯定与支持。截至2005年底，参加过 CHINAMEX 在境外举办展会的中国企业累计达2 900余家（6 200余人次），共接待了来自65个国家和地区的近20万名专业客商和观众参展，合同成交和意向成交总额超过了35亿美元。

经过6年的发展，CHINAMEX 已在中东、东欧、北非等地区享有一定的声誉并产生了品牌效应。CHINAMEX 已与23个国家的工商会及大型跨国公司建立了广泛联系，成为了中国企业与国外企业的联系纽带。许多国家的当地商人更将 CHINAMEX 视为中国企业在当地的窗口，认为通过 CHINAMEX 介绍和洽谈的经贸合作项目具有质量和信誉的保证。

CHINAMEX 拥有一支从事国际展览、市场开发推广、项目投资、咨询及金融服务的专业队伍，将竭诚为中外商人提供优质服务。

企业名称：中国机电产品展览中心

法人代表：郝锋

地址：北京市东城区朝阳门北大街8号富华大厦B座9层

邮编：100027

电话：010－65542775

传真：010－65542771

China Machinery & Electronic Products Exhibition Center

China Machinery & Electronic Products Exhibition Center (CHINAMEX), is a multinational group company approved and listed in the series of overseas centers for its management by Ministry of Commerce of the People's Republic of China.

CHINAMEX is established by China with the mission of implementing the multiplying markets and go－global strategy, improving the markets of the Chinese enterprises, and expand the China's exports of Machinery & Electronics products for the Chinese enterprises. This is a great move to participate in the international market competition, and the first center expertise in the Chinese machinery and electronics exhibition and trading.

From the year 2000, CHINAMEX has successfully hosted multiple and professional exhibitions for 18 rounds. This has gained the supporting and affirmation from the officials from the State Council, Ministry of Commerce, the officials from the Chinese Embassy at the destination country. By the year 2005, up to 2900 enterprises has participated the exhibition (more than 6200 businessman), all together, we received 200 000 professional businessman from 65 countries to visit, and the contract and intend contract has reach $3. 5 billion.

After 6 years of development, CHINAMEX has established its brand and fame in the Middle East, East Europe and North Africa. CHINAMEX has also have build close relationship with the 23 industry and business union as well as some international group companies. Many local business man regard CHINAMEX to be the windows to the Chinese enterprises, and believe the project promoted by CHINEMEX has the assurance of the quality and worth to work on it.

CHINAMEX has an expertise team of international exhibition and Market promotion, project investment, consulting and financing, and will do our best to provide you best services.

Enterprise name: China Machinery & Electronic Products Exhibition Center

Legal representative: Hao Feng
Adress: Fuhua Building, B 9th floor, No. 8 North Street, Beijing Dongcheng District
Postcode: 100027
Tel: 010-65542775
Fax: 010-65542771

佛山市三水工业区

拥有珠江三角洲区位和资源优势的佛山市三水区，是投资置业的宝地。三水因西、北、绥三江汇流境内的地理特色而得名，于明朝嘉靖五年(1526年)建县，1993年3月撤县设市，2003年1月撤市设区，隶属佛山市。东接广州、南近港澳。广三、三茂铁路，321、324国道，广三、广肇高速公路横贯境内，设有三水海关和大型港口三水港，水陆交通便利、货物进出口兴旺发达。全区总面积分874平方公里，人口44万。有海外华人、华侨和港澳台同胞20多万人，是广东省著名侨乡。

改革开放20多年来，三水经济建设和社会各项事业取得令人瞩目的成绩，国民经济迅速发展，基础设施和投资环境日臻完善，工业化和城市化进程全面加快，城乡面貌日新月异。2005年全区实现地区生产总值198.08亿元，同比增长24.3%，在2005年度全国最具投资潜力中小城市50强、全国中小城市综合实力100强评比中，分别排名第8位和第20位。

工业以国际名牌饮料健力宝为龙头，形成以饮料、包装、金属制品、塑料制品、化工、建材、摩托车、纺织等为骨干的主导产业群，拥有一批大中型企业及省级高新科学企业。近年，青岛啤酒、法国道达尔菲纳埃而夫、日本住友商社、广东凤铝铝业等一批国内外知名企业及广东商学院落户三水。工业园区设施完备，其中，三水中心科技工业园被列入佛山市重点发展的工业园区。年产值超亿元的企业11家，在建超亿元的企业13家。民营经济蓬勃发展，民营工业总产值占全区工业总产值的70%。农业现代化步伐加快，被国家农业部确定为全国科教兴农和可持续性发展示范市（县），跻身于全国农村综合实力百强县（市）之列，排名第18位，成为珠江三角洲一颗璀璨的明珠。

三水工业区是广东省佛山市重点建设的工业园区。先后通过ISO9001、ISO14001和OHSMS18001三大管理体系认证，并荣膺国家火炬计划自动化机械及设备产业基地、中国汽车零部件（三水）产业基地、中国医疗器械（三水）产业基地、国家（佛山）新型显示器件产业园称号，重点发展汽车零部件、金属深加工、电子电器、机械制造、塑料化工。

区位优势凸显

地处广佛经济圈，毗邻港、澳、广、深等大城市，距广州仅30公里，是连通粤西南与珠江三角洲的黄金走廊，广佛、广肇两大经济圈的重要接点。

最佳可成片开发

规划控制面积80平方公里，用地以小山冈地为主，是珠江三角洲最佳可成片开发的工业园区。

立体交通网络发达

广三、广肇、广贺、珠二环等高速汇集于此，广三、三茂铁路贯穿其中；近邻三水港、黄埔码头；距离广州白云国际机场仅20分钟车程。

知名企业汇聚

美国杜邦、AR、罗门哈斯，法国道达尔，日本JSR、住友，马来西亚齐力集团以及健力宝、凤铝等一批国内外知名企业进驻，日渐成为新一代华南重要制造业基地。

企业名称：佛山市三水工业区
法人代表：莫钢
地址：广东省佛山市三水区乐平镇西乐大道东一号
邮编：528137
电话：(86－757) 87388388
传真：(86－757) 87388550
网址：www.sip.org.cn

Foshan Sanshui Industrial Park

Sanshui District of Foshan City is the treasure of investment, enjoying the location and resources advantages of Pearl River Delta. The name of Sanshui comes from the geographical feature of Sanshui, which is formed by West River, North River and Sui River. Sanshui has a long history, which was established as a town in fifth year of Jiajing of Ming Dynasty (1526 year), established a city instead of a town in March 1993, and in January 2003, set up a district instead of a city belonging to Foshan City. Sanshui owns the convenient transportation. It borders Guangzhou and closes to Hong Kong and Macao, as well as Guangzhou－Sanshui Railway, Sanshui－Maoming Railway, 321 National Road, 324 National Road, Guangzhou－Sanshui Expressway and Guangzhou－Zhaoqing Expressway are across its territory. Besides, it is equipped with Sanshui Customs and Sanshui Port which give the great support for the goods' import and export. The total area of Sanshui District is 874 square kilometers with the 440 000 population. Sanshui also the famous overseas town with overseas Chinese and Hong Kong, Macao and Taiwan Persons reaches more than 200 000 persons.

Since the reform and opening to the outside world for more than 20 years, with the rapid development of national economy, the infrastructure and investment environment perfected, the industrialization and urbanization fully speeding up, Sanshui has gained great achievement in economic construction and all the social facilities. In 2005, the production value of Sanshui reached 19.808 billion yuan, increasing 24.3% than last year. Sanshui was ranked the 8th and 20th place seperately in the 50 most potential cities in China and the 100 top comprehensive social development cities.

Led by international beverage brand Jianlibao, the industry of Sanshui has formed the leading industry cluster by beverage, packing, metal production, plastic production, chemicals, structure materials, motorcycle, weaving and so on, as well as owns a lot of large and medium enterprises and provincial high and new technology enterprises. In recent year, a group of international and domestic famous enterprises have settled down in Sanshui, such as American INVEST, French ATORFIA, Japanese Sumitomo, TSINGTAO Beer, Guangdong Fenglv, etc. With perfect supporting facilities, Sanshui Industrial Park is listed among the important industrial parks. At present there are 11 enterprises available with the production value exceeding 100 million yuan and another 13 enterprises under construction. The private enterprises develop fast and cover the 70% of the industry production value in Sanshui. With the rapid speed of agriculture, Sanshui is granted the demonstration city for developing the agriculture by relying on science and education and sustainable development, and takes the 18th place in the national social comprehensive survey, so it becomes a shining pearl in the Pearl River Delta.

Sanshui Industrial Park, the focused industrial park in Foshan, has gained the certificates of ISO9001、ISO14001 and OHSMS18001, and the titles of National Automatic Machinery and Equipment Manufacturing Base, China Auto Parts (Sanshui) Manufacturing Base, China Medical Device (Sanshui) Industry Base, National TFT Industry Zone. Sanshui Industrial Park pays much attention to the following industries: auto parts, metal board processing, electronic and electrical, machinery manufacturing and plastics and chemical.

Location Advantage

Located in the Guangzhou - Foshan Economic Zone, bordering Hong Kong, Macao, Guangzhou, Shenzhen etc, Sanshui Industrial Park, only 30km away to Guangzhou, connects the southeast of Guangdong and the Pearl River Delta and is the golden juncture of Guangzhou - Foshan, Guangzhou - Zhaoqing Economic Zone.

The best industrial park for large - scale development

With the total planning area of 80sq/km and the mostly small hills, Sanshui Industrial Park is the beat one for large - scale development.

Dimensional Transportation Network

Guangzhou - Sanshui Expressway, Guangzhou - Zhaoqing Expressway, Guangzhou - Hezhou Expressway, and the Second Ring of Pearl River Delta Expressway meet here; Guangzhou - Sanshui Railway and Sanshui - Maoming Railway are across the territory; Close to Sanshui Port and Huangpu Port, it is 20 minutes' drive from Sanshui Industrial Park to Guangzhou International Airport.

Cluster of Famous Enterprises

American Dupont, AR, American Rohm & Haas, French Total, Japanese JSR, Sumitomo, Malaysian Press Meta Berhad, Jianlibao, Fenglv, etc have settled down in Sanshui Industrial Park.

Enterprise name: Foshan Sanshui Industrial Park
Legal representative: Mo Gang
Adress: No. 1 East Xile Avenue of Leping Town Sanshui District Foshan City Guangdong
Postcode: 528137
Tel: (86 - 757) 87388388
Fax: (86 - 757) 87388550
Website: www. sip. org. cn

中国欧洲经济技术合作协会独联体商务工作委员会

中国欧洲经济技术合作协会独联体商务工作委员会是经中华人民共和国民政部正式批准成立的一个面向独联体国家、从事商务促进活动的非官方机构，其业务主管部门为中华人民共和国商务部。该委员会始终致力于通过高效、便捷、全面、细致的服务，不断挖掘中国和独联体各国企业之间的合作能力。

1. 组织和帮助中国企业参与中国与独联体各国政府间高层交往及商务合作。

2. 举办和组织各类论坛、洽谈会等，邀请中国和独联体政府官员、著名专家及企业界领袖讲学，提供独联体国家经济发展、投资最新动态。

3. 与中国和独联体有关政府部门、我驻独联体各国以及独联体各国驻华使馆和经商机构、行业协会及相关企业建立联系，提供贸易、投资和经济技术合作方面的最新信息和咨询服务。

4. 帮助中国企业开拓独联体国家市场，在独联体和中国举办有关展览、洽谈会和企业与政府之间的对话会等活动，协助协调和解决中国企业与独联体企业合作中出现的纠纷和问题。

企业名称：中国欧洲经济技术合作协会独联体国家商务工作委员会
法人代表：孙涛
公司地址：北京市朝阳区建国门外外交公寓 6 - 1 - 131
邮编：100600
电话：010 - 85322169
传真：010 - 85322170

China – Europe Association for Technical and Economic Cooperation Sino – CIS Business Council

Registered under the Ministry of Civil Affairs (MCA) and fully accredited by Ministry of Commerce (MOFCOM), China – Europe Association for Techinical and Economic Cooperation Sino – CIS Business council is the sole non – governmental organization dedicated to the promotion of Commonwealth of Independent States trade links and economic cooperation. We provide highly efficient and expedient services and excavate the potential for cooperation between Chinese and Commonwealth of Independent States companies.

Ⅰ. Help and organize Chinese companies to engage in senior level exchanges and business cooperation between the governments of China and Commonwealth of Independent States countries.

Ⅱ. Sponsor and organize forums, seminars, trade fairs. Invite Chinese and Commonwealth of Independent States government officials, scholars and business leaders to give lectures. Provide the latest information on economic developments and investments in Commonwealth of Independent States.

Ⅲ. Assist with networking opportunities for government agencies in China and Commonwealth of Independent States, embassies and diplomatic missions, trade associations and other related organizations. Provide timely information and consulting support in trade, investment and technological cooperation.

Ⅳ. Help Chinese companies explore opportunities in Commonwealth of Independent States market, organize exhibitions and trade fairs, and facilitate dialogue between government and business in China and Commonwealth of Independent States. Assist Chinese and Commonwealth of Independent States companies to coordinate and settle trade disputes and problems.

Enterprise name: China – Europe Association for Technical and Economic Cooperation Sino – CIS Business council

Legal representative: Sun Tao

Address: 6 – 1 – 131, WaijiaoAparment, Jianguomenwai, Chaoyang District, Beijing100600, China

Tel: 010 – 85322169

Fax: 010 – 85322170

中国北方工业公司

中国北方工业公司是产品经营与资产经营相结合，集研发、生产、销售、服务为一体的企业集团，主要从事防务产品、石油及矿产资源开发、国际工程承包、光电、民爆化工、运动器材、车辆、物流等业务，资产和销售收入位居中国最大500家国有企业前列。

北方工业面向市场，不断开发高新技术防务产品，在精确打击、两栖突击、远程压制、防空反导、信息夜视、高效毁伤、轻武器、反恐防暴等方面，显示了中国国防科技工业的雄厚实力，并以一流的产品和服务赢得各国用户的信赖。

北方工业以共同发展为宗旨，与国内外一流石油、矿产企业合作，开展石油及矿产资源的勘探、开发、贸易业务，大力推动石油、矿产资源的产业化发展。

北方工业的国际工程承包、仓储物流、车辆等业务创立了自身品牌，民爆化工、光电、运动器材等业务在技工贸结合基础上形成了较强竞争力。北方工业连续多年进入全球225家最大国际承包商前列，多家控股子公司连续多年获得国家质量效益型先进企业称号。

北方工业倡导合作与共赢，不断提升国际国内两个市场统筹运作能力，建立了遍布全球的经营和信息网络，形成了多元化的市场格局。

北方工业将不断推动产品创新、技术进步和服务提升，与国内外各界朋友分享发展成果，共创美好未来！

企业名称：中国北方工业公司
法定代表人：张国清
公司地址：中国北京广安门南街甲12号
邮编：100053
电话：(86-10) 63542802
传真：(86-10) 63540398

China North Industries Corporation

China North Industries Corporation (NORINCO) is a giant enterprise group engaged in both products operation and capital operation, integrated with R&D, manufacturing, marketing, and services. NORINCO mainly deals with defense products, petroleum & mineral resources exploitation, international engineering contracting, optoelectronic products, civilian explosives & chemical products, sports arms & equipment, vehicles and logistics operation, etc. NORINCO has been ranked among the forefront of China's 500 largest state-owned enterprises in terms of total assets and revenue.

NORINCO faces toward markets and strives for development of updated high-tech defense products. NORINCO has demonstrated the solid strength of Chinese national defense industry and technology in precision demolition & annihilation systems, amphibious attack weapons and equipment, long range suppression weapon systems, anti-aircraft & anti-missile systems, information & night vision products, highly effective assault & destroy systems, small arms as well as anti-terrorism & anti-riot equipment. NORINCO has gained the trust from clients for its high quality products and excellent services.

NORINCO is keen to cooperate with famous domestic and overseas petroleum & mineral enterprises in the fields of resources prospecting, exploitation and trading, and to energetically promote the business into industrialization.

While having built its brands in such services as international engineering contracting, storage & logistics and vehicles, NORINCO maintains its competitive edge in civilian explosives & chemicals, optoelectronic products, and sports arms based on the integration of technology, industry and trade. NORINCO has been registered in the lead of the global 225 largest international engineering contractors for successive years, and many of its subsidiaries were also awarded the national title as advanced enterprise for excellent quality and performance.

By advocating collaboration and win-win, and having made constant efforts to enhance the capabilities of taking the whole situation into account on management of its overseas and domestic markets, NORINCO has established a global operation and information network and formed a worldwide-diversified market setup.

NORINCO will continuously promote products innovations, make technology & services improvement and share the achievements of development with domestic and international friends to create a bright future in joint hands!

Enterprise name: China North Industries Corp.
Legal representative: Zhang Guoqing
Address: 12A Guang An Men Nan Jie, Beijing, China
Postcode: 100053
Tel: (86-10) 63542802
Fax: (86-10) 63540398

吉林省粮油食品进出口（集团）有限公司

吉林省粮油食品进出口（集团）有限公司是大型专业进出口公司。公司成立五十多年来，已累计为国家出口创汇50多亿美元，位居中国进出口额最大的500强企业之列。

公司以经营粮油食品进出口业务为主，同时兼营其他各类商品的国内外贸易。本公司经营的吉林黄玉米、松雪皓和秋田小町大米、小粒黄豆、黄大豆、A字绿豆、草原红牛以及红小豆、芸豆、荞麦、高粱、冻鸡肉、山野菜等商品享誉国际市场。公司以诚为本，广泛开展贸易合作，已与40多个国家和地区的400余家客户建立了长期稳定的贸易关系，并形成了紧密合理、运转科学的营销网络。

多年来，公司始终坚持强化经营和科学管理并重、科技进步和制度创新并举的发展战略。2003年1月，公司通过ISO9000：2000质量管理体系国际国内认证。公司连年保持吉林省外经贸系统出口创汇“十强企业”和经营业绩“优秀单位”的称号；已连续十六年被吉林省工商行政管理局命名为“重合同，守信用”先进单位。2002年以来，公司连续4年荣获全国外经贸质量效益型先进企业称号。2004年被中国对外经贸企业协会授予“AAA”信用等级证书。

公司名称：吉林省粮油食品进出口（集团）有限公司

法人代表：刘秀忱

公司地址：吉林省长春市经济技术开发区浦东路1199号

邮编：130033

电话：86－431－5800502

传真：86－431－5800500

E－mail：jlcofco@163.com

网址：http://www.jlcofco.com

Jilin Cereals Oils & Foodstuffs Imp. & Exp.（Group）Co., Ltd.

Jilin Cereals Oils & foodstuffs Imp. & Exp.（Group）Co., Ltd. is a big professional import and export.

corporation. Founded more than 50 years ago, it has been expanding its business scope, lifting its administration.

level and has created over 5 billion U. S. Dollars for the government. it is on the list of the top 500 biggest.

import and export enterprises in China.

The corporation is chiefly engaged in the import and export of cereals, oils and foodstuffs, and concurrently involved in the domestic and foreign trade of other commodities. The export items famous over the international market are: Jilin Yellow Maize, Matsuyuki Rice, Akitakomachi Rice, small－kernelled Soybeans, Big－kernelled Soybeans, "A" Green Beans, Red Prairie Cattle, Small Red Beans, Kidney Beans, Buckwheat, Kaoliang（Sorghum）, Frozen Broiler, Frozen Beef, Frozen Duck Crammed, and various wild vegetables. Believing in good faith, the corporation broadly develops trade co－operation. So far, it has established long－term trading relations with over 400 clients from more than 40 countries and regions, and framed a close, rational, and scientific sales networks.

Over the past years, the corporation has been maintaining the developing strategy of strong management and rigorous administration, technology progress and system renovation. In Jan. 2003, the corporation was verified and recognized both domestically and internationally by ISO9001: 2000 Quality Administration System. The corporation remains as one of "the top 10 strongest enterprises" among Jilin province Foreign Trade Exports, one of the most Excellent Companies in business handling and was named for 16 times by Jilin provincial Government as one of the best companies of "Honoring Contracts and Adhering to Credits". From 2002, the corporation has been bestowed a name of an advanced export with perfect quality and profit for 4 times. In 2004, the corporation was given a "AAA" credited certificate by China Foreign Trade & Economy corporation Enterprise.

Enterprise name: JiLin Cereals, Oils & Foodstuffs Import & Export (Group) Co., Ltd.

Legal Representative: Liu Xiuchen

ADD: No. 1199 Pudong Road, Changchun Economy And Technology Development Zone, Changchun, P. R. China

Postcode: 130033

Tel: 86 - 431 - 5800502

Fax: 86 - 431 - 5800500

E - mail: jlcofco@ 163. com

http: //www. jlcofco. com

中国光大集团简介

中国光大集团是中央管理的国有重要骨干企业，1983年5月在香港创办，经过二十多年的努力，现已发展成为以经营银行、证券、保险、投资管理等金融业务为主的特大型国有企业集团。截至2005年底，集团资产总额5 535亿元。在境内拥有全资企业6家，控股企业2家，参股企业7家，合资企业1家，其中包括中国光大银行、光大证券股份有限公司、光大永明人寿保险公司和中国光大投资管理公司等金融机构。在香港拥有光大控股、光大国际2家上市公司，全资公司37家，合资及联营公司12家。

企业名称：中国光大集团

法定代表人：王明权

公司地址：北京市西城区复兴门外大街6号

邮政编码：100045

电话：010 - 68560088

传真：010 - 68561121

China Everbright Group

China Everbright Group is a key state - owned enterprise under the jurisdiction of the central government. China Everbright Group was established in Hong Kong in May 1983 and now has become a super large State - owned enterprise focused on the financial business including banking, security, insurance, investment management, etc. By the end of 2005, total assets of the Group came up to RMB554 billion. The Group holds 6 enterprises with a full ownership, 2enterprises with majority shares, 7 joint - stock enterprises and 1 Joint - venture Company in mainland China. These domestic enterprises includes financial institutions as China Everbright Bank, Everbright Securities Co., Ltd., Sunlife Everbright Insurance Co., Ltd. and China Everbright Investment Management Corporation. In Hong Kong, Everbright Group has 2 listed companies (China Everbright Holdings Co., Ltd. and China Evergright International Co., Ltd.), 37 wholly owned companies, 12 joint - venture companies and joint - operated companies.

Enterprise name: China Everbright Group

Legal Representative: Wang Mingquan

Address: No. 6 Fuxingmenwai Street Beijing PRC.

Postcode: 100045

Tel: 010 - 68560088

Fax: 010 - 68561121

中国机械进出口（集团）有限公司

中国机械进出口（集团）有限公司（简称中机公司）成立于1950年，是我国成立最早的以经营机电产品进出口贸易为主业的大型国有外贸企业。公司自成立至今，累计完成进出口贸易额800多亿美元。公司以灵活的经营方式，不断开拓业务领域。

业务范围：

• 飞机、船舶、轨道交通设备、车辆、汽车、成套设备及其他各类机电产品的进出口业务；

• 承包国（境）外各类工程项目；

• 技术进出口业务；

• 招标、投标、政府采购业务；

• 向国外派遣各类工程、生产、服务人员；

• 来料加工、来样加工、来件装配。

公司所拥有的人才覆盖各个领域：外贸、经济、外语、工程技术、工程管理、企业管理、财务、统计、法律、计算机、电子商务等。

公司十分注重市场的开发和培育，目前，出口市场已达到156个，并形成了东南亚、南亚、欧盟、中东、非洲、北美、拉美等几个重点区域市场。

半个多世纪以来，历代中机人始终把客户放在第一位，以热情、优质、高效的服务，赢得了国内外客户的广泛赞誉。热忱希望与国内外新老客户和各界朋友携起手来，更加精诚紧密合作，共创美好明天。

企业名称：中国机械进出口（集团）有限公司
法人代表：唐毅
地址：北京阜城门外大街1号西楼
邮编：100037
电话：（0086－10）68991188
传真：（0086－10）68991000
网址：// www. cmc. com. cn
电子信箱：cmc@ cmc. genertec. com. cn

China National Machinery Imp. & Exp. Corp.

China National Machinery Import & Export Corporation（CMC），established in 1950，is one of the forerunners and largest foreign trade enterprises engaged in imports and exports of machinery products in China with a total accumulated trade volume of US $ 80 billion since its establishment. We will continuously widen our business scope through flexible operations.

Our business scope covers:

• Imports and exports of aircrafts，ships，railway equipment，vehicles，automobiles，completed equipments and other machinery products；

• Overseas engineering project contracting

• Technology imports and exports；

• Bidding；government purchases；

• Dispatching technicians，workers and service crew to overseas project.

• Processing with supplied material，samples and assembling with supplied components.

Our employees are gifted with varied abilities and talents，including in the fields of foreign trade，economics，foreign languages，technical engineering，engineering management，business administration，finance，statistics，law，computer，and e－commerce.

We pay much attention to the exploitation and cultivation of market，and presently，the number of our export markets has reached 156，strategically centered in Hong Kong，Southeast Asia，EU，Middle East，Africa，North America and Latin America.

During the past fifty years，generations of CMC have always been holding the needs of clients as top priority that has gained her wide recognition and high reputation from both domestic and overseas clients with enthusiastic, high - quality and efficient services.

CMC is sincerely expecting to cooperate with our clients, prospective as well as retrospective, and any other intended businesses or individuals, both overseas and domestic. Let's join hands together to make it better tomorrow.

Enterprise name: China National Machinery Imp. & Exp. Corp.

Legal representative: Tang Yi

Address: No. 1 (W) Fuchengmenwai Ave., Beijing 100037 China

Tel: (0086 - 10) 68991188

Fax: (0086 - 10) 68991000

Http: // www. cmc. com. cn

E - mail: cmc@ cmc. genertec. com. cn

厦门金龙汽车集团

厦门金龙汽车集团股份有限公司创立于1988年，1992年改制为股份制企业，1993年公司股票“厦门汽车”（现更名为“金龙汽车”）在上海证券交易所挂牌上市。截止2006年中期，公司总股本为1.97亿元，总资产44.7亿元，净资产5.7亿元。

公司以大、中、轻型客车的制造与销售为主导产业，旗下拥有厦门金龙联合汽车工业有限公司、厦门金龙旅行车有限公司、金龙联合汽车工业（苏州）有限公司、南京金龙客车制造有限公司等客车整车制造厂以及金龙汽车车身、电器、座椅、橡塑、空调和冲压零件等汽车零部件生产厂，具备大、中、轻型客车全系列车型的生产能力，形成了集客车整车与零部件制造的金龙客车生产体系。2005年度，公司实现主营业务收入77.2亿元，主要产品大中型客车的市场占有率位居客车行业龙头，并远销到海外30多个国家和地区。

近年来，公司保持快速、稳健的发展速度，连续两年被评为“福建省最具竞争力上市公司”，主要产品“金龙”、“金旅”牌大、中型客车均被国家质量监督检验检疫总局授予“中国名牌产品”，“金龙”品牌还获得“中国500最具价值品牌”、“中国著名品牌200强客车类第一名”、“中国品牌年度大奖（No.1）客车类”等荣誉。

展望未来，公司将发挥品牌、市场、资源等优势，加快做强做大汽车工业主业，实现企业可持续发展。公司主要客车生产企业将入驻首期规划1.7平方公里的厦门机械工业集中区汽车工业城，并以此为平台，加大与境内外汽车集团的合作，投资扩大客车整车生产规模，发展关键零部件及总成制造，形成客车产业集群，逐步发展成为国内外重要的客车生产基地，以更加良好的经营业绩回报股东和社会，为中国的汽车工业做出贡献。

公司名称：厦门金龙汽车集团股份有限公司

法人代表：叶天捷

地址：中国厦门市厦禾路820号帝豪大厦27-28层

邮编：361004

电话：（0592）2962988

传真：（0592）2960686

Xiamen King Long Motor Group Co., Ltd.

Xiamen King Long Motor Group Co., Ltd. was first established in 1988, transformed to a share company in 1992, and listed in Shanghai Stock Exchange in 1993 with the short name Xiamen Motor, which is now King Long Motor. As of the mid term of 2006, total capital of the Company amounted to RMB 197 million, total assets reached RMB 4. 47 billion, and net asset reached RMB 570 million.

The Company is specialized in the manufacturing and marketing of heavy -, medium - and light - duty coaches. Its subsidiaries or divisions include whole - car manufacturing plants including Xiamen Kinglong United Automotive Industry Co., Ltd., Xiamen Golden Dragon Van Co., Ltd., Kinglong United Automotive Industry (Suzhou) Co., Ltd., Nanjing Jinlong Coach Manufacturer Co., Ltd. and manufacturing plants of auto parts ranging from Kinglong auto body, electric appliance, seat, rubber and plastic wares, air conditioner and autostamping parts, thus have the capability to manufacture full - range heavy -, medium - and light - duty coaches, possessing both Kinglong whole - car and part production lines. In 2005, the Company realized the major operation revenue of RMB 7. 72 billion. The market share of its major products, namely, heavy - and medium - duty coaches was in a leading position in the industry, which were sold in more than 30 nations and regions around the world.

The Company has been keeping a rapid and steady development in recent years and was named Most Competitive Publicly Listed Company of Fujian Province for two consecutive years. Our major products - Kinglong and Golden Dragon heavy - and medium - duty coaches were named Famous Chinese Brand by the General Administration of Quality Supervision, Inspection and Quarantine of the People's Republic of China. The Kinglong brand has also won merits including Top 500 Valuable Brand Name of China, the No. 1 Coach Brand Name of the Top 200 Famous Brand Name of China, and No. 1 Chinese Coach Brand Name Prize of the Year.

Looking to the future, the Company will make full use of its advantages in brand name, market and resources and step up the efforts to expand and strengthen the Company's principal operation, i. e., automobile operation, and seek sustainable development. The major coach manufacturing divisions of the Company are planned to be relocated to the Automobile Industrial Park in the planned phase 11. 7 - square - kilometer Xiamen Electro - mechanic Industrial Zone. We will take it as a base in increasing cooperation with automotive groups home and abroad, making further investment to expand the whole coach manufacturing capability and developing key parts and general assembly manufacturing. We will build it into a coach industry complex and gradually develop it into a key coach production base domestically and internationally. We will repay our shareholders and the society at large with better performance and make contribution to the development of China's automobile industry.

Enterprise name: Xiamen King Long Motor Group Co., Ltd.

Legal representative: Ye Tianjie

Addrss: 27&28F, Grand Emperial Plaza, No. 820 Xiahe Road, Xiamen China

Postcode: 361004

Tel: (0592) 2962988

Fax: (0592) 2960686

中兴通讯股份有限公司

中兴通讯是中国最大的通信设备制造业上市公司和中国最大的本地无线供应商。1985 年公司成立。1997 年，中兴通讯 A 股在深圳证券交易所上市。2004 年 12 月，中兴通讯在香港主板上市。2004 年实现合同销售额 340 亿元。

中兴通讯是中国通信设备制造业的开拓者、中国综合性的电信设备及服务提供商，拥有无线产品、网络产品、终端产品（手机）三大产品系列，在向全球用户提供多种通信网综合解决方案的同时，还可以提供专业化、全天候、全方位的优质服务，并逐步涉足国际电信运营业务。

国际市场是中兴通讯的战略市场。中兴通讯

CDMA、交换、接入、光传输、GSM、视讯等多元化产品已进入全球60多个国家和地区市场。未来中兴通讯将以人才国际化为根本，市场国际化为重点，资本国际化为依托，积极迎接挑战，打造全球范围的中兴通讯品牌，建设世界级的卓越企业。

企业名称：中兴通讯股份有限公司

法人代表：侯为贵

地址：深圳市南山区高新技术产业园科技南路中兴通讯大厦

邮编：518057

电话：86-755-26770000

传真：86-755-26771999

网址：www.zte.com.cn

ZTE Corporation

ZTE Corporation is China's largest telecommunications equipment manufacturer and largest wireless solutions provider.

Founded in 1985, ZTE Corporation has been listed as an A-Share company on Shenzhen Stock Exchange since 1997. In December 2004, ZTE was successfully listed on the Main Board of The Stock Exchange in Hong Kong, becoming the first Chinese company that held both A shares and H shares. ZTE recorded the contract sales of approximately USD 4,111 million (RMB 34 billion) in 2004.

ZTE Corporation is the pioneer of China's telecommunications equipment manufacturing industry, and a comprehensive provider of telecommunications equipment, mobile terminals and services. With its three product series, i.e. wireless, network and terminal (mobile phone), ZTE is capable of providing global customers with diversified integrated telecommunications networking solutions and a wide range of professional services, and has been involved in the market of international telecommunications operation services.

The international market is becoming ZTE's most important strategic market. ZTE's diversified products like WCDMA, CDMA, NGN, GSM, switching, access, and optical transmission have entered over 60 countries and regions. ZTE will attract talents across the world, attach more importance to the international market and use international capital to shape its brand in the international market, and make ZTE a world-class leading enterprise.

Enterprise name: ZTE Corporation

Legal Representative: Hou Weigui

Tel: 86-755-26770000

Fax: 86-755-26771999

Address: ZTE Plaza, Keji Road South, Hi-tech Industrial Park, Nanshan District, Shenzhen, P. R. China, 518057

Postcode: 518057

Website: www.zte.com.cn

广西柳工机械股份有限公司

广西柳工机械股份有限公司（以下简称柳工）是从事工程机械研发、制造、销售的大型骨干企业，是国内行业和广西第一家上市公司。公司总部及下属控股子公司现有员工近4 000人，拥有国家级技术中心，建立了博士后流动站，具备国内一流的产品研发实力。

柳工的主导产品为1.5t-10t（额定载重）轮式装载机、0.11-1.2立方米（斗容规格）履带式液压挖掘机、10-25吨（工作质量）压路机，全新系列的路面机械产品如沥青摊铺机、平地机、铣刨机和路拌机，以及灵活多用的小型产品系列如滑移装载机和挖掘装载机等。

柳工是国内行业唯一获得由中国质量协会颁发"全国用户满意企业"、"全国用户满意产品"、"全国用户满意服务”称号的企业，并于1997年通过ISO9001质量体系认证；1998年通过美国FMRC公司的质量体系认证；柳工部分型号的产品通过了“CE”认证，已直接销往欧美等发达国家市场，赢得高端客户的认可。2005年，柳工销售收入达40.7亿元人民币，其中海外市场销售收入近3 640万美元；

柳工将始终致力于提供高品质的工程机械产品，与中国及世界工程产业共同成长，打造中国工程机械行业第一个国际品牌。

企业名称：广西柳工机械股份有限公司
法人代表：王晓华
地址：中国广西柳州柳太路1号
邮编：545007
电话：0772－3886219
传真：0772－3886122

Guangxi Liugong Machinery Co., Ltd

Guangxi Liugong Machinery Co., Ltd (Liugong) is a large - scaled leading corporation that focuses on engineering machinery in terms of research and development, manufacture and sales. It is the first listed company in the industry and in Guangxi Zhuang Autonomous Region in China. There are about 4 000 employees in this company. Liugong has developed its own national level Tech Center and built up Post Doctor Station, making it have the state of the art capability in research and development in China.

The main product lines of Liugong are wheel loader with rated loader ranging from 1.5 to 10 tons, hydraulic excavators with bucket capacity from 0.11 to 1.2cubic metre, rollers with operating weight from 10 to 25 tons, and pavement construction machinery such as pavers, motor graders, planers and mixers, as well as such multipurpose mini - machines as skid steer loader and backhoe loader, etc.

Liugong is the only company in the industry who win all of the three honours: National Enterprises Gratified by Customers, National Products Satisfied by Customers, and National Services Pleased by Customers awarded by the Association of Product Quality in China. In 1997 Liugong got the certificate of ISO90001; in 1998 it won Quality System Certification issued by American FMRC Company. Several models of Liugong products get CE Certificate, are sold to such countries as United States and European countries, and are welcomed by the high end users. The sales of Liugong were RMB 4.7 billion in 2005, including USD 36.4 million from overseas markets.

Liugong will strive to provide engineering products with high quality, to grow with the industry in China and around the world, and to make Liugong as a world famous brand in the engineering industry in China.

Enterprise name: Guangxi Liugong Machinery Co., Ltd.
Legal Representative: Mr. Wang xiaohua
Addrss: No. 1 Liutai Road, Liuzhou, Guangxi 545007, PR China
Tel: 0772－3886219
Fax: 0772－3886122

桂林机床股份有限公司

桂林机床股份有限公司为中国机械工业500强企业、中国机床行业竞争力之星企业、中国机械500强—机床20强企业、中国机械工业质量效益型企业、全国质量服务消费者满意企业、全国质量服务消费者满意企业、博士后科研工作站企业，广西高新技术企业、广西（省）级技术中心企业、广西数控铣床及加工中心工程技术研究中心。通过了ISO 9001:2000质量体系认证和ISO

10012:2003 测量体系认证。公司供有产品 35 大类 1 000多个品种，其中数控产品 25 大类 800 多个品种。公司所生产的桂林牌数控龙门铣床、龙门式加工中心、数控床身铣床、滑枕铣床被中国产品质量信息网授予"全国质量信誉保障产品"；桂林牌龙门系列、滑枕系列铣床分获"广西名牌产品"、"广西优质产品"，50－Ⅱ数控自动万能铣头获广西科技进步一等奖。公司享有自营进出口权，产品内销全国各地，外销德、英、意、法等 40 多个国家和地区。现为中国数控自动万能铣头机床和滑枕系列铣床批量生产制造商。

企业名称：桂林机床股份有限公司
法人代表：尹向东
地址：广西桂林市中山北路 37 号
邮编：541001
电报：1643
传真：(0773) 2824287
市场部电话：(0773) 2824903
进出口公司电话：(0773) 2802894
E－mail：glmtc@ pubilc. glmtc. com. cn
http：//www. glmtc. com. cn

Guilin Machine Tool Co. , Ltd

GuiLin Machine Tool Co. , Ltd is one of the 500 biggest machinery enterprises in China, a Competitive Star Enterprise in machine tool industry, the 20 Top Manufacturers, China Machinery Good Quality Enterprise, a Works Station of Postdoctoral Research approved by the Ministry of State Personal, High－Tech enterprise of Guangxi Province and a Model Enterprise of Technical Center with CNC. GMTC has gained the attestations of 2000 Quality System, 2003 Test System, and ISO10012. Guilin has 35 series, more than 1000 kinds of products. There are 25 series CNC products, more than 800 kinds of products. "Guilin Brand" of CNC planer－type milling machine, machining center, CNC bed type milling machine, ram type milling machine have gained "National quality and credit assured product" by the China Product Information Net. The "Guilin Brand" CNC planer type milling machine and ram type milling machine also have received "Guangxi brand product" and "Guangxi high quality product" respectively. 50－Ⅱ CNC automatic universal milling head is acquired first prize of Guangxi Technology Progress. Our company has the right of self－support import and export right. Our products are sold well in the whole national market and exported to over 40 countries and regions. Now we are the mass production manufacturer of China CNC automatic universal milling head and ram type series milling machine.

Enterprise name：GuiLin Machine Tool Co. , Ltd
Legal representative：Yin Xiangdong
Addrss：37 Zhong Shan Bei Road, Guilin, Guangxi, P. R. Of China
Postcode：541001
Tel：86－773－2802894
Fax：86－773－2824287
E－MAIL：glmt@ public. glptt. gx. cn
http：//www. glmtc. com. cn

厦门市机电产品进出口商会

厦门市机电产品进出口商会成立于 2003 年 4 月，是由厦门市具有机电产品进出口经营权的外贸、工贸公司、进出口经营公司、生产企业和从事机电产品进出口管理工作的有关人员自愿组成的，具有法人资格的行业性社会团体，主管部门为厦门市经济发展局。

商会目前有 100 多家会员单位，公司充分发挥政府和企业间的桥梁纽带作用，加强对机电产品进出口的协调管理，维护机电进出口秩序，组织会员拓展国际、国内市场、发展工贸结合，推动横向联合。促进机电产品出口工作快速发展；组建机电信息网，为企业提供机电信息服务，编辑出版《厦门机电信息》、《厦门机电企业大全》等各类刊物，开展与国内外相关协会组织间交流，组织业务培训；举办专业性展会，组织企业参加国内外展销、市场考察、投资贸易、技术交流等经贸活动。

企业名称：厦门市机电产品进出口商会
法定代表：李荣玉
地址：厦门市湖滨南路81号光大银行大厦13楼
邮编：361004
电话：0592－2291899
传真：0592－2291855

Xiamen Chamber of Commerce for Import and Export of Machinery and Electronic Products

Founded in April 2003, Xiamen Chamber of Commerce for Import and Export of Machinery and Electronic Products (XCCME) is a Industry - specific social organization, formed jointly and voluntarily by various economic organizations registered in accordance with law in Xiamen and engaged in import and export of machinery & Electronic products and related activities. Now it has more than 120 members.

The mission of the Chamber is to provide services in such fields as the production, marketing, information and training related to foreign trade, conduct coordination and self - discipline, propose the application for relevant foreign trade remedy measures, safeguard the interests of its member enterprises and the industry as a whole, reflect the suggestions related to foreign trade from its member enterprises to the government departments concerned and implement promotional campaigns of foreign trade.

In the past years, XCCME has always followed the guideline of serving its member enterprises and the cause of foreign trade and exercised its function of coordination and self - discipline so as to safeguard the interests of its members and relevant industry, act as a good staff and assistant to the government, help its members to explore the international market, bridge the government and the enterprises and promote the consistent and healthy development of the trade and investment of machinery & electronic products.

Enterprise name: Xiamen Chamber of Commerce for Import and Export of Machinery and Electronic Products
Legal Representative: Li Rongyu
Add: 13F, China Everbright Bank Bldg, No. 81 Hubin South Rd, Xiamen, Fujian, China
Postcode: 361004
Tel: 86 - 592 - 2291899
Fax: 86 - 592 - 2291855

欧洲商业开发投资管理中心

欧洲商业开发投资管理中心（以下简称“欧洲中心”）是国资委监管的中央企业中商集团所属全资子公司，1998年在国家工商管理总局注册成立。主要从事：投资、管理、进出口贸易、销售、运输、加工、商务办公及咨询等业务。目前是中国在俄罗斯投资额最大的贸易类企业。投资设立的全资及控股公司有：莫斯科中国友谊商城、莫斯科中国友谊保税加工区有限责任公司、莫斯科中国友谊报关行、莫斯科中国商品贸易展览中心有限责任公司、波司登·友谊国际有限责任公司。

欧洲中心投资设立的莫斯科中国友谊商城，位于莫斯科市新村街4号，是目前中国在俄罗斯最大的贸易性投资项目。商城总面积1.7万平方米，位居莫斯科百货类商场前20名，连续4年被莫斯科国际商人协会评为优秀外资企业，并成为俄海关国际俱乐部成员和俄联邦百货协会会员。2005年，莫斯科中国友谊商城荣获俄联邦商业机构颁发的“经营成功大奖”，也是唯一获奖的外商企业。友谊商城已成为中国企业进军俄罗斯的桥头堡。

俄罗斯中国友谊海关保税库位于莫斯科州谢利佐恩自由经济区内，总占地面积约8公顷，仓储面积30 000多平方米，具备清关、海关监管、保税、商业仓储、运输配送、展销批发、商务办公等功能，将成为中国商品出口俄罗斯的安全、快捷的绿色通道和大型贸易平台。

欧洲中心在俄罗斯投资创业近十年，对俄罗斯的投资环境、政策法规、消费市场及风土民情有深刻地了解，积累了丰富的投资经营和商业管理经验，拥有良好的企业形象和人脉资源，为促进中俄两国政府、地区及企业之间的投资合作和友好交流发挥着重要的作用。

公司名称：欧洲商业开发投资管理中心
法人代表：蔡桂茹
地址：北京市复兴门内大街45号
邮编：100801
电话：010－66094025
传真：010－66039639

Center for Development of Trade and Control of Investment in Europe

Center For Development of Trade and Control of Investment in Europe (Europe Centre), a sole subsidiary of the Group of the Commerce of China which is controlled by State－owned Assets Supervision and Administration Commission of the State Council (SASAC), registered at State Administration For Industry and Commerce in 1998. It engages in various areas such as investment、control、export and import、sales、transportation、processing、offices for business affairs and consulting and so on. At present, Europe Centre is the biggest Chinese trade investor in Russia which has set up some sole subsidiaries and companies, namely, Moscow－China Friendship Shopping Mall、Moscow－China Friendship Bonded Warehouse and Processing Zone Ltd. co,、

Moscow－China Friendship Customs Broker、Moscow－China Friendship Logistical company、Bosideng－Friendship International company.

Moscow－China Friendship Shopping Mall、Moscow－China Friendship Bonded Warehouse and Processing Zone Ltd. co,、Moscow－China Friendship Customs Broker、Moscow－China Friendship Logistical company、Bosideng－Friendship International company.

Invested by Europe Centre, Moscow－China Friendship Shopping Mall is located at No 4 Xincun Avenue, Moscow City, and covers a total area of 17 thousand square meters. It is the biggest Chinese trade project in Russia. The Shopping Mall grades the Top 20 in the Russian shopping malls, was continuously regarded as the outstanding enterprise of foreign capital by Moscow International Businessman Association for 4 years, and is also a member of Russia customs international club and the member of Russia General Merchandise Association. In 2005, the mall was the only enterprise of foreign capital that was awarded “an award for successful management” by Russia Business Organization. The mall has been the bridgehead of Chinese companies entering the Russian market.

Russia－China Friendship Customs Bonded Warehouse is situated in Шерризон Free Economic Zone in Moscow City with a total area of 8 hektares, and it has over 30000 square metres areas for storage. It can be used for declaration、customs control、bonded warehouse、storage、transportation and distribution、exhibition and wholesale、offices for business affairs, and it will be the green channels and big trade stage for exporting the Chinese products to Russia.

Europe Centre has carved out in Russia for about 10 years. It has a deep understanding of the investment environment、policy and statute、consumption and natural conditions and social customs in Russia. It not only accumulates abundant experience in investment and management, but also enjoys high reputation and has rich social resources. It is playing an important role in improving investment cooperation between China and Russia and their regions and companies.

Enterprise name: Centre for Development of Trade and Control of Investment in Europe

Legal representative: Cui Guiru

Address: NO 45, Fuxingmeinei Avenue, Beijing City

Postcode: 100801

Tel: 010 - 66094025

Fax: 010 - 66039639

天津滨海国际机场宾馆

天津滨海国际机场宾馆位于天津滨海国际机场内，距候机楼仅150米，是一个集住宿、娱乐及商务服务于一体的大型综合服务设施。

宾馆内有115间客用房和45间商用出租房，均按国际标准装修及配备家具。房间内配有闭路电视，小冰箱、中央空调等设施。

位于一层的商务中心可以满足不同商务客人的需求，中餐厅可提供川粤风味的美食。宾馆的娱乐部分有夜总会，桑拿洗浴，美容美发，台球室等，可为客人提供娱乐休闲服务。多功能厅及几个不同风格的会议室可承接私人聚会及商业会议等。

宾馆全体员工秉承“宾客至上服务第一”的宗旨，愿各界宾朋在这里度过方便、安全、愉快的时光。

企业名称：天津滨海国际机场宾馆

法人代表：赵春阳

地址：天津滨海国际机场

邮编：300300

电话：022 - 24902484

传真：022 - 24902490

Tianjin Binhai International Airport Hotel

Tianjin Binhai International Airport Hotel is located at Tianjin Binhai International Airport and only 150 meters from the terminal building. It is a large comprehensive service installation, including accommodation, entertainment and business services.

There are 115 rooms for lodging and 45 rooms for business affairs in the hotel which are decorated and furnished according to the international standard. The rooms are installed with cable television, refrigerator, central air - conditioner etc.

The business center on the first floor can satisfy the variety of demands, and the Chinese Restaurant can supply the delicious food of the CHUAN and YUE flavor. The entertainment department of the hotel is composed of night club, billiard, sauna, beauty saloon, so the guests can be amused and relax. Multi - function hall and other meeting rooms can meet different needs, such as private party or business conference.

All the staffs of the hotel will follow the principle—“Guest is the highest, Service is the most important”. We hope every guest can have a convenient, safe and joyful time with us.

Enterprise name: Tianjin Binhai International Airport Hotel

Legal representative: Zhao Chunyang

Addrss: Tianjin Binhai International Airport

Postcode: 300300

Tel: 022 - 24902484

Fax: 022 - 24902490

天津欧洲工业园有限公司

天津欧洲工业园辟建在天津滨海新区之保税区空港物流加工区的中心地段，是天津滨海新区保税区管委会与天津欧洲工业园有限公司为了欧洲企业来津打造的一个创业和发展平台。

2005年10月21日，天津市市长戴相龙先生在“意大利天津周”讲话时指出，天津为了给意大利及欧洲企业，特别是中小企业来津投资发展，在天津滨海新区设立了“天津欧洲工业园”这个平台，使投资者能够获得满意的收益。

天津欧洲工业园位于滨海新区核心位置，地处京津塘高速与津汕高速交口处，海、陆、空立体交通网络发达，距北京110km；距天津市区7km；距天津机场5km；距天津港25km；距京津塘高速二线5km。

“天津欧洲工业园”规划起步区用地面积22.5万平方米，一期用地面积230万平方米，并预留发展用地450万平方米。可根据用户需要，分割成生产厂区1500－15000m^2，也可“量身订做”工业厂房。区域内道路、供水、排水、供电、供热、供汽、通讯及网络等配套设施完备充足。

天津欧洲工业园享受国家、天津滨海新区及保税区给予外商投资企业的各项优惠政策。

企业名称：天津欧洲工业园有限公司
法人代表：刘永亮
地址：天津空港物流加工区企业服务中心C25－27
电话：86－22－24891680
传真：86－22－24891681

Tianjin Euro－Industrial Park

Tianjin Euro－Industrial Park, located at the central area of Tianjin Airport Industrial Park which is a branch of the Tianjin Port Free Trade Zone of Tianjin Binhai New Area, is a convenient investment platform for europeen companies, created by the Free Trade Zone Administration Committee of Tianjin Binhai New Area and Tianjin Euro－Industrial Park Co., Ltd.

On 21st of October, 2005, Mr. Dai Xianglong, the mayor of Tianjin, indicates at ‘Tianjin Week in Italy’ that, in order the Italian enterprises and other European enterprises can invest at Tianjin, Tianjin has created a platform, which is ‘Tianjin Euro Industrial Park’ for those enterprises so that the investors can get satisfied profits.

TEIP is situated in the cross of Beijing－Tianjin－Tanggu Expressway and Tianjin－Shantou Expressway, and has the developed stereoscopic communication of sea－land－air, offers excellent geographical location and traffic condition. It is 11 km away from Beijing; 7 km away from Tianjin centre city; 5 km away from Tianjin airport; 25 km away from Tianjin Port; 5 km away from Beijing－Tianjin－Tanggu No.2 Expressway.

The land area for the project of the park will be 22.5ten thousand, with construction area of 230 ten thousand square metre of first phase and the reserved area of 450ten thousand square metre for development. According to the requests of enterprises, the land will be devised as 1500～15000 square metre for the work shops area. The Industrial Park of Europe has been equipped the basic and considerate facilities in order to satisfy enterprises requirements: branches of highways and trains, water supply and Drainage facilities, power supply equipments, heating supply facilities, gas supply, communication system and Internet.

The foreign investment enterprises in the park will enjoy all special preferential policies of the government of Tianjin Binhai New Area and Tianjin Free Trade Zone.

Enterprise name: Tianjin Euro - Industrial Park
Legal representative: Yongliang Liu
Addrss: C25 - 27, Enterprise Service Center, Airport Industrial Park, Tianjin
Tel: 86 - 22 - 24891680
Fax: 86 - 22 - 24891681

吉林粮食集团进出口有限公司简介

吉林粮食集团进出口有限公司于1999年4月成立，是中国目前拥有玉米、大米出口经营权的两家外贸企业之一，公司主要经营范围包括玉米、大米、大豆、油脂、杂粮、豆的进出口贸易，并可从事境外期货套期保值业务。公司总部设在中国长春。

公司依托吉粮集团粮食收储、转运、内销系统化经营优势，实现了集团化经营，年出口能力600万吨以上。玉米、大米、杂粮杂豆进出口经营业务已扩展到了世界各大洲的20多个国家和地区，在国际市场中拥有良好的商业信用。2003年，公司取得了境外期货经营权，成为中国3家拥有该经营权的粮油企业之一，创造了吉林省乃至中国玉米出口的新纪录。玉米出口范围扩展到了非洲、中东、南亚和台湾；制定了中国玉米出口的第一个企业质量标准；连续4年成为中国外经贸质量效益型先进企业；2002年，通过ISO9001：2000质量管理体系认证；进行了全方位、多角度、深层次探索和创新，形成了魅力独特的“五四”企业文化模式。

公司致力于经营思想、经营组织、经营方式、经营人才的现代化。进出口经营坚持以国际市场为导向，以提高效益为中心，以创新为动力，实现了经营模式由任务型向效益型转变；经营方式由以出为主向进出口并重转变；经营品种由单一向多元转变；经营领域由本土经营向国际化经营转变；做到了进出结合、期限结合、境内外结合、贸易实业结合。

公司营销坚持以顾客第一、员工第一为根本方针，以绿色营销、人文营销为基本原则，实行具体策略与整体目标相结合；把握原则与机动灵活相结合；理性竞争与真诚合作相结合；据理力争与得理饶人相结合的营销策略。

面向未来，公司将竭心尽智、竭尽全力致力于思想再解放，经营再创新，文化再提升，公司一定会成为拥五洲、搏四海的现代国际粮商，更会成为所有合作伙伴的诚挚朋友！吉林粮食集团愿与您携手共绘美好蓝图，并肩共创辉煌未来！

企业名称：吉林粮食集团进出口有限公司
法人代表：王海生
地址：中国长春市人民大街7008号
邮编：130022
电话：86 - 431 - 5598115
传真：86 - 431 - 5598118

Jilin Grain Group Imp. and Exp. Co. Ltd.

Jilin Grain Group Imp. & Exp. Co. Ltd., established in April 1999, with its headquarter in Changchun, China. It is one of the two Chinese corporations who have the privilege in exporting corn and rice. Our company is specialized in the imports and exports of corn, rice, soybeans, oils and fats, small grains and also engaged in hedging business in overseas futures and options exchanges.

With the advantage of Jilin Grain Group (JGG) having its own grain purchase, storage, transit and transportation facilities as well as the systematic distribution network, we have realized our business as a group, with an annual grain export capacity of 6 million metric tons. Our corn, rice, soybeans and other small grain business covers more than 20 countries and regions. Our company has earned the first class credit in the world market place and in 2003, we are granted by the central government the privilege, as one of the 3 China corporations, in carrying our the hedging business in world grains and oilseeds exchanges. We set a new record for both Jilin province and China. Moreover we expanded our corn export to Africa, Middle East, South Asia and Taiwan. The company put forward the first corporate quality standard for corn export and has been awarded as Quality and Profit Model Enterprise in Chinese Foreign Trade Industry for 4 consecutive years. In 2002, the company passed ISO9001: 2000 Quality and Administration System Certification. We plan our future from all aspects, multi angels and stages, which has formed its special "five - four points" corporate culture.

The company has been endeavoring in the modernization of our business philosophy, organizational structure, business mode, and human resources. Market globalization, profit improvement and creative motivation have been the main business focuses for our company. We have transformed our business from 'governmental assignment' to 'profit orientated', from 'exported based' to 'import & export co - developed', from 'single commodity' to 'multi commodities' and from 'domestic operation' to 'internationalization', which has unified both import and export, cash and futures, domestic and international markets, pure trading and industrial investment.

The company keeps "Green Marketing". and "Humanistic Marketing" as the main marketing principle and keeps "Customer First, Staff First" as its basic policy, and makes its marketing strategy as a combination of aiming at general objective as well as focusing on concrete target, insisting on principle as well as being flexible, competing rationally as well as cooperating sincerely, and arguing strongly on just grounds as well as being of generosity to others on right point.

Facing the future, the company has been trying its utmost to further liberalize its business culture, to further reform its business operation and to further elevate its business culture. We are bound to become a modern international grain trading house and a sincere friend of all our business partners to create our bright future.

Enterprise name: Jilin Grain Group Imp. & Exp. Co. Ltd.

Legal Representative: WangHaisheng

Add: No. 7008 Renmin Avenue Changchun China

P. C.: 130022

Tel: 86 - 431 - 5598115

Fax: 86 - 431 - 5598118

苏源永利达电子科技有限公司

公司专业设计、生产具有自主产权的电子式单相、三相四线电能表，电子式单相、三相四线预付费电能表，电子式单相、三相四线多费率电能表及远程集中抄表等产品。

公司的产品质量一直走在行业的前列，先后通过：荷兰 KEMA 认证、国际 CE 认证、中国 3C 认证、ISO9001 质量体系认证等国内外权威质量检测。

公司坚持以科技为先导，开发与生产并重的经营方针。不断研发出高精度、微型化、智能化、网络化的先进的电子式电能表。公司并拥有先进的全自动印刷机、全自动高速贴片机、七温区热风回流炉、波峰焊机、在线检测仪、气相清洗机等先进的设备。公司可根据客户的需求，委托设计、贴牌生产。

公司的宗旨：用户至上，客户的满意是我们永恒的追求。

企业名称：苏源永利达电子科技有限公司

法定代表人：靳利军

地址：中国江苏省金坛市金城镇工业园
邮编：213200
电话：0086－519－2891660
传真：0086－519－2891662

Changzhou Suyuan Yonglida Electronic Scientific & Technological Co.，Ltd.

Our products as follows：single－phase electronic watt－hour meter，three－phase four wire electronic watt－hour meter，single－phase prepayment electronic watt－hour meter，three－phase four wire prepayment electronic watt－hour meter，single－phase multi－rate electronic watt－hour meter，three－phase four wire multi－rate electronic watt－hour meter，and automatic meter reading system，which are all designed，researched & developed，produced by our own company，with the property right reserved.

The authentications we have passed：KEMA，CE，CCC，and ISO9001 quality system authentication.

Advanced production facilities we adopted：automatic press，automatic high－speed chip processor，seven－area hot blast spill burner，wave crest welder，on－line detector，gas phase cleaner and so on.

Our company constantly keeps researching & developing miniature，intellective，networking，and high－precision electronic watt－hour meter，as our business policy "under the lead of science & technology，lay equal stress on producing and researching & developing".

Our aim：Customers first！Your satisfaction is our eternal pursuit！

Enterprise name：Changzhou Suyuan Yonglida Electronic Scientific & Technological Co.，Ltd.
Legal representative：jin lijun
Addrss：jincheng Industrial park，jintan，jiangsu，china
Postcode：213200
Tel：0086－519－2891660
Fax：0086－519－2891662

天津开发区：投资环境和优惠政策

一、投资环境

天津开发区建区以来，一直秉承"投资者是帝王"、"让投资者赢得利润"的理念，通过坚持"有限目标、逐步逼近"的策略，不断改善投资环境。

1．四通八达的交通网络

公路方面，天津开发区周边拥有9条高速、6条国道，与全国公路网连通；海运方面，天津港，是中国北方第一大港，与世界160个多个国家的300多个港口通航；铁路方面，天津市是中国北方重要铁路枢纽，拥有六条铁路干线贯通全国；空运方面，天津滨海国际机场是中国最大的航空货运中心。

2．广阔的市场腹地

天津开发区地处环渤海和京津冀都市圈的中心，独特的地理位置，决定了天津开发区市场范围可辐射"三北"（华北、东北、西北）。

3．充足的人力资源

天津市拥有59所大专院校、183所职业技术学校、数量众多的产业工人，为天津开发区的发展提供了充足的人力资源。

4．高标准的公用基础设施

为了保证企业持续生产，天津开发区建有高标准的水、电、气、热等能源保障供应体系；为了减轻企业前期投入，开发区建有多种规格的工业标准厂房，提供"九通一平"的土地。

5．高效便捷的政府服务

为投资者提供高效便捷的服务是天津开发区工作的中心。

二、优惠政策

天津开发区，主要享受下列国家赋予的税收

优惠：

1. 外商投资生产性企业所得税基本税率为15%，对属于经营期十年以上的，从开始获利年度起，第一年和第二年免征企业所得税，第三年至第五年减半征收企业所得税；

2. 上述企业，5年政策优惠期满后，经批准和认证成为“先进技术型企业”，可以延长三年享受企业所得税10%的优惠；

3. 对于当年出口产品产值达到当年企业产品产值70%以上的，减按10%的税率缴纳企业所得税。

4. 国家鼓励类产业企业自用设备免征关税、进口环节增值税。

此外，为了促进天津开发区经济持续健康发展，我们制定了系列产业促进政策，如《天津开发区鼓励制造业发展的规定》、《天津开发区鼓励高新技术产业发展的规定》、《天津开发区鼓励服务业发展的规定》，给予企业国家优惠政策之外的地方进一步扶持。

企业名称：天津经济技术开发区管理委员会
法人代表：李勇
地址：天津经济技术开发区宏达街19号
邮编：300457
电话：022－25201145
传真：022－25201371

TEDA's Investment Environment and Favorable Policy

● Investment Environment

TEDA adheres to such principle as “investors are kings” and “help investor with profit - making” since its foundation, sticking to the strategy of “down - to - earth goals and step - by - step implementation”, ameliorating investment environment constantly.

I. Transportation to all directions

In the respect of road, nine expressways, six inter - province highways join within the national expressway network around TEDA. In the respect of sea, the Tianjin Port, is the largest international trade port in North China, connecting with more than 300 ports of not less than 160 countries and regions; By rail, Tianjin is the important rail center in North China, six major railways to all directions across the country. By air, the Tianjin Binhai International Airport is the largest cargo airport in China.

II. Vast market hinterland

Teda is situated at the converging point of the Circum - Bohai Economic Ring and Beijing - Tianjin - Heibei city cluster, the special geographical position bring her vast market which is radiating to Northwest, Northeast, North China and even Northeast Asia.

III. Plenteous human resources

Tianjin has 59 colleges and universities, 183 vocational schools and huge amount industrialist, which provide abundance human resources for TEDA's development.

IV. High - standard public facilities

To ensure enterprises production in succession, TEDA has a high level energy purvey system which is including water, electricity, gas and heat. To help enterprises reduce pre - costs, TEDA provides various standard industry workshops for selection and land with nine availabilities and one level up.

V. Efficient and convenient government service

To supply efficient and convenient government service is our working focus.

● Favorable Policy

I. The income tax on enterprises with foreign investment of a production nature established in TEDA, shall be levied at the reduced rate of fifteen percent. With respect to the enterprise with foreign investment scheduled to operate for a period of not less than ten years shall, from the year beginning to make profit, be exempted from income tax in the first and second years and allowed a fifty percent reduction in the third to fifth years.

II. With respect to aforementioned enterprises,

the five favorable policy term end, are approved and attested for advanced - technology enterprise, can enjoy the ten percent income tax for another three years.

III. With respect to the enterprises, which the export value is more than 70% of the industrial output, the income tax shall be levied at the reduce rate of ten percent.

IV. The imported capital equipments of national encouraged categories shall be exempted form import duties & import value added tax.

In addition, in order to promote TEDA's economy sustainable development, we carried out series of industrial promotion policy, i. e: *Provisions of TEDA on encouraging Development of Manufacturing Industries*, *Provisions of TEDA on Promoting Development of High and New Technology Industries*, *Provisions of TEDA on Encouraging Development of Tertiary Industries*, etc. which provide local further support except the national favorable policy.

Enterprise name: Adminstrative Commssion Of TianJin Economic Technological Development Area
Legal representataive: Li Yong
Addrss: No. 19, Hongda Street, TEDA, Tianjin, China
Postcode: 300457
Tel: 022 - 25201145
Fax: 022 - 25201371

河南森源电气股份有限公司

河南森源电气股份有限公司创建于1992年，是国家原机械部、电力部定点生产高低压配电成套设备、隔离开关及元器件产品的厂家，是全国高压开关行业协会理事会员单位，中国输变电行业协会会员单位，国家重点高新技术企业。曾多次承担国家火炬计划、河南省高新技术产业化重点项目、河南省重大科技攻关项目、杰出人才创新资金项目。

公司拥有高低压成套开关设备、高压元件、高压配件等9大系列、400多个品种产品。其中GZS1中置式开关设备、HXGN高压环网柜、GN系列高压隔离开关等产品技术性能在国内同行业处于领先地位。公司制造的GZS1中置柜、YB箱变、YK开关站等十多种产品被评为河南省高新技术产品，其中GZS1中置柜、VSV户内高压真空断路器被评为河南省名牌产品，MNSS低压柜被评为河南省优质产品。GN系列隔离开关年销售量及市场占有率居全国第一。2003年公司在郑州国家经济技术开发区购地150亩，建设“森源高科技产业园”，与国内外著名企业和科研院校合作，共同建设高科技电气研发平台。公司销售网络遍及全国二十多个省市自治区，产品行销全国，并远销到亚洲、非洲、欧洲和拉美等国际市场。

企业名称：河南森源电气股份有限公司
法人代表：楚金甫
地址：河南省长葛市人民路北段
邮编：461500
电话：86 - 374 - 6108358
传真：86 - 374 - 6108369
http: //www. hnsyec. com
www. hnsenyuan. com

Henan Senyuan Electric Co., Ltd

Founded in 1992, Henan Senyuan Electric Co., Ltd is a manufacturer of complete set high & low voltage distribution equipment, disconnectors and spare parts designated by former Ministry of Machinery Industry and Ministry of Electric Power. It is a member of China Electrical Equipment Industrial Association, High - voltage Switchgear Branch (CHVSB) and China Electric Power Transmission and Distribution Association, as well as national High and New Technology Enterprise. The company has undertaken many projects for State Torch Plan, Hi－Tech Industrialization Key Project of Henan Province, Important Scientific Project of Henan Province and Innovation Fund for Eminent Talent, etc.

The company manufactures HV and LV complete switchgear, HV components and HV accessories, which fall into 9 series and over 400 varieties. Among others GZS1 draw－out switchgear, HXGN ring main unit switchgear and GN series high voltage disconnectors have leading technology and performance in the national wide industry. Among which over ten kinds of products like GZS1 draw－out switchgear, YB box substation, YK switchgear station, were evaluated as Henan provincial high and new technology products. GZS1 draw－out switchgear and VSV circuit breaker were evaluated as Henan Top Brand Products, MNSS LV switchgear as Henan Top Quality Product. GN series disconnectors rank first in the country in sales and market share. In 2003, the company purchased a zone of 150 mu to build Senyuan High－tech Industry Garden. The company is cooperating with famous companies and institutes of home and abroad, to build high－tech electric R&D platform. The marketing network of the company is found in more than 20 provinces, municipalities and autonomous regions. Our products are good sellers in China as well as in the international markets as Asia, Africa, Europe and America.

Enterprise name: Henan Senyuan Electric Co., Ltd

Legal Representative: Chu Jinfu

Add: North Section of Renmin Road, Changge City, Henan Province

Postcode: 461500

Tel: 86－374－6108358

Fax: 86－374－6108369

http: //www.hnsyec.com

http: //www.hnsenyuan.com

哈尔滨利民经济开发区

哈尔滨利民经济开发区是1991年6月经黑龙江省政府批准创办的省级开发区，规划面积24.39平方公里，位于松花江北岸的哈尔滨市呼兰区境内。开发区地理位置优越，距哈尔滨市政府仅8公里，地处哈大齐工业走廊上（哈尔滨—大庆—齐齐哈尔），是今后很长时期黑龙江省经济发展的中心区域。开发区具有优越的交通条件，滨北（哈尔滨至北安）、滨洲（哈尔滨至满洲里）铁路在东部与南部通过，松花江在南部十余公里处流过，水运线可直达俄罗斯境内。公路网四通八达，哈黑、哈肇、哈大、哈伊等公路在此穿过。有数条通道将利民开发区同哈尔滨市区紧密连接，得天独厚的地理及交通条件，使之成为中国南方通向黑龙江腹地的咽喉要道。并将其融入了国内及国际的经济脉络，使利民开发区的政治、经济、文化等各项事业进入了快速发展时期。

开发区内现有企业260户，引进资金总额122.7亿元，固定资产88.1亿元。建区以来，开发区累计实现税收8.15亿元，出口创汇2.25亿美元，为区域经济发展做出了突出的贡献。到目前为止累计投入近14亿元进行基础设施建设，已经完成了道路、给水、排水、供电、通讯、供热、燃气、有线电视、宽带网等城市基础设施配套项目的建设。完善的基础设施吸引着越来越多的投资者进区谋求发展。我们竭诚欢迎各位有识之士前来投资发展，我们也愿为各位投资者提供优质、高效的服务。

企业名称：哈尔滨利民经济开发区

法人代表：孙绍文

地址：中国·哈尔滨利民开发区

邮编：150025

电话：86－451－57351447　57358666

传真：86－451－57351447　57358899

Harbin Limin Economic Development Zone

Harbin Limin Economic Development Zone is a provincial level development zone, established in June, 1991, under the approval of the province government. It locates in the Harbin Hulan district lies on the north bank of the Songhua river, covers planning area of 24.39 square kilometers. It possesses advantageous geographical position, only 8 kilometers away from the Harbin municipal government, standing in Ha – Da – Qi industry corridor (Harbin – Daqing – Qiqihaer), would being the economic center of Heilongjiang province in a long time for the future. It has perfect traffic conditions, the two railways through out this area from east and south as Bin – Bei railway (Harbin to Beian), Bin – Zhou railway (Harbin to Manzhouli). The Songhua River flowing passes by it's south about 10 kilometers away, the water transport line can reach Russian area directly. The road web link up all parts of this area including Ha – Hei, Ha – Zhao, Ha – Da, Ha – Yi etc., several passing way closely connect limin development zone and Harbin urban district. By the benefit of excellent geographical and traffic conditions, the development zone has being a key junction from nation's south area to the hinterlands of Heilongjiang province, and being brought to and then join the economic belt of domestic and abroad, making the various kinds of causes of political, economic and cultural etc. Striding into rapid developing term.

Nowadays, there are 260 enterprises settled down in the development zone, introducing total capital amount 12.27 billion RMB, with fixed capital investment 8.81 billion RMB, realized tax revenue 815 million RMB accumulatively, foreign exchange earning 225 million USD, made great contribution for local economic development. At present, the development zone has accumulatively invested 1.4 billion RMB for the construction of city infrastructure supporting facilities, including road, water supply, drainage, power supply, communication, heat supply, fuel gas, CATV, broadband net work etc. Sufficient city infrastructural facilities attracting more and more investors settle down to invest here for development. We honestly welcome man of insight to come here for mutual development, we will provide first – rate, high efficiency service for you.

Enterprise name: Harbin Limin Economic Development Zone
Legal representative: Shaowen Sun
Address: Limin Development Zone, Harbin, China
Postcode: 150025
Tel: 86 – 0451 – 57351447 57358666
Fax: 86 – 0451 – 57351447 57358899

江铃进出口有限责任公司

江铃进出口有限责任公司（以下简称“公司”）成立于1993年，是一家专业从事汽车产业进出口贸易和国际合作项目的公司，在经营和代理各类机械产品及技术进出口业务，同时还经营“三来一补”业务及对销和转口贸易，并提供对外项目合作服务，除此之外公司还代理国际物流业务。在香港、日本、欧洲等地设立了多家子公司或办事处。在汽车相关产品的国际贸易上取得了卓越的成绩。2004年江铃整车出口已占国内轻型柴油货车出口的23%，在同类产品中位居全国第一。在整个汽车行业中，出口量居第五位。2005年出口江铃整车近7 000台，逾6 000多万美元；零部件出口400多万美元，较2004年增长50%以上；另外，进口及引进技术4 900万美元。

公司全面推行"市场多元化、产品多元化、贸易方式多元化"的国际化经营战略，立志成为国际一流的外贸企业。

企业名称：江铃进出口有限责任公司
法人代表：王锡高
地址：国江西省南昌市沿江北路88号凯莱大酒店6楼
邮编：330008
电话：86－791－6738769
传真：86－791－6738577

Jiangling Motors Import & Export Co., Ltd.

Jiangling Motors Import & Export Co., Ltd (Hereinafter named as "JMIE") was found in 1993, which is specializing in the export & import trade of automobile industry and international cooperation projects. JMIE manages and distributes export & import business of varieties of mechanism products and technologies. JMIE also deals in processing and compensation trades, exchange trade and transit trade. And JMIE can provide service or foreign project cooperation. Except that, it is acting as the agent of global logistics business. Now JMIE has established many branches and subsidiary companies in Hong Kong, Japan, Europe Division etc. So far, JMIE has attained great achievements on foreign trade of automobile industry. In 2004, JMC Vehicles export has held 23% and ranked No. 1 in diesel light－duty Trucks export of China. Moreover in 2005, about 7, 000 units JMC vehicles have been exported to overseas markets, and total amount was over US dollar 60 million. Also spare parts export amount has exceeded 4 million US Dollar with 50% increase compared with 2004. Except that, total amount of import business and technologies introduction was US dollar 49 million.

Later on, JMIE will still carry on international management strategy of Multi markets, products and trade operation. Under the efforts, JMIE will become one of top－level international and professional foreign trade companies.

Enterprise name: Jiangling Motors Import & Export Co., Ltd.
Legal representative: Wang Xigao
Addrss: 6/F, Gloria Plaza Hotel, 88 Yanjiang Bei Lu Nanchang, P. R. of China
Postcode: 330008
Tel: 86－791－6738769
Fax: 86－791－6738577

大庆高新技术产业开发区

大庆高新技术产业开发区位于大庆市东城区，1992年11月被国务院批准为国家级高新区。经过14年的开发建设，目前已经形成了"一区三园"（主体区、宏伟化工园区、兴化化工园区、林源化工园区）的发展格局。

大庆高新区发展环境不断优化。具有得天独厚的石油、天然气和石化资源优势，同时也是石油和天然气勘探、钻采、化工配套方面的巨大市场，为相应配套和服务项目的发展提供了广阔的空间。实施和完善优惠政策、大幅度降低了企业的投资成本，缩短了项目建设周期。努力转变工作方式，减化审批程序，实行"一站式"办公，"一个窗口"对外和"一条龙"服务，提高了办事效率。辟建和完善大学园、创业服务中心、创业广场、软件园、归国留学人员创业园、博士后科研工作站等技术创新、孵化、服务机构，引入人才交流中心、产权交易中心、会计、律师、公证等中介机构，技术创新和企业服务功能逐步系统化。

大庆高新区正在成为大庆市高新技术产业的主导区、对外开放的先行区、高科技现代化城市的示范区。

企业名称：大庆高新技术产业开发区管理委员会

法人代表：任贵生

地址：黑龙江省大庆市火炬新街33号

邮编：163316

电话：0459－8109966

传真：0459－6282082

Daqing New High – Tech Industrial Development Zone

Daqing New High – Tech Industrial Development Zone, located in the east of Daqing city was approved to be a state – level high – tech industrial development zone in November 1992. After a 14 – year development and constructions, the current pattern of "one main body with three specific parks" (main body, Hongwei petrochemical park, Xinghua petrochemical park and Linyuan petrochemical park) has been formed.

The development environment of Daqing New High – Tech Industrial Development Zone has been optimized. Having the unique advantages of petroleum, natural gas and petrochemical resources as well as the huge market of exploration, drill, oil extraction and the relative needs of petroleum and natural gas production the zone provides broad space for relative specific suppliers and service projects to develop. The implementation and perfecting of preferential policies have largely reduced the enterprises cost of investment and shorted the terms of project construction. By adopting the new ways of working, simplifying the procedures of approvals and providing the services of "one stop shop," "one window reception" and "one streamlined service" the efficiency has been greatly raised. There have established the technological innovation, incubation and service organizations such as University Park, Venturing Square, Incubation Center, Software Park, Returned Overseas Students Park, Post Doctor Science and Technology Working Station and many intermediary units including Introduction and Exchange Centre for Talents, Transaction Centre for Property Rights, Accounting Offices, Law Firms and Notary Offices. The technological innovation and service function for the enterprise systematizes gradually.

Daqing New High – Tech Industrial Development Zone is becoming the leading area of Daqing new high – tech industry, the advanced area of opening to the outside world, model district of the high – tech modernization city.

Enterprise name: Administrative commission of Daqing New High – Tech Industrial Development Zone

Legal representative: Ren guisheng

Addrss: No. 33 Huojuxinjie street Daqing Heilongjiang

Postcoad: 163316

Tel: 0459 – 8109966

Fax: 0459 – 6282082

长安汽车（集团）有限责任公司简介

长安汽车（集团）有限责任公司地处中国重庆，现有员工4.1万人，总资产320亿元，诞生于1862年，是一家具有140多年历史的军民结合的特大型企业集团。经过不懈努力，长安汽车公司在中国拥有西南、华东、华北三个整车生产基地，长安股份、长安铃木、长安福特、马自达、江铃控股等10余个汽车制造企业，美国福特、日本铃木、日本马自达三大合作伙伴，长安汽车、江铃汽车、长安民生物流三家上市公司，重庆、上海、意大利及德国四个研发中心，并在巴基斯坦、孟加拉、印尼等国建有多条生产线。公司坚持“以微为本、以轿为主、发展商用、进军服务、开拓海我”的发展战略，已经形成了微车、轿车、客车、货车、MPV、SUV 等各种类型的高、中、低档较为全面的汽车产品谱系。长安汽车品牌价值达106.97 亿元，是中国最有价值的汽车自主品牌之一。至今已累计向市场投放汽车 345 万辆，其中自主品牌 260 万辆。

2005 年，长安汽车产销汽车 63 万辆，连续多年产销量排名位居中国汽车行业第四，微车行业第一。重庆长安汽车进出口有限责任公司是长安集团公司属下唯一负责长安汽车出口业务的子公司，2005 年，长安集团实现出口汽车15 164辆，同比增长 143%，出口数量位居中国汽车行业第一，出口区域覆盖中东、东南亚、非洲及中南美洲 40 多个国家和地区。

企业名称：重庆长安汽车进出口有限责任公司

法人代表：王重生

地址：中国重庆江北区建新东路260 号

邮编：400023

电话：0086 – 23 – 67591682；67853241

传真：0086 – 23 – 67852882

Changan Automobile Imp. & Exp. Co., Ltd

Located at Chongqing city, China, Changan Automobile (Group) Company, Ltd ("Changan") nowadays has employees of 41000, and total assets of more than 30 billion RMB. Founded in year 1862, Changan has a history of more than 140 years, is an oversized enterprise with combined production of military and civil articles. Changan has three entire car production bases in Southwest China, East China and North China, and over ten automobile manufacturing enterprises, such as Changan Joint – stock Co. td, Changan Suzuki, Changan Ford Mazda, Jiangling Holding Company and etc. It cooperated with international auto leaders such as Ford, Mazda and Suzuki and has established several joint ventures in China. Changan has three Listed companies: Changan auto company, Jiangling holding company and Changan minsheng material circulation company, and Changan has four research centers in Chongqing, Shanghai, Italy and German. Changan built our automobile production lines in the foreign countries such as Pakistan, Bengal, Indonesia and etc. The Company sticks to the developing strategy of "taking the mini car as the foundation, taking cars as dominant products, developing the cars for commercial use, marching into the services and expanding the overseas market", having a complete automobile products system of high grade, medium grade and lower grade with various types of mini cars, cars, passenger cars, trucks, MPV and SUV. The brand of "Changan Automobile" values 10. 697 billion RMB, which is one of the most valuable self developed brands in China`s automobile industry. To this day, Changan has produced 3450000 cars and 2600000 units self developed brands among them.

Changan group is the largest company in China`s mini auto industry and the 4th largest in China`s auto industry with output about 630000 units in 2005. Changan Automobile Imp. & Exp. Co., Ltd. is a share – controlled subsidiary of Changan Automobile (Group) Liability Co., Ltd., and it is the only company which is responsible for Changan export business. In 2005, Changan Automobile Group exported 15, 164 vehicles with increasing of 143%, and export volume ranking first in China´s automobile sector. Changan automobile exported to more than 40 countries with coverage of the Middle East, Southeast Asia, Africa and Latin America.

Enterprise name: Changan Automobile Imp. & Exp. Co., Ltd

Legal representative: Wang Chongsheng

Addrss: No. 260 Jianxin Donglu, Jiangbei District, Chongqing, China
Postcode: 400023
Tel: 0086-23-67591682; 67853241
Fax: 0086-23-67852882

中德制辊有限公司

成都市中德制辊有限公司创立于1995年，是成都市高新技术企业，拥有自营进出口权。从建立之日起，公司就一直采用现代管理模式来进行企业管理，注重高新技术的采用，积极拓展市场，以市场经济和技术经济为依托来求得企业的发展。

公司的主要设备及生产技术是从德国引进，产品主要有收卷辊、胶辊、电镀辊等各种辊类产品，供应国内外各家大型生产企业，商品80%供应国际市场，国内市场占有率达到90%以上，涉及到薄膜、造纸、冶金、塑料、印染等行业，广受好评。迄今已成功为德国“布鲁克纳”，日本“三菱”，法国“DMT”等公司配套两百多条生产线，以及为英国“阿特拉斯”，德国“康普”，日本“片港”等公司的分切机设备提供分切卷芯，并直接供应海外市场。

公司的动平衡试验基地。不仅为各种辊子进行动平衡试验，还为各种风机，叶轮、气轮机、发电机转子等高速转子做动平衡。

公司非常重视人才的引进和培养，已从各科研院所引进多名技术人才和管理人才，企业员工队伍素质大大提高。目前，科技管理人员已达到企业总人数的40%，1998年被认定为高新技术企业，1999年取得自营进出口经营权。

公司从德国引进的橡胶辊包覆生产线和平衡试验机等先进设备已全面投产，生产单重可以达到50吨，直径达2米，长度达到15米的大型胶辊。

公司深切感谢你的关注，并真诚期待与你和你的公司进行业务合作！

企业名称：成都中德制辊有限公司
法人代表：闵燕华
地址：成都市青白江区
电话：0086-28-83692600
传真：0086-28-83692005
邮编：610300
E-mail: wang@ cdzd. com
Website: www. cdzd. com

Chengdu Zhongde Roll Manufacturing Co., Ltd.

Chengdu Zhongde Roll MFG. Co., Ltd. was founded in 1995 which is a new modern technology enterprise. From beginning, we have established a centralized management mode and planning mechanism depending on the market economy and technology economy.

Chengdu Zhongde Roll Manufacturing Co., Ltd. is specializing in various kinds of rolls. With the range of rolls, diameter from 30mm TO 1, 500mm, length from 300mm to 12, 000mm, we offer a wide variety of technical solutions for many industries.

Large dimension rolls and optimal dynamic balance technical and winder core runout test device have earned us a leading position. Latest CAD system and experienced engineers have offered advanced designs. Long terms of cooperation with most famous film lines and papers lines suppliers have been formed on the basis of excellent quality and reliable service. All of these make us meet the various needs of customers.

In 1999, we have built up Chengdu Zhongde Machinery Industries Co., Ltd. which occupies almost 40, 000 square meters. And we have introduced HB2000 rubber-covering line for rolls with the production ability of Max. Weight 40 tons per piece.

It's our pleasure to develop business with you and your esteemed companies and would like to shave these with you.

Enterprise name: Chengdu Zhongde Roll Manufacturing Co., Ltd.

Legal representative: Min Yanhua

Addrss: QingBaiJiang, Chengdu
Tel: 0086 - 28 - 83692600
Fax: 0086 - 28 - 83692005
Postcode: 610300
E - mail: wang@ cdzd. com
Website: www. cdzd. com

深圳市宇阳科技发展有限公司

深圳市宇阳科技发展有限公司成立于2001年2月，注册资本2亿元，下辖电容、手机两大事业部。公司总部设在深圳市南山科技园的宇阳科技大厦，制造基地设在东莞市凤岗镇宇阳科技园。

宇阳科技是专业的电容制造商，从日本、德国、美国引进全套世界最先进片式电容生产线，拥有专业的研发及工艺技术团队。可大规模生产0402（1005）、0603（1608）、0805（2012）等规格微型MLCC，达到250亿片年产能。宇阳公司已经成为国内排名第二的知名电容制造商，拥有一大批国内外知名的客户。

宇阳科技手机事业部2003年成立，2004年单独注册成立子公司——深圳亿通科技，成立自己的手机设计中心，开始手机的研发、生产和销售。2004年5月，宇阳手机生产线在宇阳科技园正式投产，标志着宇阳手机产品实现了自主生产，为确保产品质量、改善售后服务、加快发展步伐奠定了坚实的基础。2005年底，宇阳获国家发改委核准手机生产牌照，表明宇阳创自有手机品牌的决心。

深圳宇阳科技是深圳市高新技术企业，荣获“2005德勤高科技、高成长中国50强”第二名，“2005德勤亚太地区高科技、高成长500强”第三名，宇阳坚持创建属于自己的电容、手机品牌。

公司名称：深圳市宇阳科技发展有限公司
法人代表：陈伟荣
地址：深圳市福田区滨河大道9003号湖北大厦北座27层
邮编：518048
电话：86 - 755 - 83572988
传真：86 - 755 - 83572963
生产基地：广东省东莞市凤岗镇永盛大街宇阳科技园
邮编：523686
电话：86 - 769 - 87517888
传真：86 - 769 - 87518148
网址：http: //www. szeyang. com

Shenzhen EYANG Technology Development Co., Ltd

EYANG technology development co., ltd is established in Feb 2001, with a capital of 200 million, subdivided into MLCC Division and Handset Division, whose main operations are R&D, production and distribution of MLCC and cell phone. The company's headquarter is Eyang Technology Building, which is located at Nanshan Hi - tec Garden, Shenzhen and manufacture base is in Eyang Hi - Tech Garden of Fenggang Dongguan.

EYANG staff is a professional producer of MLCC, who brought in world most advanced production line and has a strong technology team engaged in MLCC. The yearly capacity reached 25 billion chips in 2005 with main size of 0402 (1005)、0603 (1608) and 0805 (2012), etc. EYANG has been the second of domedtic well - known MLCC producer, who has a set of well - known clients.

Handset division of EYANG staff was founded in 2003, and registered in 2004 as a dependent subsidiary company - Eycom technology development co., ltd. Eycom straff has established its own handset designing centre, begining the R&D, production and sales. In may 2004, handset production line was built in EYANG Garden, indicating that EYANG has the strength to guarantee the quality and service. In 2005, EYANG got the license permitting to produce GSM handset from government.

EYANG technology development co., ltd is a high & advanced technique enterprise, and is ranked as the 2nd in 2005 China Top50 Hi - Tech, High accreation Enterprises Bord Published by Deloitte&Touche, the 5th in Deloitte&Touche Top100 Hi - Tech, High accreation Enterprises within Asia Pacific Zone. EYANG insist on establishing its own MLCC and handset brand.

Enterprise name: ShenZhen EYANG Technology Development Co., Ltd

Legal representative: Chen Weirong

Addrss: Floor27, North Area of HuBei Building (Chu Tian Hotel), 9003# Binghe Road, FuTian Region, ShenZhen, P. R. C

Postcode: 518048

Tel: 86 755 83572988

Fax: 86 755 83572963

Addrss: EYANG High - Tech Garden, YongSheng Street, FengGang town, DongGuan, Guangdong, P. R. C

TEL: +86 769 87517888

FAX: +86 769 87518148

Post code: 523686

http: //www. szeyang. com

http: //www. szeycom. com

海南泰澳实业有限公司

海南泰澳实业有限公司，成立于2000年11月，注册资本金为：190万元人民币，具有中华人民共和国进出口企业资格证书。公司经营范围有：洛神花饮料生产及销售；经营进出口贸易业务；通讯器材及设备；日用百货、机电设备、五金交电、金属材料；农副土特产品、保健品、家具、饲料；汽车配件、橡胶及橡胶产品、医疗器械等。公司成立以来，本着互惠互利、共同发展的原则，与国内、外的工商界客商、友人进行广泛的接触，在国际经济贸易领域中的精诚合作，贸易客户遍及欧盟、美国、巴拿马及东南亚各国。

公司凭借自己开创的品牌与尖端的专业技术、严格的管理、优质的服务赢得了合作伙伴的信赖和良好口碑。

公司郑重承诺："重合同、守信用"的经营服务宗旨，与同仁一道一如既往地与新、老客户携手共进、和谐发展、谋求共赢。

企业名称：海南泰澳实业有限公司

法人代表：刘亚森

地址：海南省海口市国贸路48号新达商务大厦1804室

邮编：570125

电话：86 - 898 - 68546609/68546600

传真：86 - 898 - 68546602

http: //hntaiao. cn. alibaba. com/

http: //www. hkzq. 21food. cn

http: //www. hkzq. 21food. com

Hainan Taoao Industry Co., Ltd

Hainan Taoao Industry Co., Ltd, founded in November, 2000, registered with reserved funds of total capital RMB 200 million, has the import and export certificate qualification. With the development over past 5 years, the company, from beginning to the end, actively co - operated with multinationals to promote the sincere friendship and partnership between them, and, at the same time, dealt with a total amount of over USD3, 000, 000 of cargoes every year. Its dealing business scopes include several kinds of fields, such as, electricity machinery equipments, Chemicals, engineering building materials, medical instruments, healthful products, textiles and clothes, metal minerals, hardwares, marine products, shoes and garments and so on.

"Promoting friendship and mutual - trust" is the motto of the company. We should play a positive role in furthering mutual understanding and trust between our purchasers, and practically promote the development of mutual relations.

Enterprise name: Hainan Taoao Industry Co., Ltd

Legal kepresentative: Liu Ya Sen

Addrss: No. 1804 Room, Xinda Business Building, No. 48, Guo Mou Road, Haikou City, Hainan Province The People's Republic of China

Postcode: 570125

Tel: 86 - 898 - 68546609/68546600

Fax: 86 - 898 - 68546602

http: //hntaiao. cn. alibaba. com/

http: //www. hkzq. 21food. cn

http: //www. hkzq. 21food. com

河北鹏烨药剂有限公司

河北鹏烨药剂有限公司创建于1998年，是一个集科研、生产、销售为一体的民营股份制企业。公司的宗旨是："发展卫生健康事业，为人类健康服务"。弘扬爱国主义和"团结、勤奋、高效、诚信"的精神，坚持"以人为本，以科技为中心，以市场为导向"的企业理念。与时俱进，利用市场机制，培养卫生健康产业精英，为民族，为人类的健康做贡献。

本公司是以中药制剂为主的卫生健康产业，长期与中国中药研究院合作，潜心研究中药制剂产品的开发、销售。为使公司适应国际化大市场的运作，2004年7月又在香港注册成立了"香港伟利国际发展有限公司"，着眼于东南亚及周边地区，为参与国际市场竞争搭建了平台。

鹏烨的信念是：站在巨人的肩膀上，以高科技铸就优质品，以真诚奉献社会，让民众体验阳光生活，让健康从这里开始！

企业名称：河北鹏烨药剂有限公司

地址：石家庄市裕华东路114号金鹏花园

邮编：050000

法定代表人：黄分雪

电话：0311 - 85650888　85650888

传真：0311 - 85659666

Hebei Pengye Medicament Co., Ltd.

Established in 1998, Hebei Pengye Medicament Co., Ltd. is a privately owned share holding enterprise incorporating scientific research, producing and sale as a whole. "Developing health service, improving people's health!" is the company's tenet. Insisting on enhancing the spirit of patriotism and "united, diligent, effective, honesty" and the conception of "human - oriented, science and technology centralized, market - oriented", the company develops with the times and takes advantage of market system to cultivate health industry talents, so as to make more contribution to the health of whole nation and human beings.

The company mainly deals with Chinese preparation. Having cooperated with China Academy of Traditional Chinese Medicine for a long time, it studied the development and sale of Chinese preparation with great concentration. In order to adapt itself to international market, with a view to Southeast Asia countries and adjacent areas, the company registered in Hong Kong and established "Hong Kong Weili International Development Co., Ltd." in July 2004, which established a platform for competing in international market.

Faith of Pengye: based on present achievement, to produce high quality products with high-tech, contribute to society with honesty, enable people to experience life full of sunshine and make health start from here!

Enterprise name: Hebei Pengye Medicament Co., Ltd.

Legal representative: Huang Fenxue

Addrss: Jinpeng Garden, No. 114, Yuhua East Road, Shijiazhuang

Postcode: 050000

Tel: 0311-85650888 85650888

Fax: 0311-85659666

北京同仁堂生物制品开发有限公司

北京同仁堂生物制品开发有限公司（以下简称为公司）是中国北京同仁堂（集团）有限责任公司投资设立的控股子公司，主要生产和销售两种传统名贵的原产地域产品——同仁堂牌长白山中国林蛙油颗粒和同仁堂牌长白山中国林蛙油。

同仁堂牌长白山中国林蛙油颗粒是以道地哈蟆油药材为主要原料，采用先进的工艺和设备加工制成的天然高档保健食品；经功能试验证明，其具有抗疲劳和免疫调节的保健功能。

同仁堂吉林长白山中国林蛙油是符合"原产地域产品——吉林长白山中国林蛙油国家标准"的、具有特定品质的哈蟆油；是清朝时期被誉为八珍之首和上等宫廷贡品的道地哈蟆油药材；是被赞为东北新三宝之一的天然名贵滋补珍品。

公司与合作单位是"北药基地——长白山中国林蛙无公害规范化养殖示范园区"（GAP标准）的共同承建及技术依托单位，是《原产地域产品——吉林长白山中国林蛙油国家标准》起草及制定的牵头单位。

公司下设北京同仁堂生物制品开发有限公司吉林省分公司。分公司是中国野生动物保护协会团体会员，专业从事吉林长白山中国林蛙资源的保护性开发及同仁堂吉林长白山中国林蛙油的生产和销售。

公司与合作单位下设长白山林蛙研究中心。研究中心是经吉林省科技厅批准设立的专业从事吉林长白山中国林蛙资源保护性开发研究的科研机构。

公司秉承北京同仁堂的优良传统，恪守"炮制虽繁必不敢省人工、品味虽贵必不敢减物力"的百年堂训，树立"修合无人见、存心有天知"的自律意识，竭诚为尊贵人士提供高品质的健康产品。

企业名称：北京同仁堂生物制品开发有限公司

法人代表：梅群

总经理：吴巍

地址：北京市海淀区莲花池东路31号中裕世纪大酒店写字楼A708座

邮编：100038

电话：010-63990057/58/67/68

传真：010-63990053

Beijing Tongrentang Biological Product Development Co., Ltd.

Beijing Tongrentang Biological Product Development Co., Ltd. ("The Co." for short) is a holding subsidiary set up by Beijing Tongrentang (Group) Co., Ltd. It mainly produces and sells two kinds of traditional precious Products of Geographical Indications——Tongrentang Brand Changbai Mountain Oviductus Ranae granule and Tongrentang Brand Changbai Mountain Oviductus Ranae.

Tongrentang brand Changbai Mountain Oviductus Ranae Granule is a top - grade healthcare food produced by means of advanced technology and equipment with geo authentic oviductus ranae medicinal materials as the main raw materials. Functional test has proven that this product has the healthcare functions of anti - fatigue and immunoregulation.

Tongrentang Brand Jilin Changbai Mountain Oviductus Ranae - is a kind of oviductus ranae of specific quality that conforms to the National Standard on Jilin Changbai Mountain Oviductus Ranae. During the Qing Dynasty, the geo authentic oviductus ranae medicinal materials have been praised as the top of the Eight Treasures under the Sun and the articles of tribute for imperial family for the beneficial use of high officials. It is a natural, rare, nourishing treasure that has been reputed as one of the Three New Treasures in the Northeast China.

The Co. and its cooperative partner are enterprises of common construction and technical support for the Northern Traditional Chinese Medicine Base -- Standardized Green Breeding Demonstration Park for Changbai Mountain Rana Temporaria Chensinensis David (GAP Standard), and also the leading enterprise of drafting and formulating The National Standard on Jilin Changbai Mountain Oviductus Ranae - Products of Geographical Indications.

Under its banner it is Beijing Tongrentang Biological Product Development Co., Ltd. Jilin Company. Jilin Company is a group member of China Wildlife Conservation Association, specialized in the protective development of Jilin Changbai Mountain Rana Temporaria Chensinensis David resources as well as the production and sales of Tongrentang Jilin Changbai Mountain Rana Temporaria Chensinensis David.

This company and its cooperative partners have established the Research Center of Jilin Changbai Mountain Rana Temporaria Chensinensis David. This research center is a scientific research institute established upon the approval of Jilin provincial Department of Science and Technology and specialized in the protective development and research of Jilin Changbai Mountain Rana Temporaria Chensinensis David resources.

Inheriting the fine traditions of Beijing Tongrentang, Abiding by its motto of "No manual labor of producing process be spared, however sophisticatied, and no materials of products be spared, however expensive", and Setting up the self - discipline awareness of "Heaven knows our motive well though the producing process is invisible to the human world", the Co. faithfully provides high - quality health products for the elite.

Enterprise Name: Beijing Tongrentang Biological Product Development Co., Ltd.

Legal Representative: Mei Qun

General Manager: Wu Wei

Address: Room 708, Seat A, Zhongyu Century Grand Hotel, No. 31, Lianhuachi east Street, Haidian District, Beijing, China

Post Code: 100038

Tel: 010 - 63990057/58/67/68

Fax: 010 - 63990053

椒光集团有限公司

椒光集团有限公司座落在浙江中部沿海的台州市经济开发区，浙江省“五个一批”重点骨干企业，国家机电出口生产先进企业。1998年通过ISO9000质量体系认证。公司占地600多亩，资产4.7亿元，员工5 000余人。公司设有专门的研究所和产品开发机构，拥有节日灯、旅游户外用品、高压清洗机、稀土材料、纳米二氧化硅等生产制造全套设备和检测设施，是省非公经济双文明企业、省出口创汇先进企业，省中行AAA资信企业和浙江省最大的节日灯生产基地。

公司专业生产美国UL标准、德国GS标准、中国标准三大系列600多种规格的节日灯串，产品全部出口。

公司产品中凝聚了公司员工开发的30项专利，先后取得美国UL、德国VDE/GS、TUV/GS、法国NF、荷兰KEMA、意大利IMQ、欧共体CE、北欧四国等国家、地区的安全认证，近年来，公司还开发出圣诞树、光纤树、软管灯、礼花灯、该性塑料等节日灯相关产品，改善了产品结构。同时还自主研究和开发了稀土功能材料、纳米二氧化硅等高科技产品，这两个项目被列为国家“863计划”。

“椒光”牌节日灯于2000年被浙江省人民政府认定为浙江名牌产品。“椒光”牌注册商标2001年被浙江省工商局认定为浙江省著名商标。“椒光”牌商标已在美国、德国、巴西、墨西哥、荷兰、意大利等主要节日灯消费国家和地区注册。

为了“装扮节日、美化生活”的共同愿望，公司热忱欢迎各界朋友前来商务考察，贸易洽谈和经贸合作。

企业名称：椒光集团有限公司
法人代表：朱介民
地址：中国浙江省台州市经济开发区开发大道132号
邮编：318000
电话：86－576－8169001
传真：86－576－8169090

Jiaoguang Group Co., Ltd

Located at Taizhou Economic Development Zone in Zhejiang, a coastal province in East China, Jiao Guang Group Co., Ltd, is one of the key enterprises of “Five Series” of Zhejiang Province and the base of mechanical and electrical products of the country. In 1998, our company obtained the ISO9000 certificate. With an asset of 470 million Yuan, our company covers an area of 400 000m^2. There are more than 5 000 Staff. We have special R&D department and boast whole set of advanced equipment for producing and testing. The products include Christmas lights、outdoor leisure products、high pressure washer、rare earth material、nano material and so no. We are the biggest manufacturer of Christmas light in Zhejiang Province.

We are specialized in manufacturing UL of the United States of America, GS of Germany, GB of China standards, with more than 600 items. Our products are one－hundred percent exported.

We have got the security approval in many countries, such as UL, VDE/GS, NF, KEMA, IMQ, CE, NFDS. Besides more than 30 items of our products, such as Christmas tree, optical fiber Christmas trees, rope lights and modified plastics. At the same time, to expend business scope and disperse operation risks, we are now investing in rare earth matrials and noni SiO2.

Jiao Guang brand festival lights was named as Brand Name in Zhejiang Provice by the provincial government in the year 2000, and the trademark Jiao Guang, whith has been registered in the United States of America, Germany, Brazil, Mexico, the Netherlands and Italy, is regarded as Famous Trademark in Zhejiang Province by the Industrial & Commercial Bureau of Zhejiang Province.

To decorate festivals and beautify lives is our wish, We sincerely welcome friends

from all circles to visit our company for business negotiation and cooeration.

Enterprise name: Jiao Gang Group Co., Ltd

Legal representative: Zhu Jiemin

Address: 132 KaiFa Avenue, Taizhou Economic Development Zone, Zhejiang, China

Postcode: 318000

Tel: 86 - 576 - 8169001

Fax: 86 - 576 - 8169090

广东省佛山市顺德区桂洲医院

顺德桂洲医院是一所二级综合性医院，成立于1958年。其所在地顺德容桂，位于珠江三角洲，面积95平方公里，居住人口四十多万人。医院建筑（占地）面积3万平方米，现开放床位400张，在职员工710人，拥有适宜的高、中、初级知识层级结构比例。科室设置齐全，并有3个分院，10个门诊点。能独立完成颅脑、胸腹、泌尿、创伤、显微外科、腔镜手术、妇产及眼耳鼻喉科等难度较大的手术。拥有专业设备资产总值4 500多万元。医院先后引进大批先进设备，主要有：全身螺旋CT、X光机、肾透析机、高压氧舱、体外超声碎石机、全自动生化分析仪、多功能麻醉机、电子胃肠镜和多功能参数监护仪，呼吸机、支纤镜、腹腔镜、全自动高压灭菌炉。在科研方面，医院每年带教医、药、护、技大中专毕业生余名，进修生 余名，发表论文 余篇。近年来，荣获佛山地区科学技术进步奖6项，顺德区科技进步奖13项。

桂洲医院全体员工以病人为中心，在群众中树立新的职业形象。多年来与中山医科大学、孙逸仙纪念医院、广东省人民医院、广东省中医院、市医疗机构组成联合医疗中心，将医疗、预防、保健、康复等医疗服务送到容桂各社区，并不断扩大以容桂为中心的医疗服务半径，使容桂迈进卫生城镇行列，多次被省卫生厅评为文明医院。

企业名称：佛山市顺德区桂洲医院

法人代表：黄必留

地址：佛山市顺德区容桂街狮山路4号

邮编：528305

电话：0757 - 28385675

传真：0757 - 28882913

桂洲医院：

急救电话 28888120 28873070

行政总值班 28880302 13928281700

总机 28880090

Brief Introduction of Guizhou Hospital of Shunde Foshan Guangdong

Guizhou hospital is a second grade general hospital, established in 1958, which located in ShunDe RongGui town, ZhuJiang delta. There is about 95 square kilometer and more than 400 thousands resident population of this area.

Guizhou hospital has about 30 thousands square meters, and have 400 opened beds. There are 710 personnel, with appropriated proportion of their grades. installation of division is complete. we have three medical station for the communities, nine clinical stations. Nowadays, we can perform some advanced operation of neurosurgery, general surgery, thoracic surgery, genitor - urinary surgery, wounded surgery, microsurgery, hand surgery, ceroscopy surgery, obstetrics and gynecology, otolaryngology and so on by ourselves. We had some advanced equipments such as spiral CT, x – ray machine, color Doppler, external counterpulstion, extra corporasal wave lithotripsy, pneumatic lithotripsy, auto – clinical biochemical analyzer, blood gas analyzer, hemodialysis machine, anaesthetic machine, electrical gastro – intestinalscopy, the respiromachine, fibre – bronchiascopy, Olympus laparoscopy for surgical department and obstetrics and gynecology departmentet. All professional equipment assets more than 45 millions. In scientific research, we gained 6 awards of advanced science and technology of FoShan areas, 13 awards of ShunDe areas respectively for the past few years.

The entire staff" motto in GuiZhou hospital is "patient oriented center", and build upnew professional impression. These years, we founded the unite – medical center with Sun Yet – sen medical university and it's anniversary hospital, GuangDong provincial hospital, and the medical institution of FoShan. And we send the high – level services of medical treatment, knowledge about health care, precautionary measure to the disease to all communities of GuiZhou and we enlarged the radius of medical services incessantly. And make RongGui become the national sanitational town. Appraised as cultural hospital by the sanitary office of GuangDong province.

Enterprise name: Guizhou Hospital Shunde District Foshan City

Legal representative: Huang Biliu

Addrss: No. 4 Shishan Road, Ronggui Street Shunde District Foshan City

Postcode: 528305

Tel: 0757 – 28385675

Fax: 0757 – 28882913

Guizhou hospital: telephone number of emergency medical treatment: 28888120 28873070

Telephone number of Administration attendance: 28880302 13928281700

number of telephone exchange: 28880090

北京兴侨国际工程技术有限公司

北京兴侨国际工程技术有限公司（简称兴侨国际）成立于1993年，原为中国侨联下属的专业外贸公司，后经中国侨联批准于2005年改制为股份制企业，注册资金5 000万元人民币。兴侨国际集贸、工、技于一体，主要从事国际贸易、国际工程项目投标、国际合作和技术交流以及投资咨询业务，是国际竞争性招投标领域中的知名企业。

兴侨国际倡导"务实、求精、创新"的企业精神，依靠优秀的管理团队和科学的运行机制，在中国的环保、电力、造纸、纺织、化工、城市供热、城市燃气、高等教育、公共卫生等大型工程中，不断超越自我，成就事业，成功地完成了多项大型成套污水处理技术设备、纺织成套技术设备、造纸成套技术设备、化工成套技术设备、高等院校设施设备改造更新、医疗设备购置等项目的引进与总包工作，在大型机电设备及技术成套供应上积累了大量的经验。

兴侨国际秉承"诚信创新、稳健持续、服务造福"的质量原则，本着"企业与客户共发展、企业与员工共发展"的经营理念，继续以其良好的信誉、高效率的团队协作，不断创建幸福工程，为客户提供满意服务。

公司名称：北京兴侨国际工程技术有限公司

法人代表：安洋

地址：北京市西城区白云路西里甲2号

邮编：100045

电话：86 – 10 – 63370801

传真：86 – 10 – 63370800

Beijing Xingqiao International Engineering Technology Co., Ltd.

Beijing Xingqiao International Engineering Technology Co., Ltd. (Xingqiao International Company for short) was established in 1993 as a professional foreign trade company affiliated to the China Federation of Returned Overseas Chinese. With permission from the Federation, it changed into a joint - stock company with a capital of 50 million yuan in 2005. Xingqiao International Company is a comprehensive enterprise of trade, industry, and technology specializing in international trade, international engineering project bidding, international cooperation, technology communication, and investment consulting business. Now, it is notable in the field of international competitive bidding.

Xingqiao International Company adheres to the enterprise spirit of 'Practical, Exact, and Innovative'. With an excellent management team and scientific operating mechanism, the enterprise excels in areas such as the environmental protection, power supply, paper - making, weaving and spinning, chemical engineering, city heat - supply, city gas, higher education, public hygiene, and so on. Among its achievements are such big projects as large sewage treatment equipment, weaving and spinning equipment, paper - making equipment, chemical engineering equipment, higher college device and equipment renewal, medical equipment purchase, introduction and general contract. What's more, we have accumulated lots of experience in the large engine equipment and technology complete supply.

Xingqiao International Company insists on the quality principle "Trust and Innovation, Stability and Progress, Service and Contribution", and follow the management concept of "co - developing with clients, co - developing with employees". We continue to construct projects and supply satisfactory service to the clients with our good credit standing, high - efficient team cooperation.

Enterprise name: Beijing Xingqiao International Engineering Technology Co., Ltd.

Legal Representative: An Yang

Tel: 86 - 10 - 63370801

Fax: 86 - 10 - 63370800

Address: No. A2 Baiyun Road West, Xicheng District Beijing China

Postal Code: 100045

北京中润伟业投资有限公司简介

北京中润伟业投资有限公司［通过ISO9001国际质量体系认证］成立于1999年3月，注册资本1 000万元人民币，法定代表人是林学访博士。公司以投资及投资咨询、国际贸易、国际会展、餐饮服务、软件开发、保险代理等业务为主，具备外贸权、小轿车经营权、医疗器械经营许可、保险代理证书等经营资质，是一家综合性的外贸公司。

公司主业为国际贸易，目前与美国通用电气医疗系统公司、德国西门子（中国）有限公司、荷兰飞利浦医疗系统、日本株式会社三广医疗、美国瓦里安放射治疗系统公司、美国拜耳医疗保健有限公司、日本富士达电梯有限公司、德国蒂森克虏伯集团等国外知名企业有着长期友好的贸易关系，主要进口彩色超声波诊断仪、CT扫描机、X光机、核磁共振机、直线加速器等医疗设备及载客电梯、扶梯、观光梯等电梯设备，年进出口额在2 000万美元以上。

国际会展方面，公司承办中国国际医疗器械高科技成就展览及相关会议活动。

在投资及投资咨询领域，公司投资医疗器械的生产和经营；投资彩色棉花产业——九采罗彩棉产业有限公司；投资证券期货——金宝期货经纪有限公司；投资饮食文化——北京元禄餐饮有限公司。

公司为深中集、皇台酒业等上市公司做咨询顾问。

公司的其他业务，例如：与中招国际招标公司合作，开展国际招投标业务；协助中国欧洲经济技术合作协会，加强与欧洲各国的经贸往来；在软件开发方面，为北京证券及期货业作征信建设软件开发工作；在保险代理方面，为保险公司开展全面的保险代理业务等等。

公司本着“开拓、创新、诚信、效率”的宗旨，与时俱进，勤勉尽责，热忱为社会服务，为人类的繁荣与进步贡献力量。

企业名称：北京中润伟业投资有限公司
法人代表：莫钢
地址：北京市丰台区方庄芳古园二区十二号楼306室
邮编：528137
电话：010－87638680　87638378
传真：010－87638675　87630098
网址：www. UG－med. com
电子信箱：yiliao2006@163. com

Brief Introduction to Beijing Union Glory Investment Co. , Ltd

With a registered capital of RMB 10 million, Beijing Union Glory Investment Co. , Ltd [It has passed the international quality system attestation of ISO9001] was established in March 1999. Dr. Lin Xuefang is the legal representative. UG is primarily engaged in investment, investment consulting, international trade, international exhibition, food and drinking services, software development, insurance agent and so on. It is a comprehensive trading company that has obtained four engagement qualifications: international trading, operation of cars, operation of medical equipment, insurance agent.

UG is mainly involves in international trade. It has established and maintained good business relationships with famous multinational corporations, such as GE Medical Systems | , Siemens Ltd. , China, Philips Medical Systems, Sanko Medical Systems, Varian Medical systems, Bayer Healthcare Diagnostics, Fujitec, Ltd. , German Disencrub Group etc. The major imported products are medical equipments such as Color Ultra－sound Systems, Scanner of CT, X－ray Machine and Magnetic Resonance Spectrometer, Linear Accelerator and Elevator, Hand Ladder and Staircases for sightseeing with the imports and exports amount exceeding US $20 million annually.

In international exhibition, UG organizes China International Medical Equipment High－Tech Achievement Exhibition and relevant conference activities.

In the field of investment and investment consulting, UG invests the production and management of medical equipment, the colorful cotton industry—Jiu Cai Luo colorful cotton industry, security futures—Jin Bao futures agent limited company and food cultural service—Beijing Yuan Lu Catering Inc

UG makes consultancy for the listed company Shen Zhong Ji, Huangtai wine Industry and so on.

Other business, for example, UG Cooperates with China CNTC International Tendering Corporation in international biddings. It also takes an active part in helping China－Europe Association for Economic & and Technical Cooperation to enhance the commercial intercourse with European countries. In the aspect of software development, UG undertakes the work of information collection and software development for Beijing Securities and Futures. As an insurance business agent, it operates in overall insurance service.

In line with the aim of “expand, innovation, trustworthies, efficiency”, UG keeps space with times, earnest and responsible, serve the society cordially and tries its best to contribute to the prosperity and progress of human being.

Enterprise name: Beijing Union Glory Investment Co., Ltd

Legal representative: Mo Gang

Addrss: Room306, Building12 #, Section2nd, Fangguyuan, Fangzhuang, Beijing, 100078, China

Tel: (8610) 87638680 87638378

Fax: (8610) 87638675 87630098

Website: www. UG - med. com

E - mail: yiliao2006@ vip. 163. com

zhongrun@ public3. bta. net. cn

中成进出口股份有限公司

中成进出口股份有限公司是由中国成套设备进出口（集团）总公司作为主发起人发起设立的股份有限公司。公司于1999年3月在中国国家工商行政管理局注册成立，2000年8月，公司7 000万股人民币普通股股票向社会公开发行成功，并于同年9月公司股票在深圳证券交易所A股挂牌上市；2001年10月，公司实行了资本公积金转增股本方案，公司总股本增至现在的29 598万股。

公司主营进出口业务，提供成套设备和技术系统集成及相关技术服务。同时承担我国对外经济技术援助项目、承包各类境外工程和境内外资工程。公司于2004年3月通过了ISO9000质量管理体系认证。

未来，公司将以成套设备及技术进出口业务为核心，大力发展境外投资经营和一般商品贸易业务，不断探索新的业务领域，成为中国成套设备及技术进出口相关领域的标志性企业。

企业名称：中成进出口股份有限公司

法人代表：邹宝中

地址：北京市丰台区南四环西路188号2区8号楼

邮编：100070

电话：010－63703366

传真：010－83676188

China National Complete Plant Import & Export Corp. Ltd.

As a limited company, China National Complete Plant Import & ExportCorp., Ltd., was incorporated and sponsored by the primary sponsor, China National Complete Plant Import & Export Corporation (Group). The Company was registered to incorporate in the State Administration for Industry and Commerce of China in March 1999. In June 2000, Complant Ltd's 70, 000, 000 shares of common share stock in RMB were issued to the general public and listed successfully, and began to be traded in September of the same year. In October 2001, the company implem - ented the capital surplus converting to scheme, and the total amount of the co - mpany's share capital has reached 295, 980, 000 shares.

business scope: mport & export business; providing integration of whole set of equipment and technological system and relevant technological service; contracting overseas economic & technological aid projects and overseas general materials aid projects, contracting various overseas projects and foreign - funded projects in domestic land。The company has obtained the certificate of ISO9000 Quality Management System。

To take the import and export of complete plant and technics as the core business, vigorously develop overseas investment and general trade, solidify the business related to foreign - aided projects, continuously explore new business area, become the symbol enterprise in the field of import and export complete plant and technics in China.

Enterprise name：China National Complete Plant Import & Export Corp.，Ltd.

Legal representative：Zou Baozhong

Addrss：Building No. 8，Block 2，No. 188 Wwstern Road，South 4th Ring Road，Fengtai District，Beijing，China

Postcode：100070

Tel：010－63703366

Fax：010－83676188

国家开发投资公司

国家开发投资公司是中国规模最大、效益最好的国有投资控股公司，是由中央直接管理的重点骨干企业之一。公司成立于1995年5月，注册资本金158亿元。截至2006年7月底，公司总资产1 007亿元，共有参控股企业251家，其中控股企业60家，形成了实业与服务业协同发展的业务体系。其中，实业主要投向电力、煤炭、港航、化肥以及高科技项目，服务业包括金融、资产管理、咨询业务。培育了一批具备相当规模、占据重要行业地位的投资企业。

公司名称：国家开发投资公司

法人代表：王会生

地址：北京市西城区阜成门北大街6号－6国际投资大厦A座

邮编：100034

电话：(010) 66579001

传真：(010) 66579047

电子邮件：gtxx@ sdic. com. cn

网站：www. sdic. com. cn

State Development & Investment Corp.

State Development & Investment Corp. (SDIC) is China's largest and best state－owned investment holding company in terms of its scale and benefit，and one of the key enterprises directly administered by the central government. SDIC was established in May 1995 with a registered capital of 15. 8 billion yuan. By the end of July 2006，SDIC's gross assets were valued at 100. 7 billion yuan. It holds shares in 251 businesses. Among them，it has acquired controlling shares in 60 enterprises. SDIC develops its business framework that integrates industrial investment and services. Industrial investment mainly goes for electric power，coal，ports and shipping，chemical fertilizer and high－tech projects. Services include financial services，assets management and consulting services. SDIC has developed a lot of investment enterprises which possess a large scale and high industrial place.

Enterprise name：State Development & Investment Corp.

Legal representative：Wang Huisheng

Addrss：Tower A，International Investment Plaza，6－6Fuchengmen North Street，West District，Beijing

Postcode：100034

Tel：(010) 6657 9001

Fax：(010) 6657 9047

E－mail：gtxx@ sdic. com. cn

WEBSITE：www. sdic. com. cn

中国经济技术投资担保有限公司

中国经济技术投资担保有限公司（以下简称公司）是由国务院国有资产监督管理委员会管理的中央直属重点国有企业，是国内首家以信用担保为主要业务的全国性专业担保机构。由财政部和原国家经贸委共同发起组建，于1993年注册成立。资产总额22亿元。按照集团化发展的思路，先后设立了4家分公司、5家子公司，初步形成了以担保、投资为主导，涵盖资产管理、咨询、投资顾问、风险投资、基金管理、证券、环保、软件等多个领域的集约经营模式。

中投保公司成立以来，按照国家所确定的经营宗旨，坚持稳健经营。13年来累计担保总额已达到300亿元。公司于1998年加入世界三大担保和信用保险联盟之一的“泛美担保协会”，是我国两岸三地唯一的会员；于2004年3月正式成为美国保险监督官协会（NAIC）会员。公司成功主办了2000、2001和2004“中国担保论坛”国际研讨会，于2001年发起缔结了旨在加强担保行业自律及业务交流与合作的“中国担保业联盟”，已发展成员142家。公司凭借雄厚的实力、卓著的业绩及13年无一笔违约的诚信品牌，在国内外业界享有良好的信誉、较高的知名度和影响力。

中投保公司秉承“以人为本，信誉至上，适应变化，和谐发展”的经营理念，以诚相交，以信为守，与社会各界加强协作，携手共创未来。

企业名称：中国经济技术投资担保有限公司
法人代表：刘新来
地址：北京市海淀区西三环北路100号金玉大厦9层
邮编：100037
电话：010－68458866
传真：010－68437040
网址：www. guaranty. com. cn

The Introduction of China National Investment and Guaranty Co. , Ltd

China National Investment and Guaranty Co. , Ltd (I&G) is a state－owned key enterprise under the administration of the State－owned Assets Supervision and Administration Commission of the State Council. As the first national specialized guarantee company in China, I & G was jointly established and funded by the Ministry of Finance and the State Economic and Trade Commission in 1993 with present assets of RMB 2. 2 billion.

With the objective of building itself into a group corporation, I&G has established 4 branches and 5 subsidiaries. By leveraging credit guarantee and investment I&G has evolved an intensive operation model which covers various fields like asset management, consultancy, investment advisory, venture investment, fund management, securities, environmental protection, software etc.

Since its establishment, I&G has adhered to the operation principle of steadiness. The total guarantee amount in the past 13 years has attained to RMB 30 billion. In 1998, I&G, as the only formal member in China so far, was admitted into the Panamerica Surety Association (PASA), one of the world top three surety and credit insurance associations. In March 2004, I&G became the formal member of National Association of Insurance commissioner of USA. In 2000, 2001 and 2004, I&G successfully organized the international symposium of China Guarantee Forum. Furthermore, in 2001 I&G initiated the China Guarantee Alliance (CGA), aimed at strengthening the self－discipline and business cooperation of the guarantee industry. CGA presently has 142 members. With strong capacity, prominent achievements and credit record of no default in 13 years, I&G enjoys good reputation, high popularity, and exerts strong influence on the guarantee lines both at home and abroad.

Following the operating principle of " Talents are valuable assets, creditworthiness stands supreme, to be adaptable to changes for achieving harmonious development", I&G welcomes broader cooperation with all parties in building a brighter future.

Enterprise name: China National Investment and Guaranty Co., Ltd

Legal representative: Liu Xinlai

Addrss: Office Building, JinYu Plaza, No. 100 Xisanhuan Beilu, Haidian District, Beijing, China 100037

Tel: 010 - 68458866

Fax: 010 - 68437040

Website: www. guaranty. com. cn